12/86

Gold und Macht

Gold und Macht

Spanien in der Neuen Welt

Eine Ausstellung
anläßlich des 500. Jahrestages
der Entdeckung Amerikas

Künstlerhaus, Wien
Josef-Haubrich-Kunsthalle, Köln
Nationalgalerie, Budapest

Kremayr & Scheriau

Eine Ausstellung des Bundesministeriums für Wissenschaft und Forschung gemeinsam mit dem Kulturamt der Stadt Wien

Herausgegeben
vom Bundesministerium für Wissenschaft und Forschung

Konzeption der Ausstellung:
Museo de América, Madrid
Direktor Juan González Navarrete
Paz Cabello Carro
Maria Concepción García Sáiz

Organisation und Management:
Künstlerhaus Wien
Prof. Hans Mayr

Wissenschaftliche Leitung:
Museum für Völkerkunde, Wien
Hofrat Dr. Hans Manndorff
Univ.-Doz. Dr. Christian Feest
Dr. Peter Kann

Ausstellungsgestaltung:
Mag. Christoph Elmecker
Mag. Markus Reuter

Übersetzung:
Willy Neunzig Serra
Imme Werner

Redaktion des deutschsprachigen Kataloges:
Univ.-Doz. Dr. Christian Feest
Dr. Peter Kann

Schutzumschlagbild: Kalkbehälter, Gold,
Schatz der Quimbaya, Kolumbien, Kat.-Nr. 2.41

Medieninhaber:
Künstlerhaus Gesellschaft m. b. H.
und Verlag Kremayr & Scheriau, Wien,
1986
Lektorat: Brigitte Werner
Herstellung: Gerhard Kellinger
Satz: datacon, Wien
Druck und Bindung: Wiener Verlag, Himberg bei Wien
ISBN 3 218 00448 9

Fotonachweis:
Exponate des Museo de América, Madrid:
Javier Martínez de la Torre
Exponate des Museums für Völkerkunde, Wien:
Fritz Mandl und Archiv des Museums
Kat.-Nr. 4.145: John Elliot, Breamore
Seite 45, 48, 50, 52, 58: Archiv des
Museums für Völkerkunde, Wien
Seite 46: Kaufmann-Doig 1971, S. 218
Seite 55: Anton 1972, S. 128
Seite 56: Guaman Poma de Ayala 1936, S. 112
Seite 57: Walter Höglinger, Linz

Die Ausstellung »Gold und Macht – Spanien in der Neuen Welt« ist eines der herausragendsten kulturellen Ereignisse dieses Jahres in Österreich. Das *Museo de América* in Madrid, das bedeutendste Museum der voreuropäischen und kolonialen Kulturen des hispanoamerikanischen Raumes, stellt zum erstenmal seine Schätze außerhalb Spaniens aus. Der österreichischen Bevölkerung wird damit die Möglichkeit geboten, diese einzigartigen Kostbarkeiten aus präkolumbischer und kolonialer Zeit aus Spanisch-Amerika – eines uns wenig vertrauten Raumes und einer vergangenen Epoche – kennenzulernen.

Die Tatsache, daß diese einmalige Ausstellung in Österreich und Wien gezeigt wird, ist vor allem ein Verdienst des Ministerio de Cultura in Madrid und der spanischen Botschaft in Wien.

Daß der berühmte »Goldschatz der Quimbaya«, kostbare gemalte Porträts von Vizekönigen, zarte Federbilder – um nur einige Beispiele zu nennen – dem österreichischen Publikum gezeigt werden können, ist vor allem der Organisation des Künstlerhauses und dem Museum für Völkerkunde zu danken.

Unser besonderer Dank gilt auch Herrn Dr. Juan González Navarrete, dem Direktor des *Museo de América,* und seinem Team, die mit großem Einsatz mitarbeiteten, die Ausstellung in Wien zu verwirklichen.

Ausstellungen wie diese tragen nicht nur dazu bei, das Interesse an fremden Kulturen zu wecken, sondern fördern auch in hohem Maße das Verständnis für diese Kulturen und bilden somit eine Grundlage für ein partnerschaftliches Verhältnis zwischen den Völkern. In der Hoffnung, daß möglichst viele Menschen unseres Landes diese Ausstellung ihrer Einmaligkeit und ihrer kulturhistorischen Bedeutung wegen besuchen mögen, wünsche ich der Präsentation in Wien besten Erfolg.

Dr. Heinz Fischer
Bundesminister für Wissenschaft und Forschung

Die Bestimmung jedes Kulturgutes ist es, gezeigt und mit anderen geteilt zu werden, besonders wenn es sich um Werke von so großem Interesse handelt wie diejenigen, die in dieser Ausstellung des *Museo de América*, Madrid, präsentiert werden. Stücke großer künstlerischer Bedeutung, Gegenstände des täglichen Lebens, Beispiele der Volkskunst werden bei dieser Gelegenheit zusammen ausgestellt, damit wir durch sie die Geschichte eines Kontinents wieder aufleben lassen. Am Vorabend der Fünfhundertjahrfeier der Entdeckung Amerikas – ein Ereignis, das es erlauben wird, sich in die Bedeutung dieser historischen Begegnung der amerikanischen und der europäischen Kultur zu vertiefen – bietet sich diese Ausstellung als wirklich geeignetes Kulturgeschehnis an. Wenn die Geschichte den Dialog zwischen den Völkern begünstigen soll, wird »Gold und Macht – Spanien in der Neuen Welt« ein gutes Beispiel dafür sein.

In Zeiten, in denen die Europa-Idee nicht mehr der Traum einiger weniger bleibt, scheinen die kulturellen Verbindungen die beste Garantie für den Erfolg dieses Vorhabens zu sein. Und diese Verbindung, diese tiefgehende Übereinstimmung zwischen europäischen Völkern wird auch im jahrhundertealten Dialog mit Amerika hervorgehoben, in dem Spanien eine so bedeutende Rolle spielte.

So kann ich nur meine Genugtuung über diese Initiative des österreichischen Bundesministers für Wissenschaft und Forschung, Dr. Heinz Fischer, und des spanischen Kulturministeriums zum Ausdruck bringen und hoffe, daß die gemeinsamen Bemühungen, die es ermöglichen, diese Ausstellung in verschiedenen europäischen Städten kennenzulernen, dazu beitragen, das Kulturgut, das wir teilen, besser zu schätzen.

Javier Solana Madariaga
Kulturminister

Es sind vor allem drei Quellen, aus denen sich die Kunstschätze des heutigen *Museo de América* zusammensetzen: zum einen die alten königlichen Sammlungen präkolumbischer und kolonialer Objekte, zum anderen Schenkungen berühmter Sammler und nicht zuletzt Erwerbungen einzigartiger Stücke durch den Staat. Alle diese Objekte waren um 1900 an das Museum Prado, an das Nationalmuseum für Archäologie oder an andere öffentliche Einrichtungen gelangt, bevor es mitten im Spanischen Bürgerkrieg zur Gründung des *Museo de América* kam.

So waren nun die alten Ideen von König Philipp II. und Kardinal Cisnero Wirklichkeit geworden, eine umfassende Sammlung indianischer Objekte und Zeugnisse spanischer Expeditionen und wissenschaftlicher Ausgrabungen aus Amerika anzulegen.

Die ersten Arbeiten am Palast des *Museo de América* im Universitätsgelände von Madrid begannen Anfang der vierziger Jahre dieses Jahrhunderts. 1965 konnte anläßlich des Internationalen Amerikanistenkongresses in Madrid in diesem Gebäude eine erste Ausstellung ausgewählter Objekte des heutigen *Museo de América* eröffnet werden.

Die heutigen Bemühungen des Kulturministeriums gehen dahin, den Palast des *Museo de América* architektonisch fertigzustellen und zu restaurieren sowie die gesamten Bestände und Sammlungen, die neu erworben wurden, wissenschaftlich aufzuarbeiten. Damit soll der pädagogische und wissenschaftliche Zugang zu den umfangreichen und wertvollen Beständen erheblich erleichtert und bereits jetzt eine würdige Vorarbeit für den kommenden 500. Jahrestag der Entdeckung Amerikas geleistet werden.

Während des Zeitraums der Restaurierung des Museums wird durch Einzelausstellungen im Ausstellungssaal des Museums und in verschiedenen spanischen Städten eine kontinuierliche Ausstellungstätigkeit gewährleistet. Dazu kommen noch Leihgaben für Ausstellungen in Europa und Amerika, die wesentlich zum kulturellen Wirkungsgrad des Museums beitragen.

Ein besonderer Rang kommt der nun in Wien, Köln und Budapest präsentierten Ausstellung von Kunstschätzen aus dem *Museo de América* zu: Hier werden in einer umfassenden kulturgeschichtlichen Zusammenschau die besten Objekte unserer Sammlung gezeigt, mit dem Ziel, bereits heute einen positiven Beitrag Spaniens zu den kommenden Jubiläumsfeierlichkeiten des 500. Jahrestages der Entdeckung Amerikas zu leisten.

Mein Dank für das Zustandekommen der Ausstellung gilt der Königlich spanischen Botschaft in Wien für ihre unschätzbare Unterstützung, insbesondere dem Botschafter, Herrn Dr. Jesús Nuñez, und dem Kultur- und Presserat, Herrn Dr. Xavier Sellés Ferrando, dem nicht nur die Idee zu diesem Projekt, sondern auch ein wesentlicher Beitrag zur perfekten Abwicklung dieser bedeutenden Wanderausstellung durch Länder, die schon auf eine historische, bis in die Zeit der Entdeckung Amerikas reichende Bindung mit Spanien zurückblicken können, zu verdanken ist.

Zu Dank verpflichtet sind wir auch Herrn Prof. Hans Mayr, Präsident des Künstlerhauses Wien, der seine ganze Erfahrung in der Durchführung von Großausstellungen in den Dienst dieses Projektes stellte und so mit zum Zustandekommen einer Ausstellung beitrug, die auch noch in der Bundesrepublik Deutschland und in Ungarn zu bewundern sein wird.

Dr. Juan González Navarrete
Direktor des *Museo de América*

Inhalt

Katalog

ENTDECKUNG UND EROBERUNG EINER NEUEN WELT

Luis Arranz Márquez
Universidad Complutense, Madrid

Entdecken, erobern, befrieden oder besiedeln waren häufig und unterschiedslos verwendete Schlagwörter jener Kastilier, die Amerika wie in Siebenmeilenstiefeln durcheilten und die Protagonisten des großartigen Unternehmens der Erschließung von Spanisch-Amerika waren. Da es sich um Neuland handelte, wurden alle vom Entdeckungsfieber befallen. Erobern oder befrieden waren Begriffe, die sie gleichzeitig mit ihren Bedürfnissen, ihrem Ehrgeiz oder ihrer Überlegenheit lernten. Und ihr Hang, Land zu besiedeln oder Städte und Dörfer zu gründen, war nichts weiter als eine Fortsetzung der so stark verwurzelten, typisch spanischen und christlichen Erbschaft der Neubesiedelungen im Mittelalter.

Von allen Faktoren, die bei den ersten Geschehnissen auf dem amerikanischen Kontinent eine Rolle spielten, wurde dem Eroberer besondere Aufmerksamkeit zuteil. Es war die so umstrittene Persönlichkeit jener Männer, die grausam, energisch, impulsiv, ungeschlacht, ehrgeizig, uneigennützig, zäh oder menschlich waren und zum Extrem neigten; die eine unaufhaltsame und deshalb überraschende Naturkraft in sich bargen; die zu allem bereit und zu Gesten fähig waren, die durch ihre überschäumende Vitalität blendeten. Sie waren Helden fast mythischer Taten, die den Heldensagen der Antike oder den Ritterromanen entnommen zu sein schienen. Dieser Eroberer, der zugleich Entdecker, Erforscher oder Besiedler sein konnte, war der Exponent einer überaus widersprüchlichen Gesellschaft. Und wenn er auch trotz der regionalen spanischen Einflüsse als Menschentyp einheitliche Merkmale aufwies, so wurde er doch durch die Anpassung an das Land und an die Umwelt geprägt, wie sich ja auch alle Eroberungen voneinander unterschieden: sich im tropischen Gebiet der Antillen oder in den Hochebenen auf dem Kontinent zurechtfinden zu müssen, war etwas grundsätzlich anderes; Urwald und Pampa haben nichts miteinander gemein; der Angriff auf ein organisiertes Reich erforderte eine andere Planung als der Kampf gegen Stämme, die mit Vorliebe aus dem Hinterhalt angreifen. Land und Natur waren verschieden, wie auch die Reaktionen der Einwohner.

Bevor wir zu einer genauen Beschreibung der Eroberer und ihrer Taten übergehen, ist es erforderlich, den geistigen Hintergrund der Eroberer trotz der damit verbundenen Schwierigkeiten näher zu betrachten. Nur wenn wir die Beweggründe genau kennen, verstehen wir auch die Taten.

Das Gold – Mittel zum Zweck

In der Geschichtsschreibung wurde wiederholt auf die Goldgier und die Besessenheit nach Kriegsbeute hingewiesen, die Anlaß für die Eroberung waren. In den Schriften der damaligen Zeit gibt es Hunderte von Beispielen dafür; niemand kann dem seine große Bedeutung absprechen. Etwas anderes ist es jedoch, es als das ausschließliche und einzige Motiv zu betrachten.

Gold, Silber, Perlen, Gewinn oder Reichtum hatten für alle, die eine Waffe in die Hand nehmen konnten, eine solche Antriebskraft, daß niemand und nichts sie aufzuhalten vermochte. Um sie zu erlangen, setzten alle ihr Leben aufs Spiel. Es genügte ein einfaches Versprechen oder ein Gerücht über irgendwelche Gebiete, von denen niemand wußte, wo sie lagen, doch da man sicher war, daß es dort reiche Goldlager gab, fehlte es niemals an Freiwilligen.

Es war allgemein bekannt, daß die Eroberung mehr Fehlschläge als Erfolge mit sich brachte. Das Nachahmungsstreben, das die großen Triumphatoren auslösten, übertraf jedoch bei weitem die negativen Erfahrungen der Gescheiterten. Und so tauchte aufgrund der Erwartungen, die die erste Reise Kolumbus' erweckt hatte, eine ganze Schar von Leuten auf, die bei der zweiten mitzumachen bereit waren. Und wie viele fühlten sich wohl zu Eroberern berufen, als sie die von Hernando Pizarro an den Hof geschafften Schätze des Atahualpa betrachteten oder als sie die kaum glaublichen Erzählungen über Cortés und das Aztekenreich hörten! Um den Leuten den Mund wäßrig zu machen, suggerierte man ihnen etwas. Tendenziöse offizielle Verlautbarungen wurden verbreitet, die das Interesse privater Unternehmer erwecken sollten. So geschah es mit der Änderung des Namens des Dariéngebietes in das verlockend und prachtvoll klingende »Goldene Kastilien«. Und sogar Betrug war einfach, wenn Gold als Köder benutzt wurde, etwa als die Eroberung der Araukaner durch Valdivia ins Stocken geraten war und er dringend Verstärkung benötigte, um den wegen seiner Härte und geringen Rentabilität in Verruf geratenen Krieg fortführen zu können. Als Monroy zu dieser Mission nach Peru geschickt wurde, tat er dies, indem er »nachlässig« Schmuck und Waffen aus Gold zur Schau stellte, die Valdivia in voller Absicht und als Köder hatte anfertigen lassen.

Wenn sich nur der geringste Anlaß bot, waren die Spanier diesseits und jenseits des Atlantiks immer bereit, »die Armut zu verbannen«. Und zu diesem Zweck wurde in der ersten Zeit der Entdeckungszüge immer irgendwo irgendeine »Befriedung« in Szene gesetzt, die von anderen Eroberungskrieg genannt wurde.

In Amerika führte der Spanier den Krieg auf gleiche Weise durch wie während der »Reconquista«: als ein Mittel, um an Kriegsbeute, Reichtum, Länder, Adelsstand und Titel zu gelangen und in Amerika außerdem an Indianer und Lehen. Vom kastilischen Adel hatte er die Bedeutung gelernt, Herr über Vasallen zu sein, und sobald er amerikanischen Boden betrat, sollte er die in Spanien gelernten Lektionen in die Praxis umsetzen. Dieses Bestreben, von dem in den spanisch-amerikanischen Gebieten Spanier aller Stände ergriffen wurden, war nicht ein Ergebnis der Eroberung, sondern es war schon von alters her tief verwurzelt. Ein Beispiel für diese Tradition sind die Verse aus dem Gedicht des Mío Cid:

»Al sabor de la ganancia non lo quieren detardar,
grandes yentes se le acogen de la buena christiandad . . .
los que fueron de pie cavalleros se fazen,
el oro y la plata ?quien los podrie contar?
(Im Vorgeschmack des Reichtums wollen sie sich nicht aufhalten
die vielen Menschen aus christlichen Landen . . .
jene, die zu Fuß hinkamen, werden Ritter,
das Gold und das Silber, wer könnte es zählen?)

Sinngemäß können wir dies auch in Chroniken und Zeugnissen der Indianer finden. Krieg, Beute, Gold und Silber, die in der mittelalterlichen Gesellschaft von so großer Bedeutung waren, fanden ihre Fortsetzung in Amerika. Der Eroberer betrachtete den Reichtum nicht als Ziel, sondern als Mittel, um zu Macht und Ehren zu gelangen. Umfassende materielle Mittel ermöglichten ihm den Besitz von Ländern und die Herrschaft über Menschen; er stieg sozial auf; ihm wurden öffentliche Anerkennung und Bewunderung zuteil; sein sozialer Stand verbesserte sich, sein Ansehen wuchs.

Nur wenn Taten öffentlich anerkannt wurden, waren sie für den Spanier wirklich großartig; daher rührte die ständige Anstrengung, dem König gegenüber »Verdienste und Dienste« zu beweisen und den gerechten Preis für das Vollbrachte zu fordern. Häufig ist zu lesen, daß sich die Spanier auf diese Unternehmungen einließen, um »Ansehen zu gewinnen«.

Traditionsgemäß waren Ansehen und Macht an Erbe und Blut gebunden. Deshalb war es vorrangig der Adel, den diese Qualitäten auszeichneten. Mit der Eroberung Amerikas nahm das Ansehen persönlichere Züge an; es wurde mit großartigen Handlungen und hervorragenden Taten identifiziert, im Sinne des der Renaissance eigenen Personenkults. Im amerikanischen Abenteuer wird auf treffliche Weise das versinnbildlicht, was wir in *La Celestina* lesen können: »Die Taten machen das Geschlecht aus, denn letztendlich stammen wir alle von Adam und Eva ab.« Das Ansehen war der Inbegriff vager Gefühle wie Respekt, Bewunderung und der Anerkennung, mehr zu sein als der Rest der Welt. Wenn der König seine Anerkennung ausgesprochen hatte, folgte die Kompensation in Form von Lehen, Adelsprivilegien, Schild und Wappen, worauf die Großtaten in Amerika symbolisiert wurden.

»Geld bedeutet Qualität«, schrieb Quevedo. Alle, die sich in der Neuen Welt aufhielten, wußten sehr wohl, daß man mit größeren wirtschaftlichen Mitteln mehr Qualität besaß, d. h. daß die gesellschaftliche Position und das, was an Luxus, Prunksucht, Haus und Dienerschaft damit verbunden war, um so größer waren. Die Lasterhaftigkeit verbreitete sich so sehr und so schnell, daß die Könige schon bald Übertreibungen bei Ausgaben und Kleidung verbieten mußten. Und viele verbargen eine ungewisse Abstammung oder eine zweifelhafte soziale Position hinter offenkundiger Prahlerei und Dünkel.

Andere Erklärungen

Eine Tatsache, die in der Epoche von Entdeckung und Eroberung nicht an Kraft verlor, war der absolute Glauben des Spaniers an sich selbst und an seine Überlegenheit über die Indianer; und dies führte dazu, daß er aus seinem menschlichen und technischen Vermögen den höchsten Vorteil ziehen konnte. Dieses Überlegenheitsgefühl und seine Zurschaustellung führten vom ersten Augenblick des Kontakts an zwischen den so verschiedenen Völkern zum Kampf.

Schon die ersten Kontakte brachten dem Indianer eine Niederlage, denn als Niederlage ist die Vergötterung zu verstehen, die er dem weißen Mann zuteil werden ließ, mit dem sich daraus ergebenden Zusammenbruch seiner geistigen Welt. Danach kam der Krieg, und die Angst der Eingeborenen vor Stahl und Pulver, vor Pferden und Hunden vergrößerte ihr Unvermögen und ihren Fatalismus, was die Spanier noch mehr begünstigte.

Von Übertreibungen und Angeberei einmal abgesehen, zieht niemand in Zweifel, daß sich der Spanier ständig mit Eingeborenenarmeen messen mußte, die ihm zahlenmäßig weit überlegen waren, und daß er siegte. Die Überlegenheit der Waffen, die durch die häufigen Siege verherrlicht wurde, förderte Selbstvertrauen und Mut, die oft Vermessenheit und Tollkühnheit gleichkamen. Die Aufschneiderei der Spanier wich offener Wut, wenn ein Indianer einen Spanier zum Zweikampf herausforderte. Es schien ihnen »Kleinmut und Erbärmlichkeit, gegen einen Indianer allein zu kämpfen und dabei den Tod zu finden«. Bei den Vorgeplänkeln zu den Kämpfen pflegten die spanischen Truppen auf ein einschüchterndes Benehmen mit einer herausfordernden Haltung zu antworten. Als Beispiel dafür möge jener García de Tovar dienen, der »seinen zottigen Bart, seinen langen Schnurrbart und seinen dichten Haarwuchs« zu Kampfbeginn angeberisch zur Schau stellte, um dadurch den milchbärtigen Indianern Angst und Schrecken einzujagen. Es wird erzählt, daß seine dichtbehaarte Haut als Trophäe bei den Indianern endete. Gegenüber so vielen Tapferkeitsbezeugungen schnitt der Mut des Eingeborenen verhältnismäßig schlecht ab, und oft wurde dieser gar der Feigheit bezichtigt. Der Gerechtigkeit halber muß aber hier gesagt werden, daß es unter der Vielfalt von Völkern in Amerika auch sehr tapfere Eingeborene gab.

Oft pflegt man zu vergessen, daß die Bedeutung des Eroberers nicht in seinem Heroismus, in seinen sporadischen oder gar tollkühnen Heldentaten lag, sondern in der Beständigkeit und Zähigkeit, mit denen er seine grandiosen Wagnisse anging und durchführte. Ob er zu höchstem Ruhm aufstieg oder in Ungnade fiel, immer war er wieder zu einem neuen Anfang bereit. Er trotzte den Gefahren, sehr wohl wissend, daß er dabei nicht nur sein Leben verlieren konnte, sondern größten Martern ausgesetzt wurde, wenn er gefangengenommen wurde. Aber nie war er – wie gelegentlich die Eingeborenen – zum Selbstmord bereit.

Neben diesen Bezeugungen von Mut und Überlegenheit war dem Spanier auch die feste religiöse Überzeugung nicht fremd. Derjenige galt als ein wahrer Mann, der trotz seiner Grobschlächtigkeit einen festen Glauben hatte und überzeugt davon war, Gott auf seiner Seite zu haben. In dem gesamten amerikanischen Unterfangen sah er, von der Entdeckung an,

Zeichen der Vorsehung. Und er fühlte sich auf seine Art als ein Instrument der Bekehrung, obgleich er jene von vielen verwendete Regel des »zuerst beherrschen, dann bekehren« anwendete. Zeichen des Bündnisses mit dem Himmel wurde die Verpflanzung des kriegerischen Apostels Santiago nach Amerika. Die Kämpfe wurden mit dem Schrei »Santiago und los! Santiago, Spanier!« eingeleitet.

Wer eine Vorliebe für Ritterromane hatte, der fand in Amerika ein geeignetes Feld, um dem Abenteuer zu frönen. Mit Stolz verglichen die Männer ihre Heldentaten mit denen Amadis' oder der Zwölf Pairs von Frankreich, und sie fühlten sich sogar den Helden des Altertums, Alexander dem Großen und Cäsar, überlegen. Das Verlangen nach Abenteuer war bei Anführern wie Gefolgschaft so verwurzelt, daß es ihnen einerlei war, wohin sie gingen und ob das durchzuführende Unternehmen von Erfolg begleitet sein würde. Da Unstetigkeit ein sie kennzeichnendes Merkmal war, suchten sie nach einer Erfahrung schon bald eine andere. Und es gab nur wenige Eroberer, die sich nicht ein zweites Mal anwerben ließen. In der größten Schwierigkeit schwor und behauptete man, lieber sterben als zum früheren Leben zurückkehren zu wollen, überstünde man das Abenteuer, so wie Cieza de León schreibt: »Aber dann vergißt man uns, und so möchten wir lieber schon bei einer anderen Tat mitmachen.«

Im Grunde waren sie diszipliniert, obgleich auch gelegentlich der berühmte Satz für sie galt, den Befehlen des Königs »zu gehorchen, sie aber nicht auszuführen«, oder »Gott ist im Himmel, der König in Spanien, und ich bin hier«.

Im allgemeinen begann jede Eroberung mit einer direkt vom König oder einem seiner Statthalter für die amerikanischen Gebiete verfügten *»Kapitulation«*. Dabei handelte es sich um eine Art Vertrag, in dem die Bedingungen für das Unternehmen festgehalten wurden: Begrenzung des Gebietes, Festsetzung der Zeit, Pflichten des Heeres, Gewinn und Rechte für den Heerführer und seine Begleiter. Bei den Expeditionen fehlte selten ein Schreiber, ernannt entweder durch den König oder durch den jeweiligen Heerführer. Sein schriftliches Zeugnis wurde ungemein geschätzt, denn darin wurden die Erinnerungen der Protagonisten festgehalten, die eroberten Gebiete und die Besitzergreifung beschrieben, sowie die Vorstöße und die Gründung von Städten. Diese Schriftstücke waren für die Eroberer die beste Garantie, wenn es später darum ging, vom König Privilegien für die geleisteten Dienste zu fordern.

Entdeckungen und Eroberungen im Gebiet der Antillen

In den ersten 25 Jahren nach 1492 war das Gebiet der Antillen und der Karibik das Operationsfeld für die gesamten spanischen Aktivitäten bezüglich Entdeckung, Eroberung und Kolonisierung der Neuen Welt. Durch die Erfahrungen auf den karibischen Inseln sollten sich die Leute an die Tropen gewöhnen, ihren Geist abhärten, Techniken erproben und den menschlichen und wirtschaftlichen Reichtum konsolidieren, der für künftige Unternehmungen auf dem Festland unerläßlich war. Es darf auch nicht vergessen werden, daß dort die Spanier ihre Entdeckungslust befriedigten, die Vorteile von Befriedung oder Eroberung sowie die Formen der Besiedelung testeten.

Die kolumbische Epoche

Nach der ersten Reise Kolumbus', der größten Seefahrt der Geschichte, die an jenem 12. Oktober 1492 ihren Höhepunkt fand, verbreitete sich nach seiner Rückkehr die Kunde, wodurch Spanien und die Spanier lernten, daß der Ozean schiffbar war, daß es viel Land zu besiedeln und unzählig viele Leute gab, die man beherrschen könnte. Sie erfuhren auch, daß reiche Goldlager existierten, denn Kolumbus verkündete, in Cipangu selbst gelandet zu sein. Und all das gehörte schon allein aufgrund der Entdeckung den Königen von Spanien. Für Abenteuerlustige und Erfolgssüchtige waren die durch den Großadmiral am Hof vorgezeigten Trophäen – Indianer und Federwerk, bunter Tand aus den tropischen Gebieten sowie Wertgegenstände – der verlockendste Köder, den man anbieten konnte, und die Spanier bissen bald an.

Die zweite Reise Kolumbus' (1493–1496), die wegen der für uns hier interessanten Aspekte zusammen mit der dritten behandelt werden könnte, erlaubt uns, einige Punkte vorwegzunehmen. Bei der zweiten Reise handelte es sich um eine sehr umfangreiche Expedition, an der 17 Schiffe mit etwa 1.200 Mann Besatzung teilnahmen, die »streitbarsten Männer«, die das Goldfieber und – warum sollte man es nicht zugeben – auch das tropische Paradies mit seinen nackten Bewohnern angelockt hatte.

Auf die Euphorie der Anheuerung folgte eine schnelle Überfahrt. Der Ankunft sah man voller Erwartung entgegen: Jene 39 Mann der ersten Reise, die man im Fort Navidad auf der Insel Hispaniola zurückgelassen hatte, waren von den Eingeborenen getötet worden. Nach der ersten Überraschung und freundlichen Gesten jenen Männern gegenüber, die Göttern gleich empfangen worden waren, war die Konfrontation nur noch eine Frage der Zeit, auf jeden Fall unvermeidlich. Die Anpassung der Spanier an das neue Land forderte ebenfalls viele Opfer. Die zahlreichen Flotten, die von da an amerikanisches Land ansteuerten, wo die Spanier keine stabile Niederlassung hatten, mußten meist schon zu Beginn wegen Hunger und Tod aufgeben.

Auf die Entdeckung folgte die Besiedelung. 1493 errichtete Kolumbus die erste spanische Niederlassung in der Neuen Welt: die Stadt Isabella an der Nordküste der Insel Hispaniola (der heutigen Dominikanischen Republik). Die Stadt wurde entworfen, Grundstücke und Land wurden verteilt, doch wegen des autoritären, merkantilistischen und monopolistischen Verhaltens des Vizekönigs war das Leben in der Kolonie durch viel Arbeit und wachsendes Unbehagen gekennzeichnet.

Die Beziehungen zwischen Spanier und Eingeborenem waren von Anfang an für beide klar. Der friedliche Loskauf oder der Tausch von spanischen Produkten und allerlei Kram gegen Gold und wertvolle Erzeugnisse waren die Regel. Die Situation änderte sich, wenn ein Ehrgeizling auftauchte, der in kurzer Zeit viel anhäufen oder ausrauben wollte. Der Loskauf war jedoch ein zeitlich begrenzter Gewinn. Man war also bestrebt, Minen für eine dauerhaftere Ausbeutung zu finden. Kolumbus' zweite und dritte Reise dienten der Suche nach diesen Minen, und sie wurden auch gefunden. Aber was Kolumbus mit gelegentlich zu großer Strenge kontrollieren wollte, löste Ehrgeiz, Zusammenstöße zwischen Spaniern und Krieg aus und führte zur Versklavung der Besiegten. Die ersten indianischen »Köpfe« wurden schon in jenen Jahren feilgeboten.

Eine Besonderheit stellte jedoch Kolumbus' Versuch der Landbesiedelung dar. Für den Admiral, der auf eine lange merkantile Tradition zurückblickte, zählte die Privatinitiative nichts; er vertrat die Ansicht, daß alle von der Krone und von ihm als ihrem Repräsentanten bezahlt werden sollten. Der spanische Siedler und Eroberer wollte im Gegensatz dazu Aktionsfreiheit und persönlichen Vorteil auf Kosten des Eingeborenen, und mit diesem wollte er sich vermischen, wenn er auch einige vom Staat auferlegte Bedingungen akzeptierte, z. B. die Abgabe des dritten oder fünften Teils des aus den Minen geförderten Goldes. Dieses Besiedelungskonzept setzte sich schließlich bei der Eroberung Amerikas durch.

Diese Auffassung führte zum Ausbruch der ersten spanischen Rebellion auf Hispaniola. Ein Mitglied der Obrigkeit der Insel, Francisco Roldán, führte das Unbehagen unter dem Schrei »Es lebe der König!« an und siegte.

Im Zusammenhang mit der Besiedelung verdient auch ein anderer Faktor erwähnt zu werden: unmittelbar auf Erkundung und Vormarsch folgte die Gründung von Dörfern und Städten. Dies wurde schon nach der im Jahr 1502 von Ovando geleiteten Expedition so bestimmt. Von Norden nach Süden und Flüssen und Tälern folgend wurden von Kolumbus über die Insel verstreut Militärforts errichtet, die sich später zu Städten entwickelten, von denen aus die Vorstöße unternommen wurden und die sich in dem Maße festigten, in dem Goldminen erschlossen wurden. Und wenn die Insel genügend Macht und Stabilität erreicht hatte und Erforschung und Eroberung fortgesetzt werden sollten, so gingen diese immer von einer nahen Stadt aus; wenn diese noch nicht existierte, so wurde sie an der Stelle gegründet, von der die Expedition starten oder die als Stützpunkt dienen sollte. So geschah es auf der Insel Hispaniola und später auf Puerto Rico, Jamaika und Kuba. Und was sich auf diesen Inseln ereignete, setzte sich auf anderen Inseln oder auf dem Kontinent fort, zuerst in der Nähe und dann in immer größerer Entfernung.

Neue Ziele

Zwischen 1499 (als Kolumbus scheiterte) und 1503 (Gründung der »Casa de la Contratación« – Handelsbörse) lag die Entdeckungs- und Besiedelungspolitik für die westindischen Gebiete ausschließlich in Händen der Krone. Einerseits gab es offizielle, direkt von der Krone bezahlte Unternehmen, andererseits gab man der Privatinitiative Raum und setzte die Bedingungen in einem Übergabevertrag oder einem von Fonseca im Namen des Königs und des Expeditionsleiters unterzeichneten Vertrag fest.

Unter dieser neuen Orientierung wurden in jener Zeit verschiedene Flotten zur Erkundung und zum Loskauf organisiert, an deren Spitze Seefahrer standen, die schon mit Kolumbus zusammen Reisen unternommen hatten. Ihre Aktivitäten erstreckten sich auf die Küste des gesamten südamerikanischen Kontinents von Brasilien bis Mittelamerika. Von einigen werden sie die kleineren andalusischen Reisen genannt. Leute wie Alonso de Hojeda, Cristóbal Guerra, Pero Alonso Niño, Vicente Yáñez Pinzón, Diego de Lepe, Alonso Vélez de Mendoza und Rodrigo de Bastida versuchten, Landbesitz im Interesse der Krone auszudehnen und abzugrenzen, um die Rechte den portugiesischen Rivalen gegenüber zu sichern. Der finanzielle Anreiz war der Loskauf.

Ebenfalls im Interesse der Krone stand die vierte und letzte Forschungsreise Kolumbus', die einige Besonderheiten hinsichtlich seiner Person aufweist. Sie wurde von der Krone organisiert und finanziert. Ihr Ziel waren die Gewürzgebiete, sie führte in den Bereich des amerikanischen Isthmus, der bis dahin noch nicht angesteuert worden war, auf der Suche nach einer Durchfahrt oder Landenge, die es erlauben sollte, zum Indischen Ozean zu gelangen. Nach zwei Jahren voller Zwischenfälle und Schwierigkeiten und dem eindeutigen Scheitern kehrte der Großadmiral müde und von Krankheit gezeichnet nach Spanien zurück.

Entdeckung und Kolonisierung der Antillen

Nach Bobadillas Zwischenspiel eröffnete Ovanda 1502 an der Spitze einer Flotte von etwa 3.000 Siedlern neue Perspektiven im Gebiet der Antillen. Sein Stützpunkt war Santo Domingo, und sein Ziel bestand darin, für zukünftige Unternehmungen eine stabile Niederlassung als Ausgangspunkt zu schaffen. Er befriedete oder eroberte schließlich die Insel Hispaniola, auf der Männer Erfahrungen sammelten, die sich später bei Heldentaten auszeichneten (Esquivel, Ponce de León, Diego Velázquez de Cuéllar, Pizarro . . .). Er ordnete an, den Goldreichtum der Insel wirtschaftlich auszubeuten. Er organisierte systematischere Erkundungsfahrten zu den nahen Inseln, vor allem nach Puerto Rico. Und in diesen Jahren konsolidierte sich die Insel Hispaniola, die erste unter den westindischen, als Stützpunkt, von dem aus die Erkundungen und die Eroberungen fortgesetzt werden konnten.

Der neue Gouverneur Diego Colón brach, nachdem er Ovanda in diesem Amt ersetzt hatte, nicht mit diesem Schema, sondern setzte es fort. Puerto Rico, Jamaika und Kuba wurden voll in den Besiedelungsbereich der Insel Hispaniola einbezogen. In den Jahren 1508 bis 1511 gewann Puerto Rico immer mehr an Bedeutung, da an Unternehmungen zu den Kleinen Antillen, zur Perlenküste und an den Kampf gegen die Kariben gedacht wurde. Jamaika diente für Zwischenlandungen und für die Versorgung der Enklave Zentralamerika. Und nachdem Kuba konsolidiert war, fuhren von dort aus rastlose Abenteurer mit ihren Segelschiffen auf den mexikanischen Golf zu.

Erste Vorstöße auf den Kontinent – Vasco Núñez de Balboa und die Südsee

Während auf den Antillen die Konsolidierung fortgesetzt wurde, bereiteten die Könige den Vormarsch auf den Kontinent vor und dachten an die Errichtung eines Brückenkopfes: Darién, das Küstengebiet zwischen Kolumbien und Costa Rica. Sie wählten dafür Alonso de Hojeda und Diego de Nicuesa aus, unterzeichneten die Übergabeverträge im Jahr 1509 und ernannten sie zum Gouverneur von Urabá bzw. Veragua.

1511 war dieses Unternehmen eindeutig gescheitert. Die Hauptursachen dafür waren vermutlich die geringe Unterstützung durch Santo Domingo und Jamaika, der Widerstand der Indianer, die Giftpfeile, die Schwierigkeiten der natürlichen Gegebenheiten, der Ehrgeiz der Soldateska und die Unfähigkeit einiger Anführer, z. B. Nicuesas.

Aber dieses Scheitern hatte zur Folge, daß eine der hervorragendsten Gestalten der Eroberung aktiv werden konnte: der aus Estremadura stammende Adelige Vasco Núñez de Balboa. Wegen seinen Erfahrungen als Entdecker (er hatte 1502 Bastidas durch Mittelamerika begleitet), seinen Führerqualitäten, seinem Unternehmungsgeist, Mut, Ansehen bei der spanischen Truppe und Takt gegenüber den Eingeborenen – wenngleich er all dies auf der Insel Hispaniola nicht in die Praxis hatte umsetzen können und ein tristes Leben voller Schulden geführt hatte – wurde er schnell von den Mitgliedern der von Hojeda und Nicuesa angeführten und gescheiterten Expeditionen akzeptiert. Nach seiner Ernennung zum Bürgermeister von Nuestra Señora de la Antigua organisierte er mit Erfolg die Kolonie Darién.

Den spanischen Siedlern brachte er Wohlstand, indem er die Möglichkeiten für Tauschhandel und Loskauf schuf. Die rebellischen Kaziken bestrafte er hart, und seinen Verbündeten bot er Frieden und gute Beziehungen an. Im Süden erforschte er – wenn auch ohne positive Ergebnisse – das Flußgebiet des Atrato nach Gold, das in dieser Gegend erwartet worden war. Später machte er sich nach Westen auf, wobei er sich der Informationen seiner eingeborenen Verbündeten bediente, und nach der Durchquerung des Isthmus von Panama entdeckte er im September 1513 den Pazifischen Ozean.

Fast zur gleichen Zeit beschlossen die Könige, eher aus strategischem Interesse als aufgrund von glaubwürdigen Nachrichten, von Spanien aus die Statthalterschaft über Darién zu fördern, das fortan das »Goldene Kastilien« genannt wurde. Pedrarias Dávila wurde zum Statthalter und Generalkapitän ernannt. Er war eine umstrittene Person, und für Balboa bedeutete er das Verderben, denn jener ruhte nicht, bis er im Jahr 1519 die Exekution des Entdeckers des Pazifischen Ozeans anordnen konnte.

Pedrarias' Flotte kam mit mehr als 2.500 Mann in der Kolonie Darién an. Dies stellte zwei gänzlich verschiedene Gruppen einander gegenüber: die Ortskundigen, die sich an das Land angepaßt und Erfahrungen gesammelt hatten und die natürlichen Gegebenheiten kannten (d. h. diejenigen, die Balboa angeführt hatte); und auf der anderen Seite die »chapetones«, wie gemeinhin die neuangekommenen Europäer genannt wurden. Für diese pflegte die Akklimatisierungszeit immer schrecklich zu sein.

Ein Eroberer, der auf sich hielt, fürchtete die Aufschneiderei dieser Neuankömmlinge über alle Maßen, denn sie glaubten, sich ohne weiteres die Welt untertan machen zu können, und dies um so mehr, wenn sie aus dem Krieg gegen Italien kamen, was bei vielen der Fall war. Gleichermaßen gefürchtet waren später jene, die von den Schlachtfeldern in Flandern kamen. Der Preis für das Neue waren Hunger, Krankheiten und oft der Tod. Die Situation wurde noch durch den Mangel an Lebensmitteln aus Spanien verschlimmert, was die Krankheitsanfälligkeit der Bevölkerung erhöhte. Es mußte auf die Erzeugnisse des Landes zurückgegriffen werden, was wiederum negative Auswirkungen für die Eingeborenen hatte.

Wieder auf dem Festland, ging es mit den schon bekannten Unternehmungen weiter: Entdecken, Erobern oder Befrieden und Besiedeln. Die Städte waren Vorposten und Rückhalt für die spanischen Truppen und Ausgangsbasis für die Expansion. So hatte Balboa das Vorgehen geplant, und so setzte es Pedrarias fort. Santa Maria de la Antigua, Acla und Nombre de Díos waren die Vorposten in der Karibik; Panama und Natá die Pforten zum Pazifik.

Von diesen Zentren gingen die Erkundungen schnell in verschiedene Richtungen: nach Norden stieß 1522 der Richter Espinosa mit seiner Expedition vor, wie auch, ebenfalls im Jahr 1522, Gil González Dávila und Andrés Niño mit ihren weit wichtigeren Expeditionen, die, wie auch Magellan, in jenen Jahren von der Suche nach Gewürzen angetrieben wurden. Gil González Dávila gelangte bis Nicaragua und machte eine reiche Ausbeute an Gold, aber nicht an Gewürzen. Pedrarias schickte eine andere Expedition nach Süden mit Pascual de Andagoya an der Spitze (1522), die die Aufgabe hatte, Informationen über die Existenz eines sagenhaften Reiches zu sammeln. Diese ersten Vorstöße und verschiedene Gerüchte waren die Ursache dafür, daß Francisco Pizarro aus Trujillo, ein Veteran der Unternehmungen auf den Antillen und zu jener Zeit Statthalter in Panama, die Eroberung des peruanischen Reiches in Angriff nahm.

Die endgültige Niederlassung im mittelamerikanischen Gebiet wurde später vollzogen: in Nicaragua im Jahr 1524, im heutigen Costa Rica 1539 und im westlichen Panama (Veragua) 1558. Guatemala, El Salvador und Honduras wurden dann von Neu-Spanien aus erforscht und besiedelt.

Die Expedition Magellan – Elcano und die Weltumsegelung

Mit dieser Reise sollte einer der alten spanischen Träume realisiert werden: der Vorstoß zu den Gewürzgebieten. Dies war der Hauptbeweggrund für die Entdeckung Amerikas und auch der Grund für Kolumbus' letzte Reise gewesen, und unter der Anführung der beiden erfahrenen und seekundigen Männer Magellan und Elcano sollte der Versuch endlich von Erfolg gekrönt werden. Wegen ihrer kosmographischen Transzendenz kann diese Reise auch als Bindeglied zwischen zwei Entdeckungszyklen betrachtet werden, denn nach dieser Fahrt ist der amerikanische Kontinent klarer umrissen, und es wird bestätigt, was Balboa schon 1513 mit der Entdeckung des Pazifischen Ozeans vorweggenommen hatte.

Am 20. September 1519 stachen (laut Pigafetta) fünf Schiffe mit 237 Mann Besatzung, die von der Krone und dem einflußreichen Kaufmann Cristóbal de Haro aus Ambéres finanziert wurden, von Sanlúcar aus in See. Das Unternehmen wurde von dem großen und äußerst tapferen Seefahrer, dem häßlichen, hinkenden Portugiesen Fernando de Magellan befehligt. Das Verdienst dieser so langen Seereise liegt darin, daß tausend Gefahren und Abenteuern getrotzt wurde, Rivalitäten und nicht wenige, schwer zu bezähmende Eifersüchteleien überstanden wurden, eine Klimazone nach der anderen durchfahren wurde und schließlich der Beweis erbracht werden konnte, daß sich das amerikanische Festland nach Süden hin öffnet – die Magellan-Straße. Aber auch die Angst vor Hunger gehörte dazu und jene neue schreckliche Geißel der langen Seereisen, der Skorbut. Die Seefahrer bestätigten, daß die Erde rund ist und sich bewegt; sie gelangten zu den Molukken oder Gewürzinseln, was Magellan und viele andere Besatzungsmitglieder das Leben kostete; sie umgingen, wo und wie immer möglich, die portugiesischen Rivalen und kehrten schließlich unter Elcanos Kommando mit einem einzigen Schiff – der »Victoria«, bei der schon das Wasser durch alle Ritzen lief – in den Ausgangshafen zurück. Sie hatten ungefähr 500 Zentner Gewürze im Schiffsbauch, was einen Reingewinn von mehr als 4 Prozent für das Unternehmen abwarf.

Alle diejenigen, die noch Zweifel an der Zukunft dieser Heldentat wie auch an der nicht weniger überraschenden und spektakulären des Hernán Cortés gehegt hatten, wurden zu Nacheiferung, Ruhm, Ausbeute und Adelsprivilegien angelockt. Elcano tauschte seine Schulden gegen einen gewissen Reichtum, große Ehren und ein Wappen ein, das an die Großtat erinnerte: *primus circumdedisti me* (der erste, der mich umsegelte), wie die Legende rund um die Erdkugel verkündete. Bei großen Träumern fiel der Samen auf fruchtbaren Boden, und auch die faszinierende Macht der Schätze des Moctezuma lockte.

Expansionen im Norden Südamerikas

Bis lange nach 1520 war nur die Küste von Interesse gewesen. Um die Jahrhundertwende herum war sie vom Amazonas bis nach Mittelamerika befahren worden, ohne daß von den Entdeckern nennenswerte Stützpunkte gegründet worden wären. Nur die Enklave Cubagua wurde von den antillischen Niederlassungen aus gut bewacht. Die Erfahrungen mit der friedlichen Verbreitung des Evangeliums durch Dominikaner und Franziskaner entlang der venezolanischen Küste machen verständlich, daß man sich im zweiten Jahrzehnt des 16. Jahrhunderts aus diesem Gebiet fernhielt. Erst die Notwendigkeit, Arbeitskräfte für die Minen in Santo Domingo oder Puerto Rico zu finden, führte dazu, daß man in den Siedlungen entlang jener Küste nach Sklaven suchte.

1525 verstärkte sich das Interesse für dieses Gebiet. Der gichtkranke, inzwischen 60jährige Rodrigo de Bastidas, einer der ersten Entdecker und zu jener Zeit Kaufmann in Santo Domingo, ließ sich auf das Unternehmen ein. Wurde er von Fiebern, von jenen Gerüchten getrieben, die von sagenhaften Reichen im Süden sprachen? Wie Andagoya, Pizarro, das rastlose Volk in Panama? In Santo Domingo war man gewöhnlich gut informiert.

Der Zugang zum südamerikanischen Kontinent wurde von drei Städten aus geplant: von *Santa Marta* aus, 1525 von Bastidas gegründet und Hauptstadt der gleichnamigen Statthalterschaft, war es möglich, am Rio Magdalena entlang zu den Hochebenen im Landesinneren zu gelangen. Von *Coro*, 1527 von dem königlichen Bevollmächtigten Juan de Ampiés errichtet, starteten die Expeditionen an die oberen Flußläufe des Orinoko und seiner Nebenflüsse. Von *Cartagena* aus, 1533 von Pedro de Heredia gegründet, drang man am Cauca entlang nach Quito und Popayán vor.

Die Provinzhauptstadt Santa Marta war die erste und die wichtigste Stadt, und von dort aus starteten die Expeditionen mit der größten Bedeutung für die Eroberung. Nach Bastidas' Tod, verursacht durch die Zwistigkeiten und Revolten seiner eigenen Truppe, folgten Jahre voller Schwierigkeiten, die mit der Versklavung der Eingeborenen und Unsicherheit für die Spanier endeten. Die provisorischen Gouverneure und auch der von der Krone ernannte, García de Lerma, verschlimmerten die Situation, anstatt sie zu verbessern. 1533 unterzeichnete der König einen Übergabevertrag mit Pedro Fernández de Lugo, Statthalter auf den Kanarischen Inseln, um die Statthalterschaft Santa Marta zu befrieden. Drei Jahre später marschierte dieser mit 1.500 Mann in die Stadt ein, was ein immenses Problem brachte: Mangel an Nahrung für eine so zahlreiche Truppe; durch die Nachrichten, die aus dem kürzlich eroberten Peru kamen und die den Marsch ausgelöst hatten, wurde die Lage weiter verschärft.

Der quälende Hunger in Santa Marta führte zu dem, was man eine Flucht nach vorne nennen könnte: das Vordringen ins Landesinnere und die Eroberung der Hochebene Kolumbiens. Die Expedition wurde von González Jiménez de Quesada geleitet, der den Rio Magdalena entlang vordrang. Unter unglaublicher Mühsal schoben sich zwei Marschkolonnen, die eine auf dem Fluß, die andere auf dem Land, langsam bis zu einer Stelle vor, an der der Fluß enger wurde und sie ihren Weg nicht so fortsetzen konnten, wie sie es bis dahin getan hatten. Sie hatten noch nicht die Vorstellung aufgegeben, eines Tages nach Peru und an die Südsee zu gelangen. Dieser Traum hatte seine Wurzel in der geographischen Unkenntnis.

Auf ihrem Weg weiter ins Landesinnere tauchten mit dem Wechsel der Landschaft bald andere positive Anzeichen auf. Je weiter die Expedition auf die Hochebene vordrang, desto deutlicher wurde, daß es sich bei der eingeborenen Bevölkerung, auf die sie stieß, um ein reiches, gebildetes Volk handelte. Die Einwohner trugen gutverarbeitete Kleidung in feinen Farben. Die Expedition stand im Begriff, auf das Hochkulturvolk der Chibcha zu treffen.

Suba, Bacatá und Tunja sind Eroberungen, die das Unvermögen der Eingeborenen gegenüber der Übermacht der Kavallerie und dem Büchsenlärm zeigen. Bei Tunja wurde im Jahr 1537 eine überaus reiche Beute gemacht, die aber im Vergleich mit der in Sogamoso eroberten (Palast und Sonnentempel) als klein zu betrachten war. Einen der vielen Zwiste zwischen Kaziken und Königen, für die es so viele Beispiele in der Zeit der Eroberung gibt, benützte Quesada, um das Land zu befrieden und eine Verständigung zwischen Indianern und Spaniern zu erzielen. Es wird erzählt, daß sich Quesada selbst an die Spitze eines Heeres von 50 Spaniern und 20.000 Indianern unter dem befreundeten Stammeshäuptling Zaquesagisa stellte, um gegen die kriegerischen Panche zu kämpfen, die nach der Niederlage die zwei von Quesada auferlegten Bedingungen akzeptieren mußten: Gehorsam gegenüber dem König von Spanien und Übergabe ihrer Waffen an den Stammeshäuptling von Bacatá.

Im Jahr 1539 gründeten Jiménez de Quesada und Federmann, der von Coro aus gestartet war, Santa Fe de Bogotá, die künftige Hauptstadt von Neu-Granada.

Der zweite Vormarsch ins Innere des Kontinents wurde von Santa Ana de Coro aus durchgeführt, das 1527 von Ampiés gegründet worden und ein von Kaiser Karl V. für die deutschen Expeditionen reservierter Stützpunkt war. Der Konzession dieses Stützpunktes an die Deutschen lag eine große Zahlung für geleistete Dienste zugrunde. Es ist bekannt, daß die Welser mit ihren Darlehen den jungen Karl 1519 auf den kaiserlichen Thron gebracht hatten. In den darauffolgenden Jahren konnte dieses Handelshaus mit den spanisch-amerikanischen Gebieten Handel treiben und seine eigenen Agenten in Santo Domingo halten. In den Jahren 1527 und 1528 unterzeichnete Heinrich Dalfinger im Namen der Welser verschiedene Darlehen an den Kaiser. Ebenfalls 1528 schlossen die Welser durch ihre beiden Bevollmächtigten Hieronymus Sailer und Heinrich Dalfinger fünf Pakte, von denen der dritte erwähnt zu werden verdient, der am 27. März 1528 unterzeichnet wurde. Es war ein Vertrag zur Entdeckung, Kolonisierung und Beherrschung von Venezuela im Gebiet zwischen Kap Maracapana und Kap Vela, der Grenze zur Provinz Santa Marta. Zum ersten Gouverneur wurde Ambrosius Dalfinger ernannt.

In mehr als zehn Jahren setzten drei deutsche Gouverneure, (Ambrosius Dalfinger, Georg Hohermuth und Philipp von Hutten) Energien, Geld und sogar ihr eigenes Leben ein. Als einzig positives Ergebnis ist die Öffnung einer Route nach Neu-Granada hervorzuheben und ihre Bedeutung hinsichtlich der geographischen Kenntnisse von Südamerika.

Venezuela war für die Deutschen wegen ihrer Besessenheit, das mythische El Dorado zu finden, nur ein Durchzugsgebiet. Aus diesem Grund war Coro für sie immer nur »ein Dorf von kurzer Dauer«. Die Eroberungsmärsche nach Osten, bei denen das spätere Venezuela oder Neu-Andalusien gegründet wurde, fanden erst später statt. Caracas war Mitte des 16. Jahrhunderts nur ein »winziges Bauerndorf«. Ein Begleiter von Diego de Ordás, Diego Fernández de Serpa, wurde von Philipp II. zum Gouverneur von Neu-Andalusien ernannt.

Nach seiner Ankunft in Coro kam Ambrosius Dalfinger nicht so sehr seinen Aufgaben als Gouverneur nach, sondern begeisterte sich vielmehr für alles, was über El Dorado erzählt wurde; er erforschte den Golf von Maracaibo, gründete die gleichnamige Stadt und beharrte, nachdem er wegen einer Krankheit eine kurze Pause hatte einlegen müssen, im Jahr 1531 auf seinem Vorhaben, wobei er schließlich von den Indianern umgebracht wurde.

Auch für Georg Hohermuth, mit dem zusammen Nikolaus Federmann angekommen war, wurde El Dorado zur fixen Idee. Er hatte von einer sehr reichen Provinz (Xerira oder Jerida) in der Hochebene der Chibcha gehört. Im Verlauf der Zeit wurde die geographische Lage von El Dorado jedoch immer unbestimmter: Für einige lag es am Ursprung der Flüsse Meta und Guavire; andere identifizierten es mit Xerira oder Jerida, das im äußersten Norden der Chibcha-Hochebene liegen sollte. 1535 war Federmann bereit, sich auf die Suche zu machen. Auch der letzte deutsche Gouverneur, Philipp von Hutten, suchte El Dorado. 1541 organisierte er eine Reise und brach in die gleiche Richtung auf wie Hohermuth, kehrte aber ohne Erfolg nach Coro zurück.

Der Mythos von El Dorado

Diese Legende entstand offensichtlich durch den vermeintlichen Reichtum und die Macht der Chibcha-Indianer in der Hochebene von Kolumbien. Es wurde erzählt, daß die Thronbesteigung des Königs, der absolute Macht hatte und mit allen Attributen einer Gottheit ausgestattet war, nach einer sehr umfangreichen Zeremonie erfolgte, die auch den Ritus des Eintauchens des mit Goldstaub bedeckten Königs in den Guatabita-See beinhaltete.

Nicht nur die in Venezuela lebenden Deutschen waren von der Idee nach der Suche des El Dorado besessen. Auch die in der Gegend umherziehenden Spanier wurden davon angelockt. Diego de Ordás startete von San Miguel de Paria aus und marschierte den Orinoko hinauf bis zur Einmündung des Meta.

Benalcázar erforschte aus seiner Stellung als stellvertretender Gouverneur der Region Quito heraus die Küste und errichtete dort Guayaquil. Im Norden gründete er Popayán und Cali (1537). Seine Expedition zur Hochebene Kolumbiens auf der Suche nach dem El Dorado hatte möglicherweise mit Zwistigkeiten mit den Brüdern Pizarro oder einfach mit dem Wunsch zu tun, selbst eine Eroberung zu leiten. In Bogotá traf er auf Jiménez de Quesada und Federmann. Nachdem er zum Hof nach Spanien gereist war, um vor dem Kaiser seine Rechte zu verteidigen, erhielt er 1540 die Statthalterschaft von Popayán.

Gonzalo Pizarro organisierte nach der Ernennung zum

Gouverneur durch seinen Bruder Francisco von Quito aus im Jahr 1541 eine mächtige Truppe, um in Richtung der Kordilleren auf das Landesinnere zuzugehen und dort nach der mythischen Stadt zu suchen. Er gelangte in das Zimtgebiet, wie ihm aber die Eingeborenen versicherten, lag El Dorado weiter östlich. Dort stießen sie auf den Zusammenfluß großer Flüsse, den Amazonas, und Pizarro ordnete an, ihm zu folgen. Dem aus Trujillo stammenden und Pizarro zugetanen Francisco Orellana wurde eine Brigantine unterstellt, die für die Beförderung von Gerätschaften und Kranken auf dem Amazonas erbaut worden war, während die Truppe das Ufer entlang vorrückte. Orellana erhielt den Befehl, sich auf die Suche nach Nahrung zu begeben, und wurde vom Rest der Truppe nie wiedergesehen. Wurde er abtrünnig oder von den Umständen getrieben? Die vollständige Wahrheit wird man wahrscheinlich nie erfahren. Orellana fuhr unter großer Mühe bis zum Meer hinab; er stellte dabei die Größe dieses Wasserweges fest und beseitigte viele Irrtümer über die geographische Mannigfaltigkeit dieser Gebiete. Er fuhr bis Cubagua und von dort aus zum Hof nach Spanien. Dort verbreitete er aufs neue das Gerücht über El Dorado, und 1544 kehrte er mit einer neuen Truppe nach Amerika zurück. Er starb dort und riß viele andere, die von unhaltbaren Versprechungen betört worden waren, mit in den Tod.

Die Eroberung des Rio de la Plata

In den ersten Jahrzehnten des 16. Jahrhunderts war die Erkundung und die Errichtung von Niederlassungen in den Hochebenen Südamerikas verglichen mit denen in der Karibik zweitrangig. Wichtig war allerdings die größtmögliche Sammlung von Daten über die Form der Küsten, über Länge und Breite der Landstriche, um diese Informationen bei den Streitigkeiten über die Demarkation des Ozeans mit Portugal geltend machen zu können. Unter dem Gesichtspunkt dieser Sorgen ist die Reise zu sehen, die der bedeutendste Seefahrer der Handelsbörse, Juan Díaz de Solís, 1515 begann. Er sollte die Ostküste Südamerikas erforschen und einen Durchgang zu der kürzlich entdeckten Südsee finden. Zu Beginn des Jahres 1516 kam er zum Rio Solís, der später als Rio de la Plata bekannt wurde, und war überzeugt, das gefunden zu haben, was er gesucht hatte. Sein Tod an der Flußmündung setzte dieser Forschungsreise ein Ende.

Magellans spätere Ankunft und der Erfolg seines Unternehmens ermunterten verschiedene Privatgesellschaften, vor allem eine Gruppe von Kaufleuten aus Sevilla, 1526 eine Expedition unter Sebastián Cabotos Führung zu organisieren. Er fuhr auf dem Paraná ins Landesinnere, stieß auf Kannibalen, fand einige Gegenstände aus Silber und erhielt Nachricht über ein Silbergebirge im Westen. Er war es, der diesem Wasserweg den Namen Rio de la Plata gab.

Die lange Dauer der Eroberung und Kolonisierung dieses Teils von Amerika (1515–1583) und die geringe Begeisterung, die dafür aufgebracht wurde, sind darauf zurückzuführen, daß die Spanier dort mit geographischen, wirtschaftlichen und menschlichen Schwierigkeiten zu kämpfen hatten wie in keinem anderen Gebiet.

Die geographischen Gegebenheiten dieser Gebiete waren ein entscheidender Faktor: sie lagen in der gemäßigten Zone, im Gegensatz zu den tropischen Gebieten, die bei den vorherigen Unternehmen vorherrschend gewesen waren; sie lagen weit entfernt von den großen spanischen Niederlassungen in der Neuen Welt, und folglich waren sie von Expeditionen abhängig, die direkt von der spanischen Halbinsel aus organisiert wurden; das Vordringen der Spanier war vom Verlauf der Flüsse abhängig; es handelte sich um ein offenes, außerordentlich ausgedehntes Gebiet, in dem Wüste und Flachland das Haupthindernis für die Eroberer darstellten. Die spanischen Vorposten wurden entlang der Flüsse angelegt, Nuestra Señora del Buen Aire (1536), das Fort Corpus Christi und Nuestra Señora de la Esperanza, die vom ersten Bevollmächtigten Pedro de Mendoza gegründet worden waren, sollten den Eingang zu diesem Binnenmeer absichern. Das Vordringen ins Landesinnere erfolgte die Flüsse Paraná und Paraguay entlang und von Nuestra Señora de la Asunción (1537) als großer Enklave aus, von wo aus die weit entfernte, unbestimmte, aber fest in der Vorstellung verankerte Sierra de la Plata entdeckt und beherrscht werden sollte.

Die zweite Schwierigkeit, die das verringerte Interesse an dieser Eroberung erklärt, lag darin, daß der ökonomische Anreiz von Anfang an geringer war als bei anderen Gebieten. Mehr als zehn Jahre (von 1536 bis 1547) waren jedoch alle maßgebenden Persönlichkeiten in jenem Gebiet davon besessen, das »silberne Gebirge« zu entdecken. Mendoza beauftragte schon 1536 Juan de Ayolas und Martínez de Irala mit der Leitung der ersten Expedition, und auf der Suche nach dem sagenhaften Gebirge zogen sie den Paraguay hinauf und durchquerten die Chaco-Wüste. Ayola hatte Erfolg, fand aber wegen mangelnder Koordinierung mit Irala, der zurückgeblieben war, durch die Indianer den Tod.

Der zweite Bevollmächtigte des Rio-de-la-Plata-Gebietes, Alvar Núñez Cabeza de Vaca, wurde von dem Augenblick an, in dem er den Oberbefehl über diese Gebiete übernahm, von dem Gedanken an dieses Unternehmen angetrieben. 1543 machte er einen Versuch, der jedoch mit einem Mißerfolg endete. Im darauffolgenden Jahr brachte eine weitere Expedition sehr genaue Informationen. Im Jahr 1547 erreichte Martínez de Irala schließlich die heißersehnte Sierra de la Plata, wurde allerdings dadurch enttäuscht, daß sie bereits von aus Peru kommenden Expeditionen erforscht worden war. Die jahrelange Anstrengung war vergeblich gewesen.

Neben dem Silber als unmittelbarer Realität war der Hunger von Anfang an ein Faktor, der zu wirtschaftlichen Aktivitäten antrieb. Der Mangel an Nahrungsmitteln zwang den Spanier vom ersten Augenblick an, das Land zu kultivieren, denn darin bestand die einzig mögliche Form zu überleben.

Die dritte Schwierigkeit, die menschliche, zeigte sich in zweifacher Weise: auf der einen Seite waren die Eingeborenen besonders feindselig und wenig vertrauenswürdig. Solís erlebte es am eigenen Leib. Caboto stieß auf Kannibalen, die sich eines großen Teils seiner Expedition bemächtigten. Ayolas wurde von Indianern, die Freundlichkeit vorgetäuscht hatten, erschlagen. Und einige Eingeborenenstämme benützten Giftpfeile, einer der Schrecken der Spanier.

Andererseits war diese Eroberung nicht die Tat eines einzigen Anführers wie in Peru oder Mexiko, sondern das Werk wurde von verschiedenen Männern verwirklicht. Die Möglichkeit, die der König den Siedlern am Rio de la Plata im Jahr 1537 gewährte, nämlich demokratisch einen Anführer zu wählen, trug zu dieser Aufsplitterung bei und löste Rivalitäten unter den Eroberern aus.

Der lange Prozeß der Eroberung des Rio-de-la-Plata-Gebietes wurde gerechterweise durch die Bemühungen der Siedler zu Ende geführt, die aus Peru und Chile kamen und Städte wie Santiago del Estero (1549) und Córdoba (1573) gründeten. Juan de Garay legte den Grundstein für Santa Fe, und im Jahr 1580 wurde Buenos Aires zum zweiten Mal, und endgültig, gegründet – eine Pforte von besonderer Bedeutung für Amerika und Europa.

Chile, der ausgeglichene Kampf bei der Eroberung

Selten wurden bei der Eroberung Amerikas so großartige Taten, ein so ausgeglichenes Kräfteverhältnis, ein so großer Einsatz von Tapferkeit und Energien, Zähigkeit und Ausdauer im Kampf gezeigt, wie dies die beiden Kampfparteien bei der Eroberung Chiles taten. Es ist kein Zufall, daß das berühmte Epos über die Eroberung den Namen *Araucana* trägt. Ercilla verewigte in seinem Werk die härteste und ausgewogenste kriegerische Auseinandersetzung, wie auch die ritterlichste, längste und aufwendigste.

Die Eroberung Perus rief bald Wellen der spanischen Expansion in alle Richtungen hervor. 1535 wurde Almagro, einer der großen Sieger in den Inka-Kämpfen und zu der Zeit auf der Höhe seines Triumphes, von Pizarro beauftragt, die christlichen Gebiete nach Süden bis Chile auszudehnen. Dieses Gebiet ist durch die Atacama-Wüste von Peru getrennt; durch dieses schwer zu überwindende geographische Hindernis war Chile praktisch von seinen mächtigen Nachbarn isoliert geblieben. Der Marsch Almagros und seiner Truppe war hart, und viele Verluste waren zu verzeichnen. Die Armut jenes Landes stand im krassen Gegensatz zu Cuzco, aus dem sie kamen. Bei der Rückkehr brach die Rivalität mit Pizarro aus, die zum Krieg und zum Tod Almagros führte.

Nachdem das Feld frei war, wurde 1540 Pedro Valdivia damit beauftragt, die Eroberung Chiles fortzusetzen. Er stammte aus La Serena in Estremadura, hatte in Italien gekämpft und war mit Francisco Pizarro, der ihn zum Anführer des Heeres machte, eng verbunden.

Er folgte dem Küstenstreifen, durchquerte die Atacama-Wüste, gelangte nach Copiapó und ins Mapocho-Tal, wo er in der Nähe der Reede von Valparaiso die Stadt Santiago gründete (1541). Der Empfang durch die Araukaner war von Anfang an wenig freundschaftlich. Um überleben zu können, mußten die von Valdivia vortrefflich angeführten Soldaten das Land bestellen und selbst Vieh züchten, bis aus Peru Verstärkung eintraf. Bei einer dieser Reisen nach Peru geriet Valdivia mitten in einen Bürgerkrieg zwischen Anhängern Almagros und Pizarros (1548). Er stellte sich auf die Seite der Legalität, was ihm den Titel des Gouverneurs von Chile einbrachte.

Bei der Eroberung Chiles sind es nicht die Kolonisierungsphasen, die am meisten überraschen, sondern der Krieg an sich, der anders als im restlichen Amerika geführt wurde. Die Konfrontation war lang, hart und ausgewogen. Die Kämpfer lernten wegen ihrer Härte und Ausdauer vom Gegner jeweils das Beste. Der Araukaner lernte vor allem, die Waffen der Spanier zu handhaben; er lernte die Schwächen seines Feindes kennen; er machte sich mit dem Pferd und den stählernen Waffen vertraut, und er war todesmutig. Die Spanier stellten voll Überraschung fest, daß die Araukaner schon wenige Jahre nach dem ersten Zusammenstoß ihre Schwadronen nach europäischem Vorbild aufzustellen wußten, d. h. mit System und großer Disziplin. Sie waren mit langen Lanzen versehen, um den Ansturm der Kavallerie aufzuhalten, genauso wie man das in den europäischen Kriegen machte.

Es war ein Krieg, in dem sich beide Seiten gleichermaßen durch Tapferkeit auszeichneten. Der Indianer nahm des Spaniers eigene Kampfformen an, er hispanisierte sich. Aber umgekehrt indianisierte sich auch der Spanier. Auf den Schrei »Inche Caupolicán!« (Ich bin Caupolicán), der mitten im Kampf halb verächtlich, halb hochmütig ausgestoßen wurde, antwortete der Spanier mit »Inche Bernal!« (Ich bin Bernal). Auch zogen manche Krieger ohne Helm in den Kampf, damit man ihre Glatze sehen konnte und so wußte, wo sie sich befanden.

Da für beide Teile soviel auf dem Spiel stand, fehlte es auch nicht an Grausamkeit. Wegen der hervorragenden Persönlichkeit Valdivias erschüttert sein Tod um so mehr, denn vermutlich wurde er von den Indianern nach der Niederlage von Tucapel (1553) in einem rituellen Akt verspeist. Und von den Araukanern wurde Caupolicán 1558 besiegt und gepfählt.

Aguirre, Villagra und García Hurtado de Mendoza folgten Valdivia im Krieg wie im Frieden, sie kämpften erbarmungslos und mit unglaublicher Zähigkeit gegen die Araukaner, aber sie gründeten auch neue Städte. Mendoza gründete südlich von Valdivia Osorno (1558) und Villagra, und von chilenischen Siedlern begleitet, machte er sich aufs neue in die Anden auf, zum Fuße des Aconcagua, und errichtete die Städte San Juan und Mendoza (1561/62). Nur die Zeit ließ langsam diesen heldenhaften Kampf vergessen.

Eine Art Schlußfolgerung

1570 war der Großteil der Eroberung Amerikas abgeschlossen. Von Florida bis zum Südatlantik, von Kalifornien bis Feuerland hatten jene ungestümen, in ihre Stahlrüstungen eingezwängten Spanier schon fast alles durchlaufen. Weder Urwald noch Gebirge, Wüste oder Flachland konnte sie aufhalten. Und ihr Durchmarsch erfolgte, als ob sie in Eile wären: um als erste etwas Neues zu entdecken, um anderen bei der Abgrenzung von Land und der Zuteilung von Indianern zuvorzukommen. Sie hatten Eile, ihre Taten denjenigen gegenüber geltend zu machen, in deren Macht es stand, die Belohnung dafür auszusprechen. Wie viele gaben nicht Leben und Vermögen hin, um dem Hof auf der Suche nach öffentlicher Anerkennung Folge zu leisten! Man sollte nicht vergessen, daß eine solche Anerkennung Reichtum, Zuteilung von Indianern, Statthalterschaften, die Herrschaft über Vasallen, die Bestellung von Ländern, Abgaben von den Indianern und anderes mehr mit sich brachte.

Manche stellten die bei der Eroberung begangenen Wege für das Eindringen in den Kontinent und die Vormärsche in Frage. Wenn man heute die Landkarte aufschlägt und die Verteilung der Siedlungen betrachtet, so überrascht die Logik, mit der die Eroberer vorgingen: von der spanischen Halbinsel aus erfolgte die Entdeckung auf dem geeignetsten Weg; und mit Ausnahme Mexikos wurde beim Angriff auf den Kontinent die Herrschaft durch Verrat erreicht.

Es wurde oft gesagt, daß die Schnelligkeit, mit der die Spanier den Kontinent unterwarfen, auf ihre überlegene Militärtechnik zurückzuführen war. Dies ist nur teilweise wahr. Ist es nicht erstaunlich, daß einige kleine spanische Truppen, auch wenn sie bis an die Zähne bewaffnet waren, Abertausende von tapferen eingeborenen Kriegern mit Leichtigkeit besiegten? Die hierarchische Organisation der großen Reiche war ein Vorteil, den die Spanier schnell ausnützten. Wenn der Stammeshäuptling auf dem Schlachtfeld geschlagen wurde, so hieß das die unmittelbare Kapitulation der gesamten Eingeborenen-Armee. Und diese Völker, die an ein ausgeprägtes Vasallentum gewöhnt waren, nahmen ohne großes Trauma den Wechsel vom großen Eingeborenenhäuptling zum großen spanischen Anführer hin. Eine weitere unschätzbare Hilfe waren die Völker selbst, die bis zur Ankunft der Weißen unter der Sklaverei gelitten oder als Opfergabe für die Götter gedient hatten. Wenn sie sich mit den Spaniern vereinigten, überkam sie ein immenses Rachegefühl, dem sie mit Befriedigung nachgaben.

Mehr Schatten als Licht – so meinen die meisten – ist die Bilanz der Eroberung. Einige verteidigten mit Eifer und sogar mit Gewalt die mit den Waffen geschaffene privilegierte Situation; dabei fehlten auch nicht die schärfsten und übertriebensten Kritiker. Auf die so beharrlich geforderten Reformgesetze folgte jämmerliches Scheitern. Das Klima für eine Lösung wurde durch eine radikale Haltung auf der einen wie der anderen Seite getrübt; und in der Mitte standen die Könige, die versuchten, die beiden Staatswesen, das christliche und das indianische, zu harmonisieren. Um der Angst ein Ende zu setzen, die das Gewissen der spanischen Monarchen belastete, nachdem die Indianer ihnen ihre Zweifel vorgetragen hatten, dekretierte Philipp II. im Jahr 1573 die *Nuevas Ordenanzas de población y descubrimiento* (Die neue Verordnung über die Besiedelung und Entdeckung). Darin wurde die künftige spanische Politik für die Gebiete in Spanisch-Amerika festgelegt. Nun war nicht mehr der Krieg als Mittel des Vordringens vorgesehen, sondern die Tätigkeit der Kolonisatoren, deren Phasen das Entdecken, Besiedeln und Befrieden waren. Das Wort »Eroberung« war fortan geächtet.

Bibliographie

CESPEDES DEL CASTILLO, G.: América Hispanica (1492–1898). Historia de España dirigida por M. Tuñón de Lara, Bd. VI. Labor, Barcelona 1983.

DESCOLA, J.: Los conquistadores del imperio español. Juventud, Barcelona 1957.

DURAND, J.: La transformación social del conquistador. Mexiko 1953, 2 Bde.

ESTEVE BARBA, F.: Descubrimiento y conquista de Chile. Barcelona 1946.

FRIEDE, J.: Descubrimiento y conquista del Nuevo Reino de Granada. Bogotá 1959.

GONGORA, M.: »Los grupos de conquistadores en Tierra Firme (1509–1530)«. Edit. Universitaria, Santiago de Chile 1962.

GONGORA, M.: »El estado en el derecho indiano. Epoca de fundación, 1492–1570«. Santiago de Chile 1951.

KONETZKE, R.: América Latina, II: La gran época colonial. Siglo XXI, Madrid 1976 (5. Aufl.).

KONETZKE, R.: Descubridores y conquistadores de América. De Cristobal Colón a Hernán Cortés. Gredos, Madrid 1968.

LEONARD, I. A.: Los libros del conquistador. F. C. E., Mexiko 1953.

MELON Y RUIZ DE GORDEJUELA, A.: »Los primeros tiempos de la colonización. Cuba y las Antillas. Magallanes y la primera vuelta al mundo«. Hist. de América, dir. por A. Ballesteros, Bd. VI. Salvat., Barcelona 1952.

MORALES PADRON, F.: Hist. del descubrimiento y conquista de América. Edit. Nacional, Madrid 1981 (4. Aufl.).

PARIAS, L. H. (Hrsg.): Historia Universal de las Exploraciones, Bd. II, Madrid 1968.

PEREZ DE TUDELA, J.: Las armadas de Indias y los orígenes de la política de colonización. C. S. I. C., Madrid 1956.

RUBIO, J. M.: »Exploración y conquista del Rio de la Plata«. Hist. de América, dir. por Ballesteros, Bd. VIII, Barcelona 1942.

SALAS, A. M.: Las armas de la conquista. Emecé, Buenos Aires 1950.

ROSEMBLAT, A.: La población indígena y el mestizaje en Amerérica. 2 Bd. Buenos Aires 1954.

SIMPSON, L. B.: Los conquistadores y el indio americano. Península, Barcelona 1970.

ZAVALA, S.: Las instituciones jurídicas en la Conquista de América. Madrid 1935.

DIE EROBERUNG VON MEXIKO UND PERU

Luis Navarro García
Universidad de Sevilla

Einführung

Nachdem die größten Inseln der Antillen besetzt waren, begann für die Spanier die Zeit der großen Eroberungen auf dem Festland. Von Kuba und Panama aus wurden Feldzüge durchgeführt, die in wenigen Jahren den Sieg über die beiden mächtigsten vorkolumbischen Staaten bzw. Reiche – das Azteken- und das Inkareich – und die angrenzenden Gebiete brachten. Als Ergebnis der Unternehmen des Hernán Cortés und des Francisco Pizarro entstand ein spanisches Reich von unheimlichen Ausmaßen in Übersee, das viele indianische Völker umfaßte und später wegen seiner vielen Edelmetalle berühmt werden sollte.

Die Eroberung des Hernán Cortés

Das glänzendste Unternehmen der spanischen Eroberungen in Amerika, die Eroberung Mexikos, wurde von Hernán Cortés, einem unbekannten Edelmann aus Estremadura, der im Jahr 1485 in Medellin geboren worden war, durchgeführt. Hernán Cortés hatte an der Eroberung Kubas teilgenommen und war Bürgermeister der Hauptstadt Santiago, als ihn der Gouverneur Diego Velázquez zum Führer einer Expedition bestimmte, die die Küsten des nahen Festlandes erkunden sollte, das schon vorher von anderen Kundschaftern besucht worden war. Hernán Cortés stach an der Spitze einer Armada, die er zum größten Teil selbst finanziert hatte, Anfang 1519 in See: elf Schiffe mit 518 Soldaten, einigen Armbrust- und Gewehrschützen, 16 Pferden und einigen Kanonen.

Von Kuba aus fuhr Hernán Cortés zur Küste Yucatáns, wo er einen Schiffbrüchigen, der acht Jahre lang Gefangener der Maya gewesen war und während dieser Zeit ihre Sprache gelernt hatte, mit Namen Jerónimo de Aguilar auflas. Dann segelte er in Richtung Westen und Süden, immer an der Küste Yucatáns entlang, bis nach Tabasco. Dort gab es einen Kampf mit den Eingeborenen, die er besiegte und deren Land er in Besitz nahm. Die Indianer gaben ihm 20 Frauen als Geschenk, unter ihnen eine Frau aus adligem Geschlecht, die von den Spaniern Doña Marina genannt wurde und die neben dem Maya auch das Nahuatl, die Sprache Zentralmexikos, beherrschte. Mit diesen zwei Dolmetschern – Aguilar und Doña Marina – konnte Hernán Cortés mit den Einwohnern des mexikanischen bzw. aztekischen Imperiums Kontakt aufnehmen.

Im April 1519 erreichte Hernán Cortés die Küste des heutigen Vera Cruz. Dort empfing er die Gesandten des großen Kaisers Moctezuma, die ihm reiche Geschenke, Gold und Schmuck brachten, aber gleichzeitig eine unmißverständliche Botschaft: Moctezuma wünschte, daß die Spanier in die Hauptstadt Mexiko, auch Tenochtitlan genannt, kämen. Das war auch der größte Wunsch von Hernán Cortés, denn er hoffte, der Aztekenherrscher würde sich Kaiser Karl V. unterwerfen.

Um dieses Ziel zu erreichen, gründete Hernán Cortés als allererstes eine spanische Stadt an jener Küste, die er Villa Rica de la Vera Cruz nannte, und dies, obwohl er von Velázquez nur die Erlaubnis zur Erkundung der Küste und zum Handel mit den Eingeborenen erhalten hatte. Hernán Cortés jedoch überredete einige Mitglieder der Expedition, nicht nach Kuba zurückzukehren, sondern bei ihm zu bleiben und einen Brief an Kaiser Karl zu schreiben, damit dieser ihn, Hernán Cortés, zum Gouverneur jenes Landes ernenne. Um diese Handlung gesetzmäßig zu machen, legte Hernán Cortés das Amt, das ihm Velázquez übertragen hatte, nieder und ließ sich von seinen Gefährten zum Führer des kleinen Heeres wählen. Damit bewies Hernán Cortés, daß er nicht nur ein guter Kriegsherr war, was er schon in den Kämpfen von Tabasco gezeigt hatte, sondern auch seine Fähigkeit in der Menschenführung – er überredete einige seiner Gefährten, auf andere übte er Druck aus –, ohne die er nie dieses erstaunliche Unternehmen, die Eroberung Mexikos, hätte durchstehen können. Sein Wagemut führte zur Niederlage des Aztekenreiches und zur Unterwerfung Mexikos unter die spanische Krone, und dies innerhalb von weniger als zwei Jahren.

Der Plan zur Eroberung Mexikos

Um ein solches Abenteuer mit sowenig Mitteln überhaupt realisieren zu können, kam ihm eine Beobachtung von seinem Aufenthalt an der Küste von Vera Cruz zugute. Viele der Indianervölker jenes riesigen Landes waren mit den Azteken verfeindet, da diese sie mit Waffengewalt grausam unterdrückt hatten, von ihnen hohe Steuern erpreßten und viele von ihnen versklavten. So hatte Hernán Cortés die Idee, sich die Freundschaft und Hilfe dieser Völker zu sichern, indem er sich anbot, sie aus dem Joch der Herrschaft Moctezumas zu befreien. Das Aztekenreich gründete sich auf die Kriegsstärke der Stadt Tenochtitlan, die in verschiedenen Feldzügen ihre Herrschaft über ein breites Gebiet zwischen Atlantik und Pazifik erkämpft hatte.

Hernán Cortés begann mit der Durchführung seines Plans, nachdem er sich des Gehorsams und der Bündnistreue der Indianer von Zempoala versichert hatte, die er überredete, die Steuereintreiber der Stadt Mexiko gefangenzunehmen. Moctezuma wagte es nicht, Vergeltungsmaßnahmen einzuleiten; das Prestige von Hernán Cortés bei den Völkern der Küste wuchs, was ihm seinerseits erlaubte, den Feldzug ins Landesinnere zu planen und auf deren Hilfe zu rechnen. Einige seiner Soldaten sollten in Vera Cruz zurückbleiben, und um eine Flucht nach Kuba zu unterbinden, ließ er seine Schiffe in die Luft jagen und versenken. Mit dieser spektakulären Aktion war die kleine spanische Schar endgültig zum Verbleib in jenem unbekannten Land verdammt. Nur ein Schiff stach in See, um Kaiser Karl V. die bis dahin gemachte Beute zu überbringen und ihm von dem Reichtum jener Länder, die man dem spanischen Reich einverleiben wollte, Kunde zu geben.

Tlaxcala, Cholula, Mexiko

Am 16. August 1519 brach Hernán Cortés von Zempoala aus, an der Spitze von 400 Mann, Richtung Mexiko-Stadt auf, wo er trotz der Warnungen Moctezumas, natürlicher Hindernisse und Hinterhalten am 8. November ankam. Tatsächlich fürchtete der Aztekenkaiser die Spanier, da er in verschiedenen Weissagungen vor einem großen Unglück für sich und sein Volk in Verbindung mit diesen Menschen gewarnt worden war. Darüber hinaus wollte er sich nicht offen gegen Hernán Cortés und seine kleine Truppe stellen und schützte deshalb Schwierigkeiten vor, ihn in Mexiko zu empfangen. Er bereitete auch einige »Überraschungen« vor, bei denen die Spanier getötet werden sollten, ohne daß er, Moctezuma, im Falle des Scheiterns verantwortlich gemacht werden konnte. Der schlaue Hernán Cortés durchschaute dieses doppelte Spiel und rückte zielbewußt, seine Truppen ermutigend, immer weiter vor; das Glück half ihm, das unglaubliche Unternehmen erfolgreich zu beenden.

Gleich hinter Zempoala mußte Hernán Cortés die hohen Berge, die das Hochland von Anáhuac in Zentralmexiko begrenzen, überqueren. Dort fand er eine Befestigungsmauer, die den Weg nach Tlaxcala versperrte, einer unabhängigen, aztekenfeindlichen Stadt, die aber wegen ihrer militärischen Unterlegenheit verarmt war. Die Tlaxcalteken als Feinde der Mexikaner müßten eigentlich die natürlichen Verbündeten von Cortés gewesen sein, aber sie weigerten sich, die Vorschläge des Spaniers anzunehmen, und rückten gegen diesen mit einem tausendköpfigen Heer, das sich dreimal Tag und Nacht zum Kampf stellte, vor. Hernán Cortés siegte, aber die Zahl der Gefallenen war derart groß, daß ihm die eigenen Leute den Rückzug vorschlugen, was auch vernünftig gewesen wäre; der ruhmsüchtige Spanier lehnte es aber ab. Tlaxcala bot dann den Frieden an, unterwarf sich Kaiser Karl und wurde zu einem der treusten Verbündeten der Spanier in Mexiko.

Von Tlaxcala aus marschierte Hernán Cortés nach Cholula, einem wichtigen religiösen Zentrum der Gegend, wo er seltsame Kriegsvorbereitungen entdeckte. Doña Marina erfuhr, daß Moctezuma den Befehl gegeben hatte, die Spanier überraschend anzugreifen, wenn diese in Begleitung der Truppen aus Zempoala die Stadt verließen. Sie sagte es Hernán Cortés, der daraufhin, ohne seine Kenntnis von Moctezumas Befehl preiszugeben – er war daran interessiert, vor ihm als Freund aufzutreten –, die Krieger Cholulas, die sich vor den Unterkünften der Spanier gesammelt hatten, angreifen, sie durch die ganze Stadt verfolgen und dabei Tausende von ihnen töten ließ. Nach diesem neuerlichen Erfolg war Hernán Cortés in den Augen von Moctezuma unbesiegbar.

Das letzte Teilstück führte zwischen den Vulkanen Popocatépetl und Iztaccíhuatl bis zum Tal und dem großen See von Mexiko. Auf einer der Inseln lag die Hauptstadt der Azteken, die die Spanier wegen ihrer Schönheit und ihres Reichtums so sehr beeindruckte, daß einige sie der Kanäle wegen mit Venedig verglichen, andere sie für eine Phantasiestadt hielten, entsprungen aus den Rittersagen. Deiche und Brücken verbanden sie mit dem Festland. Die Spanier waren sich des Risikos bewußt, dort eingeschlossen werden zu können. Aber endlich kam Moctezuma und begrüßte Hernán Cortés und seine Leute freundschaftlich.

Mit der Ankunft in Mexiko-Stadt hatte Hernán Cortés sein Ziel erreicht und konnte sich mit den großen Helden der Geschichte vergleichen, mit Alexander dem Großen, Hannibal und Julius Cäsar. Im Augenblick der Schwäche bei Tlaxcala, als es einige für zu waghalsig hielten, weiterzumarschieren, hatte er geantwortet: »Was Sie da sagen, meine Herren, daß niemals römische Feldherren, nicht einmal die bekanntesten, solche große Taten wie wir begangen haben, so habt ihr Recht. Und nun vorwärts denn, so Gott will, werden die Geschichten, die das hier verkünden, zahlreicher sein als die unserer Vorfahren«.

Hernán Cortés besuchte die wundersame Stadt, die er in seinem so berühmten Brief an Kaiser Karl beschreiben sollte, denn er war wie Cäsar auch der Chronist seiner eigenen Taten. Ob sich Moctezuma dem Kaiser unterwerfen würde, war ungewiß, denn dem Aztekenführer mußte klar sein, daß Tenochtitlan unter spanischer Herrschaft seinen Anspruch auf die eroberten Städte in der Umgegend verlieren würde. Bald wurde sein Unmut deutlich, und Hernán Cortés zwang Moctezuma, im selben Palast wie die Spanier zu wohnen, von wo aus der Herrscher trotz seiner Gefangenschaft weiterhin sein Reich regierte, ein Reich, das die Kundschafter von Hernán Cortés erkundeten, wobei sie immer mehr neue und reiche Provinzen entdeckten.

Narváez, die *Noche Triste* (Traurige Nacht)

Während dieser spannungsreichen Zeit kam die Nachricht, daß eine große spanische Armada an der Küste vor Vera Cruz Anker geworfen hatte. 19 Schiffe brachten 1.400 Soldaten unter Führung von Pánfilo de Narváez, dem Gesandten des Gouverneurs von Kuba, Diego Velázquez, der Hernán Cortés für einen Aufsässigen hielt, der sich widerrechtlich Länder angeeignet hatte, die eigentlich ihm gehörten.

Hernán Cortés hinterließ eine kleine Truppe in Mexiko und ging Narváez entgegen. Mit Hilfe von Boten und dem Angebot, sie in seine Truppe aufzunehmen und den Gewinn der Eroberung mit ihnen zu teilen, gelang es ihm, viele der Neuankömmlinge auf seine Seite zu ziehen. Dann machte er eine nächtlichen Überraschungsangriff auf das Lager des Narváez und nahm diesen fest. Hernán Cortés hatte eine sehr schwierige Situation gemeistert, aber als er wieder mit der verstärkten Truppe in Mexiko ankam, hatten sich die Azteken gegen die Spanier aufgelehnt. Am nächsten Tag war Cortés'

Palast belagert, und die Aufständigen konnten trotz tagelanger Kämpfe nicht entmutigt werden; sie hörten nicht einmal mehr auf Moctezuma. Als dieser auf Bitten von Hernán Cortés hinausging, um seine Untertanen zu beruhigen, wurde er mit Steinen empfangen, deren Verletzungen er erlag. Am 30. Juni 1520 mußten die Spanier den Rückzug durch die Kanäle antreten und wählten dafür die Nacht. Diese wurde *Noche Triste*, Traurige Nacht, genannt, weil bei jenem Rückzug viele der Gefährten von Hernán Cortés von den Mexikanern getötet wurden oder im See ertranken. Als sich die Truppen am Ufer wieder zusammenfanden, war die Zahl der Soldaten auf die Hälfte geschrumpft.

Hernán Cortés führte seine müden, verletzten und hungrigen Truppen sechs Tage lang gen Westen, immer bedrängt von den Mexikanern. Am 7. Juli, auf der Ebene von Otumba, mußte er sich einem großen feindlichen Heer stellen. Während jenes entscheidenden Kampfes stieß Hernán Cortés den Aztekenführer nieder und entriß ihm die Standarte. Dieser Sieg erlaubte es Hernán Cortés, sich bis Tlaxcala zurückzuziehen, wo er großzügig von seinen Verbündeten empfangen wurde.

Belagerung und Eroberung von Mexiko

In Tlaxcala stellte er mit Hilfe seiner treuesten Anhänger die Truppe wieder zusammen, die er mit Soldaten, die, vom Reichtum Mexikos angezogen, aus Kuba kamen, verstärkte. Der Plan von Hernán Cortés bestand darin, die Städte des Tals von Mexiko auf seine Seite zu bringen bzw. zu unterwerfen, um die große Hauptstadt zu isolieren und sie so in die Knie zu zwingen. Er wußte, daß er zur Eroberung der Stadt zuvor den See kontrollieren mußte. Daher befahl er den Bau von 13 Brigantinen und ließ das Holz an die Ufer dieses Binnenmeeres transportieren, wo er eine Werft baute.

In der zweiten Hälfte des Jahres 1520 gelang es Hernán Cortés, sich die Treue aller Städte des östlichen Teils des Tales zu sichern, und zu Silvester jenes Jahres erreichte er Tezcoco, eine wichtige Stadt am Ufer, die als Hafen für die Brigantinen dienen sollte. In den folgenden Monaten ließ er verschiedene Feldzüge in Richtung Süden und Westen unternehmen oder führte sie selbst an, um seinen Plan in die Wirklichkeit umzusetzen. Das gelang ihm nicht ohne blutige Schlachten, bei denen er selbst dem Tod oder der Gefangennahme und späteren Opferung für die Götter Mexikos nur knapp entging.

Die Belagerung Mexikos begann Ende Mai 1521 mit der Besetzung der drei wichtigsten Zugangsstraßen unter der Führung von Sandoval, Alvarado und Olid. Hernán Cortés behielt sich die Führung der restlichen Truppe und der Brigantinen vor, die die Lieferung von Lebensmitteln über den See unterbinden sollten; die Trinkwasserversorgung über den Aquädukt von Chapultepec wurde unterbrochen. Die spanische Truppe zählte etwa 900 Mann und wurde von einigen tausend Kriegern der verbündeten Städte verstärkt. Sie hatten sich vorgenommen, eine Stadt zu unterwerfen, die mehrere hunderttausend Einwohner zählte und deren Heer das größte und stärkste im Land war, wie die Geschichte vor der Ankunft der Spanier bewiesen hatte.

Der erste Teil der Belagerung bestand aus täglichen blutigen Kämpfen an den Zufahrtsstraßen und am See und endete mit dem Überfall am 30. Juni, dem Jahrestag der *Noche Triste*, auf die Stadt. Man meinte, dieser Überfall würde die Entscheidung bringen; er wurde aber zurückgeschlagen, wobei die Mexikaner einige Dutzend Spanier gefangennahmen. Die Belagerer sahen daraufhin entsetzt, wie die Kameraden geopfert wurden und wie ihnen auf der Spitze der Pyramide des Haupttempels, der von den Spaniern eingesehen werden konnte, das Herz bei lebendigem Leibe herausgeschnitten wurde.

Hernán Cortés entschloß sich zu warten, bis die lange Belagerung die Widerstandskraft der Mexikaner brechen würde. Eine Pockenepidemie, eine bis dahin in Mexiko unbekannte Krankheit, dezimierte die belagerten Truppen, aber ihr Führer Cuauhtémoc wies jedes Friedensangebot zurück. Als Hernán Cortés wieder angriff, nahm er die Stadt Stück für Stück ein, die entkräfteten Verteidiger verfügten über einen immer kleiner werdenden Teil, am Ende nur noch über das Stadtviertel Tlatelolco. Endlich, am 13. August, als er mit einem Boot zu fliehen versuchte, wurde Cuauhtémoc gefangengenommen, und die Schlacht um Mexiko war beendet. Dann verfiel die Stadt Tenochtitlan, deren Häuser zerstört und deren Straßen voller Leichen waren, in einen langen Schlaf, wie uns Bernal Díaz del Castillo, ein einfacher Soldat, aber genialer Chronist des Unternehmens berichtet. Die Überlebenden verließen die Stadt, und Hernán Cortés zog sich in ein Nachbardorf zurück, nach Coyoacán, von wo aus er das große Land regierte, das er einige Monate zuvor Neu-Spanien getauft hatte.

Die Kolonisierung Neu-Spaniens

Hernán Cortés begann sofort mit der Kolonisierung. Er baute Mexiko, diesmal als spanische Stadt, wieder auf und gründete viele Städte. Er förderte die Christianisierung der Indianer, eine Aufgabe, die vor allem von den Franziskanern durchgeführt wurde. Er führte in Amerika bisher unbekannte Haustiere, Pflanzen und Bäume ein. Er befahl neue Entdekkungszüge bis an die Küsten des Pazifiks und herrschte über ein Land, das noch größer war als das alte Aztekenreich. Er selbst leitete eine mühsame Expedition auf dem Landwege nach Zentralamerika und erreichte Honduras, während ein Freund von ihm, Alvarado, Guatemala eroberte.

Hernán Cortés wurde vom Kaiser zum Gouverneur und Oberbefehlshaber von Neu-Spanien ernannt und später zum Marquis von Oaxaca-Tal, einem Landgut in Mexiko, zu dem 23.000 Vasallen gehörten.

Aber unzufrieden mit dem bis dahin Erreichten, investierte er den größten Teil des erworbenen Reichtums und die letzten Jahre seines Lebens in die Organisation und Leitung von Expeditionen, die ihn auf dem Seeweg bis zur Halbinsel Kalifornien brachten, wo er ein weiteres Reich, so phantastisch wie das der Azteken, zu erobern hoffte. Diese Hoffnung erfüllte sich nicht, und Hernán Cortés – er fühlte sich als Opfer von Rivalen am Hofe – traf den Entschluß, nach Spanien zurückzukehren, um seinen Verleumdern entgegenzutreten und eine Reihe von Prozessen zu führen. Währenddessen wurde für Neu-Spanien eine neue Obrigkeit, ein Vizekönig und Oberrichter, ernannt. In Spanien begleitete er den Kaiser auf dem gescheiterten Feldzug nach Algier. Seinen Ansprüchen und Forderungen wurde von seiten des Hofes nicht entsprochen, und der enttäuschte Hernán Cortés beschloß, zum letzten Mal nach Mexiko zu fahren, zu seinem Palast in Cuernavaca, wo er zu sterben wünschte. Er wurde jedoch vor seiner Abfahrt in Sevilla krank und starb am 2. Dezember 1547 in Castilleja de la Cuesta nahe dieser Stadt. In seinem Testament verfügte er, in Mexiko begraben zu werden, in der Kirche des *Hospital de Jesús*, einem Krankenhaus, das er für kranke Indianer hatte bauen lassen. Hernán Cortés hatte sich wie viele andere Konquistadoren in das Land verliebt, das er in Kämpfen und Siegen gesehen hatte und in dem er am Ende seiner Tage ruhen wollte.

Francisco Pizarro und die Eroberung Perus

Die Eroberung Perus begann mit einer Reihe von kleinen Erkundungsfahrten, die von Panama aus an der Küste entlang die Landesteile weiter südlich zu entdecken suchten. Die erste Fahrt führte Pascual de Andagoya durch, der 1522 ein Stück an der Küste entlang bis zum Fluß Birú fuhr, dessen Name, etwas verändert, für das ganze Land des alten Inkareiches übernommen wurde: Peru.

Dieses Unternehmen wurde von einem anderen Konquistador, Francisco Pizarro, weitergeführt, einem alten Soldaten – er war damals etwa 50 Jahre alt –, einem Veteranen der Kriege in Italien, der von Anfang an, seit den Tagen von Vasco Núñez de Balboa, dem Entdecker des Pazifiks, bei der Entdeckung und Besetzung der Landenge von Panama dabei gewesen war. Wie Hernán Cortés, mit dem er entfernt verwandt war, kam Francisco Pizarro aus Estremadura und war in der Stadt Trujillo geboren worden. Im Gegensatz aber zu Cortés war er ein ungebildeter Mann, ein Analphabet, wie sein gleichaltriger Gefährte und ständiger Begleiter bei der Eroberung Perus, Diego de Almagro.

Auf seiner ersten Expedition stach Francisco Pizarro 1524 von Panama aus mit einem einzigen Schiff in See, dem später Diego de Almagro mit einem zweiten folgte. Nach großen Schwierigkeiten aufgrund der Winde, der Strömungen und anderer Widrigkeiten, da die tropische Küste ungastlich und arm war, kamen sie bis zum Fluß San Juan, wo sie etwas Gold fanden. Das ermutigte sie, das Unternehmen weiterzuführen.

Die zweite Expedition begann 1526 und führte zu den Ländern südlich des Flusses San Juan, bis fast zum Äquator. Dabei trafen sie auf ein großes Boot mit Eingeborenen des Inkareiches, das Schmuck und wertvolle Stoffe mit sich führte. Das ermutigte die Spanier so sehr, daß Pizarro beschloß, auf der Insel Gallo zu warten, bis Almagro mit Verstärkung aus Panama zurückkehren würde. Der Gouverneur von Panama erlaubte jedoch nur, daß ein Schiff Pizarro und seine Gefährten abholte. Francisco Pizarro weigerte sich zurückzufahren und zog mit seinem Schwert eine Linie in den Sand; er forderte daraufhin diejenigen auf, die mit ihm weiter nach Peru fahren wollten, sich auf die eine Seite der Linie zu stellen. Dreizehn Männer, die ruhmreichen 13, folgten dieser Aufforderung und blieben mit ihm auf der Insel.

Der Gouverneur sah sich gezwungen, ein neues Schiff auf die Suche nach den »freiwilligen Schiffsbrüchigen« zu senden, und auf dieser Reise fuhr man weiter in den Süden, südlich des Äquators, bis zum Hafen Túmbez, dessen Tempel und Befestigungsanlagen von der Existenz eines Reiches zeugten, das so mächtig und reich wie das der Azteken sein mußte.

Die Truppe

Sofort beschlossen Francisco Pizarro und Diego de Almagro die Eroberung des Landes, das sie Peru nannten, das auf Quechua in Wirklichkeit Tahuantinsuyo hieß. Zu diesem Zweck fuhr er zuerst nach Spanien, um die Erlaubnis des Kaisers und des Indienrates zu erbitten. Er erhielt die Erlaubnis und außerdem den Titel Gouverneur, Statthalter und Oberrichter des Reiches, das er zu erobern gedachte. Er besuchte daraufhin seine Heimatstadt Trujillo, wo er seine Mannschaft zusammensuchte. Dort schlossen sich ihm seine Brüder Hernando, Juan, Gonzalo und Francisco Martín an. Anfang 1530 stach er mit 125 Freiwilligen in See.

Einmal in Panama, kam er mit Diego de Almagro in Konflikt, der sich beschwerte, daß Francisco Pizarro praktisch alle Titel und Ehrungen, die der Kaiser zu vergeben hatte, für sich in Anspruch genommen hatte. Der Priester Hernando de Luque, der große Summen in die Expedition investiert hatte, vermittelte die Wiederversöhnung, und Francisco Pizarro fuhr zur entscheidenden Fahrt nach Peru im Januar 1531 los, mit einer schon größeren Truppe, da sich Freiwillige aus Panama und Nicaragua angeschloßen hatten.

Francisco Pizarro ließ sich in der Nähe des Äquators absetzen, um auf dem Landweg bis nach Túmbez zu gelangen und dabei während des Marsches seine noch unerfahrenen Soldaten zu trainieren. Dieser Marsch war sehr anstrengend, brachte den Spaniern aber einige Reichtümer. Vor der Ankunft in Túmbez schlossen sich ihm weitere zwei Konquistadoren an – Sebastian de Benalcázar und Hernando de Soto –, die somit die Truppe vergrößerten. Von der Insel Puná aus, auf Schiffen und Booten, setzten sie nach Túmbez über, das sie zerstört vorfanden. Eine große Epidemie, die Kriege mit den Puná-Indianern und besonders die Bestrafung durch den neuen Inkakaiser waren der Grund für die Zerstörung.

Das erste Eindringen in das Inkareich

Die Spanier erfuhren in Túmbez, daß der letzte große Kaiser von Peru, der Inka Huayna Cápac, vor einigen Jahren gestorben war und daß zwei seiner Söhne seitdem einen furchtbaren Bürgerkrieg um die Herrschaft geführt hatten. Einer, Atahualpa, der seine Hauptstadt in Quito hatte, konnte den anderen, den man als den legitimen Erben ansah und der in Cuzco inthronisiert worden war, endlich besiegen. Deshalb wandte sich Francisco Pizarro an Atahualpa, einen von allen Einwohnern wegen seiner Grausamkeit gefürchteten Herrscher. Francisco Pizarro, der die Politik des Hernán Cortés in Mexiko kannte, die Feindschaft zwischen Azteken und anderen Völkern auszunutzen, versuchte diese innere Lage in Peru für sich zu verwerten, um die Unterwerfung des Inka zu erreichen. Er stellte sich als Vermittler im Bruderkampf zur Verfügung, wollte aber später die rachsüchtigen Anhänger des Huascar, wenn nötig, gegen Atahualpa einsetzen. Diese Situation im Inkareich sollte es Francisco Pizarro erlauben, mit einer winzigen Schar, nicht einmal 200 Mann, das riesige, gut organisierte Reich mit seiner großen Bevölkerung zu erobern, obwohl Atahualpa drei erfahrene, große Armeen führte.

So wie Cortés mußte auch Francisco Pizarro in das Land eindringen, um den Inka zu Gesicht zu bekommen. Von Túmbez aus marschierte er die Küste entlang nach Süden und gründete die Stadt San Miguel. Auf der ausgezeichneten Königsstraße »Straße der Ebenen« zwischen Küstenwüste und Anden erreichte er Saña. Von dort aus gelangte er in sieben Tagen nach Cajamarca, in jener Zeit gerade die Residenz des Inka, der ein Heer von 50.000 Mann bei sich hatte, wie Francisco Pizarro erfuhr.

Auf dem Weg nach Cajamarca mußten die Spanier die Andenkette übersteigen, steile Hänge und Treppen hinaufsteigen, da die Inka das Rad nicht kannten und somit keinerlei Fahrzeuge besaßen. Sie kamen bis auf 4.000 m Höhe, ohne auf Gegenwehr zu stoßen: die Festungen, die die Straße bewachen sollten, waren verlassen worden. Atahualpa – wie Moctezuma – schwankte zwischen der Angst und der Geringschätzung gegenüber der kleinen Truppe der Eindringlinge. Der Inka hatte es höchstwahrscheinlich aus Neugier erlaubt, die Spanier zu ihm kommen zu lassen, denn er war sicher, daß sie – sie waren ja wenige und fern ihrer Heimat – leicht und in jedem beliebigen Moment dort im Herzen der Anden aufgerieben werden konnten.

Die Schlacht von Cajamarca

Am 15. November 1532 kam Francisco Pizarro in Cajamarca an, einer schönen Stadt mit großen Steinbauten, die aber verlassen war. Die Spanier suchten dort Unterkunft, und Hernando de Soto und einige Reiter wurden zur Begrüßung des Atahualpa zu seinem Lager jenseits der Stadt gesandt. Soto und Hernando Pizarro gelang es mit Hilfe eines Dolmetschers, die Grüße des Spaniers zu übermitteln und die Einladung, daß der Inka ihn doch am folgenden Tag besuchen sollte. Atahualpa verzichtete auf seinen göttlichen Rang als Sohn der Sonne und antwortete, er würde am nächsten Tag in die Stadt kommen, um von Francisco Pizarro eine Erklärung für alle Schäden, die dieser seit seiner Ankunft in Peru verursacht hatte, zu verlangen. Hernando de Soto, ein erfahrener Reiter, bemerkte die Neugier des Kaisers und führte die Kraft und Schnelligkeit der Pferde vor. Er gab die Sporen und ließ sein Pferd galoppieren, springen, wenden und auf eine Gruppe Indianer rasen, die erschrocken zurückwichen. Dann raste er auf den Inka zu und bremste das Roß im letzten Moment, wenige Zentimeter vor dessen Gesicht ab, so daß der Schaum aus dem Maul des Tieres diesen sogar bespritzte. Aber der majestätische Inka, gemäß seiner Herkunft, bewegte sich kein bißchen. Später befahl er, alle diejenigen, die vor dem Spanier Angst gezeigt hatten, hinzurichten.

Am 16. November ging Atahualpa in die Stadt, begleitet von einer großen Truppe. Francisco Pizarro versteckte seine Reiterei, drei Schwadronen unter der Führung seines Bruders Hernando, Sotos und Benalcázars, an verschiedenen Punkten rund um den großen Hauptplatz der Stadt. Er stellte zwei Kanonen auf und verteilte die Fußtruppen so, daß sie die Zugänge zum Platz abriegeln konnten.

Atahualpa kam um etwa 5 Uhr nachmittags an, auf einer goldenen Sänfte von seinen Leuten getragen, nachdem der Platz, den die Spanier verlassen hatten, von Tausenden von Kriegern besetzt worden war. Dann erschien ein Mönch, Fray Vicente de Valverde, der mit Hilfe eines Dolmetschers den Inka bat, sich Kaiser Karl zu unterwerfen, da der Papst den Spaniern das Recht, über die Neue Welt zu herrschen, übertragen hatte. Atahualpa nahm mit Erstaunen die Bibel, die Fray Vicente bei sich trug, ließ sie fallen und fluchte dabei. Vicente gab Francisco Pizarro ein Zeichen, und dieser begann mit dem Angriff.

Die Spanier kamen aus ihren Verstecken heraus, alle zur gleichen Zeit, griffen die Masse der Inkakrieger an verschiedenen Stellen an und versetzten diese mit ihren Pferden, den Schüssen aus Musketen und Falkonetten in Angst und Schrekken. Francisco Pizarro drang an der Spitze einer kleinen Gruppe bis zur Sänfte des Inka vor und nahm ihn fest. Die Indianer wurden bis zum Abend verfolgt und niedergemetzelt. In diesem kurzen Kampf wurde ein Imperium zerstört.

Der Weg bis zum Herzen des Inkareiches

Nachdem Atahualpa gefangengenommen war, befand sich Francisco Pizarro in einer ähnlichen Lage wie Cortés, als der Aztekenherrscher in seiner Hand war: vom Gefängnis aus herrschte der Inka bis in die entferntesten Punkte seines Reiches, und seine Autorität kam den Spaniern sehr zugute. Aber so wie in Mexiko konnte diese Situation nicht lange anhalten und sich nicht einfach zu einer normalen Untertanenbeziehung des Inka gegenüber dem König von Spanien entwickeln.

Atahualpa bot an, für seine Freiheit den ganzen Raum, in dem er gefangengehalten wurde, mit Gold füllen zu lassen und dazu noch zwei Zimmer mit Silber. Die Untertanen des Inka fingen an, große Mengen an Edelmetallen heranzuschaffen, wie ihnen befohlen worden war. Mehr noch, Hernando Pizarro ging zum Inkaheiligtum Pachacamac an der Küste, andere Spanier bis nach Cuzco, der weit entfernt liegenden Hauptstadt, um noch mehr Schätze abzuholen. Zur gleichen Zeit befahl Atahualpa aus seinem Gefängnis heraus die Hinrichtung seines Bruders Huascar, des besiegten Rivalen um den Thron, da er fürchtete, die Spanier würden diesen als legitimen Herrscher anerkennen.

In jenen Tagen kam Diego de Almagro mit weiteren 200 Mann nach Cajamarca, und Francisco Pizarro hielt es für richtig, mit der gewohnten Verteilung der Beute unter den Konquistadoren zu beginnen, obwohl noch nicht der ganze versprochene Schatz zusammengetragen worden war. Viele Spanier wurden plötzlich steinreiche Männer. Nachdem der Tod Huascars bekanntgeworden war, befürchteten die Spanier, daß Atahualpa eine allgemeine Erhebung der Indianer vorbereitete. Sie machten ihm den Prozeß und verurteilten den Inkakaiser zum Tode. Sein Tod wurde, wie seine Niederlage in Cajamarca, von den meisten Einwohnern Perus mit Freude aufgenommen, da er für sie ein Thronräuber war und sie unter seiner Schreckensherrschaft gelitten hatten. Francisco Pizarro ließ den Prinzen Túpac Huallpa zum Inka ausrufen, der dem König von Spanien die Treue schwor.

Im Oktober 1533 verließ die Truppe Cajamarca und machte sich auf der großen Königsstraße im Landesinneren auf den Weg nach Cuzco. Obwohl der Weg schwierig war, wie geschaffen für Hinterhalte, und die Spanier wegen der großen Entfernung keine Hilfe aus Panama erwarten konnten, traf das spanische Heer kaum auf Widerstand. Die Bevölkerung zeigte sich unterwürfig, da ihre Herrscher die neue Lage akzeptierten. Die Reste des besiegten Heeres wurden in der Nähe von Jauja aufgerieben. Das zweite große Inkaheer wurde ohne große Probleme in der Nähe von Cuzco besiegt. Francisco Pizarro eroberte die Hauptstadt am 15. November 1533 und wurde von der unterdrückten Bevölkerung als ihr Befreier empfangen. Er residierte im alten Palast des Huayna Cápac und gründete eine spanische Stadt.

Die Eroberung Quitos, die Gründung Limas und die Expedition nach Chile

Noch mußte das Königreich Quito im Norden des Inkareiches, das Atahualpa eine wichtige Hilfe gewesen war, unterworfen werden. Der Feldzug nach Quito wurde ohne große Vorbereitungen gestartet, da man erfuhr, daß Pedro de Alvarado, ein alter Gefährte von Hernán Cortés und Eroberer Guatemalas, sich auf dem Weg zur Eroberung dieses Gebietes befand. Diego de Almagro stieß gegen Norden vor und traf auf die Truppen, die Benalcázar aus San Miguel abgezogen hatte, und vereinte sich mit ihm. Als Alvarado das Hochland von Quito erreichte – er führte eine Truppe an, die bei der Durchquerung des Urwaldes und der Überwindung der schneebedeckten Anden sehr gelitten hatte –, fand er das Land im Besitz von Diego de Almagro. Alvarado beschloß, seine Truppen Francisco Pizarro und Diego de Almagro zur Verfügung zu stellen und bekam dafür 100.000 Goldcastellanos, mit denen er sich nach Guatemala zurückzog. Einige Zeit später drang Benalcázar von Quito aus, wo das dritte große Inkaheer besiegt worden war, auf der Suche nach dem sagenhaften El Dorado weiter nach Norden vor und gründete die Stadt Santa Fe de Bogotá.

Nachdem das Problem Alvarado gelöst war, zog Francisco Pizarro zur Küste, um dort eine Stadt mit einer besseren Verbindung zu Panama und Spanien zu gründen, da sich Cuzco zu weit im Landesinneren befand. So entstand am 18. Januar 1535 die Stadt Ciudad de los Reyes de Lima, die spätere Hauptstadt des Vizekönigreichs Peru und wiederum später die Hauptstadt des unabhängigen Peru. Wenige Wochen darauf gründete er an der Küste im Norden eine weitere Stadt, der er den Namen seiner Heimatstadt Trujillo gab.

Die Beziehungen zu den Indianern und der Bürgerkrieg

Damals flackerte die alte Zwietracht zwischen Francisco Pizarro und Diego de Almagro wieder auf, da Diego de Almagro von Spanien zum Gouverneur der südlich von Peru gelegenen Provinz ernannt worden war und behauptete, Cuzco läge innerhalb seines Machtbereichs. Francisco Pizarro konnte ihn anfangs überzeugen, nach Süden in den noch nicht eroberten Teil des Inkareichs, Chile, zu ziehen.

Das schwächte die Kraft der Spanier in Peru, und der neue Herrscher Manco Inca – Túpac Huallpa war gestorben – verfügte einen allgemeinen Aufstand, da er sich von den Spaniern gedemütigt fühlte, die außerdem die Indianer aus Habsucht ausplünderten. Cuzco, wo sich die Brüder von Francisco Pizarro befanden, wurde im April 1536 belagert.

Von Lima aus schickte der Gouverneur Pizarro fünf Entsatzheere, die Cuzco nie erreichten. Später wurde auch Lima belagert, aber der Anführer der Indianer starb am sechsten Tag, wonach diese die Belagerung abbrachen. Auch Manco Inca mußte sich zurückziehen, da ihm die Nahrungsmittel für sein Heer ausgegangen waren. Cuzco wurde dann von neuem überfallen, diesmal von Diego de Almagro, der entäuscht von Chile zurückkehrte und die begehrte Stadt einnahm.

Francisco Pizarro begann Verhandlungen mit Diego de Almagro, und es wurde ein Treffen der beiden alten Freunde im Dorf Mala an der Küste vereinbart, um dort die Grenzen ihrer jeweiligen Machtbereiche festzulegen. Das Treffen fand nicht statt, weil Diego de Almagro fürchtete, in eine Falle zu geraten. Er setzte aber Hernando Pizarro in Freiheit, der in Cuzco gefangengenommen worden war, der aber seinerseits dann die Truppen von Pizarro gegen Almagro führte. In Las Salinas besiegte Hernando Pizarro die Truppen von Diego de Almagro mit Leichtigkeit, nahm diesen fest, machte ihm den Prozeß und richtete ihn hin, bevor der Gouverneur Francisco Pizarro in die Stadt kam. So endete der erste Bürgerkrieg zwischen Spaniern in Peru.

Francisco Pizarro lebte noch drei Jahre. In dieser Zeit bekam er den Titel eines Marquis – wie auch der Eroberer von Mexiko –, gründete neue spanische Siedlungen wie La Plata,

Kat.-Nr. 1.9

Kat.-Nr. 1.12

Kat.-Nr. 1.14

Kat.-Nr. 1.13

Kat.-Nr. 1.11

Kat.-Nr. 2.1

Kat.-Nr. 2.3

Kat.-Nr. 2.24

Kat.-Nr. 2.8

Kat.-Nr. 2.12

Kat.-Nr. 2.13

Kat.-Nr. 2.29

Kat.-Nr. 2.4

Kat.-Nr. 2.32

Kat.-Nr. 2.31

Kat.-Nr. 2.34

Kat.-Nr. 2.33

Kat.-Nr. 2.37

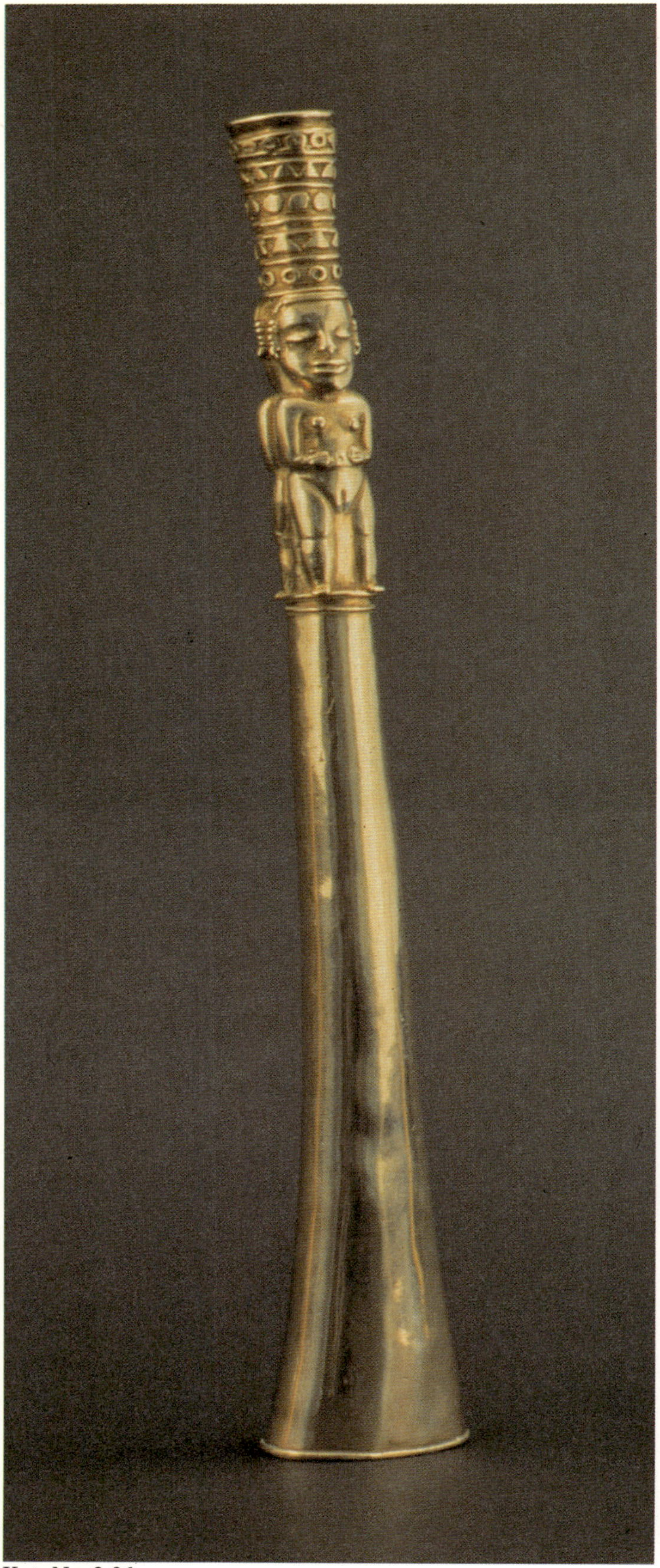

Kat.-Nr. 2.36

Kat.-Nr. 2.35

Kat.-Nr. 2.39

Kat.-Nr. 2.40

Kat.-Nr. 2.38

Kat.-Nr. 2.41

Kat.-Nr. 2.42

Kat.-Nr. 2.43

Kat.-Nr. 2.44

Kat.-Nr. 2.50

Kat.-Nr. 2.51

Kat.-Nr. 2.66

Kat.-Nr. 2.67

Arequipa und Huánuco und besuchte die Gegend um den Titicacasee sowie das Gebiet der Charcas im heutigen Bolivien. Er kümmerte sich nur noch um die Kolonisierung der großen Zahl von Spaniern, die, angezogen durch den sagenhaften Reichtum des Landes, nach Peru kamen.

Währenddessen bereiteten die »Chilenen«, die besiegten Anhänger des Diego de Almagro, die Rache für den Tod ihres Anführers vor. Am 20. Juni 1541 überfielen sie den Gouverneurspalast und töteten den überraschten Francisco Pizarro trotz seiner mutigen Gegenwehr. Viele Jahre vergingen, bis Peru ganz befriedet war und dann zum wichtigsten Teil des spanischen Reiches in Übersee wurde.

Zu den Quellen

Bei der Eroberung Amerikas waren es die Teilnehmer selbst, Führer und Soldaten, die die Chroniken niederschrieben. Manche schrieben hin und wieder dem König, um ihre Erfolge zu schildern, andere schrieben direkt für das Volk, um die Abenteuer und die Wunder der Neuen Welt bekanntzumachen. Im folgenden stelle ich eine Auswahl dieser Texte zusammen, die während der Feldzüge oder kurz danach verfaßt und in jener Zeit veröffentlicht wurden. Von manchen gibt es viele Auflagen und neuere Übersetzungen.

Literatur

Zur Eroberung von Mexiko:
CORTES, Hernán: Cartas de relación al Emperador Carlos V.
DIAZ DEL CASTILLO, Bernal: Historia verdadera de la conquista de la Nueva España.
LOPEZ DE GOMARA, Francisco: Historia de la conquista de Mexico.
Zur Eroberung von Guatemala:
ALVARADO, Pedro de: Cartas de relación.
DIAZ DEL CASTILLO, Bernal: Historia verdadera de la conquista de la Nueva España.
Zur Eroberung Perus:
CIEZA DE LEON, Pedro de : Crónica del Perú.
JEREZ, Francisco de: Conquista del Perú y viaje de Hernando Pizarro desde Cajamarca hasta Jauja.
MENA, Cristóbal de: La conquista del Perú.
VEGA, Garcilaso de la : Historia del Perú.
ZARATE, Agustín de: Historia del descubrimiento y conquista del Perú.
Zur Eroberung Chiles:
VALDIVIA, Pedro de: Cartas que tratan del descubrimiento y conquista de Chile.
Zur Expedition in Florida:
ELVAS, Fidalgo de: Expedición de Hernando de Soto a Florida.
VEGA, Garcilaso de la: La Florida del Inca. Historia del adelantado Hernando de Soto, gobernador y capitán general del reino de La Florida.

DAS KAINSZEICHEN DES KOLONIALISMUS

Zur Frage des Rechts und der Rechtfertigung spanischer Kolonialherrschaft in Amerika

Felix Becker
Universität Köln

Die Frage des Rechts und der Rechtfertigung spanischer Kolonialherrschaft in Amerika hat aus unterschiedlichen Beweggründen seit der Entdeckung Amerikas wie kaum ein anderes Thema europäischer Kolonialexpansion die Aufmerksamkeit von Staatslenkern, Diplomaten und Handelswelt, einfachen Missionaren, hochgelehrten Theologen und Juristen und vielen anderen in Anspruch genommen und in der Geschichtsschreibung breiten Niederschlag gefunden. Einige Aspekte der Geschichte dieser langen Auseinandersetzung werden hier zusammengefaßt.

Spaniens Aufstieg zur Kolonialmacht

Die Heirat der Thronfolger Kastiliens und Aragons (1469), Isabella und Ferdinand, kündete den Aufstieg einer iberischen Großmacht an, der die Rolle einer Weltmacht zufallen sollte. Vertraglich vereinbarten die beiden Monarchen 1474 die Regierung ihrer beiden Reiche in Personalunion, d. h. die gemeinsame Regierung einer Vielzahl von *reinos* (Königreichen), Fürstentümern und Herrschaften. Ansprüche Portugals auf den Thron Isabellas wurden im Kastilischen Erbfolgekrieg (1474–1479) abgewehrt. Bis 1512 (Anschluß Navarras) konnte die Iberische Halbinsel mit Ausnahme Portugals unter den Kronen Aragons und Kastiliens bei Aufrechterhaltung rechtlicher und administrativer Eigenständigkeiten geeint werden. Die hierfür im 16. Jahrhundert schon verbreitete Bezeichnung *Spanien* vermittelt zwar die Vorstellung eines Einheitsstaates, beschreibt tatsächlich aber nur einen dynastisch geeinten Reichsverband.

Im Friedensvertrag von Alcaçovas mußte Kastilien 1479 die Länder und Gewässer südlich von Kap Bojador als ausschließlich portugiesisches Einflußgebiet anerkennen. Damit war Kastilien der Weg um Afrika nach Indien versperrt. Die Kanarischen Inseln aber, das zukünftige »Sprungbrett« nach Amerika, wurden Kastilien zugesprochen. Mit der Einnahme Granadas, des letzten maurischen Reiches auf iberischem Boden, am 2. Januar 1492 fand die Reconquista ihren Abschluß, ein Verdienst, für das Papst Alexander VI. 1494 Ferdinand und Isabella den Ehrentitel »Katholische Könige« verlieh. Nun konnten sie ihre Aufmerksamkeit überseeischen Unternehmungen zuwenden. Finanzkreise um König Ferdinand drängten, den Plan des Kolumbus aufzugreifen, welcher die Aussicht bot, dem portugiesischen Rivalen in Indien auf dem Westwege zuvorzukommen.

Am 17. April 1492 vereinbarten die Katholischen Könige in Santa Fe bei Granada mit Kolumbus, daß er alle im Atlantik zu entdeckende Inseln und Länder bei seiner Westfahrt für die Könige in Besitz nehmen werde, wofür ihm die Ämter und Würden eines Admirals des Ozeanischen Meeres, Vizekönigs und Gouverneurs der zu entdeckenden Gebiete sowie Beteiligung am Gewinn aus Tausch und Handel zugesichert wurden. Von Besitzrechten einheimischer Herrschaftsgewalten ist im Vertrag von Santa Fe keine Rede[1].

Als Entdecker war Kolumbus erfolgreich. Die als Monopolbetrieb »Katholische Könige & Kolumbus« auf Hispaniola (Haiti) gegründete Handelsfaktorei aber erwies sich als Mißerfolg. Investitionen, Gehälter der Angestellten und Warenlieferungen verursachten Kosten, denen vergleichsweise geringe Einnahmen gegenüberstanden. Bald verebbte der im Tauschhandel erzielte Gewinn an Gold. Die Förderung des begehrten Metalls in eigener Regie hätte neue Investitionen erfordert. Kolumbus' Vorschlag, die negative Bilanz durch Lieferung von Indianersklaven zu begleichen, lehnten die Monarchen aus rechtlichen und vor allem aus politischen Erwägungen ab. 1495 wurde der Handel mit der »Ware Mensch« unterbunden und 1500 endgültig verboten. Bereits gelieferte Sklaven mußten freigelassen und zurückgebracht werden.

Einseitig gaben die Könige die mit Kolumbus vereinbarten Ausschließlichkeitsrechte preis und erlaubten seit 1495 Untertanen, die keinen Sold verlangten, die Ausreise nach den *Indias*. Unternehmerinitiative und privates Gewinnstreben, welches in Amerika häufig zur Goldgier entartete, sollten die Antriebskräfte zur Erschließung der entdeckten und noch zu entdeckenden Gebiete werden. Damit war der Übergang zur Siedlungskolonisation vollzogen. Gleichzeitig begann man bei Hofe, die Länder jenseits des Meers »als eine Ausdehnung des Herrschaftsraumes der Könige, als eine Erwerbung neuer Reiche zu sehen, die Glanz und Größe der Monarchie erhöhten«[2].

Fortan schlossen die Katholischen Könige und der Erbe ihrer Reiche, König Karl I. (1516–56; 1519 Kaiser Karl V.), mit Entdeckungsunternehmern Verträge, welche Richtlinien für die friedliche und nötigenfalls gewaltsame Unterwerfung der Eingeborenen, für Anlage und Organisation von befestigten Plätzen und Städten enthielten, Privilegien an die Entdekker und Eroberer vergaben, Rechte des Staates sicherten und Verfügungen über die Verteilung der Gewinne trafen.

Kolumbus und nachfolgende Entdecker entrollten Fahnen, nahmen eine Handvoll Erde auf, hieben Kerben in Bäume, tranken Wasser des Bodens, den sie betreten hatten, um mit solch althergebrachten Gesten die Inbesitznahme des Bodens zu versinnbildlichen. Die Eingeborenen erlebten als Zuschauer verständnislos ein Ritual, »das über ihre Freiheit und ihr Leben entschied«[3]. Kreuze wurden zur Markierung spanischen Hoheitsgebietes errichtet. Grundsätzlich ging die spanische Landnahme von der Nichtanerkennung der Rechte einheimischer Herrschaftsgewalten aus. Anerkennung dagegen fand die soziale Stellung der autochthonen Führungsschichten, sofern sie sich in das spanische Herrschaftssystem einfügten. So wurde der Hochadel der indianischen Großreiche dem niederen spanischen Adel gleichgestellt. Durch Versippung mit indianischem Adel konnten die Eroberer ihre Stellung festigen. Indianische Kaziken nahmen in Indianergemeinden Ämter der Lokalverwaltung ein.

Mit Einsatz der durch den Staat kontrollierten Privatinitiative und der Verheißung sozialen Aufstiegs durch Gewinn wurde das spanisch-amerikanische Kolonialreich innerhalb eines halben Jahrhunderts in seinen annähernd endgültigen Umrissen geschaffen.

Recht und Rechtfertigung der spanischen Landnahme

Vom rechtlichen und moralischen Standpunkt der Gegenwart betrachtet, kann die spanische Landnahme in Amerika nicht gerechtfertigt werden. Recht und Rechtfertigung aber sind dem Wandel der Weltanschauung unterworfen.

Alles Recht hat seinen ursprünglichen Grund. Carl Schmitt hat ihn treffend benannt: die Erde. »In jedem Fall ist die Landnahme nach außen und innen der erste Rechtstitel, der allem folgenden Recht zugrundeliegt . . . Entweder es wird ein Stück Boden aus einem Raum herausgenommen, der bis dahin als frei galt, . . . oder es wird ein Stück Boden dem bisherigen, anerkannten Besitzer und Gebieter weggenommen und an den neuen Besitzer und Gebieter gebracht[4].« Diese Feststellung enthält kein Urteil über Rechtmäßigkeit, sondern beschreibt lediglich einen unumstößlichen rechtsgeschichtlichen Sachverhalt. Alles weitere Recht, bis hin zur Herrschaftsordnung, ergibt sich aus der Art der Verteilung und Nutzbarmachung des Bodens. Das mit der Inbesitznahme von Boden geschaffene und daraus abgeleitete *Recht* ist aber nicht *fertig*. Neben den profanen Merkmalen räumlicher Eingrenzung und Herrschaft auf Landnahme gegründeter Rechtsordnungen, des *Nomos der Erde*, verweisen in allen Kulturen (dies galt jedenfalls bis in jüngste Zeit) andere überragende sakrale Stätten, spanische Kathedralen oder aztekische Pyramiden, auf das jeweilige Bild des Kosmos, auf die Weltanschauung, aus der die Rechtfertigung, d. h. die Legitimierung der geltenden Rechtsordnung abgeleitet wird. Auch der an die Stelle der Rechtsakte einleitenden Anrufung Gottes getretene Grundsatz der Würde des Menschen ist weltanschaulich begründet.

Auf tragische Weise begab sich der Aztekenherrscher Moctezuma der Legitimität seiner Herrschaft, weil er sich in dem Irrglauben befand, mit Cortés sei, wie prophezeit, der »Weiße Gott« zurückgekehrt, dem er gemäß aztekischer Weltanschauung seine Herrschaft abzutreten habe.

Nach aus dem Mittelalter ererbten Auffassungen war die spanische Landnahme in Amerika rechtlich »normal« und bedurfte vorab keiner ausdrücklichen Rechtfertigung. Die Bevölkerung wurde auch in Europa bei Landesherrenwechsel nicht nach ihrer Meinung befragt. Zwar schuf Eroberung innerhalb der christlich-abendländischen Völkerrechtsgemeinschaft kein Recht, weil ihr der Grundsatz des gerechten Krieges entgegenstand, welcher nur die Ahndung von Rechtsbruch und die Wiederherstellung materiellen Rechts zuließ (wegen dieser mangelhaften Rechtslage suchten Eroberer immer wieder um päpstliche Sanktionierung nach), gegenüber der Welt der Ungläubigen aber, also vornehmlich des Islam, galt allgemein, daß Christen ein Recht zur Herrschaftsaneignung hätten.

Entsprechende Lehren waren in Auseinandersetzung mit dem Weltherrschaftsanspruch des Islam entwickelt worden, der zwar Besitz- und persönliche Rechte der Christen, nicht aber christliche Herrschaft anerkannte. Radikalen Lehren, wie der des Heinrich von Segusia (genannt Hostiensis), welche eine völlige Rechtlosmachung der Ungläubigen erlaubte, stand der christliche Gedanke des Naturrechts entgegen, welches als allen Menschen gemeinsam galt, aber unter besonderen Bedingungen, etwa zur Gewährleistung freier Missionstätigkeit, Eroberung nicht ausschloß. Weitreichende Rechte konnten aus der angeblichen Konstantinischen Schenkung und der an sie anknüpfenden Theorie einer päpstlichen Universalherrschaft abgeleitet werden. So stützte Portugal seinen Anspruch auf ausschließliche Rechte bei der kolonialen Erschließung Afrikas auf päpstliche Bullen und Belehnung (insbesondere die Bulle Romanus Pontifex, 1455). Willkommener als päpstliche Oberlehnsherrschaft war auf Unabhängigkeit bedachten, aufstrebenden Mächten die im 14. Jahrhundert entwickelte Okkupationslehre des Bartolus von Sassoferato. Unter formaler Voranstellung eines kaiserlichen Weltherrschaftsanspruches wies er den päpstlichen Anspruch zurück, um Herrschaftsrechte vornehmlich von der Effektivität der Besitznahme abhängig zu machen. Damit war der Weg zur bestimmenden Norm der Zukunft gewiesen.

Vor dem Hintergrund dieser Auffassungen und herrschender Praxis ist es verständlich, daß die Katholischen Könige behaupteten, Kolumbus habe in ihrem Namen die entdeckten Inseln rechtskräftig in Besitz genommen, und Juristen des Hofes keine weitere Begründung für notwendig erachteten. Entdeckung und Landnahme waren die entscheidenden Rechtstitel. Staatsrechtlich wurden die erworbenen Gebiete den *reinos* der Krone Kastiliens zugeordnet. Fragen des Rechtsstatus der Unterworfenen hatten fortan innenpolitischen Charakter. Anders aber als bei der Inbesitznahme der Kanarischen Inseln, welche von »primitiven« Eingeborenen bewohnt waren, der Inkorporation der maurischen Reiche und Navarras in den spanischen Staatsverband oder der Inbesitznahme afrikanischen Bodens durch Portugal entfachte die Errichtung spanischer Herrschaft auf amerikanischem Boden erregte völkerrechtliche Debatten. Der Grund hierfür liegt nicht in einer Besonderheit spanischer Kolonialherrschaft, sondern darin, daß sich neue geographische, wirtschaftliche, politische, kulturelle und nicht zuletzt menschliche Horizonte erschlossen, welche die europäische Weltanschauung erst noch erfassen und verarbeiten mußte.

Es waren zunächst geographische Ungewißheiten und machtpolitische Rivalität, welche die Katholischen Könige zwangen, das erworbene Recht zu rechtfertigen. Da Kolumbus glaubte, den Seeweg nach Indien eröffnet zu haben, machte Portugal unmittelbar nach der Rückkehr des Entdekkers seinen gemäß päpstlicher Belehnung *usque ad Indos*, bis zu den Indern, reichenden Ausschließlichkeitsanspruch geltend und berief sich überdies auf den Vertrag von Alcaçovas, wonach alle südlich der Kanarischen Inseln gelegenen Gebiete nur Portugal offenstanden; hätte man eine Linie von den Kanarischen Inseln nach Westen gezogen, wären Mittel- und Südamerika Portugal zugefallen. Sofort wurden Verhandlungen aufgenommen (April 1493). Die Katholischen Könige erwirkten nun ihrerseits von Papst Alexander VI. (dem Spanier Rodrigo Borgia) insgesamt fünf Bullen, von denen die maßgebliche vierte (Inter caetera, 4. Mai 1493) zugunsten Spaniens eine von Pol zu Pol verlaufende Linie 100 kastilische Seemeilen westlich der Azoren und der Kapverden zur Abgrenzung der spanischen und der portugiesischen Interessensphäre festsetzte.

Damit war aber weder, wie oft behauptet, ein Akt lehnsrechtlicher Übertragung der entdeckten und zu entdeckenden Gebiete an Spanien noch ein päpstlicher Missionsauftrag verbunden. Es lag nicht im Interesse der Katholischen Könige, ihren Besitztitel von päpstlichen Bedingungen abhängig werden zu lassen. Der päpstlichen Urkunde fehlen entscheidende Kriterien eines lehnsrechtlichen Aktes, und sie bringt lediglich den von den spanischen Herrschern bekundeten Willen zur Heidenmission zum Ausdruck.

So bestärkt, kam Kastilien mit Portugal im Vertrag von Tordesillas (7. Juni 1494) zu einer einvernehmlichen Regelung, wonach die Trennungslinie nun 370 Meilen westlich der Kapverden zu verlaufen habe. Damit war Portugal ein Teil des noch unbekannten amerikanischen Kontinents zugefallen, das spätere Brasilien, was die Entdeckungsfahrt Cabrals 1500 zutage bringen sollte. 1529 wurde die atlantische Linie im Vertrag von Saragossa um die Molukkenlinie ergänzt. Portugal und Spanien wollten sich die überseeische Welt teilen und beanspruchten in ihren Zonen ausschließliche Rechte. Der spanische Besitz war nun durch päpstliche Sanktion und Staatsverträge abgesichert.

Gleiches Recht für alle forderten die ausgeschlossenen westeuropäischen Seemächte. Weder sei der Papst berufen, die Welt zu verschenken, noch hätten die beiden iberischen Mächte ein Recht, sich die Welt zu teilen. König Franz I. von Frankreich wollte, wie 1541 dem Kaiser berichtet wurde, »die Klausel in dem Testamente Adams sehen, nach der ich von der Teilung der Welt ausgeschlossen bin«. Forderungen nach freier Schiffahrt und freiem Handel mit Übersee, nach freiem Recht zur Eroberung oder zum Erwerb überseeischer Gebiete nach Vereinbarung mit einheimischen Herrschern wurden erhoben. Der hierum zwischen den europäischen Mächten geführte Streit wurde mit Piraterie, Überfällen und Krieg ausgetragen. Mit zunehmendem Erfolg gelang es England und anderen Mächten, im spanisch vereinnahmten Teil der Welt Fuß zu fassen. Zur Sicherung des Friedens wurde, zum ersten Mal 1680 zwischen Spanien und England, der wechselseitige Besitzstand vertraglich anerkannt. – Ungeachtet des spanischen Monopolhandelssystems aber gelangten immer mehr Waren außerspanischen Ursprungs auf die hispanoamerikanischen Märkte, und von indianischen Händen gefördertes Silber floß durch Spanien nach ganz Europa. Im ausgehenden

18. Jahrhundert war selbst das Wohlergehen schlesischer Weber von der Aufnahmefähigkeit des spanischen Kolonialmarktes abhängig. Spanien kolonisierte, Europa profitierte.

Während der von westeuropäischen Mächten mit Spanien geführte Streit vornehmlich um die Frage des Rechts zur Teilhabe an Kolonialbesitz und kolonialem Reichtum kreiste, setzte in Spanien bald nach der Entdeckung eine lebhafte Debatte um die Legitimität spanischer Herrschaft in der Neuen Welt ein, in der Vorstellungen einer universalen Völkerrechtsgemeinschaft ebenso entwickelt wurden wie die auch allen nachfolgenden Kolonialmächten eigene Doktrin einer zivilisatorischen Sendung.

Kritik an der Rechtfertigung spanischer Herrschaft ging von in der Naturrechtslehre der Scholastik geschulten Theologen aus. Herrschaft und Eigentum, so wurde argumentiert, entspringen der Vernunft der natürlichen, von Gott geschaffenen Ordnung. Folglich ist auch die Herrschaft heidnischer Fürsten legitim. Die Entdeckung von Heiden bewohnter Gebiete berechtigt nicht, die heidnischen Völker ihrer Herrschaft und ihres Besitzes zu berauben. Das Naturrecht könne auch nicht durch päpstliche Bullen außer Kraft gesetzt werden. Christus habe dem Papst keine weltliche Herrschaft übertragen, und dieser sei deshalb nicht befugt, Herrschaft zu vergeben. Die Kritik der Spätscholastiker, unter denen sich insbesondere der Dominikaner Francisco de Vitoria hervortat, richtete sich also gegen die Ableitung spanischer Herrschaftsrechte aus der Entdeckung und Besitznahme amerikanischen Bodens.

Unbestritten war freilich das Recht zur Heidenmission, zu der Christus den Auftrag erteilt hatte. Als geistlichem Oberhaupt der Kirche stand es dem Papst zu, die Heidenmission zu leiten und an christliche Herrscher zu delegieren. Aus der Pflicht christlicher Herrscher wiederum ließen sich Rechte zur Durchsetzung der Missionstätigkeit ableiten. Die spanischen Spätscholastiker lehnten also spanische Herrschaft in Amerika nicht rundweg ab, machten aber die Beurteilung ihrer Rechtmäßigkeit von der Einhaltung der christlichen Gebote und humanitärer Grundsätze abhängig.

Gegen die Auffassung der natürlichen Gleichberechtigung führte der Humanist und kaiserliche Hofjurist Juan Ginés de Sepúlveda mit Berufung auf Aristoteles an, rohe und barbarische Menschen wie die Indianer seien geboren, um den Vernunftbegabten zu dienen. Eine solche Lehre forderte dazu auf, die indianische Rasse zu diskriminieren. Auch die Spätscholastiker stritten nicht ab, daß unter den Indianern verwerfliche Sitten und barbarische Bräuche wie Götzendienst, Menschenopfer und Kannibalismus verbreitet seien, leiteten daraus aber kein Recht zur Unterwerfung, sondern eine Pflicht zur Erziehung ab und wollten allenfalls eine zeitlich begrenzte Schutzherrschaft gelten lassen.

Da die Menschheit eine große universale Gemeinschaft sei, so Vitoria, bestehe auch das Recht der Freizügigkeit zwischen den Völkern. Infolgedessen waren Spanier berechtigt, nach den Ländern jenseits des Ozeans auszuwandern, dort zu wohnen und Handel zu treiben, sofern sie den Eingeborenen kein Unrecht zufügten. Würden einheimische Herrscher dieses Recht verweigern, sei es nach gehöriger Ermahnung erlaubt, die Einhaltung des Völkerrechts durch Waffengewalt zu erzwingen. Doch wollte Vitoria andere europäische Nationen vom Recht freizügigen Verkehrs mit den Völkern Amerikas ausgeschlossen wissen, da sie Spanien in der Wahrnehmung der Missionsaufgabe stören würden. Folglich sei es besser, wenn die spanischen Könige in der Neuen Welt allein herrschten und Spanien das Handelsmonopol vorbehalten bliebe, auch weil dies einen Ausgleich für die Kosten der Entdeckung und der Wahrnehmung spanischer Herrschaftspflichten schaffe. Erörtert wurde auch, ob nicht ein allgemeines Interventionsrecht zum Schutze menschlicher Grundrechte bestehe.

Bei Hofe betrachtete man diese akademischen Erörterungen als schädlich und skandalös. Für die weitere Entwicklung der Völkerrechtslehre sollten sie jedoch von großer Bedeutung sein. Politisch brisant war, daß mit der Diskussion der Spätscholastiker über die vollzogene Tatsache der Herrschaftsgründung in Amerika das Prinzip monarchischer Legitimität überhaupt in Frage gestellt wurde. Die Vergabe und der Heimfall von Lehen, Heirat und dynastischer Erbgang und, außerhalb der christlich-abendländischen Völkerrechtsgemeinschaft, eben auch Eroberung begründeten bisher legitime Herrschaftstitel über Land und Leute. Nun ging der spanische Dominikaner Bartolomé de las Casas (1474–1566) gegen Ende seines langen Kampfes für die Rechte der Indianer sogar so weit, die Legitimität spanischer Herrschaft in Amerika ausschließlich von der Zustimmung der indianischen Bevölkerung abhängig zu machen. Mehr als zwei Jahrhunderte später nannte es ein Staatsmann der Französischen Revolution, Mirabeau, Gewalt und Tyrannei, mit Ländern zu schachern, ohne den Willen der Bevölkerung zu erfragen.

»Sind diese Indianer keine Menschen?«

»Was hier zur Verhandlung steht, das ist Völkermord«, schrieb vor einigen Jahren ein deutscher Literat als Herausgeber der 1542 verfaßten, aufsehenerregenden Schrift *»Kurzgefaßter Bericht von der Verwüstung der Westindischen Länder«*. Ihrem Verfasser, Las Casas, gebührt der Ruhm unermüdlichen Einsatzes für eine gerechte und menschenwürdige Behandlung der Indianer. Doch gerade diese Schrift, die mit maßlosen Übertreibungen an den Gerechtigkeitssinn des spanischen Herrschers appellieren sollte, beeinträchtigte seinen Ruf. Nicht zur Veröffentlichung bestimmt, erschien sie doch bald in verschiedenen Sprachen und bildete die Grundlage für jene »Schwarze Legende« (Leyenda negra), die spanische Kolonialherrschaft als eine Abfolge von Greueltaten erscheinen ließ. Den Rivalen Spaniens war sie höchst willkommen, bis in die Gegenwart lebt sie fort und verleitete den deutschen Literaten, die Moral der Kolonialgeschichte »kurzzufassen«[5].

Obwohl der Zweifler seinem Urteil zufolge Gefahr läuft, sich in den Skandal des Völkermordes zu verstricken[6], haben die Historiker sich doch eingehend mit Las Casas' Vorwürfen und der indianischen Bevölkerungsentwicklung befaßt. Hier muß der Hinweis auf einige Sachverhalte genügen. Verheerend wirkten sich aus Europa eingeschleppte Krankheiten aus. Schon Zeitgenossen beobachteten einen psychologisch bedingten Geburtenrückgang infolge des Zusammenbruchs der indianischen Sozialordnung. Rassenmischung führte weiterhin zur Abnahme. Damit wird wohl kaum ein Straftatbestand erfüllt. An letzter Stelle und neben den vorgenannten Ursachen zahlenmäßig gering, wohl aber moralisch zu veranschlagen sind die Folgen kriegerischer Auseinandersetzungen, von Gewaltmißbrauch und brutaler Ausbeutung der Arbeitskraft. Die karibische Bevölkerung starb innerhalb weniger Jahrzehnte aus. Erst um die Mitte des 17. Jahrhunderts kam im spanischen Kolonialreich der allgemeine Bevölkerungsrückgang zum Stillstand. Völkermord steht nicht zur Verhandlung. Wer die von Zweifeln getriebene Suche nach historischer Erkenntnis skandalisiert, läuft in die Falle (griechisch: skándalon) geistiger Unfreiheit.

Las Casas, zunächst Kolonist, dann Fürsprecher der Indianer, erlangte seinen Ruhm aufgrund von Zweifeln an seiner eigenen und der herrschenden Weltanschauung. Wie sehr aber auch er noch in gewohnten Vorstellungen befangen war, zeigt seine später von ihm lebhaft beklagte Empfehlung, zur Schonung indianischer Arbeitskraft Negersklaven nach Amerika einzuführen. Von alters her war die Sklaverei im mediterranen Raum üblich. Gegenseitig machten sich Christen und Muslime zu Sklaven. Gar keine Bedenken bestanden, die primitiven Guanchen der Kanarischen Inseln und die Bewohner des tropischen Afrika nicht nur des Besitzes, sondern auch der Persönlichkeitsrechte zu berauben, lebten sie doch fernab der Zivilisation und schienen einer vernünftigen Sozialordnung zu entbehren. Auf vergleichbarer Kulturstufe befanden sich auch die karibischen Indianer. Kolumbus malte ein anmutiges Bild dieser Menschen, scheute aber vor Menschenhandel nicht zurück.

Mit dem Übergang zur Siedlungskolonisation ergab sich das Problem der Beschaffung von Arbeitskraft. Spanien hatte keinen Bevölkerungsüberschuß aufzuweisen, der eine Auswanderung größeren Umfanges ermöglicht hätte. Die Kolonisten zeigten wenig Bereitschaft zu körperlicher Arbeit. Land ohne Arbeit hat keinen Wert. Allein schon deshalb mußten die Katholischen Könige auf Schutz und Erhalt der indianischen Bevölkerung bedacht sein. Diese Einsicht wurde auf die einfache Formel *»sin Indios no hay Indias«* gebracht, d. h. ohne indianische Bevölkerung gibt es für Spanien keine Herrschaft in den *Indias*, wie Amerika noch lange genannt wurde. Nach dem Willen der Krone sollten die Indianer freie Untertanen sein, also keiner personengebundenen Verfügung und Dienstbarkeit unterliegen und folglich nur als Lohnarbeiter zur Nutzung des Landes herangezogen werden können. Auch wollte die Krone verhindern, daß auf dem Wege über leibeigenschaftsähnliche Verhältnisse im Mutterland bekämpfte feudale Strukturen unter den Kolonisten in den *Indias* wiederauflebten. Die gesellschaftliche Integration der indianischen Bevölkerung sollte durch Missionierung im Sinne der umfassenden Vermittlung eines christlich-spanischen Kulturkonzeptes erreicht werden. Aus dieser Aufgabe der »Umerziehung« erwuchs der Geistlichkeit und insbesondere den Missionsorden die Möglichkeit zur Einflußnahme auf die Gesetzgebung und die praktische Gestaltung der kolonialen Verhältnisse.

Diese früh entwickelte Konzeption der Krone stieß in der Praxis auf Schwierigkeiten. Geregelte Lohnarbeit war den Indianern der Karibik unbekannt. Die Kolonisten interpretierten diesen kulturell bedingten Umstand als lasterhafte Neigung zum Müßiggang. Auch für sie galt *»sin Indios no hay Indias«*; ohne Verfügungsgewalt über die Indianer war das Ziel ihrer Übersiedlung nach den *Indias* verfehlt. Sie plädierten für Integration durch gewaltsame Unterwerfung und beanspruchten Verfügungsgewalt mit dem Argument, diese lasterhaften Wilden seien wegen ihrer physischen, moralischen und intellektuellen Schwäche zur Annahme neuer sozialer und wirtschaftlicher Lebensformen in Freiheit nicht fähig. Sie konnten geltend machen, daß es ohne spanische Siedler keine Herrschaft über die *Indias* gäbe.

Diesem Argument konnte sich die Krone nicht verschließen. Zwar versuchte sie nach dem Verbot des Sklavenhandels auch die Sklaverei in Amerika wiederholt einzuschränken – ein endgültiges Verbot erfolgte mit den »Neuen Gesetzen« von 1542 –, sah sich aber nun vor der Notwendigkeit, um die wirtschaftliche Erschließung der Kolonie voranzutreiben und ungeregeltem Mißbrauch der Arbeitskraft vorzubeugen, verschiedene Formen der Arbeitsverpflichtung einzuführen. Dabei griff sie zunächst auf ein spanisches Vorbild, später auf indianische Formen der Dienstbarkeit und Zwangsarbeit zurück.

Der 1503 eingeführten *Encomienda* lag die Überlegung zugrunde, Zwangsarbeit könne mit Mission verbunden werden. Die indianischen Kaziken wurden verpflichtet, einem von der Krone mit einer Encomienda begünstigten Encomendero (von encomendar: anvertrauen) ein Kontingent an Arbeitskräften zur Verfügung zu stellen. Der Encomendero übernahm die Pflicht, angemessenen Lohn und Lebensunterhalt sowie christliche Unterweisung an freien Tagen zu gewährleisten. Eine Leibeigenschaft war damit nicht verbunden. Später, 1536, wurde die zunächst auch *Repartimiento* (Zuteilung) genannte Encomienda in ein Tributsystem umgewandelt. Aber schon jetzt zeigte sich eine die Kolonialzeit hindurch immer wieder beklagte Tendenz, daß nämlich auch die besten Gesetze wenig fruchten, wenn sie in der Praxis mißachtet werden. Für die ihnen zugewiesene Rolle als Laienapostel hatten die Encomenderos wenig Sinn. In der Praxis kam die Encomienda der Sklaverei gleich. Durch Krankheiten bedingtes Massensterben der karibischen Indianer ließ den Druck auf die Überlebenden nur noch wachsen.

»Sind diese Indianer keine Menschen, haben sie keine vernunftbegabten Seelen?« fragte im Advent 1511 ein Dominikaner, Antonio de Montesinos, in der Kirche von Santo Domingo die erstaunt aufhorchenden Kolonisten:

»Ihr seid alle in Todsünde und lebt und sterbt in ihr, wegen der Grausamkeit und Tyrannis, die ihr gegen diese unschuldigen Menschen gebraucht. Sagt, mit welchem Recht und mit welcher Gerechtigkeit haltet ihr jene Indianer in einer so grausamen und schrecklichen Dienstbarkeit? . . .[7]«

Die Dominikaner Hispaniolas drohten mit Kirchenstrafen, welche mit zivilrechtlichen Folgen verbunden sein konnten.

Als Christen standen die Kolonisten nun vor der Alternative: Aufgabe der Existenzgrundlage oder Gewissenskonflikt und Strafe. Montesinos' aus der natürlichen Wesensgleichheit indianischer und europäischer Menschen abgeleitetes Postulat der Gleichberechtigung von »Wilden« und Spaniern war in den Ohren der Kolonisten eine Absurdität.

Sie machten ihre Empörung bei Hofe geltend. Die Dominikaner entsandten Montesinos. König Ferdinand zeigte sich über diese »skandalöse Predigt« erstaunt, denn es war kaum zu überhören, daß sich die Frage nach Recht und Gerechtigkeit indirekt an die Krone richtete. Damit wurde die Legitimität königlicher Herrschaft in Frage gestellt. Folge war die Einberufung einer Kommission von Juristen und Theologen nach Burgos, Ergebnis ihrer Beratungen die nach demselben Ort benannten Gesetze (27. Dezember 1512)[8]. Sie bestätigten die Politik der Krone, auch die von den Dominikanern bekämpfte Einführung der Encomienda, sahen weitere Maßnahmen zur effizienten Umerziehung der Indianer vor, erweiterten und präzisierten darüber hinaus aber auch, womit den Dominikanern ein Erfolg gelungen war, die Pflichten der Encomenderos und die Bestimmungen zum Schutz der Indianer. Auch ein Arbeitsverbot für schwangere Frauen ab dem vierten Monat wurde verfügt.

Die Kronjuristen vermieden es, in der Präambel des Gesetzes auf die von den Dominikanern aufgeworfene Legitimitätsfrage, etwa mit einem Hinweis auf die Pflicht des Monarchen zur Sorge für das Gemeinwohl, einzugehen. Es wurde lediglich noch einmal der Wille der Krone, die Missionierung voranzutreiben, zum Ausdruck gebracht. Dagegen konnten auch kirchliche Kreise keine Einwände erheben. Entgegen der sonst befolgten Politik der Krone, die Legitimität spanischer Herrschaft allein aus Entdeckung und Besitznahme abzuleiten, stand dem gleichzeitig von dem Kronjuristen Juan Palacios Rubios verfaßten *Requerimiento* der Hinweis voran, der Papst habe als oberste Autorität aller Menschen den spanischen Herrschern die Inseln und das Festland im Ozeanischen Meer übertragen, was nicht dem Sachverhalt der päpstlichen Bullen entspricht. Dieses Schriftstück sollte bei nun bevorstehenden Eroberungszügen nach dem Festland durch einen Dolmetscher den Indianern verlesen werden. Sie wurden darin aufgefordert, sich freiwillig zu unterwerfen und den christlichen Glauben anzunehmen, anderenfalls sie als Feinde behandelt würden.

Las Casas und mit und nach ihm viele andere haben sich über diese Art, die Annahme des Glaubens zu erzwingen, entrüstet. Andere Zeitgenossen aber verstanden wohl, wie in der neueren Forschung betont wird, daß diese Verlautbarung sich in erster Linie an die Konquistadoren richtete, die durch die von den Dominikanern eröffnete Debatte rechtlich verunsichert waren und mit ihrem Gewissen in Konflikt standen. Es sollte ihnen in Erinnerung gerufen werden, »daß ihr Vorgehen durch das geistige Oberhaupt der Kirche sanktioniert worden war und sie daher in völliger Übereinstimmung mit der Kirche handelten, die Verantwortung aber in jedem Fall beim Monarchen« und nicht bei ihnen oder Mitgliedern des Dominikanerordens lag[9].

Der Wille der spanischen Krone, ihren Herrschaftsbereich in Amerika auszudehnen, stand außer Frage. Dies bedeutete aber nicht, daß sie in ihrer Politik die Forderungen der Dominikaner nach einer menschenwürdigen Behandlung der Indianer nicht berücksichtigt hätte. Mit staatlicher Billigung und Förderung versuchten diese alternative Kolonisationsprojekte in die Tat umzusetzen. In einem Missionsreservat an der venezolanischen Küste sollten unter Ausschluß von Kolonisten christliche Lebensformen vermittelt werden; über die Erfolge dieser 1514 gegründeten Mission ist wenig bekannt. Montesinos und Las Casas, der sich inzwischen den Dominikanern angeschlossen hatte, aber erst 1522 ihrem Orden beitrat, warben unterdessen bei Hof für ein Siedlungsprojekt, in dem je eine kastilische Kleinbauernfamilie und fünf indianische Familien zu gleichberechtigten Gruppen zusammengefaßt werden sollten. Ziel war, auf diese Weise unter der Aufsicht eines königlichen Beamten die Kenntnis spanischer Wirtschaftsmethoden zu vermitteln. Missionare sollten für religiöse und schulische Unterweisung sorgen. Rassenmischung war erklärtes Ziel dieses Plans. 1520 wurde er genehmigt. Die auf Puerto Rico die Ansiedlung erwartenden Bauernfamilien liefen davon, als die Nachrichten von der Eroberung Mexikos ein lohnenderes Ziel boten.

Las Casas hat in der Folgezeit den Gedanken der Gründung von Missionsreservaten, in denen die Indianer allein mit den Mitteln missionarischer Überzeugungskraft und unter Ausschluß spanischer Siedler an europäische Lebensformen herangeführt werden sollten, energisch weiterverfolgt und entsprechende gesetzliche Regelungen erlangt. Er selbst konnte 1537 ein solches Projekt in Guatemala in die Wege leiten und gab ihm den Namen *Verapaz*, Land des wahren Friedens. Berühmt wurde das Missionsreservat der Jesuiten in Paraguay.

Ein anderes Bild bot sich, als die Konquistadoren aus der Karibik nach Mexiko vorstießen (1519). Hier trafen sie auf eine Erstaunen erregende Kultur. Nach den bisherigen Erfahrungen zögerte Cortés, dort die Encomienda einzuführen, mußte aber dem Drängen seiner Begleiter nach Belohnung stattgeben.

Die Missionierung Mexikos wurde zuerst Franziskanern übertragen. Sie pochten nicht, wie die Dominikaner, auf den Grundsatz natürlicher Gleichberechtigung und bestritten ebenso wenig wie die Kolonisten Hispaniolas die kulturelle Inferiorität der Indianer. Deshalb waren sie dort schon als Vermittler bemüht worden. Einer anderen Denktradition als die Dominikaner verbunden, glaubten sie, diese Inferiorität sei durch die reale Präsenz des Teufels bedingt. Folglich verstanden sie die Konquista als heilsgeschichtliches Ereignis. Auch den Franziskanern galten alle Menschen als vor Gott gleich, ohne daß sie daraus – in augustinischer Tradition – Forderungen für die soziale Stellung der Indianer in der weltlichen Gesellschaft gleich denen eines Las Casas abgeleitet hätten. Andererseits verbot der heilsgeschichtliche Auftrag Spaniens jede Behinderung der Christianisierung. Diese Denkweise ermöglichte es, Mißstände in der Behandlung der Indianer der Krone als Wahrerin des Rechtes und des Friedens zur Kenntnis zu bringen, ohne Institutionen und Struktur der Herrschaft generell in Frage zu stellen. Somit erwiesen sich die Franziskaner als geeignete Vermittler zwischen den Interessen der Indianer, der Kolonisten und der Krone.

Nach der Eroberung Mexikos wurde die Politik der Umerziehung modifiziert, insofern als die Krone zwar die Notwendigkeit unterstrich, die Indianer mit spanischer Lebensweise und dem politischen System Spaniens vertraut zu machen, andererseits aber die Beibehaltung indianischer Bräuche und Institutionen, wie etwa im Schulwesen, nicht ausschloß. Aus franziskanischer Sicht bedurften die Indianer Mexikos zwar der christlichen Heilslehre, nicht aber der Vermittlung eines umfassenden christlichen Kulturkonzepts, denn sie zeichneten sich vor den Europäern durch Tugenden wie Armut, Demut, Gehorsam, Friedfertigkeit und Geduld aus (wohl eher Merkmale der Gesellschaft einer straff organisierten Theokratie und gewiß auch Ausdruck der Agonie nach dem Zusammenbruch dieses Gesellschaftssystems), die sie geradezu für eine Lebensgemeinschaft nach urchristlichem Vorbild vorbestimmt erscheinen ließen. Es galt lediglich Mißbräuche wie Idolatrie und Menschenopfer zu beseitigen. Angestrebt wurde eine Kultursynthese. Dabei wollten die Patres die Stelle von Vätern und Lehrern einnehmen; folglich maßen sie den Indianern den Status von Schülern und Kindern bei. Anders als zu Beginn des spanischen Kolonialunternehmens, als noch die Schaffung eines homogenen Untertanenverbandes angestrebt wurde, wozu auch, von den Dominikanern bereits erwogen, Mestizisierung beitragen konnte, zeichnete sich infolge der Begegnung mit der Kultur Mexikos nun die Vorstellung getrennter Gesellschaften, einer christlich-spanischen und einer christlich-indianischen, ab. – Dem Interesse franziskanischer Missionare an Kultur und Geschichte Mexikos verdankt die Nachwelt Überlieferungen unschätzbaren Wertes.

Die in der Begegnung mit der »primitiven« Kultur der karibischen Völker und der Hochkultur Mexikos gewonnenen Erfahrungen und Einsichten und die daraus entwickelten Vorstellungen für eine geeignete Organisation des Zusammenlebens von Spaniern und Indianern schlugen sich in der staatlichen Gesetzgebung nieder. Die »Neuen Gesetze« von 1542, welche unter anderem die Abschaffung der Encomienda vorsahen, wogegen sich die Kolonisten auflehnten, zeugen davon. Statt der anfangs angestrebten Integration der indianischen Bevölkerung in einen homogenen Untertanenverband schuf die Gesetzgebung nun mit Rassentrennungs- und Schutzgesetzen, welche der indianischen Bevölkerung den Status von Minderjährigen zuwiesen, eine duale Gesellschaft. So bewahrten die Indianergemeinden ihr Recht des kollektiven Bodenbesitzes, mußten sich aber den Regeln spanischer Lokalverwaltung unterordnen. Genaue Vorschriften regelten den Verkehr zwischen Spaniern und Indianern. Am vollkommensten wurde die Konzeption getrennter Gesellschaften in den Missionsreservaten verwirklicht. Der statischen Konzeption einer dualen Gesellschaft wirkte aber die Dynamik der sozialen und wirtschaftlichen Wirklichkeit entgegen.

Die Gesetzes- und Geschichtsbücher enthalten viele Seiten über Recht und Unrecht. All das darzustellen, ist hier kein Raum. Spanische Kolonialherrschaft war auf Machtzuwachs und materiellen Gewinn gerichtet. Landnahme schuf erstes Recht. Spanien hat sich aber auch, in Anbetracht einer neuen Welt, der Herausforderung der alten Lehre von der natürlichen Gleichheit und gleichen Herkunft aller Menschen gestellt.

Es mag ungerecht erscheinen, daß man indianischen Menschen den Status Minderjähriger zuwies. Vielleicht war es aber noch ungerechter, daß die politischen Führer der aus Spaniens Kolonialreich hervorgegangenen Staaten, Nachkommen der Kolonisten, diesen Status aufhoben. »Sie glaubten, der Grundsatz der Gleichheit enthalte die höchste Gerechtigkeit, und verstanden nicht, daß Gleichheit nur unter Gleichen gerecht ist«[10], schrieb der mexikanische Anthropologe Alfonso Caso. Die Aufhebung kolonialzeitlichen Sonderrechts ermöglichte erhöhten sozialen und wirtschaftlichen Druck auf indianische Staatsbürger.

Das Kainszeichen des Kolonialismus

Vom rechtlichen und moralischen Standpunkt der Gegenwart betrachtet, kann die spanische Landnahme nicht gerechtfertigt werden, steht weiter oben. Kolonialherrschaft ist mit dem Kainsmal gezeichnet und wurde mit dem Schlagwort Kolonialismus geächtet, für rechtlos erklärt. Nach welchem Maßstab kann der rückschauende Betrachter also urteilen?

»Von Amerika und seiner Kultur, namentlich in Mexiko und Peru, haben wir zwar Nachrichten, aber bloß die, daß dieselbe eine ganz natürliche war, die untergehen mußte, sowie der Geist sich ihr näherte«, lehrte der große Hegel seine Schüler[11]. Hat der kulturell Überlegene das bessere Recht? Dies wäre eine fatale Philosophie. Eine andere Weisheit enthält die alte Geschichte von Kain und Abel, eine Versinnbildlichung der Konfrontation unterschiedlicher Kulturen.

Auf dem Felde, wo die Rechtsordnungen des einfachen, umherziehenden Hirten und des zivilisatorisch überlegenen, seßhaften Bauern – der eine verlangt freien Raum, der andere grenzt ab – zusammenstoßen, erschlägt Kain den Abel. Doch anders als noch nahezu »paradiesisch« lebende Stämme der Gegenwart, welche sich selbst schlicht »Menschen« und andere »Tiere« nennen, erkennt Kain die Schuld, mit der Tötung des Andersartigen ein Vergehen an seinesgleichen begangen zu haben: »Ich muß unstet sein und flüchtig auf Erden, und jeder, der mich findet, wird mich töten.«

Doch Kain wurde nicht rechtlos. Jahwe sprach: »Keineswegs! Jeder, der Kain tötet, an dem soll es siebenfach gerächt werden.« Und er machte an Kain ein Zeichen, damit ihn nicht jeder töte, der ihn fände.

Trotz kultureller Überlegenheit hatte sich Kain auf die natürliche Gleichheit zurückbesonnen und damit den Weg zur Ausdehnung seines Begriffes von Menschlichkeit zur Kulturgrenzen überschreitenden Norm der Humanität gefunden, welche letztes Maß allen Rechts ist. Mit diesem Begriff ausgestattet, entfernte er sich vom Angesicht Jahwes, des Schöpfers der natürlichen Ordnung, und vollbrachte die kolonisatorische und zivilisatorische Leistung der Gründung einer Stadt. Er beschritt den Weg der Geschichte.

Alexander von Humboldt, der »zweite Entdecker« Amerikas, hat den Weg Kains verdeutlicht. Kolonialexpansion konnte »das vereinzelte Dasein der Völker aufheben« und ermöglichte erst einen Begriff von der Zusammengehörigkeit der Menschen, aber:

». . . das Gefühl von der Zusammengehörigkeit des ganzen Menschengeschlechts, von der gleichen Berechtigung aller Theile desselben . . . ist in . . . religiöser Überzeugung gegründet. Das Christentum hat hauptsächlich dazu beigetragen, den Begriff der Einheit des Menschgeschlechts hervorzurufen; es hat dadurch auf die ›Vermenschlichung‹ der Völker in ihren Sitten und Einrichtungen wohltätig gewirkt.«

Dieser Begriff unterschiedsloser Humanität steht hinter der Ächtung des Kolonialismus. Er wurde, so Humboldt, durch »alle Greuel und Gewaltthätigkeiten erkauft, welche die sogenannten civilisierenden Eroberer über den Erdball« verbreiteten[12]. Hat spanische Kolonialherrschaft das Zeichen Kains verdient?

Angeführte Quellen und Zitate

1 Es liegt nur noch eine Kopie des Kolumbus-Exemplares vor, in Faksimile und Abschrift ediert von Antonio Muro Orejón im Anuario des Estudios Americanos, Bd. 7 (Sevilla 1950), S. 505–517; eine deutsche Übersetzung in Richard Konetzke, Lateinamerika seit 1492. Quellen- und Arbeitshefte zur Geschichte und Gemeinschaftskunde, Stuttgart 1970.
2 Richard Konetzke, Entdecker und Eroberer Amerikas. Von Christoph Kolumbus bis Hernán Cortés. Frankfurt 1963, S. 21.
3 Richard Konetzke, Die Indianerkulturen Altamerikas und die spanisch-portugiesische Kolonialherrschaft. Fischer Weltgeschichte Bd. 22 (Süd- und Mittelamerika I), Frankfurt 1956, S. 31.
4 Carl Schmitt, Der Nomos der Erde im Völkerrecht des Jus Publicum Europaeum. Berlin 1950, S. 16.
5 Hans Magnus Enzensberger (Hrsg.), Bartolomé de las Casas. Kurzgefaßter Bericht von der Verwüstung der Westindischen Länder. Frankfurt 1966, zit. S. 133.
6 Ibidem, S. 148.
7 Zitiert aus Konetzke, Die Indianerkulturen . . ., S. 174 f.
8 Ediert in Richard Konetzke (Hrsg.), Colección de Documentos para la Historia de la formación social de Hispanoamérica, 1493–1810. Vol. I, Madrid 1953, S. 38–57.
9 Horst Pietschmann, Staat und staatliche Entwicklung am Beginn der spanischen Kolonisation in Amerika. Spanische Forschungen der Görresgesellschaft. Zweite Reihe, 19. Bd., Münster 1980, S. 68.
10 La Comunidad indîgena, México 1971, S. 63.
11 Georg Wilhelm Friedrich Hegel, Vorlesungen zur Philosophie der Geschichte. Mit einer Einleitung und Anmerkungen hrsg. von F. Brunstäd, Leipzig 1907, S. 127.
12 Kosmos. Entwurf einer physischen Weltbeschreibung, Bd. 2, Stuttgart und Tübingen 1847, S. 234 f. und 337.

Literaturhinweise

Die Literatur zur hier behandelten Thematik ist unüberschaubar. Es ist deshalb nur sinnvoll, an dieser Stelle einige Hinweise zu geben.

Zur Geschichte der Entdeckung, Eroberung, Kolonisation und der Anfänge staatlicher Organisation:
KONETZKE, Richard: Entdecker und Eroberer Amerikas. Von Christoph Kolumbus bis Hernan Cortés, Frankfurt 1963.
KONETZKE, Richard: Die Indianerkulturen Altamerikas und die spanisch-portugiesische Kolonialherrschaft. Fischer Weltgeschichte, Bd. 22, Süd- und Mittelamerika I, Frankfurt 1956.
PIETSCHMANN, Horst: Staat und staatliche Entwicklung am Beginn der spanischen Kolonisation Amerikas. Spanische Forschungen der Görresgesellschaft, Zweite Reihe, 19. Bd., Münster 1980.
Zur Völkerrechtsgeschichte:
FISCH, Jörg: Die europäische Expansion und das Völkerrecht. Die Auseinandersetzungen um den Status der überseeischen Gebiete vom 15. Jahrhundert bis zur Gegenwart. Beiträge zur Kolonial- und Überseegeschichte, Bd. 26, Stuttgart 1984.
GREWE, Wilhelm G.: Epochen der Völkerrechtsgeschichte, Baden-Baden 1984.
SCHMITT, Carl: Der Nomos der Erde im Völkerrecht des Jus Publicum Europaeum, Berlin, 1. Auflage, 1950.
Zum Kampf um die Rechte der Indianer:
BIERMANN, Benno O. P.: Las Casas und seine Sendung. Das Evangelium und die Rechte des Menschen, Mainz, 1968.
FRIEDE, Juan, und KEEN, Benjamin (Hrsg.): Bartolomé de las Casas in History. Towards an Understanding of the Man and His Work, De Kalb, 1971.
HANKE, Lewis: Aristotle and the American Indians. A study in Race Prejudice in the Modern World, Bloomington–London, 1959.
HÖFFNER Joseph: Kolonialismus und Evangelium. Spanische Kolonialethik im Goldenen Zeitalter, Trier, 2. verb. Aufl., 1969.
Ein Vergleich verschiedener Missionskonzeptionen:
BECKER, Felix: Indianermission und Entwicklungsgedanke unter spanischer Kolonialherrschaft, in: I. Buisson, M. Mols (Hrsg.), Entwicklungsstrategien in Lateinamerika in Vergangenheit und Gegenwart. Internationale Gegenwart, Bd. 5, Paderborn u.a., 1983, S. 45–66.
Zur Indianerschutzgesetzgebung:
MÖRNER, Magnus: La Corona y los Foráneos en los Pueblos de Indios de América, Stockholm 1970.
Zur Bevölkerungsentwicklung:
DENEVAN, William M. (Hrsg.): The Native Population of the Americas, Madison 1976.

SPANISCH-AMERIKA IN KUNSTKAMMERN DES 16. UND 17. JAHRHUNDERTS

Christian F. Feest
Museum für Völkerkunde, Wien

Unsere Kenntnis des alten Amerika beruht auf unterschiedlich nützlichen Quellen: auf den Schriften der weißen Eroberer, der militärischen wie der geistigen und geistlichen, denen oft das Ziel ihres Tuns die Sicht auf die greifbare Welt versperrte; lediglich in Mesoamerika auf den Hervorbringungen einer eingeborenen Schriftlichkeit, die aber nur einen schmalen Ausschnitt aus der Gesamtheit der Lebensumstände vermitteln; und ganz allgemein aus den Sachzeugnissen der von der Konquista ausgelöschten oder veränderten Kulturen. Der allergrößte Teil dieser Sachzeugnisse stammt aus archäologischen Funden und konfrontiert uns zumeist wiederum nur mit der zufälligen Auswahl dessen, was der natürliche Auflösungsprozeß im Boden nicht zerstört hat.

Daß nur eine verschwindend kleine Zahl von aus den noch lebenden Kulturen gesammelten Objekten auf uns gekommen ist, hat mehrere Ursachen. An erster Stelle steht das Sendungsbewußtsein der Konquistadoren, die zwar gelegentlich und sich gleichsam erstaunt die Augen reibend der reichen Pracht der fremden Welt ihre Reverenz erwiesen, sie aber im nächsten Augenblick zu zerstören bereit waren. Von den Eroberern Kulturrelativismus und verstehende Toleranz zu verlangen, ist anachronistisch. Die Unterwerfung der eingeborenen Herrschaften unter die spanische Krone geschah selten freiwillig – und wo Gewalt angewendet wurde, zog dies Zerstörung nach sich.

Ebenso zweifelhaft ist die Freiwilligkeit der Bekehrung zum alleinseligmachenden Glauben, und die christlichen Missionare waren stolz darauf, dem Unglauben durch die Zerstörung von Hunderttausenden von Götzen und teuflischen Zerrbildern Schranken gesetzt zu haben.

Was an Produkten des eingeborenen Kunstfleißes dennoch Europa erreichte, waren in erster Linie Schätze und Trophäen, nützliche Beispiele künftiger Kolonialwaren, allenfalls noch nachdenklich Fremdes.

Es war Europa, das sich im 16. Jahrhundert anschickte, die Weltherrschaft über die Neuzeit anzutreten. Während aber die Eroberer offenen Auges nicht fähig gewesen wären, die alte Welt Amerika zu vernichten, war der Anspruch Europas auf Vorherrschaft nur durch eine Öffnung zur Welt durchsetzbar, wie sie für die Renaissance charakteristisch ist. Diese Öffnung schloß, gefördert durch den schnelleren Informationsfluß im Zeitalter der Buchdruckerkunst, das Bedürfnis nach umfassender Kenntnis der Welt ein. Die beginnende Sammeltätigkeit von Fürsten und Gelehrten des 16. Jahrhunderts ist in diesem Zusammenhang zu sehen. Da es die wissenschaftlichen Systeme der neuzeitlichen Naturwissenschaften noch nicht gab, fällt es schwer, die Sammeltätigkeit als systematisch zu bezeichnen. Aber sie war enzyklopädisch und baute in ihren Anfängen auf der Vereinigung des Gegensatzes des Natürlichen und des Künstlichen, von Gotteswerk und Menschenwerk auf (vgl. Scheicher 1979, Impey and MacGregor 1985).

Das Streben nach einer umfassenden Spiegelung der sichtbaren Welt in den Sammlungen führte notgedrungen dazu, daß das schwerer zu erlangende Seltene besonders begehrt war. Rar war einerseits die Einzelleistung des außergewöhnlichen Individuums, dessen Wertschätzung als genialer Künstler eine (Wieder-)Entdeckung der Renaissance ist; rar war andererseits, was an ungewöhnlichen Produkten von weit her nach Europa gelangte. Die sprachlose Bewunderung Albrecht Dürers (»Und der Ding weiss ich nit auszusprechen, die ich do gehabt hab«) angesichts der 1520 in Brüssel zur Schau gestellten mexikanischen Beutestücke des Cortés beruhte einerseits auf ihrem exzessiven materiellen Wert, andererseits auf der überraschenden Fremdheit von Materialien und Formen (Dürer 1982, S. 65 f.). Und auch Grimmelshausen macht im »Simplicissimus« klar, daß die Vorliebe für die Rarität oft genug in einen seltsamen Gegensatz zu den vermeintlichen Grundwerten des Abendlandes geriet: während die Eroberung der Welt für das Christentum und der damit verbundene Sturz der Götzen noch in vollem Gange war, schimpfte der Fürst, dessen Kunstkammer Simplicissimus besuchte, seinen Besucher einen Phantasten, weil dieser ein schlechtes »Ecce Homo« einem auf Papier gemalten chinesischen Götzen vorzöge, der doch viel rarer sei (Grimmelshausen 1977, Bd. I, S. 73 f.).

Trotz grundlegender Ähnlichkeiten nahmen fürstliche und wissenschaftliche Sammlungen unterschiedliche Entwicklungen und besaßen durchaus unterschiedlichen Charakter. Fürstliche Sammlungen konnten vielfach auf den älteren Sammeltraditionen der Schatzkammern aufbauen und enthielten in hohem Ausmaß auch die Früchte des Mäzenatentums im Bereich der Künste. Als dynastische Aktivitäten war ihr Wuchs nicht auf das Lebensalter eines Menschen begrenzt, und meist waren ihrer räumlichen Entfaltung kaum Grenzen gesetzt. Wissenschaftliche Sammlungen enthielten Künstliches hauptsächlich aus dem exotischen Bereich, weil Ethnographica (wie auch in den Kunstkammern) allgemein als den Naturalien zugehörig gesehen wurden. Zwei Generationen wissenschaftliche Sammeltätigkeit in einer Familie waren schon eine Ausnahme, und zumeist endeten die Bestände in Institutionen der öffentlichen Hand oder in den Kunstkammern der Fürsten. Gemeinsam war den Sammlungen ihre im Lauf der Entwicklung zunehmende Spezialisierung und die Abhängigkeit von einem aus dem Bedarf entstehenden Kunst- und Naturalienhandel. Modetrends im Sammeln sind ebenso in beiden Sammlungstypen unverkennbar.

Es ist die mangelnde Spezialisierung, die Kehrseite des Universalitätsanspruchs, die den Kunst- und Wunderkammern später den Ruf des Unseriösen eingetragen hat: »Da aber ein Curiöser sein Vergnügen und Lust sowol in Naturalibus als Kunst-Sachen, Antiquitäten, Müntzen, Medaillen, u.d.g. findet, so kan er gar wohl seine Kammer oder Cabinet also einrichten, daß er von allen obbesagten etwas darinnen sammeln und aufheben möge: und da denn vielerley Dinge in einem Schrancke bey einander sind, so nennet man ein solch Behältnis eine Raritäten-Kammer oder Cabinet« (Neickelius 1727, S. 7). Für die Fürsten verband sich mit dem Universalitätsanspruch in Zeiten des Absolutismus auch ein Aspekt der Herrschaft. Selbst die bereits im Verfall befindliche Kunstkammer in Graz wird im Jahr 1700 noch unter diesem Aspekt gewürdigt: »Die Galerie, in welcher du die Welt eingeschlossen glaubst, mildert den Schrecken des Krieges, so sie die Seltenheiten vieler Völker enthält: Barbarische Kleider vom Ende der Welt herbeigeschafft, Kunstwerke, Früchte der Erde, Schätze, Waffen, selbst die von verschiedenen Völkern verehrten Götzen. Fast nichts gibt es, was dem Vergnügen des Fürsten nicht Tribut zollt. Hier gibt es Seeungeheuer oder ihre Überreste; Wunder der Erde, Mirakel des Blitzes; selbst den Paradiesvogel, außer durch seine weisslichen Federn durch Silber und Edelsteine geziert« (Macher 1700, S. 22).

Mit dem Verfall der enzyklopädischen Ambitionen kommt es zum zweiten Schwund altamerikanischer Objekte nach den Zerstörungen der Konquista. Sie stellten nicht das Objekt der Spezialisierung des Sammelns dar, mangelnde Obsorge ließ vielfach auch ihren Erhaltungszustand leiden und machte sie unansehnlich. Bei der nächsten Entrümpelung machten sie mit anderen vergangenen Moden Raum für neue Moden. So geschah es auch mit dem eben zitierten (nicht amerikanischen) Paradiesvogel, von dem ein Inventar schon 1668 schreibt: »Item Ein Paradeiss Vogl mit weissen Federn, so albereith Schabenfrässig vnd sonsten in vergulden Silber mit Türckhes besezt, gefast« (Wastler 1879–1880, N. F. 6, CI).

Die Vernachlässigung (in Graz auch Folge des Verlustes des Charakters einer Residenz) war nur ein Faktor für die Verminderung des Sammlungsbestands. Geschlossene Sammlungen wurden zerrissen, indem interessanter erscheinende Stücke herausgeklaubt und der Rest versteigert wurde. So geschah es 1608 mit dem Nachlaß König Philipps II. von Spanien, der ebenso unter den Hammer kam wie 1782 das, was von der berühmten Kunstkammer Rudolfs II. in Prag übriggeblieben war. Schlimmer noch waren die Verwüstungen des Dreißigjährigen Kriegs in Mitteleuropa, unter denen insbesondere in Prag und in München die Kunstkammerbestände litten.

Das wenige Verbliebene blühte meist unerkannt im Verborgenen, bis es im 19. Jahrhundert als einzigartiges Zeugnis des Jahrhunderts der Eroberung Amerikas durch Europa zu neuer Ehre erweckt wurde. Der Enthusiasmus der Entdeckerfreude ließ freilich viele Deutungen und Erklärungen weit über das Ziel schießen. Eine realistische Würdigung des durch Zufälligkeiten überlieferten Stückwerks kann erst nach Sichtung aller zugehörigen Dokumente Schritt für Schritt erfolgen.

Der erste Schritt ist die Bestandsaufnahme: Was existiert heute, das erweisbar im 16. und 17. Jahrhundert aus der Neuen Welt nach Europa gelangt ist? (Vgl. dazu allgemein Feest 1985; aus archäologischen Quellen ist natürlich eine Unzahl anderer dokumentarischer Sachgüter verfügbar, darunter ein kleiner Bestand von Gegenständen, wie sie auch in den Kunstkammern überliefert wurden.)

Von den Westindischen Inseln, der Zone des Erstkontakts der zwei Welten, ist es ein knappes halbes Dutzend Objekte, gerade eine Handvoll: zwei sehr ähnliche Halsketten aus Muschelschale, eine Holzschüssel sowie ein Gürtel und eine Figur, die, der Verarbeitung nach zu schließen, aus derselben Hand gekommen sein könnten. Alle fünf Objekte sind mit den Gestalten von »Zemis« verziert, die den eingeborenen Taino als Sitz übernatürlicher Wesen und den Europäern als Inbegriff heidnischer Götzenanbetung galten. Weil fast alle Gegenstände des eingeborenen täglichen Gebrauchs mit »Zemis« versehen waren, wurden fast alle ein Opfer des Kampfes gegen den Götzendienst.

Mexiko ist relativ reich im Restbestand der Kunstkammern vertreten: Immerhin sechs Federarbeiten haben sich über fast fünf Jahrhunderte erhalten, zwei Dutzend Mosaiken, eine vergleichbare Gruppe meist kleiner und kleinster Steinschnitzereien, eine einzigartige Holzfigur, zwei Obsidianspiegel (wie sie in Mexiko und in der Folge auch in Europa für magische Zwecke gebraucht wurden), drei Speerschleudern als einzige Waffen und ein filigraner Fingerring als einziges Belegstück für goldene Schmucksachen. Dazu kommen noch Bilderhandschriften, die aber im engeren Sinn keine Kunstkammerstücke waren, sondern zumeist in Bibliotheken bewahrt wurden, und gerade aus Mexiko auch eine relativ große Anzahl kolonialer Erzeugnisse, vor allem Federbildchen und Zierkeramiken.

Den Rest des einstigen Spanisch-Amerika könnte man angesichts der erhaltenen Kunstkammerbestände vergessen. Nichts ist erhalten, was ins 16. Jahrhundert zurückverfolgbar oder auch nur zurückerschließbar wäre. Eine kleine Sammlung kolumbischer Ethnographie von 1691 ist die ganze Ausbeute des 17. Jahrhunderts. Dieses völlige Fehlen ist um so erstaunlicher, wenn man damit die relativ große Zahl von Gegenständen aus Brasilien und aus Guayana vergleicht, die sich sehr wohl in unsere Tage gerettet haben. Man mag diesen Unterschied als Hinweis auf die größere Abgeschlossenheit des spanischen Kolonialreiches sehen, aber auch als Indiz für ein geringeres Sammelinteresse in Spanien selbst.

Es ist bezeichnend, daß sich fast der gesamte soeben angeführte Bestand in Italien, Österreich und Süddeutschland erhalten hat – und kein einziges Stück in Spanien. Offensichtlich neigten die Völker, die selbst keinen Anteil an der kolonialen Ausbeutung hatten, stärker zur bewundernden Bewahrung, während die kolonialen Herren ihre Aufgabe eher in der Abschaffung als in der Konservierung von Idolatrie und zivilisatorischer Rückständigkeit sahen. Natürlich bildete Spanien die Schleuse, durch die alle möglichen Sammlungsgegenstände gelangen mußten und auch gelangten. Habsburgische Familienbeziehungen vermittelten frühzeitig größere Bestände nach Flandern und Österreich, wo durch die Teilung der österreichischen Linie konkurrierende Sammelzentren in Wien, Graz, Innsbruck und Prag entstanden. Nach Italien gelangten Objekte aus Spanisch-Amerika als Geschenke für den Papst sowie zur Bereicherung der Sammlungen der Medici – letztlich Vorbild aller fürstlichen Sammler Europas. Italien (vor allem Bologna) war auch die Heimat der ersten wissenschaftlichen Sammlungen, die Americana enthielten. Den Medici und den Habsburgern durch Heiraten verbunden waren die Wittelsbacher, deren Kunstkammer in München um 1600 gerade auch in bezug auf amerikanische Artificialia ganz gut bestückt war (Heikamp 1970, Heikamp und Anders 1972, Nowotny 1960, Scheicher 1979, Laurencich-Minelli 1982).

Mit Zunahme der Sammelleidenschaft außerhalb der Iberischen Halbinsel wurde Spanien immer mehr zum Lieferanten für Exotica, wobei offenbar nicht nur neue Schätze ihre Abnehmer fanden, sondern auch alte Bestände ins Ausland abgestoßen wurden. Nach der erwähnten Versteigerung des Nachlasses von Philipp II. gab es im 17. Jahrhundert kaum noch Sammlungen von Altamericana in Spanien. Die Kollektion von Don Vicencio de Lastanosa in Hueca, die im Roman »El Criticón« seines Freunds Balthasar Gracián verewigt wurde, gehörte zu den Ausnahmen – und sie enthielt offenbar nicht viel Einschlägiges (Sánchez Cantón 1956–1959, Lightbown 1985).

Damit sind wir schon bei der zweiten Frage angelangt, nämlich: Was hat in den Kunstkammern des 16. und 17. Jahrhunderts im Hinblick auf Spanisch-Amerika existiert? Die Beantwortung dieser Frage ist gleichermaßen schmerzlich wie schwierig. Schmerzlich, weil deutlich wird, welcher Bruchteil des damaligen Bestands auf uns gekommen ist; schwierig, weil die uns verfügbaren Unterlagen in ihrer Mangelhaftigkeit klar machen, daß die Sammlungsziele nicht in einem modernen Sinn wissenschaftlich oder gar spezifisch ethnographisch waren.

Der Irrtum des kolumbischen Zeitalters, auf dem westlichen Seeweg nach Indien gelangt zu sein, stellt eines der Hindernisse beim Lesen der alten Dokumente dar: wird in den besseren Quellen noch unterschieden, ob Objekte »aus der India« oder »aus den Indiis« kommen (ersteres Ost-Indien, letzteres meist Amerika), steht »indianisch« allzu oft sowohl für das eine wie für das andere. Spezifischere Hinweise (»Mexiko« oder »Peru«) sind selten, irrige Zuschreibungen (z. B. »möhrisch«) fehlen nicht. Trotzdem sind erstaunlich viele Bestände heute erschließbar (Heikamp 1976, Feest 1986).

Am besten ist das mexikanische Material nachweisbar, zumal umfangreiche Listen aus den ersten Jahren nach der Konquista die Verbringung nach Europa recht detailliert belegen (vgl. Saville 1920). In unfaßbaren Mengen gelangten Federsachen, Mosaiken und Schmuckgegenstände aus Stein und Edelmetallen nach Spanien und von dort ostwärts, wobei der meiste Goldschmuck schon in Spanien den Schmelztiegeln zum Opfer fiel. Das inkaische Peru, aus dem nichts in den Kunstkammern überlebt hat, hinterließ immerhin gewisse Spuren, vor allem in den spanischen Sammlungen des 16. Jahrhunderts, vereinzelt auch in England. Gerne besäßen wir heute eines der recht genau beschriebenen Stücke aus dem Nachlaß Philipps II., z. B.: »Ein hölzerner Schemel, weiss, schwarz und falb bemalt, an zwei Beinen beschlagen und an den vier Ecken mit vier Indianern, welches der Schemel war, auf dem die Inkas Titel an die Kuraten verliehen, die den Granden in Spanien vergleichbar sind. Auf nichts geschätzt, weil es keinen Wert besitzt«, oder: »Zwei Wollquasten, eine rot und die andere gelb, welche Vizekönig Don Francisco de Toledo geschickt hat, der sagt, dies sei das Abzeichen, mit dem sich die Inka gekrönt hätten, und das eine sei jenes, mit dem sich Guaynacar (Huáscar), das andere, mit dem sich Atagualpa gekrönt hätte« (Sánchez Cantón 1956–1959, Bd. II, S. 333).

Ob letztere Zuschreibung den Tatsachen entsprochen hat, kann heute kaum noch festgestellt werden. Sie illustriert aber das in Kunstkammern oft beobachtbare Phänomen der Historisierung und Memorabilisierung von Sammlungsgegenständen. Seit 1577 etwa befand sich in den Sammlungen des Erzherzog Ferdinand von Tirol in Schloß Ambras »des gewaltigen künigs Muttazuma zu Mexico streitwer, so der bapstlichen heiligkeit übersandt worden« (Schönherr 1893, CLXVII). Diese Streitaxt befindet sich heute im Museum für Völkerkunde in Wien – und stellt sich im nachhinein als aus Brasilien stammend heraus. Auch andere Zuschreibungen dieser Art (»Federkopfschmuck des Montezuma«) haben sich als irrig erwiesen. Doch auch ihrer vermeintlichen historischen Verknüpfung entkleidet, bleiben sie für den heutigen Betrachter einzigartige Dokumente sowohl des alten Amerika als auch des neuen Europa des 16. Jahrhunderts, das die eingeborenen Kulturen von der Herrschaft über die Neue Welt in die rare Welt der Wunderkammern verdrängte.

Literatur

DÜRER, Albrecht: Schriften und Briefe. Leipzig: Reclam, 1982.

FEEST, Christian F.: »Mexico and South America in the European Wunderkammer«. In: Impey and MacGregor 1985: 237–244.

FEEST, Christian F.: »Zemes Idolum Diabolicum«. Archiv für Völkerkunde 40: 181–198. Wien 1986.

GRIMMELSHAUSEN, J. J. C. von: Werke. Berlin–Weimar: Aufbau-Verlag. 4 Bände, 1977.

HEIKAMP, Detlef: »Mexikanische Altertümer aus süddeutschen Kunstkammern«. Pantheon 28: 205–220. München 1970.

HEIKAMP, Detlef: »American Objects in Italian Collections of the Renaissance and Baroque: A Survey«. In: F. Chiapelli (Ed.), First Images of America (Berkeley–Los Angeles–London: University of California Press 1976), I, 455–482.

HEIKAMP, Detlef und Ferdinand ANDERS: Mexico and the Medici Firenze 1972.

IMPEY, Oliver and Arthur MACGREGOR (Eds.): The Origins of Museums. Oxford: Clarendon Press, 1985.

LAURENCICH-MINELLI, Laura: »Bologna und Amerika vom 16. bis zum 18. Jahrhundert«. In: K.-H. Kohl (Hrsg.), Mythen der Neuen Welt (Berlin: Kaufmann und Frölich, 1982), 147–154.

LIGHTBOWN, Ronald: »Some Notes on Spanish Baroque Collectors«. In: Impey and MacGregor, 1985: 136–146.

MACHER, Johannes: Graecium, tucatus Styriae metropolis, topographice descriptum. Graz 1700.

NEICKELIUS, C. F.: Museographia oder Anleitung um rechten Begriff und nützliche Anlegung der Museorum oder Raritäten-Kammern. Leipzig–Breslau 1727.

NOWOTNY, Karl Anton: Mexikanische Kostbarkeiten aus Kunstkammern der Renaissance. Wien: Museum für Völkerkunde, 1960.

SANCHEZ CANTON, F. J. (Ed.): Inventarios Reales. Bienes muebles que pertenecieron a Felipe II. Archivo Documental Español X–XI. Madrid 1956–1959.

SAVILLE, Marshall: The Goldsmiths Art in Ancient Mexico. Indian Notes and Monographs. New York: Heye Foundation, 1920.

SCHEICHER, Elisabeth: Die Kunst- und Wunderkammern der Habsburger. Wien: Molden Edition, 1979.

SCHÖNHERR, David Ritter von (Hrsg.): »Urkunden und Regesten aus dem k.u.k. Statthalterei-Archiv in Innsbruck«. Jahrbuch der Kunsthistorischen Sammlungen des allerhöchsten Kaiserhauses 14: LXXI–CCXIII. Wien 1893.

WASTLER, Joseph: »Zur Geschichte der Schatz-, Kunst-, und Rüstkammer in der k.k. Burg zu Grätz«. Mitteilungen der k.k. Central-Commission zur Erforschung und Erhaltung der Kunst- und Historischen Denkmale, N. F. 5: CXXXVIII–CXLVI, N. F. 6: XXIX–XXXV, LV–LXII, XCVI–CV, CXLVIII–CLI. Wien 1879/80.

DIE ZENTRALANDEN – KULTUREN VOR DEN INKA

Peter Kann
Museum für Völkerkunde, Wien

In der amerikanischen Archäologie versteht man im geographisch-politischen Sinn unter dem Kulturareal der Zentralanden die Küste und das Hochland von Peru sowie Teile des angrenzenden bolivianischen Hochlands. Topographisch zerfällt dieses Gebiet in Küste und Hochland, die durch extreme Höhenunterschiede stark differenzierte Charakteristika aufweisen. Die pazifische Küste von Peru, ein schmaler Streifen von 30 bis 150 km Breite, zählt zu den trockensten Wüsten der Erde. Die Ursache dafür ist eine kalte Meeresströmung, der Humboldtstrom, weil die mit dem kalten Meer in Kontakt kommenden Wolken sich aufsteigend auflösen, wodurch keine Niederschläge am Land fallen. Zahlreiche kleine, aus den Anden kommende Flüsse unterbrechen allerdings die trostlose Küste und bilden Flußoasen. Diese Flußtäler waren die Kristallisationszentren von verschiedenen Kulturen, da hier allein der Anbau von Kulturpflanzen, wenn auch vorwiegend mit künstlicher Bewässerung, möglich war. Das Andenhochland, das gemäßigtes oder kaltes Klima hat, gliedert sich in hohe Gebirgszüge, weite Hochflächen, kleine Beckenlandschaften und tief eingeschnittene Täler. Da das Hochland ausreichend mit jahreszeitlich bedingten Niederschlägen versorgt wird, boten speziell die Hochtäler mit einer Höhenlage zwischen 2.400 und 3.400 m die besten Voraussetzungen zur Entfaltung von Bodenbau treibenden Kulturen.

Die ältesten Hinterlassenschaften stammen von unspezialisierten Großwildjägern, die bereits während der letzten Eiszeit zwischen 11000 und 7000 v. Chr. das Zentralandengebiet besiedelten. Durch das Aussterben der eiszeitlichen Fauna erfolgte zwischen 7000 und 5000 v. Chr. der Übergang zu spezialisierten Jägern und Sammlern. Die nächste Periode (5000–2000 v. Chr.) ist durch eine schrittweise Entwicklung von beginnender Domestikation von Pflanzen bis zum voll ausgebildeten Bodenbau gekennzeichnet.

Die darauffolgende Initial-Periode (2000–1200 v. Chr.) trägt ihren Namen zu Recht, denn in ihr erfolgte sozusagen die Initialzündung, die schließlich zur Entfaltung der ersten Hochkultur im Zentralandengebiet führte. Hervorzuheben wäre, daß in diesen Zeitraum das erste Auftreten von Keramik (1800 v. Chr.) und Metallbearbeitung (1500 v. Chr.) fällt; außerdem ließ die gesicherte Ernährungsgrundlage, der Bodenbau, ein starkes Anwachsen der Bevölkerung zu, wie man aus der Zunahme der Anzahl der Siedlungen schließen kann. Das wesentliche Kriterium dieser Periode war jedoch die allgemeine Verbreitung von kulturellen Errungenschaften, die früher eher vereinzelt bekannt waren. Für das Ende dieser Epoche lassen sich bereits folgende Kulturelemente auflisten, die als charakteristisch für die altperuanische Kulturtradition gelten:

Bodenbau mit künstlicher Bewässerung in den Flußtälern an der Küste und Terrassierungen in den Hochtälern des Berglandes; kultivierte Pflanzen: Mais, verschiedene Bohnen- und Kürbisarten, Avocado, Lucuma, Pacay, Quinoa, Oca, Kartoffel, Süßkartoffel, Maniok, Erdnuß, Chile-Pfeffer, Tabak, Baumwolle usw.

Tierhaltung von Lama, Alpaka und Meerschweinchen.

Kauen von Cocablättern als Psychoaktiva.

Kleidungsstücke wie Hemden mit Halsschlitz, Schultertücher, Taschen mit Tragbändern.

Handwerkliche Fähigkeiten der Weberei, Töpferei, Metallurgie, Verarbeitung von Muscheln, Holz, Stein usw.

Bestimmte Muster, speziell auf Textilien, wie doppelköpfige Fische, Schlangen und Vögel.

Siedlungen größeren Ausmaßes.

Komplexe architektonische Bauten, wie Zeremonialzentren, Pyramiden aus Stein oder Adobe (Lehmziegel).

Monumentale Kunstwerke wie Reliefs oder Skulpturen aus Stein und Ton.

Diese angeführten Kulturelemente stellen das Grundmuster dar, auf dem, allerdings in verschiedenen Variationen, die nachfolgenden Hochkulturen im zentralen Andengebiet aufbauen konnten.

Früher Horizont (1200–200 v. Chr.)

Um etwa 1200 v. Chr. manifestierte sich im nördlichen Hochland von Peru die erste Hochkultur Chavín, die bis etwa 200 v. Chr. für weite Teile des zentralen Andengebietes bestimmend wirkte. Gemeinsam mit Wari und Inka, deren Einflüsse sich über ganz Peru erstreckten, wird Chavín deswegen als eine der drei Horizont- oder panperuanischen Kulturen bezeichnet. Bis in die jüngste Vergangenheit wurde der Chavín-Horizont als Periode der kulturellen Uniformierung angesehen, dessen Ursprung in der plötzlichen Entwicklung eines einzelnen Zentrums zu suchen ist. Aufgrund von neueren archäologischen Grabungsarbeiten, die insbesondere die kulturellen Leistungen der Initial-Periode – wie oben angeführt – offenlegten, ergibt sich eine neue Schau. »Chavín ist nicht das Resultat einer frühen Evolution, und seine Verbreitung fand nicht von einem einzigen Brennpunkt statt. Im Gegenteil, Chavín ist ein Synthese von Symbolen, welche die soziale Organisation und ideologische Entwicklung ausdrükken, die sich während der Initial-Periode in verschiedenen, regionalen Interaktionsspären ereigneten« (Ravines 1982, S. 136). Oder anders ausgedrückt: Chavín ist die geistige Synthese bzw. Verarbeitung der kulturellen Errungenschaften der Initial-Periode im Hinblick auf eine größere politisch-soziale und religiöse Ordnung.

Chavín der Huántar ist die heutige Bezeichnung eines kleinen Dorfes, am Ostabhang der Weißen Kordillere, im Tal des Rio Mosna, eines Nebenflusses des Marañon. In unmittelbarer Nähe des Dorfes, 3.177 m hoch gelegen, befinden sich die Ruinen einer Tempelanlage, deren gesamter Komplex etwa 210 m² bedecken. Die zentralen Bauten von Chavín, die

Ruine des Haupttempels von Chavín de Huántar mit Portal.

während verschiedener zeitlicher Bauphasen errichtet wurden, sind zwei aneinandergebaute Pyramidenstümpfe mit Terrassenanlagen aus solidem Steinmauerwerk. Dazu kommen vertiefte Höfe, erhöhte Plattformen, Plätze, Treppen und andere Zubauten, die alle in Ost-West-Richtung angelegt sind. Der jüngere Teil der beiden Tempel besteht aus drei übereinanderliegenden und jeweils zurückversetzten Plattformen. Ursprünglich war eine ganze Reihe vorspringender, skulptierter Steinköpfe in die Mauer der mittleren Plattform eingelassen. Einige dieser Köpfe sind noch vorhanden und zeigen meist die Züge einer Raubkatze (Jaguar oder Puma). Das Innere der beiden Tempelanlagen besteht aus einem komplizierten System von Galerien und Gängen, Treppen und kleinen Räumen, die sogar durch Ventilationsschächte miteinander verbunden sind. Im ältesten Teil der Tempel steht noch am Originalplatz, im Schnittpunkt zweier Gänge, ein 4,5 m hoher Stein, der wegen seiner an eine Lanze oder an ein Messer erinnernden Form die Bezeichnung »Lanzon« erhielt. Er ist komplett in Flachrelief ausgestaltet und stellt in der Figur eines anthropomorphen Feliden wahrscheinlich die zentrale Gottheit des Chavín-Kultes dar. Die mächtigen Reißzähne der Raubkatze sowie die weitere Dekorierung des Steines mit Feliden- und Schlangenköpfen erwecken den Eindruck einer furchteinflößenden Gottheit. Eine ähnliche Ikonographie zeigen andere, skulptierte Stelen, ferner reliefierte Steinplatten, Friese, Sturze und Säulen, die einst Bauelemente der Tempelanlagen waren und im kultischen Geschehen eine wichtige Rolle spielten. Auch hier dominiert das Felidenmotiv, gefolgt von Schlangen- und Raubvogeldarstellungen, die sich einerseits miteinander vermischen, andererseits auch menschliche Züge annehmen können.

Diese Darstellungen werden als bestimmende Merkmale des Chavín-Kultes bzw. -Stiles angesehen; dieser manifestierte sich nicht nur in Steinmetzarbeiten, sondern auch in Tongefä-

Der »Lanzon«, das zentrale Kultobjekt im Inneren der Tempelanlage von Chavín de Huántar.

ßen, Textilien, Goldobjekten, Knochen- und Muschelschnitzereien. Diese neue, kultische Ausdrucksform, zweifellos von religiösen Experten (Priestern) ideologisch fundiert, verbreitete sich zwischen 900 und 800 v. Chr. relativ rasch im gesamten Gebiet der Zentralanden, mit Ausnahme des südlichen Hochlandes. Da es keinerlei Anhaltspunkte für militärische Aktivitäten gibt, ist außerdem anzunehmen, daß die Ausbreitung auf friedlichem Weg vor sich ging. Allgemein konnte man feststellen, daß fast alle bisher untersuchten Fundplätze dieser Periode mit Objekten durchsetzt sind, die chavínoide Stilelemente mit jedoch lokalen Varianten aufweisen. Beispiele dafür sind die Keramiken von Cupisnique an der nördlichen Küste, die ganz im Stil, vor allem in ihrem Dekor, von Chavín gearbeitet sind; erstaunlich klar erscheint auch das typische Raubkatzen-Motiv von Chavín auf bemalten Geweben an der südlichen Küste, wo die Paracas-Kultur entscheidende Impulse von Chavín empfing.

Neben der Priesterschaft entstanden außerdem Spezialisten für bestimmte Berufe, denen der wirtschaftlich produzierende Bevölkerungsteil gegenüberstand. Die landwirtschaftliche Produktion wurde durch die Entwicklung eines leistungsfähigen Bewässerungssystems gesteigert, was ein Anwachsen von Überschußgütern zur Folge hatte. Deren Verteilung und andere politisch-soziale Probleme machten es notwendig, daß sich die ursprünglich ideologisch-kultische Führungsschicht, die Priesterschaft, im Laufe der Zeit immer mehr weltlichen Aufgaben widmen mußte. Der Zerfall des Chavín-Komplexes bzw. seiner Ideologie um 200 v. Chr. ist wahrscheinlich auf das Scheitern an diesen Führungsaufgaben zurückzuführen.

Zur Zeit der stärksten Ausstrahlungskraft von Chavín wurde an der südlichen Küste von Peru die Kultur von Paracas, die auf lokale Traditionen zurückgeht, nachhaltig beeinflußt. Ihren Namen erhielt die Kultur nach der gleichnamigen Halbinsel in der Nähe von Pisco, heute eine extrem trockene und öde Wüstenlandschaft. Diesen klimatischen Bedingungen ist es letztlich zu verdanken, daß dort der peruanische Archäologe Julio C. Tello in den zwanziger Jahren eine große Anzahl von Gräbern fand, die mit einem reichhaltigen und eindrucksvollen Inventar ausgestattet waren. Nach den unterschiedlichen Grabanlagen unterteilte Tello damals die Paracas-Kultur in das frühere Paracas-Cavernas und das spätere Paracas-Nekropolis. Spätere Ausgrabungen und Untersuchungen ergaben einerseits eine größere räumliche Ausdehnung der Paracas-Kultur, vom Cañete-Tal im Norden bis zum Rio Grande de Nazca im Süden, andererseits eine größere zeitliche Tiefe bis 1100 v. Chr., so daß heute Paracas-Cavernas und Paracas-Nekropolis nur mehr als regionale Stile innerhalb bestimmter Phasen angesehen werden. So rechnet man jetzt Paracas-Cavernas zur Phase Mittel-Paracas (500–300 v. Chr.), während Paracas-Nekropolis in die Phasen Spät-Paracas und Proto-Nazca (300–100 v. Chr.) fällt.

Paracas-Cavernas erhielt seine Bezeichnung nach den bis zu 7,5 m tiefen, großen Grabkammern, die in den Fels gehauen und nur durch schmale, senkrechte Schächte zugänglich waren. Diese Kammern dienten als Massengräber, in denen bis zu 55 Tote in Hockerstellung, und zwar als mit Stoffen umwickelte »Bündel« beigesetzt waren. Viele Schädel der Verstorbenen weisen eine künstliche Deformation auf, einige zeigen auch deutliche Spuren von Trepanationen (Schädelöffnungen); da die Knocheneinschnitte teilweise verheilt sind, müssen die Patienten die Operation zumindest eine gewisse Zeit überlebt haben. Die in mehrere Lagen von Geweben eingehüllten Toten waren mit reichen Beigaben bestattet, unter denen besonders die Keramik hervorsticht. Diese zeigt in Form (Schüsseln, Gefäße mit zwei Ausgüssen und Steg) und Technik (Ritzdekor mit dickem, pastosem Farbauftrag nach dem Brennen) eine eigenständige Tradition, jedoch im Inhalt (das typische Raubkatzen-Motiv, manchmal in stilisierter Form) einen andauernden Einfluß von Chavín. Dieser war jedoch zwischen 900 und 500 v. Chr. noch weitaus stärker, wie auf Keramiken und bemalten Geweben, die ganz in der ikonographischen Tradition von Chavín gehalten sind, von verschiedenen Fundorten an der südlichen Küste feststellbar ist.

In der Nähe der Cavernas-Grabkammern entdeckte Tello eine »Nekropolis« (Totenstadt), deren Gräber aus Gruben von unterschiedlicher Größe bestanden. In ihnen lagen über 400 Mumienbündel, die mit reichen Beigaben ausgestattet waren. Die Toten sitzen nackt in Hockerstellung in Körben, tragen Schmuckstücke und sind in mehrere Lagen von Stoffen eingehüllt. Die äußersten sind bis zu 4 m breite und 20 m lange, einfache Baumwolltücher, darunter aber kamen Gewebe zum Vorschein, die zu den qualitativ besten zählen, die je in Amerika hergestellt wurden. Diese oft 3 m langen Totentücher (manto) bestehen aus einem dünnen Baumwollgewebe, das mit mehrfärbigen, figuralen Stickereien aus Lama- oder Alpakawolle verziert wurde. Daneben fand man auch andere, sorgfältig gefaltete Stoffe oder Kleidungsstücke, wie Hemden, Lendenschurze, Turbane, viele unbenutzt und eigens für die Toten angefertigt. Dem Totenkult müssen die Menschen von Paracas enorme Bedeutung beigemessen haben, wenn man bedenkt, daß man den Arbeitsaufwand pro Totentuch für eine Person mit rund zwei Jahren errechnet hat. Die Nekropolis-Textilkunst zeichnet sich durch drei spezielle Eigenschaften aus: eine hervorragende technische Verarbeitung (feinst gesponnene Fäden, präzise ausgeführte, flächendeckende Stickerei), eine enorm breite Farbskala (bis zu 190 verschiedene Farben und Farbabstufungen) und eine Vielfalt an verschiedenen Motiven und Darstellungen. Diese zeigen mythische Wesen in menschlicher Gestalt oder Mischwesen aus Mensch und Tier, die oft den Eindruck erwecken, als würden sie schweben. An Tierdarstellungen sind vor allem Raubvögel, Fische, Schlangen und Affen vertreten. Zwei ikonographische Komplexe auf den Textilien der Spät-Paracas- und Proto-Nazca-Phase zeigen aber deutlich, daß der frühere Einfluß von Chavín nun völlig erloschen war, was sich bereits in der Mittel-Paracas-Phase angekündigt hatte. Die gestickten Raubkatzenfiguren von Paracas zeigen nicht mehr die mächtigen Reißzähne von Chavín, sondern besitzen auffallend große Augen (so daß man ihnen die Bezeichnung »Augenwesen« gab) und stehen meist in Verbindung mit menschlichen Trophäenköpfen. Letztere müssen in der Religion bzw. im Kult der Paracas-Menschen eine bedeutende Rolle gespielt haben, da Kopftrophäen auch häufig zusammen mit Kriegern, mythischen Wesen, vielleicht auch Gottheiten, zu finden sind. Schließlich sind alle diese Darstellungen aber Zeichen eines neuen Kultes der Fruchtbarkeit, da aus den Trophäenköpfen und deren Blut Nahrungspflanzen (Bohnen, Pfefferschoten) sprießen, wie es ebenfalls auf den Textilien veranschaulicht wird.

Dies deutet wieder darauf hin, daß der Garten- und Feldbau nun die Lebensgrundlage darstellte. Der Anbau von Nahrungspflanzen wie Mais, Bohnen usw., aber auch von Baumwolle für die vielen Textilien, setzte wegen der schwierigen Umweltbedingungen (keine Regenfälle) eine planvolle Organisation mit künstlicher Bewässerung voraus. Daher lagen die Mehrzahl der Siedlungen während der Spätzeit der Paracas-Kultur nicht mehr in Küstennähe, sondern weiter im Landesinneren in den Tälern der Flüsse, die allein das Wasser für die Felder lieferten.

Im Gegensatz zu den prachtvollen Textilien sind die Keramiken von Paracas-Nekropolis einfacher. Die Gefäße sind häufig Kalebassen nachgebildet, oft einfärbig und vor dem Brennen bemalt.

Raubkatzengottheit – Kopftrophäen – Fruchtbarkeit – Nahrungspflanzen: Diese Leitmotive sowie deren Kombinationen auf den Textilien waren nicht nur die zentralen Lebensfragen der Menschen während der Spät-Paracas- und Proto-Nazca-Phase, sondern blieben es auch – wie wir noch sehen werden – in der an der südlichen Küste nachfolgenden Kultur von Nazca (ab 100 v. Chr.), allerdings durch ein anderes Medium, die Keramik, ausgedrückt. Die Übergänge waren dabei fließend, an einzelnen Orten wahrscheinlich auch zeitlich verschieden, so daß die kulturelle Entwicklung an der südlichen Küste letztlich als Kontinuum zu verstehen ist.

Frühe Zwischenperiode (100 v. Chr. – 700 n. Chr.)

Gegen Ende des letzten vorchristlichen Jahrtausends greifen im gesamten Gebiet der Zentralanden Bewegungen um sich, die unter dem Motto »Los von Chavín« standen. Sie führten schließlich zum Zusammenbruch von Chavín und zur Herausbildung neuer, jedoch regional differenzierter Kulturen an der Küste und auch im Hochland. Die drei bedeutendsten Kulturen dieser Periode werden in der Folge dargestellt.

Nazca

Als direkter Nachkomme von Paracas erhielt die Kultur von Nazca diese Bezeichnung nach ihrem Zentrum, dem Flußsystem des Rio Grande de Nazca. Ihr Verbreitungsgebiet erstreckte sich vom Rio Cañete im Norden bis nach Acarí im Süden, mehr oder weniger der Raum des heutigen Departamento von Ica.

Unser Wissen über die Träger der Nazca-Kultur ist fragmentarisch. Ein Teil der Menschen lebte in verstreuten, größeren Dörfern in, dem Klima entsprechend, luftig gebauten Häusern aus Weiden- oder Mattengeflecht. Daneben existierten auch Siedlungen von mehr urbanem Charakter wie die Ruinenstadt Cahuachi im Nazca-Tal, die möglicherweise das Zentrum von Nazca war. Hier wurden Tempelanlagen aus Adobes auf steinernen Plattformen entdeckt, deren Dächer einst von Hunderten Holzpfeilern getragen wurden. Daneben gibt es Reste von weltlichen Bauwerken, wie Paläste, Wohn- und Lagerhäuser, Höfe, die gleichfalls aus Adobes errichtet waren. Obwohl über ihre politische Organisation praktisch nichts bekannt ist, weisen die komplexen architektonischen Anlagen auf eine entwickelte soziale Hierarchie hin. Diese Annahme wird durch die großartigen Bewässerungsanlagen (Aquädukte, Kanäle, Wasserreservoirs) noch bekräftigt, welche die lebensnotwendigen Voraussetzungen bildeten, um eine immer stärker anwachsende Bevölkerung durch den Feldbau zu ernähren. Als Angebote aus der Landwirtschaft standen Mais, Bohnen, Gurken, Maniok, Erdnüsse, Süßkartoffel, Pfeffer usw. zur Verfügung, ergänzt durch Produkte der Meeresfischerei.

Dem ausgeprägten Totenkult der Nazca-Bevölkerung ist es zu verdanken, daß wir über ihre handwerklichen und künstle-

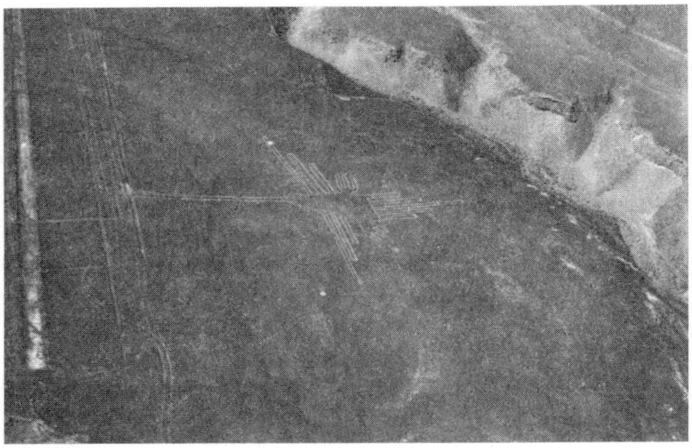

Scharrbild eines Kolibris in der Ebene bei Nazca, Nazca-Kultur.

rischen Fähigkeiten besser Bescheid wissen. Unter den Grabbeigaben ist es die Keramik, die seit jeher Archäologen wie Laien, Grabräuber wie Sammler wegen ihrer farbenprächtigen Bemalung am meisten faszinierte. An Formen verzeichnet sie keine große Vielfalt: Kugelgefäße mit zwei Ausgüssen und Bandhenkel, Schalen, Näpfe, Teller und Becher sind die häufigsten Typen. Figural gestaltete Gefäße treten eher vereinzelt auf. Alle Tonwaren sind mit freier Hand geformt – die Töpferscheibe war im gesamten präkolumbischen Amerika unbekannt –, relativ dünnwandig, hart gebrannt und fein poliert. Die Bemalung ist fast durchweg polychrom, wobei bis zu elf Farben auf einem Gefäß aufgetragen wurden. Die Farben stammen von mineralischen Stoffen, z. B. Eisenoxyd für verschiedene Rottöne bis zu Braun.

Nach ihrem Inhalt läßt sich die Gefäßmalerei in zwei Hauptgruppen unterteilen: Darstellungen aus der profanen Welt und Behandlung mythisch-religiöser Themen. Aus dem weltlichen Bereich überwiegen Darstellungen von Tieren und Nahrungspflanzen, in realistischer Manier ausgeführt, wodurch sie meistens zu identifizieren sind. Weiters sind Praktiken der Jagd und des Fischfanges festgehalten, und auch Kriegerfiguren kommen vor. Sind zu Beginn der Nazca-Kultur Menschen eher durch die Malerei abgebildet, so ist im Laufe der Zeit ein Zunehmen von Figuralgefäßen in Form von Männern, Frauen, Musikanten und Tänzern festzustellen.

Bei der Behandlung mythisch-religiöser Themen steht, wie auf den Paracas-Textilien, die ideologische Kombination von Raubkatzengottheit – Kopftrophäen – Nahrungspflanzen im Vordergrund. Typisch ist ein mythisches Wesen mit menschlichem Körper und Felidenkopf mit Mundmaske, die die Barthaare einer Raubkatze symbolisiert. Bestimmte Körperteile dieses Wesens sind häufig mit Kopftrophäen und Nahrungspflanzen verbunden, wodurch die Konzeption eines »Fruchtbarkeitsbringers« deutlich wird. Aber auch eine einfache »gefleckte Katze« kommt in der Gefäßmalerei als »Bringerin der Feldfrüchte« vor. Andere mythische Wesen, die ebenfalls Kopftrophäen verlangen, wurden als »Schrecklicher Vogel«, »Killer-Wal« und »Zackenschlange« bezeichnet; auch sie können manchmal mit der Raubkatzengottheit verschmelzen. Der Kopftrophäenkult stand zweifellos im Mittelpunkt des religiösen Geschehens, wird aber auch als Indiz für das Anwachsen von kriegerischen Auseinandersetzungen zu verstehen sein. Dafür sprechen einerseits die zahlreichen Tonbecher, die als Trophäenköpfe gearbeitet sind, andererseits legen dafür die echten Trophäenköpfe als Grabbeigaben ein Zeugnis ab.

Bei den Nazca-Textilien zeigt sich vor allem auf technischem Gebiet ein Fortschritt. So liegt der Schwerpunkt nicht mehr auf bestickten Stoffen, sondern Wirkereien, Schleier-, Doppel- und broschierten Geweben wurde der Vorzug gegeben. Einfache Baumwollgewebe wurden häufig mit ähnlichen Motiven wie auf den Keramiken bemalt.

Die wichtigsten Metallarbeiten sind gehämmerte Goldbleche mit getriebenen und ausgeschnittenen Mustern. Typisch sind Barthaarmasken und Stirnornamente, wie sie als Attribute des Katzenwesens auch auf den Tongefäßen abgebildet sind.

Berühmtheit, oft zweifelhafter Natur, haben in jüngster Vergangenheit die Scharrbilder in der Ebene zwischen Nazca und Palpa erlangt. Es handelt sich dabei um schnurgerade, bis zu 10 km lange Linien oder Flächen (Drei- und Rechtecke, Trapeze) mit mehr als 1 km Ausdehnung, weiters über hundert Spiralen und Tierfiguren (Fische, Vögel, Spinnen, Eidechsen, Affen), die bis über 300 m erreichen können. Erstaunlich ist dabei die Tatsache, daß sie wegen ihrer Größe kaum vom Boden, sondern nur aus der Luft zu überblicken sind. Die technische Herstellung der Erdzeichen war denkbar einfach: entfernt man nämlich die eisenoxydbraunen, kleinen Steine der obersten Bodenschicht, so erscheint der gelbliche Untergrund, der sich scharf von der Umgebung abhebt. Die Tiefe der Linien beträgt maximal 30 cm. Die Bedeutung der Linien und der Figuren ist bis heute ungeklärt. Einige dieser Linien wurden mit Bewegungen von Gestirnen, mit der Kenntnis von Sonnenhöchstständen und von Tagundnachtgleichen in Korrelation gesetzt; daher liegt die Vermutung nahe, es handle sich um einen Kalender, der zur Berechnung des für die Nazca-Menschen wichtigen Agrarjahres diente. Die Tierdarstellungen werden am häufigsten als Sternbilder interpretiert.

Moche

Etwa zur gleichen Zeit mit Nazca entwickelte sich an der nördlichen Küste von Peru eine andere bemerkenswerte Kultur; ihren Namen erhielt sie nach dem Tal des Rio Moche, das zusammen mit dem Chicama-Tal das Zentrum dieser Kultur bildete. Von dieser Kernzone dehnte sich ihr Einflußgebiet über die benachbarten Flußtäler Viru, Santa, Nepeña im Süden und Jequetepeque, Lambayeque im Norden aus.

Im Moche-Tal, in der Nähe der heutigen Stadt Trujillo, stehen zwei eindrucksvolle Tempelanlagen, »Huaca del Sol« (Sonnentempel) und »Huaca de la Luna« (Mondtempel), deren Bezeichnungen aus spanischer Zeit stammen. Beide Bauwerke sind in mehreren Terrassen angelegte Pyramidenstümpfe, die komplett aus luftgetrockneten Lehmziegeln errichtet wurden. Die Sonnenpyramide mißt 228 × 136 m an der Basis und erhebt sich 41 m über dem Talgrund. Die Mondpyramide ist mit 80 × 60 m und 21 m Höhe zwar kleiner, dafür besitzt sie noch immer Reste von Räumen, deren Wände mit bunten Fresken bemalt sind. Die eigentlichen Kultbauten, längst zerstört, bevor die Spanier kamen, standen auf der obersten Plattform der Pyramiden. Ähnliche Zeremonialzentren, alle aus Adobeziegeln errichtet, hat man auch in anderen Flußtälern entdeckt, von denen Pañamarca im Nepeña-Tal wahrscheinlich am schönsten ist. Auch hier sind die Wände mit bunten Malereien verziert, die u. a. die Opferung von Kriegsgefangenen zeigen.

Um die und in der Nähe der Zeremonialzentren waren die Siedlungen von oft beträchtlichem Ausmaß gruppiert, die aber noch keine städtebauliche Planung erkennen lassen; diese entwickelte sich erst in der späteren Zeit der Moche-Kultur.

Die Existenzgrundlage bildete der intensive Bodenbau, der bis zur technischen Vollkommenheit entwickelt worden war. Die Bewässerungsanlagen erforderten nicht nur eine enorme Zahl an Arbeitskräften, sondern auch einen hohen Grad an Wissen und Erfahrung für die Planung. Beispiele dafür sind der La-Cumbre-Kanal mit einer Länge von 113 km und das Aquädukt von Ascope von 1.400 m Länge und einer teilweisen Höhe von 15 m. Ein beachtlicher Fortschritt war außerdem die Verwendung von Guano als Düngemittel, zu dessen Gewinnung die Moche weite Entfernungen zu vorgelagerten Inseln zurücklegten.

Die Palette des Nahrungsangebotes war überaus reichhaltig und bestand aus Mais, Bohnen, Süßkartoffeln, Erdnüssen, Kartoffeln, Maniok, Pfeffer usw.; dazu kamen noch tropische Früchte wie Chirimoya, Pacay, Lucuma, Papaya und Ananas. Der Fleischbedarf wurde durch Haustiere (Enten, Meerschweinchen, Lama) gedeckt, während die Jagd auf Wild ein Privileg des Adels war. Nicht zuletzt lieferte das Meer durch intensiven Fischfang eine Bereicherung der Speisekarte.

Trotz des Fehlens einer Schrift sind wir dank einer Besonderheit der Moche über ihr Leben relativ gut unterrichtet. In einer künstlerisch hochstehenden Keramik wurden durch szenische Bemalung, Flachreliefs oder vollplastische Gestaltung alle Bereiche des menschlichen Lebens eindrucksvoll wiedergegeben, so daß diese Spitzenprodukte der präkolumbischen Kunst oft als »tönerne Bibliothek« bezeichnet wurden. Dabei ist die Variationsbreite an grundsätzlichen Formen der Tongefäße nicht sehr groß. Am häufigsten sind Gefäße mit steigbügelförmigem Ausguß – ein Erbe von Chavín –, deren Körper kugelförmig, zylindrisch, quaderförmig oder figürlich gestaltet sein kann. Daneben gibt es auch Schüsseln, Kannen, Schöpfer, Krüge und Doppelgefäße. Auch die Farbskala ist relativ klein und beschränkt sich im wesentlichen auf die Kombination von Rot bzw. Rotbraun mit Weiß bzw. Creme; seltener sind dunkelgraue und schwarze Gefäße, deren Färbung auf einem reduzierten Brennvorgang beruht.

Die Vielzahl der Themen, die in Vollplastik, Relief oder Malerei behandelt werden, scheint fast unerschöpflich. So werden wir durch die Keramik über Flora und Fauna, über Jagd, Fischfang und Sammeltätigkeit informiert; webende Frauen, Töpfer mit ihren Waren, Tänzer und Musikanten, Vornehme mit reichem Schmuck und vielfältiger Kleidung, die berühmten Porträtköpfe, wahrscheinlich von Fürsten, geben uns nicht nur einen Einblick in den Alltag und die Vorzüge des menschlichen Lebens, sondern auch seine Schattenseiten werden uns durch Diener oder Sklaven, Kranke, Blinde, Lahme und Verstümmelte nachhaltig vor Augen geführt. Auch Frau zu sein bedeutete bei den Moche, eine untergeordnete Stellung einzunehmen, nimmt man die auffallend ärmliche Kleidung der Frauenfiguren als Indiz dafür. Ebenso findet man unter den erotischen Darstellungen – als magisch-religiös bis zu pornographisch interpretiert – auch solche, bei denen die Akteure von (venerischen?) Krankheiten befallen sind.

Vor allem zwei hervorstechende Eigenschaften des Moche-Volkes finden in der Keramik ihren Niederschlag: kriegerische Veranlagung und ihr magisch-mythisches Weltbild. Die zahlreichen Darstellungen von bewaffneten Kriegern, Kämpfen, Gefangenen, der Opferung von Kriegsgefangenen, manchmal auch von Kopftrophäen lassen an der wichtigen Rolle der Militärs innerhalb der Moche-Gesellschaft wenig Zweifel aufkommen. Auch die gemalten Darstellungen von Kämpfen zwischen Moche-Soldaten und nackten Kriegern, d. h. anderen Stämmen oder Völkern, sowie die zahlreichen Befestigungsanlagen aus den späteren Moche-Phasen bestätigen ihre aggressive Haltung. Setzt man nun in Verbindung, daß Porträtgefäße, die ein und dieselbe Persönlichkeit zeigen, in verschiedenen Flußoasen gefunden wurden, also die Herrscher dieser regionalen Reiche darstellen, so ist es durchaus verständlich, daß sie das Militär zur »Aufrechterhaltung der Ordnung« benötigten.

Nach den Ausführungen religiösen Inhalts auf den Keramiken zu schließen, gab es für die Moche keine Trennung in eine Welt der Wirklichkeit und in eine der Imagination, sondern beide stellten eine Einheit dar. Diese Konzeption erklärt auch das Auftreten von Gottheiten, die als Mischwesen von Mensch und Tier bzw. Mensch und Pflanze gedacht werden. Im Pantheon der Moche gab es insbesondere anthropomorphe Füchse, Hirsche, Jaguare, Raubvögel, Eulen, Krabben und Schlangen, aber auch Mais- und Bohnengottheiten waren darin aufgenommen. Auch sie geben sich häufig kriegerisch, sind schwer bewaffnet oder in Kämpfe untereinander verwikkelt; demnach herrschen bei den Göttern ähnliche Zustände wie auf der Erde. Ein Wesen erhebt sich jedoch über alle anderen und stellt wahrscheinlich die zentrale Gottheit der Moche dar. Der Gott ist als Mensch, jedoch mit mächtigen Reißzähnen einer Raubkatze konzipiert, trägt dazu einen Gürtel, der in Schlangenköpfen endet, so daß man fast an eine Renaissance des Chavín-Kultes glauben könnte. Stets geht dieser oberste Gott als Sieger aus Kämpfen mit tiergestaltigen Wesen hervor.

Nach dem Dekor der Tongefäße gab es vielfältige Kulte, unter der Leitung von Priestern oder Vornehmen; rituelle Tänze, zeremonielle Wettläufe, der Genuß von Coca und manchmal auch Menschenopfer sind hier hervorzuheben.

Das Leben im Jenseits stellte man sich, vor allem in sozialer

Das Sonnentor von Tiahuanaco vor seiner Aufrichtung im Jahr 1908.

Detail des Frieses des Sonnentores von Tiahuanaco.

Hinsicht, nicht viel anders als auf der Erde vor. Dafür sprechen die unterschiedlich ausgestatteten Gräber: wenige, schlichte Beigaben für den einfachen Bauern, zahlreiche und wertvolle Gegenstände (beste Keramiken, Goldobjekte, kostbare Gewebe usw.), bisweilen auch Frauen und Diener begleiteten Fürsten und Vornehme in das Totenreich, damit diese dort ein standesgemäßes Leben weiterführen konnten.

Diesem ausgeprägten Totenkult ist es letztlich zu verdanken, daß außer den Tongefäßen noch weitere Zeugnisse ihrer handwerklichen Fähigkeiten der Nachwelt erhalten geblieben sind. Vor allem die metallurgischen Kenntnisse erreichten unter den Moche ihren ersten Höhepunkt in der Verarbeitung von Gold, Silber und Kupfer. Die Techniken des Hämmerns, Treibens, Lötens und Schweißens sowie die Verarbeitung von Legierungen dienten hauptsächlich zur Herstellung von Schmuckgegenständen (Manschetten, Ohrpflöcken, Nasenzieraten, Pektorale und Halsketten), die bisweilen mit Halbedelsteinen verziert wurden.

Tiahuanaco

Während der Frühen Zwischenperiode kam unter den regionalen Kulturen des Hochlands (Recuay, Cajamarca, Huarpa, Pucara) vor allem der Kultur von Tiahuanaco, im Hinblick auf die weitere Geschichte Alt-Perus, besondere Bedeutung zu. Sie ist benannt nach der großen Ruinenstätte, etwa 21 km südöstlich vom Titicacasee, am Altiplano in 3.800 m Seehöhe im heutigen Bolivien gelegen. Die wichtigsten Baukomplexe des Kulturzentrums bedecken wohl nur eine Fläche von 1.000 × 500 m, doch zahlreiche Keramikfunde in einem Umkreis von 3 km^2 lassen auf eine dicht besiedelte Zone schließen. Das für diese Höhe milde Klima – bewirkt durch den Titicacasee – und zusätzliche Bewässerungsanlagen begünstigten den Anbau von Nahrungspflanzen (Kartoffeln, Oca, Bohnen, Quinoa, sogar auch Mais), dazu gesellte sich intensive Viehhaltung (Lama, Alpaka), wodurch die Voraussetzungen zur Ernährung einer zahlreichen Bevölkerung durchaus vorhanden waren.

Obwohl von den mächtigen Tempelanlagen nur noch wenige Reste im Original erhalten sind, vermittelt Tiahuanaco noch immer den Eindruck einer monumentalen architektonischen Anlage. Die Akapana, heute nur mehr ein Erdhügel von 15 m Höhe, war einst eine mit Steinen verkleidete Terrassenpyramide. Ein ähnliches Bauwerk ist auch Pumapunku, Tor des Puma, dessen riesige Steinplatten teilweise mit geometrischen und figuralen Motiven verziert sind. Bemerkenswert ist ferner ein halbunterirdischer Kulthof von quadratischer Form, dessen Mauern mit einer Galerie herausragender Menschenköpfe aus Stein geschmückt sind. Der imposanteste Komplex, Kalasasaya, ist eine rechteckige, erhöhte Plattform (135 × 130 m), deren Mauern aus regelmäßig zubehauenen Steinblöcken und großen, säulenartigen Monolithen bestehen. Der in verschiedene Zonen gegliederte Innenraum beherbergt zwei kolossale menschliche Steinfiguren, die mit Flachreliefs verziert sind. Zur Kalasasaya gehört auch das berühmteste Monument von Tiahuanaco, das »Sonnentor«. Es ist aus einem einzigen Andesitblock gemeißelt, der 3 m hoch und 3,75 m breit ist. Die Bedeutung des Sonnentores ist aber auf seinen kunstvoll in Flachrelief gearbeiteten Fries zurückzuführen, dessen Figuren für einen längeren Zeitraum zum Ausdruck und Leitmotiv einer neuen Ideologie in den Zentralanden werden sollten. In der Mitte des Reliefs steht erhöht die Figur eines Gottes, dessen menschlicher Kopf von einem Kranz aus Strahlen, von denen einige in Pumaköpfe enden, umgeben ist. Die Gestalt hält in jeder Hand einen Stab, der an beiden Enden in Kondorköpfe ausläuft, und von ihren Armen hängen kleine Menschenköpfe herunter. Von beiden Seiten nähern sich der Gottheit 48 geflügelte Wesen, die ebenfalls einen Stab in der Hand halten, der in Tierköpfe endet. Im oberen und im unteren Streifen des Frieses besitzen diese »Engel« oder »Boten«, wie man sie genannt hat, ein menschliches Gesicht, im mittleren Streifen emporgerichtete Kondorköpfe. Als unterer Abschluß fungiert ein durchgehender Fries, in dem Kopfdarstellungen der zentralen Götterfigur sowie Kondorköpfe in einem mäanderartigen Muster regelmäßig auftreten. Alle Deutungen der Zentralfigur bzw. der gesamten Komposition wie Sonnengott, Viracocha, Kalender usw. sind letzten Endes nur Vermutungen, wahrscheinlich wird uns der wahre Sinn für immer verschlossen bleiben.

An weiteren kulturellen Hinterlassenschaften von Tiahuanaco aus dem Hochland besitzen wir die typischen Keramikformen, wie Becher, Flaschen, Schüsseln, meist mit geometrischen Ornamenten, Puma- und Kondorabbildungen vielfarbig bemalt. Auf dem Gebiet der Metallurgie kam mit der Entdekkung der Bronze eine wesentliche Neuerung hinzu.

Während der Blütezeit der Tiahuanaco-Kultur (200–500 n. Chr.), in der auch die monumentalen Kultanlagen errichtet wurden, blieb ihr Verbreitungsgebiet auf das südliche Hochland beschränkt. Zwischen 600 und 700 n. Chr. tritt die Ideologie von Tiahuanaco, getragen von den militärischen Expansionsbestrebungen von Huari, im zentralen Hochland von Peru einen unaufhaltsamen Siegeszug an, der eine neue Epoche in den Zentralanden einleiten sollte.

Mittlerer Horizont (700–1100 n. Chr.)

Früher war man der Ansicht, daß die Ursache eines einheitlichen Stiles, wie er auf Keramiken, Textilien, Steinarbeiten usw. im gesamten Andengebiet zu finden war, in der Ausbreitung des Kultes von Tiahuanaco zu suchen sei. Heute sprechen viele Anzeichen dafür, daß für die rasche Expansion eine weltliche Macht, mit dem Ort Huari als Zentrum, verantwortlich zeichnet. Daher wird diese zweite panperuanische Kultur mit einem Reich von Huari gleichgesetzt, das zumindest am Beginn seiner Entwicklung von der religiösen Haltung von Tiahuanaco durchdrungen war. Eindeutig geklärt sind die Beziehungen zwischen Tiahuanaco und Huari noch nicht. Vielleicht fand auch im Laufe der Zeit ein Säkularisierungsprozeß statt, der – ähnlich wie später bei den Inka – einer imperialistischen Herrenideologie Vorschub leistete, die neben anderen Faktoren, wie Übervölkerung in der Umgebung von Huari, die eigentliche Triebfeder der militärischen Eroberung war. Weitere Hinweise auf militärische Aktivitäten sind die zahlreichen Festungen und die Straßen für eventuelle Truppenverlegungen, die bereits damals angelegt wurden. Die rasche Ausbreitung von Huari-Kulturelementen oder des »Huari way of life« manifestiert sich u. a. in den Gründungen von Städten bzw. in der Umstrukturierung von bereits bestehenden urbanen Zonen an der Küste (Pacatnamú, Cajamarquilla, Pachacamac) und im Hochland (Viracocha Pampa, Pikillaqta), die nach dem Vorbild der Stadt Huari geschaffen wurden. Huari, in der Nähe des heutigen Ayacucho, läßt eine sorgfältig geplante Struktur mit von Mauern umgrenzten Stadtvierteln, Plätzen, mehrstöckigen Bauten, Wasserleitungen, Zisternen und natürlich Wohnhäusern erkennen. Als Baumaterial dienten Feldsteine, die mit Lehmmörtel verbunden wurden.

Die Huari-Expansion hatte zur Folge, daß die bestehenden regionalen Kulturen, vor allem an der Küste, nicht ausgelöscht, sondern verändert, überlagert und zugleich uniformiert wurden. Dies zeigt sich z. B. anhand der Keramiken von der südlichen Küste, wo es zwischen Nazca und Huari zu einem ausgesprochenen Mischstil kam; hingegen sind auf den Textilien aus derselben Zone (im Hochland haben sich keine Gewebe erhalten) in manchmal uniformer Manier Muster ausgeführt, die noch immer ihren Ursprung, die Figuren des Sonnentores von Tiahuanaco, erkennen lassen. Doch erwekken in einigen Fällen die an Tiahuanaco erinnernden Motive den Eindruck, als wären sie bereits damals aufgrund ihrer schematischen Ausführung ihres eigentlichen Sinngehaltes entledigt gewesen und verkörperten lediglich den Reichsstil von Huari.

Zur Zeit seiner größten Ausdehnung erstreckte sich das Huari-Reich von Lambayeque und Cajamarca im Norden bis Camaná und Sicuani im Süden und hatte bis etwa 1000 bzw. 1100 n. Chr. (hier gehen die Meinungen der Archäologen auseinander) Bestand. Dann zerfiel das Reich, und es folgte eine Periode, in der wiederum regionale Kulturen im Hochland und an der Küste an Bedeutung gewannen.

Späte Zwischenperiode (1100–1470)

Von diesen regionalen Kulturen, kleine Fürstentümer und Häuptlingsherrschaften, haben sich insbesondere von Chancay an der mittleren Küste eindrucksvolle und technisch oft äußerst komplizierte Textilien (z. B. Schleiergewebe mit Dreherbindung) erhalten. Die Keramik hingegen ist einfacher, meist Schwarz auf Weiß bemalt, und weist als häufigste Form große, eiförmige Gefäße oder weibliche Figuren auf.

Das Königreich Chimú

Nach dem Intermezzo des Huari-Reiches entstand als indirekter Nachfolger der Moche-Kultur an der nördlichen Küste ein neues Reich – Chimú bzw. Chimor. Es ist dies die Quechua-Bezeichnung für das Tal von Moche, Ausgangspunkt und Zentrum des Reiches. Über Kultur und Geschichte der Chimú werden wir nicht nur durch die archäologischen Hinterlassenschaften informiert, sondern erstmals stehen uns schriftliche Quellen, die Berichte der Spanier, zur Verfügung. Denn das Reich der Chimú wurde erst rund 60 Jahre vor Ankunft der Spanier von den Inka erobert, so daß die Kultur und die Überlieferungen der Chimú noch lebendig waren, als die spanischen Eroberer eintrafen. So war die Sprache der Chimú, von den Chronisten meist als Yunga oder Muchic bezeichnet, vom Quechua der inkaischen Eroberer verschieden; einsilbige Wörter und Nasallaute waren typische Merkmale dieser Sprache.

Nach einem anonymen Bericht aus dem Jahre 1604 (Rowe 1948) kam der Begründer der Chimú-Dynastie, Taycanamo, auf einem Floß über das Meer in das Tal von Moche. »Er erlernte erst die Sprache seiner Untertanen, die ihm auch ihre Töchter gaben.« Seine Nachfolger bauten schrittweise die

Mauer aus luftgetrockneten Lehmziegeln mit Fries in Relief. Chanchan, Chimú-Kultur.

Vormachtstellung der Chimú an der nördlichen Küste aus, so daß sich unter der Herrschaft des 11. Königs, Minchançaman, sein Reich von Tumbez im Norden bis fast nach Lima im Süden über eine Distanz von rund 1.000 km erstreckte. Er war aber der letzte unabhängige Herrscher der Chimú oder Chimu Capac, wie er von den Inka bezeichnet wurde, die sein Reich zwischen 1462 und 1470 eroberten.

Weitere Information betreffend die Chimú enthält der Bericht von Cabello Balboa (1586, nach Rowe 1948) über die Dynastie, die ursprünglich das Lambayeque-Tal beherrschte. Ähnlich wie bei den Chimú kam auch hier der Begründer der Dynastie, Naymlap, auf Balsaflößen über das Meer, jedoch mit seinem gesamten Hofstaat und einem Idol aus Grünstein. Das Ende der Lambayeque-Dynastie wurde durch ein religiöses Verbrechen ihres 12. Herrschers, Fempallec, verursacht, das in der Folge Regenfälle, Überschwemmungen und Hungersnöte hervorrief. Diesen Zustand der Schwäche nutzten die Chimú aus und eroberten das Lambayeque-Tal. Nur drei Chimú-Statthalter regierten anschließend das Lambayeque-Gebiet, ehe die Inka ihrerseits das gesamte Chimú-Reich eroberten.

Die Hauptstadt des Reiches war Chanchan, in der Nähe von Trujillo im Moche-Tal gelegen, dessen Gesamtfläche etwa 24 km^2 ausmacht. Das eigentliche Zentrum der Stadt ist etwa 6 km^2 groß und weist eine monumentale Architektur aus luftgetrockneten Lehmziegeln auf. Hier befinden sich zehn palastartige Anlagen mit bis zu 12 m hohen Umfassungsmauern, die teilweise mit reliefierten Friesen (Tierfiguren, geometrische Ornamente) verziert sind. Innerhalb der Paläste, die nach neuesten Forschungen (Conrad 1982) als Residenz der einzelnen Chimú-Herrscher erbaut wurden, sind zahlreiche Höfe, Kammern und Gänge, oft labyrinthartig, angeordnet; dazu kommen noch Bestattungsplattformen, in denen die Chimú-Herrscher begraben wurden. Neben den Palästen gibt es 35 kleinere Anlagen mit Umfassungsmauern, die ebenfalls mit Plätzen, Gängen und Kammern eine sorgfältige Planung zeigen und als Wohnsitze der Adelsschicht gelten. Die Wohn- und Arbeitsstätten der einfachen Bevölkerung lagen außerhalb der Paläste und Adelswohnsitze und weisen eine unregelmäßige Anordnung sowie einfachere Ausführung mit Geröllsteinen, Schilf und Lehm auf. In diesen bescheideneren Vierteln mit etwa 20.000 Einwohnern fanden sich zahlreiche Zeugnisse der Handwerkskunst, insbesondere von Metallurgie, Weberei und Holzschnitzerei. Zum Lebenserhaltungssystem der Stadt dienten vor allem über hundert Brunnen, durch deren Grundwasser – relativ reichlich durch die künstliche Bewässerung des umliegenden Landes – die Bevölkerung versorgt wurde. Die Anlage von Chanchan ist gleichzeitig Ausdruck der strengen, hierarchischen Gesellschaft – auch in den historischen Berichten ist immer wieder davon die Rede –, die sich in Herrscher, Adel, das einfache Volk (Bauern und Handwerker) und vielleicht auch Sklaven gliederte. Anschaulich schildert Cieza de León (1971, S. 461) die Situation: »In früheren Zeiten waren die Häuptlinge von ihren Untertanen sehr gefürchtet, und man gehorchte ihnen blindlings. Zu ihrem Hofstaat gehörten Spaßmacher, Tänzer und Spielleute, die sie ständig unterhalten mußten. Ihre vielen Frauen suchten sie sich unter den schönsten des Landes aus, und jeder hatte in seinem Tal ein palastartiges Haus aus Lehmsteinen mit großen, mattengedeckten Terrassen und Torgängen. Es war von einem geräumigen Platz umgeben, auf welchem die Tänze und areitos (Tanzlieder) aufgeführt wurden. Der Häuptling speiste nur in großer Gesellschaft, die er mit einem Gebräu aus Mais und Wurzeln bewirtete. Torhüter mußten darauf achten, wer ein- und ausging.«

Die Wirtschaft der Chimú beruhte auf einem gut organisierten und intensiven Bodenbau. Die riesigen, künstlichen Bewässerungsanlagen waren so weit fortgeschritten, daß mehrere Täler durch Kanäle miteinander verbunden waren. Fischfang im Meer und interregionaler Handel ergänzten die Produkte der Agrarwirtschaft.

Nach dem Bericht des Augustinerpaters Antonio de Calancha (1638, nach Rowe 1948) war die wichtigste Gottheit die Mondgöttin Si; da sie über das Wetter (Regenfälle), das Gedeihen der Nahrungspflanzen und auch über das Meer herrschte, hing die gesamte Nahrungsversorgung von ihr ab. Si wurde für mächtiger als die Sonne angesehen, da der Mond bei Tag und Nacht sichtbar ist. Mond- und Sonnenfinsternisse wurden als Kämpfe zwischen den beiden Gottheiten aufgefaßt. Der Sonnengott war von untergeordneter Bedeutung und stand mit magischen Steinen, »alec pong«, in Verbindung, die auch als Vorfahren angesehen wurden. Bestimmte Sternbilder verehrte man ebenfalls, unter denen den Plejaden zur Bestimmung von Aussaat und Ernte und für die Jahreszählung besondere Bedeutung zukam. Auch das Meer, Ni, war eine wichtige Gottheit, der man Opfer in Form von Maismehl und rotem Ocker darbrachte.

Die Chimú-Kultur wird häufig mit dem Niedergang künstlerischer Ausdruckskraft, im Vergleich zu Moche, charakterisiert. Dies trifft wohl auf die Keramik, nicht aber auf die Bereiche Metallurgie, Weberei, Holzschnitzerei und Federarbeiten zu. Die meist schwarzen und unbemalten Tongefäße sind ausgesprochene Massenprodukte und wurden mit Hilfe von Modeln hergestellt, wodurch ihnen das künstlerische

Element fehlt. Typische Keramikformen sind z. B. Figurengefäße oder Doppelgefäße, die bisweilen mit einer Pfeifvorrichtung ausgestattet sind; auch der steigbügelförmige Ausguß erlebt eine Renaissance. Als Motive treten vor allem Früchte, Vögel, Fische und Affen auf, andere Gefäße zeigen Darstellungen von Menschen oder Szenen aus dem religiös-zeremoniellen Bereich.

Die Gewebe der Chimú besitzen weiterhin einen hohen technischen Standard (Wirkereien, broschierte Gewebe, Doppelgewebe) und zeigen in der Regel geometrische Muster oder stilisierte Motive in Form von menschlichen Figuren, Vögeln und Fischen. Auch bemalte Baumwollgewebe erfreuten sich großer Beliebtheit. Zu den Kostbarkeiten der Textilkunst zählen jene Gewebe, die zusätzlich mit Federmosaiken in leuchtenden Farben verziert wurden.

Wahre Meister aber waren die Chimú auf dem Gebiet der Metallurgie, insbesondere der Goldschmiedekunst. Von ihnen stammt das »Gold aus Peru«, das sich heute in Museen oder Privatsammlungen befindet, da es sich schon zur Zeit der Ankunft der Spanier in den Gräbern befand und daher dem Vernichtungsprozeß des Einschmelzens, wie es meist dem Inka-Gold widerfuhr, entging. Ihr gesamtes metallurgisches Können, wie Treiben, Durchbrechen, Gießen, Löten, Filigranieren, manifestiert sich in Objekten wie Masken, Kronen, Ohrpflöcken, Halsketten und Pektorale; aber auch Gefäße in verschiedener Ausführung und die berühmten Zeremonialmesser, tumi, sind hier anzuführen. Außer diesen Gegenständen aus Gold und Silber wurde auch Kupfer, seltener Bronze, allerdings eher zu Gebrauchsgegenständen (Äxte, Messer, Grabscheite, Keulenköpfe usw.) gegossen. Der Ruhm der Chimú-Goldschmiede war so groß, daß die meisten von ihnen nach der Eroberung durch die Inka nach Cuzco gebracht wurden, wo sie für die königliche Familie und den Inka-Adel arbeiten mußten.

Literatur

ANTON, Ferdinand: Alt-Peru und seine Kunst. Leipzig 1972.

ANTON, Ferdinand: Altindianische Textilkunst aus Peru. Leipzig 1984.

BENSON, Elizabeth P.: The Mochica. London 1972

BIRD, Junius: Paracas Fabrics and Nazca Needlework. The Textile Museum, Washington 1954.

CIEZA DE LEON, Pedro: Auf den Königsstraßen der Inka. Stuttgart 1971.

CONKLIN, William: An Introduction to South American Archaeological Textiles. In: Irene Emerey Roundtable on Museum Textiles. 1974 Proceedings, Archeological Textiles, Washington 1975.

CONRAD, Geoffrey W.: The Burial Platforms of Chan Chan: Some Social and Political Implications. In: Moseley–Day, Chan Chan: Andean Desert City. Albuquerque 1982.

DISSELHOFF, Hans Dietrich: Alltag im Alten Peru. München 1966.

DISSELHOFF, Hans Dietrich: Das Imperium der Inka und die indianischen Frühkulturen der Andenländer. Berlin 1972

DONNAN, Christopher B.: Moche Ceramic Technology. Ñawpa Pacha vol. 3, Berkeley, 1965.

DONNAN, Christopher B.: Moche Art of Peru. Museum of Cultural History. Los Angeles 1978.

DONNAN, Christopher B. (Ed.): Early Ceremonial Architecture in the Andes. Dumbarton Oaks Trustees for Harvard University. Washington 1985.

DWYER, Jane P.: The Chronology and Iconography of Paracas-Style Textiles. In: The J. Bird Pre-Columbian Textile Conference, Textile Museum, Wahington 1979.

EISLEB, Dieter: Altperuanische Kulturen I. Veröffentlichungen des Museums für Völkerkunde Berlin N. F. 31, Berlin 1975.

EISLEB, Dieter: Altperuanische Kulturen II. Nazca. Veröffentlichungen des Museums für Völkerkunde Berlin N. F. 34, Berlin 1977.

EISLEB, Dieter – STRELOW, Renate: Altperuanische Kulturen III. Tiahuanaco. Veröffentlichungen des Museums für Völkerkunde Berlin N. F. 38, Berlin 1980.

ENGEL, Frederic: Paracas. Cien siglos de Cultura Peruana. Lima 1966.

GAYTON, A. H. – KROEBER, A. L.: The Uhle Pottery Collection from Nazca. Publications in American Archaeology and Ethnology vol. 24, Univ. of California, Berkeley 1927.

D'HARCOURT, Raoul: Textiles of Ancient Peru and their Techniques. Seattle–London 1974.

KAN, Michael: The Feline Motif in Northern Peru. In: The Cult of Feline. Dumbarton Oaks Research Library and Collection, Washington 1972.

KAUFFMANN DOIG, Federico: Arqueologia Peruana. Lima 1971.

KAULICKE, Peter: In Peru gab es nicht nur Inka. In: Pörtner–Davies, Alte Kulturen der Neuen Welt. Düsseldorf–Wien 1980.

KROEBER, Alfred L.: Paracas Cavernas and Chavín. Publications in American Archaeology and Ethnology vol. 40/8. University of California, Berkeley–Los Angeles 1953.

KROEBER, Alfred L.: Toward Definition of the Nazca Style. Publications in American Archaeology and Ethnology vol. 43/4. University of California, Berkeley–Los Angeles 1956.

KUNSTRAUM MÜNCHEN E.V.: Peruanische Erdzeichen – Peruvian Ground Drawings. München 1974.

KUTSCHER, Gerdt: Chimu. Eine altindianische Hochkultur. Berlin 1950.

LARCO HOYLE, Rafael: Los Cupisniques. Lima 1941.

LUMBRERAS, Luis G.: The Peoples and Cultures of Ancient Peru. Washington 1974.

MAYER, Eugen F.: Chanchán. Vorspanische Stadt in Nordperu. Materialien zur Allgemeinen und Vergleichenden Archäologie Band 6. München 1982.

MENZEL, Dorothy: Style and Time in the Middle Horizon. Ñawpa Pacha vol., 2, Berkeley 1964.

MENZEL, Dorothy: New Data on the Huari Empire in the Middle Horizon, Epoch 2A. Ñawpa Pacha vol. 6, Berkeley 1968.

MENZEL, Dorothy: The Archaeology of Ancient Peru and the Work of Max Uhle. R.H. Lowie Museum of Anthropology, University of California, Berkeley 1977.

MENZEL, D. – ROWE, J. H. – DAWSON, L. E.: The Paracas Pottery of Inca. A Study in Style and Time. Publications in American Archaeology and Ethnology vol. 50. University of California, Berkeley–Los Angeles 1964.

MEYERS, Albert: Dornige Austern und Jaguarkinder. In: Pörtner–Davies, Alte Kulturen der Neuen Welt. Düsseldorf–Wien 1980.

MONTELL, Gösta: Dress and Ornament in Ancient Peru. Göteborg 1929.

NIEDERÖSTERREICHISCHE LANDESREGIERGUNG (Ed.): Peru durch die Jahrtausende. Kunst und Kultur im Lande der Inka. Wien 1983.

PROULX, Donald A.: Local Differences and Time Differences in Nasca Pottery. Publications in Anthropology vol. 5, University of California Berkeley–Los Angeles 1968.
RAVINES, Rogger: Panorama de la Arqueologia Andina. Instituto de Estudios Peruanos, Lima 1982.
RAVINES, Rogger (Ed.): Tecnologia Andina. Instituto de Estudios Peruanos, Lima 1978.
RAVINES, Rogger (Ed.): Chanchan. Metrópoli Chimú. Instituto de Estudios Peruanos, Lima 1980.
ROWE, Ann P.: Warp-Patterned Weaves of the Andes. The Textile Museum, Washington 1977.
ROWE, Ann P.: Costumes and Featherwork of the Lords of Chimor. Textiles from Peru's North Coast. The Textile Museum, Washington 1984.
ROWE, John H.: The Kingdom of Chimor. Acta Americana, vol. 6, no. 1–2, Mexico 1948.
ROWE, John H.: The Influence of Chavín on Later Styles. In: Benson, Dumbarton Oaks Conference on Chavín. Dumbarton Oaks Research Library and Collections, Washington 1971.
SAWYER, Alan R.: Paracas and Nazca Iconography. In: Lothrop, Essays in Pre-Columbian Art and Archaeology, Harvard University Press, Cambridge, Mass., 1961.
SCHULZE-THULIN, Axel: Im Zeichen des Jaguars. Indianische Frühkulturen in Alt-Peru. Bildhefte des Linden-Museums, Heft 1, 1974.
TELLO, Julio C.: Paracas. Lima 1959.
WILLEY, Gordon, R.: An Introduction to American Archaeology. Bd. 2: South America, New Jersey 1971.
WOLFE, Elisabeth F.: The Spottet Cat and the Horrible Bird; Stylistic Change in Nasca 1-5 Ceramic Decoration. Ñawpa Pacha vol. 19, Berkeley 1981.

DAS IMPERIUM DER INKA

Peter Kann
Museum für Völkerkunde, Wien

Der letzte Abschnitt der präkolumbischen Geschichte des zentralen Andengebietes wurde von den Inka geprägt. Als die Spanier 1532 an der peruanischen Küste landeten, nahm das Reich der Inka eine Fläche von 900.000 km² ein und erstreckte sich über 5.000 km von Rio Ancasmayo im heutigen Kolumbien (3° nördl. Breite), bis zum Rio Maule, im heutigen Chile (36° südl. Breite). Weniger ausgedehnt war die Ost-West-Erstreckung des Reiches, wo der tropische Regenwald an der Ostflanke der Anden die Grenze bildete. Es war aber kein altes Reich – so wie es uns die Inka-Überlieferungen glaubhaft machen wollen –, sondern erst knapp hundert Jahre vor Ankunft der Spanier begann ihr Aufstieg von einer kleinen Stammesgruppe zum größten Imperium des alten Amerika.

Nach den mündlichen Überlieferungen der Inka – von den spanischen Chronisten festgehalten –, die meist ihre offizielle Ideologie verkünden, reichte ihre Dynastie bis zum Jahr 1200 zurück. Insbesondere der 1. Inka, Manco Capac, hätte erst den umliegenden Völkern alle kulturellen Errungenschaften beigebracht. Als Sohn des Sonnengottes Inti führte er den Sonnenkult ein und heiratete auf göttliches Gebot seine Schwester. Auch über die nachfolgenden sieben Inkaherrscher wird in den Erzählungen viel berichtet, doch besitzen sie mehr legendären Charakter und dienten zur Verherrlichung der eigenen Vergangenheit.

Tatsächlich verhielt es sich so, daß die Inka in ihrer frühen Periode (1200–1438) eine relativ unbedeutende Gruppe im zentralen Hochland von Peru darstellten. Ihr Herrschaftsbereich war auf das Hochtal von Cuzco beschränkt, und sie lagen in ständigem Kampf mit benachbarten Völkern.

Einer dieser Kämpfe, der Sieg über die Chanca unter Inca Yupanqui, markierte den Wendepunkt in der Geschichte der Inka. Unter seiner Herrschaft als 9. Inka, Pachacuti Inca Yupanqui (1438–1471), beginnt ihre Expansionspolitik und somit die imperiale Periode, deren Geschichte mit einiger Sicherheit chronologische Gültigkeit besitzt. Pachacuti festigte zunächst die Herrschaft in der weiteren Umgebung von Cuzco und dehnte das Reich der Inka im Süden bis zum Titicacasee aus. Sein Sohn und designierter Thronfolger, Topa Inca, eroberte ab 1463 das gesamte nördliche Hochland und stieß bis Quito sowie an die Küste von Ecuador vor. Anschließend wurde die nördliche Küste mit dem Königreich Chimú und die mittlere Küste dem Inkareich einverleibt.

Als 10. Inka (1471–1493) unterwarf Topa Inca Yupanqui zunächst die südliche Küste von Peru, anschließend das Hochland von Bolivien, das nordwestliche Argentinien und drang bis Mittelchile zum Rio Maule vor. Unter seinem Sohn und Nachfolger, Huayna Capac (1493–1525), erfolgten nur mehr kleinere Gebietserweiterungen in Ecuador (der Golf von Guayaquil und die Zone nördlich von Quito), womit das Reich seine größte Ausdehnung erreicht hatte.

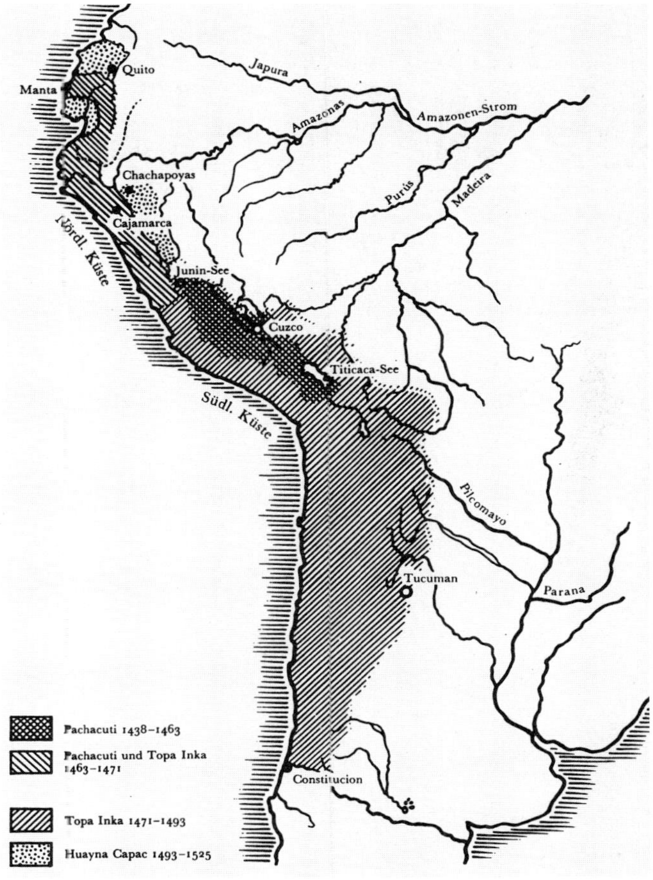

»Die Ausbreitung des Inka-Reiches«.

Mit dem Tode von Huayna Capac, der die Thronfolge nicht eindeutig festgelegt hatte, wurde das einheitliche Reich in zwei Lager gespalten, und es kam zum »Bruderzwist im Hause Inka«. Die Halbbrüder Huascar in Cuzco und Atahualpa in Quito versuchten, die Herrschaft über das gesamte Reich an sich zu reißen, und stürzten das Land in einen Bürgerkrieg. In dieser labilen Lage und geschwächten Situation des Reiches landete Pizarro und nahm wenig später Atahualpa, der sich schon als alleiniger Inkaherrscher wähnte, gefangen.

Die Ursachen für die raschen Eroberungen der Inka lassen sich mit zwei uns »vertrauten« Begriffen umreißen: Herrenideologie und Wehrmacht. Die Überlegenheit der Inkaheere beruhte nicht auf waffentechnischem Gebiet, sondern auf der am besten organisierten Kriegsmaschinerie des alten Amerika. Die Bewaffnung bestand aus Keule, Streitaxt, Speer, Schleuder und Bola, ferner Helm und Schild als Schutzeinrichtungen. Außer einer ständigen Leibwache des Herrschers gab es kein stehendes Heer. Im Kriegsfall jedoch stand durch die Zwangsrekrutierung der Bauern eine schlagkräftige Miliz zur Verfügung. Das vorzügliche Nachrichtenwesen, die Registrierung der gesamten Bevölkerung garantierten eine kurzfristige Mobilisierung, wobei die Truppen meist aus Gebieten stammten, die in der Nähe derer lagen, die zu erobern waren. Man nahm aber beispielsweise auf klimatische Bedingungen wie extreme Höhenunterschiede Rücksicht, um die Kampfkraft der Truppe nicht zu schwächen. Der schnelle Aufmarsch der Truppen sowie der Nachschub auf Lamakarawanen waren durch die nach strategischen Gesichtspunkten angelegten Straßen gesichert. Vorratslager entlang der Straßen gewährleisteten eine ausreichende Verproviantierung, dazu kamen Trokkenfleisch (charki) und Trockenkartoffeln (chuñu) als ausgezeichnete Marschverpflegung. Dies wirkte sich auch auf die Disziplin der Truppe aus, die bei den Inka äußerst streng war. Da Verpflegung ausreichend vorhanden war, mußte auch nichts »organisiert« werden, daher wurden beim Marsch des Heeres Ortschaften gemieden und Willkürmaßnahmen sowie Plünderungen mit dem Tode bestraft.

Sollte ein neues Gebiet dem Inkareich einverleibt werden, so begann man nicht sogleich mit Kampfhandlungen. Es wurden vorerst Abgesandte zu dem betreffenden Herrscher geschickt, die die Vorteile einer Unterwerfung unter die Inka aufzeigten. Man brachte Geschenke mit, versprach Rohstoffe und Fertigprodukte einzuführen, also eine Art Wirtschaftshilfe, falls er zustimmen würde. Geschah dies, so galt jenes Gebiet als neue Provinz, und der angestammte Herrscher wurde »curaca«, Statthalter, unter der Kontrolle der Inka. War der betreffende Herrscher nicht einverstanden, so wurde das Gebiet militärisch erobert. Dorthin verlegte man auch mehrere Garnisonen, um Aufstände sofort im Keim zu erstikken. Falls solche des öfteren auftraten, so griffen die Inka zu sehr brutalen Maßnahmen, indem sie Massendeportationen und Zwangsumsiedlungen durchführten. Dabei ging man so weit, daß ganze Völkerschaften gegeneinander ausgetauscht wurden, inbesondere zwischen den neu eroberten, peripheren Gebieten und der Kernzone. Dadurch verbreiteten sich sowohl die Staatsreligion, der Sonnenkult, als auch die Staatssprache, das Quechua der Inka, beides Faktoren, die den Integrationsprozeß des Reiches beschleunigten.

An der Spitze des Reiches stand ein Gottkönig, der »Sapan Inka«; er war unumschränkter Herrscher über alle Lebewesen. Ihm gehörten der gesamte Boden, das gesamte Vieh und alle Naturschätze. Der Sapan Inka hätte mit weit mehr Berechtigung als Ludwig XIV. von sich behaupten können: Der Staat bin ich! Da er sich als der direkte Abkömmling des Sonnengottes fühlte, herrschte er auch durch göttliches Recht.

Dem Inka zur Seite stand eine herrschende Schicht, die grob gesehen aus drei Gruppen bestand. Der Hochadel von Cuzco oder Angehörige aus dem Hause Inka wie seine Brüder, die legitimen Söhne und die Nachkommen der früheren Inkaherrscher, die jeweils in Sippen gruppiert waren. Vollkommen in den Händen dieser Elite befand sich der Verwaltungsapparat des Reiches, denn den Oberbefehlshaber des Heeres, die Statthalter der vier Reichsteile, die Gouverneure der Provinzhauptstädte und auch den ranghöchsten Priester des Reiches stellte ein naher Verwandter des Inka.

Eine Stufe darunter standen die Angehörigen der nichtkö-

Unter Huayna Capac, dem 11. Herrscher der Inkadynastie, erreichte das Imperium die größte Ausdehnung.

niglichen Sippen von Cuzco und eine Reihe von Völkern aus der Umgebung von Cuzco, die in den Inkarang erhoben waren. Den niedrigsten Adelsstand bildeten die »curacas«; das waren die zur Kollaboration bereiten Fürsten und Herrscher der unterworfenen Völker. Neben diesem reinen Geburtsadel gab es auch einen Verdienstadel, in den Personen aufsteigen konnten, z. B. erfolgreiche Militärs oder Baumeister, die sich um den Staat besondere Verdienste erworben hatten. Unter den zahlreichen Vorrechten des Adels, wie dem Residieren in Palästen aus behauenem Stein, dem Tragen von feinerer Kleidung, der Verwendung von Gold und Silber, der Polygamie, war die Befreiung von der Tributpflicht wohl das wesentlichste Privileg der Oberschicht.

Dem Adel gegenüber stand die Masse des einfachen Volkes, das von der Inkaverwaltung perfekt registriert, organisiert und rekrutiert wurde. Die traditionelle, soziale Grundeinheit des Volkes bildete der »ayllu«, eine Lokalgruppe mit gemeinschaftlichem Landbesitz, die durch gegenseitige Arbeitsverpflichtung, gemeinsamen Besitz von Eigentum, Endogamie und der Verehrung eines gemeinsamen Vorfahren charakterisiert ist. Die Inka verstanden nun diese Gegebenheiten in ihr Verwaltungssystem einzubauen, indem sie die ayllus in Hundertschaften umwandelten. Dem gesamten Einteilungsprinzip lag das Dezimalsystem zugrunde, wobei die niedrigste Einheit die Fünferschaft, die größte Einheit 40.000 Familien bildete. Jede Einheit besaß einen Führer, der bis zu den Hundertschaften, die auch eine Ratsversammlung besaß, alljährlich von den Angehörigen neu gewählt wurde. Die größeren Einheiten hingegen standen unter der Leitung von Adeligen, die ihre Funktion in Permanenz ausübten.

Auf einer anderen Verwaltungsebene waren die Führer von 10.000 Familien gleichzeitig die Gouverneure der Provinzen; letztere gehörten wiederum einem »suyu« an, die unter der Leitung eines Statthalters standen. Das gesamte Reich war in vier »suyus« unterteilt, daher auch sein Name »Tahuantinsuyu«, die »Vier Regionen« oder die »Vier Richtungen«. Die vier Statthalter des Reiches bildeten den Staatsrat von Cuzco. Zentrum und Hauptstadt des Reiches war Cuzco, der »Nabel«, wo sich auch die Grenzen der vier »suyus« schnitten. Cuzco war in jeder Beziehung der Mittelpunkt des Reiches, da hier die Entscheidungen der zentralen Autorität in wirtschaftlicher, administrativer, kultureller und religiöser Hinsicht getroffen wurden. Zur Überwachung der regionalen Verwaltungen bediente sich die Zentrale in Cuzco des sogenannten »Allesseher«. Er war ein Regierungsinspektor, der die Geschäfte der Staatsbeamten prüfte und gegen unehrliche Beamte Klage erhob. Er galt als direkter und persönlicher Vertreter des Kaisers und war mit besonderen Machtbefugnissen ausgestattet. Besonders wirksam war zweifellos die Tatsache, daß er inkognito reiste und unangemeldet erschien.

Zur besseren Organisation der verschiedenen Arbeiten war das Volk in Altersklassen eingeteilt, wobei in jeder dieser Altersklassen Pflichten und Rechte jedes einzelnen festgehalten waren. Man begann sein Leben als »Schreiender Neuer«, mußte aber schon als Kind und Jüngling seinen Eltern bei der Arbeit helfen. Vom 25. bis zum 50. Lebensjahr galt man als »Vollmann« und war für den Staat am wertvollsten. Unter der Voraussetzung einer Verheiratung hatte man Anrecht auf Grund und Boden und erlangte Stimmrecht im Rat der Lokalgruppe. Fand jemand keine Partnerin oder wollte nicht heiraten, so wurde dies von der Staatsautorität oft willkürlich durchgesetzt. Als »Vollmann« hatte er aber seiner Steuerpflicht nachzukommen, einerseits durch die Arbeit auf den Staats- und Kirchenfeldern, andererseits durch die »mita«, einen Arbeitsdienst im Staatsinteresse. Dieser bestand aus Militärdienst, Bergwerksarbeit, Arbeiten an öffentlichen Bauten (Straßen, Brücken, Festungen, Paläste usw.) und Arbeiten in den Cocapflanzungen (Staatsmonopol). Diesem Rekrutierungsmechanismus konnte sich niemand entziehen, und die spanischen Chronisten berichten, daß bei diesem Arbeitsdienst oft auch sinnlose Arbeiten verrichtet wurden, z. B. einen Hügel abtragen und wieder aufschütten, nur um die Menschen zu beschäftigen. Auch die Frauen wurden vom Staat erfaßt. Die meisten von ihnen waren mit Nichtadeligen verheiratet, halfen in der Landwirtschaft und verrichteten häusliche Aufgaben. Man bezeichnete sie als die »Übriggebliebenen Mädchen«, da die schöneren und begabteren Frauen für den öffentlichen Dienst ausgesondert wurden. Ein Regierungsbeamter führte dies durch, indem er in den Dörfern unter den zehnjährigen Mädchen die schönsten aussuchte. Sie wurden dann in den Schulen des Klerus in den Provinzhauptstädten erzogen, wo sie Haushaltsführung, Religion, besondere Webtechniken und andere Künste lernten. Sie wurden als »Erwählte Frauen« bezeichnet. Nach abgeschlossener Erziehung wurden viele vom Kaiser an Adelige als Nebenfrauen und Bedienstete vergeben, die schönsten behielt er zweifellos für sich. Die übrigen wurden als »Sonnenjungfrauen« der Verehrung der Sonne gewidmet und versahen ihren Dienst im Sonnentempel, wo sie wie Nonnen eines religiösen Ordens in ständiger Keuschheit lebten.

Die Wirtschaft des Inkareiches beruhte auf dem Bodenbau, wobei die Inka auf die Erfahrungen und Kenntnisse der früheren Völker zurückgreifen konnten. Wie in fast allen Bereichen bestand ihre Leistung auch innerhalb der Landwirtschaft nicht im Hervorbringen von grundsätzlichen Innovationen, sondern im Ausbau und in der gleichzeitig perfekten Organisation der bereits vorhandenen kulturellen Errungenschaften. Als Beispiel dafür kann man die Anbauterrassen (Andenes) heranziehen, deren Vorteile (Vergrößerung der Anbauflächen, Verhinderung der Bodenerosion) bereits den früheren Völkern bekannt waren. Doch die Ausmaße, die die künstlichen Terrassierungen unter den Inka erreichten, gingen in noch nie dagewesene Dimensionen. Die riesigen Anlagen, die oft das Landschaftsbild ganzer Täler veränderten, konnten vor allem mit Hilfe der »mita«-Arbeit errichtet werden.

Das Land gehörte dem Staat, und ein Großteil wurde gemeinschaftlich verwaltet. Auch die Bergwerke, die Cocapflanzungen und der größte Teil der Lamaherden waren Staatseigentum. Der Staat sorgte auf der einen Seite für das Volk, um es vor Not und Ausbeutung zu schützen (öffentliche Vorratshäuser, Witwen- und Waisenversorgung), auf der anderen Seite griff er in alle Lebensbereiche des Menschen ein und ließ ihm keine Möglichkeiten zu selbständigen Entscheidungen und Initiativen. Alles urbare Land war in drei Kategorien aufgeteilt: Staat, Götter und Volk. Obwohl die ersten beiden den Vorrang besaßen, hing ihre Größe doch von der Bevölkerung ab, denn jede Familie bekam so viel Land zugeteilt, daß sie sich ernähren konnte, ohne zu hungern. Die Kirchenfelder dienten zum Unterhalt des Klerus, die Staatsfelder versorgten den Adel, die Beamten, die Kunsthandwerker, die Armee und alle anderen Nichtproduzenten, wie Witwen, Waisen, Kranke und Gebrechliche. Die Überschüsse der Staatsfelder wurden in Vorratshäusern gelagert und dienten als Vorsorge für Unglücksfälle, Mißernten, Überschwemmungen usw. In Gemeinschaftsarbeit wurden vom Volk zuerst die Kirchenfelder, dann die Staatsfelder und zuletzt die eigenen Felder bebaut.

Auch in der Handwerkskunst griffen die Inka auf die Erfahrungen der früheren Völker zurück bzw. nutzten die Kenntnisse der unterworfenen Völker, z. B. der Chimú-Goldschmiede. Dennoch entwickelten sie einen eigenen Stil, der sich im Verlauf ihrer Eroberungen im gesamten Andengebiet verbreitete. Dieser Stil ist in der Form durch eine klare, oft funktional bedingte, jedoch in den Proportionen ausgewogene und dadurch elegant wirkende Komponente geprägt; der Dekor hingegen wirkt streng und bevorzugt symmetrische und geometrische Ornamente. Seltener finden sich figurale Motive, und wenn, so wirken sie steif und starr. Diese Stilmerkmale gelten für die Keramiken (Teller, Becher und sogenannte »arybalos«), weiters für Steinarbeiten wie Mörser, Schalen, kleine Lama- und Alpakafiguren, ferner für die technisch perfekt gearbeiteten Textilien und für die Holzbecher, »kero«, die erst in der Kolonialzeit ihre szenenhafte Bemalung erhielten. Auch die Metallgegenstände aus Gold, Silber, Kupfer und Bronze sind durch diesen nüchternen und schematisierenden Stil gekennzeichnet. Von den ungeheuren Mengen an Gold- und Silbergegenständen, wie Tieren, Pflanzen, menschlichen Figuren und Gefäßen, von denen die Eroberer berichteten, ist wenig auf uns gekommen, da sie von den Spaniern fast alle eingeschmolzen wurden.

Inkastraße zwischen Wiñay Waina und Machu Picchu.

Zu den mit Recht am meisten bewunderten Leistungen der Inka zählen jene auf dem Gebiet des Verkehrswesens und der Architektur. Ähnlich den Römern benötigten die Inka Straßen vornehmlich für militärische Zwecke, nämlich zum Aufmarsch und zur Versorgung der Truppen und zur raschen Übermittlung von Nachrichten und Befehlen. Beide bauten daher Straßen bis zu den Grenzen ihres Reiches aus. Da die Inka aber keine Fahrzeuge mit Rädern kannten, mußten sie ihre Straßen nicht durchgehend pflastern, auch nicht so breit bauen, keine festen Brücken anlegen und konnten bei steilen

Die Ruinen der Inkastadt Machu Picchu, 500 m über dem Tal des Urubamba, wurden erst 1911 entdeckt.

Hängen Stufen schlagen, so daß ihre Straßen schnurgerade verliefen. Es gab zwei Hauptstraßen, die beide in Nord-Süd-Richtung verliefen; über 6.000 km lang zog sich die Hochlandstraße vom Ancasmayo-Fluß (Grenze Kolumbien–Ecuador) über Quito, Cuzco, den Titicacasee, Tucuman im heutigen Nordwestargentinien bis Santiago in Mittelchile; parallel dazu verlief die Küstenstraße über 4.000 km lang von Tumbes an der Grenze Peru–Ecuador bis Arequipa. Zahlreiche Querstraßen verbanden die beiden Hauptrouten und bildeten ein Netz von etwa 16.000 km Gesamtlänge. Die Straßen liefen in sumpfigem Gelände über Dämme, waren an der Küste durch Baumpflanzungen und Mauern gegen Sandverwehungen geschützt, und Täler wurden mit Hilfe von Hängebrücken überwunden. Die Instandhaltung der Straßen und Brücken besorgten die Bewohner der umliegenden Dörfer, die dadurch ihre Arbeits- und Steuerpflicht erfüllten. Entlang der Straßen waren in regelmäßigen Abständen, meist einen Tagesmarsch voneinander entfernt, Rast- und Vorratshäuser, »tambos«, angelegt, die jedoch nur Reisenden, die im Staatsauftrag unterwegs waren, zur Verfügung standen.

Zur raschen Nachrichtenübermittlung zwischen der Zentrale in Cuzco und den verschiedenen Landesteilen diente speziell ein längs der Straßen eingerichteter Stafettendienst. In Abständen von etwa 2,5 km waren in kleinen Hütten ständig zwei Eilkuriere, »chasqui«, stationiert – jeder für eine Richtung –, die im Lauftempo Nachrichten, Befehle, darunter auch die »quipus«, in erstaunlich kurzer Zeit, z. B. Lima–Cuzco in drei Tagen, weiterbeförderten. Neben der mündlichen Mitteilung kannten die Inka als zusätzliches Kommunikationssystem noch die »quipus«, die Knotenschnüre. Eine Schrift war es nicht, sondern eine Gedächtnisstütze für statistische Zwecke. Da nur Zahlenwerte mittels der »quipus« weitergegeben werden konnten, dienten sie zum Erfassen von Beständen von staatlichen Depots, von Rohstoffen, Fertigwaren und Tributleistungen. Aber auch Volkszählungen wurden mit ihrer Hilfe durchgeführt. Außerdem konnten die »quipus« nur von eigens dafür ausgebildeten Spezialisten, den »Bewahrern der Knotenschnüre« gedeutet werden.

In der Architektur der öffentlichen Gebäude (Festungen, Tempel und Paläste) offenbart sich wie in der Kunst ein einheitlicher, imperialer Reichsstil, der von Cuzco ausgehend in allen Provinzen anzutreffen ist. Seine typischen Merkmale sind schmucklose Fassaden aus monumentalem Steinmauerwerk mit trapezförmigen Toren, Fenstern und Nischen. Dieser Baustil wurde auch an der Küste beibehalten, wo das bevorzugte Baumaterial der Lehm war. Folgende Arten des Steinverbandes waren für das Mauerwerk der Inka charakteristisch: eine mosaikartige Zusammensetzung von oft großen, polygonalen Blöcken oder gleichmäßig geschnittene und in regelmäßigen Reihen verlegte Blöcke. In beiden Fällen wurden die Steine ohne Mörtel mit einer unglaublichen Präzision dicht an- und aufeinandergefügt. Noch immer beeindruckende Beispiele dieser Baukunst sind die Ruinenstadt Machu Picchu, Pisac, Ollantaytambo, Sacsayhuaman als Festung von Cuzco und Cuzco selbst an einigen Stellen. Als dritten Steinverband errichteten die Inka Mauern aus unbehauenen Feldsteinen, die in Lehm verlegt wurden (»pirca«-Technik).

Da die offizielle Religion, die Sonnenverehrung, vom Staat eingesetzt und auch die Priesterschaft vom Staat erhalten wurde, hatte sie den Charakter einer Staatskirche. Die Sonne, »inti«, galt als der große Gott und Stammvater des Herrscherhauses. Dieser Auffassung entsprang letztlich das Überlegenheitsgefühl der Inkadynastie über die anderen Menschen, das im Laufe der Zeit von Staat und Kirche für politische Zwecke eingesetzt wurde und schließlich in einer Herrenmenschenideologie gipfelte. Denn als Nachkommen der Sonne brachte man einerseits den Segen der wahren Religion, und nach der Legende des 1. Inka, Manco Capac, war man schließlich auch Urheber der Kultur. Dargestellt als große, goldene Scheibe, war »inti« der größte Tempel, »Coricancha«, in Cuzco geweiht. Die höchste Gottheit war der Schöpfer, Viracocha; er war ewig, hatte alles erschaffen, auch die anderen Gottheiten, und lehrte einst den Menschen alle kulturellen Errungenschaften. Doch wurde ihm vom Volk wenig Verehrung zuteil, sondern dies geschah in der Hauptsache von Amts wegen durch Priester und Adel.

Die Mondgöttin, Mamaquilla, war zugleich Frau des Sonnengottes. Sie wurde von den Inka, ein Volk des Hochlandes, weniger verehrt als von den Chimú an der Küste, doch war sie für den lunaren Kalender und die damit verbundenen kultischen Feste maßgebend. Der Gewittergott, Illapa, hatte als Spender des Regens besondere Bedeutung im Pantheon der Inka, während die Mutter Erde, Pachamama, sicherlich die im Herzen der Bauern am tiefsten verwurzelte und verehrte Gottheit war.

Wesentliches Merkmal der Religion war der Glaube an und die Verehrung von »huacas«, die man als heilige Orte bezeichnen könnte. Es waren von Geistwesen bewohnte, besonders auffallende Orte in der Natur, wie Berggipfel, Felsblöcke, Quellen oder Seen, aber auch Tempel und Gräber von historischer und mythologischer Bedeutung. Diese Geistwesen trachtete man durch Gebete, Fasten, vor allem jedoch durch Opfer gnädig zu stimmen. Dabei reichte die Spanne von kleinen Gaben wie Trank- und Speiseopfern, über die Darbietung von Lamas bis hin zu Menschenopfern. Letztere konnten nur vom Inkaherrscher selbst und in Krisen- und Notzeiten dargebracht werden. Mit dem Jahres- und Anbauzyklus der Nahrungspflanzen standen die religiösen Feste in Verbindung, die allmonatlich mit großen Feierlichkeiten abgehalten wurden.

Literatur

ANTON, Ferdinand: Alt-Peru und seine Kunst, Leipzig 1972.
CIEZA DE LEON, Pedro de: Auf den Königsstraßen der Inka, Stuttgart 1971.
COBO, P. Bernabé: Historia del Nuevo Mundo, Madrid 1964.
DISSELHOFF, Hans Dietrich: Das Imperium der Inka und die indianischen Frühkulturen der Andenländer, Berlin 1972.
GUAMAN POMA DE AYALA, Don Felipe: Nueva Corónica y Buen Gobierno. Travaux et Memoires de l'Institut d'Ethnologie, 23. Paris 1936.
KATZ, Friedrich: Vorkolumbische Kulturen, München 1969.
KELM, H. – MÜNZEL, M.: Herrscher und Untertanen. Indianer in Peru, Frankfurt 1974.
LUMBRERAS, Luis G.: The Peoples and Cultures of Ancient Peru, Washington 1974.
MASON, J. Alden: Das Alte Peru, Zürich 1965.
OBEREM, Udo: Götterdämmerung in den Anden in: Pörtner–Davies, Alte Kulturen der Neuen Welt, Düsseldorf–Wien 1980.
WILLEY, Gordon: An Introduction to American Archaeology, vol. 2: South America. New Jersey 1971.

DAS ZWISCHENGEBIET

Paz Cabello Carro
Museo de América, Madrid

Einleitung

Zwischen Mesoamerika und Peru, den beiden Zentren der amerikanischen Zivilisation, liegt ein Gebiet, dessen Kulturen sich nicht nach einheitlichen und gemeinsamen kulturellen Prinzipien entwickelten. Daher bietet dieses Gebiet dem Betrachter kein einheitliches Bild und wird aus diesem Grund nicht spezifisch benannt. Auch die Abgrenzungen zu den Nachbargebieten können nicht genau festgelegt werden. Dieses Gebiet ist unter dem Namen »Zwischengebiet« bekannt, womit ausgedrückt werden soll, daß es sich hierbei um eine weit ausgedehnte und schwer abzugrenzende Zone handelt, die zwischen den zwei o. a. Zivilisationszentren liegt. Obwohl der Süden Kolumbiens und Ecuador ein wenig außerhalb liegen, könnte man diese Region auch »Karibikgebiet« nennen, da sich der geographische Mittelpunkt im karibischen Meer befindet.

Geographisch gesehen liegt das Zwischengebiet in einer tropischen Zone mit der dafür typischen Trockenperiode und Regenzeit. Eine Bergkette, die durch ganz Mittelamerika verläuft und im Süden in die Anden übergeht, durchschneidet das Gebiet. Die Anden, die im Westen Venezuelas beginnen und sich dann weiter durch Kolumbien nach Ecuador ziehen, werden in Kolumbien durch den Rio Magdalena in zwei parallel verlaufende Ketten gespalten. Innerhalb der Anden und in den angrenzenden Gebieten, z. B. in den flachen Küstenstreifen, herrscht kein tropisches Klima im üblichen Sinn, da durch die Höhe der Berge sowohl die Temperaturen als auch die Niederschlagsmengen in Hochtälern und Hochebenen sehr unterschiedlich sind. Im allgemeinen wird in den Bergen weniger Niederschlag registriert als in den bereits angesprochenen flachen Küstengebieten, die die Bergketten säumen sowie an den Pazifik und die Karibik grenzen. In diesen Küstenstreifen finden wir vor allem weite Ebenen mit tropischen Wäldern. Diese zwei schematisch voneinander getrennten Gebiete weisen eine mikrogeographische Vielfalt auf, die die kulturelle Aufsplitterung des gesamten Gebietes förderten, da jedes Dorf sich an die jeweiligen klimatischen und geographischen Bedingungen anpaßte. So verhinderten beispielsweise die üppige Vegetation und die zahlreichen Niederschläge, die die fruchtbaren Böden abtrugen, eine für eine dichte Bevölkerung ausreichende Nahrungsmittelproduktion.

Daher entwickelte sich die Bevölkerung in diesen Regionen in soziopolitischer Hinsicht nur wenig, während in den ebenen Schwemmländern und in den Bergregionen, wo die Regenfälle den Boden nicht so stark abtragen und wo die Niederschlagsmengen nicht allzu hoch sind, gute Bedingungen vorhanden sind, die die Entwicklung der ausgereiftesten Kulturen dieses Gebietes ermöglichten.

Um das Zwischengebiet besser analysieren zu können, teilen wir es in die drei folgenden großen geographisch-kulturellen Untergebiete auf: südliches Zentralamerika, Karibik und Nordandengebiet.

Südliches Zentralamerika

Zu diesem Gebiet gehören El Salvador, Nicaragua, Costa Rica und Panama. Wir nennen es »südliches Zentralamerika«, um es von Mesoamerika zu unterscheiden, das im nördlichen Zentralamerika liegt. Doch muß man sagen, daß sich die Trennlinie zwischen den beiden zentralamerikanischen Gebieten im Lauf der Zeit verschob. So gehörten beispielsweise während der letzten Periode der Pazifikküstenstreifen El Salvadors, der Nordwesten von Honduras und der Nordosten Costa Ricas zu Mesoamerika. Da dieses Gebiet, das zeitweise innerhalb des mesoamerikanischen Raumes lag, bis heute wenig erforscht ist und mehr oder weniger als ein Anhängsel dieses Raumes gilt, schließen wir es in das Gebiet des südlichen Zentralamerikas ein.

Man hat bisher kaum steinerne Zeugnisse der Urvölker der I., II. und III. Periode gefunden, die von der Jagd lebten, obwohl die ältesten Keramikstücke, die man an der Pazifikküste Panamas, in Monagrillo fand, während der III. Periode entstanden, um 2100 v. Chr. Es waren die Jäger und Muschelsammler der vorangegangenen Perioden, die damit anfingen, Keramiken herzustellen, die zu den ältesten des amerikanischen Kontinents gehören und Ähnlichkeiten mit jenen aus Kolumbien und Venezuela aufweisen.

Über die IV. Periode, den Zeitraum zwischen 1000 und 500 v. Chr., ist nur wenig bekannt. Auf der Insel Ometepe, die im Nicaragua-See liegt, hat man Keramikreste gefunden, die denen aus Guatemala (Machalilla-Phase) sehr ähneln, was beweist, daß innerhalb des Zwischengebietes, aber auch mit Mesoamerika während einer langen Zeitspanne zahlreiche Beziehungen bestanden. Man hat festgestellt, daß ab 500 v. Chr. die Bevölkerung, die von der Landwirtschaft lebte, zunahm. Ferner erkennt man, daß ab diesem Zeitpunkt ein kultureller Regionalismus hohen Grades entstand, da jede Region eine Vielfalt an Keramikformen aufweist. Außerdem begann sich die Bevölkerung hierarchisch zu ordnen, was aus den Gräbern kleinerer Häuptlinge, in denen man reiche Grabbeigaben gefunden hat, hervorgeht. Aber erst ab 300 v. Chr. blühten die regionalen Kulturen im ganzen Gebiet auf, und es bildeten sich immer mächtigere Häuptlinge heraus. In Gräbern fand man Schmuckobjekte und Rangabzeichen. Oft findet man in diesen Gräbern Schmuckteile aus Jade von deutlich olmekischem Ursprung, was beweist, daß Handel mit Mesoamerika betrieben wurde.

In El Salvador, Honduras, Nicaragua und im Nordwesten Costa Ricas entstand ein Keramiktyp, der die Periode charakterisiert. Die Keramiken dieses Typs sind mit zwei Farben bemalt, die durch eine geritzte Linie getrennt sind. Daher wird diese Unterperiode (300 v. Chr.–500 n. Chr.) in Nicaragua und Costa Rica *Zoned Bichrome Periode* genannt. In El Salvador und in Zentralhonduras ist dieser Keramiktyp, wie auch die Unterperiode, unter dem Namen *Usulatán* bekannt. Die Keramiken dieses Typs sind orangefarben und mit zwei hellen, wellenförmigen und parallel verlaufenden Linien auf dunklem Grund verziert. Diese Keramik wurde so beliebt, daß man sie über fünf Jahrhunderte lang herstellte. Bald wurde sie auch im Süden bekannt, wo man sie über drei Jahrhunderte lang fertigte. Die Menschen, die in Usulatán Keramiken herstellten, lebten in Dörfern, die wahrscheinlich mit Kultstätten in Verbindung standen, wo sie ihre Religion ausübten. Man hat viele weibliche Figuren gefunden, die wohl bei Fruchtbarkeitsritualen benutzt wurden.

Im Südwesten Costa Ricas und im Nordwesten Panamas entstand die *Barriles*-Kultur. Charakteristisch für diese Kultur sind Monumentalskulpturen aus Stein, die einen geschmückten Mann zeigen, der einen anderen, nackten Mann auf den Schultern trägt. Andere Kriegerfiguren mit einem Beil und einem Kopf als Trophäe in der Hand, mit Tischen oder Stühlen, die mit Menschenköpfen geschmückt sind, wurden bei Zeremonien benutzt und sind ein Zeugnis für die üblichen Themen bei den Skulpturen in diesem Gebiet. Diese Themen wurden bis zur Eroberung beibehalten. Kultstätten mit Fundamenten aus Steinplatten und Gräber mit wertvollen Grabbeigaben aus Keramik sind ein Zeichen für eine fortgeschrittene Kultur. Ab 300 v. Chr. begann sich die Goldschmiedekunst in Panama zu entfalten.

Während der V. Periode (500 v. Chr. – 1000 n. Chr.), in der sogenannten *Yojoa*-Phase, wurde die Kultur der Bewohner des Gebietes von Honduras, welches an Guatemala und El Salvador grenzt, stark von der klassischen Maya-Kultur beeinflußt. Die Maya-Kultur erlebte in diesem Zeitraum ihre Blütezeit. Ihre südlichste Hauptstadt war Copan, in der Nähe der heutigen honduranischen Grenze zu Guatemala. Auch kann man einen Einfluß seitens der *El-Tajín*-Kultur, die an der mexikanischen Golfküste entstanden war, feststellen, der sich in verschiedenen Verzierungen und Elementen ausdrückt, die mit dem Ballspiel zu tun haben. Diese Verbindungen stehen mit dem Versuch in Zusammenhang, die Kakaoproduktion, die in dieser Region große Erträge einbrachte, zu kontrollieren. Aufgrund dieser Einflüsse wuchsen die ursprünglichen Kultstätten an, und es wurden Tempel mit einer pyramidenförmigen Struktur errichtet, sowie Plätze für das Ballspiel, beides Zeichen für einen Glauben mexikanischen Ursprungs. Einige Kultstätten, wie z. B. Yarumela, wurden befestigt, d. h. daß die dominierenden Schichten aus Kriegern und Priesterastronomen in ihrer Führungsrolle gestärkt wurden. Auch der Einfluß der politischen Obrigkeit wuchs. Zum Zeitpunkt der vollen Entfaltung wurden in El Salvador und Honduras, in der Nähe von Copan, die wunderschönen *Copador*-Keramiken hergestellt. Man erkennt bei diesen Keramiken Formen und Szenen wichtiger Personen, die rituelle Handlungen ausüben oder bedeutender Ereignisse gedenken. In Art und Form sind diese Keramiken den Maya-Schalen nachempfunden. Sie zeigen exotische Vögel und Sockel aus falschen Glyphen, mit denen die Schriftzeichen der Maya nachgebildet werden sollten. In anderen Gebieten finden wir schöne mehrfarbige Schalen (*Ulua*-Keramiken), die nicht so sehr von der Maya-Kultur beeinflußt sind, obwohl auch hier die falschen Glyphen auf einen gewissen Einfluß der Maya-Kultur hinweisen. Die Tatsache, daß wir keinerlei sichtbare Zeichen für das Bestehen der Maya-Kultur in dieser Region finden, wie z. B. Inschriften, Gewölbe, Stelen, zeigt uns, daß die Bewohner dieser Region nicht zur Maya-Zivilisation gehörten und stets ihre soziokulturellen Strukturen beibehalten hatten. Sowohl die Zahl der Siedlungen als auch die der Gesamtbevölkerung des Zwischengebietes waren kleiner als die der Maya. Der Zerfall der klassischen Maya-Reiche stürzte jedoch die gesamte Randzone in eine tiefe Krise und entvölkerte die Region.

Dagegen gab es im Westen Nicaraguas und im Nordwesten Costa Ricas eine Übergangsperiode. Wahrscheinlich verhinderte der Aufschwung, den die Nachbarländer im Norden erlebten, eine ähnlich spektakuläre Entwicklung. Im Gegenteil, zu dieser Zeit begann eine Tradition, schöne polychrome Keramiken herzustellen, deren Aussehen einen starken Einfluß aus dem Süden verrät. Für diese Keramiken wurden u. a. Motive aus der Maya-Kultur und ähnliche Elemente benutzt, die den in den Nachbarländern im Norden gebräuchlichen Motiven nachempfunden sind.

Der übrige Teil Costa Ricas und der Nordwesten Panamas erlebten ebenfalls eine Übergangsperiode. Ein Zeichen dafür ist die Goldschmiedekunst, deren Ursprung in Südamerika liegt, die nach und nach die Jadearbeiten, die ursprünglich aus Mesoamerika stammten, ersetzte. Dieser Übergang fand zum gleichen Zeitpunkt statt, an dem nach dem Niedergang Teotihuacans die Handelswege zum Norden unterbrochen wurden. Im Golf von Panama blühte die *Coclé*-Kultur, deren Zentrum Conte war, auf, übertrug ihre Kultur in andere Gebiete und beeinflußte so lokale Kulturen. Dem Brauch, den die spanischen Eroberer vorfanden, die Toten mit vielerlei kostbaren Grabbeigaben zu bestatten – auch geopferte Diener wurden mitbestattet –, verdanken wir unzählige wertvolle und schöne Objekte aus Gold und Keramik.

Während der letzten oder VI. Periode (1000–1500 n. Chr.) erlebten die Zentren der vorangegangenen Periode im Nordwesten Honduras und El Salvadors einen deutlichen Niedergang und lösten sich zum Teil völlig auf, da u. a. die Bevölkerung rapide abnahm. Die meisten der Maya-Traditionen verloren sich, und eine kulturelle Verarmung trat ein, obwohl die neuen mexikanischen Strömungen ein gewisses Echo fanden. Das Ergebnis war, daß sich das kulturelle und wirtschaftliche Zentrum in die nicaraguanische Küstenregion am Pazifik und in den Nordwesten Costa Ricas, der einen Aufschwung erlebte, verlagerte. Um 800 n. Chr. wurde neben der Einfuhr von Keramiken und anderen Handelswaren aus Mesoamerika auch von der o. a. Region viel nach Mesoamerika und vor allem in das Gebiet von El Salvador und Honduras exportiert. Dabei handelte es sich insbesondere um mehrfarbige Keramiken, die wegen ihrer großen Beliebtheit in diesen Gebieten kopiert wurden.

Während der *Mittleren Polychromen Periode* (800–1200 n. Chr.) ist ein spektakulärer Anstieg der Bevölkerungszahlen in Nicaragua und im Nordwesten Costa Ricas zu verzeichnen. Gleichzeitig intensivierten sich Fischfang und Bodenbau, die beiden Haupternährungszweige. Die Bevölkerung lebte in Häusern, die einen Meter dicke Fundamente hatten, in Siedlungen ohne städtischen Charakter. Auch errichtete man nach mesoamerikanischem Muster Tempel auf Plattformen. Neue Handelswege zu den Nachbarsiedlungen in Costa Rica und im Nordosten Panamas wurden erschlossen oder bereits bestehende verbessert. Die verlorengegangenen Handelsbeziehungen zu Mesoamerika wurden wieder aufgenommen. Der Handelsaufschwung zeigt sich u. a. darin, daß man nun verstärkt mit Obsidianklingen, einem geschätzten Handelsobjekt, mit Marmorgefäßen aus Honduras und einigen mesoamerikanischen Keramiken, deren Formen und Verzierungen kopiert wurden, Handel trieb. Die Handwerker übernahmen alte Traditionen und stellten Mahlsteine mit plastischen Verzierungen und Anhänger aus Jadeit her. Auch waren sie auf dem Gebiet der Goldschmiedekunst tätig, die aus dem Süden übernommen wurde. Wahrscheinlich wurden die aus Gold hergestellten Objekte, wie es auch in früheren Zeiten mit dem Jadeschmuck geschehen war, wegen ihres seltenen Vorkommens nicht mit in die Gräber der Verstorbenen gelegt, sondern vererbt. Es entstanden in dieser Zeit ungewöhnlich viele Monumentalskulpturen aus Stein, die anscheinend oft Häuptlinge zeigen.

Die während dieser Periode hergestellten Keramiken waren hinsichtlich der Farben und Formen so ausgereift, daß sie als Handelsware sehr geschätzt wurden. Auf diesem Wege gelangten sie in die großen Städte des Nordens, wo sie bei Ausgrabungen gefunden wurden. Berühmt sind u. a. die Gefäße mit drei Füßen, die einen Jaguar, eine Person mit seinen Rangabzeichen oder ganz einfach Menschen und Tiere zeigen. Ebenso sind Gefäße bekannt, die die Form eines Menschenkopfes aufweisen, bunt verzierte Gefäße und Teller mit relativ schwer zu entschlüsselnden Symbolen, die ein mesoamerikanisches Gepräge aufweisen.

Wir wissen vom Chronisten Torquemada, dessen Berichte aus einheimischen Quellen stammen, von den Chorotega, einem der interessantesten Völker, die zur Zeit der Eroberung in dieser Region lebten, daß sie sich hier zu einem Zeitpunkt niederließen, als die spektakulären sozialen Veränderungen und die völlige Mesoamerikanisierung des Gebietes, die aus den Ausgrabungen erkennbar ist, stattfanden. Um 1200 begann die *Späte Polychrome Periode,* die bis zur Eroberung andauerte. Diese Periode ist dadurch charakterisiert, daß die Tendenzen, die in der Mittleren Polychromen Periode begannen, beibehalten und der mesoamerikanische Einfluß noch stärker wurde. Die neuen polychromen Keramiktypen dürften sich aus den alten entwickelt haben und deuten zugleich wahrscheinlich auf die Mixteca-Puebla-Kultur, die stilistische Neuerungen in die Keramikkunst einbrachte, hin. Man erkennt mesoamerikanische Götter der nachklassischen Periode. Kurz vor der Eroberung wurden im Gebiet Nicaraguas und im äußersten Norden Costa Ricas die ersten Exemplare der *Luna*-Keramiken hergestellt, die mit fadenförmigen Strichen verziert sind und stark mexikanische Züge aufweisen.

Weiter im Süden jedoch tauchen diese Striche nicht mehr auf, was auf andere Traditionen in der Töpferkunst oder gar auf das Bestehen anderer Völker hinweist. Es ist sehr wahrscheinlich, daß die Neuerungen während dieser letzten Periode von den Nicarao stammen, die in diese Region vorstießen und dasselbe Gebiet aus dem gleichen Grund verließen wie die Chorotega. Die Nicarao kämpften gegen die Chorotega und verdrängten diese stoßweise an die nicaraguanische Küste, wo sie sich letztendlich niederließen.

Die Chorotega, die uns der Chronist Fernández de Oviedo beschreibt, lebten in Gemeinschaften, die aus 4.000, 6.000 oder 12.000 Personen bestanden. Ihre Hauptstadt war Managua, das 40.000 Einwohner hatte. 10.000 davon waren Krieger, die mit Pfeil und Bogen bewaffnet waren. Laut Oviedo wiesen die Zentren der Gemeinschaften, auf die der Großteil der Bevölkerung entfiel, keine städtische Struktur auf. Seiner Meinung nach war Managua, obwohl es über den schönsten Platz der Region verfügte, keine Stadt im herkömmlichen Sinne, da es mehr einem ausgedehnten und chaotischen Lager glich, auch wenn die Wege, die sich in gewisser Entfernung voneinander wie ein Band um den Managua-See zogen, in unzähligen Plätzen zusammenliefen. Was die Wirtschaftsform dieser Region betrifft, die wir nur aus der Archäologie kennen, so wissen wir, daß die Chorotega die einzigen waren, die Mispeln anbauten, während nur die Nicarao Kakao anpflanzten. Die Mispelfrucht, deren Wert dem von acht Kakaobohnen entsprach, hatte weder bei den Chorotega noch bei den Nicarao die Bedeutung als Zahlungsmittel wie die Kakaobohnen. Deshalb nimmt man an, daß eine Art Marktwirtschaft bestand, die mit aufkommendem Geld funktionierte. Wahrscheinlich wurde diese Marktwirtschaft auf irgendeine Art und Weise von den Nicarao kontrolliert, von denen wir auch wissen, daß sie oft Kanus benutzten. Wie auch ihre Nachbarn, die zur Familie der *chibcha*sprachigen Völker gehörten, führten sie über den Tauschhandel Geschirr zum täglichen Gebrauch, aber auch kostbares Geschirr, Baumwolldecken, Perlenketten aus Halbedelsteinen, Mais und andere landwirtschaftliche Erzeugnisse aus.

Laut Oviedo ähnelte die gesellschaftliche Ordnung der des europäischen Feudalismus. Es gab Gemeinden und Stammesgemeinschaften, aus denen die Herrscher gewählt wurden. Obwohl es anscheinend einige Ausnahmen gegeben hat, entschied ein gewählter Ältestenrat – gleich wer ihn gewählt hatte – über Kriegsangelegenheiten und wurde von seinen Wählern abgesetzt, ja sogar hingerichtet, wenn er die aufgetragenen Aufgaben nicht zur Zufriedenheit ausführte. Es gab soziale Schichten: Adelige, Handwerker, Händler, Bauern und Kriegsgefangene, die als Sklaven lebten. Jedoch dürften sich diese Schichten nicht allzu klar voneinander abgegrenzt haben. Die Nicarao besaßen wie der Rest der mesoamerikanischen Völker Tempel und benutzten auch einige Hügel, um nach einem bestimmten Kalender rituelle Handlungen zu veranstalten, die sowohl aus der Opferung von Menschen mit zeremonieller Anthropophagie als auch aus Selbstopferungen bestanden. Die Art der Durchführung dieser Rituale variierte jedoch von Volk zu Volk.

Die Nicarao waren ein Volk, dessen Traditionen und Sprache sehr denen der Azteken ähnelten, was die Beziehungen zueinander erleichterte und förderte. Sie lebten in Siedlungen mit einer Einwohnerzahl, die zwischen einigen hundert und 20.000 und mehr schwankte. Die ca. 15 bis 30 km voneinander entfernten Siedlungen verfügten über eigene Äcker, über die der Häuptling der Siedlung waltete. Der wohlhabendste Herrscher dieser Region bestimmte über nahezu 830 km^2 Ackerland. Die urbane Struktur der Siedlungen sowie andere wirtschaftliche und soziale Aspekte weisen auf eine staatliche Ordnung hin, in der verschiedene Stadtstaaten über die umliegenden Siedlungen herrschten.

Wahrscheinlich wurde nach mexikanischem Vorbild intensiver Bodenbau betrieben. Dies bedeutet, daß verbesserte Anbautechniken angewandt wurden, über die einige Herrscher bestimmten. Das bereits angesprochene Kakaomonopol und der Gebrauch der Kakaobohnen als Zahlungsmittel, auch von den Chorotega als solches benutzt, verlieh den Nicarao eine wirtschaftliche Dominanz über die Chorotega. In jedem Dorf gab es einen Markt, wo mit Kakaobohnen bezahlt und auch Tauschhandel betrieben wurde. Die sozialen Schichten waren ohne Flexibilität. Aus ihnen ragten verschiedenrangige Adelige hervor, die diverse Regierungsaufgaben zu erfüllen hatten, Priester, die den gleichen Rang hatten wie die Adeligen, Priester mit weltlicher Bildung, deren Rang jedoch niedriger war, die Kriegerkaste mit hohem Rang, Marktaufseher und Goldschmiede. Zum gewöhnlichen Volk, das Abgaben leisten mußte, zählten auch die Krieger mit niedrigerem Rang, Marktverkäufer, Landarbeiter, Jäger, Handwerker und als letztes Glied dieser Kette, die Sklaven. Unter dem Adel stach der *Teyte*, eine Art König, hervor, bedeutender als ein Kazike, der die Führung eines sogenannten Stadtstaates innehatte. Er übte diese Führung stets gemeinsam mit einem aus der Adelsschicht gewählten Ältestenrat aus, der über keinerlei Entscheidungsgewalt verfügte, wenn der Teyte abwesend war, ebenso wie dieser ohne seinen Ältestenrat nichts bestimmen konnte, es sei denn in Kriegsangelegenheiten. Jeder Herrscher lebte inmitten einer Gruppe von Adeligen, deren Aufgabe es war, die seitens des Herrschers getroffenen Entscheidungen dem Volk zu übermitteln und dafür zu sorgen. daß diese Entscheidungen auch ausgeführt wurden. Jeder dieser Adeligen bestimmte über einen Teil der Leibwache des Herrschers, so daß ein Adeliger die Funktion eines Befehlshabers des Heeres und die eines Beamten zur gleichen Zeit ausübte. Einige Adelige stützten ihre Macht nicht nur auf die von ihnen angeführte Wache, sondern auch auf ihren Landbesitz und den vielen darauf wachsenden Kakaosträuchern.

Um 800 n. Chr., kurz vor Beginn der VI. Periode (1000–1500 n. Chr.), verließ in Zentral-Costa-Rica die Bevölkerung die fruchtbaren Gebiete, um sich an anderen, willkürlich ausgewählten Orten niederzulassen. Die Kultstätten, die wir aus der vorangegangenen Periode kennen, verwandelten sich in komplexe Kultzentren, deren Architektur der der *Tairona* an der Atlantikküste Kolumbiens glich. Es wurden Fundamente aus Stein, befestigte Straßen und unterirdische Wasserleitungen angelegt. Die aus Stein gehauenen Kriegerskulpturen mit Beilen und Köpfen als Trophäen weisen auf einen Einfluß aus dem Süden hin, da man oft Schrumpfköpfe und Jagdszenen erkennt. Die Keramiken, die mit Lamas und bestimmten Tieren, die nur in den Anden, im Osten Costa Ricas und im Nordosten Panamas vorkommen, verziert sind, sind ein Hinweis auf enge Beziehungen mit Südamerika. Die Goldschmiedekunst erreichte zu dieser Zeit ihren Höhepunkt.

In Zentralpanama lebte die *Coclé*-Kultur mit nur unmerklichen Veränderungen bis zur Eroberung fort. Nordöstlich des Coclé-Gebietes entwickelte sich die *Veraguas*-Kultur, die starken Einfluß auf die Coclé-Kultur ausübte. Die mehrfarbigen Keramiken beider Kulturen basieren auf den Keramiken, die während der vorangegangenen Periode hergestellt wurden und stellen eine Weiterentwicklung dar. Der Stil dieser Keramiken gilt als der ausgereifteste ganz Zentralamerikas. Sie sind mit Zeichnungen verziert, die schneckenförmige Linien, Menschen mit tierähnlichen Zügen und schematisierte Tiere zeigen. Die Gräber, von denen es verschiedene Typen gab, waren außerordentlich kunstvoll gestaltet. Unter diesen Grabtypen fand man solche mit Schächten oder mit Seitenkammern. Der Einfluß der Coclé-Kultur breitete sich über ganz Südpanama und auch über weite Gebiete Nordkolumbiens aus, vor allem im Gebiet der Landenge von Panama. Ein deutlicher kultureller Traditionalismus, der einige Jahrhunderte andauerte, ist eines der herausragendsten Charakteristika des gesamten Gebietes (Costa Rica, außer dem Nordosten, und Panama). Daher sind uns die Beschreibungen der spanischen Geschichtsschreiber des 16. Jahrhunderts von großem Nutzen, da sie die archäologischen Funde aus der letzten Periode gut illustrieren.

Man bezeichnet die Eingeborenen Costa Ricas mit Namen der verschiedenen Lokalgruppen. Es gab kein einheitliches Siedlungsmuster: Ihre Dörfer hatten 65 bis 90 Einwohner, die in zwei oder nur wenig mehr Häusern als vielköpfige Familien unter einem Sippenoberhaupt wohnten. Die mittelgroßen Siedlungen hatten bis zu 300 Einwohner, während im Südwesten Costa Ricas und im Nordosten Panamas die Siedlungen, von denen einige befestigt waren, bis zu 2.500 Einwohner umfaßten. Was die Wirtschaftsform betrifft, so wurden u. a. Mais, süßer Maniok, Süßkartoffeln, Bohnen und verschiedene tropische Früchte angebaut, von denen einige reich an Proteinen und Pflanzenfetten waren, ferner Kakao, Baumwolle und eine Art Espartogras. Sie züchteten Tapire und eine kleinwüchsige Wildschweinart. Außerdem gingen sie auf die Jagd und fischten. Wichtig war auch das Goldschürfen, das viele kriegerische Auseinandersetzungen auslöste. Ebenso wichtig war die Jagd nach Sklaven, um diese anschließend zu verkaufen oder zu opfern. Die Arbeit wurde je nach Geschlecht und Alter verteilt. Zumindest im Südwesten Costa Ricas arbeiteten die Frauen auf dem Land, während die Älteren sponnen und die Männer Krieg führen mußten.

Man behauptet oft, daß die *Cueva* die Urheber der panamaischen Coclé-Kultur gewesen seien, da ihre Wirtschaftsform der soeben beschriebenen glich. Man kann sagen, daß sich die Cueva dadurch auszeichneten, daß sie etwas mehr Wert auf die rituellen Zeremonien legten und daß ihre Herrschaftsstruktur komplexer war. Die Bevölkerung, die sich über das ganze Land verteilte, mußte oft innerhalb des Herrschaftsgebietes umsiedeln, wenn nicht mehr genug Nahrungsmittel produziert werden konnten. Im Unterschied zu den Eingeborenen Costa Ricas verfügten die Cueva über Kürbisse und züchteten Truthähne und Hunde. Zur Nahrungsbeschaffung legten sie mehr Wert auf Jagd und Fischfang. Was die gesellschaftliche Ordnung betrifft, so gab es vier klar definierte Stände, aus denen man die folgenden sozialen Schichten ableiten kann: Kaziken und Adelige, Priester, das Volk und die Sklaven. In einem Herrschaftsgebiet bestimmte ein Hauptkazike über andere untergeordnete Kaziken, die ihrerseits über Felder und Lehenspflichtige verfügten. Diesen untergeordneten Kaziken dienten drittrangige Kaziken, die eine Gruppe von Bewaffneten anführten. Die gesellschaftliche Stellung wurde vererbt, und der Hauptkazike entschied über Leben und Tod seiner Untertanen. Seine Entscheidungen wurden durch bestimmte Personen ausgeführt. Ferner gab es Schamanen mit geistlichen Aufgaben und eine Art Hexer mit unheilbringender Macht. Unter dem Volk gab es einige persönliche Diener der Kaziken, die normalerweise bei der Bestattung ihrer Gebieter geopfert wurden. Oft waren es 40 bis 50 Diener, die bei einem Begräbnis geopfert wurden.

Die Karibik

Zu diesem Gebiet gehören die Großen und die Kleinen Antillen, Venezuela und der kolumbische Karibikküstenstreifen. Ab 9000 v. Chr. wurden die paläolithischen Jäger langsam zu Muschelsammlern und Fischern. Um 3500 v. Chr. war diese Produktionsart im gesamten Norden Südamerikas und auf dem ganzen Inselbogen der Antillen, wo diese ehemaligen Jäger ab 6000 v. Chr. eintrafen, verbreitet. Kuba erreichten diese Sammler, die man später *Ciboney* nennt, erst ab 3000 v. Chr. Dort wurden sie bis Mitte des 17. Jahrhunderts immer weiter in Richtung der Westspitze Kubas verdrängt. In Puerto Hormiga, an der kolumbischen Küste, führten die Sammler um 3000 v. Chr. eine neue Lebensweise ein, die an manchen Orten bis 1000 n. Chr. als kulturelle Tradition weiterlebte und parallel zur *Monagrillo*-Kultur Panamas existierte. Diese Sammler waren seßhaft, stellten Keramiken her und betrieben keine Landwirtschaft. Um 1100 v. Chr. ersetzten die Malambo an der gleichen Küste das Sammeln durch den Anbau von Maniok. Beide Zentren stellen die Grundlage für die nachfolgenden Völker dieser Region dar.

Im Westen Venezuelas und an der kolumbischen Atlantikküste folgte auf die Kultur der Maniokpflanzer von Malambo die von *Momil*, am Unterlauf des Rio Sinú, in Kolumbien. Vielerorts koexistierten beide Kulturen. Während der ersten Phase (700–200 v. Chr.) kann man kaum Unterschiede zwischen den beiden Wirtschaftsformen erkennen, obwohl die *Momil*-Kultur von der *Malambo*-Kultur abweicht. Dies geht aus dem benutzten Werkzeug hervor, das aus kleinen Steinen bestand, und zeigt sich auch in der Vielzahl von Keramikfiguren, die stark an Mesoamerika erinnern. Ab 200 v. Chr. wächst dieser Einfluß durch die Einführung des Maisanbaues, obwohl diese Art der Nahrungsproduktion jahrhundertelang neben der traditionellen existierte. Der Mais jedoch, der im Gegensatz zu der Maniokfrucht gelagert werden kann und dessen Nährwert höher ist, veränderte die lokalen Traditionen und stellte ein größeres Entwicklungspotential für die Bevölkerung dar, die nun auch Gebiete in weiterer Entfernung von Flüssen besiedeln konnte. Diese Ausbreitung erfolgte schrittweise. Dabei wurde die alte Tradition der Herstellung von polychromer Keramik, die einen starken Einfluß der *Coclé*-Kultur aufwies, beibehalten. Besonders häufig wurden Frauenfiguren hergestellt. Die Verbreitung dieser Figuren erstreckte sich über ganz Nordkolumbien, den Mittel- und Westteil der venezolanischen Küste sowie über die Savannen Venezuelas. In manchen Gebieten hielt der kulturelle Konservativismus der Bevölkerung, die sowohl Mais als auch Maniok anbaute, Muscheln sammelte und auf die Jagd ging, bis zur Eroberung an. Das Resultat war meistens eine starke Verarmung der Bevölkerung. In anderen Landesteilen ging man zwischen 1000 und 1500 n. Chr. dazu über, die Ernährung durch Maisanbau zu sichern.

Gehen wir in der Zeit ein wenig zurück, um die Völker zu betrachten, die die Antillen vom Orinoko kommend besiedelten. Anfang des 1. Jahrtausends ließen sich keramikherstellende und seßhafte Maniokpflanzer an der Mündung des Orinoko und des Amazonas nieder. Es handelt sich hierbei nicht um eine Lokalkultur, sondern um das Eindringen bestimmter Bevölkerungsgruppen, die von Osten nach Westen wanderten. Die bekannteste dieser Gruppen war die, aus der an der Orinokomündung die *Barrancos*-Kultur entstand.

Eine weitere Gruppe, die von Osten nach Westen über den Orinoko wanderte, waren die *Saladoiden*.

Ab 200 n. Chr. besiedelten diese *Saladoiden*, deren Kultur eine Mischkultur war, langsam alle Inseln des Inselbogens der Antillen und kamen so um 800 n. Chr. nach Kuba, wo die primitiven und steinzeitlichen Ciboney isoliert wurden. Die Nahrungswirtschaft der Eindringlinge, auch unter dem Namen *Subtaino* bekannt, glich der, die am Orinoko betrieben wurde: Anbau vor allem von Maniok, aber auch von Mais, Jagd, Fischfang und Sammeln von Muscheln. Die gute Anpassungsfähigkeit an die Umgebung ist ein Hauptmerkmal dieser Völker, die Bodenbau betrieben, lokal vorkommende Tiere jagten und verschiedene Pflanzen sammelten. So herrschten bei den Küstenbewohnern das Muschel- und Weichtiersammeln sowie der Fischfang vor, während man im Landesinnern mehr Bodenbau betrieb. Das heißt auch, daß Keramiken in verschiedenen Varianten einer gleichen kulturellen Tradition existierten, wobei man *Ostinoide*-Kultur (600–900 n. Chr.), die *Meillacoide*-Kultur (900–1200 n. Chr.) und die *Chicoide*-Kultur (1200–15. Jh.) unterscheidet. Die letztere Kultur wird mit den historischen Taino identifiziert.

Der Unterschied zwischen Taino und Subtaino ist nicht geklärt. Es scheint, daß sich ab 1200 oder sogar noch früher einige Subtaino-Gruppen in ihrer Kultur weiterentwickelten und sich so vom Rest der Bevölkerung unterschieden. Beide Gruppen koexistierten bis zur Eroberung.

Archäologisch gesehen, kann man bei den Subtaino ein Siedlungsmuster erkennen, das zeigt, daß die Bevölkerung sich über das ganze Land verteilte und in Siedlungen lebte, die im Durchschnitt aus mehr als zehn Rundhäusern bestanden. Diese wurden um einen Platz errichtet. Es gab nur wenige für Rituale vorgesehene Häuser und Plätze. Auch finden wir nur wenige Abbildungen von Idolen oder Gottheiten. Die Taino, die man zur Zeit der Eroberung antraf, lebten hingegen in dichtbewohnten Siedlungen mit mehr als 1.000 Häusern. Daneben existierten aber auch Dörfer mit 50 oder sogar nur fünf bis zwei Häusern. In den Häusern lebten große, matrilokale Familien, d. h. eine Frauensippe – Mütter, Töchter, Enkelinnen – mit den jeweiligen Ehemännern und den Nachkommen. Die Häuser der Kaziken waren normalerweise größer, und von diesen Häusern aus wurde das Geschehen auf dem Platz bestimmt. Dieser Platz wurde auch für Zeremonien genutzt. Das Haus des Kaziken diente manchmal als Heiligtum, in dem Abbildungen von verschiedenen Gottheiten aufbewahrt wurden. Der Tempel, falls vorhanden, befand sich meistens etwas außerhalb der Siedlung, und in ihm wurden die Rituale abgehalten. Was den Bodenbau betrifft, so wurden bitterer Maniok als Grundnahrungsmittel, süßer Maniok, eine Süßkartoffelart, Erdnüsse (reich an Öl und Proteinen), Mais usw. angebaut. Knollen wurden auf künstlich angehäuften Hügeln angepflanzt, Mais auf gerodeten Äckern angebaut. Auch wurden bestimmte Bewässerungstechniken angewandt, um den Ertrag zu steigern. Man züchtete Hunde, Wasservögel und Meerestiere in speziell dafür hergerichteten Käfigen. Diese Nahrungsmittelproduktion wurde durch Jagd, Fischen und das Sammeln von Früchten und Muscheln ergänzt.

Die soziopolitische Organisation dieses Volkes war die der Stammesgemeinschaft, einem im Zwischengebiet weitverbreiteten Gesellschaftsmodell. Es gab Fruchtbarkeitszeremonien, bei denen dreispitzige Steine benutzt wurden, ebenso wie verschiedene Rituale im Laufe des Jahres, die mit dem Maisanbau im Zusammenhang standen. Wie bei anderen Eingeborenen, so wurden auch von diesen Kräuter und Halluzinogene benutzt, um mit den überirdischen Mächten zu kommunizieren. Die Schamanen und Kaziken der Taino leiteten dieses Ritual, welches unter dem Namen *cohoba* bekannt ist. Zu Beginn des Rituals reinigten sie sich, indem sie mit Hilfe kunstvoll ausgearbeiteter Röhrchen die halluzinogenen Pulver inhalierten oder mit speziellen Spateln Brechreiz hervorriefen. Auch rauchten sie Tabak, den sie wie andere zentralamerikanische Völker zu Zigarren verarbeiteten. Eine bedeutende Stellung nahm auch das zeremonielle Ballspiel ein, charakteristisch für mesoamerikanische Völker, aber auch in der gesamten Karibik bekannt. Dieses Spiel mit einem Ball steht mit dem Gang der Sonne am Firmament, mit dem Sonnenuntergang und dem Sonnenaufgang, in Beziehung, erinnert also an das Keimen und Wachsen des Mais. Man glaubte an einen unsichtbaren Gott, der den Himmel bewohnte, Herr über Maniok und Mais, die Hauptnahrungsmittel. Es gab eine Göttin, Mutter des obersten Gottes,

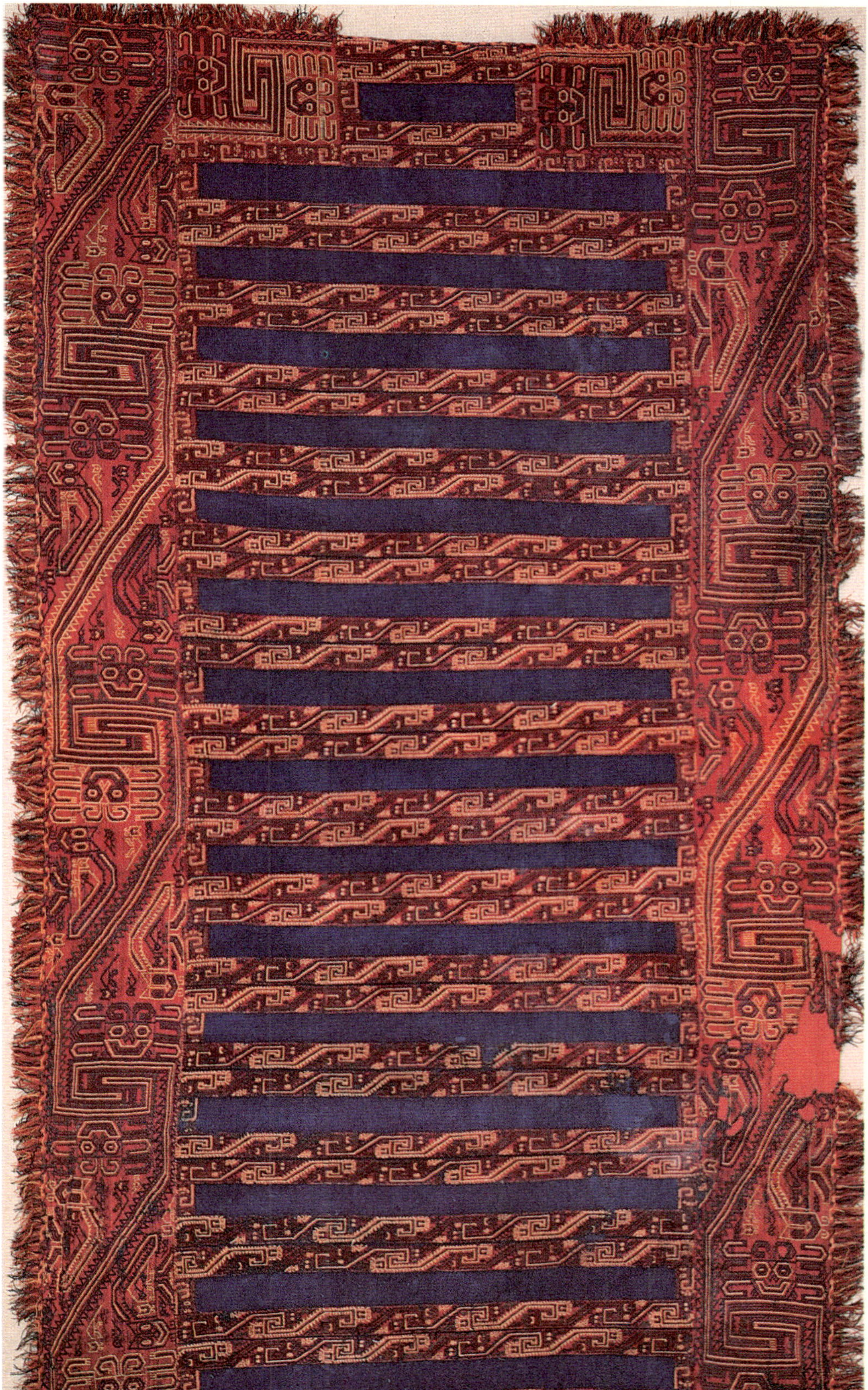

Kat.-Nr. 3.1

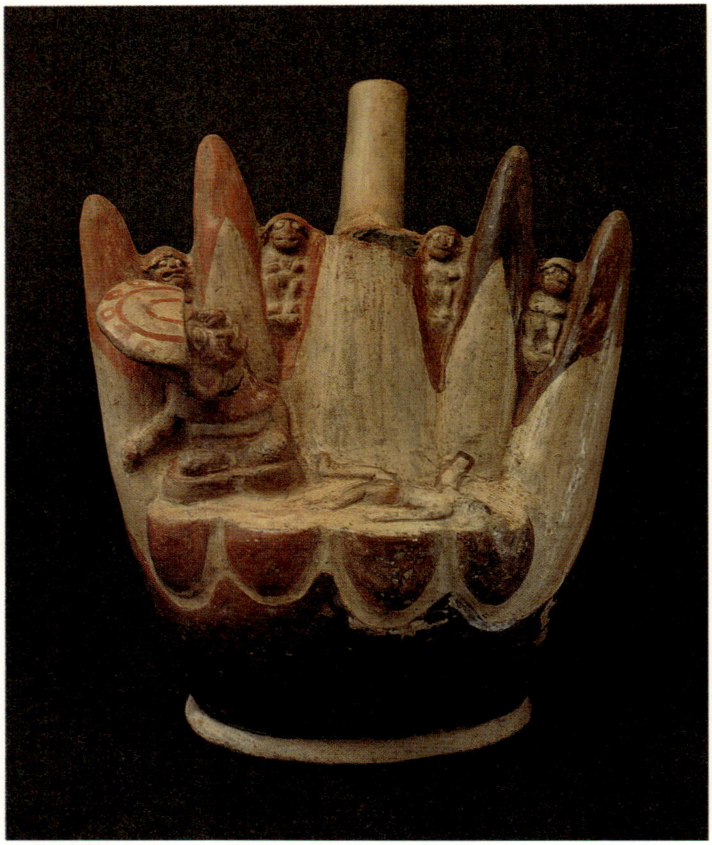

Kat.-Nr. 3.22

Kat.-Nr. 3.6

Kat.-Nr. 3.24

Kat.-Nr. 3.16

Kat.-Nr. 3.4

Kat.-Nr. 3.40

Kat.-Nr. 3.32

Kat.-Nr. 3.27

Kat.-Nr. 3.44

Kat.-Nr. 3.48

Kat.-Nr. 3.46

Kat.-Nr. 3.65

Kat.-Nr. 3.61

Kat.-Nr. 3.73

Kat.-Nr. 3.71

Kat.-Nr. 3.92

Kat.-Nr. 3.89

Kat.-Nr. 3.87

Kat.-Nr. 3.82

Kat.-Nr. 3.104

Kat.-Nr. 3.98

Kat.-Nr. 3.50

Kat.-Nr. 3.95

Kat.-Nr. 3.103

Kat.-Nr. 3.137

Kat.-Nr. 3.139

Kat.-Nr. 3.129

Kat.-Nr. 3.135

Kat.-Nr. 3.145

Kat.-Nr. 3.176

Kat.-Nr. 3.171

Kat.-Nr. 3.181

Kat.-Nr. 3.177

Kat.-Nr. 3.178

Kat.-Nr. 3.184

Kat.-Nr. 3.188

Kat.-Nr. 3. 192

Kat.-Nr. 3.189

Kat.-Nr. 3.198

Kat.-Nr. 3.196

Kat.-Nr. 3.220

Herrin über alle Wasser. Sie glaubten auch an einen Gutwettergott, der mit der Sonne in Verbindung stand, einen Regengott, der für gute Ernten sorgte, eine Göttin der Winde und Stürme, da es in dieser Region oft Hurrikane gibt, einen Totengott und andere Götter, wie die Geister der Vorfahren.

Die Chronisten haben uns von den wilden und gefürchteten Kariben berichtet, die diesem Meer den heutigen Namen gegeben haben. Die bisherigen Forschungen und Untersuchungen der archäologischen Funde reichen nicht aus, um diese mit den oben erwähnten Völkern in Beziehung zu setzen. Es ist jedoch sicher, daß die Kariben die Kleinen Antillen, den Norden Kolumbiens und die Ufer der Flüsse Magdalena und Cauca bewohnten. Man bringt sie mit der Arauquín-Kultur des Orinoko in Verbindung. Man nimmt an, daß sie sich nur sehr langsam ausbreiteten, und zwar in den drei folgenden Richtungen: von der Orinokomündung an der karibischen Küste entlang; den Orinoko und seine Nebenflüsse flußaufwärts bis in den Südwesten Venezuelas und zum Rio Magdalena; sowie durch das Amazonasbecken in Richtung der Quellen des Rio Magdalena und des Cauca. Man vermutet, daß dieses Volk später dann an beiden Flüssen flußabwärts wanderte. Auf jeden Fall dürften die Kariben um 1100 n. Chr. am Rio Magdalena angekommen zu sein. Zu dieser Zeit existierten zwei große Volksgruppen: die sogenannten integrativen Kariben, die sich dadurch auszeichneten, daß sie sich während der vielen Kontakte mit anderen an deren Kulturen anpaßten. Die zweite Volksgruppe waren die traditionellen Kariben, die erst später in die neuen Gebiete vordrangen und ihre alten und wilden Traditionen beibehielten. Diese letztere Volksgruppe ließ sich in den Flußtälern des Magdalena und des Orinoko nieder. Sie lebten in Gruppen wahrscheinlich miteinander verwandter Familien. Die Siedlungen waren über das ganze Gebiet verstreut und nach Gesichtspunkten der Verteidigung errichtet. Ihre Wirtschaftsform war eine Mischwirtschaft aus Bodenbau, Sammeln, Fischerei und Jagd von Kleintieren. Der Bodenbau entwikkelte sich ständig weiter, und nach und nach verdrängte der Mais den Maniok. Auch die integrativen Kariben lebten in mit Palisaden befestigten Wehrsiedlungen, die dicht bevölkert waren. Durch den Einfluß anderer Völker übernahmen sie zum Teil höher entwickelte Anbautechniken wie den Terrassenfeldbau oder auch Bewässerungssysteme. Diese Kontakte mit anderen Völkern haben wahrscheinlich die Entwicklung der Keramikkunst, des Handels und komplexer Rituale, wie der Bestattung der Verstorbenen in tiefen Gruften mit Seitenkammern, gefördert. Die spanischen Eroberer konnten nur teilweise gegen die Aggressivität und den Expansionsdrang der Kariben ankommen, die sogar die Muisca auf dem Hochplateau von Bogotá belagerten und die Taino der Kleinen Antillen bedrohten.

Das Nordandengebiet

Zu dieser Region gehören die heutigen Staaten Ecuador und Kolumbien, außerdem die flachen Küstengebiete im Norden Südamerikas. Verglichen mit anderen Regionen des Zwischengebietes finden wir hier die ältesten Reste einer seßhaften Kultur, die von 4000 bis 500 v. Chr. Ackerbau betrieb und Keramiken herstellte. Bis vor kurzem glaubte man, daß das Volk der *Valdivia*-Kultur, das während der Formativen Periode in Ecuador lebte, fremder Herkunft sei: seßhafte Küstenbewohner, die Keramiken herstellten und keine Landwirtschaft betrieben. Aber Untersuchungen neueren Datums zeigen, daß es sich hierbei um ein Volk autochthoner Kultur handelte, das Bodenbau betrieb, und zwar schon 2850 v. Chr. Mais anbaute, ungefähr zum gleichen Zeitpunkt wie in Mexiko. Ferner stellte es Keramiken her, die typischen Formen aus dem Landesinneren, obwohl sie auch an der Küste mit einigen Veränderungen hergestellt wurden. Der Fundort *Real Alto*, im Landesinneren der Halbinsel Santa Elena in Ecuador, veranschaulicht uns am besten die Valdivia-Kultur. Ca. 3600 v. Chr. existierte dort eine kleine Siedlung aus Hütten, die aus Bambusrohren bestanden und rund um einen Platz errichtet worden waren. Die Bewohner dieser Siedlung sammelten Muscheln und Weichtiere, die sie an der Küste oder auch weiter im Landesinneren fanden, und pflanzten Mais, Bohnen und eventuell verschiedene Wurzelarten an. Ab 3400 v. Chr. begann ein langer Prozeß, der um 2500 v. Chr. endete, indem aus der Siedlung ein Zeremonialzentrum wurde. So wurden die Häuser, deren Zahl zunahm, solider gebaut und unterirdische Kammern angelegt, die als Vorratsspeicher dienten. Auf dem Hauptplatz wurden zunächst zwei gegenüberliegende Hügel für zeremonielle Zwecke aufgeschichtet, zu denen später noch weitere zwei kamen. Mit der Zeit wurden diese Hügel noch weiter ausgebaut, und parallel dazu wurden mehr unterirdische Vorratskammern angelegt. Dagegen nahm die Zahl der Wohnhäuser ab. Daraus geht hervor, daß sich die Dorfbewohner in der Umgebung niederließen und dort die Felder für das Zeremonialzentrum bestellten. Wahrscheinlich arbeiteten viele ehemalige Dorfbewohner im Dorf, um die Kultstätten zu errichten. So entstand ein Gesellschaftsmodell, in dem die Bauernschicht vom Zeremonialzentrum abhängig war. Daraus ergab sich eine Spaltung der Gesellschaft, in der wir eine dominierende Schicht, die hierarchisch aufgebaut ist, finden und abhängige Bauern.

Noch während der Frühen Formativen Periode (4000–2300 v. Chr.) entstand in der südecuadorianischen Andenregion eine weitere Kultur, die dieses Gebiet prägte und eine Brücke zwischen den Völkern Ecuadors darstellte. *Cerro Narrío* entstand in diesem Gebiet um 2850 v. Chr. und behauptete sich hier dank des Handels mit roten und perlmuttartigen Muscheln, der *Spondylus princeps*, die über die Anden bis nach Peru gelangten, wo man sie besonders schätzte und bei Ritualen sowie für Schmuckzwecke benutzte. Diese Muscheln, die man in den tropischen Gewässern von Ecuador bis zum Golf von Kalifornien sammelte, wurden von dieser Küste zusammen mit anderen exotischen und von weit her stammenden Objekten, die keine materielle Spur hinterlassen haben, in dieses Gebiet gebracht. Die Keramiken dieses Volkes, die Ähnlichkeiten mit den älteren Keramiken aus dem

Osten Ecuadors zeigen, beweisen, daß sie mit denen aus dem Amazonasurwald in Beziehung standen. An beiden Objekten können wir erkennen, daß lange Handelswege die Küste, die Bergkette und den Urwald miteinander verbanden. Diese Handelsbeziehungen sind charakteristisch für die verschiedenen Völker der Anden, die seit jeher die Produkte dieser drei klimatisch so unterschiedlichen Gebiete austauschten und in ihrem Alltag benutzten.

Während der Mittleren Formativen Periode (2200–1300 v. Chr.) unterhielt die *Machalilla*-Kultur gute Beziehungen zu Mexiko, zu der Bergregion Kolumbiens – *San Agustín* –, zum Hochland Perus – *Kotosh* –, zu den Völkern aus dem Urwald und zu den Küstenbewohnern. Während der Späten Formativen Periode (1300–500 v. Chr.) dauerten diese guten Beziehungen an, und die politisch-zeremoniellen Zentren wuchsen an und bauten ihre Macht über umliegende Gebiete weiter aus. In den Tälern an der Küste entwickelte sich die *Chorrera*-Kultur, mit der die Tradition der Keramikfiguren, die relativ groß waren, und die der figuralen Tongefäße ihren Anfang nahm.

Aus der darauffolgenden Periode, der der Regionalen oder Subandinen Entwicklung, bezogen auf Ecuador und Kolumbien (500 v. Chr. – 500 n. Chr.), verfügen wir über verschiedene Funde. Im Zeitraum von 500 bis 100 v. Chr. beobachten wir, daß ein Volk mesoamerikanischen Ursprungs stoßweise von der Küste ins Zentrum der Bergkette dringt. Offenbar in Verbindung mit dieser Tatsache entstehen ab 500 v. Chr. die kolumbischen Kulturen, die unter den Namen *San Agustín, Quimbaya* und *Tumaco* bekannt sind. In San Agustín, das am Oberlauf des Magdalenaflusses liegt, finden wir auffällige megalithische Skulpturen im Zusammenhang mit dem Bestattungswesen. Das am häufigsten vorkommende Motiv auf diesen Skulpturen ist eine Gottheit mit Jaguarreißzähnen und anderen Zügen dieses Tieres. Die Ikonographie dieses göttlichen Wesens, das mit dem Wasser, der Erde, der Fruchtbarkeit und der irdischen Macht in Verbindung steht, setzt San Agustín mit der erloschenen Olmeken-Kultur Mexikos und der von Chavín Perus in Verbindung. Außer diesen großen Skulpturen ist nur wenig über die San-Agustín-Kultur bekannt. Man weiß, daß Dörfer existierten, deren Bewohner Landwirtschaft betrieben. Die Gräber sind einfach gestaltet, obwohl man erkennt, wo kleine Dorfhäuptlinge begraben wurden. Jedoch unterscheiden sich diese Gräber sehr deutlich von den Mausoleen, in denen wahrscheinlich die obersten Häuptlinge begraben wurden, die weitaus mächtiger waren. Obwohl man verschiedene Phasen in der kulturellen Entwicklung erkennen kann, die um 500 v. Chr. beginnt und 1100 n. Chr. endet, so weist sie eine deutliche Kontinuität auf.

Die *Alte Quimbaya*-Kultur, nicht mit dem gleichnamigen Volk des 16. Jahrhunderts zu verwechseln, entfaltete sich in der gebirgigen Region östlich des Mittellaufs des Cauca-Flusses. Über diese Kultur ist auch nur wenig bekannt. Die Goldobjekte, die fast alle aus Grabplünderungen stammen, können als die technisch und ästhetisch perfektesten des präkolumbischen Amerikas angesehen werden.

Die schönsten Stücke sind die reichverzierten Gefäße mit der Darstellung unbekleideter Männer oder Frauen, die in Wirklichkeit hohle Skulpturen sind: sie wurden mit Hilfe des Wachsgusses hergestellt und bieten eine beachtenswerte Schlichtheit, eine Ausgewogenheit der Formen und eine ausgesprochene Schönheit der leicht idealisierten, aber natürlichen Züge. Etwas Ähnliches ist bei der benachbarten *Calima*-Kultur zu beobachten, deren Goldschmiedeobjekte sowohl im Quimbaya- als auch im San-Agustín-Gebiet zu finden sind, was auf ständige Kontakte während dieser Periode hinweist.

Die *Tumaco-Tolita*-Kultur gedieh an der Küste zu beiden Seiten der Grenze zwischen Kolumbien und Ecuador. Sie zeigt die Charakteristika dieser Periode: Subsistenzwirtschaft, auf dem Ackerbau basierend, ergänzt durch Jagd und Fischfang; Zeremonialzentren mit auf Plattformen gebauten Tempeln, Dörfer, um einen Platz gruppiert, eine ausgeprägte soziale Schichtung, die mit den Zeremonien zu tun hatte, starke Entwicklung der Produktion und des Handels im Bereich der Keramik, der Goldschmiedekunst – Verwendung von Platin –, der Halbedel- und Edelsteine und der Textilien. Die Kontakte zu Mesoamerika dürften hier ausgeprägter gewesen sein als in den anderen Gebieten, was die zahlreichen und schönen Keramikfiguren beweisen. Mit dieser Kultur wenden wir uns den Völkern der Händler und Seefahrer der ecuadorianischen Küste zu.

In dieser Zeit zeigen die ecuadorianischen Völker schon klar ihre Rolle als Händler oder Zwischenhändler für die beiden Kerngebiete – Mesoamerika und die Zentralanden – und befriedigen die Bedürfnisse der benachbarten Hochkulturen nach Zeremonialgegenständen und Luxusobjekten.

Die Periode der Konföderationen oder der regionalen Verschmelzung – von 700 n. Chr. bis zur Eroberung – charakterisiert sich durch die Entwicklung der Stammesgemeinschaften, die ihre Macht auf immer weiter entfernte Gruppen ausdehnen, die später dazu neigen, sich diesen anzuschließen und größere politische Einheiten zu bilden. Gleichzeitig beginnt sich die hierarchische Ordnung des Kazikentums in soziale Schichten umzuwandeln. Dieser Prozeß mündet in Gesellschaften, die denen der staatlichen Formen in Kolumbien und denen der Stadtstaaten in Ecuador sehr nahe stehen. Die ecuadorianischen Kulturen der vorhergegangenen Periode bestanden weiterhin nun in größerem Umfang. So beherrschte die *Milagro-Quevedo*-Kultur das Gebiet um den Guayas-Fluß im Landesinneren und seine Mündung im Golf von Guayaquil; die *Manteño*-Kultur kontrollierte fast die gesamte Küste von der Mündung bis nahe dem Gebiet der Tumaco-Tolita; die *Túmbez*-Kultur herrschte im Süden. Mit Ausnahme von Tumaco bildeten sie einen Bund, der zum Machtbereich des Herrschers von Salango, der Hauptstadt der Manteño, gehörte. Die Bevölkerungsdichte wuchs, als sich an der Küste Handelsstädte mit 30.000 Einwohnern bildeten. Infolgedessen intensivierte sich die Nahrungsmittelproduktion durch die Urbarmachung neuer Felder in trockengelegten Seen und an den Hängen der Anden, im Küstenbereich durch den Bau von großen Plattformen aus Stein und die Anlage von landwirtschaftlich nutzbaren Terrassen. Sowohl an der Küste als auch in den Bergen benutzte man ein System erhöhter Anbauflächen. Mit dem Bevölkerungswachstum stieg auch die Zahl der verfügbaren Arbeitskräfte, was den Einsatz einer regulären Ordnungsmacht erlaubte, um diese zu kontrollieren, wie man aus den zahlreichen Waffenfunden aus dieser Zeit schließen kann. Zeremonialzentren wurden erweitert oder neue gebaut; auf Hügeln errichtete man Plätze, Tempel, Stelen und heraldische Blöcke. Die hohen Herren ließen sich monumentale Grabstätten auf *tolas* bzw. künstlichen Hügeln errichten, mit den schon bekannten Schächten mit Seitenkammern. Parallel zum allgemeinen Baufieber dieser Zeit ist eine Vereinfachung und Nüchternheit im künstlerischen Ausdruck zu beobachten.

Im südlichen Bergland hatte sich Cerro Narrío mit den Cañaris-Völkern zusammengeschlossen und wahrscheinlich zum Staat organisiert; archäologisch erkennt man sie am *Cashaloma-* und *Tacalshapa*-Stil. Wie schon lange zuvor hatten sie ausgedehnte Handelsbeziehungen zu der *Milagro-Quevedo*-Kultur, die am Guayas-Fluß und an dessen Mündung verbreitet war. Im zentralecuadorianischen Gebirge ging die *Panzaleo*-Kultur der vorangegangenen Periode mit der *Puruhá*-Kultur einher. Beide Völker wurden von den Inka unterworfen, die um das Jahr 1475 nach Quito kamen. Im nördlichen Hochland von Ecuador und im Süden Kolumbiens entwickelte sich die *Negativo-del-Carchi-* bzw. die *Nariño*-Kultur, die sich von der Herrschaft der Inka befreien konnte, um kurze Zeit später unter das Joch der Spanier zu fallen.

Während der letzten Periode organisierten sich die eingeborenen Völker im größten Teil der kolumbischen Anden in kleinen, kaum bekannten Stammesgemeinschaften. Die Andaquí vom oberen Magdalena-Fluß waren wahrscheinlich die Nachfolger der *San-Agustín*-Kultur, bevor sie unter dem Druck der Spanier in Richtung Amazonasurwald zogen. Die historischen Quimbaya stammten jedenfalls aus den nördlichen Tiefebenen und wurden am mittleren Cauca seßhaft.

Es gab zwei Völker, die Tairona und die Muisca, deren Stammesgemeinschaften eine höhere soziopolitische Entwicklungsstufe zeigten als die kleinen Kazikentümer und halbwilden Stämme, die sie umgaben. Der Zusammenschluß mit anderen Stämmen oder Städten zum Kampf um die Alleinherrschaft war typisch für beide Völker und deutete auf den Beginn einer Staatenbildung hin. Die Tairona waren in der Sierra Nevada de Santa Marta ansässig, die letzten Ausläufer der Anden an der karibischen Küste. Die Informationen, die wir aus der Archäologie beziehen, stimmen mit den Berichten der Chronisten überein. Sie lebten in kleinen oder bis zu hundert Häusern umfassenden Dörfern; die alten Städte Bonda und Pocigueica hatten einige tausend Einwohner. Dörfer und Städte befanden sich an höhergelegenen, strategisch günstigen Orten, sie verfügten über Zeremonialstätten und Tempel, Brunnen und Kanäle und mit Steinen gepflasterte Wege. Die runden, auf Steinfundamente gebauten Häuser wurden von den Kernfamilien bewohnt; sie waren auf mit Steinmauern umgebene Hügel gebaut, über die eine Treppe zum Eingang führte.

Die Zeremonialzentren wurden auf ähnliche Art und Weise errichtet. Zahlreiche Terrassen wurden stufenförmig angeordnet und von Treppen durchzogen, die Stützmauern der Terrassen, Treppen und Fundamente aus sorgfältig beschlagenem Stein gebaut. Um eine größere Anbaufläche zu erhalten, legte man Terrassenfelder an, und es wurde ein unterirdisches Kanalsystem zur Bewässerung verlegt, um die auf Mais basierende Lebensmittelproduktion zu steigern. In anderen Fällen wurden Kanäle zur Entwässerung angelegt. Die Tairona fertigten die schönsten Dinge an, besonders hervorzuheben sind die Goldschmiedearbeiten, die Keramiken und die geschliffenen Steine. Der Handel zwischen den Küstenstädten und denen im Gebirge blühte; man tauschte Fisch und Salz gegen Baumwolle und Gold; von anderen Völkern, z. B. von den Muisca, erhielt man Smaragde im Austausch gegen die Halsketten aus Halbedelsteinen. Kontakte zu Mesoamerika sind offensichtlich, vergleicht man den Begriff von der Welt und die Gottheiten. Einige Gräber, die Keramiken, die Architektur und der Städtebau ähneln ebenfalls denen der Völker des südlichen Mittelamerikas.

Zur Zeit der Konquista gab es einen internen Machtkampf zwischen Priestern auf der einen und Adel und Kaziken auf der anderen Seite. Der Zusammenschluß verschiedener Dörfer und Städte um den Herrscher von Pocigueica und der restlichen um den Herrscher von Bonda verursachte die Bildung zweier rivalisierender politischer Gruppierungen im Kampf um die Alleinherrschaft. Unter spanischer Herrschaft bestanden sie fort, lehnten sich während fast einem Jahrhundert immer wieder auf, bis sie im Jahr 1600 endgültig besiegt und vernichtet wurden. Ihre Städte und Felder wurden verwüstet, die Häuptlinge samt ihren Familien zum Tode verurteilt oder des Landes verwiesen. Ihre verarmten Nachfahren haben noch viele der alten Bräuche und ihre Kosmogonie bewahrt.

Die Muisca lebten im Andenhochland um Bogotá. Die Bevölkerungsdichte war hoch – man schätzt 500.000 bis 600.000 Personen –, obwohl mache Autoren diese Angaben verdoppeln oder sogar vervierfachen. Das Gebiet war in Kazikentümer zu 10.000 bis 30.000 Einwohnern aufgeteilt. Die Menschen lebten in verstreuten Siedlungen, kleinen Dörfern und auch in Ortschaften mit über tausend Häusern. Ein Chronist gab an, daß das vorkolumbische Bogotá 20.000 Wohnungen zählte. Die Muisca bauten Mais, Bohnen und verschiedene Kartoffelsorten an, und zwar einmal auf Feldern, deren Ernte dem Herrscher zukam, und andererseits auf Gemeinbesitz von blutsverwandten Gruppen, die als soziale und verwaltungsmäßige Einheiten im kleinen Rahmen mit Beamten und erblicher Verantwortung funktionierten.

Obwohl es nicht das einzige Volk in dieser Gegend war, das Bergbau oder Handel betrieb, werden wir diese Aktivitäten an einem Beispiel untersuchen. Sie schürften Kohle in den Minen von Sogamoso, Kupfer in Moniquirá, Smaragde in Somondoco und Steinsalz in Zipaquirá. Der Bergbau und der Handel mit seinen Produkten bedeuteten große Macht für den Kaziken, auf dessen Land sich das Vorkommen befand. Das Salz wurde als unersetzbares Produkt als politisches und wirtschaftliches Druckmittel eingesetzt. Es ist bekannt, daß die Spanier, nach einer alten Muisca-Taktik, ihren Nachbarn, den Panches, die Salzlieferungen abschnitten, um sie zu unterwerfen. Die Minen von Zipaquirá waren der Grund intensiver Kämpfe zwischen zwei Muisca-Gruppen, da sie die wichtigsten waren und auf einem umstrittenen Gebiet lagen. Andere Industriezweige erfuhren eine regionale Spezialisierung. Diese Vielfalt der Produkte ließ Zentren zum Warentausch entstehen, wo spezialisierte Märkte abgehalten wurden. Es war ein Tauschhandel. Man importierte Fisch, Gold, Baumwolle und Cocablätter und exportierte Salzbarren, Smaragde und Kunsthandwerk, wie Goldschmiedeobjekte und Webstoffe. Es existierte ein weites und komplexes Netz von Handelswegen mit Lagern an strategisch günstigen Punkten, wo man auch Käufe und Verkäufe realisierte.

Die freiwillige oder erzwungene Anerkennung der Überlegenheit einiger Kaziken über andere führte die Muisca zu beiden großen Völkerverbänden, die um die Kontrolle des Landes kämpften.

Der *Zaque*, der Herrscher von Tunja, und der *Zipa*, der Kazike von Bogotá, erbten die Macht mütterlicherseits nachdem sie sechs Jahre strenger Zucht und Ausbildung ähnlich wie ein Priester absolviert hatten. Sie verkörperten den Mond und die Sonne, die beiden Hauptgottheiten; sie übernahmen die Verwaltung der Justiz, zogen Steuern ein und verteilten ihre Streitkräfte an strategisch wichtigen Grenzposten. Der Herrscher von Somagoso, der aus zwei Familien gewählt wurde, stellte eine Ausnahme dar, da er politische und religiöse Ämter auf sich vereinte und so auch der Oberpriester des Tempels von Somagoso, des größten Zeremonial- und Pilgerzentrums der Muisca, war. In dem Moment, als die Spanier die Muisca unterwarfen, organisierte der Neffe und Erbe des *Zipa* von Bogotá eine Kampagne gegen den Kaziken von Tunja. Damit hätte der Kazike von Bogotá die absolute Macht über ein Königreich erhalten, da ihn die wenigen noch unabhängigen, aber kleinen Stämme sofort als Herrscher anerkannt hätten.

Literatur

ABEL-VIDOR, S., et al.: Between Continents – Between Seas: Precolumbian Art in Costa Rica. Harry N. Abrams, Inc. Publishers. New York 1981.

BAUDEZ, Claude F.: América Central. Ed. Juventud. Barcelona 1975.

BROADBENT, Sylvia: Los Chibchas. Organización sociopolítica. Universidad Nacional de Colombia. Bogotá 1969.

CIEZA DE LEON, Pedro de: La Crónica del Perú (verschiedene Ausgaben).

FERNANDEZ DE OVIEDO Y VALDES, Gonzalo: Historia General y Natural de las Indias, Islas y Tierra Firme del Mar Océano (verschiedene Ausgaben).

MARCOS, Jorge G.: »Breve Historia del Ecuador«. Tesoros del Ecuador Antiguo. Instituto de Cooperación Iberoamericana. Madrid 1983, 1984.

PEREZ DE BARRADAS, J.: Los Muiscas antes de la conquista. C.S.I.C. Madrid 1950, 1951.

REICHEL-DOLMATOFF, G.: Colombia. Thames and Hudson. London 1965.

ROUSE, Irving, und CRUXENT, J.M.: Venezuelan Archaeology. Yale University Press. New Haven – London 1963.

SANDERS, William T. und MARINO, Joseph: Prehistoria del Nuevo Mundo. Ed. Labor. Barcelona 1973.

SANOJA, Mario: »El desarrollo de los sistemas de producción en la Venezuela prehispánica«. Revista Española de Antropología Americana. Madrid 1978.

SANOJA, Mario: »El origen de la sociedad Taina y el Formativo suramericano«. Seminario sobre la situación de la investigación de la cultura Taina. Comisión Nacional para la celebración del V centenario del descubrimiento de América. Madrid 1983.

SNARSKIS, Michael: »Entre continentes, entre mares. Prehistoria de Costa Rica«. Revista de Arqueología, Nr. 27. Madrid 1983.

STEWARD, Julian H. (Hrsg.): Handbook of South American Indians, Bd.7, University of Texas Press, Austin 1946.

TABIO, Ernesto E., und REY, Estrelle: Prehistoria de Cuba. Ed. de Ciencias Sociales. Havanna 1979.

TORRES DE ARAUZ, Reina: Arte precolombino de Panamá. Instituto Nacional de Cultura y Deportes. Dirección de Patrimonio Histórico. Panamá 1972.

VELOZ MAGGIOLO, Marcio, et al.: Los modos de vida meillacoides. Ed. del Museo del Hombre Dominicano. Santo Domingo 1981.

MESOAMERIKA

José Alcina Franch
Universidad Complutense, Madrid

Geographisch-kultureller Rahmen

Der Begriff »Mesoamerika« drückt eine kulturelle Einheit aus, die über die traditionellen geographischen und politischen Unterteilungen hinausgeht. Mesoamerika deckt den größten Teil Mexikos, ganz Guatemala, Belize und El Salvador und mehr oder weniger große Teile von Honduras, Nicaragua und Costa Rica ab. Im Laufe der Geschichte verschoben sich natürlich die Grenzen, manchmal stark, manchmal unmerklich, unter dem Einfluß fremder ethnischer Gruppen, deren Sprache und Kultur, aber auch deren gesellschaftliche Entwicklung sich von der der mesoamerikanischen Kulturen unterschieden.

Die Nordgrenze Mesoamerikas verlief parallel zum Rio Panuco in der Huaxteca an der Küste des Golfes von Mexiko, danach den Flußläufen des Moctezuma und Lerma bis zum Chapala-See entlang und schloß die Region Bajio meistens mit ein. Die Grenze verlief dann entlang der Bergkette Sierra Madre Occidental, um später dem Flußlauf des Sinaloa bis zum Pazifik zu folgen. Die Völker nördlich dieser Grenze unterschieden sich in ihrem soziokulturellen Entwicklungsstand sehr von ihren südlichen Nachbarn.

Die südliche Grenze zog sich von Nordwesten zum Südosten hin, von der Mündung des Rio Montagua über den See von Nicaragua bis zum Golf von Nicoya und bezog das Gebiet El Salvadors, die Bucht Fonseca, die Pazifikküste Nicaraguas und die Halbinsel Nicoya in Costa Rica mit ein. Was den soziokulturellen Entwicklungsstand dieser Völker betrifft, so waren es Bodenbauer, die in Stämmen organisiert waren, manchmal sogar in Häuptlingsstämmen. Ihre Kultur war teilweise von der mesoamerikanischen beeinflußt, teilweise von der Chibcha-Kultur der nördlichen Anden.

Die Kultur Mesoamerikas, so wie sie von Kirchhoff (1943) definiert wurde, hat 38 gemeinsame Elemente, die aus archäologischen Funden oder ethnohistorisch bzw. ethnogeographisch zusammenzustellen sind. Dazu zählen: der Grabstock *coa;* die *maguey*-Agave zur Gewinnung von Honigwasser, Pulque, Papier usw.; der Gebrauch der Kakaobohne zur Ernährung, aber auch als Tauschwährung; das Polieren von Obsidian und Spiegel aus Schwefelkies; die Hohlbohrer zur Herstellung von Gebrauchs- und Schmuckgegenständen; das *macuáhuitl* (Holzschwert); der Gebrauch des *ichcahuipilli* (Baumwollpanzer) für den Kampf; die Stufenpyramiden mit einem Tempel auf der obersten Plattform; Ballspiele, bei denen ein Kautschuk-Ball durch einen Ring zu spielen war; die Hieroglyphenschrift; der Stellenwert bei mathematischen und chronologischen Berechnungen, was eine Kenntnis der Zahl Null impliziert; Bilderhandschriften in Leporellofaltung; Geschichtsschreibung und Landkarten; das Sonnenjahr als Normaljahr mit 365 Tagen, eingeteilt in 18 Monate à 20 Tagen sowie 5 zusätzliche Tage; das rituelle Jahr mit 260 Tagen als Ergebnis der Kombination von 20 Zeichen mit 13 Zahlen; 52-Jahre-Zyklen als Ergebnis der Kombination von Sonnenjahr und rituellem Jahr; Glücks- und Unglückstage, die in Wahrsagebüchern *(tonalamatl)* zusammengetragen wurden; individuelle Namen von Geburt an; der Gebrauch von Papier und Kautschuk zu rituellen Zwecken; Menschenopfer, bei denen die Opferpriester oder andere Personen die Haut ihrer Opfer überzogen, sowie das Verbrennen bei lebendigem Leibe; Selbstkasteiungen mit Nadeln aus *maguey* oder anderen Materialien an Zunge, Ohren, Beinen, Penis usw.; das Fliegerspiel; die Dreizehn als rituelle Zahl; Glauben an Götter; Glauben an Überwelten und Unterwelten, für deren Zugang eine lange und schwere Reise Voraussetzung war; spezialisierte Märkte; Händler, die zugleich Spione waren; Militärgruppen; Kriege mit dem Ziel, Gefangene für Opferzeremonien zu erhalten.

Diese Liste von 38 typischen Merkmalen für diese Kultur wurde später ergänzt und spezifiziert, was aber nicht den Kern der von Kirchhoff erstellten Liste betraf.

In Mesoamerika ist bei der Zuordnung von Klimazonen, Landschaften und Ökosystemen das wichtigste die Meereshöhe. Es herrscht heißes Klima bis 1.000 m Meereshöhe, gemäßigtes Klima zwischen 1.000 und 2.000 m und kaltes Klima über 2.000 m Meereshöhe. Diese Klimazonen verteilen sich unregelmäßig über ganz Mesoamerika. In den Tiefebenen des Ostens und Südostens überwiegt regenreiches Klima mit tropischen Urwäldern. In den *Altiplanos*, dem Hochland zwischen den zwei großen Bergketten – Sierra Madre Oriental und Sierra Madre Occidental –, und in einigen Tälern der Region Oaxaca und Chiapas überwiegen das gemäßigte und das kalte Klima, während in den Höhen von Chiapas und Guatemala kaltes Klima herrscht.

»In ganz Mesoamerika gibt es regenreiche Sommer, die Regenzeiten sind normalerweise von Mai bis September, und trockene Winter, aber die Niederschlagsmengen sind je nach Region sehr verschieden. Es regnet mehr an den Osthängen des zentralen Hochlandes und der Gebirge am Golf von Mexiko und weniger an den Westhängen. Dauerhafte Trokkenheit findet man in den Tälern zwischen den Gebirgsketten, z. B. im Mezquital-, im Balsas-Tal und in einigen Tälern im Landesinneren von Oaxaca« (Carrasco 1985). Viele Regionen im Landesinneren sind so trocken, daß ein Bewässerungssystem notwendig war, um überhaupt Bodenbau betreiben zu können, während es an der Küste des Golfes von Mexiko und in den Tiefebenen des Ostens genug, manchmal sogar zuviel (bis zu 3.000 mm/Jahr) regnet.

Im Bereich der Sprachen findet man eine ähnliche Situation. Mesoamerika hat eine ungeheure Menge an Sprachen und Dialekten, die man in vier große Sprachgruppen einteilen kann, obwohl bei vielen der Sprachen Mesoamerikas keine Verwandtschaft mit anderen festgestellt werden konnte.

In Zentralmexiko und im Nordwesten überwiegen Sprachen aus der Familie der uto-aztekischen Sprachen, deren wichtigste das *Nahuatl* und seine Dialekte sind. Diese Sprache kam aus dem Norden, wo Bauernvölker – z. B. die Yaqui und die Pima – und Jäger- und Sammler-Gesellschaften neben Völkern mit einer großen Anzahl verschiedener Sprachen lebten. Diese Völker müssen relativ spät nach Mesoamerika eingewandert sein. Ein Dialekt des Nahuatl, das *Nahuat*, wird an der Golfküste und in Zentralamerika gesprochen.

Die Makro-Maya-Sprachfamilie, Sprachen, die im Kulturgebiet der Maya gesprochen werden, setzt sich aus sehr vielen Einzelsprachen zusammen, die sich in sechs Untergruppen, offensichtlich miteinander verwandt, zusammenfassen lassen: 1. Yaxqué: Lacandón und Maya (Yucatekisch); 2. Yaxché: Choj, Tojolabal, Chorti, Chontal-Chol und Tzeltal-Tzotzil; 3. Chaxqué: Jacaltekisch, Motocintlekisch, Ixil und Aguacatekisch; 4. Mame; 5. Quiché: Rabinal, Quiché, Uspantekisch, Kakchiquel, Pokomán und Pokonchi; 6. Kekchi. Das Huaxtekische, das im Nordosten von Mesoamerika gesprochen wird, ist auch mit dieser Sprachfamilie verwandt.

Eine weitere große Sprachfamilie ist das Makro-Otomangue, der das *Otomí* in Zentralmexiko, das Mixtekische und Zapotekische in Zentralmexiko und sogar das *Chorotega-Mangue* in Nicaragua und auf der Halbinsel Nicoya zuzurechnen sind.

Erwähnen muß man auch das *Tlapaneca-Subtiaba*, das zum *Hokan* gehört, und eine Menge untereinander nicht verwandter Sprachen, wie das *Taraskische* in Michoacán und das *Totonakische* an der Golfküste. Das *Popoloca* in Veracruz, das *Mixe* in Oaxaca und das *Zoque* in Chiapas, vielleicht mit dem Totonakischen und dem Maya verwandt, bilden eine noch nicht genügend erforschte Sprachgruppe.

Wenn die verschiedenen Bevölkerungsgruppen in Mesoamerika auch sehr homogen waren, müssen wir trotz der in der Definition erwähnten gemeinsamen Elemente davon ausgehen, daß es aus ökologischen, physiographischen und klimatischen Gründen gewisse Unterschiede innerhalb des Gebietes gab. So mußte man, kurz nach der Spezifizierung eines großen, einheitlichen Mesoamerika durch Kirchhoff (1943), dieses Gebiet in Untergebiete und Regionen aufteilen. Mit wenigen Ausnahmen übernehmen die Mehrzahl der Autoren die von Gordon R. Ekholm (1958) vorgeschlagene Unterteilung in acht Zonen.

Zone 1: Westmexiko und Nordgrenze: Diese Zone umfaßt eine große Anzahl von Kulturen mit unterschiedlichen Stilen, vom Tal des Rio Moctezuma in Guerrero bis hin zu den Tälern von Sonora und Sinaloa. Dort befinden sich so wichtige Städte wie Guasave, Culiacán und Chiametla, man findet die sehr entwickelten Töpfer-Kulturen von Jalisco und Nayarit und den komplexen Staat der Tarasken in Michoacán sowie die Kulturen der Zacateken und Chihuahua im nördlichen Altiplano (Hochland).

Zone 2: Zentralmexiko: Dieses Gebiet ist das am besten erforschte im ganzen Land und zeigt die gesamte Aufeinanderfolge der Kulturen Mesoamerikas von der Zeit der Jäger und Sammler – Tlapacoya, Tepexpan usw. – über die frühsteinzeitlichen Kulturen im Tal von Tehuacán und im Tal von Mexiko – Coxcatlán, Abejas, Purrón usw. –, über die formativen Kulturen – Arbolillo, Zacatenco, Copilco, Cuicuilco, Tlatilco usw. – bis hin zu den Hochkulturen (Teotihuacan, das Toltekenreich und der Aztekenstaat).

Zone 3: Oaxaca: In dieser Region entwickelten sich die Kulturen der Zapoteken und Mixteken, die sich in ihrer Entwicklung stark von der Kultur der Olmeken an der Küste von Veracruz und Tabasco beeinflussen ließen.

Zone 4: Huaxteca: An der Nordostgrenze Mesoamerikas, am Golf von Mexiko, entwickelte sich die Kultur der Huaxteken, die durch Stempel mit kreisrundem Grundriß und feinen Muschelarbeiten gekennzeichnet ist und der mexikanischen Götterwelt so wichtige Gottheiten wie Quetzalcoatl-Ehecatl und Tlazolteotl geliefert hat.

Zone 5: Zentral-Veracruz: In dieser Gegend blühte die Kultur der Totonaken in so bedeutenden Orten wie El Tajín, Zempoala und Isla de Sacrificios. Sie entwickelten »Joch«, »Hacha«, »Palma« und die »lachenden Figuren«.

Zone 6: Das Olmekengebiet im südlichen Veracruz und Tabasco, wo während der Formativen Periode die Kultur der Olmeken blühte, mit Städten und Kultstätten wie San Lorenzo, Tres Zapotes und Cerro de las Mesas. Hier entstanden die beeindruckenden Monumentalskulpturen, aber auch feingearbeitete Skulpturen und Reliefarbeiten in Jade und Jadeit.

Zone 7 und Zone 8: Das Mayagebiet: Für Ekholm (1958) sind es zwei Zonen – Tiefland und Hochland –, für Gordon R. Willey (1964) sind es drei: nördliche Zone (Yucatán), mittlere Zone (Petén und Usumacinta-Motagua-Täler) und südliche Zone (Hochland von Guatemala und Chiapas sowie Pazifikküste). Diese Zonen sind Geburtsstätte einer der erstaunlichsten Zivilisationen der Neuen Welt mit unzähligen Kultstätten aus verschiedenen Epochen (Palenque, Tikal, Uaxactun, Uxmal, Chichen-Itzá, Dzibilchaltun, Kaminaljuyú, Mixco Viejo usw.), die sehr beeindruckende intellektuelle und künstlerische Leistungen hinterließ.

Wir haben bisher die Variablen untersucht, die wir bei der Analyse der Unterschiede zwischen den in Mesoamerika beheimateten Kulturen beachten müssen. Im folgenden werden wir die zwei möglichen Präsentationsformen der Ergebnisse diskutieren: die erste Möglichkeit, die Ergebnisse vorzustellen, ist rein geschichtlich-kulturell, die zweite bezieht die soziokulturelle Entwicklung mit ein.

Beide Alternativen müssen einander nicht ausschließen, obwohl man gezwungen ist, das Hauptgewicht der Forschung auf eine der beiden zu legen. Wir haben für den ganzen Kontinent eine historische Analyse schon vor einigen Jahren vorgelegt (Alcina Franch 1966), und erst kürzlich haben wir das Thema aus evolutionistischer Sicht behandelt (Alcina Franch 1986).

Das Grundschema letzterer Betrachtungsweise ist von Elman R. Service (1962) entwickelt worden, der eine Unterteilung Rotte, Sippe, Stamm, Staat vorschlägt. Für die Analyse der mesoamerikanischen Kulturgeschichte übernahm Pedro Armillas (1951–1981) als erster diese Betrachtungsweise, wobei eine der jüngsten Arbeiten dazu die von Román Piña Chán (1976–1985) ist.

Wir werden im folgenden der historisch-evolutionistischen Analyse den Vorzug geben, die, neben dem oben Dargelegten, folgende Parameter berücksichtigen soll:

1. Soziale Organisationsform: egalitäre Gesellschaften auf der Basis von Verwandtschaft und nichtegalitäre Gesellschaften mit Rängen und sozialen Klassen (Fried 1967).

2. Politische Organisationsform nach dem Schema Rotte, Stamm, Häuptlingstum, Staat (Service 1962).

3. Bevölkerungszahl und Bevölkerungsdichte für jede der oben erwähnten Organisationsformen: a) Rotte: bis zu 100 bzw. 500 Mitglieder (0,6 Einwohner pro km^2), b) Stamm: 100 bis 3.000 Mitglieder (2 bis 3 Einwohner pro km^2), c) Häuptlingstum: 500 bis 20.000 Mitglieder (4 bis 50 Einwohner pro km^2) und d) Staaten: 5.000 bis 1,000.000 Mitglieder (50 bis 100 Einwohner pro km^2 oder mehr) (Sanders und Price 1968).

4. Siedlungsform: Lager, Weiler, Dörfer, Gemeinden, Kleinstädte und Großstädte.

5. Wirtschaftliches System: Gegenseitigkeit (Rotten und Stämme), Verteilung (Häuptlingstümer), Tauschsystem in Tauschmärkten oder mit einer Währung (Polanyi 1976).

6. Glauben: Animismus, Magie (Schamanismus) und Religion, in manchen Fällen sogar Kirchen.

7. Produktions- bzw. Subsistenztechniken: Sammeln und Jagd oder Fischfang, Ackerbau, Wasserwirtschaft, Bewässerungsanlagen, z. B. Kanäle, Staudämme.

Im folgenden wird die soziokulturelle Entwicklung der Völker Mesoamerikas vorgestellt, und zwar von ihren Ursprüngen ausgehend, die wir etwa auf das Jahr 20000 v. Chr. datieren wollen, bis zur Ankunft der Spanier. Es werden die oben erwähnten Kriterien berücksichtigt, aber auch die wichtigen geschichtlichen Ereignisse. Archäologie und Ethnologie haben dazu beigetragen, diese Ereignisse genau zu datieren, so daß die geschichtliche Entwicklung von den Prozessen der Anpassung an die Umwelt bestimmt ist. Unterschiede und Verschiedenheiten in der Entwicklung der Kultur der einzelnen Völker Mesoamerikas sind davon bestimmt.

Die Zeit der Jäger und Sammler

Das erste Zusammenleben der Bevölkerungen Mesoamerikas, wie auch in ganz Amerika und der ganzen Welt, fand in Form von Rotten statt, wie sie die Evolutionisten definieren. Ihre soziale Organisation wird durch Egalität charakterisiert, wobei die gesellschaftlichen Beziehungen vom Verwandtschaftsgrad geprägt sind. Die Kernfamilien neigen dazu, größer zu werden, so daß sich die Rotten langsam zu Großrotten entwickeln. Diese lassen sich, wenn möglich, in Höhlen oder anderen natürlichen Zufluchtsorten nieder oder aber schlagen Hütten oder Zeltlager auf, wenn sie sich für eine kurze Zeit an einem Ort niederlassen. Diese Völker leben hauptsächlich von Sammeln, Jagen und Fischfang, deren Verhältnis vom gerade gewählten Standort abhängig ist. Reziprozität in den wirtschaftlichen Beziehungen und Animismus mit Tendenzen zur Magie (Schamanen) charakterisieren diese Völker.

Vom archäologischen Standpunkt aus entspricht diese Zeit (20000–7000 v. Chr.) dem, was in der heute in Mexiko allgemein anerkannten Terminologie von José Luis Lorenzo die Bezeichnung »Archäolithikum« trägt. Diese Epoche ist von den Kulturereignissen im Westen der heutigen Vereinigten Staaten geprägt.

Drei Haupteinflüsse sind zu erwähnen:

Erstens das Sammeln (manchmal unterstützt von der Jagd auf Kleintiere oder Fischfang bzw. das Sammeln von Muscheln) als wirtschaftliche Grundlage, wofür große, unbehauene Werkzeuge, wie Hacken, Steinmesser oder Äxte, und auch Schaber und andere grobe Werkzeuge vonnöten waren. Als typischste Beispiele dieser Zeit kann man die Funde von Tlapacoya (20000 v. Chr.), die Anlage Ajuercado in Tehuacán (11000–10000 v. Chr.) und die Anlage Diablo in Tamaulipas (10000 v. Chr.) bezeichnen.

Zweitens das Jagen, das mit der Ausbreitung der Indianer der Steinzeit aus den Great Plains nach Süden hin einhergeht. Diese Jäger hatten sich auf die Jagd der Großtiere des Pleistozäns spezialisiert, wofür eine große technologische Entwicklung bei der Herstellung von Steinwerkzeugen und Steinwaffen Voraussetzung war, besonders bei den Pfeilspitzen, wie sie für Nordamerika charakteristisch waren, z. B. die aus Clovis, Folsom, Plainview. Es entstanden verschiedene örtliche Industrien, die jeweils ganz bestimmte Pfeilspitzen herstellten (sogar die in Form von Fischflossen, so beliebt in Südamerika). Die bedeutendsten Funde dieser Kulturform, die Krieger Pfeilspitzenkultur, Bosch Kultur der spezialisierten Jäger und Alcina Franch Hochsteinzeit nannte, finden sich in den Industrien von Lerma (10000–9000 v. Chr.), Santa Isabel Iztapan (9000–8000 v. Chr.) usw., wobei der Fund eines weiblichen Skeletts in Tepexpan (8000–7000 v. Chr.) besonders zu erwähnen wäre.

Der dritte, nordamerikanische Einfluß wäre der der Wüstenkultur, bei der das Sammeln, das auf die Zeit der Altsteinzeit zurückgeht, wichtiger ist als die Jagd auf Kleintiere. Diese Periode, die Piña Chán »präagrarisch« genannt hat (7000–5000 v. Chr.), deckt sich mit dem Ende der Steinzeit und dem Anfang des Protoneolithikums: die Großtiere des Pleistozäns sind fast ausgestorben, und die Suche nach pflanzlicher Nahrung wird bald die ersten Anbauversuche zur Folge haben. Vorläufig aber werden vor allem die verschiedensten Getreidearten gesammelt, wie die Funde aus archäologischen Ausgrabungen beweisen: Stampfer, Stößer, Mörserkeulen. In Tehuacán wurden aus der El-Riego-Periode (7000–5200 v. Chr.) »Schaber, Messer, Meißel, Nadeln und Stichel aus Knochen, Pfeilspitzen mit Dornen, Wurfspeere aus Hirschgeweih oder Holz, Fallen, Netze und vieles mehr« (Piña 1985, S. 55) gefunden.

Das Neolithikum und der Ursprung der Stämme

Was nach V. Gordon Childe die neolithische Revolution genannt wird, stellt zweifellos die qualitativ bedeutendste Veränderung in der soziokulturellen Entwicklung der Menschheit dar: den Übergang von einer improvisierten, zufälligen Nahrungsfindung zu einer produktiven und vorausschauenden Form der Ernährungssicherung. Diese Wirtschaftsform ist

Grundlage einer gesellschaftlichen Entwicklung, die wir »Stammesbildung« nennen wollen, in der die sozialen Beziehungen noch immer egalitär und auf Verwandtschaftsbasis aufgebaut waren, deren Komplexität aber mit der Größe der Bevölkerung und der Bevölkerungsdichte wuchs. Es bildeten sich Einheiten, deren Mitglieder nur lose miteinander verbunden waren, die man als Klan oder Sippe bezeichnen könnte. Diese Sippen wurden seßhaft und bauten kleine Siedlungen oder Ortschaften. Wirtschaftsgrundlage war dabei weiterhin die gegenseitige Hilfsbereitschaft im Acker- und im Gartenbau (wenn man den gezielten Anbau von einigen Pflanzen in dieser ersten Zeit so bezeichnen will). Daneben wurde in unterschiedlichem Maße weiterhin gejagt, gefischt und gesammelt; was den Glauben betrifft, bekamen die Schamanen immer größere Bedeutung.

Diese wichtige Neuerung bezieht sich also auf die Veränderung im Bereich der Subsistenzsicherung auf der Grundlage des Ackerbaus. Den Übergang muß man aber als Kontinuum betrachten, an dessen Anfang – und vielleicht als Ursache der nachfolgenden Veränderungen – das Aussterben der großen Beutetiere steht, aber bei dem das starke Bevölkerungswachstum eine nicht unbedeutende Rolle spielt. Aus dem systematischen Sammeln von gewissen eßbaren Pflanzen entstand wahrscheinlich die Idee, mit diesen zu experimentieren, es entstanden die ersten Anbauflächen mit dem Ziel, die Ernährung der Bevölkerung zu sichern. Später erhöhte sich der Anteil des Ackerbaus an der Ernährung der Bevölkerung, und parallel dazu verringerte sich das Sammeln, das Jagen und der Fischfang, in früherer Zeit die einzige Nahrungsquelle.

Darüber hinaus fingen die Menschen an, ihr Nomadentum und ihr Umherziehen aufzugeben, wurden zeitweise, jahreszeitenbedingt seßhaft, um sich später, nachdem der Ackerbau wichtiger als Fischfang und Jagd geworden war, endgültig an einem Ort niederzulassen.

Diese Veränderungen lassen sich besonders gut in Mesoamerika an den Ausgrabungen von McNeish in Tamaulipas und Tehuacán beweisen, wobei die Funde aus der Zeit, die Piña Chán »aufkommende Landwirtschaft« (Piña Chán 1985, S. 56–67) bzw. »beginnendes Siedlertum« (5000–1200 v. Chr.) nennt, stammen.

»Unter den Werkzeugen, einige davon gut angepaßt, sollte man erwähnen: Mahlsteine, Steinplatten für Maismühlen, Mörser, Mörserkeulen, Stampfer, Steingefäße, Nadeln, Sticheln, kleine Pfeilspitzen, Messer usw. Außerdem bauten sie schon Mais, Kürbisse, Bohnen, Chili und andere Pflanzen an, die etwa 25 Prozent der Ernährung deckten (Piña Chán 1985, S. 57).

Archäologische Fundstellen dazu sind die Anlagen Coxcatlán (5200–3400 v. Chr.), Nogales (5000–3000 v. Chr.), Ocampo (3700–2600 v. Chr.), Abejas (3400–2300 v. Chr.).

Am Ende dieser Periode, d. h. während des sogenannten »beginnenden Siedlertums«, war die Bevölkerung völlig seßhaft geworden, es wurden Ackerbau und Fischfang betrieben, man lebte in kleinen Siedlungen, die selbstversorgend waren, die Stämme wurden zu hochentwickelten Organisationsformen, bei denen die Führung wohl in den Händen von Ältestenräten bzw. herausragenden Personen war, die entweder sehr tapfer waren oder aber Verbindung zur Magie hatten (Schamanen).

Von dieser Periode, die wir als Präklassik oder auch als Formative Periode bezeichnen wollen, gibt es eine Menge archäologischer Fundstellen im zentralen Hochland von Mexiko, wie El Arbolillo, Zacatenco, Tlapacoya, Tlatilco, wo schon Keramikgefäße und kleine Figuren angefertigt wurden, die das Leben und die Menschen zeigten: Hexer, Akrobaten, Mütter, die ihren Kindern die Brust geben, nackte Frauengestalten, usw. Diese Figuren lassen erkennen, daß für Kleidung und Kopfputz höchstwahrscheinlich Baumwollstoffe Verwendung fanden.

Die Geburtsstunde der Zivilisation: die Olmeken

Die folgende Etappe in der geschichtlichen Entwicklung von Mesoamerika spiegelt eines der bedeutendsten Ereignisse der soziokulturellen Entwicklung der Menschheit wieder: die Stammesgemeinschaften bzw. Häuptlingstümer schließen sich zusammen und bilden die ersten richtigen Staaten.

In der Terminologie von Elman R. Service, die heutzutage von den meisten Autoren verwendet wird, wird diese Etappe mit der Bezeichnung Häuptlingstum gekennzeichnet, was dem »Kazikentum« der spanischen Chronisten entspricht oder auch dem geläufigen *Señorío*. In diesem Prozeß spielt die Größe der Bevölkerung eine wichtige Rolle. Diese Stämme haben 500 bis 20.000 Mitglieder (4 bis 50 Einwohner pro km^2), es entstehen Siedlungen, die man schon als Dörfer oder Ortschaften bezeichnen kann, einige davon werden zu »Hauptorten«, die die umliegenden kleinen Ortschaften kontrollieren.

Im wirtschaftlichen Bereich ist die größte Neuerung die Aufgabe des Systems der gegenseitigen Hilfsbereitschaft, an deren Stelle die Umverteilung tritt, wobei der Häuptling und der Adel diese Verteilung vornehmen. Festlichkeiten, bei denen die verschiedenen Ethnien oder Familiengruppen aus Anlaß irgendeines religiösen Ereignisses zusammenkommen, dienen zum Aushandeln dieser Umverteilungen. Die Entstehung politischer Macht ist Ergebnis einerseits der Anhäufung von Reichtum, zum anderen der gesellschaftlichen Ungleichheit. Die Rangordnung der verschiedenen Sippen bzw. der Mitglieder in einer Sippe führen zu diesen Abhängigkeitsverhältnissen. Eine wirtschaftliche Entwicklung, die die Überschüsse in den Händen von einem Häuptling anhäuft, erlaubt es, unproduktive Gruppen der Gesellschaft wie Verwaltung, Militär und Priestertum zu ernähren. Die Schamanen erhalten immer mehr Güter und Einfluß und werden mit der Zeit zu richtigen Priestern, die Kultstätten gründen und sich an deren Verbreitung beteiligen. Rund um diese »Heiligtümer« entstehen Märkte, in denen der Tauschhandel von Gütern und Waren aus oft voneinander weit entfernten Orten blüht. Das wirtschaftliche System, das zu diesen großen Veränderungen in der Gesellschaft führt, basiert auf einer Kenntnis über die Lagerung und Konservierung von Lebensmitteln – Fisch, Wurzeln, Knollen, Getreide usw. –, wofür die verschiedensten

Verfahren angewandt wurden, sowie natürlich auf einer bedeutenden Erhöhung der Nahrungsmittelproduktion. Der Terrassenbau und die Errichtung von Kanälen dienten der besseren Nutzung des Wassers.

Dies sind die auffälligsten Merkmale der Zeit von 1500 bis 300/200 v. Chr. Später neigen die Kulturen zur Staatenbildung.

Aus den archäologischen Funden kennen wir eine große Anzahl von Siedlungen, die zwar in früheren Perioden gegründet wurden, die aber während dieser Periode ein beachtliches Bevölkerungswachstum verzeichnen. Darüber hinaus wachsen die Anzahl und die Größe der Kultstätten, es werden Tempelpyramiden bevorzugt, so wie in Tlatilco, Tlapacoya, Ajalpan, Chalcatzingo, Cuicuilco usw. Im ganzen Gebiet und besonders in ganz bestimmten Zonen kann man das allmähliche Entstehen einer Kunstrichtung beobachten: die Kunst der Olmeken, die zweifellos die Geburt einer Zivilisation und vielleicht sogar eines echten Staates bedeutet. Manche Autoren sehen als Ursprungsland dieser Zivilisation die Tiefebenen bei Veracruz an, andere meinen, es wäre weiter südlich, im westlichen Chiapas und Guatemala; aber es könnte auch anderswo gewesen sein, etwa in der Region Guerrero. Wichtig allein ist, daß der »olmekische Stil« in einem großen Gebiet an der Golfküste zu finden ist, auch im Tal von Mexiko, im zentralen Hochland, in Guerrero, Oaxaca und an der Pazifikseite von Chiapas und Guatemala und sogar in Costa Rica seine Spuren hinterlassen hat.

Der Einfluß dieses olmekischen Stils auf die Dörfer und Städtchen des Tales von Mexiko wird, was die archäologischen Funde beweisen, besonders deutlich bei den kleinen Figürchen mit dem sogenannten »Kindchengesicht« (Babyface) und bei den »Schönen Frauen«. Die Kunsttöpfer vermitteln uns durch diese Figuren ein vollständiges Bild der damaligen Gesellschaft: Musik, Tanz, Hexer oder Magiere, Akrobaten, Zwerge, Bucklige, Alte und Kinder.

Das Kerngebiet der Olmeken liegt, soweit bis jetzt bekannt, in den Tiefebenen an der Golfküste und dort vor allem in den Zeremonialzentren von San Lorenzo, Tres Zapotes, La Venta usw. Wir beobachten dort zum erstenmal Bauwerke rein religiöser Bestimmung: Pyramiden und Hügel, Plattformen, Altäre, aus Erde und Lehm gebaut. Um diese Zentren herum befinden sich große Skulpturen, die höchstwahrscheinlich die Köpfe von Häuptlingen darstellen, aber auch Altäre mit Reliefdarstellungen, Stelen usw. Der olmekische Stil äußert sich nicht nur in jenen riesigen Steinköpfen, sondern auch in einer großen Anzahl von Figuren, Reliefen und Schnitzereien aus Edelsteinen. Es überwiegen dabei die Darstellung des Jaguar-Gottes und menschlicher Gesichter mit Jaguarzügen, z. B. die wulstigen Lippen und die Münder mit den spitzen Reißzähnen des Jaguars. Darüber hinaus sind die Köpfe oft deformiert, und es erscheint eine V-förmige Vertiefung auf der Stirn. Zahlreich sind auch die Darstellungen von Kindern bzw. Zwergen mit göttlichen Zügen sowie einer Vielzahl von Personen, unter denen ein Typ mit klar negroiden, groben Zügen zu erkennen ist, ein anderer mit feinen und weichen Zügen, bei dem man sogar eine bartähnliche Verzierung beobachten kann.

Der Einfluß der Olmeken ist also im Tal von Mexiko zu beobachten, aber auch in Oaxaca, in der frühesten Phase der Monte-Alban-Kultur, wobei manche architektonische Konstruktionen und vor allem eine ganze Reihe von Reliefdarstellungen – die berühmten Tänzer von Monte Alban – von dem Einfluß der Golfküste zeugen.

Es muß besonders herausgestellt werden, daß die Olmeken die Anfänge der Hieroglyphenschrift entwickelten, daß sie eine hochentwickelte Astronomie (Kalender) und Mathematik besaßen, die sich später auf ganz Mesoamerika ausbreiten sollte. Dies alles wurde durch das Entstehen einer einflußreichen Kaste von Priester-Astronomen bedingt, die die Grundzüge einer mesoamerikanischen Religion entwickelten. Neben dem schon erwähnten Jaguar-Gott huldigten sie den Vorgängern Tlalocs und Xipes.

Trotz der Ausbreitung des olmekischen Stils können wir nicht von einem Reich sprechen, das durch Kriege gewachsen ist, sondern müssen eher von einer Handelsmacht reden, die die Gewinnung von Rohstoffen und ihre Vermarktung beherrschte. Unter den Rohstoffen befanden sich Kautschuk, Teer, Obsidian und Hämatit. Über die Handelswege wurden der Stil, die Religion, die Mathematik und der Kalender verbreitet und somit die Grundlage für die Entwicklung einer Zivilisation in Mesoamerika gelegt.

Die Kulturen der Klassik

Etwa um die Zeitwende herum vollziehen sich die bedeutendsten kulturellen Veränderungen in der Geschichte Mesoamerikas; es entstehen eine Vielzahl von politischen Zentren, die man als die ersten Staaten in diesem Gebiet bezeichnen kann.

Die Unterschiede zwischen Staat und hochentwickelten Häuptlingstümern sind noch nicht vollständig klar. Die im folgenden aufgezählten Unterschiede wollen nur einige Kriterien für die Analyse dieses Kontinuums zwischen Häuptlingstum bzw. Kazikentum und modernem Staat aufzeigen. An erster Stelle stehen die absolute Bevölkerungszahl und die Bevölkerungsdichte, da mit dem Wachstum der Bevölkerung die politische Organisation und die gesellschaftlichen Beziehungen immer komplexer wurden. Aus den Siedlungen wurden Klein-, später Großstädte als administrative, politische und religiöse Zentren einer mehr oder weniger bedeutenden Region, in der Städte, Dörfer und Ansiedlungen in einem größeren Ganzen integriert waren. Hierbei darf aber nicht vergessen werden, daß in Mesoamerika auf der einen Seite die Bevölkerung in Städten geballt war, es aber auf der anderen Seite »Zeremonialzentren« gab, die als Mittelpunkt einer ländlichen Besiedlung zu sehen sind, bei der die Bevölkerungszahl der Städte zwar erreicht wird, die Infrastruktur jedoch fehlt. In manchen Fällen stellte die Stadt zugleich auch das Zeremonialzentrum dar.

Die Gesellschaft erfuhr eine schnelle Zunahme der Spezialisten – Keramiker, Kunsttöpfer, Steinmetzen, Maurer, Bildhauer, Goldschmiede, Händler, Krieger, Priester usw. – sowie die ungleiche Verteilung von Privilegien, Reichtum und Macht, was zur hierarchischen Struktur der Gesellschaft führte. Aus der ungleichen Verteilung der Macht entstand auch die politische Struktur des Staates, in dem militärische, religiöse und administrative Gewalt in den Händen einer kleinen herrschenden Minderheit – den Häuptlingen, Königen und Adeligen – lagen, die ihren Reichtum von der Masse der tributpflichtigen Bauern erhielten. Dieser Reichtum, zusammen mit den billigen Arbeitskräften, erlaubte es, die immensen Kosten, die die Bewässerungsanlagen, Tempel, Verteidigungsanlagen und Verwaltungsbauten verschlangen, zu tragen und darüber hinaus eine große, unproduktive Masse an Kunsthandwerkern, Beamten, Soldaten und Priestern zu unterhalten.

Ohne einen gewissen Einfluß des Militärs unterschätzen zu wollen, ist es im Fall Mesoamerika offensichtlich, daß in den ersten Staatengemeinschaften das Priestertum die Macht in Händen hielt. Es war verantwortlich für die Entwicklung der Wissenschaft in diesen Kulturen und Zivilisationen. Die Rolle der Priester-Astronomen bei der Entwicklung des Kalenders, in der Landwirtschaft, bei rituellen Handlungen und besonders bei genauestens geplanten Zeremonien, aber auch bei der Entwicklung der Hieroglyphenschrift, war entscheidend und führte zu einem politischen System, das wir Theokratie nennen können.

Im Bereich der Wirtschaft war ein starker Zuwachs der landwirtschaftlichen Produktion zu verzeichnen, ein Ergebnis des Baus großer Bewässerungsanlagen – Kanäle, Wasserspeicher und Reservoirs –, die Überschüsse erwirtschafteten, die ihrerseits vom Staat verwaltet wurden. Der Warentausch oder aber eine bestimmte Währung bestimmten den Handel auf den Märkten, die manchmal sogar internationalen Charakter hatten. Es gab Handelsstraßen auf dem Land- bzw. Seewege, und dabei bildete sich eine neue gesellschaftliche Gruppe, die später zu einer eigenständigen sozialen Klasse werden sollte, die der Händler.

Die ersten staatlichen Zusammenschlüsse in Zentralmexiko haben monumentale Tempelbauten hinterlassen: die Kreispyramide von Cuicuilco und die riesigen Steinmassen der Sonnenpyramide von Teotihuacan, zusammen mit der etwas früher zu datierenden Tempelstadt von La Venta, sind vielleicht die ersten Zeichen einer Macht, wohl einer Theokratie, die eine Menge Arbeitskräfte dazu einsetzen konnte, solche riesigen Bauwerke zu erstellen. Daraus kann man auch folgern, daß diese Macht auf andere Bereiche des täglichen Lebens Einfluß nahm; man kann also von einer staatlichen Organisation sprechen.

Während der ersten Jahrhunderte unserer Zeitrechnung waren die Stadt Teotihuacan und eine große Menge von Dörfern und Siedlungen von Priestern kontrolliert, so daß wir hier wohl von dem typischsten theokratischen Staat der Klassischen Periode Mesoamerikas sprechen können. Aber er war nicht der einzige, da während dieser Periode (200–900 n. Chr.), wie schon weiter oben erwähnt, eine große Anzahl von größeren und kleineren Staaten in diesem Gebiet entstand.

Teotihuacan ist eine riesige Tempelstadt, deren Hauptachse die sogenannte »Straße der Toten« bildet. An dieser Achse liegen zwei große Steinpyramiden, die Sonnen- und die Mondpyramide, sowie unzählige Zeremonialstätten, wie die Zitadelle aus Hunderten kleineren und mittleren Pyramiden, Plattformen und Altären, zwischen denen Wohnblocks standen, die wohl für die Priester bestimmt waren. Um diese eher dem Kult dienende Anlage herum gibt es eine Vielzahl ziviler bzw. administrativer Gebäude sowie Stadtviertel, in denen die Fremden untergebracht waren und auch die verschiedensten Handwerker und Künstler, die das ganze Jahr über dort lebten. Weiter außerhalb der Kultzentren und der Tempelstadt gab es ein riesiges Gebiet mit einer halbbäuerlichen Bevölkerung, wo die tributpflichtigen Bauern und die Bauhandwerker lebten, die in diesem riesigen Komplex beschäftigt waren.

Es wurde vermutet, daß Teotihuacan die Hauptstadt eines großen Reiches war, und zwar wegen seiner Handelsbeziehungen mit so entfernten Orten wie Kaminaljuyú oder Tikal im Gebiet der Maya, wohin viele der oben erwähnten Keramikarbeiten gelangten. Es könnte aber auch eine frühe, ausgefeilte Form eines Handelsnetzes existiert haben, wie wir es bei den Olmeken dargestellt haben oder wie es später in der Zeit der Tolteken oder Azteken, in der Spätklassik also, ausgebaut werden sollte.

Die Teotihuacan-Religion entwickelte einige der Ideen der Olmeken weiter und schuf eine Götterwelt, die immer vielgestaltiger und verwirrender wurde, wobei der Kult des Regengottes Tlaloc, der Wassergöttin Chalchiuhtlicue, des Frühlingsgottes Xipe und des alten Feuergottes Huehueteotl sowie des neuhinzugekommenen Federschlangengottes des Wissens, Quetzalcoatl, die wichtigsten waren.

Abgesehen von den Kulturen, die an der Golfküste entstanden und die als Staaten oder Stammesgemeinschaften so großen Einfluß auf Kunst und Religion Zentralmexikos hatten, muß man den stärksten Staat, der sich nördlich von Tehuantepec entwickelte, genauer untersuchen. Monte Albán, ein Ort, der schon während der Zeit der Olmeken besiedelt war, erreichte unter den Zapoteken seine höchste Blüte und größte Ausdehnung und war ein Zeremonialzentrum, das, obwohl es auf einem Tafelberg gebaut wurde und somit räumlich sehr begrenzt war, mit den wunderschönsten Bauten jener Zeit aufwarten konnte. In der bedeutenden Nekropolis trifft man auf die schönsten Stücke einer einzigartigen Keramikkunst – auf die berühmten Urnen – und auf eine Wandmalerei, die in ihrer Ausführung und Farbgebung der von Teotihuacan in nichts nachsteht. Die Kultur in diesem Staat, der wohl eine gewisse Rolle als Verbündeter von Teotihuacan gespielt hat, dürfte eine Mischung der Kulturen Zentralamerikas und der Maya gewesen sein, wie aus dem Kalender, der Art der Bilderschrift, den mathematischen Glyphen und anderen, weniger wichtigen kulturellen Erzeugnissen klar hervorgeht.

Neben Teotihuacan, Monte Albán und El Tajín könnte man auch andere Orte, wie Cholula und Xochicalco, nennen, die eine relativ wichtige Rolle für die Kultur Zentralmexikos gespielt haben. Die Klassik erreichte jedoch in einer ganz anderen Region ihren Höhepunkt. Wir meinen die verschiedenen Regionen des Mayagebietes, besonders im Tal des Usumacinta und des Motagua, im Petén und in einigen Regionen der Halbinsel Yucatán, wo sich so charakteristische Stile wie der von Rio Bec, Chenes und Puuc entwickelten. In diesen Regionen gab es unzählige Städte und Zeremonialzentren, von denen wir hier nur wenige Namen erwähnen können: Palenque, Bonampak, Yaxchilan, Piedras Negras, Altar de Sacrificios, Tikal, Uaxactun, Copan, Quirigua, Kaminaljuyú, Uxmal, Kabah usw.

Heute wissen wir, daß in diesen Städten Herrscherdynastien an der Macht waren und daß manche mit den Nachbarstädten verbündet waren, aber wir können sie nur allgemein als Stadtstaaten ansehen. Die Geschichte dieser Städte wurde in Stelen gemeißelt, die zu Hunderten zwischen Tempeln und Palästen der Städte und Tempelstädte gefunden wurden.

Die Hochkultur dieser Stadtstaaten zeigt sich sowohl in ihrem polytheistischen System, in dem viele Gottheiten denen von Zentralmexiko entsprachen, als auch in einem perfekten Kalender, in Berechnungen von Mond-, Sonnen- und Venuszyklen, in den Glyphen und in vielen anderen Aspekten, die Archäologie und Ethnologie entdeckt haben und die die Maya-Kultur als eine der größten Kulturen der Menschheitsgeschichte erscheinen lassen.

Zwischen den Jahren 650 und 900 unserer Zeitrechnung fiel Mesoamerika allmählich in eine tiefe Krise, die vom Westen her auf den Osten übergriff und die den Status quo veränderte, wenn nicht zerstörte. Diese Krise traf zuerst den Staat Teotihuacan um das Jahr 650 n. Chr., vielleicht ausgelöst durch den ständigen Einfall nichtzivilisierter Völker aus dem Norden, die sich im Herzen des teotihuacanischen Staates niederließen und ihn von innen her zerstörten. Nichtsdestoweniger wäre es ein Fehler, die Ursachen dieser Krise einseitig, etwa als Ergebnis einer gewaltsamen Invasion, die zur Zerstörung Teotihuacans führte, zu betrachten; man muß dies nur als auslösenden Faktor einer schwelenden Krise ansehen, deren Ursache vor allem im wirtschaftlichen oder gesellschaftlichen Bereich anzusiedeln wäre. Schlechte Ernteergebnisse müssen allgemeine Hungersnöte heraufbeschworen haben, und die damals sehr dichte Bevölkerung muß sich daraufhin gegen die Führungselite aufgelehnt haben, was zum Sturz dieser mittlerweile schwachen Staaten geführt haben könnte.

Dieses Phänomen wiederholte sich, ausgehend von Zentralmexiko, auch weiter im Osten und führte zum Niedergang der vielen Maya-Stadtstaaten im Gebiet des Usumacinta und im Petén. Viele davon entvölkerten sich, bei anderen zeigte sich die Dekadenz in der Aufgabe so wichtiger Riten wie der Aufstellung von Gedenksteinen. Dies ist ein Hinweis dafür, daß manche Städte zwar nicht ganz entvölkert waren, die Führungselite aber gestürzt worden war und die Blütezeit ein Ende gefunden hatte.

Es gibt viele Hypothesen über diesen erstaunlichen Niedergang und das damit verbundene Ende der Klassischen Periode, von denen hier einige genannt werden sollen: Die Rodungen als Grundlage des Ackerbaus mögen zu einer extremen Verringerung der landwirtschaftlichen Nutzfläche geführt haben; Epidemien können großen Schaden angerichtet und die Bevölkerung dezimiert haben; große Naturkatastrophen, besonders Erdbeben, mögen einen Zusammenbruch des Systems zur Folge gehabt haben, was auch zu einer Verringerung der Bevölkerungszahl geführt haben könnte; ein oder mehrere Kriege können den Niedergang des Staates und des Systems mit sich gebracht haben. Viele Autoren meinen aber, daß nur ein Zusammenfall vieler dieser Ursachen zum Auslösefaktor einer Staatskrise im theokratischen System werden konnte.

Die Militärmächte der Postklassischen Periode

Piña Chán (1985, S. 72–75) hat diese letzte Phase der mesoamerikanischen Staaten in zwei Perioden unterteilt: a) die Zeit der kriegerischen Städte und Stammesgemeinschaften (900–1250), b) die Zeit der imperialistischen Metropolen und Herrschaftshäuser (1250–1521). Die Macht im Staat konzentrierte sich in dieser letzten Periode in den Händen der Militärs, im Gegensatz zur Vorherrschaft der Priester in den theokratischen Staaten.

Die Klassenunterschiede waren in dieser Zeit jedenfalls viel krasser als in der vorigen Periode. Es existierte eine Priesterkaste, eine Kriegerkaste, die sich in Bünden zusammenfand, z. B. die »Adler-Krieger« oder die »Jaguar-Krieger«, und es entstand eine Händlerkaste, die so eng mit den Machthabern verbunden war, daß man sie sogar als Händler-Spione bezeichnen könnte. Diese spielten eine besondere Rolle beim Entstehen von Privateigentum in diesem Gebiet. Für den Warenaustausch, vor allem für den Schmuckhandel, wurden internationale »Häfen« in Xoconusco und Xicalango gegründet.

Größe und Bevölkerungsdichte stiegen sprunghaft, Kleinstädte wurden zu Großstädten, die in Größe, Verschiedenheit und Schönheit den europäischen Städten jener Zeit nicht nachstanden. Im Falle Tenochtitlan-Tlatelolco kann man von einer rein städtischen Anlage sprechen, obwohl das Zeremonialzentrum in die Stadt eingegliedert war und weiterhin eine herausragende Rolle spielte.

Der Warenaustausch erfolgte in sehr komplexen Märkten, in denen nach Gewohnheitsrecht gehandelt wurde; es entstand eine Gesetzgebung, deren Befolgung von einer speziellen »Polizei« kontrolliert wurde. Die Bewässerung wurde in großem Stil ausgebaut, was eine Produktionssteigerung erlaubte. Diese führte zu großem Reichtum, der noch mit den Steuereinnahmen von unterworfenen Völkern (die Unterwerfung erfolgte teils auf diplomatischem, teils auf kriegerischem Wege) vergrößert werden konnte. Die Staaten wurden zu imperialistischen Mächten.

Obwohl die Priester ihre Macht den Kriegern überlassen mußten, behielt die Religion ein großes Gewicht im Alltag der Bevölkerung, Folge einer sehr mächtigen, aber auch gut funktionierenden Organisation und der Vorbereitung des Priesternachwuchses in den sogenannten *Calmenac*-Schulen.

In der ersten Periode (900–1250) entstanden viele Königreiche, die über eine relativ starke Militärmacht verfügten. Unter diesen Völkern ragte das Königreich Tula heraus, das in gewisser Hinsicht als das Erbe von Teotihuacan betrachtet werden kann. In der Hauptstadt werden Pilaster, Säulen, Karyatiden (Gebälkträger), Atlanten, Chac-Mool-Schalen und Fahnenstangen errichtet, die starke Ähnlichkeit mit den zur gleichen Zeit in Chichen-Itzá (Yucatán) entstandenen haben.

Der Stil in Chichen-Itzá ist dem von Tula sehr ähnlich, er könnte also vielleicht von dort stammen; es könnte aber auch so sein, daß dieser Stil aus Yucatan nach Zentralmexiko exportiert wurde, wie Piña Chán oder Kubler meinen. In beiden Regionen werden außerdem Bündnisse zwischen den Staaten geschloßen, die sogenannte *Liga von Mayapan* in Yucatán oder das Bündnis des Tals von Mexiko.

In der letzten Phase dieser Periode (1250–1521) fielen Stämme der Chichimeken aus den Wüsten und Halbwüsten des Nordens in dieses Gebiet ein, paßten sich aber schnell der Kultur Zentralmexikos an. Sie führten jedoch ein aggressives, kriegerisches Element in die Gesellschaft ein, das bis dahin unbekannt war. Im Gegensatz dazu verfeinerten sie Teilaspekte der Kultur, wie die Poesie, die Bilderhandschriften und einen symbolischen Stil in der Kunst, dessen Analyse, obwohl sehr schwierig, uns von einem Hofstaat Kunde gibt, der scheinbar nicht zum kriegerischen Charakter der Gesellschaft paßt.

Die Mixteken (im Gebiet des heutigen Puebla) mit ihrem Herrschergeschlecht von Tilantongo erreichten einen erstaunlichen Verfeinerungsgrad in der Herstellung von Kodizes, in der Goldschmiedekunst, der Keramik usw.

Gleichsam als Höhepunkt der oben dargestellten Prozesse erscheint die Gründung des Azteken-Staates *Mexica-Tenochca*, der viele Merkmale eines Imperiums aufwies, obwohl er immer ein Bund verschiedener imperialistischer Staaten blieb. Die Stadt Tenochtitlan kann daher, im Gegensatz zu anderen Städten, wie Texcoco, Azcapotzalco und Culhuacan, einerseits als die Erbin einer langen Tradition, die bis Teotihuacan zurückgeht, angesehen werden, andererseits ist sie die Hauptstadt eines Reiches, in dem sich Völker aus expansionistischen Motiven zusammengeschlossen hatten. Diesem Ziel bereitete die spanische Konquista ein Ende.

Literatur

ALCINA FRANCH, José: »La historia indígena de América como un proceso«. Homenaje a Gimenez Fernandez, Sevilla 1966, S. 445–447.

ALCINA FRANCH, José: »Evolucion social de los pueblos indígenas de América«. Etnica (in Druck), Barcelona 1986.

ARMILLAS, Pedro: Tecnología, formaciones socioeconómicas y religión en Mesoamérica. Mesoamérica y el Centro de México (I. Monjarás et al.), Colección Biblioteca del INAH, México 1951–1985, S. 25–40.

CARRASCO, Pedro: América indígena. In »Historia de América Latina« (N. Sánchez-Albornoz dir.), Bd. 1. Alianza América 1, Madrid 1985, S. 9–266.

EKHOLM, Gordon R.: »Regional sequences in Mesoamerica and their relationships«. Middle American anthropology, Pan-American Union, Monographs 5, Washington 1958.

FRIED, Morton H.: The evolution of political society: an essay in political anthropology. Random House, New York 1967.

KIRCHHOFF, Paul: »Mesoamerica: sus límites geográficos, composición étnica y carácteres culturales«. Acta Americana I (1) (2. Auflage: Tlatoani, 1960), México 1943.

PIÑA CHAN, R.: »Un modelo de evolución social y cultural del México precolombino«. Mesoamérica y el centro de México (J. Monjarás et al.). Colección Biblioteca del INAH, México 1976–1985, S. 41–79.

POLANYI, K.: »La economía como actividad institucionalizada«. In Comercio y mercado en los imperios antiguos (Polanyi-Arensberg-Pearson eds.), Labor Universitaria, Barcelona 1976, S. 289–316.

SANDERS, W. T., und PRICE, B.: Mesoamerica: The evolution of a civilization, Random House, New York 1968.

SERVICE, Elman R.: Primitive social organization. Random House, New York 1962.

WILLEY, Gordon R.: »An archaeological frame of reference for Maya Culture History«. Desarrollo cultural de los Mayas, México 1964, S. 137–175.

VORKOLUMBISCHE METALLVERARBEITUNG UND BERGBAU IN DEN ANDEN

Salvador Rovira Llorens
Instituto de Conservación y Restauración de Bienes Culturales del Ministerio de Cultura, Madrid

1. Einführung in das Thema

Der geologische Aufbau der Anden begünstigte die Entstehung erzhaltiger Formationen. In Peru gibt es bedeutende Gold-, Silber- und Kupfervorkommen im Rohzustand sowie ausgedehnte Erzlager, die Silber, Kupfer, Zinn, Zink und Blei in Form von Primärerzen (Metallsulfide) und Sekundärerzen (Oxide, Karbonate usw.) beinhalten.

Der im Vergleich zu Europa späte Beginn der Metallverarbeitung im vorkolumbischen Amerika kann nicht mit einem Mangel an Rohstoffen begründet werden. Der Reichtum an diesen Bodenschätzen ist im Gegenteil viel größer als in der Alten Welt. Bis zur Erfindung der Metallverarbeitung muß eine Kultur einen gewissen Reifeprozeß mitgemacht und ein Bedürfnis nach Metallen entwickelt haben. Dies geschah in Peru, der am besten erforschten Region, bei den höher entwickelten Völkern der Späten Zwischenperiode. Diese Behauptung wird noch im Laufe der vorliegenden Arbeit belegt.

Die amerikanische Metallverarbeitung kann nicht aus demselben Blickwinkel wie die des eurasischen Raumes analysiert werden.

Anfangsbedingungen und Interessen waren dazu zu verschieden, denn in Europa drehte sich die Metallverarbeitung um Kupfer und um die Waffen- und Werkzeugherstellung, während in Amerika auf Gold und auf die Herstellung von Schmuck und rituellen Objekten Wert gelegt wurde. Die Tatsache, daß sich mit großer zeitlicher Differenz in großen Zügen die gleichen Techniken entwickeln konnten, hing von etwas anderem ab; zur Umwandlung von Metallen gibt es nur einen einzigen möglichen Weg, wenn nur einfache Mittel zur Verfügung stehen.

Die klassischen Arbeiten zum Thema des vorkolumbischen Bergbaus entnehmen einen Großteil ihrer Information aus den Berichten der spanischen Chronisten (Rivet und Arsandaux 1946, Root 1963). Neuere Beiträge gehen in die gleiche Richtung, schließen aber neue Interpretationen ein, die ein genaueres Bild der indianischen Metallverarbeitung entwerfen (Alcina Franch 1970, Benson 1979, Bray 1971, Cuesta Domingo und Rovira Llorens 1982, Oehm 1984, Petersen 1970).

Die Berichte der Geschichtsschreiber zeigen eine unserer Meinung nach klare Richtung. Als erstes muß hierbei das fast ausschließliche Interesse für Bergbau und Edelmetalle der Inkazeit erwähnt werden. Zweitens wurden die Beschreibungen der Chronisten erst viele Jahre nach dem ersten Kontakt beider Kulturen angefertigt, als die Spanier sicherlich schon einige Verbesserungen in den Techniken der Eingeborenen eingeführt hatten. Cieza de León veröffentlichte 1553 seine *Crónica de Perú*, der Inka Garcilaso de la Vega seine *Comentarios Reales* 1609, Girolamo Benzoni die *Historia del Nuevo Mundo* 1572 und Alvaro Alonso seine *Arte de los Metales* im Jahr 1640. Die Information, die zwar nur die Ausbeutung der Goldminen von La Paz durch die Indios beschreibt, der präkolumbischen Wirklichkeit aber zeitlich am nächsten kommt, können wir aus der von Sancho de la Hoz geschriebenen *Historia de la Conquista del Perú* (Geschichte der Eroberung Perus) entnehmen, die 1534 nur ein Jahr nach der Einnahme Cuzcos durch Pizarro und seine Gefährten entstand.

Die moderne Forschung über konkrete Bereiche, die einzige Form, das Kulturmosaik zusammenzusetzen, ist noch nicht weit gediehen, aber deshalb um so reizvoller. Wenn man den Mangel an Kenntnissen, den wir von der zeitlichen Abfolge der Kulturen im Andenraum haben, dazurechnet, werden wir uns der Schwierigkeiten bewußt, die einer genauen Beschreibung der technologischen Entwicklung der vorkolumbischen Metallurgie im Wege stehen.

Wir werden uns größtenteils auf Peru beziehen, da die meisten und ergiebigsten Informationen von dort stammen, ohne zu vergessen, daß Kolumbien im Hinblick auf die Metallverarbeitung ein hochentwickeltes Gebiet war. Dies galt besonders für die Goldschmiedekunst, die wir später gemeinsam mit der Quimbaya-Metallurgie behandeln werden.

2. Die Goldverarbeitung

Das Rohgold war im allgemeinen das erste von den prähistorischen Völkern verwendete Metall, da es dank seiner physikalischen Eigenschaften auch mit sehr einfachen Mitteln leicht zu verarbeiten war und sein charakteristisches Aussehen erhielt. Aber der Gebrauch dieses oder eines anderen Metalls bedeutet keineswegs, daß eine Gesellschaft allgemein die Metallverarbeitung beherrscht. Um von Metallverarbeitung sprechen zu können, muß über die reine Abbau- und Schmiedetätigkeit hinaus die Fähigkeit zur physikalisch-chemischen Umwandlung (Schmelzen von Metallen und Erzen) beherrscht werden.

Im 1. Jahrtausend v. Chr. brachte die Chavín-Kultur, die sich über ganz Peru ausgebreitet hatte, zahlreiche Gegenstände aus Goldblech, wie Ringe, Armreifen, Schalen, Nasenringe, hervor. Das Metall wurde ohne Umwandlungsprozesse mit dem Hammer bearbeitet. Alcina Franch (1970, S. 23) erinnerte daran, daß vor dem Jahre 500 v. Chr. an der Küste sowie in den Bergen Perus Rohgold benutzt wurde. Diese Daten bestätigen sich durch einen Fund von Steinwerkzeugen zur Bearbeitung von Gold in Waywaka, in der Provinz Andahuaylas nördlich von Cuzco, der mit Hilfe der Radiokarbon-Methode auf das Jahr 1490 ± 100 v. Chr. datiert wurde.

Wir wissen jedoch nicht mit Sicherheit, wann mit dem

Goldguß begonnen wurde, obwohl sicherlich die Objekte aus Gold am meisten das Interesse der Forscher erregt haben.

In einer klassischen Arbeit von Lothrop (1937) wird der Goldguß in Paracas erwähnt. Die metallographischen Studien von Marshall (1964), die an einigen gehämmerten und ausgeglühten Goldblechstücken der Halbinsel durchgeführt wurden, weisen künstliche Gold- und Kupferlegierungen nach. Einige Stücke stammen aus Grabbeigaben aus der Paracas-Cavernas-Periode und beweisen, ohne daß sie auf einen bestimmten Zeitpunkt datiert werden konnten, daß dort irgendwann zwischen 300 v. und 200 n. Chr. Gold gegossen und Kupfer legiert wurde.

Für die Nordküste werden die ältesten künstlichen Gold-, Silber- und Kupferlegierungen nach der chronologischen Aufstellung von Donnan und Mackey (1978) auf das Jahr 295 ± 95 (frühes Mochica II) datiert. Sie stammen aus den Ausgrabungen von Loma Negra bei Vicús und sind eindeutig der Mochica-Kultur zuzuordnen (Lechtman 1982). Obwohl diese Forscherin glaubt, daß solche Zusammensetzungen im Rohgold vom Norden Perus und aus Ecuador herkommen können (Lechtman 1982, S. 7), unterscheidet sich die Zusammensetzung klar von der des in verschiedenen Goldfeldern von Caley (1977) entdeckten Rohgoldes. Diese Resultate stimmen perfekt mit denen überein, die Rivet und Arsandaux (1946, S. 34 ff.) vor Jahren veröffentlicht hatten. Mehr zu diesem Thema kann man bei Patterson (1971) nachlesen.

Alles deutet darauf hin, daß der Ursprung der Goldverarbeitung in der Chavín-Kultur im Norden der peruanischen Anden zu finden ist, deren Handwerker schon den Metallguß und die Schweißtechnik beherrschten und herrliche Stücke herstellten (Lothrop 1951, S. 239). Die Metalltechniken der Chavín-Kultur breiteten sich im ganzen Andengebiet aus. Das beweisen die von Lechtman, Parsons und Young (1975) untersuchten sieben Jaguarfigürchen im Chavín-Stil, die, auf den Zeitraum von 400 bis 100 v. Chr. datiert, eher der Proto-Mochica- bzw. der frühen Vicús-Periode zuzuordnen sind. In dieser frühen Phase der Metallverarbeitung hatte das Schmelzen wohl das Ziel, Gold-, Silber- und Kupferlegierungen vorzubereiten, die dann später zu erstaunlich dünnen Blechen verarbeitet wurden. Diese Bleche dienten zur Herstellung von getriebenen Gegenständen. Man kennt zahlreiche Schmiedewerkzeuge aus Stein, von denen einige auf die Mitte des 2. Jahrtausends v. Chr. datiert werden (Grossman 1972 und 1978, Lothrop 1978).

Unter den wichtigen technologischen Errungenschaften dieser frühen Metallverarbeitung ist besonders die von Lechtman, Parsons und Young (1975) beschriebene Methode des Lötens zu erwähnen, durch die Bleche mit Hilfe einer Silber-Kupfer-Legierung zusammengefügt wurden.

Die Mochica setzten ihre Kenntnisse wahrscheinlich am besten in die Praxis um, indem sie Goldlegierungen von geringerem Feingehalt herstellten. Das zwang sie, zusätzlich Techniken zur Oberflächenveredelung, z. B. *mise en couleur*, elektrochemische Vergoldung, Beschichtung, zu entwickeln, was sie unter Verwendung von bestimmten Pflanzensäften, Salzlösungen, Kaliumnitrat, Essig und Urin erstaunlich gut beherrschten. Diese Techniken wurden genauestens von Bergsoe (1938), Lechtman (1971, 1973 und 1979) und Lechtman et al. (1982) untersucht.

In den peruanischen Anden war die Herstellung von Goldgegenständen im Laufe der Entwicklung der präkolumbischen Kulturen allgemein üblich. Dabei überwiegen die aus Goldblechen hergestellten Werke, z. B. Totenmasken, Diademe, Nadeln, Nasen- und Ohrringe, Trinkgefäße, viel Schmuck und rituelle Objekte. Nur in relativ späten Perioden findet man gegossene Figuren aus massivem Gold. Root schreibt (1963, S. 222), daß es Beweise für die Anwendung der Gußtechnik um das Jahr 700 n. Chr. gibt. Es existieren einige gegossene Messer, Nadeln und tier- oder menschenähnliche Figürchen.

In den verschiedenen Kulturen Kolumbiens arbeitete man vor dem Eintreffen der Spanier gewöhnlich mit dem Guß in verlorener Form. Die schönen Goldobjekte aus den Kulturen Tumaco, Tairona, Calima, Quimbaya und Nariño verdeutlichen, daß diese Technik beherrscht wurde. Unglücklicherweise fehlen eine ganze Reihe von Daten über diese Kulturen, deren Charakteristika weder den Völkerkundlern noch den Archäologen ausreichend bekannt sind. Duque Gómez (1976, S. 20) schreibt, daß der Ursprung dieser Kulturen, die von den ersten Jahrhunderten unserer Zeitrechnung bis zur Ankunft der Spanier existierten, in der Formativen Periode zu finden ist. Der chronologische Rahmen für diese kolumbischen Kulturen ist jedoch noch offen.

3. Die Silberverarbeitung

Silber wurde später als Gold verwendet. Logischerweise beziehen wir uns auf die Herstellung von Silbergegenständen, da Silber als Bestandteil von Legierungen mit Gold schon mindestens seit Mitte des 1. Jahrtausends v. Chr. verarbeitet wurde. Root (1963) weist darauf hin, daß an der Nordküste und in den höher gelegenen Gebieten Perus Spuren davon schon auf ungefähr 700 v. Chr. hindeuten. Alcina Franch dagegen (1970) spricht vom Silbergebrauch an der Nordküste um Christi Geburt.

Den späteren Beginn der Silberverarbeitung kann man vielleicht durch den Goldüberfluß erklären, dem eine begrenzte Nachfrage nach Silber gegenüberstand. Die Menge der natürlichen Gold- und Silbervorkommen steht in Peru im Verhältnis 1:4, d. h. es ist viel günstiger als in anderen Teilen der Welt (Patterson 1971, S. 300). Die Ureinwohner verfügten also über viermal soviel Silber wie Gold in einem Gebiet, in dem sich durchschnittlich viel mehr Gold befand als sonst auf der Welt.

Die ältesten Kulturen, von denen wir Silbergegenstände gefunden haben, sind die Vicús- und die Frías-Kultur (Kauffmann 1978, S. 346 ff.), die zeitlich vor den Mochica zu datieren sind. Während der Frühen Zwischenperiode kann beobachtet werden, daß immer mehr Silber in Form von Blech zur Herstellung einer ganzen Palette von Gegenständen eingesetzt wird: Trinkgefäße, Masken, Nadeln, Enthaarungspinzetten, Zeremonialmesser usw. Sie werden mit den gleichen

Techniken bearbeitet wie das Gold; vor allem werden sie gehämmert, getrieben und in geringerem Maße auch in Formen gegossen. Aus der Späten Zwischenperiode, im Gebiet der Chimú- und der Lambayeque-Chimú-Kultur, finden sich einige gegossene Silbergegenstände, hauptsächlich Nadeln, Halsschmuck und Messer für Zeremonien. Später, während des Späten Horizonts, fügen die Inka den Hausratsgegenständen ihre charakteristischen Figuren hinzu, die Lamas oder menschenähnliche Wesen darstellen.

Ecuador und Kolumbien konnten wegen ihrer Armut an diesen Bodenschätzen, im Gegensatz zu Peru, vor der Ankunft der Spanier keine blühende Silberindustrie entwickeln.

4. Die Kupfer- und Bronzeverarbeitung

Das Kupfer, welches zur Bronzezeit in Europa die Entwicklung ganzer Zivilisationen bestimmt hatte, nimmt bei den vorkolumbischen Kulturen Südamerikas einen viel geringeren Stellenwert ein. Nicht einmal während des Späten Horizonts, als Bronze (Kupfer-Zinn-Legierung) zur Herstellung von Geräten und Waffen bei den Inka in gewissem Maße verbreitet war, kann man von einer Kupferindustrie großen Ausmaßes sprechen. Es gibt nur wenige Kupferwerkzeuge, die zum Teil vermutlich auch noch sehr spät angefertigt wurden (landwirtschaftliche Geräte, Meißel, Nadeln usw.). Bei der Waffenherstellung mußte das Kupfer mit dem Stein konkurrieren, den es kopierte, der aber als Material für Keulen, Äxte usw. oft vorgezogen wurde. Die Kupfer- und Bronzeindustrie sollte hauptsächlich der Herstellung von Objekten zu rituellen bzw. religiösen Zwecken und von Schmuck dienen: z. B. Masken, Diademe, Halsschmuck, Figürchen, Messer und Nadeln.

Es gibt kaum Anhaltspunkte über den Beginn der Kupferverarbeitung in Peru. Alcina Franch (1970, S. 325) schlägt vor, vorläufig die Zeit um 500 v. Chr. anzunehmen. Aus dieser Zeit wurden die bisher ältesten Gold-Kupfer-Legierungen gefunden. Aus archäologischer Sicht dürfte es keine Kupfergegenstände in der Chavín-Kultur gegeben haben (Patterson 1971, S. 307). Erst zu Beginn der Mochica-Kultur häufen sich Kupfergegenstände. An der Südküste fand man ein Fragment aus der Paracas-Kultur, das bisher älteste Stück (Marshall 1964). Über ältere Forschungsobjekte aus anderen Landesteilen verfügen wir nicht, aber es ist unwahrscheinlich, daß es weiter entfernt andere Ausgangspunkte, wie man nach der geographischen Verteilung der Metallvorkommen und den kulturellen Zentren in der Frühen Zwischenperiode schließen kann, gegeben hat.

Ebensowenig wissen wir, wann mit dem Schmelzen kupferhaltiger Erze (Kuprit, Malachit, Azurit) zur Kupfergewinnung begonnen wurde. Anfangs war die Nachfrage wohl mit dem verfügbaren Rohkupfer zu decken. Einige Autoren sind der Auffassung, daß schon früh mit dem Schmelzen von Erzen begonnen wurde, da diese einen niedrigeren Schmelzpunkt als Rohkupfer haben. Die bisher bekanntesten Schmelzeinrichtungen (Grabhügel in Batán Grande) waren nicht in der Lage, direkt brauchbare Barren oder Gußteile herzustellen, obwohl sie relativ spät, von 700 bis 1532, im Gebrauch waren (Shimada et. al. 1982). Dabei erhielt man zunächst Kupferklumpen und Fäden, umhüllt von Schlacke, die man erst mit Steinhämmern zerschlagen mußte, um das Kupfer herauszulösen. Die Kupferstücke wurden in einem Schmelztiegel nochmals eingeschmolzen und verfeinert und dann bei einer über dem Schmelzpunkt von Rohkupfer liegenden Temperatur zu Barren und anderen Formen gegossen. Wenn wirklich sehr früh mit dem Verarbeiten von Erzen begonnen wurde, so kann man dies nicht mit dem schwierigen Rohkupferguß in Verbindung bringen.

Die Kupfergegenstände wurden anfangs aus sehr reinem Kupfer hergestellt. Um das 6. Jahrhundert geht man jedoch immer mehr zu Legierungen mit einem wesentlichen Anteil anderer Zusätze, hauptsächlich Arsen und Zinn, über, was für Patterson (1971, S. 308 ff.) die »Zeit der Unreinheiten im Kupfer« ist.

Genau wie in Europa werden die ersten Kupferlegierungen (abgesehen von Gold- und Silberlegierungen) mit Arsen hergestellt.

Wenn es gelingt, die Kupfergegenstände mit mehr als 1 Prozent Arsenanteil mit Sicherheit zu datieren, haben wir gleichzeitig den Moment festgelegt, von dem ab Kupfererze verarbeitet wurden, da Rohkupfer gewöhnlich keine so hohen Arsenverunreinigungen aufweist, obwohl für einige Autoren auch dies eine künstliche Legierung ist. Wir teilen diese Meinung nicht, da zahlreiche Erze bei der Analyse eine Zusammensetzung aus vielen Metallen aufweisen, die neben Kuprit, Malachit und Azurit ausreichende Mengen Kupferarseniate beinhalten, um arsenhaltiges Kupfer zu bilden (Delibes et al. 1985). Es ist nicht notwendig, auf künstliche Beimischungen von arsenhaltigen Zusätzen zurückzugreifen, um die Existenz arsenhaltigen Kupfers zu erklären. Ob diese Legierungen nun wegen ihrer besseren physikalischen Eigenschaften absichtlich benutzt wurden, ist eine ganz andere Frage. Vorausgehende statistische Untersuchungen zeigen, daß es anscheinend keine Relation zwischen der Form des Objektes und seinem Arsengehalt gibt (Rovira Llorens 1984, S. 385 ff.). Wenn man davon ausgeht, daß die ältesten uns bekannten Ausgrabungsstücke aus der Mochica-Kultur stammen, ist es auf jeden Fall so, daß die Verarbeitung von Kupfer und arsenhaltigem Kupfer irgendwann während der frühen Zwischenperiode, also zwischen dem 1. und dem 7. Jahrhundert, eingesetzt hat.

Eine andere Frage ist das Aufkommen der Bronze. Im bolivianischen und peruanischen Andenhochland befinden sich bedeutende Zinnvorkommen. Vereinzelt kommt Zinn auch in der Gegend um Cuzco und in der Sierra Central, nicht weit von Canta entfernt, vor.

In einem ersten Versuch Roots, den chronologischen Ablauf zu bestimmen, legt er die Verbreitung der Technologie zur Bronzeverarbeitung im ganzen damaligen Peru auf das Jahr 1100 n. Chr. fest. Nach später veröffentlichten Materialanalysen stellt sich Nordwestargentinien als möglicher Ausgangspunkt heraus. Es handelte sich dabei um Stücke aus der

Aguada-Kultur, die mit Hilfe der Radiokarbon-Methode um das Jahr 800 n. Chr. datiert wurden (González 1959, S. 391, 393). González sieht im Nordwesten Argentiniens einen Ausgangspunkt der Bronze; am wahrscheinlichsten ist allerdings, daß die ältesten Bronzen aus dem Andenhochland stammen, wo es großen Zinnreichtum und eine entwickelte Kultur, die Tiahuanaco-Kultur, gab.

Die stilistische und ikonographische Untersuchung der Aguada-Stücke zeigen deutlich den Einfluß der Tiahuanaco-Kultur und beweisen so eine Nord-Süd-Verbindung der Kulturen des Andenhochlandes mit denen Nordwestargentiniens. Die Bronzetechnologie breitete sich während der Endphase des Mittleren Horizonts (Wari-Reich oder Wari-Tiahuanaco) um das Jahr 1000 über ganz Peru aus (Alcina 1970, S. 316). Die Region Chimú an der Nordküste war eine der wichtigsten im Hinblick auf die Metallverarbeitung der Späten Zwischenperiode. Das große Chimú-Reich, das die Mochica-Tradition und andere Einflüsse (nicht zu vergessen die von Lambayeque) in sich vereinte, entwickelte eine komplexe metallverarbeitende Industrie mit großen Produktionszentren wie Batán Grande, im Tal von Lambayeque (Shimada et al., 1982).

Eigentlich sind Bronzeobjekte nur zur Zeit des Inkareiches verbreitet: Messer für rituelle Zwecke (einige tragen als Verzierung einen Lamakopf am Griff), Glöckchen, Halsschmuck, Spiegel, religiöse Figürchen, Äxte, Keulen, Nadeln usw. sind sehr beliebt. Wahrscheinlich war die Produktion von Bronzegegenständen im Andenhochland zentralisiert und wurde von dort aus über das dichte Netz von Handelsstraßen über das gesamte Inkareich verteilt. So wäre die Stil- und Formgleichheit des Materials, das an soweit von Cuzco entfernten Punkten wie Südkolumbien, Ecuador und Nordchile gefunden wurde, zu erklären.

5. Metallverarbeitung der Quimbaya Ästhetik und technische Perfektion

Als die Spanier zum Festland segelten und sie schon einen großen Teil der Karibik kannten, vermuteten sie sagenhafte Schätze aus Gold und Edelsteinen in diesem riesigen Kontinent. So begann die Legende von El Dorado. Der mit den Indianern der Karibikküste getätigte Tausch von Glasperlen gegen Tumbaga-Gegenstände trug noch zu dieser Legende bei. Nach dem darauffolgenden Eindringen ins Innere des Kontinents und nach den ersten Kontakten mit den autochthonen Völkern Kolumbiens war der Mythos vom Königreich El Dorado in diesem Teil Amerikas zerstört.

Nach der Eroberung lieferte Kolumbien zwar keine unbegrenzten Reichtümer des so geschätzten Metalls, hatte aber eine große Menge von Objekten aus Gold oder Tumbaga (Gold-Kupfer-Legierung) vorzuweisen, die von wahren Meistern der Goldschmiedekunst, den Muisca oder den Quimbaya, stammten. Die Schätze, die in die Schatzkammern der spanischen Krone gelangten oder die in den ersten Jahren der Kolonialzeit in die Hände einzelner fielen, waren für die Archäologie von unschätzbarem Wert.

Die Ufer der Flüsse Magdalena und Cauca bilden eigentlich ein riesiges Goldfeld. Es ist das wichtigste Südamerikas und wurde schon seit frühester Zeit ausgebeutet. Es gibt Hinweise für die Archäologen, daß in der Gegend um San Agustín schon vor Beginn unserer Zeitrechnung Goldschmiedearbeiten angefertigt wurden (Duque Gómez 1976, S. 113). Es ist kein Zufall, daß sich in Kolumbien eine der fortgeschrittensten Technologien des ganzen Kontinents zur Goldverarbeitung entwickelt hatte, die sogar den modernen Goldschmied in Erstaunen versetzen würde; erst spät und unter Schwierigkeiten konnten die Techniken der präkolumbischen Goldschmiede Kolumbiens entdeckt werden.

Der größte Teil des von den Indianern verwendeten Goldes stammte aus den Goldfeldern der Flußebenen zwischen der Ost- und der Zentralkordilliere. Obwohl uns der Chronist Fernández de Oviedo in seinem Buch *Historia General y Natural de las Indias* eine genaue Beschreibung des Goldwaschverfahrens liefert, gibt es kaum Funde zur ursprünglichen Goldgewinnung, da diese weder mit großen Ansiedlungen noch mit dem Bau dauerhafter Anlagen einherging. Fand man Gold in quarzhaltigen Erdschichten, baute man es mit Hilfe von Galerien und engen Schächten entlang der Ader ab. Es gibt Schriften aus dem 16. Jahrhundert, in denen die Minen von Marmato in Caldas erwähnt werden, wo in einem der Schächte Werkzeuge aus Tumbaga gefunden wurden (Pérez de Barradas 1954, S. 8). Vor der Ankunft der Spanier, und auch noch danach, war Buriticá in den Bergen nördlich von Antioquía das wichtigste Bergbauzentrum Kolumbiens. In Buriticá beutete man Goldminen und goldhaltigen Sand aus. Es war ein richtiges Industriezentrum, in dem Metall gewonnen und zu Gegenständen verarbeitet wurde, mit denen man auch teilweise Handel betrieb. Cieza de León sagte, als er 1538 mit der Expedition Juan de Vadillos in Buriticá war, daß »es eine Stadt auf einem befestigten Hügel sei, mit dichtgedrängten, hohen Häusern, und daß es die Hauptstadt einer ganzen Gegend sei, in der sich auch andere kleinere Gemeinschaften niederließen und sich dem Bergbau und der Goldverarbeitung widmeten«.

Die Metallindustrie war nicht auf einen Ort begrenzt, sondern über das ganze Gebiet verteilt befanden sich Gießereien und Werkstätten. Die Spanier fanden dort häufig Öfen, Schmelztiegel, Waagen und andere Utensilien dieser Art.

Buriticá war auch der Ausgangspunkt eines ausgedehnten Handelsnetzes, welches das gesamte Quimbaya-Territorium und die angrenzenden Gebiete versorgte. Die im Südosten lebenden Muisca waren Großabnehmer für Barrengold oder Goldkugeln. Im Norden entstand wohl bald das große Handwerkszentrum Dabeida, in dem Gold und andere edle Materialien verarbeitet wurden und das seine Rohstoffe aus Buriticá bezog. Von Dabeida drang der Handel in das Gebiet der Sinú und der Tairona vor und deckte schließlich das Gebiet vom Golf von Urabá bis zur Mündung des Magdalena-Flusses ab.

Der Bergbau unterscheidet sich also geographisch von der Schmuckherstellung. An verschiedenen Punkten Kolumbiens blühen Goldschmiedezentren auf, wo Schmuckstücke und

Gegenstände zu rituellen Zwecken zwar mit denselben Techniken angefertigt werden, aber dennoch so große Stilunterschiede aufweisen, daß die einzelnen Gruppen gut voneinander abzugrenzen sind.

Nach unseren bisherigen Erkenntnissen breitete sich die Metallverarbeitung von den Ausgangspunkten in Peru in Süd-Nord-Richtung aus. In dieser nach Norden gerichteten Ausbreitung der Technologie spielen Kolumbien und die Landenge von Panama eine zeitliche und geographische Mittlerrolle (Bray 1978, S. 39). Trotz der regionalen Stilunterschiede können diese Länder im Hinblick auf die Metallverarbeitung als Einheit gesehen werden, die Merkmale sind die allgemein verbreitete Benutzung von Gold-Kupfer-Legierungen (Tumbaga), der Guß in verlorener Form sowie Techniken der Oberflächenbehandlung, um den Gegenständen ein besseres Aussehen zu verleihen (»mise en couleur«).

In diesem breiten geographischen Rahmen (Kolumbien, Panama und Costa Rica) werden die Goldgegenstände durch ein dichtes Handelsnetz und einen regen Handel überallhin verbreitet: so wurden Quimbaya- und Sinú-Gegenstände in Panama und Costa Rica gefunden, wo sie auch teilweise kopiert wurden; auf der anderen Seite fand man Halsschmuck aus Panama in Form von Fröschen in Armenia, im Quimbaya-Gebiet. Die Bewegung der Waren über die Handelswege und die Unmöglichkeit, sie in einen stratographischen Kontext einzuordnen, erschwert die Erstellung einer Chronologie ungemein. Es ist hinreichend bekannt, daß der größte Teil der Bestände des kolumbischen Gold-Museums, des Museo de América in Madrid und anderer von Sammlern oder Schatzsuchern kamen und im allgemeinen aus Grabplünderungen stammen.

Aus diesen Gründen können so bedeutende und vollständige Funde wie der im Museo de América aufbewahrte Schatz der Quimbaya, von dem einige der wichtigsten Stücke hier ausgestellt sind, noch nicht genau datiert werden. Die Spanier, die gegen die Quimbaya-Indianer gekämpft hatten, erzählten, daß diese buchstäblich in Gold gekleidet in den Kampf gingen, und zwar mit goldenen Helmen, Kronen, Armreifen, Beinschienen usw. (Duque Gómez 1976, S. 151). Der Schatz der Quimbaya scheint älter zu sein als die uns bekannten Funde aus der Cauca- und der Caldas-Periode. Außerdem weicht der charakteristische Stil des Schatzes von dem der historischen Quimbaya-Indianer ab. Wir wagten eine grobe Einordnung der Stücke auf den Zeitraum zwischen 600 und 1000 (Cuesta Domingo und Rovira Llorens 1982, S. 52), waren uns aber bewußt, daß die kulturelle und zeitliche Zuordnung noch in hohem Maße spekulativ ist (Jones 1974, S. 25).

Ein großer Teil unserer Forschungsobjekte sind gegossen. Bei massiven und symmetrischen Gegenständen benutzte man zweischalige Formen. Mußte der Gegenstand aber hohl sein, so wurde die Form komplizierter, da man erst eine Innenform bzw. einen Kern aus plastischem Ton, gemischt mit zerkleinerter Holzkohle, herstellen mußte, der mit Stegen an der Außenform gehalten wurde.

Eigenwillige und komplizierte Formen erhielt man, ob massiv oder hohl, mit dem Guß in verlorener Form, einer Technik, in der die kolumbischen Handwerker wahre Meister waren. Sie besteht erst einmal darin, den gewünschten Gegenstand aus Bienenwachs zu formen. Die Wachsform wird dann mit einer Tonschicht überzogen, in der ein Loch gelassen wird. Erhitzt man das Gebilde nun leicht, schmilzt das Wachs, fließt nach außen ab und übrigbleibt die Hohlform. Dann braucht man nur noch das flüssige Metall einzufüllen und, wenn es erhärtet ist, die Schale zu zerschlagen. Das Verfahren für hohle Gegenstände ist schwieriger. Erst wird der Kern aus Ton und Holzkohle als Innenform des Gegenstandes geformt. Ist dieser trocken, so wird er mit einer Wachsschicht überzogen, die man leicht andrückt, damit sie sich perfekt an den Kern anpaßt. Dann wird die Verzierung in die Wachsschicht gezeichnet. Nach der Fertigstellung des Kerns wird eine Schüssel mit einer Mischung aus Ton, relativ viel Wasser und fein zerriebener Holzkohle bereitgestellt. Der mit Wachs überzogene Kern wird in diese Mischung eingetaucht, bis sich eine feste Ton-Holzkohle-Schicht um ihn bildet. Darüber hinaus muß der Kern zu diesem Zeitpunkt mit so vielen Stegen wie nötig ruhiggestellt werden. Schließlich muß alles mit einer dicken Schicht aus plastischem Ton umgeben werden. Nach dem Trocknen läßt man das Wachs auslaufen und gießt das geschmolzene Metall ein. Es wurden einige Formen entdeckt, die noch die Wachsschicht im Inneren haben (Bruhns 1972).

Nach den Ergebnissen zu urteilen, besteht kein Zweifel, daß die indianischen Handwerker große Fertigkeit in der Herstellung hohler Objekte erreichten. Ihre Erfahrung ließ sie Lösungen finden, die noch unübertroffen sind. Die zerriebene Holzkohle im Kern und in den Wänden der Tonform war beispielsweise grundlegend, um die Bildung von Gasbläschen während des Gusses im Inneren der Form zu verhindern.

Ein weiterer interessanter Aspekt der Metallverarbeitung der Quimbaya (und auch anderer Kulturen) ist die Schweißtechnik. Oft entdeckte man Objekte, die aus verschiedenen Metallen zusammengesetzt waren: manche Gegenstände enthielten verschiedene Legierungen und boten so ein eindrucksvolles Farbenspiel aus Goldtönen. Teilweise wurden Metallbleche zusammengehämmert, genietet oder geklammert. Das eigentliche Schweißen, bei dem eine Verbindung durch kurzzeitige Verflüssigung geschaffen wird, erreichten die Quimbaya mit Hilfe von Schweißröhren, mit denen sie die Schweißzone bis zum Schmelzen erhitzten.

Mit Hilfe eines Zusatzes, der einen niedrigeren Schmelzpunkt hatte als das zu verbindende Material, wurde gelötet. Eine weitere Löt-Technik, die erwiesenermaßen angewandt wurde, bestand darin, eine Mischung aus Goldpulver und Kupfersalzen (zerriebener Kuprit oder Malachit) mit einem Harz als Bindemittel auf die Schmelzzone zu geben. Bei Sauerstoffarmut (Reduktion) schmilzt diese Mischung bei 800 Grad Celsius, d. h. bei einer niedrigeren Temperatur als die meisten Gold- und Kupferlegierungen.

Zum Schluß sollte man noch eine Technik erwähnen, mit der die kolumbischen Indianer das Aussehen der Gegenstände von niedrigem Goldgehalt verschönern konnten. Sie ist unter dem Namen »mise en couleur« bekannt. Es handelt sich um eine chemische Reaktion, die dem kupferfarbenen Tumbaga eine goldähnliche Oberfläche verleiht. Das Verfahren bestand in der äußerlichen Anwendung einer Substanz, die die Eigenschaft hat, mit dem Kupfer zu einem Salz zu reagieren, das leicht ausgeschieden wird und das Gold nicht angreift. Diese Substanz war bei den Quimbaya die im Saft einer Pflanze, der *Oxalis pubescens*, enthaltene Oxalsäure. Polierte man nach der chemischen Reaktion vorsichtig die Oberfläche, fühlte sie sich an und sah auch aus wie Feingold.

6. Schlußbetrachtungen

Mit dieser kurzen Annäherung an die präkolumbische Metallverarbeitung im Andenraum haben wir versucht, den heutigen Stand der Forschung in groben Zügen zusammenzufassen. Es stehen noch viele Fragen offen, ohne die jede Zusammenfassung zweifellos unvollständig bliebe.

Wieder einmal möchten wir die Wichtigkeit von Ausgrabungsarbeiten betonen, die mit der notwendigen wissenschaftlichen Genauigkeit, die die heutige Forschung erfordert, durchgeführt werden. Es ist die einzige Möglichkeit, wenigstens bedingt, chronologische und kulturelle Abläufe festzustellen.

Lange Jahre wurden die Ausgrabungen meistens an eindrucksvollen Grabstätten durchgeführt, wonach in Laborarbeit anhand typologischer Entwicklungen kulturelle Perioden festgelegt wurden, ohne auf den stratigraphischen Aspekt einzugehen. Einige Sequenzen verarbeitete man auf der Basis von Museumssammlungen; herrliche Sammlungen zwar, die jedoch oft mit der Feldforschung wenig zu tun haben, was dazu führt, daß sich die Forschung in einem gefährlichen Teufelskreis dreht.

Glücklicherweise ging man in den letzten zehn Jahren langsam, aber sicher zu breit angelegten archäologischen Forschungsvorhaben über, bei denen das Objekt als solches oder die eindrucksvolle Architektur an Wichtigkeit verliert, um sich der eigentlichen Hauptperson der Geschichte zuzuwenden – dem Menschen und seiner dialektischen Beziehung zur Umwelt.

Literatur

ALCINA FRANCH, J.: »La producción y el uso de metales en la América precolombina«. Actas del VI Congreso Internacional de Minería, Bd. 1. León 1970, S. 307–331.

BENSON, Elizabeth P.: Pre-Columbian metallurgy of South America. Dumbarton Oaks, Washington, D.C., 1979.

BERGSOE, P.: The gilding process and the metallurgy of copper and lead among the Precolumbian Indians, Kopenhagen 1938.

BRAY, Warwick: »Ancient American metal-smiths«. Proceedings of the Royal Anthropological Institute of Great Britain and Ireland, London 1971.

BRAY, Warwick: The Gold of El Dorado. Benson & Hedges, London 1978.

BRUHNS, K. O.: »Two pre-Hispanic 'cire perdue' casting molds from Colombia«. Man, New Series, 7 (2), 1972, S. 25–32.

CALEY, E. R.: »Chemical composition of ancient copper objects of South America«. In W. J. Young (editor), Application of science in examination of work of art. Museum of Fine Arts, Boston 1973, S. 53–61.

CALEY, E. R.: »Composition of Peruvian native gold«. Ohio Journal of Science, 1977 (2), S. 141–143.

CHARLES, J. A.: »Early arsenical bronzes: a metallurgical view«. American Journal of Archaeology 71, 1976, S. 21–26.

CUESTA DOMINGO, M. – ROVIRA LLORENS, S.: Los trabajos en metal en el Area Andina. Ministerio de Cultura, Madrid 1982.

DELIBES, G., et al.: »Almizaraque (Almería). Minería y metalurgia calcolítica en el S.E. de la Península Ibérica«. Coloquio Internacional sobre Minería y Metalurgia en las Antiguas Civilizaciones Mediterráneas y Europeas, Madrid 1985.

DONNAN, C. B. – MACKEY, C. J.: Ancient burial patterns of the Moche Valley, Peru. University of Texas Press, Austin 1978.

DUQUE GOMEZ, L.: Introducción al pasado aborígen. Breviarios Colombianos Nr. 5, Retina, Bogotá 1976.

GONZALEZ, A.: »A note on the antiquity of bronze in N.W. Argentina«. Actas del XXXIII Congreso Internacional de Americanistas, Lehman, San José 1959, S. 384–397.

GROSSMAN, J. W.: »An ancient gold worker's tool kit«. Archaeology, 25, 1972, S. 270–275.

GROSSMAN, J. W.: »Un antiguo orfebre de los Andes«. In R. Ravines (editor), Tecnología Andina, Instituto de Estudios Peruanos, Lima 1978, S. 521–527.

JONES, J.: »Precolumbian gold«. In Jones und W. Bray, El Dorado, The gold of ancient Colombia, New York Graphic Society for The Center for Inter-American Relations and The American Federation of Arts, New York 1974.

KAUFFMANN DOIG, F.: Manual de Arqueología Peruana. Peisa, Lima 1978.

LECHTMAN, H.: »Ancient methods of gilding silver. Examples from the Old and New Worlds«. In Robert H. Brill (editor), Science and Archaeology, M. I. T. Press, Cambridge, Massachusetts 1971, S. 2–30.

LECHTMAN, H.: »The gilding of metals in precolumbian Peru«, in W. J. Young (editor), Application of science in examination of works of art, Museum of Fine Arts, Boston 1973, S. 38–52.

LECHTMAN, H.: »A pre-Columbian technique for electrochemical replacement plating of gold and silver on copper objects«. Journal of Metals, 31 (12), 1979, S. 154–160.

LECHTMAN, H., et al.: »New perspectives on Moche metallurgy: techniques of gilding copper at Loma Negra, Northern Peru«. American Antiquity 47 (1), 1982, S. 3–30.

LECHTMAN, H., et al.: Seven matched hollow gold jaguars from Peru's Early Horizon, Studies in Pre-Columbian Art and Archaeology nr. 16. Dumbarton Oaks, Trustees for Harvard University, Washington, D. C., 1975.

LOTHROP, S. K.: »Gold and silver from Southern Peru and Bolivia«. Journal of the Royal Anthropological Institute 67, 1937, S. 305–325.

LOTHROP, S. K.: »Gold artifacts of Chavin style«. American Antiquity 16 (3), 1951, S. 226–240.

LOTHROP, S. K.: »Instrumentos para trabajar metales de la Costa Central del Peru«. In Rogger Ravines (editor), Tecnología Andina, Instituto de Estudios Peruanos, Lima 1978, S. 529–533.

MARSHALL, G.: »Notes on the examination of some pre-columbian metal samples«. Arqueológicas 7, Museo Nacional de Antropología y Arqueología, Pueblo Libre, Lima 1964.

OEHM, V. P.: Investigaciones sobre minería y metalurgia en el Peru prehispánico. Bonner Amerikanistische Studien, Bonn 1984.

PATTERSON, C.: »Native copper, silver and gold accessible to early metallurgists«. American Antiquity 36 (3), 1971, S. 286–321.
PEREZ DE BARRADAS, J.: Orfebrería prehispánica de Colombia: estilo Calima. Museo del Oro, Bogotá 1954.
PETERSEN, G.: Minería y metalurgia en el Peru antiguo. Arqueológicas 12, Museo Nacional de Antropología y Arqueología, Lima 1970.
RIVET, P., und ARSANDAUX, H.: La metallurgie en Amèrique précolombienne. Travaux et Memoires de l'Institut d'Etnologie XXXIX, Paris 1946.
ROOT, W. C.: »Metallurgy«. In J. H. Steward (editor), Handbook of South American Indian, Bd. 5, Cooper Square Pub. Ltd., New York 1963, S. 205–225.
ROVIRA LLORENS, S.: Análisis arqueometalúrgico en el Area Andina. Memoria de Licenciatura, Facultad de Geografía e Historia, Sección Historia de America, Universidad Complutense de Madrid, 1984.
SHIMADA, I., et al.: »Batán Grande: a prehistoric metallurgical center in Peru«. Science 216, 1982, S. 952–995.

EINGEBORENE KUNST DER NEUEN WELT

Emma Sánchez Montañés
Universidad Complutense, Madrid

Über den Begriff »Kunst«

Die Kunst oder das, was man unter Kunst versteht, scheint allgemein anerkannt zu sein. Der gebildete Mensch besucht Kunstausstellungen, erkennt, daß einige Architekten »Künstler in ihrem Fach sind«, besucht Konzerte und Vorlesungen und sagt, manche Bücher, Theaterstücke, Filme usw. seien »Meisterwerke«. Es werden auch andere Tätigkeiten allgemein anerkannt. Man redet von Kleinkunst, Kunsthandwerk und Volkskunst, eine bunte Welt, in die eine große Menge menschlicher Tätigkeiten fällt und die sich auszeichnet, daß die schlechtbezahlten Hersteller »Kleinkünstler« bzw. »Kunsthandwerker« genannt werden, im Gegensatz zu der Bezeichnung »Künstler«, die für die »große Kunst« oder die »schönen Künste« reserviert wird.

Wir, als Mitglieder einer westlichen Kultur griechisch-römischen Ursprungs, kennen normalerweise die Gründe für eine solche Unterteilung der Künste nicht, eine Unterteilung, die ganz konkrete, geschichtliche Gründe hat. Während der Renaissance fingen einige Künstler, vor allem Architekten, Bildhauer und Maler oder einige, die diese drei Berufe gleichzeitig ausübten, an, direkt mit einer Kundschaft zu verhandeln, die sich gesellschaftlich und wirtschaftlich im Aufstieg befand. Diese »Künstler« sagten sich von den Zünften los, und für sie begann der Aufstieg, der für einige bedeutete, als außergewöhnliche Menschen anerkannt zu werden, was sich bis heute gehalten hat.

Diese Unterteilung der Künste konnte im Rahmen einer ganz spezifischen Kultur, der europäisch-westlichen Kultur, ihre Richtigkeit haben, gilt aber keinesfalls für andere Kulturen auf der Welt.

In Amerika gibt es das, was man allgemein unter »schöne Künste« versteht, fast überhaupt nicht, und wenn, in ganz begrenzten Gebieten.

Trotzdem verbrachten die Menschen im größten Teil des Kontinents viel Zeit damit, Tätigkeiten auszuüben, die man gemeinhin als sekundär oder unwichtig ansieht.

Da in der dortigen Keramikmanufaktur die Töpferscheibe unbekannt war, entstanden unendlich viele verschiedene Formen, es entstanden z. B. quadratische, rechteckige, flache, figurative Trinkbecher, die dazu noch schön verziert wurden. Der gebrannte Ton wurde nicht nur zur Herstellung von Gefäßen gebraucht, wie überall auf der Welt: es gab seit den ersten Anfängen eine große Anzahl von Keramikskulpturen und Statuetten in den Kulturen Amerikas, deren unterschiedliche Formen und Gebrauchszwecke ein außergewöhnliches ethnographisches Zeugnis sind.

Obschon bis zur Ankunft der Spanier das Eisen unbekannt

war, gab es in Amerika eine lange Tradition in der Verarbeitung der verschiedenen Metalle. Es wurde, vor allem in Mittel- und Südamerika, mit Silber, Kupfer, Gold und Platin gearbeitet, insbesondere aber mit der Gold-Kupfer-Legierung *tumbaga*. Dafür standen viele Techniken zur Verfügung, wie Formguß, Wachsguß, Kalthämmern, Walzen, Ziselieren, Treiben, Einlegen, verschiedene Schweißtechniken, die vornehmlich zur Herstellung von Schmuckgegenständen, die die Herrscher als Rangabzeichen trugen, Verwendung fanden.

Die Gewebe, in erster Linie die so gut erhaltenen berühmten Stoffe aus Peru, wurden immer mit Webstühlen in Handarbeit hergestellt, wobei so viele verschiedene Materialien, Techniken und Farben benutzt wurden, daß man heutzutage solche Stoffe nicht nachmachen könnte, nicht einmal mit unseren hochentwickelten Verfahren.

In der Edelsteinverarbeitung, insbesondere der des Jadeits, findet man in Mesoamerika regelrechte Meisterwerke; es wurden aber auch, in Abhängigkeit von den Abbaustellen, Karneol, Speckstein, Serpentin, Argilit und Quarz verarbeitet. Die Holzschnitzerei findet man z. B. an der Nordwestküste der Vereinigten Staaten und Kanadas, wo sie die wichtigste künstlerische Ausdrucksform bedeutete. Die Verarbeitung von Federn war nicht allein auf den Kopf- bzw. Körperschmuck begrenzt: Chronisten wie Sahagún haben uns detailgenaue Beschreibungen der Herstellung von Decken, Kleidern, Schilden für Zeremonien und allerlei anderen Schmukkes aus Federn hinterlassen. Archäologische und ethnographische Beweise haben wir für gegerbtes und bemaltes Leder, Bison- und Lamaleder und später auch Pferdeleder, für Korbflechterei, für Körper- und Gesichtsbemalung sowie für Tätowierungen, die viele verschiedene Formen annehmen, besonders bei den Caduveos aus Paraguay und Brasilien; für die Brandmalerei von Kürbissen usw.

Wir sollten unsere Haltung gegenüber dem traditionellen Kunstbegriff überprüfen, unsere Konzepte erweitern und nicht ethnozentristisch beschränken, denn schon ein einziger Blick auf die große Menge und die Qualität der Fundstücke des sogenannten »Kunsthandwerks« aus Amerika müßte uns überzeugen. Bei vielen von diesen Beispielen ist die Komplexität der benutzten Techniken und die Notwendigkeit einer langjährigen Erfahrung und Spezialisierung bei der Herstellung der Stücke so offensichtlich, daß sie den Kriterien des anspruchsvollsten europäischen Kunstkritikers voll genügen würden.

Wenn wir unseren Kunstbegriff nicht erweiterten, so hieße es, daß von den verschiedenen Kulturen des amerikanischen Kontinents nur zwei den Kriterien des westlichen Kunstkonzepts standhalten würden, und zwar die Kulturen Mesoamerikas und Perus.

Außerhalb jeder Diskussion sollte darüber hinaus stehen, daß die Kunst eine universelle Ausdrucksform der Kultur ist, was uns die Kulturanthropologie anhand von vielen Beispielen gezeigt hat. Die Kunst ist Teil des Menschseins, und alle Kulturen haben bis jetzt Kunst in irgendeiner Form geschaffen. So gibt es keine Kultur, die nicht irgendwelche Technik gehandhabt, nicht irgendeine Art von Wirtschafts- und Gesellschaftssystem gehabt und nicht an ein höheres Wesen geglaubt hätte, wie einfach diese auch gewesen sein mögen.

Wir sollten deshalb die Kunst als Bestandteil der Kultur ansehen, als einen symbolischen Ausdruck dieser Kultur, der, neben der Sprache, dem Weltbild und der Religion, eine Form der Kommunikation darstellt. Die Kunst ist also ein Teil der Kultur, auch wenn uns ihre Ausdrucksform sehr einfach erscheint oder wir keine Kenntnis von ihr haben, weil sie im Laufe der Jahrhunderte vergessen worden ist. Denken wir dabei z. B. an Musik, Tanz und Gebete, so beliebt bei den Jägern und Sammlern, oder aber an die Körperbemalung, die ja an den lebenden Menschen gebunden ist.

Über den Begriff »Künstler«

Auch bei diesem Begriff muß eine Präzisierung erfolgen. Kunst wird nicht immer von einem Spezialisten gemacht, nicht immer von Individuen, die wir gemeinhin als »Künstler« bezeichnen, Menschen also, die für die Kunst zuständig sind.

In egalitären, nicht arbeitsteiligen Gesellschaften, wie etwa bei den Jägern und Sammlern, deckt jedes Mitglied der Gruppe seinen Bedarf an Werkzeugen und Besitztümern, an sozialen Beziehungen und religiösen Handlungen, und folglich kann auch jedes Mitglied seinen eigenen Bedarf an Kunst selbst decken.

Nehmen wir als Beispiel einen Bauern von der Guayas-Küste in Ecuador, der vor mehr als 4.500 Jahren lebte. Dieser war fähig, auf seinem Feld Mais anzubauen, Fische aus dem Meer zu holen, in Flüssen zu angeln, seine Hütte zu bauen, sich sein Essen zu kochen und sein Geschirr herzustellen. Dieser Bauer fertigte aber auch kleine Keramikfigürchen, die seiner Meinung nach dazu dienten, das Land fruchtbar werden zu lassen, und die wir, obwohl sie nicht von einem »Künstler« hergestellt sind, mit Recht als Kunst bezeichnen. Diese haben eine Form, eine Bedeutung, eine Symbolik und eine Funktion, die viel weiter geht als die eines Gebrauchsgegenstandes.

In Klassengesellschaften existieren natürlich Menschen, die sich auf Kunst spezialisiert haben, aber ihr Status und ihr Verhältnis zur Gesellschaft sind anders als die der Künstler in westlichen Gesellschaftssystemen. Der eingeborene Künstler konkurriert nicht auf dem freien Markt, er arbeitet immer auf Auftrag und folgt den Weisungen, die die Führungsschicht nach ihren eigenen Wertvorstellungen diktiert, auch wenn das Publikum, für das das Werk geschaffen wurde, die ganze Bevölkerung ist.

Diese Weisungen gehen manchmal bis ins Detail, was besonders deutlich am Gebrauch von Schablonen im Falle der Kunst der Chavín, in der Gemeinschaftsarbeit bei den Wandbildern von Teotihuacán oder an den Stuckarbeiten in Palenque deutlich wird. Berücksichtigt man dazu die Mentalität der Indianer, ist es unvorstellbar, daß irgendein Kunstwerk in Amerika vom Künstler signiert worden wäre; es ist sogar unmöglich, individuelle Stile oder Arbeitsformen zu erkennen. Es handelt sich um eine Kollektivkunst im weitesten Sinne des Wortes, vom Volk für das Volk geschaffen.

Die gesellschaftliche Funktion der Kunst

Ein weiteres Merkmal, das die Kunst der amerikanischen Urbevölkerung charakterisiert, ist, daß diese die Idee des »L'art pour l'art« nicht kennt, die in unserer heutigen Zeit den höchsten künstlerischen Ausdruck darzustellen scheint. Kunst ist für unsere Gesellschaft ein Luxusobjekt, für das man astronomische Summen bezahlt, völlig aus dem Alltag herausgehoben, etwas, was in Museen, Privatsammlungen oder sogar in Safes verwahrt wird und nur einige wenige betrachten und sich daran erfreuen können; Kunst wird sogar als reines Investitionsobjekt gekauft. Solche Vorstellungen sind der Mentalität des Indianers total fremd.

Das Kunstwerk kann im Prinzip ein Gebrauchsgegenstand sein, dessen Gebrauchswert aus der Form abzuleiten ist und das sogar im Alltag eingesetzt werden kann. Gefäße, Kisten, Truhen, Löffel, Häuser usw. werden benutzt, sie sind oft Haushaltsgegenstände. In manchen Fällen kommt noch eine Verzierung hinzu; ein neues Element, wodurch der Gegenstand Bedeutung und soziale Funktion erhält, durch die er dem Bereich der Kunst zuzuordnen ist.

Das Holzkanu der Haida-Indianer der Königin-Charlotte-Inseln vor der Pazifikküste Kanadas ist aus dem riesigen Stamm der roten Zeder hergestellt, und zwar mit einer so raffinierten Technik, daß es fähig ist, bis zu 40 Mann auf Kriegszüge oder zum Walfang zu bringen. Ein Künstler hat aber darüber hinaus das Kanu mit einer ganzen Reihe von Tiermotiven reich verziert, die die Wappentiere des Besitzers des Bootes, des Häuptlings, darstellen. Jedesmal wenn dieses Kanu siegreich von einer Schlacht zurückkam, wuchs in den Augen von Siegern und Besiegten, aber auch von Unbeteiligten die Macht des Häuptlings symbolisch, aber auch real, da er anhand des Wappens erkannt wurde.

Die Steinstatue des Haupttempels von Tenochtitlan-Mexiko dient dazu, von den Bewohnern der Stadt, vom Volk und von der Führungsschicht also, betrachtet zu werden, aber auch von den Besuchern aus fremden oder befreundeten Städten. Trotzdem ist es nicht die einfache, mehr oder weniger gelungene Darstellung eines Gottes, der Tempel ist selbst eine verwirrende Welt von Symbolen, die eine Reihe von Mythen darstellen, aus denen die Azteken ihr Recht auf die Eroberung und Beherrschung des Tales von Mexiko ableiteten.

Darüber hinaus gibt es Tendenzen, von der »Kunst der amerikanischen Ureinwohner« zu sprechen, als ob es sich dabei um eine Einheit handeln würde, ohne sich darüber klar zu sein, daß während 40.000 Jahren dieser Kontinent von einer Vielfalt von Kulturen bevölkert war, die unter den verschiedensten Umweltbedingungen – vom ewigen Eis der Arktis bis hin zu den orkangepeitschten Klippen von Feuerland an der Antarktis – überlebten. In diesem riesigen Kontinent gibt es kein Tal, keinen Urwald, keine Wüste, keine Hoch- oder Tiefebene, die nicht schon vor Kolumbus bevölkert gewesen wäre.

Eine gute Kenntnis dieser unterschiedlichen und vielfältigen Kulturen ist der einzige Zugang zum Verständnis ihrer Kunst, der Symbole und ihrer Funktion, ohne in den Fehler zu verfallen, die Kriterien westlicher Ästhetik, die mit der Tradition der Alten Welt eng verbunden ist, auf diese Kunst anzuwenden.

Kunst bei den Völkern von Jägern und Sammlern

Zwischen 9000 und 5000 v. Chr. hinterließen Jäger vornehmlich großer Tiere in ihren Unterschlupfen und auf den Wänden ihrer Höhlen in den peruanischen und argentinischen Anden Spuren ihrer Kunst in Form von wunderbaren Felsmalereien, die in vielen Punkten denen der Alten Welt ähnlich sind. Es handelt sich um Jagdszenen, einfach und schematisch dargestellt, die aber von einer großen Beobachtungsgabe und von einer tiefen Kenntnis der Umwelt zeugen. Diese Zeichnungen wurden wohl für Zeremonien geschaffen und stellen wilde Lamas, Nandu-Strauße und Hirsche, die von Menschen verfolgt, bedrängt und umzingelt oder von Speeren durchbohrt werden, dar. Manchmal erscheinen die Tiere übereinander gemalt, was offenbar den Versuch bedeutet, der Natur das zurückzugeben, was ihr vorher entrissen worden war. Toquepala oder Lauricocha in Peru oder Rio Pinturas in Argentinien sind bedeutende Orte dieser Kunst. Man findet dort auch im Negativ aufgedruckte Hände, die wohl zur Identifizierung der Teilnehmer an verschiedenen Zeremonien dienten.

Noch gegen Ende des letzten Jahrhunderts pflegten die Bisonjäger der nordamerikanischen Prärie und die Lama- bzw. Nandu-Jäger der Steppen Patagoniens die Häute der erlegten Tiere kunstvoll auszumalen. Die Prärie-Indianer schmückten die Bisonhäute mit schönen Zeichnungen, die die Abenteuer des Stammes beschrieben. Die berühmtesten Häuptlinge legten Bisonlederdecken an, deren Bemalung eine Art Symbolsprache darstellte, die ständig an die Größe und Geschicklichkeit des Trägers erinnerte.

Die Tehuelche aus Patagonien wuschen, gerbten und nähten mit Geschick die Häute von jungen Guanacos zu Mänteln, Umhängen und Bettdecken für die Häuptlinge. Die Häute wurden mit geometrischen Mustern bemalt, die wohl von den Keramikarbeiten der benachbarten, weiterentwickelten Völker kopiert wurden.

Die Eskimo, die Jäger der Arktis, schnitzten Figürchen aus Knochen und Elfenbein, kleine Amulette, die sie vor bösen Geister schützen sollten und bei den Schamanen, den *angakok*, sehr beliebt waren. Auf Knochen und Elfenbein wurden schematische, aber doch sehr beschreibende und lebendige Szenen des täglichen Lebens dargestellt. Sie bearbeiteten auch den Speckstein und erzählten einfach, aber elegant und sehr lebendig darauf Legenden, Märchen, Mythen, außergewöhnliche und alltägliche Ereignisse. Diese Kunst hat sich bis heute erhalten, sie ist sogar zu einer wichtigen Einnahmequelle für die heutigen Eskimo geworden.

Kulturen, die vom Fischfang lebten, vor allem vom Lachsfang und von der Jagd auf Meeressäuger, die Einwohner der pazifischen Nordwestküste der Vereinigten Staaten und Kanadas, hinterließen erstaunliche Holzschnitzarbeiten, Kunstwerke, die eigentlich nicht zu ihrem ökonomischen Entwicklungsstand paßten, die aber von einer komplexen Gesellschaftsform zeugen, die nur möglich war, weil die Umweltbedingungen die Erwirtschaftung von Überschüssen ermöglichten.

Die Stämme des Nordwestens hatten spezialisierte und hochqualifizierte Künstler, die während der langen Wintermonate das Holz der roten Zeder bearbeiteten und bemalten und hohe Pfähle, große Kanus, Gemeinschaftshäuser, Truhen, Kisten, Fetttröge, Masken, Löffel und viele andere Gegenstände herstellten, die mit den stilisierten Wappentieren der Häuptlinge oder aber mit Phantasiegestalten geschmückt wurden.

Diese Kunst zeichnet sich durch eine Reihe von schematischen Darstellungen aus, mit elegant geschwungenen, schwarzen, roten oder blaugrünen Linien. Die schematische Darstellung der Formen, ihre Zerlegung, ihre spätere Zusammensetzung und Vervielfältigung sowie die Benutzung von zwei Profilen zur Darstellung der Gesichter geben dieser Kunst einen ganz speziellen Charakter.

Im scheinbaren Wirrwarr von Formen und Zeichnungen auf den Hausfassaden, den Totempfählen (zu Unrecht so benannt), in den Tanzmasken und in den aus Zedernwurzeln gewebten Hüten erkennt das geübte Auge Bären, Biber, Wölfe, Wale, Adler, Raben, Falken usw., die Symbole für Sippen und Klans, die dadurch ihr Prestige erhöhten.

Auffallend bei der Kunst dieser sehr naturverbundenen Völker ist, daß sie eine sehr eigenartige Betrachtungsweise dieser Natur beinhalten, gewissermaßen eine Näherung, einen Wunsch nach Sühne und der Erhaltung guter Beziehungen zu dieser, zusammen mit einer guten Kenntnis der Umwelt. Diese Kunst des Nordwestgebietes ist bewundernswert für ein Volk von Jägern und Sammlern, dessen Gesellschaftssystem, Hierarchie und Prestigedenken sich in einem Stil niederschlagen, der seine Grundformen aus der Natur entnimmt, sie aber gemäß der gesellschaftlichen Normen zerlegt, neu zusammenfügt, schematisiert und definiert.

Die Keramikkunst

Die archäologischen Funde beweisen, daß sich um das Jahr 7000 v. Chr. tiefgreifende Veränderungen abzeichnen, die auf den Beginn des Bodenbaus hinweisen. Diese Veränderungen berühren nicht nur die Wirtschaft und die Gesellschaftsstruktur, sondern auch das Verständnis des Kosmos, die Religion und die Kunst. Die größte Sorge galt nicht mehr der Suche nach Jagdbeute, Fischen oder eßbaren Pflanzen, sondern der Erde, dem Wachstum, dem Regen oder der Ernte. Die Erde wird als die große fruchtbare Mutter angesehen, Fruchtbarkeitsriten und -zeremonien kommen überall auf.

Die Erfindung der Keramik durch die seßhaften Bauern stellt den Eingeborenen ein Mittel zur Verfügung, das später in der gesamten Neuen Welt die erstaunlichsten Ausdrucksformen schaffen wird. Der gebrannte Ton wird dann nicht nur zur Herstellung von Haushaltsgegenständen benutzt, die Kunsttöpfer fertigen auch Schmuckstücke und anthropomorphe bzw. zoomorphe Figürchen an, die oft einen religiösen Charakter haben.

In diesem Sinn muß man die berühmten Figürchen der Valdivia-Kultur an der ecuadorianischen Küste von Guayas sehen, die ältesten bisher bekannten figürlichen Darstellungen in Amerika. Diese waren wohl Ausdruck verschiedener Ideen und standen in Verbindung zum Ackerbau, zu Fruchtbarkeitsriten und Erntedankopfern. Diese kleinen massiven Figuren sind sorgfältig poliert und rot bemalt und stellen normalerweise Frauen mit großen Brüsten und langem, auf verschiedene Art frisiertem Haar dar.

Wahrscheinlich hatten die Figürchen der Formativen Periode aus vielen Gebieten Amerikas eine ähnliche Funktion. Etwas späteren Datums sind die berühmten Figuren aus dem Tal von Mexiko, insbesondere die von Tlatilco, die Szenen aus allen möglichen Lebenssituationen zeichnen, sogar ganz alltägliche, und die somit der Ethnographie reiche Auskünfte geben. Sie sind die Vorläufer sehr verfeinerter Figuren späterer Epochen.

Die Veränderungen gegenüber den früheren Darstellungen aus der Zeit der Jäger und Sammler sind auch ästhetischer Natur. Es geht nicht mehr so sehr darum, Bewegungen, Handlungen, konkrete Situationen usw. einzufangen, sondern eher abstrakte Verallgemeinerungen, wie Fruchtbarkeit und Ertragsreichtum, zu verbildlichen, was mehr Symbolisches und weniger Konkretes erfordert.

Goldschmiedekunst und Keramik im Zwischengebiet

In ihren unterschiedlichen Ausdrucksformen ist die Keramik die am weitesten verbreitete Kunstform auf dem amerikanischen Kontinent. Vor allem im sogenannten Zwischengebiet, das den größten Teil Mittelamerikas, den nördlichen Teil Südamerikas ohne Amazonasgebiet und das westliche Venezuela umfaßt, erreichen Schmuckkeramik und figurative Darstellungen ein hohes Niveau, insbesondere was Ausdrucksform und Kreativität betrifft.

Unter diesen Keramikarbeiten fallen wegen ihrer prachtvollen Ausschmückung einige zentralamerikanische Arbeiten und Stilrichtungen auf, wie der Nicoya-Stil, bei dem die seltsamen Formen und die modellierten und bemalten Verzierungen von mesoamerikanischem Einfluß zeugen, der sich in den bildlichen Darstellungen wiederspiegelt. Wir finden Gefäße in Form eines Jaguars, deren Schale auf Pfoten und Schwanz des Tieres ruht und mit Motiven gefiederter Schlangen ausgeschmückt ist.

Die ecuadorianischen Figuren, nicht mehr die ziemlich einfachen aus der Formativen Periode, beschreiben in verschiedenen Darstellungsformen die vielgestaltige, hierarchisch gegliederte Welt der Indianer.

Die äußeren Rangabzeichen einer Gesellschaft, in der die oberen Schichten ihre Stellung real, aber auch symbolisch ausdrücken müssen, werden in den figürlichen Darstellungen von Menschen übernommen. Diese tragen kunstvolle Frisuren und schöne Kleider, Halsketten, Nasen- und Ohrringe, Armbänder und Schmuckperlen. Obwohl wegen des feuchten Klimas die Originalfarben der Figuren verschwunden sind, kann man sich bei der Betrachtung dieser Stücke gut vorstellen, wie sie einmal ausgesehen haben müssen.

Es handelt sich nicht mehr um primitive, egalitäre bäuerliche Gesellschaften, bei denen die Figur die allgemeine Vorstellung von Fruchtbarkeit darstellen sollte, sondern um Stämme, bei denen die Verehrung der Vorfahren eine wichtige Rolle spielte. Die religiösen Vorstellungen erscheinen jetzt personifiziert, einige halbgöttliche Individuen oder Klassen sind verantwortlich für die Fruchtbarkeit der Felder, den Ernteerfolg und letztendlich für die ganze Gesellschaft; diese Personen werden in den Figuren porträtiert. Es sind keine direkten Abbilder der Person, sondern konkrete Typen der Gesellschaft, wie Häuptlinge, Krieger, Edelfrauen und Diener, ziemlich realistisch dargestellt, damit sie als solche wiedererkannt werden können.

Diese Herrschaftsschicht legitimiert sich durch ihre Abstammung von göttlichen Vorfahren und der Nähe zu diesen. Die Nähe zu den Gottheiten wird im Tod relevant, was zu einem spektakulären Totenkult auch in der Kunst führt.

Es ist gut möglich, daß diese sehr unterschiedlichen Figürchen den Wunsch symbolisieren, den Toten mit allem, was ihm auf der Erde vertraut war, zu umgeben, damit es ihm nach dem Tode genau so gut gehe wie auf Erden.

In diesem Gebiet erreichte eine Kunstform einen absoluten Höhepunkt: die Goldschmiedekunst. Die vielen wunderbaren Arbeiten haben leider praktisch von Anfang an das Interesse und die Habsucht von Plünderern auf sich gelenkt.

Kolumbien ist das Land des sagenhaften El Dorado, für dessen Legende es auch eine wirkliche Grundlage gibt. Die Muisca-Herrscher wurden bei ihrer Thronbesteigung mit einem Boot zur Mitte des Sees Guatavita in der Nähe des heutigen Bogotá gefahren. Dort bedeckte man ihre Körper mit Goldstaub, der, nachdem sie ins Wasser gesprungen waren, wie Goldregen langsam bis zum Grund des Sees fiel. Die Zeremonie wurde in einer der berühmten *tunjos* (Figuren aus Gold) jener Kultur verewigt.

Mit den schon vorher erwähnten Techniken bearbeiteten die Indianer Ecuadors, Mittelamerikas und vor allem Kolumbiens vornehmlich Tumbaga und entwickelten die unterschiedlichsten Stilrichtungen in Abhängigkeit von den jeweiligen Kulturen.

Den Werkstätten der alten Goldschmiede entstammt eine Vielzahl von Verzierungsmotiven und Stücken, die oft aus reinem, massivem Gold waren. Sie kannten auch die Verfahren, um Oberflächen zu vergolden, und spielten sogar mit den verschiedenen Legierungen bei der Farbgebung.

Diese wertvollen Stücke waren für den Adel und für die Häuptlinge bestimmt. Man kann sich leicht einen dieser Häuptlinge vorstellen, der, von Kopf bis Fuß mit Gold geschmückt, vor seine Untertanen trat, die Strahlen der Sonne reflektierend, und so seinen göttlichen Ursprung unter Beweis stellte. Die Farbe, der Glanz und die Pracht dieser edlen Metalle, ihre verschiedenen Schattierungen und ihre Sanftheit führten zu einer Pracht in der Kunst, die die Besitzer noch mehr vom gemeinen Volk absetzte und das Unerreichbare symbolisierte.

In der Ikonographie überwiegen religiöse Themen, die Abbildungen von Raubkatzen, Vögeln, in erster Linie des Adlers, Alligatoren, Schlangen, Fröschen und vor allem drachenartigen Wesen sowie schwer zu interpretierenden, stilisierten Gestalten. Diese auffällige Übernahme religiöser Motive für den Schmuck zeigt die aufkommende Verbindung zwischen politischer und religiöser Macht in der Person des Häuptlings.

Interessant sind die Abbildungen der Herrscher selbst, sitzende Gestalten, die in ihren Händen, gleichsam als Zepter, die Geräte zur Einnahme von Coca halten, wofür es besonders schöne Beispiele aus dem Gebiet der Quimbaya gibt, wo die Goldschmiedekunst Amerikas einen Höhepunkt erreicht.

Die amerikanischen Staaten

Lediglich in zwei Gebieten des amerikanischen Kontinents erreichten die Völker eine Zivilisationsstufe, die zur Bildung richtiger Staatengemeinschaften führte: Mesoamerika, das die Gebiete des heutigen Zentralmexikos, die Halbinsel Yucatán, Guatemala, Belize, El Salvador und Teile von Nicaragua und Honduras umfaßte, und Peru, ungefähr in denselben Grenzen wie das heutige Peru, aber ohne das Amazonasgebiet. Obwohl beide Gebiete kulturell sehr verschieden waren, haben sie eines gemeinsam: die überaus vielfältigen künstlerischen Ausdrucksformen als logisches Ergebnis einer breitgefächerten Hochkultur.

Die Bildung dieser streng hierarchisch gegliederten Staaten mit einer komplizierten Bürokratie in einer arbeitsteiligen Gesellschaft erlaubte es, schon relativ früh Kunstwerke zu schaffen, die bis dahin unbekannt waren.

Mesoamerika

Im mesoamerikanischen Gebiet gab es Tempel und riesige »Paläste«, die sogar die ersten spanischen Konquistadoren, die die Architektur der Alten Welt kannten, in Erstaunen versetzten.

Die Architektur ist, vom technischen Standpunkt aus gesehen, ziemlich einfach und wenig entwickelt, doch die Ausschmückungen und ihre Symbolik sind beachtlich. Der Tempel steht im Mittelpunkt der Zeremonialzentren und der Städte. Heiligtum und Wohnstätte des Gottes, von relativ kleinem Ausmaß, aber reichlich verziert, erhebt er sich auf einer abgestuften Pyramide, die die dreizehn Himmel der mesoamerikanischen Vorstellungswelt symbolisiert: die Stufen, die die Sonne täglich hinaufsteigen mußte, um aufzugehen.

Der Tempel und der offene Platz, der Teil der Kultstätte, zu der das Volk Zugang hatte, bildeten eine Einheit. Der obere Teil, der Tempel, war den Priestern vorbehalten.

Der Tempel, der Mittelpunkt des Kultes, ist außerdem die

plastische und sichtbare Abbildung der mesoamerikanischen Kosmosvorstellung. Er war manchmal Grabstätte, an der die Maya ihre verstorbenen göttlichen Herrscher verehrten, manchmal Nachbildung des Berges Coatepec, wo der Sage nach der wichtigste Gott der Azteken seinen Ursprung hatte; er war oft auch ein astronomisches Observatorium, von dem aus die Bewegung der Stern-Gottheiten beobachtet werden konnte.

Malerei und Bildhauerkunst fügen sich in die Architektur ein, um mit ihren Bildern und plastischen Darstellungen die Bedeutung der Zeremonialzentren abzuheben.

Mit Hilfe der verschiedenen Abbildungen in unterschiedlichen Stilen wurde jedenfalls versucht, etwas zu schaffen, was für das Volk leicht verständlich war, wenigstens was seine Grundideen betraf. Es wurden Bilder von Göttern und Menschen geschaffen, die die Bedeutung der Könige herausstellten, ihre überirdische Macht, ihre Beziehung zu den Gottheiten und die Distanz zum Volk, wobei diese auch als Erhalter der Ordnung unter den Menschen und sogar der Weltordnung erschienen.

Inspiriert von den Merkmalen verschiedener Tiere, z. B. des Jaguars, des Alligators, der Vögel oder der Schlange, stellten zwischen 1200 und 400 v. Chr. die Olmeken in Tabasco und Veracruz ihre Gottheiten dar, die Vorläufer der später bekannten Götter Mesoamerikas, Gottheiten, die in Beziehung zu Himmel, Sonne, Regen, Feuer, Fruchtbarkeit der Felder standen und die, in Verbindung mit den Abbildungen der Herrscher auf Altären oder in Form von gewaltigen Steinköpfen, den göttlichen Ursprung dieser Herrscher bezeugten, auf den sich deren Macht begründete. Diese Assoziationen waren so stark, daß die Abbildungen nach dem Tode der Herrscher zerstört wurden, um deren Kraft zu brechen. Der kraftvolle, einzigartige Stil der Olmeken verbreitete sich über große Teile Mesoamerikas vor allem durch die wunderbaren Jadearbeiten, Masken und Äxte, die mit einer auch später nicht erreichten Technik hergestellt wurden.

Im Hochland von Mexiko entstand zu Beginn unser Zeitrechnung Teotihuacan, die größte und älteste Stadt Amerikas. Dort finden sich an den Mauern Darstellungen von Wassergottheiten, Priestern der wichtigsten Gottheit, des Regengotts Tlaloc, der durch große Augenringe, lange Fangzähne und das Wasser, das aus seinen offenen Händen fließt, charakterisiert wird, oder die Darstellung des Paradieses des Gottes, eines freundlichen feuchten Orts, wo die Menschen singen und tanzen. Den geometrischen und feierlichen Stil, die typische Konstruktionsform von Tafelfläche und Abschrägung, die zylinderförmigen, stuckverzierten Keramikarbeiten dieser Anlage findet man in ganz Mesoamerika, sie zeugen von einer der größten politischen und wirtschaftlichen Mächte, die es im vorkolumbischen Amerika gegeben hat.

Zwischen 700 und 900 n. Chr. erreichte die Mayakultur in den südlichen Tiefebenen der Halbinsel Yucatán ihren Höhepunkt. Die Kunst voller bewegter, sinnlicher Formen, Bild des Überflußes, der Farbenpracht und des Lebens der tropischen Urwälder, wo sich die Mayakultur entwickelte, diente der Darstellung und der Verehrung ihrer Könige. Auf den Oberschwellen, Panelen und Säulenplatten der Tempel, die auch als Grabstätten dienten, auf den Stelen und Altären, auf den Säulen der Paläste erscheinen die Könige dem gemeinen Volk als dauernde Erinnerung an ihre Stellung, als Priester, bei Thronbesteigungszeremonien, in Kriegsszenen, bei Vertragsabschlüssen oder auf nackten unterworfenen Feinden stehend. Sie zeigen so ihre ganze Würde, ihren Ruhm und ihre Herrlichkeit, damit das Volk sie verehre.

In Zentralmexiko forderten und legitimierten die Kriegervölker der Spätklassik ihr Recht, andere zu unterdrücken, aus ihrer Verbindung zu den mythologischen Gottheiten, die sie dann darstellten. Die Tolteken verbreiteten den Kult der gefiederten Schlange Quetzalcoatl von ihrer Hauptstadt Tula aus bis zum fernen Chichen Itzá auf Yucatán und sogar bis nach Zentralamerika. Andere ikonographische Merkmale der Tolteken, wie die *tzompantli*-Bühne mit steinernen Totenschädeln geschmückt, zeugen von der Ausbreitung von Menschenopfern.

Die Azteken, die diese Menschenopfer bis zur letzten Konsequenz trieben, errichteten im Zentrum ihrer Hauptstadt Tenochtitlan einen ihren Hauptgöttern Tlatloc und Huitzilopochtli geweihten Tempel. Er ist der plastische Ausdruck ihrer Mythen über den Ursprung der Welt, eine Abbildung des Coatepec-Berges mit den Abbildungen des Huitzilopochtli, seiner Mutter Coatlicue und den Darstellungen der Coyolxauhqui und der Huitznahua. Jedes Mal, wenn ein Gefangener bis oben zum Tempel gebracht und auf den Opferstein gelegt, ihm das Herz aus der Brust geschnitten und sein Körper hinuntergeworfen wurde, wiederholte sich symbolisch der Kampf des Gottes gegen seine Feinde und die Entthronung der Coyolxauhqui, von der ein beeindruckender Steinkopf unten am Haupttempel gefunden wurde. Alles in allem gleicht der Komplex einem Theater, in dem sich teils harmonisch, teils dramatisch die Architektur, die Steinfiguren, Malerei, Musik und Tanz, Kleider und Schmuck zu einem Ganzen verbinden und jenen beeindruckenden Effekt erzielen, der unter anderem zur politischen und sozialen Kontrolle des Volkes diente.

Peru

Im alten Peru stellte das Inkareich die perfekteste bürokratische Maschinerie des vorkolumbischen Amerika dar. Der Inka, der lebendige Gott, die Sonne, beherrschte die Welt von seiner Festung Sacsahuaman bei Cuzco aus; die Truppen des Inka erreichten auf den gut ausgebauten Königsstraßen schnell jeden Punkt des Reiches; auch der kleinste Bauer mußte seine Kraft dem Staat zur Verfügung stellen. In Notzeiten wurde als Ausgleich das Getreide der staatlichen Lager verteilt.

Die Kunst, vor allem die architektonischen Formen, sind visueller Ausdruck dieser bis ins kleinste Detail geregelten Welt. An hohen Berghängen wurden Terrassen gebaut, gehalten durch Mauern präzis ineinandergreifender Steine, die schwerzugängliche Orte landwirtschaftlich nutzbar machten und die Natur in eine rational geometrische Ordnung zwangen.

Genau geplante Städte, prachtvolle Paläste, Lagertürme, Gasthäuser (*tambos*) beweisen die Kunstfertigkeit dieses Volkes, Steine zu behauen, eine Kunst, die es von den Völkern der Vor-Inka-Zeit geerbt hatte. Tatsächlich wurden auch Gold- und Silberschmiedekunst, Keramik und Weberei von anderen Völkern und Kulturen übernommen; vielleicht wurden die Stücke von den unterworfenen Völkern hergestellt.

Neben der Metallverarbeitung, bei der die Chimú-Kultur besondere Leistungen erreichte, ist auch die Keramikkunst zu erwähnen, die im alten Peru hoch entwickelt war. Keramikarbeiten wurden als Grabbeigaben den Herrschern mit auf den Weg ins Jenseits gegeben und zeigen die mannigfaltigsten Formen und Verzierungen, natürlich in Abhängigkeit von der Kultur und der Zeit ihres Entstehens.

Zwischen 1200 und 300 v. Chr. verbreitete sich von Chavín de Huántar in der Sierra Norte aus eine religiöse Bewegung auf andere Städte, deren Stil bei den Abbildungen der Gottheiten in gewisser Weise alle späteren Stile beeinflußte. Starre, genau vorgeschriebene Formen und die Benutzung von Schablonen verhinderten individuelle Besonderheiten. Die Chavín-Kultur verehrte Gottheiten wie den »Lanzengott«, wohl der Vorläufer des Viracocha, der später den oberen Teil des Sonnentores von Tiahuanaco und die Keramikarbeiten von Conchopata de Huari schmückte. Die dem Jaguar, dem Adler und der Schlange entnommenen Züge finden sich bis zur Paracas-Kultur, tief im Süden, und insbesondere im Moche-Tal an der Nordküste.

Gerade die Mochica-Kultur, zwischen 100 und 800 n. Chr., hinterließ Keramikarbeiten, deren Formen und Bilder einen genauen Einblick in jene Gesellschaft erlauben und sie somit zu einer der am besten analysierten Kulturen werden ließen.

Erstaunlich ist der Erzähldrang jenes Volkes, was insbesondere an den Gefäßen zum Ausdruck kommt, die, ausgehend von einer einfachen Form, manchmal zu richtigen Skulpturen oder ganz flach werden, um die Möglichkeit zur Darstellung ganzer Szenen zu bieten. Noch auffälliger sind die bemalten Gefäße, bei denen die Farbe eine zweitrangige Rolle spielt und die ganze Ausdruckskraft in den expressiven Zeichnungen liegt, wo auf die Bewegung besonderer Wert gelegt wird. Alle Aspekte im täglichen Leben werden in den Keramikarbeiten der Mochica-Kultur eingefangen: bäuerliche Szenen, die Ernte und die Jagd, der Krieg und seine Folgen, alltägliche Arbeiten, für uns unbekannte Mythen, Rituale und Opferungen sowie erotische Szenen werden gezeigt, in einer für Indianerkulturen beispiellosen Art.

An der südlichen Küste entstand etwa zur gleichen Zeit die Nazca-Kultur, deren Töpferwaren vor allem durch die Bemalung und nicht durch die Form auffallen. Die polychromen Arbeiten zeichnen sich durch wunderbare Zeichnungen und reiche Themenauswahl, geometrische Muster, aber auch durch natürliche und phantastische, unverständliche Gestalten aus.

Diese Kultur sollte aber wegen ihrer gut erhaltenen, phantasiereichen Stoffe bekannt werden (das Klima ist dort im Süden extrem trocken), die oft bei prunkvollen Begräbnissen verwendet wurden. Glatte Stoffe, reichverzierte Decken verschiedener Größe und allerlei Kleidungsstücke bedeckten den Leichnam, was die Wichtigkeit der Weberei für Wirtschaft und Gesellschaft im alten Peru zeigt.

Es gibt noch viele Beispiele für die Kunst im alten Amerika, aber eine genauere Analyse von Kulturen und Stilen würde den Rahmen dieses Beitrages sprengen. Denken wir aber trotzdem daran, daß die Kunst des einfachen Volkes bei der Ankunft der Spanier nicht untergegangen ist wie die der Hochkulturen. Die »offizielle Kunst«, die Kunst der Hochkulturen, ging unter, nicht jedoch die »Volkskunst«, diese einfache Kunst, die von Generation zu Generation weitergegeben wird, Erbin einer vieltausendjährigen Tradition, von Handwerkern hergestellt, die die europäischen Stile zu integrieren wußten und so eine neue einheimische Kunstrichtung geschaffen haben, deren Verkauf das Überleben mancher Indianerkulturen und ihrer Identität sichert.

Literatur

ALCINA FRANCH, José: L'Art Précolombien. Edition d'Art Lucien Mazenod, Paris 1978.
ANTON, Ferdinand: Art of the Maya. Thames and Hudson, London 1978.
COVARRUBIAS, Miguel: Arte Indígena de México y Centroamérica. UNAM, México
GENDROP, Paul, und HEYDEN, Doris: Arquitectura Mesoamericana. Aguilar, Madrid 1975.
KUBLER, George: The Art and architecture of Ancient America. Penguin Books, Suffolk 1975.
MARQUINA, Ignacio: Arquitectura Prehispánica, Memorias del Instituto Nacional de Antropología e Historia I, México 1951.
SANCHEZ MONTANES, Emma: Arte Indígena Sudamericano, Alhambra, Col. Estudios, Madrid 1985.
STIERLIN, Henri: L'Art Maya: Des Olmèques aux Mayas Toltéques, Office du Livre, Fribourg 1981.
STIERLIN, Henri: L'Art Azteque: De Teotihuacan à Tenochtitlan, Office du Livre, Fribourg 1982.
STIERLIN, Henri: L'Art Inca et ses origines, Office du Livre, Fribourg 1983.
TOSCANO, Salvador: Arte Precolombino de México y de la América Central. UNAM, México 1970.

DIE IBERISCHE HALBINSEL IM 15. JAHRHUNDERT

José Cepeda Adan
Universidad Complutense, Madrid

Bevölkerung und wirtschaftliche Grundlage Spaniens im 15. Jahrhundert

Bei einer geschichtswissenschaftlichen Analyse eines Landes steht immer die Frage nach der Bevölkerung und ihrer wirtschaftlichen Grundlage im Vordergrund. Besonders wichtig ist diese Frage bei der Untersuchung eines an einem Zipfel Europas gelegenen Landes, von dem aus Ende des 15. Jahrhunderts – 1492 – das bedeutendste Abenteuer Europas, die Entdeckung der Neuen Welt, gestartet wurde, das die »Atlantische Epoche der Geschichte« einläutete. Es ist wichtig, die Zahl der Einwohner der verschiedenen Königreiche dieses politischen Mosaiks, aus dem die Iberische Halbinsel damals bestand, zu kennen, um die Rolle der einzelnen Staaten im darauffolgenden Jahrhundert zu verstehen. Desgleichen ist es wichtig, die wirtschaftlichen Grundlagen der damaligen Zeit in Stadt und Land zu analysieren, um die Lebensart jener Spanier nachvollziehen zu können, die den Sprung vom Mittelalter in die Neuzeit wagen wollten.

Nach der wirtschaftlichen Krise und dem Bevölkerungsschwund des 14. Jahrhunderts, hervorgerufen durch große Epidemien, stellt sich das 15. Jahrhundert recht positiv dar, was aber nicht bedeutet, daß alle Greuel der Menschheit überwunden gewesen wären; sie verlieren, im Vergleich zu früheren Zeiten, jedoch ihre Schrecken. Im allgemeinen kann man für die Iberische Halbinsel, abgesehen von regionalen Unterschieden, von einer positiven Zeit reden. In Kastilien z. B. verdoppelte sich die Zahl der Einwohner zwischen dem Ende des 14. und dem des 15. Jahrhunderts, was ein Hinweis auf allgemein verbesserte Lebensbedingungen ist.

Die Iberische Halbinsel hatte um das Jahr 1490 eine Gesamtbevölkerung von etwa 6.285.000 Einwohnern, ohne hier auf Diskussionen über diese Zahl eingehen zu wollen, was Aufgabe einer Monographie zu diesem Thema wäre. In Kastilien lebten auf 355.000 km^2, d. h. auf 59,4 Prozent der Fläche, etwa vier Millionen Menschen, 63,6 Prozent der Gesamtbevölkerung also, eine Zahl, die für spätere Analysen von Bedeutung sein wird. Portugal hatte etwa eine Million Einwohner auf 91.000 km^2, 15,2 Prozent des Landes und 15,9 Prozent der Gesamtbevölkerung. Die Krone von Aragon, die das Prinzentum Katalonien und die Königreiche Aragon, Valencia und Mallorca mit insgesamt 110.000 km^2, 18,4 Prozent der Iberischen Halbinsel, umfaßte, hatte 865.000 Untertanen, 13,7 Prozent der Bevölkerung. Davon lebten 303.000 in Katalonien, 257.000 in Aragon, 250.000 in Valencia und 55.000 in Mallorca. Navarra, 11.700 km^2, d. h. 2 Prozent des Landes, hatte 120.000 Einwohner, 1,9 Prozent der Gesamtzahl, und im islamischen Königreich Granada lebten 300.000 Menschen (4,8 Prozent) auf 30.000 km^2 (5,0 Prozent); dieses sollte 1492 in christliche Hände fallen.

Wenn wir diese Daten analysieren, so läßt sich gleich feststellen, daß sich die überwiegende Mehrheit der Bevölkerung auf das Zentrum, auf die Meseta, konzentrierte, eine Tatsache, die bis ins 17. Jahrhundert zu beobachten ist, in dem eine Tendenz in Richtung Küsten einsetzt, die sich bis heute gehalten hat. Die Menschen waren untereinander sehr verschieden; sogar noch im Jahr 1492, das so entscheidend für die spanische Geschichte ist, lebten wie im ganzen Mittelalter Christen, Mauren und Juden miteinander. Ab 1492 wurde dieses Zusammenleben unmöglich, und die Spanier teilten sich in geschlossene sozioreligiöse Gruppen auf, die sich gegenüber Andersgläubigen feindlich und eifersüchtig verhielten. Das Zusammenleben der drei Religionen des Mittelalters verschlechtete sich während des gesamten 15. Jahrhunderts; die ersten Risse zwischen den Konfessionen entstanden und wurden langsam zu unüberwindbaren Gräben.

Die Spanier des 14. Jahrhunderts lebten in städtischem bzw. ländlichem Milieu, es ist aber schwierig, eine Trennungslinie zwischen beiden zu ziehen. Ein vielleicht willkürliches Kriterium zur Unterscheidung zwischen Dorf und Stadt könnte die Zahl der Einwohner sein (ab 1.000 kann man von einer Stadt sprechen) oder das Fehlen von verschiedenen Dienstleistungen (Märkte, Geschäfte) und Institutionen (Gerichtsbarkeit, Bischofssitze) im ländlichen Milieu, so daß die dortigen Einwohner in die Städte fahren mußten.

Man behauptet oft, das Mittelalter sei gekennzeichnet durch die Vielzahl von Bauerndörfchen, aber im 15. Jahrhundert, gleichsam als Vorwegnahme oder Einführung in die Neuzeit, ist ein Wachstum der Städte zu beobachten, deren Bedeutung neue wirtschaftliche und politische Horizonte ankündigte. Im Laufe dieses Jahrhunderts ist eine Landflucht erkennbar, die Bevölkerung ballte sich in gewissen Städten, die Arbeit und Steuererleichterungen anboten. Die Folge war das Wachstum dieser Städte.

Auf einer Landkarte der Iberischen Halbinsel der damaligen Zeit würden wir erkennen, daß ein besonders dicht besiedeltes Gebiet im Norden Kastiliens existierte, was die Bevölkerung zur Auswanderung zwang, die im gesamten Mittelalter eine Richtung hatte: nach Süden. Die Besiedlung hatte ländlichen Charakter, die Dörfer waren überall verteilt, es gab kaum Städte mit Ausnahme von Bilbao, das 1492 schon 5.000 Einwohner zählte. Im Gebiet zwischen dem Kantabrischen Gebirge an der Küste und dem Fluß Tajo überwogen bäuerliche Siedlungen, wobei es aber ziemlich viele mittelgroße Städte gab. Mit der nötigen Vorsicht, mit der die Daten aus jenen Jahrhunderten zu genießen sind, kann man folgende Einwohnerzahlen nennen: Valladolid, lange Zeit die bedeutendste Stadt der Meseta, hatte etwa 28.000 Einwohner, Toledo, die große Bischofsstadt weiter im Süden, beherbergte auf relativ kleinem Raum 34.000 Menschen, während das in der Nähe gelegene Madrid, ab 1561 die Hauptstadt des Reiches, kaum 4.000 Seelen zählte. Andere herausragende Städte in Altkastilien waren Medina del Campo und Medina de Rioseco, wegen ihrer Feste berühmt, sowie Salamanca wegen seiner Universität und Segovia wegen der Textilindustrie, das zu Ende des Jahrhunderts etwa 13.000 Einwohner hatte.

Südlich des Tajo, auf den weiten Ebenen Estremaduras, stellte Cáceres mit etwa 10.000 Seelen die wichtigste Stadt dar; es gab noch einige bedeutende Dörfer wie Jerez de los Caballeros, Llerena, Trujillo und Mérida. La Mancha war ein rein ländliches Gebiet, und nur Ciudad Real mit einer aufkommenden Textilindustrie erreichte eine gewisse Größe. Um die soziale und wirtschaftliche Situation der Bevölkerung in diesem Gebiet zwischen Tajo und Sierra Morena verstehen zu können, muß die Verwurzelung des Spanischen Ritterordens analysiert werden, was etwas später geschehen wird.

In Andalusien führte das allgemeine Bevölkerungswachstum zum Entstehen verschiedener Städte, sogar dort, wo die Kriegswirren das Land verwüsteten, wie etwa im Königreich Granada, dessen Hauptstadt gleichen Namens Ende des 15. Jahrhunderts etwa 50.000 Einwohner zählte, und Málaga 12.500. In den Gegenden, die heute durch extreme Armut der Bevölkerung charakterisiert sind, blühten große Städte wie Jaén, Ubeda und Baeza. Auch Ostandalusien beherbergte Ballungsgebiete. Sevilla zählte kurz vor der Entdeckung Amerikas 40.000 Einwohner, und in seinem Einflußbereich lagen so wichtige Dörfer wie Jeréz de la Frontera, Carmona und Utrera.

Am Mittelmeer zeigte Katalonien einen rein ländlichen Charakter, und nur Barcelona mit 28.000 Einwohnern im Jahr 1500 kann als wichtige Stadt angesehen werden. Noch ländlicher war das Königreich Aragon, dessen Hauptstadt Zaragoza 1495 jedoch 20.000 Menschen beherbergte.

Im Königreich Valencia konzentrierte sich die Bevölkerung auf eine große Stadt, die Hauptstadt gleichen Namens, 1492 mit mehr als 70.000 Einwohnern die größte Stadt der Iberischen Halbinsel. Etwas weiter südlich am Fluß Segura lag Murcia mit 10.000 Menschen.

Wie damals in ganz Europa üblich, lebte auch die Bevölkerung in Spanien vom Ackerbau, obwohl hier und dort, wo Handel und Geldfluß eine gewisse Bedeutung erreichten, neue Wirtschaftszweige entstanden. Die wichtigsten Produkte waren damals, schon wegen des Mittelmeerklimas, Getreide, Wein und Öl. Getreide, das wichtigste Anbauprodukt, kam aus Alt- und Neukastilien, Estremadura, Andalusien und Aragon. An der Mittelmeerküste wurde außerdem ausländischer Weizen eingeführt, der zum sogenannten »Brot des Meeres« verarbeitet wurde.

Die traditionellen Weinanbaugebiete erfuhren im 15. Jahrhundert eine gewaltige Expansion, da aus den Städten die Nachfrage immer größer wurde. In fast allen Regionen Spaniens wurde Wein angebaut, besonders herauszuheben sind hier die Weinberge am Duero (Burgos, Valladolid, Toro), in La Rioja und La Mancha, das erst in jenen Jahren zu einem bedeutenden Anbaugebiet wurde, sowie im Priorato (Katalonien) und in Andalusien.

Das Öl wurde von den Mauren eingeführt und eroberte langsam, aber sicher die christliche Küche, wobei es andere Fette verdrängte. Im 15. Jahrhundert finden wir Olivenhaine in Andalusien, aber auch in Katalonien und Aragon. Von den anderen Nutzpflanzen seien hier noch das Zuckerrohr der Küsten Granadas und Murcias und der Maulbeerbaum in Granada und Valencia zur Ernährung der Seidenraupe, die die wertvolle Seide brachte, erwähnt.

Von größter Bedeutung für die spanische Wirtschaft war die Viehzucht, wobei das System der Wanderschäferei betrieben wurde. Die Merinoschafherden durchzogen Kastilien auf den drei *cañadas*, den drei wichtigen königlichen Weidewegen. Die Schafherden verbrachten die Sommer in den nördlichen Zonen Kastiliens und die Winter in Estremadura. Diese Bewegungen wurden vom »Hohen Rat der Meseta« kontrolliert, einer Institution, die sich der Unterstützung der Krone erfreute. Im Frühjahr fand die Schafschur statt; die Wolle stellte eines der wichtigsten Exportprodukte Spaniens dar und war bei der europäischen Textilindustrie sehr beliebt. Dieser Wollhandel mit seinem Ausgangspunkt in Burgos, den Ausfuhrhäfen an der kantabrischen Küste, den Fabriken in Frankreich und in den Niederlanden wurde zur Nabelschnur der kulturellen und politischen Bindung des Königreichs Kastilien an Europa. Die Bedeutung dieses Wirtschaftszweiges wird an den Stückzahlen, die der »Hohe Rat der Meseta« zu verwalten hatte, deutlich: 2.700.000 Schafe.

Wer aber besaß Grund und Boden? Wie fand die Verteilung statt? Wie waren die Arbeits- und Untertanenbeziehungen? An erster Stelle müssen die Latifundien, der Großgrundbesitz der Kirche oder des Adels, erwähnt werden, der teilweise vom König geschenkt und später durch Kauf oder Aneignung von Gemeindeeigentum, vor allem während des 15. Jahrhunderts, vergrößert wurde. Die Latifundien der Kirche, insbesondere den Großgrundbesitz der Klöster, findet man im Norden Spaniens, wo es aber auch Rittergüter *(señoríos)* des weltlichen Adels gab. In La Mancha und Estremadura befanden sich die ausgedehnten Besitztümer der Ritterorden, die im Mittelalter gegründet wurden und denen die Monarchen Land zur Verteidigung und Nutznießung übereignet hatten. In Andalusien gab es großen und mittleren Grundbesitz als Ergebnis des Wiedereroberungsprozesses und der erneuten Besiedlung ab dem 13. Jahrhundert.

Neben diesem kirchlichen und weltlichen Großgrundbesitz gab es auch den Kleinbesitz, gerade groß genug, um eine Familie zu ernähren, dessen Größe davon abhing, ob es bewässertes oder unbewässertes Land war. Die Kleinbauern litten im 14. und 15. Jahrhundert unter den Ansprüchen des Adels, der langsam durch Kauf oder über Verschuldung der Bauern dieses Land erwarb. Kleine und mittlere landwirtschaftliche Betriebe finden sich auch in Valencia und in den Gebieten zwischen Duero und Tajo.

Es existierte schließlich auch ein Gemeindebesitz *(bienes comunales)*, den man wegen seiner Besonderheiten näher analysieren sollte. Es handelte sich dabei um Ländereien, Weiden, Ackerbeete, Gemeindetriften usw., die den Dörfern gehörten und vom Gemeinderat verwaltet wurden. Darunter befanden sich *bienes de propios* (Privatgüter), Ländereien also, die von Privatleuten gepachtet wurden, um mit dem Erlös die Kosten der Gemeinde tragen zu können, und *bienes comunes* (Gemeindebesitz), die von den Einwohnern selbst genutzt wurden, wie Weideflächen, Wälder zum Holzschlag und Flächen zum Dreschen. Die Mächtigen richteten auch auf diesen verführerischen Besitz ihr Augenmerk und nutzten die Übermacht, die sie in den Gemeinderäten besaßen, um sich das Land Stück für Stück anzueignen, ein Prozeß, der bis ins 19. Jahrhundert zu beobachten ist.

Später werden wir auf die hierarchische Struktur der spanischen Gesellschaft des ausgehenden Mittelalters eingehen und über den Platz jeder sozialen Gruppe in der rechtlichen und gesellschaftlichen Pyramide sprechen, doch vergegenwärtigen wir uns, daß die Bauern, da die Landwirtschaft ja die wirtschaftliche Grundlage jener Zeit war, 80 Prozent der Gesamtbevölkerung darstellten und in einer je nach Region und Untertanenverhältnis unterschiedlichen ökonomischen Situation lebten. Grundsätzlich kann man diese Bauernschaft in zwei Gruppen teilen: auf der einen Seite die, die ihr eigenes Land bestellten, und auf der anderen die große Mehrheit der landlosen Bauern, die als Leibeigene das Land der Adeligen bewirtschafteten oder als Pächter das Land bearbeiteten und Teile ihrer Ernte abgeben mußten, wobei die Gesetze, die dies regelten, in jedem Königreich Spaniens anders waren. Trotz der allgemein ungewissen Lage dieser sozialen Gruppe beobachten wir im 15. Jahrhundert einige gutsituierte Bauern, die ihr Land nicht mehr selbst bestellten, sondern fremde Arbeitskräfte einstellten, Tagelöhner, die sogenannten *labradores*. Diese Bauern standen zwar rechtlich auf den unteren Stufen der Gesellschaft, doch ihre wirtschaftliche Lage erlaubte es ihnen, so etwas wie eine ländliche Mittelschicht zu bilden, die im Laufe der Neuzeit immer mehr an Bedeutung gewann. Doch waren die meisten dieser Menschen irgendwie dem Adel untertan, der sie mit allen Mitteln an ihr Land zu binden suchte, mittels Pacht- oder Arbeitsverträgen oder aber mit der alten Formel aus dem Mittelalter, der Leibeigenschaft. Dieses Vasallentum bedeutete in manchen Gegenden eine sehr harte Abhängigkeit, z. B. in Katalonien, wo die *payeses* unter der »schlechten Behandlung« der Landbesitzer zu leiden hatten. Ein Ereignis aus diesem Jahrhundert verdeutlicht die Lage dieser Landarbeiter in ganz Europa: Ich denke an die Bauernaufstände, die, von einem religiös-utopischen Gleichheitsgedanken getragen, in allen europäischen Ländern mit unterschiedlicher Heftigkeit ausbrachen, um größere Freiheiten zu fordern. In Spanien traf diese Bewegung mit einer großen politischen Krise zusammen, die in blutigen Bürgerkriegen in allen spanischen Königreichen endete. Die *hermandiños* (Brüder) aus Galicien lehnten sich schon Ende des 14. Jahrhunderts gegen die Großgrundbesitzer auf, und ihr gewaltsamer Protest führte zu zwei Kriegen, der erste 1431 und der zweite, blutigere Bauernkrieg von 1467 bis 1469. In Katalonien stellten sich die *payeses de remesa* (Tagelöhner), ein großer Teil der Bevölkerung also, gegen das *ius maletractandi*, das Recht zur schlechten Behandlung also, das den großen Herren zuerkannt wurde, und diese Auseinandersetzung endete im Bürgerkrieg von 1462. In beiden Fällen mußte die Krone eingreifen, um den Frieden und die bestehende soziale Ordnung zu sichern; sie verbesserte auf der anderen Seite etwas die demütigende Situation dieser Leibeigenen. In Galicien mußten die Katholischen Könige Ferdinand und Isabella 1486 persönlich unter Androhung harter Strafen für Ruhe sorgen. In Katalonien erreichte König Ferdinand 1486 mit seinen intelligenten Verordnungen *Sentencia Arbitral de Guadalupe*, indem er das entwürdigende Recht auf »schlechte Behandlung« aufhob, eine soziale Stabilität im Land, die die spätere Geschichte Kataloniens stark beeinflussen sollte.

Was die Industrie betrifft, so werden wir uns auf ihren wichtigsten Zweig, die Textilindustrie, konzentrieren. Dieser Wirtschaftszweig beschäftigte in Spanien, wie in allen Ländern Europas zu jener Zeit, die meisten industriellen Arbeitskräfte. Der Umsatz dieser Industrie war höher als der anderer, etwa der Eisenindustrie im Baskenland und Katalonien, der Werften, der Goldschmiede-, Waffen- und Keramikindustrie, der Lederverarbeitung oder des Wagenbaues, wobei die Textilindustrie in den einzelnen Königreichen des ausgehenden Mittelalters unterschiedliche Bedeutung hatte. Gerade bei dieser Industrie wurden damals und später vieldiskutierte Fragen der spanischen Wirtschaft und Gesellschaft aufgeworfen. Die in Spanien hergestellten Gewebe – Hemdchen, weiße Wäsche, einfache Tücher, Sackleinen, Ziegenhaartücher, Burieltücher, Stickgarn usw. – waren allgemein von grober Qualität und schlecht verarbeitet, die dunklen Farben herrschten vor. Auf dem Binnenmarkt fanden diese Stoffe Absatz, aber es gab auch eine wachsende Nachfrage nach besseren und feineren Produkten im Zusammenhang mit den neuen Luxusansprüchen gewisser gesellschaftlicher Gruppen, die farbenfrohe Stoffe wünschten. Die *Cortes* (Ständeparlament) versuchten im 15. und 16. Jahrhundert den Import zu begrenzen und den Export der spanischen Wolle hoher Qualität, die dann als Rohstoff für die Industrie im Ausland diente, zu unterbinden, doch der Versuch mißlang. Es war ein von vornherein zum Scheitern verurteiltes Unterfangen, da die Interessen der großen Herdenbesitzer mit denen der Krone übereinstimmten; mit dem Exporthandel waren nämlich große Gewinne zu erzielen. Noch verstärkt wurde diese Situation, als 1520 die *tesoros de Indias*, die Schätze aus der Neuen Welt, nach Spanien überführt wurden und in Kastilien die wachsende Kaufkraft zu einer stärkeren Nachfrage nach ausländischen Waren führte. Spanien wurde zum erträumten Paradies für europäische Händler, die inländische Industrie konnte weder mit Quantität noch mit Qualität konkurrieren, die Industriebetriebe gingen bankrott. In den Worten des Historikers Sánchez Albornoz: Es geschah ein »Kurzschluß der Moderne«; das Silber und das Gold aus Übersee flossen durch Spanien zu den Industriezentren Europas und führten dort zu den ersten präkapitalistischen Systemen.

Auf dem Land waren also, wie wir gesehen haben, die Strukturen stark reglementiert, in den Städten dagegen schlossen sich die Handwerker zu Zünften zusammen, die alle Aspekte der Produktion kontrollierten. Die Zünfte setzten auch die Beziehungen zwischen den verschiedenen Gruppen in ihrer gut durchorganisierten sozialen Pyramide – Meister, Gesellen und Lehrlinge – fest und vertraten diese gegenüber der öffentlichen Verwaltung. Gerade während des 15. Jahrhunderts entwickelte sich ein Zunftwesen, das in späteren Zeiten seinen Höhepunkt erreichen sollte.

Die Ständegesellschaft des ausgehenden Mittelalters und der beginnenden Neuzeit

Im Zusammenhang mit der Wirtschaft haben wir die verschiedenen Situationen analysiert, in denen sich die Spanier je nach Besitz und Arbeit befanden. Im folgenden sollen die Gesellschaft, ihre Klassen und Unterschiede erläutert werden. Diese Gesellschaft war natürlich in eine mittelalterlich-abendländische Struktur eingebunden, zeigte jedoch sehr eigene Züge, die sich aus der acht Jahrhunderte währenden Koexistenz islamischer und christlicher Kultur ergaben.

Die Spanier unterschieden sich nicht nur durch ihre wirtschaftliche Situation. Die Gesellschaft war rechtlich und gesetzlich in drei Kategorien, die Stände, eingeteilt: Adel, Klerus und gemeines Volk, wie es damals genannt wurde. Jede dieser Gruppen besaß einen rechtlichen Status, der die Position des Standes allgemein und die der Individuen innerhalb der Stände definierte.

Die oberste Stufe bildete der Adel, der rechtliche und ökonomische Privilegien besaß, die ihn von den anderen Ständen eindeutig unterschieden. Eines der Privilegien bestand gerade in der Möglichkeit, diese auf den Erben zu übertragen: Es war der Erbadel, der so seine höhere Stellung von Generation zu Generation weitergab. Der Erbadel war seinerseits in verschiedene Kategorien unterteilt, die vom Hochadel über den mittleren Adel (vornehmlich in der Stadt beheimatet) bis zu den einfachen *hidalgos* (Landedelleuten) Kastiliens, die manchmal in einer prekären ökonomischen Situation lebten, reichten. Als die Katholischen Könige den Thron bestiegen, teilten sich 49 aristokratische Familien in Kastilien die Adelstitel Herzog, Marquis, Graf und Vicomte. In Katalonien gab es Stufen im Adelsstand: die Barone bzw. *ric hòmens* (reiche Leute), die Ritter und die *hòmens de paratge* (Leute mit Gütern), wobei 35 Familien die *ric hòmens* bildeten. Den Hochadel stellten in Aragon die *ricos hombres* (reiche Leute) und den niederen die *infanzones* (erbeingesessene Landedelleute). Hier und auch im benachbarten Königreich Navarra bedeutete der Adelstitel *infanzón* nicht automatisch ein sorgenfreies Leben, ähnlich wie bei den *hidalgos* Kastiliens.

Der Klerus

Die Menschen, die im Dienste der Kirche standen, bildeten eine geschlossene, rechtlich und wirtschaftlich exakt definierte Gruppe und hatten in der Monarchie Privilegien, die anderen Ständen vorenthalten waren. Der Unterschied zum Adel bestand vornehmlich in der Art, wie man Mitglied dieses Standes werden konnte: Während beim Adel das Blut entschied, konnte man sich persönlich zum Dienst an Gott entschließen, was eine gewisse Durchlässigkeit gegenüber niederen sozialen Schichten bedeutete.

Wie überall im Christentum, so teilte sich der Klerus in Spanien in eine Welt- und eine Klostergeistlichkeit. Der starre hierarchische Aufbau der ersteren ging vom Bischof über die Dechanten usw. bis hin zum einfachen Dorfpriester, wobei eklatante Unterschiede im Verdienst, in der sozialen und politischen Macht und im Lebensstil zwischen diesen Gruppen zu verzeichnen waren. Ende des 15. Jahrhunderts hatte Spanien acht Erzbistümer und 44 Bistümer, Tausende Menschen standen im Dienst der Kirche. Unter den Bistümern gab es wieder große Unterschiede, was Ausdehnung und Macht betraf. Neben reichen Bistümern wie Toledo, Sevilla oder Santiago de Compostela – die größten Diözesen Spaniens – gab es winzige, ziemlich arme Bistümer. Die Einkünfte kamen aus den Überschüssen ihrer Ländereien und aus dem Zehent, den die Gläubigen zu zahlen verpflichtet waren. Bei der Verteilung der Gelder blieb aber das meiste beim Bischof oder beim Domkapitel; die kleinen Priester erhielten kaum finanzielle Hilfe für die Betreuung ihrer Schäfchen, sie mußten sich andere Mittel und Wege suchen, um ihr Amt weiterführen zu können.

Die Ordensgemeinschaften folgten den strengen Regeln ihrer Gründer, die für ihre Mitglieder die Tracht, die Lebensführung und die Form der Glaubensverkündung festgelegt hatten. Während des Hochmittelalters hatten Benediktinermönche und Zisterzienser eine Vielzahl von Klostergründungen nördlich des Duero realisiert, und im Spätmittelalter waren es neue Ordensgemeinschaften, manche davon in Spanien selbst gegründet, wie etwa der Hieronymitenorden, die überall auf der Halbinsel ihre Klöster errichteten. Sie ließen sich vornehmlich in den Städten nieder, um die Bürger der *burgos* (Städte) zu betreuen, die in diesem Labyrinth von Straßen neue Formen der Religiosität brauchten, da die Probleme, vor denen sie standen, gerade aus diesem städtischen Milieu erwuchsen. Unter den Ordensgemeinschaften – Karmeliten, Kartäuser, Trinitariermönche, Hieronymiten usw. – ragten die Dominikaner wegen ihrer großen Zahl und der Stärke, mit der sie die Ketzerei verteufelten, und vor allem die beim Volk so beliebten Franziskaner heraus, die Ende des 15. Jahrhunderts in ganz Spanien über 190 Mönchs- bzw. Nonnenklöster verfügten. Erinnern wir uns daran, daß sich Kolumbus bei seiner Ankunft in Spanien in La Rábida (Huelva) sofort an sie wandte und sie ihn sogleich verstanden, da ihre naturgebundene Philosophie gut zu den phantastischen Vorstellungen des künftigen Entdeckers paßte.

Der Klerus in Kirche und Kloster war der wohlhabendste Stand in Spanien, gemessen an seinen Einkünften und Besitztümern auf dem Land und in der Stadt; er nannte viele Siedlungen mit einer Unzahl von Vasallen sein eigen. Dieser Reichtum wurde für mildtätige Zwecke verwendet, aber auch zur Förderung der Kunst, was zur großen Blüte von Architektur, Malerei, Bildhauerei und Goldschmiedekunst in einem der bedeutendsten Kapitel spanischer Kultur führte. Sein Einfluß war bei allen sozialen Schichten von Bedeutung, obwohl die Gewohnheiten des Klerus oft nicht mit der christlichen Opferbereitschaft und Nüchternheit übereinstimmten, die damals im ganzen Abendland hochgehalten wurden.

Gegen Ende des 15. Jahrhunderts wachte die Kirche mit ihren Inquisitionsgerichten eifersüchtig über die Reinheit der Lehre, womit sie auch ihren Einfluß und ihre Macht vergrößerte.

Über den dritten Stand – das gemeine oder einfache Volk – haben wir indirekt bei der Analyse des Bauerntums, der Handwerker und Händler in den Städten gesprochen und dabei erkannt, daß auch hier Unterschiede, besonders im ökonomischen Bereich, festzustellen waren. Gegenüber der Krone waren sie alle tributpflichtig, was einen großen Unterschied zu den beiden anderen Ständen ausmachte; für sie galt darüber hinaus eine andere Rechtsprechung. Weiter oben wurden die sozioreligiösen Minderheiten schon erwähnt, die Juden und Morisken, die gerade in dieser Übergangszeit zwischen Mittelalter und Neuzeit dramatische Stunden erlebten und dabei den Haß des modernen Staates zu spüren bekamen.

Jedes Königreich auf der Iberischen Halbinsel – Kastilien, Aragon-Katalonien-Valencia, Navarra, Portugal und sogar das Maurenreich Granada – sah sich während des 15. Jahrhunderts von tiefen Krisen und blutigen Bürgerkriegen geschüttelt, in denen sich die wichtigsten Gruppen im Reich – Adel, Monarchie und gemeines Volk, manchmal durch die Städte, manchmal durch die Bauern vertreten – gegenüberstanden. Die mächtige Aristokratie versuchte die Monarchie nach ihren Wünschen zu formen, doch dieser gelang es mit Hilfe der anderen Stände, die in ihr eine gewisse Sicherheit sahen, sich des Adels zu erwehren; es kam zu einem Gleichgewicht zwischen den drei Ständen und der Krone. Gerade diese Auseinandersetzungen führten zu dem verworrenen Netz der Macht, das Jahrhunderte überdauerte und als »Altes Regime« bekannt ist.

Die Regierung

Die Monarchien im Spanien des Mittelalters richteten sich bei der Ausübung ihrer Herrschaft nach der Philosophie des heiligen Thomas von Aquin, einer Philosophie, die in der gesamten christlichen Welt ihre Gültigkeit besaß: Die Macht gibt Gott dem Volk, das diese einem Herrscher überantwortet, der »von Gottes Gnaden« regiert. Daher kamen verschiedene Verträge zwischen Monarchie und Volk zustande, mit dem Ziel, so gut wie möglich zu regieren, Verträge, die in einigen Reichen wie etwa in Aragon zeitweilig sehr effektiv waren. Gegenüber dieser pazifistischen Philosophie der Macht tauchten Ideen aus dem römischen Recht auf, die auf den Vorrang des Monarchen über das Volk als Garantie für dessen Sicherheit abzielten, was den Beginn einer absoluten Monarchie im ausgehenden 15. Jahrhundert bedeutete, die sich dann im 16. Jahrhundert voll entwickeln konnte.

Im Spätmittelalter und als Ergebnis der Bürgerkriege oder anderer politischer Entscheidungen bestiegen neue Herrschergeschlechter den Thron in den verschiedenen Reichen Spaniens, so das Geschlecht Avis in Portugal (1385, Johann I.) oder das der Trastámara in Kastilien (1369, Heinrich II.). Ein weiteres Beispiel wäre die Krone von Aragon, die Ferdinand I., auch aus dem Geschlecht der Trastámara, 1412 als Ergebnis des *Compromiso de Caspe* erhielt und die ihm die Vertreter der drei Reiche – Aragon, Katalonien und Valencia – nach dem Tod von Martin dem Menschlichen angetragen hatten. Ein gemeinsamer Zug dieser neuen Königsgeschlechter war ihre innere und äußere Dynamik und ihre Ausrichtung auf die Zukunft. Die Avis in Portugal begannen ihre afrikanischen und atlantischen Abenteuer, die Trastámara aus Kastilien hatten ihren Blick nach Westen gerichtet. Als Höhepunkt dieser spanisch-portugiesischen Seefahrten stand ein Meisterstück: die Entdeckung Amerikas. Die Trastámara in Aragon führten eine jahrhundertealte Tradition weiter und dehnten ihr politisches, wirtschaftliches und kulturelles Gewicht auf das Mittelmeer aus, wobei sie sogar Teile Italiens in Besitz nahmen und so ein wichtiges Kapitel spanischer Außenpolitik schrieben.

Der Dialog zwischen Volk und Monarchie sollte theoretisch in den *Cortes* stattfinden, dem Ständeparlament, das die Könige des 12. Jahrhunderts zum Beratschlagen und zum Treffen wirtschaftlicher Entscheidungen geschaffen hatten. Es bestand aus drei Fraktionen: Adels-, Klerus- und Städtevertretungen, in Aragon aus vier Fraktionen, da der Adelsstand sich in *ricos hombres* und Ritter aufteilte. Die 17 Städte Kastiliens mit »Stimme in den *Cortes*« wurden durch speziell für die einzelnen Sitzungen gewählte *procuradores* vertreten. Den Sitzungsort und das Datum bestimmte der König. Diese Treffen hatten den Charakter einer Zusammenkunft zwischen dem Monarchen und dem Volk, was schon in der Eröffnungsrede zutage trat, da der König den Grund für die Einberufung erklären mußte. Dann versammelten sich die Stände allein, debattierten die Vorschläge und brachten dem König ihre Entschlüsse vor, der sie akzeptierte oder zurückwies. Dieses ideale System war im 15. Jahrhundert schon in Dekadenz geraten, da die Städtevertreter immer mehr der städtischen Aristokratie angehörten. Trotzdem riefen die Katholischen Könige zu Beginn ihrer Herrschaft des öfteren die *Cortes* zusammen, um die jeweiligen Probleme des Reiches durchzusprechen.

Parallel zur *Reconquista*, der Wiedereroberung des in islamische Hände gefallenen Landes durch die Christen im Spätmittelalter, wurden die Aufgaben der Monarchie vielfältiger und komplexer, was die Schaffung bzw. Spezialisierung verschiedener Institutionen zur Unterstützung des Königs bei seiner Entscheidungsfindung bewirkte. So entstanden in allen Königreichen Spaniens sogenannte *Consejos Reales*, königliche Räte, die der Herrscher direkt ansprechen konnte. Die Gerichtsbarkeit entwickelte spezialisierte Gerichte, die *Audiencias*. Außerhalb des Mutterlandes wurden die Kolonien in Vizekönigreichen verwaltet und andere Institutionen des Staates verbessert, wie das Heer, das während der Granada-Kriege (1480–1492) stark vergrößert und durchorganisiert wurde – ein Vorläufer des bedeutenden Machtinstrumentes, das Spanien während des 16. Jahrhunderts in Europa einsetzte. In diesem Sinne unterstreichen die letzten Jahrzehnte des 15. Jahrhunderts den Übergang zum modernen Organisationsstil der Neuzeit.

Die »fünf Reiche Spaniens« im 15. Jahrhundert

Neben der regionalpolitischen Unterteilung nach dem Maureneinfall im Jahr 711 entwickelte sich eine mehr oder weniger offene Tendenz zur Einheit Spaniens, die sich in Verlobungen und Entlobungen, Verträgen und Bürgerkriegen zwischen den verschiedenen christlichen Staaten der Iberischen Halbinsel im Mittelalter äußerte. Während des 15. Jahrhunderts standen die Könige des Geschlechts Trastámara hinter einer Bewegung, die von einem Spanien der »fünf Königreiche« – Kastilien, Aragon, Portugal, Navarra und Granada – träumte, von einer einzigen, starken, einheitlichen Monarchie. Dieses Ziel verfolgten sie mit friedlichen Mitteln, aber auch mit Waffengewalt, ein Ziel, das 1512 fast erreicht worden war, da vier der fünf Königreiche – Kastilien, Aragon, Granada und Navarra – den Katholischen König Ferdinand als Herrscher anerkannten und im Falle Portugals durch geschickte Heiratspolitik die ersten Schritte zur Vereinigung vollzogen waren, die 1580 endlich realisiert wurde.

Diese fünf Reiche sind durch eine wechselvolle Geschichte während des ausgehenden Mittelalters charakterisiert. Das Erscheinen von Kräften der Erneuerung führte zu Veränderungen und Expansionsbestrebungen. Portugal, das seine *Reconquista* im Jahr 1249 mit dem Erreichen der Algarve-Küste durch Alfons III. abgeschlossen hatte, wandte sich ab dem 14. Jahrhundert dem unbekannten Ozean zu, es wurde daher »Geschenk des Atlantiks« genannt. Die Portugiesen, in Konkurrenz mit den Andalusiern, begannen also die Seewege zu erkunden. Als Johann II. von Kastilien Portugal zu erobern versuchte, schlugen die Portugiesen unter Führung von Johann I., Großmeister von Avis, den Angriff bei Aljubarrota 1385 zurück. Das daraus hervorgehende neue Herrschergeschlecht, die *Altos Infantes*, die großen Fürsten, wie sie Camoens nannte, begann mit der Expansion auf dem Seewege, wobei Heinrich der Seefahrer (1394–1460), der bedeutende Förderer der atlantischen Abenteuer, der aber selbst nie zur See fuhr, im Vordergrund stand. Die Beziehungen zu Kastilien waren von Handelskonflikten, Verträgen und Ehen geprägt, die die Trastámara aus Kastilien besonders pflegten, da sie der Meinung waren, besser über eine Liebesbeziehung als durch Krieg die so ersehnte Vereinigung der beiden Reiche zu erringen, was aber, wie erwähnt, erst 1580 geschah.

Die Wirrnisse in Kastilien dauerten bis ins 14. Jahrhundert an, und dennoch sollte es das bedeutendste Königreich in Spanien zu Ende des Mittelalters werden. Nach einem Bürgerkrieg 1369 bestieg mit Heinrich II. (1369–1379) das Geschlecht der Trastámara den Thron; er konnte den aufkommenden Adel an sich binden. Sein Sohn Johann II. (1379–1390) versuchte ohne Erfolg, Portugal zu annektieren. Während seiner Herrschaft bildeten sich neue Institutionen: *Consejo Real* und *Audiencia*. Das 15. Jahrhundert begann unter der Herrschaft Heinrichs III. (1390–1406), der unter anderem die atlantische Expansion mit der Besetzung der Kanarischen Inseln (1402) startete. Die lange Herrschaft seines Sohnes Johann III. (1406–1454) war von Bürgerkriegen bestimmt. Während dieser Zeit trat erstmals in der spanischen Geschichte die Figur eines *rivado,* der die Geschicke des Reiches zu leiten trachtete, nämlich Alvaro de Lima, in den Vordergrund. Die anarchische Macht des Adels verstärkte sich besonders unter der Herrschaft von Heinrich IV. (1454–1474), der Zeit der großen Gesetzlosigkeit. Seine Erbin war paradoxerweise Königin Isabella I. (1474–1504), die nach der Heirat mit Ferdinand von Aragon (1479–1516) nicht nur die beiden großen Königreiche vereinte, sondern auch die Grundlage für die spanische Monarchie des 16. und 17. Jahrhunderts legte, indem sie die Mauren aus Granada wies, den Adel unterwarf, das Land befriedete (Santa Hermandad), den Staat politisch-religiös als katholisch definierte (Ausweisung der Juden und Einrichtung der Heiligen Inquisition) und mit der Expansionspolitik (Herrschaft über Italien und Entdeckung Amerikas) begann.

Das Königreich Aragon hatte zwischen dem *Compromiso de Calpe* und der Thronbesteigung des Trastámara Ferdinand von Antequera (1412–1416) bis zu Ferdinand dem Katholischen eine bewegte Geschichte: auf der einen Seite blutige Kriege zwischen Adel, Königshaus und Bauern, auf der anderen die Ausbreitung im Mittelmeer unter der Herrschaft von Alfons V. dem Großherzigen (1416–1459), einem Vorläufer der Renaissance, der zugleich König von Aragon und von Neapel war. Aragon brachte in die Vereinigung mit Kastilien seine Erfahrungen in der Seefahrt ein, bedingt durch seine wirtschaftliche und kulturelle Ausbreitung im Mittelmeer, dem *Mare Nostrum*, sowie eine Vertragspolitik, die später den Habsburgern zum Vorbild dienen sollte.

Navarra erlebte ein schlimmes 15. Jahrhundert, weil seine geographische Lage es zum Pufferstaat zwischen den großen Reichen Kastilien, Aragon und Frankreich werden ließ, die seine Eroberung im Sinn hatten. Der schwierige Versuch eines Gleichgewichts in dieser Situation war zum Scheitern verurteilt. 1512 marschierte Ferdinand der Katholische unter dem Vorwand eines internationalen Konfliktes in Pamplona ein und vereinte die Geschichte des Pyrenäenkönigreiches mit der Kastiliens, obwohl Navarra eifersüchtig über seinen Sonderstatus wachte, der bis ins 19. Jahrhundert Rechtsgültigkeit besaß, als es zu einer Provinz Spaniens wurde.

Das islamische Königreich Granada, zwischen den hohen Bergen der Sierra Nevada und der breiten Mittelmeerfront, hatte etwa 30.000 km² und 300.000 Einwohner. Seit dem 13. Jahrhundert konnte es seine Unabhängigkeit nur dank einer klugen Wirtschafts- und Handelspolitik mit den kastilischen Königen bewahren, die in der regelmäßigen Zuwendung von Geldern, sogenannten *parias* bestand, was seiner blühenden Wirtschaft keine Schwierigkeiten bereitete. Aber dieses Land sah sich, wie andere Königreiche in Spanien während des 14. Jahrhunderts, in blutige Bürgerkriege verwickelt, die dazu führten, daß es während des 14. Jahrhunderts langsam seine Kraft verlor und sich von der islamischen Welt, zu der es gehörte, isoliert sah. Sein endgültiges Ende bedeuteten die Verteidigungskriege 1480–1492, die den Schlußpunkt einer jahrhundertelangen Wiedereroberung, der *Reconquista,* setzten. Am 2. Januar 1492 drangen die Soldaten Isabellas und Ferdinands in die Alhambra ein.

In diesem Jahr wurden die Verträge von Santa Fé unterschrieben, worin sich die Katholischen Könige verpflichteten, »hinauszufahren und zu entdecken«. Kolumbus selbst hatte am Morgen des 2. Januars auf dem Turm des Königshauses in der Alhambra die königliche Fahne wehen gesehen, und damit endete vor dem Hintergrund des wunderschönen islamischen Granada das Mittelalter, und es begann, nicht nur durch Zufall, die Neuzeit.

Literatur

ALDEA, Quintín, et al.: Diccionario de historia eclesiástica de España, 4 Bd., Madrid 1970–1973.

ANES, Gonzalo, et al.: La economía agraria en España. Propiedad, explotación, comercialización, rentas, Madrid 1979.

BENITO RUANO, Eloy: Los orígenes del problema converso, Barcelona 1976.

BONNASSIE, P.: La organización del trabajo en Barcelona a fines del siglo XV, Barcelona 1975.

CAMARENA MAHIQUES, J.: El compromiso de Caspe, Zaragoza 1971.

CARO BAROJA, Julio: Los judíos en la España Moderna y Contemporánea, Madrid 1961.

CASTRO Y ALMEIDA, Les grands navigateurs et colons portugais du XVeme et XVIeme siècles, Brüssel – Paris 1948.

CLAVERO, Bartolomé: Mayorazgo. Propiedad feudal en Castilla (1569–1836), Madrid 1974.

DE STEFANO, L.: La sociedad estamental de la Baja Edad Media española a la luz de la literatura de la época, Caracas 1966.

DONINGUEZ ORTIZ, Antonio: Los judeoconversos en España y América, Madrid 1971.

GARCIA DE VALDEAVELLANO, Luis: Cursos de historia de las instituciones españolas, Madrid 1973.

GOLOBARDES VILA, N.: El remences dins el quadre de la pagesía catalana fins el secle XV, 2 Bde., Figueras 1970–1973.

GUAL CAMARENA, Miguel: »Para un mapa de la industria textil catalana en la Edad Media«. In: Anuario de Estudios Medievales IV, Barcelona 1967.

IBARRA RODRIGUEZ, Eduardo: El problema cerealista en España durante el reinado de los Reyes Católicos, Madrid 1944.

KAMEN, Henry: La inquisición española, Barcelona 1965.

KLEIN, Julius: La Mesta. Estudio de la historia económica española (1273–1836), Madrid 1979.

LACARRA, José Manuel: Historia política del Reino de Navarra. Desde sus orígenes hasta su incorporación a Castilla, Pamplona 1973.

LAREDO QUESADA, Miguel Angel: España en 1492, Madrid 1978.

LAREDO QUESADA, Miguel Angel: La Hacienda Real de Castilla en el siglo XV, La Laguna (Tenerife) 1973.

LAREDO QUESADA, Miguel Angel: »Los mudéjares de Castilla en la Baja Edad Media«. In: Historia, Instituciones, Documentos IV, 1978.

LAREDO QUESADA, Miguel Angel: Granada: Historia de un país islámico (1231–1571), Madrid 1971.

MARAVALL, José Antonio: »Sobre el consepto de la monarquía en la Edad Media española«. In: Estudios dedicados a Menéndez Pidal, Madrid 1954.

MENENDEZ PIDAL, Ramón (Hrsg.): Historia de España, Bd. 14 und 15, 1964–1966.

MITRE FERNANDEZ, Emilio: »La población española al comienzo de los tiempos modernos«. In: Anuario de Estudios Medievales VII, Barcelona 1970–1971.

MOXO, Salvador de: »De la nobleza vieja a la nobleza nueva. La transformación nobiliaria castellana en la Baja Edad Media«. In: Cuadernos de Historia (Instituto Jerónimo Zurita del C.S.I.C.) III, Madrid 1969.

PEREZ PRENDES, José Manuel: Cortes de Castilla, Madrid 1974.

PISKORSKY, W.: Las Cortes españolas en la Edad Media, Barcelona 1930.

RUIZ MARTIN, Felipe: »La economía y la expansión de España bajo los Reyes Católicos«. In: Siete Estudios de Historia de España, Barcelona 1969.

RUIZ MARTIN, Felipe: »La población española al comienzo de los tiempos modernos«. In: Cuadernos de Historia (Instituto Jerónimo Zurita del C.S.I.C.) I, Madrid 1967.

RUIZ MARTIN, Felipe: Pastos y ganaderíos, ganaderos en Castilla. 1450–1600, Florenz 1974.

SOBREQUES VIDAL, M.: Els Barons de Catalunya, Barcelona 1957.

SUAREZ FERNANDEZ, Luis, et al.: Los Trastámaras y la unidad española (1369–1517). In: Historia general de España y América, Rialp, Madrid 1981.

SUAREZ FERNANDEZ, Luis: Nobleza y Monarquía. Puntos de vista sobre la historia política castellana del siglo XV, Valladolid 1975.

SUAREZ FERNANDEZ, Luis: Los judíos españoles en la Edad Media, Madrid 1980.

VALDEON BARUQUE, Julio: Los judíos de Castilla y la revolución Trastámara, Valladolid 1968.

VICENS VIVES, Jaime: »La economía de los países de la Corona de Aragón en la Baja Edad Media«. In: Conyuntura y reformismo burgués, Barcelona 1969.

VICENS VIVES, Jaime: Historia de las remesas en el siglo XV, Barcelona 1945.

DIE IDENTIFIKATION AMERIKAS

José Luis Abellán
Universidad Complutense, Madrid

Die Identifikation Amerikas im spanischen Bewußtsein war keineswegs ein leichter oder einfacher Prozeß. Die Beziehungen zwischen beiden Welten wurden von Anfang an durch zahlreiche und komplexe Faktoren erschwert, was zu Irrtümern, Mißverständnissen und Verwirrungen und damit zu Unverständnis führte. Die »Entdeckung« selbst wurde auf so vereinfachende Weise dargestellt, daß sie nichts mehr mit der Realität zu tun hatte. Unendlich oft ist wiederholt worden, daß Christoph Kolumbus einen anderen als den von den Portugiesen gewählten Weg nach Asien suchte und daß er bei diesem Versuch auf den amerikanischen Kontinent stieß; die Tatsachen ereigneten sich jedoch auf andere Weise. Einerseits tauchte in den »Kapitulationen von Santa Fe«, die 1492 zur Förderung von Kolumbus' Reise von den Katholischen Königen angeordnet worden waren, Asien als Ziel dieser Fahrt nicht einmal auf; tatsächlich ging es darum, die Souveränität über die »Inseln und das Festland im westlichen Teil des Ozeans nach Indien zu« auszuüben. Andererseits wurde sich Kolumbus bei seiner Ankunft auf dem Neuland gar nicht der Tatsache bewußt, daß es sich dabei um »Amerika« handelte, und er starb in der Überzeugung, auf einer bis dahin unbekannten Route nach Asien gelangt zu sein. Der Prozeß ist heute eingehend untersucht, und die wiederholten Bemühungen auf seinen späteren Reisen um die Suche nach der sogenannten Goldenen Halbinsel, deren Auffinden voll und ganz seine Überzeugung, nach Asien gelangt zu sein, rechtfertigen würde, sind bekannt. Angesichts der Unmöglichkeit, eine Erklärung für das Vorhandensein eines unbekannten Neulandes im Süden des seines Glaubens nach asiatischen Kontinents geben zu können, stimmte er sogar bei seiner vierten Reise der polemischen These der »zusätzlichen Halbinsel« zu. Dieser These zufolge sollte es, abgesehen von der Goldenen Halbinsel, eine weitere asiatische Halbinsel geben; das war damals sehr umstritten und wurde nur von wenigen akzeptiert, aber wenn weiterhin darauf bestanden wurde, daß es sich bei dem entdeckten Neuland um Asien handelte, so war es die einzig akzeptable These.

Amerikas Identitätsfeststellung stieß also zuallererst auf das Problem seiner physischen Identifizierung. Wenn man von der These ausging, nach Asien gelangt zu sein, so stellte sich die grundlegende Frage, was von jener im Süden aufgetauchten Landmasse – dem heutigen Südamerika – zu halten war, die von einigen schon damals als ein unbekannter Kontinent betrachtet wurde. Die Lösung für das Problem bestand darin, den Durchgang zum Indischen Ozean zu finden, der allen Geschichtsschreibern zufolge zwischen dem einen und dem anderen Neuland existierte. Als Juan de la Cosa im Jahr 1500 mit absoluter kartographischer Treue seine berühmte Landkarte zeichnet, wagte er es nicht, sich zum Thema zu äußern (die Angelegenheit war unklar, und das letzte Wort hatten die Seefahrer), und mit List umging er dieses Problem, indem er das Bild des heiligen Christophorus an die umstrittene Stelle setzte. Als erster wagte Amerigo Vespucci den endgültigen Schritt, als er in seinem berühmten Brief *Mundus Novus* (1502) schon von dem »den Alten unbekannten Neuland« sprach und es als eine von Asien getrennte und unterschiedliche kontinentale Einheit charakterisierte. Diese Tatsache wurde von Martin Waldseemüller in seiner berühmten Landkarte wieder aufgenommen, die 1507 innerhalb seiner *Cosmographiae Introductio* erschien und auf der der neue Kontinent mit der Bezeichnung »Land des Amerigo« auftaucht. Über die Ungerechtigkeit dieser Bezeichnung wurde viel spekuliert, und man ließ sich von einem extremen Nationalismus treiben. Im Gegensatz dazu fehlen aber auch nicht die Autoren, die sie unter Berufung auf Robert Levilliers umfassende Untersuchung mit dem Titel *América, la bien llamada* (1948) rechtfertigen. In einer Zeit, in der man die kulturelle Einheit Europas auf einer neuen Grundlage zu errichten versucht, erscheint es nicht sehr fruchtbar, wenn man sich bei Überlegungen aufhält, ob Kolumbus Genueser und Vespucci Florentiner war, und wenn daraufhin die entsprechende nationalistische Zuordnung vorgenommen wird; für die Spanier sollte es ausreichend sein zu wissen, daß das Unternehmen von Spanien aus mit spanischen Mitteln und Männern durchgeführt wurde und daß es unter dem Antrieb von Königin Isabella I. vom Königreich Kastilien gefördert wurde. Ich möchte mich der Behauptung des zuvor genannten Autors anschließen, daß dank Vespucci »ein von der Vorsehung bestimmtes Band zwischen Italien, Spanien und Portugal« geknüpft wurde.

Die Gestaltung des physischen Bildes Amerikas ist andererseits nichts weiter als ein entscheidendes Moment in der Konstituierung seiner geographischen Einheit, die aber den ganzen Prozeß seiner Herausbildung als einer historisch-kulturellen Wesenheit offenläßt. Amerika ist zuerst ein *Kontinent*, d. h. eine bloße Form ohne eigenen Inhalt, und folglich fehlt ihm eine spezifische Zuordnung; ontologisch gesehen ist das Neuland »kein Nichts«, sondern eine reine, für zukünftige Bestimmungen offene Möglichkeit. In diesem Sinne vermeiden verschiedene Autoren das Wort »Entdeckung« und sprechen lieber von der »Auffindung« Amerikas; d. h. statt eines »plötzlichen Erscheinens eines Seins mit eigenem Inhalt« – *Entdeckung* – der »allmähliche Prozeß des Auftauchens eines neuen Seins in der Geschichte des Abendlandes« – *Auffindung*. Es gilt also herauszufinden, wie dieser Prozeß der »Auffindung« vor sich geht, den wir tatsächlich dem seiner Identifikation gleichstellen können; nach der Gestaltung des physischen Bildes geht es nun um die dialektische Bewegung, die zur Bildung der *Idee* von Amerika führt.

Es ist meine persönliche Meinung, daß im Prozeß der Gestaltung der »amerikanischen Idee« die Art der Kolonisierung ein ganz besonderes Gewicht hat. Wenn wir von einem angelsächsischen Kolonisierungsmodell ausgehen, das von den grundlegenden Zielen der Besiedelung und Ausbeutung des Neulandes bestimmt wurde, so wäre das iberische Modell von dem Antrieb gekennzeichnet, die Neue Welt in die politische Struktur der katholischen und universellen Monarchie einzugliedern, mit dem Ziel, die Eingeborenen zum Christentum zu bekehren und ihre Seelen zu retten. Beim ersten Modell sind der »Pionier« und die seinen Spuren folgenden Siedler die Protagonisten, beim zweiten hingegen sind es die Eroberer und Missionare, die die Hauptrolle spielen. Die erste Kolonisierungsform wird so als ein individualistisches Unternehmen charakterisiert, während bei der zweiten die kollektiven Aspekte vorherrschen, die von einer eminent politisch-religiösen Auffassung herrühren. Dies wurde von einem englischsprachigen Autor folgendermaßen formuliert: »Im 16. und 17. Jahrhundert war Spanien von dem Willen geleitet, aus der Welt die Gestalt seines Staates zu machen und aus seinem Staat die Gestalt Christi« (Waldo Frank). Man bedenke, daß die Spanier in ihrem Bestreben, die Neue Welt einzugliedern, was innerhalb von 50 Jahren – zwischen 1500 und 1550 – geschah, die enorme Leistung vollbrachten, praktisch den ganzen amerikanischen Kontinent zu besetzen.

Bis 1550 hatten sie den Pazifischen Ozean entdeckt (Nuñez de Balboa, 1513), Mexiko (Cortés, 1521) und Peru (Pizarro, 1529) erobert und sich von Kalifornien (Hurtado de Mendoza, 1522) und Florida (Ponce de León, 1513) bis Argentinien (Díaz de Solis, 1516) ausgebreitet. In auffallendem Gegensatz dazu benötigten die englischen Siedler mehr als 200 Jahre – von 1620 bis 1850 –, um die Entfernung zwischen dem Atlantischen und dem Pazifischen Ozean zurückzulegen – »der lange Marsch nach Westen«.Der kulturelle Unterschied der beiden Amerika spiegelt sich vielleicht nirgends deutlicher wieder als in der charakteristischen Form der Städte im einen und im anderen Teil: die nordamerikanische Stadt als Wegkreuz, geprägt von Automobil und »highway« (der Autobahn); in der iberoamerikanischen Stadt hingegen ist die »Plaza Mayor« (der Marktplatz) mit ihrem geistigen und zivilen Zentrum – Kathedrale und Rathaus – vorrangig, und der Platz ist das Zentrum des auf persönlichem Kontakt beruhenden Zusammenlebens (Plauderzirkel, Sonntagsmesse, Feste und soziale Zusammenkünfte).

Diese Dualität bestimmte auch die unterschiedliche Haltung gegenüber dem Eingeborenen. Wenn die Kolonisierung in Nordamerika zuallererst eine Besiedelung bedeutete, so konnten die Ureinwohner nur ein Hindernis sein, das zu beseitigen oder an eigens für sie bestimmte, abgegrenzte Orte (Reservationen) zurückzudrängen war. Im Gegensatz dazu verband sich bei der iberischen Kolonisierung die Tatsache, daß die Eroberer nicht von Frauen begleitet wurden, mit der Bedeutung, die die Eingeborenen für die ihr Unternehmen motivierenden menschlichen Ziele (an die natürlichen Quellen des Reichtums zu gelangen) wie auch für die religiösen (Rettung der Seelen) hatten, so daß also der Indianer, der für die angelsächsischen Kolonisatoren ein Hindernis darstellte, für die iberischen eine Notwendigkeit war. Dadurch wurde in Iberoamerika die Grundlage für eine Lösung des Rassenproblems geschaffen, die in der »Mestizisierung« ihren Ausgangspunkt hatte. Diese ist nicht im rein biologischen Sinn zu verstehen – als Rassenkreuzung –, sondern als eine umfassende kulturelle Konzeption. Durch die Rassenkreuzung entstanden nicht nur der Mestize, Mulatte, Zambo oder Quarteron, es entwickelten sich auch kulturelle Schöpfungen, wie die afro-antillische Poesie, die mexikanischen Wandgemälde, der mexikanische Revolutionsroman, der Gaucho-Roman, die Essays über das amerikanische autochthone Sein, die neuspanische Architektur, das amerikanische Barock und der magische Realismus.

In Spanisch-Amerika wurde die Anwesenheit der Eroberer und Missionare für ein und dieselbe Idee bestimmend. Während erstere, getrieben von Gier nach Ruhm und Ehrgeiz oder Geldsucht, in einigen Fällen die Quellen speisen konnten, von denen sich die sogenannte »schwarze Legende« nährte, waren die Missionare fast ausnahmslos Ausdruck eines ersten spanischen Bewußtseins, das auf Verantwortung und Gerechtigkeit beruhte. Es darf allerdings nicht vergessen werden, daß sich beider Handeln innerhalb einer umfassenden Operation der politisch-kulturellen Eingliederung abspielte, deren fundamentale Stützen die administrative Einheit war, die von einem Netz von Vizekönigreichen, Gerichtshöfen, Gouverneuren, Generalkapitanaten und Ordensstiften durchgesetzt wurde, und die Suche nach einer Gerechtigkeit, die auf den »Gesetzen der indischen Gebiete« (1512, 1542) beruhte. Beide Grundpfeiler hatten zum Ziel, was ein Amerikanist aus den Vereinigten Staaten (Lewis Hanke) »den Kampf um die Gerechtigkeit in der Eroberung Amerikas« nannte.

In diesen ersten Anzeichen des »spanischen Bewußtseins« hinsichtlich Amerikas finden wir die Wurzel für einige neue Disziplinen. Die Spanier fragten sich – was später andere Kolonisatoren nicht taten – nach ihrem Recht auf die Herrschaft und die Souveränität über das neuentdeckte Land, nach dem Wesen der Indianer und ihrer gerechten Beziehung zu ihnen, nach dem Recht, ihnen den Krieg zu erklären und sie zu beherrschen, nach der gerechtesten Behandlungsweise und nach der angemessenen Form, sie zu bekehren. Bei der Beantwortung dieser Fragen fanden einige scharfsinnige Denker die ersten Grundlagen bestimmter Disziplinen: des internationalen Rechts (Francisco de Vitoria), der kulturellen Anthropologie (Bernardino de Sahagún) und Wirtschaftspolitik (Martín de Azpilcueta, Tomás de Mercado).

Am bedeutsamsten in diesem zuvor erwähnten »Kampf um die Gerechtigkeit« war der Mönch Bartolomé de las Casas, der sich in seinen Predigten nicht auf Denunzierung und Anklage allein beschränkte. Mit dieser Haltung wurde der berühmte Dominikaner eindeutig zum Vorläufer des modernen, die Menschenrechte verteidigenden Rationalismus sowie ein Wegbereiter für das antikolonialistische Denken im 20. Jahrhundert. Wenn Las Casas sagt, daß sich die in einem christlichen Reich lebenden Juden und Muslims im religiösen Bereich nicht der Gerichtsbarkeit ihrer Fürsten unterworfen hätten, so erkennt er das Prinzip der religiösen Freiheit an; und wenn er erklärt, daß den Juden weder Arbeiten aufgezwungen noch sie gegen das Recht unterdrückt werden dürften, so weist er auf die respektvolle und tolerante Behandlung hin, die einer rassischen oder religiösen Minderheit innerhalb einer Gesellschaft mit anderer Glaubenslehre zuteil werden sollte. Er spricht sich radikal gegen die Grausamkeit der Eroberer aus, und – im Gegensatz zu der in der damaligen

Epoche vertretenen Auffassung – er bestreitet sogar, daß die Anthropophagie und die Opferung unschuldiger Menschen ein gerechter Kriegsgrund seien. Seine kritische Haltung zeigt sich beispielhaft in seinem Versuch, aus eigenen Mitteln einen friedlichen Weg der Kolonisierung, das sogenannte Experiment von Vera Paz, in die Praxis umzusetzen, über das der nordamerikanische Las-Casas-Forscher Lewis Hanke schreibt: »Das Experiment, das in Vera Paz, Guatemala, durchgeführt wurde, ist eine ausgezeichnete Veranschaulichung der Tatsache, daß die Eroberung Amerikas durch die Spanier weit mehr als ein bedeutendes militärisches Unternehmen war, bei dem eine Handvoll Spanier einen ganzen Kontinent in einer erstaunlich kurzen Zeit unterwarfen. Es war wahrscheinlich auch die größte Anstrengung, die die Welt jemals erlebt hat, um Gerechtigkeit und die christlichen Gebote in einer brutalen und blutrünstigen Epoche durchzusetzen.«

Wenn man von den Beziehungen zwischen Spanien und Amerika spricht, so wird gemeinhin ein Ungleichgewicht impliziert. Man sagt, daß Amerika Spanien die Sprache, die Religion, die Kultur und die Zivilisation verdankt, während umgekehrt Spanien Amerika gegenüber nur für einige konkrete Dinge zu Dank verpflichtet ist – Tabak, Kakao, Schokolade – und für einige wenige Begriffe im spanischen Wortschatz – »hamaca« (Hängematte), »canoa« (Kanu), »cacique« (Kazike), »caimán« (Kaiman) –, ohne daß dies jemals eine größere Transzendenz bedeutet hätte. Die Wirklichkeit ist meiner Auffassung nach jedoch komplexer, und im folgenden werde ich versuchen, sie in eine gerechtere Perspektive zu rücken.

Als erstes sollte man sich in Erinnerung rufen, daß die Entdeckung Amerikas mit dem Beginn der Renaissance und mit der Bewunderung für die klassische Antike zusammenfällt. In der damaligen Zeit beschäftigte man sich mit der Mythologie, und diese übertrug sich auf den neuen Kontinent, der sich mit Mythen und Utopien füllte: Das irdische Paradies, El Dorado, Quelle ewiger Jugend, Amazonas, die Sieben Städte . . . vermischten sich mit tausend Legenden und Phantasien. Das interessanteste Ergebnis dieses Prozesses ist die allgemeine Identifizierung der amerikanischen Realität als »utopisches Bewußtsein«. An anderer Stelle habe ich dieses Bewußtsein als ein Phänomen der Wertumkehrung bezeichnet, derzufolge das Negative in Europa gemäß folgendem Schema in Amerika einen positiven Wert annimmt:

Europa	*Amerika*
Alte Welt	Neue Welt
Eisernes Zeitalter	Goldenes Zeitalter
Zivilisation (Fortschritt)	Barbarei (Natur)
Alter Christ	Neuer Christ
Tradition (Geschichte)	Utopie (Zukunft)

Wenn in Europa die Alte Welt eine Überwindung des Alten darstellt und das Eiserne Zeitalter einen unvermeidlichen Schritt in der Entwicklung einer Zivilisation bedeutet, die gleichzeitig Kontinuität der geschichtlichen Tradition ist, so kehren sich in Amerika tatsächlich die Werte um: Die Neue Welt stellt eine Wiederbelebung des Mythos des Goldenen Zeitalters mit seinen ursprünglichen, nicht verfälschten Werten dar, und der Begriff »Barbarei« ist Ausdruck für einen »guten Wilden«, Verkörperung der Naivität, Einfachheit und Spontaneität des Menschen, der den gesunden Kontakt zur Natur nicht verloren hat und deshalb einer utopischen Zukunft gegenüber offen ist, in der die Einheit der Welt nicht zerbrochen ist. Nur unter diesem Gesichtspunkt kann man die Wertumkehrung verstehen, die auf dem neuen Kontinent auch die Begriffe »alter Christ« und »neuer Christ« erfahren haben. Während in Spanien ersterer die Reinheit eines über Jahrhunderte aufrechterhaltenen Glaubens darstellt und folglich volles Vertrauen verdient und nicht den Verdächtigungen unterliegt, die ein gerade konvertierter »neuer Christ« erwekken könnte, ist es in Amerika gerade dieser – der Träger von Tugenden wie Arglosigkeit, Demut, Gehorsam, Natürlichkeit und Einfachheit, die ein Mensch in sich vereinigt, der die Bande mit der Natur nicht zerrissen hat (»der gute Wilde«), der größtes Vertrauen und vollste Unterstützung verdient. Denn der »alte Christ« – der auf der Iberischen Halbinsel so geschätzt wird – ist hier die Antithese dessen, was er dort repräsentiert: der ehrgeizige, geldgierige und machthungrige Mensch, ein Ausbeuter, der sich den Eingeborenen gegenüber grausam verhält und Träger aller Gebrechen der Zivilisation ist. Hierin erhält die Gegenüberstellung des Paters Las Casas von »Schafen« (Indianer) und »Wölfen« (Spanier) ihren Sinn, mit der er sich in seiner *Kurzen Beschreibung der Zerstörung der indianischen Gebiete* (1552) ausführlich auseinandersetzt, die eindeutig ein Vorläufer des späteren Mythos vom »guten Wilden« ist, der schon in der spanischen Kultur des 16. Jahrhunderts über Männer wie Vives, Guevara und Las Casas voll zum Ausdruck kam.

Der Charakter des »utopischen Bewußtseins«, den Amerika für Spanien über das Phänomen der zuvor beschriebenen Umkehrung annahm, hatte in der spanischen Kultur eine enorme Transzendenz. Gerade in dem als Utopie verstandenen Amerika fanden die Spanier die Möglichkeit der Existenz, denn indem die utopische Dimension des spanischen Denkens auf den amerikanischen Kontinent projiziert wurde, hat die spanische Kultur die langen Jahrhunderte geschichtlicher Introversion überleben können. Es ist offensichtlich, daß die spanische Entscheidung, sich Europa gegenüber zu isolieren (was Ortega y Gasset die »Tibetanisierung« Spaniens nannte), nicht lange hätte überdauern können, wenn sie nicht den unermeßlichen Rückhalt gehabt hätte, den das amerikanische Imperium bedeutete. Meiner Ansicht nach wäre die politische Entscheidung, die Spaniens Distanzierung von Europa bedeutete, nicht nur schwierig gewesen, wenn es nicht mit der Unterstützung, die dieser halbe Kontinent darstellte, hätte rechnen können, sondern diese Entscheidung wäre streng genommen unmöglich gewesen. Die Tatsache betrifft nicht nur die Vergangenheit, sondern wirkt sich auf die Zukunft aus. Die spanische Kultur hätte kaum Zukunft, wenn sie nicht mit der Projektion auf einen ganzen Kontinent rechnen könnte, die ihr die Dimension einer universellen Kultur verleiht.

Mit Ortegas Wortschöpfung der »Tibetanisierung« habe ich

auf den Prozeß der Isolierung und der geschichtlichen Introversion hingewiesen, den Spanien in moderner Zeit erlebte und der dazu führte, daß es sich nicht nur von Europa abkehrte, sondern auch von Amerika distanzierte. Als man dieser Distanzierung Einhalt gebieten wollte, war es bereits zu spät, und Amerika hatte schon mit der Trennung von Spanien begonnen. Die amerikanische Unabhängigkeitsbewegung im ersten Viertel des 19. Jahrhunderts mit dem symbolischen Datum von Ayacucho (1824) vertiefte den Prozeß der Distanzierung für den Rest des Jahrhunderts. An der Wende zum 20. Jahrhundert kehrte sich die Tendenz wieder um, und ein neuer Prozeß der Annäherung wurde eingeleitet, der seinen Ausgangspunkt im spanisch-amerikanischen Krieg von 1898 hatte. Der Verlust der letzten Kolonien in Übersee – Kuba und Puerto Rico – fand seinen Kontrapunkt in der willkürlichen nordamerikanischen Intervention in Panama im Jahr 1903. Beide Ereignisse bedeuteten einen Schlag für das »hispanische Bewußtsein« diesseits und jenseits des Atlantiks; während in Spanien als Reaktion darauf die reine und hispanophile Literatur der »Generation von 98« ausgelöst wurde (Unamuno, Valle-Inclán, Maeztu), offenbarte sich die gleiche Haltung in Amerika in einer »antipositivistischen Reaktion« (Rodó, Vasconcelos, Reyes . . .). Im einen wie im anderen Fall bewährte sich die Verbindung zwischen dem Spanischen und dem Amerikanischen, die im Laufe dieses Jahrhunderts auch nicht mehr an Gewicht verlor; bei diesem Prozeß der Annäherung sollte das spanische Exil, das nach dem im April 1939 zu Ende gegangenen Bürgerkrieg einsetzte, eine einzigartige Bedeutung erhalten. Ein beträchtlicher Teil der Exilspanier ließ sich in Amerika nieder, und von dort aus vollzogen sie das, was sie selbst »die zweite Entdeckung Amerikas« nannten. Einer der Autoren, die dieses Phänomen untersucht haben, schreibt dazu: »Die Exilspanier entdeckten viele Aspekte des ursprünglich spanischen Amerikas wieder, studierten seine Geschichte, versuchten das Wesen der kulturellen Entwicklung zu ergründen, und sie näherten sich mit Interesse seinen Helden und Denkern und versuchten, sie genauer kennenzulernen« (Carlos Martínez). Es besteht kein Zweifel, daß die Niederlassung der Exilspanier bedeutend zu diesem noch nicht beendeten Phänomen beitrug, das wir in Spanien Amerikas Identifikation im »spanischen Bewußtsein« nennen.

REGIERUNG UND VERWALTUNG VON SPANISCH-AMERIKA

José Muñoz Pérez
Universidad de Cádiz

Die Kolonialpolitik

Sowohl Regierung wie Verwaltung von Spanisch-Amerika zur Kolonialzeit entwickelten sich in Abhängigkeit von der Rolle dieses Kontinents im Rahmen der spanischen Monarchie. Die geringen Veränderungen in den Institutionen, die während drei Jahrhunderten spanischer Herrschaft stattfanden, gehen auf die Rolle zurück, die die gemeinsame Monarchie der Neuen Welt zuschrieb. Diese Veränderungen hatten einen zweifachen Ursprung: manche wurden von der Regierung im Mutterland geplant, andere waren Resultat der Erfahrungen im Kolonialreich. Im folgenden soll dieser Punkt gleichsam als Einführung etwas genauer betrachtet werden.

Trotz der scheinbar straffen, flexiblen Durchorganisation des Kolonialreiches können wir doch Entwicklungen erkennen, die sich natürlich auch bei der Analyse von Regierung und Verwaltung wiederfinden. Obwohl Stabilität und Konstanz die Merkmale der Institutionen zu sein scheinen, wird die Gesamtheit dieser Institutionen im Grunde vom Wandel der Zeit betroffen, sowohl im Augenblick einer konkreten Veränderung als auch im Laufe der Entwicklung. Wenn diese Beziehung zwischen *beständiger* Institution und *sich wandelnder* Zeit allgemeingültig ist, so erscheint dies gerade im Fall Amerikas unabwendbar und gleichzeitig akzentuierter, da es sich um den Versuch handelt, ein vorgefaßtes Schema auf ein riesiges, ganz unterschiedliches Land zu übertragen, dessen Wirklichkeit darüber hinaus von vornherein unbekannt war und von der man auch nie die notwendigen Kenntnisse erwarb. Es ist unmöglich, alle Variablen, die dabei eine Rolle spielten, zu analysieren, doch seien wir uns der Vielfältigkeit der Einflüsse bewußt, damit wir Regierung und Verwaltung während der Kolonialzeit besser verstehen können. Vor diesem Hintergrund von Natur, geschichtlicher Entwicklung und organisatorischer Struktur spielen sich die Veränderungen in den Programmen und die Anpassungen, die die Geschichte der amerikanischen Institutionen ausmachen, ab. Die äußere Stabilität verschleiert nur die vielen Spannungen, Vorhaben und widerstreitenden Kräfte, die es immer gegeben hat, auch wenn sie in unterschiedlicher Intensität oder veränderter Form vorzufinden sind.

Nach der Entdeckung schien sich einige Jahre lang das Modell der Niederlassungen Kolumbus' durchsetzen zu wollen. Dieses System interessierte König Ferdinand den Katholischen zunächst, doch gab es dieser schlaue Politiker bald auf, als er von den ersten Auseinandersetzungen zwischen Siedlern und Kolonisierten erfuhr und ihm bewußt wurde, daß er mit der Unterstützung der letzteren den exorbitanten Forderungen des Großadmirals entgegentreten konnte. Hätten sich die

Vorstellungen Kolumbus' durchgesetzt, so hätten sich Regierung und Verwaltung der neu entdeckten Gebiete vielleicht ihre Inspiration bei den spätmittelalterlichen Kolonien der Venezianer, Genuesen oder Katalano-Aragonesen im Mittelmeer geholt oder aber nachgeahmt, was die Portugiesen in ihren Niederlassungen an der afrikanischen Küste vollzogen. Hätten sich auf der anderen Seite die entgegengesetzten Ziele der Siedler, die schon auf der zweiten Reise von Kolumbus dabei waren, durchgesetzt, so wäre die Besiedlung Amerikas vergleichbar mit den letzten Besiedlungen im spanischen Mutterland (Königreich Granada) oder auf den Kanarischen Inseln verlaufen. Das Land wäre großflächig besiedelt und die feudalistischen Tendenzen, die die Katholischen Könige um jeden Preis verhindern wollten, wiederbelebt worden. Merkmale der einen oder anderen Idee findet man in den ersten Jahren der Kolonisierung: der Aufbau eines Versorgungslagers in Sevilla oder die Bevölkerungs- und Landverteilungspolitik des Fray Nicolás de Ovando auf Hispaniola.

In diesen ersten Jahren war es schwer, ein endgültiges Modell zu realisieren, da sowohl in Spanien als auch in den Kolonien Umstände zusammentrafen, die dies verhinderten. Trotz des Risikos, mich zu wiederholen, muß hier, jetzt, da Spanien und Amerika im Vordergrund stehen, daran erinnert werden, daß Regierung und Verwaltung von Spanisch-Amerika eine Realität hier und dort darstellten. Ohne diese Idee ständig vor Augen zu haben, fiele es schwer, die Situation richtig zu verstehen.

Zwischen den Jahren 1493 und 1521 gab es weder ein konkretes Modell noch ein definiertes Programm, es waren Jahre des Zögerns. Es gab einige programmatische Versuche, doch nie ein kohärentes Programm auf lange Sicht. Unabhängig von ihrem unterschiedlichen Einfluß, waren es lediglich Versuche einer Organisation, obwohl einige Teile zum festen Bestandteil der Amerikapolitik wurden, z. B. die *Casa de la Contratación*, die Handelsbörse in Sevilla, die 1503 gegründet wurde.

Die zögernde Politik begann parallel zur unsicheren Situation in Spanien, die der Tod der Königin Isabella 1504 heraufbeschworen hatte. Bis zum Jahre 1521, das eine gewisse Stabilisierung brachte, gab es für Kastilien verschiedene Möglichkeiten für die Zukunft: die des Regenten Ferdinand V.; die der Anhänger von Johanna der Wahnsinnigen, die sie in ihrer Zuflucht in Tordesillas bedrängten; die der Anhänger von Philipp dem Schönen oder des Kardinals Cisneros; die der Befürworter eines Königs Karl I.; die der Intriganten um Karls Bruder, den späteren Kaiser Ferdinand I. Es waren unsichere Jahre, voller Spannungen und Intrigen, Jahre, in denen die Ehrgeizigen entweder an die Spitze kamen (Cobos) oder in Ungnade fielen (Conchillos) oder aber sich schnell anpassen mußten (Fonseca). Diese Spannungen und Intrigen sind noch nicht genügend untersucht worden, doch ist klar, daß sie für die kolonialpolitischen Richtlinien einen ständigen Kurswechsel bedeuteten. Was die ersten Jahre König Karls I. (ab 1519 Kaiser Karl V.) von 1517 bis 1524 betrifft, so kam noch die Verwirrung hinzu, die die Geldgier seines flämischen Hofstaates auslöste.

Neben dieser Unsicherheit im spanischen Mutterland, die in Amerika eine wirkliche politische Konstituierung und eine effiziente Verwaltung der Neuen Welt verhinderte, existierten noch drei Besonderheiten, die diese Situation weiter verschlimmerten: a) die schwierige biologische Anpassung der Spanier an das tropische Klima, das auf die Dauer auch den Stärksten umwarf und zu bis dahin in Europa unbekannten Krankheits- und Sterberaten unter den Neuangekommenen führte; b) der noch nicht aufgegebene Gedanke, einen Seeweg zum Reich der Gewürze zu finden, und c) die schnelle Vernichtung der wirtschaftlichen Grundlagen der ersten Niederlassungen auf den Antillen (das Aussterben der Taino-Indianer und der Kariben; die Erschöpfung der Goldfunde in den Flüssen; die geringe Rentabilität des Brasilholzes). Diese Situation, zusammen mit der Unsicherheit im Mutterland, ist Erklärung genug für das Ausbleiben großer Eroberungszüge bis 1519.

Das Jahr 1519 brachte die formelle und feierliche Eingliederung der Kolonien unter die Krone Kastiliens durch Karl V. Trotz gegenteiliger Meinung, die sich auf die päpstlichen Bullen Alexanders VI. aus dem Jahr 1493 stützen, kann man von einer vollen Eingliederung erst nach der Ratifizierung durch Kaiser Karl sprechen. Nachdem Ferdinand II. von Aragon (als Regent von Kastilien Ferdinand V.) Witwer geworden war, behielt er die Hälfte der Rechte in Spanisch-Amerika, wie es in den Verträgen zur dualen Herrschaft mit seiner Frau Isabella festgehalten worden war. Die andere Hälfte ging auf deren Tochter Johanna I. über; die formelle Eingliederung von Spanisch-Amerika unter die Krone Kastiliens konnte also erst nach dem Tod Ferdinands 1516 und der Ausrufung Karls zum König 1517 erfolgen.

Es ist also ratsam, von diesem Jahr der Eingliederung ausgehend, die Geschichte Amerikas zu analysieren, da die jahrelangen Wirrnisse vorüber waren und sich das kastilische Modell von Regierung und Verwaltung in unterschiedlichem Maße auch in Amerika durchsetzte, indem die typische Assimilationspolitik Kastiliens weitergeführt wurde. In diesem Fall aber wurden die neuen Länder der kastilischen Krone und nicht dem Königreich eingegliedert, etwas, was zu jener Zeit relativ neu war. Der Unterschied besteht nach kastilischem Recht darin, daß es im Staat zwei Einheiten gab: das Königreich, die Gesamtheit also, und die Krone, die die Herrschaft ausübte. Die Eingliederung in das Königreich, wie es etwa mit Granada geschehen war, führte zur vollständigen Vereinigung und zur Aufgabe jedweder politischer Autonomie. Die Eingliederung unter die Krone zielte zwar auf eine Einheit beider Reiche ab, bedeutete aber, daß der neueingegliederte Teil gewisse differenzierende Elemente beibehielt. Nach Meinung der Rechtshistoriker dürfte dies in Spanisch-Amerika der Fall gewesen sein, und so wurde es auch schon im 17. Jahrhundert gesehen. In seinem Werk *Política indiana* (Indienpolitik) beschrieb es Solórzano Pereira folgendermaßen: »Die Reiche und Provinzen, die neu hinzukommen und sich in andere, bestehende eingliedern oder sich mit ihnen vereinigen, müssen nach denselben Gesetzen regiert und verwaltet werden.«

Interessant ist, daß in den Dokumenten jener Zeit nicht von

einem »amerikanischen Reich« gesprochen wird, sondern von den »Reichen und Provinzen Amerikas«, was eindeutig für eine Anerkennung der Unterschiede von seiten der Krone spricht. In Amerika gab es der spanischen Monarchie untergeordnete Reiche, keine Kolonien. Diese Reiche und Provinzen wiesen Unterschiede zu denen im Mutterland auf, und gerade in ihren Besonderheiten muß man sie auch betrachten. Diese Sichtweise, zwischen 1519 und 1579 entwickelt (Auftritt Ovandos im Indienrat), hielt sich mit einigen Varianten bis zu den ersten Reformen Karls III. (1763–1765). Ab dieser Zeit wurde in den Verträgen und Dokumenten immer häufiger das Wort »Kolonien« gebraucht.

Konetzkes Argumentation, wonach die Provinzen, Reiche und Rittergüter in Wirklichkeit Kolonien waren, da diese Gebiete einseitigen »Machtbedürfnissen des europäischen Kastiliens« unterlagen und diese Untertanensituation sie »zum Objekt der Ausbeutung von seiten der Krone machte«, ist zwar in sich kohärent, doch in Wahrheit würde diese Aussage auf alle Königreiche und Provinzen der Iberischen Halbinsel genauso zutreffen.

Folglich waren die Länder Spanisch-Amerikas lange Zeit, bis etwa ein halbes Jahrhundert vor der Unabhängigkeit, Reiche und Provinzen innerhalb einer gemeinsamen Monarchie. Die Organisation und Verwaltung dieser amerikanischen Länder vollzog sich im Einklang mit ihrem Stellenwert innerhalb der spanischen Monarchie. Der gesetzliche Rahmen für diese Beziehung und das darausfolgende Verwaltungsorganogramm entwickelten sich, mit dem Vorbehalt der jedem Versuch einer zeitlichen Klassifizierung innewohnenden Ungenauigkeit, zwischen den Jahren 1519 und 1573. Treffsicher hat Guillermo Céspedes für diesen Zeitraum die exakte Bezeichnung *años fundacionales* (Gründerjahre) gewählt.

Die Reformbestrebungen Karls III. stellten einen totalen, waghalsigen und letzlich gescheiterten Reformismus dar. In bezug auf unser Thema waren davon die Institutionen und sogar die Natur der Indienpolitik in ihrem Kern betroffen. Das Auffälligste bei den Institutionen war wohl die Verzeichnung, die die Anwendung eines zentralistischen Schemas auf dezentralisierte, fast autonome Organe wie die amerikanischen ohne Modifikation der Struktur der Behörden bewirkte. In der Praxis aber entwickelte sich eher eine Überlagerung als ein Austausch der Strukturen, wobei außerdem noch die Unabhängigkeit der vollständigen Realisierung dieser Vorhaben zuvorkam, obwohl die Reformisten viel unnötige Mühe daransetzten. Die Organisationsstruktur des 16. Jahrhunderts hatte also in Wirklichkeit bis zur Unabhängigkeit ihre Geltung. Dennoch werde ich gegen Ende dieses Beitrages auf die Veränderungen des Präreformismus von Philipp V. und Ferdinand VI. und die Reformversuche von Karl III. und Karl IV. eingehen.

Während dieser letzten beiden Regierungszeiten entstand ein Paradoxon in der Indienpolitik, das noch nicht genügend untersucht worden ist. Neben dem politischen Programm der Vereinigung von Spanien und Spanisch-Amerika, das in einer außerordentlichen Sitzung des Staatsrats 1768[1] entwickelt wurde und das einige Maßnahmen, wie die Ministerialreform von 1790, zur Folge hatte, existierte noch ein für beide Gebiete unterschiedliches Wirtschaftsprogramm, das auf einer extremen Steuerpolitik basierte und nur bedeutete, daß die Reformisten jene Länder in die Rolle von Kolonien preßten. Man kann Unterschiede zwischen den programmatischen Aussagen auf der einen und konkreten Memoranden und Plänen auf der anderen Seite registrieren. Bei den ersteren findet man Gesetzesverordnungen, die auf eine Vereinigung der Reiche zielen, die sich weit stärker darstellt als die bloße Eingliederung von Spanisch-Amerika im 16. Jahrhundert; in den Memoranden aber werden jene Gebiete als Kolonien gesehen. Dies ist nur ein Beispiel für die Ungereimtheiten des aufgeklärten Reformismus in Spanien. Interessanterweise tragen alle erwähnten Texte die Unterschrift der gleichen bedeutenden Männer: Aranda, Floridablanca, Campomanes usw.

Die Rolle von Spanisch-Amerika innerhalb der Monarchie hatte sich grundsätzlich verändert, eher jedoch in der Theorie als in der Praxis. Die alten Institutionen funktionierten weiter. Es folgten Überlagerungen, Strukturkonflikte und juristische Auseinandersetzungen, tiefe formale Ungereimtheiten, Unsicherheit usw. Diese Situation macht jene Zeit so interessant – bis jetzt wurde ihr nicht soviel Aufmerksamkeit gewidmet –, und wir werden in diesem Beitrag später darauf zurückkommen.

Die Regierung des Königs

Zwischen Regierung und Verwaltung von Spanisch-Amerika existierte ein bedeutender Unterschied. Während die Regierung (also die Führung der politischen Geschicke am Madrider Hof) als zentralistisch anzusehen war und ein Abhängigkeitsverhältnis voraussetzte, wurden die Gebiete mit dezentralisierten und halbautonomen Institutionen verwaltet. Zentralismus und Abhängigkeit entsprachen einer absolutistischen Monarchie. Die Einwanderungs- und Wirtschaftspolitik des Staates wurde befolgt, obwohl man zeitweise Abweichungen registrieren und ihren Wert bzw. ihre Eignung diskutieren könnte. Selten in der Geschichte war bei solchen schwer zu fassenden Themen ein größerer staatlicher Dirigismus zu beobachten. Mit dem Erscheinen des aufgeklärten Absolutismus kam noch ein Zentralismus hinzu, in dem dezentralisierte und halbautonome Organe keinen Platz hatten.

Dieses System der zentralisierten Legislative führte dazu, daß im 16. Jahrhundert mit den Mitteln aus Amerika die europäischen Ziele der Krone finanziert wurden. Das Zusammentreffen von alten zentralistischen Tendenzen und neuer Zentralismuspolitik der Bourbonen führte zu Schwierigkeiten in der Verwaltung und zum Bruch verschiedener Bande zwischen den beiden Ufern des Atlantiks und zwischen den amerikanischen Provinzen unter sich, was letztlich zur Unabhängigkeit führte. Meiner Meinung nach endet die Indienpolitik des 18. Jahrhunderts nicht nur in der Unabhängigkeit, sondern auch im Auseinanderbrechen der früheren kontinentalen Einheit von Spanisch-Amerika. Die zentralistische Politik der Habsburger erlaubt es, von einem *Weltreich* zu sprechen, auch wenn wir angesichts der halbautonomen Institutionen die Bezeichnung »spanisches Königreich« vorziehen.

Aus dieser Zentralisierung folgte auch, daß die Handelsbörse und der Indienrat ihren Sitz im Mutterland hatten, beide also keine amerikanischen, dezentralisierten Organe waren. Die erste und bedeutendste Institution, die besonders auf Zentralisierung und Abhängigkeit Wert legte, war der König. Ich glaube, es ist wichtig, hier seine Rolle als höchste Instanz für Amerika zu unterstreichen. Wir sollten hier etwas mehr auf den König als König Spanisch-Amerikas eingehen, da über die spanischen und die amerikanischen Institutionen zwar reichlich Literatur und gute Zusammenfassungen zu finden sind, über den König in seiner Rolle als Herrscher über Spanisch-Amerika und als Bindeglied zwischen den Reichen und Provinzen diesseits und jenseits des Ozeans meines Wissens aber keine Analysen existieren.

In der lange Reihe der Titel, die in offiziellen Dokumenten dem Namen des Königs vorangestellt wurden, finden wir immer jenen eines Königs »von den Indien, den Inseln und dem Festland des Ozeans«. Diese Titel erscheinen immer als letzte der königlichen Anreden direkt hinter »König der Kanarischen Inseln« und vor den erzherzoglichen und herzoglichen Titeln. Wenn wir aus diesen Bezeichnungen Schlüsse ziehen wollten, so wäre hier interessant festzustellen, daß die oben zitierte Formel für Kaiser Karl V. bei den Habsburgern von Philipp II. bis Karl II. König von »West- und Ostindien, den Inseln und dem Festland des Ozeans« hieß. Mit Philipp II. erfolgte die Angliederung von Portugal an Kastilien, es wurden also die Gebiete in Amerika und in Asien voneinander unterschieden. Diese Formel wiederholten seine Nachfolger bis hin zu Philipp IV. und Karl II., obwohl zur Zeit ihrer Testamentsverfassung Portugal von Spanien wieder getrennt war. Die gleichwertige Stellung von West- und Ostindien bezeugt, daß, genauso wie Portugal Kastilien und nicht Spanien angegliedert wurde, auch die portugiesischen Kolonien (Ostindien) direkt Kastilien untertan waren, und dies aus den gleichen Gründen, die wir schon bei der Eingliederung der amerikanischen Gebiete 1519 unter die Krone Kastiliens besprochen haben. Die Tatsache, daß in diesen 1580 eingegliederten Gebieten die verwaltungsmäßige Struktur, die Portugal ihnen gegeben hatte, weiterhin respektiert wurde, wie auch der peinlich genaue Respekt der Besonderheiten der Gebiete, zeugt von den Ideen der Habsburger, die besonders in ihren Testamenten zu beobachten sind.

Selten wird in den Testamenten auf Amerika Bezug genommen, und wenn, dann im Rahmen der allgemeinen Bemühungen der Krone Kastiliens um die Interessen der Monarchie; explizit geht nur Philipp II. in seinem Testament auf Spanisch-Amerika ein, als er den Handel zwischen Flandern und Amerika unterbunden wissen will. Daraus aber den Schluß zu ziehen, daß die Krone einen Mangel an Interesse für die Neue Welt zeigte, wäre sicherlich übertrieben: es sind ja keine politischen, sondern persönliche Testamente, in denen auch auf die Erbfolge eingegangen wird. Die Hinweise auf europäische Probleme, die man darin finden kann, zielen auf eine Beruhigung des eigenen Gewissens ab, wofür diese Dokumente auch geschrieben wurden. Eine solche Situation kam im Falle Amerikas nicht auf; die fünf Testamente zeugen, trotz der seltenen Bezugnahme auf Amerika, von dessen Bindung an die Monarchie, von den Ideen der Krone bezüglich ihrer Erbgüter und von der persönlichen Bindung Amerikas an die Krone; d. h. daß diese Gebiete Teile der Monarchie waren, weil der König nicht nur König von Kastilien und Aragon, sondern auch König »der Indier« war. Ohne diese Bindung an die Person des Königs hätte die bei der Verwaltung der Neuen Welt wichtige Errichtung von Vizekönigreichen keinen Sinn ergeben.

Die ersten beiden Habsburger rissen persönlich die Führung der Amerikapolitik an sich. Kaiser Karl V. lebte zwar selten in Spanien (von den 40 Jahren seiner Regierungszeit lebt er nur neun Jahre in Spanien und weitere neun nur teilweise dort), und seine Prioritäten lagen eindeutig in Europa (ein großer Teil seines Interesses für Amerika zielte auf die Beschaffung von Mitteln für seine kostspieligen, interventionistischen Unternehmen in Europa, die auf seine imperialistische Politik zurückzuführen sind). Dennoch gründete er 1524 den *Consejo de Indias*, den Indienrat, nahm im Jahr 1542 sogar persönlich an dessen Sitzungen teil (was meines Wissens kein anderer König gemacht hat) und verabschiedete die *Nuevas Leyes*, die Neuen Gesetze. Unter seiner Herrschaft wurden viele neue Gebiete hinzugewonnen, er schuf die ersten zwei Vizekönigreiche und ein enges Netz von Verwaltungsstellen und Gerichtssitzen, die die Brückenköpfe der ersten Jahre ersetzten. Er löste aber auch erfolgreich die Konflikte, die nach den Eroberungen von Neu-Spanien und Peru aufgetaucht waren. Er organisierte die regionale und örtliche Verwaltung in Amerika und ersetzte systematisch die Verwaltung aus der Zeit der Konquista durch technokratische Beamte, die besser zu einem autoritären und modernen Staat paßten, genauso wie er es auch in Spanien getan hatte, nachdem das Land befriedet worden war.

Philipp II. sollte sein Werk vollenden. Er, ein Bürokrat wie er im Buche steht, der kaum gereist war, konzentrierte sich ausschließlich auf sein Amt. Er bildete die *Junta Magna* von 1568, regelte den Besuch von José de Ovando beim Indienrat, ernannte Martín Enríquez und Francisco de Toledo zu Vizekönigen von Mexiko und Peru und viele andere Funktionäre im Sinne der Beschlüsse der *Junta Magna*; er beschloß am 28. August 1571 die Einsetzung von Ovando zum Präsidenten des Indienrates und verabschiedete die »Besiedlungsverordnung« von 1573 (»Verordnungen, die man bei Eroberungen und Besiedlungen beachten muß«). In diesen fünf Jahren zwischen 1568 und 1573 wurde ein politisches und administratives System für die Besitztümer in Amerika geschaffen, das bis zu den Reformbestrebungen im 18. Jahrhundert mit nur leichten Veränderungen seine Gültigkeit behielt. Hinsichtlich der allgemeinen Organisation, etwa der regionalen Verwaltung, konsolidierten Ovando und seine Mitarbeiter auf der Basis von besseren und detaillierteren Informationen die von Karl V. begonnene Arbeit.

Die Studien, die in der letzten Zeit zum 17. Jahrhundert, das noch heute von der Forschung ziemlich vernachlässigt wird, veröffentlicht wurden, enthalten verschiedene Grundideen: das Konzept der Dekadenz ist nicht auf alle Teile des spanischen Weltreiches zu übertragen; die Krise des 17. Jahrhunderts ist auf Spanien beschränkt: trotz der *Recopilación* (Gesetzessammlung) von 1680, die man als Konsolidierung und Höhepunkt des Rechtssystems, das Philipp II. geschaffen hatte, ansehen kann, führte der Geldmangel der spanischen Krone zu einem gewissen politischen Pragmatismus, der steuerliche Angelegenheiten in den Vordergrund stellte und fast in einem neuen Kolonialvertrag endete. Die Monarchie begann, die traditionelle Ordnung in Amerika zu respektieren, wobei aber die Krone offiziell die politische Führung behielt. Mit diesem komplizierten Prozeß fiel eine ganze Reihe von sozialen, wirtschaftlichen, politischen und anderen Veränderungen in Amerika zusammen, von denen hier nur einige erwähnt werden können: die Entwicklung der Kreolen zu einem tatsächlichen Machtfaktor, die Ausbreitung dieser Macht auf die Entscheidungsinstanzen in der Neuen Welt und sogar auf Spanien selbst, die Verringerung der Abhängigkeit sowie die Reorganisation der Vizekönigreiche und Provinzen. Diese Situation spiegelt sich in der Haltung der fälschlicherweise »Kleinere Habsburger« genannten Könige und in den Veränderungen in Verwaltung und Regierung wieder, ohne daß, wie so oft in der Geschichte, eine Trennung zwischen Ursache und Wirkung zu ziehen wäre.

Dieser komplizierte Prozeß begann sich unter der Herrschaft von Philipp III. (1598–1621) abzuzeichnen, in einer Zeit des Friedens, in der sich in Amerika die Schwierigkeiten andeuteten, das bedrohte Weltreich verteidigen und bewahren zu können. Trotzdem wurden in dieser Zeit Maßnahmen ergriffen, die die Verwaltung von Spanisch-Amerika verbessern sollten: die Errichtung von Rechnungshöfen in Lima, Mexiko und Santa Fe sowie von Finanzkammern in Kuba und Caracas (1605), die Stärkung der Gerichtshöfe der Vizekönigreiche und die Schaffung neuer Richterstellen (1619) sowie die Bestätigung der Konsulate von Mexiko und Lima (1618).

So wie für Spanien, muß man auch für Amerika während der Herrschaft von Philipp IV. die Zeit von Olivares (1621–1643) besonders hervorheben. Der Graf und Herzog von Olivares versuchte in der Neuen Welt nicht nur einen strikten Interventionismus und einen großen steuerpolitischen Druck auszuüben, um dadurch die Überweisungen nach Spanien zu erhöhen, sondern führte diese Politik sogar in den Königreichen Spaniens mit Ausnahme von Kastilien durch. Dafür mußten die Bestimmungen aus dem 16. Jahrhundert wieder durchgesetzt werden, die während des Vorgängers Philipps IV. etwas milder gehandhabt worden waren. Um diese Politik in die Tat umzusetzen, wurden vertrauenswürdige Personen über den Ozean geschickt (Marqués de Gelves als Vizekönig von Mexiko) oder die Audienzen inspiziert. Das Ziel war, die verfahrene Situation (so glaubte man damals) wieder zurechtzubiegen. Der Rücktritt Olivares' zeugte vom Mißerfolg dieser politischen Linie. Olivares hatte sogar vorgeschlagen, jede Audienz sollte alle fünf Jahre inspiziert werden. Der Rat war von der Effizienz der Maßnahmen wenig überzeugt, und der Plan wurde verworfen. Olivares versuchte ohne Erfolg, diese institutionellen Reformen durchzuführen (vergessen wir nicht, daß es um Steuereintreibungen ging), aber wenigstens der finanzielle Druck wurde verstärkt: »Schenkungen« und Steuern jeder Art (Monatsgeld, Halbjahresbeiträge, Verkaufssteuer, Verkehrssteuer usw.) wurden eingeführt. Gegen diese Politik stellte sich die Oligarchie in Amerika, die zwar eine Steuererhöhung im Ausgleich für größere Machtbefugnisse in Kauf genommen hätte, die sich jedoch zur Wehr setzte, wenn die Forderungen der Krone zu großen eigenen Verlusten führten. Diese Spannung, die noch immer nicht genau untersucht ist, fand ihre wenn auch leichte Entladung in Mexiko, Peru und Chile, doch erreichte sie nie die Bedeutung der Trennung Portugals oder der Separatistenbewegungen in Katalonien. Aus Peru warnte der Vizekönig Graf von Chinchón 1634 vor dem Risiko eines Anziehens der Steuerschraube: »Größte Vorsicht lasse man walten bei neuen Steuern in diesen Provinzen und dabei die Betroffenen genau beobachten, wegen der großen und nicht wiedergutzumachenden Schäden, die im anderen Falle entstehen könnten.«

Das Scheitern dieser Steuerpolitik und der ständige Geldmangel der Krone führten ab 1654, obwohl die Anfänge dazu schon in den letzten Jahren der Herrschaft Philipps II. gelegt worden waren, zu einem Verkauf öffentlicher Ämter durch die Krone. Diese Verkaufspraxis war im abendländischen Europa des 18. Jahrhunderts, das mitten in der Rezession stand, gang und gäbe. Diese Notmaßnahmen wurden in Amerika mehr eingesetzt als in Spanien, gleichsam im Gegensatz zu der Stärke der Krise in beiden Gebieten, was wiederum die Abhängigkeit jener Länder von Kastilien beweist. Dieser Verkauf führte aber auch zu einer Machterweiterung der Kreolen. Der Mangel an flüssigem Geld zwang die Krone dazu, Angebote zu machen, wie sie schon von früher, aus dem Jahr 1635, bekannt waren: Ein Schreiben vom 12. Mai 1635, das an den Vizekönig von Neu-Spanien, Marqués de Cadereyta, gerichtet war, erwähnt die Möglichkeit, daß er, der Vizekönig, vier Vertreter für die *Cortes*, das Ständeparlament von Kastilien, für den Fahnenschwur des Prinzen in abwechselnder Vertretung der Städte in den Audienzen von Mexiko, Guatemala, Santo Domingo, Neu-Galicien und Philippinen, unter der Voraussetzung »einer beträchtlichen Summe« ernennen könnte. Dieses Angebot konnte aber, trotz vieler Versuche, angesichts der politischen Lage und insbesondere des Widerstandes der privilegierten Städte Kastiliens mit Sitz in den *Cortes* diesmal und auch später nicht in die Tat umgesetzt werden, obwohl es die logische Folge der Eingliederung Amerikas gewesen wäre. Dieses Beispiel zeigt den Versuch, sich finanzielle Mittel um jeden Preis zu beschaffen.

Die Monarchie als Institution befand sich keinesfalls im Niedergang, und nichts ließ darauf schließen, daß das verlorene Terrain nicht wieder aufgeholt werden konnte. Ein Beweis dafür wäre, daß Mitte des 18. Jahrhunderts keine wirklich entscheidenden Ämter verkauft wurden. Mit den Maßnahmen von 1654 waren Zahl und Qualität der zu verkaufenden Ämter ziemlich hoch, es wurden sogar Ämter der Gerichtsbarkeit versteigert, wie das des Königlichen Beamten oder das des Leiters des Rechnungshofes. Daß Jahrzehnte später diese hohen Ämter nicht mehr verkauft wurden, zeugt einerseits von der wirtschaftlichen Erholung des Landes, andererseits von der Unberührbarkeit der Monarchie im Amerika des 17. Jahrhunderts. Dieser Verkauf muß aber auf jeden Fall als schwerer Verfall der Regierung des Königs und der zentralistischen Verwaltung angesehen werden. Die zweite Hälfte des 17. Jahrhunderts erfuhr deswegen eine Entwicklung, die man als »Regionalisierung Amerikas« bezeichnen könnte.

Diese Tendenz verstärkte sich unter Karl II. (1665–1700). Dazu trug die Erhöhung der öffentlichen Ausgaben in Amerika (Verteidigung und Verwaltung) bei, aber auch die Verminderung der Einnahmen und die daraus folgende Verringerung der Überweisungen an das Mutterland. Es wurden also Ämter höherer Ordnung (Rat oder Staatsanwalt) vermögenden Kreolen zum Kauf angeboten; der Indienrat kümmerte sich fast ausschließlich um finanzielle Probleme. Diese Tendenz erreichte ihren Höhepunkt 1687, als der Marqués de los Vélez in einer Person die Präsidentschaft des Rates für Staatsfinanzen, des Indienrates und die gerade neu geschaffene Oberaufsicht des königlichen Finanzamtes vereinte.

Aus autoritären Herrschern (Kaiser Karl V. und Philipp II.) waren absolutistische Herrscher (die sogenannten »Kleineren Habsburger«) geworden. Auch wenn die Geschichtsschreibung jetzt auf diese Tatsache nicht mehr Wert legt, sollte nicht vergessen werden, daß die Bourbonen des 18. Jahrhunderts, ja sogar der aufgeklärte Herrscher Karl III., absolutistische Könige waren, so absolutistisch wie ihre Vorgänger im 17. Jahrhundert.

Heutzutage ist eine Analyse des Absolutismus unserer spanischen aufgeklärten Monarchen nicht mehr gefragt. Es soll aber daran erinnert werden, daß nach Meinung verschiedener Wissenschaftler (Giménez Fernández, Jaime Eyzaguirre) die Entscheidung zur Ausweisung der Jesuiten 1767 davon getragen war, daß die Gesellschaft Jesu die Ideen einer volkstümlichen Monarchie vertrat und die Theorie des Königs »von Gottes Gnaden« völlig ablehnte, was als subversive Haltung gegen die absolutistische Monarchie gedeutet wurde. Drei meines Wissens wenig bekannte Texte zeugen von der Verbreitung der absolutistischen Prinzipien in der Beziehung zwischen Spanien und Amerika; sie wurden in den Jahren 1757, 1787 und 1788 verfaßt.

Der Wert dieser Zeugnisse liegt darin, daß sie nicht etwa von Geschichtsschreibern verfaßt wurden, sondern von einfachen Beamten, die eigentlich andere Aufgaben hatten. Sie zeugen von der Verbreitung und der Anerkennung der absolutistischen Monarchie in den verschiedenen Schichten der Gesellschaft: »Meine Ansicht, so wie ich sie ausdrücken kann, lautet: der Fürst ist der oberste Gesetzgeber; daß jedes Gesetz unter stärkstem Zwang erfüllt werden muß; . . . daß von den Steuern, die der Fürst verlangt, nur der Fürst selbst von der Eintreibung befreien kann; daß diese Rechte der gesamten Republik in den Händen des Fürsten liegen[2].«

Der Text aus dem Jahr 1787 ist wegen seines Vergleichs zwischen einer konstitutionellen Monarchie und dem Absolutismus Spaniens interessant: »Der König von England ist wie ein Richter, der über die Erfüllung der Anordnungen des Parlaments wacht; jener von Spanien ist ein Fürst, der, weil er dazu berechtigt ist, über sein Herrschaftsgebiet mit völliger Freiheit regiert[3].«

Ohne darauf eingehen zu wollen, was der Präreformismus und Reformismus der Bourbonen für Amerika bedeutete, sei wiederum auf die Priorität der Steuereinhebung bei allen Plänen der Monarchie hingewiesen, die von Karl IV. als dual angesehen wurde: *Hispaniarum et Indiarum Rex*. Jeder Tag verstärkt meine Überzeugung, die Steuereintreibung sei eine fixe Idee dieser Monarchen und Reformkabinette gewesen. Unter Karl III. und Karl IV. erreichte die Beutelschneiderei des Fiskus bis dahin unbekannte Größen, im Vergleich zu den heutigen Steuern aber waren die damaligen niedrig. In bezug auf die Verkaufssteuer in Mexiko formulierte das dortige Konsulat 1788 ein Protestschreiben an den König, um sich gegen die Steuer zu wenden: »Amerika hat das große Unglück, seinen Herrschern nie ins Antlitz blicken zu können. Welcher Eindruck entsteht wohl in den Köpfen dieser seiner unglücklichen Untertanen, wenn diese Füchse von Steuereintreibern in ihr unwürdiges Maul den Namen des Königs nehmen, um sie abzuhäuten, sie zu betrügen, die wenigen Güter zu pfänden und sie dazu zu zwingen, ihre Häuser zu verlassen und im Land herumzustreichen und manchmal ihr Essen zu erbetteln? Welche Vorstellungen werden sie sich von dieser unbekannten Gottheit bilden? Welche Gefühle werden sie im Herzen haben? Das sollen die entscheiden, die vom Wert des hohen Namen des Königs Kenntnis haben.[4]«

Der König stand über allen Dingen, und dies wurde auch von allen anerkannt. Weder Habsburger noch Bourbonen ließen eine Einschränkung oder eine Kontrolle der freien Entscheidung des Königs zu. Sie waren absolute Herrscher, doch keine Tyrannen. Obwohl es keine Einschränkung, Kontrolle oder Gegengewicht zu ihrer Macht gab, standen Religion und Gesetze theoretisch gegen jeglichen Machtmißbrauch. Dazu kamen noch die Beratungen des Königs. Selten handelte ein König nach eigenem Ermessen. Es gab Staatsräte wie den Indienrat, dazu noch spezielle Kommissionen bei konkreten Problemen: die Versammlungen, die seit dem 16. Jahrhundert bestanden (etwa die *Junta Magna*), wurden im 17. und 18. Jahrhundert regelmäßig einberufen. In der zweiten Hälfte des 18. Jahrhunderts gab es zahlreiche Versammlungen zu verschiedenen Themen im Zusammenhang mit Amerika; manche waren kurz und unwichtig, andere provisorisch, wobei die spanische Mentalität dafür sorgte, daß gerade diese zu Dauereinrichtungen wurden. Trotz aller Bedeutung dieser befristeten Institutionen liegt über sie noch keine Gesamtanalyse vor. Neben Staatsräten und Versammlungen gab es noch einige Mitarbeiter des Königs; sein Beichtvater war darunter wohl der wichtigste.

Die spanischen Institutionen in Amerika

Seit Ende des 18., Anfang des 19. Jahrhunderts ist unsere Welt, und das haben wir vor allem Napoleon und seinen

Eroberungen in Europa zu verdanken, in eine ganze Reihe von in sich strukturierten Teilwelten unterteilt: die Zivilisten, die Regierung, die Kirche, das Militär, die Politiker, die Verwaltung, die Gerichtsbarkeit usw. usw. Es sind in sich geschlossene Sphären, zwischen denen wir keine klaren und eindeutigen Grenzen ziehen können. Dieses Schema, das uns in Fleisch und Blut übergegangen ist, ist zwar für eine Analyse des 19. und 20. Jahrhunderts wertvoll, für die der vorhergehenden Jahrhunderte aber nicht zu gebrauchen. Zwischen dem 16. und dem 18. Jahrhundert sind diese Welten nicht voneinander zu trennen: Manchmal wird das Vergängliche verehrt und das rein Geistliche säkularisiert, um nur ein Beispiel zu nennen. Das ist der Grund, warum die Geschichte der Verwaltungen während der Neuzeit, die bis jetzt verfaßt wurden, von unsicherem Wert sind. Wenn dies für Spanien und Europa gilt, wird es um so mehr für die amerikanische Verwaltung gelten.

Außerdem handelte es sich in Amerika und in Spanien um halbautonome, dezentralisierte Organe, in denen das Gefühl der Zugehörigkeit zum Staatsgebiet über alle anderen vorherrschte und in denen einmal mehr, einmal weniger erfolgreich versucht wurde, das schwierige Gleichgewicht zwischen Abhängigkeit und Autonomie, zwischen Zentralisierung und Dezentralisierung zu halten. Die Aufgabe war nicht einfach und ist meiner Meinung nach zu selten untersucht worden. Die Organe waren immer amerikanisch, auch wenn sie ihren Sitz im Mutterland hatten.

Während der ersten Zeit (1495) war die Handelsbörse *(Casa de Contratación)* lediglich ein »Versorgungslager«. Erst 1503 wurde daraus eine Börse. Anfänglich dachte man an ein staatliches Monopol für den Handel mit Amerika, und diese Institution in Sevilla schien das ideale Instrument zu sein, um das Monopol zu leiten. Bald gab man jedoch diese Idee wieder auf und überantwortete das Monopolrecht der Handelskammer in Sevilla, die 1543 die *Consulado de Cargadores a Indias* (Kammer der Frächter nach Amerika) gründete, eine Vereinigung privilegierter Überseehändler. Die Handelsbörse behielt das Recht auf Kontrolle und Intervention, das sich der Staat bei diesem Handel zuerkannte, d. h. er versuchte die Gesamtleitung an sich zu binden, um steuerpolitisch den Handel überblicken zu können. Die Handelsbörse stellte von Anfang an eine Verwaltungsinstitution dar: sie war gleichzeitig eine Abteilung der Regierung, ein Auswanderungsbüro, ein Hohes Gericht mit einer ganz spezifischen Rechtsprechung, ein Handelsministerium, ein statistisches Amt, ein Meldeamt, eine Zollbehörde, eine Schule für Schiffahrt und Kartographie, ein Lehrstuhl für Kosmologie usw.

Im Jahr 1503 wurden die drei Oberbeamtenstellen eingerichtet (Geschäftsführer, Schatzmeister und Buchhalter), die unverändert die gesamte Zeit dieser Institution überdauerten. Die Präsidentschaft, das Verbindungsglied zum Indienrat, wurde 1557 ins Leben gerufen, um 1579 zu einem festen Bestandteil der Börse zu werden. Schon vor 1511 verfügte sie über eine Gerichtsbarkeit, doch in diesem Jahr wurden ihre Funktionen in diesem Bereich zum erstenmal konkretisiert, die aber im Laufe der Zeit immer wieder geändert wurden, um die Aufgaben der Handelsbörse, der Handelskammer und des Indienrates jedesmal neu zu definieren.

Die Handelsbörse (wie auch die Handelskammer) übersiedelte 1717 von Sevilla nach Cadiz, wo sie bis zu ihrer Auflösung im Jahr 1790 bleiben sollte. Während des 18. Jahrhunderts wurde sie immer häufiger *Real Audiencia de la Contratación a las Indias* (Königliche Audienz für die Handelsbeziehungen mit Amerika) genannt, um so ihre Rolle als Gerichtshof zu unterstreichen; dennoch blieb sie weiterhin ein institutionelles und verwaltungsmäßiges Ganzes. Die Zulassung des freien Handels im Jahr 1778 bedeutete den tödlichen Schlag für diese nun überflüssige Institution, die nur dank der Unterstützung des Ministers Gálvez bis 1790 überlebte. Gálvez leitete den Amerikahandel aus seinem Staatssekretariat in Madrid in einem Umfang, der bei genauer Betrachtung in Erstaunen versetzt. Für ihn stellte die Börse seine Handelsvertretung in Cadiz dar. Nur dieser Verkettung von Interessen, die vielleicht nie zugegeben wurden, ist es zu verdanken, daß die Handelsbörse bis 1790 (Gálvez starb 1787) überleben konnte, denn ab 1778 besaß sie keinerlei Rechte im Amerikahandel mehr; diese gingen auf das Zollamt über. Ihre Aufgaben wurden systematisch beschnitten und sie bekam als traurigen Ausgleich ihr völlig fremde Funktionen. 1790 war sie nur noch eine riesige, leere Hülle.

Die *Casa* konnte weder die illegale Auswanderung noch den Schmuggel kontrollieren, was aber nicht bedeutet, daß sie eine »ineffiziente Institution« war, wie es Haring ausdrückt. Die Auswanderungswelle und die Handelsmengen überstiegen die Möglichkeiten der Handelsbörse, genauso wie sich das Leben selbst über jede Institution hinwegsetzt.

Der Indienrat wurde 1524 gegründet. Er entstand im Schoß des Hohen Rates für Kastilien als eine Art Stiefkind. Ab 1519 erkennt man, daß eine Gruppe innerhalb dieses Rates sich besonders um die Probleme Amerikas kümmert (»Diejenigen meines Rates, die etwas über Amerika verstehen«). Die Gründung war eine persönliche Entscheidung Kaiser Karls V., wohl aufgrund der wachsenden Zahl wichtiger Probleme oder aber, weil Bischof Fonseca, ein Ratgeber des Königs und wahrer Unternehmer, gestorben war. Dieser war 30 Jahre lang ein Faktotum zuerst des Versorgungslagers und später der Handelsbörse; er war unter den Katholischen Königen zu einer Art »Minister für Amerikanische Angelegenheiten« geworden und wurde für diese Aufgabe auch von Karl V. bestellt. Der Indienrat richtete sich anfänglich nach den Normen des Hohen Rates von Kastilien. Umfassende Richtlinien, von Ovando ausgearbeitet, wurden am 24. September 1571 verabschiedet und 1636 erweitert.

Der Indienrat bestand aus einem Präsidenten, vier oder fünf Ratgebern (später wurde diese Zahl erhöht), einem Staatsanwalt, zwei Sekretären und weiteren kleinen Beamten. Im 18. Jahrhundert kam noch ein Hauptbuchhalter hinzu, der neben dem Staatsanwalt bei der Vorbereitung der Sitzungen von entscheidender Bedeutung war. Während eines Teils des 16. Jahrhunderts (1528–1575) erscheint noch eine Figur von höchstem Prestige: der Großkanzler.

Der Indienrat war ein Organ zur Unterstützung des Königs,

theoretisch hatte er keine Entscheidungsbefugnisse; theoretisch, weil der Indienrat in der Praxis eine semiexekutive Funktion besaß, obwohl ein absolutistischer Herrscher natürlich nach seinem Gutdünken die Entscheidungen des Rates übergehen konnte.

Zu seinen Funktionen gehörte die der Verwaltung, die damals in vier Bereiche unterteilt war: Regierung (kirchliche und weltliche), Gerichtsbarkeit, Krieg und Finanzwesen. Auch wenn die Kandidaten dem König vorgeschlagen werden mußten, der sie dann auch, bis auf einige Fälle, in denen er persönliche Interessen hatte, ernannte, lag die Ernennung von Bischöfen und anderen hohen Würdenträgern in den Händen des Indienrates.

Ihm war die kirchliche Leitung unterstellt, ohne dabei geistliche Angelegenheiten zu berühren (immer theoretisch gesprochen), er mußte die Kirche verteidigen. Nie hat er an der Inquisition oder am Heiligen Kreuzzug teilgenommen, die ja eigene Ratgeber besaßen.

Was die weltliche Regierung betrifft, so besaß der Indienrat die »volle Gerichtsbarkeit« und die gesetzliche Macht. Ihm waren die Ernennungen, die Leitung der Handelsbörse und die offiziellen Mitteilungen überantwortet.

In Kriegsangelegenheiten erhielt der Rat während des 16. Jahrhunderts völlig freie Hand, bis die Probleme der Verteidigung Amerikas Ende des 16., Anfang des 17. Jahrhunderts höchst prekär wurden. Im Jahr 1600 bildete man mit Ratgebern aus dem Indienrat und dem Kriegsministerium die *Junta de Guerras de Indias*. Der Indienrat mußte sich langsam daran gewöhnen, mit Soldaten zu verhandeln, statt mit Akademikern. Anfang des 17. Jahrhunderts erfolgte eine allgemeine Militarisierung der Institutionen (Handelsbörse, Vizekönigtum usw.). Im 18. Jahrhundert kam es nach dem Verlust von Havanna im Jahr 1761 zu einer erneuten Militarisierung. Die Präsidenten der Handelsbörse in Cadiz waren fast ausschließlich hohe Marineoffiziere, die die Verbindung zur Marineintendanz darstellten. Die Vizekönige, die Karl III. und Karl IV. ernannten, gehörten alle dem Militär an.

Der Indienrat hatte, was die Finanzen betrifft, die Oberaufsicht über das königliche Finanzamt, über die Mittel also, die aus Amerika kamen, und über Zahlungen und Ausgaben. Der Hohe Rat für Finanzen versuchte oft erfolgreich, ihm seine Kompetenzen in dieser Materie zu beschneiden. Gleich wie es mit der *Junta de Guerra* geschehen war, so bildete Lerma eine *Junta de Hacienda*. Die vielen *Juntas*, die ab Ende des 16. Jahrhunderts gebildet wurden, beschnitten die Kompetenzen des Indienrates auf vielen Gebieten, manchmal schafften sie es sogar, ganze Bereiche an sich zu ziehen.

Die hohen Mitglieder der Räte hatten keine direkte Erfahrung im Umgang mit Amerika, was sich auf allen Gebieten zeigte. Mehr noch: Sie versperrten systematisch den Weg der Beamten, die in der Neuen Welt ihre Erfahrungen gesammelt hatten. Es gibt meines Wissens nur zwei Ausnahmen von dieser Regel: die sechs *oidores*, Richter in amerikanischen Gerichten, die zwischen 1600 und 1629 in den Indienrat berufen wurden, sowie die Reform der Verwaltungslaufbahn von Gálvez, bei der die kirchlichen, zivilen und Militärposten in Übersee als Sprungbrett für gute Stellungen im Mutterland dienten.

Zur Zeit Gálvez' waren die Würfel beim Indienrat schon gefallen. Es war nur noch eine Frage der Zeit. Als zu langsam abgestempelt, wurden die Funktionen der Räte langsam von den Ministerien oder den Außenämtern übernommen. Während der langen Amtsdauer des Marquis von Sonora verwandelte sich das Ministerium für Amerikanische Angelegenheiten in eine Art Superministerium. Das königliche Dekret wurde zu einem schnellen und wirksamen Instrument der Regierung, das den langwierigen Prozeß der Beratschlagungen ersetzte. Die Reformen setzte man mit königlichen Verordnungen durch. Alle Minister unter Karl III. und Karl IV., besonders Gálvez, benutzten gerne dieses Instrument, man spricht daher von »Ministerwillkür«.

Eine neue Zeit wurde geboren, in der die Hohen Räte keinen Platz hatten und nach einigen Jahren des Siechtums von Ferdinand VII. aufgrund des Scheiterns seines Planes zur »Wiedereroberung Amerikas« abgeschafft wurden.

Die amerikanischen Institutionen in der Neuen Welt

Die frühe Gründung von Institutionen und Organen mit Sitz in der Neuen Welt folgte der Staatsräson: Es war dringend notwendig, die Konquistadoren daran zu hindern, Amerika nach ihren Vorstellungen zu organisieren, was unüberschaubare Folgen gehabt hätte. Nach den schweren Krisen von Peru und Mexiko spielte Karl V. eine wichtige Rolle, als seine Entschlossenheit und sein politisches Geschick für viele Jahre die direkte Macht des Monarchen sicherten, der die Reiche und Provinzen mittels eines komplizierten Netzes von Institutionen verwalten konnte. Bis zum Ende der Krise, etwa Mitte des 16. Jahrhunderts, gab es zwei parallele Verwaltungen, die der Konquistadoren und die der Krone, die sich langsam, aber sicher in Amerika breitmachten. Das Geschick, mit dem zuerst die Katholischen Könige und später Karl V. den Austausch der Institutionen vorantrieben, erstaunt jeden geschichtlich Interessierten.

Neben der Statthalterschaft *(adelantamiento)*, einem Relikt aus dem Mittelalter, das in Amerika nur kurze Zeit während Entdeckung und Konquista von Bedeutung war, gab es als wichtigste Verwaltungsinstitution das Gouverneurswesen. Die Anführer der Flottillen oder der Truppen wurden als Belohnung zu Gouverneuren der eroberten Länder gemacht. Dies bedeutete für die Eroberer die Kompetenz in Sachen Regierung und Gerichtsbarkeit, Verteilung *(repartimiento)* der Indianer und des Landes und auch die militärische Führung im Gebiet. Dem Gouverneur standen 5 bis 10 Prozent des Erlöses aus der Provinz zu, und er konnte sein Amt an seine Nachkommen vererben.

Dies war eine Organisationsform, die gut zur Konquista paßte, da sie die nötigen Anreize für Unternehmen bot, die den Charakter einer Privatinitiative hatten. Die Eroberer waren immer Gesandte des Königs, und im Falle, daß sie als Anführer gewählt wurden, wie etwa Cortés, baten sie nachträglich, als solche anerkannt zu werden. Die Autorität und die persönliche Macht dieser Eroberer-Gouverneure waren für den Staat gefährlich, der bald ihre Privilegien beschnitt, indem er zuerst die Vererbung untersagte, dann ihre Einkünfte auf ein Gehalt reduzierte und ihnen andere Beamte zur Seite stellte, die offiziell den Gouverneuren behilflich sein sollten, sie in Wirklichkeit aber kontrollierten. Sobald die Gelegenheit günstig war, wurden sie durch spanische Beamte ersetzt, die, besser ausgebildet, zeitlich befristete Ämter übertragen bekamen.

Einen der Kontrollmechanismen des Staates bildeten die *audiencias*, die Gerichte also, wobei das erste 1511 in Santo Domingo geschaffen wurde. Bald spielte die Audienz nicht nur die Rolle eines Appellationsgerichtes, die Richter wurden zu Beratern bei den Regierungsgeschäften. Sie führten das königliche Siegel und stiegen parallel zur verwaltungsmäßigen Organisation der Konquista auf.

Zwischen 1527 und 1563 gründet man Audienzen in Mexiko, Panama, Guatemala, Santa Fe, Caracas, Quito und Chile. Während des 17. und 18. Jahrhunderts kamen noch Buenos Aires (1661), Cuzco (1717) und andere hinzu. Bald erhielten sie Regierungsfunktionen, und während des Zeitraumes bis zur Ernennung eines neuen Vizekönigs übernahmen sie die gesamten Regierungsgeschäfte, z. B. in Santo Domingo zwischen 1534 und 1587, in Mexiko 1527 bis 1535, in Panama 1538 bis 1542, in los Confines 1542 bis 1560, in Neu-Galicien von 1548 bis 1572, in Santa Fe 1549 bis 1563 und in Chile 1565 bis 1567.

Die Gründung von Vizekönigreichen bedeutete das Ende der Organisationsform der Konquista und eine bessere staatliche Kontrolle. Die Vizekönige, die der König ernannte, waren nicht zu vergleichen mit Kolumbus, der den Titel Vizekönig als Besitz erhielt. Sie waren gleichzeitig Gouverneure, Oberbefehlshaber, Zahlmeister und Aufseher der königlichen Finanzämter, Präsidenten ohne Stimmrecht der Obergerichte, Vertreter des Königs und stellvertretende Kirchenführer. Sie schienen allgewaltig, und manche von ihnen wurden es, ihrem Charakter entsprechend, auch. Sie hatten keinen Einfluß auf die Gerichtsbarkeit, und am Ende ihrer Amtszeit mußten sie Rechenschaft ablegen; auch konnten sie jederzeit auf Befehl der Krone einer Inspektion unterzogen werden. Ihren Nachfolgern hinterließen sie Memoranden, die wichtige Informationsquellen für die Geschichtsschreibung darstellen. Das Recht, öffentliche und kirchliche Ämter zu vergeben, gehörte zu ihren höchsten Privilegien.

Während des 16. und 17. Jahrhunderts gab es nur zwei Vizekönigreiche, das von Mexiko (Neu-Spanien) und das von Peru. Ihre Geschichte ist eng mit den Namen Velasco (1550–1564) in Mexiko und Toledo (1568–1580) in Peru verbunden.

Es ist schwer, sich die Macht dieser Vizekönigreiche vorzustellen; von Lima aus z. B. wurde das gesamte Herrschaftsgebiet der Spanier in Südamerika verwaltet. Die Gebiete stimmten mit denen der Generalaudienzen in etwa überein. In den Randgebieten herrschten Oberbefehlshaber, Gouverneure oder Gerichtspräsidenten im Namen des Vizekönigs, waren aber nur dem Hof verantwortlich, was einer fast völligen Autonomie gleichkam. Die riesigen Ausmaße dieser Besitztümer machte eine Teilung notwendig, und so bildeten sich das Vizekönigreich Neu-Granada 1717, das die Audienz Santa Fe, die Provinzen Panama, Quito und Venezuela umfaßte, und das Vizekönigreich Rio de La Plata, mit den Audienzen Buenos Aires und Charcas. Karl III. beschnitt die Macht der Vizekönige mit der Einrichtung von Intendanzen außerordentlich.

Die Reformbestrebungen des 18. Jahrhunderts stießen mit der langsamen Verwaltungsmaschinerie der Habsburger zusammen; das System mußte flexibler gestaltet werden. Die Einrichtung von Intendanzen in Spanien ging auf ein französisches Modell zurück und wurde von Philipp V. (1718) und Ferdinand VI. (1749) in Angriff genommen. Die Intendanzen in Frankreich, Spanien und Amerika waren sehr unterschiedlicher Natur, da auch die äußeren Begebenheiten sehr verschieden waren. Jeder Versuch einer kurzen Zusammenfassung ihrer Entwicklung ist zum Scheitern verurteilt. Der große Förderer war für Amerika José de Gálvez (1720–1787), der zwischen 1776 und 1787 Minister für Amerikanische Angelegenheiten war. Die erste Intendanz bildete sich in Kuba im Jahr 1764; schon 1787 zählen wir 46 Intendanzen in der gesamten Neuen Welt mit Ausnahme von Neu-Granada. Ihre Aufgaben waren: Kriegsangelegenheiten, Finanzwesen und Förderung der Wirtschaft.

Die Aufgaben der Intendanzen untergruben die Macht der Vizekönige und Audienzen, die sich natürlich dagegen wehrten. Auf der untersten Ebene ersetzten »Subdelegierte« die alten Korregidoren und Alkalden. Die Reform könnte man als angemessen ansehen: das Ministerium für Marine und Amerikanische Angelegenheiten hatte den ehrwürdigen Hohen Rat ersetzt; die Intendanzen hätten wohl das System der Vizekönigreiche überflüssig gemacht; ihre Effizienz ist nicht zu beweisen, da die Unabhängigkeit der amerikanischen Kolonien diesem Prozeß ein schnelles Ende bereitete. Die Unabhängigkeit war unausweichlich, der Reformismus hat sie wahrscheinlich beschleunigt.

Anmerkungen

1 AGI, México, 2778.
2 José de Guevara, Informe sobre lo ilícito del contrabando, 15. Mai 1757, BNM, ms 18754-1.
3 Diego Gallard, Ventajas políticas de España por los nuevos Reglamentos de Rentas Provinciales. Memorias de la Real Sociedad Económica de Segovia, Bd. III, Segovia 1787, S. 155.
4 Representación del Consulado de México sobre Comercio de 1788, BRAHM, Col. Mata Linares, Bd. 87.

DIE KIRCHE IN SPANISCH-AMERIKA

Paulino Castañeda Delgado
Universidad de Sevilla

Sobald Ferdinand der Katholische die Nachricht von der Entdeckung Amerikas erhielt, schickte er seine Gesandten zum Heiligen Stuhl. Papst Alexander VI. erkannte den Spaniern große Freiheiten zu: Er übergab ihnen die entdeckten und noch zu entdeckenden Länder im Westen *(Inter cetera, 3.V. 1493)*, zog eine Demarkationslinie, um Auseinandersetzungen mit Portugal zu vermeiden *(Inter cetera, 4.V. 1493)*, und überantwortete ihnen die Bekehrung der Einwohner zum Christentum. Die Spanier erhielten die Herrschaft über die Neue Welt, »mit dem Ziel, die Einwohner und Bewohner zum Glauben an unseren Erlöser und zur katholischen Konfession zu bekehren«. Die Könige vergaßen diese Verantwortung nie.

Die erste Zeit (1492–1550)

Die Geschichte beginnt mit der Ankunft der ersten Kirchenmänner in der Karibik. Auf seiner zweiten Reise nahm Kolumbus Fray Boyl und weitere zwölf Ordensleute mit. Aber sie konnten wenig, fast nichts bewirken. Sie kannten die Sprache nicht und hatten oft Auseinandersetzungen mit Kolumbus. Fray Boyl, der erste apostolische Vikar in der Neuen Welt, segelte nach Spanien zurück. So begann die Geschichte der spanischen Missionierung mit einem Fehlschlag. Aber es kamen Franziskaner (1500) und Dominikaner (1510) und gründeten Klöster auf Hispaniola, Kuba und Puerto Rico und auf der Insel Trinidad. Die Bekehrungen und die Gründungen vieler Klöster nahmen zu. Die Franziskaner bildeten eine autonome Provinz (1505). An der Nordküste Venezuelas führten sie einen Plan zur friedlichen Missionierung durch, der von Kardinal Cisneros verabschiedet worden war. Die Hieronymiten halfen dabei mit, scheiterten aber. In Cumaná gab es die ersten Märtyrer.

Es war ein Versuch, mit all den Schwierigkeiten und Problemen am Anfang einer Kolonisierung. Die Indianer – Kariben, Arawak und Tupi – hatten nur eine niedrige Kulturstufe erreicht und waren politisch nur wenig organisiert. Die Kommunikation war sehr schwierig. Es war eine glanzlose Zeit, die aber Früchte trug, denn die Idee, die Kolonisierung und Evangelisierung zu betreiben, setzte sich durch. Die Dominikaner verurteilten die Übertretungen der Grundbesitzer und verteidigten die Rechte der Indianer. Die Junta von Burgos erklärte sie für freie Menschen, regelte ihren Arbeitseinsatz und wiederholte die Verantwortung der Grundbesitzer, sie im Glauben zu unterrichten. Die ersten Diözesen entstanden in Santo Domingo, Concepción de la Vega, San Juan de Puerto Rico (1511), Panamá, La Abadía de Jamaica (1515) und Kuba (1517). Um weitere Fehler zu vermeiden, entwickelte Kardinal Cisneros einen Reformplan. Der Hieronymitenorden versuchte einen theokratischen Staat zu verwirklichen.

In Mexiko traf die Kirche auf die erste richtige Hochkultur. Vom ersten Augenblick an gab es unregelmäßige Missionierungsversuche, aber die methodische Evangelisierung begann erst mit der Ankunft von zwölf Franziskanern aus Estremadura, die 1524 in San Juan de Ulua landeten. Zwei Jahre später erschienen zwölf Dominikaner, von denen nur drei die Unbill und das Klima während der Fahrt überlebten. Im Jahr 1533 kamen die Augustiner. Alle drei Ordensgemeinschaften gründeten Klöster im Tal von Mexiko, von wo sie auf Missionsreise gingen. Das Spanien der Kirchenreform konnte solch außergewöhnliche Männer nach Amerika schicken.

Die Franziskaner stießen in zwei Richtungen vor, nach Südosten (Puebla und Tlaxcala mit einem Brückenkopf in Oaxaca) und nach Nordwesten, wo an vier Orten Klostergründungen realisiert wurden: Hidalgo-Querétaro-Guanajuato; Michoacán mit dem See Pátzcuaro; Jalisco mit Guadalajara im Zentrum; Zacatecas-Durango. Die Dominikaner gründeten ihrerseits eine Art Klosterkette, die vom Südwesten des heutigen Staates Mexiko bis nach Oaxaca und zu der Landenge von Tehuantepec reichte. Die Augustiner ließen sich im noch freien Gebiet um die Stadt Mexiko nieder. Von dort aus gingen sie bis ins östliche Guerrero, zu den *Otomí* von Hidalgo, und auch nach Michoacán.

Die Ergebnisse waren außergewöhnlich, denn die Bettelorden besaßen eine seltene Tüchtigkeit. Ihre große Bildung, ihre Missionserfahrung, die innere Disziplin und ihr asketisches Leben trugen zum erstaunlichen Erfolg bei. Die Päpste gestanden ihnen Privilegien zu: Hadrian VI. legte mit *Exponi nobis* (1522) die ganze apostolische Gewalt in ihre Hände, und zwar für die Gegenden, in denen es keine Bischöfe gab. Das war für sie eine unerwartete Macht.

Bald kamen sie in ihrem Missionseifer auch bis Zentralamerika. In Yucatán blühten die Klöster der Franziskaner (1547) auf, in Guatemala missionierten gleichzeitig der Orden der Barmherzigen Brüder (1536), Franziskaner (1541) und Dominikaner, die in Verapáz (1537–1550) besonders aktiv waren. In Nicaragua gedieh die Missionsarbeit der Franziskaner (1527) und des Ordens der Barmherzigen Brüder (1528).

Bei der Evangelisierung von Peru waren die Dominikaner besonders erfolgreich. Sie bauten ihr erstes Kloster in Cuzco (1534), wo früher der Sonnentempel stand. Im Jahr 1540 ließen sie sich in Lima nieder, von dort aus fuhren sie nach Norden – nach Trujillo, Quito und Pasto –, nach Südosten – nach Arequipa, La Paz, La Plata – und drangen ins Landesinnere in Richtung Huanuco und Huamanga vor. Die Barmherzigen Brüder gründeten zuerst ein Kloster in San Miguel de Piura (1535) und wandten sich später nach Norden – nach Quito und seiner Provinz –, nach Süden – nach Trujillo, Lima – und ins Landesinnere – La Plata, Potosí, La Paz. 1552 gründeten sie im Nordwesten des heutigen Argentinien ihre wichtigen Niederlassungen in Tucumán, Santiago del Estero, Cordoba und Paraguay.

Die Franziskaner gründeten ihr erstes Kloster in Quito

(1534), das großen Einfluß im Gebiet der Audienz von Quito haben sollte. Sie ließen sich ein Jahr später in Lima nieder, gründeten Klöster in La Paz, Cochabamba, La Plata, Potosí und drangen bis Tucumán, dem Herzen des Kontinents, vor. Die Augustiner breiteten sich rasch über alle Provinzen des Vizekönigreiches aus: Trujillo und seine Umgebung, Lima und Cerro de Pasco sowie Cuzco und sein Umland.

Was Neu-Granada betrifft, haben wir schon den Versuch einer friedlichen Evangelisierung der Nordküste Venezuelas erwähnt. Das Scheitern dieses Unternehmens sollte die Evangelisierung in diesem Gebiet um ein Jahrhundert zurückwerfen. In Kolumbien war ihnen mehr Erfolg beschieden, denn die Dominikaner gründeten die Missionszentren Santa Marta (1529) und Cartagena (1531) und 1538 das Missionszentrum von Bogotá. Später erschienen die Franziskaner (1550), um die Region Cundinamarca und Tunja zu christianisieren. Von Süden her, aus Quito, kamen die Barmherzigen Brüder und ließen sich in der Region von Popayan nieder. Unter den Padres, die unermüdlich für die Vollendung des Missionswerkes arbeiteten, muß man einen hervorheben: den heiligen Luis Beltrán, der allein in den Urwald von Tubará und in die Berge von Santa Marta ging.

Parallel zur Evangelisierungsarbeit entstanden die Diözesen. Die ersten waren Puebla (1519), Florida (1521), Mexiko (1530), Nicaragua, Venezuela, Comayagua (1531), Santa Marta, Cartagena, Guatemala (1534), Oaxaca (1535), Michoacán (1536), Chiapas (1539), Guadalajara (1548). Alle waren abhängig von der Erzdiözese in Sevilla. Um die juristische Unabhängigkeit zu erreichen und um die Kirche in der Neuen Welt zu organisieren, bildete Papst Paul III. 1546 drei Kirchenprovinzen: Mexiko, die alle Gebiete zwischen Guatemala und dem Mississippi umfaßte; Santo Domingo, die die Antillen sowie die Karibikküste von Venezuela und Kolumbien mit einbezog, und Lima, dem alle Diözesen von Nicaragua und Panama bis zum südlichsten Punkt des Kontinents untergeordnet waren.

Zur selben Zeit wurden Kathedralen gebaut, und Kirchen bildeten den Mittelpunkt jedes Dorfes. Der Spanier war ein von der Kirche geprägtes Leben gewöhnt. Ferdinand der Katholische wünschte, daß die Kirche in Spanisch-Amerika die gleiche politisch-religiöse Organisation haben sollte wie die Kirche von Granada. Die Kathedralen mußten so aussehen wie die von Sevilla. Die Spanier wollten die Werke der Kirche sehen.

Mitte des 16. Jahrhunderts waren die Spanier fest in Amerika verankert. Verwaltungsmäßig war das Land geteilt, drei Kirchenprovinzen waren gegründet worden, vier Mönchsorden hatten in Amerika ihre Wurzeln geschlagen. Heutzutage hat die Forschung gezeigt, daß die spanischen Missionare zu Unrecht kritisiert wurden. Es gab zweifellos Fehler bei der Evangelisierung, aber die Erfolge waren viel größer. Sie lernten die Sprache der Indianer, sie schrieben Grammatiken, Wörterbücher, Katechismen usw.; sie kümmerten sich um die Bildung, sie gründeten Schulen, Kollegien und Universitäten. Sie kämpften für die Freiheit der Indianer und bekämpften die Sklaverei. Die Missionare Montesinos und Las Casas sind gute Beispiele dafür, sie verteidigten die Indianer gegenüber ungerechten und zügellosen Spaniern. Dies muß hier unterstrichen werden, da es von einem ökomenischen Standpunkt zeugt, der über jeglichem Nationalismus steht. Sie waren mehr Missionare als Spanier. Die Breviere von Paul III. und die Neuen Gesetze von 1542 bildeten den Höhepunkt dieser Kämpfe.

Die Verwurzelung der Kirche (1550–1620)

Die Ankunft der Jesuiten war das große Ereignis der zweiten Hälfte des 16. Jahrhunderts. Sie kamen 1566 nach Peru und gründeten Schulen in Lima, Cuzco und Potosí. Sie ließen sich in den wichtigen Städten La Paz, Salta, Santa Cruz nieder und drangen 1584 bis Tucumán und nach Chile vor. Sie waren Gegner eines doktrinären Systems, in dem sie eine Gefahr für den Kirchenmann und für seine Unabhängigkeit von den kirchlichen und weltlichen Behörden sahen. Nur einem Modell folgten sie, jenem von Juli in Peru, damals ein Ausbildungszentrum der Jesuiten, wo sie Erfahrungen sammelten und sich schon das Schema der Reduktionen profilierte, das in der Zukunft Gültigkeit haben sollte. Sie zogen andere Methoden vor: den Bau von Schulen für die Söhne der Häuptlinge, den Bau von Internaten in strategisch wichtigen Zonen, aber auch die fahrende Mission.

Im Jahr 1572 kamen sie nach Mexiko, wo das ganze Gebiet von der Landenge von Tehuantepec bis nach Norden zu den Städten Tepic, Guanajuato und Tuxpan bereits evangelisiert war. Sie gründeten Schulen in wichtigen Städten (Pátzcuaro, Puebla, Vera Cruz) und missionierten das ganze Gebiet westlich von Zacatecas, Paso und Neu-Mexiko. Sie gründeten die Mission von Sinaloa (1591), die für den ganzen Norden des gleichnamigen Staates zuständig war; die Mission von Acaxees und Xiximies (1598), in einem Gebiet zwischen den Staaten Sinaloa und Durango; die Mission Parras (1598) im Südosten von Coahuila und schließlich die von Tepehuanes (1600) im Westteil des Staates Durango.

Die Bettelorden drangen währenddessen immer weiter ins Landesinnere vor, manchmal begleiteten sie die Konquistadoren, manchmal waren sie allein. Sie errichteten Missionszentren, später drangen sie zu den Indianern in den Urwald vor und bauten ein Kloster, um die Katechumenen zu unterrichten. So gab es dauernd besetzte Missionsstationen um ein Hauptkloster herum, solche zur Verbindung zweier Missionszentren und Brückenköpfe für noch nicht kolonisierte Zonen, die, weit entfernt, in unwirtlichen Gegenden lagen. Die Missionare lernten die Sprache der Indianer, bauten Siedlungen, um sie die Landwirtschaft, die Weberei, die Spinnerei, den Hausbau, Schreiben und Lesen, Beten und die Grundzüge des Christentums zu lehren. Sie bauten Schulen, Kollegien und Universitäten: 1551 entstand die Universität von Lima. 1553 folgten Mexiko, 1550 Bogotá, 1611 Manila, 1621 La Plata.

Von dieser schnellen Entwicklung der Ordensgemeinschaften zeugt die große Anzahl neuer Provinzen. Diese Gemeinschaften organisierten sich in Ordensprovinzen. Das System war für alle gleich. Jeder Ordensmönch, der nach Amerika kam, blieb grundsätzlich in einer dieser Provinzen. In dem Maße, in dem sich die Klöster in Spanisch-Amerika verbreiteten, entstanden neue, autonome Provinzen, von denen sich dann weitere Provinzen abspalteten, je weiter die Kirche ins Landesinnere vordrang. Ende des 16. Jahrhunderts gab es in Amerika zehn Franziskaner-, sieben Dominikaner-, vier Augustiner-Provinzen, vier der Barmherzigen Brüder und drei der Jesuiten. Die Orden deckten praktisch das gesamte christianisierte Gebiet ab.

Und nun kurz zu den Methoden der Christianisierung. Die Christianisierung, d. h. die Übernahme des christlichen Glaubens, beinhaltete eine vollständige Bekehrung. Die Bekehrung selbst setzte Kenntnis und Glauben voraus. Das Mittel, um den Indianern den Glauben nahezubringen, war die Katechese, zu Anfang rein mimisch und mit Abbildungen. Der Katechismus von Pedro de Gante mit seinen Abbildungen ist uns noch erhalten geblieben. Nachdem die Sprachen der Indianer aber erlernt waren, begann die eigentliche Evangelisierungsarbeit: Die Kinder mußten täglich, die Erwachsenen dreimal pro Woche lernen. Zuerst mußten sie den Katechismus auswendig lernen, ihn dann mit Vergleichen und Bildern erklären. Damit sie akzeptiert wurden, versuchten die Missionare anfangs das Vertrauen der Indianer zu gewinnen, indem sie Schutz ihnen anboten, indem sie sie lehrten, in Gemeinschaft zu leben, und indem sie den Indianern die interessantesten Teile des Christentums vorspielten.

Die Argumente waren zweierlei Art: Erstens zeigten sie ihnen die Falschheit ihrer Gottheiten, indem sie die Götzenbilder zerstörten, und zweitens zeigten sie die Wahrheit des Christentums und bewiesen diese mit Argumenten aus der Bibel, obwohl manchmal schon eine einfache Erklärung genügte. Darüber hinaus predigten sie natürlich auch und verwalteten die Sakramente für die Bekehrten. Bei der Verabreichung der Sakramente gab es Probleme. Die Bekehrungen waren so massiv, daß bei der Taufe Auseinandersetzungen zwischen den Orden entstanden: Die Franziskaner und die Augustiner zogen es vor, so früh wie möglich zu taufen, ohne besonders auf die christliche Bildung der Täuflinge zu achten; die Dominikaner zogen es vor, etwas länger zu warten. Die Eucharistie schränkten die Dominikaner soweit wie möglich ein, die Augustiner und die Jesuiten waren großzügiger, die Franziskaner nahmen eine Zwischenstellung ein. Ansonsten erleichterte man den Indianern sehr die Ausübung des Christentums. Sie hatten Privilegien bei der Heirat, es gab weniger gesetzliche Feiertage, die Fastenzeit war nicht so streng. Auf der anderen Seite versuchten die Missionare die Arbeit der Medizinmänner soweit wie möglich zu behindern, sie bekämpften jeden Götzendienst und verboten harmlose heidnische Praktiken, wie z. B. Tänze oder Folklore.

Neben den Ordensgemeinschaften arbeitete auch der weltliche Klerus mit Erfolg an der Christianisierung Amerikas. Über die Missionsarbeit des Klerus ist wenig bekannt, aber es ist klar, das die Missionsarbeit der Ordensgemeinschaften unvollendet geblieben wäre, wenn hinter den Mönchen nicht Priester gekommen wären, die die Erfolge sicherten, die Kirche organisierten und die Sakramente spendeten. Die Arbeit dieser Priester war mannigfaltig. Sie mußten die Reinheit des Glaubens sichern, den Siedlern geistigen Beistand leisten, die Ämter in der Diözese besetzen usw. Je weiter das Land besetzt wurde, desto mehr war der Klerus vonnöten. Am Schluß war jeder ein Missionar.

In der zweiten Hälfte des 16. Jahrhunderts wurden nur mehr zwölf Diözesen geschaffen: La Plata (1552), Santiago de Chile, Verapaz, Yucatan (1561), Concepción und Santa Fe (1564), Tucumán (1570), Arequipa und Trujillo (1577), Manila (1579), Durango und Buenos Aires (1620). Die Kirche in Amerika war nun so weit organisiert, daß bis zum Beginn des 18. Jahrhunderts keine neue Diözesen hinzukamen. Das Netz von Kathedralen, Klöstern, Abteien, Schulen, Universitäten, Hilfsorganisationen, Pfarreien, christlichen Indianerdörfern (*Doctrinas*), Bruderschaften, Missionen, usw. war eng geknüpft. Eine große Anzahl von Indianern wurde getauft. Die Frage sei hier erlaubt, ob diese auch im christlichen Glauben unterrichtet waren. Die Fehler in der Verkündigung des Evangeliums wurden vielleicht zu sehr herausgestellt: R. Ricard hat bewiesen, daß die Gebiete, in denen im 18. Jahrhundert das Evangelium richtig gepredigt wurde, auch bis heute christlich geblieben sind. Dagegen zeigten sich die Gebiete, in denen im 16. Jahrhundert der Glauben schlecht oder unzureichend verkündet wurde, für Heidentum und Sekten offen. Daraus folgt, daß jene Verkündigung wohl nicht oberflächlich gewesen war, sondern eher sehr erfolgreich.

Während die Gründung von neuen Diözesen stagnierte, wurde die Kirche organisiert. Die Bischöfe in Amerika trafen sich in Konzilen, um neue Kirchengesetze zu verabschieden, die bis ins 19. Jahrhundert ihre Gültigkeit besaßen. Diese fanden vor allem an zwei Orten statt, in Lima und in Mexiko, ohne die weniger wichtigen hier aufzählen zu wollen. Mexiko und Lima waren zugleich Hauptstädte der spanischen Vizekönigreiche und beherbergten zwei bedeutende Bischofssitze sowie Universitäten und Verlage. Fray Alonso de Montufar rief 1555 die Bischöfe zum ersten Konzil zusammen, dessen Ergebnis 93 neue Gesetze zur Verwaltung und Führung der Kirche waren, darunter wichtige Ergebnisse für die indianische Bevölkerung: Verbot der Hexerei, Legalisierung der Kommunion für Indianer und Neger, Texttreue bei den Übersetzungen der Doktrinen und Gebete in die indianischen Sprachen, eine Empfehlung, daß vagabundierende Indianer in den Häusern der Kirche Aufnahme finden sollten, Verbot der volkstümlichen Tänze und Gesänge in den Kirchen. Sie verabschiedeten die Initiative zur Gründung von Indianer-Reduktionen und verpflichteten somit die Kirche auf sozialem, kulturellem und religiösem Gebiet.

Um die Empfehlungen des Konzils von Trient, dem Tridentinum (1545–1563), in die Tat umzusetzen, berief Montufar das zweite Provinzialkonzil ein. Dabei wurden auch die Verordnungen zur Verwaltung der Sakramente verabschiedet und die Wucherei verurteilt. Zweifellos das bedeutendste aber war das dritte Provinzialkonzil, das Moya Contreras 1585 einberief. Das Ziel war wiederum, die Ergebnisse des Konzils von Trient in die Praxis umzusetzen und die schon vorbereiteten Normen zur Kirchendisziplin, zur Spendung der Sakramente an die Indianer, zum Kampf gegen den Götzenglauben usw. zu vollenden.

In Lima verabschiedete das 1551 von Loaysa einberufene Konzil zwei Arten von Regeln: Verordnungen für die Indianer und Verordnungen für die Spanier. Die Katechumenen sollten in ihrer eigenen Sprache unterrichtet, die Grabstätten der Indianer entweder zerstört oder christianisiert und den Indianern wegen ihrer psychologischen Merkmale nur das Sakrament der Taufe, der Buße und der Ehe gespendet werden. Loaysa berief auch das zweite Provinzialkonzil 1567/68 ein. Die vielen neuen Bischöfe bezeugten die Ausbreitung des Christentums von Panama bis nach La Plata und Chile. Die verabschiedeten Vorschriften dienten dazu, das Leben der Spanier im Sinne des Konzils von Trient zu beeinflussen und die Resultate des ersten Konzils zu untermauern. Der den Indianern gewidmete zweite Teil bestätigte die Macht der Bischöfe bei der Organisation von Missionen, erließ Verordnungen zur Auswahl von Katechismen, zur Verwaltung der Pfarreien und Indianerdörfer, verstärkte den Kampf gegen den Aberglauben usw. Die Indianer ihrerseits wurden offener gegenüber den Sakramenten. Das bedeutendste Provinzialkonzil, das dritte und wichtigste während der Kolonialzeit, rief Mogrovejo (1582/83) zusammen. Den Indianern wurden die Erfüllung der christlichen Pflichten erleichtert, die Ehebestimmungen präzisiert, der Empfang von Sakramenten einfacher gestaltet und vor allem geeigneten Indianern die Tür zum Priestertum geöffnet. Der heilige Toribius berief noch zwei weniger entscheidende Konzile 1591 und 1601 ein.

Neben diesen Provinzialkonzilen fanden viele Diözesansynoden statt, die für Amerika große Bedeutung hatten. In diesen Synoden wurden die Verkündigung des Glaubens, das Problem der Sprache, die Rolle und das Auftreten der Pfarrer der christlichen Indianerdörfer, das Leben der Geistlichen usw. diskutiert. Dies alles zeugt von der übermenschlichen Anstrengung der Kirche, die Wirklichkeit zu assimilieren, etwas, was nicht immer erreicht wurde, da manchmal die Realität jede Möglichkeit zur Anpassung vereitelte.

Die Kirche in Spanisch-Amerika im 17. und 18. Jahrhundert

Wenn das Ziel der Missionen, wie Bernal es ausdrückt, die »Einpflanzung der Kirche« gewesen ist, so kann man das 16. Jahrhundert in diesem Sinne als Goldenes Jahrhundert bezeichnen. Die Kirche war nun fest in Amerika verwurzelt: eine phantastische, starke und erfolgreiche Kirchenleitung; eine große Anzahl von Missionsstationen, Mönchs- und Nonnenklöster, Bruderschaften, Hilfswerke waren ein Beweis dafür. In den Städten lebten Spanier und Indianer in christlichem Glauben miteinander.

Die Mission in Neu-Spanien

Wie schon erwähnt, gab es zwei Hauptrichtungen der Missionierung von Mexiko-Stadt aus: nach Nordwesten, die Richtung, die die Jesuiten wählten, und nach Nordosten, das Aktionsfeld der Franziskaner.

Nach den Jesuiten-Missionsstationen des 16. Jahrhunderts kamen im 17. und 18. Jahrhundert viele hinzu, von denen wir nur einige bedeutende erwähnen wollen: Chinipas (1621) im Südwesten des Staates Chihuahua; Tarahumara Baja (1607) und Tarahumara Alta (1673) in der Sierra Madre, die die Staaten Chihuahua und Sonora trennt. In diesem Staat lagen die Missionsstationen bei den Mayo (1614), im Süden von Sonora im Tal des gleichnamigen Flusses; bei den Yaqui (1617) im Tal des Rio Yaqui und bei den Pima, die von Pater Kino am Rio Magdalena missioniert wurden. Diese kleine Aufzählung zeigt schon die übermenschliche Anstrengung, die hinter dieser Arbeit stehen mußte. Wir erkennen auch, daß folgende mexikanische Bundesstaaten von Jesuiten christianisiert wurden: der Norden von Nayarit, der größte Teil Durangos, die Sierra de Chihuahua, der Norden von Sinaloa und Sonora bis zum Gila, schon in den Vereinigten Staaten von Amerika. Diese Stämme dort waren, im Unterschied zu den mexikanischen, kulturell sehr unterschiedlich und relativ klein. Zu ihnen zu gelangen, war leicht, aber übermenschlich schwer war die Verkündigung des Glaubens bei den Völkern, die in den unzugänglichen Teilen der Sierra Madre lebten. Die Jesuiten hatten 13 Missionsstationen in Sonora, 15 in der Pimería und 12 in Sinaloa, andere wurden dem Bischofstum Durango Mitte des 18. Jahrhunderts unterstellt.

Die Christianisierung der beiden Kalifornien ist eines der ruhmreichsten Unternehmen spanischer Missionsarbeit. Jene Niederkaliforniens war das Werk der Jesuiten, insbesondere dreier großer Männer, der Patres Salvatierra, Ugarte und Piccolo. Der berühmte Pater Kino hatte das Unternehmen geplant, die Missionierung selbst aber nicht durchführen können. Im Jahr 1697 schloß die Gesellschaft Jesu einen Vertrag mit der Krone ab. Die Regierung hätte selbst nichts zum Unternehmen beizutragen, die Landnahme sollte im Namen des Königs erfolgen. Die Jesuiten erhielten dafür neben der religiösen Führung auch die weltliche Herrschaft und die Gerichtsbarkeit über das zu missionierende Land. Sie durften sich Männer, Waffen und Geld für das Unternehmen beschaffen. Die Jesuiten landeten in der Bucht *Bahía de Dionisio*, von wo aus sie die äußerst schwierige Missionierungsarbeit starteten. Die Indianerstämme waren dort sehr kriegerisch, und das Leben in diesem unfruchtbaren Land gestaltete sich überaus schwierig. Zwei Jahre dauerte es, bis sie das *Moqui*, die Sprache der Indianer, gelernt und diese auch befriedet hatten. Pater Ugarte erreichte gute Ergebnisse bei Ackerbau und Viehzucht, er machte das Land urbar, baute Bewässerungsdämme, legte Weinberge, Obsthaine, Saatfelder an. Ökonomisch überlebten sie dank des *Fondo Piadoso de las Californias* (Hilfsfond für Kalifornien), der von Stiftungen und milden Gaben von Institutionen und Privatpersonen gespeist wurde. So gründeten sie mit übermenschlicher Arbeit Missionsstationen, im ganzen 19, die sich zwischen dem äußersten Süden der Halbinsel und dem 31. Breitengrad befanden. Sie waren untereinander und mit den Siedlungen der Umgegend in ständigem Kontakt. Die Indianer führten fast ein Mönchsleben, das Wirtschaftssystem war auf gegenseitige Hilfe aufgebaut.

Im Februar des Jahres 1768 mußten die Jesuiten das Land verlassen; König Karl III. erkannte seinen folgenschweren Fehler nicht. Die Jesuiten und die anderen Ordensgemeinschaften hatten ein System entwickelt, das nach Engelhardt »das gerechteste, menschlichste und egalitärste war, das je für eingeborene Völker geschaffen worden ist«. Die Missionsstationen von Niederkalifornien kamen in die Hände der Franziskaner von San Fernando de Mexiko. 1780 wurde die Diözese Sonora geschaffen, die die Missionsstationen von Sonora und Sinaloa umfaßte. Die Franziskaner waren 1768 in Loreto unter Führung eines anderen großen Mannes gelandet: Fray Junípero Serra. Sein Missionierungsplan ist bekannt: Es wurde eine Kette von Missionsstationen mit spanischen Garnisonen errichtet, und von dort aus wurden jeweils strahlenförmig Missionshäuser gebaut. Es entstanden schnell die Stationen San Diego, San Carlos, San Antonio, San Gabriel, San Luis Obispo in Oberkalifornien.

Im Jahr 1772 kamen sie zu einer Übereinkunft mit den Dominikanern. Sie sollten die alten Missionen der Jesuiten in Niederkalifornien übernehmen; die Franziskaner würden nördlich von San Diego missionieren. Bis zur Unabhängigkeit bauten die Dominikaner ihre Missionsstationen aus. Die Franziskaner kann man als die Gründer von Oberkalifornien betrachten. Unter der Leitung von Fray Junípero gründeten sie vier Niederlassungen, unter der von Pater Lassuen weitere neun und drei in der Zeit von Pater Tapis, insgesamt 21 Stiftungen an der Küste zwischen San Diego (1769) und San Francisco (1823).

Die Franziskaner breiteten sich in Richtung Nordosten aus. 1598 wurden offiziell die ersten Missionsstationen in Neu-Mexiko gegründet, das erste Kloster 1622. Die Erfolge sprechen für sich: blühende christliche Gemeinden an beiden Ufern des Rio Grande, 80.000 getaufte Indianer im Jahre 1630, Überlegungen zur Schaffung einer Diözese. Aber es kam die Zeit der großen Schwierigkeiten: Hunger, Pest und die Pueblorevolte (1680). Viele sagten dem Glauben ab, andere flohen, das Ende schien gekommen zu sein. Aber Anfang des 18. Jahrhunderts waren zwölf Missionsstationen wieder besetzt, und Mitte des Jahrhunderts hatten sich die Franziskaner konsolidiert. Auch in Texas wurde 1690 die erste Missionsstation, San Francisco de Texas an den Ufern des Rio Neches, von den Franziskanern aus Querétaro gegründet, die aber erst im 18. Jahrhundert eine gewisse Bedeutung bekam. Neun blühende Missionsstationen zeugen zwar nicht gerade von übermenschlicher Anstrengung und konstanter Risikobereitschaft, sind aber ein relativ gutes Ergebnis. Die größten Schwierigkeiten bereiteten die Apachen, und nachdem dieses Problem mit der Gründung einer Mission am Ufer des Sabá im Herzen des Apachen-Gebietes aus der Welt geschafft war, stellten sich die Comanchen weiteren Missionsbemühungen entgegen; Viele Franziskaner ließen als Märtyrer ihr Leben. 1767 wurden die Missionsstationen auf Geheiß des Marqués de Rubí wieder aufgegeben.

Die grausamste Christianisierung und Kolonisierung aber war die Floridas, das damals die heutigen Staaten Florida, Georgia, Alabama und South-Carolina umfaßte. Vorher waren verschiedene Unternehmen gescheitert, als der Dominikaner Luis de Cancer dem Hofe einen unglaublichen Plan vorlegte. Er wollte in Florida das gescheiterte Unternehmen Cumaná wiederholen. Die Dominikaner probierten es 1547, doch alle Expeditionsmitglieder fielen den Indianern zum Opfer; 1553 brachte eine zweite Expedition das gleiche Ergebnis. Das Unternehmen von 1559 sollte schon aufgegeben werden, als man auf die Schiffe des Franzosen J. Ribault traf. Die Jesuiten gründeten Missionsstationen in fünf Provinzen, mußten sie aber wegen zu großer Schwierigkeiten – auf der einen Seite die Indianer, auf der anderen die Franzosen – und wegen des schlechten Missionserfolgs wieder aufgeben. Die Franziskaner hatten bessere Ergebnisse aufzuweisen. 1573 starteten sie mit der Missionierung und konnten 1612, nach Verfolgungen und Folterungen, die erste Provinz, Santa Elena, schaffen. Alles Erreichte ging mit der Übernahme der 39 Missionsstationen mit 70 Franziskanern und fünf Priestern durch die Engländer Mitte des 17. Jahrhunderts verloren.

Die Missionen in Neu-Granada

In Kolumbien gab es funktionierende Missionsstationen in:

a) Darién und Urabá an der Landenge von Panama, an beiden Ufern des Atrato. In Urabá erschienen Augustiner-Chorherren, Franziskaner und Jesuiten. Trotz der Schwierigkeiten war eine normale Entwicklung zu verzeichnen, und trotzdem wurden die Missionsstationen verlassen. Die zum Schluß 1654 angekommenen Jesuiten blieben nur 32 Jahre dort. In Darién waren die Missionsstationen der Dominikaner und einiger Jesuiten und später der Kapuzinermönche, unter ihnen Fray Francisco de Pamplona, bedeutender.

b) Los Llanos, mit einem Vorposten am Orinoko. In Los Llanos arbeiteten die Jesuiten seit dem 17. Jahrhundert in einem riesigen Gebiet, das von den Flüssen Apure im Norden, Meta im Süden, Orinoko im Osten und von der Andenkette im Westen begrenzt war. Das beschauliche Leben dieser Mission wurde mit der Ankunft des Paters Gumilla 1715 jäh unterbrochen, der einige schon verlassene Missionsstationen wieder besetzte und bis zum Orinoko vorstieß, wo er neue Missionen gründete.

In Venezuela gab es vier Gebiete mit funktionierenden Missionsstationen:

a) Cumaná, wo sich die Kapuziner Mitte des 17. Jahrhunderts installierten und trotz der Überfälle seitens der Kariben die Missionsstationen bis zur Unabhängigkeit des Landes nicht verließen.

b) Die venezolanischen Los Llanos, die auch von den Kapuzinern mit vielen Missionsstationen christianisiert wurden.

c) Der Oberlauf des Orinoko – Vorposten von Los Llanos –, wo sich Franziskaner, Jesuiten und Kapuziner bemühten und mit Erfolg Nieder-Guayana, das Tal des Caroní und das Gebiet zwischen Cabruta und Kolumbien missionierten.

d) Die Missionsstationen der Franziskaner in Píritu an der venezolanischen Küste zwischen der Mündung des Higuerot und Cumaná gelegen, d. h. 70 Meilen Küste mit dem entsprechenden Hinterland. Die Resultate waren erstaunlich: 1774 lebten alle Indianer des Píritu in christlichen Indianerdörfern. Die Franziskaner wählten dann Guayana als das nächste zu missionierende Gebiet, während die Dominikaner in Barinas und Apure tätig waren.

Die Kapuziner hatten bis Ende des Jahrhunderts 229 christliche Indianerdörfer gegründet, die Franziskaner in Piritu und Guayana 80, die Dominikaner in Barina und Rio Chico 18 und die Jesuiten an den Flüssen Meta und Orinoko sechs, 333 Reduktionen insgesamt.

Peru und Hochperu

Auch in Peru fanden sich funktionierende Missionsstationen:

a) Die der Franziskaner in Huallaga und am Ucayali. Mitte des 16. Jahrhunderts begannen die Franziskaner nach Panataguas vorzudringen. Während des 17. Jahrhunderts gab es hin und wieder Missionierungsversuche, die das Leben von 22 Mönchen kosteten. Im 18. Jahrhundert begannen die Missionare der Kongregation *Propaganda Fide* ihre Arbeit, und Pater Francisco de San Jose gründete 1724 Santa Rosa de Ocopa (Jauja), von wo aus die Missionsarbeit gestartet wurde, die trotz Aufständen und Martern langsam Erfolge verzeichnete. In der zweiten Hälfte des 18. Jahrhunderts wurde das Aktionsfeld größer. Von Ocopa aus wurden die Missionsstationen bei den Mainas und Chiloe, die die Jesuiten verlassen mußten, besetzt; weitere Schulen, wie die in Moquehua, Chillán und Tarija, wurden gebaut. Die Unabhängigkeit brachte eine große Umwälzung, da die Missionare das Land verlassen mußten und die christlichen Indianer wieder in den Urwald gingen, nachdem Bolívar die Station in Ocopa hatte schließen lassen.

b) Die Mission der Jesuiten bei den Mainas war viel bedeutender. Sie lag auf der großen Ebene der Flüsse Napo, Putumayo und Huallaga, Nebenflüsse des Marañons. 1604 missionierte von Quito aus Pater Ferrer bei den Cofan, die durch ihre Grausamkeit bekannt waren; von Cuenca aus wurde bei den Gevero 1638 missioniert, wobei der Fluß Huallaga erreicht wurde, Pater Fritz ging 1693 zu den Omagua und Pater Richter zu den Cunibo am Ucayali. Bei den Jívaro konnte kein Erfolg verzeichnet werden. Das alles geschah unter großen Schwierigkeiten, die durch die Präsenz der Portugiesen noch vergrößert wurden. Die Probleme konnten überwunden werden, und zur Zeit ihres Verbots hatten die Jesuiten vier spanische Dörfer und 32 Reduktionen mit einer Bevölkerungzahl von insgesamt 20.000 Christen gegründet.

In Hoch-Peru gab es folgende Missionsstationen:

a) bei den Chiriguano und Chuncho,

b) bei den Mojo und Chiquito.

Die Chiriguano im bolivianischen Osten, ein äußerst wilder Stamm, lebten in Chiriguania, einem Gebiet am Rande der Anden zwischen Argentinien und Peru und wurden von den Franziskanern, Dominikanern und Jesuiten besucht, die aber praktisch nichts erreichten. Der gleiche Mißerfolg war bei den Chuncho nördlich des Titicacasees zu verzeichnen.

Das Gebiet der Mojo lag in der heutigen Region Beni in Bolivien. Dort lebten viele Stämme, der volkreichste Stamm hatte dem Gebiet jedoch den Namen gegeben. Nach verschiedenen Versuchen gelang es den Jesuiten zwischen 1684–1693, sechs Dörfer am Ufer des Mamoré-Flusses mit insgesamt 16.500 Indianern zu errichten; im Jahr 1734 waren es schon 20 christliche Indianerdörfer mit insgesamt 35.000 Seelen. Fast alles ging verloren, als die Gesellschaft Jesu das Land verlassen mußte. In der heutigen Provinz Santa Cruz lebten die Chiquito, die von den Jesuiten aus Paraguay missioniert wurden. Die Patres Diaz, Claret und Neumann mußten große Schwierigkeiten überwinden: auf der einen Seite stellten sich die Spanier von Santa Cruz gegen sie, auf der anderen Seite gab es Überfälle der brasilianischen Mestizen. Sie gründeten 1760 das letzte Dorf, Santo Corazón de Jesús. Die 20.000 Indianer blieben nach der Zwangsausweisung der Jesuiten ohne geistlichen Beistand.

Reduktionen in Paraguay

Die berühmten Jesuiten-Reduktionen in Paraguay waren nicht die Erfindung der Gesellschaft Jesu, sondern die des Franziskaners P. Bolaños, der dort die ersten Dörfer gründete und den Katechismus ins *Guaraní* übersetzte. Die Jesuiten führten nur diese Aufgabe weiter, die sich eigentlich sehr einfach darstellte. Die verstreuten Stämme der Indianer sollten seßhaft gemacht werden, um so leichter unterrichtet und missioniert werden zu können. Die Jesuiten hatten dabei ein ganz außergewöhnliches Konzept. Im Jahre 1610, zur Zeit des Provinzialen Pater Diego de Torres und des Gouverneurs Hernando Arias de Saavedra, begann die Gesellschaft Jesu mit ihrer Arbeit. Sie wählte drei Ausgangspunkte für ihre Missionsarbeit: bei den Guaycurú im Westen von Asuncion, bei den Guaranís am Fluße Paraná und bei den Guayra am Fluße Paranapanema. Beim Volk der Guaycurú scheiterten alle Versuche, die Indianer wollten auf das freie Leben im Urwald nicht verzichten. Bei den beiden anderen Stämmen dagegen hatte man großen Erfolg. Am Paraná wurde das erste christliche Indianerdorf 1610 gegründet (San Ignacio Gauzu), und bald häuften sich die Gründungen an den Ufern des Paraná und Uruguay. Auch in Guayra wurden die ersten Reduktionen 1610 geschaffen (San Ignacio und Loreto), 1628 waren es schon elf.

Es ist unmöglich, in wenigen Zeilen sämtliche Merkmale dieser sogenannten Reduktionen, dieser christlichen Indianerdörfer, zusammenzufassen, wir wollen hier aber auf die wichtigsten eingehen. Im Zentrum lag der Hauptplatz mit der Kirche, der Schule, dem Pfarrhaus und dem Lager des Gemeindewesens. Von diesem Mittelpunkt gingen gerade Straßen strahlenförmig aus. Das Familienleben richtete sich nach christlichen Grundsätzen, der Missionar gab geistlichen

Beistand; er leitete auch die gemeinsamen Gebete, wachte über die öffentliche Moral, las die Messe und war Lehrer, Eheberater usw. Die zivile Verwaltung lag in den Händen der Indianer, die ihren Bürgermeister demokratisch wählten. Wirtschaftsgrundlage waren der Ackerbau und die Viehzucht; dabei kam ein zweifacher gesellschaftlicher Aspekt zum Tragen. Der Indianer bearbeitete zu bestimmten Stunden die Felder der Gemeinde, mit deren Erlös die öffentlichen Ausgaben gedeckt wurden. Danach konnte er sich seinem privaten Feld widmen, das ihm und seiner Familie übertragen wurde, um so die Bedürfnisse der Familie zu decken und die Steuern zu bezahlen. Die Gerichtsbarkeit lag in den Händen von Missionaren, keine andere weltliche Macht konnte sich einmischen.

Die Überfälle der Banden aus dem Süden Brasiliens waren von Anfang an ein großes Problem. Sie fielen in das Dorf ein, zerstörten alles und kehrten nach São Paulo mit ihrer Beute, Menschen und Vieh, zurück. Die schlimmsten Überfälle fanden in Guayra (1628) und bei den Tape (1636, 1638) am linken Ufer des Uruguay statt. Beendet wurden die Überfälle, als man sich entschloß, Feuerwaffen zuzulassen. Anfang des 18. Jahrhunderts gab es schon 17 Dörfer am Uruguay und 13 am Paraná mit insgesamt 90.000 Einwohnern. Im Jahr 1750, im berühmten Grenzvertrag, überließ Portugal Spanien die Insel Sacramento und Spanien Portugal einige Gebiete im Süden Uruguays, wobei sieben christliche Indianerdörfer mit 30.000 Einwohnern ins spanische Gebiet umziehen mußten. Es gab Widerstand, sogar gewaltsamen Widerstand – die Guarani-Kriege – wegen dieses Vertrages, den Jahre später nicht einmal die Portugiesen anerkennen wollten. Im Januar 1768 mußten die Jesuiten ihre geliebten Dörfer verlassen: 14 am Paraná, vom Bistum Paraguay abhängig, mit 30 Missionen; 17 am Uruguay, abhängig vom Bistum Buenos Aires, mit 38 Missionsstationen; alles in allem 38 christliche Indianerdörfer, 68 Missionsstationen und 91.045 Indianer.

Die Araukaner

Die Araukaner Chiles, bei denen Franziskaner und Jesuiten zu missionieren versuchten, hielten das spanische Heer zwei Jahrhunderte lang in Schach. Ihr Aufstand begann 1598 und dauerte viele Jahrzehnte, wobei eine große Anzahl von Ordensleuten fielen. Der Plan von Pater Valdivia, einem Jesuiten, setzte sich durch. Ein Verteidigungskrieg wurde geführt und dabei hoffnungsvolle Erfolge erzielt: 1667 gab es schon 10.000 Bekehrte auf der Insel Chiloe. Doch 1625 ging man zum Angriffskrieg über, und die Missionsarbeit erschwerte sich, da sich die vom spanischen Heer besiegten Indianer nicht etwa unterwarfen, sondern in die Berge zurückzogen. Nachdem sie aber des Kampfes müde waren, unterschrieben sie den Vertrag von Quillín, und die Christianisierung normalisierte sich wieder. 1718 erklärte der Provinzial von Chile, daß fünf Missionsstationen unter befriedeten Indianern gegründet worden seien und 13 im ganzen Land verteilt wären. So ging es weiter – Missionversuche, Aufstände, Mißerfolg und Tod – bis zur Ausweisung der Jesuiten. Manche Missionsstationen wurden dann von Chillán, einer Schule, die 1774 gegründet worden war, abhängig. Auch die Augustinermönche bauten insgesamt 18 Klöster, wobei aber nur vier Missionscharakter hatten.

Die Bistümer

Zwischen den Jahren 1600 und 1750 ist ein Abklingen der Gründungen neuer Diözesen zu verzeichnen. Unter Philipp III. wurden folgende neue Bistümer ins Leben gerufen: Santa Cruz de la Sierra 1605, La Paz 1608, Huamanga (heute Ayacucho) 1609, Buenos Aires und Durango 1620. Dann folgte eine lange Pause bis Karl III. Während dieser Zeit wurde größeren Wert auf die Missionsarbeit gelegt, und außerdem verminderte sich die Zahl der Bischöfe, so daß es immer mehr unbesetzte Bischofssitze gab, wohl wegen der Krise der Monarchie in Spanien. Zum erstenmal gab es zwischen 1650 und 1675 mehr Säkularbischöfe als solche aus Mönchsorden. Diese Situation ist mit der ständigen Verringerung der Anzahl der Bischöfe seit dem Jahre 1610 im Zusammenhang zu sehen. Es gab auch große Männer unter den damaligen Bischöfen: Fray Payo Enriquez de Rivera, der ehrwürdige Palafox – beide Vizekönige von Neu-Spanien –, Lobo Guerrero und Pedro Villagomez.

Mit Karl III. wurden wieder Diözesen geschaffen: Merida und Linares 1777, Sonora 1779, Cuenca 1786, La Habana 1787, Guayana 1790 und New Orleans 1786 für Florida und Louisiana, die vorher vom Bistum La Habana abhängig waren. Anfang des 19. Jahrhunderts waren also die Kolonien in Bistümer aufgeteilt, und 168 Bischöfe übten ihr Amt während dieses halben Jahrhunderts aus. 56,9 Prozent davon waren Spanier, 43,1 Kreolen, es gab also ein Gleichgewicht. Das Bischofsamt ging langsam in die Hände dafür geeigneter Kreolen über. Die meisten dieser kreolischen Bischöfe waren Söhne von Edelleuten oder hohen Militärs, sie waren also gesellschaftlich höheren Ranges als die aus Spanien angereisten, deren Vorfahren nicht immer zur Oberschicht zu rechnen waren. Die Kirche Amerikas war daher in Händen der Elite, besonders was die kreolischen Bischöfe angeht. Dies sollte später ihre Haltung bei den Unabhängigkeitsbestrebungen bestimmen.

Anfänglich waren die meisten Bischofssitze von Mönchen besetzt, in der zweiten Hälfte des 17. Jahrhunderts gab es schon Säkularbischöfe: 75 Prozent der Bischöfe waren Priester, nur 25 Prozent Mönche, darunter 14 Franziskaner, acht Dominikaner und fünf Barmherzige Brüder, den Rest besetzten weitere zehn Ordensgemeinschaften. Man muß noch erwähnen, daß die Bourbonenkönige keine besonderen Sympathien für die Ordensleute hegten, was klar aus der Ausweisung der Gesellschaft Jesu und aus der geplanten Reform der Kirche hervorgeht.

Die Unabhängigkeitsbestrebungen hatten großen Einfluß auf die amerikanische Kirche, denn die Bischöfe mußten sich entscheiden. Anfangs hatte ihr Schwur auf die Krone großes

Gewicht, und sie verurteilten jede separatistische Arbeit. Dann aber unterwarfen sie sich den neuen Machthabern, blieben aber Ferdinand VII. treu, was keinen Wechsel in ihrer Haltung bedeutete und zu Spannungen, Ausweisungen und Amtsniederlegungen führte. Die wenigen Bischöfe, die in Amerika geblieben waren, nahmen zum Wohl der Gläubigen das neue Regime hin. So begann die Geschichte der amerikanischen Kirche in den Republiken.

In den ersten Jahrzehnten des 19. Jahrhunderts gab es 43 Bistümer – das älteste war das der Antillen (1511), das jüngste das von Salta (1806) – in acht Kirchenprovinzen. Ihre Macht beruhte auf einem enggeknüpften Netz von Kathedralen, Pfarreien, christlichen Indianerdörfern, Schulen, Klöstern, Krankenhäusern, Bruderschaften, mildtätigen Organisationen usw. Es gab 23 Universitäten, sieben davon staatliche mit allen Fakultäten, darunter die theologischen Fakultäten, die von Priestern und Mönchen geleitet wurden. Die anderen 16 Universitäten waren staatlich anerkannt, besaßen aber nur jeweils eine philosophische und eine theologische Fakultät.

Offiziell waren alle Einwohner Amerikas katholisch, in Wirklichkeit gab es jedoch noch eine Menge unbekehrter Stämme.

DIE RASSENMISCHUNG IN AMERIKA UND IHR NIEDERSCHLAG IN DER KUNST

Maria Concepción García Sáiz
Museo de América, Madrid

In Spanisch-Amerika entstand während des 18. Jahrhunderts eine Stilrichtung in der Malerei, die die eigenen Wurzeln entdeckte und, darauf aufbauend, eine eigene Entwicklung einleitete. Diese bewegte sich innerhalb der europäischen Gedankenwelt und wurde weiterhin von den ästhetischen bzw. thematischen Vorstellungen aus Europa beeinflußt, baute aber auf eigene Traditionen auf. Es war der Beginn einer nationalen Kunst in den Ländern Lateinamerikas, und es bildeten sich verschiedene Schulen. Nach europäischen Kriterien, nach den ästhetischen Parametern der in Europa entstandenen Kunstwerke also, könnte man dabei von einem steigenden Qualitätsverlust reden. Diese Entwicklung erlaubt es, einen amerikanischen Stil oder, besser gesagt, verschiedene Stile zu definieren, da die Gemälde nicht mehr mit den in Europa entstandenen zu verwechseln sind, wie es bei den hervorragendsten Bilder früherer Jahrhunderte der Fall gewesen war. Dazu trug vornehmlich die Verminderung der Zahl der Maler aus der Alten Welt bei und, parallel dazu, der Zuwachs von Künstlern, die in der Neuen Welt geboren und ausgebildet worden waren und deren Thematik in diesen Ländern verwurzelt ist. Darüber hinaus entstand eine rein auf Amerika bezogene Ikonographie. Die lokalen Ereignisse werden einbezogen, besonders deutlich wird dies bei Porträts von Nonnen am Tage ihres Gelübdes oder bei der so eigenen Form der Darstellung des Alltags durch die Rassenmischungsbilder (Castas). Die Schulen unterscheiden sich durch eine klar definierte Technik, und innerhalb dieser ragt die des Andengebietes heraus, vielleicht zu sehr von der bekannten »Cuzco-Schule« beeinflußt.

Bei einem Thema, bei den schon erwähnten Rassenmischungs- oder Mestizisierungsbildern, gibt es so viele spezifische Charakteristika, daß wir vor einem typischen Beispiel der Darstellungsform im Amerika des 18. Jahrhunderts stehen. Die Künstler müssen eine Antwort auf ein in Europa vernachlässigtes Problem geben, eine Thematik, die später sehr populär werden sollte.

In der europäischen Malerei waren die Rassen kein Thema, wenn man davon absieht, daß bei den Darstellungen der Anbetung der Heiligen Drei Könige die Symbolkraft der verschiedenen Ethnien benutzt wurde oder daß den Bildern durch die Einbeziehung von Farbigen eine gewisse Exotik gegeben wurde. Für die Kolonialkunst jenes Jahrhunderts, besonders für die mexikanische, ist dieses Thema, ikonographisch gesehen, eines der wichtigsten. Diese Kunstrichtung sollte jedoch auf Amerika beschränkt bleiben. Die Thematik dieser Bilder, d. h. die Mischung der verschiedenen Rassen in diesem Kontinent – Weiße, Schwarze und Indianer –, entspricht zwar äußerlich der Wirklichkeit, es ist jedoch eine oft oberflächliche Generalisierung und Wiederholung der Typen zu beobachten. Diese Werke spiegeln allerdings etwas Selbstverständliches in jenem Jahrhundert wieder: die gemischtrassige Gesellschaft. Das wiederum bietet den Künstlern eine bis dahin unbekannte Möglichkeit, sich dem Alltagsleben zu widmen, etwas was früher von der Kundschaft abgelehnt wurde, die sich nur an religiöser Kunst im Geiste der Gegenreformation des ausgehenden 16. Jahrhunderts oder aber an der Darstellung wichtiger Persönlichkeiten interessiert zeigte. In diesem Zusammenhang soll daran erinnert werden, daß der mexikanische Maler Juan Cordero Mitte des 19. Jahrhunderts seine Landsleute Pérez und Valero porträtierte, ein Bild, bei dem zum erstenmal der Wille zu erkennen ist, die Gesichtszüge der Mischlinge herauszuarbeiten und zu unterstreichen. Diese Aussage mag vielleicht übertrieben klingen, aber mit einem kurzen Blick auf die Geschichte der Kolonialkunst finden wir unzählige Beispiele, die diese Behauptung unterstützen.

Einmal mehr spiegeln sich die gesellschaftlichen Strukturen in der Kunst wieder, was dazu führte, daß der Mestize keinen Platz in der damaligen Kunst fand, da er ja – abgelehnt von Eingeborenen und Spaniern – in der Gesellschaft keinen festen Platz hatte. Der Mischling wurde üblicherweise mit allen Fehlern der Gesellschaft in Verbindung gebracht, er war kein gutes Beispiel für die Anpassung der Eingeborenen an die europäische Kultur, und daher konnte er nicht der Repräsentant einer neuen, amerikanischen Gesellschaft werden, in der die Kreolen ihren Machteinfluß geltend zu machen versuchten und gleichzeitig auf ihre Abstammung von Spaniern (d. h. auf ihre weiße Rasse) pochten.

Daher muß der wirkliche Grund für diese Art von Bildern, die die Wertskala, die bis dahin von den Künstlern der Kolonialzeit übernommen worden war, umdrehen und als Hauptperson unzähliger Gemälde Mestizen zeigen, in einer tiefgreifenden Mentalitätsveränderung innerhalb der Menschen der Stadt und auch der Landbevölkerung liegen. In einer Gesellschaft, in deren Gesetzgebung kein Platz für irgendeine Regulierung von Ehen zwischen den verschiedenen Rassen ist, in der die Zugehörigkeit zu der einen oder anderen »Kaste« eher ein soziales als ein ethnisches Problem ist und in der der ökonomische Wohlstand eines Individuums schon Grund genug ist, einen Schwarzen als weißhäutig anzusehen – in dieser Gesellschaft wird die wirkliche Zusammensetzung der Rassen einfach akzeptiert. Im Bereich der Kunst kommt noch hinzu, daß überall, auch in Europa, volksnahe Themen in ihren schönsten Aspekten in Mode kommen und außerdem der Wissensdurst der Menschen immer genauere Illustrationen verlangt. Was das letztere betrifft, so wird klar, daß Amerika unbegrenzte Möglichkeiten bot, die bis dahin kaum wahrgenommen worden waren.

In den Kunstwerken jener Zeit können wir eine Entwicklung verfolgen, die Amerika immer mehr von Europa losgelöst erscheinen läßt und in der die Idee eines gemischtrassigen Kontinents akzeptiert wird, ständig irgendwelchen extremen Wertungen unterworfen, von poetischen Idealisierungen bis zu gehässigen Abwertungen.

Die gemischtrassige Gesellschaft des 18. Jahrhunderts ist das Ergebnis einer 200jährigen Entwicklung in der Neuen Welt, die schon von den ersten Spaniern eingeleitet wurde, als sie sich mit Indianerinnen verbanden, eine Verbindung, die immer vom Staat gutgeheißen und zu Anfang sogar als wünschenswert bezeichnet wurde, da damit die Eingeborenen stärker an die Spanier gebunden werden konnten. Diese Verbindungen entstanden anfangs oft zufällig und manchmal gewaltsam, wurden bald aber sehr üblich, was aus der geringen Anzahl der Frauen aus Spanien und aus ihrem Fehlen bei Entdeckungsfahrten und Eroberungszügen zu erklären ist. Die endgültige Niederlassung in der Neuen Welt und die Herrschaft über ein Gebiet von Hochkulturen, insbesondere der Azteken und der Inka, führten zu einer Verstärkung der Rassenmischung vor allem dort, wo die spanische Minderheit eine soziale, ökonomische und kulturelle Ordnung vorfand, die ihre Eingliederung und somit die Rassenmischung begünstigte.

Die Einfachheit dieser Entwicklung, manchmal sogar von den eingeborenen Völkern selbst vorangetrieben, wurde von beiden Rassen ausgenutzt, um Bündnisse zu schließen, bei denen jeder die Unterstützung der anderen Rasse suchte, um die eigenen Gegner auszuschalten. Die Häuptlinge boten z. B. den Konquistadoren die Frauen ihres Volkes an, um zu den Siegern zu gehören und dadurch ihre privilegierte Stellung zu behalten. Die Spanier ihrerseits nahmen das Angebot an, denn sie wußten, ihr Prestige unter der indianischen Bevölkerung würde damit steigen, etwas sehr Wichtiges, wenn es darum ging, ein Heer für die Eroberung zusammenzustellen, und auch im Frieden sehr günstig, da sie sonst keine Arbeitskräfte zur Verfügung gehabt hätten. Die soziopolitische Struktur dieser Gruppe und die Zwänge, die die verwandschaftlichen Beziehungen in der Familie mit sich brachten, erlaubten es einer Minderheit, den Spaniern also, sich niederzulassen und zu überleben.

Schriftliche Dokumente aus der Zeit der Eroberungen bezeugen diese Vorgangsweise, die den Spaniern sexuelle Befriedigung brachte, da sie nie irgendwelche Rassenschranken bei der Beziehung zu den eingeborenen Völkern aufbauten und weil theoretische Schwierigkeiten wegen der dort verbreiteten Polygamie nicht aufkamen.

Die dritte ethnische Gruppe, die schon bald zu Indianern und Weißen, hauptsächlich zu den Spaniern hinzukam, waren die Neger, die als Sklaven nach Amerika gebracht und aufgrund der erforderlichen Arbeitskräfte ungleichmäßig über den Kontinent verteilt wurden. Anfangs kamen die Neger auf die Antillen, meistens von Spanien als Bedienstete hoher Funktionäre der spanischen Krone. Dort haben sie die größte Verbreitung gefunden, da sie als Arbeitskräfte die ausgerottete Urbevölkerung ersetzten, was auf dem Kontinent nicht geschah.

Da es einen gewaltigen Überschuß an Männern bei den Schwarzen gab, suchten diese, wie die Spanier, erst einmal die Verbindung mit der indianischen Bevölkerung, was aber offiziell verboten wurde. Männer und Frauen aus Afrika waren Sklaven, deren Nachkommen auch als Sklaven galten, und so war es praktisch unmöglich, eine Verbindung zwischen Schwarzen und Indianern zu legalisieren. Diese Verbindung konnte aber oft von seiten der Spanier nicht kontrolliert werden, vor allem nicht in den sogenannten »Cimaronen«-Gemeinden, wo sich die geflohenen Negersklaven bei den Indianern niederließen, um so gemeinsam den Spaniern entgegenzutreten. Auch der weiße Mann unterhielt in der Regel außereheliche, polygame sexuelle Beziehungen zu Negerinnen wie auch zu Indianerinnen.

Vor einer ganz speziellen Situation stehen wir bei der weißen Frau. Wie wir schon oben erwähnt haben, nahmen an den Eroberungszügen nur Männer teil, Frauen kamen erst später und in kleinerer Zahl in die Neue Welt. Daher fanden sie, kaum dort angekommen, unter den Spaniern einen Partner, so daß sie nie vor einer Situation standen, die von ihnen eine andere Entscheidung hätte verlangen können. Dies war um so selbstverständlicher, da viele Spanier in Amerika ledig waren und eine Ehefrau suchten, unabhängig von ihren Beziehungen zu der indianischen bzw. schwarzen Bevölkerung. So dürfte der Einfluß der Spanierin beim Vorgang der Rassenmischung minimal gewesen zu sein, noch geringer als der des indianischen Mannes, der sich fast ausschließlich mit Frauen seiner eigenen Rasse verband und nur selten mit Negerinnen.

Diese Verhältnisse entwickelten sich natürlich nicht überall gleich und auch nicht zu einer ganz bestimmten Zeit, da die Eroberung des Kontinents ein langwieriger Prozeß war und eine endgültige Niederlassung in einem bestimmten Gebiet viele verschiedene Voraussetzungen hatte. Diese ersten Verbindungen brachten als Ergebnis Mischlinge, die sich wiederum untereinander verbanden, so daß man alle denkbaren Mischlingstypen dieser drei Rassen vorfinden kann. Alle Individuen gehörten sogenannten *castas* an; die Stellung dieser Individuen in der Gesellschaftspyramide war von der »Kaste« abhängig, zu der sie sich zählten oder zugerechnet wurden.

Der Begriff »Mestize« bekam mit der Zeit eine weite Bedeutung. Er wurde nicht nur für das Kind einer Verbindung zwischen weißem Mann und Indianerin gebraucht, sondern auch, verallgemeinernd, für alle die, die gemischtrassiges Blut besaßen. Darüber hinaus entstanden Bezeichnungen, um die Menschen rassenmäßig zuzuordnen; Bezeichnungen für alle möglichen Mischlingstypen, die man aber nicht als eine wissenschaftliche Zuordnung zu einer bestimmte Kaste verstehen darf, einerseits weil dies nie das Ziel dieser Kategorisierungen war – mit jeder Generation würde sich die Menge der Bezeichnungen multipliziert haben –, und andererseits, weil das gleiche Wort in den verschiedenen Gebieten unterschiedlich verwendet wurde. In jedem Fall aber tauchen im 17. Jahrhundert, besonders im Vizekönigreich Neu-Spanien, Begriffe wie »*Barcino*«, »*Coyote*« usw. auf, die dann im 18. Jahrhundert bei den Versuchen einer Klassifizierung der amerikanischen Bevölkerung Verwendung fanden.

Über das Rassenproblem hinaus bekam das Thema der Rassenmischung eine große soziopolitische und kulturelle Bedeutung. Seiner kulturellen Bedeutung haben wir ein ganzes Kapitel im vorliegenden Werk gewidmet, so daß hier nur auf den Einfluß auf die sozialen und politischen Strukturen im kolonialen Amerika eingegangen wird, deren Regeln zum größten Teil von Madrid festgelegt wurden, obwohl doch eine erstaunliche vertikale Mobilität zu verzeichnen war. Die indianische Bevölkerung, deren Zahl rapide sank, mußte von Anfang an die Arbeitskräfte auf dem Land und in der Stadt stellen. Mit der Zeit wurden viele der Arbeiten auch von Negersklaven übernommen. In vielen Fällen behielt man jedoch die lokalen Strukturen bei, die Häuptlinge führten weiterhin ihr Volk mit einer eigenen Gesetzgebung, sie durften sich aber nie gegen die Interessen der spanischen Verwaltung stellen. Neben diesen Eliten gab es auch die Gruppe der Nachkömmlinge der großen indianischen Kaziken, die in der spanischen Kultur aufwuchsen und manchmal sogar Mitglieder des spanischen Adels wurden. Der größte Teil der indianischen Bevölkerung lebte also in indianischen Dörfern, und dort zusammen mit vielen Mestizen, die die bestehenden Verbote umgangen und sich in diesen Orten niedergelassen hatten. Diese übernahmen schnell eine Lebensform, die eigentlich nicht die ihre war. Etwas Ähnliches, nur umgekehrt, geschah mit den Eingeborenen, die in die Städte zogen, wo sie schnell ihre kulturelle Identität verloren und die Verhaltensformen der Mestizen übernahmen, die in der Stadt die Dienstleistungen ausführten. So wurde der Indianer zum Mestizen, der Mestize zum Indianer, ohne daß die rassische Zugehörigkeit irgendwelchen Einfluß gehabt hätte.

Etwas Ähnliches passierte, wenn auch in geringerem Maße, bei den Negern, die zwar wegen ihres Standes in ihrer Mobilität sehr beschränkt waren, aber legale und illegale Wege suchten, um ihrem Sklavendasein zu entfliehen, und so soziales Ansehen erreichten, das Farbigen normalerweise vorenthalten war. Es bildeten sich »Kasten« aus Negermischlingen.

Dem Spanier und dem Kreolen, dem in Amerika geborenen Spanier, waren die privilegierten Stellen in der Gesellschaftspyramide reserviert, wobei die in Spanien Geborenen die Spitze der Verwaltung innehatten. In Wahrheit hätte der Kreole, der auf seine reinblütige Abstammung als Unterscheidungsmerkmal gegenüber der wachsenden Zahl von Mestizen großen Wert legte, es schwer gehabt, sein rein weißes Blut unter Beweis zu stellen. Trotz alledem gab es eine beachtliche Anzahl von Spaniern, die, obwohl weißhäutig, in der sozialen Stellung eines Mestizen lebten, entweder weil ihnen der Erfolg im Leben versagt blieb oder, in sehr seltenen Fällen, weil sie aus persönlichen Gründen die Lebensform der Indianer übernommen hatten.

Es wäre aber völlig verkehrt, von einer Gesellschaft mit Chancengleichheit, wie wir sie heute kennen, zu sprechen, da jede Schicht ihre ererbten oder erkämpften Privilegien eifersüchtig hütete. Man darf aber auf der anderen Seite nicht von einer statischen Gesellschaftsform reden, bei der nur die Hautfarbe ihrer Mitglieder ausschlaggebend war, man muß vielmehr die restlichen Faktoren analysieren, die zu der Bildung dieser sozialen Schichtung beitrugen, die scheinbar rassistische Ursachen hat.

Diese kurze Analyse erlaubt es uns, die Malerei der Rassenmischungsbilder etwas besser zu verstehen und sie nicht als Ausdruck inexistenter, festgefügter sozialer Strukturen, sondern eher als eine mögliche Darstellung der damaligen Wirklichkeit zu betrachten, einer Wirklichkeit, die zum erstenmal von amerikanischen Künstlern gezeigt wurde. Das erste Ziel dieser Werke bestand darin, die vielfältige rassische Abstammung der Einwohner Amerikas offenzulegen. Dies gelang unseres Erachtens sehr gut, da in allen bisher bekannten Sammlungen die drei Rassen – Indianer, Weißer, Neger – bei der Darstellung der Mischlingstypen berücksichtigt wurden und sogar die schon oben analysierte historische Rolle, die dabei der weiße und der schwarze Mann und die indianische Frau spielten, mit einbezogen wurde. Es handelte sich darum, eine Realität darzustellen, und nicht darum, jede einzelne der möglichen Kombinationen und Mischlingstypen ins Bild zu setzen, eine Aufgabe, die nicht nur vom künstlerischen Standpunkt aus unmöglich gewesen wäre, weil die damaligen wissenschaftlichen Erkenntnisse nicht ausreichten, um eine Darstellung aller im Laufe der Jahre möglichen Kombinationen auszurechnen. In jedem Fall wäre sogar der Versuch von vornherein zum Scheitern verurteilt gewesen, allein die empirisch gewonnenen Kombinationen in Bilder umzusetzen. Die Benutzung von teilweise sogar gesetzlichen Bezeichnungen von seiten der Maler darf man nur als Illustration der damaligen Wirklichkeit ansehen. Es waren verallgemeinernde Termini, die die große Vielfalt der Mischlingstypen nicht erfassen konnten. So verstanden es auch die damalige Gesellschaft und die Verwaltung, die sich dann für ganz allgemeine Bezeichnungen wie »Mestize« oder noch allgemeiner »Kaste« entschied. Dies hinderte aber die Wissenschaftler in ihren klassifikatorischen Bemühungen nicht daran, eine scheinbare Ordnung der Rassen aufzustellen, sie in ihre Illustrationen aufzunehmen und diese damit zu bereichern. Sie trugen somit zu einer Verbreitung dieser Bezeichnungen bei, die man in vielen Fällen erst durch die Gemälde kennenlernte.

Die Künstler, aber auch ihre Kunden legten Wert darauf, daß die Bilderserien 16 Einheiten umfaßten, was keinen objektiven Grund zu haben scheint. Die Maler hielten sich aber an diese Zahl und widmeten meistens die ersten sieben oder acht Bilder dem Mestizen, bei dem die weiße Rasse einen entscheidenden Einfluß hatte; das letzte Bild widmeten sie dem reinblütigen Indianer und die restlichen acht den Verbindungen zwischen Neger und Indianer und den verschiedenen Kasten aus dieser Rassenmischung.

Die älteste uns bekannte Serie aus Mexiko ist im Breamore House (England) in Privatbesitz und wird der Schule um Juan Rodríguez Xuarez zugeschrieben; sie stammt aus dem Jahr 1725. Dort erkennen wir, daß die gesellschaftliche Wirklichkeit sich den detaillierten klassifikatorischen Bemühungen widersetzte: wenn zwei direkte Vorfahren einer Kaste der gleichen Rasse angehörten, so »kehrt sie um«, und das Individuum gewinnt wieder die Stellung eines Reinrassigen. So wird der »Spanier«, Sohn einer »Spanierin« und eines »Kastizen«, gesellschaftlich als weiß anerkannt, wie auch der Sohn eines »Mulatten« und einer »Mestizin« als »Mulatte« bezeichnet wird (in solchen Fällen ist die Abstammung vom Neger ausschlaggebend). In dieser Sammlung ist auch das Interesse für die soziale, nichtrassische Wirklichkeit zu beobachten: drei Gemälde sind dem reinblütigen Indianer gewidmet, bei denen zwar keine rassischen, doch kulturelle Unterschiede zu beobachten sind, es sollen also die Grade der »Hispanisierung« der Indianer untersucht werden.

Was aber die Arbeitswelt betrifft, so kann man in diesen Bildern die schon oben erwähnte gesellschaftliche Mobilität erkennen, obwohl man bisher genau das Gegenteil angenommen hat. Bis vor kurzem wußte man wenig über diese Werke, sie wurden als eine Art Informationsquelle interpretiert, und man vergaß dabei, nach ihrem wirklichen Sinn zu fragen. Wenn man sie als Ganzes sieht und die einzelnen Bilder und Darstellungen beiseite läßt, so kann man häufig die so oft zitierte rigide Gesellschaftsform erkennen. Die Spanier bzw. die Weißen, sowohl die reinblütigen Spanier wie auch die, die diesen gesellschaftlichen Status erworben haben – durch Heirat (bei Frauen relativ häufig) oder durch Reichtum (was sehr gut an der Kleidung zu sehen ist) –, werden immer an höchster Stelle in der Gesellschaftspyramide angesiedelt, obwohl weder direkt noch indirekt auf ganz bestimmte zivile oder religiöse Ämter eingegangen wird. Die Personen aus den höheren Schichten werden nie bei der Arbeit gezeigt, sie beschäftigen sich mit Musik oder Literatur. Trotzdem gibt es auch Beispiele, bei denen die Spanier handwerkliche Tätigkeiten ausüben, was in Wirklichkeit gang und gäbe war. Auch verschiedene Mischlingstypen werden im allgemeinen bei der Ausübung ganz bestimmter, eng definierter Tätigkeiten gezeigt, was aber in einigen Fällen nicht etwa einem Stereotyp entspricht, sondern die reine Wiedergabe der Wirklichkeit ist: So tritt etwa der Neger oft als Kutscher in Erscheinung. Man muß bedenken, daß der Maler in der Stadt lebte und bei der Wahl seiner Motive die gängigen Szenen vorzog; er gab lediglich die sogenannte »Spanierrepublik« inmitten der Stadt wieder. So waren seine Möglichkeiten bei der Wahl der Motive für die Darstellung der Arbeitswelt sehr begrenzt, er vereinfachte die gesellschaftliche Wirklichkeit zu sehr.

Darüber hinaus muß man noch berücksichtigen, daß viele Maler die Werke anderer als Vorlage nahmen, was besonders bei religiösen Motiven üblich war, und gleichzeitig vermieden, irgendwelche Änderungen einzuführen, die bei dem Kunden, den sie ja zufriedenstellen wollten, auf Ablehnung hätte stoßen können. Manche Darstellungen erreichen einen so großen Bekanntheitsgrad, daß sie von weniger kreativen Künstlern als Vorlage benutzt wurden. So kennen wir Bilder, die die Ikonographie dieser Gemälde festlegten, die während der gesamten zweiten Hälfte des 18. Jahrhunderts und sogar Anfang des 19. Jahrhunderts immer wieder benutzt wird.

Die Maler der Kolonialzeit verwendeten in diesen Bildern einen ikonographischen Typus, den man als »Familienbild« bezeichnen könnte, obwohl wir nicht wissen, ob eine bestimmte Person porträtiert worden ist, was für die Wahl dieser Bezeichnung natürlich Voraussetzung wäre. Wir wollen aber die Definition in diesem Sinne verstanden wissen, da die einzelnen Familien in ihrer Rolle innerhalb der Gesellschaft gezeigt werden, also nicht individualisiert wurden. Gegen Ende des Jahrhunderts nahm die Bedeutung der Sitten- bzw. Milieugemälde zu. Dies alles war für die Malerei der Kolonialzeit Neuland, denn bis dahin hatte man sich jahrhundertelang auf Porträts hoher Persönlichkeiten, auf Gemälde religiösen Inhaltes und die Porträtierung von Personen, besonders im Andengebiet, beschränkt. Darstellungen alltäglicher Situationen waren dieser Kunstrichtung nicht würdig genug, sie waren nur zur Bemalung von Spanischen Wänden geeignet. Die »Familie« besteht normalerweise aus den Eltern mit einem Kind, wobei die Eltern jeweils eine »Kaste« repräsentieren und das Kind das Resultat dieser Verbindung. Die Szene spielt dann entweder im Innern der jeweiligen Wohnung oder aber auf der Straße, auf der die verschiedensten Waren verkauft werden.

Wir haben schon an anderer Stelle darauf hingewiesen, daß diese Bilder ohne die Beischrift zur ethnologischen Klassifizierung oft als Genrebilder hätten gelten können, als Nachfolger der flämischen und französischen Genredarstellungen des 17. bzw. 18. Jahrhunderts. Eine Bilderserie, die als Paradebeispiel für diese Behauptung gelten könnte, stammt vom Maler José Joaquín Magón aus Puebla und ist in Mexiko in Privatbesitz. Der Künstler, in der zweiten Hälfte des 18. Jahrhunderts in Puebla de los Angeles tätig, zeigt hier eine viel bessere Arbeit als in seinen Gemälden religiösen Inhaltes. Die Echtheit der Szenen, die Freiheit, mit der sich die Personen bewegen, und ihre starke Ausdruckskraft sind die Gründe dafür, daß dieses Bild unserer Meinung nach eines der besten ist, das von der mexikanischen Malerei zu bewundern ist. Trotzdem wird in dieser Bilderserie, mehr noch als in anderen, versucht, eine allgemeingültige Klassifizierung der Rassen anzubieten und darüber hinaus noch psychologische Merkmale jedes einzelnen Mitglieds so zu bestimmen, daß ihr Verhalten damit konditioniert wird. Dies kann man aus den Beischriften schließen, wie »Von Spanier und Kastizin ein schönes Kind, das seinem Vater bis aufs Haar gleicht« oder »Von Neger und Indianerin, Lobo, schlechte Brut«. Gottlob hat sich der Künstler bei der Wahl der Motive nicht an die Qualifikationen der Beischriften gehalten, die in vielen Fällen eher eine Abqualifizierung bedeuten.

Wir haben uns bis jetzt lediglich mit den Werken der mexikanischen Schule beschäftigt, da in Mexiko eine große Anzahl dieser Bilderserien geschaffen wurde, die alle ähnliche Charakteristika aufweisen. Manche Gemälde sind von bekannten Künstlern signiert oder sogar datiert, andere wurden Mitgliedern der mexikanischen Schule zugeschrieben. Da die meisten Serien auseinandergerissen sind, wurden wenige signierte Stücke gefunden, die meisten stammen also von anonymen Künstlern, die man aber fast hundertprozentig wegen der vielen gemeinsamen Merkmale dieser Schule zurechnen kann. Unter diesen Merkmalen muß insbesondere die stilistische Auffassung erwähnt werden, bei der große Unterschiede zu anderen Schulen zu beobachten ist, auf jeden Fall jedoch erleichtern die Kleidung der Porträtierten und die Landschaft die Katalogisierung der Gemälde. In manchen Fällen hat der Maler seine Personen vor eine Stadtlandschaft gestellt, die leicht wiederzuerkennen ist, z. B. vor den »Alameda«-Park von Mexiko-Stadt. Auch Wortwahl und Terminologie der Beischriften erleichtern die Situierung eines Werkes in ein bestimmtes Gebiet, dort nämlich wo diese Bezeichnungen allgemein benutzt wurden.

Schwierig wird es aber, eine Erklärung dafür zu suchen, daß diese Thematik nicht von den Künstlern anderer spanischer Vizekönigreiche in Amerika aufgenommen wurde. Es gibt zwar einige Beispiele dafür, wie die Bilderserie im Nationalmuseum für Ethnologie in Madrid, die die Möglichkeit bezeugt, daß ein Maler aus dem Andengebiet einen solchen Auftrag bekommen konnte. Dieser erfüllte den Auftrag und nahm dafür die mexikanischen Bilderserien als Vorlage. Bei den vielen bekannten Künstlern aus dieser Region fehlen aber solche Werke, eine Frage, deren Lösung eine Aufgabe der Zukunft sein wird.

Einige Künstler, wie Vicente Albán aus Quito, zogen es vor, eine stereotype Darstellung des Lebens in diesem Gebiet zu liefern, mehr nach dem Geschmack europäischer Wissenschaftler, die zu jener Zeit den Kontinent auf der Suche nach Besonderheiten bereisten. Diese Werke stellen den Menschen von seiner Umwelt isoliert dar, ohne den familiären Kontext und ohne auf irgendeinen Mischlingstyp einzugehen, obwohl in der Kleidung der europäische Einfluß zu beobachten ist. Die Naturerzeugnisse, wie etwa die Früchte, nehmen denselben Platz ein wie die Menschen, die Größenverhältnisse werden nicht gewahrt, eigentlich nur ein Hilfsmittel, um dem Gegenstand eine größere Bedeutung zu verleihen.

Seltsamerweise sollte in Europa diese letztere Darstellungsform der amerikanischen Gesellschaft eine größere Verbreitung finden als die der Rassenmischungsbilder. Die unzähligen Reisetagebücher jener Zeit wurden, wie schon seit dem 16. Jahrhundert, mit den »exotischsten« Merkmalen Amerikas illustriert.

Literatur

AGUIRRE BELTRAN, G.: La población negra de México. 1519–1810: estudio etnohistórico. Madrid 1972.

BORAH, W.: América como modelo. El impacto demográfico de la expansión europea sobre el mundo no europeo. In Cuadernos Americanos, VI, 1962, S. 175–185.

BORAH, W.: La demografía histórica de la América Latina, fuentes técnicas, controversias, resultados. Bogotá 1972.

COMAS, J.: El mestizaje y su importancia social. In América Indígena, Bd. V, Nr. 2, 1952.

COOK, D.: La población indígena en el Perú Colonial. In Historia Colonial, Población y Economía. Rosario, Argentina, 1965, S. 73–110.

ESTEVA FABREGAT, C.: Ecología y Mestizaje. In El Mestizaje Americano, Museo de América, Madrid 1985.

GARCIA SAIZ, M. C.: Pinturas »costumbristas« del mexicano Miguel Cabrera, in Goya, Madrid 1978.

GARCIA SAIZ, M. C.: Nuevas aproximaciones a la pintura colonial del siglo XVIII, in Revista de Indias, Madrid 1979, Nr. 149–150.

GARCIA SAIZ, M. C.: La imágen del mestizaje, in El Mestizaje Americano, Museo de América, Madrid 1985.

GARCIA SAIZ, M. C.: Las Castas. Un género pictórico americano, México 1985.
HERNANDEZ SANCHEZ BARBA, M.: La población hispanoamericana y su distribución racial en el siglo XVIII, in Revista de Estudios Políticos, III, 1954, S. 52–78.
KONETZKE, R.: La emigración de las mujeres españolas a América durante la época colonial, in Revista Internacional de Sociología, 3–9, 1945, S. 123–150.
MELLAFE, R.: Problemas demográficos e historia colonial hispanoamericana, in Temas de historia económica hispanoamericana, Ensayos, Paris–La Haya, 1965, S. 45–55.
MORNER, M.: La mezcla de razas en la historia de América Latina, Buenos Aires 1969.
MORNER, M.: Economic Factors and Stratification in Colonial Spanish America with special regard to Elites, in Hispanic America Historical Review, 64, 1983.
ROUT, L. B.: The African Experience in Spanish America. 1502 to the Present Day, Cambridge 1976.
SANCHEZ ALBORNOZ, N.: La población de América Latina. Desde los tiempos precolombinos al año 2000, Madrid 1977.
VIVES AZANCOT, P.: El mestizaje en el proceso histórico colonial, in El Mestizaje Americano, Museo de América, Madrid 1985.

DIE WIRTSCHAFT IN SPANISCH-AMERIKA ZUR KOLONIALZEIT

María Encarnación Rodríguez Vicente
Universidad Autónoma, Madrid

Die Eroberung durch Spanien brachte für die Neue Welt einen radikalen Wandel im Hinblick auf die Wirtschaft mit sich. Vor der Eroberung basierte diese hauptsächlich auf der Landwirtschaft. Der Spanier suchte in der Neuen Welt jedoch keine landwirtschaftlichen Erzeugnisse, sondern hoffte dort Edelmetalle im Überfluß zu finden. Die Wirtschaft richtete sich also auf die Beschaffung dieser Edelmetalle aus. Dies geschah durch Tauschhandel mit den Eingeborenen, später dann durch das Auswaschen des goldhaltigen Sandes der Antillenflüsse und schließlich, drei Jahrhunderte lang, durch den systematischen Abbau der Gold- und Silberminen.

Die Wirtschaftspolitik begünstigte die Entwicklung des Bergbaus, aber der Erfolg hing einfach davon ab, ob es Edelmetallvorkommen gab oder nicht. Die theoretisch einheitliche Wirtschaftspolitik erreichte jedoch in der Praxis unterschiedliche oder gar widersprüchliche Ergebnisse, nicht nur ökonomischer Art, sondern auch in der kulturellen Entwicklung. Obwohl vor allem der Bergbau gefördert und oft auch subventioniert wurde, entwickelten sich andere Wirtschaftszweige: z. B. Landwirtschaft und Viehzucht.

Die Beschaffung von Arbeitskräften wurde für das Verhältnis der beiden ethnischen Gruppen unterschiedlicher Kultur immer wieder zu einem Problem: »Republik der Indianer« und »Republik der Spanier«. Selbst die »Republik der Spanier« offenbarte Probleme, die sich aus ihrer Rolle als Eroberer ergaben. So ist es nicht verwunderlich, daß sich die Wirtschaft unter spanischer Herrschaft zwischen den entgegengesetzten Kräften unter oft nicht leicht zu überwindenden Spannungen entwickelte: Die Politik stand der Realität gegenüber; es bestanden Interessenkonflikte zwischen Spaniern und Indianern, zwischen der Krone und einzelnen und zwischen in Spanien lebenden Bürgern. Generell kann man die Situation wie folgt charakterisieren:

1. Suche nach Edelmetallen und folglich Förderung des Bergbaus;
2. Organisation des Handels, und zwar Tausch der Edelmetalle gegen europäische Waren mit Spanien als ausschließlichem Handelspartner;
3. Umgestaltung der vorkolumbischen Landwirtschaft und Einführung der Viehzucht und
4 schwache Entwicklung der Industrie mit Ausnahme des Bergbaus.

Die Edelmetalle

Vor der Ankunft der Europäer in der Neuen Welt wurden Edelmetalle von nur wenigen Völkern als Schmuck benutzt.

Sogar in den am höchsten entwickelten Kulturen stellten diese Metalle keinen bestimmten Wert, auch keinen Geldwert dar, sondern dienten lediglich (neben Kakaobohnen, Federschmuck, Baumwolldecken, mit Goldstaub gefüllten Federkielen usw.) dem Tauschhandel.

Der große Ansporn für die spanischen Expeditionen waren Gold und Silber, welche sie zunächst durch den Tausch gegen aus Europa mitgebrachte Waren aus der Hand der Indianer erhielten. Das System paßte sich perfekt an den Tauschhandel der Indianer an. Mit der *capitulación* (Vertrag) von Santa Fe wurde das Recht zum Tauschhandel nur Kolumbus (ein Zehntel) und den Katholischen Königen (neun Zehntel) zugestanden. Die Spanier, die die ersten Fahrten mit Kolumbus unternahmen, stellten sich bald gegen dieses System (Rebellion von Francisco Roldán), worauf die Krone ihre Politik änderte. Das von Kolumbus getragene Frachtsystem wurde ab 1502 von einer neuen Siedlungspolitik ersetzt. Privatpersonen wurden zur Goldsuche ermutigt, d. h. nicht nur zum Tausch, sondern auch zum Goldwaschen in den Flüssen mit Hilfe von indianischen Arbeitskräften. Von ihren Funden mußten sie nur einen Teil an die Krone abgeben. Erst die Hälfte, dann ein Drittel und schließlich ein Fünftel der Funde mußten bis ins 18. Jahrhundert abgetreten werden. Diese neue Politik führte zu guten Ergebnissen, und die Menge des nach Spanien gesandten Goldes wurde immer größer: 1503–1510: 4.950 kg, 1511–1520: 9.153 kg. Aber das Gold der Antillen ging zu Ende, und gleichzeitig verminderte sich die Urbevölkerung rapide. Das Gold als Träger der Wirtschaft und als Haupteinnahmequelle wurde durch Zuckerrohr ersetzt, und schwarze Sklaven ersetzten die als Arbeitskräfte schwächeren Indianer.

Mittlerweile hatte es eine bedeutende Entwicklung gegeben: Große Landstriche auf dem Festland, dort wo indianische Hochkulturen angesiedelt waren, wurden zum spanischen Hoheitsgebiet erklärt. Die Wichtigkeit der Edelmetalle blieb nicht nur bestehen, sondern stieg als Grundlage einer Wirtschaft, die auf den Handel von Metallen und Importwaren aufgebaut war, noch an. Die Metalle sollten aber nicht mehr einfach durch Tausch oder bloßen Fund beschafft werden. Nicht nur Gold, sondern auch Silber waren sehr begehrt, und um beides zu gewinnen, ging man zum systematischen Abbau der Minen über. Die Edelmetalle stellten im 16. und 17. Jahrhundert 90 Prozent der Exporte Hispano-Amerikas an das spanische Mutterland dar. Zum stärksten Wirtschaftszweig in Lateinamerika entwickelte sich der Bergbau. Die merkantilistische Ausrichtung der spanischen Politik und der Gedanke an den Reichtum, den die Edelmetalle bedeuteten, die Macht und das Prestige gaben dem Bergbau eine besondere Bedeutung. Der Bergbau war der Hauptfaktor beim wirtschaftlichen, aber auch beim demographischen und sozialen Wandel in Hispano-Amerika. Die Edelmetallsuche ließ die Grenze der jägerischen Indianer im Norden Mexikos überwinden, und Mitte des 16. Jahrhunderts kolonisierte man den vorher sogenannten »geheimnisvollen Norden«. Die Bergarbeiterstädte Zacatecas und Guanajuato stammen beispielsweise aus dieser Zeit. Aber auch im engeren Umkreis hatten die Minen einen weitreichenden Einfluß. In Pachuca, etwa 100 km von Mexiko-Stadt entfernt, arbeitete der Andalusier Bartolomé de Medina in großem Umfang mit dem Amalgam-Quecksilber-Verfahren zur Herstellung von Silber. Damit sanken die Produktionskosten entscheidend, aber gleichzeitig wurde Quecksilber zu einem unentbehrlichen Rohstoff.

In Südamerika (Vizekönigreich Peru) beschleunigten die Minen die Kolonisierung von Hochperu, dem heutigen Bolivien, und mit dem Geschäft entstanden Städte mit ganz besonderen Eigenschaften: schnelles Wachstum, schneller Reichtum und Überfluß, was teilweise in der Architektur und anderen künstlerischen Formen zum Ausdruck kommt; große gesellschaftliche Flexibilität, die es erlaubte, in einer einzigen Generation von ganz unten nach ganz oben zu kommen; zahlreiche, oft aggressive Abenteurer, die das städtische Leben unsicher machten. Einige dieser Bergarbeiterstädte wurden unter anderem durch die Literatur bekannt und waren von Legenden umsponnen, z. B. Potosí. Wenn sich die Edelmetallvorräte erschöpft hatten, folgte der Niedergang dieser Städte sehr schnell.

Nach und nach schrieb die Krone Richtlinien zur Ausbeutung der Minen vor. Sie gingen davon aus, daß der Boden Staatseigentum war, so daß eine Person nur mit königlicher Erlaubnis die Schürfrechte erhielt, was von Beginn an im Vertrag mit der Krone über die Entdeckung und Eroberung von Ländern festgelegt war. Die Minen wurden selten direkt von der Krone ausgebeutet. Nur in zwei Fällen war sie direkt beteiligt: bei der Goldsuche in Kolumbien und ab dem 16. Jahrhundert, im Fall der Quecksilbermine von Huancavelica (Peru). Die direkte Ausbeutung verursachte trotz der indianischen Arbeitskräfte Verwaltungskosten sowie Kosten für Ausrüstung, die nicht immer von der Staatskasse beglichen werden konnten. Im Gegenzug setzte man eine sehr detaillierte Bergbauordnung ein, die zum großen Teil aus der Verordnung des Vizekönigs Mendoza für Neu-Spanien (1550) und aus der des Vizekönigs Toledo für Peru (1574) entnommen war und durch die sogenannten *Ordenanzas del Nuevo Cuaderno* (Verordnungen für neue Konzessionen, 1584), die in Spanien und Mexiko Geltung hatten, vervollständigt wurde.

Ohne daß die Krone explizit auf die Bodenrechte verzichtet hätte, wurde nach und nach derjenige zum Besitzer einer Mine, der sie gefunden hatte. Für diese Fälle wurde zunächst festgelegt, daß die reichste Ader abgesteckt werden sollte für den Anteil, der der Krone zustand (das Fünftel). So gab man das stillschweigende Einverständnis, daß alles darüber hinaus Besitz des Entdeckers war. Dieses System wurde angewandt, als man in Mexiko und Peru die reichsten Adern entdeckte (Mitte des 16. Jahrhunderts). Ende des 16. Jahrhunderts schien der Bergbau im Niedergang zu sein, und es wurde notwendig, die Privatinitiative zu fördern, um die Suche nach Edelmetallen weiterführen zu können. 1592 legte die Krone fest, daß der Entdecker einer Mine, ob Weißer oder Indianer, unter der Bedingung, daß er sie kontinuierlich abbaut und ein Fünftel an den König zahlt, zu ihrem Besitzer wird.

Ein wichtiger Punkt war die Zahlung eines Teils der Erträge aus dem Bergbau an die Krone. Um den Abbau zu beschleunigen, wurden die Abgaben in manchen Fällen für das erste Jahr nach der Entdeckung einer Mine (wegen den notwendigen Investitionen) auf ein Zehntel festgelegt, im zweiten Jahr auf ein Neuntel, im dritten Jahr auf ein Achtel usw., bis ab dem sechsten Jahr das normale Fünftel zu zahlen war.

Die Abbaumethoden änderten sich mit der Zeit und hingen auch davon ab, ob es sich um Gold- oder Silberminen handelte. Zu Beginn der Kolonisierung wusch man in den Antillen und an den Flüssen Cauca und Magdalena (im heutigen Kolumbien) den goldhaltigen Sand in Schalen aus. Wurde Gold in Form von Quarzen gefunden, so mußte man es vom Mineral trennen, und zwar entweder mit der Methode der Indios, die sie mit bestimmten Pflanzensäften versetzten, oder mit der Amalgam-Quecksilber-Methode der Spanier, die auch bei silberhaltigem Gestein angewandt wurde. Gold erhielt man dann durch Destillieren oder Schmelzen.

Silber gab es zwar in reiner Form, es war aber meistens in Form von silberhaltigen Mineralien, vor allem in Galenit zu finden. Man trennte das Silber davon, indem man das Gestein in Öfen der Indianer *(guairas)* oder der Spanier erhitzte. Dieses Verfahren verbrauchte viel Brennmaterial, das vor allem im vegetationsarmen Andenplateau sehr knapp war. Manchmal behalf man sich mit Lamakot als Brennstoff. Deshalb stellte die Einführung der Amalgam-Quecksilber-Methode, 1555 in Mexiko und 1572 in Peru, einen entscheidenden Fortschritt in der Silbergewinnung dar. Das neue Verfahren verlieh dem Quecksilber große Bedeutung. Nach Mexiko wurde es aus den Minen von Almadén in Spanien gebracht; Peru konnte sich durch die Entdeckung der Vorkommen in Huancavelica (1564) selbst versorgen. Die Krone versuchte anfangs, dieses Vorkommen direkt auszubeuten, was aber nicht gelang, und auch sonst wollte niemand die Mine pachten. Daraufhin ging die Krone dazu über, Zeitverträge mit Privatpersonen abzuschließen. Diese verpflichteten sich, die Abbaukosten zu übernehmen und die Produktion an die königlichen Beamten weiterzugeben, die sie dann nach den vertraglich festgelegten Preisen ausbezahlen sollten. Die königlichen Beamten verteilten bzw. verkauften dann das Quecksilber an die Besitzer der Silberminen, die eine Steuer von einem Fünftel, gemessen an der erworbenen Quecksilbermenge, entrichten mußten. So erhielt die Krone nicht nur den Gewinn aus dem Quecksilberverkauf, sondern kontrollierte darüber hinaus gleichzeitig die Silberproduktion und die Zahlung der Steuern an den König.

Die letzten Jahrzehnte des 16. Jahrhunderts waren die Blütezeit des Bergbaus. Mit dem 17. Jahrhundert zeichnete sich in Peru mehr noch als in Neu-Spanien oder in Mexiko der Niedergang ab. Die ergiebigsten Minen waren erschöpft, die knappe indianische Arbeitskraft war schlecht eingesetzt, und die hohen Produktionskosten bewirkten, daß im allgemeinen nur noch die rentabelsten Minen ausgebeutet werden.

Der Handel zwischen Spanien und Amerika

Für die merkantilistische Wirtschaft, in der Hispano-Amerika die Gold- und Silberquelle darstellte, war die Entwicklung des Handels so wichtig wie der Bergbau selbst. Es reichte nicht aus, die Edelmetalle zu entdecken, sondern es war ebenso notwendig, den Warenaustausch mit Europa über Spanien durchzuführen.

Der umstrittenste Punkt des Handels zwischen Spanien und Amerika im 16., 17. und teilweise auch im 18. Jahrhundert war das dreifache Monopol der Spanier: die Herrschaft der Krone, der Besitz des Landes in geographischer Hinsicht und der Handel. Die Krone war hierbei das schwächste Glied, die Handelsrechte das wichtigste. Auf beiden beruhte der Landbesitz.

Die Krone dachte erst daran, den von Kolumbus entdeckten neuen Handelsweg, über den der gesamte Handel ablief, für sich zu monopolisieren (mit einem Achtel Beteiligung von Kolumbus), mußte aber bald wieder davon abgehen. Die Unmöglichkeit, dies durchzuführen, und der Wunsch, Kolumbus' wirtschaftliche Privilegien einzuschränken und auf einen größeren Personenkreis auszuweiten, führten 1495 dazu, daß auch anderen Personen der Handel mit der Neuen Welt unter bestimmten Bedingungen ermöglicht wurde. Das Monopol der Krone beschränkte sich nur noch auf bestimmte Produkte (Sklaven, Quecksilber, Salz, Pulver, Spielkarten usw.). Sogar diese Monopole gab die Krone durch gewisse Umstände im Laufe der Jahre an Privatpersonen ab, die einen »Sitz« erhielten, für den sie zahlen mußten.

Das geographische Monopol gab es länger und hatte eine viel größere Bedeutung. Eine direkte Verkehrsverbindung zwischen Spanien und Amerika war nur zwischen sehr wenigen Häfen möglich: von Sevilla oder Cádiz in Spanien und von Veracruz, Portobelo und Cartagena in Spanisch-Amerika. Die zweite Form des Monopols erwuchs durch die Bildung der ersten eigentlichen Verwaltung von Spanisch-Amerika, der »*Casa de Contratación*«, die 1503 in Sevilla eingerichtet wurde. Wenn man anfangs daran dachte, das Handelsmonopol der Krone auszuüben, wurde dieses bei der Einsetzung der Verwaltung praktisch schon nicht mehr beansprucht. So verwandelte sich die »*casa*« in eine staatliche Institution zur Besteuerung und Kontrolle der privaten Handelsaktivitäten.

Die »*casa*« hatte die Aufgabe, über Schiffe und Waren Buch zu führen, Steuern aus dem Handel einzuziehen und zu verwalten, Einschiffungsgenehmigungen an Emigranten auszustellen, Siedler zu werben, die Justiz in Fragen des Verkehrs zu verwalten *(Audiencia de la Contratación)* und der Küstenschiffahrt im Falle eines Übergriffes bewaffneten Schutz zu gewähren.

Ihre Kompetenzen umfaßten auch den technischen Bereich, in dem die Offiziere, die nach Amerika geschickt wurden, dem *Piloto Mayor*, dem Ersten Offizier, verantwortlich waren. Es gab sogar eine Art kartographisches Amt, wo die Länder bei ihrer Entdeckung auf einer Landkarte oder einem Modell eingezeichnet wurden. Die Einrichtung der »*Casa de Contratación*« gab Sevilla die exklusiven Rechte über den Verkehr mit der Neuen Welt. 1503 gab es gute Gründe für die Wahl Sevillas zum einzigen Handelshafen mit Amerika. Die Konzentration des Verkehrs auf nur einen Hafen bedeutete den

Aufbau eines Beamtenapparates und Kosten für die Staatskasse, aber gleichzeitig eine bessere Kontrollmöglichkeit, um Fremde vom Handel fernzuhalten, damit sich die Edelmetalle nicht frei auf dem europäischen Markt ausbreiten konnten. Sevilla bot dazu zu Beginn des 16. Jahrhunderts zweifellos Vorteile. Es war ein vor feindlichen Angriffen geschützter Binnenhafen, der durch den Fluß Guadalquivir, bei dem Tiefgang der damaligen Schiffe, leicht zu erreichen war. Er war das Tor zum reichen Hinterland Westandalusiens und hatte gleichzeitig gute Verkehrsverbindungen zur spanischen Hochebene. Seit dem Mittelalter bestanden Handelsbeziehungen zu den großen Mittelmeerhäfen, und zahlreiche ausländische Handelshäuser hatten in Sevilla Banken und Vertretungen. Es war kein Fehler, 1503 das Monopol in Sevilla einzurichten. Es war jedoch falsch, es bis ins 18. Jahrhundert aufrechtzuhalten. Das Monopol wurde lediglich zwischen 1529 und 1573 etwas abgeschwächt, als die Häfen San Sebastián, Bilbao, Laredo, Avilés, La Coruña, Bayona, Málaga und Cartagena die Genehmigung erhielten, unter der Aufsicht von Vertretern der »*Casa de Contratación*« Schiffe nach Lateinamerika zu entsenden, die natürlich wieder nach Sevilla zurückkehren mußten. Der Schub, den das »Unternehmen Amerika« der Schiffsindustrie gab, und die Verbesserung der Bautechnik, die einen größeren Tiefgang der Schiffe mit sich brachte, führten dazu, daß diese nicht mehr voll beladen in den Fluß Guadalquivir einfahren konnten. Cádiz wurde bevollmächtigt, einen Teil der Ladung zu empfangen oder sie zu vervollständigen. Zur Überwachung wurde dort der *»Juzgado de Arribadas«* gegründet, der der *»Casa de Contratación«* untergeordnet war. 1717 verlagerte man das Monopol und die *»Casa de Contratación«* nach Cádiz und den *»Juzgado de Arribadas«* nach Sevilla.

Die dritte Form des Monopols begünstigte nicht etwa alle Händler, sondern nur einen Teil und basierte anfangs auf dem Geburtsort und der ökonomischen Stellung der Händler. So wurden 1495 nur die Kastilier berechtigt, mit der Neuen Welt und den noch zu entdeckenden Ländern Handel zu treiben. Dieses Privileg wurde 1511 auf die Aragoneser ausgeweitet. Die größte Handelsfreiheit seitens der Krone gab es unter Kaiser Karl V., der es allen Untertanen seines Reiches ermöglichte, mit den spanischen Kolonien in Amerika Handel zu treiben. 1549 wurde diese Möglichkeit wiederum auf die Bürger der Iberischen Halbinsel beschränkt. Als Philipp II. König von Portugal wurde, gab es gewissermaßen eine weitere Einschränkung. Obwohl die Portugiesen Bürger der Iberischen Halbinsel und Untertanen des Königs waren, wurden sie nach der allgemeinen Bestimmung, die eine direkte Teilnahme von Ausländern verbot, vom Handel mit Spanisch-Amerika ausgeschlossen. Mit dieser Regelung entwickelte sich unter den spanischen Händlern im Handel mit Amerika nach und nach ein Monopol zugunsten der ökonomisch stärksten Gruppe, der *»Cargadores de Indias«*, die sich um das 1542 gegründete Konsulat von Sevilla gruppiert hatten. Obwohl der kleine Händler theoretisch seine Waren nach Amerika verschiffen konnte, sah es in der Praxis so aus, daß nur die Reichsten den geforderten Minimalwert der Ladung (300.000 Maradevi Ende des 16. Jahrhunderts; 200.000 um 1668) zusammenbringen konnten. Auf das Monopol der großen Händler in Sevilla blieb die Reaktion in Lima und in Mexiko nicht aus, wo sich ebenfalls die Großhändler zum Monopol zusammenschlossen und das Privileg erhielten, ein Konsulat zu gründen (1592 in Mexiko, 1613 in Lima). Ursprünglich war das Konsulat ein privates Gericht für handelsrechtliche Belange mit eigenen Verfahren und Handelsrichtern. Außerdem repräsentierte das Konsulat den Handel und vertrat seine Belange vor der Krone. Um diese Belange durchzusetzen, verfügten die Konsulate über ein sehr wirksames Mittel: Sie hatten Fonds, um die Kosten der Monarchie über Spenden und Anleihen zu bestreiten. Im Gegenzug erhielt man die größten Vorteile für den Teil der Händler, der die höheren Ämter im Konsulat innehatte, für die Großhändler also. Das geographische Monopol begünstigte ihr eigenes Monopol. Vielleicht hielt es sich deshalb bis ins 18. Jahrhundert, als es für die Krone und insbesondere für die Allgemeinheit, die kleinen Händler inbegriffen, keinerlei Nutzen mehr brachte.

Das Monopol wurde auch durch das eigentliche Transportsystem begünstigt, welches wie die Handelsordnung unverändert von 1560 bis weit ins 18. Jahrhundert bestehenblieb (bis 1739 in Peru und bis 1764 in Mexiko). Während der ersten Hälfte des 16. Jahrhunderts kristallisierte sich die endgültige Regelung heraus, die sich am besten an das monopolistische System anpaßte: die Galeonen- und Flottenordnung. Die Unsicherheit in der Schiffahrt trug zu ihrer Aufstellung bei, aber sie wurde zweifellos durch den Druck derjenigen aufrechterhalten, die sich an dem monopolistischen System bereicherten. Bis man zu der Galeonen- und Flottenordnung kam, machte die Schiffahrt zwischen Spanien und Amerika mehrere Phasen durch. Anfangs fuhren die Schiffe einzeln und ohne Schutz los (*»registros sueltos«*), mit der Zeit aber erregten die sagenhaften Reichtümer der Neuen Welt den Neid anderer, nichtspanischer Seefahrer, die die spanischen Schiffe auf ihrer Rückreise als Piraten überfielen. Die Piraterie der Engländer, Franzosen und Holländer usw. war gewissermaßen eine Notmaßnahme, da der Krieg oder die Doktrin des Mare clausum einen normalen Handel unmöglich machten. Die Raubzüge wurden vor allem am Kap San Vicente, in der Meerenge von Gibraltar und bei den Kanarischen Inseln durchgeführt. Angesichts dieser Übergriffe förderte die Krone die Verfrachtung in größere und damit sicherere Schiffe und den Bau von speziellen Schiffen zur Verfolgung der Piraten.

Die Gefahr wurde größer, als französische Seeräuber 1526 ein spanisches Schiff kaperten, dessen Kapitän natürlich die von den spanischen Schiffen befahrene Route nach Amerika kannte. Die Gefahr breitete sich auf weiter entfernte Gewässer aus. Die spanischen Behörden legten fest, daß die Handelsschiffe in Gruppen und bewaffnet zu fahren hatten, und stellten sogar zu ihrem Schutz eine Armada zur Verfügung, die sie durch die gefährdeten Gewässer geleiten sollte. Die Händler finanzierten ihrerseits eine Armada, die vor allem die am stärksten gefährdeten Azoren von Piraten frei halten sollte. Mit der Zeit aber griff die Gefahr sogar auf die Karibik, das Herz der spanischen Besitzungen, über. 1537 akzeptierte darauf der Handel die Zahlung einer Sonderabgabe, die »Havariesteuer«, die den bewaffneten Schutz bezahlen sollte.

Die Havariesteuer war keine Feststeuer für die Schiffahrt auf dem Atlantik, sondern berechnete sich durch die Verteilung der Verteidigungskosten auf die gesamte Silbermenge, die diesen Schutz beanspruchte. Im Pazifik galt jedoch ein fester Steuersatz. Mit der Zeit wurden die Armadas aus Kriegsschiffen auf der Antillenroute fast selbstverständlich, während die Handelsschiffe erneut angewiesen wurden, in Gruppen zu fahren.

1561 trat endgültig die sogenannte »Flottenordnung« in Kraft, an die sich die Schiffahrt und der Überseetransport bis ins 18. Jahrhundert notgedrungen halten mußten. Jede Flotte setzte sich aus den Handelsschiffen und mehreren Kriegsschiffen zu ihrem Schutz zusammen: Flaggschiff und Admiralschiff und, mit der immer größer werdenden Edelmetallfracht aus Peru, einige große Kriegsschiffe bzw. Galeonen. Erst sollten jährlich zwei Flotten gemeinsam nach Veracruz (Neu-Spanien) und *»Tierra firme«* (Vizekönigreich von Peru) aufbrechen. Später änderte man die Pläne: Im April sollte die Flotte nach Neu-Spanien auslaufen und im August die Flotte *»Los Galeones«* nach *»Tierra firme«*. Beide sollten sich später in *»La Habana«* treffen, um gemeinsam zurückzukehren. Die Abfertigung einer Flotte erforderte einen großen Zeitaufwand und genaue Planung: Registrierung der Waren, Überholung der Handelsschiffe, Auswahl und Vorbereitung der Kriegsschiffe, die zeitweise für andere Zwecke, meist Kriege, eingesetzt wurden. Im Laufe der Zeit wurde es schwierig, die Flotten regelmäßig auslaufen zu lassen, da sie ihre Reisen auf zwei, drei, fünf oder noch mehr Jahre ausdehnten. Durch das Ausbleiben der Schiffe wurden die Waren auf dem amerikanischen Markt knapp, was eine Preissteigerung hervorrief und den Monopolinhabern große Gewinne brachte. Dieses Transportsystem war das, was sich am besten in das erwähnte Monopol einfügte. Es hatte nur den Nachteil, daß sich ein reger Schmuggel entwickelte. Der beste Beweis ist die Tatsache, daß die Menge der mit den Flotten transportierten Waren nicht im selben Maße anstieg wie die Bevölkerung Spanisch-Amerikas. Der Schmuggel wurde teilweise von der Starrheit des Systems selbst hervorgerufen, da dieses wegen der Bindung an feste Schiffahrtsrouten breite Gebiete aus dem Handel mit Spanien ausschloß (z. B. Buenos Aires). Dazu kam die unregelmäßige Ankunft eines Teils der Schiffe und die Korruption unter den mit der Durchführung des Systems beauftragten Beamten. Außerdem begünstigte der Schmuggel das Aufkommen anderer europäischer Kolonien, die sich nicht damit abfanden, am Gewinn aus dem Handel mit Spanisch-Amerika keinerlei Anteil zu haben.

Landwirtschaft und Viehzucht

Trotz des Bergbaus, der für Spanien in seinen amerikanischen Territorien eine privilegierte Stellung einnahm, sah man bald die Notwendigkeit, auch die lebensmittelerzeugenden Wirtschaftszweige, Landwirtschaft und Viehzucht, aufzubauen, um mit dem entsprechenden Transportwesen die spanische Bevölkerung in Amerika mit Lebensmitteln zu versorgen.

Ein wichtiger Unterschied muß hierbei gemacht werden: Die präkolumbischen Hochkulturen besaßen eine gut entwikkelte Landwirtschaft, welche die Grundlage ihrer Wirtschaft war. Die Viehzucht existierte praktisch noch nicht; sie wurde erst von den Spaniern eingeführt. Die Landwirtschaft machte einen tiefgreifenden Wandel durch, während die Viehzucht praktisch von Null ausging. Die Spanier, vor allem in den Gebieten, in denen keine Minen existierten, merkten sehr schnell, welche ökonomischen Möglichkeiten diese beiden Produktionsquellen versprachen. Diese Erkenntnis, vereint mit der Idee, daß Landbesitz gesellschaftliches Prestige bedeutete, werteten diesen so weit auf, daß der Wunsch nach Landbesitz in Amerika auf die Dauer zum System des Großgrundbesitzes führte.

Was die Landwirtschaft betrifft, so kannten und kultivierten die indianischen Hochkulturen bei der Ankunft der Spanier schon 17 Prozent der Produkte, die heutzutage weltweit angebaut werden. Von diesen fanden viele den Weg in die Alte Welt: Mais, Kakao, Kartoffeln, Tomaten, schwarze Bohnen, Tabak, Baumwolle usw. Die Anwesenheit der Spanier bedeutete für diese Landwirtschaft die Einführung neuer Produkte und Techniken, wobei der Indianer als Arbeitskraft jedoch beibehalten wurde. Die Schnelligkeit, mit der neue Produkte eingeführt wurden, hing von verschiedenen Faktoren ab. Die Anpassung wurde in erster Linie vom Klima günstig oder ungünstig beeinflußt. Ein Beweis dafür war das Scheitern des Weizenanbaus auf den Antillen, obwohl die Spanier ihre gewohnte Nahrungsgrundlage Weizen beibehalten wollten. In anderen Regionen des Kontinents war die Akklimatisierung problemlos. In zweiter Linie bremste die Politik der Krone die Ausbreitung solcher Produkte, die den aus Spanien eingeführten Waren Konkurrenz machen konnten. Das geschah beispielsweise beim Wein und beim Ölbaum, obwohl man dazu sagen muß, daß sich die Realität über die Theorie hinwegsetzte, wie man aus der Wirtschaft einiger Regionen (z. B. Weinanbau in Tucumán) und aus der entsprechenden Gesetzgebung schließen kann. Schließlich waren die hohen Gewinnmöglichkeiten beim Anbau bestimmter Produkte ein großer Ansporn. Dazu gehörten z. B. die tropischen Anbaupflanzen, insbesondere das Zuckerrohr. Das Zuckerrohr kam aus Europa in die Neue Welt, wo es auf der Insel Hispañola angebaut werden konnte. Erst noch unter dem Schutz der Krone, wurde es bald so rentabel, daß es sich über die Antillen hinaus auf den Kontinent ausbreitete und dort als Ersatz für die erschöpften Goldvorräte zum Fundament der Wirtschaft wurde.

Nach dem Bergbau wurde das Zuckerrohr die Basis der zweiten Industrie von Spanisch-Amerika.

Außerdem fand ein Austausch einheimischer Anbaupflanzen zwischen den verschiedenen Teilen Spanisch-Amerikas statt, z. B. im Falle der Kartoffel, die nicht nur aus Peru nach Europa kam, sondern auch nach Mexiko. Die Baumwolle kam von Peru an den Rio de la Plata, die Pinie von Mexiko nach

Peru und schließlich der Kakao von Neu-Granada nach Venezuela.

Der spanische Beitrag zur amerikanischen Landwirtschaft bestand u. a. im Gebrauch neuer Geräte wie des Pflugs und in der Einführung von Techniken, die teilweise schon im vorkolumbischen Amerika bekannt waren, z. B. das Bewässerungssystem in Peru und in anderen Gebieten.

Im präkolumbischen Amerika gab es keine Viehzucht, wenn man die Verwendung der Alpaka- oder Vikuña-Wolle und den Einsatz des Lamas als Lasttier außer acht läßt.

Die Spanier führten schon in der Zeit der Eroberung Pferde und Schweine mit sich. Das Schwein, als lebendiger Vorrat, das Pferd und der Hund waren für die Eroberer von grundlegender Bedeutung. Nach der Eroberung wurden sie zwar weiterhin in den spanischen Siedlungen gehalten, jedoch stützte sich die Viehzucht nun auf Rinder und Schafe. Begünstigt wurde diese Viehzucht durch die Existenz großer Weideflächen, die von den Indianern wegen Wassermangels, rückständiger Anbaumethoden oder fehlender Initiative nicht bewirtschaftet wurden, wo aber Pferde, Rinder und Schafe außerordentlich gut gedeihen konnten. Das Rind hatte darunter die größte Bedeutung und breitete sich praktisch über ganz Lateinamerika aus, mit Ausnahme einiger Landschaftszonen, z. B. der unwirtlichen Wüste des Andenhochlandes und des tropischen Urwalds. In Mexiko erlangte die Rinderzucht eine solche Bedeutung, daß sich dort die »*Mesta*«, ein Zusammenschluß spanischer Viehzüchter zur Verteidigung ihrer Interessen, niederließ und 1542 die ersten Statuten der mexikanischen »*Mesta*« verabschiedet wurden. Die Schafzucht wurde ebenfalls forciert, und man stellte große Wanderherden zusammen, die von Indianern, die sehr gute Hirten waren, begleitet wurden. Das Hauptprodukt dieser Zucht war Wolle, der Rohstoff für die Textilindustrie, die von indianischen Arbeitskräften getragen wurde.

Die Pferdezucht breitete sich nach der Eroberung in geringerem Maße aus. Pferde blieben aber nicht nur als Transportmittel vor allem in den Minen von Bedeutung, sondern riefen einen neuen Beruf, den des Fuhrmanns, und den Prototyp des einsamen Reiters auf den weiten Ebenen ins Leben. Mit dem Beginn des 17. Jahrhunderts tauchten in der Landwirtschaft und in der Viehzucht Spanisch-Amerikas zwei typische Bewirtschaftungsformen auf: die Plantagenwirtschaft, die sich besonders im karibischen Raum entwickelte, und die großen Rinderfarmen der Großgrundbesitzer Neu-Spaniens.

Die Industrie

Abgesehen vom Bergbau war die Industrie die in Spanisch-Amerika am wenigsten entwickelte Produktionsquelle. Das hing nicht nur von der Politik der Krone, sondern auch von anderen Faktoren ab. Ein besonders wichtiger Punkt war der Mangel an einer allgemeinen industriellen Entwicklung im vorkolumbischen Amerika und in Kastilien Anfang des 16. Jahrhunderts. Die spanischen Handwerker, die nach Amerika auswanderten, übten im Gegensatz zu den Landarbeitern, die sich anderen Betätigungen zuwandten, ihren Beruf weiterhin aus. Die Handwerkszünfte erlangten in Spanisch-Amerika eine so große Macht, daß sie sogar für die Zügelung der industriellen Entwicklung, die eine Verbilligung ihrer Produkte bewirkt hätte, verantwortlich gemacht wurden. Außerdem fehlte Kapital, so daß die Zuckerindustrie auf den Antillen nur mit der Unterstützung von Privatpersonen aufgebaut werden konnte. Spanisch-Amerika war sehr reich an Rohstoffen, hatte aber wenig Mittel, diese zu verarbeiten. Dazu kam, daß die Inhaber des Monopols nicht nur versuchten, jede Konkurrenz für spanische Waren zu unterbinden, sondern daß sie auch den Zugang zu nichtspanischen Märkten verhinderten. Im 17. Jahrhundert wurde sogar der Verkehr zwischen den beiden Vizekönigreichen Neu-Spanien und Peru verboten. Es bestand auch keine große Nachfrage. Die Indianer benötigten nichts oder konnten nichts kaufen, die geringere Anzahl von Spaniern wurde von Spanien aus versorgt.

Dazu kam die Staatspolitik selbst, die man in drei Phasen unterteilen kann. Die erste Phase war die Zeit der Eroberungen und Entdeckungen (Katholische Könige, Philipp I. und teilweise Karl V.), in der die bestehenden Gewerbezweige der Indianer möglichst beibehalten wurden und man den Zuzug von Fachleuten für die interessantesten Industrien förderte. So kamen z. B. Bergleute und kanarische Zuckerrohrexperten. In der zweiten Phase (weiterhin unter Karl V.) wurde durch besondere Förderung der Industrie versucht, Spanisch-Amerika zum Selbstversorger zu machen, um damit der Preissteigerung in Spanien Einhalt zu gebieten: etwa mit dem Bau von Tuchfabriken in Peru und dem Aufbau der Seidenindustrie in Mexiko. Schließlich fiel die lateinamerikanische Industrie mit Philipp II. dem spanischen Handel zum Opfer, dessen Markt ja gerade Amerika war.

Unter diesen Umständen war es nicht verwunderlich, daß die Industrie keine großen Entwicklungschancen hatte. Eine der wenigen Ausnahmen war die Textilindustrie. Die präkolumbischen Textilwerkstätten wurden beibehalten, als Rohstoff wurde in großem Maße die aus Spanien importierte Schafwolle verarbeitet, und einige neue Techniken fanden Anwendung. Das grobe, aber billige Tuch wurde vorwiegend von den Indianern gekauft. In Mexiko entstand eine Seidenindustrie, die um 1541 sogar die spanische Seidenproduktion aus Granada übertraf. Nicht nur die von der Krone auferlegten Beschränkungen, sondern auch die Konkurrenz der chinesischen Seide, die mit der »Galeone von Acapulco« eintraf, führte Ende des 16. Jahrhunderts zum Niedergang. Die Zuckerindustrie hatte ebenfalls große Bedeutung. Das vorteilhafte Klima, die hohe Rentabilität und das Vorhandensein eines Marktes begünstigten die Ausbreitung des Zuckerrohres von der Karibik in die heißen Gefilde Mexikos und in die Täler an der Nordküste Perus (18. Jahrhundert). Der Zuckeranbau erforderte große Investitionen: große Flächen geeigneten Bodens, Anlagen, Sklaven als Arbeitskräfte usw.

Ein weiterer wichtiger Industriezweig war die Transportindustrie in Form von Schiffs- und Wagenbau. Der Schiffsbau begann schon in der Zeit der Eroberung (Hernán Cortés gründete die Werft von Zacatula an der mexikanischen Pazifikküste), die wichtigsten Werften befanden sich allerdings in Guayaquil und in Havanna. Das größte Problem war die Beschaffung von Eisen, Beschlag und Segeltuch aus Spanien, während das Holz ja aus Amerika selber kam. Wagen wurden vor allem in Tucumán gebaut.

Die wirtschaftliche Reform des 18. Jahrhunderts

Anfang des 18. Jahrhunderts herrschte in Spanien nicht nur eine neue Dynastie, mit ihr kamen auch neue Ideen zur Ausnutzung der ökonomischen Ressourcen. Es wurde besonders auf die Förderung der verschiedenen Sektoren der Wirtschaft Wert gelegt, und dafür mußten die Strukturen dieser Sektoren von Grund auf verändert werden. Der Bergbau war wohl der Sektor, bei dem die Reformen am besten einschlugen, obwohl der Handel die größten Veränderungen in Kauf nehmen mußte. Die Reformen führten andererseits zu einer Verschiebung des wirtschaftlichen Gewichts der verschiedenen Regionen Spanisch-Amerikas, so daß die Landesteile, die keine Rohstoffe besaßen, die also im 16. und 17. Jahrhundert unterentwickelt waren, im 18. Jahrhundert wegen der günstigen landwirtschaftlichen Entwicklung und der Viehzucht an Einfluß gewannen, wie Venezuela, Chile und Rio de la Plata.

Der Bergbau, die Grundlage der Wirtschaftspolitik zu Anfang des 18. Jahrhunderts, erlebte in Peru, mehr als in Mexiko, eine tiefe Krise. Die reichhaltigsten Erzadern waren erschöpft, viele Bergwerke mußten geschlossen werden, da der Abbau der hohen Produktionskosten wegen nicht mehr rentabel war. In Neu-Spanien waren 1760 von den 112 Bergwerken 42 wegen niedriger Rentabilität nicht mehr in Betrieb. Im Bergbau kamen noch andere Probleme hinzu: Die Bergwerksbesitzer litten an extremem Kapitalmangel, es wurde also nur in die reichsten Fundstellen investiert; oft kam noch eine Verschuldung bei irgendeinem Händler (zugleich Geldverleiher) hinzu, der den größten Teil der Gewinne abschöpfte. Diese Situation führte zu einer mangelhaften Ausbeutung der Erze. Ein weiteres Problem waren die zahlreichen Auseinandersetzungen der Minenbesitzer mit den Behörden, die einer normalen, regelmäßigen Erzgewinnung im Wege standen. Dazu kamen noch Schwierigkeiten mit den oft unterqualifizierten Arbeitskräften, bei denen die Maßnahmen zur Erhöhung der Rentabilität auf starke Ablehnung stießen, z. B. die Aufhebung des Systems der sogenannten *partidos* (Vorteile), eine Art Prämie für die Leistungen der Arbeiter.

Aber das schwerwiegendste Problem waren die hohen Produktionskosten, die zum Teil auf den hohen Preis des Quecksilbers vor allem in Mexiko zurückzuführen waren. Dort kauften große Unternehmer den aus Spanien stammenden Rohstoff auf, um ihn später den kapitalarmen Minenbesitzern zu hohen Preisen und auf Kredit weiterzuverkaufen. Das Steuersystem, das das Silber mit dem Fünftel (20 Prozent) besteuerte und, wenn es zu Münzen verarbeitet wurde, mit einer speziellen Steuer für die Prägeanstalt belastete, kam erschwerend hinzu.

Die vom Staat eingeleiteten Maßnahmen zielten auf eine Senkung der Produktionskosten durch eine Verbilligung des Quecksilbers um 25 bis 30 Prozent ab. Außerdem wurde der Direktverkauf, der Verkauf ohne Zwischenhändler also, an die kapitalarmen Bergwerksbesitzer gefördert, die, gegen Barzahlung, das Mineral auch in kleinen Mengen erhielten. Barzahlung war nur möglich, weil parallel dazu Kreditanstalten für den Bergbau gegründet wurden, die sogenannten *bancos del avío* (Vorschußbanken). Die Steuer wurde vom Fünftel auf das Zehntel gesenkt, die Abgabe für die Prägeanstalt abgeschafft. Kernstück der Reform im Bergbauwesen war das *Real Tribunal de Minería de Nueva España* (Königliches Gericht für den Bergbau Neu-Spaniens), das, 1777 gegründet, die Aufgabe hatte, als Sondergericht für den Bereich des Bergbaus zu fungieren. Dieses Gericht hing aber gleichzeitig vom Bergbauverband ab, dessen wichtigste Vertreter das größte Kapital im Vizekönigreich Neu-Spanien besaßen. So wurde aus dem Bergbaugericht eine Kapitalmacht, die die schon erwähnten Kreditbanken ins Leben rief, in die Verbesserung der Ausbeutung investierte und sogar Minen kaufte, um sie direkt auszubeuten. Neben diesen Aktivitäten stellte das Bergbaugericht eine neue Bergbauordnung auf, die Ordnung in das bisher herrschende Chaos brachte. Die Ordnung von 1783 regelte den Erwerb von Flözen, die Verpflichtung, diese regelmäßig abzutragen, die Arbeitsbedingungen und die Belieferung der Minen usw. Zur besseren fachlichen Vorbereitung der Minenarbeiter gründete das Gericht 1783 die Bergbauschule, die sogar die neuesten Erkenntnisse aus Europa vermittelte. Zu diesem Zweck schickte man einige Bergarbeiter zur Fortbildung ins Ausland (El Huyar reiste nach Deutschland und Ungarn) oder brachte Fachleute als Lehrer nach Mexiko. Das Ergebnis dieser Politik ließ nicht auf sich warten. Die Silberproduktion in Neu-Spanien stieg im Zeitraum von 1700 bis 1800 von einem Wert von 2.200.000 Pesos auf 11.249.000 Pesos. Man muß jedoch dazu sagen, daß abgesehen von der guten Politik auch einige sehr reiche Adern (Bolaños, La Valenciana) entdeckt wurden. In Peru stand es um den Bergbau zu Beginn des 18. Jahrhunderts noch schlechter als in Neu-Spanien. Die Quecksilberbeschaffung hing zwar nicht von Spanien ab, aber die eigene Quelle, die Mine von Huancavelica, brachte noch viel größere Probleme mit sich: schlechte Verwaltung, Korruption, Arbeitskräftemangel und ungünstiger Einsatz der Arbeitskräfte durch die Bindung an das Mita-System, der Zustand der Stollen usw. Das alles führte dazu, daß die Produktion nicht einmal den Bedarf des peruanischen Silberbergbaus decken konnte. Die Maßnahme, Huancavelica der Gesamtaufsicht eines Gouverneurs zu unterstellen, der wiederum der Krone und nicht dem Vizekönig unterstand, stellte sich als sehr wirksam heraus. Seine Arbeit und die Entdeckung eines neuen Vorkommens erhöhten die Produktion so weit, daß 1753 der Bedarf Perus gedeckt und noch 5.000 Zentner Quecksilber nach Mexiko ausgeführt wurden.

In Peru ergriff man ähnliche Maßnahmen wie in Neu-

Spanien: die Senkung des Fünftels auf ein Zehntel, die Gründung des Bergbaugerichtes 1785, von Banken, einer Schule für Metallveredlung in Potosí usw. Die Arbeit war jedoch nicht so erfolgreich wie in Neu-Spanien. Die Modernisierungsbestrebungen stießen auf den Widerstand der großen Händler, die den Handel mit Spanien zwei Jahrhunderte lang bestimmt hatten und die den konservativen Kreis der Wirtschaft im Vizekönigreich darstellten. Ihre Monopolstellung ging mit den Handelsreformen verloren. Das Großkapital befand sich in ihrer Hand, weshalb in gewisser Weise das Funktionieren aller Institutionen, die mit dem Bergbau etwas zu tun hatten, davon abhingen, im Unterschied zu dem, was in Spanien geschah. Die Reformen ließen den Bergbau nur in geringem Maße wieder aufblühen.

Der Handel erfuhr im 18. Jahrhundert den größten Wandel. Die Handelsordnung durchlief einen Prozeß, der 1720 mit dem Galeonenprojekt begann und 1778 mit dem Statut des freien Handels endete. Einige Historiker sehen das Ende dieses Prozesses erst 1797, als der Handel mit neutralen Ländern zugelassen wurde. Eigentlich begann der Wandel, der zur Änderung der Handelsordnung führte, schon früher, denn im Grunde war es nur die Bestätigung längst existenter Regelungen durch eine entsprechende Handelspolitik.

Zu Beginn des 18. Jahrhunderts wurde das Handelsmonopol Spaniens über Spanisch-Amerika durch den ständig anwachsenden Schmuggel und den gleichzeitigen Verfall des Flottensystems zerstört. Der Erbfolgekrieg Anfang des Jahrhunderts brach das Monopol endgültig mittels Bündnissen und Verträgen, die erst Frankreich und dann England Rechte im Handel zugestanden. So erhielt Frankreich, das an der Seite Spaniens für den späteren König Philipp V. kämpfte, die Genehmigung, die Pazifikhäfen Spanisch-Amerikas anzulaufen und unter gewissen Bedingungen auch Handel zu treiben. Der Vertrag von Utrecht (1713) beendete den Krieg und erneuerte das spanische Handelsmonopol in Friedenszeiten, machte aber an England zwei Zugeständnisse im Handel: Einfuhr von Negern und freie Schiffahrt. Beide wurden bald zum Schmuggelinstrument der Engländer.

Das Anwachsen des Schmuggels brachte etwas viel Gravierenderes ans Licht: die Unfähigkeit des monopolistischen Handels, den amerikanischen Markt zu versorgen. Das Flottensystem war, so wie es war, nicht einmal mehr für die Krone, deren Gewinne mit dem legalen Handel stagnierten, rentabel. Die spanische Politik hatte nicht vor, den Schmuggel zu unterbinden, sondern versuchte durch einfachere Wege und Steuersenkungen das Handelssystem von innen heraus zu verändern, um den legalen Handel gegenüber dem Schmuggel zugänglicher und gewinnbringender zu machen.

Diese Politik wurde 1720 mit dem Galeonenprojekt erstmals in die Tat umgesetzt. Es war keine radikale Änderung, sondern einfach eine Verbesserung des Flottensystems. Die Reformen waren externer Art: Vereinfachung bürokratischer Wege, Ersatz verschiedener Steuern durch eine einzige, die aus dem Volumen der Ware berechnet wurde *(derecho de palmeo)*, Förderung der Schiffahrt auf in Spanien gebauten Schiffen usw. Das Monopol sowie die Schiffahrt in Form von Armadas und die privilegierte Stellung, die Sevilla an Cádiz abtrat, blieben erhalten.

Das Galeonenprojekt erreichte nicht das Ziel, den Handelsverkehr wiederzubeleben, woraufhin 1739 die Galeonen nach *Tierra firme* abgeschafft, die neuspanischen Flotten aber beibehalten wurden. Der Handel wurde immer öfter von einzelnen Schiffen übernommen, die weiterhin von Cádiz aus die gewohnten amerikanischen Häfen anliefen.

Die zweite Phase der Reformbewegung setzte mit der königlichen Verordnung von 1765 ein, die die Handelsordnung vollkommen umwarf. Da sich der Einsatz von Einzelschiffen als sinnvoller erwies, wurde 1764 die Neu-Spanien-Flotte aufgelöst. Die größte Neuerung war allerdings die Abschaffung des geographischen Monopols. Cádiz war nicht mehr der einzige Hafen für den Handel mit Spanisch-Amerika. Die Häfen von Barcelona, Alicante, Cartagena, Málaga, La Coruña, Gijón und Santander teilten sich nun dieses Privileg. Parallel dazu wurde Kuba, Santo Domingo, Puerto Rico, Trinidad, Margarita, später auch Louisiana (1768), Yucatán und Campeche (1770) das Recht zum direkten Handel mit Spanien eingeräumt. Gleichzeitig wurde die Verbindung zwischen den Vizekönigreichen Neu-Spanien und Peru wiederbelebt, die seit dem 17. Jahrhundert unterbrochen war. Auf spanische Waren wurden protektionistische Steuertarife erhoben, und die Verschiffung von Negersklaven auf spanischen Schiffen wurde gefördert.

Mit der Ordnung des freien Handels von 1778 erreichte die Entwicklung ihren Höhepunkt. Alle spanischen und hispanoamerikanischen Häfen erhielten die Handelsgenehmigung. Um zu verhindern, daß einige Gebiete vom legalen Handel ausgeschlossen würden und wegen schlechter Versorgung vom Schmuggel abhängig wären, richtete man unterschiedliche Steuersätze ein, die davon abhingen, ob die Ware aus Spanien oder aus dem Ausland kam. Danach zahlte man in den Haupthäfen 3 Prozent auf spanische Waren und 7 Prozent auf ausländische, in kleinen Häfen 1,5 Prozent auf spanische Waren und 4 Prozent auf ausländische. Zum Ausbau des Handels riet man zur Einrichtung neuer Konsulate, die nun nicht mehr die Monopole vertreten, sondern der Reaktivierung der Wirtschaft dienen sollten, und zwar nicht nur im Handel, sondern auch in anderen Bereichen, z. B. Landwirtschaft, Viehzucht, Verbesserung der Verkehrsverbindungen, um den Warenaustausch zu erleichtern.

Was die Landwirtschaft betrifft, war im 18. Jahrhundert ein beachtlicher Zuwachs zu verzeichnen, nicht nur bei den Produkten aus den Tropen, sondern auch bei denen gemäßigter Klimazonen, die sich in Europa einen Markt erobert hatten. Der Bevölkerungszuwachs in Europa und Spanisch-Amerika des 18. Jahrhunderts zwang dazu, die Grundnahrungsmittelproduktion zu steigern, da die, die im gemäßigten Klima Europas angebaut wurden, nicht mehr ausreichten. Etwas Ähnliches geschah in der Viehzucht, deren Produkte in Form von Leder oder Pökelfleisch exportiert wurden. In der Landwirtschaft gab es Versuche, Hanf oder Flachs als Rohprodukte zur industriellen Weiterverarbeitung anzubauen, was jedoch nicht immer von Erfolg gekrönt war.

Kat.-Nr. 4.1

Kat.-Nr. 4.4

Kat.-Nr. 4.7

Kat.-Nr. 4.9

Kat.-Nr. 4.15

Kat.-Nr. 4.35 (Detail)

Kat.-Nr. 4.55

Kat.-Nr. 4.36

Kat.-Nr. 4.40 k

Kat.-Nr. 4.40 m

Kat.-Nr. 4.40 j

Kat.-Nr. 4.40 g

Kat.-Nr. 4.47

Kat.-Nr. 4.44

Kat.-Nr. 4.45

Kat.-Nr. 4. 46

DON P.º Z Z A S.
DON FRAN. DE AROBE. 56 A
DÕ DOMINGO. 18 A
PHILIPPO
REGI. HISPANIAR.
INDIAR.
DOCTOR
CURAVIT
ANNO
61.
Kat.-Nr. 4.48

Kat.-Nr. 4.56

Kat.-Nr. 4.75

Kat.-Nr. 4.73

Kat.-Nr. 4.78

Kat.-Nr. 4.83

Kat.-Nr. 4.84

Kat.-Nr. 4.85

Kat.-Nr. 4.86

Kat.-Nr. 4.87

Kat.-Nr. 4.95

Kat.-Nr. 4.96

Kat.-Nr. 4.102

Kat.-Nr. 4.117

Kat.-Nr. 4.118

Kat.-Nr. 4.103

Kat.-Nr. 4.123

Kat.-Nr. 4.113

Der Reformprozeß in der Wirtschaft rief zwei entgegengesetzte Reaktionen hervor. Der konservativste Teil der spanisch-amerikanischen Bevölkerung bezeichnete ihn als unheilvoll für das ganze System, wohingegen ein anderer Teil die Reformen auf der Suche nach der eigenen Identität für Amerika als unzureichend empfand.

Literatur

ARCILA FARIAS, Eduardo: Reformas económicas del siglo XVIII en Nueva España, México 1974.
BARGALLO, Modesto: La minería y la metalurgia en la América Española durante la época colonial, México 1955.
BRADING, D. A.: Miners and merchants in Bourbon Mexico, 1763–1810, Cambridge 1971.
CESPEDES DEL CASTILLO, Guillermo: Lima y Buenos Aires. Repercusiones económicas y políticas de la creación del virreinato del Plata, Sevilla 1947.
CHEVALIER, Francois: La formación de los latifundios en México. Tierra y sociedad en los siglos XVI y XVII, México 1976.
CHAUNU, Huguette y Pierre: Seville et l'Atlantique (1504–1650), Paris 1955–1960.
FLORESCANO, Enrique: Estructuras y problemas agrarios de México (1500–1821), México 1921.
FLORESCANO, Enrique: Precios del maíz y crisis agrícolas en México (1708–1810), México 1969.
GARCIA-BAQUERO GONZALEZ, Antonio: Cádiz y el Atlántico (1717–1778), Sevilla 1976.
GARCIA FUENTES, Lutgardo: El comercio español con América 1650–1700, Sevilla 1980.
HAMILTON, Earl J.: El tesoro americano y la revolución de los precios en España, 1501–1650, Ariel, Barcelona 1975.
HARING, Clarence H.: Comercio y navegación entre España y las Indias en la época de los Habsburgos. México 1979.
HISTORIA ECONOMICA EN AMERICA LATINA, México 1972, 2 Bde., Ponencias presentadas al I Simposio sobre la Historia Económica de América Latina (Lima 1970). Problemática, metodología y directrices a seguir.
HOWE, Walter: The Mining Guild of New Spain and its Tribunal General, 1770–1821, Cambridge, Mass., 1949.
JARA, Alvaro: Tres ensayos sobre economía minera hispanoamericana, Santiago de Chile 1966.
JARA, Alvaro (Hrsg.): Tierras nuevas. Expansión territorial y ocupación del suelo en América (siglos XVI und XIX). México 1969.
LOHMANN VILLENA, Guillermo: Las minas de Huancavelica en los siglos XVI y XVII, Sevilla 1949.
LORENZO SANZ, Eufemio: Comercio de España con América en la época de Felipe II, Valladolid 1979.
MARISCAL ROMERO, Pilar: Los Bancos de Rescate de plata, Sevilla 1964.
POTASH, Robert A.: El Banco del Avío de México, México 1959.
RAMOS, Demetrio: Minería y comercio interprovincial en Hispanoamérica (siglos XVI, XVII y XVIII), Valladolid 1970.
SERRERA CONTRERAS, Ramón M.: Lino y cáñamo en Nueva España, 1777–1800, Sevilla 1974.
VILAR, Pierre: Oro y moneda en la Historia, 1450–1920, Ariel, Barcelona 1972.

DER KULTURELLE PROZESS IM KOLONIALEN AMERIKA

Maria Concepción García Sáiz
Museo de América, Madrid

Jeder Versuch, in wenigen Zeilen den kulturellen Einfluß der Spanier während der drei Jahrhunderte ihrer Herrschaft in Amerika zusammenzufassen, wird auf große Schwierigkeiten stoßen; er ist praktisch zum Scheitern verurteilt. Die großen Handbücher, die die Geschichte dieser Zeit behandeln, greifen dabei oft auf ein Hilfsmittel zurück und setzen Kultur mit bildender Kunst, Literatur oder anderen kulturellen Aspekten gleich. Selten wurde dieses Thema unter einem breiteren Blickwinkel untersucht, wobei die Schaffung von Schulen und Universitäten und die Errichtung von Druckereien als wichtige Meilensteine der kulturellen Entwicklung angesehen wurden. Diese Haltung führte bei einigen Autoren zu dem Ergebnis, von spanischer Kultur in Amerika und nicht von amerikanischer Kultur zu sprechen und sogar auf Unterschiede in den verschiedenen europäischen Kulturen in der Neuen Welt einzugehen, wobei die Existenz einer einheimischen amerikanischen Ausdrucksform einfach negiert wurde. Im Bereich der Architektur – die Kunstform, die während dieser Zeit eine bedeutende Entwicklung verzeichnete – stellte diese Sichtweise die Grundlage für G. Gasparinis Arbeiten dar, dem lateinamerikanische und spanische Wissenschaftler entschieden widersprachen und somit eine Polemik über Provinzialismus und Regionalismus auslösten, die von denjenigen, die die Merkmale kultureller Identität und Unterschiedlichkeit als Basis eines gerechtfertigten Nationalismus suchen, schwer nachzuvollziehen ist. Hier liegt vielleicht der Schlüssel, um diese Kultur und die Schwierigkeiten bei ihrer Definition zu verstehen.

In diesem Sinne müßten vorher die Probleme durchdacht werden, die bei dem Versuch entstehen könnten, die kulturelle Identität mit Hilfe einer modernen Landkarte zu verstehen, auf der die Grenzen nicht mit denen der Kolonialzeit übereinstimmen und die noch weniger die Gebiete der vorkolumbischen Kulturen widerspiegelt. Sind so wichtige Kunstwerke wie das epische Gedicht *La Araucana* des Spaniers Alonso de Ercilla (1533–1594) oder des mexikanischen Dramatikers Juan Ruiz de Alarcón (1580–1639) der spanischen Kulturgeschichte oder dem amerikanischen Kulturgut zuzurechnen? Haben die Federschmuckarbeiten mexikanischer Handwerker die gleichen kulturellen Wurzeln wie die Holzbecher, die berühmten *Keros* aus Peru? In den letzten beiden Fällen handelt es sich um Objekte, bei denen sich alte Fertigungstechniken der vorkolumbischen Kulturen mit einer rein spanischen Ikonographie mischen.

Jedem denkbaren Beispiel müßte man ein Fragezeichen hinzufügen; die Abgrenzung der verschiedenen Grade zwischen Beibehaltung des Alten und Akzeptierung des Neuen gestaltet sich so verwirrend und schwierig, daß hier wohl der

Grund dafür liegt, daß die Untersuchung dieses Themas normalerweise vermieden wird. Manche Bezeichnungen, wie etwa »Mestizen-Kultur«, werden dann gebraucht, wenn eine Definition der kulturellen Herkunft unmöglich erscheint. Dies führt aber zu Zweideutigkeiten, die bis jetzt einer allgemeinen Übernahme solcher Bezeichnungen im Wege standen.

Die Vielgesichtigkeit der Kolonialkunst geht auf die Verschiedenheit der Gesellschaft und ihrer Mitglieder zurück. Erinnern wir uns daran, daß Charakteristika jener Zeit im spanischen Kolonialreich die ständige Präsenz der Indianer und die schnelle Integration der Schwarzen sowie die verschiedenen Grade der Hispanisierung waren. Gerade diese Unterschiedlichkeit stand gegen die Grundprinzipien der spanischen Vorstellungswelt, doch trotzdem wurde sie gestattet und sogar im eigenen Interesse gefördert.

Zur Kolonialkultur muß man also sowohl die Produktionssysteme und Handelsbeziehungen der Neuen Welt rechnen als auch die politischen und administrativen Strukturen, die die spanische Krone aufzwang. Dazu gehörten auch die Grundprinzipien einer allgegenwärtigen katholischen Kirche und die ästhetischen Vorlieben der Indianer und der Neger, die sich wehrten, ihre kulturelle Identität zu verlieren, und dabei Formen schufen, die das, was sie wirklich bewahren wollten, so weit verschleiern, daß etwas völlig Neues entstand.

Die verschiedenen Rollen, die die Indianer im komplizierten sozialen System der Kolonien spielten, bestätigen nur die erwähnte Vielfalt. Obwohl normalerweise die Begriffe »Republik der Spanier« und »Republik der Indianer« benutzt werden, um die Merkmale beider Kulturen zu unterscheiden, gibt es dazwischen oder sogar innerhalb dieser Lebensformen kulturelle Entwicklungen, die keine Klassifizierung erlauben. Die vollständige Hispanisierung vieler adeliger Indianer, die sich völlig integrierten, hatte mit der Lebensform der Indianer in den Städten wenig zu tun, die selbst viel hispanisierter waren als z. B. die Häuptlinge in den Dörfern oder gar die Mitglieder indianischer Gemeinden. Die Sprache, Spanisch bei den ersteren, lokale Sprache bei den anderen, ist ein wichtiges Unterscheidungsmerkmal; aber auch die Kleidung und die verschiedenen von den Spaniern übernommenen Gebräuche, wie Kleinfamilie, Ernährung, soziale Beziehungen, sind alles nur Beispiele dafür, daß wir vor einer kulturellen Verschiedenheit stehen, wobei der europäische Einfluß sogar bei den Völkern zu finden ist, die nur selten mit den Weißen in Berührung kamen und trotzdem ihre Lebensgewohnheiten sehr änderten.

Das gilt nicht nur für die Vertreter der indianischen Rasse, sondern auch für die Afrikaner, die in die Kolonialgesellschaft als Sklaven kamen, die viele verschiedene Verhaltensformen an den Tag legten, je nach Ursprungsland und ihrer Beziehung zu Indianern und Spaniern. Die sogenannten afroamerikanischen Kulturen legen davon Zeugnis ab.

In diesem Schmelztiegel ist die Rolle des Spaniers als Mitglied der herrschenden Klasse im Hinblick auf die Kultur entscheidend; und dennoch kann man sie nicht als homogen betrachten. Die Spanier waren jedenfalls, trotz der individuellen Unterschiede, die Vertreter der offiziellen Kultur und somit die Verteidiger abendländischer Lebensweisen gegenüber dem Druck anderer Bevölkerungsgruppen. Dabei ist natürlich schwer zu entscheiden, ob eine ganz bestimmte kulturelle Äußerung dem spanischen, italienischen, französischen oder gar kolonialamerikanischen Kulturgut angehört. Der abqualifizierende Umgang von Spaniern und Kreolen miteinander vom 16. Jahrhundert an und ihre politische Rivalität sind Hinweise für den ständigen Versuch einer Abgrenzung des ursprünglich Spanischen gegenüber dem in Amerika Entwickelten. Die Spanier hielten die Entwicklung in Amerika für eine Degenerierung, meistens hielt man das Klima dafür verantwortlich, und die Amerikaner behaupteten, sie würden die negativen Modelle aus Spanien verbessern. Manchmal kam es zu einer Idealisierung der vorkolumbischen indianischen Gesellschaft, keinesfalls der zeitgenössischen natürlich, da man die spanischen Könige als legitime Erben der Neuen Welt betrachtete, die aber von königstreuen Kreolen regiert werden müßte. Diese Suche nach der Wiederfindung der amerikanischen Vergangenheit führte aber auf der anderen Seite zu einer negativen Bewertung der indianischen Bevölkerung und zu einer Fixierung auf europäische Kulturzentren, etwas, was zwar verständlich, aber schwer zu erklären ist. Noch heute handeln viele Regierungen in ihrer Politik gegenüber den Indianern nach dem Motto: »Alles für den Indianer, nichts mit dem Indianer«, und überlassen den Kreolen-Eliten die kulturelle Szene, die sich dann nach dem Ausland richten, ein Kulturkolonialismus im Sinne Ortega y Gassets.

Die Stadt der Kolonialzeit war ein Mikrokosmos, in dem die Vertreter eines großen kulturellen Spektrums lebten und deren Einzigartigkeit gerade diese Vielfalt war. Die Spanier brachten ihr Kulturgut aus der Heimat mit, das sie eifersüchtig bewahrten. Die Merkmale dieser verschiedenen europäischen Kulturen standen im Gegensatz zu den Ideen der Kreolen, die seit einer oder mehreren Generationen in Amerika verwurzelt waren. Es waren meistens Mestizen, die auf ihre indianische Herkunft stolz waren, immer unter der Voraussetzung, daß sich unter ihren Vorfahren Adelige befanden, oder aber diese verleugneten, wenn sie nicht adeliger Abstammung waren. Es gab auch freie, unternehmungslustige Neger, die an ihr Sklavendasein nicht mehr zurückdachten, ihre kulturellen Wurzeln ebenso vergessen hatten, und Indianer, die die Felder rings um die Städte bewirtschafteten und ihre Produkte auf den Märkten verkauften, wo sie wiederum die Waren erstanden, die ihnen das Leben erleichterten. Alle diese Gruppen bildeten das verworrene soziale Gefüge, das manche Autoren als den Prototyp abendländischer Gesellschaft ansehen, da sich dort verschiedene Ideale der Renaissance konkretisierten.

Die Städte waren nach strategischen und wirtschaftlichen Gesichtspunkten angelegt, also unterschiedlich, doch grundsätzlich können wir den viereckigen Grundriß als den typischsten für diese Zeit ansehen. Diese Form wird oft als eigenständig amerikanisch betrachtet, doch sollte man sich vergegenwärtigen, daß diese eindeutig einer europäischen Tradition entspricht. Ohne auf die direkten Vorläufer dieses Städtebaus eingehen zu wollen, sei hier gestattet, ein paar Beispiele ihrer europäischen Wurzeln aufzuzählen. Die Grundform entspricht der der römischen Lager, wie sie von Vegezius oder Polybius beschrieben werden, den *Bastides* in Südfrankreich, den Theorien des Katalanen Eximenic und so wichtiger Persönlichkeiten wie Vitruv und Alberti. Das Schema finden wir in der Stadt Santa Fé bei Granada, die ein Jahr vor Kolumbus' Abreise errichtet wurde, und auch bei einer Stadt, die bald nach der Ankunft auf dem amerikanischen Kontinent im Jahr 1502 gegründet wurde, Santo Domingo. Diese Stadt hat einen viereckigen Grundriß – kein Schachbrettmuster – und wurde aufgebaut, als man noch keine Vorstellung von den Hochkulturen Amerikas und ihrem Städtebau haben konnte.

Ein Dutzend Jahre später, nachdem man das Festland erreicht hatte, war Panama die erste von einer unendlichen Reihe von Städten, die nach diesem Grundmodell gebaut wurden. Städtegründungen wurden ab 1573 offiziell unterstützt, nachdem Philipp II. seine Verordungen zur Entdekkung und Besiedlung der Neuen Welt erlassen hatte, in denen man den Einfluß von Vitruv entdecken kann. Die neue Stadt Mexiko existiert damals schon ein halbes Jahrhundert.

Trotz der europäischen Wurzeln wurden im amerikanischen Städtebau einzigartige, differenzierende Elemente verwendet. Der Hauptplatz, *Plaza Mayor*, war immer das Zentrum. An diesem lagen die wichtigsten offiziellen Verwaltungsgebäude und kirchlichen Einrichtungen. In seiner Nähe wohnten die wichtigsten Persönlichkeiten der Stadt, da von Anfang an die Verteilung der Grundstücke nach hierarchischen Gesichtspunkten vollzogen wurde, wobei die Grundstücke nahe dem Hauptplatz für die Konquistadoren reserviert blieben. Dieser große freie Platz – viel größer als in Spanien – stellte für die koloniale Gesellschaft die Bühne dar, auf der der größte Teil des gesellschaftlichen Lebens verlief. Dort entwickelten sich Märkte und fanden die großen öffentlichen Feierlichkeiten statt, was für das gute soziale Klima in den Kolonien von Bedeutung war, denn dort wurden nicht nur Spiele aufgeführt, sondern auch die Grundsätze der kolonialen Gesellschaft immer wieder betont. Die Beschreibungen der kunstvollen Dekorationen bei öffentlichen Feierlichkeiten erinnern an Theateraufführungen. Die Malereien auf den Triumphbögen dienten dazu, die spanischen Herrscher als die wirklichen Nachfolger der Azteken oder Inka darzustellen und sie so zu legitimieren – das gleiche System wurde Ende der Kolonialzeit von Simon Bolívar gebraucht, als seine Darstellung in der Kunst das Bild von Karl III. ablöste. Dabei wurden auch die alten indianischen Vorstellungen und das Christentum gegenübergestellt; dabei zeigte man die Kirche als Helferin der Menschheit und rechtfertigte so die Konquista und die Christianisierung. Die Selig- und die Heiligsprechung der Rosa von Lima wurden in Peru und Mexiko dazu benutzt, das Interesse der Kreolen während überschwenglicher Feierlichkeiten zu untermauern. So machte die europäische Kultur der Renaissance und des Barocks in den Kolonien eine eigene Entwicklung durch.

Die Verbreitung der Kultur fand logischerweise in Schulen und Universitäten statt, die ganz spezifische Charakteristiken aufwiesen, wiederum in Abhängigkeit von der Vielfältigkeit der Bevölkerung. Die ersten Schulen, von den Ordensgemeinschaften gegründet, zielten auf die Einführung der Indianer in die abendländische Kultur ab, wobei die Sprache, handwerkliche Berufe und anderes unterrichtet wurden. Das Franziskanerkloster von Mexiko-Stadt übernahm als erstes diese Verantwortung in großem Rahmen. Ein belgischer Franziskanermönch, Fray Peter van der Moere, der berühmte *Pedro de Gante*, wählte den umgekehrten Weg und versuchte sich den Indianern zu nähern, indem er ihre Sprache lernte und alle möglichen Mittel einsetzte, um diesen die christliche Botschaft zu übermitteln, wobei die Bilder eine ganz besondere Rolle spielten, wie aus dem bekannten »Katechismus des Pedro de Gante« in der Nationalbibliothek von Madrid zu erkennen ist. Zur gleichen Zeit dienten diese Zusammenkünfte zur Reglementierung der Bevölkerung und zu ihrer Aufteilung auf die Zentren, die für sie vorbereitet waren. Die Söhne der Kaziken wurden in der Schule *Santiago de Tlatelolco* unterrichtet, die Mestizen in *San Juan de Letrán*, und die restlichen verteilten sich auf verschiedene Schulen im ganzen Land. Diese Schichtung spiegelte die theoretische Struktur der Gesellschaft wieder, verlor aber an Bedeutung, da viele dieser Zentren nach dem Tod ihrer Gründer trotz offizieller Unterstützung dahinvegetierten.

Im allgemeinen lag die Bildung in Amerika, wie auch in Spanien, von Anfang an in der Händen der Kirche, wobei je nach Zeitpunkt und späterer Rolle des Schülers unterschiedliche Bildungskonzepte Anwendung fanden. Eine Dominikanerschule auf der Insel Santo Domingo erhielt die Bezeichnung *Universidad de Santo Tomás de Aquino*, bevor die erste Universität in Amerika in Santiago de la Paz gegründet wurde, weniger als 50 Jahre nach der Entdeckung des Kontinents. Mexiko und Lima waren die ersten Universitäten auf dem Festland (1551 gegründet), dann kamen die Universität von San Carlos de Guatemala (1676) und viele andere sowohl staatliche als auch kirchliche Universitäten hinzu. Diese Einrichtungen dienten zur Ausbildung der Kreolen und nahmen spanische Universitäten – besonders die von Salamanca und Alcalá de Henares, zur damaligen Zeit die bekanntesten – zum Vorbild, wobei die Ideologie der jeweiligen Ordensgemeinschaft, die sie leitete, vorherrschte. Die Dominikaner folgten den Ideen von Thomas von Aquin, die Franziskaner denen von Duns Scotus und die Jesuiten denen von Francisco Suárez.

Der Erfolg dieser schnellen und wirksamen Form der Verbreitung der Kultur wird an der blühenden literarischen und künstlerischen Produktion deutlich. Bücher fanden eine breite, kontrollierte Verbreitung in Amerika, nachdem die Besiedlung einigermaßen gesichert war. Die Bibliotheken der öffentlichen Verwaltung und der Kirche sowie die vielen Privatbibliotheken zählten zahlreiche Bände, was beweist, daß das Buch ein wirksames Mittel zur Hispanisierung gewesen sein muß, genau so wie es später die Unabhängigkeitsbestrebungen unterstützte, ein Mittel zur Europäisierung der Gesellschaft also, da man sich nicht auf spanische Autoren beschränkte, was aus der großen Vielfalt der Bücher dieser Bibliotheken zu erkennen ist. Profitiert davon hat die Literatur der Kolonialzeit, bei deren Autoren die Quellen ihrer Inspiration leicht aufzuspüren sind: sogar bei so bedeutenden Autoren wie dem Inka Garcilaso de la Vega (Gomez Suárez de Figueroa), der in Spanien eine humanistische Bildung genossen hatte, die ihm dabei half, die Geschichte seines Volkes – Inka, Spanier und Mestizen wie er selbst – niederzuschreiben. In seinen Werken *Florida del Inca* oder *Historia del Adelantado Hernando de Soto* und *Comentarios reales de los incas* sowie *Historia General del Perú* beschreibt er die zivilisatorische Arbeit der Inka als Vorbereitung auf die Ankunft der Spanier, ein Prozeß, der in der Eingliederung des Inkareiches ins spanische Herrschaftsgebiet und im Christentum ihren Höhepunkt findet. Es ist seine eigene Sehnsucht nach Identität, nach der Identität eines Mestizen, der keine der beiden Rassen verleugnet. Dieser Teil seiner Ideen fand in der kolonialen Gesellschaft Anklang.

Alle literarischen Gattungen fanden im kolonialen Amerika Anhänger, es gab bedeutende Zirkel, in denen die italienische Renaissancelyrik bis hin zum Mysterienspiel vertreten waren. Die italienische Lyrik wurde von Dichtern wie Gutierrez de Cetina, Francisco de Terrazas oder Mateo Alemán kultiviert, die Petrarca, Dante, Tasso, Ariost und Vergil zum Vorbild nahmen. Das epische Gedicht, darunter ein außergewöhnliches Werk mit rein amerikanischem Inhalt, *La Araucana*, wurde auch von Pedro de Oña geliebt, der in seinem Werk *El Arauco domado* das amerikanische Bewußtsein jedoch kaum anspricht. Diese italienische Tradition wurde im 17. Jahrhundert von dem schwülstigen, unnatürlich gezierten Stil des Kultismus abgelöst. Es ragen in Peru Juan de Espinosa aus Cuzco, als *El Lunarejo* bekannt, und in Mexiko Bernardo de Balbuena und Diego de Hojeda heraus. Die beiden Mexikaner wurden mit ihren Werken *Grandeza Mexicana* und *La Cristiada*, dank den Anleihen aus den Werken der Antike – Homers, Vergils und Ovids –, berühmt.

Sor Juana Inés de la Cruz, eine mexikanische Nonne, ist aber die bedeutendste Figur dieser Zeit. Sor Juana, die ihr Recht auf höhere Bildung vehement verteidigte und sich der Literatur widmete, was für eine Frau und Nonne damals fast unvorstellbar war, zeigte eine tiefe Kenntnis des *Siglo de Oro* (Goldenes Zeitalter der spanischen Literatur, 17. Jahrhundert). Ihr umfangreiches Werk – *Neptuno Alegórico, Primer Sueño, Respuesta a Sor Filotea* usw. – zeugt von der Bewandertheit der Nonne in vielen kulturellen Aspekten. Ihre biographischen Daten unterstützen diese Behauptung, obwohl sie oft Themen wählte, von denen sie nur aus zweiter Hand erfuhr. In ganz Amerika kann man nur den Peruaner Juan del Valle y Caviedes mit ihr vergleichen, der den schwulstigen Stil des Gongorismus der Sor Juana Inés de la Cruz ablehnte und den ironischen und spöttischen Stil Quevedos vorzog, mit dem er die peruanische Gesellschaft jener Zeit provozierte.

Das hier kurz Dargestellte – man könnte die Reihe der Beispiele bis ins Unendliche fortführen – greift die Fragen vom Anfang dieses Beitrages zur Entwicklung der Kultur in den amerikanischen Städten wieder auf. In all diesen Beispielen findet man eine Identifikation mit dem amerikanischen Kontinent, aber die Identifikation mit der spanischen Kultur ist auf der anderen Seite so offensichtlich, daß man diese Werke auch zum spanischen Kulturgut zählen muß. Das ist einer der Punkte, die für die Annahme einer einheitlichen Kultur im ganzen Kolonialreich sprechen, was erst Ende des 18. Jahrhunderts in den Unabhängigkeitsbestrebungen unterbrochen wird.

Etwas Ähnliches ist auch von der Baukunst und der Bildhauerei zu berichten. Die jeweilige europäische Stilrichtung hatte entscheidenden Einfluß bei der Gestaltung der verschiedenen Gebäude in Amerika. In den großen Hauptstädten der Vizekönigreiche, Sitze der Verwaltungen im ständigen Kontakt mit Madrid, erkennt man den Wunsch, genau das, was die europäische Mode diktiert, zu reproduzieren. Eine andere Frage ist, ob es auch gelang.

Im kulturellen Bereich wiederholt sich das gleiche Prinzip, das wir *Vielfalt in der Einheit* nennen könnten. Vielfalt in den Erscheinungsformen, Einheit im Ziel aller künstlerischen Ausdrucksformen: die Einbettung in die abendländische Gesellschaft. Die Kathedrale von Mexiko und die Kirche von Callao in Peru zeigen, daß das architektonische Reservoir breit gefächert war, daß Formen und Verzierungen sehr unterschiedlich sein konnten, daß aber das gemeinsame Ziel war, das Christentum und somit die Macht der Kirche zu verwurzeln, wobei die Kunst bei der Darstellung der Szenen die Gläubigen in ihren Bann ziehen sollte. Die koloniale Architektur in Amerika benutzt vornehmlich eine Fassade mit Darstellungen, um das Innere der Kirche mit der Außenwelt zu verbinden. Diese Konzeption, die während der gesamten Kolonialzeit beibehalten wird, führt zu einer *Zeitlosigkeit* in der Kunst, da neue Stile nie die alten ersetzen, sondern nur die Möglichkeiten der Darstellung bereichern, was der Purist natürlich ablehnen würde. Erinnern wir aber daran, daß innerhalb von weniger als 50 Jahren Gotik, Mudejar-Stil, Renaissance, Manierismus und die Anfänge des Barocks nebeneinander existierten, da sie alle einer einzigen kulturellen Tradition entstammten, der europäischen, die sich im Endeffekt durchsetzen sollte. Die großen öffentlichen Bauten mußten von Madrid gutgeheißen werden, oft schickte die Zentralverwaltung sogar die Pläne und die Baumeister, um so eine maximale Hispanisierung zu erreichen. Auch bei den restlichen Bauwerken wurden immer die Neuerungen aus Europa, die die Ordensleute mit Architekturkenntnissen mitbrachten, berücksichtigt. Das Interessanteste an diesen Werken ist, daß sie für Amerika ganz neu sind; man sollte sie aber nicht mit ähnlichen zeitgenössischen Werken in Europa vergleichen.

Viele gotische Gewölbe, die in Amerika während des 18. Jahrhunderts entstanden, sind mit den antiken Säulen, die während vieler Jahrhunderte in Europa immer wieder errichtet wurden, zu vergleichen. Man sollte beide nicht als Anachronismus herabwürdigen, denn es ist durchaus legitim, eine Form zu kopieren oder nur Teile von ihr, wie es in Amerika geschah. Den Zugang zum Verständnis dieser stilistischen Besonderheiten ermöglicht nur eine umfassende Analyse der kolonialen Kultur.

Bei den bildenden Künsten, Malerei und Bildhauerei, die ja

ihre Botschaft im Bild festhalten, standen die religiösen Themen in Vordergrund, die, abgesehen von ihrem ästhetischen Wert, die mittelalterliche Idee wieder aufnahmen, daß die Kunst die »Bibel für die Armen« sein solle. Daher war die Auswahl der Themen und Motive der entscheidende Faktor: Die Kirche behielt sich einmal mehr das Kontrollrecht vor, was herausragenden Leistungen der Malerei, aber auch der Bildhauerei im Wege stand. Der Einfluß der Kirche war auch in Spanien selbst ausschlaggebend: sie bestimmte die Auswahl der Themen und die Verbreitung der Kunst, doch im Mutterland teilte sie diese Rolle mit dem Hofe und dem reichen Landadel, während sie in den Kolonien als wichtigster Auftraggeber die Künstler kontrollieren konnte, zumal es dort nicht einmal Künstlerverbände gab. Die Künstler befolgten die Normen, die in den Provinzialkonzilen festgelegt wurden, die ihrerseits die Umsetzung der Beschlüsse des Konzils von Trient im Sinne hatten.

Sowohl in Mexiko wie in Lima trafen Künstler aus ganz Europa ein, und von dort aus verteilten sie sich auf die verschiedenen Städte. Das führte einerseits zu unterschiedlichen Stilrichtungen, andererseits zu einem einheitlichen Charakter des ikonographischen Repertoires. Beispielsweise wiederholen sich die gleichen Themen während der drei Jahrhunderte spanischer Herrschaft immer wieder. Neben den verschiedenen individuellen Besonderheiten und stilistischen Entwicklungen, die es natürlich gab, herrschten in der Kunst manche Modelle vor, zeitlose Prototypen und Ausdrucksformen, die alle Grenzen überschreiten. Die europäischen Kupferstiche dienten immer wieder als Vorlage, die Darstellungen darin erhielten Symbolwert, worin gerade die Typifizierung zu erkennen ist. Dies trat besonders in dem Moment in den Vordergrund, in dem die Gegenreformation Kriterien für die Verbreitung neutestamentarischer Themen und für die Bekanntmachung der Heiligengeschichten festlegte.

Es wurden auch viele Themen aus der Antike dargestellt, selbstverständlich unter Berücksichtigung kirchlicher Moralvorstellungen, doch diese Werke blieben Intellektuellenzirkeln vorbehalten, den einzigen, die die Aussagen verstanden. Die riesigen Allegorien, die vor allem bei öffentlichen Feierlichkeiten wie Ankunft eines Vizekönigs, Geburt eines Prinzen oder Tod eines Herrschers die Straßen und Triumphbögen schmückten, sollten das Volk beeindrucken und so die Macht Spaniens zeigen.

Neben dieser städtischen Kultur, auf die wir uns bis jetzt bezogen haben und die wir abendländisch-zentriert definieren könnten oder sogar Spanien-zentriert mit lokalem Einschlag, gibt es eine ganz andere Kultur bei der ländlichen Bevölkerung, besonders in den sogenannten »Indianerdörfern«. Dort trifft man zwar auch auf verschiedene abendländische Elemente, die von oben herab diktiert werden, die aber in die alten Systeme vor der Eroberung mit einbezogen werden und somit für die Indianer besser zu verstehen sind.

Diese künstlichen Eingliederungen zielten auf eine bessere Kontrolle der Bevölkerung und der Produktion hin; die Indianer wurden in ein allgemeingültiges Dorfmodell hineingezwängt: ein Hauptplatz im Mittelpunkt des Dorfes mit den bedeutendsten Gebäuden und etwas weiter entfernt die Wohnhäuser.

Das Zentrum des Dorfes bildete das Kloster, das sich auf europäische Vorbilder des Mittelalters stützte, während dieser Zeit aber in Amerika eine ganz besondere Funktion in der Dorfgemeinde erhielt. Sowohl Kirche als auch Kloster richteten sich nach dem Leben der Mönche. Das Prinzip der Selbstversorgung wurde übernommen, die religiösen Pflichten eingehalten, für die Verbreitung der Kultur und für Gesundheitsfürsorge gesorgt. Die Kirchen waren allgemein einschiffige Gebäude mit vieleckiger Apsis und Kreuzgewölbe, die Zellen und die Nebengebäude lagen um den Kreuzgang des Klosters herum. Natürlich führte jede Ordensgemeinschaft eigene Neuerungen bei ihren Gebäuden ein, selbstverständlich wurden die verschiedenen stilistischen Trends und Entwicklungen in der künstlerischen Ausgestaltung übernommen, aber im Grundsätzlichen glichen sich alle Klöster, die während eines knappen halben Jahrhunderts gebaut wurden, was von einer sehr regen Missionsarbeit zeugt.

Die eingeführten Neuerungen dienten der speziellen Funktion und Daseinsberechtigung der Klöster in diesen Indianerdörfern, der Christianisierung einer großen Zahl von Menschen also. So wurden die freien Plätze von den Mönchen besonders berücksichtigt, etwas, was der indianischen Tradition sehr nahe stand, da ihre Kulthandlungen und Zeremonien nie im Innern der Tempel stattfanden. Der freie Platz vor dem Hauptportal der Kirche und des Klosters wurde als großes Atrium angesehen, auf dem alle Arten von Gottesdiensten, so z. B. auch die heilige Messe, abgehalten wurden. Dabei stand der Priester unter dem großen Balkon oder in einer offenen Kapelle, den berühmten Indianerkapellen, die zwar die verschiedensten Formen, aber ein gemeinsames Ziel hatten: den Glauben einer großen Menge von Bekehrten zu verkünden. Es gab auch andere typische Kapellen an den Ecken des Atriums, vor denen bei Prozessionen gebetet wurde.

Die Rolle des Indianers bei der Wahl dieser charakteristischen Formen war eher passiv, obwohl ihm die Gebäude galten. Beim Bau dieser Einrichtungen waren die Indianer reine Hilfsarbeiter, sie spielten darüber hinaus keine signifikante Rolle und konnten keine Veränderungen einführen. Alle Anlagen der freien Plätze, die die Ordensgemeinschaften in den Indianerdörfern realisierten, hatte klare Vorbilder in Europa: Es werden alte Formen, die in Spanien schon aus der Mode gekommen waren, aus purer Notwendigkeit wieder eingeführt, z. B. die typischen Klosterfestungen des Grenzgebietes, die zur Verteidigung dienten. Besonders in den Fassaden der mexikanischen Klöster des 17. Jahrhunderts findet man aber klare vorkolumbische Details, was auf das Überleben einer indianischen Symbolsprache hindeutet. Manche Rituale besaßen offensichtlich heidnischen Charakter, was aus offiziellen Dokumenten jener Zeit, aber auch aus jenen des 17. und 18. Jahrhunderts hervorgeht.

Bei anderen Objekten überdauerten die Formen aus voreuropäischer Zeit bis weit in die Kolonialzeit hinein (manche Beispiele dafür werden in dieser Ausstellung gezeigt) und bezeugen, daß trotz einer politischen, sozialen und religiösen

Struktur der kolonialen Gesellschaft, die, wie wir gesehen haben, aus Europa stammt, verschiedene Elemente aus der vorkolonialen Zeit lebendig geblieben sind. Schwierig dabei ist aber die Interpretation der Bedeutung dieser Elemente. Die *Keros* (Holzbecher der Inka), die Grabbeigaben aus Keramik, manche Stoffe, die mit indianischen Techniken neue Materialien verarbeiten und eine eindeutig europäische Ikonographie zeigen, sprechen von einer Mischkultur im Andengebiet, die nur innerhalb dieser komplizierten kolonialen Gesellschaft mit fließenden Grenzen zwischen den verschiedenen Rassen entstehen konnte.

Auch bei der Kleidung der Indianer in diesen Dörfern erkennen wir die kulturelle Integration, eine Integration in die abendländische Kultur, die nicht nur erlaubt, sondern sogar gesetzlich vorgeschrieben wurde, bis man Ende des 18. Jahrhunderts erkannte, daß diese Äußerungen indianischer Kultur auf einer für den Fortbestand der Vizekönigreiche sehr gefährlichen Entwicklung beruhte. In diesem Sinne kann die Figur des Kaziken die zwiespältige Situation, in der sich die Indianer befanden, zeigen. Dieser Mann, in den meisten Fällen ein Vertreter des indianischen Adels, war in den Dörfern die Autoritätsperson und spielte die Rolle des Mittlers zwischen den Kulturen. Er vereinte Elemente beider Kulturen, er kleidete sich beispielsweise zum Zeichen seiner Würde nach Art der Spanier, handelte aber nach eindeutig von den Vorfahren ererbten Modellen bei der Organisation der dörflichen Gesellschaft. Im Bereich der Religion gaben Küster und Kirchendiener den indianischen Riten eine christliche Form, um die Kirchenvertreter zufriedenzustellen, was aber mit der Zeit zu einem wirklichen religiösen Synkretismus, der noch heute zu beobachten ist, führte.

Diese Mischungen und ihre Ausdrucksformen werden unter der Sammelbezeichnung »Folklore« zusammengefaßt, und eine Aufzählung der unzähligen Beispiele dafür würde sich als unmöglich erweisen. Jedenfalls handelt ein hoher Prozentsatz der Bevölkerung Lateinamerikas, vor allem in abgelegenen Ortschaften, nach diesem Verhaltensmuster.

Etwas Ähnliches beobachtet man bei der Verbreitung und Bewahrung der indianischen Sprachen. Das Interesse der Krone an einer Christianisierung der Indianer und der Wunsch, die Grundgedanken des Christentums so klar und deutlich wie möglich zu erklären, führte bald zur Aufgabe der Form der Unterrichtung der Indianer im christlichen Glauben, die man anfänglich versucht hatte. Die Idee, daß die Indianer zuerst einmal Spanisch zu lernen hatten, wurde nicht weiter vertreten, und man schrieb gesetzlich vor, daß die Prediger eine perfekte Beherrschung der jeweiligen Sprache vorweisen mußten, bevor sie irgendeinem Volk den Glauben verkünden durften. Die vielen Verordnungen zu diesem Thema und die Strafen, die bei ihrer Nichtbefolgung verhängt wurden, bezeugen die Bedeutung, die diesem Grundgedanken gegeben wurde.

Wenn wir bedenken, daß die Sprache das wichtigste Mittel zur Weitergabe einer Kultur ist, so wird klar, daß sich die Erhaltung einiger Indianersprachen – insbesondere *Nahuatl, Quechua* und *Aymara* – sehr positiv auf das Weiterbestehen vieler kultureller Elemente diese Völker auswirkte. Nach der Konquista dienten Bilder und die Umschrift vieler indianischer Laute dazu, die mündlich überlieferte Geschichte festzuhalten. In Mexiko finden wir eine Vielzahl dieser Werke bis tief ins 17. Jahrhundert hinein, wobei die meisten von anonymen Verfassern stammen. Hier müssen in erster Linie Fernando de Alva Ixtlilxochitl und Hernando de Alvarado Tezozómoc als Verfasser einiger wichtiger Chroniken aus der Geschichte ihres eigenen Volkes erwähnt werden. Es gibt außerdem in *Quiché* verfaßte Bücher – *Libros de Chilan Balam, Títulos de la Casa Ixquin Nehaib, Señora del Territorio de Otzoya* usw. – und andere in *Quechua* – *Apu Inca Atawalpaman, Runapag Llaqui* –, die León Portilla dazu benutzte, um seine Sicht der besiegten Indianer offenzulegen, in der er uns den endgültigen Identitätsverlust bewußt nachvollziehen läßt, den er mit einem Fatalismus akzeptiert, über den die schönsten poetischen Worte nicht hinwegtäuschen.

Die Rolle des indianischen Dolmetschers – der »Zunge«, wie er damals genannt wurde – war im Versuch der Indianervölker, ihre Rechte bei den spanischen Behörden geltend zu machen, von größter Bedeutung. Seine Beteiligung bei der Eroberung des eigenen Landes war entscheidend, wovon z. B. der Bekehrungseifer einer Doña Marina eindeutiger Beweis ist.

Trotz der strengen Gesetzgebung während der gesamten Kolonialzeit setzte sich natürlich die Realität durch, und es entstanden viele unterschiedliche Situationen, da nicht bei allen indianischen Völkern die Tradition fest verwurzelt war, noch ein Anführer mit ausreichender moralischer Autorität vorhanden war, um die Gruppe zusammenzuhalten, was eine Übernahme abendländischer Strukturen hätte verhindern können. Die Behörden vor Ort zeigten sich oft permissiv, besonders bei den Ortschaften, die weit entfernt von den Städten lagen. Wenn ein einziger Pfarrer verschiedene weit auseinanderliegende, schwer zugängliche Gemeinden betreuen mußte, so konnte er nicht die nötige Kontrolle ausüben; die Verantwortung lag bei den örtlichen Kirchendienern, wie wir schon oben erwähnten.

Diese Dichotomie zwischen Theorie und Praxis während der gesamten Kolonialzeit verhinderte aber nicht die Versuche, auf dem amerikanischen Kontinent die Utopien eines Thomas von Aquin oder eines Augustinus zu verwirklichen, bei denen der Indianer als Hauptperson einer idealen Gesellschaft gesehen wurde – natürlich vom Blickwinkel der Europäer aus –, der nicht nur seine eigenen Traditionen beibehält, sondern die positivsten Aspekte abendländischer Kultur übernimmt. Die Arbeit des Bischofs Vasco de Quiroga in Michoacan (Mexiko) ist in diesem Sinne beispielhaft, da er versuchte, eine Behandlung der Indianer nach den Idealen des christlichen Glaubens zu verwirklichen und ihnen auf allen Gebieten des Lebens hilfreich zur Seite zu stehen. Nach dem Tode des Bischofs wurde zwar noch lange dieses außergewöhnlichen Menschens gedacht, sein Werk aber nicht weitergeführt. Eine trotz aller Unterschiede im Grunde ähnliche Haltung entwickelten die Jesuiten im Süden des Kontinents, in Gebieten des heutigen Paraguay, Peru und Bolivien. Die Gesellschaft Jesu organisierte Gemeindewesen am Rande der üblichen kolonialen Schemata, obwohl einige Elemente davon übernommen wurden. Basis für ihr Gesellschaftssystem war die Selbstversorgung, was keine großen Dörfer zuließ. An einem großen Platz lagen die Gemeindehäuser, die Kirche, die Schule und der Friedhof, eine Anordnung, die manchmal variiert werden mußte, um sich besser an die Mentalität des jeweiligen Indianerstammes anzupassen; im Vordergrund blieb aber die Christianisierung.

Die Überreste dieser Ortschaften zeigen sehr eigenwillige Interpretationen der europäischen Stile, so wie diese Völker sie verstanden, was besonders beim so beliebten Barock der Kolonialzeit in jenen Ortschaften zu beobachten ist.

All diese Beispiele stammen aus dem Bereich der indianischen Mehrheit und zeugen von der Erhaltung eigenständiger kultureller Elemente, was auf Betreiben der herrschenden Spanier realisiert wurde. Diese hatten den Wunsch, die Indianer zum Christentum zu bekehren, zu dem das Volk in Spanien sich damals praktisch ausnahmslos bekannte. Der religiöse Synkretismus, den wir dargestellt haben, ist Ergebnis einer wirklichen oder simulierten Übernahme christlicher Wertvorstellungen von seiten der Eingeborenen. Der Konflikt wird später ausbrechen, wenn die Indianer ihre Permissivität, die sie so charakterisiert, ablegen.

Literatur

ESTEVE BARBA, F.: Cultura Virreinal in Historia de América y de los pueblos Americanos, Barcelona 1965

FRANCO, J.: La cultura hispanoamericana en la época colonial, in: Historia de la Literatura Hispanoamericana, Bd. I., Madrid 1982.

GASPARINI, G.: América, Barroco y Arquitectura, Caracas 1972.

GIBSON, Ch.: Los aztecas bajo el dominio español (1519–1810), México 1967.

GISBERT, T.: Iconografía y ritos indígenas en el arte, La Paz 1980.

HENRIQUEZ UREÑA, P.: Historia de la Cultura en la América Hispana, México 1947.

HERNANDEZ SANCHEZ BARBA, M.: Historia y Literatura en Hispanoamérica. La visión intelectual de una experiencia, Madrid 1978.

JIMENEZ RUEDA, J.: Historia de la Cultura en México. El Virreinato, México 1950.

LEON PORTILLA, M.: La visión de los vencidos. Relaciones indígenas de la conquista, México 1980.

O'GORMAN, E.: La invención de América, el universalismo de la cultura de occidente, México 1958.

PICON SALAS, M.: De la conquista a la independencia. Tres siglos de historia cultural hispanoamericana, México 1958.

REYES VALERIO, C.: Arte Indocristiano. Escultura del siglo XVI en México, México 1978.

ZAVALA, S.: Etapas de recepción de influencias y eclecticismo en la cultura colonial en América, in: Revista Hispánica Moderna, 1–4, New York 1963.

BEDEUTUNG UND ENTWICKLUNG DER »PERLMUTT-BILDER« IN DER MEXIKANISCHEN MALEREI IM 17. JAHRHUNDERT

Maria Concepción García Sáiz
Museo de América, Madrid

Im 16. Jahrhundert hatte sich das künstlerische Schaffen der im Vizekönigreich Neu-Spanien lebenden Maler vor allem auf die Gestaltung der zahlreichen Wandgemälde in den Kreuzgängen und anderen Räumen der Klöster und auf die Bemalung der unzähligen Altarbilder in den Hunderten von Kirchen gerichtet, die in einer frenetischen, schwer zu begreifenden und noch schwerer zu überbietenden Aktivität erbaut worden waren. Das folgende Jahrhundert war hingegen durch das Entstehen und Wirken einer Malschule gekennzeichnet, die sich deutlich von den anderen amerikanischen unterschied und eine gewisse Abhängigkeit von künstlerischen Tendenzen in Spanien erkennen läßt, die ihrerseits Einflüsse aus anderen Ländern weitervermittelten. So finden wir in der neuspanischen Malerei des 16. Jahrhunderts den Manierismus andalusischer Prägung, der im Werk von Malern wie Luis Xuárez oder Baltasar de Echave Ibía zum Ausdruck kommt; die minuziösen, dem Stil der Renaissance angepaßten Zeichnungen vor allem von López de Herrera; strenge, Zurbarán nachempfundene Gemälde, die über einige seiner Schüler wie Sebastián López de Arteaga in die Neue Welt gelangten und die eindeutig im Werk jener vorzufinden sind, die seinen Stil nachahmten, z. B. Luis Xuárez; und schließlich einen klaren Barockstil, wie er im umfangreichen Schaffen von Malern wie Correa und Villalpando zu finden ist, die hervorragende Vertreter der Epoche von der zweiten Hälfte des 17. Jahrhunderts bis hinein ins 18. Jahrhundert sind.

Hierbei herrschte die typisch gegenreformatorische Ikonographie vor, bei der die dem Leben Christi und Marias gewidmeten Bilder eine besondere Entwicklung erfuhren; gleichzeitig entstanden die langen Zyklen, die das exemplarische Leben der Heiligen verherrlichen sollten, die (wie z. B. der heilige Ignatius von Loyola) Vorkämpfer für die neuen Postulate der katholischen Kirche waren. Demgegenüber waren die Themen des Alten Testaments und die sich auf den eschatologischen Fragenkatalog beziehenden Allegorien zweitrangig oder gar bedeutungslos.

Die Mariendarstellungen, wie auch die der Jungfrau der Apokalypse, die auf dem ganzen Kontinent so große Bedeutung hatten, erfuhren im Laufe jenes Jahrhunderts ganz verschiedene Gestaltung; es war die Folge der Anpassung der mexikanischen Maler an die neuen, über die Heiligenbilder verbreiteten Vorbilder und an die neuen Stile, die die zahlreichen, im wesentlichen aus Spanien exportierten Werke nach Amerika brachten; diese waren entweder Auftragsarbeiten, die (wie im Falle Zurbaráns) bestimmte Künstlerwerkstätten durchführten, oder sie waren ein Teil der umfangreichen Ausstattungen der großen Persönlichkeiten der Epoche. Echave Ibía fertigte 1620 ein prächtiges Ölgemälde mit diesem Thema an, das von Cristóbal de Villalpando ein halbes Jahrhundert später wieder aufgenommen wurde. Die Veränderungen, die zwischen den beiden Werken stattgefunden haben, sind enorm, auf beiden wird jedoch als gemeinsames Merkmal die Vorliebe für den dekorativen Stil beibehalten, der die in dieser Periode entstandenen Bilder eindeutig charakterisiert. Auf dem in der Pinacoteca Virreinal in San Diego (Mexiko) ausgestellten Ölgemälde hat Echave eher eine »Immaculata« als Vorbild verwendet, die von Symbolen der Litanei umgeben ist und die aufgrund der Legende als »tota pulchra« bekannt ist. Diese war schon bei den Malern des vorherigen Jahrhunderts sehr beliebt, und sowohl die Gestalt als auch die sie umgebenden Elemente vermitteln eine tiefe Gelassenheit. Nur in den Falten des Umhangs der Jungfrau ist eine genau studierte Bewegung zu erkennen, die es dem Maler erlaubt, mit der Mannigfaltigkeit der Stoffe zu spielen. Um jegliche Spannung zu vermeiden, windet sich sogar die Gestalt des Bösen, der Drache, um die Mondsichel, auf die sich Maria stützt, und bildet so eine künstlerische Arabeske. Im Gegensatz dazu wird auf dem Bild Villalpandos, das dem Museo Bello in Puebla gehört, der Bewegung der von Johannes in Patmos beschriebenen Vision freier Lauf gelassen, und sowohl der schöne Erzengel, der sich auf den Drachen stürzt, als auch die Jungfrau selbst sind die Protagonisten. Bei diesem Werk ist eindeutig der Einfluß zu sehen, den Rubens auf die Maler in den Kolonien ausübte, und Villalpando wurde frühzeitig einer seiner persönlichsten Interpreten. Für ihn bedeutet Farbe alles, und die Form dient nur als deren Unterstützung, folglich liegt ihm weder an einer sorgfältigen Zeichnung noch an einer proportionierten Schönheit; für ihn ist die Ausdruckskraft fundamental, und so wiederholen sich bei ihm die Häßlichkeit seiner Gestalten und die verschwommenen Umrisse einiger seiner Gegenstände immer wieder.

Im Laufe des Jahrhunderts finden wir in der neuspanischen Malerei zahlreiche ähnliche Beispiele, und man kann sowohl eine Aufeinanderfolge verschiedener Stile wie auch die Beibehaltung der früheren über einen längeren Zeitraum feststellen; deshalb kann diese Malschule zeitlich nicht eindeutig festgelegt werden, was charakteristisch für sie und die übrigen amerikanischen Schulen ist.

Inmitten dieses lebhaften künstlerischen Panoramas mit mittelmäßigen, aus Europa gekommenen Malern, die »ihr Amerika zu gestalten« versuchten, mit Schülern, die zum erstenmal einen Pinsel in der Hand hielten, und mit zahlreichen im Vizekönigreich geborenen und dort künstlerisch ausgebildeten Kreolen, Mestizen und Mulatten, die Meister in der Kunst der Malerei waren, entstand eine Bildgattung, die nach einem Zeitraum von maximal 100 Jahren wieder verschwand. Sie ist unter dem Gattungsnamen »Enconchadas« (Perlmutt-Bilder) bekannt und weicht sowohl in Thematik wie Technik von dem oben Gesagten ab.

Die »Perlmutt-Bilder« und ihre Meister

Der bedeutsamste Aspekt dieser Bilder ist zweifellos ihre Technik, die eine Reihe bis zu jener Zeit völlig ungewöhnlicher Elemente des malerischen Schaffens vereinigt. Den originellsten Beitrag stellt dabei die Verwendung von Perlmutt dar, das ein wesentlicher Bestandteil des Werkes ist. Nicht umsonst gibt es der ganzen Gattung seinen Namen.

Die ersten bekannten Werke, aus den sechziger Jahren des 17. Jahrhunderts, weisen schon die technischen Merkmale auf, die im Verlauf der gesamten Schaffensperiode beibehalten werden und nur geringfügige Veränderungen erfahren. Diese materielle Homogenität ist derart ausgeprägt, daß es enorm schwierig ist, die zahlreichen anonymen Bilder zuzuordnen, vor allem auch wegen der geringen Anzahl namentlich bekannter Maler. Aus diesem Grund bewegen wir uns bei der Erstellung einer Chronologie immer noch im Bereich der Hypothese. In diesem Sinne ist daran zu erinnern, daß erst vor kurzem selbst die Herkunft der Maler endgültig bestimmt wurde, da man lange zwischen Spanien und Neu-Spanien schwankte. Durch Dokumente wurde belegt, daß mehrere Künstler, die sich fast ausschließlich dieser Technik widmeten, gewöhnlich in Neu-Spanien lebten.

Sowohl wegen der in diesen Bildern dargestellten Themen – religiöse und profane – als auch wegen der besonderen Dimensionen dieser Werke können wir annehmen, daß sie nicht wie die Mehrzahl der zeitgenössischen Malerei dazu bestimmt waren, die verschiedenen, in jener Zeit noch errichteten Altaraufsätze zu schmücken oder als Dekoration für die weiträumigen Sakristeien zu dienen, in denen die großen, Ende des Barocks geschaffenen Ölgemälde allmählich die Wandmalereien verdrängten. Es handelt sich vielmehr um Bilder, die für kleinere Räume bestimmt waren, in denen sich der Betrachter dem Werk bis auf eine geringe Entfernung nähern mußte, um so alle Einzelheiten würdigen zu können. Ein in großer Höhe oder in einer weiträumigen Halle aufgehängtes »Perlmutt-Bild« verliert jeglichen Sinn, denn weder die technischen Effekte noch der größte Teil der Kompositionselemente können so wahrgenommen werden, da in keinem Fall große Figuren dargestellt werden; im Gegenteil beweisen bei dieser Gattung die Maler wiederholt ihre Vorliebe für Szenen mit vielen Figuren und bezeugen ein besonderes Interesse für eine skizzenhafte Darstellung des Hintergrundes. Es handelte sich vielmehr um Werke, die im Falle der religiösen Themen für Innenräume von Klöstern und Kirchen bestimmt waren, wobei auch nicht die zahlreichen gläubigen Privatkunden zu vergessen sind, die sie für ihre Häuser begehrten. Im Falle der historischen Themen gehörten die Abnehmer wohl dem neuspanischen oder spanischen Adel an.

In Spanien bewahrten diese Bilder lange Zeit den ihnen durch die Technik verliehenen exotischen Charakter, und als derartige Sammlungsstücke wurden sie von einigen der privaten Besitzer aufbewahrt oder öffentlich ausgestellt. Für Kunstwerke, die aus Amerika kamen und sich nicht den europäischen Richtlinien anpaßten, war es ziemlich schwer, sich in der offiziellen Kunstwelt Zugang zu verschaffen. Das lag in diesem Fall an den technischen Abweichungen, bei anderen an der Thematik, die mehr vom ethnographischen als vom künstlerischen Standpunkt aus geschätzt wurde.

Diese Bilder sind auch ein Beweis dafür, wie orientalische und insbesondere japanische Dekorationstechniken direkt oder indirekt in die westliche Welt eingedrungen waren und entsprechend den Interessen der europäischen Kulturtradition angepaßt oder modifiziert wurden. In dieser Hinsicht vereinigen die »Perlmutt-Bilder« verschiedene Einflüsse und schaffen ein völlig neues Genre.

Die Technik der »Perlmutt-Bilder«

Die verschiedenen Materialien, die in diesen Werken verwendet wurden, sind: eine Unterlage aus Holz, die in einigen Fällen ganz oder teilweise mit Leinwand überzogen ist; eine Gipsmasse, mit der die Oberfläche ausgeglichen und auf der die Perlmutt-Fragmente angebracht wurden; und die eigentliche Farbschicht, die aus einer wenig pastosen Ölfarbe besteht, wodurch der Transparenzeffekt hervorgerufen und der Glanz des Perlmutts verstärkt wird. Da die Perlmutt-Teilchen im allgemeinen nur für die Gewänder oder Details der Architektur und die Landschaft verwendet und Inkarnationen immer vermieden werden, mußte der Künstler die Grundlinien der Komposition in der auf der Gipsmasse ausgeführten Zeichnung festlegen, bevor die normalerweise unregelmäßigen Perlmutt-Stückchen präzise angebracht werden konnten. Nur in einigen Fällen, wie dem im Besitz des Museo de América befindlichen heiligen Josef, sind diese kleinen Plättchen rechteckig mit völlig geraden Kanten; in anderen Fällen handelt es sich um winzige Teilchen, die über große Flächen des Gemäldes verteilt sind. Im letzteren Fall wird ein weit geringerer dekorativer Effekt erzielt als bei den anderen, da der Transparenzeffekt praktisch aufgehoben wird.

Sowohl in der darunterliegenden Zeichnung als auch im endgültigen Gemälde wird etwa im Zyklus zum Leben Christi im Besitz des Museo de América eine Wellenlinie verwendet, die dem Werk eine große Ausdruckskraft verleiht. Bei anderen Werken sind hingegen die Linien der Zeichnung und der Bemalung härter und weniger ausdrucksreich.

Obgleich das Holz von den meisten Malern, die allgemein auf Leinwand oder Kupfer arbeiteten, nicht mehr als Unterlage verwendet wurde, war es in diesem Fall für eine stabile Grundfläche durchaus notwendig, damit auf dieser das Perlmutt aufgeklebt werden konnte, das anderenfalls leicht abspringen würde. Ein Maler, der die Arbeit auf Leinwand ausführen wollte, mußte diese also unvermeidlich auf einem Brett befestigen, um so die notwendige Unterlage zu erhalten. Bisher ist kein »Perlmutt-Bild« auf Kupfer bekannt geworden, und es ist unwahrscheinlich, daß eines existiert, da die Beschichtung auf einer metallenen Oberfläche kaum ausgeführt werden kann.

In vielen Fällen sind die Rahmen dieser Werke in der gleichen Technik ausgeführt, und sie werden durch Pflanzensamen oder verschiedene stielförmige Reliefelemente ergänzt. Zu Beginn des 18. Jahrhunderts wird diese Technik nicht nur auf dem Rahmen eingesetzt, sondern in das eigentliche Bild fortgesetzt, wodurch die Ornamentik verstärkt wird.

Obwohl Toussaint in eher abwertender Weise die Ansicht vertrat, alle Maler der zweiten Hälfte des 17. Jahrhunderts seien einmal Schöpfer von »Perlmutt-Bildern« gewesen, ist die wirkliche Zahl der Künstler tatsächlich gering, und es scheint nicht so, als ob diese Technik bei den Malern jener Epoche allgemein üblich gewesen wäre. Heute sind im Gegenteil nicht mehr als ein halbes Dutzend Namen bekannt, und einige davon erscheinen noch als zweifelhaft. Dies ist der Fall bei Antonio de Santander aus Puebla, der von Soria als Schöpfer von »Perlmutt-Bildern« genannt wird, von dem aber diesbezüglich nichts weiter bekannt ist; in seiner Epoche war er jedoch ein anerkannter Künstler, der wiederholt für die Kirchen und die Kathedrale in Puebla malte und zu jenen Malern gehörte, die mit der Ausführung der Gedenkbögen über den Einzug des Bischofs Fernández de Santa Cruz und des Grafen Paredes beauftragt worden waren. Das ihm bis heute zugeschriebene Werk weist im allgemeinen eine große Härte in der Zeichnung auf, die dem Stil der »Perlmutt-Bilder« fremd ist; nur seine »Purísima« in der Kirche San Miguelito in Puebla ist in einer Technik ausgeführt, die der hier beschriebenen ähnelt. Die von Soria beschriebene »Jungfrau von Valvanera« ist verschollen.

Über die Biographie eines weiteren Malers, Nicolás Correas, ist noch weniger bekannt als über seine künstlerische Produktion, die trotz der wenigen Werke eine große Vielfalt aufweist. Nicolás Correa gehörte offenbar einer umfangreichen mexikanischen Künstlerfamilie an, die Neu-Spanien Künstler sehr verschiedener Qualität geschenkt hat und deren verwandtschaftliche Beziehungen noch nicht eindeutig geklärt sind. Was Nicolás Correas künstlerisches Schaffen anlangt, so ist bekannt, daß er 1691 das Ölgemälde »Santa Rosa de Lima« signierte (Pinacoteca Virreinal, San Diego, Mexiko), 1693 das von Soria zitierte und reproduzierte »Perlmutt-Bild« »Hochzeit von Kanaan«, 1694 eine Heilige Familie auf einem »Perlmutt-Bild«, das sich in Privatbesitz in Mexiko befindet, 169(?) »Kreuzweg« auf einem verschollenen »Perlmutt-Bild« und schließlich 1696 ein Ölgemälde auf Holz mit dem Thema der wundersamen Brotvermehrung (Museo de América, Madrid).

Dies ist bisher der einzige Maler, von dem Werke verschiedener Technik bekannt sind, und so können wir eine große Ähnlichkeit zwischen den »Perlmutt-Bildern« und dem Ölgemälde auf Holz feststellen, nicht jedoch was die Arbeit auf Leinwand anbelangt; die Unterschiede können vielleicht den beschränkten Möglichkeiten zugeschrieben werden, die beide Techniken aufweisen. Trotz allem, und im Unterschied zu den meisten Werken Santanders, behält Correa in seiner ganzen Malerei einen relativ einheitlichen Stil bei, in dem die Zeichnung nicht von Bedeutung ist.

Schließlich verweisen wir auf die Mitglieder der Familie Gonzáles, die traditionell als Vertreter der »Perlmutt-Malerei« par excellence betrachtet werden. Toussaint wollte sowohl sie als auch ihre Werkstatt in Spanien ansiedeln, aber was in ihrem Werk schon offenkundig wurde, wird durch

Dokumente weiter bestätigt: Ihr künstlerisches Schaffen vollzog sich in Mexiko, und wenn auch ihre Herkunft unbekannt ist, gehören sie doch in die mexikanische Malschule. Juan González ist das erste Mitglied dieser Familie, von dem »Perlmutt-Bilder« belegbar sind; 1662 signierte er eine Anbetung der Hirten (Smithsonian Institution), 1697 eine dem Leben des heiligen Ignatius gewidmete Serie (in verschiedenen Privatsammlungen in Mexiko, Argentinien und Spanien), 1698 arbeitete er gemeinsam mit Miguel González an einer Serie über die Eroberung Mexikos (Museo de América, Madrid), 1699 nahm er zwei neue Serien mit religiöser Thematik in Auftrag, die er jedoch nicht ausführte, und mehrere Jahre später, 1717, malte er den heiligen Michael. Ein so langes Schaffen entspricht nicht der Zahl der bekannten Werke, denn den oben erwähnten wäre nur noch eine »Jungfrau von Valvanera« ohne Jahresangabe (Museo de América, Madrid) hinzuzufügen. Diese Werke weisen bemerkenswerte stilistische Unterschiede auf, obgleich die meisten innerhalb einer außerordentlich kurzen Zeit gemalt wurden, wie die beiden 1697 und 1698 gemalten Serien beweisen. Während die dem Leben des Jesuitenpaters gewidmeten Gemälde voller Archaismen sind und ihren Autor als einen Maler ausweisen, der über geringe Kompositionsmittel verfügt – allein die Idee, das Bild durch die Unterteilung der verschiedenen Szenen zu einem neuen Bild zu gestalten, beweist, daß es sich hier um eine sehr mittelmäßige Technik handelt –, zeigt die ein Jahr später angefertigte Serie zur Eroberung Mexikos ein völlig anderes Ergebnis. Hier ist in der Komposition eine deutliche Verbesserung festzustellen, was auf eigene Initiative oder aber den Einfluß von Miguel González zurückgeführt werden kann. Die verschiedenen Szenen, die dem Kriterium einer geschichtlichen Erzählung folgen, sind auf einheitlichere Weise konzipiert, wenn sie auch durch die Verwendung verschiedener Ebenen getrennt sind. Bei diesem Werk haben die unzähligen Personen, die Landschaftsdetails und die Ornamentik ebenfalls an Qualität gewonnen.

Die 1697 signierte Serie über Loyola kann nicht als ein Jugendwerk betrachtet werden, wenn der Maler zu jener Zeit schon mehr als 30 Jahre tätig und schon fast 60 Jahre alt war. Diese Tatsache und die erwähnten stilistischen Unterschiede deuten daraufhin, daß es sich um mehr als einen Maler mit demselben Namen gehandelt hat.

Vom letzten Meister der »Perlmutt-Bilder«, dem um 1663 geborenen Miguel González, war schon immer ein umfangreiches Œuvre bekannt. Außerdem wurden ihm viele weitere Bilder zugeschrieben. Seitdem seine Urheberschaft der historischen Serie des Museo de América erkannt wurde, gibt es kaum ein »Perlmutt-Bild«, das nicht seinem Schaffen zugeordnet wurde. Lange Zeit hindurch galt er sogar als der einzige Repräsentant dieser Technik. Tatsächlich ist dem, wie wir gesehen haben, nicht so, auch wenn ihm eine weit größere Produktion zugeschrieben werden muß als anderen seiner Zeitgenossen und folglich auch ein ausgefeilterer Stil. Auch für ihn waren offensichtlich die neunziger Jahre eine besonders interessante Zeit, nicht allein wegen der Realisierung der »Jungfrau von Guadalupe« (Museo de América, Madrid), die er 1697 und von Heiligen umgeben als Frucht des Baumes David darstellte, sondern weil es die Periode ist, in der er die bekannte Serie der 24 Gemälde über die Eroberung Mexikos durch Hernán Cortés schuf; diese gehörte bis 1776 den königlichen spanischen Sammlungen und wurde dann dem neugegründeten »Naturhistorischen Königlichen Kabinett« übergeben. Es war nicht das erste Mal, daß der Maler dieses Thema behandelte, denn das Museo de Belles Artes in Buenos Aires besitzt eine ähnliche Serie, die vom gleichen Künstler signiert wurde. Die Unterschiede in den beiden Serien sind augenscheinlich, besonders in der Art der Komposition der Szenen, die bei den Gemälden in Buenos Aires härter und bei den Madridern lockerer gestaltet sind. Letztere halten wir für die spätere, aber auch für die künstlerisch bessere. Gegen Ende des Jahrhunderts läßt der Maler die Figuren in den Hintergrund treten, indem er zwischen sie und den Betrachter Landschaftselemente einfügt, die ein größeres Raumgefühl um die Personen schaffen sollen, die ebenfalls kleiner gestaltet werden und sich mit größerer Freiheit bewegen. Auch in der Perspektive zeigt sich größere Beweglichkeit. Möglicherweise ist dies auf den Einfluß der Werke Nicolás Correas zurückzuführen, in denen schon einige der Elemente auftauchen, die am deutlichsten die Fortschritte Miguel González' kennzeichnen.

Ein weiteres höchst interessantes Werk, das von ihm – wenngleich ohne Jahresangabe – signiert wurde, sind die zwölf den verschiedenen Stationen des Lebens Christi, der Jungfrau und der Apostel gewidmeten Gemälde, die durch den als Begleittext verwendeten Text des Credo verbunden sind. Die Serie beginnt mit der Darstellung der Schöpfung der Welt und wird fortgesetzt mit Verklärung, Menschwerdung, Auferstehung, Abstieg zum Fegefeuer, Himmelfahrt, dem Jüngsten Gericht, der Erscheinung des Heiligen Geistes, zwei Predigten des heiligen Petrus, wiederum dem Jüngsten Gericht und einer Vision Johannes' des Evangelisten vom Neuen Jerusalem. Dem Text des Credo wird immer der Name eines der Apostel vorangestellt. Die verschiedenen Szenen sind eindeutig in allegorischer Absicht dargestellt, und es ist ziemlich klar, daß dem Maler als Vorlage eine gedruckte Serie europäischen Ursprungs diente, weshalb der ikonographische Beitrag sehr gering, wenn nicht bedeutungslos ist, obgleich schon einige der Formalismen auftauchen, die in seinen späteren Werken allgemein üblich sind. Aus diesem Grund möchten wir dieses Werk zeitlich zwischen die beiden erwähnten historischen Serien einordnen.

Die religiöse Ikonographie

Die Malerei der »Perlmutt-Bilder« teilt mit der gesamten neuspanischen Malerei eine besondere Vorliebe für religiöse Themen und konkret für die langen, dem Leben Christi gewidmeten Zyklen. Schon im 16. Jahrhundert war dies das Hauptmotiv der Fresken im Konvent von Epazoyucan (im Bundesstaat Hidalgo in Mexiko) oder der Altarbilder von Huejotzingo (Puebla) und Yanhuitlan (Oaxaca), die von

Malern wie Simón Pereins oder Andrés de la Concha geschaffen wurden. Im 17. Jahrhundert sind die Bilder mit dem Thema der Auferstehung von Alonso Vázquez oder López de Herrera und die Leidensgeschichte von Echave Ibía zu nennen sowie die zahlreichen Darstellungen der Anbetung, unter denen die reichen Versionen des José Xuárez besonders hervorzuheben sind. Ähnliches kann hinsichtlich der Marienzyklen gesagt werden, die nur von den unzähligen Bildern mit der Anrufung der Jungfrau übertroffen werden.

Zu ersteren gehört ein prächtiges Werk aus 24 Gemälden, in denen die bekanntesten Ereignisse aus dem Leben Christi erzählt werden, angefangen von der Anbetung der Hirten bis hin zur Auferstehung. Der Stil dieses Malers stimmt nicht unbedingt mit den schon erwähnten überein. Obgleich er dem Stil Nicolás Correas ziemlich ähnelt – die Gesamtheit seiner im allgemeinen langgezogenen Figuren scheint mit denen dieses Malers übereinzustimmen –, weist er einige Unterschiede auf, die zu Zweifeln Anlaß geben. Man sollte nicht vergessen, daß die Arbeit meistens in Werkstätten ausgeführt wurde, in denen mehrere Künstler tätig waren, die wahrscheinlich für die stilistischen Unterschiede verantwortlich sind, die innerhalb einer Serie wahrgenommen werden können. In diesem Fall ging der Maler mit besonderer Sorgfalt ans Werk, indem er die gleichmäßig geschnittenen Perlmutt-Teilchen für die Gewänder Christi reservierte, wodurch er dessen Gestalt auch technisch besonders hervorhob.

Diese im Besitz des Museo de América befindliche Serie ist bisher die einzige vollständig erhaltene, die diesem Thema gewidmet ist, und deshalb von besonderer Bedeutung. Bei anderen Gemälden kann man folgerichtig annehmen, daß sie einst Teil umfangreicherer Zyklen waren, die heute verstreut oder endgültig verlorengegangen sind.

Alles scheint darauf hinzudeuten, daß die Mariendarstellung eines der beliebtesten Themen bei den Malern dieser »Perlmutt-Bilder« war. Das Museo de América besitzt ebenfalls zwei interessante Serien aus sechs bzw. zwölf Gemälden, die deutliche Unterschiede in Inhalt und Stil aufweisen; während erstere zweifellos eine thematische und stilistische Einheit bilden, die darauf schließen läßt, daß es sich um eine komplette Serie handelt, ist bei der zweiten die Pinselführung verschiedener Künstler wie auch die Verwendung weniger orthodoxer Malweisen zu erkennen. Der mangelnde thematische Zusammenhang der Bilder des zweiten Zyklus deutet darauf hin, daß dieser vorläufig inkomplett ist und daß es sich möglicherweise nicht um eine spezifische Marienthematik handelt, da auch einige Bilder dazugezählt werden, die thematisch schwerlich in diesen Zyklus passen.

In verschiedenen amerikanischen und spanischen Sammlungen befinden sich vereinzelt auch Bilder, die vermutlich Teil einer umfangreicheren Serie waren, z. B. die Auferstehung der Sammlung F. Mayer und die Mariae Himmelfahrt aus der Sammlung Behrens (beide Mexiko). Diesen wären die zahlreichen Darstellungen der Jungfrau von Guadalupe hinzuzurechnen, die sich an vielen verschiedenen Orten befinden. Die meisten beschränken sich darauf, die bekannte Ikonographie der Jungfrau von Guadalupe zu reproduzieren; es fehlen aber auch nicht die ersten Beispiele, in denen sie als Teil der Vision Johannes' des Evangelisten dargestellt wird, wie auch eine originelle Darstellung der Jungfrau der Apokalypse. Auch von der »Schmerzensreichen« sind verschiedene Versionen bekannt.

Die religiösen Bilder werden durch die schon beschriebenen Gemälde vervollständigt, die der Allegorie des Credo gewidmet sind (Museo Nacional del Virreinato und Banco Nacional, Mexiko), sowie durch verschiedene Darstellungen von Engels- und Heiligenfiguren. Dem heiligen Ignatius ist ebenfalls eine Serie gewidmet und wahrscheinlich auch dem heiligen Franziscus Xaverius, wie aus einem im Museo de América befindlichen Gemälde zu schließen ist.

Die großen Bilder über den Triumph der Kirche und die visionären Apotheosen der Immaculata finden in diesem Genre keinen Platz, da es wegen seiner technischen Charakteristika für spektakuläre Licht-und-Schatten-Spiele oder andere effektheischende Details, die in dieser Periode von den Malern oft verwendet wurden, nicht geeignet ist.

Die profane Ikonographie

In der mexikanischen Malerei des 17. Jahrhunderts haben die profanen Themen eine weit geringere Bedeutung als die religiösen. Wenn dies schon für das spanische Mutterland selbst galt, verwundert es nicht, daß diesem Beispiel in den Kolonien in Spanisch-Amerika gefolgt wurde, wo das Thema der Evangelisierung noch im 18. Jahrhundert in vielen offiziellen Handlungen bestimmend war. Die Mythologie wurde auf gleich moralisierende Weise wie in Spanien dargestellt, das Stilleben und die Landschaftsbilder hatten in Mexiko noch weniger Bedeutung, und die historische Thematik kam nur in sehr kurzen und konkreten Darstellungen zum Ausdruck. Nur Porträts hatten eine ähnlich große Bedeutung wie die religiösen Themen, mit denen sie eng verbunden waren, wenn Geistliche verschiedenen Ranges und Gönner, und zwar eher in der Funktion ihres Amtes denn als Individuum, darauf abgebildet waren.

Die Schöpfer der »Perlmutt-Bilder« hielten sich an dieses allgemeine Schema, wenn sie auch den historischen Themen besondere Bedeutung verliehen, das Stilleben, Landschaftsbilder und sogar das Porträt hingegen gänzlich vernachlässigten. Was klassische Themen anbelangt, so ist nur eine kleine Allegorie des Atlas bekannt, die dem Museo de América gehört.

Es sind tatsächlich die der Eroberung Mexikos gewidmeten historischen Zyklen, die sowohl bei den Malern als auch den Kunden besonderes Interesse fanden. Toussaint sah darin einen der Gründe für seine Annahme, daß es sich um spanische und nicht um mexikanische Werke handle. Um das gesamte Schaffen vollständig zu beschreiben, wären nur noch einige Beispiele aus der europäischen Geschichte zu erwähnen, z. B. die Taten Alexander Farnesios.

Die Bilder über die Eroberung Mexikos weisen eine Reihe erwähnenswerter Besonderheiten auf, da sie sehr verschiedene Interpretationen wiedergeben; diese reichen von Versionen der Eingeborenen aus der den Ereignissen naheliegenden Epoche, in denen neben autochthonen Elementen aus Europa eingeführte ästhetische Merkmale sichtbar werden – als herausragendstes Beispiel sei das berühmte Gemälde von Tlaxcala erwähnt –, bis zu den romantischen Bildern, die im 19. Jahrhundert über Drucke und Lithographien oder über große Gedenktafeln verbreitet wurden.

Abgesehen davon fehlen strikt zeitgenössische Themen, die weder in der mexikanischen noch in der spanischen oder europäischen Malerei im allgemeinen im 16., 17. und 18. Jahrhundert bevorzugt dargestellt wurden. Von Cortés selbst gibt es zahlreiche, über die ganze Welt verstreute Porträts, an deren Authentizität weiterhin gezweifelt wird. Aus diesem Grund ist es um so bedeutsamer, daß die Maler der »Perlmutt-Bilder« wiederholt damit beauftragt wurden, Serien anzufertigen, die aus sechs bis 24 Bildern bestehen und die ungefähr 100 Stationen der Geschichte wiedergeben, in denen der Erfindungsgabe der Künstler sehr geringe Zugeständnisse gemacht wurden. Die Dokumente, die sie direkt oder indirekt als Vorlage heranzogen, waren verschiedene im 16. Jahrhundert geschriebene Chroniken, vor allem die »Verdadera Historia de la Conquista de la Nueva España« (»Die wahre Geschichte der Eroberung Neu-Spaniens«) von Bernal Díaz del Castillo, der Cortés während seiner Eroberungszüge begleitet hatte. Bisher konnten aber die graphischen Vorlagen noch nicht entdeckt werden, weshalb einstweilen Miguel González als einer der Schöpfer dieser Bilder zu betrachten ist, die neben Fakten auch viele Anachronismen enthalten. In diesen Darstellungen stoßen logischerweise zwei verschiedene kulturelle Welten aufeinander, die der Eingeborenen und die der Spanier, wobei die Welt der ersteren den Malern eindeutig größere Schwierigkeiten bereitete. Die größten Irrtümer können bei der architektonischen Gestaltung der Szenerie festgestellt werden, da die Bauwerke der Gebiete, durch die Cortés mit seinem Heer zog, völlig verzerrt dargestellt werden – und dies gilt selbst für die berühmten Stufenpyramiden. Die übrigen Elemente wie Kanus, Kriegsausrüstung oder ein Teil der Kleidung der Eingeborenen halten sich strikt an die Realität. Nur einzelne Details, darunter die Kronen der Häuptlinge, die dadurch als Könige identifiziert werden, erscheinen als eindeutige Anachronismen. Die Darstellung der Spanier hält sich enger an die Wirklichkeit, wenn auch die zeitliche Übereinstimmung mit den Ereignissen nicht eingehalten wird. So wird eine Mischung aus Realität und Phantasie erzeugt, die für die in der ganzen Welt verbreitete Vorstellung von Amerika sehr charakteristisch war und zu der, wie in diesem Fall, die amerikanischen Künstler selbst beitrugen. Bei der Darstellung der herausragendsten Persönlichkeiten der einen und anderen Seite wird eindeutig das Bestreben sichtbar, sie im Vergleich zur Gesamtheit der Figuren besonders zu kennzeichnen. Vor allem Cortés, Moctezuma und Pater Olmedo sind sowohl durch ihre Kleidung als auch durch ihre Physiognomie klar erkennbar, obgleich bei keinem das wahrheitsgetreue Porträt gesucht werden sollte.

Die thematische Homogenität dieser Serien, die sich nur durch einige der dargestellten Landschaften unterscheiden, wiederholt sich nicht in der künstlerischen Gestaltung, da eindeutige stilistische Unterschiede bestehen. Miguel González, der als einziger zwei Serien signierte, hat wahrscheinlich als erster an diesem Thema gearbeitet, und nachdem es einmal von den Kunden akzeptiert und weitere Bilder in Auftrag gegeben worden waren, dienten sie späteren Werken als Vorlage. Da weder die zeitlichen noch die stilistischen Unterschiede groß sind, ist die Möglichkeit nicht auszuschließen, daß die Werkstätten selbst eine größere Monumentalität entwickelten. So wurden ab einem bestimmten Zeitpunkt großformatige Gemälde bevorzugt, um die Szenen weiter ausarbeiten und ihnen vor allem mehr Beweglichkeit verleihen zu können, wie die Serie der früheren Sammlung des Grafen von Pastrana und eine der Serien des Museo de América beweisen.

Gerade die Idee, ein größeres dekoratives Feld zu benutzen, wurde der Verwirklichung der übrigen bekannten Bilder zugrunde gelegt: sechs Bilder über die Taten Alexander Farnesios, die ebenfalls dem Grafen von Pastrana gehörten und die sich heute in Mexiko befinden, und ein Paravent, der sich im Besitz des Museo Nacional del Virreinato befindet, auf dem auf der einen Seite die Belagerung Wiens durch die Türken im Jahr 1683 und auf der anderen eine höfische Jagdszene dargestellt wird. In beiden Werken bestimmt die Auswahl kriegerischer Szenen das Bild, die eine weit größere Ausdruckskraft und Beweglichkeit als in den ersten höfischen Darstellungen ausstrahlen. Als bedeutsam ist auch hervorzuheben, daß der Autor (oder die Autoren) dieser Werke über ein größeres Kompositionsvermögen verfügte(n), insbesondere was den Paravent anbelangt, der mit den flämischen Schlachtenbildern verglichen wurde, welche der Maler möglicherweise kannte – wenn nicht direkt, so doch über Wandteppiche mit diesem Thema – und sogar zu kopieren versuchte, wie dekorative Elemente in der Umrahmung des Gemäldes beweisen.

Bei dieser Stilgattung, die sich etwa 50 Jahre lang hielt, auch wenn manche Referenzen auf einen längeren Zeitraum hindeuten, ist eine Entwicklung zu beobachten, bei der das Wellenliniendekor und die vergoldeten Einfassungen der einzelnen Bildelemente, sogar der Landschaften, immer mehr an Bedeutung gewinnen. Vielleicht ist diese Tendenz zum Ornamentalen einer der wichtigsten Gründe für den allmählichen Rückgang und das spätere totale Verschwinden dieser Technik.

Bibliographie

BONET CORREA, A.: »Un biombo del siglo XVII.« In: Boletín del Instituto Nacional de Antropolgía e Historia, 21, 1965.

CASTELLO YTURBIDE, T. – MARTÍNEZ DEL RIO, M.: »La conquista en los biombos.« In: Boletín del Instituto Nacional de Antropología e Historia, 31, 1968.

ESTRADA, G.: Las tablas de la Conquista de Mexico en las colecciones de Madrid. Madrid 1933.

DUJOUNE, M.: La conquista de México por Miguel González. Buenos Aires 1972.

DUJOUNE, M.: Las pinturas con incrustaciones de nácar. México 1984.
GARCIA SAIZ, M. C.: La pintura colonial en el Museo de América (II): los enconchados. Madrid 1980.
GARCIA SAIZ, M. C.: Los enconchados. Una aportación de la pintura de la Nueva España al mundo de lo »exótico«. Madrid 1986.
REYES, A.: »Las tablas de la Conquista de México.« In: Boletín Museo Nacional de Bellas Artes, Buenos Aires 1934.
SANTIAGO, J. de: Algunas consideraciones sobre las pinturas enconchadas del Museo Nacional de Historia. México 1976.
SORIA, M. S.: Art and Architecture in Spain and Portugal and their American dominions. London 1959.
TOUSSAINT, M.: »Las pinturas con incrustaciones de concha nácar en la Nueva España.« In: Anales del Instituto de Investigaciones Estéticas, 20.
TOVAR DE TERESA, G.: »Documentos sobre enconchados y la familia mexicana de los González.« In: Cuadernos de Arte Colonial, 1. 1986.

KOLONIALE FEDERKUNST AUS MEXIKO

Christian F. Feest
Museum für Völkerkunde, Wien

Die Vielfalt farbenprächtiger Vögel in den Tiefländern des tropischen Amerika hatte eine besonders reiche Ausprägung der schmückenden Verarbeitung von Federn durch den Menschen zur Folge. Es waren die europäischen Kontakte mit den eingeborenen Bevölkerungen des brasilianischen Küstenlands, die das Bild vom federgeschmückten Indianer in Europa etablierten. Schon die frühesten Abbildungen, die in Europa von Eingeborenen der Neuen Welt veröffentlicht wurden und die sonst kaum nennenswerten Anspruch auf Wirklichkeitsnähe erheben konnten, zeigten Federkopfschmucke und Federschurze halbwegs realistisch, wohl auch weil die Künstler nach Europa gebrachte Federsachen als Vorlage benutzen konnten. Ähnliche Attribute charakterisieren »Amerika« in allegorischen Darstellungen ab dem späten 16. Jahrhundert, und bis zum heutigen Tag stellt man sich gemeinhin »den Indianer« nur mit einer wallenden Federhaube vor.

Tatsächlich gab es auch außerhalb Brasiliens in anderen Teilen Amerikas Zentren hochentwickelter Federverarbeitung, wobei neben dem Vorhandensein der notwendigen Rohstoffe auch die Herausbildung handwerklicher Spezialisierung eine Rolle spielte. Beide Voraussetzungen waren zur Zeit der spanischen Eroberung in Mexiko gegeben, wo gewerbsmäßige Kunsthandwerker, die Amanteca, aus einer Vielzahl bunter Federn Schmuck, Trachtenstücke und andere Gebrauchsgegenstände für den Bedarf des Adels und der Priesterschaften verfertigten. Die Azteken, für welche die Amanteca tätig waren, können freilich nicht als Erfinder der mexikanischen Federkunst gelten. Als militaristisches Volk vergleichsweise barbarische Eroberer, die sich erst spät in der Geschichte selbst zu den Erben einer langen Kulturtradition gemacht hatten, waren sie gerade im Bereich des Kunsthandwerks auf die Leistungen ihrer talentierten Zeitgenossen angewiesen. Wenngleich uns direkte Belegstücke der Federkunst voraztekischer Kulturen fehlen, so wissen wir doch aus Reliefdarstellungen und Wandmalereien, aus Ton- und Steinfigürchen, daß Federschmuck seit Beginn der mesoamerikanischen Hochkulturtradition eine beträchtliche Rolle gespielt hatte. Der frühzeitig belegbare Kult des Quetzalcoatl (»Quetzalfederschlange«) im Hochtal von Mexiko weist auf die Wertschätzung der Federn hin, deren Gebrauch in den Fresken von Teotihuacan in Quetzalfederkopfschmucken, Rückendevisen, Schurzen, Fächern und anderen Formen der Verarbeitung lebendig dargestellt wird (vgl. Séjourné 1966, Miller 1973).

Zwei grundverschiedene Techniken sind aus der historischen Zeit überliefert und haben wohl auch ein unterschiedliches Alter. Älter sind nach Ausweis der verfügbaren Dokumente (aber auch ihrer Verbreitung wegen) die Knüpfarbei-

Federkopfschmuck aus Quetzalfedern und Goldflitter, die einzige erhaltene Federknüpfarbeit aus dem alten Mexiko. Aztekisch, 16. Jahrhundert. Museum für Völkerkunde, Wien.

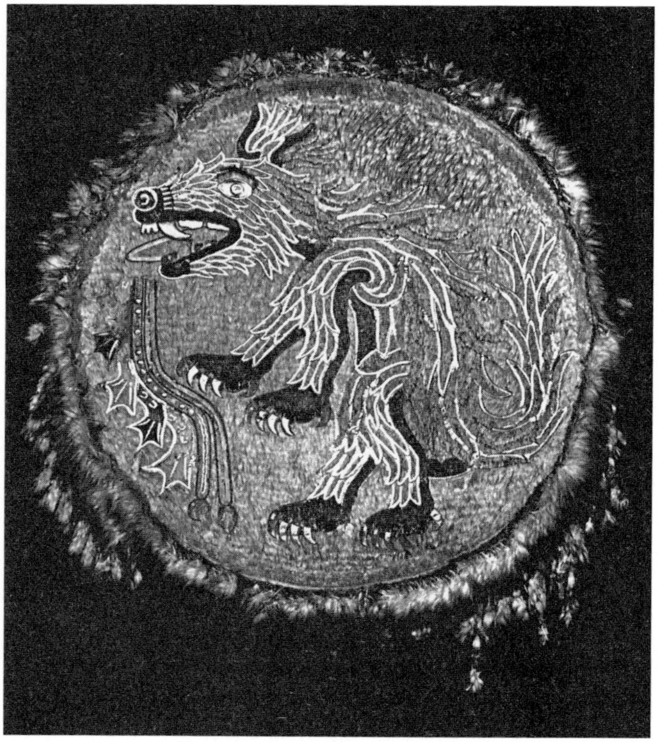

Schild mit Darstellung eines singenden Koyoten, vorspanisches Federmosaik mit Goldblechkonturen. Aztekisch, vor 1522. Museum für Völkerkunde, Wien.

ten, bei denen die Federn an ihren Kielen mittels Fäden zu Reihen und Flächen verbunden waren. Das einzige bis heute erhaltene Belegstück dieser einfacheren Technik aus präkolumbischer Zeit ist der berühmte aztekische Quetzalfederkopfschmuck des Wiener Museums für Völkerkunde (Anderson and Dibble 1959, S. 96 f., Nowotny 1960, S. 42–53). Während analoge Techniken in Nord- und Südamerika teilweise bis in die Gegenwart praktiziert werden, war für Federknüpfarbeiten im kolonialzeitlichen Mexiko offenbar kein großer Bedarf vorhanden. Nachkommen dieser Technikfamilie finden sich bestenfalls vereinzelt in eingeborenen Dorfgemeinschaften (etwa in Form der federverzierten Hochzeits-Huipiles der Mayafrauen von Zinacantán im Hochland von Chiapas), nicht aber im Bereich der mestizisierten Volkskulturen.

Die zweite technische Variante ist wesentlich charakteristischer für Mexiko und zeichnet sich durch ein Fortleben in der nachspanischen Periode aus: *ihuitlacuilolli*, die »Federmalerei« oder, genauer gesagt, das geklebte Federmosaik, das außerhalb Mexikos nur sporadisch und in deutlich anderer Form auftritt. Hiebei wurden Federn mittels pflanzlicher Klebstoffe auf Unterlagen von Bastpapier fixiert und in zugeschnittener Form abermals auf mit Vorzeichnungen versehene Hintergründe geklebt. Als solche dienten unter anderem geleimte Baumwolltücher, aber auch festere Rohrspanplatten. Sowohl naturfarbene wie künstlich eingefärbte Federn verschiedener Vögel (u. a. Quetzal, Cotinga, Löffelreiher, Papagei, Tupial) wurden verwendet, wobei ein Teil der Kunstfertigkeit in der Abstimmung von Basis- und Deckfedern bestand. Nach Ausweis der erhaltenen Federmosaike der vorspanischen Tradition (vier Federschilde und eine kleine Federscheibe), die aber keineswegs den gesamten Anwendungsbereich der Technik widerspiegeln, erfolgte die endgültige Aufbringung der Federn dachziegelartig von oben nach unten (Anderson and Dibble 1959, S. 93–96, Anders 1978, S. 79 f.).

Frühe spanische Berichterstatter aus Mexiko waren voll des Lobes über die Qualitätsarbeit der eingeborenen Handwerker, deren Leistungen in dem ungewohnten Medium die Neuankömmlinge »mit offenem Munde bestaunten«. Ebenso erregten die Werke der Amanteca in Europa erhebliches Aufsehen, seit 1520 die erste Sendung der von Cortés aus Mexiko geschickten Schätze von Karl V. in Brüssel öffentlich zur Schau gestellt worden war. Bald zählten mexikanische Federsachen zum Bestand so mancher europäischer Kunstkammer. Mit der Eroberung Mexikos verschwanden die alten Eliten und damit die traditionellen Auftraggeber der Amanteca. An ihre Stelle trat – wie auch in anderen Bereichen von Kultur und Gesellschaft – die kolonialspanische Oberschicht, insbesondere die Kirche. Man muß annehmen, daß es in vorspanischer Zeit unterschiedliche Regionalstile und Stilentwicklungen gegeben hat, deren genaue Kenntnis uns leider mangels ausreichender Quellen verwehrt ist. Immerhin berichtet der Dominikanerpater und Ethnograph Bernardino de Sahagún davon, daß die Kunst der Amanteca gerade erst in den letzten Generationen vor der Konquista besonderen technischen Veränderungen unterworfen war: Erst unter Ahuitzotl, dem Onkel und Vorgänger Moctezumas, hätte man damit begonnen, auch wertvolleres, importiertes Federmate-

Vorder- und Hinterseite eines Federfächers mit Darstellung von Schmetterling und Blume. Frühkoloniales Federmosaik, vor 1596. Museum für Völkerkunde, Wien.

rial anstelle der bis dahin üblichen Reiher- und Entenfedern zu verarbeiten; erst dann hätte sich wohl die Notwendigkeit ergeben, statt der plumpen Obsidianklingen die schärferen Kupfermesser zum Zuschnitt der Federn zu gebrauchen. Und erst unter Moctezuma selbst seien die Federarbeiter zur eigenen Gilde geworden. Diese Darstellung repräsentiert natürlich nur den engen Blickwinkel von Sahagúns aztekischen Informanten und läßt die Entwicklungen anderwärts außer acht (Anderson und Dibble 1959, S. 89 ff.). Leider stammen wohl auch alle erhalten gebliebenen vorspanischen Federmosaike aus dem aztekisch dominierten Hochtal von Mexiko und lassen somit die vermutete Vielfalt nicht erkennen.

Der Bestand an Federmosaikarbeiten der Kolonialzeit ist umfangreicher und zeigt entsprechend größere Unterschiede in Stil und Technik. Dafür stammt er aus einem weitaus größeren Zeitraum und ist bezüglich seiner lokalen Herkunft nur teilweise dokumentiert. Die Unterschiede sind daher nur unzureichend bestimmten Orten zuzuordnen, zumal Anhaltspunkte für eine wachsende Individualisierung des früher anonymen Handwerks bestehen (Anders 1971).

Deutlich der vorspanischen Federtechnik verpflichtet ist ein gänzlich einzigartiger, großer, runder Fächer, der schon 1596 im Inventar der Kunstkammer von Schloß Ambras bei Innsbruck aufscheint und der sich heute im Museum für Völkerkunde in Wien befindet. In seiner Form folgt er so weitgehend präkolumbischen Modellen, daß man ihn die längste Zeit für eine der Kostbarkeiten der voreuropäischen Periode, ja für eines der »Gastgeschenke des Moctezuma« an Cortés hielt (Nowotny 1960, S. 34–37). Seine figürlichen Darstellungen (ein Schmetterling auf der Vorderseite, eine Blume auf der Hinterseite) entsprechen allerdings so wenig der erwarteten aztekischen Ikonographie, daß an einem kolonialen Ursprung nicht mehr gezweifelt werden kann. Gerade in der Ausführung der figuralen Motive des Fächers, der in seinem Mosaik übrigens ausschließlich gefärbte Federn enthalten dürfte, übersteigt auch die Feinheit des Schnitts erheblich das in den Schilden erkennbare Ausmaß der präkolumbischen Arbeit, bleibt aber andererseits in dieser Hinsicht merklich hinter anderen kolonialen Federarbeiten des 16. Jahrhunderts zurück.

Das Bild der kolonialen Federkunst aus Mexiko im 16.

Jahrhundert wird freilich von den gänzlich andersartigen Werken der Purhépecha aus Michoacán geprägt. Die hohe Wertschätzung dieses eigentlich »provinziellen« Kunsthandwerks erklärt sich aus der besonderen Geschichte seines Ursprungsgebiets. 1537, fünfzehn Jahre nach dem ersten Kontakt der spanischen Eroberer mit den niemals von den Azteken unterworfenen Purhépecha, die bald irrigerweise als Tarasken bezeichnet wurden, weil sie die einheiratenden Spanier pauschal »Tarascue« (»Schwiegersohn«) nannten, wurde Don Vasco de Quiroga zum ersten Bischof von Michoacán ernannt. Das von ihm nach dem Vorbild der »Utopia« des Thomas Morus eingeführte ideale Gemeinwesen bot den Purhépecha ein Mittel zur Umgestaltung der traditionellen Gemeinschaft im christlichen Sinn, stellte aber auch einen exzellenten Nährboden für die Entwicklung des Kunsthandwerkes dar. Auch in kunsthandwerklichen Bereichen ging es aber nicht so sehr um die Erhaltung der vorspanischen Traditionen, sondern um Veränderung und Erneuerung. So wie in der Töpferei etwa Glasur und Brennofen eingeführt wurden, so boten den Federkünstlern die überlegenen Eisenwerkzeuge der Spanier die Möglichkeit, die alten Techniken zu verfeinern. Dies ermöglichte wieder die gesteigerte Verwendung von Federn der kleinen Kolibris zur Gestaltung von Darstellungen, die in ihrem ausschließlich christlichen Inhalt ebenfalls Zeugnis von den neuen Auftraggebern ablegen.

Neben der unerhörten Feinheit der Ausführung führte die Verwendung von Kolibrifedern noch zu einer anderen Konsequenz, die von den Federkünstlern auch voll genützt wurde: Bedingt durch die Federstruktur kommt es unter einem bestimmten Betrachtungswinkel zu einem plötzlichen, irisierenden Aufleuchten der grünen, blauen und violetten Farbtöne, die unter anderen Winkeln stumpf erscheinen. Es kann angenommen werden, daß die Andachtsbilder, die den Gläubigen hell anstrahlten, sobald er betend vor ihnen niederkniete, durchaus im Hinblick auf diesen Effekt angelegt waren. Neben derartigen Heiligenbildchen waren es Bischofsinfeln, aber auch andere Stücke des kirchlichen Ornats, die man in dieser Technik herstellte.

Zeitgenössische Beschreibungen betonen durchwegs das verwunderte Staunen der Betrachter darüber, daß das, was wie gemalt aussah, aus Federn sein sollte. Nicht nur Papst Sixtus V. betastete ungläubig das Bild des heiligen Franziskus, das ihm verehrt worden war (Acosta 1954, S. 132). Ganz ähnlich erging es dem späteren Abt des Benediktinerstiftes Seitenstetten, Kaspar Plautz, der im frühen 17. Jahrhundert in der Grazer Kunstkammer ein Bild betrachtete, welches Erzherzogin Maria 1599 aus Italien mitgebracht hatte, »welches so künstlich aus den Federn von Vögeln und Papageien gemacht war, daß ich es auf den ersten Blick für gemalt gehalten hätte, und wenn der erzherzogliche Schatzmeister es mich nicht hätte betasten lassen, hätte ich es nicht geglaubt, daß es möglich sei, in einem solchen hervorragenden Werk künstliche Schattierungen und die feinsten Linien ohne die Hilfe eines Pinsels herzustellen und auszuschmücken« (Philoponus 1621, S. 85).

Es mag durchaus sein, daß das häufige Betasten durch die Hände zweifelnder Schaulustiger mit zur Vernichtung vieler der besten Federbilder des 16. Jahrhunderts beigetragen hat. Aus der Grazer Kunstkammer sind jedenfalls im 17. Jahrhundert zwei Arbeiten dieser Art belegt, ein Triptychon mit den Darstellungen eines »brustbildtnuss Vnnserer Frawen mit dem Khindl vnd ainer seits St. Joannnes Baptista ander seits St. Catharina« sowie ein »Ecce Homo brustweis«. Beide werden als aus Pfauenfedern gemacht bezeichnet, was (ebenso wie eine Herkunft aus Peru) eine damals recht häufige, aber falsche Vermutung war. Das Triptychon war jedenfalls schon 1668 »ganz schadthafft« (Wastler 1879/80, N. F. 6, S. XXXIII–XXXIV).

Jemand, der besser über den wahren Ursprung der Federn Bescheid wußte, war der Augsburger Kunsthändler Philipp Hainhofer, der vor 1611 von einem aus Amerika zurückkehrenden Priester dahingehend belehrt worden war, es gäbe »in India gar viele kleine vögelin von allerley farben, wie die grossen bremen und roß keffer, den selben vögelen ziehen die Indianer die belglen ab und machen solche teffelein darauß, vnd hat mein Schwester dem Ertzher Leopoldo gar ein schön solch täfelein so die geburt Christi ist, verehret, welches täfelein wol für eine rarität auftzuheben« (Doering 1894, S. 189). Aus Hainhofers Schilderungen geht auch hervor, wie stark Anfang des 17. Jahrhunderts die Nachfrage nach Federbildern dieser Art war und wie sehr der Händler sich bei Kardinälen in Spanien und Portugal bemühte, dergleichen für seine Kunden zu organisieren (Doering 1894, S. 167, 173, 188 f.). Gleich zwei Kardinälen verdankte auch der Bologneser Naturforscher und Museumsgründer Ulisse Aldrovandi sein Federbild des heiligen Hieronymus, welches als Geschenk des Kardinals von Burgos an den Bologneser Kardinal Paleotti und von diesem zu Aldrovandi gelangt war (Aldrovandi 1599, Bd. I, S. 656).

Eine längere Geschichte ist auch mit einem Bild verbunden, das noch 1824 im Schönfeld-Museum in Wien zu sehen war. Es handelte sich dabei um »eine aus Kolibri-Federn zusammengesetzte Grablegung, die Kaiser Ferdinand I. aus Amerika erhielt und Maria Theresia im Jahr 1752 ihrem Beichtvater Ignaz Kampmüller schenkte, und die sich vor ähnlichen Federzusammensetzungen durch fleißige Zeichnung und blendendes, immer wechselndes Farbenspiel auszeichnet« (Scheiger 1824, S. 74).

Während sowohl dieses Bildchen wie das Grazer Triptychon als verloren gelten müssen, hat sich in den Beständen des Museo de América ein stark beschädigtes Flügelaltärchen mit einer Darstellung der Heiligen Drei Könige erhalten, das ehemals in einem Kloster in Avila aufbewahrt wurde. In seiner Feinheit erinnert es an die wenigen datierten Arbeiten aus dem 16. Jahrhundert. Inhaltlich entspricht das Stück einer Eintragung im Nachlaßinventar Karls V. von 1561: »Ein Bildnis der Anbetung durch die Drei Könige in indianischem Stoff, alt« (Beer 1891, S. CCXXIII). Ob es sich dabei um eine Federarbeit handelte, ist ungewiß, doch hat die Feinheit der Federbilder tatsächlich eine textile Qualität; der Hinweis »alt« bezeichnet wohl Beschädigungen.

Neben den Federbildern sind in derselben Technik vor allem sieben Federinfeln erhalten, eine weitere unmontierte

Infel läßt sich 1598 in München nachweisen (Anders 1971, S. 110), und schließlich war 1668 auch in Graz »ein Indianisches Pader Hietl, mit gefärbten Federn« zu sehen (Wastler 1879/80, N. F. 6, S. CI). Ist schon bei den Federbildern eine Neigung zur Wiederholung bestimmter Darstellungen zu erkennen, so sind die Infeln eindeutig wenigstens paarweise nach identischen Vorlagen hergestellt worden. Die Infel aus dem Domschatz von Toledo und jene, die 1596 in Schloß Ambras belegt ist, zeigen auf der einen Seite einen Lebensbaum, der, aus dem Grab Adams entspringend, die Gestalten der Apostel und Evangelisten zeigt, auf der anderen die Wurzel Jesse. Die zweite Gruppe (heute im Escorial, im Palazzo Pitti in Florenz, im Domschatz von Mailand und im Museum von Lyon) verbindet die Darstellungen von Kreuzerhöhung und Kreuzabnahme mit Motiven der Heilsgeschichte. Das siebente Stück (heute in New York) schließt sich der zweiten Gruppe eng an, weist aber auch Beziehungen zum Paar aus Ambras und Toledo auf. Die enge Verwandtschaft der Infeln läßt auf die Herkunft aus einer Werkstatt schließen, die bruchstückhaften Angaben zu Herkunft und Datierung weisen nach Michoacán im dritten Viertel des 16. Jahrhunderts. Stilistisch sind den Infeln die beiden 1596 belegbaren Bilder der Ambraser Sammlung und zwei andere in Wien vorhandene Arbeiten vergleichbar.

Ebenfalls stilverwandt ist die einzige aus dem 16. Jahrhundert datierte Federarbeit dieser Art mit profanem Inhalt, ein für Philipp II. hergestellter Prunkschild in der Armería Real in Madrid. Alle diese Federmosaike sind von extremer Feinheit der Ausführung und bauen auf dem Prinzip der Linearität auf, wobei einerseits helle Linien durch dunkle Kontrastfarben hervorgehoben, andererseits große Farbflächen vermieden und durch linear bestimmte Formen aufgelöst werden.

Sicher aus Michoacán stammen auch zwei in ihrer Ausführung abweichende, heute im Wiener Kunsthistorischen Museum (Schatzkammer) befindliche Federbilder, die sich um 1610 in der Prager Kunstkammer nachweisen lassen und die sich durch größere Flächigkeit im Hintergrund in Kombination mit feinster Linearität auszeichnen. Sie sind (in Federarbeit) als Werke eines Johannes Bapt. Cuiris aus Michoacán bezeichnet und zählen damit zu den frühesten europäisch signierten Werken eines eingeborenen amerikanischen Künstlers (Anders 1965, S. 131 f.).

Aus dem 17. Jahrhundert datierte oder stilistisch zuordenbare Federbilder sind in ihrer Ausführung wesentlich gröber, vernachlässigen die Hintergrundzeichnung und ersetzen die Federn teilweise durch Farbpapier. In den ornamentalen Randstreifen dokumentieren sich deutlich bestimmte Werkstätten, die aber leider mangels ausreichender Quellen noch nicht genau zuordenbar sind, obwohl aus stilistischen Gründen eine Herkunft aus Michoacán wahrscheinlich ist. Freilich weiß man, daß in diesem Jahrhundert derartige Federbilder auch in der Stadt Mexiko verfertigt wurden.

Auch aus dem 17. Jahrhundert ist nur ein Stück erhalten, das profane Ikonographie aufweist. Es ist ein mit Federmosaiken verzierter Faltfächer aus dem südenglischen Schloß Breamore (Hampshire), den ein Vorfahre des heutigen Schloßherrn im 17. Jahrhundert als Seeräuber aus der Ladung eines spanischen Schiffes in seine Heimat gebracht hatte. Allein die Form des Fächers ist hier bereits ersichtlich europäisch, die Darstellung von Szenen aus der griechischen Mythologie ist für einen eingeborenen mexikanischen Kunsthandwerker doch etwas ungewöhnlich und läßt darauf schließen, daß Auftragsarbeiten nach Vorlagen ausgeführt wurden. Während die Farbenfreude des Fächers jene der gleichzeitigen Federbilder übertrifft und dem Sujet angemessen ist, stimmt er mit ihnen in der relativ groben Technik und der Verwendung von Farbpapier überein. Alle bisher genannten Arbeiten folgen der präkolumbischen Tradition, indem sie von oben nach unten aufgebaut sind, so daß die Federn nach oben geschuppt sind. Im Gegensatz dazu stehen zweifellos relativ später, wohl nicht vor dem 18. Jahrhundert zu datierende Bilder, die einerseits durch einen Aufbau von unten nach oben einen nach unten verlaufenden Strich aufweisen, andererseits die

Bänder der für den Bischof von Palencia bestimmten Bischofsinfel. Frühkoloniales Federmosaik aus Michoacán, um 1550. Museum für Völkerkunde, Wien.

Detail aus einem Faltfächer mit Federmosaik. Mexiko, 17. Jahrhundert. Breamore House, Hampshire.

Federarbeit überhaupt nur noch für Kleidung und Hintergründe einsetzen, während Gesichter und Gliedmassen gemalt sind. Die Federn sind dabei fast ausschließlich flächig verarbeitet, die Linien nicht mehr exakt definiert. Die geänderte Verarbeitungsrichtung bringt es mit sich, daß das Irisieren nun nicht mehr von unten, sondern sinnwidrigerweise nur von oben zu sehen ist. Diese Entwicklung markiert vielleicht das Ende der traditionellen Federklebebilder in Mexiko, vielleicht aber auch den Beginn des Einflusses europäischer Federarbeiten, eines Einflusses, der sich im 19. Jahrhundert endgültig durchsetzte. Was danach als Volkskunst aus Federn in Mexiko produziert wurde, hat mit dem alten *ihuitlacuilolli* kaum noch etwas gemeinsam, was davor liegt, ist hingegen beredter Ausdruck gelungener kultureller Mestizisierung.

Literatur

ACOSTA, José de: Historia natural y moral de las Indias. Madrid 1954.

ALDROVANDI, Ulisse: Ornithologia hoc est avibus historiae libri XII, vol. I. Bononia 1599.

ANDERS, Ferdinand: »Der Federkasten der Ambraser Kunstkammer«. Jahrbuch der Kunsthistorischen Sammlungen in Wien 61: 119–132. Wien 1965.

ANDERS, Ferdinand: Tesoros de México. Arte Plumario y de Mosaico. Artes de México, 137. México 1971.

ANDERS, Ferdinand: »Der altmexikanische Federschild in Wien«. Archiv für Völkerkunde 32: 67–88. Wien 1978.

ANDERSON, Arthur J. O., and Charles E. DIBBLE (Trsl. & Ed.): Florentine Codex: General History of the Things of New Spain. Book 9 – The Merchants. Monographs of The School of American Research 14, part X. Santa Fe 1959.

BEER, Rudolf (Hrsg.): »Acten, Regesten und Inventare aus dem Archivo General zu Simancas«. Jahrbuch der Kunstsammlungen des allerhöchsten Kaiserhauses 12: XCI–CCIV. Wien 1893.

DOERING, Oscar (Hrsg.): Des Augsburger Patriziers Philipp Hainhofer Beziehungen zum Herzog Philipp II von Pommern-Stettin. Quellenschriften für Kunstgeschichte und Kunsttechnik N. F. 6, Wien 1894.

MILLER, Arthur G.: The Mural Painting of Teotihuacán. Washington 1973.

NOWOTNY, Karl Anton: Mexikanische Kostbarkeiten aus Kunstkammern der Renaissance im Museum für Völkerkunde Wien und in der Nationalbibliothek Wien. Wien 1960.

PHILOPONUS, Honorius: Nova Typis Transacta Navigatio. Linz 1621.

SCHEIGER, Joseph: Das von Ritter von Schönfeld gegründete technologische Museum in Wien. Prag 1824.

SEJOURNE, Laurette: El lenguaje de las formas en Teotihuacán. México 1966.

WASTLER, Joseph: »Zur Geschichte der Schatz-, Kunst- und Rüstkammer in der k.k. Burg zu Grätz«. Mittheilungen der k.k. Central-Commission zur Erforschung und Erhaltung der Kunst- und Historischen Denkmale, N. F. 5, 6. Wien 1879/80.

DIE WISSENSCHAFTLICHEN FORSCHUNGSREISEN DES 18. JAHRHUNDERTS

Fermín del Pino Díaz und
Angel Guirao de Vierna

Vorläufer

Die Geschichtsschreibung stellt die Aufklärung normalerweise als eine kulturelle Bewegung dar, die eng mit der Renaissance verwandt ist, wobei ein großer Teil der intellektuellen Reformen während der Zeit der Aufklärung (Empirismus, Rationalismus, wissenschaftliche Forschungsreisen usw.) auf die Ideen der Renaissance zurückzuführen sind. Bei den spanischsprachigen Geschichtswissenschaftlern, wie Esteve Barba (1965) und Carlos E. Chardon (1949), war es üblich, beide Epochen in diesem Sinne zu analysieren. Germán Arciniegas (1965) widmete dieser Forschungsrichtung seinen Beitrag zur Hommage an Jean Sarrailh, in dem er diese beiden Epochen für den Fall Lateinamerikas untersucht: »Wenn die Eroberung Amerikas eine Folge der Renaissance war, so ist das Ende der Kolonialzeit die Folge der Aufklärung« (1965, S. 290).

Auf den ersten Blick scheint die Annahme einer geschichtlichen Kontinuität die Folge einer sehr stereotypen Sichtweise der heutigen Geschichtswissenschaft zu sein, besonders der spanischsprachigen, die Wert darauf legte, daß die Aufklärung (die ja eindeutig aus dem Ausland, vor allem aus Frankreich kam) keine ausschließlich importierte Bewegung ohne eigene Vorläufer war. Eine solche Sichtweise wäre falsch, besonders was die spanische Geschichtswissenschaft anbetrifft, da sie auf der Annahme beruht, die Aufklärung sei eine Strömung gewesen, die kein Interesse für ihre Vorläufer gezeigt hätte: »Der Mangel an Geschichtsbewußtsein des 18. Jahrhunderts ist ein Märchen, das die Romantik erfand und schon von Dilthey bekämpft wurde« (Dominguez Ortiz, 1976, S. 481).

Die Annahme eines Mangels an Geschichtsbewußtsein wäre in der Beziehung zwischen Spanien und Amerika besonders unrichtig, was schon die wissenschaftlichen Forschungsreisen beweisen. Allgemein bekannt sind die Auswirkungen, die der berühmte Aufsatz von Masson de Morviliers in Spanien hatte, der im Jahr 1782 im Band I des geographischen Teils der *Enciclopedia Metódica* zu schreiben wagte: »Was ist Spanien zu verdanken? Was macht Spanien seit zwei, seit vier, seit zehn Jahrhunderten? Was hat es für Europa getan? . . . man muß Spanien mit unseren Künsten, unseren Entdeckungen helfen« (Masson, 1970, S. 52). Diese Frage hatte in Spanien einen Skandal zur Folge, nicht nur im Bereich der Verwaltung, sondern auch unter der Bevölkerung, und es wurde eine Unzahl von Schriften zur Verteidigung der spanischen Wissenschaft verfaßt. Der Abt Denina stellte sich dieser Polemik und legte 1784 eine »Response à la question: que doit-on à l'Espagne« der Akademie der Wissenschaften in Berlin vor. Hier sollen nicht die Konsequenzen dieser Polemik analysiert werden, es reicht aus, darauf hinzuweisen, daß sie gerade wegen des Bewußtseins der spanischen Aufklärer für den Stellenwert jener Zeit entstehen konnte, die man damals schon das *Siglo de Oro* (Goldenes Zeitalter) zu nennen pflegte.

Gerade einige Monate vor der Polemik über Massons Aufsatz wurden die einzigen erhaltenen Manuskripte des Arztes Philipps II., Francisco Hernández, gefunden, der 1571 bis 1577 nach Mexiko geschickt worden war, um dort vor Ort eine Arbeit zur Naturgeschichte und Geographie Amerikas zu verfassen (man dachte, daß er während dieser Zeit auch Peru und andere Länder der Neuen Welt besucht hätte). Nach seiner Rückkunft in Spanien – er war schon alt und starb zehn Jahre später – wurde die erwartete Veröffentlichung des zusammengetragenen Materials verschoben, und die Wissenschaftler sollten sich mit einer späteren, überarbeiteten Auflage seiner Manuskripte begnügen, was aber wegen eines Brandes der Bibliothek des Escorials im Jahr 1671, der unter anderem diese Werke vollständig vernichtete, nie realisiert werden konnte. Es existierte aber eine fünfbändige Kopie dieser Arbeiten in der Bibliothek der Jesuitenschule in Madrid, die der neue »Chronist für Amerika«, Juan Bautista Muñoz, im Jahre 1782 entdeckte und dem Direktor des Botanischen Gartens, Cassimiro Gómez Ortega, zur sofortigen Veröffentlichung überließ.

Gerade dieser Punkt soll ausschlaggebend für die Durchführung der Forschungsreise von Sessé und Mociño zwischen 1787 und 1803 gewesen sein, da in den Unterlagen zur Beantragung der Erlaubnis für diese Reise von der Notwendigkeit gesprochen wird, das Werk von Hernández zu bebildern, d. h. Zeichnungen jener Pflanzen und Tiere zu erhalten, die darin beschrieben wurden, die er selbst nach Spanien gebracht hatte, die im 18. Jahrhundert aber nicht mehr vorhanden waren. Wir werden später von dieser Forschungsreise nach Mexiko sprechen, doch soll hier unterstrichen werden, daß die Idee, Hernández nachzueifern, schon vorher nachzuweisen ist: 1763 bat Mutis den König, ihm eine Untersuchung zur Naturkunde Amerikas zu überantworten und ihm die Leitung des neu zu eröffnenden Botanischen Gartens und der Sammlung für Naturkunde in Madrid zu übertragen. Der junge Mutis hatte seine Studien auf eigene Rechnung durchgeführt (er ging 1760 als Leibarzt des Vizekönigs nach Neu-Granada) und sah sich als Nachfolger von Peter Loefling und Nicolás José Jaquin, wollte »aber auch dem Spanier Hernández nacheifern und seine Beobachtungen und Entdeckungen richtigstellen« (Gredilla 1911, S. 22).

Es gibt viele Beispiele für die Verbreitung der Legende um Hernández während des 17. und 18. Jahrhunderts, die die Verehrung dieser Persönlichkeit erklären könnten, Beweise für die Hochachtung der spanischen Aufklärer gegenüber ihrer eigenen Vergangenheit. Zwei weitere Beispiele sollen hier genügen: die Seefahrer Pedro Sarmiento de Gamboa und Lorenzo Ferrer Maldonado. Der erstere führte 1579/80 eine Erkundungsfahrt zum Kap Horn durch und umfuhr es zum erstenmal, um eine bessere Verbindung zwischen Spanien und Peru, zwischen Atlantik und Pazifik zu finden und um sich Piraten wie Francis Drake zu erwehren. Im Jahr 1764 benutzte der englische Kommodore John Byron diesen Weg, um bequem die spanischen Besitztümer am Pazifik zu erreichen, und wurde von der Bevölkerung Chiles freundlich empfangen, von der er in seinem Reisebericht voller Sympathie spricht. Dieses Werk wurde 1769 von Cassimiro Gómez Ortega übersetzt, der später auch Hernández veröffentlichen sollte und der dem Bericht von Byron eine »geschichtliche Zusammenfassung der ersten Reise rund um die Welt« von Magellan hinzufügte. Im Jahr 1768 gab Bernardo de Iriarte die Aufzeichnungen des Sarmiento de Gamboa heraus, die er in der Königlichen Bibliothek entdeckt hatte. Diese wurden von Antonio de Córdoba bei seiner Forschungsreise 1785 bis 1788 als Unterlage benutzt (wie die Aufzeichnungen von Hernández), in der er die Seewege durch die Magellan-Straße und um das Kap Horn miteinander vergleichen sollte.

Der Fall Ferrer Maldonados liegt anders, da seine Reise ja nicht wirklich stattfand, sondern erdichtet wurde. Uns interessiert aber nicht die Wahrhaftigkeit der Reise, sondern eher die Konsequenzen, die aus diesem Werk im 18. Jahrhundert gezogen wurden. Auch dieses Manuskript wurde von Muñoz 1781 in der Bibliothek des Duque del Infantado entdeckt und beschreibt eine Reise im Jahr 1588 von Lissabon nach China in nur drei Monaten. Es wurde 1609 Philipp III. vorgelegt, um die Existenz einer Passage durch den amerikanischen Kontinent zu beweisen, die beide Ozeane miteinander verbinden sollte. Wichtig ist auch, daß der Herzog das Manuskript dem Geographen des französischen Königs zukommen ließ, der es seinerseits der Akademie der Wissenschaft vorlegte, um die Reisen der Engländer, z. B. Kapitän Cooks dritte Reise (1776–1780), auf der Suche nach dieser Durchfahrt als nicht gerade originell abzustempeln. Trotz der Bedenken der spanischen Wissenschaftler (Muñoz, Fernandez de Navarete, Ulloa, Malaspina) gegenüber der Echtheit des Manuskripts zwang die Leichtgläubigkeit der Pariser Akademie Malaspina dazu, auf seiner 1791 in Mexiko begonnenen Weltreise bis zum 60. Grad nördlicher Breite zu segeln. Da dabei keine befriedigenden Ergebnisse gewonnen wurden und darüber hinaus andere, erdichtete Reisen von der Existenz einer solchen Durchfahrt sprachen (Bartolomé de Fonte und Juan de Fuca), mußten 1792 Erkundungsfahrten von Kapitän Bodega y Quadra und von Malaspinas Offizieren, Cayetano Valdés und Dionisio Alcalá Galiano, die wir später behandeln, durchgeführt werden.

Es gab also während der spanischen Aufklärung ein Interesse für eine geschichtliche Kontinuität der Reisen des 16. Jahrhunderts, sogar mit einem tieferen Bewußtsein als in anderen Ländern. Man müßte aber die Aussagen der traditionellen Geschichtswissenschaft dazu in Frage stellen, die anscheinend die gleiche Verteidigungsposition einnimmt, wie in der Zeit der »Polemik zur spanischen Wissenschaft«. Sowohl Chardon (1949) wie auch Esteve Barba (1965) stellen neben wahre Naturforscher wie Hernández oder Fernández de Oviedo und José de Acosta Persönlichkeiten wie Pedro Martir, Las Casas, Garcilaso und Vargas Machuca, deren Beziehung zu den Forschungsreisen der Aufklärung in Zweifel gezogen werden könnten.

Man sollte darauf verzichten, lange Listen von Autoren aufzustellen und diese in Schubladen wie etwa »Chronist« oder »Naturkundler« zu stecken. Es sollten geeignetere Kriterien gefunden werden, um die gewünschten Vergleiche ziehen zu können: z. B. sollten bei der Suche nach Vorläufern der Aufklärung die Gedanken jener Aufklärer zu ihren Vorläufern berücksichtigt werden. Man sollte vor allem darauf verzichten, Helden oder Genies zu suchen, um die Zeit verstehen zu lernen. Das bedeutet für das 16. und 17. Jahrhundert weniger die Entdecker und Privatreisenden, sondern eher die Institutionen, wie den Indienrat, die Handelsbörse und das Amt der Kosmographen, das Problem der Entfernungen usw., in den Vordergrund zu stellen.

Klassifizierung

Etwas Ähnliches kann man vom 18. Jahrhundert behaupten, vor allem was die wissenschaftlichen Forschungsreisen betrifft. Es existiert noch kein Gesamtwerk über diese Reisen, wenn auch einige Monographien über eine ganz bestimmte Reise fälschlicherweise unter einem allgemeinem Titel publiziert wurden (Arias Divito, 1968). Als Ausnahme der Regel kann die Promotionsarbeit von Arthur Steele gelten, die zwei glänzende Artikel als Einleitung zur Expedition von Ruiz und Pavón nach Peru und Chile zwischen 1777 und 1788, der sein Interesse gilt, enthält. Darin wird die bis dahin erfolgte Entwicklung der Botanik in Spanien und Europa analysiert, und zwar von einer Perspektive aus, die es uns erlaubt, die Stimmung jener Zeit nachzuvollziehen. Der Autor zeigt besonderes Interesse für die Aufklärung in Peru und benutzt die Einleitung, um den Kontext klarzulegen. Da es aber um die Einführung in eine Forschungsreise geht, die 1777 begann, wird natürlich auf alles Spätere verzichtet. Es handelt sich auch um eine botanische Expedition, weswegen der Autor auf eine Analyse anderer Disziplinen verzichten kann; die darin enthaltene Darstellung geschichtlicher Zusammenhänge kann keinesfalls eine allgemeine Untersuchung der Expeditionen während der Aufklärung ersetzen.

Im folgenden möchten wir die Klassifizierung der wissenschaftlichen Forschungsreisen während der Aufklärung in Spanien nicht auf die Fachgebiete beschränken, obwohl wir uns im klaren sind, daß sie zwei großen Gebieten zuzuordnen wären. Die von Arias Divito oder Arthur Steele behandelten botanischen Reisen beinhalten eine ganze Reihe von Fachgebieten, die unter dem Namen Naturkunde zusammenzufassen wären (Mineralogie, Botanik, Zoologie, Biologie, Anthropologie). Auf der anderen Seite gibt es eine ganze Reihe von Reisen, deren Ziel eher geographischer Natur waren. Es waren Reisen zur Vermessung der Erde, zur Festlegung der natürlichen Grenzen zwischem dem spanischen Reich und dem portugiesischen, dem englischen oder russischen in Amerika oder aber solche, die allein zur kartographischen Erfassung der Küste dienten. Diese rein auf Fachgebiete ausgerichtete Klassifizierung ist jedoch nicht ausreichend, um die Expeditionen zur Zeit der Aufklärung zu klassifizieren, da dabei ihr allgemeinwissenschaftlicher Charakter nicht berücksichtigt wird. Es wäre schwierig, eine rein geographische oder naturwissenschaftliche Reise zu nennen, da selbstverständlich immer jedes bedeutende Phänomen beobachtet und auch erfaßt wurde und die wichtigsten Ergebnisse und Objekte der Sammlung für Naturkunde oder dem Botanischen Garten zur Verfügung gestellt wurden.

Wir ziehen es aus funktionellen Gründen vor, als Grundlage einer Klassifizierung die Institutionen zu nehmen, die eine Reise verantworteten: Es konnte sich dabei um ein offizielles Anliegen eines befreundeten Staates handeln oder um die Entscheidung der Regierung, die einem mehr oder weniger dringlichem Anliegen Folge leistete, oder aber um eine Privatinitiative, die vom Staat unterstützt wurde (wobei wir nur jene berücksichtigen werden, bei denen der Staat im Endeffekt alle Verantwortung übernahm). Das Kriterium der Privatinitiative mag wie alle anderen etwas künstlich erscheinen, doch kann man bei der Analyse gut die Haltung des Staates gegenüber den Wissenschaften beobachten, wobei eine merkwürdige Zeitgleichheit zwischen Expeditionen gleicher Kategorie zu finden ist.

Ausgehend von den oben erwähnten Voraussetzungen lassen sich also die Forschungsreisen in vier Kategorien unterteilen:

a) Die ersten, die auf ausländische, in erster Linie auf französische Initiative zurückzuführen sind.

b) Die darauffolgenden, bei denen der spanische Staat die Initiative übernahm.

c) Die auf bilaterale Initiative zurückgehenden, bei denen es meistens um die Festlegung der Grenzen ging.

d) Die Privatinitiativen, bei denen der Staat letztlich die Verantwortung übernahm.

Ausländische Initiativen zu Forschungsreisen

Trotz der schon erwähnten spanischen Reisen während des 16. und 17. Jahrhunderts dürften die ersten wissenschaftlichen Forschungsreisen nach Spanisch-Amerika im 18. Jahrhundert auf den Kontakt mit anderen europäischen Staaten zurückzuführen sein. Zweifellos muß dabei die so wichtige Rolle Frankreichs in den Vordergrund gestellt werden, nicht nur wegen des engen Kontakts mit diesem Land, sondern vor allem wegen des Interesses des dortigen Königshauses Anfang des Jahrhunderts für alles, was die Wissenschaft betraf. Diese Bestrebungen, die während des gesamten Jahrhunderts das Prestige der Franzosen wachsen ließen, führten in ganz Europa zu einem Wettstreit, den die spanische Monarchie besonders ernst nahm.

Im Rahmen der vorliegenden Arbeit können wir nur die wichtigsten europäischen Unternehmen in Amerika, die auf Spanien Einfluß gehabt haben, erwähnen. Chardon (1949) und Steele (1982) geben einen Überblick über die einflußreichsten Forschungsreisen nach Spanisch-Amerika. Pater Plumier (1647–1704) wurde vom französischen König Ludwig XIV. nach Peru beordert, um dort die Heilkräfte des Chinins zu erforschen, jener Medizin, die die Jesuiten so sehr lobten. Plumier war nach seinen Reisen nach Martinique und Haiti von Ludwig zum königlichen Botaniker ernannt worden und wurde auch bei Veröffentlichung der erstaunlichen Beschreibungen und Zeichnungen unterstützt. Ein Kapitel in seinem Werk war Hernández gewidmet. Kurz vor seiner Abreise nach Peru starb Plumier jedoch in Cádiz.

Ludwig XIV. schickte bald nach dessen Tod weitere zwei Wissenschaftler in das Vizekönigreich Peru: Pater Feuillée 1707 und 1710 und den Ingenieur Frézier im Jahr 1712, um die Küsten Perus und Chiles nach den Methoden von Cassini kartographisch zu erfassen. Der erstere hinterließ darüber hinaus ein wichtiges Werk, nachdem er den Auftrag des peruanischen Vizekönigs angenommen hatte, einen Stadtplan von Lima zu erstellen; die Annahme eines Lehrstuhls für Mathematik, der ihm nach dem Tode des Paters Kenig von der Universität Lima angetragen worden war, blieb ihm aber verwehrt.

Dieses Angebot der Universität wurde eine Generation später von einem anderen Franzosen angenommen. Im Jahr 1744 endete eine große Expedition, die von der Akademie der Wissenschaften in Paris mit der Untersuchung der Gestalt der Erdkugel am Äquator beauftragt worden war, um später diese Ergebnisse mit jenen einer zur gleichen Zeit zum Nordpol durchgeführten Expedition vergleichen zu können. Diese Untersuchungen hatten zum Ziel, die wirkliche Form der Erde kennenzulernen (an den Polen oder aber am Äquator abgeplattet). Aus Dankbarkeit für die während seiner zehnjährigen Forschungstätigkeit erhaltene Unterstützung nahm Godin den Lehrstuhl für Mathematik an der Universität von Lima an, wo er fünf Jahre lang lehrte. Später übernahm er die Leitung der Akademie für Seefahrt in Cádiz. Ein weiteres Mitglied der Expedition blieb bis 1771 in Peru: Joseph Jussieu, Abkömmling einer berühmten Botanikerfamilie, führte seine Studien in Südamerika durch und war Berater in Fragen der Medizin, des Bergbaus, der Architektur, usw.

Diese Expedition ging als Beispiel einer rein wissenschaftlichen Forschungsreise in die Geschichte ein, mit der ein Land zur Lösung einer vieldiskutierten Frage beitragen wollte: die Form der Erde. Bei dieser Frage stand, wie allgemein bekannt, die Ehre der französischen Akademie der Wissenschaften auf dem Spiel, die einen Disput mit der englischen Schule Newtons führte. Hier soll weder dieser Streit analysiert noch dessen Ergebnisse dargestellt werden, der langjährige Aufenthalt in Peru allein zeigt schon die Schwierigkeiten des Unternehmens auf. Für uns ist aber von besonderem Interesse, welche Konsequenzen dieses Unternehmen für die Amerikakenntnissse Spaniens hatte und welche Folgen diese Reise für die Entwicklung der wissenschaftlichen Institutionen der Halbinsel hatte. Der spanische König hatte diese Forschungsreisen erlaubt, nicht nur um seinem Vetter Ludwig XV. gefällig zu sein, sondern auch zum Wohle der spanischen Wissenschaft: im Gegensatz zu früheren Unternehmen des mächtigen Ludwig XIV. konnte diesmal die Anwesenheit von zwei jungen spanischen Gelehrten, Jorge Juan und Antonio de Ulloa, durchgesetzt werden.

Die spanischen Ziele sahen sich voll erfüllt: Godin und Jussieu traten in den Dienst der Krone, und die jungen Wissenschaftler Juan und Ulloa eigneten sich rasch die neuen Kenntnisse an. Der Erfolg kann daran gemessen werden, daß Antonio de Ulloa von der Royal Society zum korrespondierenden Mitglied ernannt wurde, nachdem seine Arbeiten, Teil der Beute eines englischen Überfalls bei seiner Rückreise nach Spanien, gelesen worden waren. Diesen beiden Wissenschaftlern verdanken wir das berühmte Werk *Viaje a la América Meridional* (Madrid 1748) sowie eine Studie über die Grenzziehung zwischen spanischen und portugiesischen Besitzungen (Madrid 1749). Jorge Juan ist durch seine Arbeiten zu astronomischen Berechnungen und zum Schiffbau bekannt, Ulloa ist auch Autor der *Noticias Americanas* (Madrid 1772), einer Zusammenfassung der Naturgeschichte Amerikas, sowie Gründer des königlichen Instituts für Geographie (1752 bis 1755) und der königlichen Naturkundesammlung, der entscheidend zum Erfolg der Malaspina-Forschungsreise des Jahres 1789 beitrug.

Das System, zwei spanische Gelehrte bei einer europäischen Expedition nach Amerika mitzuschicken, hatte so großen Erfolg, daß man sich entschloß, es auch bei anderen, nicht nur französischen Forschungsreisen zu praktizieren. Der anglophile Minister Carajal hörte von seinen Freunden in der Royal Society, daß sich der berühmteste Botaniker Europas, Carl von Linné, über das mangelnde Interesse an der Wissenschaft in Spanien beklage. Er wurde dann nach Spanien eingeladen, übertrug jedoch diese Aufgabe seinem Lieblingsschüler Loefling. Dieser kam 1751 in Lissabon an, wo er auf Godin traf, der gerade aus Peru zurückkam; die Begegnung war vielleicht ausschlaggebend für ihn, die Leitung einer naturwissenschaftlichen Expedition im Jahr 1754 anzunehmen, die »alle südamerikanischen Provinzen bereisen sollte«, wobei die venezolanische Provinz Cumaná das erste Ziel darstellte, das man zusammen mit einer anderen Expedition, der Grenzziehungsexpedition von Iturriaga (siehe auch weiter unten) in Angriff nahm. Nach dem schon bei Juan und Ulloa durchgeführten System werden zwei junge Forscher, Pastor und Condal, mit auf die Reise geschickt. Der Tod von Loefling im Jahr 1756 zerstörte viele der Hoffnungen, die Spanien in diese Reise gesteckt hatte, doch wurden Loeflings Arbeiten 1758 von Linné in seinem Werk *Iter Hispanicum* veröffentlicht. Der Aufenthalt Loeflings war keinesfalls nutzlos, da 1755 in Migas Calientes ein Botanischer Garten gegründet und eine wissenschaftliche Diskussion über das System Linnés von Barnades und seinem Schüler Mutis in Gang gesetzt wurde (von letzterem werden wir im nächsten Abschnitt sprechen).

Im Jahr 1768 gab es eine weitere Gelegenheit, einem ausländischem Forscher zwei spanische Studenten zur Seite zu stellen, als die Akademie der Wissenschaften in Paris um Erlaubnis bat, in Kalifornien den Durchgang der Venus vor der Sonnenscheibe messen zu dürfen (dies war sehr wichtig, um die Entfernungen im Sonnensystem bestimmen zu können). Der Abt Chappe d'Auteroche nahm zwei Spanier (Medina und Doz) und auch zwei junge Mexikaner (Velázquez und Alzate, die ihre eigenen Messungen ausführten) mit auf die Reise. Auch diese Expedition brachte wegen des Todes des Franzosen und Medinas nicht die erhofften Ergebnisse, sie führte jedoch in Mexiko zu einer Stimmung, die der Wissenschaft sehr offen gegenüberstand. Daraufhin wurde mehr Wert darauf gelegt, wie wir gleich sehen werden, daß sich die wissenschaftliche Ausbeute der Reisen für Spanien vergrößerte.

Nationale Expeditionen aufgrund staatlicher Initiativen

Im Jahr 1776 entschloß sich die französische Akademie der Wissenschaften auf Drängen der mächtigen Familie Jussieu, eine neue französische Expedition nach Peru zu starten, die einiges wertvolle Material, das Joseph Jussieu dort hinterlassen hatte, abholen sollte (dieser war bei seiner Rückkunft in Paris 1771 nicht mehr im Vollbesitz seiner Kräfte und starb 1779). Darüber hinaus sollte in Peru das Studium des Chinabaumes, das La Condamine und Jussieu begonnen hatten, vertieft werden (mir ist nicht bekannt, ob die Akademie von den Untersuchungen Mutis' und Sebastián López' zum kolumbischen Chinabaum Kenntnis hatte). Der neue König Ludwig XVI., der Neffe Karls III., unterstützte dieses Projekt und zählte auch auf die Hilfe seines spanischen Onkels. Der neue Minister für Amerikanische Angelegenheiten, José de Gálvez, beschloß jedoch, diesmal den Spieß umzudrehen, und den französischen Arzt Joseph Dombey als »Assistent« der spanischen »Professoren«, der jungen Pharmazeuten Hipólito Ruiz und José Pavón, mitzunehmen.

Es können auch andere Gründe für diesen Meinungsumschwung in Spanien verantwortlich gewesen sein: die Wahl eines neuen Standortes für den Botanischen Garten im *Jardin del Buen Retiro* von Madrid mit dem jungen Gomez Ortega als Direktor, der Kauf einer Sammlung im Jahr 1771 zur Gründung der königlichen Sammlung für Naturkunde usw. Wichtig ist nur, daß 1777 von Cádiz aus die erste wissenschaftliche Forschungsexpedition unter Leitung eines Spaniers in See stach und diese von den neuen Regierungsmitgliedern Gálvez und Floridablanca gefördert wurde. Die Beziehung der Wissenschaftler untereinander war genau festgelegt; Dombey mußte seine neuen Lehrer über all seine Ergebnisse in Kenntnis setzen und durfte nicht auf eigene Faust handeln.

Der Aufenthalt in Peru und Chile dauerte bis 1784, wobei sowohl das Küsten- wie auch das Andengebiet (was Dombey am meisten interessierte) genauestens untersucht werden konnten. Nachdem einige Sendungen nach Spanien zusammengestellt worden waren, entschloß sich der Franzose, nach Europa zurückzukehren, die Duplikate wurden unter den Forschern aufgeteilt. In Cádiz aber mußte Cuéllar 1785 einem Mitarbeiter von Gomez Ortega, auf dem Weg zu den Philippinen, viele Duplikate seiner Sammlung abgeben. Diese Maßnahme läßt sich rechtfertigen, weil eine Sendung durch Schiffbruch verlorengegangen war und ein Brand den größten Teil des Materials vernichtet hatte. Diese Katastrophen verzögerten die Rückreise der Spanier um ganze vier Jahre. Sie fuhren dann 1788 zurück, nachdem sie einen Mitarbeiter (Tafalla) und einen Zeichner (Pulgar) damit beauftragt hatten, die verlorengegangenen Blumen zu ersetzen und neugefundene nach Spanien zu senden.

So geschah es, daß der arme Dombey sich der Früchte seiner Arbeit beraubt sah (wegen der verschiedenen Enteignungen, dem Verbot der Spanier, zu publizieren, dem Fehlen von Zeichnungen und auch wegen der Revolution von 1789, die Frankreich ins Chaos stürzte), während Ruiz und Pavón großes Glück mit ihren Veröffentlichungen hatten: Schon Ende des Jahrhunderts war ihr ehrgeiziges Ziel, 3.000 Beschreibungen und 2.000 Zeichnungen zu publizieren, fast erreicht. Ihre Werke *Quinología* (1792, mit einem Anhang von 1801) und *Flora peruviana et chilensis* (1792–1802) waren unangreifbar. Sogar der Kritiker Cavanilles mußte eingestehen: »Dies ist zweifellos ein Werk, das anderen seiner Art zum Vorbild dienen wird« (Cavanilles, 1800, S. 49). Das Gespann Ruiz–Pavón leitete die erfolgreichste der offiziellen Expeditionen, ein Ergebnis verschiedener günstiger Faktoren: die Unterstützung von seiten des Botanischen Gartens, die zeitige Rückkehr, die intensive verlegerische Arbeit, ohne auf Perfektionismus Wert zu legen und ohne sich in andere Fachgebiete der Naturkunde einzumischen.

Unser nächster Fall, die Forschungen von José C. Mutis, zeigt genau das Gegenteil auf: zu langer Aufenthalt in Amerika und endgültige Niederlassung dort, Ergebnis der sich verzögernden königlichen Erlaubnis, schlechter Mitarbeiter und fehlender Produktivität, außerdem ein übertriebenes Interesse für andere Fachgebiete und soziale Begebenheiten. Mutis war ein junger Arzt, der von 1757 bis 1760 in Madrid Botanik bei Bernardes, dem Anhänger Linnés, studierte und als Leibarzt des Vizekönigs von Neu-Granada 1760 nach Amerika fuhr, um dort die Arbeiten weiterzuführen, die durch den Tod Loeflings unterbrochen worden waren. Er setzte sich mit Linné in Verbindung und beschloß, staatliche Hilfe für seine Naturkundestudien zu beantragen, doch mußte er 20 Jahre lang auf Privatbasis arbeiten und konnte dabei nur auf die Unterstützung Linnés zählen, der ihn als seinen Lieblingsschüler bezeichnete.

Als der neue Vizekönig 1782 den Wert seiner Studien entdeckte, hatte Mutis schon 20 Jahre lang privat in Kolumbien gearbeitet, ohne eine einzige Arbeit veröffentlicht zu haben. Der Vizekönig übte Druck auf den Minister Gálvez aus und schloß sich der neuen nationalistischen Politik Floridablancas an. Mit königlicher Unterstützung konnte Mutis seine Forschungsgruppe erweitern, einen Arbeitssitz einrichten, in Mariquita, dem späteren Bogotá, neue Bücher und Instrumente kaufen, ein astronomisches Observatorium eröffnen und eine »Gesellschaft der Freunde des Landes« gründen. Er konzentrierte sich weder auf seine botanische Forschung, noch publizierte er. Bei seinem Tode hatte Mutis lediglich zwei Werke zum Chinabaum, eines in Cádiz (1792) und eines in Bogotá (1793/94), veröffentlicht sowie einen kurzen Aufsatz über Harzsalben, der 1785 in einer Madrider Zeitschrift abgedruckt worden war. Sein Schüler Zea, vom neuen Direktor des Botanischen Gartens, Cavanilles, akzeptiert, blieb diesem Perfektionismus treu, über den sich sogar Cavanilles selbst beschwerte (1800).

Nach 40jährigem Aufenthalt in Amerika wollte er (Cavanilles nennt ihn den »Nestor der Botaniker«) weder zurückkehren noch seine Arbeiten veröffentlichen, er kümmerte sich um andere Gebiete und um das Wohl der Bevölkerung. Diese Tätigkeiten machten aus ihm einen kolumbischen Nationalhelden; seine Manuskripte und seine botanischen Zeichnungen hinterließ er 1820, nach seinem Tode, dem Botanischen Garten in Madrid, der so lange darauf gewartet hatte.

Vor einem ähnlichen Fall stehen wir bei einer Forschungsreise nach Mexiko unter der Leitung des Arztes Martín Sessé, der 1787 zugestimmt wurde. Wie wir schon anfangs erwähnten, zielte diese Expedition zu Beginn auf eine »Bebilderung« des Werkes von Hernández ab, aber sie sprengte diesen Rahmen und begründete sogar die moderne mexikanische Botanik mit der Einrichtung eines Lehrstuhls an der Universität und der Schaffung eines Botanischen Gartens. Diese Forschungsreise ging auch in andere Gebiete Amerikas (Guatemala, Kuba, Puerto Rico, Vancouver Island), nachdem eine Aufenthaltsverlängerung bis 1803 bewilligt worden war. Es beteiligten sich auch andere Mitglieder, das berühmteste war der junge mexikanische Arzt José Mariano Mociño, der später zum wichtigsten Mann der Expedition wurde.

Neben diesen Neuerungen kamen bei der Verlängerung des Aufenthaltes 1794 noch weitere Ziele hinzu, der enge Horizont der reinen Botanik sollte erweitert werden. Mociño führte zwar die ihm aufgetragene Untersuchung der Flora in Mexiko und Guatemala durch, aber auf Vancouver Island, in Guatemala und Mexiko-Stadt interessierte er sich auch für allgemeine Themen der Naturgeschichte. Nach seiner Rückkunft in Spanien widmete er der Naturkundesammlung und der Akademie für Medizin mehr Zeit als dem Botanischen Garten (obwohl er auch ein paar Arbeiten zu botanischen Themen in der Zeitschrift *Anales de Historia Natural* veröffentlichte). Der Tod der meisten Teilnehmer der Reise (Castillo und Longinos in Mexiko, Senseve und Sessé in Madrid) machten ihn zum Erben des nordamerikanischen Unternehmens, und so ist es verständlich, daß er in sein Exil 1813 – er wurde als »Franzosenfreund« abgestempelt – die Manuskripte und Zeichnungen der *Flora Mexicana* mitnahm. Da er bei seiner Rückkehr plötzlich in Barcelona verstarb, kamen seine Zeichnungen in Privathand (erst kürzlich wurden sie einer nordamerikanischen Institution verkauft). Cavanilles und Mutis als Direktoren des Botanischen Gartens waren wohl der Grund dafür, daß der Botaniker der Expedition von Vicente Cervantes, der 1829 in Mexiko starb, nicht mehr nach Spanien zurückkehrte, und wohl auch der Grund für das mangelnde Interesse Mociños an diesem Garten.

Die letzte der offiziellen Reisen leitete Alejandro Malaspina (1789–1794). Sie führte rund um die Welt, wobei, so der Forscher in seinem Antrag, »den Spuren der Herren Cook und La Pérouse gefolgt werden würde«. Dieses ehrgeizige Vorhaben bewegte den Marineminister Antonio Valdés dazu, ihm alle Mittel zur Verfügung zu stellen, damit diese Ziele zur Ehre Spaniens erreicht werden könnten. Diese Reise um die Welt zielte auch auf die Kontrolle der spanischen Besitzungen im Pazifik ab (das war auch einer der Gründe für die Fahrten von Cook und La Pérouse gewesen) und wollte vor allem die Möglichkeiten der Armada und die wissenschaftliche Intelligenz im weiten Feld der Geographie und der Geschichte zur Schau stellen.

Aus den drei geplanten Jahren wurden fünf, in denen die Kenntnisse und das Wissen über die besuchten Gebiete erweitert und vertieft wurden. Übertrieben waren bei dieser Forschungsreise nicht etwa die Länge oder die Ziele, sondern die Ausweitung der Informationsquellen; andere Expeditionen wurden Malaspina unterstellt: die von Tafalla und Pulgar in Peru, von Mociño in Nootka, von Azara in Buenos Aires, von Cuéllar auf den Philippinen usw. Bis auf einige im voraus geplante Neuaufnahmen in die Forschergruppe gegen Ende der Reise gab es nur zwei Ausfälle: den Tod des Naturforschers Pineda auf den Philippinen und das Zurückbleiben des Zeichners Haenke in Bolivien.

Der Erfolg der Reise, der wohl dem Organisationstalent des Kommandanten Malaspina zu verdanken war, ging mit der Rückkehr nach Spanien zu Ende. Malaspina wurde ein Prozeß gemacht, in dem er zu lebenslanger Haft verurteilt wurde. 1803 wurde er auf Fürsprache von Napoleon entlassen. Seine letzten Jahre verbrachte er in Italien, wo er 1809 starb. Diese Verurteilung geschah wohl aus denselben Gründen wie bei der Mannschaft von Mutis: Er identifizierte sich zu sehr mit dem Schicksal der Kolonien und unterstützte Ansichten, die dem Zentralisten Godoy zu liberal waren. Malaspina war vielleicht zu unvorsichtig in seinen Meinungsäußerungen und gefährdete damit nicht nur sein persönliches Wohl, sondern auch die Arbeit der ganzen Forschergruppe, die fünf Jahre lang erfolgreich tätig gewesen war.

Der Name Malaspina verschwand aus allen Veröffentlichungen dieser Arbeiten, z. B. aus den Werken von Navarrete und Alcalá Galiano 1802 über die Reise nach Nootka und aus den Aufsätzen in Cavanilles' *Anales de Historia Natural* (1800–1803).

Grenzziehungsexpeditionen auf bilaterale Initiative hin

Unter Grenzziehungsexpeditionen versteht man die Reisen, die von der Krone in Verbindung mit einer anderen Nation, mit der man Grenzkonflikte hatte, befohlen wurden, um die Grenzen festzulegen. Nach dieser Definition zählen zu dieser Gruppe die Expeditionen von Iturriaga, des Marquis von Valdelirios und Felix Azara zur Festlegung der Grenzen der Überseebesitzungen von Spanien und Portugal, sowie die von Bodega y Quadra zum nordwestlichen Pazifik, um den Konflikt mit den Engländern in Nootka zu lösen.

Wir haben uns aber entschlossen, den Begriff Grenzziehung zu erweitern und somit alle die Expeditionen mit einzubeziehen, die in die äußersten Gebiete des spanischen Weltreiches geschickt wurden, um anderen Ländern (England, Rußland, Frankreich und Holland) die spanische Präsenz vor Augen zu führen oder auch, falls nötig, die Gebiete zu verteidigen. Wenn man diese Definition annimmt, so steigt die Zahl der Expeditionen beträchtlich. Noch größer wäre die Zahl, würde man hier alle die Unternehmen einbeziehen, die weder Objekte noch Material für die neu eingerichteten Sammlungen aufnahmen, noch irgendwelche wissenschaftliche Beobachtungen durchführten, die uns hier aber interessieren. Wir würden in dieser Gruppe all die Expeditionen zum nordwestlichen Pazifik finden, zu einem der konfliktträchtigsten Gebiete also, die Reisen nach Feuerland und Patagonien als Tor zum Pazifik sowie diejenigen, die auf eine Absicherung des Vizekönigreiches Peru abzielten, indem die größtmögliche Zahl an Inseln im Pazifik besetzt wurden.

Diese Expeditionen zur Festlegung, Verteidigung und Besiedlung der Grenzen, zur Vermessung und Kartographie dieser Gebiete oder rein zur Demonstration spanischer Präsenz in diesen Teilen der Welt wurden allesamt von der Krone oder deren Vertretern in Übersee gefördert und ins Leben gerufen, um einer der klarsten und konkretesten Richtlinien der spanischen Politik Folge zu leisten: langfristig das spanische Weltreich in Übersee zu verteidigen und die territoriale Integrität zu sichern.

Das Problem im Pazifik bestand während des 18. Jahrhunderts darin, daß dieser Ozean in den Blickwinkel der internationalen Politik rückte und die Staaten die notwendigen Maßnahmen ergreifen mußten, um dem Verlust von Besitzungen entgegenzuwirken, die sie, theoretisch, seit langem besaßen (Sanchez Barba 1957, S. 285).

Die Gefahr kam von verschiedenen Fronten: auf der einen Seite standen die Russen und ihr Pelzhandel, auf der anderen die englischen Interessen, die etwas später dazukamen. Auf diese zweifache Gefahr reagierte Spanien, der Politik von Gálvez folgend, mit Expansion, Erhaltung und Sicherung des Gebietes nach dem traditionellen Konzept der Oberhoheit.

Expansion und Erforschung des spanischen Weltreiches mit militärischen, religiösen und wissenschaftlichen Zielen führten zu einem riesigen Schatz an Dokumenten über dieses fast unbekannte, vergessene Gebiet. Reisetagebücher, Karten, Zeichnungen und allerlei zusammengetragenes Material bildeten einen wichtigen Beitrag der Wissenschaft zur Kenntnis der Kosmographie, Hydrographie, Ethnographie, Naturgeschichte usw. jener so weit entfernten Regionen.

Zentrum und Ausgangspunkt der Expeditionen in den Nordpazifik war der Hafen von San Blas. Er war 1774 zum Hauptort einer Provinz erklärt wurde, die die Missionen in Kalifornien verteidigen und die Erkundung des Nordens unterstützen sollte, um so den Expansionsdrang der Russen gegen Süden stoppen zu können, der seit 1773 vom Grafen Lacy, dem spanischen Botschafter in Sankt Petersburg, angeprangert wurde. Dieser Expansionismus führte auch dazu, daß im folgenden Jahr die erste Expedition in Richtung Norden gestartet wurde, die unter der Führung des Fregattenkapitäns Juan Pérez an Bord der »Santiago« noch unbekannte Länder entdecken und in Besitz nehmen sollte. Darüber hinaus sollten Daten über Lage, Religion, Herrschaftsform, wirtschaftliche

Situation, Abgabepflichten und Kultur jener Indianer gesammelt, ihre eventuellen Beziehungen zu anderen Weltmächten ausgekundschaftet und Mineralien, Agrarprodukte, Tiere und Pflanzen mitgebracht werden. Diese Ziele hatten auch die nachfolgenden Erkundungsfahrten.

Ein Jahr später stellte man eine weitere, noch ehrgeizigere Expedition aus drei Schiffen unter Führung von Bruno de Hezeta, den Bodega und Mourelle begleiteten, zusammen, die die Küste bis zum 47. Breitengrad kartographierte, wobei die »Sonora« sogar bis zum 58. Breitengrad, bis nach Alaska also, vorstieß. Eine weitere Expedition mit den Fregatten »Princesa« und »Favorita« führt Ignacio de Arteaga 1779 in diese Gewässer, bei der sich Bodega und Mourelle wieder an Bord befanden.

Erst neun Jahre später wurde die nächste Fahrt durchgeführt. Auf der Insel Unalaska kam es 1788 zum Kontakt der Expedition Esteban Martínez' mit den russischen Niederlassungen; deswegen kam es zu den ersten Problemen mit den Engländern (der berühmte Konflikt von Nootka). Daraufhin fuhren die Expeditionen von Eliza, Fidalgo und Quimper, alle im Jahr 1790, in dieses Gebiet, um es zu kartographieren und um die dort ansässigen Kulturen zu untersuchen.

Auch Malaspina segelte 1791 entlang dieser Küste, und gleichsam im Anschluß an diese Expedition fuhren die Schoner »Sutil« und »Mexicana« ein Jahr später in jenes Gebiet. Bei ihren ethnographischen und naturwissenschaftlichen Beobachtungen zählten sie auf die Unterstützung von Mociño und der Grenzziehungsexpedition von Bodega, die die Grenze des spanischen Weltreiches im Nordpazifik zu definieren suchte, um den Konflikt von Nootka, den Martínez heraufbeschworen hatte, zu lösen.

In den darauffolgenden Jahren wurden noch zwei Expeditionen durchgeführt: die von Caamaño an Bord der »Aránzazu« und die von Eliza und Zayas auf den Schonern »Aktiva« und »Mexicana«, welche Nootka und die Mündung des Columbia-River untersuchen sollten.

Ein ähnliches Ziel hatten die Expeditionen – man könnte sie geostrategische Expeditionen nennen –, die an der Pazifikküste des Vizekönigreiches Peru von Amat durchgeführt wurden, um das Eindringen der Engländer und der Franzosen dort zu unterbinden. Die erste stach 1770 in See, um die 1669 von Davis entdeckte Insel zu erforschen, die man aber nicht fand. Man stieß jedoch auf die Osterinsel, von der der Steuermann Juan Hervé Karten zeichnete. Außerdem trug er wichtige Informationen zu den Sitten und Gebräuchen der dortigen Eingeborenen in seinem Tagebuch zusammen.

Im Jahr 1772 beschloß man, die Osterinsel in Besitz zu nehmen, um dort eine Kolonie zu gründen. Der Fregattenkapitän Domingo Boenechea konnte sie nicht finden, stieß jedoch auf seinen Irrfahrten auf andere Inseln, wie z. B. Tahiti, über die er wichtige Informationen sammelte, die er dem Vizekönig Amat bei seiner Rückkehr vorlegte. Im darauffolgenden Jahr bekam er den Auftrag, auf dieser Insel eine Kolonie zu gründen, doch das Unternehmen scheiterte, und Boenechea fand sogar den Tod.

Die Erkundungsfahrten von Cordoba zur Magellan-Straße waren im Gegensatz zu den oben erwähnten von höchstem wissenschaftlichen Wert; Ziel der Fahrt waren, trotz des Konfliktreichtums in diesem Gebiet, reine hydrographische Messungen, was allein schon an den mitgeführten Geräten zu erkennen war. Die Aufgabe der Forschungsgruppe war die Erstellung des »Hydrographischen Atlas« von Tofiño. Neben den kartographischen Messungen und anderen Arbeiten in diesem Sinne waren auch andere Themen von großem Interesse, wie die Anwesenheit eines Botanikers und verschiedener anderer Forscher, die viel Material für die Naturkundesammlung zusammentrugen, zeigt.

Letztlich gab es noch drei Expeditionen zur Festlegung der Grenzen zum portugiesischen Weltreich. Die erste, von Iturriaga, zeichnete sich durch die wertvollen geographischen und kartographischen Arbeiten von Solano aus, der die besuchten Gebiete gut dokumentierte, und durch die schon erwähnte Tätigkeit Loeflings. Die zweite, in Wirklichkeit eine Teilexpedition Iturriagas, der am Orinoko arbeitete, leitete der Marquis von Valdelirios im Gebiet des Uruguay; sie brachte aber nur kärgliche Ergebnisse. Während der dritten Expedition, zweifellos der bedeutensten, führte Felix de Alzara seine naturkundlichen Studien in Paraguay durch.

Diese zielte auf eine Festsetzung der Grenzen mit den Portugiesen ab, die aber, um ihren schwunghaften Handel mit Schmuggelware nicht zu verlieren, die Angelegenheit immer wieder verschoben. Um die Wartezeit sinnvoll auszunutzen, beschloß Azara, sich dem Studium der Natur zu widmen, ohne aber die geringsten Kenntnisse noch das nötige Werkzeug zu haben. Der Staat förderte diese Untersuchungen nicht (wenigsten bis 1788, als ihm diese Aufgabe zusätzlich übertragen wurde); es handelte sich also um eine Privatinitiative im Zusammenhang mit einem offiziellen Auftrag, die besser in die nächste Gruppe fallen würde, bei der die Privatinitiative im Vordergrund steht.

Die Arbeit von Azara auf dem Gebiet der Naturkunde, von so bedeutenden Wissenschaftlern wie Humboldt oder Darwin voll anerkannt, wurde auch nach Beginn der Grenzziehung weitergeführt; es wurden ständig Sendungen für die Naturkundesammlung zusammengestellt. Daneben schrieb er auch Aufsätze (wie sein erstes Werk, den *Essai sur l'histoire naturelle des quadrupedes de la province du Paraguay*), die die Naturkunde zum Thema hatten oder aber sich mit der Grenzziehung selbst befaßten.

Expeditionen auf Privatinitiative hin

Wie wir im Fall des Ingenieurs Felix de Azara gesehen haben, brauchte der Staat nicht immer große Summen für Planung und Durchführung wichtiger wissenschaftlicher Expeditionen auszugeben, manchmal verhalfen ihm Privatleute mit ihrer Initiative auf sehr billige Weise zu wertvollem Material für die königlichen Sammlungen. Ab dem Zeitpunkt, als aufgrund einer königlichen Verordnung bekanntgegeben wurde, daß die staatlichen Sammlungen alles Material von wissenschaftlichem Interesse aufnehmen würden, stellten viele

Privatpersonen ihre Forschungsarbeiten in den Dienst der Krone. Dies war der Fall beim portugiesischen Naturwissenschaftler Antonio Parra, der nach der Veröffentlichung des königlichen Dekrets seine Arbeit über die Meeresfauna aufnahm und mit der Zeit eine bedeutende Sammlung zusammentrug, die er 1785 der Naturkundesammlung zur Verfügung stellte, wobei diese nur die Frachtkosten übernehmen mußte.

Parra veröffentlichte in Madrid sein Werk »Fische und Schalentiere Kubas«, das Karl III. vorgelegt wurde. Der König war von Buch und Sammlung so begeistert, daß er ihm einen Auftrag gab (es war dies eine zu jener Zeit gebräuchliche Methode zum sozialen Aufstieg, die Parra und viele andere wählten). Der Auftrag bestand darin, die Bäume, die auf der Insel wuchsen, nach wissenschaftlichen Gesichtspunkten zusammenzustellen und sie so nach Spanien zu schicken, daß sie dort wieder eingepflanzt werden könnten, und zwar entweder im Botanischen Garten oder aber im königlichen Garten von Aranjuez. Die meisten Bäume landeten schließlich dort, ein Beweis dafür, daß sich in der Denkweise der Könige ein Wandel vollzogen hatte: Sie achteten mehr auf ihren eigenen Vorteil als auf den der Wissenschaft im allgemeinen.

Ähnliches ist bei einem anderen Gebiet der Wissenschaft zu beobachten, bei der Archäologie. Während des 18. Jahrhunderts wurden verschiedene archäologische Expeditionen durchgeführt, die manchmal vom Staat getragen wurden, manchmal von privater Initiative mit Hilfe der »Gesellschaften der Freunde des Landes« ausgingen. So beschloß Karl IV., dem Kapitän Dupaix einen Forschungsauftrag zu geben, der weit über das hinausging, was dieser gerade am untersuchen war (Somolinos 1960, S. 344). Wieder einmal nutzte der Staat eine Privatinitiative aus, um seine Sammlungen zu vervollständigen.

Die archäologische Expedition in Neu-Spanien brachte wertvolle Erkenntnisse: zum einen eine bessere und detailgenauere Kenntnis der Ruinenstädte von Palenque und Xochicalco, zum anderen die Beschreibung von vielen anderen Kultstätten und die Entdeckung einer Vielzahl neuer, außerdem die Beschreibung Hunderter Skulpturen, Keramiken und Bauten. Auf diese Arbeiten konzentrierte sich die Forschungsreise, doch Dupaix erkannte schnell, daß die Indianer, die damals in den jeweiligen Gebieten lebten, vieles mit den Erbauern der von ihm beschriebenen Kunstwerke gemeinsam hatten, er zeigte also ein offensichtliches Interesse für die Anthropologie (Alcina Franch 1965, S. 905 f.). Als Ergebnis der Reisen von Dupaix entstanden drei Manuskripte, jeweils eines pro Reise, sowie viele Zeichnungen José L. Castañedas, die aber erst nach den Unabhängigkeitskriegen gegen Napoleon nach Spanien gelangen konnten; sie gerieten in Vergessenheit.

Ein ähnlicher Fall, natürlich mit kleinen Unterschieden, ist der des Naturwissenschaftlers Juan de Cuéllar. Er wurde 1785 zum Botaniker der gerade gegründeten *Compañía de Filipinas* bestimmt und zu jener Inselgruppe geschickt, um den Anbau verschiedener Nutzpflanzen zu fördern bzw. zu leiten.

Karl III. ernannte ihn deshalb zum »Botaniker seiner Majestät auf den Philippinen« (Barras de Aragón 1948, S. 600). Zum Ausgleich für die Ehre, die ein solcher Posten als Beauftragter des Königs auf den Philippinen mit sich brachte, verpflichtete er sich, jedes halbe Jahr einen Bericht über seine Arbeit zu schicken. So zog die Krone durch die Vergabe eines Auftrages Nutzen aus der Arbeit eines Botanikers, der von einer privaten Institution unterhalten wurde. Die königlichen Sammlungen wurden bereichert, ohne daß große Summen, wie etwa bei der Expedition von Sessé, ausgegeben werden mußten.

Cuéllar leistete eine bemerkenswerte Arbeit auf den Philippinen, die hier aber nicht weiter untersucht werden soll; er erfüllte also seinen Auftrag, indem er alle Arten von Objekten der Naturkundesammlung und dem Botanischen Garten zukommen ließ. Barras de Aragón (1948, S. 595–601) kommentiert die Spannung zwischen dem Direktor des Botanischen Gartens, Gomez Ortega, und der Regierung als Ergebnis des Wunsches des Königs, die erhaltenen Stücke in den königlichen Garten von Aranjuez zu übernehmen. Die Zeiten ändern sich, der König hat neue Wünsche.

Größere Bedeutung bei der Bewertung der Beiträge privater Initiative mit staatlicher Unterstützung muß der Expedition des Grafen de Mopox nach Kuba und der der Gebrüder Heuland nach Chile und Peru beigemessen werden. Die Gebrüder Heuland, Ingenieure der Bergwerksschule von Freiburg, traten 1792 in Kontakt mit Spanien, als sie eine Mineraliensammlung ihres Onkels Jakob Förster der königlichen Naturkundesammlung verkauften, ein Geschäft, das der Direktor José Clavijo Fajardo zustande brachte. Die Hälfte des Kaufpreises wurde in bar ausbezahlt, für die andere Hälfte wurden Sammlungsobjekte aus Spanien und Amerika vereinbart. Um diese zusammenzutragen, wurden die beiden Brüder mit der Leitung einer Expedition in die Neue Welt beauftragt, die Mineralien, Steine, Fossilien, Kristalle, Muscheln usw. sammeln sollte. Darüber hinaus sollten sie ein Buch über die Mineralogie in Nord- und Südamerika verfassen (Piñero, Glick, Brotons und Portela 1983, S. 456). Es handelt sich also um eine seltsame, atypische Forschungsreise, denn der Staat führte zwar Organisation und Finanzierung durch, doch nur um mit einer Sammlung seine Schulden zu bezahlen; außerdem erhielt er noch bedeutende Objekte aus dieser Reise.

Die Expedition wurde von Godoy gefördert, zu jener Zeit fast omnipräsent, und fand zwischen 1794 und 1796 statt. In dieser Zeit wurden Sendungen mit den entsprechenden Berichten zusammengestellt, die nicht nur wichtige Informationen zu den Mineralien, Fossilien usw. beinhalteten, sondern auch viele andere Aspekte.

Mitte des Jahres 1796 bildete Manuel Godoy eine »Königliche Kommission von Guantánamo«, deren Ziel es war, eine Gruppe von Fachleuten nach Kuba zu schicken, um die dortige Situation zu verbessern. Die Expedition unter Leitung des Grafen de Mopox hatte zwei Aufgaben: die Gründung einer Stadt und den Bau eines Hafens in der Bucht von Guantánamo sowie den Bau eines Kanals zwischen dem Gebiet von Guines und der Hauptstadt des Landes.

Um aber die naturkundlichen Arbeiten, die von Antonio

Parra begonnen worden waren und von Sessé gerade weitergeführt wurden, zu vervollständigen, beschloß man, den Botaniker Baltasar Boldó, seit kurzem Mitatbeiter des Botanischen Gartens, mit auf die Reise zu schicken. Er sollte Material für eine »Naturgeschichte der kubanischen Flora« zusammentragen, was sein früher Tod aber verhinderte. Zurückgeblieben sind nur zwei kleine Bücher (eines über Insekten, eines über Pflanzen) mit Zeichnungen und den dazugehörigen Notizen, die im Botanischen Garten aufbewahrt werden.

Es handelte sich bei dieser Expedition also nicht um eine Forschungsreise, sondern um einen von den Interessen der kubanischen Oligarchie, zu der auch der Graf de Mopox gehörte, getragenen Arbeitsaufenthalt, in den die Krone (besser gesagt, der Botanische Garten) einen Botaniker und zwei Zeichner einschleusen konnte. Die Tatsache, daß die Finanzierung zu Lasten des Leiters der Expedition ging, untermauert nur diese Behauptung. Der Staat erkannte diesem als Gegenleistung bedeutende Privilegien im Rahmen des Zuckerhandels zu.

Zu dieser Gruppe gehört noch die große Reise des deutschen Gelehrten Alexander von Humboldt in Begleitung von Aimé Bonpland, die hier erwähnt wird. Zwischen dem spanischem Staat und dem deutschen Gelehrten gab es keine offizielle Vereinbarung, die irgendeine Verpflichtung enthielt. Humboldt erhielt also von Minister Mariano Luis de Urquijo einen Geleitbrief und die verschiedensten Empfehlungsschreiben, die es ihm erlaubten, die spanischen Besitzungen unbehindert zu besuchen.

Er bereiste Amerika von Süden nach Norden und gelangte bis in die Vereinigten Staaten; dabei nahm er Kontakt mit den bekanntesten spanischen Wissenschaftlern, insbesondere mit Mutis und Caldas, auf. Die wissenschaftliche Arbeit dieses großen deutschen Gelehrten ist eine Gesamtstudie über Amerika, Pflichtlektüre für jeden, der die Entwicklung von Wissenschaft und Institutionen des 18. Jahrhunderts in Amerika kennenlernen möchte.

Schlußbemerkungen

Es muß hier erwähnt werden, daß lediglich der Versuch gemacht wurde, einen Gesamtüberblick über die geographischen und naturwissenschaftlichen Expeditionen zu geben, zum einen, weil eine nähere Betrachtung des Themas den Rahmen dieses Aufsatzes gesprengt hätte, zum anderen aber, weil der gewählte Ansatzpunkt neu ist.

Abgesehen von den Expeditionen des 16. und 17. Jahrhunderts, deren Bedeutung noch nicht eingehend untersucht wurde, ist es offensichtlich, daß die ersten Forschungsreisen nach Spanisch-Amerika auf französische Initiative hin durchgeführt wurden, und zwar im Rahmen der Forschungspolitik des Sonnenkönigs. Die allmähliche Übernahme der Verantwortung für diese Unternehmen durch den spanischen Staat dürfte parallel zum nationalistischen Konkurrenzkampf, der in Europa besonders zwischen englischem und französischem Königshaus entsteht, verlaufen sein.

Mit der Zeit dienen die wissenschaftlichen Expeditionen nicht nur der Ehre der Nation, sondern auch deren Sicherheit; sie dienen der Aufrechterhaltung der territorialen Integrität mit den Waffen der Wissenschaft. Es sind schwache Waffen, aber voller zivilisatorischer Legitimation (Anspruch auf neue Länder wird mit guten Karten und einem blühenden Handel geltend gemacht, nicht aber mit Waffen).

Die Entwicklung dieser »liberalen« Politik eindeutig britischen Ursprungs zwang die spanischen Bourbonen dazu, enger mit den privaten Initiativen zusammenzuarbeiten. Dies wird bei der Klassifizierung der wissenschaftlichen Expeditionen in Abhängigkeit von den Initiatoren deutlich. Aber die Privatinitiative war vom Staat abhängig: Als Spanien im Konkurrenzkampf mit England und Frankreich unterlag, scheiterten die privaten Projekte.

Literatur

ALCINA FRANCH, José: »Los viajes de exploración arqueológica por México. Don Guillermo Dupaix«. Anuario de Estudios Americanos, XXII, Sevilla 1965.
ARCINIEGAS, Germán: El continente de siete colores: Historia de la cultura en América Latina, Buenos Aires 1965.
ARCINIEGAS, Germán: »Del Renacimiento a la Iluminación«. Mélanges á la mémoire de Jean Sarrailh, Paris 1965.
ARIAS DIVITO, Juan Carlos: Las expediciones científicas españolas durante el siglo XVIII. Madrid 1968.
BARRAS DE ARAGON, Fco. de las: »El botánico Juan de Cuéllar y sus trabajos sobre la canela Filipina«. Boletín de la Real Sociedad Española de Historia Natural XLVI, Nr. 7–8. Madrid 1948.
CAVANILLES, Antonio José: »Materiales para la historia de la Botánica«. Anales de Historia Natural II, Nr. 4, Madrid o. J.
CHARDON, Carlos E.: Los naturalistas en América Latina, Ciudad Trujillo 1949.
ESTEVE BARBA, Fco.: Cultura Virreinal. In: Historia de América y de los pueblos americanos, Barcelona 1965.
HERNANDEZ SANCHEZ-BARBA, Mario: La última expansión española en América. Madrid 1957.
LOPEZ PIÑERO, José M., et al.: Diccionario histórico de la ciencia moderna en España, 2 Bde. Barcelona 1983.
MASSON DE MORVILLIERS, Nicolás: »España«. La polémica de la ciencia española. Vorwort von Ernesto und Enrique Garcia Camarero. Madrid 1970.
SOMOLINOS, Germán de: Obras completas de Francisco Hernández. Madrid 1960.
STEELE, Arthur: Flores para el rey, La expedición de Ruiz y Pavón y la flora del Perú, 1777–1788. Barcelona 1982.

AMERIKANISCHE SAMMLUNGEN DES 18. JAHRHUNDERTS

Paz Cabello Carro
Museo de América, Madrid

Der Ursprung der Sammlungen des 18. Jahrhunderts

Die amerikanischen Sammlungen des 18. Jahrhunderts in Spanien sind eng verbunden mit dem Aufschwung verschiedener Wissenschaften wie der Botanik, der Zoologie und der Geschichte, die sich mit der neuen Methode der Archäologie der Alten Geschichte zuwandte. Im abschließenden Artikel über die Geschichte des Museo de América und seiner Sammlungen werden die Entwicklung der amerikanischen Sammlungen im 18. Jahrhundert, ihr Ursprung und ihr späteres Schicksal aufgezeigt, so daß wir uns hier auf die Untersuchung beschränken können, wie die Gegenstände aus den überseeischen Gebieten ins *Real Gabinete de Historia Natural* (das »Naturhistorische Königliche Kabinett«) gelangten. Im Artikel »Die wissenschaftlichen Forschungsreisen im 18. Jahrhundert« wurde über die wissenschaftlichen Expeditionen gesprochen, die die Erforschung der Gebiete, die Vermessung der Meridiane, die Erstellung von Landkarten oder auch die botanische Erkundung zum Ziel hatten. Die amerikanischen Sammlungen des 18. Jahrhunderts kamen hauptsächlich durch die Tätigkeit dieser Expeditionen und das Mitwirken aufgeklärter Beamter zustande, die die königlichen Erlässe über die Sammlung der für das königliche Kabinett bestimmten Gegenstände getreu ausführten. Die wissenschaftlichen Expeditionen hatten neben der Verwirklichung ihrer vorrangigen Ziele auch die Aufgabe, die Fauna sowie Leben und Gebräuche der Eingeborenen zu studieren. Zur Veranschaulichung sammelten sie Tiere und Gegenstände, um diese dann auszustellen und so die Untersuchungen über die Naturgeschichte zu verbreiten, eine Wissenschaft, die auch den Menschen, neben Fauna und Flora, als Bestandteil der Natur betrachtete. Das damalige Interesse an den Wissenschaften, das von den königlichen Ratgebern und Mitarbeitern gefördert wurde, führte zum königlichen Erlaß über die Sammlung naturgeschichtlicher Gegenstände, d. h. jener Dinge, die nicht als den traditionellen Sammlungen von Kunstgegenständen zugehörig betrachtet wurden.

Vorschriften für die Sammlungen

Obwohl in der *Novísima Recopilación de las Leyes de España* (der Gesetzessammlung der damaligen Epoche) keine Vermerke über Vorschriften hinsichtlich der Sammlungen unter Ferdinand VI. (1746–1759) enthalten sind – nicht alle königlichen Orders wurden vollständig aufgenommen –, gibt es doch indirekte Hinweise auf ihre Existenz in den Dokumenten jener Epoche. Sie dürften den Vorschriften geglichen haben, die zu Zeiten Karls III. (1759–1788) angeordnet wurden und die der erste Direktor des Kabinetts, Pedro Franco Dávila, verfaßte. Im Archiv des heutigen Museo de Ciencias befinden sich zahlreiche Entwürfe und Kopien von Anweisungen, die bis ins einzelne ausgearbeitet waren, damit auch in der Naturgeschichte nicht bewanderte Personen davon unterrichtet würden, welche Materialien zu sammeln und auf welche Weise sie zu verschicken seien. Diese Anweisungen wurden zusammen mit der vom Minister José de Gálvez unterzeichneten Durchführungsbestimmung in alle Teile des Königreichs geschickt. Ich gebe hier den ersten Teil eines der aus dem Jahr 1776 stammenden Entwürfe Franco Dávilas wieder, wobei die weitschweifigen Beschreibungen der verschiedenen Materialien aus den verschiedenen Bereichen der Natur weggelassen wurden:

»Verfügung im Auftrag unserer Maj. d. Königs (Gott schütze ihn) durch Don Pedro Franco Dávila, Direktor des Naturhistorischen Königlichen Kabinetts, damit die Herren Vizekönige, Gouverneure, Oberrichter, Bürgermeister und Provinz-Intendanten in allen Seiner Majestät unterstehenden Gebieten die Naturerzeugnisse, die sie in den Ländern und bei den Völkern ihrer Distrikte finden, aussuchen, präparieren und nach Madrid schicken können, damit sie im Königlichen Museum aufgestellt werden, das S. M. am Hofe zum Nutzen und zur Belehrung der Nation eingerichtet hat, und die Absicht S. M. ist es, das Museum nicht nur mit den verschiedenen Substanzen der drei Bereiche der Natur, als da sind die Mineralien-, Pflanzen- und Tierwelt, zu vervollständigen, sondern auch mit einigen Eigentümlichkeiten der Kunst, wie Götzenbildern, Gemälden, Zeichnungen, Maschinen, Waffen, Werkzeugen, Kleidung, Möbeln und anderen Dingen, die besondere Aufmerksamkeit bei den Völkern verdienen; zu gegebener Zeit werden wir von diesen sprechen, da es unsere Absicht ist, nur die bekanntesten Erzeugnisse in aller Kürze zu nennen, und wir werden weder die Methode noch die in Europa bekannte Nomenklatur anführen, da diese vielen in den amerikanischen Gebieten bestimmt unbekannt ist, um so Definitionen zu vermeiden, die das Verständnis jedes einzelnen Gegenstandes erforderlich machen, und um dieses Schreiben nicht zu umfangreich werden zu lassen . . .«

Was die uns hier interessierenden künstlerischen, historischen und ethnographischen Sammlungen anlangt, wird eine Beschreibung oder Methode nicht weiter erwähnt, da damals nur die Naturwissenschaften systematisiert waren, nicht jedoch die Sozial- oder Kunstwissenschaften, die nur als zusätzliche Gebiete bei der Erforschung des Menschen betrachtet wurden; die Systematisierung dieser Wissenschaften setzte sich erst im 19. Jahrhundert durch.

Die ersten Sammlungen

Die ersten Sammlungen des Naturhistorischen Kabinetts gingen auf die von Pedro Franco Dávila in Paris zusammengetragenen Gegenstände zurück, die er an Karl III. verkauft hatte; auf die königlichen Sammlungen, die im ersten, wenig erfolgreichen Kabinett aufbewahrt worden waren, das Antonio de Ulloa unter Ferdinand VI. gegründet hatte; sowie auf die sich im Palast befindlichen Sammlungen, die offensichtlich den Sendungen der hohen Staatsbeamten entstammten, welche die ersten Anweisungen über die Sammeltätigkeit befolgt hatten.

Pedro Franco Dávila war in Guayaquil (Ecuador) als Sohn spanischer Eltern geboren worden. Aus geschäftlichen Gründen lebte er jedoch in Paris, wo er ein Kabinett gründete, das sich aus zoologischen, mineralogischen, ethnographischen und künstlerischen Sammlungen zusammensetzte. Unter letzteren befand sich eine Reihe amerikanischer Gegenstände, die im dritten Band des Katalogs (1775) aufgeführt werden, den Franco Dávila offensichtlich zu dem Zweck veröffentlichte, den Verkauf seiner Kunstsammlung zu fördern. Es handelt sich um ein sehr vielfältiges Verzeichnis, in dem individuell beschriebene Gegenstände, deren Herkunft mehr oder weniger genau angegeben wird, neben anderen, nach Gruppen eingeteilten Gegenständen aufgeführt werden, bei denen nur spezifiziert wurde, daß es sich z. B. um Schmuck der Wilden oder Eingeborenen oder um Bögen oder Kriegskeulen der Indianer handelte. Es überwiegen Kleidung, Schmuck, Waffen und Gerätschaften der Indianer der Epoche, und es sind einige Gegenstände verzeichnet, die archäologischen Ursprungs gewesen sein dürften, wie ein mexikanisches Götzenbild aus Stein oder einige peruanische Gefäße.

Die Beschreibungen des Katalogs sind ausführlicher als die anderer alter Inventare und sollten zur Identifizierung der im Museum vorhandenen Stücke ausreichen. Trotzdem kann kein amerikanisches Stück der Sammlung Dávila in den Beständen des Naturalienkabinetts nachgewiesen werden. Es ist anzunehmen, daß einige Artefakte aus vergänglichem Material im Laufe der Zeit vernichtet wurden. Weiterhin könnte man vermuten, daß ich einige Gegenstände nicht identifizieren konnte und daß andere, die mehr oder weniger asiatisch oder europäisch wirkten – wie Kleidung und Schmuck der peruanischen Frauen –, sich heute in anderen Museen zusammen mit dem Rest der europäischen oder asiatischen Sammlungen befinden. Aber es war mir nicht möglich, sie zu identifizieren, obwohl einige Stücke aufgrund ihrer Beschreibung besonders hervorstechen.

Wir wissen aus zahlreichen Dokumenten, daß Pedro Franco Dávila seine Sammlung dem König verkaufte und vollständig nach Madrid brachte, denn es ist nichts darüber bekannt, daß er einen Teil der Gegenstände in Paris zurückließ, verschenkte oder verkaufte. Außerdem hatte er auf eigene Kosten eine Sammlung erworben, die er der Kunstsammlung beifügte, bevor er sie nach Madrid brachte. Aus verschiedenen Schriftstücken und vor allem der Bestätigung des späteren Museumsdirektors, Clavijo Fajardo, ist zu entnehmen, daß Dávila von einer über alle Zweifel erhabenen Aufrichtigkeit war und daß er an dem königlichen Kabinett ein außerordentliches Interesse nahm. Die Lösung des Rätsels findet sich möglicherweise in einer Biographie Dávilas aus der damaligen Zeit (Sempere y Guarinos 1785, S. 212). Der Text bezieht sich auf die Zeit zwischen dem ersten, abgelehnten Verkaufsangebot Dávilas an Karl III. und dem zweiten Angebot, das zum Kauf führte: »In der Zeit, in der Herr Dávila sein Kabinett zum Verkauf anbot, verkaufte er für fast achthunderttausend Reales, was noch nicht dem Wert der Hälfte entsprach. Nachdem er seine Außenstände bezahlt hatte, die sich auf kaum dreihunderttausend beliefen, verwendete er den Rest, von seiner Leidenschaft angetrieben, für den gleichen Zweck und mit mehr Kenntnis, weshalb sich im Naturhistorischen Kabinett zu Madrid viele Stücke befinden, die anderen, sehr anerkannten (Sammlungen) gehört hatten.«

Ist also zu folgern, daß alle amerikanischen Stücke verkauft wurden? Diese bildeten einen geringen Teil der Sammlungen Franco Dávilas, und es gab wohl viele Gegenstände in seinem Kabinett, die dem Geschmack der damaligen Zeit mehr entsprachen. In Ermangelung einer anderen Erklärung und weiterer Einzelheiten begnüge ich mich jedoch mit der Hypothese, daß die amerikanischen Sammlungen verkauft wurden, bevor Karl III. das Kabinett erwarb.

Die königlichen Sammlungen, die sich im ersten Naturhistorischen Kabinett befanden, wurden 1773 Pedro Franco Dávila zur Verfügung gestellt, um sie in das kürzlich gegründete Museum Karls III. mit aufzunehmen. 1775 wurden die Sammlungen des Infanten eingegliedert; ein Teil dieser Sammlungen hatte dem ersten Kabinett angehört, das der Seefahrer und Amerikaforscher Antonio de Ulloa gegründet und eine Zeitlang geleitet hatte. Da seine umfassenden Kenntnisse über Amerika und sein Interesse für die eingeborenen Völker und die Archäologie bekannt sind, kann leicht angenommen werden, daß er für die Aufnahme amerikanischer Gegenstände verantwortlich war, obgleich es keine Beweise dafür gibt.

Im Archiv des heutigen Museo de Ciencias befinden sich verschiedene Aufstellungen von Gegenständen, deren Deponierung im Kabinett der König angeordnet hatte und die sich im Palast befunden haben dürften. Wie einigen der Dokumente zu entnehmen ist, handelte es sich um Gegenstände, die an den König in Befolgung der unter Ferdinand VI. erlassenen Vorschriften zur Vergrößerung der Bestände des ursprünglichen Museums geschickt worden waren und die Karl III. eine gewisse Zeit zurückbehalten hatte, ehe er sie endgültig dem Kabinett übergab. In einem dieser Verzeichnisse wird u. a. eine Serie von insgesamt zwölf männlichen und weiblichen Figuren aus Silber beschrieben, die sich in den Grabstätten der alten Peruaner befunden hatten, große Silberbecher sowie vier kleine Silberbecher und zwei Goldplättchen, die als Haarschmuck verwendet wurden. Da auch das Gold- bzw. Silbergewicht angegeben war, konnte ich alle diese Stücke ausfindig machen. Es handelt sich dabei um Inka-Statuetten und silberne Zeremoniengefäße *(keros)*.

In einem anderen Schriftstück ohne Datumsangabe, das 1775 archiviert wurde, wird eine große archäologische Sammlung von der Nordküste Perus aufgeführt, die sich im *Palacio del Buen Retiro* befand; es handelt sich um fast 300 Gegenstände, die in den Gräbern der peruanischen Indianer gefunden worden waren. Es werden Äxte aus Stein und Kupfer beschrieben, ein Federkopfschmuck, ein Silberbecher, sieben polychrome Holzbecher, drei mit Silberblättchen verzierte

Keramikgefäße und 263 Gefäße in Form von Früchten, Tieren und Götzen. Obgleich in dem Dokument keine weiteren Angaben zur Klärung der Herkunft der Stücke aufgeführt und diese zusammen mit vielen anderen aufgelistet sind, kann darauf geschlossen werden, wer die Sammlung zusammenstellte. Im Archivo de Indias in Sevilla befindet sich ein Dokument vom 16. Juni 1765, in dem der Vizekönig von Peru den Empfang von »Antiquitäten« bestätigt. Er benützt dabei die gleiche spezielle Terminologie, die in dem erwähnten Verzeichnis verwendet wird. 1765 war Manuel Amat Vizekönig in Peru, und er trug diese archäologische Sammlung vermutlich als Reaktion auf die Anweisungen über den Versand von Gegenständen für das erste Kabinett Ferdinands VI. zusammen und übersandte sie nach Spanien.

Aus dieser Sammlung konnte ich die drei schon erwähnten Keramikgefäße mit silberner Verzierung identifizieren, die polychromen Holzbecher und das Silbergefäß in Form eines menschlichen Gesichts. Die übrigen 263 Gefäße wurden nach der ersten Bestandsaufnahme des Museums im Jahr 1860 mit den später vom Bischof Martínez Compañón aus dem gleichen Gebiet geschickten Objekten vermischt. Die Identifizierung dieser etwa 600 Gefäße der Mochica- und Chimú-Indianer, die vermutlich alle von Martínez Compañón gesammelt wurden und sich im Besitz des Museo de América befinden, wurde bisher nicht durchgeführt. Deshalb wurde auch noch nicht zwischen der Sammlung des Vizekönigs und der des Bischofs unterschieden, wenn auch das Vorhaben besteht, die beiden Sammlungen zu identifizieren.

Weitere Sendungen an das Kabinett

Die Reaktion auf den zweiten Erlaß über die Sammlung von Gegenständen war beachtlich; von Privatleuten, die verschiedene Gegenstände schickten, bis zu höchsten Verwaltungsbeamten erfolgte eine Antwort. Unter diesen Gegenständen befindet sich eine kleine Gruppe archäologischer und ethnographischer Stücke, die 1770 von einem weiteren Vizekönig von Peru, dem Ritter de la Croix, übersandt wurden.

Mehrere Jahre später – 1788 – nahm de la Croix die Rückreise der botanischen Expedition unter Hipólito Ruiz und José Pavón wahr, um eine vom Gouverneur von Trujillo zusammengetragene Sammlung nach Madrid zu senden. Aufgrund der Beschreibung, die de la Croix in dem beigefügten Brief machte, und der Empfangsbestätigung von 1790 weiß man, daß sich unter den verschiedenen Gegenständen mehrere ethnographische Stücke befanden, von denen eine Reihe von Federhüten und ein ebenfalls aus Federn gemachtes Zaumzeug »der abtrünnigen Indianer von Pampa Hermosa« hervorzuheben sind, welche von mir lokalisiert wurden. Die Identifizierung einiger dieser Stücke ist zweifelhaft, da aus dem ältesten Verzeichnis von 1860 hervorgeht, daß ein Teil dieser Stücke von der Expedition Ruiz und Pavón zusammengetragen wurden; diese Verwechslung würde nicht überraschen, da die Rückkehr der Botaniker für die Übersendung genutzt worden war. Was den Fundort anbelangt, so gibt es mehr als eine »Pampa Hermosa« in dem ausgedehnten Gebiet der nordperuanischen Anden.

Weitere Sendungen von Privatleuten und Beamten bestanden fast immer aus ethnographischen und einigen wenigen archäologischen Gegenständen. Darunter ist die Sammlung hervorzuheben, die aus den Ausgrabungen in der Maya-Stadt Palenque in Yucatán stammt, die 1789 dem Kabinett übergeben wurde und ausführlich in einem eigenen Artikel beschrieben wird.

Die Sammlung Martínez Compañón

Über das Vorhandensein einer Sammlung archäologischer Funde aus Peru, die vom Bischof von Trujillo, Baltasar Jaime Martínez Compañón, geschickt worden war, lagen schon immer Kenntnisse vor. Vielleicht erlangte sie größere Bekanntheit aufgrund der neun Bände mit Zeichnungen, die er hatte anfertigen lassen und die in der Palastbibliothek aufbewahrt werden. In diesen Zeichnungen werden das Leben und die Gebräuche der in seinem Bistum lebenden Mestizen und Eingeborenen illustriert. Im letzten Band sind einige alte Bauwerke und Gräber dargestellt sowie die darin aufgefundenen Gegenstände. Die Zeichnungen enthalten einige Anmerkungen und Zahlen, die offenbar auf einen separaten Text verweisen, der sich an unbekanntem Ort befindet.

Nach dem alten Inventar von Janer (1860) besteht die Sammlung Martínez Compañón aus 606 Gefäßen, die heute mit denen der Moche-, Chimú- und Lambayeque-Kulturen identifiziert werden können. In der Liste der übersandten Keramiken, die im Archivo de Indias aufbewahrt wird, ist jedoch nur die Hälfte aufgeführt. Wenn man berücksichtigt, daß der Vizekönig von Peru 1765 eine Sammlung von 266 Keramiken und anderen archäologischen Stücken übersandte, die aus dem gleichen Gebiet in Trujillo stammte, und wenn wir bedenken, daß diese Angabe vergessen und in keinem Verzeichnis aufgeführt wurde, kann leicht angenommen werden, daß die im Jahr 1765 übersandte Sammlung des Vizekönigs und die des Bischofs aus dem Jahr 1788 von Anfang an im Kabinett durcheinandergebracht wurden. Da die Gefäße von den gleichen alten Kulturen stammten, waren sie sehr ähnlich, was noch mehr zur Verwirrung beitrug.

Obgleich die Keramiksammlung Martínez Compañóns auf die Hälfte zusammengeschrumpft ist und die besondere Bedeutung verloren hat, die ihr als der ersten großen Sammlung dieses Gebietes in Peru und sogar in Amerika zustand, wird dies andererseits durch Gegenstände aus anderem Material ausgeglichen. Man hatte immer angenommen, daß es sich nur um Keramiken handelte. Am Anfang der Auflistung der übersandten Keramiken erklärt jedoch der Sammler, daß er später weitere alte, aus anderen Materialien hergestellte Stücke zu senden gedenke, von denen noch Zeichnungen angefertigt würden. Dies entspricht der Vielfalt der gezeichneten Stücke des neunten Bildbandes: 230 Sammelobjekte, von denen 24 aus Textil sind, 16 offensichtlich aus Holz, 65 vielleicht aus Metall und 110 Gefäße aus Keramik. Obwohl ich in keinem anderen Archiv eine Liste über die zweite Sendung gefunden habe, tauchen doch in einigen alten Verzeichnissen der amerikanischen Sammlungen verstreut Daten über manche Stücke auf, etwa einen Gürtel mit Rasseln, Blasrohre, einen Tanzstab. Es ist jedoch nicht sicher, ob es sich dabei um altperuanische Stücke gehandelt hat. Einige archäologische Funde, z. B. eine *pajcha* (Zeremonialgefäß), konnten jedoch identifiziert werden.

Man könnte meinen, daß ein Vergleich der Zeichnungen des neunten Bandes mit den archäologischen Funden der nordperuanischen Küste zur Identifizierung dieser Gegenstände ausreicht. Das ist jedoch nicht der Fall, da diese Zeichnungen wenig exakt und von einer Person gemacht wurden, der solche Gegenstände fremd waren und die nur das allgemeine Aussehen kopierte. Ein Gefäß mit der Form eines Raubtierkopfes in der Zeichnung gleicht allen übrigen Gefässen mit der Form eines Raubtierkopfes, die sich im Besitz des Museums befinden. Bisher konnten nur einige wenige Stücke identifiziert werden; die Arbeit kann jedoch nicht als beendet angesehen werden.

Die Botaniker Ruiz und Pavón als Sammler

Im 18. Jahrhundert erfuhr die Botanik eine bemerkenswerte Entwicklung, wobei die Bemühung um die Klassifizierung aller Pflanzenarten im Vordergrund stand. Die Wissenschaftler mußten sich für die Erforschung in die Natur und bis an die entlegensten Orte begeben. Der aufgeklärte Geist jener Zeit veranlaßte die Verantwortlichen alter Gärten mit ihren seltenen Gewächsen dazu, wissenschaftlicher vorzugehen und botanische Gärten anzulegen, in denen die Botanik wissenschaftlich betrieben wurde. 1775 wurde der Botanische Garten in Madrid gegründet und die Feldarbeit im ganzen Königreich gefördert. In den amerikanischen Gebieten sind die langen botanischen Expeditionen von Martín de Sessé und Francisco Mociño in Mexiko hervorzuheben sowie die von José Celestino Mutis in Kolumbien und die von Hipólito Ruiz und José Pavón in Peru und Chile.

Im Gegensatz zu den anderen lebten Ruiz und Pavón nicht im Forschungsgebiet, sondern wurden speziell mit dieser Reise beauftragt, die von 1777 bis 1788 dauerte. In den ersten Jahren gehörte auch der französische Botaniker Joseph Dombey aufgrund eines wissenschaftlichen Abkommens zwischen der spanischen und der französischen Regierung der Expedition an.

Obwohl es sich um eine botanische Forschungsreise handelte, hatte ihr Leiter Ruiz offensichtlich Anweisung erhalten, archäologische und ethnographische Stücke für das Königliche Kabinett zu sammeln, während er gleichzeitig ein Herbarium anlegte und lebende Pflanzen sammelte.

In seinem Reisebericht (Barreiro 1931, Jaramillo Arango 1952) spricht Ruiz hauptsächlich von seiner Arbeit als Botaniker und macht kaum Angaben über Materialien, die nicht der Pflanzenwelt entstammen. Der Bericht enthält einige ethnographische Beschreibungen und einige kurze Ausführungen über archäologische Ausgrabungen. Alles läßt auf eine unbedeutende Sammlung schließen. In einem alten Inventar (Janer 1860) tauchen jedoch viele von Ruiz und Pavón gesammelte Gegenstände auf. Es handelt sich mehrheitlich um ethnographische, aber auch um archäologische Gegenstände, die mit den kurzen Beschreibungen übereinzustimmen scheinen, die Ruiz von den aufgesuchten Orten machte, sowie mit den Anmerkungen, in denen er über den Erwerb der Stücke spricht, oder mit den Versandlisten dieses Materials. Obgleich die Sammlung nicht vollständig rekonstruiert werden konnte, da viele Museumsstücke ihre alte Inventarnummer verloren haben, gelang es mir, eine Reihe von Stücken zu lokalisieren, unter denen ein schönes vorspanisches Federgewand sowie ein weiteres aus der Inka-Epoche hervorzuheben sind, das von Dombey gefunden und dem Kabinett übergeben worden war. In dem Abkommen zwischen der spanischen und der französischen Regierung war die Klausel eingefügt worden, daß der Ausländer die Hälfte der gesammelten Stücke in Madrid zu hinterlegen hätte – weshalb er vermutlich die doppelte Menge zusammentrug. Die archäologische Sammlung umfaßt metallene Broschen und Messer, Pinzetten, steinerne Äxte und Kriegskeulen, Keramiken und Webgeräte. An ethnographischen Materialien brachten Ruiz und Pavón eine Sammlung von Keramiken im Rokoko-Stil mit, die offensichtlich von chilenischen Nonnen hergestellt worden waren, zahlreiche Schmuckstücke, Kämme, Gefäße, verschiedene Waffen und Gewebe aus Baumrinde. Noch in den Jahren 1882 und 1888 verkauften Enkel von Ruiz dem Museo Arqueológico Nacional eine Reihe ethnographischer Gegenstände, die von der Reise ihres Großvaters stammten.

Die erste Reise an die Nordwestküste

Während der Herrschaft Ferdinands VI. bemühte sich der Marquis de la Ensenada, der das Finanz-, Kriegs- und Marineministerium sowie das für die überseeischen Gebiete innehatte, unter Berufung auf die Friedenspolitik des Monarchen eine mächtige Flotte zu schaffen, deren Zweck der Schutz der amerikanischen Kolonien war. In diesem Sinne ist auch die Politik José de Gálvez', des Inspekteurs für Neu-Spanien unter Karl III., zu sehen, die die Schaffung einer militärischen Pufferzone im Norden Mexikos zum Ziele hatte, welche auch die Gebiete Texas, Neu-Mexiko und Kalifornien mit einschloß. Dieser Grenzbezirk sollte gegen russische und englische Einfälle vom Pazifik her schützen, die die spanischen Kolonien und ihren Handel bedrohten, und gleichzeitig als Plattform für das Vordringen nach Norden dienen. Vor diesem Hintergrund fanden die systematischen Schiffsexpeditionen entlang der Küste des nördlichen Pazifik bis nach Alaska hin statt, deren Ziel die Erkundung und erste Niederlassungen war. Die Politiker und Offiziere mit ihrer soliden Bildung und aufgeklärten Weltanschauung veranlaßten die Seefahrer dazu, in ihren Tagebüchern oder späteren Aufzeichnungen die Lebensformen der Eingeborenen festzuhalten und dies durch die Sammlung von Erzeugnissen zu dokumentieren, obwohl es sich nicht immer um ausschließlich wissenschaftliche Fahrten handelte.

Die Nachricht, daß die Russen amerikanisches Land entdeckt hatten und mit Eingeborenen Handel trieben, veranlaßte den Vizekönig von Neu-Spanien, dem heutigen Mexiko, die erste einer Reihe von Reisen an die Nordwestküste zu organisieren. Juan Pérez, dem die Korvette »Santiago« unterstand, lief im Januar 1774 aus dem mexikanischen Hafen San Blas aus und gelangte etwa im Juni zu einer Insel, dem heutigen Vancouver Island und landete im Hafen von Nootka (Relación 1802). Wegen des anhaltend schlechten Wetters und des Skorbuts an Bord mußte er vorzeitig die Rückfahrt antreten. Den Reiseaufzeichnungen zufolge tauschte Pérez Waren mit den Eingeborenen, darunter Decken aus hanfähnlichem Material und einige »Hütchen . . ., deren Kopfteil pyramidenförmig ist und eine birnenförmige Ausbuchtung hat, die wie der Hut aus Binsen gemacht ist«.

Im Archiv des Museo de Ciencias fand ich ein Dokument, in dem die Stücke aufgeführt sind, die der König aus seinem Palast an das Kabinett schickte. Es enthält ein »Inventar der mit den Indianern getauschten Stücke, die in der Höhe von 55 Grad 19 Min. von der Besatzung der Fregatte ›Santiago‹ entdeckt wurden, welche die Küste nördlich von Kalifornien erforschen sollte und die überwiesen werden . . .«. Unter den Gegenständen werden Decken aus Fasern und Leder, ein Gürtel, eine Ledermütze, ein glatter Hut aus Brechwurz, ein weiterer »den chinesischen Hüten ähnlicher, der wegen seines Gewebes weit schöner ist, da auf ihm Kanus aus schwarzgefärbter Brechwurz zu sehen sind«; eine Tasche aus Fasern mit 20 Holzstöckchen, »mit denen sie bei gewissen Tänzen aufspielen«, und ein weiteres Täschchen mit »einem Vogel aus Knochen, dessen oberer Schnabelteil abgebrochen war und der einer Indianerin abgekauft worden war, die ihn um den Hals trug . . .« (vgl. Cutter 1969, S. 278). Die Liste bezieht sich offensichtlich auf die von Pérez zusammengetragenen Gegenstände. Obgleich ich einige der Sachen, wie die Dekken, nicht lokalisieren konnte, habe ich doch den glatten Hut und den knöchernen Vogel mit dem zerbrochenen Schnabel, die Tasche mit den Stöckchen und den Hut mit den Kanus identifiziert. Sie befinden sich ebenfalls im Museo de América, obgleich es zum Teil unmöglich ist, sie von wenig später gesammelten zu unterscheiden.

Die Bedeutung dieser Gegenstände liegt darin, daß es sich vermutlich um die älteste Sammlung von Stücken der Nordwestküste handelt und daß diese Tatsache unbekannt war (Cabello Carro 1982 und 1983), da man bei den Hüten und dem Vogel annahm, daß sie zu der von Malaspina angelegten Sammlung gehörten.

Weitere Sendungen von der Nordwestküste

Aus einem Dokument vom 18. Juli 1780, dessen Original sich im Archivo de Indias befindet, geht hervor, daß der Zahlmeister der Tabakfabrik von Guadalajara, Joseph Ivargoyen, dem Vizekönig für das Kabinett eine Reihe von Gegenständen aus jenem Gebiet übersandte. Es handelte sich um zwei steinerne Götzenbilder und um »einige Gebrauchsgegenstände der Indianer, die vor kurzem im Nordwesten Kaliforniens entdeckt wurden; es handelt sich um einen Umhang, einen Brustpanzer, einen Rückenschutz, zwei Pfeile, eine Steinaxt und eine Tasche mit Stöckchen, mit denen jene Indianer spielen«. Im Museo de América befindet sich eine schöne Axt von der Nordwestküste, bei der es sich möglicherweise um die erwähnte handelt. Es gibt auch drei Sätze der Stöckchen – einer wurde, wie wir gesehen haben, von Pérez geschickt – und fünf Rüstungen, die aus Brust- und Rückenschutz bestehen, mit Ausnahme einer, bei der nur der Brustschutz erhalten ist. Es ist schwierig herauszufinden, welche der Rüstungen und der Holzstäbchen von Ivargoyen geschickt wurden, ihre Lokalisierung scheint jedoch eindeutig. Dadurch wird die Sammlung Malaspinas ein weiteres Mal geschmälert, der die erwähnten Gegenstände bisher immer zugeordnet wurden.

Mir ist weder bekannt, wer dieser Ivargoyen war, noch warum sich diese Stücke in seinem Besitz befanden. Möglicherweise hatte irgendein Seefahrer sie ihm mit dem Auftrag übergeben, sie an ihren Bestimmungsort weiterzuleiten, da Guadalajara in der Nähe des mexikanischen Hafens San Blas liegt, von wo aus sich die Expeditionen nach Norden einschifften. Bei weiteren Nachforschungen über die Expeditionen kann man feststellen, daß nach der von Juan Pérez im Jahr 1774 geleiteten Reise 1775 eine weitere erfolgte. Da keine der beiden die Erkundungsarbeiten und die Erstellung von Landkarten zu Ende führen konnte, wurde eine weitere geplant, die aber wegen fehlender Schiffe erst 1779 starten konnte. Sie wurde von Ignacio Arteaga und Juan de la Bodega y Quadra befehligt, welcher mit anderen Seefahrern zusammen an der vorherigen Expedition teilgenommen hatte (Relación 1802). Im Hafen von Bucareli machten sie neben kartographischen Arbeiten Beschreibungen der geographischen, zoologischen und botanischen Gegebenheiten und vom »Zustand und den Gebräuchen der Einheimischen«; am Mount Saint Elias stießen sie ebenfalls auf Eingeborene. Die Expedition kehrte am 21. November desselben Jahres zurück. Die Gegenstände Ivargoyens wurden acht Monate später übersandt. Da wegen des Krieges gegen England bis 1788 keine weitere Expedition durchgeführt wurde, ist zu vermuten, daß die von Ivargoyen übersandten Gegenstände aus der Expedition Arteaga und de la Bodega y Quadra stammten.

Erst zehn Jahre später, 1790, liegen wieder Nachrichten über weitere Sendungen vor, nachdem die 1789 von Esteban Martínez von Nootka aus übersandten Stücke eingetroffen waren. Dieser hatte Juan Pérez 1774 begleitet und war 1788 dorthin zurückgekehrt. Er schickte ein bei den Eingeborenen von Nootka gebräuchliches Kleidungsstück; da keine Einzelheiten darüber vorliegen, konnte es nicht identifiziert werden, und so bleibt der Zweifel bestehen, ob es sich dabei eventuell um einen Helm oder eine der Masken handelte, die im Besitz des Museums sind, oder ob es einer der Hüte aus Nootka sein könnte. Sonderbar ist, daß Martínez zur gleichen Zeit eine Reihe von federbesetzten Umhängen und Schmuckstücken

Kat.-Nr. 4.137 a

Kat.-Nr. 4.137 b

Kat.-Nr. 4.138

Kat.-Nr. 4. 139

Kat.-Nr. 4. 143

Kat.-Nr. 4.146

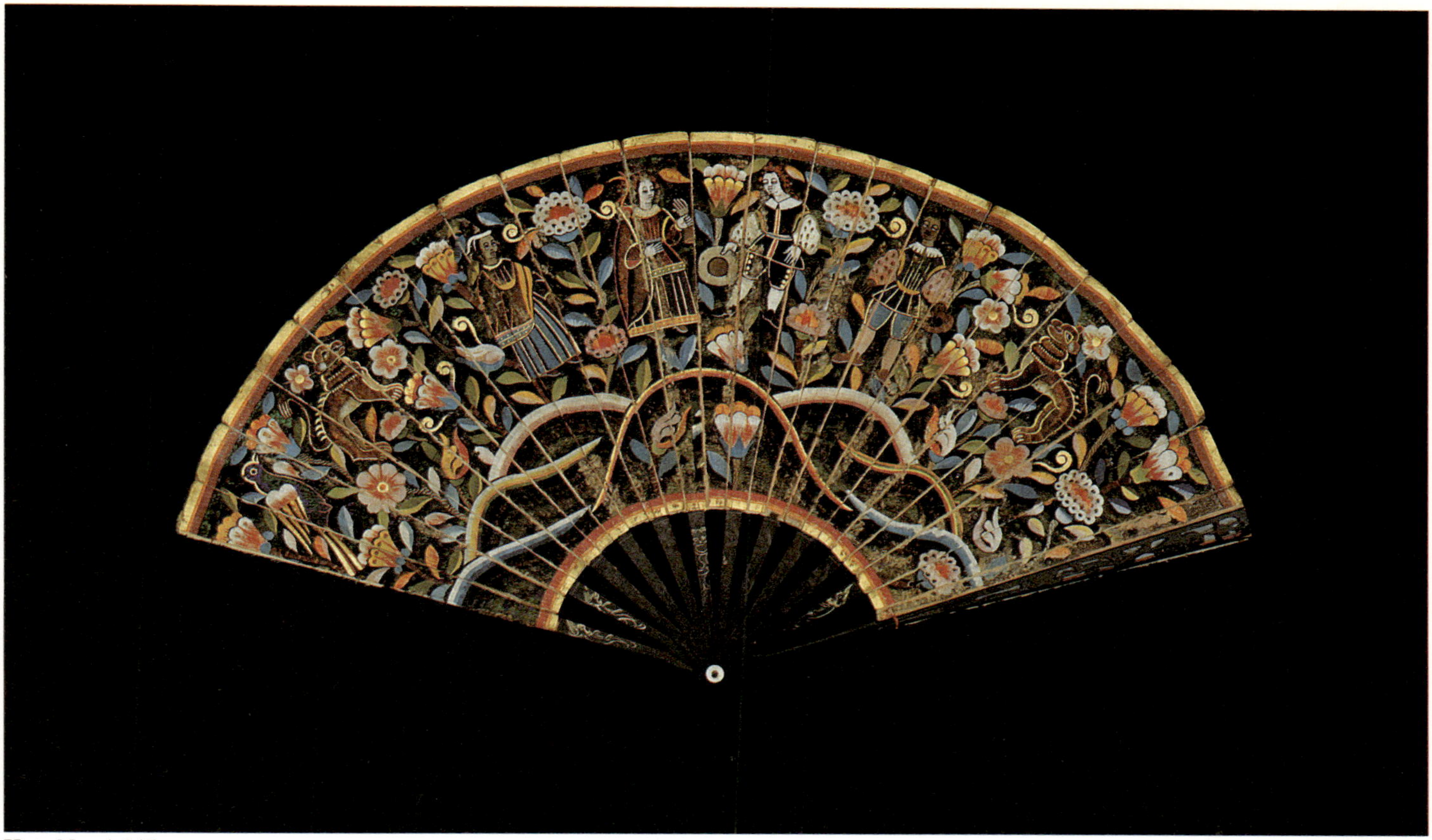

Kat.-Nr. 4.145 a

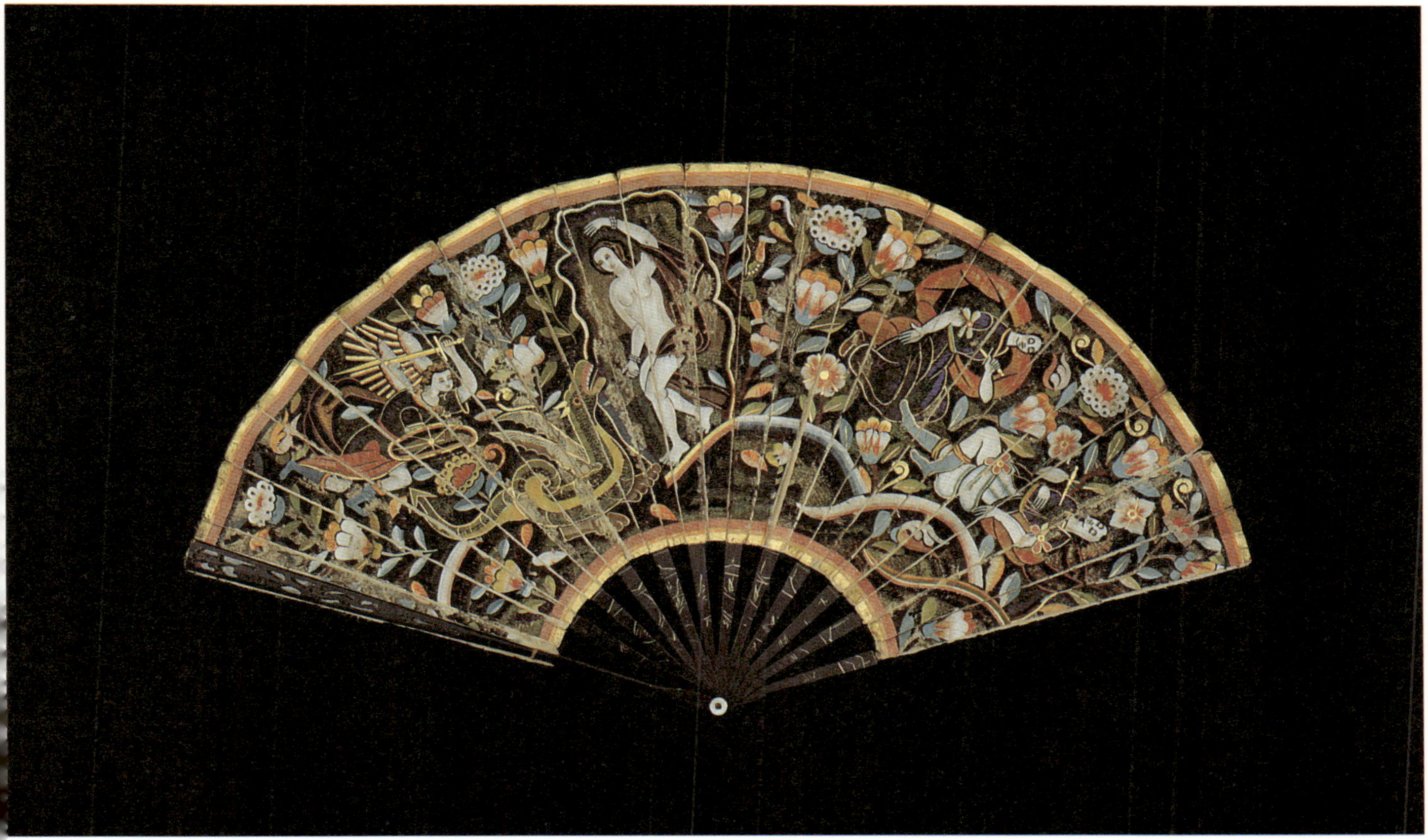

Kat.-Nr. 4.145 b

Kat.-Nr. 4.136

Kat.-Nr. 4.135

Kat.-Nr. 4.132

MAR ATLANTICO DEL
NORTE
MAR
PACIFICO
DEL SUR
BRASIL
CHILE
MAPA GEOGRAFICO
DE
AMERICA MERIDIONAL
DISPUESTO Y GRAVADO

Kat.-Nr. 5.1

Kat.-Nr. 5.32

Kat.-Nr. 5.16

Kat.-Nr. 5.28

Kat.-Nr. 5.23

Kat.-Nr. 5.18

Kat.-Nr. 5.21

Kat.-Nr. 5.24

Kat.-Nr. 5.19

Kat.-Nr. 5.22

Kat.-Nr. 5.51

Kat.-Nr. 5.55

Kat.-Nr. 5.54

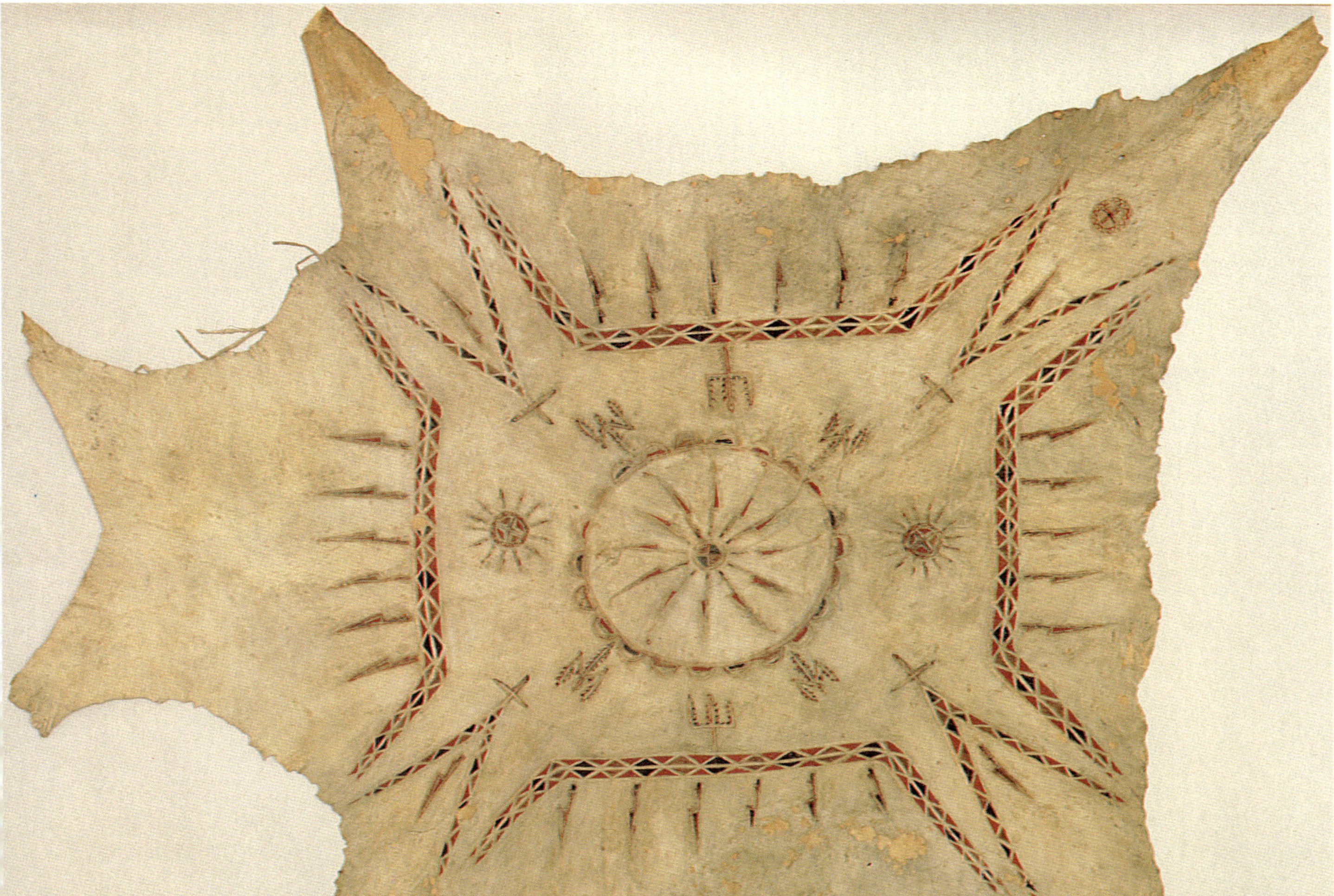

Kat.-Nr. 5.56

Kat.-Nr. 5.43

Kat.-Nr. 5.49

Kat.-Nr. 5.41

Kat.-Nr. 5.87

Kat.-Nr. 5.84

Kat.-Nr. 5.79

Kat.-Nr. 5.82

von den Sandwich-Inseln (Hawaii) übersandte. Martínez scheint in ihren Besitz gelangt zu sein, als er ein von James Colnett kommandiertes englisches Schiff beschlagnahmte, das den Hafen von Nootka besetzen wollte, nachdem der spanische Kapitän dies schon getan und Order hatte, alle anzugreifen, die das Hoheitsrecht in Frage stellen würden. Das Schiff, das von Hawaii gekommen war, ging in den Besitz der spanischen Marine über, während sein Kapitän, die Mannschaft und ein sich darauf befindlicher Hawaiianer nach Mexiko geschickt und dort Monate später freigelassen wurden (Relación 1788).

Malaspinas Expedition und die Sammlung an der Nordwestküste

Die von Alejandro Malaspina befehligte Expedition ist vielleicht die bekannteste aller im 18. Jahrhundert unter spanischer Schirmherrschaft durchgeführten Forschungsreisen. Wegen der Länge der Reise und der darüber existierenden Tagebücher und Schriften möchte ich auf den Verlauf der Expedition selbst kaum eingehen, da ich ihn als bekannt voraussetze. Im Unterschied zu den früheren Expeditionen, die im Rahmen einer allgemeinen Expansionspolitik und der geographischen Erkundung durchgeführt wurden, hatte diese im wesentlichen einen wissenschaftlichen Auftrag, da sie Studien über alle Bereiche der Naturgeschichte betreiben und damit zusammenhängend jede Art von Material sammeln sollte, das zur Bereicherung des Königlichen Kabinetts diente; daneben hatte sie noch einen zweiten Zweck, nämlich die geheime Untersuchung der Situation in den spanischen Kolonien, die zu jener Zeit kurz vor ihrer Unabhängigkeit standen. Die Expedition war unter Karl III. geplant worden, schiffte sich aber erst kurz nach der Thronbesteigung Karls IV. ein; fünf Jahre später, im Juli 1794, kehrte sie zurück.

Oberstleutnant Antonio Pineda begleitete sie als Naturforscher, und abgesehen von der Botanik kümmerte er sich um die Erkundung aller Bereiche der Naturgeschichte, die von der Zoologie und der Mineralogie, die ihn offensichtlich am meisten interessierte, bis zu den Gebräuchen und der Sprache der Eingeborenen alle Gebiete einschloß. Er befaßte sich auch mit der Sammlung der Gegenstände für das Kabinett; »so konnten wir zu verschiedenen Gelegenheiten dem Königlichen Kabinett zu Madrid etwa siebzig Kisten mit eben diesen Sammlungen übersenden«, schrieb Malaspina in sein Tagebuch (Novo y Colson 1885). Da diese Sammlung mehr als einmal ganz oder teilweise beschrieben und veröffentlicht wurde, werde ich ausführlicher darlegen, was damit tatsächlich geschah.

Obgleich die Expedition an verschiedenen Orten Südamerikas landete, gibt es in den Auszügen der Schiffstagebücher (Novo y Colson 1885) keinerlei Hinweise, daß sie dort irgendwelches Material gesammelt hätte. Es gibt jedoch zahlreiche Vermerke hinsichtlich der Nordwestküste Amerikas, die gerade erst von europäischen Seefahrern entdeckt worden war. Der erste diesbezüglich erwähnte Ort ist Puerto Mulgrave, wo ein Stamm lebte, den die Forscher »Tejunes« (Tlingit) nannten.

Sie beschrieben einen Lippenschmuck für Frauen und vermerkten, daß sie einen an das Kabinett geschickt hätten. Am 20. Juni 1791 erwarben sie »Gerätschaften, Waffen und Waren, die wir für das Königliche Kabinett zu Madrid zu sammeln hatten«. An anderer Stelle wird noch einmal auf die Übersendung dieser Sammlung eingegangen, und an einer weiteren Stelle werden die verschiedenen Waren beschrieben: Geräte für den Fischfang; Hausgeräte, wie »verschiedene Puppen, einige Löffel und Holzkästchen, Spiel-Stöckchen, wasserundurchlässige Körbe für die Küche und einige gut ausbalancierte Steinäxte und -hämmer«; Waffen, die aus »Bogen, Pfeil, Dolch und einer Art hölzerner Rüstung« bestanden; einige Decken und ein Sarg, der aus einer Grabstätte entfernt worden war und den sie gezeichnet und einige Tage später im Tausch gegen einige Geschenke zusammen mit den darin befindlichen Knochen erworben hatten.

An zwei verschiedenen Stellen wird dieser Sarg beschrieben, der einem Stammeshäuptling gehörte und aus Zedernholz gearbeitet, mit eingelegten Muscheln verziert und mit Ockerfarbe bemalt war, »mit Ausnahme der Zähne, der Fingernägel und des oberen Teils des Kopfes, die schwarz und weiß bemalt waren«.

Bei der Suche nach dem Verbleib dieser Gegenstände ist festzustellen, daß die alten Inventare nur von dem sprechen, was möglicherweise ein Teil dieser Sammlung von Gerätschaften sein könnte und den ich offensichtlich ausfindig gemacht habe. Über den Rest der Sendung wird nichts ausgesagt. Da sich im Museo de América drei Sätze Stöckchen befinden, die – wie wir gesehen haben – von Pérez bzw. Arteaga und Bodega geschickt worden waren, ist anzunehmen, daß es sich bei dem dritten um die von der Expedition Malaspina gesammelten Stöckchen handelt; das gleiche gilt für die »hölzerne Rüstung«, bei der es sich um eine der fünf im Besitz des Museums befindlichen handeln könnte. Dies sind allerdings nur Vermutungen, da in den alten Inventaren diesbezüglich weder etwas gesagt wird, noch in irgendeinem der Archive ein Dokument gefunden werden konnte, in dem auf die Sammlung oder den Empfang irgendeines Gegenstandes aus dieser Expedition im Kabinett hingewiesen wird; auch im Museo Naval, in dem die Originaldokumente der Expedition aufbewahrt werden, konnten weder Verzeichnisse über die Stücke noch diesbezügliche Briefe gefunden werden.

Was war mit der von Malaspina an der Nordwestküste zusammengetragenen Sammlung geschehen, die vermutlich weit beachtlicher war als die vorherigen? Als Teil dieser Sammlung wurde eine Reihe sehr schöner Masken angesehen, die erwähnten Rüstungen und andere Gegenstände, unter denen sich die von Pérez, Arteaga und Bodega sowie Martínez gesammelten befinden. Wenn man diesen Stücken nachspürt, stößt man auf den Katalog einer »Historisch-amerikanischen Ausstellung«, die 1893 in Madrid stattfand; der anonyme Verfasser ordnet Malaspina die Sammlung einer Reihe schöner Gegenstände aus dem Nordwesten zu, die in der Ausstellung gezeigt wurden, ohne eine Erklärung zu geben.

Durch einen Teil der alten Inventare ist uns bekannt, daß in der zweiten Hälfte des 19. Jahrhunderts dem Museo Arqueológico Nacional – in dem damals die amerikanischen Sammlungen aufbewahrt wurden – eine Reihe von Gegenständen der nordamerikanischen Indianer übergeben wurden, unter denen sich zumindest einige der an der Nordwestküste aufgefundenen Stücke befanden. Bei manchen der Gegenstände, die Malaspina zugeschrieben wurden, handelt es sich um die schönsten Stücke. Diese Sammlung stammte aus Toledo. Wie kamen die Stücke dorthin? Wie lange hatten sie sich dort befunden? Immer waren sie als alte Stücke angesehen worden. Obgleich ich die Nachforschungen noch nicht abschließen konnte, stehen diese Stücke möglicherweise ab 1772 mit Francisco Lorenzana, dem Erzbischof von Toledo, in Verbindung. Er war als ein sehr gebildeter Mann bekannt, war zuvor Erzbischof von Mexiko gewesen und hatte eine Kunstsammlung besessen.

Die Expedition Malaspina, der Botaniker Mociño und die Sammlungen von Ruiz und Pavón

Wir haben bereits über den Verlauf der Expedition Malaspinas an die Nordwestküste bis Puerto Mulgrave berichtet. Dort kehrte er um und fuhr bis Nootka auf der heutigen Insel Vancouver zurück, wo er vom 12. bis zum 28. August 1791 blieb. Den Tagebüchern zufolge sammelten die Forschungsreisenden dort nur Nutriafelle, die sie an das Königliche Kabinett schickten. Der erwähnte Katalog über die »Historisch-amerikanische Ausstellung« ordnet jedoch Malaspina die vier für die Nootka typischen Hüte von konischer Form mit walfangenden Kanufahrern zu. Wie schon berichtet, wurde im Kabinett ein von Juan Pérez geschickter Hut aufgenommen.

Bei Nachforschungen in alten Inventaren stoßen wir jedoch auf eine Überraschung: Bei den vier Nootka-Hüten wird vermerkt, daß sie von der Juan-de-Fuca-Straße stammen, was richtig ist; bei weiteren vier Tlingit-Hüten wird angegeben, daß sie von Puerto Mulgrave kommen, was ebenfalls stimmt; aber bei allen wird vermerkt, daß sie von Ruiz und Pavón von ihrer Forschungsreise nach Peru und Chile mitgebracht wurden – mit Ausnahme des von Pérez aus Nootka gesandten Hutes.

Hier liegt eindeutig ein Irrtum vor, da weder Ruiz noch Pavón jemals in Nordamerika waren. Man könnte an ein Versehen des Verfassers der alten Inventare, Janer, denken. Dies wird aber durch die Ernsthaftigkeit und Redlichkeit, mit der er seine Arbeit durchführte, ausgeschlossen, denn er gab keinen Ursprungsort an, wenn er unbekannt war, und er kopierte getreu das, was ihm vorlag, wie die Etiketten und Zettel bezeugen, die den verschiedenen Stücken aufgeklebt bzw. beigefügt waren und die er als Beweisstücke aufbewahrte. Da er sich mit allen historisch-ethnographischen Stükken des Königlichen Kabinetts befaßte, unter denen sich ägyptische, römische und iberische Kunstaltertümer und amerikanische, chinesische, indische und verschiedene andere Gegenstände befanden, kann vermutet werden, daß er sich des Irrtums nicht bewußt wurde, den die Übertragung geographischer Namen Nordamerikas auf Peru und Chile bedeutete. Dies bestätigt, daß Janer die ihm zur Verfügung stehende Dokumentation getreu kopierte.

Die von Malaspina geleitete Expedition, bei der er sich eine Woche bei den Tlingit und 16 Tage in Nootka aufhielt, war nicht die einzige, die über die Einwohner an der Nordwestküste im letzten Jahrzehnt des 18. Jahrhunderts Nachforschungen anstellte. Neben weiteren Seefahrern, die sich wenige Monate nach Malaspina in das Gebiet aufmachten, traten 1792 die Schoner »Sutil« und »Mexicana« eine Forschungsreise an. Sie wurden von Valdés und Alcalá Galiano befehligt, zwei Offizieren, die den ersten Teil der Malaspina-Expedition mitgemacht hatten und jetzt das Gebiet weitererforschen und die Kenntnisse darüber vertiefen sollten (Relación 1802). Als diese Schiffe in den Hafen von Nootka einliefen, mußten sie feststellen, daß die Expedition Bodega y Quadras – welcher schon bei einer früheren Reise auf der Insel gewesen und bei dieser Fahrt von dem Botaniker Mociño begleitet worden war – bereits mit dem englischen Regierungsabgesandten Vancouver über das Handelsmonopol und die Hoheit über die Insel verhandelt hatte; die Insel wurde eine Zeitlang Quadra und Vancouver genannt und erhielt schließlich die Benennung Vancouver.

José Mariano Mociño, ein renommierter Botaniker und Naturforscher, war zu einer Reise nach Nootka aufgefordert worden und unterbrach deshalb eine seiner ausgedehnten botanischen Expeditionen durch Neu-Spanien, die er gemeinsam mit Sessé durchführte. Da sich Vancouvers Eintreffen verzögerte, hielt sich Mociño fünf Monate auf der Insel auf und entfaltete in dieser Zeit eine intensive Betriebsamkeit: Er erforschte die einheimische Flora und Fauna, erlernte die Sprache und studierte eingehend das Verhalten der Eingeborenen. Das Ergebnis war ein postum erschienenes Buch, *Noticias de Nutka*, in dem er ausführlich über Leben und Brauchtum dieser Indianer berichtete, ihren Schmuck, ihre Trachten und Gerätschaften beschrieb und ein Wörterbuch ihrer Sprache anfügte (Mociño 1913). Ein Teil des Reiseberichts der beiden Kommandanten der Schoner »Sutil« und »Mexicana« war dem Leben der Nootka gewidmet, die unter großen Lobeserhebungen gestanden, daß sie die Angaben Mociño verdankten, der ihnen die gesamte Information übermittelt hatte. Hervorzuheben ist die ausführliche Beschreibung der Hüte der Häuptlinge, die exakt den heute im Museum befindlichen entsprechen; diese trugen »sehr biegsame Hüte aus Flachs oder Hanf mit weißem Untergrund, von dem die Zeichnungen und die Verzierung abstechen«; damit wird immer auf den Walfang angespielt (Relación 1802, S. 127). Bei der Beschreibung der Kleidung der Nootka gab Mociño selbst mehr Einzelheiten über die Hüte und verwendete die gleichen Wörter wie Valdés und Alcalá Galiano in ihrer erwähnten Beschreibung, wodurch bekräftigt wird, daß diesen Mociños Text als Grundlage für ihre Aufzeichnungen (1802) diente. »Zum Schutz gegen die Sonne« – schreibt Mociño (1913, S. 13) – »bemerkte ich bei einigen Hüte und

Mützen aus Waschbär- oder Dachsfellen. Aber am gebräuchlichsten sind zwei Arten von über passenden Formen geflochtenen Hüten aus Tule oder sehr biegsamen Binsen, die mit feinen Plättchen aus Federkielen verbunden sind, um ein weißes Feld zu bilden, auf dem die Zeichnungen hervorstechen, die sie verzieren und die immer den Walfang darstellen. Sie haben die Form eines mehr oder weniger hohen Kegelstumpfes, auf den die angesehensten Leute einen weiteren, kleineren setzen, der in einer Spitze ausläuft. Die Hüte der Plebejer sind aus gröberem Gewebe und ohne Zeichnung: die einen wie die anderen verwenden Kinnriemen oder irgendeine Schnur zum Festbinden.«

Es kann also angenommen werden, daß Mociño oder Alcalá Galiano und Valdés die Hüte der Nootka und der Tlingit mitgenommen haben. Gibt es aber tatsächlich einen Beweis dafür? Und wie konnten diese Stücke mit denen der Sammlung von Ruiz und Pavón verwechselt werden? Alcalá Galiano und Valdés hatten, wie auch Malaspina, die Angewohnheit der Seefahrer jener Epoche entwickelt, die im Sammeln von Gegenständen bestand. Sie erzählten sogar, daß sie einem Nootka-Häuptling des nördlichen Teils einen Hut abkauften, der demjenigen sehr ähnelte, den sie beim Tlingit-Häuptling in Puerto Mulgrave gesehen hatten; der Nootka hatte ihn einem Feind im Kampf abgenommen. Mociño hatte ebenfalls große Erfahrung bei der Sammlung von Stücken, da er zusammen mit Sessé die umfangreichen botanischen Expeditionen in Neu-Spanien durchführte, die er vorübergehend wegen der Reise zu den Nootka unterbrechen mußte.

Nach Beendigung seiner Arbeit in Mexiko kehrte Mociño nach Spanien zurück, wo er ein jämmerliches und ärmliches Leben führte und in den letzten Jahren zum politischen Exil gezwungen wurde, wodurch seine Herbarien verlorengingen. Als das Gebäude der Medizinischen Akademie zerstört wurde, wo Mociño sein Material aufbewahrte, da er für das aus der botanischen Expedition in Neu-Spanien noch keinen Platz gefunden hatte, wurde ihm ein Raum in dem Büro zur Verfügung gestellt, wo Ruiz und Pavón ihre Materialsammlung aufbewahrten und ihren Forschungen nachgingen (Jaramillo Arango 1952, S. XXXVIII; Arias Divito 1968, S. 287 f.). Obgleich ein Gesuch um die Verlegung der Sammlungen vorlag und Mociño 1809 einen Teil des Herbariums und einige Tiere mitnahm, geht aus einem 1814 nach seinem Tod erstellten Bericht hervor, daß sich im Büro von Ruiz und Pavón Kisten mit seinen Sammlungen befanden. 1821 wurde in einem Inventar über das Material der Büros vermerkt, daß zehn Kisten von der Expedition nach Neu-Spanien stammten, über deren Verbleib man laut Arias Divito (1968, S. 292–295) heute nichts mehr weiß.

Ich vermute, daß diese Kisten nicht verlorengingen – zumindest nicht gänzlich –, sondern daß sie weiter in jenem Büro blieben und mit den Kisten aus Peru und Chile bis zum Tode Pavóns im Jahr 1840 zusammengestellt wurden, der als letzter der Expeditionsteilnehmer starb. Ich nehme auch an, daß sich in der Sammlung Mociños ethnographisches Material der Nootka befand. Nach Pavóns Tod wurde das Büro aufgelöst, und man brachte die Herbarien in den Botanischen Garten und die zoologischen und ethnographischen Gegenstände ins Naturhistorische Kabinett, wo sie deponiert wurden, bis sich im Jahr 1858 Janer darum kümmerte, die historisch-ethnographischen und archäologischen Sammlungen aus Peru und Chile zu untersuchen. Die nichtbotanischen Materialien, die vermutlich von Mociño gesammelt worden waren, wurden wahrscheinlich weiterhin mit denen von Ruiz und Pavón beisammengelassen. In der Zeit, als die Kisten verlegt und ein Verzeichnis über ihren Inhalt erstellt wurde, lebte niemand mehr, der etwas zur Klärung hätte beisteuern können; die Kolonien waren unabhängig, ihre Bewohner entstammten anderen Ländern, und schon lange stand der Nordwesten Amerikas nicht mehr unter spanischer Kontrolle; die Napoleonische Invasion, die Karlistischen Kriege und der spürbare politische Wandel hatten in Spanien die alten Interessen vergessen lassen.

Diese lange Ausführung läßt sich damit rechtfertigen, daß Mociño umfassende Sammlungen bei den Nootka zugeschrieben werden, deren Volk er studierte und deren Sprache er lernte. Diese Aktivität des berühmten Botanikers und Anthropologen war bisher völlig unbekannt. Unglücklicherweise ist der Umfang seiner Sammlung heute nicht mehr bekannt.

Nachtrag zur Malaspina-Expedition

Nach seinem Aufenthalt bei den Nootka begab sich Malaspina nach Monterrey in Oberkalifornien, wo er seine Sammeltätigkeit fortsetzte. Ein Teil der Expedition bereiste anschließend Mexiko, wo sie naturkundliche Sammlungen zur Naturgeschichte anlegte, über die keinerlei Informationen in den Inventaren existieren. Auf ihrer Reise durch Ozeanien legte die Expedition einige Sammlungen an, die in den Inventaren feststellbar sind, etwa ein Zeremonialgefäß aus Holz und verschiedene hölzerne Lanzen.

Was geschah jedoch mit der Sammlung, die die von Malaspina befehligten Expeditionsmitglieder zusammengetragen hatten? Barreiro (1944, S. 61) schreibt, daß »viel während ihrer langen Reise zusammengetragen wurde«, und doch war es sehr wenig, was ins Museum (der Wissenschaften, das die Aufgabe des Königlichen Kabinetts fortsetzte) gelangt sein dürfte; in den Archiven des Museums finden wir nur ein Schreiben, in dem der Empfang einer Kiste voller Gegenstände bestätigt wird, die von Malaspina als »Knochen eines Giganten« bezeichnet worden waren. Malaspina fiel nach seiner Rückkehr in Ungnade; er wurde inhaftiert und starb in der Verbannung. Niemand konnte an den Aufzeichnungen und Reisetagebüchern weiterarbeiten, die unausgewertet liegenblieben; ein Teil der in diesem Jahrhundert wiedergefundenen Zeichnungen kam abhanden. Für den Großteil der Sammlungen verloren sich die Spuren. Sie scheinen weit verstreut worden zu sein, da dem Königlichen Kabinett, fast geheim und ohne jegliche Unterlagen, nur einige Waffen aus Ozeanien und Gerätschaften von der Nordwestküste übergeben wurden.

Andere Expeditionen und Sammlungen

In der Einleitung zum Inventarverzeichnis (Janer 1860) wird eine Expedition an die Magellan-Straße erwähnt, die von Antonio de Córdoba geleitet wurde und dem Königlichen Kabinett »Schmuckstücke, Waffen und Gerätschaften der Indianer« übergab.

Tatsächlich wurden unter der Leitung dieses Kapitäns zwei Reisen durchgeführt, deren Ziel die Erkundung der Meerenge und die Erstellung von Landkarten war (Apéndice 1793; Oyarzun Iñarra 1976). Die erste dieser Reisen, die im Oktober 1785 begann und im Juni 1786 endete, wurde auf der Fregatte »Santa Maria de la Cabeza« durchgeführt, unter deren Offizieren sich Dionisio Alcalá Galiano befand. Dieser und Ciriaco de Cevallos, der an der zweiten Expedition zur Magellan-Straße teilnahm, beteiligten sich anschließend an der Expedition Malaspinas; Alcalá Galiano verließ später letztere, um bei der Forschungsreise der »Sutil« und »Mexicana« mitzumachen.

Den Aufzeichnungen über die erste Reise zufolge (Apéndice 1793) nahm die Expedition während ihres Aufenthaltes in Puerto del Hombre mit einer Gruppe von 23 Indianern Kontakt auf. Zuerst ließen sich diese eine halbe Meile vom Hafen entfernt nieder, »aber nachdem sie von der Besatzung der Fregatte besucht und beschenkt worden waren, überreichten sie im Austausch gegen Tücher, Mützen und andere Sachen ihre Waffen und Schmuckstücke, und nachdem sie Vertrauen gefaßt hatten, begaben sie sich zu mehreren Hütten am Ende des Hafens, die jenen glichen, die entlang der Küste gesichtet worden waren«. Einige Tage später begegneten sie etwa 63 Frauen und Kindern, die den vorigen glichen und die von ihren Kanus aus »häufig das Wort *Pechén*« zuriefen; aus diesem Grund – und dem Beispiel Bougainvilles folgend – wurden sie Pecheries genannt; unter dieser Bezeichnung tauchen einige der Gegenstände in den alten Inventaren des Museums auf. Es handelt sich um die Indianer, die auch unter dem Namen »Fueguinos«, d. h. die Bewohner Feuerlands, bekannt wurden, die heute ausgestorben sind, und die in kleinen Gruppen als Nomaden lebten und sich vom Sammeln von Krustentieren und wilden Früchten, vom Fischfang und von der Jagd ernährten.

Obgleich in den Inventaren nicht spezifiziert wird, um welche Gegenstände es sich bei den unter einer Sammelnummer aufgeführten Stücken handelt, wissen wir aus einer Liste, die das Königliche Kabinett im September 1786 bei der Übergabe erhielt, worum es sich handelte: Schmuckstücke der Männer und Frauen, Federn als Haarschmuck, Zähne eines Wassertieres, Abzeichen der Häuptlinge, Feuersteine, verschiedene Waffen, von denen nur Pfeile einzeln aufgeführt werden.

Die zweite Expedition nach Feuerland führte in den westlichen Teil der Meerenge, die wegen der schlechten Witterungsverhältnisse noch nicht erforscht worden war. Sie startete im Oktober 1788 mit zwei Schiffen, kehrte im Mai 1789 zurück und wurde ebenfalls von Antonio de Córdoba trotz seines fortgeschrittenen Alters geleitet.

Im Dezember 1788 begegneten sie Pecheries-Indianern der San-Antonio-Inseln und legten eine Sammlung an, welche jener der vorigen Expedition glich. Aus dem Expeditionsbericht spricht eine aufgeklärte Einstellung, die den Einfluß Rousseaus verspüren läßt, und der große Eindruck, den jene ärmlichen, dem mythischen guten Wilden so ungleichen Muschelfänger bei den Spaniern hervorriefen: ». . . Kurz darauf begab ich mich mit anderen Offizieren in unserem Boot an Land, alle von dem Wunsch beseelt, mit diesen Eingeborenen in Berührung zu treten, bei denen wir jene bezaubernde und ursprüngliche Natürlichkeit der Wilden wiederzufinden hofften. Die Indianer empfingen uns erfreut, und ich hätte nie geglaubt, daß sich die menschliche Natur unter einem so miserablen Aspekt präsentieren könnte . . . Wir offerierten ihnen einige Glasperlenketten, Rasseln und anderen Tand, den sie hocherfreut entgegenahmen . . . Die Waffen, die wir im Tausch gegen unser Zeug von diesen Eingeborenen bekommen konnten, waren Bögen, Pfeile, Schleudern und einige Messer aus Knochen in der gleichen Form wie unsere Spieße, und alles war mit einer Kunstfertigkeit und Vollkommenheit ausgeführt, die man bei ihren Gewerbemöglichkeiten nicht erwarten würde. Der Pfeil bestand aus einem zwei Fuß langen zylindrischen Stab, der vollkommen gerade war und keinerlei Knoten aufwies, und der sehr gut geformten Spitze, die zur Sicherheit verstärkt war. Die Schleudern, mit denen sie äußerst geschickt umzugehen wissen, stellen sie aus den Eingeweiden verschiedener Tiere her, die sie nur in dem Maße töten, in dem sie ihre Bedürfnisse befriedigen wollen. Im übrigen entdeckten wir keinerlei nützliche Gerätschaften, auch nicht solche, die zur Lebenserhaltung absolut notwendig erscheinen« (Apéndice 1793, S. 24–26). Einige Tage später, im Januar 1789, erfolgte eine weitere Begegnung mit Indianern in der Bucht der Inseln, denen die Reisenden »Glasperlen, Bänder, Spiegel und sonstige Kleinigkeiten schenkten« (Apéndice 1793, S. 58).

Obgleich ich nur die Gegenstände der ersten Expedition ausfindig machen konnte, ist anzunehmen, daß auch die der zweiten hinterlegt wurden. In den Inventaren sind sie nicht spezifiziert, da einer ganzen Gruppe von Gegenständen von der Magellan-Straße nur eine Sammelnummer gegeben wurde. Ich habe einen Bogen und eine Schleuder lokalisiert. Ähnliche Stücke oder solche, die dem Aussehen nach aus diesem Gebiet zu stammen scheinen, tragen alte Nummern, die auf einen viel späteren Zugang hinweisen.

Es gab andere wissenschaftliche Aktivitäten, wie die Ausgrabungen in Palenque, über die an anderer Stelle berichtet wird. Die Expedition der Brüder Heuland im Jahr 1794 nach Südamerika dürfte dem Königlichen Kabinett eine umfangreiche Sammlung naturgeschichtlicher Materialien verschafft haben, die sich im wesentlichen aus Mineralien, Muscheln, zoologischen Funden und amerikanischer Archäologie zusammensetzte. Im Museo de Ciencias befinden sich Dokumente, die die Übersendung einer Reihe von Kisten aus Chile bezeugen, von denen eine alte Tonfiguren der Indianer enthielt. Da keine weiteren Daten vorliegen und sie in den Inventaren nicht verzeichnet sind, war es unmöglich, diese Sammlung zu identifizieren.

Literatur

APENDICE a la Relación del viage al Magallanes de la fragata de guerra Santa María de la Cabeza, que contiene el de los paquebotes Santa Casilda y Santa Eulalia para completar el reconocimiento del estrecho en los años 1788 y 1789. Imprenta de la viuda de D. Joaquín Ibarra, Madrid 1793.

ARIAS DIVITO, Juan Carlos: Las expediciones científecas españolas durante el siglo XVIII. Ed. Cultura Hispánica, Madrid 1968.

BARREIRO, Agustín J.: El Museo Nacional de Ciencias Naturales. Consejo Superior de Investigaciones Científicas, Instituto de Ciencias Naturales »José de Acosta«. Madrid 1944.

CABELLO CARRO, Paz: »Expediciones científicas, museología y coleccionismo americanista en la España del XVIII«. Actas del Congreso de la Sociedad Española de Historia de las Ciencias. Zaragoza 1982.

CABELLO CARRA, Paz: »Coleccionismo americano y expediciones científicas del siglo XVIII en la museología española«. Archivio per l'Antropologie e la Etnologia CXIII. Firenze 1983.

CATALOGUE systématique et raisonné des curiosités de la nature et de l'art qui composent le Cabinet de M. Davila, avec figures en taille douce, de plusieurs corceaux qui n'aroient point encore été gravés. 3 vols. Ed. Chez Briasson, rue Saint-Jacques, à la Science, Paris 1776.

CUTTER, Donald C. (ed.): The California Coast: A Bilingual Edition of Documents from the Sutro Collection, Norman, 1969.

JANER, Florencio: Historia, descripción y catálogo de las colecciones histórico etnográficas, curiosidades diversas y antigüedades conservadas en el Museo de Ciencias Naturales de Madrid. Manuskript, Museo de América, 1860.

JARAMILLO ARANGO, Jaime: Relación histórica del viage, que hizo a los reinos del Perú y Chile el botánico D. Hipólito Ruiz en el año de 1777 hasta el de 1788, en cuya época regresó a Madrid. Publicado por la real Academia de Ciencias Exactas, Físicas y Naturales de Madrid. Madrid 1952.

MOCIÑO SUAREZ DE FIGUEROA, Joseph Mariano: Noticias de Nutka. Diccionario de la lengua de los Nutkeses y descripciones del Volcán de Tuxtla. Prólogo de Alberto M. Carreño. Sociedad Mexicana de Geografía y Estadística. México 1913.

NOVO Y COLSON, Pedro de: Viaje político-cientifico alrededor del mundo por las corbetas Descubierta y Atrevida al mando de los capitanes de navio D. Alejandro Malaspina y D. José de Bustamante y Guerra desde 1789 a 1794. Imprenta de la viuda e hijos de Abienzo. Madrid 1885.

OYARZUN IÑARRA, Javier: Expediciones españolas al Estrecho de Magallanes y Tierra de Fuego. Ediciones de Cultura Hispánica. Madrid 1976.

RELACION de la entrada de San Lorenzo de Nutka, formada por los individuos de la Expedición que de orden de S.M. el Sor D^n^ Carlos Tercero salió el año de 1788 del Puerto de San Blas en la Gragata Llamada Princesa . . ., Manuskript, 2866 pag. 1 a 57. Biblioteca de Palacio, 1788.

RELACION del viaje hecho por las goletas Sutil y Mexicana en el año de 1792 para reconocer el Estrecho de Fuca; con una introducción en que se dá noticia de las expediciones executadas anteriormente por los españoles en busca del paso del noroeste de la América. En la Imprenta Real, Madrid 1802.

SALA, Juan: Las nuevas salas de la sección de Etnografía. Museo Español de Antiguedades. Tomo I, Madrid 1872.

SEMPERE Y GUARINOS, Juan: Ensayo de una biblioteca española de los mejores escritores del reynado de Carlos III. Imprenta Real, Madrid 1785. Edición Facsímil de Ed. Gredos, Madrid 1969.

NÖRDLICH DES RIO GRANDE: SPANISCH-AMERIKA UND DIE EINGEBORENEN VÖLKER NORDAMERIKAS IM 18. JAHRHUNDERT

Christian F. Feest
Museum für Völkerkunde, Wien

Die Trennlinie zwischen dem überwiegend anglophonen Nordamerika und Lateinamerika zieht man gemeinhin am Rio Grande, dem Fluß, der etwa die Hälfte der Staatsgrenze zwischen Mexiko und den USA markiert. Heute gibt es zwar Hochrechnungen, die voraussagen, daß Nordamerika innerhalb einiger Jahrzehnte über eine spanischsprechende Mehrheit verfügen (und der Unterschied damit aufgehoben sein) wird; weniger gegenwärtig ist hingegen das Ausmaß des Einflusses, den Spanisch-Amerika in der Vergangenheit nördlich des Rio Grande besessen hat. Für den Kontext der vorliegenden Ausstellung sind besonders die spanisch-eingeborenen Kontakte in Nordamerika in der zweiten Hälfte des 18. Jahrhunderts interessant, weil Sammel- und Forschungstätigkeit die reine Kolonisation ergänzten und zugleich die in dieser Periode kontaktierten Stammesbevölkerungen sich von der Mehrheit der eingeborenen Völker des übrigen Spanisch-Amerika in wesentlichen Punkten unterschieden.

Die Geschichte der spanischen Besitzansprüche und der tatsächlichen Ansiedlungen in Nordamerika reicht natürlich weit vor das 18. Jahrhundert zurück. Der Subkontinent fiel eindeutig in den von Papst Alexander VI. Spanien zugesprochenen Einflußbereich, und so ließ die tatsächliche Erforschung nicht lange auf sich warten. Auf der Suche nach Gold und dem Brunnen der ewigen Jugend kam Ponce de León 1513 erstmals nach Florida und kehrte trotz weitgehender Erfolglosigkeit in beiden Anliegen 1521 mit Plänen für eine Kolonie dorthin zurück, denen aber auch kein Erfolg beschieden war. Währenddessen und in der Folge vergrößerte sich die spanische Kenntnis vor allem der Küstenregionen, die meisten Besiedlungsversuche verliefen jedoch fruchtlos. Erst nach Gründung einer Kolonie durch französische Hugenotten im Gebiet des St. John River schritten die Spanier 1565 ein, vernichteten die protestantischen Eindringlinge und errichteten St. Augustine. Die Errichtung englischer Kolonien weiter im Norden betrachtete man zwar mit schelen Augen, konnte aber insbesondere nach der Niederlage der Armada die britischen Kolonialabsichten nicht mehr ernsthaft gefährden. Mangels intensiver Besiedlung wurden die Spanier schließlich nach Süden abgedrängt und auf die Halbinsel Florida sowie die als »West-Florida« bezeichnete Küste des Golfs von Mexiko beschränkt (Hilton 1983).

Unterdessen war 1528 der an der texanischen Golfküste gestrandete Konquistador Alvar Nuñez Cabeza de Vaca mit seinen Gefährten in Richtung Sinaloas gezogen und hatte dabei Gerüchte über Reichtümer in den sagenumwobenen »Sieben Städten von Cibola« (den Pueblos der Zuni) vernommen. Einer seiner Begleiter, der aus dem heutigen Marokko stammende Schwarze Esteban, war zwölf Jahre später mit dabei, als unter Leitung eines Missionars der erste erfolglose Kolonisationsversuch im Pueblo-Gebiet des heutigen New Mexico unternommen wurde. 1540/41 kehrten die Spanier unter Francisco Vásquez de Coronado zurück, stießen bis zu den Pueblos am Rio Grande vor, erregten aber das erhebliche Mißfallen der Eingeborenen, die sich daraufhin mitten im Winter aus ihren Dörfern zurückzogen und die spanische Truppe zurückließen. Nachdem auch die Suche nach dem Goldreich Quivira erfolglos verlaufen war, ließ das Interesse an sofortiger Besiedlung merklich nach. Erst ab 1581 verstärkten sich die Bemühungen der mittlerweile bis Nordmexiko vorgestoßenen Missionare um eine Bekehrung der Pueblo-Stämme. Immerhin schien die Gründung einer permanenten Kolonie 1598 unter Juan de Oñate die Chancen für das Bekehrungswerk zu verbessern, tatsächlich trug das Betragen der Siedler viel zum Widerstand der Eingeborenen bei. Erst die Ablösung des Gouverneurs und die Verlegung der Hauptstadt nach Santa Fe, das in zunehmendem Maß ein wichtiger Handelsknoten werden sollte, trugen zur Stabilisierung der Kolonie bei. Mangels irdischer Schätze lag ein Hauptgewicht der spanischen Aktivitäten im Pueblo-Gebiet in der Seelenernte, wobei man vor der Anwendung paramilitärischer Gewalt nicht zurückscheute. Dies und die weitgehende Unterdrückung sowie die Verweigerung von durch die Krone zugesicherten Rechten durch die koloniale Oberschicht führte zum Aufstand der Pueblo-Völker im Jahr 1680 und zur Vertreibung der Spanier. Erst zwölf Jahre später konnte die Rekonquista beginnen, erst 1696 war sie weitgehend abgeschlossen. Das den Eingeborenen verhaßte Encomienda-System wurde danach nicht wieder eingeführt, und weil die gemeinsame Bedrohung durch das Erstarken nomadischer und kriegerischer Stämme in der Nachbarschaft die Spanier und die Pueblo-Leute näher zusammenrücken ließ, verbesserte sich das Einvernehmen zwischen Kolonisten und Kolonisierten (Simmons 1979, Spicer 1962).

Die wesentliche Bedrohung kam vor allem aus dem Osten, aus dem Gebiet der weiten Steppenlandschaften Nordamerikas, in denen das von Spaniern im Südwesten eingeführte Pferd optimale Weidebedingungen und ebensolche Nutzanwendungen vorfand: Sein Vorhandensein ermöglichte erst die intensive, ganzjährige Jagd auf die großen Bisonherden durch bis dahin teilweise seßhafte Völker, denen die neue Mobilität zudem eine gewisse militärische Überlegenheit bescherte. Die Prärien und Plains zwischen Mississippi und Rocky Mountains wurden seit Anfang des 18. Jahrhunderts als Hinterland des französischen Louisiana beansprucht, wenn auch die Franzosen kaum eine ernsthafte Kontrolle über das riesige Territorium ausübten. Als am Ende des Siebenjährigen Kriegs das Schicksal Frankreichs als amerikanische Kolonialmacht durch den Frieden von Paris besiegelt wurde, erhielt Spanien den Besitz des schon im Jahr zuvor gesondert von Frankreich abgetretenen Territoriums von Louisiana bestätigt. Im Ausgleich wurden Ost- und West-Florida an England abgetreten, so daß nunmehr der Mississippi eine eindeutige Grenze zwischen Anglo- und Hispano-Amerika bildete. Erst nach der Niederlage Großbritanniens in der amerikanischen Revolution kam Florida 1783 an Spanien zurück, in dessen Besitz es bis 1821 – dem Jahr der mexikanischen Unabhängigkeit und der Abtretung an die USA – verblieb.

Nur 37 Jahre lang konnten sich die spanischen Bourbonen des Besitzes von Louisiana (in dieser Periode korrekter: Luisiana) erfreuen. Schon 1800 wurde das Gebiet per Geheimvertrag an Napoleon abgetreten, der es 1803 an die USA verkaufte. Entsprechend der geringen Dauer und Intensität des Einflusses waren die Auswirkungen der spanischen Kontrolle über Louisiana beschränkt. Der Handel mit den Eingeborenen, der zum Teil schon zuvor von Santa Fe aus betrieben worden war, weitete sich aus, der nach Santa Fe führende Handelspfad erhielt immer größere Bedeutung, und selbst relativ weit im Norden ließen sich spanische Händler nieder. Ihre heute auch von Eingeborenen getragenen Familiennamen machen (ebenso wie die der Franzosen) deutlich, daß die Beziehungen sicherlich den rein kommerziellen Bereich überschritten (Din 1983).

Fast zur gleichen Zeit begann die spanische Kolonisation Kaliforniens, genauer gesagt die der Alta California, der nördlichen Fortsetzung der heute zu Mexiko gehörigen Halbinsel Baja California. Das Gebiet war von den Spaniern bereits mehr als 200 Jahre zuvor erstmals besucht worden, stand aber mangels offensichtlich ertragreicher Ressourcen nicht im Vordergrund der Kolonisationsinteressen. Der Beginn der Besiedelung ab 1769 unter Gaspar de Portolá diente wohl ebenso der Absicherung der Besitzansprüche an der amerikanischen Paizifikküste gegenüber den von Sibirien her expandierenden Russen wie der Errichtung von insgesamt 21 Indianermissionen durch Junípero Serra und die Franziskaner. Die Berechtigung spanischer Sorgen bezüglich einer russischen Expansion wurde knapp vor Ende des spanischen Kolonialreichs in Amerika bestätigt, als die Russen 1812 nördlich von San Francisco ein Handelsfort gründeten, ohne daß die Spanier zu mehr als verbalen Protesten fähig gewesen wären (Cutter 1969, Portolá 1984, Abbad y Lasierra 1981).

Noch prekärer war die Sicherung spanischer Interessen in den nördlichen Abschnitten der Pazifikküste, in deren äußerstem Norden die Russen schon zum Zeitpunkt der Kolonisierung Kaliforniens etabliert waren. 1774 nahm Juan Pérez von der Küste des heutigen British Columbia und Alaskas für Spanien Besitz, indem er an ihr entlang fuhr und lediglich im Zuge flüchtiger Kontakte mit den Eingeborenen etwas Handel trieb. Vier Jahre später gelangte James Cook im Zuge seiner dritten Reise ebenfalls an die Nordwestküste und verursachte durch seine Entdeckung der Profitträchtigkeit des Seeotterfellexports nach China einen wahren Ansturm gewinnorientierter Handelsexpeditionen verschiedenster Nationalitäten, insbesondere nach Erscheinen des gedruckten Reisewerks im Jahr 1784. Dies zwang die Spanier, 1789 einen deutlicheren Akt der Ausübung ihrer Hoheitsansprüche zu setzen. In diesem Jahr errichtete Don Esteban José Martínez einen Posten im Hafen von Nootka, der zum Zentrum der Handelsaktivitäten geworden war. Seine Beschlagnahme britischer Schiffe führte zur »Nootka-Krise« zwischen London und Madrid, die letztlich zur Aufgabe der exklusiven spanischen Ansprüche führte. Als Vorfeld der kalifornischen Besitzungen blieb die Nordwestküste aber auch noch danach von Interesse für Spanien.

Bei der skizzierten Expansion nördlich des Rio Grande im 18. Jahrhundert fanden die Spanier in Louisiana, Kalifornien und an der Nordwestküste Bedingungen vor, die sich recht deutlich von jenen unterschieden, die in einem großen Teil des übrigen Spanisch-Amerika vorherrschten. Hier waren die Eingeborenen nicht in staatenartigen Verbänden organisiert wie im Bereich der mittel- und südamerikanischen Hochkulturen oder selbst der Potentatschaften und Häuptlingstümer im Zwischengebiet, deren Organisation die Eroberer zur Grundlage ihrer eigenen Herrschaft und künftigen Verwaltung machen konnten. Hier waren die Eingeborenen nicht einmal Bodenbauer wie so gut wie alle Völker südlich des Rio Grande (mit Ausnahme der Feuerländer und ihrer Nachbarn) und wie selbst die Pueblo-Völker New Mexicos und die Bewohner in und um Florida. Die eingeborenen Sprachen waren von verwirrender und die Verbreitung des Evangeliums hemmender Unterschiedlichkeit. Und da das Gold Kaliforniens erst entdeckt wurde, als das Land nicht mehr spanisch war, hielt sich auch der wirtschaftliche Anreiz in Grenzen.

Im Fall der pazifischen Nordwestküste war kaum genug Zeit vorhanden, um eine spanische Haltung gegenüber den lokal ansässigen Fischerbevölkerungen zu definieren. Trotz ungünstiger äußerer Umstände verdanken wir den Spaniern allerdings wertvolle Beiträge zur Kenntnis der traditionellen Kultur, die sich unter dem Einfluß des Pelzhandels rapid verändern sollte. José Mociños »Noticias de Nutka« von 1792 (Moziño 1970) sind die beste, auch von Humboldt geschätzte Beschreibung der Nootka aus vorwissenschaftlicher Zeit (wenigstens was die Völkerkunde als Wissenschaft anlangt – Mociño war Botaniker); die Illustrationen der Zeichner der Expedition von Malaspina ergänzen wesentlich das Bildmaterial, das John Webber auf der Cookschen Reise anfertigte (Sotos Serrano 1982; vgl. Joppien and Smith 1987); die völkerkundlichen Sammlungen von Pérez repräsentieren die frühesten gesammelten und erhaltenen Ethnographica des Gebiets (vgl. Cabello Carro 1985 und in diesem Band), die etwas späteren anderen Sammlungen enthalten einige der aufregendsten Werke der Nordwestküsten-Kunst.

Trotz des Mangels an Bodenbau, den ein großer Reichtum an Fischen und Meeresressourcen wettmachte, konnte sich an der Nordwestküste Nordamerikas eine ungewöhnliche Kultur entwickeln, die sich in kurzen Worten durch das Vorhandensein einer durch Reichtumsanhäufung und erbliche Privilegien ausgezeichneten Klassengesellschaft charakterisieren läßt. Zugleich beruhte die politische Organisation vollständig auf Verwandtschaft, hatte also nichts Staatenartiges an sich: Selbst Stämme existierten nur als sprachliche und kulturelle, nicht aber als politische Einheiten. Für den Adel arbeiteten die einzigen Berufskünstler im eingeborenen Nordamerika, um in Holzskulptur und einer symbolisch-realistischen Malerei die wappenartigen Vorrechte der herrschenden Familien zu verherrlichen. Zu ihren Werken gehören nicht nur die vor Häusern, als Grabpfosten oder zur Erinnerung an bestimmte Anlässe errichteten Totempfähle mit den Insignien der jeweiligen Verwandtschaftsgruppe; es gab auch Gebrauchsgegenstände wie hölzerne Vorratsbehälter; beschnitzte oder bemalte Einbäume für Krieg und Waljagd; Rüstungen aus Stäbchenpanzern und Helmen, die den Krieger größer erscheinen ließen und deren maskenartige Gesichter mit Kupferblech und Seeotterzähnen besetzt waren; und nicht zuletzt Masken, die von Geheimbünden zur Aufführung von Dramen religiös-mythischen Inhalts gebraucht wurden. Bei Betrachtung der feinen Schnitzwerke darf man nie vergessen, daß Eisen so gut wie unbekannt war; lediglich geringe Mengen wurden über die Eskimo im Handel aus Asien bezogen. Europäische Eisenwerkzeuge führten vor allem im 19. Jahrhundert zu einem weiteren Höhenflug der Schnitzkunst – und selbst die um 1790 gesammelten Holzskulpturen in spanischem Besitz mögen von der vermehrten Verfügbarkeit von Eisenwerkzeugen profitiert haben.

Zu den Privilegien des Adels bzw. der Häuptlinge zählte auch die Waljagd und deren Abbildung auf den zwiebelförmig zugespitzten, geflochtenen Hüten der Nootka-Nobilität. Wie fast überall in Nordamerika war die Flechterei Frauensache. Die Figürlichkeit der Darstellungen war hingegen eine Ausnahme, die sich erst später – unter dem Einfluß der weißen Nachfrage – auch anderwärts wiederholte.

Die Nordwestküsten-Kultur war eine Regionalkultur, deren Träger unterschiedlicher Herkunft und Sprachzugehörigkeit waren. Die steil hinter der zerklüfteten Küste aufragenden Berge führten zu einer merklichen Isolation gegen das Landesinnere, behinderten aber auch den Kontakt entlang der Küste selbst. So kam es bei aller regionalen Gemeinsamkeit zu ausgeprägten Lokalstilen, wie dem der Nootka im Süden oder der Tlingit im Norden. Selbst die nördlichen Nachbarn der Tlingit, die pazifischen Eskimo, nahmen Einflüsse der Nordwestküsten-Kultur auf, obwohl ihre wirtschaftlichen, sozialen und politischen Grundlagen andere waren.

Kann man die Nordwestküsten-Kultur als Regionalentwicklung sehen, deren Wurzeln sich heute archäologisch in beträchtliche Zeittiefen zurückverfolgen lassen, so war die Kultur der Plains-Stämme so jung wie die Einführung des Pferds. Auch hier waren es sehr unterschiedliche Völker, teils ehemalige Bodenbauer, teils frühere Jäger- und Sammlervölker, die von den attraktiven Bedingungen berittener Bisonjagd in die Steppenlandschaften gezogen oder von ihren mit Feuerwaffen ausgerüsteten Nachbarn im Osten des Kontinents dorthin gestoßen worden waren. Ihr Reiterkriegertum, ihre freie Lebensweise, ihre prächtigen Federhauben haben später, in romantischen Epochen des 19. Jahrhunderts, die Phantasie weißer Beobachter beflügelt und sie zu »den Indianern« schlechthin werden lassen. Die Spanier im Südwesten Nordamerikas spürten hingegen die Bedrohung durch die Plains-Stämme zu hautnah, um eine solche romantische Vorliebe teilen zu können. Ihre unstete Lebensweise ließ den Versuch einer Bekehrung hoffnungslos erscheinen. Allein der relative Reichtum dieser Völker ließ sie zu interessanten Partnern im Handel werden.

Die nomadisierende Lebensweise bewirkte, daß die ästhetischen Ausdrucksformen in anderen Medien Gestalt annahmen als an der Nordwestküste. Abgesehen vom Holzmangel der Steppenlandschaften, der die Schnitzerei niemals bedeutend werden ließ, mußten alle Teile ihres Hausrats leicht transportabel sein und auch auf ein Minimum reduziert werden. So waren es vor allem die am Körper getragenen Kleidungs- und Schmuckstücke, die in Leder und verziert mit gefärbten Stachelschweinborsten zum Stolz ihres Trägers und zum Ausdruck seiner Tüchtigkeit wurden. Hemden und zeremonielle Fellumhänge waren zusätzlich oft bemalt, teils mit piktographischen Darstellungen, teils mit Registern von Jagd- und Kriegsleistungen, teils mit symbolischen Darstellungen, deren Deutung zwei Jahrhunderte später oft unmöglich geworden ist.

Wiederum gänzlich anders waren die Verhältnisse in Kalifornien. Bedingt durch die Kleinräumigkeit der Landschaft und das Fehlen größerer politischer Zusammenschlüsse, konnte sich eine Vielfalt von Völkern und Sprachen auf engstem Raum entwickeln, die auch weltweit gesehen ungewöhnlich ist. War an der Nordwestküste und auf den Plains Bodenbau aus topographischen oder klimatischen Gründen weitgehend unmöglich, so hätten viele Gebiete Kaliforniens sehr wohl von ihren eingeborenen Bewohnern bebaut werden können. Daß es nicht dazu kam, lag an der einfachen Verfügbarkeit wildwachsender Nahrungsquellen, etwa der Eicheln, die man nur von der Gerbsäure zu befreien brauchte, um ein nahrhaftes Essen zu erhalten. Mit Bodenbau wäre der gleiche Effekt nur unter wesentlich größerer Kraftanstrengung zu erreichen gewesen. In dieser Hinsicht illustrieren manche der kalifornischen Stämme die heute verbreitete Theorie von den »ursprünglichen Wohlstandsgesellschaften«, den Jäger- und Sammlervölkern, die von allen Kulturen die geringste Wochenarbeitszeit, aber auch die geringsten Bedürfnisse hatten (Sahlins 1972). Schon auf der Grundlage der spanischen Missionsberichte kam Christoph Martin Wieland zum letztlich ähnlichen Schluß, daß »die Kalifornier . . . unter allen *Anthropomorphis* dem Rousseauschen Mann-Thier am nächsten kommen«. Wielands Kritik an Jean-Jacques Rousseau überträgt er auf die armen Kalifornier, die unter seinem Spott erheblich zu leiden haben (Wieland 1770, S. 150, 1782, S. 234–243).

Gleich ob »Wohlstandsgesellschaften« oder »Mann-Thier«, machten die Zersplitterung und der mangelnde Wehrwille der Völker sie zu recht leichten Opfern der spanischen Kolonisations- und Zivilisationsbemühungen. Den Missionaren gelang es, bis gegen Ende der spanischen Epoche etwa 20.000 Eingeborene in Missionsstationen anzusiedeln, wo sie gleichzeitig bekehrt und in europäischer Gesittung unterwiesen wurden. Letzteres bedeutete die Einführung des Bodenbaus, des gewerbsmäßigen Handwerks, »zivilisierter« Kleidung und überhaupt von Zucht und Ordnung. Beliebte Erziehungsmittel waren Prügelstrafe, Pranger und Gefängnis. (In der zweiten Hälfte des 19. Jahrhunderts sollte es anderen eingeborenen Kaliforniern freilich noch schlechter gehen, als sie Freiwild für die Wochenendjagden der Weißen wurden.) Aus der Arbeit der Neophyten wurde der Betrieb der Missionen finanziert.

Es erstaunt kaum, daß auch die Bewertung des Resultats solcher Maßnahmen je nach Standpunkt des Betrachters große Unterschiede aufwies. Mociño, der seinen Bericht über Nootka in einer kalifornischen Mission abfaßte, meint etwa: »Hier hat unsere Eroberung Wurzeln geschlagen, ist unsere Religion verbreitet worden und ist unsere Hoffnung am größten, die offensichtlichen Vorteile zu erhalten, die der ganzen Monarchie nützen können. . . . Auf fünfhundert Meilen kommen kaum zweitausend Bewohner, die als unsere Vasallen betrachtet werden können, und von diesen sind nicht einmal 500, einschließlich Frauen und Kinder, ›Zivilisierte‹« (Moziño 1970, S. 94). Adalbert von Chamisso hingegen, der 1816 mit der Romanzoff-Expedition unter Kotzebue Kalifornien besuchte, hielt das Missionswerk für ein »gutes Werk, zweckwidrig begonnen und schlecht vollführt.« Neben dem Vorwurf der praktischen Versklavung der Eingeborenen durch die Missionen kritisiert Chamisso die mangelnde Bereitschaft der Franziskaner, in ihren Schutzbefohlenen vollwertige Menschen zu sehen: »Die Verachtung, welche die Missionare gegen die Völker hegen, an die sie ausgesandt sind, scheint uns bei ihrem frommen Geschäft ein unglücklicher Umstand zu sein. Keiner von ihnen scheint sich um deren Geschichte, Bräuche, Glauben, Sprachen bekümmert zu haben. ›Es sind unvernünftige Wilde, und mehr läßt sich von ihnen nicht sagen! Wer befaßte sich mit ihrem Unverstand, wer verwendete Zeit darauf?‹« (Chamisso o. J., S. 272, 274).

Das einzige traditionelle Kunsthandwerk, das im Schatten der Missionen gedieh, war die Korbflechterei der Frauen. Vor allem bei den südkalifornischen Chumash entwickelte sich die Wulsthalbflechterei zu wahrer Virtuosität mit hoher Stichdichte und ausgewogenen geometrischen Ornamenten. Ähnlich wie an der Nordwestküste hatten europäische Werkzeuge (Messer und Ahlen) sicher wesentlichen Anteil an der Verfeinerung der Qualität. Die im Museo de América vorhandene Sammlung zählt zu den allerbesten ihrer Art (Herold 1977). Auch wenn die Dokumentation eine eindeutige Zuordnung zu den Resultaten der Malaspina-Expedition nicht zuläßt, ist ihre Herkunft aus stilistischen Gründen aus dem 18. Jahrhundert wahrscheinlich. Überdies verfügt das Náprstek Museum in Prag über zwei analoge Chumash-Körbe aus der Sammlung von Thaddäus Haenke, einem aus Böhmen stammenden österreichischen Teilnehmer an der Reise von Alejandro Malaspina.

Während aus den im 18. Jahrhundert erstmals kolonisierten oder wenigstens besuchten Gebieten Sammlungen vorhanden sind, fällt das Fehlen solcher Kollektionen aus den alten Kolonien nördlich des Rio Grande auf. Das Pueblo-Gebiet, bis heute ein Zentrum qualitätvollen eingeborenen Kunsthandwerks, ist trotz fast 300 Jahren regen Kontakts mit keinem Stück vertreten, weder aus früheren noch aus späteren

Perioden. Und aus Florida lassen sich nur vereinzelt Stücke belegen, die im 16. und 17. Jahrhundert nach Spanien kamen, sich aber nicht erhalten haben – zumeist Artefakte der eingeborenen Religionsausübung, darunter »Idole, so häßlich, daß man es nicht ausdrücken kann«, wie ein Sammler des 17. Jahrhunderts vermerkte. So war also auch die Aufklärung mit Blindheit geschlagen, wenn es um eine Neubewertung alter (Vor)Urteile ging, obwohl sie sich dem Neuen gegenüber offen zeigte.

Literatur

ABBAD Y LASIERRA, Iñigo: Descripción de las costas de California. Sylvia-Lyn Hilton (ed.). Madrid 1981
CABELLO CARRO, Paz: »Coleccionismo americano y expediciones cientificas del s. XVIII en la museologia española«. Archivio per l'antropologia e la etnologia 113: 116–135. Firenze 1985.
CHAMISSO, Adalbert von: Reise um die Welt mit der Romanzoffischen Entdeckungs-Expedition in den Jahren 1815–1818 auf der Brigg Rurik, Kapitän Otto v. Kotzebue. In: Chamissos Werke (Berlin–Leipzig, 2 Bände), Band 2, o. J.
CUTTER, Donald C. (ed.): The California Coast: A Bilingual Edition of Documents from the Sutro Collection. Norman, 1969.
DIN, Gilbert C.: »Las relaciones españolas con los indios Osages«. In: La influencia de España en el Caribe, la Florida y la Luisiana (Madrid 1983), 309–329.
HEROLD, Joyce: »Chumash Baskets from the Malaspina Collection«. American Indian Art Magazine 3 (1), 68–75, 1977.
HILTON, Sylvia-Lyn: »El impacto español en la Florida, siglos XVI y XVII«. In: La influencia de España en el Caribe, la Florida y la Luisiana (Madrid 1983), 245–270.
JOPPIEN, Rüdiger, and Bernard SMITH: The Art of Captain Cook's Voyages, Volume Three. New Haven–London 1987.
MOZINO, José Mariano: Noticias de Nutka. Zitiert nach Ausgabe: Iris Higbie Wilson, trsl. and ed., Seattle–London 1970.
PORTOLA, Gaspar de: Crónica del descubrimiento de la Alta California 1769. Angela Cano Sanchez, Neus Escan dell Tur, Elena Mampel Gonzalez (eds.). Barcelona 1984.
SAHLINS, Marshall: Stone Age Economics. Chicago 1972.
SIMMONS, Marc: »History of Pueblo-Spanish Relations to 1821«. Handbook of North American Indians 9: 178–193. Washington 1979.
SOTOS SERRANO, Carmen: Los Pintores de la Expedicion de Alejandro Malaspina. 2 Bde. Madrid 1982.
SPICER, Edward H.: Cycles of Conquest. The Impact of Spain, Mexico, and the United States on the Indians of the Southwest, 1533–1960. Tucson 1962.
WIELAND, Christoph Martin: »Über die von J. J. Rousseau vorgeschlagenen Versuche den wahren Stand der Natur des Menschen zu entdecken«. 1770. In: C. M. Wielands sämmtliche Werke (Wien 1811) 14: 141–185.
WIELAND, Christoph Martin: »Freymüthige Gespräche über einige neueste Weltbegebenheiten«. 1782. In: C. M. Wielands sämmtliche Werke (Wien 1811) 15: 201–265.

DIE ENTSTEHUNG DER ARCHÄOLOGIE IN AMERIKA: DIE AUSGRABUNGEN VON PALENQUE

Paz Cabello Carro
Museo de América, Madrid

Von Anfang an waren die gebildeten Konquistadoren an der Geschichte der alten amerikanischen Völker interessiert. Ihrem Wissensdrang war jedoch bald eine Grenze gesetzt, da sie für die Erforschung der Geschichte keine andere Methode kannten als die schriftliche Überlieferung, die sehr kurze Zeitabschnitte umfaßte.

Im 18. Jahrhundert wurde in Europa eine neue Form der Rekonstruktion der Geschichte eingeführt: die Archäologie, mit deren Hilfe die schriftlichen Dokumente durch die materiellen Überreste der Kultur vervollständigt oder ergänzt wurden. In Amerika entstand die Archäologie aus dem Interesse, das die monumentalen Spuren der Welt der Maya hervorriefen. Seit der Eroberung hatten sie Neugier erweckt, die um so größer wurde, als die Entdecker auf prachtvolle verlassene Städte inmitten eines Landes stießen, dessen kulturelles Niveau schon vor der Ankunft der Spanier spürbar zurückgegangen zu sein schien. Schon Hernán Cortés und seine Truppen waren über die Reste einer mitten im Urwald gelegenen Mayastadt in Erstaunen und Bewunderung ausgebrochen, und bereits 1576 hatte der Oberrichter des Königlichen Gerichtshofes von Guatemala, Diego García Palacio, König Philipp II. eine detaillierte Beschreibung der Ruinen von Copán geschickt.

Die spanischen Könige aus dem Hause Habsburg, die im 16. und 17. Jahrhundert herrschten, besaßen alte amerikanische Stücke, die bei einem Brand vernichtet wurden. Zu Beginn des 18. Jahrhunderts gelangten die Bourbonen an die Macht, und deren zweiter Monarch, Ferdinand VI., verfügte, ausgefallene Objekte jeglicher Art aus allen Bereichen der Natur zu sammeln. Sein Nachfolger, sein Bruder Karl III., erneuerte diesen Erlaß. Bevor er die Krone Spaniens erbte, hatte er in Neapel geherrscht, wo er die ersten Ausgrabungen von Pompeji förderte. Gleichzeitig hatte er eine bemerkenswerte Sammlung klassischer archäologischer Funde zusammengetragen, die er nach Madrid mitbrachte. Ferdinand VI. und vor allem Karl III. unterstützten die kulturelle Aktivität der spanischen Gelehrten in den verschiedenen Teilen des Königreichs. Die ersten amerikanischen archäologischen Sammlungen wurden zusammengetragen, hatten aber keine große Wirkung, da sie nicht bekanntgemacht wurden. Anders war dies im ehemaligen Generalkapitanat Guatemala, wo der Wissensdurst jener Zeit zur Aufdeckung der versunkenen Stadt Palenque[1] führte. Dadurch sowie aufgrund der königlichen Erlässe und vor allem der Umsicht des Präsidenten von Guatemala, José

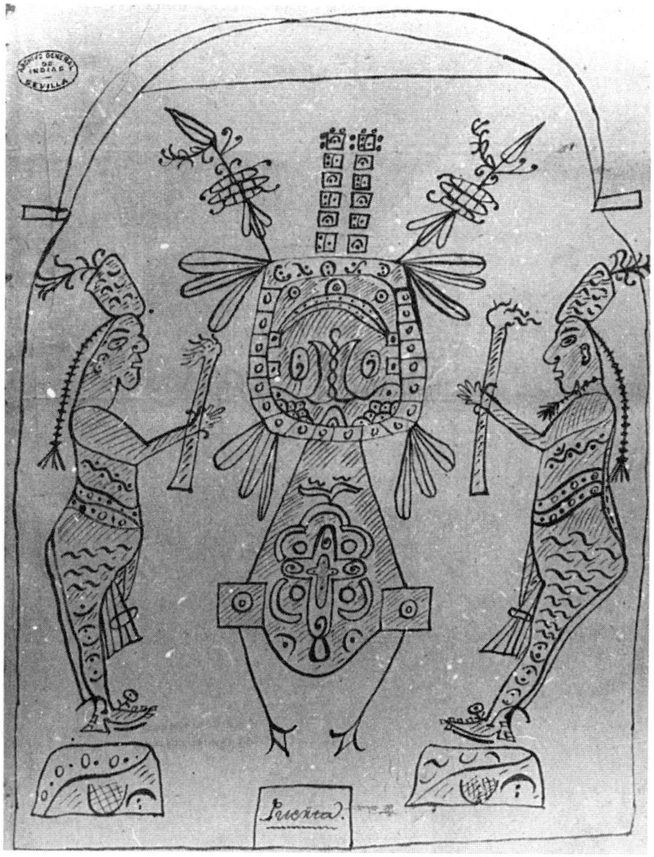

Abb. 1: Zeichnung von Calderón. Archivo General de Indias, Sevilla. M. y P. Guatemala 256bis.

Estacheria, wurden die ersten dokumentierten Ausgrabungen in Amerika und deren Veröffentlichung ermöglicht.

Entdeckung und erste Berichte

Eine bis in alle Einzelheiten bekannte Geschichte[2] sei hier kurz zusammengefaßt. Mitte des 18. Jahrhunderts übernahm der aus Ciudad Real de Chiapa stammende Lizentiat Antonio de Solís die Pfarrei von Tumbalá, zu der auch Palenque gehörte. Dort ließ er sich zusammen mit einem Bruder, drei Schwestern und drei Neffen nieder, die alle verheiratet waren. Die Familie entdeckte Ruinen, die die Einheimischen »casas de piedra« (Steinhäuser) nannten, aber durch den frühen Tod des Priesters wurden weitere Unternehmungen verhindert. José de la Fuente Coronado, offensichtlich ein Großneffe des Priesters Solís, studierte in Chiapa, wo er häufig einen anderen, damals sieben Jahre alten Großneffen Solís' besuchte. Er erzählte dem jungen Ramón Ordóñez y Aguiar in so faszinierender Weise über die Entdeckung, daß dieser sich vornahm, als Erwachsener die Erkundungen fortzusetzen. Da er selbst diese nicht durchführen konnte, gewann er seine Bekannten dafür und schickte ungefähr 1773 Esteban Gutiérrez de la Torre, zweiter Alkalde der Stadt Ciudad Real de Chiapa, und andere Personen dorthin. Sie besichtigten die Gebäude und spürten sogar den Überlieferungen der Indianer nach, um etwas über Urspung, Geschichte und Untergang der Stadt zu erfahren. Den von Ballesteros veröffentlichten Briefen zufolge war es Fernando Gómez de Andrade, Alkalde von Chiapa, der als erster die Ruinen besichtigte und die Ausgrabungen vorantrieb. Ramón Ordóñez, der als Priester in Chiapa lebte, ließ dem Präsidenten und Generalkapitän von Guatemala das Ergebnis der Funde übermitteln, als sich sein Bruder, José Ordóñez, Vikar von Chamula, in Guatemala-Stadt aufhielt. Tatsächlich teilte José Estacheria, Präsident von Guatemala, seinen Vorgesetzten in Spanien mit, daß der Minister José de Gálvez aufgrund der Nachrichten, die ihm José Ordóñez und der Pater Tomás Luis de Roca, Provinzial des Dominikanerordens, überbracht hatten, den Auftrag zur Inspizierung der Ruinen von Palenque erteilt habe.

Ohne das Interesse und die Ausdauer Ramón Ordóñez', seiner Familie und Freunde und ohne die Hilfsbereitschaft, Umsicht und Beharrlichkeit Estacherias wären die zahlreichen Expeditionen nicht durchgeführt und die Berichte und Zeichnungen nicht angefertigt worden, die dann zu den Ausgrabungen durch Antonio del Río im Jahr 1787 führten. Bernasconi befolgte bei der 1785 durchgeführten Besichtigung und bei der Erstellung der Zeichnungen ebenso wie del Río bei seinen Ausgrabungen aufs genaueste die ganz ausführlichen Anweisungen, die Estacheria 1785 verfaßt hatte; hierfür hatte sich dieser eines umfassenden Berichts aus dem Jahr 1780 bedient, den Calderón, zweiter Alkalde von Palenque, hatte ausarbeiten lassen und durch den er ziemlich genaue Kenntnis über den Zustand und die Art der Ruinen hatte (vgl. Abb. 1). In den erwähnten Anweisungen forderte er unter anderem, »alle Statuen« mit ihrer Kleidung, dem Schuhwerk und den Verzierungen zu zeichnen und zu untersuchen und »eingehend die Steintafeln, Inschriften, Sprüche und Wappen zu erkunden, um herauszufinden, ob sie Hieroglyphen enthalten . . . und auch einige der anschaulichsten Objekte von der Stelle zu entfernen, an der sie gefunden werden, um sie dann mit Sorgfalt zu säubern und für den Transport vorzubereiten und sie bei der Übersendung in die Hauptstadt mit Fellen und sonstigem Material zu schützen, damit die Steine nicht zerbrechen und die Zeichen nicht beschädigt werden«. Mit diesen Anweisungen förderte Estacheria die erste Sammlung von Maya-Objekten. Der königliche Architekt Antonio Bernasconi, der als erster die Anweisungen ausführte, beachtete sie offensichtlich nicht ganz genau, da keinerlei Angaben in der Korrespondenz aus jener Zeit darauf hinweisen, daß er irgendwelche Objekte entfernte oder verschickte; bei den Berichten und Zeichnungen befolgte Bernasconi allerdings aufs genaueste die Anweisungen Estacherias. Er unterteilte seine Erläuterungen gemäß den vier von ihm gezeichneten Plänen: eine allgemeine Landkarte über die Gegend von Palenque, zwei Pläne mit verschiedenen Gebäuden – Tempel und Palast – mit den verschiedenen Stockwerken und Quergebäuden mit Gewölben sowie ein Plan mit den Zeichnungen

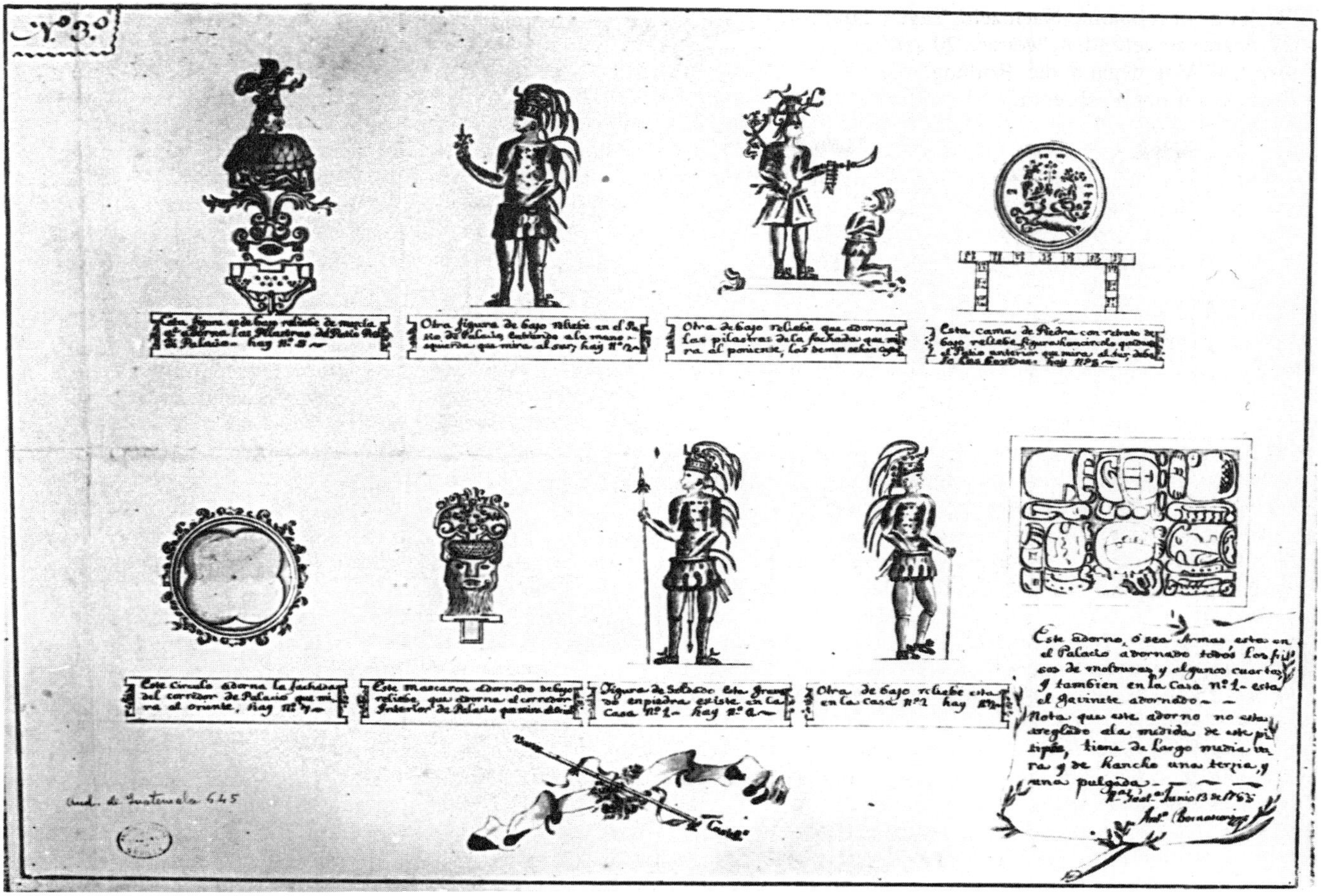

Abb. 2: Zeichnung von Bernasconi. Archivo General de Indias, Sevilla. M. y P. Guatemala 259.

einiger der Stuckfiguren und einer Glyphen-Tafel (Abb. 2). Estacheria schickte diese Dokumentation an den Königshof und erklärte, wie er außerdem nach einem Manuskript in der Sprache der Eingeborenen gesucht habe, das weitere Erklärungen über die Ruinen enthalte, und wie er eines über die Gegend gefunden und übersetzen lassen habe, das aber nichts mit der Angelegenheit zu tun hatte. Der König ersuchte Juan Bautista Muñoz, einen bedeutenden Geschichtsforscher der spanisch-amerikanischen Gebiete, um einen Bericht. Muñoz las die von Estacheria übersandte Dokumentation und schrieb u. a.: »Den Berichten Calderóns und Bernasconis zufolge sind in jenen Ruinen Ziegelsteine und Gefäße festzustellen, Gips, Mörtel oder eine Art Stuck, Fenster, Bögen und Gewölbe. Ich hätte gern Stücke von diesem Material, um mich der Verwendung des Kalkes und des gebrannten Tons zu versichern . . .« Im folgenden gab er einige Anweisungen und bat um »Stücke des Gipses, Mörtels, Stucks, gebrannte oder ungebrannte Ziegel, Gefäße und sonstige Gerätschaften oder Werkzeuge, die aufgefunden werden; man möge dafür Ausgrabungen vornehmen, wo es am günstigsten erscheint«. Erwartungsgemäß wurde in einem königlichen Erlaß vom 15. März 1786 verfügt, Estacheria solle seine Erkundungen fortsetzen, und dieser Erlaß enthielt wörtlich Muñoz' Anweisungen. José Estacheria beauftragte damit den Artilleriehauptmann Antonio del Río, da der Architekt Bernasconi kurz zuvor gestorben war, und ließ ihn durch den Zeichner Ricardo Almendáriz begleiten. Da del Ríos Bericht getreu und peinlich genau den Instruktionen von Estacheria und Muñoz folgt, können wir diese beiden als Leiter der Ausgrabungen und Anleger der ersten Mayasammlung ansehen.

Antonio del Ríos Bericht

Der von Antonio del Río vorgelegte Bericht trägt das Datum vom 24. Juni 1787. Als er »an den Ort der verfallenen Stadt gekommen sei, die hier ›casas de piedra‹ genannt wird«, habe er festgestellt, daß die Vegetation so dicht und dunkel war, daß man einen Menschen in fünf Schritt Entfernung nicht wahrnehmen konnte, und »das Hauptgebäude (verbarg), das von dicht belaubten, ineinander verschlungenen Büschen und Bäumen enormen Ausmaßes umgeben war«. Er mußte zum Dorf zurückkehren, um dort »so viele Indios und Ladinos[3] wie möglich (anzuwerben) und mit ihnen eine richtiggehende

Rodung vornehmen«. Nach zehn Tagen hatten sich nur 69 mit 28 Äxten eingefunden; weitere 20 sammelte er in Palenque. Am 18. Mai begann die Rodung, die 18 Tage später, am 2. Juni, mit der Verbrennung der gefällten Bäume endete.

Danach mußte Antonio del Río entscheiden, wie er die ihm aufgetragene Erkundung durchführen sollte. Die von ihm gewählte Methode der archäologischen Ausgrabungen erscheint uns heute selbstverständlich, war es wohl aber damals nicht, da er sich verpflichtet fühlte, sich zu rechtfertigen. Die Bedeutung der Arbeit del Ríos liegt darin, daß auf die Besichtigung der freigelegten Ruinen die Ausgrabung folgte, die er präzise in seinem Bericht dokumentierte und somit die erste Ausgrabung mit modernen wissenschaftlichen Methoden gemäß dem Kenntnisstand der damaligen Zeit durchführte. Die Ausgrabung, der Bericht und die Zeichnungen sind so wichtig wie die entnommenen und übersandten Stücke, denn zusammen bilden sie eine vollständige Einheit.

»Ich war von Anfang an der Meinung«, erklärt del Río, »daß Ausgrabungen notwendig wären (darauf richte ich vor allem meine Aufmerksamkeit), wenn man sich eine Vorstellung von den ersten Bewohnern und von dem Alter der Gebäude machen will, wenn man Medaillen, Inschriften oder andere Monumente entdecken will, die ein Licht ins Dunkel werfen: und so ging ich ohne Zeit zu verschwenden ans Werk, trotz der wenigen Geräte, die sich auf sieben Eisenstangen und drei Pickel beschränkten, als Hilfe für eine so schwere Arbeit, wie sie diese Ruinen, die alle aus Stein sind, bedeuten.« Die Ausgrabungen begann er mit einer Freilegung, anschließend untersuchte er den Untergrund, »so daß kein Fenster und keine Tür mehr versperrt war, keine Trennwand und keine Nische mehr stehengelassen wurde und es keinen Raum, Korridor, Hof, Turm, Tempel oder unterirdischen Gang gab, wo nicht Ausgrabungen von zwei oder mehr Ellen[4] Tiefe vorgenommen worden wären . . .«

Nach der Darlegung der Arbeitsmethode beginnt Antonio del Río mit der »Beschreibung des Geländes und der Steinhäuser«. Er führt aus, daß man »die Ruinen in einer halben Meile Entfernung von dem Ort, an dem sich die Steinhäuser befinden, zu erkennen beginnt: das sind vierzehn mehr oder weniger verfallene Gebäude, aber viele der Räume sind noch gut erhalten. Ein rechteckiges Areal von 300 Ellen Breite und 450 Ellen Länge umfaßt das ebene Gelände, das am Fuße der höchsten Spitze dieses Bergzuges liegt, und es bildet einen Platz und in der Mitte steht das größte aller erforschten Häuser: es steht auf einer Erhebung oder einem Hügel von 20 Ellen Höhe, und darum herum stehen die übrigen in folgender Weise: fünf nach Norden zu, vier nach Süden, eins nach Südwesten und drei nach Osten, und überall erkennt man Überreste anderer verfallener Häuser und Bauwerke, und diese erstrecken sich entlang des von Osten nach Westen verlaufenden Berges, bis zu einer Entfernung von drei oder vier Meilen nach beiden Seiten; so daß man also sagen kann, daß sich dieses verfallene Dorf über eine Gesamtlänge von sieben oder acht Meilen erstreckt, dem hingegen nicht die Breite entspricht, die bis zum Ende der Ruinen, d. h. bis zum Bach Michol, der am Fuße des Berges entlangfließt, etwas mehr als eine halbe Meile beträgt.« Das »größte aller untersuchten Häuser« ist die große Pyramide, die heute als »Tempel der Inschriften« bekannt ist.

Er verweist auf ein »unterirdisches, aus Steinen gebautes Aquädukt von großer Solidität, das gut erhalten ist und unter dem großen Haus hindurch führt«, und er stellt eine Analogie zu »den Römern (her), nicht weil ich überzeugt bin, daß sie hierher gelangt sind«, sondern weil »jemand aus einem anderen gebildeten Volk« dies den Eingeborenen gezeigt habe. Er sieht es als selbstverständlich an, daß die Bewohner dieses Ortes allein nicht einen so hohen Zivilisationsgrad erreichen konnten. Doch hebt er hervor, daß die ehemaligen Bewohner von Palenque in der Lage waren, große Dörfer mit Häusern zu bauen, »die aus riesigen Steinen errichtet wurden, ohne Eisen oder andere Metalle zu verwenden, die unbekannt waren«. Sie kannten den Verkehr auf den Wasserwegen und nützten die zahlreichen Flüsse vorteilhaft für den Handel aus: »So hatten sie über den schiffbaren Tulixá Zugang zu der Provinz Tabasco, so wie sie über das Ufer des Catasajá und den Chacamás, der in den wasserreichen Utsumacinta mündet, einen bequemen und kurzen Transportweg zum Königreich Yucatán hatten, mit dem sie zweifellos hauptsächlich Handel trieben, wie die Spuren und Monumente bezeugen, die eindeutig beweisen, daß diese beiden Völker mit geringem Unterschied die gleichen Gebräuche, die gleiche Religion und die gleichen Kenntnisse hatten . . . Das wird außerdem durch die Gleichförmigkeit und Ähnlichkeit ihrer Gebäude bewiesen«, wie ihm ein Franziskaner berichtete, der ihm auch eine vollständige Beschreibung der Ruinen von Uxmal beschaffte. Del Río bringt diese mit anderen nahe gelegenen Ruinen in Verbindung: »Im Dorf Mani, das derzeit von den Franziskanern verwaltet wird, sieht man mitten auf einem Platz eine konische Figur, und südlich davon befindet sich ein sehr alter Palast, der dem in Palenque erhaltenen sehr ähnlich ist. Der Überlieferung gemäß wurde er bei der Ankunft der spanischen Eroberer von einem indianischen Stammeshäuptling namens *Htutulxiu* bewohnt, der ihn später den Ordensbrüdern zur Unterkunft überließ, bis ihr neuer Konvent errichtet war, und später wurde er einige Jahre lang als Hospital verwendet. Die Gründung dieses Palastes liegt weit vor der Zeit dieses Stammeshäuptlings, und als ihn die ersten Mönche über das Bauwerk befragten, antwortete er, daß ihm der Ursprung unbekannt sei und daß er nur wisse, daß seine Vorfahren dort gewohnt hätten. Man muß also auf ein hohes Alter der Gebäude in Palenque schließen, die jahrhundertelang vom Dickicht überwuchert dort in den Bergen begraben lagen, und den Erforschern der Neuen Welt, die sie in keinerlei Weise erwähnten, waren sie unbekannt. Und auch wenn aus der zitierten Chronik hervorgeht, daß andere Gebäude existierten . . ., halte ich deren Beschreibung nicht für nötig, da in meinem Bericht eindeutig nachgewiesen wird, daß sich die ehemaligen Bewohner von Yucatán und Palenque glichen, da es eine Übereinstimmung in ihren Gebräuchen, Gebäuden und Kenntnissen der Künste gab, worüber die den Jahrhunderte trotzenden Monumente Zeugnis ablegen.« Del Río gab sich also nicht mit der Beschreibung der geographischen Lage der alten Stadt und der Darstellung von Landwirtschaft und Handel als hauptsächlichen Subsistenzmitteln zufrieden, er stellte auch eine Verbindung zu den übrigen Mayastädten Yucatáns her. Die Datierung ihrer Entstehung in tiefere Vergangenheit ist historisch richtig, da Palenque der Klassischen Periode vor der Eroberung durch die Tolteken im 10. Jahrhundert zuzurechnen ist.

Die Erkundungen im Palast

Nach diesen Abschweifungen geht er zur Beschreibung des Inneren des »großen Hauses« über, »dessen der Frühgotik sehr ähnliche Architektur mit seiner massiven und groben Bauweise ein großes Alter aufweist«; es handelt sich um den Palast. Man betritt »den östlichen Teil durch einen Säulengang oder Korridor, der 36 Ellen lang und 3 Ellen breit ist, mit flachen rechteckigen Säulen ohne Sockel oder Fuß, auf denen weitere quadratische glatte Steine von mehr als einem Fuß Höhe liegen, die einen Architrav bilden, auf dessen Oberfläche wappenähnliche Stuckfiguren aufliegen; einige dieser Figuren werden mit der Ziffer 1, 2 und 3 versehen übersandt; auf dem erwähnten Stein befindet sich ein weiterer glatter rechteckiger Stein, der fünf Fuß lang und sechs breit ist, der mehr als zwei Säulen verbindet; es ähnelt einem Gesims und dient dazu, die darauf erhaben herausgearbeiteten Figuren vor dem Regen zu schützen«. Diese mit den Ziffern 1, 2 und 3 gekennzeichneten »Schilde, deren Originale übersandt werden«, sind die Stuckreliefs, die gegenwärtig im Museo de América die Nummern 2604, 2605 und 2602 tragen.

Die Flachreliefs dieser Säulen der östlichen Arkaden befanden sich in sehr schlechtem Zustand; »trotzdem konnte das in Figur 1 abgebildete (Relief) kopiert werden, das offensichtlich einen der vornehmsten Krieger darstellt, die hier lebten: der Stab oder die verzierte Lanze, die er in der linken Hand hält, deutet auf die Legion oder das alte Korps hin, in dem er diente; das Bild in Form einer Fahne, das er mit der rechten hält, die beiden Männer, die am Boden sitzen, ein jeder auf einer Seite, die zwei Köpfe, die seine Körpermitte verzieren, wie der, der am Ende der sie schmückenden Federbüsche abgebildet ist, stellen vielleicht die Auszeichnungen für ihre Kriegstaten im Dienste des Vaterlandes dar«.

Antonio del Río beweist eine methodologische Strenge, indem er seine Interpretation als hypothetisch erkennt: »Ich weiß, daß sich meine Überlegungen auf bloße Vermutungen stützen, ein schwaches Fundament, um Behauptungen zu untermauern; aber man muß darauf zurückgreifen, da die Geschichte bisher das Alter und den Sinn der Bilder nicht erforscht hat.«

Nach Besichtigung der äußeren Teile »nahm ich mir das Innere dieser Galerie mit dem anschließenden Raum vor, der auf einen Innenhof blickt und in der sich ebenfalls ein Korridor befindet, und es ist alles genauso wie in der vorigen, wenn auch die Flachreliefs fehlen und nur Anzeichen davon erhalten sind«. Er legte einige Fenster frei, die über dem Gesims lagen und mit dem gleichen »steinharten« Mörtel der Wände gefüllt

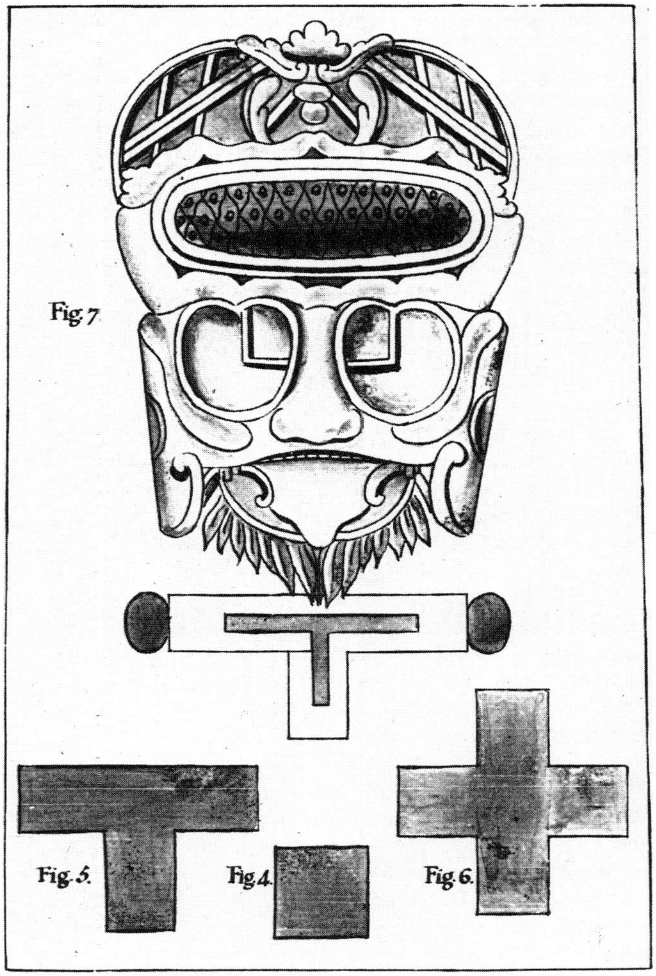

Abb. 3: Details aus dem Palast von Palenque. Zeichnung von Almendáriz während der Ausgrabungen durch Antonio del Río. Kopie in der Biblioteca del Palacio Real, Madrid.

waren. Unter diesen waren einige Stuck-»Medaillons« mit Köpfen und anderen Verzierungen, die er zeichnen ließ; er nahm an, daß es »die Büsten der verschiedenen Könige oder Herren waren, denen dieses Volk gehorchte«. Unter diesen gab es andere kreuzförmige Fensternischen (Abb. 3, Fig. 4–6). Er stieß zu einem »quadratischen Innenhof vor, zu dem man über eine Treppe mit sieben Stufen hinabstieg«. Die verfallene Nordseite glich seiner Meinung nach der schon beschriebenen Ostseite. An der sich eine »höchst geschmacklose und lächerliche« Darstellung befand eine »große für den Karneval geeignete Maske, mit einer Krone und einer Art Ziegenbart, unter der sich zwei griechische, aufeinanderliegende Kreuze befinden« (Abb. 3, Fig. 7). Anschließend vergleicht del Río diesen Kopf mit einer römischen Darstellung des gekrönten und bärtigen Jupiter.

Durch die westliche Galerie gelangte er zu einem weiteren Innenhof, der von ähnlichen Galerien umgeben war. Im äuße-

Abb. 4: Relief vom Westtrakt des Palasts von Palenque. Zeichnung von Almendáriz. Biblioteca del Palacio Real, Madrid.

Abb. 5: Relief vom Westtrakt des Palasts von Palenque. Zeichnung von Almendáriz. Biblioteca del Palacio Real, Madrid.

ren Teil des Westtraktes standen einige Säulen mit Reliefs, von denen er einige zeichnen ließ (Abb. 4–6). Sie stellten die »Opferung Ungläubiger (dar), die in einer grausamen und blutrünstigen Religion als Opfergabe dienten. (. . .) Damit man sich einen Begriff von dem hierfür verwendeten Stuck und den Reliefs und gleichzeitig von dem Perfektionsgrad machen kann, den diese alten Bewohner bei ihren Skulpturen erzielten, übersende ich das Original des Kopfes der geopferten Person, das in Figur 8 gezeigt wird, zusammen mit dem Fuß und dem Bein der Person, die die Opferung vollzieht, die in Nr. 55 dargestellt wird, und beide Originale sind mit den Ziffern 4 und 5 zur gebührenden Unterscheidung markiert.« (Vgl. Abb. 7) Es handelt sich um den Kopf Nummer 2611 und den Fuß Nummer 2613.

Weiter beschreibt del Río zwei Kulträume des Palastes, die auf den engen Innenhof im Südosten oder Hauptinnenhof hinausgehen. »An diese Kulträume schließen sich in Nord-Süd-Richtung zwei Säle an, die jeweils 27 Ellen lang und etwas mehr als 3 Ellen breit sind, die nichts sonderlich Auffallendes aufweisen außer einem fast elliptischen, in die Wand eingelassenen Stein, der fünf Spannen hoch und etwa eine Elle breit ist.«

»In Figur 15 ist offensichtlich einer ihrer Götter dargestellt, der – wie man sieht – im Damensitz auf einem Tier sitzt: vielleicht handelt es sich um den Gott des Wassers, so wie in der Antike Pegasus auf die gleiche Art dargestellt wurde.« (Abb. 8) Es handelt sich dabei um ein Relief aus dem Thronsaal, das als Lehne oder horizontaler Rahmen für den steinernen Sitz diente; »dieser befindet sich unter dem erwähnten Stein, der auch rechteckig und glatt ist, er ist mehr als zwei Ellen lang und vier Zoll breit und sieben dick, und wie bei einem Tisch ist er auf vier Beine gelegt, und eine Relieffigur befindet sich darauf, die eine Haltung einnimmt, als ob sie ihn unterstütze.«

Abb. 6: Relief vom Westtrakt des Palasts von Palenque. Zeichnung von Almendáriz. Biblioteca del Palacio Real, Madrid.

Abb. 7: Relief, aus dem Antonio del Río bei seinen Ausgrabungen in Palenque den Kopf des Opfers und den Fuß des Priesters entfernte.

»Figur 16 stellt eines dieser Beine dar und Nr. 6 zeigt das Original, das ich einerseits zum Verständnis des Flachreliefs übersende und auch als Beispiel dafür, welch hohe Qualität die alten Bewohner dieses Landes bei dieser Art Skulptur erzielten, die so gleichförmig bei allen gefundenen Steinen wiederkehrt, ohne Abwechslung und Unterschied in der Qualität und im Stil.« (Abb. 9) Es handelt sich um das Stück Nummer 2608, das traditionell als »Stele von Madrid« bekannt ist, das aber Antonio del Ríos Erklärungen zufolge eines der Beine des Thrones ist.

Nach Ansicht dieses Autors wird das auch durch die Haltung der Gestalt gerechtfertigt, die den Thron mit der gleichen Hand, in der sie eine Blume hält, zu unterstützen scheint. Die Haltung weist auch die in die Rückenlehne des Throns gemeißelte Figur auf: sie sitzt in ungezwungener Haltung auf einem gleichartigen Steinthron wie der Herrscher von Palenque; die Figur nimmt nicht die Haltung eines Priesters an, da sie einen Gegenstand in der Hand mit lässiger Eleganz herunterhängen läßt.

»Figur 17 zeigt«, wie del Río abschließt, »eine Art Schriftzeichen, die die Tischkante verzieren und die ohne Zweifel eine bestimmte Bedeutung in ihrer Sprache hatten. Diese Zeichen findet man häufig auf allen Steinen und Stuckteilen, wenn auch ihr Sinn und ihre Bedeutung nicht bekannt sind.« Auch bei der »Stele von Madrid« ist auf der linken Seite eine Reihe Schriftzeichen zu sehen; diese Zeichen erscheinen auch unter der Figur, da diese einen Thron gleich dem stützt, auf dem sie sitzt.

»Am Ende dieses Saales befindet sich im Boden eine Türöffnung in Form einer Falltür von zwei Ellen Länge und mehr als einer Elle Breite, durch die man zu einem unterirdischen Raum über mehrere Stufen hinabsteigt, die ab und zu einen kleinen Absatz bilden, wo sich ebenfalls eine Tür befindet. . . . Einmal, als ich in diesen unterirdischen Raum hinab-

Abb. 8: Thronsessel im Palast von Palenque, rechts unten die »Stele von Madrid«. Zeichnung von Almendáriz. Biblioteca del Palacio Real, Madrid.

Abb. 9: »Stele von Madrid«. Zeichnung von Almendáriz. Biblioteca del Palacio Real, Madrid.

ging, ließ ich meinen Blick auf dem Stein Nummer 7 verweilen, den ich aus der linken Seite der ersten Stufe herausriß und den ich ebenfalls mitschicke, damit die verschiedenen, auf den Flachreliefs erkennbaren Chiffren betrachtet werden können dessen Kopie in Figur 20 zu sehen ist. Dieses wie das vorhergehende Stück (›Stele‹ bzw. Thronbein) habe ich zwecks leichterem Transport in halber Stärke abnehmen lassen.« Die Beschreibung bezieht sich offensichtlich auf Nummer 2598 (vgl. Abb. 10).

Die Ausgrabungen in den Tempeln

Da in den unterirdischen Gängen und Räumen im südlichen Teil »bei den Ausgrabungen nur Steine und Erde zum Vorschein kamen, beschloß ich, bei einem der Häuser weiterzumachen, die im Süden auf einer Erhebung von vierzig Ellen Höhe stehen. Das rechteckige Gebäude ist in der gleichen Bauweise errichtet wie das vorige mit rechtwinkligen Säulen, einem Arkadengang und einem Saal von zwanzig Ellen Länge und dreieinhalb Ellen Breite. Die Vorderseite ist mit Frauengestalten aus Stuck in Lebensgröße verziert. Diese tragen auf ihren Armen Kinder ohne Kopf, wie aus den Figuren 21 und 22 hervorgeht (Abb. 11, 12); außerdem dienen an den Ecken dieses Gebäudes eigenartige Chiffren als Verzierung, deren Originale ich mit den Nr. 8, 9 und 10 versehen beifüge; ihr Sinn ist uns wegen mangelnder Überlieferung und Schriften verborgen geblieben, mit deren Hilfe die wirkliche Bedeutung und die Verwendung aufgedeckt werden könnte, die die Bewohner von ähnlichen Zeichen machten, um ihre Gedanken auszudrücken.« Bei dem Gebäude handelt es sich um den »Tempel der Inschriften«, den del Río ausführlich beschreibt.

Seine Fundamente in Form einer Stufenpyramide waren von der Vegetation überwuchert, was ihm das Aussehen eines Hügels verlieh. Die entfernten Glyphen sind die jetzigen Stücke Nummer 2601, 2602 b und 2609.

Danach stieg er zu dem »kleinen Tal (hinab), das von dem Platz gebildet wird, von wo aus man auf ein weiteres, in gleicher Richtung gelegenes Haus zugeht«, bei dem es sich wohl um den kleinen, dem Sonnentempel ähnlichen Tempel handelte. »Wenn man von diesem Gebäude nach Osten zu geht, kommt man zu drei kleinen Hügeln, die ein Dreieck bilden und auf denen sich je ein rechteckiges Gebäude von achtzehn Ellen Länge und elf Ellen Breite befindet; diese Gebäude sind in der gleichen Bauweise wie die vorigen erbaut, mit dem Unterschied, daß auf dem Dachfirst bestimmte Spitzen von ungefähr drei Ellen Höhe festzustellen sind, die die Form kleiner Türme haben und wie Tafeln sind, voll verschiedener Arbeiten und Stuckverzierungen.« Es handelt sich hierbei um Sonnen-, Blattkreuz- und Kreuztempel. Del Río beschreibt das Innere des ersteren und fertigt von den Reliefs eine Zeichnung an, die er beifügt (Abb. 13). »Die äußere Verzierung beschränkt sich auf eine Art Gesims, das mit kleinen Stuckziegeln verkleidet ist, mit Reliefs, die in Nr. 11 und 12 dargestellt sind. Den Boden im Inneren bedeckte eine völlig glatte Steinplatte von acht Zoll Stärke, die aufgebrochen werden mußte, um gewisse Ausgrabungen machen zu können.« Hier wird auf die Fragmente 2599 und 2600 verwiesen.

»Dort wurde in einer halben Elle Tiefe eine kleine, glatte, runde Steinplatte mit einem Durchmesser von mehr als einem Fuß gefunden, die mit Kalkmörtel auf einer darunterliegenden der gleichen Art und Größe befestigt war. Nachdem ich beide entfernt hatte, stieß ich auf weiteren Mörtel, und nachdem ich eine Viertelelle weitergegraben hatte, stieß ich auf einen weiteren, ebenfalls runden Stein, der einen geringeren Durchmesser als die beiden ersten hatte; nachdem letzterer von seiner Stelle entfernt worden war, fanden wir eine zylinderförmige Aushöhlung von einem Fuß Breite und mehr als einer Drittelelle Tiefe vor.«

»Darin wurden die steinerne Lanze und die zwei kleinen konischen Pyramiden in Herzform aus dunklem kristallisiertem Stein gefunden, der hier *chaya* genannt wird und in dieser Gegend allgemein verbreitet ist. Auch wurden die beiden Gefäße, eine Art Tontopf mit Deckel, entnommen, die die Steinchen und die Zinnoberkugel enthielten, die ich mit obigen Stücken zusammen mit den Ziffern 13, 14, 15 und 16 versehen übersende.«

»Dieser unterirdische Aufbewahrungsort befand sich in der Mitte des Kultraumes, und in den beiden Ecken zu beiden Seiten des Eingangs befanden sich zwei weitere Aushöhlungen, die der ersten glichen, und darin wurden die kleinen Gefäße gefunden, die die Ziffern 17 und 18 tragen.« Bisher war nicht bekannt, daß die im Sonnentempel gefundenen Opfergaben aufbewahrt wurden, wie auch nicht die übrigen Opfergaben, wie aus folgendem zu ersehen ist. Im Museo de América werden eine Reihe einfacher orangefarbener Gefäße unbekannten Ursprungs aufbewahrt, die sehr wohl von den

Abb. 10: Zeichnung der Glyphen, die Antonio del Río aus dem Keller des Palasts von Palenque entfernte.

Maya stammen könnten, wie auch andere Stücke, unter denen sich möglicherweise die hier erwähnten befinden; da del Río bei seinen Ausgrabungen noch ähnliche Opfergaben fand, werde ich nach der vollständigen Aufzählung aller Stücke ausführlich auf sie eingehen.

Nach Beschreibung des Sonnentempels und darin vorgenommenen Ausgrabungen geht del Río auf den Blattkreuztempel ein: »In diesem zweiten Tempel finden wir am Eingang, wie bei den anderen, die zwei Männergestalten, die in Nummer 27 und 28 abgebildet sind (Abb. 14, 15), und gegenüber befinden sich drei weitere Steintafeln, die in Figur 29 dargestellt sind (Abb. 16).«

»Bei der in diesem Gebäude vorgenommenen Ausgrabung entdeckten wir wie in den vorigen eine steinerne Lanze, zwei konische Pyramiden, die herzförmige Figur und die zwei Tontöpfchen, die mit den Nummern 19, 20, 21 und 22 versehen wurden.«

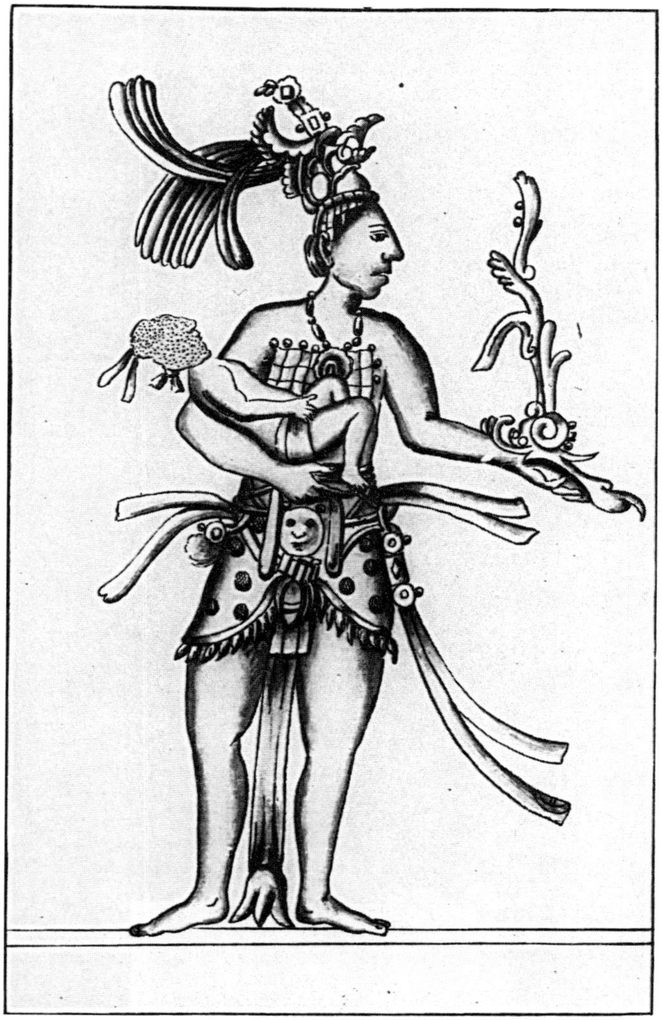

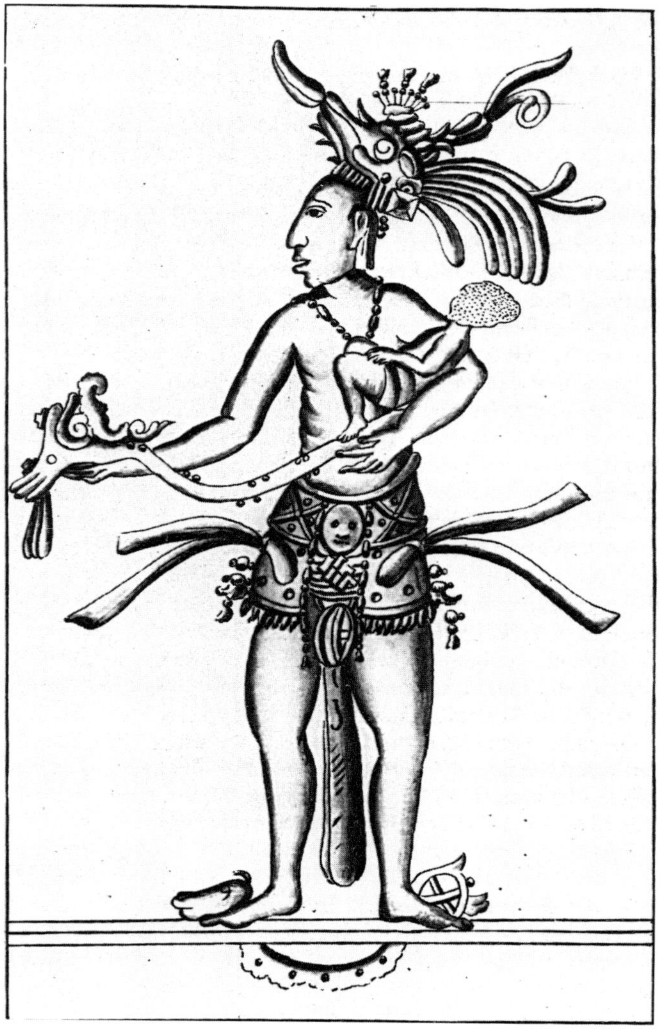

Abb. 11 und Abb. 12: Reliefs vom Tempel der Inschriften, Palenque. Zeichnungen von Almendáriz. Biblioteca del Palacio Real, Madrid.

Er ließ das Relief des Kreuztempels zeichnen, fährt aber dann in seinem Bericht über die Ausgrabungen mit der Beschreibung des nach Südwesten gelegenen Tempels fort, der dem Palast gegenüber steht.

»Er ist in der gleichen Weise erbaut wie die anderen: er hat einen Eßraum und einen Saal ohne Reliefs; und bei der hier vorgenommenen Ausgrabung wurden in einem Tongefäß (das zerbrach) die *chaya*-Stückchen gefunden (die Lanzetten oder schmalen Messerklingen ähnlich sind, die zu jener Zeit bei diesen barbarischen Leuten wahrscheinlich zum gleichen Zweck verwendet wurden wie bei uns heute).«

»Sowohl diese Stücke als auch die Scherben des Gefäßes, in dem sie sich befanden, werden zur Begutachtung übersandt, versehen mit den Nummern 23 und 24.«

»Nummer 25 ist der Tontopf, der bei dieser Ausgrabung ebenfalls gefunden wurde, in dem sich die kleinen Knochen und Zähne befanden.«

»Die Stücke 26 bis einschließlich 32 zeigen uns die Qualität des Gipses, Mörtels und der gebrannten Ziegel, die dieses Volk verwendete; und es wird deutlich, wie wenig sie letztere verwendeten, denn in den Ruinen wurden nur diejenigen gefunden, die ich zur genauen Kenntnis und in Erfüllung des letzten königlichen Erlasses übersende, der für die Erkundung in diesem verfallenen Dorf befolgt wurde, ohne daß sich jedoch ein bemerkenswerter Vorfall ereignet hätte, und sowohl die Erkundung als auch die Aufzeichnungen wurden mit der größten Sorgfalt durchgeführt, womit ich diesen Bericht beenden möchte.«

Es folgt ein letzter Abschnitt, in dem er für die Übertragung dieser Arbeit dankt, in die er seine ganzen Bemühungen gesetzt hat, damit sie der Billigung durch den König würdig sei. Abschließend erscheinen in dem Bericht das Datum: »Palenque, 24. Juni 1787«, und die Unterschrift: »Antonio del Río«.

Identifizierung der Opfergaben

Ich habe bereits auf das durch die Opfergaben aufgeworfene Problem hingewiesen, die weder im Verzeichnis des Museums noch in späteren Veröffentlichungen aufgeführt wurden. Die Rekonstruktion ist schwierig und bewegt sich im Bereich von Mutmaßungen. Ich werde mit den insgesamt sieben Tongefäßen beginnen, dem ebenfalls übersandten, zerbrochenen Gefäß und den zwei Deckeln. Es sei daran erinnert, daß die Deckel der amerikanischen Gefäße nicht den europäischen gleichen, bei denen es sich um eine mehr oder weniger konische Platte mit einem Griff handelt, sondern um ein weiteres Gefäß, das auf das zu bedeckende paßt. Demzufolge handelt es sich um acht Gefäße und zwei Deckel, insgesamt also zehn Gefäße. Ich hatte schon von einer Serie von Tongefäßen gesprochen, die sehr wohl von den Maya stammen könnten; es handelt sich um insgesamt zwölf einfache orangefarbene Gefäße. Nach einer Überprüfung schied ich zwei aus, die möglicherweise nicht dazu gehörten, und die eine aufgemalte, reichlich verschwommene Verzierung aufwiesen, d. h. Keramiken mit der »Technik der vielfachen Pinselstriche« aus Usulatán. Es blieben also zehn Gefäße, darunter vier kleinere. Von diesen vier sind zwei tiefe Gefäße und deswegen als Deckel wenig geeignet; die zwei übrigen sind kleine Gefäße, die sich zu diesem Zweck eignen und die perfekt in verschiedene Tongefäße passen, vor allem in zwei von ihnen.

Die zehn Tongefäße, die ich hypothetisch vorstelle und die den von Antonio del Río ausgegrabenen entsprechen, sind die mit den Nummern 16538, 16539, 16540, 16541, 16542, 16543, 16544, 16545, 16546 und 16547 versehenen Stücke.

Ich habe nach den Steinlanzen und Herzen aus dunkel kristallisiertem Stein oder *chaya*, d. h. Obsidian, gesucht. Dem Bericht zufolge gab es insgesamt zwei Lanzen und zwei Herzen, die »in diesem Reich allgemein verbreitet« waren. Ich habe zwei Klingen einer Lanze aus gelblichem Stein gefunden, mit rötlichen Rändern und breiten halbkreisförmig ausgeschnittenen Kerben, die ihnen einen wellenartigen Umriß verleihen; es handelt sich um typische Maya-Arbeiten, und die alten Nummern weisen daraufhin, daß sie sich vor 1860 im Museum befanden – ich möchte noch einmal darauf hinweisen, daß im 19. Jahrhundert, bis 1860, wegen der von Spanien geführten Kriege und dem allmählichen Rückzug aus den amerikanischen Kolonien kaum amerikanische Stücke eingegangen sind. Natürlich wurden in früherer Zeit mehr Steinlanzen eingeliefert, aber selten wird die Herkunft spezifiziert, und das Aussehen dieser beiden spricht deutlich für einen Maya-Ursprung. Außerdem verweist das Beiwort »pedernal«, das del Río verwendet, nicht abstrakt auf Stein, sondern auf eine Gesteinsart, eine Art Quarz, der durch seine graue oder gelbliche Farbe, die durchscheinenden Ränder und die Muschelform des Bruchs gekennzeichnet ist; die gelbliche Farbe des Stückes und die auffallend konkave Form weisen auf »pedernal« hin; nur bei der roten Farbe an einem Teil der Ränder scheint Bemalung vorzuliegen. Bei diesen Stücken handelt es sich um die Nummern 9255 und 9256. Was die Herzen aus Obsidian betrifft, habe ich Gegenstände aus die-

Abb. 13: Relief aus dem Sonnentempel, Palenque. Zeichnung von Almendáriz. Biblioteca del Palacio Real, Madrid.

Abb. 14: Relief am Eingang des Kreuztempels, Palenque. Zeichnung von Almendáriz. Biblioteca del Palacio Real, Madrid.

Abb. 15: Relief vom Eingang des Kreuztempels, Palenque. Zeichnung von Almendáriz. Biblioteca del Palacio Real, Madrid.

Abb. 16: Relief im Kreuztempel, Palenque. Zeichnung von Almendáriz. Biblioteca del Palacio Real, Madrid.

sem Material in ähnlicher Form gesucht; nach einer eingehenden Überprüfung der im Museum befindlichen Stücke habe ich nur zwei relativ große Pfeilspitzen aus Obsidian mit Stiel und zwei so großen Seitenteilen gefunden, daß sie das Aussehen eines Herzens haben. Ich bin mir bewußt, daß die zwei Obsidianherzen möglicherweise verlorengegangen oder zerbrochen sind; aber die vorliegenden sind die beiden einzigen, die im Museum existieren, über die es keinerlei Vermerke hinsichtlich ihrer Herkunft gibt. Es handelt sich um die Stücke 9851 und 9221. Im Museum gibt es viele kleine Obsidianklingen, die der Beschreibung des Hauptmanns del Río entsprechen, aber es liegen keine ausreichenden Elemente vor, um sie den hier behandelten Ausgrabungen zuordnen zu können.

Von den übrigen sieben Stücken, die die »Eigenschaft Gips, Mörtel und gebrannte Ziegel« aufweisen, habe ich nur drei gefunden, und diese sind hinreichend dokumentiert. Es sind zwei lange Tonziegel mit den Nummern 9989 und 9990, und ein Krumm- oder Hohlziegel für die Wasserführung mit der Nummer 9893.

Die wahrscheinlich von Bernasconi gesandten Gegenstände

Nach der Identifizierung der Stücke stellten wir zu unserer Überraschung fest, daß den alten Inventarverzeichnissen zufolge die Sammlung von Palenque aus »21 Fragmenten« besteht, unter denen sich die mit der Tafel 2598 fast identische Glyphen-Tafel 2597 befindet, auf die wir schon hingewiesen haben, sowie ein Menschenkopf aus Stuck (Nummer 2612), und eine prächtige Tonmaske (Nummer 2610). Antonio del Río erwähnt sie jedoch nicht in seinem Bericht; Juan Bautista Muñoz verglich persönlich den Bericht über die Ausgrabungen mit den eingetroffenen Stücken und bezeugte, daß es nicht mehr und nicht weniger Stücke waren als die von del Río erwähnten. Auf der Suche nach einer Erklärung entdeckte ich auf einem der vier von Bernasconi übersandten Pläne die steinerne, deutlich gezeichnete Glyphen-Tafel, die folglich leicht mit der hier beschriebenen Tafel Nummer 2597 zu identifizieren ist (vgl. Abb. 2). In seinem Bericht beschreibt er die unterirdischen Räume des Palastes, »an deren Treppe zwei gemeißelte Steine waren, von denen einer der erwähnte, in Plan 3 gezeichnete ist«. Weiterhin gab es zwei Glyphen-Tafeln zu beiden Seiten des Eingangs zu den unterirdischen Räumen; Bernasconi zeichnete eine davon, und wahrscheinlich riß er sie heraus und nahm sie mit; del Río, der Bernasconis Bericht gekannt haben dürfte, da er seinen in ähnlicher Weise anfertigte, zeichnete die zweite Tafel und brach sie ebenfalls heraus. So gehören also die beiden Steintafeln zusammen, auch wenn sie zu unterschiedlicher Zeit nach Spanien gekommen sein mögen. Bleibt noch der Stuckkopf Nummer 2612 und die große Tonmaske Nummer 2610, die vermutlich zusammen mit der von Bernasconi beschriebenen Tafel eintrafen und die er wahrscheinlich – wie von José Estacheria angeordnet – 1785 entfernte und mitnahm.

In Guatemala verblieb vermutlich eine Kopie des Berichts von Antonio del Río und von nur 15 der Zeichnungen. Ein gewisser Dr. Quy, ein in Guatemala lebender Engländer, kaufte das Material dort, und 1822 wurde es von Pablo Félix de la Cabrera zum erstenmal in England, auf englisch, veröffentlicht. Als der nordamerikanische Archäologe und Forschungsreisende Stephens 1841 über Palenque schrieb, hielt er die heute im Britischen Museum aufbewahrte Kopie für das Original und beschuldigte die spanische Regierung der Fahrlässigkeit, da sie den Bericht dem Archiv von Guatemala überlassen habe. Tatsächlich aber wurden die Tafeln und der Bericht zusammen mit den Stücken zur Begutachtung nach Madrid geschickt.

Eine Überprüfung fand zwar nicht statt, man war sich jedoch der Bedeutung der Entdeckung von Palenque bewußt, da Antonio del Ríos Memorandum Karl IV. dazu veranlaßte, die Politik seines Vaters fortzuführen und den Hauptmann Guillaume Dupaix zusammen mit dem Zeichner Luciano Castañeda 1807 in die Ruinenstadt der Maya zu entsenden. Die Manuskripte und Zeichnungen dieses Unternehmens gelangten nicht an ihr Ziel, da damals in Spanien nach der französischen Invasion der Unabhängigkeitskrieg ausgebrochen war. Die Dokumente blieben in Mexiko, wo sie erst 1828 bekanntwurden, und wurden 1834 in Frankreich veröffentlicht. Die Veröffentlichung der Berichte del Ríos und Dupaix' rief großes Interesse hervor und führten dazu, daß eine Reihe von Forschern in die Gegend reisten und Nachforschungen anstellten, und so mit kontinuierlichen Arbeiten und Erkundungen über die alte Mayakultur und die übrigen mexikanischen Völker begonnen wurde.

Anmerkungen

1 Die Mayastadt Palenque wird der Klassischen Periode – bis zum Jahr 900 n. Chr. – zugerechnet und hatte ihre Blütezeit im 7. und 8. Jahrhundert. Sie liegt im heutigen mexikanischen Bundesstaat Chiapas in der Nähe der Grenze zu Guatemala und gehörte während der Kolonialzeit zum Generalkapitanat Guatemala.

2 Brasseur de Bourbourg 1866; Castañeda Paganini 1946; Ballesteros Gaibrois 1960; Bernal 1979 u. a. Ich habe mich hauptsächlich auf die Veröffentlichung Castañedas aus dem Jahr 1946 gestützt, in der sämtliche Dokumente über die Entdeckung Palenques zusammengefaßt sind, mit Ausnahme der von Ballesteros veröffentlichten Briefe. Alle Zitate ohne Quellenangabe beziehen sich folglich auf diese Ausgabe.

3 Der Begriff »ladino« wird in Amerika für den Indianer oder Schwarzen verwendet, der korrekt Spanisch sprechen kann bzw. die Sitten und Gebräuche der Spanier angenommen hat.

4 Antonio del Río verwendet in seinem Bericht die alten Maßeinheiten. Die spanische Elle betrug 83,59 cm; die Meile 5,5 km; der Fuß 28 cm; der Zoll 23 mm.

Bibliographie

BERNAL, Ignacio: Historia de la Arqueología en México. Editorial Porrúa S. A., México 1979.

BRASSEUR DE BOURBOURG: Monuments anciens du Mexique. Palenque et autres ruines de l'ancienne civilisation du Mexique. Collection de Vues, Bas-Reliefs, Morceaux d'Architecture, Coupes, Vases, Terres cuites, Cartes et Plans dessinés d'après nature et relevés par M. de Waldeck. Arthus Bertrand, Editeur, 1866.

CABELLO CARRO, Paz: Escultura Mexicana precolombina en el Museo de América. Ministerio de Cultura, Madrid 1980.

CABELLO CARRO, Paz: »Palenque: primeras excavaciones sistemáticas.« Revista de Arqueología 38, Madrid 1984.

CASTAÑEDA PAGANINI, Ricardo: Las ruinas de Palenque. Su descubrimiento y primeras exploraciones en el siglo XVIII. Guatemala 1946.

RIO, Antonio del: Descripción del terreno y población antiguamente descubierta en las inmediaciones del pueblo de Palenque, jurisdicción de la provincia de Ciudad Real de Chiapa, una de las ruinas de Guatemala de la América Septentrional. Siehe Castañeda Paganini und Cabello Carro.

DIE UNABHÄNGIGKEIT HISPANOAMERIKAS

Günter Kahle
Universität Köln

Hispanoamerika am Ende der Kolonialzeit

Über 300 Jahre bestand das hispanoamerikanische Kolonialreich, das den Zeitgenossen fast wie ein unangreifbarer, monolithischer Block erschienen sein mag. Im Verlauf seiner Existenz hatte es allen äußeren Angriffen erfolgreich widerstanden und nur in seiner Peripherie (Jamaika, Kleine Antillen, Mittelamerika und Guayana) vereinzelte Einbrüche der mit Spanien rivalisierenden europäischen Seemächte hinnehmen müssen. Auch im Innern schien trotz gelegentlicher, meist lokal eng begrenzter Indianeraufstände im wesentlichen Ruhe zu herrschen, und »während meines Aufenthaltes in Amerika bin ich niemals auf Unzufriedenheit gestoßen[1]«, schrieb Alexander von Humboldt, der von 1799 bis 1804 weite Regionen Hispanoamerikas besucht und erforscht hatte. Zehn Jahre später befanden sich diese Gebiete in hellem Aufruhr, und nach einem weiteren Jahrzehnt hatten sie in schweren und blutigen Kämpfen gegen Spanien ihre Unabhängigkeit gewonnen. – Wie war es zu dieser Entwicklung gekommen?

Am Anfang des 19. Jahrhunderts reichte die spanische Herrschaft in Amerika von Kalifornien und Texas bis zum nördlichen Patagonien und umfaßte mit Ausnahme des portugiesischen Brasilien und einiger kleiner kolonialer Besitzungen anderer europäischer Mächte in den Randgebieten den südamerikanischen Subkontinent. Innerhalb dieser etwa 12 Millionen km^2 lebten 15 bis 20 Millionen Menschen, von denen sich die meisten auf die Hafenstädte der Küstenregionen sowie auf das mexikanische und peruanische Hochland mit seinen politischen und wirtschaftlichen Metropolen konzentrierten. Ein knappes Fünftel der Bevölkerung zählte zur weißen Führungsschicht und bestand aus sogenannten Europaspaniern (5 bis 10 Prozent) und den im Amerika geborenen Kreolen (90 bis 95 Prozent). Etwa zwei Fünftel waren Indianer, die überwiegend noch in ihren alten Stammes- und Sippenverbänden lebten, und die restlichen zwei Fünftel umfaßten Negersklaven (knapp 10 Prozent der Gesamtbevölkerung) sowie Mischlinge aller Art (Mestizen, Mulatten, Zambos).

Staatsrechtlich war Hispanoamerika den anderen Kronländern der spanischen Monarchie formell gleichgestellt. Seine Bewohner waren Untertanen des Königs wie die der anderen Erbländer der Krone und lebten daher auch nicht unter einem Kolonialstatus. Mischlinge und vor allem Indianer unterstanden jedoch besonderen Gesetzen, die ihnen weniger Rechte zubilligten, freilich auch mindere Pflichten auferlegten. Die Sozialstruktur entsprach weitgehend der damals allgemein anerkannten Gesellschaftordnung des Ancien Régime. Jeder Stand (Klerus, Milizangehörige, Gewerbetreibende usw.) hatte seine speziellen Privilegien, die eifersüchtig gewahrt und gegen jede Einschränkung verteidigt wurden. Die feudale Gesellschaftsstruktur war so tief in der Lebensanschauung verwurzelt, daß die Ideen der Gleichheit, von wenigen Ausnahmen abgesehen, nur wenig Widerhall fanden. Zur tatsächlichen »Gesellschaft« zählten nur hoher und niederer Adel, dem das »weiße« Bürgertum folgte.

Die viel diskutierte Frage, ob die gebürtigen »weißen« Hispanoamerikaner die Herrschaft der spanischen Krone nicht als Unterdrückung durch eine landfremde Bürokratie und die Kreolen die regelmäßige Bevorzugung von Europaspaniern bei der Besetzung hoher Verwaltungsämter (Vizekönige, Generalkapitäne, Gouverneure usw.) nicht als beleidigende Zurücksetzung empfanden, kann in dieser Ausschließlichkeit nicht bejaht werden. Grundsätzlich gab es in der spanischen Gesetzgebung keinen Unterschied zwischen in Amerika und in Europa geborenen Spaniern. Aus prinzipiellen Erwägungen neigte die Krone aber dazu, die obersten Regierungs- und Verwaltungsfunktionen in ihren amerikanischen Provinzen bereits in Hof- und Staatsdienst erprobten Beamten zu übertragen, da sie von ihnen weniger Rücksichtnahme auf lokale Interessen und somit größere Objektivität erwartete. Am Ende der Kolonialzeit bemühten sich jedoch die Reformer des aufgeklärten Absolutismus, die gerade auf diesem Prinzip der Stellenbesetzung beruhenden gelegentlichen Gegensätze zwischen den Europa- und Amerikaspaniern auszugleichen und die Kreolen an den Hof zu ziehen sowie ihnen in verstärktem Maße Aufstiegsmöglichkeiten im Heer und in der Verwaltung des Mutterlandes zu bieten.

Gravierender waren dagegen die Einschränkungen der wirtschaftlichen Initiative der hispanoamerikanischen Bevölkerung, die durch vom Mutterland geregelte Monopole und Handelsverbote benachteiligt wurde. Vor allem die kreolischen Großgrundbesitzer verlangten wiederholt nachdrücklich volle Handelsfreiheit und sahen sich in dieser Forderung von den zahlreichen Konsumenten unterstützt, die sich von ihrer Erfüllung eine spürbare Verbilligung der Gebrauchsgüter erhofften. »Diese Freihandelstendenzen . . . entsprachen wieder der damaligen Handelsexpansion Europas und besonders Englands, und diese Koinzidenz der ökonomischen Interessen erwies sich als bedeutsamer Faktor in der Geschichte der südamerikanischen Unabhängigkeit[2].«

Als eine weitere Ursache der hispanoamerikanischen Unabhängigkeitsbewegungen ist lange Zeit der Einfluß der europäischen Aufklärung angesehen und wohl auch überschätzt worden, wie die Ergebnisse der neueren Forschung zeigen. Zwar waren vor allem die Ideen der französischen Philosophen und Enzyklopädisten weiten Kreisen der gebildeten Gesellschaft in Hispanoamerika bekannt, und sie bestimmten partiell auch das Denken und Handeln einzelner Revolutionäre. Doch besteht heute kein Zweifel mehr daran, »daß die Bedeutung der europäischen Aufklärung als eines ideologischen Faktors in der Unabhängigkeit des spanischen Amerika gegenüber früheren Behauptungen erheblich eingeschränkt werden muß[3]«. Tatsächlich wirksam scheint vor allem Rousseaus Lehre von der Volkssouveränität geworden zu sein, doch wurden ähnliche Überlegungen bereits von spanischen Staatsrechtslehrern des 16. Jahrhunderts formuliert (z. B. Francisco Suárez und Luis Molina), weshalb hispanoamerikanische Historiker in zunehmendem Maße zu der Auffassung neigen, daß die geistigen Wurzeln der Emanzipation ihrer Länder in der spanischen Spätscholastik zu suchen sind.

Auch die Unabhängigkeitserklärung der USA (1776) und deren Anerkennung (1783) ließen schon die Zeitgenossen Rückwirkungen auf Hispanoamerika befürchten. Nach der Unterzeichnung des Versailler Friedens von 1783 empfahl deshalb der damalige spanische Gesandte in Frankreich, Graf Aranda, seinem König Karl III. (1759–1788) in einer Denkschrift, daß Spanien von seinem amerikanischen Kolonialreich nur noch die beiden Inseln Kuba und Puerto Rico behalten und das Festland in drei Königreiche unter spanischen Infanten aufteilen und der spanische König den Kaisertitel annehmen solle. Dieser Vorschlag, das spanische Imperium in eine Art »Commonwealth« umzuwandeln, kam zwar nicht zur Ausführung, aber er ist ernsthaft diskutiert und unmittelbar vor der Unabhängigkeitserklärung des französischen Haiti (1804) vom spanischen Minister Godoy erneut aufgegriffen und König Karl IV. (1788–1808) – ebenso ergebnislos – vorgetragen worden.

Alle genannten Tendenzen haben die latenten Emanzipationswünsche sicher mehr oder minder stark angeregt und gefördert, aber ausgelöst wurden die hispanoamerikanischen Unabhängigkeitsbewegungen durch die politische Entwicklung in Europa. Die vorübergehende Eroberung Portugals durch die Franzosen veranlaßte den Prinzregenten Johann (1816–1828 König Johann VI.), mit seinem Hof im November 1807 von Lissabon nach Brasilien zu flüchten. Dort wurde Rio de Janeiro die Residenz der neu konstituierten »Vereinigten Königreiche von Portugal, Brasilien und Algarve«. Aus dieser amerikanisch-europäischen Monarchie ging schließlich unter der Führung von Johanns Sohn Pedro (1822–1831 Kaiser Pedro I.) durch die Trennung Brasiliens vom Mutterland (1822) das unabhängige Kaiserreich Brasilien hervor (bis 1889).

Einen anderen Verlauf nahmen die politischen Ereignisse in Spanien, das seit dem Ende des 18. Jahrhunderts in zunehmende Abhängigkeit von Frankreich geriet, bis es in der Regierungszeit Napoleons I. vollends zu einem französischen Vasallenstaat wurde. Nachdem im März 1808 der Günstling Godoy gestürzt worden war und Karl IV. zugunsten seines Sohnes Ferdinand VII. (1808 und 1814–1833) abgedankt hatte, erfolgte unter französischem Druck der Thronverzicht beider Könige, die in Frankreich interniert wurden. Napoleon setzte seinen Bruder Joseph (1808–1813) zum neuen König ein, gegen den sich das spanische Volk erhob, was zu einem mehrjährigen Bürgerkrieg auf der Pyrenäenhalbinsel führte. Aber auch die spanischen Bewohner und Behörden in Amerika lehnten es fast einhellig ab, den Anordnungen des neuen Königs Joseph Folge zu leisten, und erklärten ihre Treue zu Ferdinand VII. Da sie jedoch von Spanien und der sich dort inzwischen gebildeten Gegenregierung, der Junta Suprema Central in Sevilla und dem nachfolgenden Regentschaftsrat in Cádiz, vorläufig weder Unterstützung noch klare Richtlinien erwarten konnten, sahen sie sich weitgehend auf sich selbst gestellt und fühlten sich zum Handeln nach eigenem Gutdünken berechtigt. Während zahlreiche Bewohner Hispanoamerikas die Unterstützung des Kampfes im Mutterland durch Geldspenden und die Entsendung von Freiwilligen befürworteten, bildeten sich in einzelnen Städten der verschiedenen Vizekönigreiche überwiegend aus Kreolen bestehende Juntas, die anfangs meist vorgaben, die Regierungsgeschäfte für den gefangenen König Ferdinand VII. führen zu wollen, aber bald offen dazu übergingen, die patriotischen Emotionen der Bevölkerung in eine andere Richtung zu lenken und auf eine Trennung von Spanien vorzubereiten. In einigen Fällen gelang es den Behörden, solche Bestrebungen zu unterdrücken (z. B. in Mexiko, Quito und La Paz), doch konnten sich andere Juntas durchsetzen (z. B. in Caracas und Buenos Aires), womit die erste Basis zum offenen Aufruhr gelegt war. Es kam vereinzelt zu wechselvollen Kämpfen, die schließlich zu einem blutigen und langjährigen Bürgerkrieg führten, welcher in den verschiedenen Provinzen Hispanoamerikas freilich völlig unterschiedlich verlief.

Die Unabhängigkeitsbewegungen in Neu-Spanien

Das nördlichste hispanoamerikanische Vizekönigreich Neu-Spanien (Nueva España) umfaßte am Anfang des 19. Jahrhunderts etwa das Territorium der jetzigen Republik Mexiko sowie die heutigen nordamerikanischen Bundesstaaten California, Nevada, Utah, Arizona, New Mexico, Texas sowie Teile von Colorado, Kansas, Oklahoma und Wyoming. Als im Juli 1808 in der Hauptstadt Mexiko die Nachricht von der Internierung Ferdinands VII. eintraf, versuchte eine Gruppe einflußreicher Kreolen, die Regierungsgewalt an sich zu reißen. Die zögernde Haltung des amtierenden Vizekönigs führte zu einer energischen konservativen Reaktion, die seinen Sturz zur Folge hatte und zugleich alle revolutionären Bestrebungen im Keim erstickte. Nach einer vorübergehenden Beruhigung brach am 16. September 1810 unter der Führung des kreolischen Dorfpfarrers Miguel Hidalgo y Costilla (1753–1811) ein Aufstand aus, der ursprünglich nur das Ziel hatte, die vizekönigliche Regierung zu stürzen und durch eine von den Vertretern aller Provinzen gewählte Zentraljunta zu ersetzen, die das Land zwar im Namen Ferdinands VII., aber ohne Mitwirkung der Spanier regieren sollte. Hidalgos Unternehmen schlossen sich nur wenige Kreolen an, doch liefen ihm zahlreiche Mischlinge und noch mehr Indianer zu, die in seinen Plänen auch soziale Bestrebungen vermuteten und sein Heer auf angeblich 80.000 bis 100.000 Mann anschwellen ließen, das nach der Eroberung und Plünderung mehrerer Ortschaften und Städte auch bald die Hauptstadt bedrohte. Vor dem Ansturm dieser zügellosen Massen schlossen sich Spanier und Kreolen in einer gemeinsamen Front zusammen. Hidalgo erlitt mehrere empfindliche Niederlagen, sein Heer wurde zersprengt, er selbst im März 1811 gefangengenommen und zusammen mit einer Anzahl weiterer

Anführer verurteilt und hingerichtet. Nach der Zerschlagung des Insurgentenheeres wurde der Aufstand durch zahlreiche kleinere Gruppen fortgesetzt, die über weite Teile des Vizekönigreiches zerstreut meist unabhängig voneinander operierten. Unter der tatkräftigen Führung des Vizekönigs Calleja gelang es den vereinten Kräften von Spaniern und Kreolen, der Rebellion schließlich Herr zu werden. 1815 wurde der fähigste Guerillaführer José María Morelos y Pavón (1765–1815), ebenfalls Priester wie Hidalgo, gefangengenommen und hingerichtet. Als Calleja 1816 das Amt des Vizekönigs seinem Nachfolger Apodaca übergab, war die Rebellion in Neu-Spanien praktisch niedergeworfen. Nur im Sommer 1817 schien im Norden noch einmal ein großer Aufstand losbrechen zu wollen, als der spanische Guerillaführer Francisco Javier Mina versuchte, ein neues Insurgentenheer zu formieren. Minas Feldzug blieb jedoch eine Episode und endete mit seiner Gefangennahme und Exekution im Oktober des gleichen Jahres. Danach kam es zu keinen größeren Kampfhandlungen mehr, und Apodaca konnte sich dem dringend notwendigen wirtschaftlichen Wiederaufbau widmen.

In dieser Zeit, als die Gefahr einer separatistischen Bewegung in Neu-Spanien endgültig gebannt schien, tauchte sie erneut auf, und wieder waren die Ereignisse in Europa das auslösende Moment. Während der Internierung Ferdinands VII. hatten die Cortes im März 1812 in Cádiz eine Verfassung verabschiedet, die Spanien von der bisherigen absoluten in eine konstitutionelle Monarchie umwandelte. Nach der Rückkehr des Königs war diese Verfassung 1814 aber aufgehoben worden. Mit der Wiederherstellung des alten absolutistischen Regimes sahen sich nun viele Spanier um ihre in jahrelangem Kampf gegen die Franzosen verdienten Ansprüche auf die bürgerlichen Freiheiten betrogen. Die sich immer stärker ausbreitende Unzufriedenheit mündete schließlich im Januar 1820 in eine Militärrevolte, durch die Ferdinand VII. gezwungen wurde, die liberale Verfassung von 1812 anzuerkennen. Für die konservative Oberschicht in Neu-Spanien bedeutete diese unerwartete Entwicklung eine erneute Gefährdung ihres Einflusses und ihrer Vorrechte, die sie schon durch den Hidalgoaufstand bedroht gesehen hatten. Aber während es 1810 und in den darauffolgenden Jahren darum gegangen war, die revolutionäre Erhebung der unteren Gesellschaftsschichten niederzuwerfen, glaubten dieselben konservativen Kreise im Jahr 1820, die einmalige Gelegenheit zu sehen, jetzt ein unabhängiges Mexiko nach ihren Vorstellungen verwirklichen zu können. Dem von den aufrührerischen spanischen Liberalen in seinen Rechten bedrohten König, der der Verfassung ja nur unter Zwang zugestimmt hatte, sollte die mexikanische Kaiserkrone angeboten und damit verbunden die politische Trennung von Spanien vollzogen werden. Mit der Anwesenheit Ferdinands VII. in Mexiko wäre dann nicht nur die volle Unabhängigkeit und Souveränität des Landes gesichert gewesen, sondern die konservativen Verschwörer erhofften sich darüber hinaus sowohl hinsichtlich der Erfüllung privater Interessen als auch im Hinblick auf wirtschaftliche und politische Entwicklung des Staates zahlreiche Vorteile. Die Vorbedingung zur Durchführung dieses Planes war die vorherige formelle Unabhängigkeitserklärung Mexikos, wobei bis zur Übernahme der Regierung durch Ferdinand VII. die Konservativen die Herrschaft in der Hand behalten würden, ohne sich nach den Bestimmungen der Verfassung von Cádiz richten zu müssen. Zur militärischen Durchführung dieser Aufgabe wurde von den Verschwörern der kreolische Oberst Agustín de Iturbide (1783–1824) ausersehen.

Die einflußreichen Konservativen setzten es durch, daß der nicht in ihre Pläne eingeweihte Vizekönig Apodaca Oberst Iturbide zum Brigadier beförderte und ihm im November das Kommando über eine Armee übertrug, mit der er das Land von den letzten versprengten Insurgenten säubern sollte, die sich in unwegsame Gebirgsregionen zurückgezogen hatten. Entgegen seinem Auftrag verständigte sich Iturbide mit den restlichen »guerilleros« und proklamierte im Bündnis mit ihnen am 24. Februar 1821 den sogenannten »Plan von Iguala«, in dem er Neu-Spanien für unabhängig erklärte, die katholische Konfession als Staatsreligion festlegte und die Einheit aller Mexikaner ohne Unterschied der Abstammung und Rasse forderte. Die Durchsetzung dieser drei Prinzipien sollte die unter seinem Befehl stehende Armee garantieren, die deshalb das »Heer der drei Bürgschaften« genannt wurde. Als Staatsform des neuen Kaiserreiches wurde die konstitutionelle Monarchie vorgesehen, als ihr Staatsoberhaupt Ferdinand VII. von Spanien oder ein anderes Mitglied des königlichen Hauses. Eine interimistische Junta sollte im Namen des Monarchen vorläufig die Regierungsgeschäfte übernehmen und einen Kongreß einberufen, dessen Aufgabe vor allem in der Ausarbeitung einer Verfassung bestünde.

Vizekönig Apodaca zeigte sich diesem Aufstand gegenüber, an dem die Mehrheit der spanischen Offiziere und der kreolischen Royalisten beteiligt war, völlig ratlos, da er keine Möglichkeit sah, dem auf 30.000 Mann aktive Soldaten und ausgebildete Milizionäre angewachsenen Rebellenheer mit den ihm verbliebenen 8.000 Soldaten wirksamen Widerstand entgegenzusetzen. Anfang Juli 1821 gab er den militärischen Oberbefehl an Marschall Novella ab, der die Hauptstadt Mexiko in Verteidigungszustand setzen ließ. Als aber Ende Juli der neue Vizekönig O'Donoujú eintraf, der Apodaca ablösen sollte, kam es im darauffolgenden Monat zwischen ihm und Iturbide zu einer Zusammenkunft in Córdoba, in deren Verlauf die beiden Kontrahenten zu einer Einigung gelangten. Am 24. August 1821 unterzeichneten sie einen Vertrag, in dem O'Donoujú die Unabhängigkeit des »Imperio Mexicano«, wie es fortan heißen sollte, anerkannte. Bis auf geringfügige Änderungen wurden darin die Forderungen des Planes von Iguala übernommen. Zugleich bot O'Donoujú, der in dieser Situation einen Kompromiß als die beste Lösung ansah, seinen ganzen Einfluß auf, um Blutvergießen zu vermeiden, und es gelang ihm, Novella zur Kapitulation zu bewegen. Am 27. September 1821, elf Jahre und elf Tage nach dem Beginn des ersten Aufstandes unter Hidalgo, zog Iturbide an der Spitze seines Heeres in der Hauptstadt Mexiko ein. Am nächsten Tag wurde eine provisorische Regierungsjunta gebildet, die einen Regentschaftsrat ernannte, und im Februar 1822 nahm der verfassungsgebende Kongreß seine Arbeit auf.

Während dieser Vorbereitungen traf im Frühjahr 1822 die Mitteilung aus Spanien ein, daß die Cortes den Vertrag von Córdoba nicht gebilligt hatten. Demzufolge war nun auch kein Mitglied des spanischen Königshauses mehr als mexikanischer Kaiser zu erwarten. Die unmittelbare Folge dieser Nachricht bestand in einem rapiden Anwachsen der Parteigänger Iturbides, da die zahlreichen Anhänger der Bourbonen für sich jetzt keine Hoffnung mehr sahen, aber auch nicht daran dachten, Anschluß an die Republikaner zu suchen. Bevor es zu einer Rebellion durch die Freimaurer kommen konnte, welche die republikanische Staatsform befürworteten, rief das Leibregiment Iturbides seinen Kommandeur am 18. Mai 1822 – angeblich spontan – als Agostín I. zum Kaiser von Mexiko aus. Iturbide billigte das Verhalten seiner Soldaten, denen sich auch die übrigen Truppen anschlossen, und in einer Sondersitzung des Kongresses wurde er als Kaiser bestätigt. Am 21. Juli 1822 erfolgte seine feierliche Krönung in der Kathedrale von Mexiko.

Die Unabhängigkeitsbewegungen in Neu-Granada

Wesentlich spektakulärer und vor allem blutiger verlief die Unabhängigkeitsbewegung im nördlichen Südamerika. Ihr wichtigster Schwerpunkt lag im Generalkapitanat Venezuela. Hier hatte der aus Caracas stammende Kreole Francisco de Miranda (1750–1816) bereits 1806 zwei Versuche unternommen, die Bewohner zum Kampf gegen Spanien zu mobilisieren, die jedoch beide scheiterten. Als im April 1810 der spanische Generalkapitän gestürzt wurde und eine nationale Junta die Regierung übernahm, kehrte Miranda aus seinem englischen Exil nach Venezuela zurück. Unter seinem Einfluß erklärte ein Kongreß der sogenannten »patriotas« am 5. Juli 1811 die Unabhängigkeit Venezuelas von Spanien, doch konnte sich Miranda, dem der militärische Oberbefehl übertragen worden war, nur mühsam gegen die schwachen Truppen der Royalisten behaupten. Ein schweres Erdbeben im März 1812, das zahlreiche Opfer forderte, wurde von der Bevölkerung als göttliche Strafe wegen ihrer Auflehnung gegen die königliche Gewalt angesehen und erschwerte Mirandas Stellung zusätzlich. Im Juli 1812 sah er sich zur Kapitulation gezwungen, wurde von den Royalisten gefangengenommen und nach Spanien geschafft, wo er bald darauf im Gefängnis starb.

Dagegen hatte sich die Unabhängigkeitsbewegung im Vizekönigreich Neu-Granada (Nueva Granada), das etwa das heutige Kolumbien und Panama umfaßte, noch behaupten können. In Bogotá hatten kreolische Rebellen im Juni 1810 den Vizekönig gestürzt und ebenfalls eine Junta eingesetzt. Das eigentliche Aufstandszentrum war jedoch die bedeutende Hafenfestung Cartagena. Von dort aus organisierte der aus einer vornehmen und wohlhabenden Familie in Caracas stammende Kreole Simón Bolívar (1783–1830) die geschlagene Armee Mirandas. Er erzielte einige kleinere militärische Erfolge und zog im August 1813 als »Libertador« in Caracas ein, wo er die Regierungsgewalt übernahm. Nach weiteren Gefechten, die keine Entscheidung brachten, gewannen die Spanier jedoch vor allem durch José Tomás Boves (1770–1814) die vorübergehend verlorengegangene Initiative wieder zurück. Der Asturier Boves hatte 1813 in Venezuela die Llaneros mobilisiert und damit das Proletariat der östlichen Tiefebenen zum Kampf für Spanien und gegen die rebellierenden Kreolen gewonnen. Aus eigener Machtvollkommenheit erklärte er alle Sklaven für frei, und neben Tausenden von Negern folgten ihm Indianer und Mischlinge, die zum erstenmal in ihrem Leben frei über sich bestimmen konnten. Denn die Landbevölkerung fragte sich, wer diesen Unabhängigkeitskrieg entfesselt und trotz aller Mißerfolge und Rückschläge hartnäckig weitergeführt und damit Hungersnot, Krankheiten und bitterste Armut beschert hatte. Die Schuldigen sahen sie in den Kreolen der Städte, die dort in prunkvollen Häusern und Adelspalästen saßen und von dem Vermögen lebten, das ihre halbfreien und versklavten Arbeiter auf ihren »estancias« und »haciendas« mühsam erwirtschaften mußten. Unter dem Einfluß der geschickten Demagogie von Boves wandten sich in der wachsenden Anarchie des Krieges nun die Besitzlosen gegen die Besitzenden, d. h. gegen die Kreolen, und sie folgten den Anhängern der Krone.

Im Juni 1814 wurde Bolívar von Boves bei La Puerta geschlagen, im Juli ging Caracas verloren, und im August erlitten die »patriotas« bei Aragua eine weitere empfindliche Niederlage. Damit war auch der zweite Versuch der Errichtung einer unabhängigen Republik Venezuela am Widerstand der Royalisten gescheitert. Reste des geschlagenen venezolanischen Heeres blieben zurück, um den Kampf als Guerilla weiterzuführen, während Bolívar seinen Verfolgern auf dem Seeweg nach Cartagena entkam. Die ebenfalls um ihre Unabhängigkeit ringenden Provinzen von Neu-Granada ernannten ihn zum Oberbefehlshaber ihrer Streitkräfte, mit denen er im Dezember 1814 die inzwischen an die Spanier wieder verlorengegangene Hauptstadt Bogotá zurückgewann. Aber die Konflikte zwischen den miteinander rivalisierenden Führungsgruppen der »patriotas« machten eine koordinierte Kriegführung unmöglich. Statt seine Energie auf die Niederwerfung der Royalisten konzentrieren zu können, mußte Bolívar alle Kräfte darauf verwenden, sich gegen Intrigen zu wehren und den offenen Bürgerkrieg im eigenen Lager zu vermeiden. Als schließlich nach der Beendigung des Kampfes gegen Frankreich das spanische Heer in Europa für andere Aufgaben frei wurde, landete im April 1815 eine aus ca. 60 Schiffen bestehende spanische Flotte in Venezuela, die über 10.000 altgediente und kampferprobte Veteranen der Napoleonischen Kriege unter dem Befehl des Generals Pablo Morillo (1778–1838) nach Amerika brachte, welche der ohnehin schon dahinsiechenden Unabhängigkeitsbewegung den Todesstoß versetzen sollten. Bolívar sah keine Möglichkeit mehr, den Kampf erfolgreich weiterzuführen. Er verzichtete auf eine sinnlos erscheinende Fortsetzung des Krieges in Neu-Granada und begab sich im Mai 1815 ins Exil nach Jamaika. Morillo hatte nun leichtes Spiel. Nachdem er den letzten befestigten Stützpunkt der »patriotas«, die Insel Margarita, erobert hatte, besetzte er im Mai 1815 Caracas und wandte sich nach der

Unterwerfung Venezuelas der »Befriedung« Neu-Granadas zu. Nach mehrmonatiger Belagerung konnte er im Dezember die sich erbittert verteidigende Festung Cartagena einnehmen. Im Mai 1816 marschierten Morillos siegreiche Regimenter in Bogotá ein.

Inzwischen hatte sich Bolívar von Jamaika aus fieberhaft bemüht, die Hilfe Großbritanniens zu gewinnen. Er brachte Geld, Waffen, Munition, Kriegsschiffe und kriegserfahrene Freiwillige, doch in London hatte man im Mai 1815 nach der überraschenden Rückkehr Napoleons aus Elba andere Sorgen. Nicht einmal in Jamaika durfte Bolívar Waffen kaufen, und er wandte sich schließlich Ende 1815 nach Haiti, wo Präsident Alexandre Pétion seinen Wünschen entgegenkam. Mit Pétions Hilfe rüstete Bolívar ein kleines, meist aus hispanoamerikanischen Flüchtlingen bestehendes Expeditionskorps aus, das freilich kaum 250 Mann zählte. Mit ihnen landete er Mitte 1816 an der venezolanischen Küste, wo ihm zwar noch einige Freiwillige zuliefen, aber sein Vorstoß ins Innere scheiterte. Er mußte sich wieder nach Haiti zurückziehen.

Eine wichtige Erfahrung hatte er aus diesem mißglückten Unternehmen gewonnen: Jeder handstreichartige Überfall auf die von den Spaniern schwer bewachte venezolanische Küste bedeutete unter den augenblicklichen Kräfteverhältnissen militärischen Selbstmord. Venezuela konnte nur von den kaum kontrollierten Ostgebieten der Orinokoregion und Guayanas aus befreit werden. Nur dort war auch die Aufstellung und Organisation eines neuen schlagkräftigen Heeres möglich, das mit den Guerillaverbänden der »patriotas«, die noch im Lande operierten, eng zusammenwirken mußte.

Ende 1816 landete Bolívar erneut in Venezuela und wandte sich von der Insel Margarita, deren Bevölkerung sich wieder gegen die Spanier erhoben hatte, zum Festland. Nach mehreren Gefechten, in denen Sieg und Niederlage wechselten, gelang es ihm, im Juli 1817 Angostura zu erobern und sich das Stromgebiet des Orinoko zu sichern. Zum erstenmal hatte er sich damit eine dauerhafte Ausgangs- und Operationsbasis geschaffen, die in einem Gelände lag, in dem er kaum wirkungsvoll angegriffen werden konnte, da ihm hier alle Möglichkeiten der Versorgung sowie günstige Ausweichmöglichkeiten bei einer drohenden Gefahr offenstanden. »Wer die Ebenen als Hinterland und den Orinoco als Basis hatte, war unbesiegbar; er würde früher oder später der Herr Venezuelas sein. Es war der Durchbruch Bolívars zu der großen strategischen Konzeption des Unabhängigkeitskrieges, die Einsicht in die geopolitischen Gegebenheiten Südamerikas und ihre Ausnutzung für den Sieg.«[4] Da Caracas noch von den Spaniern besetzt war, wurde Angostura, das heute den Namen Bolívars trägt (seit 1846 »Ciudad Bolívar«), zur vorläufigen Hauptstadt Venezuelas erklärt. Von ihr gingen in den folgenden beiden Jahren die Organisation des neuen Befreiungsheeres und die Idee der Vereinigung des nördlichen Südamerika zu einem Staat Großkolumbien aus.

Mitte 1817 hatte Morillo die Ostküste Venezuelas wieder unter seine Kontrolle gebracht, jedoch schlug sein Versuch fehl, die strategisch wichtige Insel Margarita zurückzugewinnen. Aber auch Bolívars Gegenangriff scheiterte Ende 1817, und den schwersten Rückschlag erlitt er durch Morillos Sieg bei La Puerta im März 1818, wo er schon einmal von Boves geschlagen worden war. Bolívar wurde dadurch wieder für längere Zeit in die Defensive gedrängt, in der er vor allem die Guerilla förderte, um die Spanier permanent zu beunruhigen, ihre Kräfte zu binden, sie von einem Feldzug gegen Guayana abzuhalten und Zeit zu gewinnen. Denn die brauchte er jetzt am nötigsten, um seine Armee neu zu organisieren. Die letzten Kämpfe hatten ihm gezeigt, daß seine »patriotas« den kampferprobten spanischen Regimentern, die ihre Schulung im Krieg gegen das hochgerüstete französische Heer erhalten hatten, nicht gewachsen waren. Er erkannte die Notwendigkeit, den erfahrenen spanischen Soldaten statt der unzureichend auf die Feldschlacht vorbereiteten Truppen, über die allein er bisher verfügte, straff organisierte und disziplinierte Einheiten entgegenzusetzen. Als einzigen Ausweg aus diesem Dilemma sah er nur die Möglichkeit, in weit größerer Zahl als bisher Freiwillige aus Europa herüberzuholen. Seine dort schon seit einigen Jahren tätigen Werber verstärkten ihre Aktivitäten beträchtlich, und es gelang ihnen bis 1820, insgesamt etwa 6.000 Veteranen der Napoleonischen Kriege, meist Engländer und Iren, aber auch ca. 300 Deutsche und Angehörige anderer Nationen, für den Krieg an Bolívars Seite zu verpflichten. Nur etwa 150 dieser Europäer sollen das Ende des Unabhängigkeitskrieges überlebt haben.

Aber Bolívar war nicht nur wegen der mangelnden militärischen Qualität seiner überwiegend aus Kreolen bestehenden Offiziere und Soldaten besorgt, sondern auch hinsichtlich ihrer ständig abnehmenden Quantität. »Ist es gerecht«, schrieb er an einen Vertrauten, »daß diese freien Männer sterben, damit die Sklaven frei werden? Ist es nicht sinnvoll, daß diese ihre Rechte auf dem Schlachtfeld erwerben und daß ihre gefährliche Zahl durch ein mächtiges und legitimes Mittel vermindert wird? In Venezuela haben wir die Bevölkerung sterben sehen, nur die unfreie blieb am Leben. Ich weiß nicht, ob dies Politik ist[5].« Er beschloß, daß die Sklaven nun nach zwei Jahren Heeresdienst ihre Freiheit erhalten sollten. Von fast entscheidender Bedeutung aber war die Tatsache, daß José Antonio Páez (1790–1873), der nach dem Tod von Boves 1814 die Führung der Llaneros übernommen hatte, mit ihnen von den Royalisten zu den Patrioten überwechselte. Durch die europäischen Freiwilligen und die Llaneros wesentlich verstärkt, konnte Bolívar 1819 wieder zur Offensive übergehen und im August gegen das etwa gleich starke königliche Heer die Schlacht von Boyacá gewinnen.

Doch noch war keine Entscheidung abzusehen, als die bereits erwähnten Unruhen des Jahres 1820 in Spanien sich auch auf Hispanoamerika auswirkten, da sich das in Cádiz zur Ausfahrt nach Venezuela bereite Expeditionskorps den Aufständischen angeschlossen hatte, wodurch der notwendige Nachschub an Menschen und Material für Morillo ausblieb. Statt dessen wurde er angewiesen, einen Ausgleich mit den »patriotas« zu suchen, und sah sich gezwungen, Ende 1820 einen befristeten Waffenstillstand zu vereinbaren. Kurz darauf wurde er nach Spanien zurückberufen. Seine Nachfolger sahen sich nicht mehr in der Lage, Bolívar tatkräftigen und erfolgreichen Widerstand entgegenzusetzen, der nun in seinem Siegeslauf nicht mehr aufzuhalten war. Die Schlacht bei Carabobo im Juni 1821 führte zur endgültigen Befreiung Venezuelas, das mit Neu-Granada zu einem Staat Großkolumbien verschmolz, welchem sich nach dem Sieg von Bolívars begabtestem General Antonio José de Sucre (1795–1830) am Pichincha-Vulkan im Mai 1822 auch die Audiencia de Quito (das heutige Ecuador) anschloß. Im Juli 1822 kam es dann in der Hafenstadt Guayaquil zu der denkwürdigen Begegnung zwischen Bolívar und San Martín, der darangegangen war, Südamerika vom La-Plata-Gebiet her von der spanischen Herrschaft zu befreien.

Die Unabhängigkeitsbewegungen im La-Plata-Gebiet, in Chile und Peru

Anfang 1809 war Santiago Liniers zum neuen Vizekönig von Rio de la Plata ernannt worden, zu dessen Territorium das heutige mittlere und nördliche Argentinien sowie die Gebiete der jetzigen Staaten Uruguay (Banda Oriental), Paraguay und Bolivien (Alto Perú = Hochperu) gehörten. Von den meist spanischen Mitgliedern des Stadtrates von Buenos Aires wurde Liniers wegen seiner französischen Abstammung – jedoch zu Unrecht – der Sympathie für den neuen König Joseph verdächtigt, während sich die Kreolen auf seine Seite stellten. Diese Gegensätze führten zu steigenden Spannungen, und um Unruhen zu vermeiden, ernannte die Junta Suprema Central in Sevilla Baltasar de Cisneros zum neuen Vizekönig, dem es aber nicht gelang, die eigenwilligen Kreolen zu beruhigen. Ihre Autonomiebestrebungen wurden immer offener, und als im Mai 1810 in Buenos Aires die Nachricht eintraf, daß die Armeen Napoleons auch den größten Teil Südspaniens erobert hatten und mit einer völligen Auflösung aller noch vorhandenen Regierungsinstitutionen gerechnet werden müßte, erzwangen kreolische Bürger und Milizeinheiten die Einberufung eines Kongresses, der gegen den Widerstand des konservativen Stadtrates am 25. Mai 1810 den Vizekönig absetzte und eine provisorische Regierungsjunta bildete.

Diese »Mairevolution« bedeutete rechtlich noch keine Trennung von Spanien, und bei ihrer Konstituierung betonte die Junta ausdrücklich, diesen Teil Amerikas Ferdinand VII. und seinen rechtmäßigen Nachfolgern unversehrt erhalten und die Gesetze des Königreiches treu befolgen zu wollen. Tatsächlich war die Erhaltung des Territorialbestandes ein vordringliches Ziel der Kreolen, die darin die unerläßliche Voraussetzung für die politische und wirtschaftliche Machtstellung eines künftigen unabhängigen Staates erblickten. Das verbale Treuebekenntnis für den gefangenen König sollte dagegen ihre Pläne für eine völlige Loslösung vom Mutterland verschleiern und den zu dieser Zeit mit Spanien verbündeten Mächten Portugal und Großbritannien jeden Vorwand für eine mögliche Intervention nehmen.

Nachdem sich die Junta damit genügend abgesichert glaubte, bemühte sie sich, die nachträgliche Zustimmung der Provinzen (Intendencias) des Vizekönigreiches Rio de la Plata für die Beschlüsse des 25. Mai 1810 zu erlangen. Mit Ausnahme von Salta lehnten jedoch alle Behörden und Lokalverwaltungen die Aufforderung ab, die neue Regierung anzuerkennen, so daß der Junta keine andere Möglichkeit blieb als der Versuch, die widerstrebenden Provinzen der Herrschaft von Buenos Aires gewaltsam zu unterwerfen. Nachdem es ohne große Schwierigkeiten gelungen war, die Provinz Córdoba zu erobern, richtete die Regierung ihre Aufmerksamkeit auf die Provinzen von Alto Perú, die wegen ihres Edelmetallreichtums von besonderer wirtschaftlicher Bedeutung waren. Die Leitung dieses Feldzuges übernahm das Juntamitglied Castelli, der die königlichen Streitkräfte im November 1810 bei Suipacha schlug. Aber seine ungeschickte Politik gegenüber der Hochlandbevölkerung sowie der Einsatz regulärer spanischer Truppen aus Peru führten im Juni 1811 zu einer vernichtenden Niederlage bei Huaquí, wonach Castelli Alto Perú wieder räumen mußte. Alle späteren Versuche seiner Wiedereroberung scheiterten, und das Hochland blieb für Buenos Aires endgültig verloren.

Auch der Versuch, Paraguay für Buenos Aires zu gewinnen, endete mit einem Mißerfolg. Das von dem Juntamitglied Belgrano geführte Expeditionskorps wurde 1811 am Río Tacoarí zur Kapitulation gezwungen. Damit mußte auch die Hoffnung auf einen Anschluß Paraguays aufgegeben werden, das sich im Mai 1811 eine eigene Regierung gab und im Oktober 1813 seine Unabhängigkeit proklamierte.

Das stärkste spanische Bollwerk im La-Plata-Gebiet war inzwischen Montevideo geworden, wo der neue Vizekönig Elío residierte. Im April 1811 rückte der gerade in Paraguay geschlagene Belgrano mit frischen Truppen in die Banda Oriental ein, wo er sich mit den Anhängern des uruguayischen Unabhängigkeitsführers José Gervasio Artigas (1764–1850) vereinigte. Als es trotz mehrmonatiger Belagerung nicht gelang, Montevideo einzunehmen, und im August 1811 portugiesische Truppen aus Brasilien einmarschierten, um die Stadt zu entsetzen, brach die Junta das Unternehmen ab und erklärte nun auch ihren Verzicht auf die Banda Oriental. Artigas sah sich daraufhin gezwungen, das Land mit seinen Streitkräften zu verlassen, und begab sich ins Exil nach Entre Ríos.

Die militärischen Mißerfolge wurden von politischen Schwierigkeiten begleitet. Mehrmals mußte die Regierung in Buenos Aires umgebildet werden, aber es gelang nicht, eine funktionierende Verwaltung aufzubauen, da nach der Absetzung der spanischen Beamten keine geeigneten Kräfte zur Verfügung standen. Die Bürgerschaft war uneinig und zerstritten, und die Grundbesitzeroligarchie stand dem politischen Geschehen teils zurückhaltend, teils ablehnend gegenüber. So begann die Zeit des innenpolitischen Chaos, in der die Regierungen abgesetzt und neu gewählt, wieder umgeformt und erneut gestürzt wurden. Schließlich wurde 1814 das Amt des »Director Supremo« geschaffen, womit die Exekutive in die Hände jeweils eines, freilich auch rasch wechselnden Regierungschefs gelegt wurde, um ein Abgleiten in die Anarchie zu verhindern. Aber hinter diesen Regierungen stand keine Autorität, keine Organisation und keine Idee, und das Land war seiner Auflösung und seinem Zerfall nie näher als in diesen ersten Jahren seines eigenstaatlichen Lebens.

In dieser Situation beschlossen die auf Erhaltung ihrer Autonomie bedachten Provinzen, sich endgültig vom Einfluß der Regierung in Buenos Aires frei zu machen, und beriefen im März 1816 einen Nationalkongreß nach Tucumán ein, auf dem über die künftige staatliche Organisation des La-Plata-Gebietes entschieden werden sollte. Als aber Artigas zur gleichen Zeit in der Banda Oriental, die er vorübergehend wieder unter seine Kontrolle gebracht hatte, einen Gegenkongreß organisierte, auf dem auch die Provinzen Entre Ríos, Santa Fe und Córdoba vertreten waren, trat die Einsicht in die Notwendigkeit der Einigung in den Vordergrund der Beratungen von Tucumán. Eine dauerhafte staatliche Ordnung konnte aber nach Ansicht der meisten Abgeordneten nur durch eine Monarchie gewährleistet werden, womit sie Pläne aufgriffen, die in den vergangenen Jahren schon mehrmals ernsthaft erwogen worden waren. Aber während die Delegierten von Buenos Aires eine konstitutionelle Monarchie nach englischem Vorbild mit dem Prinzen eines europäischen Herrscherhauses befürworteten, setzte sich die Mehrheit der Verteter des Binnenlandes dafür ein, ein südamerikanisches Großreich zu errichten, das durch einen Abkömmling der Inkadynastie von der alten indianischen Hauptstadt Cuzco aus regiert werden sollte. Sie hofften, mit diesem Plan sowohl die überwiegend indianische Bevölkerung des Andenhochlandes für die Unabhängigkeitsbewegung zu gewinnen als auch eine Verlagerung des Machtzentrums von Buenos Aires in das Innere des Kontinents zu erreichen. Eine Einigung konnte jedoch nicht erzielt werden, so daß die Abgeordneten das Projekt einer Monarchie einstweilen zurückstellten und Anfang Mai den energischen Milizoffizier Pueyrrodón zum neuen »Director Supremo« wählten, da man sich von ihm eine Stabilisierung der innenpolitischen Lage erhoffte. Es gelang ihm in seiner dreijährigen Regierungszeit, der Anarchie vorübergehend Einhalt zu gebieten und den Zerfall der La-Plata-Provinzen in Einzelstaaten zu verhindern.

In dieser kurzen Pause trügerischer Ruhe erklärten die Abgeordneten am 9. Juli 1816 in einer feierlichen Sitzung die völlige Unabhängigkeit der »Vereinigten Provinzen des Rio de la Plata«, womit die endgültige Trennung von Spanien vollzogen wurde. Die Unabhängigkeitserklärung war eine große und eindrucksvolle Geste, aber sie barg zahlreiche Gefahren in sich. Denn die anderen hispanoamerikanischen Emanzipationsbewegungen, die etwa zur gleichen Zeit wie in Buenos Aires auch in Chile, Venezuela, Kolumbien und Mexiko begonnen hatten, waren inzwischen niedergeworfen worden. General Morillo hatte 1816 die Verbindung zwischen seinem in Kolumbien stehenden siegreichen Heer und den in Peru stationierten königlichen Truppen hergestellt und drohte nun, über die Anden nach Süden zu ziehen, um auch noch den letzten Unruheherd am Rio de la Plata wieder unter spanische Kontrolle zu bringen. Neben dem erneuten Eingreifen Simón Bolívars im Norden verdanken die »Vereinigten Provinzen« den Fortbestand ihrer gerade erst proklamierten Unabhängigkeit vor allem einem Mann: José de San Martín.

San Martín (1778–1850) war in Nordargentinien als Sohn spanischer Eltern geboren worden. Er erhielt seine militärische Ausbildung in Spanien und nahm an mehreren Feldzügen in Afrika und Europa, zuletzt auch gegen die Franzosen teil. 1812 kehrte er nach Argentinien zurück, wo er als einer der wenigen Berufsoffiziere mit der planmäßigen Ausbildung und Organisation geschulter und disziplinierter Truppen begann. Ähnlich wie Bolívar hatte er klar erkannt, daß die schlecht bewaffneten und ungeordneten Milizeinheiten der Kreolen nur wenig Chancen gegen die kampferprobten spanischen Armeen hatten, und nach mehrjährigen harten Vorbereitungen gelang es San Martín schließlich, eine für die damalige Zeit und die gegebenen Umstände hochqualifizierte Armee aufzubauen, mit der er Anfang 1817 die 4.000 m hohen Andenpässe überschritt und in harten Kämpfen das Generalkapitanat Chile von der spanischen Herrschaft befreite.

Nach diesem Erfolg stand San Martín vor der Entscheidung, nach Buenos Aires zurückzukehren oder den Feldzug mit der Eroberung Perus zu vollenden, das immer noch das stärkste spanische Bollwerk in Südamerika war. Wiederholt hatte ihn seine mit der Anarchie ringende Regierung zurückgerufen, die kein Interesse mehr zeigte, den Unabhängigkeitskrieg außerhalb der eigenen Grenzen weiterzuführen. Aber San Martín ignorierte diese Aufforderungen, da er nicht gewillt war, seine Armee durch Parteiintrigen und Bürgerkriege aufreiben zu lassen, und begann deshalb im gleichen Jahr 1818 mit den Vorbereitungen für seinen Feldzug nach Peru. Die dafür erforderliche Flotte baute ihm der in seinen Diensten stehende englische Abenteurer Lord Cochrane auf, unter deren Schutz das argentinisch-chilenische Expeditionskorps 1820 an der peruanischen Küste landen konnte. Nach einigen für San Martín siegreichen See- und Landgefechten gab der spanische Vizekönig La Serna die Küstenregionen preis und zog sich mit seinem Heer in das Hochland zurück. Mitte Juli 1821 hielt San Martín Einzug in der peruanischen Hauptstadt Lima, wo am 28. Juli die Unabhängigkeit des Vizekönigreiches von Spanien proklamiert wurde und San Martín Anfang August als deren Protektor die vorläufige Regierung übernahm.

Seine politischen Pläne der Errichtung einer Monarchie in Peru sowie der Einsetzung eines europäischen Fürsten als König stießen in der Bevölkerung jedoch auf hartnäckigen Widerstand, so daß sich bald eine heftige Opposition gegen ihn bildete. Auch die militärische Lage verschlechterte sich. Lord Cochrane ließ ihn im Stich und suchte sich ein neues Betätigungsfeld in Brasilien, die kriegsmüde chilenische Regierung zog ihre Truppen zurück, und die peruanischen Freiwilligen erwiesen sich zum größten Teil als unzuverlässig. Inzwischen hatte La Serna im Hochland eine leistungsfähige Kriegsindustrie aufgebaut, sein Heer reorganisiert und bereits mehrere erfolgreiche Vorstöße ins Tiefland unternommen. Anfang 1822 mußte San Martín erkennen, daß die Befreiung Perus mit dem kleinen argentinischen Truppenkontingent, das ihm verblieben war, nicht zum Abschluß gebracht werden konnte, wenn er keine Hilfe von außen erhielt. Sie konnte nur von Bolívar kommen, der nach der Befreiung Venezuelas und Neu-Granadas nun mit seinem Heer in Ecuador stand.

Ende Juli 1822 trafen sich San Martín und Bolívar in der Hafenstadt Guayaquil, um über die Fortsetzung des Krieges in Peru und die künftige politische Gestaltung Südamerikas zu verhandeln. Ihre Unterredungen wurden hinter verschlossenen Türen und ohne Zeugen geführt. Nur aus späteren Andeutungen können wir entnehmen, wie diese Gespräche verlaufen sind. Danach suchte San Martín die Zusammenarbeit und ging dabei so weit, Bolívar den Oberbefehl anzubieten. Bolívar lehnte den Vorschlag ab und ließ San Martín seine Abhängigkeit fühlen, indem er ihm zu verstehen gab, daß Südamerika nur für einen von ihnen Raum biete. Die überragende Persönlichkeit Bolívars setzte sich schließlich durch, und San Martín kehrte nach Peru zurück. Als er in Lima eintraf, war dort der Bürgerkrieg ausgebrochen. Die Mehrheit der Peruaner stand nicht mehr hinter ihm. Auch sein Heer zeigte Auflösungserscheinungen, und er fühlte, daß seine weitere Anwesenheit neue Rivalitäten heraufbeschwören und die Vollendung der südamerikanischen Unabhängigkeit nur verzögern würde. Er dankte als Protektor der peruanischen Unabhängigkeit ab und bat Bolívar in seinem letzten Brief noch einmal, die Befreiung Perus zu Ende zu führen.

Nach der Abreise San Martíns war es unter den »patriotas« zu schweren inneren Auseinandersetzungen gekommen, und Bolívar, der im September 1823 in Peru eingetroffen war, hatte Mühe, zwischen den streitenden Parteien zu vermitteln. Als in seinem Rücken neue royalistische Aufstände die Verbindungen zwischen Peru und Kolumbien bedrohten und auch noch in Callao Teile der »patriotas« auf die Seite des Vizekönigs übergingen, womit dieser bedeutendste Hafen Perus wieder in die Hände der Spanier fiel, übertrug der peruanische Kongreß Bolívar im Februar 1824 diktatorische Vollmachten, um ihm alle Möglichkeiten zu bieten, der wachsenden Bedrohung Herr zu werden. In dieser Situation kam die Entlastung noch einmal aus Europa, wo 1823 im Auftrag der Heiligen Allianz ein französisches Heer in Spanien einrückte und die absolute Monarchie wiederherstellte, was zur Aufhebung der liberalen Verfassung von 1812 führte. In Peru und in Alto Perú kam es daraufhin zu militärischen Auseinandersetzungen zwischen liberalen und konservativen Royalisten, die durch diesen Konflikt erheblich geschwächt wurden, was wiederum die »patriotas« zu neuen Aktionen ermutigte. Im August 1824 besiegten sie die Spanier bei Junín, und am 9. Dezember 1824 gewann Sucre die letzte entscheidende Schlacht bei Ayacucho, in deren Verlauf der Vizekönig La Serna in Gefangenschaft geriet. Die militärischen Auseinandersetzungen um die Unabhängigkeit Hispanoamerikas hatten damit ihr Ende gefunden.

Die neuen Staaten

Rückblickend erhebt sich die Frage nach dem politischen Erfolg oder Mißerfolg der hispanoamerikanischen Unabhängigkeitsbewegungen. Niemand erscheint berufener, darüber zu urteilen, als ihre politischen Initiatoren und die militärischen Führer der verschiedenen Aktionen.

»Die Unabhängigkeit ist das einzige Gut, welches wir auf Kosten aller übrigen erreicht haben[6]«, war die Meinung Bolívars, und: »Wer einer Revolution dient, pflügt das Meer[7]«, lautete die resignierende Erkenntnis, zu der er wenige Wochen vor seinem Tode gelangte. Sein Ziel einer von Bolivien über Peru bis Großkolumbien reichenden Andenkonföderation, welche die Ausgangsbasis weiterer politischer Zusammenschlüsse in Hispanoamerika sein sollte, schien ebenso schnell erreicht wie sein Werk auch wieder zerfiel. 1827 wurde er als Staatsoberhaupt in Peru für abgesetzt erklärt, im darauffolgenden Jahr auch in Bolivien. 1829 löste sich Venezuela von Großkolumbien, das 1830 vollends zerfiel, als sich auch Quito und Guayaquil trennten und die Republik Ecuador bildeten. Im gleichen Jahr starb Bolívar, geächtet und verfolgt von seinen eigenen Landsleuten, im Hause eines Spaniers, der ihm bei Santa Maria in Kolumbien die letzte Zuflucht gewährte.

San Martín, der nie von seinem Konzept eines großen, monarchisch regierten hispanoamerikanischen Bundesstaates abgewichen war, ging nach seiner Abdankung in Peru ins Exil nach Europa, wo er, zurückgezogen von aller Welt, 1850 in Frankreich starb.

Iturbide wurde im März 1823, zehn Monate nach seiner Thronbesteigung, zur Abdankung gezwungen und nach kurzem Aufenthalt in Europa bei seiner Rückkehr nach Mexiko im Juli 1824 von seinen eigenen Landsleuten standrechtlich erschossen. Unmittelbar nach seinem Sturz trennte sich das ehemalige Generalkapitanat Guatemala wieder von Mexiko und konstituierte sich als die »Vereinigten Provinzen von Zentralamerika«, die schließlich nach 1838 in die fünf Kleinstaaten Guatemala, El Salvador, Honduras, Nicaragua und Costa Rica zerfielen. Überall drohten Intrigen und Rivalitäten innerhalb der kreolischen Führungsschicht zur Auflösung der gerade ins Leben getretenen unabhängigen Staaten zu führen.

Die breite Masse der Bevölkerung verhielt sich dem aktuellen politischen Tagesgeschehen gegenüber so gleichgültig, wie sie in ihrer Mehrheit schon den Unabhängigkeitsbewegungen gegenübergestanden hatte. Wo es, wie 1810/11 unter Hidalgo in Mexiko, zu einer stärkeren Beteiligung von Indianern an den Kämpfen gekommen war, ließen sie sich meist von vordergründigen materiellen Hoffnungen zu einer aktiven Teilnahme bestimmen und liefen nach den ersten Niederlagen wieder auseinander. Tatsächlich waren die Unabhängigkeitskriege keine nationalen Erhebungen, geschweige denn wirkliche Revolutionen, sondern Machtkämpfe miteinander rivalisierender »weißer« Führungsschichten. Zu keiner Zeit und an keinem Ort wurde die bestehende Gesellschaftsordnung ernsthaft in Frage gestellt, vielmehr waren Aufrechterhaltung und Fortführung der sozialökonomischen Verhältnisse der Kolonialzeit so selbstverständlich, daß niemand dagegen zu opponieren wagte. Die einzige wirkliche »Neuerung« bestand in einem Wechsel der Herrschaft, bei dem die Spanier von den Kreolen abgelöst wurden, die sich nach anfänglichem Widerstreben bereit finden mußten, die allmählich wachsende Mittelschicht der Mestizen zu tolerieren. Eine Integration der Indianer war weder erwünscht noch beabsichtigt und hat, von geringen Ausnahmen abgesehen, auch nicht stattgefunden.

Unter diesem Aspekt betrachtet, beschritt Hispanoamerika, nachdem es die äußere Freiheit erreicht hatte, den mühsamen und durch viele Rückschläge gekennzeichneten Weg, der auch zu einer inneren Freiheit führen soll und den es bis heute noch nicht zu Ende gegangen ist.

Anmerkungen

1 Zitiert nach der Übersetzung bei Hanns Heiman, Humboldt und Bolívar. In: Alexander von Humboldt, hg. von Joachim H. Schultze, Berlin 1959, S. 233.
2 Richard Konetzke, Die Revolution und die Unabhängigkeitskämpfe in Lateinamerika. In: Historia Mundi, Band 9, Bern 1960, S. 371.
3 Ebenda, S. 377.
4 Gerhard Masur, Simon Bolivar und die Befreiung Südamerikas, Konstanz 1949, S. 291.
5 Ebenda, S. 371 f.
6 Vicente Lecuna (Hg.), Proclamas y discursos del libertador, Caracas 1939, S. 398.
7 Simón Bolívar, Obras completas, Band 2, La Habana 1947, S. 959.

Bibliographische Hinweise

Die Literatur (Quelleneditionen, Memoiren, allgemeine Darstellungen, Spezialuntersuchungen, Biographien usw.) zur Geschichte der hispanoamerikanischen Unabhängigkeitsbewegungen ist fast unübersehbar geworden und umfaßt selbst schon für regional begrenzte Räume ganze Bibliotheken. Nachstehend sei daher nur auf einige wenige Titel verwiesen, die lediglich als erste Orientierung gedacht sind.

Die wesentlichen bibliographischen Angaben über die wichtigsten Publikationen finden sich in der zusammenfassenden Darstellung:

BUISSON, Inge, und SCHOTTELIUS, Herbert: Die Unabhängigkeitsbewegungen in Lateinamerika, 1788–1826, Stuttgart 1980.

Einen generellen Überblick bieten:

LYNCH, John: The Spanish American Revolutions 1808–1826, London 1973.

KINSBRUNER, Jay: The Spanish-American Independence Movement, Hinsdale, III, 1973.

An Biographien sei hier – speziell für den deutschen Leser – vor allem verwiesen auf:

MASUR, Gerhard: Simón Bolívar und die Befreiung Südamerikas, Konstanz 1949.

DE MADARIAGA, Salvador: Bolívar, Stuttgart, 2. Auflage, 1962.

KIENZL, Florian: San Martín, Berlin 1937.

ROBERTSON, William Spence: Iturbide of Mexico, Durham, N. C., 1952.

DIE GESCHICHTE DES MUSEO DE AMERICA UND SEINER SAMMLUNGEN

Paz Cabello Carro
Museo de América, Madrid

Die ersten Sammlungen

Während der Herrschaft der Habsburger bis Ende des 17. Jahrhunderts gab es königliche Sammlungen, die ganz oder teilweise durch Brände zerstört wurden und in denen sich wahrscheinlich auch Objekte aus Amerika befanden, die für uns für immer verlorengegangen sind. Damals gab es jedenfalls keine Zuständigkeit zum Schutz oder zur Erhaltung dieser Kulturschätze. Die erste Institution dieser Art wurde vom ersten Bourbonenkönig zu Beginn des 18. Jahrhunderts gebildet. Durch den königlichen Erlaß vom 2. Januar 1716 richtete er die »königliche Bibliothek« oder auch »öffentliche Bücherei von Madrid« ein: »Nach dem Beschluß, eine Bibliothek «, so der Monarch in seinem Erlaß, »innerhalb meines königlichen Palastes in Madrid einzurichten, hat man die bis dahin größtmögliche Anzahl von Bücher zusammengetragen, darüber hinaus Handschriften, verschiedene mathematische Instrumente, Münzen, Medaillen und andere Besonderheiten. Für die Instandhaltung stelle ich 8.000 Pesos im Jahr zur Verfügung, aus dem Etat für Tabak und Spielkarten des Hofstaates.« Er stellte mehrere Bibliothekare ein, darunter einen Oberbibliothekar, und übergab die Leitung seinem Beichtvater.

»Alle Angelegenheiten« der erwähnten Bücherei »werden unabhängig von jedem Gericht oder Minister behandelt, und zwar von meinem Privatsekretär, der die Angelegenheiten des königlichen Hofes verwaltet.« Dieser Verordnung wurde Folge geleistet, wie die Aktualisierung des Erlasses durch seinen Sohn Karl III. im Jahr 1761 beweist, der, wie wir später erfahren werden, auf die naturkundliche Sammlung der königlichen Bibliothek Bezug nahm.

Die Gründung einer Bibliothek mit Münzsammlung und anderen Raritäten durch Philipp V. war nur möglich, weil schon königliche Kunst- und Raritätensammlungen existierten, aus denen sicherlich die Münzen und Medaillen für dieses kleine Museum stammten. Wir wissen allerdings nicht, ob sich unter den Raritäten auch Belegstücke aus Amerika befanden. In einer Bestandsaufnahme von 1847 (Castellanos 1847, S. 95–97) machte man auf eine Reihe solcher Objekte aufmerksam; einige stammten aus der Sammlung eines Prinzen, der zu Beginn des 19. Jahrhunderts lebte, während andere zum ursprünglichen Bestand der Bibliothek zählten. Da nicht bekannt ist, wann die Stücke in die Bibliothek gelangten – obwohl zu vermuten ist, daß sie sich schon vor der Gründung der Sammlung durch Karl III. dort befanden –, werden wir sie später behandeln, zum Zeitpunkt ihrer Einbeziehung in die amerikanischen Sammlungen während der zweiten Hälfte des 19. Jahrhunderts.

Die Regierungszeit Ferdinands VI., des Nachfolgers Philipps V., war eine der fruchtbarsten in der Geschichte Spaniens, in der sich der allmächtige Minister Marques de la Ensenada besonders hervortat. Er ermöglichte durch seinen aufgeklärten Reformgeist und seine Neutralitätspolitik einen großen innenpolitischen und wirtschaftlichen Fortschritt. Die Vorliebe des Marques de la Ensenada für die verschiedenen Zweige der Naturkunde ist bekannt. Er unterstützte die Reform der Universitäten, die Wissenschaften und plante eine Akademie der Wissenschaften in Madrid, die aber nie verwirklicht wurde. Ebenso weiß man von der Unterstützung, die er den Marineoffizieren Jorge Juan und Antonio de Ulloa bei ihren kartographischen Arbeiten und ihren Studien über Amerika bot. Ensenada hatte nämlich seine Kenntnisse der Verwaltung als außerordentlicher Offizier im Marineministerium erworben.

Deshalb ist es auch nicht verwunderlich, daß ein Projekt zur Schaffung einer Naturkundesammlung, welches 1752 Antonio de Ulloa der »Obrigkeit« vorlegte, angenommen wurde, wie eine Schrift aus dieser Zeit bezeugt. Die Sammlung wurde 1753 in einem Mietshaus in der Magdalenastraße, Ecke Lavapiés-Straße, eingerichtet, mit Ulloa als Direktor und Eugenio Reigosa als Vizedirektor. Sie gaben Anweisung, alle möglichen naturkundlichen und antiken Raritäten aufzukaufen und dem Museum zu übersenden. 1755 legte Antonio de Ulloa sein Amt nieder, und sein Nachfolger wurde Reigosa, der bis zu seinem Tod im Jahr 1763 die Stelle behielt. Er ernannte kurz vor seinem Tod seinen Sohn Francisco Reigosa zum Verwalter und Verantwortlichen für die Sammlung. Dieser verblieb bis 1773 im Amt, so die Ausführungen eines anonymen Autors, der wahrscheinlich kein anderer als er selbst war – und mußte das, was von seinen Sammlungen geblieben war, Franco Dávila für eine neue Sammlung zur Verfügung stellen.

Die Geschichte des Museums verlief traurig, da es weder Unterstützung noch Geldmittel erhielt. Der Hof kümmerte sich nach Ulloas Fortgang immer weniger darum. Aus diesem Grunde mußte die Sammlung wohl auch mehrmals umziehen, bis sie ins sogenannte »Aposento-Haus« kam, wo sie wohl bis zu ihrer Auflösung im Jahr 1773 blieb. Dieses »Aposento-Haus« muß sich im Palastbereich befunden haben, da an einer anderen Stelle der Handschrift von einer Person die Rede ist, die in das »königliche Haus« geht, wo sich die Sammlung befindet. Die Sammlung wurde mehrmals teilweise aufgelöst, zur Verzweiflung der machtlosen Reigosas. Einmal, 1766, entnahm man Objekte, um eine Sammlung für den »Prinzen, unseren Herrn« zusammenzustellen. Das heißt, daß König Karl III., der spätere Gründer des ersten öffentlichen Museums, Teile der Sammlung für seinen Sohn entnahm. Er betrachtete die von Ulloa und Ensenada unter der Herrschaft seines Bruders gegründete Sammlung wohl nicht als etwas Eigenständiges. Als die königlichen Gesandten bei dieser Gelegenheit die Objekte forttrugen und obwohl Francisco de Reigosa sie zwingen wollte, eine Empfangsbestätigung zu schreiben, wollten sie sich nicht fügen. »Obwohl er darüber Beschwerde bei der Obrigkeit einlegte, hatte dies keinerlei Auswirkung.« Zu diesem Zeitpunkt, als die Sammlung in eine damals neugeschaffene einfloß, belief sich die Zahl der Ausstellungsschränke auf 48.

Sempere y Guarinos erzählt die Geschichte anders: »Seit der Regierung Ferdinands VI. wollte man in Madrid eine Naturkundesammlung einrichten, wofür man schon zahlreiche Objekte unter der Leitung von D. Guillermo Bowles, dem die Oberaufsicht übertragen wurde, zusammengetragen hatte.« Die Diskrepanz zwischen dieser Quelle und der schon zitierten Handschrift, die Vater und Sohn Reigosa nach der kurzen Leitung Ulloas als Verwalter bezeichnet, ist erstaunlich. Ulloa selbst ließ, laut der Handschrift, Bowles und andere ausländische Wissenschaftler kommen, um Objekte für die Sammlung zusammenzutragen, d. h. um auf diesem Gebiet zu forschen und die Ergebnisse ihrer Arbeit an das Museum weiterzugeben. In der Biographie Bowles' und selbst in dem Buch von Sempere y Guarinos wird seine Arbeit als Konservator nicht erwähnt.

Die Königliche Naturkundesammlung

Zwei Jahre vor der Auflösung der ersten Sammlung im Jahr 1773 gründete der Bruder und Nachfolger Ferdinands VI., Karl III., eine andere Naturkundesammlung, der ein großer Erfolg zuteil wurde, da sie kontinuierlich weitergeführt wurde, im Gegensatz zu Ulloas Sammlung. Am 17. Oktober 1771 stiftete Karl III. die Königliche Naturkundesammlung und nahm das Angebot Pedro Franco Dávilas an, eine Sammlung, die dieser in Paris besaß, zu übernehmen. Laut Rodríguez Marín wurde sie jedoch erst 1773 eingerichtet. Dieses Datum bezieht sich aber auf die offizielle Eröffnung der Sammlung im dafür vorgesehenen Gebäude, während sich das erste Datum auf den Kauf und die Gründung bezieht. Im Schriftstück, welches die Annahme des Angebotes bestätigt, wird Franco Dávila zum Direktor des Museums auf Lebenszeit mit einem jährlichen Gehalt von 1.000 Dublonen (Goldmünzen) ernannt.

Obwohl sein Vater aus Utrera in Spanien stammte, wurde Dávila im früheren Königreich Peru, in der heute in Ecuador liegenden Stadt Guayaquil geboren, wo seine Brüder und Verwandten weiterhin lebten. 1740 zog er aus persönlichen Gründen nach Paris, wo er bis 1771 lebte, als er mit seiner in 22jähriger Arbeit geschaffenen Sammlung nach Spanien ging. Schon 1767 hatte er sie dem spanischen König aus gesundheitlichen und ökonomischen Gründen zum Kauf angeboten, was dieser jedoch ablehnte. In demselben Jahr wurde der Katalog des Museums und der Bibliothek veröffentlicht. Nachdem eine öffentliche Versteigerung gescheitert war, bot er Karl III. die Sammlung wiederum an. Der König holte in beiden Fällen die Meinung des Naturwissenschaftlers P. Flórez ein, der sich für den Erwerb aussprach und es vermochte, die Haltung des Königs durch seine überzeugende Argumentation zu ändern. Flórez war es auch, der dazu riet, Pedro Franco Dávila zum Direktor zu ernennen; die wissenschaftliche Korrespondenz zwischen beiden zeigt, daß Flórez eine gute Meinung vom Kreolen Dávila hatte.

Die Sammlung Franco Davilas setzte sich aus klassischen Altertümern und Materialien ganz unterschiedlicher Art zusammen. Der amerikanische Teil war relativ umfangreich und enthielt Archäologisches sowie Ethnographisches manchmal ohne genaue Herkunftsangaben.

Obwohl das Inventar erhalten ist, das anläßlich der ersten Verkaufsofferte an den König aufgestellt wurde, konnte keines der Objekte identifiziert werden. Es besteht die Möglichkeit, daß zwischen erstem und zweitem Offert Objekte verkauft oder ausgetauscht wurden, denn in der nächsten Bestandsaufnahme, die schon 1860 gemacht wurde, sind sie anhand der Beschreibung nicht zu erkennen.

Wie aus seiner zahlreichen Korrespondenz ersichtlich ist, schrieb Don Pedro verschiedenen Personen, die Besitzer von Objekten waren oder für die Sammlung nützlich sein konnten; das hatte er schon in Paris getan. Eine der ersten Aussendungen war für Antonio de Ulloa bestimmt. Zur selben Zeit wurde auf Ministerialebene der Kauf von verschiedenen mineralogischen, botanischen u. a. Kollektionen in anderen europäischen Ländern in die Wege geleitet. Janer erklärt, daß Karl III. selbst verschiedene Raritäten aus seinem Besitz für die Sammlung bestimmt hatte. Dies regte viele Privatpersonen und im In- und Ausland lebende Spanier dazu an, Objekte und Kollektionen zu senden, wodurch zwischen 1722 und 1775 eine große Anzahl von Schenkungen zustande kam. Obwohl der König seit seinem Aufenthalt in Neapel Kollektionen besaß – wie aus verschiedenen Dokumenten hervorgeht –, scheint es, daß mehrere Objekte aus der ersten Sammlung waren und andere, die sich der Infant für seine eigene Sammlung mitgenommen hatte. Andere Objekte wieder wurden dem König von verschiedenen Orten seines Reiches viele Jahre vor der Gründung des zweiten Museums zugeschickt und müssen im Palast verblieben sein – entweder in der ersten Sammlung, in der des Prinzen oder in einem Sekretariat –, wie aus der Lektüre der Dokumentation zu entnehmen ist. Verschiedene Provinzen der Halbinsel und in Übersee schickten dem Monarchen in Befolgung der königlichen Verordnungen und der Anweisungen von Franco Dávila Objekte, die den drei Bereichen der Natur einzuordnen sind.

Die Sammlung benötigte einen eigenen Ort, wo sie ihre Kollektionen aufstellen und zur Klassifizierung, zum Studium und zur öffentlichen Ausstellung derselben schreiten konnte. Deshalb dachte man an den Erwerb des Hauses des Herzogs von Arcos, das sich auf dem Grundstück von Gaviria befand, in der Arenal-Straße. Da man aber auf Schwierigkeiten stieß, kaufte man das Haus in Alcalá 19, Eigentum des Grafen von Saceda. Das Erdgeschoß und der erste Stock wurden für die Kunstakademie bestimmt, und im zweiten Stock wurde die königliche Sammlung untergebracht. Das Gebäude steht noch heute und ist Sitz der Kunstakademie San Fernando. Seine Lage in der Nähe des Königlichen Palastes erlaubte es König Karl III. und seiner Familie, das Museum sehr häufig zu besuchen; er pflegte »sehr zeitlich in der Früh« und »ohne jeden Hofstaat« hinzugehen, um die ausgestellten Kollektionen zu betrachten, wobei er selbst Anordnungen zur Verbesserung traf.

Die erste dem Publikum zugängliche Eröffnung war am 4. November 1776; verschiedene Säle wurden für Erze, Steine, Gläser, Edelsteine, Versteinerungen und Altertümer eingerichtet; unter letzteren scheint schon amerikanisches Material auf, und unter diesem heben sich wieder besonders ein Bogen und Pfeile aus Peru ab, »die von den Indios der Insel Ocategui stammen, die damals gerade entdeckt worden war«.

Der erste Direktor, Pedro Franco Dávila, war seit der Gründung der Sammlung bis zu seinem Tod im Jahr 1785 ihr Leiter; ihm folgte interimistisch im darauffolgenden Jahr Nicolás de Vargas, und 1787 nahm Eugenio Izquierdo die Stellung »in Besitz«, mit einem Gehalt von 30.000 Realen, unterstützt vom Vizedirektor José Clavijo. In Wirklichkeit bekleidete Izquierdo seine Stellung ehrenamtlich, und Clavijo Fajardo trat bis zum Ende des 18. Jahrhunderts als Direktor auf; er wurde aber erst 1793 dazu ernannt und förderte eine wissenschaftliche Tätigkeit, die mit keiner nachher gleichgestellt werden kann.

Wir sahen schon, wie die königliche Bibliothek von Philipp V. zusammen mit dem sonstigen Besitz der Krone vom Sekretariat der Staatskanzlei abhing. Zur Zeit Ferdinands VI. fiel die erste Sammlung in die Kompetenz des Staatssekretariats und der Kanzlei, die sich – neben vielen anderen Aufgaben – mit den internen Angelegenheiten des Staates befaßte. Ich habe keinen Text gefunden, der in ausreichender Weise diese Verwaltungsabhängigkeit der Sammlung mehr erklärt als den bezüglich des königlichen Besitzes, ein Teil dessen die Sammlung war; und dasselbe passierte mir bezüglich der zweiten und endgültigen Sammlung Karls III. Trotzdem scheint sich mit ziemlicher Klarheit entnehmen zu lassen, daß diese dieselbe organische Regelung wie die vorhergehende hatte; dies wird durch die zahlreichen Briefe des Grafen von Floridablanca, Staatssekretär unter Karl III., bekräftigt. 1787 erließ dieser Monarch neue Ministerialverordnungen, durch die das Justizministerium u. a. auch für die »Kunstakademien, die botanischen Expeditionen mit allen wissenschaftlichen Zweigen der Bildung, Wissenschaft, Geschichte und Medizin, Chirurgie, Natur- und Medizinalprodukten und sonstiges zur Naturgeschichte der amerikanischen Gebiete Gehörende sowie das Generalarchiv von Sevilla« die Verantwortung hatte. Obwohl er nicht ausdrücklich die Sammlung zitiert, scheint ihre administrative Zuordnung ziemlich klar, wobei ihre Trennung von den anderen Beständen des königlichen Besitzes hervorzuheben ist, die erfolgte, um wie ein öffentliches Gut katalogisiert und verwaltet zu werden, obwohl im 18. Jahrhundert viele Besitztümer und Einrichtungen öffentlichen Charakters und Gebrauchs rechtmäßiges Eigentum der Krone waren, da die Konzepte des staatlichen und königlichen Eigentums nicht klar abgegrenzt waren.

Das 18. Jahrhundert war für die Sammlung ein unvergleichbar glanzvolles; in seinem Verlauf wurden ihre Kollektionen wie später niemals mehr um »Raritäten« erweitert. Während des Jahres 1799 wurden die Sendungen aus Amerika und von den Philippinen wegen des Krieges mit den Engländern eingestellt; das Wachstum der Kollektionen des Museums stagnierte vollkommen.

1815 änderte die Königliche Naturkundesammlung ihren Namen in Königliches Naturwissenschaftliches Museum, setzte mit derselben Art von Kollektionen fort, wurde aber um verschiedene Laboratorien und Lehrstühle erweitert. Das Museum wurde nach der Verfassung von 1812 Staatseigentum; nach einer Zeit der Aufhebung, wurde durch die endgültige Wiedereinführung der Verfassung 1835 die alte Sammlung als öffentlich erklärt. 1858 wird auf Anregung verschiedener Persönlichkeiten die Klassifizierung und die Wiederherstellung der »historisch-ethnographischen Kollektionen und Altertümer, die sich im Laufe der Zeit ohne Zusammenhang angesammelt hatten«, vorgenommen. Florencio Janer, der Kustos des Wissenschaftsmuseums, wurde mit der Bestandsaufnahme beauftragt: dies ist die erste und praktisch die einzige Arbeit, von der wir Kenntnis haben. Er ordnete das Material, das mehr als 2.830 Exemplare umfaßte, in Abteilungen: je eine für Altertümer (griechische, römische, iberische, ägyptische . . .), asiatische Kollektionen und Raritäten; und eine erste historisch-ethnographische Abteilung, die die amerikanischen und ozeanischen Kollektionen zusammenfaßte und die er ihrerseits wieder in verschiedene Kapitel unterteilte, je nach ihrer Funktion.

Das Nationalmuseum für Archäologie

Am 18. März 1867 – laut Fernández de los Ríos am 20. – wurde das Nationalmuseum für Archäologie geschaffen. Die Gründungsdokumente sagen aus, daß man die Idee hatte, historische Funde im »Museum für antike Kunst und Archäologie« zusammenzutragen und zu ordnen, wofür in jeder Provinz ein Museum dieser Art geschaffen werden sollte, da »die Naturkunde, die Schönen Künste und verschiedene andere Wissenschaften schon eigene Museen hätten«. Die Sammlung setzte sich aus allen archäologischen und ethnographischen Objekten sowie den Kunstgegenständen des Museums für Naturwissenschaft, der alten königlichen Sammlung, worunter sich auch amerikanische Antiquitäten und Raritäten befanden, zusammen. Dazu kamen der bis dato noch unbekannte Besitz der im Gebäude der Geschichtsakademie (Real Academia de Historia) untergebrachten Diplomatenschule, in der Paläographie und Bibliothekswissenschaft gelehrt wurde – in einigen Dokumenten werden die Sammlungen der Akademie erwähnt –, sowie die archäologischen Objekte und Münzen aus dem Erdgeschoß der Nationalbibliothek. Diese nur 14 Objekte umfassende Sammlung gehörte zum alten Besitz des Hauses. Die Beschreibung eines leider verschwundenen Mayazepters aus Knochen und von weiteren neun Stücken, wahrscheinlich aus peruanischen Ausgrabungen, aus dem Besitz des gebildeten Prinzen Sebastián von Bourbon weckte besonderes Interesse. Die amerikanischen Funde des gerade gegründeten Nationalmuseums für Archäologie setzten sich hauptsächlich aus archäologischen und ethnographischen Objekten und zum Teil auch aus Kunstgegenständen der Kolonialzeit zusammen. Es handelte sich dabei hauptsächlich um Gemälde, die andere Gesellschaften und Menschen zeigten, vorkolumbische Gesellschaften also. Es handelte sich um eine Kunstrichtung, die man eher in die Gattung »Raritäten«, zu der die Ethnographie gehörte, einordnen konnte und die weniger für eine gute Pinakothek, wie damals üblich, geeignet waren.

Zur Unterstützung von Archivaren und Bibliothekaren kamen dann die Altertumskundler hinzu, die sich später Archäologen und 1973 Konservatoren nannten, also den Namen wieder einführten, den früher die Museumsangestellten trugen.

Das Nationalmuseum für Archäologie wurde im Südflügel eines in Besitz des Königs befindlichen Hauses, des »El Casino«, in der Straße Calle de Embajadores 68 untergebracht, zusammen mit der Veterinärschule. Bei der Eröffnung 1871 gab es vier Abteilungen. In der vierten Abteilung, der ethnographischen also, wurden die amerikanischen Objekte nach den gleichen Ordnungskriterien aufbewahrt, wie schon Jahre zuvor Janer im Museum der Wissenschaften vorgeschlagen hatte.

Juan Sala, Leiter dieser vierten Abteilung, Joaquín de Salas Dóriga und Angel de Gorostizaga stellten die ethnographische Sammlung im alten Kaminsaal, dem größten, ehemals als Tanzsaal benutzten Raum des »Casino«, aus. Wie Fernández de los Ríos beschreibt, stammten fast alle Stücke von wissenschaftlichen Expeditionen, die während der Herrschaft Karls III. in verschiedene Teile der Welt unternommen wurden und so chinesische, türkische, philippinische und andere Stücke zusammenbringen konnten.

Anläßlich des 400. Jahrestages der Entdeckung Amerikas wurde eine große Ausstellung zur Geschichte Amerikas in einem gerade fertiggestellten Gebäude des neuen Museums für Archäologie in der Serrano-Straße 13, seinem heutigen Sitz, eröffnet. Diese internationale Ausstellung, die von Menschen aus ganz Lateinamerika besucht wurde, löste zahlreiche Schenkungen und den Kauf prä- und postkolumbischer Stücke aus Indianerkulturen und der Kolonialzeit aus. Im Juli 1895 zog das Museum für Archäologie in die neuen Räumlichkeiten um, wobei man alle lateinamerikanischen und ozeanischen Stücke in der Abteilung vier beließ.

Anläßlich einer im Juni 1887 eröffneten Ausstellung über die Philippinen schuf das Überseeministerium am 17. Oktober 1887, aufbauend auf die dort ausgestellten Stücke, ein Überseemuseum mit angeschlossener Bibliothek. Dieses Museum sollte »eine ständige Ausstellung der Objekte sein, die aus den überseeischen Provinzen stammten«. Das erklärte Ziel war es, »alle möglichen Objekte, Produkte, Bücher, Schriften und Handschriften, alte und neue Veröffentlichungen zu sammeln, um die Geschichte und die heutige Situation aller überseeischen Besitzungen und Provinzen, die zum Staatsgebiet gehörten, zu dokumentieren, und ebenso alle Zeugnisse der Geschichte der von Spanien entdeckten Länder in Übersee oder der Länder, die zu irgendeinem Zeitpunkt zum spanischen Staat gehörten, zusammenzutragen«.

Dieses auch als Kolonialmuseum bekannte Haus wurde im

Juli 1888 der Öffentlichkeit zugänglich gemacht. Da der Grundstock eine Ausstellung über die Philippinen war, gab es in diesem Museum mehr ozeanisches als amerikanisches Material zu sehen. Es gab die verschiedensten Sammlungen: Geologie, Baumkunde, Kunst, Waffen, Architektur, Industrie, Trachten, Anthropologie, Ethnographie, Flora und Fauna, prähistorische Objekte usw. Dies alles und die explizite Verpflichtung, alle Objekte, Agrar- und Industrieprodukte der überseeischen Besitzungen und Provinzen auszustellen und mit einer Karte zu versehen, auf der die wissenschaftliche, die populäre und die Handelsbezeichnung, der genaue Herstellungsort, der Preis im Ursprungsland und die wirtschaftliche Bedeutung des Produktes sowie Name und Anschrift der wichtigsten Hersteller und Exporteure anzugeben waren, machte das Überleben des Museums unter den gegebenen Umständen äußerst schwierig.

Das Überseemuseum sollte die wirtschaftlichen Aktivitäten (Produktion und Handel) der überseeischen Besitzungen demonstrieren, nicht aber das Leben und die Geschichte ihrer Bewohner, und das, kurz bevor die letzten Kolonien verloren wurden. Kurz nach der Gründung des Museums kam es, nach der Abschaffung des Überseeministeriums, unter die Zuständigkeit des daraufhin gebildeten Ministeriums für Bildung und Schöne Künste, wurde aber bald darauf aufgelöst. Eine Kommission verteilte die Sammlungen auf verschiedene Museen. Drei Angestellte des Nationalmuseums für Archäologie, Rada, Gorostizaga und Mélida, wählten zahlreiche Objekte für ihre ethnologische Abteilung aus. Darunter fielen u. a. die von den Antillen stammenden Stücke, 46 Gefäße aus Peru und die Philippinen-Sammlung mit den acht Hausgötzen.

Das Museo de América

Das große Interesse an Lateinamerika, geweckt durch den 400. Jahrestag der Entdeckung Amerikas, flachte ab. Erst im 20. Jahrhundert flackerte es über die Vereinigung der Freunde der amerikanischen Archäologie und auch in den Universitäten wieder auf. Während des 26. Internationalen Amerikanisten-Kongresses 1935 in Sevilla wurde diese Tendenz bestätigt und die Schaffung eines Museo de Indias beschlossen.

Die von dem Dichter Juan Larrea erstellte Sammlung von Inkakunst, die während des Kongresses ausgestellt wurde, bestärkte die Teilnehmer noch weiter in ihrem Vorhaben. Man beauftragte einen Architekten mit der Planung des Museums, das auf dem Universitätsgelände neben der ersten, schon im Bau befindlichen Fakultät errichtet werden sollte. Inzwischen stiftete Juan Larrea seine Sammlung dem Nationalmuseum für Archäologie, um so die Gründung des neuen Museums voranzutreiben. Er verfaßte die Gründungsurkunde, die am 7. Oktober 1937 von Jesús Hernández unterzeichnet und dem Generaldirektor für Schöne Künste nach Valencia übersandt wurde. Die Gründungsdokumente wurden am 12. Oktober 1937 im Bulletin »Gaceta de la República« veröffentlicht.

Damit schuf man in Madrid das Museo de Indias, worin archäologische, historische und kunsthandwerkliche Sammlungen präkolumbischen oder kolonialen Ursprungs aus den alten spanischen Überseebesitzungen zu finden waren. Bei der Gründung bestand das Museum aus der Amerika- und der Philippinen-Sammlung, der ethnographischen Abteilung des Museums für Archäologie und der Sammlung Juan Larreas. Man schuf auch eine »Biblioteca de Indias«, um dort das gedruckte und handschriftliche Material aus diesen Teilen der Welt aus der Zeit vor der Unabhängigkeit sowie auch Bücher, die die entsprechenden Themen behandeln, zu sammeln. Bei der Gründung bestand sie aus den Abteilungen »Ultramar« und »Hispanoamerica« der Nationalbibliothek sowie aus anderen Büchern dieses Themenbereiches, soweit sie von der Nationalbibliothek und anderen überlassen wurden.

Dieses sehr ehrgeizige Projekt sollte den Aufbau eines Museums mit Bibliothek ermöglichen, in dem jedes Stück erhalten und erforscht werden sollte, um dadurch Kenntnisse über die Völker, die irgendwann einmal in einem Abhängigkeitsverhältnis zu Spanien standen, zu vertiefen. In dieser Einrichtung sollte die Lateinamerikakunde nur einen Teil, hinsichtlich ihres Aufgabenbereiches aber sehr wichtigen Teil, darstellen. Da sich aber der Bürgerkrieg bei der Gründung des Museo de Indias auf seinem Höhepunkt befand, konnte es nicht realisiert werden.

Als Antwort auf den Regierungserlaß von 1937 befahlen die aufständischen Frankisten am 14. April 1939 die Bildung des, wie sie es nannten, »Museo Arqueológico de Indias«. Da der Bürgerkrieg noch im Gange war, wurde auch das nicht in die Tat umgesetzt. Die Planung war sehr einfach: Man beschränkte sich darauf, ein Museum mit rein amerikanischen, archäologischen und ethnologischen Stücken zu bilden, wofür die Sammlungen der ethnographischen Abteilung des Museums für Archäologie verwendet werden sollten. Es war weder die Rede von einer Bibliothek noch von der Ausweitung der Thematik auf andere Kontinente oder auf die Kolonialzeit in Amerika, was in der amerikabezogenen Museumswissenschaft als Neuerung gesehen worden war.

Einmal an der Macht, konnte die Franco-Regierung ihr Projekt verwirklichen. Am 19. April 1941 wurde die Schaffung des »Museo de América« angeordnet, welches nur auf Amerika ausgerichtet war. Es wurde erst einmal mit der Amerika-Sammlung des Museums für Archäologie und den dazugehörigen Vitrinen und Möbeln ausgestattet. Betrachtet man die wissenschaftliche Seite, legte man eigentlich nur auf die Vergrößerung der Sammlung Wert. Dagegen wurde mit detaillierten Bestimmungen ein Direktionsausschuß gebildet, der sich aus zahlreichen Diplomaten und Persönlichkeiten der Politik zusammensetzte, in der Praxis jedoch keinen Einfluß hatte und nach einigen Jahren aufgelöst wurde.

Da das eigentliche Gebäude noch im Bau war, entschloß man sich, das junge Museum im linken Flügel des ersten Stockwerkes des am 13. Juli 1944 eingeweihten Nationalmuseums für Archäologie unterzubringen. Es bestand lediglich aus der alten Sammlung der ethnographischen Abteilung – mit Ausnahme der asiatischen Stücke – und der wahrscheinlich noch nicht ausgestellten Sammlung Larreas; die Sammlung wurde nach chronologischen und geo-kulturellen Gesichtspunkten geordnet.

Aus dieser Ordnung fiel ein Saal heraus, in dem man neben Objekten von Indianern auch solche aus den verschiedensten Gegenden und Epochen zusammen ausstellte. Obwohl man immer die Idee eines rein amerikanischen Museums verfolgte, wurden philippinische und polynesische Sammlungen aus der ethnographischen Abteilung des Museums für Archäologie darin aufgenommen. So war dieser ethnographische Saal eigentlich das Erbe früherer wissenschaftlicher Arbeiten. Unter diesen Voraussetzungen konnte das Museo de América, scheinbar durch Zufall, seinen Aktionsradius erweitern, die damalige Verordnung umgehen und den ehrgeizigen Plan der republikanischen Regierung von 1937 doch noch in begrenztem Maße verwirklichen.

Die Idee, ein eigenes Museumsgebäude auf dem Universitätsgelände zu errichten, stammte aus dem schon erwähnten Erlaß aus dem Jahr 1937. 1942 wurde der Bauplatz beantragt, und 1943 betraute man die Architekten Luis Moya und Luis Martínez Fecuchi Ruiz mit dem Projekt. Noch im selben Jahr begann man mit dem Bau, der 1954 fertiggestellt wurde. Das Gebäude ist im Stil faschistischer Bauten errichtet, in den sich aber auch der Historismus mischt, und ist einer Kolonialkirche nachempfunden. Er war als Amerika-Palast geplant; ein wohl vom ersten Erlaß inspiriertes, großangelegtes Projekt. Nach der Fertigstellung beherbergte das Gebäude vorübergehend das Museum für Kunstreproduktionen sowie einige religiöse Einrichtungen; aus jener Zeit sind noch eine Pfarrkirche und das oben erwähnte Museum erhalten.

1962 begann man mit dem Umzug der Sammlung in das neue Gebäude, ihrem heutigen Standort, das 1965 eingeweiht wurde. Die museumswissenschaftliche Anordnung der Stücke aus dem Museum für Archäologie wurde soweit wie möglich beibehalten; viele Stücke mußten allerdings eingelagert werden. Wie zu erwarten war, nahmen die Ausstellungssäle nicht den ganzen Raum ein, weshalb das Institut zur Instandhaltung und Restaurierung von Kunstwerken und die Schule für angewandte Kunst und Restaurierung im Gebäude Platz fanden.

Etwa im Jahr 1980 entschloß sich die Regierung, ein kleines, in Vergessenheit geratenes Museum wieder ins Leben zu rufen und das Gebäude so herzurichten, daß es dem Museum mit seinen Ausstellungssälen und sonstigen Räumlichkeiten vollständig zur Verfügung stand. Es wurde ausgeräumt und geschlossen, damit die Arbeiten beginnen konnten. Ein Austausch des Architekten sowie eine Änderung in der Planung, die aber keine Abstriche an der Grundidee machte, und die Schwierigkeiten, die anderen sich im Gebäude befindlichen Einrichtungen auszuquartieren, haben die Arbeiten stark verzögert. Währenddessen werden die Sammlungen des Museums untersucht und katalogisiert, es wird bei Ausstellungen mitgearbeitet, und es werden im einzigen geöffneten Saal des Museums oder aber in Spanien und im Ausland Ausstellungen, wie die hier vorgestellte, vorbereitet.

Literatur

Es handelt sich hierbei nur um die Basisliteratur; die im Text erwähnten Autoren und die entsprechende Bibliographie werden hier nicht nochmals aufgeführt.

ANONYM (Romé de Lisle): Catalogue systématique et raisonné des curiosités de la nature et de l'art qui composent le Cabinet de M. Davila, avec figures en taille douce, de plusiers morceaux qui n'aurient point encore été gravés, 3 Vol., Ed. Chez Briasson, rue Saint Jacques, à la Science, Paris 1776.
BARREIRO, Agustín J.: El Museo Nacional de Ciencias Naturales, Consejo Superior de Investigaciones Científicas, Instituto de Ciencias Naturales »José de Acosta«, Madrid 1944.
FERNANDEZ DE LOS RIOS, A.: Guía de Madrid, manual del madrileño y del forastero, Oficinas de la Ilustración Española y Americana, Madrid 1876.
FERNANDEZ VEGA, Pilar: »El Museo de America«, Separata de la Cátedra »Fernando el Católico«, Memoria del Curso 1961/62, 1962.
JANER, Florencio: »Historia, descripción y catálogo de las colecciones histórico etnográficas, curiosidades diversas y antigüedades conservadas en el Museo de Ciencias Naturales de Madrid«, Manuskript, Museo de América, 1860.
NOVÍSIMA RECOPILACIÓN de las Leyes de España, Dividida en XII Libros. En que se reforma la Recopilación publicada por el Señor Don Felipe II en el año de 1567, reimpresa ultimamente en el de 1775, y se incorporan las pragmáticas, cédulas, decretos, órdenes y resoluciones Reales y otras providencias no recopiladas, y expedidas hasta el de 1801, Mandada formar por el Señor Carlos IV. Madrid 1806.
RAMOS LUIS Y BLASCO, María Concepción: »Gestación del Museo de América«, Cuadernos Prehispánicos nr. 7, Seminario Americanista de la Universidad de Valladolid, Valladolid 1979.
RODRIGUEZ MARIN, Francisco: Archivos, Bibliotecas y Museos Arqueológicos de España que están a cargo del cuerpo facultativo del Ramo, Vol.II, Sección de Museos, Imprenta de la Rev. de Arch. y Bibliotecas y Museos, Madrid 1916.
SEMPERE Y GUARINOS, Juan: Ensayo de una biblioteca española de los mejores escritores del reynado de Carlos III, 1785, Imprenta Real, Madrid, Edición Fascímil de Ed. Gredos, Madrid 1969.

Katalog

1. DIE EROBERUNG VON MEXIKO UND PERU

Die Eroberungen des Azteken- und des Inkareiches waren die wichtigsten politischen und militärischen Meilensteine der Konquista. Beide Unternehmen wurden in wenigen Jahren erfolgreich abgeschlossen und bedeuteten endgültig die Herrschaft der Spanier auf dem amerikanischen Kontinent. Zwei herausragende Männer leiteten diese Abenteuer, Hernán Cortés und Francisco Pizarro, die das Bild der spanischen Konquistadoren prägten und zu Vorbildern ihrer Gefährten wurden.

Zwei Jahre benötigte Hernán Cortés, um Mexiko zu erobern. Bei seinem Kampf gegen Moctezuma standen ihm zahlreiche indianische Hilfstruppen zur Seite. Am 13. August 1521 zog er siegreich in Tenochtitlan ein; von dort aus organisierte er seinen neuen Herrschaftsbereich.

Nachrichten über unermeßliche Reichtümer im Süden waren der Anlaß, Peru zu entdecken und später zu erobern. 1532 führte Francisco Pizarro dieses Unternehmen durch, bei dem auch er seine Vorteile aus den inneren Zwistigkeiten des Inkareiches zog. Nach dem Sieg über die Inka gab es langjährige Bruderkriege unter den Spaniern, bei denen die bedeutendsten Führer der Konquista ihr Leben ließen.

Von den Trophäen, welche die Eroberer nach Europa sandten, wurden nur wenige über die Kunst- und Wunderkammern der zumeist fürstlichen Sammler des 16. Jahrhunderts in die Gegenwart gerettet.

1.1 DIE EROBERUNG MEXIKOS

Öl, Leinwand auf Holz, Perlmutt, 97 x 53 cm
Beischrift am oberen Teil: »14. Fray Bartolomé de Olmedo tauft fünf Indianer. 15. Zwei indianischen Spionen von Xicotenca el Moso werden die Hände abgeschlagen«
Miguel und Juan González, Mexiko, 17. Jahrhundert (1698)
MAM 107. 24 Tafeln, die monographisch demselben Thema gewidmet sind, wurden 1776 aus der königlichen Sammlung im Granja-Palast in die königliche Naturkundesammlung überführt und später ins Nationalmuseum für bildende Künste, ins heutige Prado-Museum. 1873 kamen sie ins Nationalmuseum für Archäologie und 1941 ins Museo de América. Sechs der 24 Tafeln werden hier gezeigt.
Ausstellungen: Madrid 1881; Madrid 1892

Am Bild ist oben eine Randverzierung in Form eines Bogens mit Blumen- und Vogelmotiven zu sehen; es wurde die Technik des *»enconchado«* (Perlmutteinsatz) benutzt. Eine Beischrift unter dieser Verzierung erklärt die dargestellte Szene und vergibt Nummern, was eine Anordnung der 24 Tafeln nach den Vorstellungen der Künstler erlaubt.

Die Landschaft, meistens nur ein paar Bäume, dient der räumlichen Trennung der unterschiedlichen Szenen. Auch die Darstellung der Personen und ihrer Kleidung ist konventionalisiert. Die Numerierung der Tafeln folgt keiner chronologischen Ordnung. Die Gesichter der Eingeborenen fallen wegen ihrer fernöstlichen Züge auf.

Beide dargestellten Szenen entsprechen (in umgekehrter Reihenfolge) geschichtlichen Ereignissen, die uns die Chronisten überliefert haben, obwohl sie sich nicht in dem in den Tafeln gezeigten Zusammenhang ereignet haben. Die Landschaft aus Nr. 15 entstammt in Wirklichkeit dem Augenblick, als Cortés, nachdem er das Heer der Stadt Tlaxcala am 2. September 1519 geschlagen hatte, den Spionen des Xicotencatl die Hände abschlagen ließ – ein Ereignis, das in Nr. 14 eingefangen wurde. In Nr. 15 wird dagegen die Taufe von einigen Indianerfrauen dargestellt, unter denen sich die Töchter des Xicotencatl befinden, von denen eine den Namen Luisa erhielt und Pedro de Alvarado übergeben wurde.
GARCIA SAIZ 1980 b, S. 34

1.2 DIE EROBERUNG MEXIKOS

Öl, Leinwand auf Holz, Perlmutt, 97 x 53 cm
Beischrift im oberen Teil: »18. Ankunft von Cortés in Mexiko über die Straße San Antonio Abad«
Unterschrift ganz unten: »Miguel Gonzes fesi a 1698«
Miguel und Juan Gonźalez, Mexiko, 17. Jahrhundert (1698)
MAM 109, wie oben

Die Komposition des Bildes zeigt fast dieselben Charakteristika wie das erste Gemälde, obwohl hier die ganze Tafel einem einzigen Ereignis gewidmet ist: der Ankunft der Spanier unter der Führung von Cortés in Tenochtitlan. Im Vordergrund ist die reitende Gesandtschaft zu sehen, und im Hintergrund wird die Stadt skizziert, auf deren Kanälen Boote voller Indianer mit Musikinstrumenten zum Empfang von Hernán Cortés eilen.

Diese und die nächste Tafel sind die einzigen, die eine abgerundete Komposition zeigen, in dem eine einzige Szene unter Berücksichtigung der realen Verhältnisse dargestellt wird.
GARCIA SAIZ 1980 b, S. 38

1.3 DIE EROBERUNG MEXIKOS

Öl, Leinwand auf Holz, Perlmutt, 97 x 53 cm
Beischrift im oberen Teil: »19. Empfang des Moctezuma. 20. Tänze der Mexikaner auf den Booten im See«
Miguel und Juan González, Mexiko, 17. Jahrhundert (1698)
MAM 110, wie oben

Die Künstler wiederholen hier das schon vorgestellte Schema, halten sich aber eng an die Beschreibung von Bernal Diaz: ». . . der große Moctezuma stieg von seiner Sänfte, und die bedeutendsten Männer trugen ihn auf den Armen, und er ging unter einem Baldachin von reichster Schönheit und der

Kat.-Nr. 1.1

Kat.-Nr. 1.3

Farbe von grünen Federn mit vielen Goldarbeiten, Silberschmuck und Perlen und Chalchius-Steinen, die an einer Art Stickerei hingen, und es war viel zu sehen. Und der große Moctezuma kam reich bekleidet, wie es der Sitte entsprach, und hatte seine Füße in Cotanas stecken, denn so sagt man zu diesem Schuhwerk, die Sohlen aus Gold und oben Edelsteine, und die Kleider der Sitte gemäß, als ob diese auf dem Weg gewechselt worden wären, denn sie kamen nicht mit denselben an, wie sie weggingen, und es kamen nicht nur jene vier Herren, sondern noch vier bedeutende Häuptlinge, und sie hatten einen Baldachin über dem Kopf, und viele andere Edelleute, die vor dem großen Moctezuma gingen, fegten den Boden, über den er schreiten sollte, und legten Teppiche, damit dieser die Erde nicht berühre« (Kap. LXXXVIII).
GARCIA SAIZ 1980 b, S. 40

1.4 DIE EROBERUNG MEXIKOS

Öl, Leinwand auf Holz, Perlmutt, 97 x 53 cm
Beischrift: »37. Die Tlaxcalteken mißhandeln Xicotenca. 38. Sandovals Hilfe. 39. Wiedereroberung der königlichen Standarte und Tod des Fahnenträgers«
Miguel und Juan González, Mexiko, 17. Jahrhundert (1698)
MAM 118, wie oben

Im Hintergrund werden der junge Xicotenca und seine Anhänger vom eigenen Volk verfolgt und angegriffen. In der Mitte kämpft eine Gruppe von Spaniern und Eingeborenen gegeneinander, wobei die Spanier ihre Standarte wiedererobern. Im Vordergrund kommt eine Gruppe von Spaniern, angeführt von zwei Reitern, ihren Gefährten zur Hilfe.

Trotz ihres scheinbaren Zusammenhangs gehören die hier

Kat.-Nr. 1.6

erzählten Situationen zu ganz verschiedenen Ereignissen. Die Auswahl des Motivs ist darin begründet, daß die zweite Hälfte der 24 Tafeln grausamen, kriegerischen Szenen vorbehalten werden sollte. Vom stilistischen Standpunkt aus wiederholen sich hier die Formen, die in der gesamten Serie zu beobachten sind; so wächst ganz im Vordergrund der knorrige Stamm eines Baumes aus dem Felsen. Die Künstler haben dieses Schema benutzt, um der Szene mehr Leben zu geben.
GARCIA SAIZ 1980 b, S. 56

1.5 DIE EROBERUNG MEXIKOS

Öl, Leinwand auf Holz, Perlmutt, 97 x 53 cm
Beischrift im oberen Teil: »47. Garcia Holinge nimmt Cuauhtemoc fest. 48. Verstärkung vom Festland«
Miguel und Juan González, Mexiko, 17. Jahrhundert (1698)
MAM 123, wie oben

Auf dem See kämpfen spanische Schiffe gegen die Boote der Indianer, um ihre Herrschaft über Tenochtitlan zu erzwingen. Im Vordergrund eine größere Anzahl von spanischen Soldaten, die sich am Land beeilen, ihren Kameraden zu helfen. Das wichtigste Geschehen, die Gefangennahme von Cuauhtemoc durch García de Olguín, scheint mit der Gesamtkomposition zu verschmelzen.
GARCIA SAIZ (II) 1980 b, S. 66

1.6 DIE EROBERUNG MEXIKOS

Öl, Leinwand auf Holz, Perlmutt, 97 x 53 cm
Beischrift oben: »49. Cortés befiehlt, die übriggebliebenen Götzen zu zerstören und zu verbrennen. 50. Zerstörtes Schiff, das der Stadt Hilfe brachte«
Unterschrift in der unteren linken Ecke: »...Gonz. fecci 1698«
Miguel und Juan González, Mexiko, 17. Jahrhundert (1698)
MAM 124, wie oben

Die Umrahmung deckt diesmal sowohl den oberen Teil als auch den rechten Rand, was das Ende der Serie anzeigt.

Dieses letzte Bild bezieht sich auf kein konkretes Ereignis und symbolisiert allgemein das Ende des Aztekenreiches mit der Zerstörung seiner Götzenbilder. Die Künstler stellen die Kraft der Konquistadoren heraus und verzichten auf die Darstellung der Eingeborenen. Sie konzentrieren sich auf die Spanier, besonders auf jene Gruppe, an deren Spitze die Häupter des Hernán Cortés und des Paters Olmedo zu sehen sind.
GARCIA SAIZ 1980 b, S. 68

1.7 DIE EROBERUNG MEXIKOS

Öl, Leinwand auf Holz, Perlmutt, 205 x 121 cm
Beischrift in der rechten unteren Ecke: »A. Hafen von Vera Cruz. B. Cortés ißt mit zwei Botschaftern Moctezumas. C. Sie reiten zu Pferd, und die Botschafter sind erstaunt. D. Cortés ernennt die Bürgermeister der Stadt. E. Doña Marina erzählt den Totonaken über Cortés. F. Bau von Villa Rica mit Hilfe der Indianer aus Totonaque. G. Ankunft Cortés in Zempuala; er wird vom Dicken Häuptling empfangen, der ihm Unterkunft gibt und Essen und alle Spanier beschenkt«
Anonym, Mexiko, Ende 17. Jahrhundert
MAM 125. Serie von acht Tafeln, vom Nationalmuseum für Archäologie 1905 erworben, die 1941 ins Museo de América kamen. Drei davon sind hier zu sehen.
Ausstellungen: Madrid 1892; Madrid 1958; Madrid 1983/84; Valladolid 1985

Bei der Auswahl der Motive beginnt der Künstler mit dem Empfang der Botschafter Moctezumas durch Cortés, der sie freundlich aufnimmt und an seinen Tisch bittet. Er zeigt ihnen

Kat.-Nr. 1.7

Kat.-Nr. 1.8

auch die Macht seiner Pferde und seiner Haubitzen. Die Ereignisse sind vom Hintergrund in den Vordergrund chronologisch angeordnet, wo der sogenannte »Dicke Häuptling«, der Häuptling von Zempoala und Untertan von Moctezuma, Cortés empfängt. Zwischen diesen beiden Ereignissen wird die wichtige Gründung der Stadt Villa Rica de la Vera Cruz beschrieben, deren Stadtrat später Cortés zum Oberbefehlshaber und Oberrichter ernennt und so ein Unternehmen legalisiert, das bis dahin keine Legitimation besaß.

Die Umrahmung des Bildes zeigt Pflanzenmotive.
GARCIA SAIZ 1980 b, S. 72

1.8 DIE EROBERUNG MEXIKOS

Öl, Leinwand auf Holz, Perlmutt, 205 x 121 cm

Beischrift in der rechten unteren Ecke: »A. Der Neffe Moctezumas empfängt Cortés, er beschenkt ihn. B. Xicotenca kommt, um Frieden zu schließen, gibt Suchil-Blumen, und die Häuptlinge bieten Cortés ihre Töchter an, und er weist sie zurück. C. Ankunft Cortés' in Mexiko und Empfang durch Moctezuma. D. Besuch des Cortés bei Moctezuma. E. Unterbringung des Cortés im Götzenhaus. F. Moctezuma besucht Cortés und gibt den Spaniern Geschenke und Gold. G. Gärten und Erholung des Moctezuma«
Anonym, Mexiko, Ende 17. Jahrhundert
MAM 127, wie oben
Ausstellungen: Madrid 1892; Madrid 1958; Madrid 1983/84; Santillana del Mar 1984; Cáceres 1984/85; Valladolid 1985

Die Anordnung der Szenen folgt nicht der Ordnung der Beischrift. Das Thema des Treffens zwischen Cortés und Moctezuma gerät in den Hintergrund. Hinter den Gebäuden,

Kat.-Nr. 1.10

die beide Gefolgschaften beherbergen, sieht man die Gärten des Aztekenkaisers.

Mehr im Vordergrund sehen wir wieder Cortés auf dem Weg nach Mexiko. Er wird von Cacamotzin, dem Neffen von Moctezuma und König von Tezcoco, empfangen, bevor er Iztapalapa erreicht. Dieser versucht dabei, Cortés zum Rückzug zu überreden. Die Spanier ziehen aber weiter in Richtung Tenochtitlan, wo sie am 8. November 1519 ankommen und von Moctezuma selbst empfangen werden, der sie in Axayacatl unterbringt.

Bei der Komposition wird kein Interesse für die Aufteilung der einzelnen Szenen gezeigt, sie gehen ineinander über, als handle es sich um die Darstellung eines einzigen Ereignisses.
GARCIA SAIZ 1980 b, S. 76

1.9 DIE EROBERUNG MEXIKOS

Öl, Leinwand auf Holz, Perlmutt, 205 x 121 cm
Beischrift in der linken unteren Ecke: »A. Guatemuz wird als König ausgerufen. B. Krieg in Tacuba, und die Spanier brennen die Häuser nieder. C. Die Tlaxcalteken mißhandeln Xicotenca. D. Sandovals Hilfe. E. Wiedereroberung der königlichen Standarte und Tod des Fahnenträgers. F. Gewinn des Großen Cu und Zerstörung der Götzenbilder. G. Gefangennahme von Cortés und seine Befreiung durch Christobal de Olea und einige Spanier und Tlaxcalteken, während dieser zur Opferung gebracht wird«
Anonym, Mexiko, Ende 17. Jahrhundert
MAM 129, wie oben
Ausstellungen: Madrid 1892; Madrid 1958

Mit Ausnahme der letzten Szene, in der einige Gestalten als Individuen dargestellt werden, vor allem Cortés und Christobal de Olea, zeigen alle anderen verschiedene, schematisierte Gruppen im hitzigen Kampf miteinander. Die Unterteilung in verschiedenen Szenen erfolgt, kaum merkbar, durch einige Pflanzenmotive.

Die ganze Bildtafel erzählt das Kriegsgeschehen von der Abreise von Cortés aus Mexiko, um Narváez zu bekämpfen, bis zu seiner Wiederkehr nach Tenochtitlan, wo sich die Indianer auf Befehl Cuauhtemocs gegen die Spanier aufgelehnt hatten. Der Künstler stellt die Grausamkeiten im Zusammenhang mit der sogenannten *»Noche Triste«,* als Cortés und seine Gefährten die Hauptstadt verlassen mußten, besonders stark heraus, obwohl dies weder im Text noch im Bild erwähnt wird.
GARCIA SAIZ 1980 b, S. 80
Farbabbildung S. 17

1.10 HERNAN CORTES

Gemalt auf Kupfer, 66 x 49 cm
Beischrift unten: »Hernán Cortés«
Anonym, Spanien, Anfang 19. Jahrhundert
MAM 208. Erworben 1948 zusammen mit weiteren 22 Kupferbildern über die Eroberung Mexikos.

Brustbild des Porträtierten in einem simulierten Rahmen, in dem Schwert, Lanze, Helm und Lorbeerkranz die militärische Karriere des Cortés symbolisieren.

Der Künstler nimmt die allgemein üblichen Porträts des Eroberers zur Vorlage, mildert aber seine Züge. Es handelt sich hier um eine Kopie des Stiches, mit dem das Werk des Geschichtsschreibers Antonio de Solís (1798, Band I, Kap. I, S. 1) illustriert wurde und der weder mit der Beschreibung des López de Gómara – »aschfahle Farbe, heller Bart, langes Haar« – noch mit der von Díaz del Castillo – »die Farbe seines Gesichts neigte ins Graue, war nicht sehr froh, und wenn sein Gesicht etwas länger wäre, würde es ihm besser stehen, und seine Augen waren manchmal liebevoll, manchmal sorgenvoll. Er hatte einen etwas schwarzen, dünn wachsenden Bart und das Haar trug man damals wie den Bart« – übereinstimmt, da die charakteristischen Züge nach dem jeweiligen Zeitgeschmack verändert wurden. Obwohl Cortés-Darstellungen im Amerika des 16. Jahrhunderts ziemlich zahlreich waren (Gurria Lacroix 1971, S. 13–18), gab es ein besonders bekanntes Bild, das 1529 von Christoph Weiditz für eine Medaille geschaffen wurde (Bavelon 1954, T. XIII, Nr. 3). Später kam noch ein Bild hinzu, das laut Pablo Jovio von Cortés selbst für sein Museum zugeschickt wurde und das ab 1575 allgemein bekannt war, da es Tobías Stimmer (Romero de Terreros 1944) in einen Holzschnitt übertrug, der als Vorlage für viele Porträts diente (Saenz de Santa María 1958, Nr.73–74).

1.11 FRANCISCO PIZARRO

Gemalt auf Kupfer, 20 x 15 cm
Auf der Rückwand eine Eintragung: »D. Francisco Pizarro, Marquis von Atabillas, Gouverneur des Reiches als Folge einer Kapitulation, die er am 26. Juli 1529 erreichte. Er kam nach Peru im Jahre 1515«
Anonym, Spanien, 16. Jahrhundert.
MAM 185, Sammlung der Marquesa de Peña Florida. Dem Nationalmuseum für Archäologie 1903 gestiftet, kam von dort aus ins Museo de América.
Ausstellungen: Toledo 1958; Avila 1970; Madrid 1970; Cáceres 1984/85; Madrid 1985.

Brustbild in leicht gedrehter Haltung. Der Porträtierte trägt die Kleidung aus der Zeit Philipps II. mit spanischem Kragen und Barett, an der Brust und auf dem ärmellosen Umhang ist das Ritterkreuz des Sankt-Jakobs-Ordens angebracht.

Das Gesicht des Dargestellten, eines jungen Mannes mit schwarzem Bart, entspricht nicht dem Aussehen, das Pizarro nach der Eroberung Perus gehabt haben müßte. In Estremadura geboren, kam er mit 32 Jahren in Hispaniola an und war also 1539, als er nach der Gründung von San Juan de la Frontera nach Cuzco zurückkam, wo er die Nachricht von der Verleihung seines Titels eines Marquis erhielt, über 60 Jahre alt, hatte laut Alonso Enríquez de Guzmán das Aussehen eines »weißbärtigen Greises« und wurde von seinem Bruder Pedro Pizarro als ein »großer, dürrer Mann mit angenehmem Gesicht und dünn wachsendem Bart« beschrieben.

Wie es bei den meisten spanischen Entdeckern und Konquistadoren der Fall ist, so kennen wir auch von Pizarro nicht sein wirkliches Aussehen, denn die Bilder entstanden nach oft unzureichenden oder falschen Aussagen lange nach seinem Tod und entsprachen eher den Wünschen der Auftraggeber als der Wirklichkeit. Das Bildnis von Pizarro erscheint schon in den Vignetten, mit denen das Buch von Guamán Poma de Ayala illustriert wird, und auf dem Deckblatt der »Geschichte der Heldentaten der Kastilier« von Antonio de Herrera. Diese Abbildungen kommen den schriftlichen Beschreibungen näher und dienten den späteren Künstlern bei der Porträtierung dieses Konquistadoren als Vorlage.
Farbabbildung S. 19

1.12 GÜRTEL MIT ZEMI

Rote und weiße Schneckenschalenperlen, schwarze Fruchtkernperlen, Baumwolle, Konvexspiegel, Messingöse, L 83,4 cm, B des Gürtels 6,8 cm, H der Figur 10,3 cm
Santo Domingo, Taino-Kultur, um 1550 n. Chr.
Museum für Völkerkunde Wien 10443, Sammlung Ambras, ex Wiener Schatzkammer

Auf einem Gürtel, der aus nebeneinander vernähten dreielementigen Zöpfen aus naturfarbenem Baumwollgarn gebildet wird, sind an der Vorderseite, flächenfüllend und senkrecht zum Futterstoff stehend, rote und weiße scheibenförmige Schneckenschalen- und schwarze Fruchtkernperlen mittels Baumwollfäden appliziert, wobei ein regelmäßiges Muster aus versetzt stehenden Winkeln auf rotem Grund entsteht.

In der Mitte ist eine die Gürtelbreite überragende Figur aus dem gleichen Material angebracht, die durch große Augen und Ohrpflöcke, komplexen Kopfschmuck, geöffneten Mund mit (teilweise ausgefallenen) Zähnen sowie Händen mit vier abwärtsgebogenen Fingern charakterisiert wird. Die Augen werden von Konvexspiegeln gebildet, im Mund sind *Marginella*-Schalen als Zähne eingeklebt. Während in einem Ohr noch ein geschliffenes Obsidianstück aufgeklebt ist, sind am Kopf zwei größere Obsidianstücke mit Messingösen befestigt. An den Enden des Gürtels sind zwei schmälere Baumwollbänder angenäht, die als Verschluß gedient haben mögen

Die Darstellung läßt sich als *zemi* identifizieren, eine Klasse von übernatürlichen Wesen, die nach dem Glauben der Taino in bestimmten Objekten gegenwärtig waren. Da so gut wie alle Gebrauchsgegenstände der Taino mit derartigen *zemis* bedeckt waren, führte der Kampf der christlichen Missionare gegen den eingeborenen Idolkult zur Vernichtung fast des gesamten Inventars an materieller Kultur. Lediglich fünf Taino-Objekte, die im 16. Jahrhundert gesammelt wurden, haben sich erhalten, von denen eines – die Figur eines Zemi – nach Material und Machart von derselben Hand wie unser Gürtel zu stammen scheint. Die Verwendung von Konvexspiegeln, Messingösen und von aus Westafrika importierten Schneckenschalen datiert das vorliegende Stück in die Zeit um 1550.
SCHWEEGER-HEFEL 1952; MUSEUM 1980, S. 226; FEEST 1986; ALEGRIA 1983, S. 130, Fig. 8
Farbabbildung S. 18

1.13 XOLOTL-FIGÜRCHEN

Holz, Gold, Silber, Türkis, Malachit, weiße Schneckenschale, rote Muschelschale, Kalzit, Jett, Agaven- und Baumwollschnur, H 9,1 cm, B 7,1 cm
Mexiko, Aztekische Kultur, frühes 16. Jahrhundert
Museum für Völkerkunde Wien 12585, Sammlung Münz- und Antiken-Kabinett, ex Grazer Kunstkammer

Das Holzfigürchen zeigt eine sitzende Figur mit vorspringendem Bauch, die Hände an den Schienbeinen der angewinkelten Beine, mit großem Tierkopf mit menschlichen Ohren und zwei kegelförmigen Fortsätzen und einer sphärischen Ausnehmung an der Hinterseite. An beiden Seiten wird die Figur von dreieckigen Zierteilen flankiert. Die Figur war reich mit Einlagen aus verschiedenem Material verziert, von denen nur noch Reste vorhanden sind. Zu den feinsten noch vorhandenen Verzierungen gehört ein über dem Nabel vorstehendes Köpfchen aus Jett, das seinerseits mit Stücken

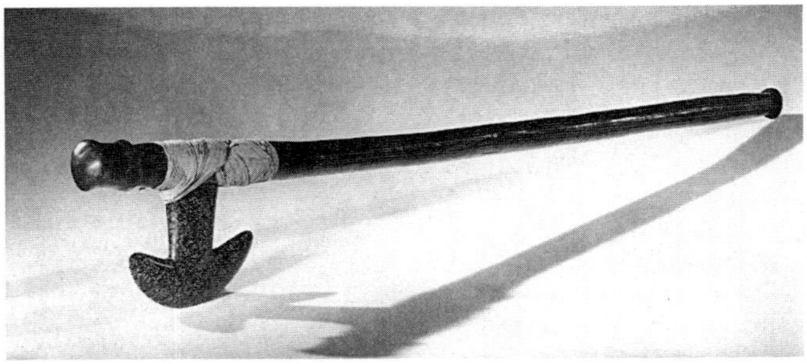

Kat.-Nr. 1.15

von Türkis, Malachit, Obsidian, Muschelschale und Perlmutt eingelegt ist.

Die Darstellung läßt Xolotl, den Zwillingsbruder des Quetzalcoatl, erkennen, der u. a. an seiner Hundsköpfigkeit zu erkennen ist. Die Ausnehmung an der Hinterseite trug ursprünglich einen der typischen altmexikanischen halbkugeligen Metallspiegel, der noch im 17. Jahrhundert vorhanden gewesen zu sein scheint. Aus klimatischen Gründen hat sich nur eine geringe Anzahl hölzerner Gegenstände aus der aztekischen Epoche erhalten, unter denen das Xolotl-Figürchen trotz seiner Beschädigungen der am feinsten gearbeitete ist. Seine dokumentierte Geschichte reicht ins Jahr 1590 zurück, als es im Inventar der Kunstkammer Erzherzog Karls II. von Innerösterreich in Graz erwähnt wird. Es dürfte allerdings bereits in den ersten Jahren nach der Eroberung Mexikos nach Europa gelangt sein.

NOWOTNY 1949; NOWOTNY 1960, S. 68, Tafel 17–21; BECKER-DONNER 1965, S. 4; EASBY–SCOTT 1970, Nr. 191; NICHOLSON 1983, S. 124 f.; MUSEUM 1980, S. 234; FEEST 1986

Farbabbildung S. 18

1.14 PAPAGEIENKÖPFCHEN

Moosachat, Perlmutt, Obsidian, L 2,2 cm, B 1,4 cm
Mexiko, Aztekische Kultur, frühes 16. Jahrhundert
Museum für Völkerkunde Wien 10406, Sammlung Ambras

Ein trotz der geringen Größe äußerst lebensnah geschnittenes Papageienköpfchen ist in seinem hinteren Teil zur Aufnahme einer Schnur bikonisch durchbohrt. Die Augen bestehen aus durchbrochenen Perlmuttscheibchen mit Obsidianpupillen.

Das Köpfchen gehört zu einer kleinen Gruppe teilweise zoomorpher Schmucksteine, die vielleicht Teile eines Gehänges gebildet haben und die aus der Ambraser Sammlung Erzherzog Ferdinands II. von Tirol stammen. Eng verwandt damit sind ähnliche Kleinplastiken, die sich seit dem 16. Jahrhundert in mediceischen Beständen in Florenz befinden.

NOWOTNY 1960, S. 57; BECKER-DONNER 1965, S. 4; MUSEUM 1981, S. 32

Farbabbildung S. 18

1.15 ANKERAXT

Steinklinge, Holzstiel
Klinge: L 14,3 cm, B 10,6 cm, Stiel: L 95 cm
Gê, Ostbrasilien, vor 1577
Museum für Völkerkunde Wien 91929, Waffensammlung des Kunsthistorischen Museums, ex Sammlung Ambras, ex Hannibal Graf zu Hohenems

Typus Ankeraxt, syenitartiges Gestein; das Zapfenende der Klinge ist in den Holzstiel eingelassen und durch sorgfältige Umwicklung mit Baumwollfäden befestigt. Der lange, runde Stiel besteht aus hartem Palmholz.

Gemeinsam mit einem anderen in der Ambraser Sammlung aufbewahrten Exemplar repräsentiert die Ankeraxt einen frühen, nur aus dem 16. Jahrhundert dokumentierten langstieligen Typ, während die aus späterer Zeit herrührenden Stücke durch ihre immer kürzer werdenden Schäfte von zunehmendem Funktionsverlust zeugen und schließlich zu reinen Würdezeichen werden.

Die vorliegende Ankeraxt gelangte 1577 als Geschenk des Hannibal Graf zu Hohenems an Erzherzog Ferdinand II. von Tirol und war bezeichnet als »des gwaltigen künigs Muttazuma zu Mexico streitwer, so der bapstlichen heiligkeit übersandt worden« (Schönherr 1893, S. CLXVII). Sie dient als Beispiel für die auch in der Entdeckungszeit üblichen falschen Zuschreibungen von Gegenständen an berühmte Personen der Geschichte, eine Zuschreibung, die im Fall der Ankeraxt im späten 19. Jahrhundert korrigiert wurde.

HOCHSTETTER 1884, S. 19–24, Taf. V; MUSEUM 1980, S. 260; MUSEUM 1981, S. 9; FEEST 1985, Fig. 91

2. PRÄKOLUMBISCHE GOLDARBEITEN

Zur Zeit der Ankunft der Europäer war die Metallurgie von Peru über Ecuador und Kolumbien, Panama und Costa Rica in Zentralamerika bis nach Mexiko verbreitet. Der Ursprung der Metallverarbeitung scheint dabei in Peru zu liegen, da die bis zum gegenwärtigen Zeitpunkt ältesten Funde um 1500 v. Chr. aus dem südlichen Hochland von Peru stammen. Es folgen getriebene Goldarbeiten um 800 v. Chr. von der nördlichen Küste Perus, die dem Chavín-Horizont zugerechnet werden und bereits einen großen Formenreichtum aufweisen. Aus den ersten vorchristlichen Jahrhunderten stammen die frühesten Funde von Goldverarbeitung aus Kolumbien, und ab etwa 300 n. Chr. sind sie für den zentralamerikanischen Isthmus belegt. Relativ spät (um 700 n. Chr.) tritt die Metallurgie in Mexiko auf.

Dabei entwickelte jede Region ihre eigenen Stile und bestimmte Techniken. Während in Peru getriebene Bleche aus Gold bevorzugt wurden, sind für das Zwischengebiet gegossene Gegenstände aus Gold und Tumbaga (eine Gold-Kupfer-Legierung) charakteristisch.

Das Gold, in der westlichen Welt ein Symbol für materiellen Reichtum, hatte bei den Indianern des präkolumbischen Amerika einen anderen Stellenwert. Es wäre aber falsch zu glauben, die Idee seines materiellen Wertes wäre durch die Spanier nach Amerika gebracht worden. Diese Einstellung gab es auch unter den Indianern, wenn Gold speziell den Vornehmen vorbehalten war oder es deutliche soziale Unterschiede hinsichtlich des Besitzes von Goldschmuck gab. Trotzdem war die zeremonielle Verwendung von Gold als Opfergabe für Götter oder als Grabbeigabe von größerer Bedeutung.

2.1 ANHÄNGER

Gold, H 4,7 cm, G 27,48 g
Costa Rica, Späte Diquis-Kultur, 1000–1500 n. Chr., Periode VI
MAM 694, Sammlung Angel de la Mora y Arena

Menschliche Figur mit Katzenkopf. Der Körper wird von zwei horizontalen Bändern eingerahmt, von denen Voluten ausgehen.

Bei diesem Stück ist die Vereinfachung gewisser charakteristischer Züge der Schamanendarstellung zu beobachten. Dies betrifft die vier Voluten (zwei an den Füßen und zwei am Kopf), die nichts anderes als eine große Anzahl stilisierter Schlangenköpfe sind. Das könnte man als Verlust der didaktisch-religiösen Bedeutung der Schlange interpretieren, da nur noch die Symmetrie und das Gleichgewicht, also rein formale Aspekte, beachtet wurden.

Dieser Anhänger kann als Beweis für einen regen Goldhandel von Kolumbien nach Panama und Costa Rica gewertet werden.

Kat.-Nr. 2.2

MUESTRA 1984, Abb. 250
Farbabbildung S. 20

2.2 ANHÄNGER

Gold, H 6 cm, G 67,70 g
Costa Rica, Späte Diquis-Kultur, 1000–1500 n. Chr., Periode VI
MAM 682, Sammlung Angel de la Mora y Arena

Menschliche Figur mit Katzenkopf. Der Körper wird von zwei horizontalen Bändern umrahmt. Die nackte Figur hält ein Tier zwischen den Zähnen (vielleicht einen Hund) und je einen verzierten Stab in den Händen. Vier Fortsätze mit Katzenköpfen gehen von der Figur aus.

In dieser Art von Anhängern findet sich erneut die charakteristische Besonderheit des Schamanentums der Diquis-Kultur: der Katzenkopf (*Alter Ego* des Schamanen), der gerade eine Beute verschlingen will, die stilisierten Schlangen und die Amtsstäbe bzw. Rasseln. Für einige Autoren war die Darstellung übernatürlicher Formen zusätzlich zu den religiösen Konnotationen ein Zeichen von Rang und Status auch innerhalb der Familie. Auf jeden Fall ist es offensichtlich, daß diese Anhänger keine reine Schmuckfunktion hatten.
MUESTRA 1984, Abb. 248

2.3 ANHÄNGER

Gold, H 5,8 cm, G 57,85 g
Costa Rica, Späte Diquis-Kultur, 1000–1500 n. Chr., Periode VI
MAM 672, Sammlung Angel de la Mora y Arena

Kat.-Nr. 2.5

Menschlicher Körper mit Katzenkopf. Der Körper wird von zwei horizontalen Bändern eingefaßt. Die nackte Figur hält ein abgeschnittenes Bein im Maul und je einen verzierten Stab in den Händen. Ausgehend von der Figur sieht man vier Fortsätze, die in Schlangenköpfen enden.

Es handelt sich um eine typische Schamanendarstellung, deren Ikonographie aus einem menschlichen Körper mit Katzenkopf und verschiedenen davon ausgehenden Schlangenpaaren besteht.

Um die Schamanen konzentrierte sich das religiöse Leben der Eingeborenen. Er handelte als Vermittler zwischen Individuum, Gemeinschaft und übernatürlicher Welt. Sein *Alter Ego* war im allgemeinen der Jaguar.

Durch die Chronisten wissen wir, daß die Schamanen bzw. Zauberer einem komplexen religiösen Kult dienten. Dieser Kult beinhaltete rituellen Kannibalismus (wahrscheinlich in der Region Nicoya am meisten verbreitet, wo der mexikanische Einfluß sehr groß war), auf den die Ikonographie dieses Anhängers hindeutet.

Unglücklicherweise haben wir keine genaue Kenntnis der mythologischen Bedeutung der meisten Symbole, die mit der Darstellung des Schamanen einhergehen.

CABELLO 1980, S. 69, Tafel XIX; MUESTRA 1984, Abb. 244

Farbabbildung S. 20

2.4 ANHÄNGER

Gold, H 5 cm, G 20,41 g

Costa Rica, Späte Diquis-Kultur, 1000–1500 n. Chr., Periode VI

MAM 674, Sammlung Angel de la Mora y Arena

Darstellung eines stehenden nackten Mannes mit zoomorpher Maske und langem Schwanz, der mit beiden Händen über dem Kopf gehalten wird.

Diese Stücke, die normalerweise als affenförmige Anhänger bekannt sind, haben den unheilverkündenden Ausdruck der Gesichtszüge und den langen Schwanz, der von der linken Seite der Figur ausgeht, über den Kopf zur rechten Seite geht und mit den Händen gehalten wird, gemeinsam. So wird um den menschlichen Körper eine Art Aureole gelegt. Manchmal ist der Schwanz glatt wie hier, andere zeigen eine Reihe spiralförmiger Verzierungen. Auch die spiralförmigen Ohrscheiben und die flachen, sehr ausgeprägten Füße mit Knöchelschutz sind gemeinsame Elemente dieser Anhänger.

Es gibt eine Variante, die klar Bezug auf Schamanen oder Zauberer nimmt, bei der zwei Schlangenköpfe von den Beinen ausgehen.

MUESTRA 1984, Abb. 246

Farbabbildung S. 21

2.5 ANHÄNGER

Gold, H 5,2 cm, G 34,35 g

Costa Rica, aus Antioquía, Kolumbien, Späte Diquis-Kultur, 1000–1500 n. Ch., Periode VI

MAM 512 b, Sammlung Juan Larrea

Darstellung eines nackten, aufrecht stehenden Menschen, der eine phallusförmige Flöte spielt. Er trägt spiralförmigen Kopf- und Ohrschmuck.

Der menschliche Körper als Motiv inspirierte die Goldschmiede Costa Ricas. Gemeinsamer Nenner innerhalb dieses allgemeinen Schemas ist die offene Stellung der Beine, die in den Knien leicht gebeugt sind.

Der größte Teil der Mythologie der Diquis-Kultur ist uns unbekannt. Das Phallussymbol, das die Person (vielleicht ein Schamane) in diesem Fall trägt, legt einen Bezug zu den generativen Kräften der Natur nahe, denen der Kult galt.

Andererseits sagt die Tatsache, daß das Stück in Antioquía (Kolumbien) gefunden wurde, etwas über Handelsbeziehungen über weite Distanz aus und deutet sogar auf eine leistungsfähige und dauerhafte Organisation hin. Die archäologischen Beweise bezeugen, daß der Warenverkehr in beide Richtungen verlief: von Kolumbien zum Isthmus und umgekehrt.

CABELLO 1980, S. 70, Tafel XX; MUESTRA 1984, Abb. 237

2.6 ANHÄNGER

Gold, H 3,7 cm, G 9,80 g

Costa Rica, Späte Diquis-Kultur, 1000–1500 n. Chr., Periode VI

MAM 701, Sammlung Angel de la Mora y Arena

Darstellung eines nackten, aufrecht stehenden Menschen. Er trägt einen Kopfschmuck aus einem Federbusch mit zwei seitlichen Fortsätzen.

CABELLO 1980, S. 70, Tafel XX

2.7 ANHÄNGER

Gold, H 5,7 cm, G 15,65 g
Costa Rica, Späte Diquis-Kultur, 1000–1500 n. Chr., Periode VI
MAM 671, Sammlung Angel de la Mora y Arena

Anhänger in Form eines nackten, aufrecht stehenden Menschen, der die Hände auf die Hüften stützt. Die Figur hat einen flachen Körper, verzierte Ohrscheiben und einen Federbusch über der Stirn.

Unter den charakteristischen Stilmerkmalen der präkolumbischen Goldschmiedekunst in Costa Rica muß man den Gegensatz zwischen überladenem Stil und Stilisierung hervorheben. Dieser Anhänger ist ein gutes Beispiel für die gleichmäßige Verteilung und Abstraktion der Formen neben der Feinheit kleiner Schmuckdetails, z. B. der Ohrscheiben und des Federbusches.

CABELLO 1980, S. 70, Tafel XX; MUESTRA 1984, Abb. 243

2.8 ANHÄNGER

Gold, H 3,3 cm, G 18,97 g
Costa Rica, Späte Diquis-Kultur, 1000–1500 n. Chr., Periode VI
MAM 693, Sammlung Angel de la Mora y Arena

Darstellung zweier aufrecht stehender Männer, die unbekleidet sind und einen spiralförmigen Kopfputz tragen.

Dies ist ein Beispiel dafür, daß auch menschliche Figuren naturalistisch dargestellt wurden. Ebenso zeigt es gut die kolumbischen Einflüße in der Ikonographie: Die Köpfe erinnern an die charakteristischen Motive der *tunjos* der Muisca, während die bezehten Füße mit Knöchelschutz besonders bei den Sinu und Tairona vorkommen.

Diese Merkmale beweisen wiederum die Mittlerrolle, die Mesoamerika geographisch und kulturell gespielt hat.

CABELLO 1980, S. 72, Tafel XXI; MUESTRA 1984, Abb. 241

Farbabbildung S. 20

2.9 ANHÄNGER IN VOGELFORM

Gold, B 4,9 cm, G 9,36 g
Costa Rica, Späte Diquis-Kultur, 1000–1500 n. Chr., Periode VI
MAM 684, Sammlung Angel de la Mora y Arena

Anhänger in Form eines Vogels mit flachem Körper und ausgebreiteten Schwingen. Der Schnabel ist gerade und sehr ausgeprägt.

Obwohl bei den präkolumbischen Goldschmieden eine Vorliebe für die Darstellung von Raubvögeln bestand, gibt es auch oft Stücke, die durch die Zeichnung des Schnabels (gerade und lang) als Kolibris identifiziert werden.

MUESTRA 1984, Abb. 240

Kat.-Nr. 2.10

2.10 ANHÄNGER IN VOGELFORM

Gold, H 2,9 cm, G 16 g
Costa Rica, Späte Diquis-Kultur, 1000–1500 n. Chr., Periode VI
MAM 690, Sammlung Angel de la Mora y Arena

Darstellung eines Adlers mit ausgebreiteten Schwingen und ausgeprägtem Schwanz.

2.11 ANHÄNGER IN VOGELFORM

Gold, H 9 cm, G 46,52 g
Costa Rica, Späte Diquis-Kultur, 1000–1500 n. Chr., Periode VI
MAM 695, Sammlung Angel de la Mora y Arena

Anhänger in Form eines Vogels mit flachem Körper und stark ausgeprägtem Schwanz. Er hat einen langen, geraden Schnabel, in dem er einen kleinen Kaiman hält. Zwei flache Fortsätze stehen von beiden Seiten des Kopfes ab.

CABELLO 1980, S. 63, Tafel XVI; MUESTRA 1984, Abb. 249

2.12 ANHÄNGER IN VOGELFORM

Gold, H 6,5 cm, G 50,72 g
Costa Rica, Späte Diquis-Kultur, 1000–1500 n. Chr., Periode VI
MAM 689, Sammlung Angel de la Mora y Arena

Darstellung eines Adlers mit ausgebreiteten Schwingen und sehr ausgeprägtem Schwanz.

Die *aguilillas* zeigen verschiedene stilistische Varianten, je nachdem, welche Bedeutung der Goldschmied der Technik

Kat.-Nr. 2.15

des falschen Filigrans von Fall zu Fall gab. Hier wird der starke Hals durch ein Halsband aus sechs Ringen unterstrichen. Die Lage der Schwungfedern ist symmetrisch.
CABELLO 1980, S. 63, Tafel XVI; MUESTRA 1984, Abb. 238
Farbabbildung S. 21

2.13 ANHÄNGER IN VOGELFORM

Gold, H 6,5 cm, G 70,49 g
Costa Rica, Späte Diquis-Kultur, 1000–1500 n. Chr., Periode VI
MAM 685, Sammlung Angel de la Mora y Arena

Mehrteiliger Anhänger, der einen zweiköpfigen Adler darstellt. Von den zwei Vogelköpfen im oberen Teil gehen Fortsätze aus, die in Schlangenköpfen enden. Den unteren Teil bilden die Flügel, der gut entwickelte Schwanz und die Krallen. Die Teile sind durch im Inneren des Körpers verdeckte Ringe verbunden.

Neben dem plastischen Aussehen fügen die einzelnen Glieder noch das rhythmische Moment der Beweglichkeit hinzu.

In ikonographischer Hinsicht wird hier wieder einmal das Motiv des Raubvogels mit dem der Schlange verbunden; letztere ist in diesem Fall jedoch mit spiralförmigen Verzierungen an den Seiten versehen. Diese Darstellung bezieht sich eindeutig auf die gefiederte Schlange *Quetzalcoatl* und zeigt Einflüße aus dem Norden, etwa aus der Region der Chorotega, wo sich die Götterwelt der Azteken schon vollständig ausgebreitet hatte. Es ist unmöglich zu erkennen, ob die gefiederte Schlange für die Indianer der Diquis-Region einfach ein ikonographisches Element war oder ob sie die Idee des Quetzalcoatl verkörperte.
MUESTRA 1984, Abb. 25
Farbabbildung S. 21

2.14 VOGELFÖRMIGER ANHÄNGER

Gold, H 2 cm, G 8,14 g
Costa Rica, Späte Diquis-Kultur, 1000–1500 n. Chr., Periode VI
MAM 579, Sammlung Angel de la Mora y Arena

Schematische Darstellung zweier Adler oder Raubvögel, die seitlich miteinander verbunden sind.

Die relativ häufigen ornithomorphen Anhänger weckten stark das Interesse der Konquistadoren, die ihnen den Namen *aguilillas* gaben. Einige Autoren vertreten die Meinung, daß es sich nicht um schematische Darstellungen von Adlern, sondern um Raben- oder Stinkgeier handelt, denen der Glaube der Eingeborenen transkinetische Eigenschaften zusprach, da sie die Seelen der im Kampf gefallenen Krieger ins Jenseits begleiteten.

2.15 ANHÄNGER

Gold, L 4,2 cm, G 10,58 g
Costa Rica, Späte Diquis-Kultur, 1000–1500 n. Chr., Periode VI
MAM 681, Sammlung Angel de la Mora y Arena

Anhänger in Form eines Alligators, der seine Beute im Maul hält. Das Schwanzende ist auf den Rücken gedreht. Die Vorderfüße enden mit Ringen zum Aufhängen.

Die zoomorphen Anhänger stellen einen eigenen und charakteristischen Bereich der Diquis-Kultur dar. Die Auswahl der dargestellten Tiere folgt Kriterien des religiösen oder wirtschaftlichen Synkretismus (vielleicht beidem). Es werden nicht alle Lebensformen dargestellt, sondern nur solche, die sich durch besondere Qualitäten auszeichnen. Die meisten Tiere sehen wild aus und sind gefährlich, schädlich oder giftig, und man versucht, ihre Merkmale zu unterstreichen.
CABELLO 1980, S. 65, Tafel XVII b

2.16 ANHÄNGER

Gold, H 3,7 cm, G 7,72 g
Costa Rica, Späte Diquis-Kultur, 1000–1500 n. Chr., Periode VI
MAM 691, Sammlung Angel de la Mora y Arena

Darstellung eines Frosches mit spiralförmiger Verzierung am Kopf.

Hier liegt der Fall einer symbolischen oder phantastischen Darstellung vor: Die anatomischen Merkmale des Lurches sind stilisiert oder verändert (z.B. sind die hinteren Extremitä-

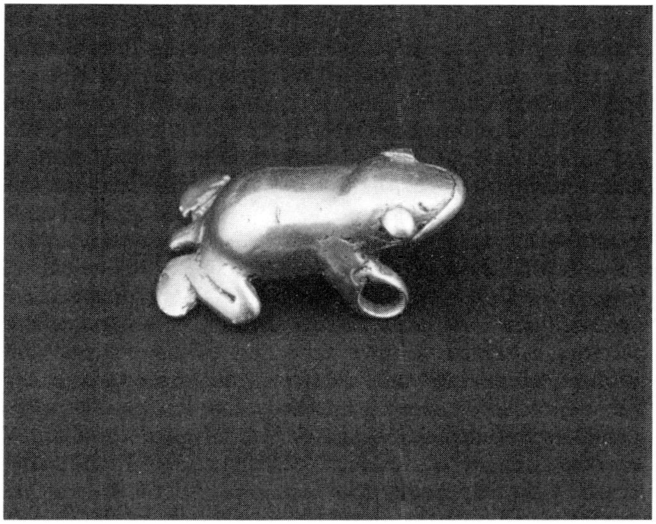

Kat.-Nr. 2.17

Kat.-Nr. 2.18

ten abnormal entwickelt), und es wurden symbolische Elemente, wie Spiralreihen, seitlich des Kopfes hinzugefügt.
CABELLO 1980, S. 67, Tafel XVIII b; MUESTRA 1984, Abb. 239

2.17 ANHÄNGER

Gold, H 2,1 cm, G 7,37 g
Costa Rica, Späte Diquis-Kultur, 1000–1500 n. Chr., Periode VI.
MAM 687, Sammlung Angel de la Mora y Arena

Froschförmiger Anhänger. Die Vorderbeine enden in Ringen zum Aufhängen.

Bei der Darstellungsweise der Diquis-Objekte kann man zwei klare Tendenzen erkennen. Eine ist die symbolträchtige Phantasieform und die andere ein überraschender Naturalismus. Die in diesem kulturellen Kontext charakteristische Froschform gehört in die letztere Gruppe.
CABELLO 1980, S. 67, Tafel XVIII c; MUESTRA 1984, Abb. 236

2.18 ANHÄNGER

Gold, H 3,6 cm, G 19,41 g
Costa Rica, Späte Diquis-Kultur, 1000–1500 n. Chr., Periode VI.
MAM 677, Sammlung Angel de la Mora y Arena

Gewölbter Insektenkörper mit Raubvogelschnabel. Vier stilisierte Schlangenköpfe gehen vom Körper aus.

Die Kombination verschiedener Tiere zu einem Phantasiewesen steht mit Schutz- oder Opfermythen in Zusammenhang. In diesem Sinne könnte die Darstellung von Schlangen als Schutzsymbol vor ihrem Biß verstanden werden, da, nach dem Glauben der Eingeborenen aus der Diquis-Region, der Tod als Folge eines Schlangenbisses den Abstieg in die Hölle bedeutete. Diese Interpretation wird durch den Raubvogelschnabel noch verstärkt, der an einen Rabengeier mit seinen transkinetischen Eigenschaften erinnert.
CABELLO 1980, S. 67, Tafel XVIII a; MUESTRA 1984, Abb. 247

2.19 SCHEIBENFÖRMIGER SCHMUCK

Gold, D 4,2 cm, G 1,28 g
Costa Rica, Späte Diquis-Kultur, 1000–1500 n. Chr., Periode VI.
MAM 3170, Sammlung Angel de la Mora y Arena

Kreisförmiges, verziertes Goldblech. Die Reliefverzierung zeigt ein sehr schematisiertes Gesicht, von dem nur die runden, durchbohrten Augen und der Mund zu sehen sind. Der Rand wird von einer Linie aus gestanzten Punkten verziert.

Die alten Goldschmiede kannten die physikalischen Eigenschaften des Goldes, die die Herstellung von außergewöhnlich dünnen Goldblechen für Textilverzierungen ermöglichten. Diese Stücke wurden in allgemeinen an die Kleidung hochgestellter Persönlichkeiten genäht.

2.20 SCHEIBENFÖRMIGER ANHÄNGER

Gold, D 12,6 cm, G 41,32 g
Costa Rica, Späte Diquis-Kultur, 1000–1500 n. Chr., Periode VI
MAM 3163, Sammlung Angel de la Mora y Arena

Verziertes, scheibenförmiges Goldblech, leicht gewölbt. Sehr einfache Verzierung aus zwei Reihen gestanzter Punkte,

Kat.-Nr. 2.21

die eine kreisförmige Krone am Rand einfassen. Es sind geschnittene Linien und Korrekturen des Handwerkers zu sehen. Das Stück hat zwei Löcher zum Aufhängen.

Solcher Brustschmuck aus dünnem Goldblech mit Reliefverzierung gehörte zur Kleidung höhergestellter Persönlichkeiten. Sie hängten ihn mit einer Schnur um den Hals, wie in den Skulpturen und Keramiken dargestellt.

2.21 SCHEIBENFÖRMIGER ANHÄNGER

Gold, D 8,2 cm, G 17,4 g
Costa Rica, Späte Diquis-Kultur, 1000–1500 n. Chr., Periode VI.
MAM 3168, Sammlung Angel de la Mora y Arena

Verziertes, scheibenförmiges Goldblech. Die geometrische, getriebene Verzierung wird von einer konzentrischen Anordnung von Noppen bzw. Erhebungen um eine Kalotte gebildet. Das Stück hat zwei Löcher zum Aufhängen.

Goldblech mit geometrischer Verzierung aus getriebenen Noppen oder Kalotten ist in der Kultur der Diquis-Region häufig zu finden. In technischer Hinsicht folgt sie einer der beiden Traditionen der vorkolumbischen Goldschmiedekunst: der Herstellung von Goldblech und der Verzierung durch Treiben und Ziselieren im Gegensatz zum Goldguß.
CUESTA–ROVIRA 1982, S. 221, Abb. 183

2.22 ANHÄNGER

Gold, L max. 8,3 cm, B 3,2 cm, G 6,5 g
Costa Rica, Späte Diquis-Kultur, 1000–1500 n. Chr., Periode VI
MAM 3171

Aus einem Blech gearbeiteter Anhänger in Form eines Teils einer kreisförmigen Krone mit gestanztem Rand, einer Erhebung in der Mitte und zwei Löchern zum Aufhängen.

In präkolumbischen Zeiten waren die Gebiete um den Isthmus von Panama wahrscheinlich die goldreichsten. Zahlreiche Berichte der spanischen Chronisten zur Zeit der ersten Kontakte geben uns detaillierten Aufschluß über die Orte, an denen die Indianer Gold aus dem Ufersand der Flüsse gewannen. Der Name *Costa Rica* bezieht sich in erster Linie auf den Goldreichtum, den die Spanier dort vorfanden.
CUESTA–ROVIRA 1982, S. 221, Abb. 182

2.23 NASENRING

Gold, D 1,5 cm, G 1,5 g
Kolumbien, Calima-Kultur, 500–1500 n. Chr., Periode der Verschmelzung
MAM 3123, Sammlung Nationalmuseum für Archäologie

Spiralig gebogener Golddraht mit rundem Querschnitt.

Diese einfachen Schmuckgegenstände wurden durch ein Loch in der Nasenscheidewand gezogen.
CULTURAS 1985, S. 92, Nr. 117

2.24 NASENRING

Gold, D 2,5 cm, G 18,5 g
Kolumbien, Calima-Kultur, 500–1500 n. Chr., Periode der Verschmelzung
MAM 3147, Sammlung Nationalmuseum für Archäologie

Spiralig gebogenes Goldstäbchen mit rundem Querschnitt und breitgehämmerten Enden.

Einige der zum charakteristischen Schmuck der Calima-Kultur gehörenden Stücke sind aus unreinem Gold gefertigt. Im allgemeinen handelt es sich um eine Gold-Kupfer-Legierung mit einem geringen Silberanteil.
CULTURAS 1985, S. 92, Abb. 117
Farbabbildung S. 20

2.25 NASENRING

Gold, D 1,7 cm, G 5 g
Kolumbien, Calima-Kultur, 500–1500 n. Chr., Periode der Verschmelzung
MAM 3148, Sammlung Nationalmuseum für Archäologie

Spiralig gebogener Golddraht mit rundem Querschnitt.
CULTURAS 1985, S. 92, Nr. 117

2.26 NASENRING

Gold, D 2,2 cm, G 14,5 g
Kolumbien, Calima-Kultur, 500–1500 n. Chr., Periode der Verschmelzung
MAM 3150, Sammlung Nationalmuseum für Archäologie

Spiralig gebogenes Goldstäbchen mit rundem Querschnitt.
CULTURAS 1985, S. 92, Nr. 117

Kat.-Nr. 2.27

Kat.-Nr. 2.28

2.27 NASENRING

Gold, D 1,8 cm, G 10,5 g
Kolumbien, Calima-Kultur, 500–1500 n. Chr., Periode der Verschmelzung
MAM 3151, Sammlung Nationalmuseum für Archäologie

Spiralig gebogenes Goldstäbchen mit rundem Querschnitt.
CULTURAS 1985, S. 92, Nr. 117

2.28 VERZIERTE SCHEIBE

Gold, D 15,5 cm, G 33,53 g
Kolumbien, Calima-Kultur, 500–1500 n Chr., Periode der Verschmelzung
MAM 3165

Kreisrunde Goldscheibe mit getriebener Verzierung, die das sehr stilisierte Gesicht eines Menschen zeigt. Dieser trägt reichen Federschmuck, hat eine große Nase und eine ausgebeulte Backe, was darauf hinweist, daß er gerade Coca-Blätter kaut. Zwei spindelförmige Pflanzenmotive, an deren Enden Rosetten wachsen, dienen der Ausschmückung.

Es handelt sich hierbei um einen runden Brustschmuck, dessen Verzierung auf das Coca-Ritual hinweist. Sehr wahrscheinlich sollen die Pflanzen und Rosetten auf dieses Rauschmittel hindeuten, mit dem sich die Schamanen in einen magisch-religiösen Trancezustand versetzten, um mit der Gottheit in Kontakt zu kommen.
CUESTA–ROVIRA 1982, S. 220, Abb. 178

2.29 ANHÄNGER

Gold, H 3,2 cm, G 46,77 g
Kolumbien, Sinú-Kultur (?), 500–1500 n. Chr., Periode der Verschmelzung
MAM 3145

Aufrecht stehender, nackter Mann mit großem Kopfputz, der einen Insektenkopf darstellt. In der rechten Hand hält er einen verzierten Stab, in der linken einen nicht zu identifizierenden Gegenstand.

Dieses Stück, dessen Ursprung unbekannt ist, zeigt Stilelemente, die der Sinú-, der Quimbaya- und der späteren Diquis-Kultur gemein waren, was eine typologische Einordnung erschwert. Auf jeden Fall beweist es Kontakte unter den Eingeborenen Kolumbiens und des Isthmus von Panama.
CULTURAS 1985, S. 79, Nr. 65
Farbabbildung S. 21

2.30 ANHÄNGER

Gold, H 2,5 cm, G 3,81 g
Kolumbien, Tairona-Kultur, 500–1500 n. Chr., Periode der Verschmelzung
MAM 82/2/17, Sammlung Landesgericht für Zollstrafsachen

Froschfigur. Der hohle Körper dient als Glöckchen.

Das Stück ist typisch für die Goldschmiedekunst der Tairona. Das Material ist Tumbaga, eine Legierung mit niedrigem Goldgehalt; die Oberfläche wurde aber durch die »mise en couleur«-Technik mit Gold angereichert.
CULTURAS 1985, S. 88, Nr. 104

2.31 ANHÄNGER

Gold, L 2,2 cm, G 3,16 g
Kolumbien, Tairona-Kultur, 500–1500 n. Chr., Periode der Verschmelzung
MAM 82/2/19, Sammlung Landesgericht für Zollstrafsachen

Froschfigur, die am Rücken ein Band aus falschem Filigran mit einem Flechtbandmuster trägt.
CULTURAS 1985, S. 88, Nr. 102
Farbabbildung S. 22

2.32 ANHÄNGER

Gold, H 9,2 cm, G 38,73 g
Kolumbien, Tairona-Kultur, 500–1500 n. Chr., Periode der Verschmelzung
MAM 82/2/26, Sammlung Landesgericht für Zollstrafsachen

Darstellung eines Krustentieres oder Insekts, von dessen Kopf zwei antennenförmige Fortsätze ausgehen, zwischen denen sich ein Raubvogel befindet. Dieser Teil der Figur schließt mit einem symmetrischen Motiv ab, mit der Darstellung eines Schmetterlings, der seinerseits stilisierte Vogelmotive beinhaltet. Der andere Teil endet mit dem Kopf eines Raubvogels. Besatz und Flechtbänder aus falschem Filigran sind übereinander angeordnet.

Das Stück ist hohl, ein Guß in verlorener Form, und in »mise en couleur«-Technik vergoldet.

Die Darstellung von Phantasietieren, bei denen verschiedene Merkmale gemischt werden, haben eine von uns noch nicht erkannte Symbolik und sind häufig in der Goldschmiedekunst der Tairona anzutreffen. Sie sind Teil einer komplexen Mythologie der im Norden Kolumbiens und in Panama ansässigen Eingeborenen.

CULTURAS 1985, S. 89, Nr. 107
Farbabbildung S. 22

2.33 ANHÄNGER

Vergoldetes Kupfer, H 7,4 cm, G 31,84 g
Kolumbien, Tairona-Kultur, 500–1500 n. Chr., Periode der Verschmelzung
MAM 82/3/2, Sammlung Raúl Boullosa Pontes

Darstellung eines Vogels mit gebogenem Schnabel und angelegten Flügeln und Verzierungen aus falschem Filigran.

Hohler Guß in verlorener Form, in »mise en couleur«-Technik vergoldet.

CULTURAS 1985, S. 90, Nr. 108
Farbabbildung S. 22

2.34 ANHÄNGER

Gold, H 7,9 cm, G 33,60 g
Kolumbien, Tairona-Kultur, 500–1500 n. Chr., Periode der Verschmelzung
MAM 82/3/1, Sammlung Raúl Boullosa Pontes

Figur, die mit den Händen die Knie umfaßt und auf einem Sockel sitzt, der einen Raubvogelkopf darstellt. In der Nase trägt sie einen rohrförmigen Schmuck, weiters halbrunde Ohrscheiben und einen Lippenpflock. Auf dem Kopf trägt sie einen Visierhelm und einen halbkreisförmigen Kopfputz. Der Anhänger ist mit Bändern aus falschem Filigran verziert.

Hohler Guß in verlorener Form, mit »mise en couleur«-Technik vergoldet.

CULTURAS 1985, S. 89, Nr. 106
Farbabbildung S. 22

2.35 MUSIKINSTRUMENT

Gold, L 16,7 cm, G 145 g
Kolumbien, Filandia, Alte Quimbaya-Kultur, 600–1200 n. Chr., Periode der Verschmelzung
MAM 17436, Schatz der Quimbaya

Kleine Trompete oder Pfeife mit der Darstellung des Kopfes eines Menschen am Ende eines seitlichen Steges. Auf dem Kopf trägt der Mann einen Helm mit geometrischen Mustern, und seine Ohren sind für Ohrringe perforiert.

Der Schatz der Quimbaya ist eine einzigartige Sammlung von unschätzbarem Wert für die Archäologie. Die Stücke stammen aus den Grabbeigaben zweier schwer zu datierender Gräber, die aber sicher von den Vorfahren der Quimbaya-Indianer, die die spanischen Eroberer kennenlernten, angelegt worden waren. Der Schatz zeigt die Kunstfertigkeit der alten Quimbaya; die Kunst der geschichtlich bekannten Quimbaya ist grundsätzlich davon zu unterscheiden.

CATALOGUE 1890, Tafel; CUESTA–ROVIRA 1982, S. 83, Abb. 130; CULTURAS 1985, S. 130, Nr. 261
Farbabbildung S. 24

2.36 MUSIKINSTRUMENT

Gold, L 32,1 cm, G 236 g
Kolumbien, Filandia, Alte Quimbaya-Kultur, 600–1200 n. Chr., Periode der Verschmelzung
MAM 17435, Schatz der Quimbaya

Zeremonialtrompete, deren obere Hälfte zwei nackte, stehende Menschengestalten zeigt, deren Kopfschmuck, eine konische Form mit geometrischen Mustern, das Mundstück des Instrumentes bildet. Die Gestalten, Mann und Frau, tragen Ohrringe.

Ein gemeinsamer Brauch bei vielen Kulturen ist die Einbeziehung von Musik und Tanz bei den Riten während der religiösen bzw. profanen Feste. Die Archäologie scheint die Aussagen der ersten spanischen Chronisten zu bestätigen, wonach die Indianer Kolumbiens keine Tempel für ihre Götter bauten, trotzdem hatten sie ein kompliziertes System magisch-religiösen Naturglaubens; bei den Kulthandlungen wurde zur Begleitung von Rasseln und Flöten getanzt und gesungen.

CATALOGUE 1890, Tafel; PALAU 1976, Dia; CUESTA–ROVIRA 1982, S. 104, Abb. 123; CULTURAS 1985, S. 33, Nr. 79
Farbabbildung S. 24

2.37 HELM

Gold, L 12 cm, D 19 cm, G 202,5 g
Kolumbien, Filandia, Alte Quimbaya-Kultur, 600–1200 n. Chr., Periode der Verschmelzung
MAM 17428, Schatz der Quimbaya

Halbkugelförmiger Helm mit getriebenen Verzierungen in

der Mitte. Die beiden Seitenteile des Helmes zeigen nackte, stehende Frauengestalten im Hochrelief, die dreifache Halsketten, Armbänder und Waden- sowie Knöchelschmuck tragen. Ein Fries mit rautenförmigen Verzierungen schmückt den Rand des Helmes.

In Kolumbien gab es nie eine politische bzw. territoriale Organisation wie in Peru. In den gesamten Nordanden war das Land unter kleinen Stämmen aufgeteilt, die fast ununterbrochen im Kriegszustand lebten. Die wichtigsten Krieger trugen Goldhelme und -panzer, was den spanischen Eroberern natürlich besonders auffiel.
CATALOGUE 1890, Tafel; CUESTA–ROVIRA 1982, S. 76, Abb. 115; CULTURAS 1985, S. 77, Nr. 49
Farbabbildung S. 23

2.38 FLASCHE

Gold, H 21,7 cm, G 267,5 g
Kolumbien, Filandia, Alte Quimbaya-Kultur, 600–1200 n. Chr., Periode der Verschmelzung
MAM 17444, Schatz der Quimbaya

Gefäß in Form einer Flasche mit stilisiertem Hals und bauchigem Körper. Am Verschluß hängen verschiedene kreisförmige, bewegliche Blättchen. Zwei Haken, um das Gefäß aufzuhängen, sind am Bauch angebracht.

Diese Flasche, wie viele andere Gefäße aus dem Schatz der Quimbaya, enthielt Kalk, unverzichtbar beim rituellen Kauen der Coca-Blätter: er entzog den Blättern das Alkaloid, das Rauschmittel also. Die Gefäße *(poporo),* die den Kalk enthielten, wurden normalerweise an einer Schnur um den Hals getragen, und das Kalkpulver wurde mit kleinen Löffeln oder Stäbchen herausgenommen und in den Mund gesteckt. Im Mund findet die chemische Reaktion mit dem Saft der Coca-Blätter statt.
CATALOGUE 1890, Tafel; CUESTA–ROVIRA 1982, S. 86, Abb. 134; VISION 1985, S. 40
Farbabbildung S. 26

2.39 KALKBEHÄLTER

Gold, H 24,2 cm, G 762,5 g
Kolumbien, Filandia, Alte Quimbaya-Kultur, 600–1200 n. Chr., Periode der Verschmelzung
MAM 17451, Schatz der Quimbaya

Gefäß in Form einer Flasche mit abgeflachtem, wulstigem Bauch. Auf beiden Seiten die Hochreliefdarstellung einer nackten Frau.

Es handelt sich um ein Gefäß für Kalkpulver. Die Gewohnheit, Coca-Blätter zu kauen, war unter den Andenvölkern sehr stark verwurzelt, es wurde als Medizin, aber auch als euphorisierendes Mittel benutzt. Während der magisch-religiösen Rituale wurde es als halluzinogenes Rauschmittel eingesetzt.
CATALOGUE 1890, Tafel; PALAU 1976, Dia; CUESTA–ROVIRA 1982, S. 108, Abb. 138; CULTURAS 1985, S. 126, Nr. 240
Farbabbildung S. 25

2.40 KOPF EINES MANNES

Gold, H 12,8 cm, G 587,5 g
Kolumbien, Filandia, Alte Quimbaya-Kultur, 600–1200 n. Chr., Periode der Verschmelzung
MAM 17454, Schatz der Quimbaya

Das Gefäß zeigt den Kopf eines Mannes. Der Verschluß ist zu einem Kopfschmuck mit einer Schlange verarbeitet. Die Ohren sind siebenmal durchbohrt, um Ohrringe daran zu hängen. Der Nasenring hat die Form eines Halbmondes. Wangen und Bart sind mit Streifen verziert, wohl die Gesichtsbemalung oder eine Tatauierung. Am Gesicht sind verschiedene »Fenster« angebracht.

Dieses seltene Stück, früher als Räucher- oder Weihrauchgefäß interpretiert, diente in Wirklichkeit zum Aufbewahren des Kalkpulvers. Die »Fenster« sind nichts anderes als die Einfassungen für Verzierungen aus Edelsteinen, vielleicht Malachit oder ähnlichen Steinen. Eine leere Ausnehmung am Verschluß war wohl auch für einen Edelstein bestimmt. Alles deutet darauf hin, daß der Goldschmied das Stück nicht fertigstellen konnte, ehe es als Grabbeigabe einem Toten ins Grab gelegt wurde.
CATALOGUE 1890, Tafel; PALAU 1976, Dia 4, CUESTA–ROVIRA 1982, S. 106, Abb. 133; CULTURAS 1985, S. 129, Nr. 260
Farbabbildung S. 26

2.41 KALKBEHÄLTER

Gold, H 22 cm, G 1170 g
Kolumbien, Filandia, Alte Quimbaya-Kultur, 600–1200 n. Chr., Periode der Verschmelzung
MAM 17447, Schatz der Quimbaya

Der Behälter stellt einen nackten, auf einem Hocker sitzenden Mann dar. Er trägt einen flachen Kopfputz mit geometrischen Mustern. An den Wangen erkennt man die Linien einer Tatauierung. Geschmückt ist er mit einem röhrenförmigen Nasenring und Ohrschmuck sowie mit einer siebenfachen Halskette, an der ein flaches, dickhalsiges kleines Gefäß hängt.

Die gezeigte Stellung, auf einem Hocker sitzend, war üblich zum Meditieren und Beten. Die Ruhe, die vom Gesicht des Mannes ausgeht, der die Augen geschlossen hält, steht vielleicht im Zusammenhang mit den visionären Ekstasen, in die das Rauschmittel die Menschen versetzt. Man könnte das Stück aber auch als Darstellung eines Toten verstehen, der entspannt in einer besseren Welt ruht.

Die realistische Gestaltung des Stückes zeigt die Art, wie das Kalkgefäß der Edelleute *(poporo)* getragen wurde.
CATALOGUE 1890, Tafel; PALAU 1976, Dia 2; BRAY

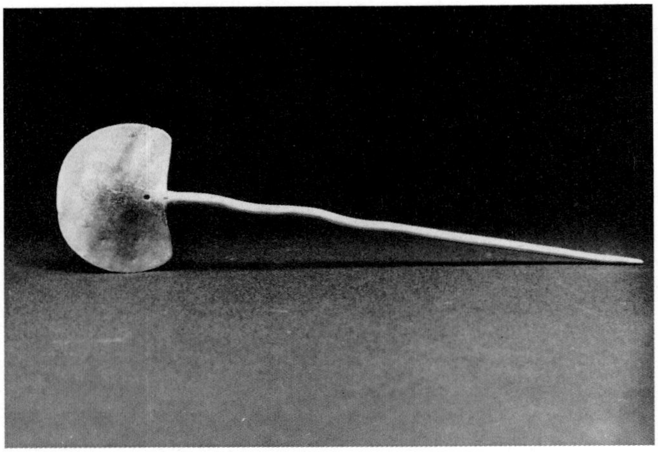

Kat.-Nr. 2.45

1979, Deckblatt; CUESTA–ROVIRA 1982, S. 105, Abb. 132; CULTURAS 1985, S. 82, Nr. 76; VISION 1985, S. 38
Farbabbildung S. 27

2.42 KALKBEHÄLTER

Gold, H 21,5 cm, G 515 g
Kolumbien, Filandia, Alte Quimbaya-Kultur, 600–1200 n. Chr., Periode der Verschmelzung
MAM 17457, Schatz der Quimbaya

Das Gefäß zeigt einen nackten, stehenden Mann, dessen flacher Kopfputz mit geometrischen Mustern verziert ist. Geschmückt ist er mit einem röhrenförmigen Nasenring, Ohrringen, einer linienförmigen Tatauierung auf den Wangen sowie einer siebenfachen Halskette und Beinschmuck. An den Händen hat er vier spiralförmige Verzierungen.

Die Darstellungen von Menschen sind in der Metallschmiedekunst der Quimbaya sehr beliebt, wobei diese mit einem größeren Realismus als in der Keramik gezeigt werden. Die körperlichen Eigenschaften sind stark akzentuiert und mit Geschmack gearbeitet, wobei die weichen Profile besonders auffallen. Das Plastische steht über dem Dekorativen.

CATALOGUE 1890, Tafel; CUESTA–ROVIRA 1982, S. 91, Abb. 142; CULTURAS 1985, S. 80, Nr. 68
Farbabbildung S. 28

2.43 KALKBEHÄLTER

Gold, H 30 cm, G 1202,5 g
Kolumbien, Filandia, Alte Quimbaya-Kultur, 600–1200 n. Chr., Periode der Verschmelzung
MAM 17456, Schatz der Quimbaya

Eine nackte Frau sitzt auf einem hohen Hocker. Der Kopf ist reich geschmückt; es hängen sieben Ohrringe an jedem Ohr, an den Beinen trägt sie Schmuckbänder. In beiden Händen erkennt man vier spiralförmige Verzierungen.

CATALOGUE 1890, Tafel; CUESTA–ROVIRA 1982, S. 87, Abb. 137; CULTURAS 1985, S. 82, Nr. 75; VISION 1985, S. 37
Farbabbildung S. 28

2.44 KALKBEHÄLTER

Gold, H 17,8 cm, G 547,5 g
Kolumbien, Filandia, Alte Quimbaya-Kultur, 600–1200 n. Chr., Periode der Verschmelzung
MAM 17459, Schatz der Quimbaya

Eine schwangere, nackte Frau sitzt auf einem Hocker. Sie ist mit acht Ohrringen pro Ohr und einem stabförmigen Nasenschmuck sowie mit Schmuckbändern an den Beinen geschmückt. Drei kleine Ringe an den Schultern der Frau dienen zum Aufhängen dieses Gefäßes.

CATALOGUE 1890, Tafel; PALAU 1976, Dia 3; CUESTA–ROVIRA 1982, S. 110, Abb. 141; CULTURAS 1985, S. 81, Nr. 69
Farbabbildung S. 29

2.45 SCHMUCKNADEL

Gold, L 22,5 cm, G 51,91 g
Peru, Provinz Cuzco, Inka-Kultur, 1440–1534 n. Chr., Später Horizont
MAM 7444, Sammlung Juan Larrea

Schmucknadel mit mehr als halbkreisförmiger Goldscheibe. Die Nadel ist leicht gewellt.

ART 1933, S. 69, Nr. 415; TRIMBORN–FERNANDEZ 1935, S. 117, Nr. 393; ARTE 1935, Tafel XCIV

2.46 SCHMUCKNADEL

Gold, L 39,3 cm, G 147,52 g
Peru, Provinz Cuzco, Inka-Kultur, 1440–1534 n. Chr., Später Horizont
MAM 7442, Sammlung Juan Larrea

Schmucknadel oder Brosche mit großer, fast kreisförmiger Goldscheibe. Die Nadel hat einen halbkreisförmigen Querschnitt.

EXPOSICION 1893, 7, Nr. 4; CUESTA–ROVIRA 1982, S. 219, Abb. 170; MUESTRA 1984, Abb. 290

2.47 SCHMUCKNADEL

Gold, L 19,7 cm, G 60,01 g
Peru, Provinz Cuzco, Inka-Kultur, 1440–1534 n. Chr., Später Horizont
MAM 7439

Schmucknadel oder Brosche mit großer, fast kreisförmiger Goldscheibe. In der Mitte eine Öffnung, in der ein kleines

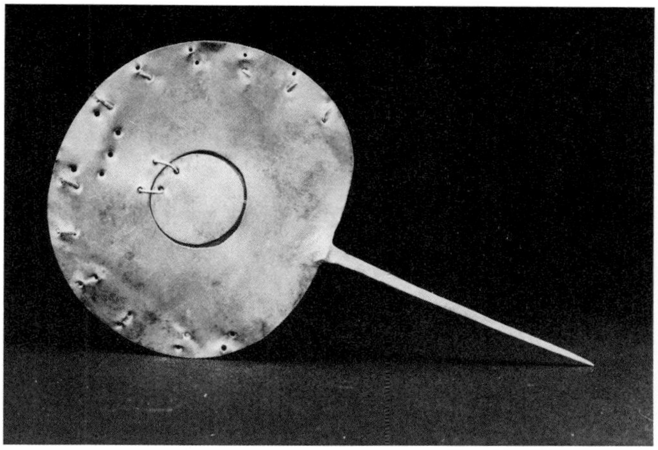

Kat.-Nr. 2.47

Goldplättchen völlig frei hängt, nur von zwei Ringen gehalten. Die Scheibe ist noch mit Golddrähten verziert, die durch kleine Löcher an den Rändern an die Platte aufgenietet sind. Manche dieser Drähte sind verlorengegangen. Im oberen Teil sind fünf Löcher erkennbar. Die Nadel selbst hat einen viereckigen Querschnitt.
EXPOSICION 1893, 7, Nr. 9; CUESTA–ROVIRA 1982, S. 219, Abb. 169; MUESTRA 1984, Abb. 289

2.48 SCHMUCKNADEL

Gold, L 7,2 cm
Peru, Provinz Cuzco, Inka-Kultur, 1440–1534 n. Chr., Später Horizont
MAM 7457, Sammlung Juan Larrea

Kleine Schmucknadel mit kreisförmiger Goldscheibe.

Diese kleinen Stücke waren für Metallstatuetten bestimmt, die auch angezogen wurden. Es handelt sich hierbei um Opfergaben, die im Tempel aufbewahrt oder aber dem Toten bei den Kultfeierlichkeiten ins Jenseits mitgegeben wurden.
ART 1933, S. 70, Nr. 417; TRIMBORN–FERNANDEZ 1935, S. 118, Nr. 396

2.49 FIGUR EINES LAMA

Gold, H 3,8 cm, G 26,19 g
Peru, Provinz Cuzco, Inka-Kultur, 1440–1534 n. Chr., Später Horizont
MAM 7404, Sammlung Juan Larrea

Figur in Massivgold, die ein männliches Lama darstellt.

Die Kameliden der südamerikanischen Hochebenen, Lama und Alpaka, waren eine der Grundlagen der vorkolumbischen Wirtschaft. Auf der einen Seite wurde ihre Wolle von einer blühenden Textilindustrie verarbeitet, auf der anderen wurden sie als Lasttiere eingesetzt. Auf dem engen Netz von Handelsstraßen in Tahuantinsuyo beförderten diese Tiere alle

Kat.-Nr. 2.49

Arten von Waren, doch ist bekannt, daß sie nur kleine Lasten auf ihrem Rücken tragen können, so daß sich lange Lamazüge bildeten, sobald ein großer Warentransport bevorstand.

Neben der rein wirtschaftlichen Bedeutung besaß das Lama auch einen magisch-religiösen Charakter, und seine Abbildungen wurden als Opfergaben benutzt, wie auch die lebenden Tiere der Gottheit in den Tempeln geopfert wurden.
ART 1933, S. 88, Nr. 530; TRIMBORN–FERNANDEZ 1935, S. 100, Nr. 313; ARTE 1935, Tafel LXXXII; CUESTA–ROVIRA 1982, S. 207, Abb. 332

2.50 FIGUR EINES LAMA

Gold, H 6,2 cm, G 8,94 g
Peru, Provinz Cuzco, Inka-Kultur, 1440–1534 n. Chr., Später Horizont
MAM 7399, Sammlung Juan Larrea

Kleine Hohlfigur, die ein männliches Lama darstellt.
ART 1933, S. 88, Nr. 529; TRIMBORN–FERNANDEZ 1935, S. 99, Nr. 312; ARTE 1935, Tafel LXXXII; CUESTA–ROVIRA 1982, S. 207, Abb. 333
Farbabbildung S. 30

2.51 FIGUR EINES ADELIGEN

Gold, H 15,5 cm, G 69,45 g
Peru, Provinz Cuzco, Inka-Kultur, 1440–1534 n. Chr., Später Horizont
MAM 7498, Sammlung Juan Larrea

Hohle Figur, die einen aufrecht stehenden, nackten Mann mit gekreuzten Armen darstellt. Der große Kopf hat markante Gesichtszüge, die auf das Kauen von Coca hinweisen. Er hat verformte, durchlöcherte Ohrläppchen (Langohren) und trägt eine kegelstumpfförmige Mütze.
EXPOSICION 1893, 7, Nr. 11; MUESTRA 1984, Abb. 302
Farbabbildung S. 31

Kat.-Nr. 2.53

2.52 FIGUR EINES ADELIGEN

Gold, H 5,7 cm, G 8,2 g
Peru, Provinz Cuzco, Inka-Kultur, 1440–1534 n. Chr., Später Horizont
MAM 7461, Sammlung Juan Larrea

Hohle, männliche Figur, mit den Armen auf der Brust, die einen nackten adeligen »Langohr« darstellt. Er hat einen großen länglichen Kopf mit prominenter, dreieckiger Nase und eine Ausbeulung auf der linken Backe, ein Hinweis darauf, daß der Mann gerade Coca kaut. Er trägt eine kleine, mit Bändern geschmückte Haube auf dem Kopf und zeigt lange, durchbohrte Ohrläppchen.

ART 1933, S. 91, Nr. 548; TRIMBORN–FERNANDEZ 1935, S. 96, Nr. 296; ARTE 1935, Tafel LXXXI; CUESTA–ROVIRA 1982, S. 219, Abb. 164

2.53 FIGUR EINES ADELIGEN

Gold, H 6,3 cm, G 8,12 g
Peru, Provinz Cuzco, Inka-Kultur, 1440–1534 n. Chr., Später Horizont
MAM 7460, Sammlung Juan Larrea

Hohle, männliche Figur, mit den Armen auf der Brust, die einen nackten »Langohr« darstellt. Er hat einen großen, länglichen Kopf mit prominenter, dreieckiger Nase. Er trägt eine kleine, mit Bändern geschmückte Haube auf dem Kopf und zeigt lange durchbohrte Ohrläppchen.

ART 1933, S. 91, Nr. 547; TRIMBORN–FERNANDEZ 1935, S. 86, Nr. 295; ARTE 1935, Tafel LXXXI; CUESTA 1980 a, S. 385, Abb. 418

2.54 ZEREMONIALBECHER

Gold, H 6,5 cm, D 14,2 cm
Peru, Inka-Kultur, 1440–1534 n. Chr., Später Horizont
MAM 7473

Dieser Trinkbecher fand wahrscheinlich bei Ritualen oder Zeremonien Verwendung, bei denen die Einnahme von euphorisierenden Rauschmitteln eine Rolle spielte; es handelte sich dabei meistens um Coca-Aufgüsse oder um Maisbier (chicha). Die Besonderheit dieses Bechers ist die Vorrichtung zur Einnahme des Getränkes, das Saugrohr.

EXPOSICION 1893, 7, Nr. 2; CUESTA–ROVIRA 1982, S. 220, Abb. 179

2.55 ENTHAARUNGSPINZETTE

Gold, H 5 cm, G 8 g
Peru, Inka-Kultur, 1440–1534 n. Chr., Später Horizont
MAM 7469

Enthaarungspinzette aus zwei glatten, herzförmigen, leicht gewölbten Zangen.

Die Enthaarungspinzette war einer der Körperpflegegegenstände mit langer Tradition im Andengebiet. Sie existierte in verschiedenen Formen, je nach Periode ihrer Herstellung.

2.56 RING

Gold, D 1,9 cm, B 1,1 cm, G 3,69 g
Peru, Inka-Kultur, 1440–1534 n. Chr., Später Horizont
MAM 7447, Sammlung Juan Larrea

Ring aus gehämmertem Goldblech.

Ringe waren persönliche Schmuckstücke aus Edelmetallen, die den gesellschaftlichen Rang des Trägers anzeigten.

ART 1933, S. 71, Nr. 426; TRIMBORN–FERNANDEZ 1935, S. 116, Nr. 387

2.57 HALSKETTE

Gold, D Scheibe: 4,6 cm, L der Röhrchen: 4,2 cm, G 165,28 g
Peru, Provinz Cuzco, Inka-Kultur, 1440–1534 n. Chr., Später Horizont
MAM 7443, Sammlung Juan Larrea

Halskette aus 13 Scheiben und 13 hohlen Röhrchen, die alternierend aufgereiht sind. Jedes Einzelstück ist für den Faden durchbohrt.

Die Beschreibungen der spanischen Chronisten erklären

genau manche Kleidungs- und Schmuckstücke des Adels sowie des einfachen Volkes zu Zeiten des Inkareiches. Manche Kapitel dieser Chroniken zeugen vom Erstaunen der Autoren beim Anblick des großen Reichtums der privilegierten Schichten und der Pracht, die sie zeigten. Man muß aber berücksichtigen, daß das Gold eine viel tiefere Bedeutung hatte als nur die seines materiellen Wertes: Es hatte die Farbe der Sonne.
ART 1933, S. 71, Nr. 428; TRIMBORN–FERNANDEZ 1935, S. 113, Nr. 371; ARTE 1935, Tafel XCIV; CUESTA 1980 a, S. 387, Abb. 164; CUESTA–ROVIRA 1982, S. 219, Abb. 167

Kat.-Nr. 2.54

2.58 SCHMUCKSTÜCK

Gold, H 28 cm, G 59,69 g
Peru, Provinz Cuzco, Inka-Kultur, 1440–1534 n. Chr., Später Horizont.
MAM 7440

Das Schmuckstück in Form zweier Federn, die in Spitzen enden, verbindet sich unten röhrenförmig im imitierten Federkiel. Diese Röhre trägt Löcher, mit denen sie an einem Halter oder Stiel befestigt war. Die Federspitzen weisen ebenfalls Löcher auf; vielleicht trugen sie irgendeine Verzierung aus organischem Material, die heute leider verloren ist.

Mangels Dokumentation ist nur zu vermuten, daß es sich um einen Teil eines reichen Kopfputzes des Adels handelt, bei denen Federn, Tuch und Gold kombiniert wurden.
EXPOSICION 1893, 7, Nr. 10

Kat.-Nr. 2.55

2.59 ARMMANSCHETTE

Gold, L 10,1 cm, D 6,5 cm, G 86,23 g
Peru, Provinz Cuzco, Inka-Kultur, 1440–1534 n. Chr., Später Horizont
MAM 490, Sammlung Juan Larrea

Offene Armmanschette aus eingerolltem Goldblech. Sie weist zwei gestanzte Löcher auf.

Die Armmanschette war schon sehr lange Bestandteil der Kleidung. Schon die Mochica-Keramiken zeigen Krieger und hochstehende Persönlichkeiten, die glänzende Armreifen und Manschetten tragen. Sie waren anscheinend ein Zeichen von Rang, mehr noch, wenn sie aus Gold gefertigt waren. Normalerweise wurde ein Armreif an jedem Unterarm getragen.
ART 1933, S. 73, Nr. 443; TRIMBORN–FERNANDEZ 1935, S. 115, Nr. 382; CUESTA 1980 a, S. 387, Abb. P 164; CUESTA–ROVIRA 1982, S. 219, Abb.168

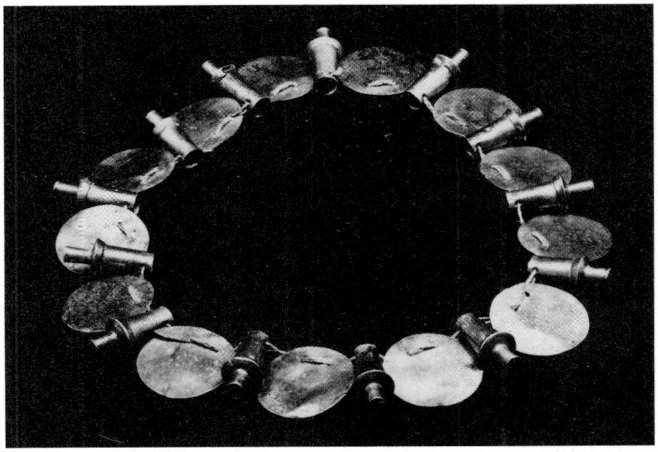

Kat.-Nr. 2.57

2.60 DIADEM

Gold, D ca. 22 cm, G 42,12 g
Peru, Provinz Cuzco, Inka-Kultur, 1440–1534 n. Chr., Später Horizont
MAM 7037, Sammlung Juan Larrea

Kat.-Nr. 2.61

Diadem oder Halsschmuck, der aus einem Golddraht unterschiedlicher Stärke besteht und sich in der Mitte zweiteilt, um ein ellipsenförmiges, aber spitz zulaufendes Motiv einzufassen. Der Verschluß besteht aus Haken und Öse; in die Öse wurde eine rautenförmige Verzierung aus sich kreuzenden Linien einziseliert.
ART 1933, S. 72, Nr. 443; TRIMBORN–FERNANDEZ 1935, S. 125, Nr. 433; ARTE 1935, Abb. 93

2.61 STIRNSCHMUCK

Gold, H 23,5 cm
Peru, Provinz Cuzco, Inka-Kultur, 1440–1534 n. Chr., Später Horizont.
MAM 7435, Sammlung Juan Larrea

Getriebenes Goldblech. Im Zentrum eine anthropomorphe Figur mit schematisierten Zügen und einem Kopfputz, der Federn imitieren soll. Die Figur trägt große Ohrscheiben und runde Ohrringe. In der rechten Hand trägt sie eine sternförmige Streitkeule. Zu ihren Füßen liegt ein Lama. Oben sieht man zwei Bänder, von denen das untere mit einer Schlange versehen ist. Die Verzierung wird mit zwei vertikalen Bändern zu beiden Seiten der Mittelfigur vervollständigt. Die Platte hat Löcher an den Seiten, um sie an einer Halterung zu befestigen.

Es handelt sich wahrscheinlich um die Stirnplatte eines Helmes oder eines Kopfputzes. Einige Autoren wollten darin die Darstellung einer Szene sehen, bei der ein Krieger ein Lama opfert. Es war jedoch bei den Inka offenbar nicht üblich, das Opfer mit Keulenschlägen zu töten; vielmehr benutzte man für gewöhnlich ein Messer, um das Tier aufzuschneiden und ihm die Eingeweide mit dem Ziel, wahrzusagen, zu entnehmen.
TRIMBORN–FERNANDEZ 1935, S. 157, Nr. 568; ARTE 1935, Abb. XCV; CUESTA 1980 a, S. 391, Abb. P 162; CUESTA–ROVIRA 1982, S. 214, Abb. 153

2.62 SCHMUCKSTÜCK

Gold, L 24,8 cm, B 7,7 cm, G 20,42 g
Peru, Provinz Cuzco, Inka-Kultur, 1440–1534 n. Chr., Später Horizont
MAM 7462, Sammlung Juan Larrea

Fast rechteckiges Goldblech, das an einer der Längsseiten ein waagrechtes Muster aus ausgeschnittenen, entgegengesetzten Dreiecken zeigt. Entlang der kurzen Seiten reihen sich Löcher, die dazu dienten, das Stück an einem Halter zu befestigen. Die Wölbung läßt vermuten, daß es als Ergänzung der Kleidung, als Armreif oder als Manschette gedient hat.
CUESTA–ROVIRA 1982, S. 221, Abb. 181

2.63 SCHMUCKSTÜCK

Gold, L 32,3 cm, B 5,4 cm, G 28,72 g
Peru, Provinz Cuzco, Inka-Kultur, 1440–1534 n. Chr., Später Horizont
MAM 7479, Sammlung Juan Larrea

Verziertes rechteckiges Goldblech. Getriebene, geometrische Dekormotive, die sich wiederholen, sind in fünf Bändern angeordnet. Eine Reihe von gestanzten Löchern verläuft entlang der Längsseiten und diente dazu, das Besatzstück auf eine Textilunterlage zu nähen.

Auf Kleidungsstücke hoher Persönlichkeiten aufgesetzter Goldbesatz hatte neben seiner ästhetischen Funktion auch noch einen magischen Wert, indem er den Trägern den Sonnenglanz des Goldes verlieh. Wie im Coricancha, dem größten Tempel des Inkareiches, dessen Wände als Wohnung des Sonnengottes mit Goldplatten beschlagen waren, kleidete sich auch der Inka als Sohn des Sonnengottes zuweilen mit goldbesetzter Kleidung. Dieses Privileg, sich in goldene Gewänder zu kleiden, stand wohl ausschließlich dem Geburtsadel zu.
CUESTA–ROVIRA 1982, S. 228, Abb. 176

2.64 NASENSCHMUCK

Gold, B max. 10,5 cm, G 3,14 g
Peru, Nazca-Kultur, 50–650 n. Chr., Frühe Zwischenperiode
MAM 7500

Nasenschmuck aus dünnem Goldblech in Form des Schnurrbartes einer Katze, dessen Haarspitzen die Form eines Schlangenkopfes annehmen. In der wellenförmigen Unterkante bildet jede Welle durch gepunzte Ornamente das Kinn eines stilisierten Gesichtes.

Die großen flachen Nasen- bzw. Mundmasken, die einen Teil des Gesichtes bedecken, waren bei den Nazca sehr beliebt und zeigen eine reiche Symbolik. Sie standen mit einem Feliden in Verbindung, dem u. a. wohltätige Eigenschaften zugeschrieben wurden. Bei diesem Nasenschmuck wachsen Schlangenköpfe aus den Schnurrbarthaaren. Die Verehrung von Schlange und Felide entstand aus Mythen, die mit dem Bodenbau in Zusammenhang standen.

Kat.-Nr. 2.62

2.65 NASENRING

Gold, L max. 6 cm
Peru, Mochica-Kultur, 50–650 n. Chr., Frühe Zwischenperiode
MAM 7472

Hohler, offener Zierring, an dem zwei Bündel kleiner Lamellen an Drähten hängen, die am Zierring angebracht sind.

Trotz der Klassifizierung als Nasenring dienten solche Stücke auch als Ohrringe. Sie wurden durch ein Loch im Ohrläppchen gezogen und wiesen auf die soziale Stellung des Trägers hin.

EXPOSICION 1893, S. 7

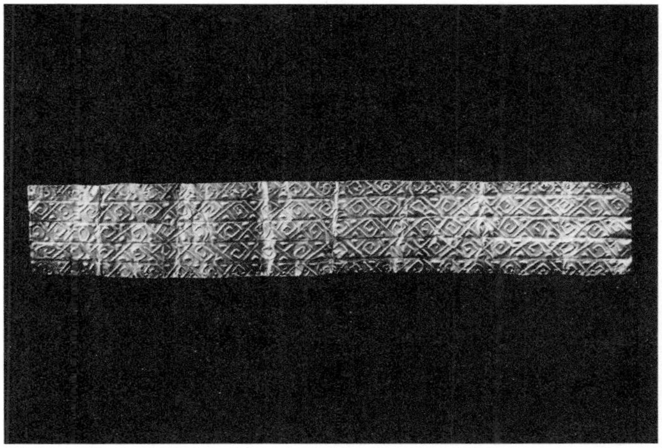

Kat.-Nr. 2.63

2.66 KLEIDERSCHMUCK

Gold, pro Stück 18 cm
Peru, 650–1050 n. Chr., Mittlerer Horizont
MAM 7475

Drei gleiche, viereckige Schmuckstücke aus dünnem, ausgeschnittenem Goldblech. Die Zeichnung zeigt stilisierte anthropomorphe Gebilde, die miteinander verbunden sind. Sie wurden an die Kleidungsstücke angenäht und waren so flexibel, daß sie sich gut an den Stoff anpaßten. Vom ikonographischen Standpunkt aus erinnern die schematisierten Darstellungen an die Stoff- und Keramikmuster der Huari-Kultur.

CUESTA 1980 a, S. 164, P 602; CUESTA–ROVIRA 1982, S. 217, Abb. 161

Farbabbildung S. 32

Kat.-Nr. 2.64

2.67 KOPFSCHMUCK

Gold, L 57 cm, B 23 cm

Peru, Chimú-Kultur, 1200–1470 n. Chr., Späte Zwischenperiode
MAM 7477

Rechteckiges, dünnes Goldblech, dessen symmetrisch-horizontale Muster, die aus Mäanderreihen und geometrischen Motiven bestehen, ausgeschnitten und getrieben sind. An den Seiten sind Löcher, durch die Fäden gezogen wurden, um eine Krone zu formen.

Verschiedene Arten von Kopfschmuck, besonders die Kronen, sind Zeichen von Rang und Macht. In der Keramik sind häufig Darstellungen von Personen mit hohen, zylindrischen Kopfbedeckungen zu finden.

Auf der anderen Seite sind die Dekormotive dieses Stückes vom selben Typ wie die der noch erhaltenen Reliefs aus Chanchan und Umgebung.

CUESTA 1980, S. 164, Abb. P 600; CUESTA–ROVIRA 1982, Abb. 160
Farbabbildung S. 32

2.68 AMTSSTAB

Holz, mit Gold beschlagen, L 117 cm
Peru, Chimú- oder Chimú-Inka-Kultur, 1200–1534 n. Chr., Späte Zwischenperiode oder Später Horizont
MAM 7474

Amtsstab aus einem mit Goldblech beschlagenen Holzstab. Er ist mit zwei geometrischen Motiven, Linien und Rautennetzen verziert.

Der Amtsstab ist eines der ältesten Symbole der Macht oder der Autorität einer Person, das bis in die heutige Zeit überdauert hat.

Die Chimú- oder Inka-Gesellschaft, die eine klare soziale Schichtung und eine komplizierte Gebietsverteilung hatte, benutzte dieses Attribut, um die verschiedenen Abstufungen in der Hierarchie zu bezeichnen, von der absoluten Macht des Königs oder des Inka bis zur Macht der regionalen und örtlichen Statthalter.

EXPOSICION 1893, CH 7; CUESTA–ROVIRA 1982, S. 220, Abb. 180

3. DAS VORSPANISCHE AMERIKA

Die Zentralanden

Im Gebiet der Zentralanden, im heutigen Peru und in Teilen Boliviens, tritt um etwa 1200 v. Chr. die erste Hochkultur Chavín in Erscheinung, die bis etwa 200 v. Chr. für weite Teile der Zentralanden bestimmend wirkte. Während dieses Zeitraums, als Früher Horizont bezeichnet, entwickelte sich unter dem Einfluß von Chavín die Kultur von Paracas an der südlichen Küste. Knapp vor der Zeitenwende ging die Paracas-Kultur in die von Nazca über, während an der nördlichen Küste die Kultur von Moche Gestalt annahm. Ebenfalls in der Frühen Zwischenperiode, die bis etwa 700 n. Chr. andauerte, entfaltete sich im südlichen Hochland die Kultur von Tiahuanaco. Das nachfolgende Huari-Reich, das sich über weite Teile der Zentralanden ausdehnte, entspricht dem Mittleren Horizont (700–1100 n. Chr.). Von den regionalen Kulturen der Späten Zwischenperiode (1100–1470 n. chr.) kam insbesondere dem Königreich der Chimú an der nördlichen Küste Bedeutung zu. Erst knapp 100 Jahre vor Ankunft der Spanier traten die Inka ins Rampenlicht der Geschichte. Von Cuzco im Hochland aus vollzog sich der Aufstieg von einem kleinen Fürstentum zum mächtigsten Imperium des alten Amerika.

3.1 TOTENTUCH

Baumwolle, Wolle, B 1,47 m, L 2,38 m
Farben: rot, grün, schwarz, gelb
Peru, Paracas-Kultur, 300–100 v. Chr., Ende des Frühen Horizonts
MAM 14659

Große gestickte Decke mit reich verzierten Streifen in der Mitte und einer breiten Fransenborte. Die Borte ist an der Breitseite des Tuches und direkt aus dem Stoff gearbeitet. Die kleinen Doppelstreifen zeigen das gleiche Motiv wie die Borte: ein Mäanderfries, das innerhalb seiner Schleifen schematische menschliche Köpfe und Jaguare enthält. Auch auf der Borte erscheinen sowohl kleinere Jaguare als auch größere, innerhalb deren wiederum kleinere Katzen gezeigt werden.

Die Dekoration folgt einem regelmäßigen Rhythmus dreier Grundmotive, die sich wiederholen. Die Zusammenstellung der Farbmuster auf rotem und schwarzem Grund wirkt alles andere als monoton; der Kontrast zwischen den verschiedenen Farben wird meisterlich gehandhabt. Der erstaunliche Erhaltungsgrad dieses Stücks ist auf die extreme Trockenheit an der peruanischen Küste zurückzuführen.

MUSEO 1984, Dia Nr. 31
Farbabbildung S. 65

Kat.-Nr. 3.2

Kat.-Nr. 3.3

3.2 GEFÄSS IN FORM EINER ENTE

Keramik, cremefarben, rot und braun bemalt, H 24,8 cm, B 14,3 cm, T 22,8 cm
Peru, Mochica-Kultur, 50–650 n. Chr., Frühe Zwischenperiode
MAM 1009

Das Gefäß zeigt eine ruhende Ente aus der Gattung der *Cairina moschatus*. Kopf und Körper des Tieres sind kunstvoll modelliert. Die Darstellung dieser Vögel, die Gebiete mit Weihern oder Seen bewohnen, geben uns eine Idee, wie die Umwelt zur Zeit der Mochica-Kultur ausgesehen haben muß, da diese sich im Laufe der Zeit und wegen der Verwüstung des peruanischen Küstengebietes entscheidend verändert haben muß. Darüber hinaus wissen wir aus diesen Grabbeigaben, daß die Mochica ein Leben nach dem Tod annahmen, das dem irdischen sehr ähnlich war.

CUESTA 1980 b, S. 90, 189

3.3 GEFÄSS MIT KATZENTIEREN

Keramik, rot und cremefarben bemalt, H 23,5 cm, D 13,6 cm
Peru, Mochica-Kultur, 50–650 n. Chr., Frühe Zwischenperiode
MAM 1431

Gefäß mit Steigbügelausguß, auf dem zwei Katzentiere in Bewegung gemalt sind. Der Kopf der Tiere ist besonders auffällig, vor allem das offene Maul, in dem man zwei Reihen spitzer Zähne und die Zunge erkennt. Auf dem Körper ist das charakteristische Fleckenmuster des Felles dieser Tiere aufgemalt. Die Tiere laufen zwischen kaktusähnlichen Gewächsen.

Diese Raubkatze, die sogar als Gottheit verehrt wurde, hatte in der Mochica-Kultur eine große Bedeutung, so daß diese naturalistisch dargestellte Szene von hohem religiösem Wert ist. Das halluzinogene Kaktusgewächs *Trichocereus pachanoi,* heute unter der Bezeichnung San-Pedro-Kaktus bekannt, gibt diesem Bild eine besondere Symbolik. Die Assoziation der Katze mit dieser Pflanze existierte schon in der Chavin-Kultur, wo das Rauschmittel während religiöser

Kat.-Nr. 3.5

Zeremonien eingenommen wurde, um mit den Göttern in Verbindung zu treten.
CUESTA 1980 a, S. 101, 131; CUESTA 1980 b, S. 151, 204, 226

3.4 FELIDE MIT KOPFTROPHÄE

Keramik, cremefarben, rot und dunkelrot, H 15 cm, B 11,7 cm, T 16,2 cm
Peru, Mochica-Kultur, 50–650 n. Chr., Frühe Zwischenperiode
MAM 1441

Gefäß mit kubischem Körper und einem verlorengegangenen Steigbügelausguß. Auf dem Körper sitzt ein Tier, dessen Grundzüge die einer Katze sind, wenn es auch mitten auf dem Rücken und auf dem Schwanz eine gezackte Verzierung trägt. Der Schwanz endet in einem Kopf, der an einen Schlangenkopf erinnert. Auffällig sind der große, geöffnete Rachen und die Flecken auf dem Fell, die durch Wellenlinien und Punkte angedeutet sind. Das Tier stützt seine Vorderpfoten auf einen Menschenkopf, den es mit den Krallen festhält. Die Augen dieses Kopfes sind geschlossen und zugenäht. Der kubische Körper trägt auf jeder Seite die Darstellung einer Schlange in Bewegung mit großem, offenem Rachen, zwischen dessen Zähnen eine gespaltene Zunge erscheint. Der Körper ist mit Punkten und Kreisen verziert, die die Hautzeichnung darstellen sollen.

Die Tatsache, daß das Tier Züge eines Jaguars und auch nichtkatzenartige Züge hat, erweitert seine Bedeutung. Die Bedeutung dieses Tieres, einer Kombination aus Katze und Schlange, ist wahrscheinlich mit dem Regen und der Fruchtbarkeit der Erde in Verbindung zu bringen. Die Tatsache, daß das Tier hier einen Kopf in den Krallen hält, wahrscheinlich als Trophäe, läßt vermuten, daß es sich um ein Sühneopfer handelt.
CUESTA 1980 b, S. 153, 194
Farbabbildung S. 67

3.5 KOPF EINES KRANKEN

Keramik, cremefarben, dunkelrot auf roter Engobe, H 15,7 cm, B 14,3 cm, T 13,2 cm
Peru, Mochica-Kultur, 50–650 n. Chr., Frühe Zwischenperiode
MAM 1449

Darstellung eines Menschenkopfes, der eine einfache Kopfbedeckung trägt, über die hinten ein Band verläuft. Sie rahmt die Stirn ein und hängt bis in den Nacken hinein. Das perfekt geformte Gesicht hat offene Augen, jedoch ohne Pupillen, einen geöffneten Mund, in dem die Zähne zu sehen sind, und eine starke Deformation der Oberlippe, die sich senkrecht über die halbe Nase zieht.

Dies sind genau die Symptome einer in dieser Gegend häufigen Krankheit, der Leishmaniose. Daß die Grabbeigaben u. a. aus diesen Darstellungen bestanden, zeigt, daß die Vorstellung vom Jenseits dieser Welt ähnelte und auch Krankheiten einbezog. Vielleicht sollte die Keramik diese konkrete Krankheit auf sich ziehen und sie so dem Toten nehmen, oder es handelte sich einfach um die getreue Darstellung der Krankheit.
CUESTA 1980 b, S. 154, 199, 237

3.6 PORTRÄTKOPF

Keramik, cremefarben und rot, H 19,6 cm, B 22 cm, T 13,4 cm
Peru, Mochica-Kultur, 50–650 n. Chr., Frühe Zwischenperiode
MAM 1433

Gefäß in Form eines Menschenkopfes, der einen komplizierten Kopfputz trägt, der unterhalb des Kinnes verknotet ist und der den Kopf, das Fell und die Krallen eines Jaguars zeigt. Das perfekt geformte Gesicht ist bemalt und mit großen Ohrpflöcken ausgestattet.

Das Stück gehört zu den Porträtgefäßen. Es handelt sich um

Kat.-Nr. 3.7

Kat.-Nr. 3.8

eine hohe Persönlichkeit, wie man aus dem reichen Kopfputz und dem Schmuck ersehen kann. Es könnte einen hohen Befehlshaber oder Herrscher darstellen, da der Jaguar, dessen Attribute er trägt, von alters her als Gottheit verehrt wurde und Macht symbolisierte. Das Gesicht, majestätisch und ernst, ist achsensymmetrisch dargestellt.
CUESTA 1980 a, S. 102, 128; CUESTA 1980 b, S. 203, 243; MUESTRA 1984, Abb. 271
Farbabbildung S. 66

3.7 PORTRÄTKOPF

Keramik, cremefarben, dunkelrot und schwarz, H 14,6 cm, B 15,7 cm, T 14,5 cm
Peru, Mochica-Kultur, 50–650 n. Chr., Frühe Zwischenperiode
MAM 11025, Sammlung Larco Herrera

Das anthropomorphe Gefäß stellt einen Menschenkopf dar, der einen einfachen Kopfputz trägt, der das Gesicht einrahmt und mit einem breiten Band unter dem Kinn gehalten wird. Das Gesicht ist perfekt ausgeformt und zeigt Schlitzaugen, Hakennase und schmale Lippen. Es ist bemalt und hat Ohrgehänge.

Es gehört zu den Porträtgefäßen und stellt einen Herrscher dar, dessen Gesichtszüge einen wahrscheinlich asiatischen Einschlag widerspiegeln. Verschiedene Autoren vertreten die Meinung, daß es sich hier um Porträts von Herrschern in unterschiedlicher Aufmachung, je nach Herkunftsort, handelt, da man Stücke gefunden hatte, die alle zu einer Person in verschiedenen Abschnitten ihres Lebens gehörten.
CUESTA 1980 a, S. 102, 128; CUESTA 1980 b, S. 158, 241; MELIDA 1920, Abb. 3, MUESTRA 1984, Abb. 270

3.8 ANTHROPOPHALLUS

Keramik, orange, rot, schwarz und cremefarben, H 19 cm, B 11,3 cm, T 20,5 cm
Peru, Mochica-Kultur, 50–650 n. Chr., Frühe Zwischenperiode
MAM 1394

Kat.-Nr. 3.10

Kat.-Nr. 3.11

Gefäß mit Steigbügelausguß, das einen Menschen in Phallusform darstellt. Es zeigt einen sitzenden Menschen mit gebeugten Beinen, auf die er die Arme mit gefalteten Händen aufstützt.

Der Kopf entspricht der Eichel. Das gut ausgeformte und bemalte Gesicht hat große Augen, hervortretende Wangenknochen, eine Hakennase und einen großen geschlossenen Mund, um den zahlreiche Falten zu sehen sind. Er trägt rohrförmige Ohrpflöcke, und sein Körper ist bemalt. An der Rückseite der Keramik ist die Phallusform deutlich zu erkennen. Am Ende, unterhalb des Steigbügels, sieht man zwei halbrunde Formen, die die Hoden darstellen sollen.

Unter den Mochica-Keramiken sind häufig solche Darstellungen zu finden, die die Wichtigkeit der männlichen Geschlechtsteile als Erzeuger des Lebens betonen. Die unbewegliche, meditative Haltung, vielleicht eine Bitthaltung oder rituellen Ursprungs, wie man an der Stellung der Hände sieht, gibt dem Stück einen Symbolcharakter, dem die Meinung derer entgegensteht, die in derartigen Darstellungen Menschen sehen, deren Gesichter sexuelle Abartigkeiten widerspiegeln.

CUESTA 1980 a, S. 102, 122; CUESTA 1980 b, S. 105, 251

3.9 GEFÄSS IN MENSCHENFORM

Keramik, cremefarben, rot, schwarz, H 19,5 cm, B 12,7 cm, T 14,4 cm

Peru, Mochica-Kultur, 50–650 n. Chr., Frühe Zwischenperiode

MAM 1444

Gefäß mit Steigbügelausguß, das einen sitzenden Menschen darstellt. Auf dem Kopf trägt er einen mit Kreuzen verzierten Umhang, der unter dem Kinn befestigt ist und nach hinten über den ganzen Rücken fällt. Das gut ausgeformte Gesicht ist bemalt und hat leere Augenhöhlen. Der Körper des Menschen paßt sich in die Kugelform des Gefäßes ein, wobei sehr breite Arme im Flachrelief und Füße, die über die Kugelform hinausragen, auffallen. Er trägt außer dem Umhang ein Hemd und einen Lendenschurz.

Es besteht die Möglichkeit, daß Augen und Mund zusätzlich mit einem Perlmutt- oder Metallschmuck versehen waren. Es könnte sich auch um die Darstellung eines Blinden handeln oder um einen Menschen, dem durch den Vollzug irgendeiner Strafe das Augenlicht genommen wurde.

CUESTA 1980 a, S. 105, 121

3.10 SITZENDER MANN

Keramik, cremefarben, dunkelrot und schwarz auf orange Engobe, H 19,5 cm, B 13,2 cm, T 10,7 cm
Peru, Mochica-Kultur, 50–650 n. Chr., Frühe Zwischenperiode
MAM 1435

Gefäß mit rekonstruiertem Steigbügelausguß, das eine Person darstellt, die auf einem Bein sitzt und das andere beugt. In der rechten Hand hält sie einen schwer zu identifizierenden Gegenstand. Der Kopf ist mit einem einfachen Kopfputz bedeckt, der unter dem Kinn befestigt ist. Der Mann ist mit einer Tunika und einem Gürtel bekleidet. Er hat geschlossene, hervorstehende Augen; der schiefe Mund und die deformierte Nase fallen besonders auf. Es handelt sich um die Darstellung einer Person, die im Nasen-Lippen-Bereich verstümmelt ist. Möglicherweise war dies die Folge der Bestrafung einer in der Moche-Gesellschaft als Delikt angesehenen Tat. Er scheint zu schlafen.
CUESTA 1980 a, S. 102, 122; CUESTA 1980 b, S. 152, 193, 261

3.11 FIGURENGEFÄSS

Keramik, gelb und eierschalenfarben, H 19,3 cm, B 14,2 cm, T 14,7 cm
Peru, Mochica-Kultur, 50–650 n. Chr., Frühe Zwischenperiode
MAM 1200

Gefäß mit Steigbügelausguß, das einen sitzenden Mann darstellt, der in einer Hand eine eingerollte Matte und in der anderen eine Keramikschale zum Rösten von Mais hält. Er trägt einen kranzförmigen Kopfputz, und auf dem Gesicht befindet sich eine eingeritzte, geometrische Verzierung, die Tatauierungen oder Schmucknarben darstellt. Er ist bis zu den Knien mit einer Tunika bekleidet, unter der die Geschlechtsteile zu sehen sind. Er trägt ein breites Schulterband, an dem ein vogelförmiges Gefäß mit Steigbügelausguß hängt. Es könnte sich um die Darstellung eines Kunsttöpfers, eines Keramikhändlers oder einer Person handeln, die ihren Hausrat transportiert. Auffallend ist auf jeden Fall die Bedeutung, die diesen Gegenständen gegeben wurde, die entweder Gebrauchsgegenstände oder Grabbeigaben waren oder rituellen Zwecken dienten. Sie zählten also zu den täglichen Bedarfsgegenständen im Leben der Mochica.
CUESTA 1980, S. 123, 257; MELIDA 1920, Abb. 4

3.12 SITZENDER MANN

Keramik, dunkelrot und cremefarben, H 22,6 cm, B 13,1 cm, T 18,5 cm
Peru, Mochica-Kultur, 50–650 n. Chr., Frühe Zwischenperiode
MAM 1442

Kat.-Nr. 3.12

Gefäß mit Steigbügelausguß, das einen sitzenden Mann darstellt. Er trägt einen einfachen Kopfputz, der das Gesicht einrahmt und unter dem Kinn verknotet ist. Das Gesicht ist mit großer Präzision in allen Zügen perfekt ausgeformt, wobei die Hakennase besonders auffällt. Er hat eine Tunika an, die auf der Höhe der Taille von einem dreieckigen Tuch, das vorne verknotet ist, überdeckt wird. In der linken Hand trägt er einen Fisch und in der rechten einen nicht erkennbaren Gegenstand.

Es könnte sich um die Darstellung einer Person handeln, die gerade ihre Opfergabe darbringt. Es handelt sich wegen der genauen Ausarbeitung des Gesichtes um eine bestimmte Person, weshalb man das Stück zu den Porträtgefäßen zählen könnte.
CUESTA 1980 b, S. 153, 197; MELIDA 1920, Abb. 4; MUESTRA 1984, Abb. 114

3.13 WEIBLICHE FIGUR

Keramik, cremefarben und braun auf ockerfarbener Engobe, H 24,5 cm, B 14,5 cm, T 8,6 cm

Kat.-Nr. 3.17

Peru, Mochica-Kultur, 50–650 n. Chr., Frühe Zwischenperiode
MAM 11094

Darstellung einer aufrecht stehenden, weiblichen Figur, die die Hände auf die Brust legt. Sie trägt einen haubenförmigen Kopfputz, der über den Nacken bis in den Rücken fällt. Bei den Ohren, an denen zwei große runde Scheiben hängen, kommen zwei Haarsträhnen unter dem Kopfputz hervor. Das perfekt ausgeformte Gesicht ist mit einem Stufenmuster auf den Wangen und verschiedenen schnurrbartartigen Voluten über der Oberlippe bemalt. Sie trägt ein Hemd, welches die Geschlechtsteile erkennen läßt. Die Figur erscheint ernst; die beiden Seiten sind ausgesprochen symmetrisch gearbeitet, was die Bewegungslosigkeit unterstreicht und der Figur einen feierlichen Ausdruck verleiht. Die an den Körper gelegten Arme vermitteln den Eindruck von einem festen Block. Die Proportionen des Körpers stimmen nicht mit der Wirklichkeit überein, da das größte Interesse darin bestand, die Unterscheidungsmerkmale herauszustellen: den Kopf mit Kopfputz, den Schmuck, die Gesichtsbemalung, die sie wegen ihres Ranges oder wegen einer Zeremonie trägt, und das Geschlecht. Alles andere beschränkt sich darauf, die für die Körperhaltung notwendigen Teile hervorzuheben.
MUSEO 1984, Dia 33

3.14 FIGURENGEFÄSS

Schwarze Keramik, H 16,5 cm, B 10,6 cm, T 11,8 cm
Peru, Mochica-Kultur, 50–650 n. Chr., Frühe Zwischenperiode
MAM 10043

Gefäß mit Steigbügelausguß, das einen mit gekreuzten Beinen sitzenden Mann darstellt, der die Hände auf die Knie stützt. Er trägt einen komplizierten Kopfputz, der unter dem Kinn verknotet ist und nach hinten über den Rücken fällt. Ein Stirnband hält die beiden vorderen Scheiben und die Quaste bzw. den Federbusch, der sich von hinten aufrichtet. Die Augenhöhlen sind leer, und die Nasenscheidewand ist durchbohrt, um einen Nasenring anzubringen. Der Mann ist mit großen Ohrpflöcken geschmückt. Am Handgelenk sieht man verschiedene Abdrücke, die von den ursprünglich vorhandenen Armreifen stammen. Dies alles und die Haltung der Figur deuten auf einen wichtigen Herrscher hin. Die Figur ist sehr realistisch dargestellt und verkörpert die große Kunstfertigkeit der Mochica.
MUSEO 1984, Dia 34

3.15 FIGURENGEFÄSS

Schwarze Keramik, H 15,6 cm, T 17,5 cm
Peru, Mochica-Kultur, 50–650 n. Chr., Frühe Zwischenperiode
MAM 10755

Gefäß mit Steigbügelausguß, das einen mit gekreuzten Beinen sitzenden Mann darstellt, der die Hände auf die Knie stützt. Er trägt einen Kopfputz, der unter dem Kinn gebunden ist und nach hinten über den Rücken fällt, wo er in einer spiralförmigen Verzierung endet. Das Gesicht ist perfekt ausgeformt, die Augenhöhlen sind leer, und die Nasenscheidewand ist durchbohrt. Er muß einen Nasenring getragen haben und einige Metallarmreifen, wie die Abdrücke an den Handgelenken zeigen.
Der guten Ausarbeitung nach zu urteilen, könnte es sich um eine hochgestellte Persönlichkeit handeln, worauf auch der Kopfputz und der wahrscheinlich aus Edelmetallen gefertigte Schmuck, der leider nicht auffindbar war, hindeuten. Dieses Gefäß zeichnet sich wie das vorige durch die steifen, unbeweglichen Formen aus.
ARTE 1981, Abb. 34; MUESTRA 1984, Abb. 119

3.16 KRIEGER

Keramik, rot und cremefarben, H 24,2 cm, B 14,2 cm, T 19,6 cm

Peru, Mochica-Kultur, 50–650 n. Chr., Frühe Zwischenperiode
MAM 1436, Sammlung Larco Herrera

Kugelförmiges Gefäß mit Steigbügelausguß, auf dem eine auf einem Bein kniende Person mit erhobenen Armen erscheint, die in einer Hand ihre Waffen trägt. Die Finger der anderen Hand sind außer dem Zeigefinger gekrümmt. Der Krieger trägt einen konischen Helm mit Nackenschutz und zwei große, runde Ohrpflöcke mit Anhängern, die das Gesicht einrahmen, außerdem ein Hemd und einen Lendenschurz, an dem im hinteren Bereich ein Zeremonialmesser, *Tumi*, befestigt ist. In der linken Hand hat er eine Keule und einen viereckigen Schild. Der Bauch des Gefäßes ist mit drei männlichen Katzentieren mit offenem Maul bemalt, die sich auf halbrunden Flächen bewegen, die, nach den Pflanzenmotiven zu schließen, Kakteen oder andere Pflanzen sein könnten.

Es handelt sich um die Darstellung eines Kriegers mit all seinen Attributen – Schild, Keule, Tumi und Helm – oder eines Häuptlings in Kriegskleidung. Seine ungewöhnliche Körperhaltung, mit einem Knie auf dem Boden und mit der Handbewegung, könnte mit der gemalten Szene in Zusammenhang stehen, in der der Jaguar und ein vielleicht halluzinogenes Kaktusgewächs in Verbindung gebracht werden. So hätte die ganze Darstellung einen rituellen Charakter, da die vom Krieger symbolisierte Macht mit der Fruchtbarkeit der Katzentiere verbunden wird.
CUESTA 1980 a, S. 102, 122; CUESTA 1980 b, S. 152, 106, 265; MELIDA 1920, Abb. 4
Farbabbildung S. 66

3.17 SITZENDER MANN

Keramik, rot und cremefarben bemalt, H 22 cm, B 11,7 cm, T 16,8 cm
Peru, Mochica-Kultur, 50–650 n. Chr., Frühe Zwischenperiode
MAM 1063

Gefäß mit Steigbügelausguß, das eine sitzende Person mit gekreuzten Beinen darstellt. Sie trägt einen geteilten Kopfputz, der unter dem Kinn geknotet ist. Die Nasenscheidewand des Mannes ist durchbohrt, die Gesichts- und Körperbemalung des Mannes zeigt geometrische und zoomorphe Muster. Gekleidet ist er mit einem Lendenschurz, und ein *Tumi*-Messer hängt hinten am Rücken vom Gürtel herab. Eine Hand ruht auf dem Knie, die andere ist erhoben. Der Zeigefinger ist ausgestreckt, die anderen Finger sind geballt. Schmuck, Körperbemalung und Haltung deuten auf eine Person von hohem Rang hin.
CUESTA 1980 b, S. 100, 254

3.18 GEFANGENER

Keramik, rot, orange und cremefarben bemalt, H 22,3 cm, B 13 cm, L 19 cm

Kat.-Nr. 3.18

Peru, Mochica-Kultur, 50–650 n. Chr., Frühe Zwischenperiode
MAM 1426, Sammlung Larco Herrera

Gefäß mit Steigbügelausguß, auf dem ein sitzender Gefangener dargestellt ist, der die Beine kreuzt und um dessen Hals ein Seil gebunden ist, wobei ein Ende vor dem Körper des Gefangenen hängt. Der Gefangene ist vollständig nackt, und zwischen den Händen hat er eine Trommel, sein Gesicht ist bemalt. Der kugelförmige Bauch des Gefäßes ist mit verschiedenen Waffen wie Schilden, Keulen und Helmen bemalt.

Dieses Stück zeigt eine der vornehmlichen Aktivitäten des Mochica-Volkes: Krieg zu führen. Die Macht dieses Staates beruhte auf seiner Kriegsstärke, und daher gibt es zahlreiche Gefäße, die entweder Waffen oder anderes Kriegsmaterial zeigen oder aber gefangengenommene Gegner. Diese Szene könnte einen besiegten und gefesselten Häuptling mit den Wappen seines Volkes darstellen. Nicht selten wurden die Gefangenen nackt mit einen Seil um den Hals abgebildet, da sie als erstes entkleidet und ihnen, um sie zu demütigen, ihre Rangabzeichen abgenommen wurden.
CUESTA 1980 b, S. 150, 210, 271; MELIDA 1920, Tafel IV

Kat.-Nr. 3.19

3.19 GEFANGENER

Keramik, rot und cremefarben bemalt, H 32,5 cm, B 16,3 cm, T 15,1 cm
Peru, Mochica-Kultur, 50–650 n. Chr., Frühe Zwischenperiode
MAM 1425

Gefäß, das einen nackten, sitzenden Mann mit gekreuzten Beinen zeigt, dem die Hände auf den Rücken gebunden wurden und der um den Hals ein Seil trägt. Der Kopfputz ist ihm abgenommen worden, das gut herausgearbeitete Gesicht ist reich bemalt. In den Ohren sind noch die beiden Kreise zu erkennen, wo sich vorher der Ohrschmuck befunden hat.

Es handelt sich hierbei um die Darstellung eines Kriegsgefangenen, den man, zur Demütigung, aller Kleider und Rangabzeichen beraubt hat. Diese Gefangenen wurden versklavt, sie bildeten also die unterste Schicht in ihrer neuen Gesellschaft, manche wurden sogar den Göttern geopfert.

ARTE 1981, Abb. 31; CUESTA 1980 b, S. 150, 209, 271; MUESTRA 1984, Abb. 109

3.20 MANN, AN EINEM BAUM FESTGEBUNDEN

Keramik, rot und cremefarben bemalt, H 20,5 cm, B 14,5 cm, T 19,5 cm
Peru, Mochica-Kultur, 50–650 n. Chr., Frühe Zwischenperiode
MAM 1403

Gefäß mit Steigbügelausguß und der Darstellung eines nackten Mannes, der mit einem doppelten Seil an einen Baumstamm festgebunden ist. Er steht, aber sein Kopf hängt seitlich herunter. Die Augenhöhlen des Mannes sind leer, und der Mund ist zu einem schmerzhaften Lächeln verzogen.

Es könnte sich hier um die Darstellung eines Mannes handeln, der zum Tode am Baumstamm, den Tieren zum Fraß, verurteilt worden ist und der vorher durch Herausreißen der Augäpfel geblendet wurde. Die spanischen Chronisten erzählten von dieser Art der Todesstrafe für manche Verbrechen. Das schmerzhafte Lächeln scheint diese Theorie zu bestätigen. Die Symmetrie der gesamten Darstellung wird nur durch die Stellung des ziemlich großen Kopfes gebrochen, wobei der Künstler diesem Körperteil besondere Aufmerksamkeit widmete.

CUESTA 1980 b, S. 146, 271; MELIDA 1920, Blatt 4

3.21 MYTHOLOGISCHE DARSTELLUNG

Keramik, schwarz, rot und cremefarben bemalt, H 21,5 cm, B 14,2 cm, T 17,2 cm
Peru, Mochica-Kultur, 50–650 n. Chr., Frühe Zwischenperiode
MAM 1111

Gefäß mit Steigbügelausguß, auf dem eine menschliche Gestalt in Hochrelief dargestellt wird, die aufrecht auf einer Plattform steht mit nach oben gestreckten, etwas gebeugten Armen. Sie hält zwei Tierköpfe, die zu beiden Seiten des Kopfputzes angebracht sind. Die Tiere haben das Maul weit geöffnet, so daß Zähne und Schnurrbart zu sehen sind. Auffallend ist auch der große Mund der Gestalt mit den vier langen Reißzähnen. Der Mann kleidet sich mit einem Hemd mit geometrischen Motiven und einem dreieckigen Lendenschurz, er schmückt sich mit Ohrpflöcken und einer Halskette aus runden Gliedern. Vom Gürtel führen zwei Bänder bis zu den Köpfen der Tiere.

Hier ist der zentrale Gott der Mochica-Kultur *Aiapaec* dargestellt, ausgestattet mit Jaguarzähnen und einem Schlangengürtel, dessen Merkmale durch die zwei Jaguarköpfe am Kopfputz noch verstärkt werden. Die Unbeweglichkeit, mit der er abgebildet ist, deutet auf den passiven Teil seiner Persönlichkeit hin; er ist hier Gott der Berge, der Schöpfergott, der im Zusammenhang mit der aufgehenden Sonne hinter den Bergen des Küstengebirges steht und damit auch mit dem Ackerbau zu tun hat. Die Verbindung dieses Gottes mit dem Jaguar wird nicht nur an seinen langen Reißzähnen deutlich, sondern auch am Kopfputz, der von zwei Köpfen dieses Tieres geschmückt wird.

ARTE 1981, S. 30; CUESTA 1980 a, S. 106, 125; CUESTA 1980 b, S. 108, 227

3.22 MENSCHENOPFER

Keramik, rot und cremefarben bemalt, H 22,7 cm, B 18,3 cm, T 20,7 cm
Peru, Mochica-Kultur, 50–650 n. Chr., Frühe Zwischenperiode
MAM 1412

Gefäß mit Steigbügelausguß, das eine Opferzeremonie zeigt. Im oberen Teil ragen fünf Bergspitzen in den Himmel, zwischen denen vier sitzende, menschliche Gestalten mit Jaguarmaul zu sehen sind. Am Fuße einer der Bergspitzen sitzt wiederum eine menschliche Gestalt, aus deren Mund die langen Reißzähne des Jaguars wachsen. Zu ihren Füßen befindet sich ein hingestreckter Mann, im Relief modelliert. Der untere Teil, der dieser Szene als Sockel dient, beinhaltet die Darstellung eines Unterkiefers mit vier Zähnen in den entsprechenden Zahnhöhlen.

Die Szene repräsentiert ein Menschenopfer für *Aiapaec*, die höchste Gottheit der Mochica-Kultur. Dieser Gott, der Jaguarzüge hat, wird mit der Sonne, die hinter den Bergen aufgeht, in Verbindung gebracht. Daher spielt diese Szene vor einem Hintergrund, der stark im Zusammenhang mit der Fruchtbarkeit der Erde steht. Die Gottheit wiederholt sich in den vier Gestalten mit dem Jaguarmaul und verstärkt damit ihre Bedeutung. Das Volk der Mochica verehrte diesen Gott als höchste Gottheit, als Schöpfergott. Verschiedene seiner Züge konnten auch bei anderen niedrigeren Gottheiten, die spezielle Merkmale hatten, auftreten. Die Grundidee der Menschenopfer zur Erneuerung des Lebens wird bei diesem Gefäß deutlich: diese Szene spielt auf einem Sockel mit den Resten des Unterkiefers eines vorher der gleichen Gottheiten geopferten Menschen.
CUESTA 1980 b, S. 148, 274; MUESTRA 1984, Abb. 196; MUSEO 1984, Dia 35
Farbabbildung S. 66

3.23 MYTHOLOGISCHE SZENE

Keramik, rot und cremefarben bemalt, H 24 cm, D 14,5 cm
Peru, Mochica-Kultur, 50–650 n. Chr., Frühe Zwischenperiode
MAM 1428, Sammlung Larco Herrera

Dieses Gefäß zeigt durch Bemalung in doppelter Ausführung die Gestalt eines Mannes, der auf einer runden Form sitzt, von der eine Reihe von Strahlen, die in Tierköpfen enden, ausgeht. Er trägt neben einer reichen Kleidung auch einen großen Federschmuck mit einem breiten Band, das auf den Rücken hängt. Das Gesicht ist im Profil dargestellt, die Zähne auffällig. Die Kleidung ist netzartig gemustert und mit einem breiten Gürtel versehen. Im Zwischenraum zwischen den beiden Darstellungen und ziemlich unten befinden sich

Kat.-Nr. 3.21

Ornamente in Form konzentrischer Kreise, von denen aus Strahlen ausgehen, die selbst in Kreisen enden.

Die Gestalt könnte eine Darstellung des Gottes *Aiapaec* sein, der auf einer Mondscheibe durch das Weltall zieht. Es würde sich also um die Hauptgottheit des Mochica-Volkes handeln, den Gott der Reißzähne, diesmal als aktive Gottheit gezeigt – daher die Profilansicht und die Bewegung –, als Gott der Küste also. Die Gottheit steht hier in klarem Bezug zur Fruchtbarkeit, sie wird zusammen mit dem Mond dargestellt. Die Mondgottheit wird später, zur Zeit der Chimú-Kultur, diesen Katzengott ablösen. Sie ist eine wohltätige Gottheit und wird im Zusammenhang mit der Frische des Morgens und dem Morgentau gesehen – so wohltuend im Wüstenklima der Küste. Die Tierköpfe an den Enden der Strahlen, die vom Mond ausgehen, könnten stilisierte Schlangenköpfe sein, ein eng mit *Aiapaec* verbundenes Tier, dem Einfluß beim Regen und bei der Fruchtbarkeit der Erde nachgesagt wird.
CUESTA 1980 b, S. 150, 200, 221; MELIDA 1920, Blatt 4

Kat.-Nr. 3.26

3.24 JAGDSZENE

Keramik, rot, schwarz und cremefarben bemalt, H 27 cm, D 13,4 cm
Peru, Mochica-Kultur, 50–650 n. Chr., Frühe Zwischenperiode
MAM 1427

Gefäß mit Steigbügelausguß und mit der Darstellung einer Rotwildjagd, auf der man zwei laufende Hirsche erkennt, die von einer Lanze durchbohrt sind. Im unteren Teil des Gefäßes sind Netze um den Ort der Handlung gespannt.

Die dargestellte Szene bezieht sich auf Jagden, die die Dienerschaft für den Adel der Mochica organisierte. Der ökonomische Wert war unwichtig, es war ein Elitesport, bei dem die Diener das Rotwild umzingelten und mit Schreien so verängstigten, daß es in eine bestimmte Richtung floh, dorthin, wo Netze gespannt waren, die mit dicken Stöcken gehalten wurden. Die adeligen Herren töteten dann dort die Tiere mit ihren Lanzen und Wurfspeeren, wie es die vorliegende Szene zeigt. Diese ist sehr realistisch gemalt, besonders was die umgebende Natur betrifft.

CUESTA 1980 a, S. 101, 131; CUESTA 1980 b, S. 150, 201, 235; MUESTRA 1984, Abb. 272
Farbabbildung S. 66

3.25 TELLER

Keramik, schwarz, braun und orange auf cremefarbigem Grund, H 4,9 cm, D max. 16,4 cm
Peru, Nazca-Kultur, 50–650 n. Chr., Frühe Zwischenperiode
MAM 5971

Teller mit konvexer Standfläche und nach außen gestellten Wänden. Im Innern die Darstellung eines Fisches. Vom Rand aus erscheinen auf seiner Außenseite parallele Linien im gleichen Abstand zueinander.

Zur einfachen Formgebung des Tellers kommt noch die schlichte Ausschmückung dieses für die Wirtschaft der Nazca-Kultur so wichtigen Produktes hinzu. Der Fischfang war eine der wichtigsten Aktivitäten dieser Kultur. Hinweise dafür liefern uns archäologische Studien von einem zur gleichen Zeit, aber etwas nördlicher lebenden Volk sowie andere Ausgrabungen aus dem Gebiet der Nazca, die von einer etwas früheren Kultur Zeugnis geben und bei denen sogar Überreste von Fischersiedlungen gefunden wurden. Die Fischer tauschten wohl ihre Produkte mit den Bauern im Landesinneren.

3.26 GEFÄSS

Keramik, rot, grau, weiß und schwarz auf cremefarbigem Grund, H 20,8 cm, D max. 21 cm
Peru, Nazca-Kultur, 50–650 n. Chr., Frühe Zwischenperiode
MAM 8204

Kugelförmiges Gefäß mit flachem Boden. Auf einem etwas erhöhten Kreis befinden sich die beiden Ausgüsse und der Bandhenkel. Die Bemalung besteht aus vertikalen Streifen in verschiedenen Farben mit geometrischen und semiovalen Motiven und Schlangenlinien.

Es handelt sich hier wohl um die Darstellung eines Kürbisses, da das Gefäß besonders im herausgewölbten oberen Teil an diese Frucht erinnert. Die Form, kugelförmig mit zwei Ausgüssen, und die einfache Bemalung sind von der Paracas-Kultur übernommen, ein Hinweis darauf, daß wir es hier mit einem Gefäß der frühen Nazca-Kultur zu tun haben, obwohl in späteren Epochen diese Grundform in verfeinerter Form beibehalten wurde. Die Anhäufung geometrischer Motive weist auch auf die frühesten Anfänge dieser Kultur hin.
BLASCO 1980, I. Nr. 1; CUESTA 1980 a, S. 116, 140

3.27 GEFÄSS

Keramik, schwarz, rot und braun bemalt, H 19,3 cm, D max. 23,7 cm, Öffnung: 5,7 cm
Peru, Nazca-Kultur, 50–650 n. Chr., Frühe Zwischenperiode
MAM 8157

Kugelförmiges Gefäß mit kleinen Henkeln bei der Öffnung; symmetrisch angeordnete, große Vögel mit langem Hals, halbgeöffnetem Schnabel und ausgebreiteten Flügeln dienen der Ausschmückung.

Viele der vorkolumbischen Kulturen bezogen in ihre künstlerischen Darstellungen das Motiv des Vogels mit ein. Die Menschen waren stolz darauf, seine Nachkommen zu sein, und bewunderten seine Fähigkeiten. Von der Frühen Periode der Nazca-Kultur finden sich reichlich Beispiele dieser naturalistischen Darstellungen, die jedoch im Laufe der Zeit immer schematischer werden.
EXPOSICION 1893, Republik Peru Nr. 14, CUESTA 1980 a, S. 110, 143; MUESTRA 1984, Abb. 262
Farbabbildung S. 68

3.28 GEFÄSS

Keramik, schwarz, rot, braun und cremefarben bemalt, H 16,3 cm, D max. 16,3 cm
Peru, Nazca-Kultur, 50–650 n. Chr , Frühe Zwischenperiode
MAM 8068

Kugelförmiges Gefäß mit zwei Ausgüssen und Bandhenkel. In einem einzigen Dekor-Fries, unten mit einem breiten Streifen abgeschlossen, erscheinen drei Vogelgestalten mit einem Fisch im Schnabel.

Die Vögel sind realistisch dargestellte Albatrosse, was auf eine Szene aus dem alltäglichen Leben hinweist, also ohne jeden mythischen Inhalt. Die leichte Stilisierung in dieser naturalistischen Darstellung verleiht dem Gefäß Einfachheit, jedoch auch große Schönheit. Unzählige dieser und anderer Vögel nisteten auf den küstennahen Inseln und bedeckten sie mit ihren Ausscheidungen, die die Bauern als Düngemittel benutzten; dieses wurde *Guano* genannt.
BLASCO 1980, Tafel XVII, Abb. 3

3.29 GEFÄSS

Keramik, schwarz, braun, grau, orange und cremefarben bemalt, H 18 cm, D max. 16,5 cm
Peru, Nazca-Kultur, 50–650 n. Chr., Frühe Zwischenperiode
MAM 8223

Kugelförmiges Gefäß mit zwei Ausgüssen und Bandhenkel. In einem auf der oberen Seite des Bauches angebrachten Fries sind zwei vogelähnliche Figuren und ein Fisch zu sehen. Beide Vögel haben Schwimmfüße, einen langen, an der Spitze gekrümmten Schnabel und einen geschwungenen Hals. Farbflecke markieren die Körper, und die Flügel sind ganz in Schwarz ausgemalt. Der Fisch hat sägeartige Zähne, ein kreisrundes Auge in der Mitte und Rückenflossen.

Es handelt sich hierbei um Schwimmvögel, die am Meer leben, vielleicht Albatrosse; beim Fisch scheint es sich um einen Schwert- oder Raubwal zu handeln, den die Fischer sehr fürchteten, da er ihre Boote angriff und die Fische ausrottete. Dieses Tier ist der einzige Meeressäuger, den die Kunsttöpfer

Kat.-Nr. 3.28

aus Nazca dargestellt haben. Die naturalistische Abbildung, wie die meisten der Frühen Periode, zeigt an, daß hierbei kein mythologischer Bezug zu suchen ist.
BLASCO 1980, Tafel XVII, Nr. 1; CUESTA 1980 a, S. 109, 143; BLASCO 1985, S. 259

3.30 BECHER

Keramik, schwarz, rot, braun und ocker auf cremefarbigem Grund, H 21 cm, D Öffnung 10 cm
Peru, Nazca-Kultur, 50–650 n. Chr., Frühe Zwischenperiode
MAM 5646

Zylindrischer Becher mit nach außen gewölbtem Rand und konvexer Standfläche. Im oberen der beiden Dekor-Friese, dem breiteren, werden zwei gleichartige Personen dargestellt, Gesicht und Beine im Profil, die Brust von vorne. Sie tragen Hemd, Lendenschurz und Kopfputz; in den Händen halten sie Stöcke, wobei einer davon mit Federn geschmückt ist. Der Raum um die Personen ist von verschiedenförmigen Gebilden unterschiedlicher Größe ausgefüllt. Im unteren Fries sind Kaktusgewächse zu sehen.

Kat.-Nr. 3.30

Das Volk der Nazca muß sehr grausam gewesen sein, da in ihren Keramikarbeiten viele abgeschlagene Köpfe zu finden sind, obwohl weder Kampfszenen noch die Darstellung von Einzelkämpfen darauf hinweisen, daß die Nazca ein Kriegervolk gewesen sind. Betrachtet man jedoch die Entwicklung des Dekors im Laufe der Jahrhunderte, so beobachtet man eine Zunahme der Aggressivität. Die abgebildeten Personen sind irgendwie in Bewegung, sie fliehen vermutlich vor den spitzen Gegenständen, die gegen sie geworfen werden.
BLASCO 1980, Tafel XXXIII

3.31 SCHALE

Keramik, rot, schwarz und braun auf cremefarbigem Grund, H 12,3 cm, D max. 16,5 cm
Peru, Nazca-Kultur, 50–650 n. Chr., Frühe Zwischenperiode
MAM 5014

Zylindrisches Gefäß mit nach außen gewölbten Wänden und konvexer Standfläche. In einem einzigen Ornamentfeld, zwei Friese mit gleichen Motiven, erscheinen schematisierte Köpfe mit betonten Augen und Mündern. An beiden Seiten jedes Kopfes wachsen Krallen; ein langer Schwanz schlängelt sich nach links.

Die Darstellung einzelner Köpfe war bei den Kunsttöpfern der Nazca sehr beliebt. Die Krallen und der lange Schwanz deuten auf einen Affen hin, dessen Kopf irgendwie bedeckt wurde. Es sind seltsame Darstellungen von Affen oder affenähnliche Menschen in einer für diese so ungeeigneten Umwelt wie die Halbwüste der peruanischen Küste. Vielleicht kamen das Bild des Affen und sein Symbolgehalt, vielleicht aber auch lebende Tiere aus dem Urwald von der anderen Seite der Anden wie schon der Jaguar.
BLASCO 1974, S. 79; CUESTA 1980 a, S. 115, 140

3.32 GEFÄSS

Keramik, scharz, braun, grau und cremefarben auf weißem Grund, H 19 cm, D max. 16,8 cm
Peru, Nazca-Kultur, 50–650 n. Chr., Frühe Zwischenperiode
MAM 8152

Gefäß mit abgerundeten Kanten, die ihm ein kubisches Aussehen geben, mit zwei Ausgüssen und Bandhenkel. Ein breiter Fries dient zur Dekoration, in vier Motive an den vier Flächen des Würfels eingeteilt. Zwei der Seiten haben stufenförmige Motive, die beiden anderen zeigen eine aufrecht stehende, menschliche Gestalt mit drei spitzen Stöcken in jeder Hand. An einem breiten Gürtel hängt ein Kopf als Trophäe, dessen Gesicht bemalt ist und aus dessen Mund die Zunge heraushängt.

Die menschlichen Figuren und auch die abgeschlagenen Köpfe sind manchmal gemalt, manchmal modelliert und bemalt. Sie erscheinen nie in einem konkreten szenischen Zusammenhang, so daß sich ihre Identifizierung als sehr schwierig erweist. Im Falle der hier dargestellten Personen ist es jedoch nicht schwer: es sind sicherlich Krieger, was aus den abgeschlagenen Köpfen am Gürtel hervorgeht. Die Stöcke, die sie in der Hand halten, können Waffen sein, aber auch, wie manche Autoren meinen, Pflanzstöcke, die man damals beim Ackerbau benutzte. Die erste Hypothese scheint aber treffender zu sein.
BLASCO 1980, Tafel XXXVI, Nr. 4; CUESTA 1980 a, S. 94, 112, 138; ARTE 1981, S. 28; MUESTRA 1984, Abb. 264
Farbabbildung S. 68

3.33 GEFÄSS

Keramik, schwarz, cremefarben, ocker, orange, rot und grau bemalt, H 18,2 cm, D 18 cm
Peru, Nazca-Kultur, 50–650 n. Chr., Frühe Zwischenperiode
MAM 8069

Kugelförmiges Gefäß mit zwei rohrartigen Ausgüssen und Bandhenkel. Vorder- und Rückseite zeigen die gleiche Gestalt: ein Mensch hält einen Bogen mit einem Fuß und

Kat.-Nr. 3.33

Kat.-Nr. 3.34

einem Arm fest, an dem ein abgeschlagener Kopf hängt. Die Figur trägt einen Federschmuck auf dem Kopf mit einem langen Schwanz am Rücken, dessen Außenborte gezahnt ist. Ein Nasenschmuck, eine Art Mundmaske, bedeckt die Nase und geht um den Mund herum. An den Seiten wird er länglich und ähnelt den Schnurrbarthaaren einer Katze. Eine Halskette und einige Anhänger an den Seiten hängen vom Kopfputz herab und runden den Schmuck ab.

Diese Figur scheint einen Priester mit den Symbolen irgendeiner Gottheit, vielleicht eines Phantasietieres, darzustellen, vielleicht auch einen Krieger, der einen *Uncu*, ein Hemd, einen Lendenschurz und seine Trophäen trägt. In jedem Fall wird die Wichtigkeit abgeschlagener Köpfe als Siegestrophäen oder als Symbole von Menschenopfern für diese Kultur deutlich. Die Mundmaske, mit hellen Farben bemalt, soll wohl eine aus Gold darstellen. Dieses Volk fertigte Goldschmiedearbeiten als Körperschmuck an; derartige Mundmasken aus Gold waren unter den Grabbeigaben zu finden.

MUESTRA 1984, Abb. 261, MUSEO 1984, Dia 36; BLASCO 1985, S. 378, 422, Abb. 311

3.34 GEFÄSS

Keramik, schwarz, rot, orange und braun auf cremefarbigem Grund, H 15,3 cm, D 12 cm, Öffnung 8,1 cm
Peru, Nazca-Kultur, 50–650 n. Chr., Frühe Zwischenperiode
MAM 8217

Kugelförmiges Gefäß mit zylindrischem Hals und weiter, kegelstumpfförmiger Öffnung. Der Bauch der Flasche zeigt auf Vorder- und Rückseite die gleiche Darstellung eines Mannes. Der Körper erscheint im Profil, das bemalte Gesicht von vorne. Aus dem Mund hängt eine lange Zunge, und auf dem Rücken trägt er abgeschlagene Köpfe als Trophäen. Die Öffnung des Gefäßes zeigt geometrische, stufen- und schlangenförmige Ornamente.

Der Kunsttöpfer beherrschte also nicht nur die verschiedensten Formen, er spielte auch mit ihnen und verband sie miteinander, was, zusammen mit der herrlichen Ausmalung und dem Glanz der Farben, von einem meisterhaften Handwerk Zeugnis gibt.

CUESTA 1980 a, S. 111, 141; BLASCO 1985, S. 332, 422

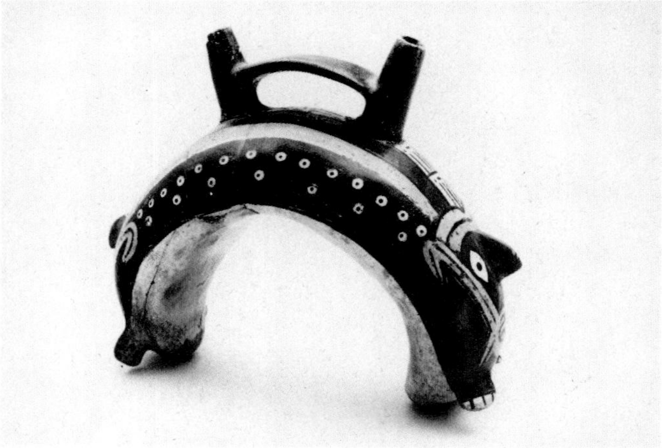

Kat.-Nr. 3.37

3.35 GEFÄSS

Keramik, schwarz, rot, orange, braun und grau auf cremefarbigem Grund, H 20 cm, D 19,1 cm
Peru, Nazca-Kultur, 50–650 n. Chr., Frühe Zwischenperiode
MAM 8115

Kugelförmiges Gefäß mit zwei Ausgußtüllen und Bandhenkel. Bemalt mit zwei gleichen Gestalten, die den Körper im Profil und den großen Kopf von vorne zeigen. Sie tragen Mundmasken, die einem Katzenschnurrbart ähneln, und eine Halskette; auf der Stirn befindet sich ein Kopfputz, an dem oben, zu beiden Seiten, je ein abgeschlagener Kopf angebracht ist. Auf der Schulter liegt ein stilisiertes Tier, dessen Kopf und Vorderpfoten auf der einen, die Hinterpfoten auf der anderen Schulter zu sehen sind. Von einer der Hinterpfoten des Tieres hängt wiederum ein abgeschlagener Kopf herab. Die Kleidung besteht aus einem Hemd und einem Lendenschurz mit Gürtel. In der einen Hand hält er zwei abgeschlagene Köpfe und in der anderen die Zange eines Krebses.

Dieser Mann ist vielleicht ein Krieger, vielleicht ein Priester, der zwei gerade abgeschlagene, blutige Köpfe in der Hand hält, während er auf dem Kopf offensichtlich zwei Schrumpfköpfe trägt, wie es damals unter den Priestern wohl üblich war. Bei vielen der Nazca-Vasen wurde versucht, eine große glatte Fläche für die Bilder zu erhalten, damit man das vollständige Bild mit seinen komplizierten Ornamenten sehen kann, ohne das Stück drehen zu müssen.
ARTE 1981, S. 26; MUESTRA 1984, Abb. 194

3.36 GEFÄSS

Keramik, schwarz, rot, braun auf cremefarbigem Grund, H 12,5 cm, D 15,4 cm, Öffnung 12,2 cm
Peru, Nazca-Kultur, 50–650 n. Chr., Frühe Zwischenperiode
MAM 5701

Kugelförmiger Topf mit nach außen gewölbtem Rand. Dekoriert ist er mit zwei gleichartigen, schematisierten Vierbeinern mit dünnen Körpern im Profil. Kopf und Pfoten sind von vorne dargestellt. Der Körper hat ein Fleckenmuster und ist mit verschiedenen geometrischen Zeichen umsäumt; der Schwanz ist nach oben gebogen. Zwischen den beiden Tieren erscheint eine ebenfalls umsäumte Maske mit menschenähnlichen Zügen. Im Innern des Mundes stecken verschiedenfarbige Bänder.

Die matten Farben dieses Stückes deuten darauf hin, daß das Gefäß nicht fertiggestellt wurde, daher hat es nicht die wunderbare Farbenpracht anderer Stücke aus Nazca. Die dargestellten Phantasietiere stammen aus dem mythischen Bereich, da sie schwer zu identifizieren sind, wenigstens auf den ersten Blick. Manche Autoren deuten sie als Füchse, ein in diesem Gebiet heimisches Tier, da die Musterung an das Fell des Fuchses erinnert. Neben diesem Tier sind auch landwirtschaftliche Produkte abgebildet, und zwar die Beeren der Ajipflanze, einer scharfen Paprikaschote.
BLASCO 1985, S. 127

3.37 GEFÄSS

Keramik, schwarz, cremefarben und rot bemalt, H 15,5 cm, D 18,5 cm
Peru, Nazca-Kultur, 50–650 n. Chr., Frühe Zwischenperiode
MAM 8224

Gefäß, das eine zweiköpfige Schlange darstellt, deren Körper einen Bogen bildet, mit zwei Ausgußtüllen und Bandhenkel an der Oberseite. Dekoriert ist nur der obere Teil, die sichtbare Seite, und dabei spielen Form und Farbe eine große Rolle. Die stark schematisierten Köpfe tragen Mundmasken mit langem Schnurrbart und heraushängender Zunge. An beiden Seiten des Gesichts wachsen kleine, handähnliche Fortsätze. Längsstreifen mit Linien und Punkten verlaufen entlang dem Körper.

Die Beliebtheit der natürlichen Darstellungen während der Frühen Periode der Nazca-Kultur zeigt sich auch hier: die Tiere der Umgebung werden als Keramiken abgebildet. Zu jener Zeit gab es im Wüstengebiet an der Küste zwar viele Schlangen, aber die hier abgebildete hat auch katzenähnliche und menschliche Züge, um die Phantasie des Betrachters anzuregen. Diese Art der Darstellung ist innerhalb der Nazca-Keramik sehr beliebt, besonders bei der Ausmalung von Gefäßen. Bei dem vorliegenden Stück hat die Zeichnung die Zweidimensionalität überwunden, es ist zu einer dreidimensionalen Skulptur geworden.
CUESTA 1980 a, S. 108, 142; BLASCO 1985, S. 170

3.38 GEFÄSS

Keramik, schwarz, braun, rot und orange auf cremefarbigem Grund, H 14,4 cm, D 13,5 cm

Kat.-Nr. 3.38

Kat.-Nr. 3.39

Peru, Nazca-Kultur, 50–650 n. Chr., Frühe Zwischenperiode
MAM 8230

Das Gefäß stellt einen Vogel dar, der auf einem zylindrischen Bauch mit abgerundeten Kanten sitzt. Auf dem Rücken des Tieres ist die Ausgußtülle angebracht, durch einen Bandhenkel mit dem Kopf des Vogels verbunden. Dieser Kopf ist mehrfarbig bemalt und für die Nazca-Kultur sehr charakteristisch; der Sockel, ein Kaktusgewächs, trägt Blumenmotive als Ornament.

Die Symbolik ist fester Bestandteil der Nazca-Keramik, auch wenn das Dargestellte in Wirklichkeit existiert und naturalistisch abgebildet wird, wie es hier der Fall ist. Den Sockel, auf dem der Vogel sitzt, kann man als San-Pedro-Kaktus *(Trichocereus pachanoi)* identifizieren, der das Meskalin, ein starkes Rauschmittel, enthält. Der Kaktus wird gekocht, und es entsteht ein Getränk mit dem Namen *Achuma*, das die Schamanen vor ihren Weissagungen und die Kranken als Medizin tranken. Nach altem Glauben fallen diese in Trance und befreien sich dabei von der Materie, sie fliegen dann durch die kosmischen Regionen und betrachten von dort aus die Welt. Dieses Gefäß könnte also einen Menschen symbolisieren, der sich in einen Vogel verwandelt hat und bereit ist aufzufliegen.

BLASCO 1980, Tafel IV, Nr. 3; CUESTA 1980 a, S. 115, 144; MUESTRA 1984, Abb. 265

3.39 KEPHALOMORPHES GEFÄSS

Keramik, orange, creme, schwarz, rot und grau bemalt, H 22 cm, D 15 cm, Öffnung 13 cm
Peru, Nazca-Kultur, 50–650 n. Chr., Frühe Zwischenperiode
MAM 8209

Kugelförmiges Gefäß mit hohem Hals, in der Form eines menschlichen Kopfes mit Federschmuck. Das Gesicht ist mit einem Doppeldreieck bemalt, um die Lippen herum sind schwarze Striche, die wohl einen Schnurrbart bzw. einen Bart andeuten sollen.

Der Töpfer hat die ursprüngliche Form des Gefäßes beibehalten, so daß man hier nicht von einer Skulptur, sondern eher von einem Gefäß, das mit menschlichen Zügen dekoriert wurde, sprechen kann. Der Kopf ist am Kinn deformiert

Kat.-Nr. 3.41

Kat.-Nr. 3.42

worden, als die Ohren und die Nase, das einzige Modellierte, angebracht wurden. Viel wichtiger als die Form ist die Farbgebung, bei der die Achsensymmetrie vorherrscht.
CUESTA 1980 a, S. 109, 132; ARTE 1981, S. 27

3.40 KEPHALOMORPHES GEFÄSS

Keramik, orange, grau, schwarz und cremefarben bemalt, H 15,5 cm, D 17,2 cm, Öffnung 10,6 cm
Peru, Nazca-Kultur, 50–650 n. Chr., Frühe Zwischenperiode
MAM 8158

Kugelförmiges Gefäß in Form eines Trophäenkopfes. Die Züge sind aufgemalt, nur Ohren und Nase sind modelliert. Zwei Dreiecke auf den Wangen deuten eine Gesichtsbemalung an; den halb geöffneten Mund durchstoßen zwei parallele Linien. Ein Stirnband ist um den Kopf gebunden und im Nacken lose verknotet. Die Nazca huldigten ganz besonders dem Schädelkult, wie wir an den Abbildungen aus Stoff und Keramik leicht erkennen können. Die Ikonographie ist Erbe der Paracas-Kultur und erscheint in gemalter Form, aber auch figürlich als Gefäß. Wir können nicht eindeutig festlegen, ob es sich hierbei um Siegestrophäen oder um die Ergebnisse von Menschenopfern handelt. Wir kennen aber das Verfahren zur Konservierung: ein Loch wurde in den Schädel geschlagen und die Gehirnmasse entnommen; diese ersetzte man durch Stoffreste. Das gleiche geschah mit Augäpfeln und Nasenhöhlen. Nase, Augenlider und Mund wurden dann mit Schnur, Splitter oder Dornen zugenäht. Zum Schluß wurde das Schädelbein durchstoßen und eine Schnur durchgezogen, die an einem Stock befestigt wurde, um den ausgestopften Kopf besser herumtragen zu können.
CUESTA 1980 a, S. 108, 133
Farbabbildung S. 68

3.41 KEPHALOMORPHES GEFÄSS

Keramik, schwarz, rot und cremefarben bemalt, H 12,5 cm, D 14,6 cm, Öffnung 8,6 cm
Peru, Nazca-Kultur, 50–650 n. Chr., Frühe Zwischenperiode
MAM 8274

Kugelförmiges Gefäß in Form eines menschlichen Kopfes. Die Gesichtsbemalung bedeckt Augen und Wangen, um den Mund herum sind Linien, die wohl Schnurrbart und Bart andeuten sollen. Der obere Teil des Gesichtes und der ganze hintere Teil des Gefäßes werden vom Haar bedeckt, auf das mandelförmige Motive gezeichnet sind, die wohl einen Kopfputz andeuten.

Gesichts- und Körperbemalung oder Tatauierungen werden bei dieser Art von Gefäßen häufig gezeigt. In diesem Fall scheint ein Vogel im Profil dargestellt zu sein, vielleicht ein Falke, wobei ein Doppeleffekt durch das Übereinstimmen von Falken- und Menschenauge erreicht wird. Es kann sich dabei um einen Krieger handeln, der auf diese Weise die Fähigkeiten des Tieres auf sich übertragen will.

BLASCO 1980, Tafel IV, Nr. 2; CUESTA 1980 a, S. 108, 133

3.42 ANTHROPOMORPHES GEFÄSS

Keramik, schwarz, creme, braun und orangefarben bemalt, H 17,6 cm, D 10,8 cm, Öffnung 5,2 cm
Peru, Nazca-Kultur, 50–650 n. Chr., Frühe Zwischenperiode
MAM 8229

Kugelförmiges Gefäß mit hohem Hals, der Gesicht und Kopfputz eines Mannes darstellt. Das Gesicht ist mit Kreisen bemalt. Am Gefäßbauch sind Arme und beringte Hände gezeichnet, die Früchte halten. Zwei kleine Vorsprünge deuten die Füße an.

In den Nazca-Keramikarbeiten werden auch Szenen aus dem täglichen Leben dargestellt. Hier beschäftigt sich ein Mann mit einer bäuerlichen Arbeit. Die Art der Gesichtsbemalung und die Form der Füße erinnern an Grabbeigaben, die bei Ausgrabungen gefunden wurden, so daß dieses Stück vielleicht einem Toten mit auf den Weg ins Jenseits gegeben wurde.

BLASCO 1980, Tafel V, Nr. 92; CUESTA 1980 a, S. 114, 136

3.43 GEFÄSS

Keramik, schwarz, grau und orange auf rotem Grund, H 17,6 cm, D 10,5 cm
Peru, Nazca-Kultur, 50–650 n. Chr., Frühe Zwischenperiode
MAM 8067

Dreifüßiges Gefäß mit kugelförmigem Bauch in Form eines Menschen, der ein Musikinstrument spielt, vielleicht eine Panflöte, mit zwei Ausgußtüllen und Bandhenkel. Das Gefäß ruht auf den beiden Beinen des Mannes und einem dritten, das wohl eine Art Sitz darstellen soll. Bekleidet ist der Mann mit einem breiten Gürtel mit Stufenmotiven, der einen schwarzweiß karierten Lendenschurz hält. Über dem Rücken trägt er ein Netz mit Fischen, dessen Enden vor der Brust geknotet sind. Drei schematisierte Vögel auf einem der Arme und zwei stilisierte Köpfe bilden die Körperbemalung; er trägt einen goldenen Armreif.

Musik war bei den Nazca sehr beliebt und begleitete sowohl religiöse Zeremonien als auch jede Festlichkeit. Eines der verbreitetsten Musikinstrumente war die *Antara*, die Panflöte, die aus Rohr geschnitzt oder aus Ton gebrannt wurde. Diese Flöten bestanden aus drei bis vierzehn Rohren verschiedener Länge (7 bis 50 cm), die nach der Größe geordnet wurden. Jedes dieser Rohre erzeugt einen anderen Ton; die langen Pfeifen erzeugen die tiefen Töne, die kurzen die höheren. Neben der Flötenmusik ist auch eine andere wichtige Tätigkeit der Nazca dargestellt: der Fischfang. Der Mann benutzt hier ein kleines Netz, mit dem er alleine fischen war, das er aber auch zum Transport seines Fanges benutzt.

BLASCO 1980, Tafel I, Nr. 2; CUESTA 1980 a, S. 113, 136; MUESTRA 1984, Abb. 111; MUSEO 1984, Dia 37

Kat.-Nr. 3.43

3.44 GEFÄSS

Keramik, schwarz, creme, rot, orange und braun bemalt, H 12,5 cm, B 17,5 cm
Peru, Nazca-Kultur, 50–650 n. Chr., Frühe Zwischenperiode
MAM 8212

Kat.-Nr. 3.45

Anthropomorphes, linsenförmiges Gefäß, bei dem ein Bandhenkel den kleinen Kopf des Menschens mit der röhrenförmigen Tülle verbindet. Auf der Vorderseite des Gefäßes sind sehr schematisch Arme und Hände, die Früchte halten, aufgemalt; die Rückseite ist mit mehrfarbigen, vertikalen Linien dekoriert. Ein Stufenmäanderfries dekoriert den Bauch.

Wenn man berücksichtigt, daß die Töpferscheibe bei den Nazca unbekannt war und daß sie keine Model benutzten, so erreichten sie eine erstaunliche Perfektion in der Töpferei. Trotz der Darstellung eines Menschen hat das Gefäß seine ursprüngliche Grundform beibehalten, es zeugt von der Suche nach stilistischen Abwandlungen unter Berücksichtigung der Hohlform. Die Zeichnung wird wichtiger als das Modellieren, der Bauch wird breiter, er folgt den Linien, die die Arme des Menschen andeuten. Die abgeflachte Kugelform, von großer Schönheit und reich bemalt, war bei den Bewohnern der Südküste Perus sehr beliebt.

BLASCO 1980, Tafel VI, Nr. 2; CUESTA 1980 a, S. 29; MUESTRA 1984, Abb. 263

Farbabbildung S. 68

3.45 KERO

Keramik, cremefarben, braun, grau und rot bemalt, H 18,7 cm, D Öffnung 15,3 cm

Peru, Tiahuanaco-Kultur, 50–650 n. Chr., Frühe Zwischenperiode

MAM 5416, Sammlung Juan Larrea

Konisch ausladender Becher mit flachem Boden und mit zwei Dekorationsfeldern. Das obere ist ein Fries, in fünf nicht gleich große Rechtecke unterteilt, mit geometrischen Motiven, wie Stufen, Mäander und Kreise. Der andere Fries beinhaltet die schematisierte Gestalt eines Katzentieres, von der Seite aus gesehen, dessen langer, gebogener Schwanz parallel zum Rücken verläuft und sich langsam in ein anderes Tier verwandelt, wahrscheinlich in eine Schlange. Zwischen Kopf und Hinterteil erscheint ein Stufenmotiv mit einem Dreieck aus geometrischen Formen.

Die Form dieses Bechers taucht im Gebirge auf, bei der Tiahuanaco-Kultur und in Huari. Diese Art Zeremonialbecher war im Gebiet der Kordilleren sehr verbreitet und wurde während der Inkazeit weiterhin hergestellt. Es scheint so, als ob diese Keramikbecher die Vorläufer der Holzbecher aus der Inkazeit waren, die bis ins 19. Jahrhundert fabriziert wurden, obwohl einige Autoren meinen, die Holzbecher wären vor den Keramikbechern aufgetaucht, wären aber im Laufe der Zeit verfault. Die Dekoration, die die natürlichen Formen abstrahiert, ist während dieser Zeit sehr beliebt. Die Verbindung des Jaguars mit der Schlange, wie sie hier beim Schwanz des Tieres auftaucht, steht im Zusammenhang mit Erde, Fruchtbarkeit und Schöpfung.

ARTE 1935, Blatt XXXV; TRIMBORN–FERNANDEZ 1935, S. 66; CUESTA 1980 a, S. 161, 174

3.46 KERO

Keramik, grau, cremefarben, braun und orange bemalt, H 17,3 cm, D Öffnung 14 cm

Peru, Tiahuanaco-Kultur, 50–650 n. Chr., Frühe Zwischenperiode

MAM 8589, Sammlung Juan Larrea

Konischer Becher mit ausladenden Wänden. Auf einem einzigen Fries, der in zwei Rechtecke unterteilt ist, entdeckt man zwei stilisierte Kondore, deren Körper anscheinend auf dem Boden liegen. Die Hälse mit einer Art Halskrause sind nach oben gebogen. Die Flügel, so wie der Schwanz mit Stufenmotiven dekoriert, reichen bis zum Rand des Bechers.

TRIMBORN–FERNANDEZ 1935, S. 57; CUESTA 1980 a, S. 161, 174

Farbabbildung S. 69

3.47 VOGEL

Keramik, braun, cremefarben, rot und schwarz bemalt, H 17 cm, B 12 cm

Peru, Übergang zwischen Nazca-Kultur und Tiahuanaco-Huari-Kultur, 700–800 n. Chr., Ende der Frühen Zwischenperiode, Beginn des Mittleren Horizonts
MAM 8062

Dreifüßiges Gefäß in Vogelform. Am Rücken des Tieres eine Ausgußtülle, die durch einen Bandhenkel mit dem Kopf des Vogels verbunden ist. Oben am Kopf ist eine kleine Öffnung. Die Figur stützt sich auf Beine und Schwanz. Dekoriert ist diese mit farbigen Flecken verschiedener Form auf Rücken, Flügeln, Schwanz und Kopf.

Bei diesem Raubvogel könnte es sich wegen des Fleckens am Auge um einen Falken *(falco femoralis)*, einen der häufigsten Vögel in diesem Gebiet, handeln. Die Phantasiegestalten halb Mensch, halb Vogel sind typisch für die Mythologie des Mittleren Horizonts und wurden wohl von diesem Raubvogel inspiriert.

BLASCO 1980, Tafel IV, Nr. 4; CUESTA 1980 a, S. 115, 144

3.48 GEFÄSS

Keramik, braun, schwarz, cremefarben, rot und orange bemalt, H 59 cm, D Öffnung 55 cm
Peru, Huari-Kultur, 650–1050 n. Chr., Mittlerer Horizont
MAM 8315

Konisches Gefäß mit flachem Boden und ausladenden Wänden. Die Verzierung ist auf vier verschiedene Friese verteilt. Der obere, dem Rand am nächsten, zeigt Blumenornamente; darunter ein Fries mit Stufenornamenten. Der breiteste Fries, in der Mitte des Bechers, ist ein einfarbiger Streifen, der von einer plastischen Maske unterbrochen wird. Bei dieser Maske fallen vor allem die Augen, die Nase, die Gesichtsbemalung und die Reißzähne auf. Der untere Streifen zeigt ein »Domino-Zweier«-Muster.

Diese Gefäßart ist als *Robles-Moqo*-Typ bekannt und wurde bei Zeremonien zur Aufbewahrung der *Chicha*, einer Art Bier, das aus Mais gewonnen wird, benutzt. Manche dieser Gefäße wurden zerbrochen aufgefunden, was für einige Autoren ein Hinweis ist, daß sie während des Rituals zerbrochen und begraben wurden. Das Gesicht, das auf dem Gefäß zu sehen ist, hat große Ähnlichkeit mit dem des Sonnentores von Tiahuanaco. Die Reißzähne und der auf der Nase aufgemalte Kopf eines Katzentieres erinnern uns an den Jaguargott, der sowohl als unnahbarer Schöpfergott wie auch als Fruchtbarkeitsgottheit angesehen wird. Die Winkel und geometrischen Formen des Gesichtes sind in der Periode des Mittleren Horizonts sehr beliebt und zeigen auch die Abstraktion, die für die panperuanischen Kulturen, die immer aus dem Hochland kamen, charakteristisch sind.

CERAMICA 1966, Nr. 18; CUESTA 1980 a, S. 161, 174
Farbabbildung S. 69

3.49 KLEINE STELE

Stein, H 26 cm, B 8,3 cm

Kat.-Nr. 3.49

Peru, Huari-Kultur, 650–1050 n. Chr., Mittlerer Horizont
MAM 8726, Sammlung Juan Larrea

Rechteckiger Stein, der auf der einen Seite im Flachrelief bearbeitet ist. Im oberen Teil erkennen wir eine plumpe, menschenähnliche Gestalt, mit den Armen zur Brust hin gebeugt, ohne daß sich die Hände berühren. Augen und Mund der Gestalt sind rechteckig, die Nase dreieckig; eine unregelmäßige Auswuchtung oben am Kopf könnte auf einen Kopfputz deuten. Darunter eine gezackte Linie zwischen zwei Parallelen. Im unteren Teil der Stele ist eine Tür abgebildet, vielleicht eine Nachahmung des Sonnentores von Tiahuanaco, mit sechs Vogelköpfen, dem Zeichen des weiblichen Kondors, dem Träger des Sonnen- und Mondlichtes und der Wärme, manchmal auch Symbol für freie Bewegung und weiten Raum. Charakteristisch ist die Zeichnung am Hals des Vogels, die einerseits die Halskrause des Kondors darstellt, andererseits das Symbol der Bewegung ist.

ART 1933, S. 83; ARTE 1935, Abb. LXXXVII; TRIMBORN–FERNANDEZ 1935, S. 92

Kat.-Nr. 3.50

3.50 VIERZEHN MENSCHLICHE STATUETTEN

Blauer und blaugrüner Türkis.
8826 H 4,6 cm, B 2,1 cm, T 2,1 cm; 8831 H 4,2 cm, B 2,5 cm, T 2,3 cm; 8833 H 3,2 cm, B 1,9 cm, T 1,8 cm; 8861 H 4,1 cm, B 2,0 cm, T 1,9 cm; 8862 H 5,2 cm, B 3,0 cm, T 2,4 cm; 8863 H 2,6 cm, B 1,4 cm, T 1,5 cm; 8859 H 3,2 cm, B 1,4 cm, T 1,4 cm; 8853 H 1,8 cm, B 0,9 cm, T 0,9 cm; 8827 H 3,6 cm, B 1,8 cm, T 1,5 cm; 8858 H 4,0 cm, B 1,7 cm, T 1,5 cm; 8860 H 2,7 cm, B 1,3 cm, T 1,3 cm; 8851 H 2,2 cm, B 1,4 cm, T 1,3 cm; 8847 H 2,6 cm, B 1,3 cm, T 1,2 cm; 8840 H 2,6 cm, B 1,2 cm, T 1,1 cm
Peru, Huari-Kultur, 650–1050 n. Chr., Mittlerer Horizont
MAM, Inv.-Nr. siehe oben, Sammlung Juan Larrea

Gruppe von 14 kleinen Statuetten, die aufrecht stehende Menschen mit eng am Körper anliegenden Armen darstellen. Bei allen ist besonderer Wert auf die Ausarbeitung des Gesichts und des Kopfes gelegt. Der Kopfputz ist bei jeder Statuette anders; sie tragen reich verzierte Kleider und haben individuelle Züge.

Diese Statuetten sind Teil eines Ensembles von 40 Figuren, die, im Kreis angeordnet, unter einer Steinplatte im Fußboden gefunden wurden. Es handelt sich also um eine Opfergabe in den Grundmauern eines Gebäudes von Pikillacta in der Nähe von Cuzco, deren Ursprung auf die Huari-Kultur zurückgeht. Betrachtet man die bei allen Figuren unterschiedliche Kleidung und den individuellen Kopfputz, so könnte es sich hierbei um die Darstellung von Personen der höheren Schicht handeln, vielleicht sogar um Vertreter und Gouverneure aus den verschiedenen Provinzen, die das Huari-Reich umfaßte.

ALMAGRO 1935, Abb. I; ARTE 1935, Abb. LV; ARTE 1982, Abb. 5–9; ARTE 1983 a, Abb. 5–9; CUESTA 1980 a, S. 155–160, 165–169; MUSEO 1984, Dia 38; RAMOS-BLASCO 1978, S. 17–25, 47–58, Abb. VIII–XII

Farbabbildung S. 74

3.51 TOPF

Keramik, cremefarben und schwarz, H 22,2 cm, D max. 19,6 cm
Peru, Chancay-Kultur, 1050–1476 n. Chr., Späte Zwischenperiode
MAM 8343

Kugelförmiges Gefäß mit unebenem Boden und trichterförmigem Hals, dessen Körper in zwei Bereiche unterteilt ist. Zwei Krebse im Flachrelief sind darauf zu sehen. Nur in einem der beiden Bereiche finden sich Reste der geometrischen, negativen Bemalung um das Tier.

Das Gefäß zeigt die typischen Merkmale der Chancay-Keramik, die der Form eine so große Wichtigkeit gibt, daß das dargestellte Tier teilweise stilisiert und abstrahiert wirkt. Das ist z. B. bei den Beinen der Fall, die nicht einzeln herausgearbeitet sind, sondern in einem Block dargestellt werden. Diese Keramiken sind nicht mit großer Sorgfalt hergestellt, was aber durch den großen Formenreichtum ausgeglichen wird. Die Darstellung zeigt die Bedeutung, die die Meerestiere für die Ernährung der Küstenbewohner hatten.

3.52 WEIBLICHE FIGUR

Keramik, cremefarben, schwarz bemalt, H 47,5 cm, B 27,2 cm, L 14,6 cm
Peru, Chancay-Kultur, 1050–1476 n. Chr., Späte Zwischenperiode
MAM 8340

Aufrecht stehende, nackte Frauenfigur. Der Schädel ist deformiert. Sie trägt einen Kopfputz mit einem breiten Band auf der Stirn, das mit gegeneinandergesetzten Dreiecken und Innenpunkten verziert ist. Der obere Teil weist vier runde Löcher auf. Die Figur hat große, bemalte Augen und einen bemalten Unterkiefer. Am Körper wurden besonders die Sexualmerkmale hervorgehoben. Die oberen Extremitäten sind sehr schematisch dargestellt.

Es handelt sich um eine Darstellungsform, die man im allgemeinen *cuchimilco* nennt. Einige Autoren sehen darin die Darstellung einer Mondgottheit, deren Arme und Hände Flügeln ähneln. Wahrscheinlich waren die Löcher im Kopfschmuck dazu da, irgendeinen Schmuck, vielleicht Federn anzubringen. Die Figur ist schematisch und steif konzipiert.

CUESTA 1980 a, S. 190, 216, 217

3.53 SITZENDE PERSON AUF GEFÄSS

Keramik, rot, cremefarben und schwarz bemalt, H 62 cm, B 42,5 cm, L 38,5 cm

Kat.-Nr. 3.53

Kat.-Nr. 3.54

Peru, Chancay-Kultur, 1050–1476 n. Chr., Späte Zwischenperiode
MAM 8338

Kugelförmiges Gefäß mit seitlichen Henkeln, dessen Hals als menschliche Figur mit gebeugten, an den Körper gelegten Armen und Beinen geformt ist. Sie trägt ein Stirnband mit Schmuckelementen an der Vorderseite. Die Gesichtsbemalung umrahmt die Augen, am rechten Ohr hängt ein Ohrring, und am Halsschmuck befinden sich verschiedene Dreiecksformen unterschiedlicher Größe. Die Figur trägt ein katzenartiges Tier auf der Schulter, dem ein Halsband bzw. ein Strick umgelegt wurde, den sie in der Hand hält.

Durch den Versuch, die Figur schematisch darzustellen, ist sie nur skizziert, und nur das Gesicht, welches unterhalb der Augen bemalt ist, ist von Bedeutung. Der verkleinerte Jaguar ist demgegenüber unwichtiger. Diese Tiere, die aus dem Urwald jenseits der Anden stammten, wurden in den religiösen Stätten in Gefangenschaft gehalten und waren Symbole der Gottheit. Die Gesichtsbemalung der Figur, ihr Schmuck – Halsschmuck, Ohrringe und Stirnband – und das Katzentier sowie ihre sitzende Haltung oben auf dem Gefäß zeigen die soziale Stellung der dargestellten Person. Das Fortlassen unnötiger Details und Farben – es wurde nur creme und rot benutzt – war bei den Töpfern der zentralperuanischen Küste üblich; sie bevorzugten große Gefäße mit einfachen Formen.
CUESTA 1980 a, S. 195, 223; MUSEO (1984) Dia 39

3.54 GEFÄSS

Schwarze Keramik, H 24 cm, B 12,4 cm, L 12,5 cm
Peru, Chimú-Kultur, 1200–1470 n. Chr., Späte Zwischenperiode
MAM 10739

Gefäß mit Steigbügelausguß, das schematisch die Personen im Inneren einer Wohnanlage darstellt. Diese Anlage besteht aus einem doppelten Stufenkomplex, über dem ein Säulengang den oberen Teil mit einem rechteckigen Aufsatz abschließt.

Es könnte sich um ein Wohnhaus der Küstenregion handeln, das eine Säulenhalle besitzt und dessen schräges Dach auf zwei Holz- oder Bambuspfosten aufgestützt ist. Man sieht

Kat.-Nr. 3.56

Kat.-Nr. 3.57

verschiedene Familienmitglieder. Wenn dies so wäre, so könnte diese Keramikarbeit die symbolische Darstellung einer Wohnung sein, die dem Toten mit auf den Weg ins Jenseits gegeben wurde.
CUESTA 1980 a, S. 204, 232

3.55 GEFÄSS

Keramik, rot, dunkelrot, cremefarben und schwarz bemalt, H 20,2 cm, B 10,4 cm, L 14,5 cm
Peru, Chimú-Kultur, 1200–1470 n. Chr., Späte Zwischenperiode
MAM 10860

Gefäß mit Steigbügelausguß, das ein Gebäude mit U-förmigem Grundriß, einem Giebeldach und vier rechteckigen Fenstern darstellt, über das ein einfarbiger Fries führt, der das Gefäß unterhalb des Daches einfaßt. An einigen Seiten zeigt es gemalte Verzierungen in Form von Ähren und stufenförmigen Mäandern.

Die Tatsache, daß das Haus ein Giebeldach hat, wie es in der Küstenregion nicht üblich war, deutet auf ein Haus aus einer regenreichen Zone hin, vielleicht aus den Bergen. Dies und die Form der Wasserrinne sind Zeichen dafür, daß das Gefäß möglicherweise schon unter dem Einfluß der Inka, dem die Chimú-Kunst ausgesetzt war, hergestellt wurde. Es könnte dazu gedient haben, symbolisch dem Toten seine Wohnung mit ins Jenseits zu geben.
CUESTA 1980 a, S. 198, 232; MUESTRA 1984, Abb. 122

3.56 PAJCHA IN FORM EINER FRUCHT

Schwarze Keramik, H 11,1 cm, B 5,2 cm, L 30,2 cm
Peru, Chimú-Kultur, 1200–1470 n. Chr., Späte Zwischenperiode
MAM 10645

Gefäß in Form einer Paca-Frucht (*Inga feuillei*). Diese Frucht ist eine längliche, grüne Schote mit fester Schale, in der Kerne aufgereiht sind, deren Umrisse sich in der Schale abzeichnen. Sie sind von einer weißen, schwammigen und süßen Masse umgeben. Am entgegengesetzten Ende der Ausgußtülle besitzt das Gefäß noch eine Öffnung, es handelt sich hierbei um ein Gefäß für rituelle Zwecke, eine sogenannte *Pajcha*, das mit den Riten im Zusammenhang stand, die die Fruchtbarkeit der Erde beschwörten.
CUESTA 1980 a, S. 205, 234; MUESTRA 1984, Abb. 285

3.57 PAJCHA IN FORM EINER FRUCHT

Schwarze Keramik, H 15,5 cm, B 15,3 cm, L 24,5 cm
Peru, Chimú-Kultur, 1200–1470 n. Chr., Späte Zwischenperiode
MAM 10775, Sammlung des 18. Jahrhunderts

Gefäß in Form einer Guanábana-Frucht (*Anona muricata*). Die charakteristischen Runzeln dieser Frucht und der Stiel, mit dem sie am Baum hängt, sind sehr realistisch dargestellt. Die Keramik ist groß, wie auch die Frucht selbst, und an beiden Enden durchlöchert. Es handelt sich also um eine *Pajcha*, ein Zeremonialgefäß, das bei den Riten zur Fruchtbarkeit der Erde benutzt wurde, wozu es mit Wasser oder *Chicha*, einem Maisbier, gefüllt wurde. Diese *Pajcha* diente wahrscheinlich dazu, die Fruchtbarkeit dieser speziellen Frucht zu beschwören.
CUESTA 1980 a, S. 205, 234; MUESTRA 1984, Abb. 32

3.58 GEFÄSS IN FRUCHTFORM

Schwarze Keramik, H 16 cm, B 11,2 cm, L 20 cm
Peru, Chimú-Inka-Kultur, zweite Hälfte des 15. Jahrhunderts
MAM 10425, Sammlung des 18. Jahrhunderts

Gefäß, das eine Kartoffel (*Solanum tuberosum*) darstellt. Man sieht eine große Knolle in der Mitte, bei der nach rechts und links zwei Keimlinge austreiben.

Kat.-Nr. 3.58

Die Oberfläche weist die typischen Runzeln der im Volksmund *papa negra* genannten schwarzen Kartoffel auf. Die Tatsache, daß in den Chimú-Gräbern Darstellungen wie diese gefunden wurden, deutet an, daß der damalige Mensch das Jenseits mit seinem Erdendasein verglich, weshalb er notwendige und alltägliche Dinge wie die Kartoffel in die Gräber legte, die besonders für die Bergbewohner ein Grundnahrungsmittel darstellte. In der Keramik des Küstengebietes zeigt sich der Einfluß dieser Hochlandkulturen in Form der typischen Ausgußtülle der Inka.

3.59 DOPPELGEFÄSS MIT KATZENTIEREN

Keramik, dunkelrot, schwarz, weiß und eierschalenfarben bemalt, H 17,3 cm, B 9,8 cm, L 21 cm
Peru, Chimú-Kultur, 1200–1470 n. Chr., Späte Zwischenperiode
MAM 10528, Sammlung des 18. Jahrhunderts

Doppelgefäß, durch ein Verbindungsrohr und einen Steg verbunden; auf beiden Körpern sind vier Säugetiere mit weit geöffnetem Maul im Relief dargestellt, und zwar so, daß die Tiere jeweils die Schwänze ihrer Vorgänger im Maul halten. Das gleiche Tier findet man auf dem blinden Ausguß des Gefäßes; der Steg ist mit einem geometrischen Muster bemalt. Es könnte sich um die Darstellung des Jaguars handeln, der im alten Peru sehr symbolträchtig war. Das Tier, eine Kultfigur, war im feuchten Klima des Urwaldes beheimatet und stand mit den für die Fruchtbarkeit der Erde unabdingbaren Erscheinungen, z. B. mit dem Regen, in Verbindung.
ARTE 1981, Abb. 33; CUESTA 1980 a, S. 212, 249, 250; MUESTRA 1984, Abb. 280, 282

3.60 GEFÄSS

Keramik, rot und cremefarben bemalt, H 18 cm, B 20 cm, L 20,8 cm

Kat.-Nr. 3.60

Peru, Chimú-Kultur, 1200–1470 n. Chr., Späte Zwischenperiode
MAM 10855, Sammlung Juan Larrea

Gefäß mit konischem Ausguß und Bandhenkel. Ein sitzender Affe ist auf einer der sechs Früchte, die den Gefäßkörper bilden, dargestellt. Die Gliedmaßen sind gebeugt, und mit der Hand führt er einen nicht erkennbaren Gegenstand zum Mund. Die Früchte sind mit in Längsrichtung verlaufenden, parallelen Bändern verziert.

Es handelt sich um die realistische Darstellung der Frucht *Lucuma vitellaria obovata*. Da der größte Teil solcher Früchte in tropischen Gebieten wächst, ist es nicht verwunderlich, daß ein Tier wie der Affe in Verbindung mit diesen Früchten dargestellt wird, denn sie leben in ähnlicher Umgebung.
CUESTA 1980 a, S. 202, 226; MELIDA 1920, Abb. 3

3.61 ANTHROPOMORPHES GEFÄSS

Keramik, dunkelrot, rot und cremefarben bemalt, H 21,8 cm, B 11,7 cm, L 17 cm
Peru, Chimú-Kultur, 1200–1470 n. Chr., Späte Zwischenperiode
MAM 11037

Gefäß mit Steigbügelausguß, das eine sitzende Person mit gebeugten, an den Körper gepreßten Gliedmaßen darstellt. Sie trägt eine helmförmige Kopfbedeckung, aus der zwei konische Formen mit Netzmuster ragen, die auch auf den Schultern erscheinen. Neben den Mundwinkeln und über der Kopfbedeckung sieht man zwei ovale Formen, die wohl die Reißzähne des Jaguars darstellen sollen. Die Person trägt einen Lendenschurz mit einem Gürtel und ein Hemd. Sie schmückt sich mit einer Kette aus verschiedenen früchteartigen Formen. Der Rücken der Figur geht in den Gipfel eines Berges über.

Es handelt sich um die Darstellung des Gottes mit den Reißzähnen, Aiapaec, einen von den Mochica übernommenen Gott, einer Gottheit des Ackerbaus. Dieser Gott wohnt in den

Kat.-Nr. 3.62

Kat.-Nr. 3.63

Bergen, die man auch hinter seinem Rücken sieht. Er ist ein Schöpfergott, aus dessen Kopf die Maiskolben sprießen. Er schmückt sich mit anderen eßbaren Pflanzen, die alle Symbole für die Fruchtbarkeit der Erde sind. Die dem Jaguar zugehörigen Merkmale sind hier stilisiert dargestellt; seine für die Mochica-Periode typische Wildheit geht dabei verloren.
CUESTA 1980 a, S. 209, 237; MUESTRA 1984, Abb. 182
Farbabbildung S. 70

3.62 FLÖTENSPIELER

Keramik, schwarz und cremefarben auf rotem Grund, H 18,8 cm, B 9,5 cm, L 18,1 cm
Peru, Chimú-Kultur, 1200–1470 n. Chr., Späte Zwischenperiode
MAM 10896, Sammlung Larco Herrera

Gefäß in Form eines Mannes, der auf einer rechteckigen Unterlage liegt und eine *Antara*- oder Panflöte spielt. Er trägt eine konische Kopfbedeckung, ein Hemd und einen Lendenschurz. Die Unterlage, worauf er liegt, ist mit geometrischen Mustern bemalt.

Die große Zahl an Keramiken, die musizierende Menschen darstellen, deutet auf die Wichtigkeit der Musik unter diesen Völkern hin. Der Mann spielt natürlich und ausgelassen die Flöte, es ist ein idyllisches Bild. Noch heute kann man im peruanischen Hochland Hirten sehen, die auf Panflöten spielen wie die Figur dieser Keramik.
MELIDA 1920, Abb. 4; MUESTRA 1984, Abb. 200

3.63 DOPPELGEFÄSS MIT MENSCHENFIGUREN

Keramik, rot, cremefarben und schwarz bemalt, H 19 cm, B 11,5 cm, L 20,3 cm
Peru, Chimú-Kultur, 1200–1470 n. Chr., Späte Zwischenperiode
MAM 10933, Sammlung des 18. Jahrhunderts

Gefäß aus zwei Teilen. Auf dem ersten Teil erscheint eine sitzende Person mit gekreuzten Beinen, die eine Hand ans Gesicht legt. Sie trägt einen Helm und ein Hemd oder eine Tunika. Der hintere Teil des Gefäßes zeigt ein zweischaliges Meerestier, das auf der einen Seite die Darstellung einer sitzenden Person im Relief wiedergibt, die einen großen halbmondförmigen Federschmuck trägt. Diese Person trägt eine Tunika und Ohrschmuck. Sie hält ein Zeremonialmesser, oder *Tumi*, und einen Amtsstab in den Händen.

Diese letztere Darstellung könnte, nach den Attributen zu urteilen, zu einem Herrscher oder zu einer hochgestellten Persönlichkeit gehören. Sie befindet sich im Zusammenhang mit der Abbildung einer Muschel, der *Spondylus pictorum*, die eine wichtige rituelle Bedeutung hatte. Bei den religiösen Zeremonien wurde sie den Göttern als Opfergabe gebracht und war darüber hinaus ein Handelsobjekt, da sie aus wärmeren und entfernteren Gewässern kam.
CUESTA 1980 a, S. 211, 227

3.64 EROTISCHE SZENE

Schwarze Keramik, H 15,5 cm, B 10,6 cm, L 14,4 cm
Peru, Chimú-Kultur, 1200–1470 n. Chr., Späte Zwischenperiode
MAM 10008

Zwei Figuren befinden sich auf dem Gefäß im Koitus. Die weibliche Figur liegt mit dem Gesicht nach unten, während sich die männliche aufrecht, aber mit gebeugten Beinen hinter ihr befindet und die Arme im Taillenbereich auf sie stützt. Die Gesichter zeigen sehr schematisierte Züge.

Wegen der Ungenauigkeit der Darstellung kann man schwer feststellen, ob es sich um einen vaginalen oder einen analen Koitus handelt. Die Chimú-Keramiken zeigen weniger Liebe zum Detail als die der Mochica-Kultur. Die Bedeutung dieser Gefäße bleibt im Dunkeln, wenn es auch Autoren gibt, die die Meinung vertreten, daß die Sexualität für diese Völker eng mit der Beschwörung der Fruchtbarkeit verbunden war. So müßte die Bedeutung in einem mythischen Kontext zu suchen sein. Im Gegensatz dazu gibt es auch Meinungen, daß es sich hierbei einfach um realistische Darstellungen aus dem Leben dieses Volkes handelt.
CUESTA 1980 a, S. 212, 239

Kat.-Nr. 3.64

3.65 DOPPELGEFÄSS MIT TRANSPORTSZENE

Schwarze Keramik, H 18,4 cm, B 10,4 cm, L 24,1 cm
Peru, Chimú-Kultur, 1200–1470 n. Chr., Späte Zwischenperiode
MAM 10792

Darstellung von zwei Personen unterschiedlicher Größe, die auf den Schultern eine Sänfte tragen, in der eine kleine Figur liegt. Sie tragen verschiedenartige Kopfbedeckungen und eine Decke, die mit einem Gürtel zusammengehalten wird.

Es könnte sich um den Transport einer bedeutenden Persönlichkeit handeln, da diese mit einer Kugelkette geschmückt ist und da durch die Chroniken bekannt ist, daß sich der Adel von seinen Dienern transportieren ließ. Die Kleinheit dieser Person ist mit Darstellungskonventionen zu erklären und hat nichts mit der Hierarchie zu tun.
MUESTRA 1984, Abb. 120
Farbabbildung S. 70

3.66 DOPPELGEFÄSS

Schwarze Keramik, H 20 cm, B 12,7 cm, L 19 cm
Peru, Chimú-Kultur, 1200–1470 n. Chr., Späte Zwischenperiode
MAM 10048

Doppelgefäß mit Pfeifvorrichtung, mit konischem Ausguß durch Rohr und Steg verbunden. Auf dem rechteckigen Körper des Gefäßes sind drei Personen abgebildet, von denen zwei ein nicht erkennbares Objekt auf ihren Schultern tragen. Sie sind bekleidet mit einem Hemd mit Punktmuster und einem halbkreisförmigen, kurzen Rock, der am unteren Ende in Fransen endet. Beide tragen eine Kopfbedeckung, die rechte in Form eines Halbkreises, die linke Kopfbedeckung ähnelt einem Visier. Das Objekt, das sie auf den Schultern tragen, ist zweiteilig: der obere, rechteckige Teil zeigt in seinem Inneren einen Fries mit stufenartigen Mäandern und vertikalen Linien parallel dazu; der untere, quadratische Teil weist im Innern ein Punktmuster im Relief auf, von dem drei Anhänger herabhängen. Auf der Rückseite der Darstellung sitzt eine kleine Figur mit einer Art Kappe auf dem Kopf. Im Innern des kugelförmigen Gefäßes befindet sich zweifach die Darstellung einer Person in Frontalansicht, die in jeder Hand eine Art Lanze trägt. Sie ist in einem fast runden Fries im Relief dargestellt, der mit Dreiecken und Innenpunkten verziert ist, die abwechselnd auf der Geraden und auf dem Scheitelpunkt stehen. Die Figur trägt ein Hemd, das auf Taillenhöhe mit einem Gürtel zusammengehalten wird, Ohrschmuck und ein großes Pektorale, das mit parallelen vertikalen Linien verziert ist. Auf dem Kopf trägt sie einen halbkreis-

Kat.-Nr. 3.67

Kat.-Nr. 3.68

förmigen Kopfschmuck mit einem in parallelen vertikalen Linien verzierten Band, das beidseitig in Fransen endet.

3.67 MENSCHLICHE FIGUR

Rot bemaltes Holz, H 52 cm, B 23,2 cm, L 11,5 cm
Peru, wahrscheinlich Chimú-Kultur, 1200–1470 n. Chr., Späte Zwischenperiode
MAM 13335

Skulptur, die einen aufrecht stehenden Mann darstellt, der die ausgestreckten Arme an den Körper gelegt hat. Der große Kopf, die mandelförmigen Augen, die Nase im Hochrelief und die Mundöffnung fallen besonders ins Auge. Das Gesicht ist rot bemalt, und auf den Ohren sind kleine, runde Ohrscheiben. Er trägt einen kurzen Rock, der mit geometrischen Motiven und Fransen im vorderen Teil verziert ist, der hinten verknotet wird und mit zwei breiten Bändern mit Fransen und der gleichen Verzierung abschließt.

Die Figur ist von vorne und ausgesprochen statisch dargestellt, und die Tatsache, daß diese Art Skulpturen im allgemeinen in Grab- und Kultstätten sowie in den Zeremonialanlagen von Chanchan gefunden wurden, läßt vermuten, daß sie zu rituellen Zwecken angefertigt wurden.
CUESTA 1980 a, S. 214, 260

3.68 MENSCHLICHE FIGUR

Holz, Gesamthöhe: 107 cm, Höhe der Figur: 47 cm, B 15,5 cm, T 5 cm
Peru, 1050–1476 n. Chr., Späte Zwischenperiode
MAM 13329

Skulptur, die einen Mann am Ende einer länglichen Form zeigt, von dem nur die Vorderseite herausgeschnitzt wurde. Er trägt einen Kopfputz mit einem verzierten Stirnband. Im Gegensatz zum Hochrelief der Nase sind die Augen, der Mund und die Hautfalten oberhalb der Lippen im Flachrelief gearbeitet. Er trägt einen kurzen, dreieckigen Rock, der unten mit Fransen abschließt und mit einer zweifach gewundenen

Perlenschnur verziert ist. Die Arme sind gebeugt und an den Körper gelegt. Er hält einen länglichen, nicht erkennbaren Gegenstand in den Händen, der an ein Gefäß erinnert.

Es könnte sich um ein Ruder eines Balsa-Floßes oder um einen Zeremonialstab handeln. Die Figur ist statisch und von vorne dargestellt. Nach der Haltung zu urteilen, könnte es sich um eine Person handeln, die etwas darbietet.
CUESTA 1980 a, S. 214, 261

3.69 GEWEBE

Farben: gelb, grün, rot, braun, violett, schwarz und weiß
Schuß B 18 cm, Kette H 58 cm
Peru, aus Trujillo, Chimú-Kultur, 1200–1470 n. Chr., Späte Zwischenperiode
MAM 14565, Sammlung Juan Larrea

Ein nur zu 50 Prozent fertiggestelltes gewirktes Gewebe. Der untere Teil endet mit zwölf breiten Fransen, die aus vier noch breiteren hervorgehen; alle verziert mit einer Lamadarstellung, mit dem Körper im Profil und mit dem Kopf dem Betrachter zugewandt. Darüber erscheinen drei Menschen- und eine Tierfigur, von denen letztere kleiner und fast zerstört ist. Die Menschenfiguren stehen frontal zum Betrachter, die Beine gebeugt, die Füße im Profil, und halten sich an den Händen. Über ihnen, im oberen Bereich des Gewebes, gibt es drei Motive, von denen zwei zoomorphe Züge zeigen, die aber keinerlei Bezug zu den anderen Motiven haben.

Es könnte sich um ein Mustertuch handeln, bei dem die Komposition aus übereinanderliegenden Motivstreifen besteht, die aber das gleiche Motiv mehrmals wiederholen.
CUESTA 1980 a, S. 196, 263; MUESTRA 1984, Abb. 42; RAMOS–BLASCO 1980, S. 114, 115

3.70 UNCU

Farben: rot, cremefarben, braun, gelb, grün, violett, rosa und schwarz, B 94 cm, L 177 cm
Peru, 1050–1476 n. Chr., Späte Zwischenperiode
MAM 14620

Gewirktes Hemd, aus zwei Teilen zusammengesetzt. Die Ränder schließen mit Fransen ab, die von einem mit Farbstreifen verzierten Band ausgehen, welches wiederum ein breiteres Band umfaßt, das einen Fries mit einer Vogelfigur im Profil zeigt. Der Rest besteht aus einfärbigen und gemusterten Bändern im Wechsel. Diese gemusterten Bänder zeigen doppelte Stufenformen, unter deren Scheitelpunkt sich ein stilisierter Fisch befindet, zu dessen Seiten geometrisch angeordnete Vögel sind, die ihrerseits auch eine gestufte Pyramide bilden. In der Mitte, wo sich diese Motive treffen, gibt es zwei entgegengesetzte Dreiecke, die dasselbe Vogelmotiv aufweisen. Der Halsteil zeigt eine stufenförmige Volute.

Die friesartigen Bänder haben einen klaren Zusammenhang mit den Schmuckpaneelen an den Mauern von Chanchan. Das Muster besteht in der gleichmäßigen Wiederholung einiger

Kat.-Nr. 3.69

Kat.-Nr. 3.72

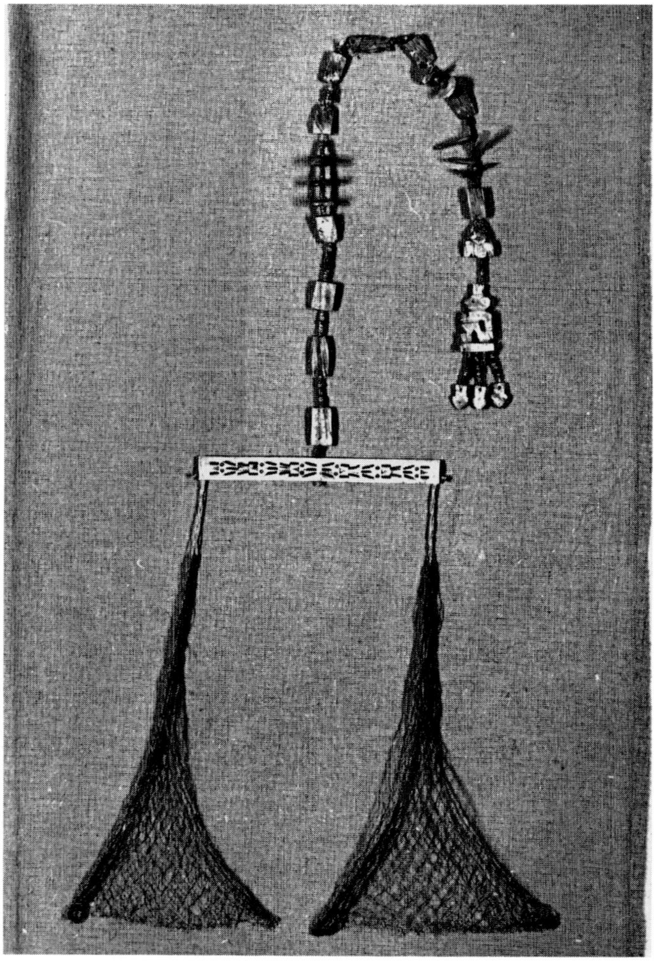

Kat.-Nr. 3.74

Grundmotive, die mit dem Farbenwechsel die Monotonie bricht und ein Gesamtbild großer Schönheit schafft. Die Farben sind dank der klimatischen Gegebenheiten der peruanischen Küste vollkommen erhalten geblieben.
CUESTA 1980 a, S. 330, 393; RAMOS–BLASCO 1980, S. 168, 169, 171

3.71 UNCU

Farben: rot, gelb, creme, braun, grün, orange, rosa, weiß und schwarz, B 95 cm, L 165 cm
Peru, 1050–1476 n. Chr., Späte Zwischenperiode
MAM 14619

Gewirktes Hemd, aus zwei Teilen zusammengesetzt. Die Ränder schließen mit Fransen ab, die von einem breiten Band aus farbigen Linien ausgehen. Dieses Band umrahmt ein weiter innen liegendes, breiteres Band, das geometrisch mit zwei Vögeln verziert ist, die sich gegenüberstehen. Der Rest besteht aus einfärbigen und gemusterten Bändern im Wechsel. Letztere zeigen zweifache Stufenmotive, unter denen sich Formen befinden, die an menschliche Köpfe oder an stilisierte Fische erinnern. Stellung und Farben wechseln ab, so daß das Motiv einmal im Positiv, einmal im Negativ erscheint. In der Mitte, wo das Muster aufeinandertrifft, sind zwei entgegengesetzte Dreiecke, die in ihrem Inneren einen Vogel im Profil zeigen. Die Halsöffnung schließt mit einem Volutenfries ab.

Das Muster dieses Gewebes fließt gegen eine imaginäre horizontale Linie, was ihr eine klare Symmetrie verleiht. Die Dekormotive waren, wie bei dem vorhergehenden Tuch, typisch für die Bewohner der Küstenregion und stimmen mit den Lehmverzierungen überein, die ihre *Huacos*, Tempel und Wohnstätten der Götter in Chanchan, der Hauptstadt des Chimú-Reiches, schmückten.
CUESTA 1980 a, S. 330, 393; RAMOS–BLASCO 1980, S. 166, 167
Farbabbildung S. 71

3.72 GEWEBEFRAGMENT

Farben: braun, dunkelrot, blau, gelb, rot, schwarz, weiß und rosa, H 35 cm, L 87 cm
Peru, aus Trujillo, 1050–1476 n. Chr., Späte Zwischenperiode
MAM 14566, Sammlung Juan Larrea

Teil eines gewirkten Gewebestreifens. Dieser besteht aus Rechtecken, die von einem Fries verziert sind, der ein stark abstrahiertes Individuum zeigt, das einen komplizierten Kopfschmuck und eine Axt trägt. In den Rechtecken befindet sich eine menschliche Figur von vorne, nur Beine und Füße erscheinen im Profil, die einen Amtsstab in der einen und eine Kopftrophäe in der anderen Hand hält. Die Figur trägt einen Kopfschmuck mit zwei Federbüschen, einen Halsschmuck und einen *Uncu*, ein reich verziertes Hemd. Arme und Beine scheinen mit Körperfarbe bemalt zu sein. In den zwei linken Rechtecken sind zwei Tiere, wahrscheinlich Katzen, dargestellt. Im rechten Teil des Stoffes erscheint ein vertikaler Fries, der mit Stufenmäandern verziert ist.

Die Textilindustrie hatte im alten Peru eine große Nachfrage. Es wurden nicht nur für den alltäglichen Bedarf und für Zeremonien, sondern auch für die Toten Stoffe hergestellt. Die Toten wurden von Zeit zu Zeit in neue Tücher gewickelt, was die Produktion erheblich steigen ließ und zu einem aufwendigen, kostspieligen Totenkult führte.

ARTE 1935, Abb. XCIX; CUESTA 1980 a, S. 329, 392; MUESTRA 1984, Abb. 286; MUSEO 1984, Dia 40; RAMOS–BLASCO 1980, S. 116, 117

3.73 FEDERHEMD

Farben: violett, rot, kräftig rosa, grün, gelb und grau, L 103 cm, B 72,5 cm
Peru, 1050–1534 n. Chr., Späte Zwischenperiode und Später Horizont
MAM 14660, Sammlung des 18. Jahrhunderts

Federhemd oder *Uncu* mit Öffnung in der Mitte, dessen Verzierung, außer im mittleren Teil, stark beschädigt ist. Es zeigt zwei menschlich anmutende Figuren im Profil, die um eine kleinere Figur knien, die in der Mitte sitzt. Die seitlichen Figuren tragen eine dreieckige Kopfbedeckung, von deren Scheitel ein gezacktes Band, das mit zwei großen Quasten endet, ausgeht. Die frontale Darstellung der Augen, der große Fortsatz im Ohrenbereich und eine Doppelvolute, die vom Nasenende ausgeht, fallen besonders ins Auge. Am Ende des einen Armes sieht man eine Art Hand oder Kralle mit drei Fingern, von denen am mittleren ein am oberen Ende gebogener Stock angebracht ist. Am anderen Arm ist keine Hand, sondern eine runde Scheibe. Das Bein endet wie einer der Arme mit einem dreizehigen Fuß oder einer Kralle. Die mittlere Figur weist die gleichen Merkmale auf, nur der Kopfschmuck ist hier rechteckig und mit einem zweifachen Mäander verziert. Der obere Bereich, nahe der Öffnung, wird von diesem durch eine dreifache Abstufung getrennt, auf der zwei langbeinige Vögel sich frontal gegenüberstehen, die geometrisch dargestellt sind.

Federgewebe hatten im alten Peru eine große Bedeutung. Es gab darauf spezialisierte Handwerker, die Federn dazu benutzten, Gewebe, aber auch andere Objekte, die im allgemeinen zur Kleidung gehörten, zu überziehen. Die Federn, die größtenteils aus sehr entfernten Gebieten stammten, wurden in engen Reihen an den Federkielen auf das Tuch genäht, bis es vollständig bedeckt war. Die Tatsache, daß viele Federn von exotischen Vögeln aus tropischen Gebieten stammten, beweist die Existenz eines intensiven Handels. Folglich stellten diese Kleidungsstücke Luxusobjekte dar, die, weil sie schwer zu erhalten waren, nur von der herrschenden Klasse benutzt wurden.

JANER 1873 a, Abb.; MUSEO 1984, Dia 47
Farbabbildung S. 70

Kat.-Nr. 3.75

3.74 WAAGE

Pflanzliche Fasern, Knochen, verschiedene Muscheln, Türkis und Silber, H 90 cm, B 16,5 cm
Peru, 1050–1534 n. Chr., Späte Zwischenperiode und Später Horizont
MAM 13027, Sammlung des 18. Jahrhunderts

Waage mit zwei netzartigen Stofftaschen, die an einem Balken aus Knochen hängen, welcher mit Ritzdekor verziert ist, der mit roter und schwarzer Paste ausgefüllt ist und stark stilisierte Fische darstellt. Eine Schnur aus Muscheln verschiedener Größen, Formen und Farben, darunter die Darstellung eines Papageis und eines menschlichen Torsos, hält den Balken. Am Ende dieser Schnur erscheint die Figur eines Menschen im Profil, der mit gebeugten Beinen, die Arme auf die Knie aufgestützt, auf einer Plattform sitzt, unter der drei Perlenketten hängen.

Diese Waagen wurden schon vor der Inkazeit zum Wiegen von Wertgegenständen, z. B. von Edelmetallen, Edelsteinen und Coca-Blättern, benutzt.

MUESTRA 1984, Abb. 213

3.75 ANHÄNGER

Kupfer, gegossen, H 9,9 cm, G 179,65 g
Peru, Lambayeque-Kultur, 1050–1476 n. Chr., Späte Zwischenperiode
MAM 7023

Der Anhänger zeigt eine stehende, reich geschmückte Person mit einem großen, halbmondförmigen Kopfschmuck, in den Muster ziseliert sind, die einen Federschmuck imitieren sollen. Der Schnitt der Augen ist charakteristisch für den Lambayeque-Stil. In jeder Hand trägt sie einen Stock oder eine Keule mit Federbusch. Das Ganze steht auf einem horizontalen Balken, an dessen Enden stilisierte Katzentiere zu sehen sind. Das Stück wurde in einer zweischaligen Form gegossen.

Kat.-Nr. 3.76

Dieser interessante Brustanhänger ist voll von religiöser Symbolik. Die Form der Figur und die typischen Augen sind ein direkter Bezug zur Heldengottheit Naymlap, der von den Eingeborenen die Gründung Lambayeques zugeschrieben wurde. Außerdem sieht man Katzenköpfe, die auch *Dragones* (Drachen) aus Lambayeque genannt werden. Der Jaguar bzw. der Katzendämon war eine der wichtigsten Gottheiten der peruanischen Götterwelt und vielleicht auch eine der beständigsten.

CUESTA 1980 a, S. 379, Abb. 7016; CUESTA–ROVIRA 1982, S. 228, Abb. 278

3.76 TOTENMASKE

Silber, H 17,7 cm, G 82,95 g
Peru, Chimú-Kultur, 1200–1470 n. Chr., Späte Zwischenperiode
MAM 7393, Sammlung Juan Larrea

Maske, die ein menschliches Gesicht mit dreieckiger, herausragender Nase darstellt. Seitlich sind zwei Löcher zur Befestigung angebracht. Sie ist aus einem Stück Silberblech getrieben.

Mit den Totenmasken wurde das Gesicht der Verstorbenen während der Vorbereitung des Begräbnisses bedeckt. Viele Masken zeigen Flecken, die durch die Zersetzung organischen Materials hervorgerufen wurden, da sie mit in die Mumien eingewickelt wurden.

Der Gebrauch von Totenmasken beim Begräbnisritual und beim Totenkult war eine uralte Tradition. Die Maske repräsentierte in gewisser Hinsicht die Unverwundbarkeit und das Fortleben des Verstorbenen.

ART 1933, S. 74; ARTE 1935, S. 158; CUESTA 1980 a, S. 255, Abb. P. 415; CUESTA–ROVIRA 1982, S. 163, Abb. 174; MUESTRA 1984, Abb. 287

3.77 STABAUFSATZ

Kupfer, H 10 cm
Peru, Chimú-Kultur, 1200–1470 n. Chr., Späte Zwischenperiode
MAM 7494

Gegossener Aufsatz eines Stabes mit einem Hohlkörper, an dem eine Reihe von ringförmigen Schellen hängt. Der obere Teil zeigt eine Szene mit vier sich gegenüberstehenden vergoldeten Personen. Zwei dieser Personen tragen kegelstumpfförmige Gefäße mit trompetenartiger Öffnung. Die anderen bieten ein Objekt oder eine Frucht an, die sechs Fortsätze bzw. Stacheln hat. Eine der Figuren trägt eine Axt mit halbmondförmiger Schneide. Diese Aufsätze hatten die Funktion einer Schelle oder Rassel und dienten wohl den Zeremonien des Chimú-Kultes. Die dargestellten Szenen sind immer rituelle Handlungen. In diesem Fall handelt es sich um Trankopfer und Opfergaben.

CUESTA–ROVIRA 1982, S. 200, Abb. 303

3.78 BECHER

Silber, H 15,2 cm, G 176,06 g
Peru, Chimú- oder Inka-Kultur, 1200–1476 n. Chr., Späte Zwischenperiode
MAM 7430

Aus einem Stück Silberblech getriebener Becher, dessen Körper mit einem menschlichen Gesicht in Relief verziert ist, die Hakennase steht sehr hervor. Im Becherrand ist eine netzförmige Verzierung eingraviert.

Unter den Metallobjekten der Späten Zwischenperiode sind die kephalomorphen Becher im allgemeinen aus Silber-Kupfer-Legierung angefertigt. Die Gesichtszüge werden mit Hilfe einer Form aus hartem Holz herausgearbeitet und nehmen meist den Mittelteil des Körpers ein. Charakteristisch sind die stark hervortretende Hakennase, die elliptischen Augen und der rechteckige Mund. All das verleiht dem Gesicht ein wildes, verzerrtes Aussehen.

Es haben wahrscheinlich zwei Produktionszentren existiert, eines im Chimú-Reich und das zweite im Ica-Gebiet. Das

Kat.-Nr. 3.77

Kat.-Nr. 3.79

einzige diagnostische Element ist die gravierte Verzierung am Becherrand der Ica-Stücke.
EXPOSICION 1893, CH6; CUESTA 1980 a, S. 384, Abb. P. 687; CUESTA–ROVIRA 1982, S 172, Abb. 213

3.79 BECHER

Silber, H 13,8 cm, G 158 g
Peru, Chimú- oder Chimú-Inka-Kultur, 1200–1534 n. Chr., Späte Zwischenperiode oder Später Horizont
MAM 7429, Sammlung des 18. Jahrhunderts

Aus einem Stück Silberblech getriebener Becher, der mit einem menschlichen Gesicht mit herausstehender Hakennase verziert und teilweise mit einem roten Farbstoff (Zinnoberrot) überzogen ist. Ein Rautennetz vervollständigt die Verzierung des Bechers.

Solche Ritualbecher finden sich im allgemeinen bei den Grabbeigaben. Sie dienten zum Trinken belebender Getränke (Chicha u. a.), durch die eine magisch-religiöse Katharsis erreicht wurde. Wegen der Ähnlichkeit der Züge bei allen bekannten Stücken handelte es sich wohl nicht um Porträt-Becher, obwohl möglich ist, daß ein Bezug zu den abgeschlagenen Köpfen besteht, die spätestens seit der Mochica-Kultur als Becher benutzt wurden.
CUESTA 1980, S. 384, Abb. P 931; CUESTA–ROVIRA 1982, S. 174, Abb. 217

3.80 SCHELLENMESSER

Bronze, L 16,9 cm, G 121,75 g
Peru, Chimú- oder Chimú-Inka-Kultur, 1200–1534 n. Chr., Späte Zwischenperiode oder Später Horizont
MAM 7031, Sammlung Ruiz und Pavón

Zeremonialmesser mit schmaler Klinge. In der Mitte des Griffes ist eine durchbrochen gearbeitete, hohle Erweiterung mit Vogeldarstellungen, das Gehäuse der Schelle. Am Ende sieht man eine Szene mit zwei sich umarmenden, affenartigen Figuren in erotischer Position, von denen eine einen reichen Kopfputz trägt. Vier bewegliche Ringe am Ende dienen neben der Rassel als Schallerzeuger.

Kat.-Nr. 3.81

Kat.-Nr. 3.83

Guß in verlorener Form mit gravierter Verzierung.

Die Kombination eines Musikinstrumentes mit einem Zeremonialobjekt ist nicht selten in den präkolumbischen Kulturen Perus. Das Messer diente dazu, den Körper des Opfers (im allgemeinen ein Tier) bei den Riten aufzuschneiden und ihm die Eingeweide zu entnehmen, was gut überliefert ist, wie auch die komplizierten Riten, in denen die Tänze und Gesänge mit Schellen und Rasseln begleitet wurden. Vom ikonographischen Gesichtspunkt aus ist die Darstellung von Vögeln in der Chimú-Kultur sehr häufig, wurde aber in der Spätphase immer schematischer.

Die erotischen Szenen stellen eine besondere Konstante im Lebensraum der Chimú dar, deren »unanständige Gewohnheiten« von den puritanischen Inka stark verfolgt und unterdrückt wurden, als diese das Königreich von Chimú eroberten. Deshalb ist dieses interessante Stück wahrscheinlich in die späte Chimú-Zeit einzuordnen, obwohl es auch später hergestellt worden sein kann.

CUESTA 1980 a, S. 381, Abb. P. 784; CUESTA–ROVIRA 1982, S. 214, Abb. 287; MUESTRA 1984, Abb. 208

3.81 VOGEL MIT MAISKOLBEN

Keramik, rot und cremefarben bemalt, H 16 cm, B 10,5 cm, L 26 cm
Peru, Chimú-Inka-Kultur, Zweite Hälfte des 15. Jahrhunderts
MAM 10389

Gefäß aus zwei Teilen, das einen Papagei darstellt, der gerade einen Maiskolben frißt. Vogel und Maiskolben haben ein Loch, um das Ein- und Ausfließen von Flüssigkeit zu ermöglichen. Es handelt sich deshalb um eine Pajcha.

Dieser Gefäßtyp wurde in vielen präkolumbischen Kulturen Perus bei Fruchtbarkeitsriten benutzt, wenn er auch erst von den Inka in größerem Ausmaß hergestellt wurde. Deshalb gehört das Stück einer Zeit an, als die Inka mit den Chimú im Krieg stand. Die Verbindung des Papageis, der im feuchten Klima des wasserreichen Urwalds lebt, mit dem Maiskolben ist häufig anzutreffen. Beide passen thematisch ausgezeichnet zu den Riten zum Erbeten günstiger Ernten.

CUESTA 1980 a, S. 331, 337; MUESTRA 1984, Abb. 279

3.82 TOPF

Keramik, schwarz und rot auf orangefarbenem Grund bemalt, H 35 cm, B 37,5 cm, D max. 31 cm, Öffnung 28 cm
Peru, Provinz Cuzco, Inka-Kultur, 1440–1534 n. Chr., Später Horizont
MAM 8415, Sammlung Juan Larrea

Kugelförmiges Gefäß mit flachem Boden, ausladendem Hals und zwei Bandhenkeln. Im Halsbereich findet man eine Reihe von horizontalen Friesen mit entgegengesetzten Dreiecken und parallelen Linien, mit konzentrischen Kreisen mit Punkt und mit Dreiecken mit Punkt zwischen schrägen Parallelen. Auf der Vorderseite befindet sich ein Mittelband mit von Sechsecken umfaßten Quadraten und zu beiden Seiten das stilisierte Motiv eines Zweiges oder eines Baumes. Auf der Außenseite der Henkel erscheint ein Schachbrettmuster.

Die gesamte Verzierung des Halses erscheint regelmäßig bei den Inka-Keramiken. Es ist noch nicht bekannt, ob dies von einer Standardisierung herrührt oder ob darin eine uns nicht bekannte symbolische Botschaft verborgen ist. Das Muster auf dem Mittelband wird von einigen Autoren als Darstellung des Musters eines Schildkrötenpanzers interpretiert. Das seitliche Motiv wird von ihnen als Darstellung des Mallqui-Baumes bezeichnet. Dieser Baum stand in der Andenwelt eng in Verbindung mit bestimmten Fruchtbarkeitsriten. Das Quechua-Wort Mallqui kann man als Mumie übersetzen, deren Bedeutung die eines besäten Feldes ist. Im Pachacamac-Mythos, jenes Schöpfergottes, der an der Küste Pachacamac und in den Bergen Viracocha genannt wurde, heißt es, daß die Gottheit den erstgeborenen Sohn der von ihr geschaffenen Frau in Stücke zerhackte und die Teile seines Körpers aussäte, aus denen dann Mais und Maniok wuchsen. So wurden nach bestimmten Zeremonien Körper bzw. Mumien in die Erde eingegraben, um diese fruchtbarer zu machen.

LA COLECCION 1938, S. 117; TRIMBORN–FERNANDEZ 1935, S. 35
Farbabbildung S. 72

3.83 GEFÄSS

Keramik, schwarz und rot bemalt, H 6,5 cm, D max. 11,3 cm, D Öffnung 5 cm
Peru, Provinz Cuzco, Inka-Kultur, 1440–1534 n. Chr., Später Horizont
MAM 8521, Sammlung Juan Larrea

Kugelförmiges Gefäß mit flachem Boden und randloser Öffnung. Ein zoomorpher Fortsatz ist am Rand und zwei Henkel sind vertikal angebracht. Man sieht eine geometrische Verzierung von sich kreuzenden Linien, die Rauten bilden, und die Darstellung zweier menschlicher Figuren, die Keulen und Boleadoras tragen.

Solche Gefäße wurden bei Zeremonien und Festen zur Beschwörung der Götter verwendet, z. B. der Erdmutter Pachamama, damit diese das Gedeihen und die Erhaltung von Vieh und Weiden fördere. Die Szene zeigt zwei Figuren, wahrscheinlich Hirten, mit ihren Boleadoras, mit denen man Hirsche, Vikuñas, Lamas und sogar Vögel einfangen konnte. Einige Autoren interpretieren diese Bemalung als symbolische Darstellung der sogenannten Ocara-Konstellation, der »großen Tierherde«, die auf der kosmogonischen Karte des »großen Altars« von Coricancha in Cuzco erscheint.
ART 1933, S. 34; ARTE 1935, Abb VII; LARREA 1960, S. 98; ARTE 1982, Nr. 39; ARTE 1983, Nr. 46; CUESTA 1980 a, S. 371

3.84 KERO

Keramik, braun und cremefarben auf orangefarbenem Grund, H 15 cm, D max. 13 cm
Peru, Provinz Cuzco, Inka-Kultur, 1440–1534 n. Chr., Später Horizont
MAM 8588, Sammlung Juan Larrea

Becher mit flachem Boden und konisch ausladendem Oberteil. Um den Rand eine Verzierung aus alternierenden Dreiecken. Im oberen Teil des Bechers wird ein Zinnenmotiv von zwei Linien eingefaßt.

Diese Kero-Art aus Keramik, auch »Keros vom Typ Tiahuanaco« genannt, stammt aus den Zeiten vor dem Höhepunkt der Tiahuanaco-Kultur. Die Inka nahmen diese Form auf und gaben ihr eigene charakteristische Verzierungen, besonders geometrische Muster, beispielsweise das Zinnenmotiv, auch »Inka-Mäander« genannt, das auf diesem Stück erscheint. Der Kero war ein Zeremonialbecher, der bei den verschiedenen Riten von den Inka und vom Adel benutzt wurde. Gefüllt mit Chicha, dem am meisten benutzten Zeremonialgetränk, wurde er erhoben und aus ihm getrunken. Dies war ein Zeichen der Huldigung beim Amtsantritt eines neuen Inka, bei seiner Hochzeit, seinem Begräbnis oder beim Sonnenfest bzw. Inti Raimi in Cuzco, wo der Inka seinen Vater, die Sonne, mit einem Becher Chicha in jeder Hand ehrte. Solche Feierlichkeiten endeten immer mit großen Mengen Chicha bei Musik und Tanz.
ART 1933, Nr. 222; ARTE 1935, Abb. 12; CUESTA 1980 a, S. 363; TRIMBORN–FERNANDEZ 1935, S. 56, Nr. 141

Kat.-Nr. 3.85

3.85 ARIBALO

Keramik, schwarz, rot, cremefarben auf orangefarbenem Grund, H 37,6 cm, D max. 23 cm, D Öffnung 11,7 cm
Peru, Provinz Cuzco, Inka-Kultur, 1440–1534 n. Chr., Später Horizont
MAM 8486 Sammlung Juan Larrea

Kugelförmiges Gefäß mit konisch-spitzem Boden, hohem, geschweiftem Hals, zoomorphem Fortsatz am Halsansatz und zwei Henkeln. Es hat eine geometrische Verzierung mit Rautenbändern unter dem Rand und am Hals des Gefäßes. Die Hauptansicht bilden drei vertikale Bänder aus sich gegenüberstehenden Dreiecken und horizontalen, parallelen

Linien, durch die zwei große Felder entstehen, auf denen schematisch ein Ast oder ein Baum dargestellt wird. Auf der Rückseite sind unterhalb des Halses horizontale Linien und, vertikal dazu, gewellte Linien angeordnet.

Der Aribalo ist eine der charakteristischesten Formen der Inka-Keramik. Die Größe dieser Stücke variiert von Miniaturen bis hin zu einer Größe von über einem Meter. Manche sind nicht einmal einen Zentimeter groß. Der Name »Aribalo« stammt aus dem Griechischen, da in Griechenland eine ähnliche Keramikform beheimatet ist.

3.86 ARIBALO

Keramik, rot, schwarz und cremefarben auf orangefarbenem Grund, H 98 cm, D Öffnung 34 cm
Peru, Provinz Cuzco, Inka-Kultur, 1440–1534 n. Chr., Später Horizont
MAM 7627, Sammlung Juan Larrea

Kugelförmiges Gefäß mit konisch-spitzem Boden, konischem Hals, zoomorphem Fortsatz am Halsansatz und zwei seitlichen Henkeln. Es ist geometrisch verziert mit aneinandergereihten Rauten, in der Mitte des Bauches mit einem Motiv aus konzentrischen Rauten und zwei seitlichen, gezahnten, horizontal aufgereihten Motiven. Auf der Rückseite erscheinen unterhalb des Halses vier horizontale Linien und, vertikal dazu, Gruppen von gewellten Linien.

Diese großen Gefäße dienten zur Lagerung. Sie wurden in Löcher im Boden gesetzt, wo sie mit geringem Kraftaufwand mit Hilfe des Fortsatzes und einer Schnur gedreht und geneigt werden konnten, um ihren Inhalt in ein kleineres Gefäß abzufüllen. Sie dienten dazu, die Chicha, ein alkoholisches Getränk aus fermentiertem Mais, an die zahlreichen Teilnehmer ritueller, religiöser und militärischer Festivitäten zu verteilen. Normalerweise hat ein Aribalo einen langen Hals, bei diesem Exemplar scheint er abgeschnitten worden zu sein. Der Schnitt teilte die Hälfte des Schmuckmotivs eines Frieses ab, als der Ton noch nicht gebrannt war. Das beweist, daß der Schnitt beabsichtigt war und daß ursprünglich ein anderer Abschluß vorgesehen war. Da die Inka gewöhnlich Metallgeschirr besaßen, könnte der Abschluß des Halses aus Gold oder Silber gewesen sein. Die Keramikgefäße, die ursprünglich Metallapplikationen trugen, kamen durchwegs unvollständig in die Museen.

ART 1933, Nr. 122; ARTE 1935, Abb. III; TRIMBORN-FERNANDEZ 1935, S. 30, Nr. 68

3.87 ARIBALO

Keramik, schwarz, cremefarben und rot auf orangefarbenem Grund, H 98 cm, D max. 59 cm, D Öffnung 38,5 cm
Peru, Provinz Cuzco, Inka-Kultur, 1440–1534 n. Chr., Später Horizont
MAM 7771, Sammlung Juan Larrea

Kugelförmiges Gefäß mit konisch-spitzem Boden, hohem, zylindrischen Hals mit ausladender Öffnung, zwei Fortsätzen unterhalb des Randes, zwei Henkeln und einem zoomorphen Fortsatz unterhalb des Halsansatzes. Der Hals trägt eine geometrische Verzierung aus aneinandergereihten Rauten. Auf der Vorderseite sind zwei breite Bänder mit horizontal aufgereihten, gezahnten Motiven, die ein Mittelband umschließen, das auf schachbrettartigem Grund ein Rautenmotiv zeigt. Auf der Rückseite erscheinen unter dem Hals horizontale Linien und, vertikal dazu, gruppenweise gewellte Linien.

Zum Transport dieser großen Gefäße schlang man ein Seil um einen der Henkel, zog es hoch, band es um den Fortsatz – normalerweise die stilisierte Darstellung eines Jaguarkopfes – und legte es dann um den anderen Henkel. So wurden die Gefäße aufgehängt oder transportiert und blieben immer in senkrechter Stellung.

ART 1933, S. 28; ARTE 1935, Abb. III; COLECCION 1938, Abb. 1; TRIMBORN–FERNANDEZ 1935, Nr. 66

Farbabbildung S. 72

3.88 ARIBALO

Keramik, schwarz und ocker auf cremefarbenem Grund, H 16,5 cm, D max. 12 cm, D Öffnung 4,7 cm
Peru, Inka-Kultur, 1440–1534 n. Chr., Später Horizont
MAM 8476

Kugelförmiges Gefäß mit konisch-spitzem Boden, hohem, zylindrischem Hals mit ausladender Öffnung und zwei seitlichen Henkeln. Die geometrische Verzierung verläuft in parallelen, vertikalen Bändern. Im Halsbereich sieht man rote und schwarze Rautenstreifen im Wechsel. Auf dem Bauch befinden sich abwechselnd Bänder mit Drei- und Rechtecken innerhalb von Rauten.

Die Auflösung der Fläche durch geometrische Figuren und Farbenspiel bewirkt schöne optische Täuschungen und setzt umfassende Kenntnis der Geometrie und ein klares Weltbild voraus, was besonders in der hierarchischen und disziplinierten Inka-Gesellschaft der Fall war. Einige Fachleute behaupten, jedoch ohne es beweisen zu können, daß diese geometrischen Kombinationen festgelegte Symbole waren, die wie Ideogramme oder eine elementare Schrift benutzt wurden.

3.89 OPFERSCHALE

Keramik, schwarz, weiß und braun auf orangefarbenem Grund, H 5,3 cm, D 10,3 cm
Peru, Provinz Cuzco, Inka-Kultur, 1440–1534 n. Chr., Später Horizont
MAM 8549, Sammlung Juan Larrea

Schale mit flachem Boden und einem Griff in Form eines Vogelkopfes sowie zwei kleinen Fortsätzen auf der gegenüberliegenden Seite. Zwei Streifen teilen die Innenseite in vier dreieckige Felder. In jedem dieser Dreiecke werden zwei

Fische dargestellt, die von Dreiecken und parallelen Linien umrahmt werden. Der Rand der Schale ist mit einer Zickzacklinie von ineinandergreifenden Dreiecken verziert.

Diese Schalen erinnern normalerweise an irgendwelche Vögel, oft an schwimmende Enten. Manchmal bekommt der Griff die Form des Kopfes, in diesem Falle deuten zwei kleine Spitzen an der gegenüberliegenden Seite die Schwimmfüße an. Oft ist die Darstellung viel schematischer, wie Kat.-Nr. 3.90 zeigt, wo der Henkel eine Schleife bildet. Die Verzierung ahmt teilweise das Federkleid der Vögel nach, manchmal aber herrschen geometrische Muster vor; die Töpfer spielen mit der Symmetrie und mit der Farbe. Manche Autoren vermuten in den komplizierten Mustern eine uns verborgene Symbolik. Die vierfache Unterteilung der Verzierung erinnert uns an die »vier Weltteile« des Tahuantinsuyo, des Inkareiches.

ART 1933, S. 40; ARTE 1935, Tafel XXII; ARTE 1982, Nr. 51; ARTE 1983, Nr. 64; CUESTA 1980 a, S. 359; MUESTRA 1984, Nr. 187; TRIMBORN–FERNANDEZ 1935, S. 59, Nr. 156

Farbabbildung S. 72

Kat.-Nr. 3.88

3.90 OPFERSCHALE

Keramik, braun, schwarz und rot auf orangefarbigem Grund, H 6,6 cm, D 15,5 cm

Peru, Provinz Cuzco, Inka-Kultur, 1440–1534 n. Chr., Später Horizont

MAM 8542, Sammlung Juan Larrea

Flache Schale mit flachem Boden, einem Henkel in Form einer Schleife und zwei kleinen spitzen Fortsätzen auf der gegenüberliegenden Seite. Ein breites Zierband geht vom Henkel aus, das seinerseits aus glatten Zierstreifen und parallelen sowie ährenförmigen Linien, die ineinandergreifende Dreiecke bilden, besteht. Dieses Motiv finden wir auch außen am Henkel. Zu beiden Seiten des Zierstreifens erscheinen symmetrisch angeordnete, halbkreisförmige Verzierungen innerhalb eines Frieses, der von einer dicken Zickzacklinie und ovalen Farbtupfern bestimmt wird.

In diesen Schalen wurden die Opfergaben verwahrt, besonders die Cocablätter, die den Göttern und den *Huacas* (heilige Orte) zu den verschiedensten Anlässen im Laufe des Jahres geopfert wurden.

ART 1933, S. 24; ARTE 1982, Nr. 41; ARTE 1983, Nr. 38; CUESTA 1980 a, S. 372; TRIMBORN–FERNANDEZ 1935, S. 62, Nr. 171

Kat.-Nr. 3.90

3.91 KRUG

Keramik, weiß, schwarz und rot auf cremefarbigem Grund, H 12,5 cm, D 12,7 cm, D Öffnung 6,3 cm

Peru, Provinz Cuzco, Inka-Kultur, 1440–1534 n. Chr., Später Horizont

MAM 8520

Kugelförmiger Krug mit ausladendem Hals und Bandhenkel. Die geometrischen Verzierungen verlaufen in Streifen; ein Zinnenmotiv, der sogenannte Stufenmäander, steht im Wechsel mit einem Zackenband. Diese Verzierung wird von einem Band mit vertikalen Linien umrahmt. Unter dem Henkel ein Rautenmotiv mit der Spitze nach unten. Neben dem *Aribalo*, dem *Kero* und den Keramiktellern ist diese Form für die Töpferei der Inka sehr typisch.

ART 1933, S. 34; ARTE 1982, Nr. 41; ARTE 1983, Nr. 38; CUESTA 1980 a, S. 372; TRIMBORN–FERNANDEZ 1935, S. 48, Nr. 105

3.92 FIGURENGEFÄSS

Keramik, orange, braun und schwarz bemalt, H 19,4 cm, B 12,6 cm

Kat.-Nr. 3.94

Peru, Provinz Cuzco, Inka-Kultur, 1440–1534 n. Chr., Später Horizont
MAM 8455, Sammlung Juan Larrea

Kugeliges Gefäß mit flachem Boden und knolligem Hals, das einen sitzenden Mann darstellt. Er trägt einen gestreiften Umhang und ein Stirnband. Auf der Schulter transportiert er eine Axt, in einer Umhängetasche trägt er eine Hacke. Bei den Augen ist ein Kreis mit einem Punkt zu sehen, die einzige Gesichtsbemalung des Dargestellten.

Dieser Mann trägt Geräte für den Ackerbau oder aber für den Krieg: die Axt und eine Schleuder als Stirnband um den Kopf gebunden. Die Landwirtschaft war der Grundpfeiler der Wirtschaft der Inka, die Kriegskunst Grundlage ihrer Macht. So ist dieses Gefäß ein Symbol für die Lebensart der Menschen in den Anden. Die detailgenaue Beschreibung von Hacke und Axt gegenüber der etwas schematischen Darstellung des Menschen zeigt die Bedeutung dieser Geräte im täglichen Leben, aber auch bei Zeremonien, bei denen sie dann Symbolcharakter erhielten.

CUESTA 1980 a, S. 370, Nr. 714; JANER 1873, Bd. I, III; MUESTRA 1984, Nr. 110
Farbabbildung S. 72

3.93 MÖRSER

Stein, H 11,3 cm, B 32,6 cm
Peru, Provinz Cuzco, Inka-Kultur, 1440–1534 n. Chr., Später Horizont
MAM 8608, Sammlung Juan Larrea

Rundes Gefäß mit flachem Boden. Zwei zoomorphe Figuren im Hochrelief stützen ihre Krallen und den Kopf auf den Rand, während ihre langen Schwänze die Außenwände des Gefäßes umgeben.

Unter den Begriff Mörser fallen eine Reihe von Steingegenständen verschiedener Größen, Formen und Anwendungen. In der Quechuasprache werden sie *Mutka-Kollota* genannt. Das erste Wort dieses Doppelbegriffes steht für den Mörser selbst und das zweite für den Stößel, mit dem zermahlen wird. Man findet bei Mörserdekorationen, abgesehen von den Schlangen, oft katzenartige Tiere, die sich am Rand befinden und von dort aus ins Innere des Gefäßes schauen; diese Haltung der Tiere im Hochrelief ist auch bei den Keros aus Holz wiederzufinden.

ART 1933, Nr. 71; ARTE 1935, Tafel LXX.VI; TRIMBORN–FERNANDEZ 1935, S. 72; CUESTA 1980 a, S. 349

3.94 MÖRSER

Stein, H 4,6 cm, B 6,3 cm, D Öffnung 3,6 cm
Peru, Provinz Cuzco, Inka-Kultur, 1440–1534 n. Chr., Später Horizont
MAM 8636, Sammlung Juan Larrea

Kleines, zylinderförmiges Gefäß mit flachem Boden. Eine schematisch dargestellte Katze im Hochrelief beugt sich zum Inneren des Gefäßes hin und hat ihre Vorderpfoten und ihren Kopf auf den Gefäßrand gestützt.

Es gibt Gefäße, die im Alltag benutzt wurden, um Lebensmittel, z. B. Uchu, Ajípfeffer, dessen Bezeichnung in der Quechuasprache *uchuyyana* ist, zu zermahlen. In diesen Gefäßen wurden auch Lebensmittel für diverse Anwendungen im Hausgebrauch zubereitet, andere wurden zur Herstellung von Naturfarben und Medikamenten benutzt.

ART 1933, S. 26, Tafel XVI; ARTE 1935, Tafel LXV; TRIMBORN–FERNANDEZ 1935, S. 76; ARTE 1982, Nr. 74

3.95 MÖRSER

Stein, H 10,5 cm, B 37 cm
Peru, Provinz Cuzco, Inka-Kultur, 1440–1534 n. Chr., Später Horizont
MAM 8606, Sammlung Juan Larrea

Rundes Gefäß mit flachem Boden und zwei großen, horizontalen Henkeln. Drei Schlangen im Hochrelief, auf jeder Seite zwischen den Henkeln, bilden die Dekoration. Zwei von ihnen erheben sich schlängelnd über den Rand und umrahmen eine weitere, eingerollte Schlange. Das Innere des Gefäßes ist nicht sehr tief und weist ockerfarbene Reste auf.

Die Dekoration der Mörser wird gewöhnlich im Hochrelief mit Tiermotiven gemacht; diese sind sehr stilisiert, die Schlangen werden so zu durchbrochenen, parallelen und spiralförmigen Linien. Form und dekorative Motive sind symmetrisch, gleichzeitig wird mit dem Wechsel der Figuren gespielt. Die großen, horizontalen Henkel bilden einen Teil der Dekoration. Sie sind einerseits das Gegengewicht zum schweren zylindrischen Gefäß, andererseits unterstreichen sie die runde Form des Gefäßes, da die zwei seitlichen Kreise der Henkel an der breitesten Stelle des Gefäßes angebracht sind.

ART 1933, S. 22; ARTE 1935, Tafel LXVII; TRIMBORN–FERNANDEZ 1935, S. 71; ARTE 1982, Nr. 66, ARTE 1983, Nr. 73
Farbabbildung S. 74

3.96 MÖRSER

Stein, H 3 cm, B 6,8 cm
Peru, Provinz Cuzco, Inka-Kultur, 1440–1534 n. Chr., Später Horizont
MAM 8637, Sammlung Juan Larrea

Gefäß aus zwei gleichen, zylinderförmigen, miteinander verbundenen Teilen mit flachem Boden.

Möglicherweise hatte dieses Stück, das wir als Mörser bezeichnen, wegen seiner kleinen Form keinen Verwendungszweck im Haus; es könnte sich um ein kleines Spielzeug handeln, welches die Inka, wie auch andere kleine Gegenstände, auf die Kindergräber legten, damit die Verstorbenen diese im Jenseits benutzen sollten.

ART 1933, S. 106; ARTE 1935, S. 147; TRIMBORN–FERNANDEZ 1935, S. 79

3.97 MÖRSER

Stein, H 10,5 cm, B 25,7 cm
Peru, Provinz Cuzco, Inka-Kultur, 1440–1534 n. Chr., Später Horizont
MAM 8898, Sammlung Juan Larrea

Kugelförmiges Gefäß mit flachem Boden. Zwei schematisch geformte Köpfe bilden die Henkel. Um das Gefäß herum sind vier Schlangen, jeweils zwei auf jeder Seite, die sich schlängelnd nach oben bewegen, um ihre Köpfe auf den Rand der Mörseröffnung zu legen.

ART 1933, S. 23, Nr. 77; TRIMBORN–FERNANDEZ 1935, S. 73, Nr. 214; CUESTA 1980 a, S. 316, 358

3.98 GEFÄSS

Stein, H 9 cm, B 13 cm
Peru, Provinz Cuzco, Inka-Kultur, 1440–1534 n. Chr., Später Horizont
MAM 8900, Sammlung Juan Larrea

Rechteckiges Gefäß mit flachem Boden. Ein schematisch dargestellter Vogelkopf ragt an einer der Schmalseiten hervor.

Einige Autoren haben dieses Gefäß als Mörser bezeichnet, aber wegen seiner für Mörser unüblichen Form und Dekoration scheint es sich eher um ein Zeremonial- oder Opfergefäß zu handeln. Der Vogelkopf ersetzt den Henkel, während eine Bruchstelle auf der gegenüberliegenden Seite darauf hindeutet, daß ursprünglich ein weiterer Henkel, entweder ein Vogelkopf oder der Schwanz dieses Tieres, vorhanden war.

TRIMBORN–FERNANDEZ 1935, S. 79
Farbabbildung S. 74

3.99 GEFÄSS

Stein, H 8 cm, D max. 13 cm, D Öffnung 9,3 cm

Kat.-Nr. 3.99

Peru, Provinz Cuzco, Inka-Kultur, 1440–1534 n. Chr., Später Horizont
MAM 8621, Sammlung Juan Larrea

Kugelförmiges Gefäß mit flachem Boden und breiter Öffnung. Acht Schlangen dekorieren die Wände; vier von ihnen heben den Kopf bis zum Rand hervor, und zwei andere bleiben weiter unten, während die zwei kleineren Schlangen parallel zur Öffnung liegen.

Seiner Form wegen scheint es sich um ein Gefäß zu handeln, obwohl einige Autoren es für einen Mörser halten. Auf jeden Fall muß dieses Gefäß bei Zeremonien benutzt worden sein; darauf läßt seine reichhaltige und sorgfältige Verzierung schließen, die trotz des ersten Eindrucks der Unordnung doch eine regelmäßige Form aufweist; die Schlangen bilden einerseits Gruppen, und doch hat jede ihre eigene Schlängelbewegung.

ART 1933, S. 85, Tafel VIII; ARTE 1935, Tafel LXXI; TRIMBORN–FERNANDEZ 1935, S. 74; CUESTA 1980 a, S. 358; ARTE 1982, Nr. 71; ARTE 1983, Nr. 77

3.100 ZEREMONIALGEFÄSS

Stein, H 8,3 cm, L 14,9 cm, D Öffnung 2,2 cm
Peru, Provinz Cuzco, Inka-Kultur, 1440–1534 n. Chr., Später Horizont
MAM 8643, Sammlung Juan Larrea

Zylindrisches Gefäß mit flachem Boden in der Form eines Alpakas. Die Züge des Tieres sind in den Stein eingeritzt, wobei der Hals besonders schön herausgearbeitet ist. Auf der gegenüberliegenden Seite deutet eine kleine Spitze den Schwanz an. Die runde Öffnung des Gefäßes befindet sich oben an der Schulter des Tieres.

Im Leben der Menschen im alten Peru wurden regelmäßig und häufig Kulthandlungen und Zeremonien gefeiert, um die Gottheiten zu verehren. Zu den bedeutendsten Kulthandlungen zählten Tier- und Menschenopfer, letztere hatten natürlich größeren Wert und waren feierlichen Gelegenheiten vor-

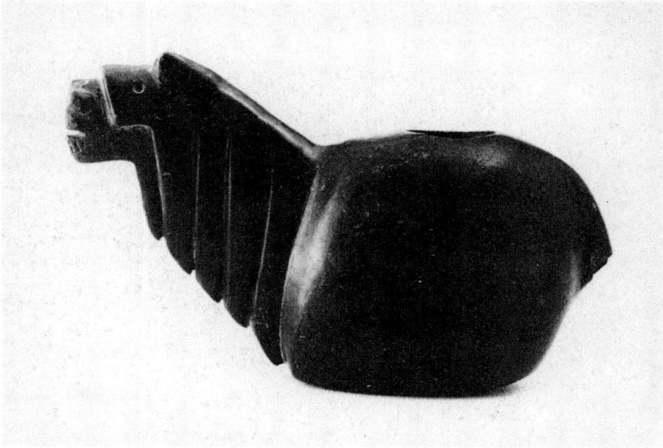

Kat.-Nr. 3.100

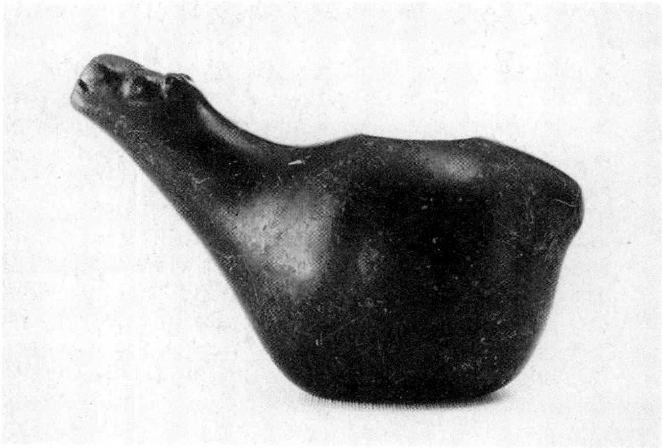

Kat.-Nr. 3.101

behalten, z. B. einem Krieg oder einer Krankheit des Inka. Das Lama wurde üblicherweise den verschiedenen Gottheiten geopfert: die dunkleren Tiere gehörten *Huiracocha*, dem Schöpfergott, die weißen *Inti*, der Sonne, und die farbigen *Illapa*, dem Donnergott. Bei diesen Zeremonien waren die Anzahl der geopferten Tiere sowie die Form der Kulthandlungen genau festgelegt.
ART 1933, S. 78; ARTE 1935, S. 105; ARTE 1982, S. 79; ARTE 1983, S. 37; CUESTA 1980 a, S. 356

3.101 ZEREMONIALGEFÄSS

Stein, H 6,6 cm, L 9,8 cm, D Öffnung 2,2 cm
Peru, Provinz Cuzco, Inka-Kultur, 1440–1534 n. Chr., Später Horizont
MAM 8652, Sammlung Juan Larrea

Gefäß in der Form eines Lamas. Die Öffnung befindet sich am Rücken des Tieres, eine kleine Spitze auf der dem Kopf gegenüberliegenden Seite deutet den Schwanz an. Das Wort *Conopa* in Quechua bezeichnet im allgemeinen die Kultgefäße, die bei Zeremonien Anwendung fanden. Sie waren für kleinere Opfergaben bestimmt, für Federn oder für *Chaquiras*, kleine Kugeln, die durch die Öffnung hineingeschoben wurden, um dann verbrannt zu werden. Die Götter sollten damit den Menschen wohlgesinnt werden und die Fruchtbarkeit der Felder und der Haustiere sichern. Als *Conopas* benutzte man auch Gegenstände aus der Natur, die wegen ihrer Farbe, Größe, Form oder Seltsamkeit auffielen; so wurde ein mehrfarbiger Maiskolben als *Conopa* benutzt. Jedes dieser Gefäße hatte eine bestimmte Verwendung, die ihm auch den Namen gab, so hieß *Papaconopa* das Zeremonialgefäß beim *Papa*-(Kartoffel-)Ritual, *Saraconopa* beim Maisritual und *Cocamana* beim Cocaritual.
ART 1933, S. 97; ARTE 1935, S. 105

3.102 ZEREMONIALGEFÄSS

Stein, H 5,9 cm, L 8,6 cm, D Öffnung 2,1 cm
Peru, Provinz Cuzco, Inka-Kultur, 1440–1534 n. Chr., Später Horizont
MAM 8651, Sammlung Juan Larrea

Gefäß in Form eines Lamas mit konvexer Standfläche, aus einem einzigen Stein herausgehauen. Die kreisrunde Öffnung ist am Rücken der Tiere. Sehr schematisch sind Kopf und Schwanz als kleine Ausbuchtungen angedeutet.

Diese Zeremonialgefäße, bei denen Tiere schematisch dargestellt werden und eine Aushöhlung am Rücken haben, werden auf Quechua *Ulti* oder *Enka* genannt. Sie stellen normalerweise Lamas, Alpakas oder Vicuñas dar, aber auch Rehe oder Pumas. Sie dienen einem ähnlichen Zweck wie die *Conopas*. Die Gefäße wurden mit *Chicha*, einem Maisbier, oder mit Coca gefüllt und dann vergraben; sie waren also Opfergaben an *Pachamama*, die Gottheit der Erde, damit diese reiche Wiesen sowie dem Vieh Gesundheit und Fruchtbarkeit schenke. Zur Schurzeit wurden diese Gefäße bei den entsprechenden Zeremonien benutzt, um die Schutzgötter dieser Tiere anzurufen. Heutzutage kann man diese Rituale und ihre Symbolik in den entlegenen Gebieten Perus noch immer beobachten.
ART 1933, S. 79; ARTE 1935, S. 108

3.103 ZEREMONIALGEFÄSS

Alabaster, H 8,1 cm, L 11,2 cm, D Öffnung 2,9 cm
Peru, Provinz Cuzco, Inka-Kultur, 1440–1534 n. Chr., Später Horizont
MAM 8646, Sammlung Juan Larrea

Kreisförmiges Gefäß mit geraden Wänden, flachem Boden und zwei gegenüberliegenden Ausbuchtungen, die Kopf und Schwanz andeuten. Die kreisrunde Aushöhlung befindet sich am Rücken des Tieres. Die Züge sind in den Stein eingeritzt, der wollige Hals des Alpakas ist besonders schön herausgearbeitet.

Der Gebrauch eines durchscheinenden Steines wie des Alabasters – in diesem Fall ist es gelber Alabaster, eine Farbe, die für die Darstellung eines Alpakas eigentlich ungeeignet ist – beweist, daß die Ästhetik des Materials als viel wichtiger angesehen wurde als eine naturgetreue Darstellung des Tieres. Gerade die Gegenstände, die irgendwie außergewöhnlich waren, wurden für die Opfergaben ausgesucht und hatten die gleiche Funktion wie die *Conopas*. Berücksichtigen wir darüber hinaus die Qualität dieser Arbeit, die Harmonie in der Linienführung und die Gestaltung des Hohlraumes, so stehen wir hier vor einem bedeutenden Kunstwerk seiner Gattung, bei dem das Material, die Funktion des Gefäßes und die reine Ästhetik miteinander verbunden sind.
ARTE 1935, Tafel LXII; CUESTA 1980 a, S. 357; MUESTRA 1984, Tafel 188
Farbabbildung S. 74

3.104 KOPF

Stein, H 36,5 cm, B 28,6 cm
Peru, Provinz Cuzco, Inka-Kultur, 1440–1534 n. Chr., Später Horizont
MAM 7799, Sammlung Juan Larrea

In Stein gehauener, menschlicher Kopf, etwas größer als in natura, der auf der rechten Seite einen herunterhängenden Kopfputz und vorne ein Schmuckstück trägt.

Wir stehen hier vor einem hervorragenden Stück inkaischer Bildhauerkunst und vor der einzigen bekannten Abbildung eines Herrschers: die Figur trägt die Symbole der Herrschaft *Llautu* und *Mascapaicha*. Der *Llautu* ist eine Kordel aus viereckigen Teilen, die man vier- oder fünfmal um den Kopf gewunden als eine Art Stirnband trägt. An einem Ende dieser Kordel wird die *Mascapaicha* befestigt, die aus zwei Teilen besteht: der *Kahua*, einer karminrot gefärbten Wollquaste, und der *Tupacochor*, einer Goldquaste mit Einlegearbeiten, die wiederum an der wollenen hängt. Wir befinden uns also vor der Darstellung eines Inka-Herrschers, vielleicht des Viracocha, des achten Inka, der bei seiner Thronbesteigung den Namen der höchsten inkaischen Gottheit, des Schöpfergottes, annahm. Die Inka-Herrscher identifizierten sich mit diesem Gott, um ihre Autorität zu legitimieren, sie fühlten sich als die direkten Nachkommen der Sonne. Viracocha war der letzte Inka, von dem man nur über Legenden Kenntnisse hat, denn schon sein Nachfolger Pachacuti weitete sein kleines Reich bis zur Größe des heutigen Peru aus.
ART 1933, S. 81, XVII; ARTE 1935, Tafel LXXIV, LXXV; TRIMBORN–FERNANDEZ 1935, S. 89; COSSIO 1971, S. 205; CUESTA 1980 a, S. 357; MUSEO 1984, Dia 44
Farbabbildung S. 73

3.105 SKULPTUR

Stein, äußerer Teil: H 25,5 cm, B 17,8 cm, innerer Teil: H 19,0 cm, B 11,0 cm

Kat.-Nr. 3.105

Peru, Provinz Cuzco, Inka-Kultur, 1440–1534 n. Chr., Später Horizont
MAM 8656, Sammlung Juan Larrea

Einheit aus zwei Teilen, wobei der eine einen anscheinend menschlichen Fötus darstellt, der sich an das Innere eines anderen, dreieckigen Gebildes mit steilen Wänden schmiegt, das wohl die Gebärmutter symbolisiert.

Die Inka kannten die Anatomie des Menschen, wenn auch nicht bis ins kleinste Detail, aus den unzähligen Menschenopfern und aus der Kunst der Einbalsamierung. Es gab verschiedene Arten von Medizinern. Der *Mampi Camayoc* war der Leibarzt des Inka und als einer der wichtigsten Männer am Hof anerkannt; das Amt wurde normalerweise vom Vater auf den Sohn vererbt; die *Camascas* und *Soncoyoc* waren die Ärzte des Volkes, die nach langem Fasten und Sühnen magisch inspiriert wurden und dabei die ärztliche Kunst erlernten. Für ihre chirurgischen Eingriffe stand ihnen mannigfaltiges Gerät zur Verfügung: *Tumis*, Meißeln, Messer, Schaber, Sägen usw. aus Metallegierungen, aus Obsidian oder aus Feuerstein.
ART 1933, S. 84, XVII; ARTE 1935, Tafel LXXIII; TRIM-

Kat.-Nr. 3.107

Kat.-Nr. 3.109

BORN–FERNANDEZ 1935, S. 91; CUESTA 1980 a, S. 357; MUESTRA 1984, Abb. 214

3.106 SKULPTUR

Stein, H 28,5 cm, B 10 cm
Peru, Provinz Cuzco, Inka-Kultur, 1440–1534 n. Chr., Später Horizont
MAM 8729, Sammlung Juan Larrea

Anthropomorphe Figur, sehr schematisch dargestellt: zwei eingeritzte, runde und große Augen, ein breiter Mund an den beiden Seiten, zwei Ausbuchtungen, die die Ohren andeuten, bilden das Gesicht. Ein breiter Vorsprung um den Kopf weist auf einen Kopfputz hin. Ein Falz am viereckigen, glatten Körper erinnert an Arme und Gürtellinie oder aber an auf dem Bauch gekreuzte Arme; ein kleiner Einschnitt zeigt den Beginn der Beine an.

Die Idole oder *Vilcas*, in einer direkten Übersetzung aus dem Quechua müßte man sie Heilige nennen, fanden im Inkareich große Verbreitung und wurden aus den verschiedensten Materialien hergestellt, aus Stein, Holz, Ton, Gold und Silber. Es waren mächtige Geister, jedoch den Gottheiten untertan, denen man Opfergaben, wie Coca, Maisbier, Meerschweinchen, brachte und sie dabei als Gegenleistung um Gesundheit und gute Ernte bat.
ARTE 1935, Tafel LXXVI; CUESTA 1980 a, S. 355

3.107 SKULPTUR

Stein, H 15,8 cm, B 7,5 cm
Peru, Provinz Cuzco, Inka-Kultur, 1440–1534 n. Chr., Später Horizont
MAM 8727, Sammlung Juan Larrea

Skulptur einer weiblichen Person, schematisch dargestellt. Auf dem Kopf verläuft nach hinten über den Rücken ein Vorsprung, der wohl die Haare andeutet. Die Frau hat dicke, runde Augen, eine breite, platte Nase und einen ovalen, kaffeebohnenförmigen Mund. Die am Körper anliegenden Arme sind gebeugt und auf den Bauch gelegt. Zwei Verdikkungen stellen die Brüste dar. Einige Einkerbungen deuten

Geschlechtsteil und Beine an, die entweder sehr kurz sind oder an den Knien enden müßten.

Der Großteil der verehrten Idole stammen aus vorinkaischer Zeit, da die Inkakönige in ihrem Eifer, den Sonnenkult zu verbreiten, diese Verehrung verbieten und verfolgen ließen; diese Sitte hielt sich aber trotzdem bis ins 16. Jahrhundert.

ARTE 1935, Tafel LXXIX; TRIMBORN–FERNANDEZ 1935, S. 91; CUESTA 1980 a, S. 352

3.108 SKULPTUR

Stein, H 21,2 cm, B 9 cm
Peru, Provinz Cuzco, Inka-Kultur, 1440–1534 n. Chr., Später Horizont
MAM 8728, Sammlung Juan Larrea

Skulptur, die eine menschliche Figur schematisch darstellt, mit hervorquellenden, runden Augen, breiter, platter Nase und dicken Lippen. Eine Verdickung von der Stirn bis zur Mitte des Rückens deutet das Haar an. Die Arme liegen auf der Brust, die Hände berühren sich in der Mitte.

Diese weiblichen Gestalten, die wohl im Zusammenhang mit irgendeinem Kult der Fruchtbarkeit stehen, gehören zu einem uralten Glauben, der während der Inkaherrschaft im Volk weiterlebte und den man als einfache Frömmigkeit bezeichnen könnte. Trotzdem muß dieser Glaube sehr verwurzelt gewesen sein, denn später, als die Spanier die Inka abgelöst hatten, wurden diese volksnahen Gottheiten weiterverehrt, die mächtigen Gottheiten des inkaischen Pantheons aber zum Teil vergessen.

ART 1933, S. 83; TRIMBORN–FERNANDEZ 1935, S. 91; CUESTA 1980 a, S. 351

3.109 SKULPTUR

Stein, H 18,3 cm, B 11,2 cm
Peru, Provinz Cuzco, Inka-Kultur, 1440–1534 n. Chr., Später Horizont
MAM 8663, Sammlung Juan Larrea

Büste einer Person mit den Händen auf der Brust. Auf im Vergleich zur Brust etwas übergroßen Kopf ist ein Stirnband angedeutet. Den Rückenteil bedecken symmetrisch angeordnete, arabeskenartige Verzierungen.

ART 1933, S. 83; ARTE 1935, Tafel LXXVIII; TRIMBORN–FERNANDEZ 1935, S. 92; CUESTA 1980 a, S. 355

3.110 KEULENKOPF

Stein, H 2,4 cm, D 9,9 cm, Bohrung 2,8 cm
Peru, Provinz Cuzco, Inka-Kultur, 1440–1534 n. Chr., Später Horizont
MAM 8692, Sammlung Juan Larrea

Aus einem Stein gearbeiteter Keulenkopf in Form eines Malteserkreuzes, mit runder Bohrung.

Kat.-Nr. 3.110

Die Waffen der Inka lassen sich, je nach Benutzungszweck, in zwei Kategorien unterteilen. Es gibt Angriffs- und Verteidigungswaffen: zur Verteidigung benutzten die Inka Helm, Schild und Rüstung, zum Angriff hatten sie neben der Streitkeule auch Schleuder, Boleadora, Lanze, Axt usw.

ART 1933, S. 57; ARTE 1935, Tafel XCII; TRIMBORN–FERNANDEZ 1935, S. 130

3.111 KEULENKOPF

Stein, H 4,6 cm, D 12,2 cm, Bohrung 3,4 cm
Peru, Provinz Cuzco, Inka-Kultur, 1440–1534 n. Chr., Später Horizont
MAM 8690, Sammlung Juan Larrea

Sechseckiger Stern, aus einem einzigen Stein herausgearbeitet, mit einem runden Loch in der Mitte.

Die bekannteste Waffe der Inka, obwohl diese sie nicht erfunden hatten, waren die Streitkeulen oder *Champi*; so hieß auch die Bronze der Inka, eine Legierung von Kupfer und Zinn.

Kat.-Nr. 3.113

Champis wurden aus Holz, Stein und Metall hergestellt. Die weitestverbreiteten waren die Steinkeulen, während solche aus Metall als Rangabzeichen von den sozial höheren Schichten gebraucht wurden. Oft verarbeitete man eine der Spitzen zu einer Axt.
ART 1933, S. 56; ARTE 1935, Tafel XCII; TRIMBORN–FERNANDEZ 1935, S. 129; CUESTA 1980 a, S. 350; ARTE 1982, Nr. 89; ARTE 1983, Nr. 92; MUESTRA 1984, Abb. 15

3.112 KEULENKOPF
Stein, H 3 cm, D 7,6 cm, Bohrung 3,6 cm
Peru, Provinz Cuzco, Inka-Kultur, 1440–1534 n. Chr., Später Horizont
MAM 8694, Sammlung Juan Larrea

Ringförmiger Stein, der, an einen Stiel gebunden, als Waffe gebraucht wurde.
ART 1933, S. 57

3.113 BOLEADORA

Stein, D 6,5 cm
Peru, Provinz Cuzco, Inka-Kultur, 1440–1534 n. Chr., Später Horizont
MAM 8706, Sammlung Juan Larrea

Kugelförmiger Stein mit einer zentralen Rille, die die Kugel zweiteilt.

Diese Steinkugeln wurden im Krieg oder auf der Jagd als Wurfwaffe verwendet. Sie wurden an der zentralen Rille an das Ende von Schnüren gebunden. Der Träger dieser Waffe bewegte sie im Kreis über seinem Kopf und ließ sie dann in Richtung Kopf, Körper oder Beine seines Gegners bzw. seiner Beute los. Dort umwickelte die Boleadora den Feind oder das Beutetier derart, daß sie niedergeworfen wurden.
ART 1933, S. 59; ARTE 1935, Tafel XCII; TRIMBORN–FERNANDEZ 1935, S. 133; ARTE 1982, Nr. 92; ARTE 1983, Nr. 95; MUESTRA 1984, Abb. 11

3.114 KEULENKOPF

Bronze, gegossen, D 10,6 cm, G 703,82 g
Peru, Provinz Cuzco, Inka-Kultur, 1440–1534 n. Chr., Später Horizont
MAM 7136, Sammlung Juan Larrea

Keulenkopf, sternförmig und sechszackig.

Die Streitkeule ist die wichtigste Waffe der vorkolumbischen Kulturen im Andengebiet. Auf Quechua heißen sie *Champi*, ein Wort, das auch Bronze bedeutet, obwohl die sternförmigen Streitkeulen schon vor der Erfindung der Bronze existierten. Wir kennen kupferne Keulen aus der Vicús-Kultur und der frühen Mochica-Kultur, die um die Zeitenwende gefertigt wurden; höchstwahrscheinlich gab es sie aber schon früher. Wie uns die Zeichnungen auf Keramikgefäßen zeigen, waren am Ende eines Holzstiels manchmal mehrere aneinandergereihte Metallsterne angebracht, die die Wirkung dieser Waffe erhöhen sollten.
ART 1933, S. 57; TRIMBORN–FERNANDEZ 1935, S. 130; CUESTA–ROVIRA 1982, S. 223, Abb. 230

3.115 KEULENKOPF

Bronze, gegossen, L 15,1 cm, G 587,48 g
Peru, Inka-Kultur, 1440–1534 n. Chr., Später Horizont
MAM 7227, Sammlung des 18. Jahrhunderts

Sternförmiger, sechszackiger Keulenkopf, dessen eine Spitze zu einer Axt mit leicht gebogener Schneide verarbeitet ist.

Gegen Ende der Inka-Zeit trifft man auf eine sehr typische Entwicklung bei den Streitkeulen: die Spitzen des sternförmigen Kopfes erfahren eine Wandlung. Im vorliegenden Fall wurde eine Spitze zur Axt verarbeitet, wodurch die Waffe zweifach zu gebrauchen ist.
JANER 1872, Druck; MUESTRA 1984, Abb. 126

3.116 KEULENKOPF

Bronze, gegossen, L 9,3 cm, H 4,7 cm, G 461,45 g
Peru, Inka-Kultur, 1440–1534 n. Chr., Später Horizont
MAM 7137, Sammlung Juan Larrea

Sternförmiger, sechszackiger Keulenkopf, bei dem zwei Spitzen zu Jaguarköpfen ausgearbeitet wurden.

Eine weitere, typische Weiterentwicklung dieser gefährli-

chen Waffe stellt die Ausarbeitung von einigen Spitzen zu Jaguarköpfen dar. Durch die Einbeziehung des Bildes dieses uralten Katzendämons bekommt die Waffe einen mythisch-religiösen Sinn. Wir wissen, daß im offiziellen Glauben der Inka die Tiere nicht als solche Objekt der Verehrung waren, wie es früher der Fall gewesen war. Die Inka schrieben aber manchen Tieren übernatürliche Kräfte zu. Der Krieger wollte sich die Kraft und die Wildheit des Jaguars durch die Darstellung des Tieres aneignen.
TRIMBORN–FERNANDEZ 1935, S. 131; ARTE 1935, Tafel XCI; CUESTA 1980 a, S. 381, Abb. S. 174; CUESTA–ROVIRA 1982, Abb. 227

Kat.-Nr. 3.116

3.117 AXTKLINGE

Bronze, gegossen, L 11 cm, G 135,2 g
Peru, Inka-Kultur, 1440–1534 n. Chr., Später Horizont
MAM 7013, Sammlung Ruiz und Pavón

Klinge mit Schäftungstülle und halbmondförmiger Schneide.

Diese Äxte scheinen die logische Weiterentwicklung der Streitkeulen zu sein und sind eine Mischung zwischen diesen Streitkeulen und den flachen Äxten. Alle bekannten Stücke stammen aus dem Späten Horizont.
CUESTA–ROVIRA 1982, S. 190, Abb. 271

3.118 AXTKLINGE

Bronze, gegossen, L 26 cm, G 325 g
Peru, Provinz Cuzco, Inka-Kultur, 1440–1534 n. Chr., Später Horizont
MAM 7135, Sammlung Juan Larrea

Klinge für Rundstielaxt, aus einem trapezförmigen, ungeschliffenen Blatt und einem langen Stiel bestehend, mit einem geometrischen Hochrelief als Verzierung.
ART 1933, S. 3, Abb. 314; TRIMBORN–FERNANDEZ 1935, S. 138; ARTE 1935, Tafel XCI

3.119 VOTIVAXT

Bronze mit Kupfer- und Silberbeschlägen, gegossen, L 25,5 cm, G 621,83 g
Peru, Inka-Kultur, 1440–1534 n. Chr., Später Horizont
MAM 7026, Sammlung des 18. Jahrhunderts

Ein sehr interessantes Stück, weil es die Art zeigt, wie die Klinge am Stiel mit verschiedenen Bändern befestigt wurde. An einigen Stellen am Stiel erkennen wir Beschläge aus Silber und Kupfer, die in Form von *Tocapo*-Zeichen eingeschlagen worden sind. Diese Axt ist eine verkleinerte Darstellung der Streitäxte, die im Kampf Verwendung fanden.

Kat.-Nr. 3.119

Die Funktion dieses sehr wertvollen Stückes ist nicht leicht zu erkennen; es könnte sich vielleicht um eine Votivaxt handeln. Die spanischen Chronisten berichten, daß es unter

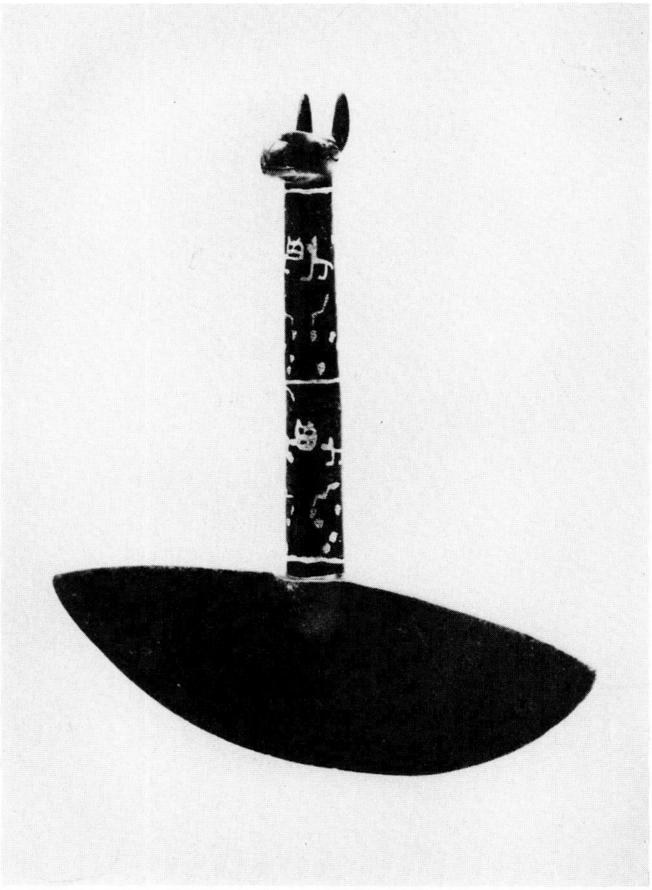

Kat.-Nr. 3.122

den Zeptern, die der Inka als Zeichen seiner Macht zeigte, auch eines in Form einer Axt gab.
JANER 1872, Druck; CUESTA 1980 a, S. 383, 388, Abb. 7050; CUESTA–ROVIRA 1982, S. 222, Abb. 203; MUESTRA 1984, Abb. 125

3.120 ZEREMONIALMESSER

Bronze, gegossen, L 13,8 cm, G 157,46 g
Peru, Provinz Cuzco, Inka-Kultur, 1440–1534 n. Chr., Später Horizont
MAM 7358, Sammlung Juan Larrea

Messer mit fast rechteckiger Klinge und leicht gekrümmter Schneide. Am Ende des zopfförmigen Griffs ist eine Schlaufe angebracht.

Die Zeremonialmesser in Form eines umgekehrten T wurden während der Menschen- und Tieropferrituale benutzt.

Anscheinend war das Blut eine der geschätztesten Opfergaben für die Inkagötter. Diese Blutopfer waren aber nur für die höchsten Gottheiten bestimmt: Viracocha, die Sonne, der Mond. Als Opfergaben erhielten sie Meerschweinchen, Lamas, Guanakos und – seltener – Menschen.
ART 1933, S. 62, Nr. 361; TRIMBORN–FERNANDEZ 1935, S. 142, Nr. 506; CUESTA–ROVIRA 1982, S. 192, Abb. 285

3.121 ZEREMONIALMESSER

Bronze, gegossen, L 15,2 cm, G 209,51 g
Peru, Provinz Cuzco, Inka-Kultur, 1440–1534 n. Chr., Später Horizont
MAM 7359, Sammlung Juan Larrea

Messer mit halbmondförmiger Klinge. Am Ende des runden Griffes erscheint der Kopf eines Lamas.

Zeremonialmesser mit einem Lamakopf sind für die Inka-Kultur sehr charakteristisch. Sie gehören zu den Werkzeugen einer Priesterkaste hohen Ranges, der Opferpriester, die sich auf die Rituale der Tötung von Opfertieren spezialisiert hatten.
ART 1933, S. 62, Nr. 365; TRIMBORN–FERNANDEZ 1935, S. 142, Nr. 506; CUESTA 1980 a, S. 379, Abb. 169; CUESTA–ROVIRA 1982, S. 226, Abb. 289

3.122 ZEREMONIALMESSER

Bronze mit Silber und Kupferbeschlägen, gegossen, L 16,8 cm, G 253,37 g
Peru, Provinz Cuzco, Inka-Kultur, 1440–1534 n. Chr., Später Horizont
MAM 7360, Sammlung Juan Larrea

Messer mit halbmondförmiger Klinge. Am Ende des runden Griffs, der mit Beschlägen aus Kupfer und Silber in Form von menschlichen Gestalten, Katzen, Lamas, Schlangen und Schmetterlingen verziert ist, erscheint der Kopf eines Lamas.

Dieses in seiner Art sehr typische Stück zeigt als Besonderheit Inkrustationen am Griff, die Tiermotive zeigen. Der Indianer hatte eine animistische und magische Vorstellung der gesamten Natur, der Tiere, Pflanzen und Mineralien, alles hatte spezifische Kräfte.
ART 1933, S. 62, Nr. 355, Tafel XIV; TRIMBORN–FERNANDEZ 1935, S. 141, Nr. 500; COLECCION 1938, Abb. 6; CUESTA 1980 a, S. 378, Abb. 169; CUESTA–ROVIRA 1982, S. 226, Abb. 289; ARTE 1982, Nr. 100; ARTE 1983, Nr. 102; MUESTRA 1984, Abb. 299

3.123 JAGUARKOPF

Bronze, gegossen, H 6,1 cm, G 156,38 g
Peru, Provinz Cuzco, Inka-Kultur, 1440–1534 n. Chr., Später Horizont
MAM 7421, Sammlung Juan Larrea

Griff eines Stockes in Form eines hohlen Jaguarkopfes. Im Innern sind noch die Reste des eingefaßten Holzstockes zu erkennen.

Die Assoziation des Jaguars mit der Macht und seine Abbildung auf den Insignien dieser Macht ist Bestandteil aller Kulturen im Andengebiet und steht im Zusammenhang mit den Raubtiereigenschaften Klugheit, Mut, Wildheit, Grausamkeit usw.

Der Gebrauch der Macht- und Rangabzeichen war sicherlich in der streng organisierten Gesellschaft der Inka bis ins Detail festgelegt, ist aber nicht überliefert. Wir wissen nur, daß die Verwendung von Metallen zu den Privilegien des Geburts- und Verdienstadels zählte.

TRIMBORN–FERNANDEZ 1935, S. 124, Nr. 429; ARTE 1935, Tafel LXXXIX; CUESTA–ROVIRA 1982, S. 199, Abb. 299

3.124 SCHMUCKNADEL

Bronze, gegossen, L 10,6 cm, G 15,46 g
Peru, Provinz Cuzco, Inka-Kultur, 1440–1534 n. Chr., Später Horizont
MAM 7380, Sammlung Juan Larrea

Schmucknadel mit Kopf in Form eines Maiskolbens.

Die Ansteckadeln waren besonders bei den Frauen beliebte Schmuckstücke, mit denen verschiedene Kleidungsstücke gehalten wurden. In gewissem Sinne spielten sie dieselbe Rolle wie die Fibeln bei anderen Kulturen.

Bei den Inka waren die Nadeln mit flachem Kopf beliebt, obwohl wir auch viele mit einer Figur als Verzierung kennen. In diesem Fall erkennen wir einen Maiskolben. Wie allgemein bekannt, war der Maisanbau eine der Grundlagen der Wirtschaft in Tahuantinsuyo.

ART 1933, S. 66, Nr. 390, Tafel XIV; TRIMBORN–FERNANDEZ 1935, S. 121, Nr. 414; CUESTA 1980 a, S. 386, Abb. 932; CUESTA–ROVIRA 1982, S. 211, Abb. 346

3.125 SCHMUCKNADEL

Silber, L 22,2 cm, G 17,25 g
Peru, Provinz Cuzco, Inka-Kultur, 1440–1534 n. Chr., Später Horizont
MAM 7371, Sammlung Juan Larrea

Schmucknadel mit Lamakopf.

ART 1933, S. 68, Nr. 405; TRIMBORN–FERNANDEZ 1935, S. 119, Nr. 402; ARTE 1935, Tafel XC; CUESTA 1980, S. 383, Abb. 789; CUESTA–ROVIRA 1982, S. 209, Abb. 342

3.126 SCHMUCKNADEL

Silber, L 27,1 cm, G 40,2 g
Peru, Provinz Cuzco, Inka-Kultur, 1440–1534 n. Chr., Später Horizont
MAM 7384, Sammlung Juan Larrea

Schmucknadel mit halbkreisförmiger Scheibe.

Dies ist eine der typischsten Formen des *Tupo* der Inka, bei denen der Kopf der Nadel aus einer Scheibe in Form einer Mondsichel oder eines Fächers oder sogar eines geschlossenen Kreises besteht.

Alle Broschen hatten eine Öffnung oder einen kleinen Haken, die zur Befestigung eines Fadens dienten, an dessen Ende sich eine kleine Kappe oder ein Spitzenschutz befand, der über das spitze Ende der Nadel gestülpt wurde.

ART 1933, S. 68, Nr. 406; TRIMBORN–FERNANDEZ 1935, S. 118, Nr. 399; CUESTA–ROVIRA 1982, S. 204, Abb. 315

Kat.-Nr. 3.123

3.127 SCHMUCKNADEL

Silber, L 21,2 cm, G 44,09 g
Peru, Provinz Cuzco, Inka-Kultur, 1440–1534 n. Chr., Später Horizont
MAM 7385, Sammlung Juan Larrea

Schmucknadel mit großer Silberscheibe mit geometrischen, getriebenen und gepunzten Verzierungen. Die Nadel ist leicht gebogen.

Kat.-Nr. 3.130

ART 1933, S. 69, Nr. 413; TRIMBORN–FERNANDEZ 1935, S. 118, Nr. 397; ARTE 1935, Tafel XC; CUESTA–ROVIRA 1982, S. 204, Abb. 315; MUESTRA 1984, Abb. 291

3.128 FIGUR EINES LAMAS

Silber, H 5,9 cm, G 40,71 g
Peru, Provinz Cuzco, Inka-Kultur, 1440–1534 n. Chr., Später Horizont
MAM 7401, Sammlung Juan Larrea

Figur, die ein männliches Lama darstellt, Massivsilber.

Die Bedeutung dieser Figuren als Opfergaben wird schon aus den Berichten der spanischen Chronisten deutlich, die genau beschrieben, wie diese den Tempeln übergeben oder unter den Grundmauern wichtiger Gebäude vergraben wurden. Man findet sie auch als Grabbeigaben bei wichtigen Persönlichkeiten hohen Ranges.

ART 1933, S. 88, Nr. 527; TRIMBORN–FERNANDEZ 1935, S. 100, Nr. 315; ARTE 1935, Tafel LXXXII; CUESTA–ROVIRA 1982, S. 207, Abb. 329

3.129 FIGUR EINER FRAU

Silber, H 14,8 cm, G 66,16 g
Peru, Provinz Cuzco, Inka-Kultur, 1440–1534 n. Chr., Später Horizont
MAM 7046, Sammlung Juan Larrea

Die Hohlfigur stellt eine aufrecht stehende, nackte Frau dar, die die Arme auf die Brust gelegt hat. Der Kopf dieser Frau ist verhältnismäßig groß; sie hat eine lange, vorstehende, dreieckige Nase. Der lange, in der Mitte gescheitelte Haarschopf ist nach hinten über den Rücken gekämmt.

So wie die Abbildungen von Tieren, dienten auch menschliche Figürchen bei Zeremonien und Begräbnissen als Opfergaben. Gerade die Gaben von Gold und Silber und Figürchen von Menschen und Tieren aus diesen Edelmetallen wurden während der rituellen Kulthandlungen in sogenannten *Huacas* vergraben, an dem Ort also, an dem man die Wohnstätte der Gottheit vermutete.

ART 1933, S. 89, Nr. 539; TRIMBORN–FERNANDEZ 1935, S. 97, Nr. 299; ARTE 1935, Tafel LXXX
Farbabbildung S. 76

3.130 FIGUR EINES ADELIGEN

Silber, H 23,1 cm, G 183,05 g
Peru, Provinz Cuzco, Inka-Kultur, 1440–1534 n. Chr., Später Horizont
MAM 7431, Sammlung Juan Larrea

Die Hohlfigur stellt einen aufrecht stehenden, nackten Mann dar, der die Arme über der Brust gekreuzt hat. Der große Kopf mit der langen, hervorstehenden, dreieckigen Nase trägt einen konischen Kopfputz. Eine Verdickung der linken Backe deutet daraufhin, daß der Mann Coca-Blätter kaut. Die Ohrläppchen sind durchbohrt und ausgeweitet (Großohren).

Die Verformung der Ohrläppchen durch schwere Ohrringe war charakteristisch für den Inka-Adel. Daher wurden sie von den ersten Spaniern, die mit ihnen in Kontakt kamen, *Orejones* genannt, was auf spanisch »große Ohren« bedeutet.

Zu bestimmten Ritualen gehörte die Einnahme von euphorisierenden, hypnotisierenden Substanzen und Rauschmitteln, mit deren Hilfe sich die Inka in einen Trancezustand versetzten, der den Kontakt mit der Gottheit erlaubte. Eine dieser Substanzen waren die Coca-Blätter, die um ein Stückchen Kalk gewickelt wurden, um dann langsam zerkaut zu werden, wobei der Saft geschluckt wurde.

Diese Figur zeigt viele Merkmale, die den Wert der Opfergabe noch steigern: es handelt sich um eine Persönlichkeit aus dem Adel, um einen Mann, der gerade die rituelle Handlung des Coca-Kauens vollzieht.

TRIMBORN–FERNANDEZ 1935, S. 59, Nr. 294; ARTE 1935, Tafel LXXX; CUESTA–ROVIRA 1980, S. 382, Abb. 680; ARTE 1982, Nr. 95; ARTE 1983, Nr.88

3.131 FIGUR EINES MANNES

Silber mit Einlegearbeiten aus Gold und Perlmutt.
H 15,3 cm, G 563,65 g
Peru, Pachacamac, Inka-Kultur, 1440–1534 n. Chr., Später Horizont
MAM 7043, Sammlung Juan Larrea (?)

Massive Figur, die einen aufrecht stehenden, nackten Mann darstellt, der die Arme über der Brust gekreuzt hat. Verziert ist die Figur mit horizontalen Streifen, in die Gold und Muscheln (*Spondylus*) und wahrscheinlich Malachit eingelegt wurden; die Einlegearbeiten fehlen fast vollständig.

Das Stück ist ein seltenes Exemplar seiner Art, da bei ihm gleich mehrere Materialien Verwendung fanden, die die Inka sehr schätzten. Besonders interessant ist die Meermuschel *Spondylus*, die nur in tropischen Gewässern zu Hause ist und somit von weitreichenden Handelsbeziehungen zeugt.

ARTE 1935, Tafel LXXX; CUESTA 1980 a, S. 255, Abb. 420; CUESTA–ROVIRA 1982, S. 198, Abb. 296

3.132 BECHER

Silber, H 12,1 cm, D 9,3 cm, G 72,91 g
Peru, Provinz Cuzco, Inka-Kultur, 1440–1534 n. Chr., Später Horizont
MAM 7424, Sammlung des 18. Jahrhunderts

Leicht konischer Becher mit schematischen Darstellungen einer Panflöte mit vier Schallrohren, die in horizontalen Streifen aus dem Silber getrieben wurden.

Sowohl in Festakten wie auch bei Begräbnissen fanden Trankopfer statt, wozu wertvolle Becher mit hohem Symbolgehalt verwendet wurden. Die Besonderheit des vorliegenden Bechers ist die Verzierung. Die Panflöte ist ein bei den präinkaischen Kulturen des Andengebietes tief verwurzeltes Musikinstrument. Musik war bei den Inka eine Kunst, die eng mit der Poesie und dem Tanz verbunden war. Diese drei Künste standen ihrerseits im Dienste der Religion.

JANER 1874, Druck; CUESTA 1980 a, S. 384, Abb. 686; CUESTA–ROVIRA 1982, S. 174, Abb. 219

3.133 KERO

Holz, H 23,5 cm, D 17 cm
Peru, Provinz Cuzco, Inka-Kultur, 1440–1534 n. Chr., Später Horizont
MAM 7568, Sammlung Juan Larrea

Konischer Becher, mit fünf eingravierten Streifen verziert. Der erste und der dritte von oben zeigen einen Fries mit versetzten Zickzacklinien, so daß die Zwischenräume Rauten bilden. Auf dem zweiten und dem vierten Streifen sind konzentrische Rechtecke eingeschnitzt, im untersten Streifen erscheint wieder die Zickzacklinie. In den Becher sind verschiedene Löcher gebohrt, in einem davon steckt ein silberner Nagel.

Kat.-Nr. 3.134

Diese Art von Bechern gab es in Peru schon vor der Tiahuanaco-Kultur; man hat zwar keine Holzbecher gefunden, die gleiche Form zeigen aber auch Keramikbecher aus jener Zeit. Die Inka führten neue stilistische Merkmale ein und benutzten diese Becher bei Trinkzeremonien. Diese Trinkbecher wurden bis ins 19. Jahrhundert geschnitzt, wobei bei den Verzierungen sowohl indianische als auch europäische Elemente zu finden sind.

TRIMBORN–FERNANDEZ 1935, Abb. 56; ARTE 1935, Tafel XXVI, 1; ART 1933, Abb. 56

3.134 KERO

Holz, H 36,7 cm, D 20,3 cm
Peru, Provinz Cuzco, Inka-Kultur 1440–1534 n. Chr., Später Horizont
MAM 7510, Sammlung Juan Larrea

Konischer Becher mit der schematischen Darstellung eines Jaguars, dessen Kopf über den Becherrand hinausragt. Verziert ist das Gefäß außerdem mit einem breiten Streifen, auf

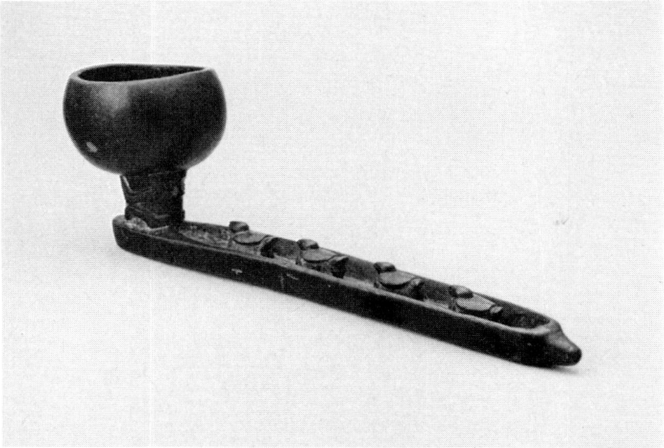

Kat.-Nr. 3.136

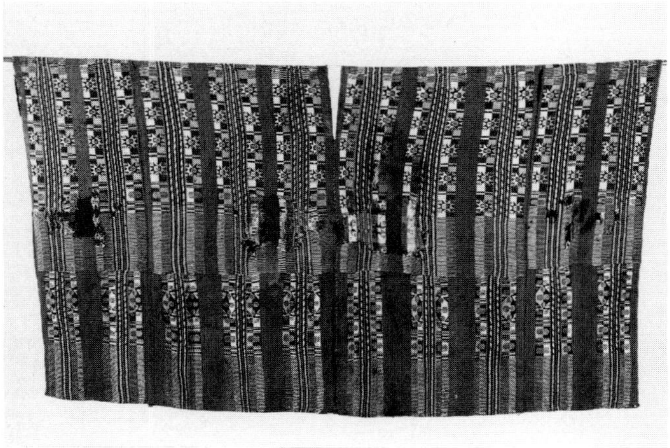

Kat.-Nr. 3.138

dem das Tier ruht, sowie mit einem schmäleren am Fuße des Stückes; beide Streifen sind im Flachrelief gearbeitet.

Der Jaguar wurde in allen Kulturen von alters her verehrt, er war sogar die Hauptgottheit der Chavín-Kultur und ist somit die Figur, die im Laufe der Zeit am meisten dargestellt wurde.

ARTE 1982, Abb. 17; ARTE 1983, Abb. 14; ARTE 1935, Tafel XXXVII; CUESTA 1980 a, S. 302; MUESTRA 1984, Abb. 306

3.135 ZOOMORPHE PAJCHA

Holz, rote und orangefarbene Farbreste, H 13 cm, B 10,2 cm, T 39,5 cm
Peru, Provinz Cuzco, Inka-Kultur, 1440–1534 n. Chr., Später Horizont
MAM 7575, Sammlung Juan Larrea

Gefäß in Form eines Gürteltiers, in dessen spitzem Kopf auf der Oberseite Linien eingeschnitzt sind. Der Körper zeigt drei Zonen mit verschieden großen Schuppen, unter denen die Füße des Tieres und der lange Schwanz herauswachsen, der aus acht immer schmäler werdenden Segmenten mit eingeschnitzter Rautenverzierung besteht. Die beiden Öffnungen liegen am Rücken und an der Schwanzspitze.

Es handelt sich um eine *Pajcha*, ein Zeremonialgefäß, bei dem die Flüssigkeit während der Trinkzeremonie oben eingefüllt wurde und an der Schwanzspitze herauskam. Bei den Zeremonien wurde normalerweise *Chicha*, ein Maisbier getrunken, das die Erde fruchtbar machen sollte. Diese Pajchas wurden also in Verbindung mit dem Ackerbaukult benutzt. Die Form des Gefäßes, sein Stil und die Benutzung sind typisch für die Inka-Kultur.

ARTE 1935, Tafel XLVI; CUESTA 1980 a, S. 320; MUESTRA 1984, Abb. 309

Farbabbildung S. 76

3.136 PAJCHA

Holz, H 18,7 cm, L 55 cm, D Öffnung 14 cm
Peru, wahrscheinlich aus Trujillo, Inka-Kultur, 1440–1534 n. Chr., Später Horizont
MAM 7671, Sammlung des 18. Jahrhunderts

Schale mit Fuß in Form eines Kopfes zwischen zwei Armen und zwei Beinen. Daran ein langer Stiel mit einer Öffnung an der Spitze, woraus die Flüssigkeit fließt. Der Stiel zeigt eine breite Rinne, auf der vier Vögel, vielleicht Enten, erscheinen. Ein kleines Loch im Inneren des Gefäßes hat Verbindung zum Stiel, so daß die Flüssigkeit herausfließen kann. Diese fließt dann entlang der Rinne bis zum Ende des Holzstiels, auf dem die Enten flußaufwärts zu schwimmen scheinen.

Stil und Herstellungsart dieser Pajcha erinnern uns an die Kunst der peruanischen Nordküste, die auf die Chimú-Kultur zurückgeht. Das Stück wurde in einem Grab in der Provinz Trujillo gefunden, es muß also aus der Zeit der großen Ausdehnung des Inkareiches stammen. An der Nordküste wurde die für die Inka-Kultur charakteristische Form des Gefäßes angenommen, aber mit den für diese Gegend typischen Schwimmvögeln verziert.

CABELLO 1982, S. 41; CABELLO 1983 b, S. 121; CUESTA 1980 a, S. 332; LOPEZ–CILLAVET 1976, S. 290; MUESTRA 1984, Abb. 186

3.137 UNCU

Wolle, rot, gelb, grün, weiß, schwarz und rosa, H 180 cm, B 78 cm
Peru, Pachacamac, Inka-Kultur, 1440–1534 n. Chr., Später Horizont
MAM 14501, Sammlung des 18. Jahrhunderts

Gewirktes Hemd mit Halsschlitz in der Mitte für den Kopf und Öffnungen an den Seiten für die Arme. Das Muster ist in verschiedene Flächen unterteilt: im unteren Teil in zwei rechteckigen Feldern wechselnde Farben, die von zwei geometrisch verzierten Bändern eingefaßt werden. Das untere Band zeigt Kreuze, die am unteren Ende zu Mäandern werden. Im oberen Teil befinden sich 36 verschiedenförmige, sich wiederholende *Tocapus*, die in den Farben variieren. Ein stark stilisiertes Baummotiv erscheint in den rechteckigen Feldern. Dieses Motiv wiederholt sich in zwei dreieckigen Feldern, die durch ein Dornenmotiv aus elf übereinanderliegenden Reihen kleiner, verschiedenfarbiger Karos und durch ein einfarbiges Dreieck, in dem sich die Kopföffnung befindet, voneinander getrennt werden.

Die Schönheit dieses Stoffes basiert auf der Harmonie der Komposition und dem Zusammenspiel der Farben. Eine imaginäre Linie teilt die Verzierung in zwei gleiche Teile, wodurch ein wunderbares, ausgewogenes Muster entsteht. Die reiche Ausschmückung läßt uns an ein Mitglied des Hochadels als Besitzer denken, wenn auch andere Autoren in der Musterung der *Tocapus* eine Art Hieroglyphenschrift vermuten. Der dargestellte halluzinogene Stechapfelbaum (*Brugmansia*) steht vielleicht in Bezug zu einem Priester. Eine Tatsache verstärkt noch diese Vermutung: das Stück wurde in Pachacamac gefunden, einer wichtigen Kultstätte aus der Zeit vor und nach den Inka, die sich nahe der heutigen Hauptstadt Lima an der Mündung des Flußes Lurín befindet.

COSSIO DEL POMAR 1971, S. 215; CUESTA 1980 a, S. 395; JANER 1873 c, Tafel; MUESTRA 1984, Abb. 124; RAMOS–BLASCO 1980, S. 187 f.

Farbabbildung S. 75

3.138 UNCU

Wolle, granatrot, braun, cremefarben, blau, zwei Grüntöne und rot, H 99 cm, B 160 cm
Peru, 1440–1534 n. Chr., Später Horizont
MAM 14676

Aus acht Teilen zusammengefügtes Gewebe, das auf jeder Seite mit zehn Gruppen von drei parallelen, vertikalen Bändern verschiedener Breite verziert ist, auf denen geometrische Motive und Sternformen zu sehen sind und die von einfarbigen Bändern getrennt werden; dazu gibt es eine Öffnung für den Kopf und zwei für die Arme, die jeweils mit anderen Farben als der Untergrund gesäumt sind.

Die überproportionale Breite des Tuches läßt auf die ausschließliche Verwendung bei Begräbnissen schließen. Der Zustand des Gewebes bestätigt diese Hypothese und deutet auf die Wichtigkeit aller Totenkulte hin. Diese Tatsache erforderte eine große Textilproduktion, da die Toten in bestimmten Zeitabständen immer wieder in neue Tücher eingewickelt wurden.

3.139 GEWEBEFRAGMENT

Wolle, rosa, grün, weiß, hellblau, dunkelblau, braun, gelb, hellviolett und dunkelviolett, B 20 cm, L 122 cm

Kat.-Nr. 3.140

Peru, Cuzco, 1440–1534 n. Chr., Später Horizont
MAM 14636, Sammlung Juan Larrea

Fragment eines gewirkten Gewebes, das in Eintragreps gearbeitet ist und bei dem durch nicht mehr vorhandene Schußfäden die Kette sichtbar wird. Eine Reihe von parallelen, horizontalen Linien, die sich mit anderen, vertikalen kreuzen und damit rechteckige Flächen schaffen, bildet das Muster. Diese Flächen wurden mit 20 verschiedenen, geometrischen Motiven bzw. *Tocapus* verziert, die sich kombinieren und wiederholen. Auf diesem Fragment gibt es 232 *Tocapus*.

Die Kombination dieser Motive folgt Regeln, die der Weber kannte und deren Anordnung wahrscheinlich eine Eigenbedeutung hatte. Verschiedene Autoren sehen in diesen *Tocapus* eine Art Hieroglyphenschrift, bei der jedes Bild einen ganzen Begriff ausdrückt. Die Kombination dieser Bilder würde damit eine spezifische Bedeutung annehmen, die für uns schwer zu ergründen ist.

ARTE 1935, Tafel XCVII; COSSIO DEL POMAR 1971, S. 215; CUESTA 1980 a, S. 392; RAMOS–BLASCO 1980, S. 185, 186, 188.

Farbabbildung S. 76

3.140 QUIPU

Pflanzliche Faser, braun, grau, cremefarben und blau, L max. 58 cm
Peru, 1440–1534 n. Chr., Später Horizont
MAM 14809

An der Hauptschnur hängen die verschieden langen Zählschnüre, auf unterschiedliche Art und Weise geknotet.

Der Quipu war ein Zählverfahren, das mit Hilfe eines Knotensystems von mnemotechnischer Bedeutung statistische Daten vermerkte, um von jeder Provinz des Inkareiches eine Art Steuerbuchführung über Produkte und Personen zu erhalten. Er diente anscheinend auch als Gedächtnisstütze bei Erzählungen über Vorfahren oder bei mythischen Geschichten. Die Bedeutung ergab sich aus der Position der Schnüre, ihren Farben und ihrer Länge sowie aus der Distanz zwischen den Knoten.
CUESTA 1980 a, S. 394; MUESTRA 1984, Abb. 212

Das Zwischengebiet und die Antillen

Die Region, deren Grenzen durch die Pazifikküste von Ecuador bis zum südlichen Costa Rica, von der Atlantikküste vom östlichen Honduras bis Venezuela und von den Anden zwischen Venezuela und Ecuador definiert werden, wird als Zwischengebiet bezeichnet. Neben seiner geographischen wie kulturellen Stellung zwischen den beiden Hochkulturzentren der Neuen Welt drückt die Bezeichnung auch eine provinzielle Zweitrangigkeit gegenüber den höher entwickelten Kulturen der Nachbarschaft aus, die aber nicht immer bestanden hatte. Die älteste Keramik Amerikas trat um etwa 3000 v. Chr. in Valdivia an der Küste von Ecuador auf und bestimmte zusammen mit dem Einsetzen des Bodenbaus den frühen Beginn der Formativen Periode im Zwischengebiet. Anstelle einer Hochkulturentwicklung kam es dann allerdings zu einer starken Ausprägung regionaler Kulturen, in denen sich Züge der Hochkulturen mit solchen der Stammesbevölkerungen des tropischen Waldlands zu verbinden scheinen. Der Goldreichtum der Region hat dazu beigetragen, daß die von Häuptlingstümern mit städtischen Zentren getragenen Kulturen nach der spanischen Eroberung rasch von der Bildfläche verschwanden. Dasselbe gilt auch für die voreuropäischen Kulturen auf den Antillen, deren Träger in mehreren Wellen vom südamerikanischen Festland her eingewandert waren. Vor allem die Taino der Großen Antillen zeigten, wenn auch in einer anderen Linie der Entwicklung stehend, eine dem Zwischengebiet ähnliche Mischung aus stammes- und hochkulturlichen Zügen.

3.141 FRAUENKOPF

Keramik, teilweise rot bemalt, H 5,9 cm, B 2,4 cm
Ecuador, Valdivia-Kultur, 3200–1800 v. Chr., Frühe Formative Periode
MAM 3919 (bis), Sammlung Ramón Moncayo

Frauenkopf mit hoher Frisur, bei der die Haare durch eingeritzte Linien dargestellt sind. Ein Teil des Kopfes bleibt glatt. Ebenfalls eingeritzt sind die Züge des kleinen Gesichtes.

Valdivia ist die älteste Keramikkultur Amerikas. Die Töpferei war dort technisch und stilistisch hoch entwickelt, was in der Vielfalt der Formen und Verzierungen, insbesondere bei den Plastiken weiblicher Figuren, zum Ausdruck kommt.
MUSEO 1984, Dia 27

3.142 FRAUENFIGUR

Keramik, rot bemalt. H 7,7 cm
Ecuador, Valdivia-Kultur, 3200–1800 v. Chr., Frühe Formative Periode
MAM 85/5/14, Sammlung Díaz Coca

Weibliche Figur. Sie trägt eine gescheitelte Frisur, bei der die Haare durch eingeritzte Linien dargestellt sind, die das kleine Gesicht einrahmen. Der nackte Körper ist schematisch gearbeitet; die Arme sind unter den übertrieben großen Brüsten verschränkt. Auf dem Rücken stellt eine eingeritzte Linie wahrscheinlich die Wirbelsäule dar. Die Einbuchtung an ihrem Ende könnte zur Befestigung gedient haben.

3.143 FRAUENKOPF

Keramik, rot bemalt, H 6,1 cm, B 3,5 cm
Ecuador, Valdivia-Kultur, 3200–1800 v. Chr., Frühe Formative Periode
MAM 3919, Sammlung Ramón Moncayo

Der Kopf trägt eine quadratisch angelegte Frisur, die das Gesicht mit eingekerbten Zügen umrahmt.

Die häufigen Frauendarstellungen stimmen wohl mit dem Fruchtbarkeitskult überein, der fast überall auf der Welt gleichzeitig mit dem Ackerbau auftaucht. Ebenso könnten diese Figuren auf eine wichtige Stellung der Frau im sozialen Gefüge hinweisen.

3.144 PFEIFGEFÄSS

Keramik, H 13,5 cm, D max. 14,4 cm
Ecuador, Chorrera-Kultur, 1800–500 v. Chr., Späte Formative Periode
MAM 3763, Sammlung Ramón Moncayo

Rundes Pfeifgefäß mit flachem Boden. Der Henkel setzt sich zusammen aus einem Ausguß, in dem sich die Pfeifvorrichtung befindet. Durch diese entweicht die Luft beim Füllen des Gefäßes und erzeugt so das Pfeifgeräusch. Der Bauch des Gefäßes zeigt eine geometrische Verzierung aus irisierender Bemalung auf Metallbasis, die erst sichtbar wird, wenn die Keramik naß wird oder wenn sich eine Flüssigkeit in ihr befindet.

Kat.-Nr. 3.142

Kat.-Nr. 3.146

3.145 ANTHROPOMORPHE FIGUR

Keramik, rot, schwarz, cremefarben und orange, H 59 cm, B 25,2 cm
Ecuador, Bahía-de-Caraquez-Kultur, 500 v. Chr.–500 n. Chr., Periode der Regionalen Entwicklungen
MAM 3761, Sammlung Ramón Moncayo

Menschliche Figur im Schneidersitz. Sie trägt einen großen, rot-schwarz bemalten Kopfschmuck, der in drei quadratischen Fortsätzen endet; das Gesicht ist schematisiert, mit ausgewölbten Augen, Hakennase und großem, geöffnetem Mund. Sie ist geschmückt mit einem Nasenring, mit Ohrscheiben, Armreifen, einem auf der Brust modellierten Anhänger und einem in drei Spitzen endenden Fortsatz, der vom Kinn ausgeht. In der einen Hand trägt sie, zum Gesicht gerichtet, einen spindelförmigen Gegenstand, in der anderen ein rundes Objekt. Die Figur ist hohl und scheint mit Hilfe einer Form angefertigt worden zu sein. Obwohl man sehr wenig über diese Stücke weiß, stehen sie zweifellos mit Opfergaben in Verbindung. Sie scheinen Priester darzustellen, die sich in eine komplizierte Tracht kleideten, was auf eine bemerkenswerte Entwicklung in der Textilverarbeitung hinweist. Als Zeichen des Priesterstandes trugen sie einen zahnförmigen oder runden pektoralen Anhänger aus Muscheln oder Metall.
CULTURAS 1985, S. 131, Abb. 264
Farbabbildung S. 77

3.146 FIGURENGEFÄSS

Keramik, mit gelben und roten Farbresten, H 21,5 cm, B 18,5 cm, D Öffnung 9,7 cm
Ecuador, Jama-Coaque-Kultur, 500 v. Chr.–500 n. Chr., Periode der Regionalen Entwicklungen
MAM 3728

Zylindrisches Gefäß, von dessen Körper, Kopf, Arme und Beine einer sitzenden männlichen Figur ausgehen. Die Person trägt einen reichen Kopfschmuck, der das Gesicht einrahmt, große, runde Ohrscheiben, einen Nasenring, eine Halskette, von der nur noch Reste erhalten sind, Armreifen, Armbänder, Beinbinden, einen Gurt über der Brust, an dem zwei Scheiben hängen, und unterhalb der Taille einen Lendenschurz.

Kat.-Nr. 3.148

Dieses bei Zeremonien benutzte Gefäß zeigt eine hochgestellte Persönlichkeit, die sehr realistisch dargestellt ist, in die aber gleichzeitig die schematische Symbolik für die hierarchischen Unterschiede eingearbeitet ist. Seit dieser Kultur häufen sich die Darstellungen von Priestern, Herrschern und Zauberern, alles Persönlichkeiten, die im sozialen Gefüge von großer Bedeutung waren, eine leitende Funktion hatten und an Riten oder an Zeremonien direkt beteiligt waren. Auffällig bei diesen Zeremonien war der Gebrauch von Masken und der Sonderstatus desjenigen, der die Feierlichkeiten leitete.
ARTE 1981, S. 21; MUESTRA 1984, Abb. 259; MUSEO 1984, Dia 29

3.147 GEFÄSS

Keramik, cremefarben, rot und schwarz bemalt, H 70 cm
Ecuador, Tuncahuán-Kultur, 500 v. Chr.–500 n. Chr., Periode der Regionalen Entwicklungen
MAM 3500

Gefäß mit oval-rundem Bauch, langem, zylindrischem Hals, runder Öffnung mit ausladendem Rand und spitzem Boden. Es ist an Bauch und Hals mit Negativmalerei verziert, bei der die Muster mit roter und schwarzer Farbe auf cremefarbenem Grund aufgetragen wurden.

Genau dieser Gefäßtyp ist eine für diese Kultur charakteristische Form, die in einem großen Teil des ecuadorianischen Hochlandes verbreitet war. Eigentlich ein Krug, war er dafür vorgesehen, bis zur Hälfte im Boden zu stecken, um seinen Inhalt kühl zu halten.
CULTURAS 1985, S. 131, Abb. 265

3.148 MENSCHLICHE FIGUR

Schwarze Keramik, H 38,3 cm
Ecuador, Manteño-Kultur, 500–1500 n. Chr., Periode der Verschmelzung
MAM 3370, Sammlung Ramón Moncayo

Männliche Figur, die auf einem Schemel sitzt und die Hände auf die Knie stützt. Sie ist nackt, trägt Ohrscheiben und kupferne Nasenringe. Sie zeigt einen Kopfputz, der sich hinter der Befestigung am Kopf tellerförmig erweitert. Die Figur ruht auf einem glockenförmigen Sockel, der sie stabilisiert.

Es handelt sich um die Darstellung eines Kaziken oder Häuptlings in starrer, würdiger Haltung, der einer Zeremonie vorzusitzen scheint. Im Teller auf dem Kopf wurden während der Zeremonien ölige Substanzen verbrannt.
CULTURAS 1985, S. 130, Abb. 262; MUESTRA 1984, Abb. 258; MUSEO 1984, Dia 30

3.149 MENSCHLICHE FIGUR

Schwarze Keramik, H 46,5 cm
Ecuador, Manteño-Kultur, 500–1500 n. Chr., Periode der Verschmelzung
MAM 3769, Sammlung Ramón Moncayo

Auf einem glockenförmigen Sockel steht eine männliche Figur, die einen offenen zylindrischen Kopfputz trägt. Der Mann ist unbekleidet und mit runden Ohrscheiben geschmückt. Das Loch in der Nasenscheidewand weist auf einen Nasenring hin.

Die Manteño-Kultur breitete sich über die ecuadorianische Küste aus, ihre Hauptstadt war Manta. Die Ökonomie der Manteño basierte auf der Landwirtschaft, die durch eine kontrollierte Bewässerung größere Erträge brachte, sowie auf der Metallverarbeitung, bei der sie eine große Perfektion erreichte. Das breite Wissen über Navigation verstärkte die Handelsmöglichkeiten mit den Nachbargebieten. Es gab sogar Kontakte zu so weit entfernten Punkten wie den Galápagos-Inseln.

3.150 ZEREMONIALSITZ

Stein, H 69 cm, B max. 71 cm, T max. 39 cm

Ecuador, Cerro de Hojas, Manteño-Kultur, 500–1500 n. Chr.
Museum für Völkerkunde Wien 11026, erworben 1880 vom Naturalienhändler Hugo Schilling aus Hamburg

Steinsitz aus einem einzigen Andesitblock, in drei Teilen herausgearbeitet: eine viereckige Bodenplatte, darauf eine kauernde, menschliche Gestalt mit großen Ohrscheiben geschmückt, darüber ein U-förmiger Sitz mit waagrecht ausladenden Armstützen.

Eine beachtliche Zahl dieser Steinsessel wurde auf dem Cerro de Hojas, einem Kultzentrum mit Resten von Palästen, Tempeln, Terrassen und Steinskulpturen, gefunden. Diese Fundstätte liegt einige Kilometer landeinwärts von Manta, dem ehemaligen Zentrum der Manteño-Kultur an der Küste von Manabí. Die ursprünglich halbkreisförmige Anordnung der Steinsessel weist auf einen Ort für Zusammenkünfte zeremonieller Art hin.

Kat.-Nr. 3.150

3.151 MENSCHLICHE FIGUR

Keramik, H 13,7 cm
Ecuador–Kolumbien, Tumaco-Tolita-Kultur, 500 v. Chr.–500 n. Chr., Periode der Regionalen Entwicklungen
MAM 81/4/51, Sammlung López Torrijos

Auf einem runden Schemel sitzende Figur, die am Schädel Deformationen aufweist. Der Kopf ist von einem Helm bedeckt, der die Ohren frei läßt. Die mandelförmigen Augen aus doppelten Ovalen, die ausgeprägten Augenbrauen und der zahnlose, halbgeöffnete Mund mit tiefen Mundwinkeln fallen besonders ins Auge. Sie trägt einen kurzen Rock, während der Oberkörper unbekleidet bleibt. Die Brüste sind erschlafft. Die Stellung der Arme gibt der Figur eine nachdenkliche Haltung. Auf einen Arm ist der Kopf gestützt, der andere liegt auf dem Schoß.

Diese Keramik stellt einen alten Menschen dar. Diese Darstellungen sind sehr typisch für die Tumaco-Tolita-Kultur; sie zeigen Alter, Krankheiten, Deformationen und schließlich den Verfall des Lebens in einer sehr realistischen Art und Weise.
CULTURAS 1985, S. 71, Abb. 28

Kat.-Nr 3.151

3.152 GEFÄSS

Keramik, rot und schwarz bemalt, H 18 cm, D Öffnung 8 cm
Kolumbien, Nariño-Carchi-Kultur, 500–1500 n. Chr., Periode der Verschmelzung
MAM 81/4/118, Sammlung López Torrijos

Kugelförmiges Gefäß mit großem, schlaufenförmigem Henkel, leicht ausgewölbtem Rand und konkavem Boden. Es zeigt eine mit Negativmalerei aufgetragene, geometrische Verzierung.

Diese Technik beginnt mit dem Auftragen einer Reservierungsmasse, meist Wachs; anschließend wird das Gefäß ganz eingefärbt. Beim Brennen schmilzt das Reservierungsmittel, und das Muster entsteht in der Farbe des Scherbens. Die

Kat.-Nr. 3.153

Negativmalerei war im präkolumbischen Amerika eine weitverbreitete Technik.
CULTURAS 1985, S. 97, Abb. 140

3.153 FIGUR EINES COCA-KAUERS

Keramik, rot und schwarz bemalt, H 20 cm, B 13 cm
Kolumbien, Nariño-Carchi-Kultur, 500–1500 n. Chr., Periode der Verschmelzung
MAM 81/4/109, Sammlung López Torrijos

Männliche, auf einem Schemel sitzende Figur mit den Händen auf den Knien, die ein dreigeteiltes Band auf der Brust trägt. Die Geschlechtsteile sind mit einem Lendenschurz bedeckt, und am linken Handgelenk trägt die Figur einen Beutel für die Coca-Blätter. Das Gesicht zeigt Gesichtsbemalung sowie Löcher in den Ohren, der Nase und der Unterlippe, an denen wohl Metallschmuck aus Gold, Kupfer oder einer Legierung befestigt war, und eine Wölbung in der rechten Wange, die wohl eine Coca-Kugel andeuten soll.

Die wie ein Kazike sitzende Figur scheint Coca zu kauen, eine noch heute in den Anden verbreitete Sitte. In präkolumbischen Zeiten war der Genuß der Coca-Blätter gewöhnlich auf die in der Hierarchie hochstehenden Persönlichkeiten beschränkt und hatte stark rituelle Bedeutung.
CULTURAS 1985, S. 96, Abb. 138; MUESTRA 1984, Abb. 91; MUSEO 1984, Dia 26

3.154 ANTHROPOMORPHES GEFÄSS

Keramik, schwarz, dunkelrot und cremefarben bemalt, H 18,5 cm, B 13,2 cm
Kolumbien, Muisca-Kultur, 600–1500 n. Chr.
MAM 14114

Weibliche Gestalt. Der Hals des Gefäßes ist als Kopf der Frau gearbeitet. Gesichtsbemalung, kleine Augen, Nasenring und unter dem Mund kleine Löcher, an denen wohl ein Schmuckstück angebracht war, charakterisieren ihr Gesicht. Die Ohren sind für Ohrringe durchbohrt, die Arme sehr schematisch modelliert und liegen, gebeugt, fest am Körper an. Ein Umhang bedeckt fast den ganzen Körper und ist mit geometrischen Mustern bemalt. Die Technik, die dabei Verwendung fand, die sogenannte Negativmalerei, war im vorkolumbischen Amerika sehr beliebt.
CULTURAS 1985, S. 104, Abb. 171

3.155 MATRIZE

Schwarzer Serpentin, H 10,3 cm, B max. 2,4 cm
Kolumbien, Muisca-Kultur, 600–1500 n. Chr.
MAM 2686

Viereckige Matrize mit Hochrelieffiguren. Die Motive, die die Matrize auf beiden Seiten zeigt, sind Darstellungen eines Kaziken, eines Häuptlings, bekleidet, wie es seinem gesellschaftlichen Rang gebührt, sowie einiger sehr stilisierter Tiere.

Die Muisca hatten eine Methode entwickelt, mit der man viele identische Wachsmodelle herstellen konnte: gemeißelte Steinblöcke. Diese trugen die verschiedenartigsten Muster in erhöhten Reliefs ausgeführt, die zunächst in weichen Ton hineingedrückt wurden. Wenn der Ton getrocknet war, wurde die Form mit Wachs gefüllt und die Steinmatrize nochmals hineingedrückt. Dadurch erhielt man ein beidseitig geformtes Wachsmodell, das man beliebig oft herstellen konnte. Mit dem Wachsausschmelzverfahren wurde dann eine Vielzahl von identischen Objekten, vor allem Elemente von Halsketten, produziert.
CULTURAS 1985, S. 103, Abb. 170

3.156 MÄNNERFIGUR

Keramik, H 30,5 cm, B 27,5 cm
Kolumbien, Quimbaya-Kultur, 1200–1500 n. Chr.
MAM 81/4/49, Sammlung López Torrijos

Sitzender Mann mit schematisch dargestellten Armen und Beinen. Er hat sechs Löcher am Kopf, an den Ohren können jeweils zwei Ohrringe angebracht werden. An der Nase hängt ein runder Nasenring aus Tumbaga, einer Legierung aus Kupfer und Gold; ein Loch in der hochgestreckten Hand zeigt an, daß der Mann früher etwas in der Hand gehabt haben muß.
ARTE 1981, S. 18; CULTURAS 1985, S. 74, Abb. 39; MUESTRA 1984, Abb. 256; MUSEO 1984, Dia 2

3.157 GEFÄSS

Keramik, H 6,9 cm, D Öffnung 4,2 cm
Kolumbien, Tairona-Kultur, 500–1500 n. Chr., Periode der Verschmelzung
MAM 81/4/41, Sammlung López Torrijos

Zylindrisches Gefäß, das seine vier Füße verloren hat. Am Vorderteil befindet sich eine sitzende Person, deren Kopf über den Rand des Gefäßes hinausschaut. Ein breites Band zieht sich über den Boden des Gefäßes und endet in zwei Schlangenköpfen, die aus dem Inneren des Gefäßes herausschauen. Eine der Schlangen ist nicht erhalten Der Mund der Figur ist mit Schmuck bedeckt, das Gesicht von einem Kopfputz umrahmt, der seitlich in zwei Schlangenköpfen endet und von dem zwei Bänder über die Ohren fallen. Der Körper wird durch einen breiten, vertikalen Zierstreifen dargestellt. Die Arme liegen am Gefäß an und sind durch Schulterklappen geschützt. In der rechten Hand hält die Person einen Stab, der eine Schlange darstellt; die Hände selbst sind als Schlangenköpfe dargestellt; um die Beine sind Gurte und Knöchelschützer gelegt.

Die Tairona hatten ein komplexes politisches und soziales Gefüge, welches auch religiöse Fachleute, sogenannte *naoma,* vorsah. Diese Priester waren für den Kult zuständig und hatten sogar Macht über die Kaziken Das Stück könnte einen Naoma darstellen, der für eine Zeremonie zu Ehren der Schlange, die mit den Erdkräften verbunden wurde, gekleidet ist.
CULTURAS 1985, S. 86, Abb. 91

3.158 AXTKLINGE

Rosafarbener Sandstein mit Quarzader, L 19 cm, B 12 cm
Große Antillen, Taino-Kultur, 1000–1500 n. Chr.
MAM 3301, Sammlung Don Miguel Rodriguez Ferrer

Axt in Form eines Blütenblattes, an dessen einem Ende ein anthropomorphes Profil zu erkennen ist. Bei der schematischen Darstellung fällt besonders der offene Mund mit den beiden Zahnreihen auf. Unter den Augen erkennt man ein gewundenes Muster, das oben einen Arm und im unteren Teil ein Bein darstellen dürfte. Eine Vertiefung zwischen Kopf und Blatt diente zur Befestigung des Stiels.

Die besonders schöne Arbeit weist auf den zeremoniellen Gebrauch hin, wahrscheinlich bei Siegesfeiern oder bei Erntedankfesten bzw. bei Feierlichkeiten, bei denen die Götter während der Saat um Fruchtbarkeit der Erde gebeten wurden.
MUSEO 1984, Dia 20; VELOZ 1972, S. 208

Kat.-Nr. 3.158

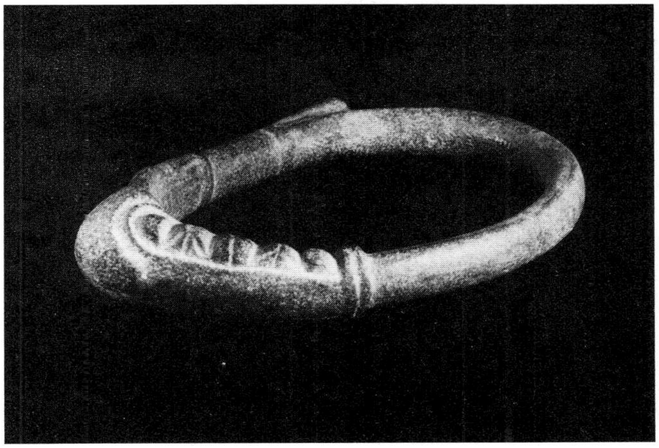
Kat.-Nr. 3.159

3.159 GÜRTEL

Stein, L 40 cm, B 27,5 cm, H 3 cm
Große Antillen, Taino-Kultur, 1000–1500 n. Chr.
MAM 3323

Ovaler Gürtel, auf einer Seite warzenförmige Noppen im Hochrelief, auf der anderen Seite parallele Linien im Flachrelief, jeweils dazwischen elliptische Verzierungen. In der Mitte eine wulstartige Schnalle.

Die Deutung dieses Stückes ist schwierig, es dürfte sich um eine steinerne Abbildung eines beim Ballspiel gebrauchten Gürtels handeln. Der Kautschukball bekam durch ihn eine größere Geschwindigkeit, und gleichzeitig diente er dazu, den Aufprall zu mildern und Verletzungen zu vermeiden.

Kat.-Nr. 3.160

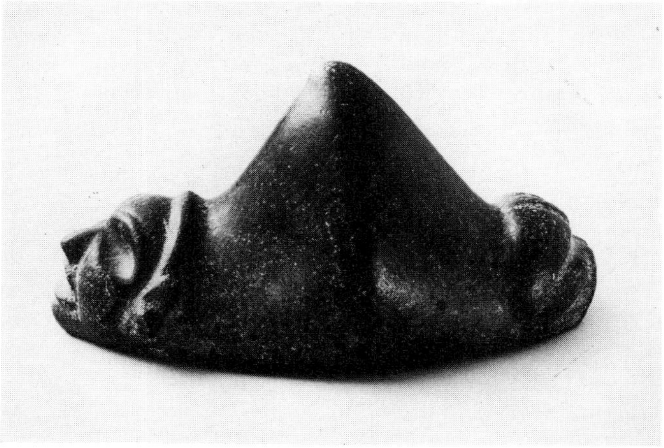

Kat.-Nr. 3.163

3.160 SOGENANNTER »ELLBOGEN-STEIN«

Stein, L 32,5 cm und 20 cm, B max. 12,5 cm, H 12 cm
Große Antillen, Taino-Kultur, 1000–1500 n. Chr.
MAM 3303

Auf der Vorderseite eine sitzende menschliche Gestalt im Flachrelief mit den Händen auf den Knien. Das übergroße Gesicht wird von einem geometrischen Muster umrahmt, Augen, Nase und Mund werden übertrieben dargestellt. Die Armstücke des »Ellbogens« sind spiralförmig behauen.

Diese Ellbogen-Steine stehen wohl mit dem Ballspiel im Zusammenhang, das in Mittelamerika, Kolumbien, Venezuela und auf den Großen Antillen sehr beliebt war. Die Spirale ist vielleicht ein Hinweis auf den Gott *Huracán*, den Gott des Windes und des Wassers, den Zerstörer der Ernten. Die Züge der Figur könnten auch *Maquetaurie Guayaba*, dem Herrn des Totenreichs, gehören, dessen Name in der Sprache der Taino »Ohne Leben« bedeutet.
MUESTRA 1984, Abb. 252

3.161 DREISPITZIGER STEIN

Stein, L 26,5 cm, B 12 cm, H 12 cm
Große Antillen, Taino-Kultur, 1000–1500 n. Chr.
MAM 3324

Dreispitziger Stein mit konkaver Auflagefläche. An einem Ende erkennt man den Kopf eines Vogels mit krummem Schnabel, flankiert von den Flügeln in Ritzverzierung. Die gegenüberliegende Seite ist poliert, in der Mitte gibt eine kegelförmige Ausbuchtung dem Stück eine dreieckige Form.

Diese Stücke hatten magischen Charakter und bezogen sich auf die Mythologie der Taino. Der Vogel ist wohl der Specht *inriri cahubabayael*, der den Taino-Männern die Frauen beschaffte, indem er geschlechtslosen Wesen mit seinem Schnabel die Geschlechtsöffnung bohrte.

3.162 DREISPITZIGER STEIN

Stein, L 30,5 cm, B 15 cm, H 15 cm
Große Antillen, Taino-Kultur, 1000–1500 n. Chr.
MAM 3306

An einem Ende erkennen wir ein Gesicht mit großen Augenhöhlen und breitem Mund, das von einem Diadem umfaßt wird, auf der gegenüberliegenden Seite kleine Beine. Der Körper hat eine große, kegelförmige Ausbuchtung.

Früher waren diese Stücke mit verschiedenen Materialien verziert, z. B. Knochen, Muscheln, Gold, die mit Harz und Bernstein an den Stein geklebt wurden. Die kulturelle Bedeutung dieser Stücke liegt wohl in ihrer magischen Fähigkeit, wichtige Nahrungspflanzen wachsen zu lassen oder eine leichte Geburt zu ermöglichen. Fray Ramón Pané spricht von diesen Steinen in seiner Chronik. Er berichtet allerdings von etwas kleineren Steinen, die bei einer Geburt die Gottheit milde stimmen sollten.

3.163 DREISPITZIGER STEIN

Stein, L 35 cm, B 16 cm, H 14,5 cm
Große Antillen, Taino-Kultur, 1000–1500 n. Chr.
MAM 3318

Anthropomorphe, dreieckige Figur mit konkaver Auflagefläche. An einem Ende erkennt man ein Gesicht mit großen Augenhöhlen und breitem Mund, die wohl früher eingelegt waren. Die Gestalt trägt Ohrschmuck und ein großes Diadem mit geometrischen Mustern. Auf der gegenüberliegenden Seite sieht man die Beine; der Körper hat eine kegelförmige Ausbuchtung.

Diese Stücke stehen im allgemeinen im Zusammenhang mit der Fruchtbarkeit und wurden sogar unter Maniok-Pflanzen, dem Grundnahrungsmittel auf den Antillen, vergraben, um deren Wachstum zu beschleunigen. Die Gestaltung dieses »Trigonoliths« erinnert an die Form der Wurzel *Manihot utlilissima*, die von den Arawak-Völkern dieses Gebietes

angebaut wurde, während die Kariben den »bitteren Maniok« aßen.
MUESTRA 1984, Abb. 253; MUSEO 1984, Dia 21

3.164 GEFÄSS

Keramik, schwarz auf rot bemalt, H 20,8 cm, D max. 20,6 cm, D Öffnung 10 cm
Costa Rica, Späte Diquis-Periode der Diquis-Region, 1000–1500 n. Chr., Periode VI
MAM 3290

Kugelförmiges Gefäß mit zylindrischem, ausgewölbtem Hals mit Wulst. Die aus vertikalen Linien bestehende, geometrische Verzierung geht vom Rand über den Hals zum Bauch des Gefäßes, wo sie sich mit anderen horizontalen Linien kreuzt, die es an der Wölbung umgeben. Andere schräge Linien verbinden sich mit diesen.

Dieser Keramiktyp zeigt den Einfluß der Völker aus dem Süden. Im Norden von Panama findet man ähnliche Keramiken. Der Einfluß der Völker der Makro-Chibcha-Sprachgruppe war grundlegend; sie gaben den Keramiken einen sehr eigentümlichen Charakter und zeigten eine außergewöhnliche Perfektion in ihrer Goldschmiedekunst.

3.165 METATE

Vulkanisches Gestein, H 15,5 cm, L 48 cm
Costa Rica, Späte Diquis-Periode der Diquis-Region, 1000–1500 n. Chr., Periode VI
MAM 1471, Sammlung Arellano

Rechteckiger Mahlstein in Form eines Jaguars. Rautenförmig herausgearbeitete Motive an den Beinen und am Rand stellen die Verzierung dar.

Diese Steinplatten mit Rand benutzte man wahrscheinlich zum Mahlen von Maniok, dessen Saft man in die Paste einmischte, die später zu Mehl und fermentierten Getränken verarbeitet wurde. Das Jaguarmotiv steht für die Verbindung dieses Tieres zur Erde, zur Fruchtbarkeit und zum Überfluß.
CABELLO 1980 c, S. 158; JANER 1873, Bd. III; MUESTRA 1984, Nr. 20; MUSEO 1984, Dia 18

3.166 WEIBLICHE FIGUR

Vulkanisches Gestein, H 21,3 cm, B 15,3 cm
Costa Rica, Späte Zwischenperiode der Atlantikseite, 1000–1550 n. Chr., Periode VI
MAM 3074

Frauenfigur mit übertrieben dargestellten Zügen. Das lange Haar hängt über die Schulter. Die Hände stützt sie unterhalb der Brust auf. Die Geschlechtsteile sind stark betont. An Handgelenken und Fesseln treten kleine Wülste hervor.

Diese Figuren sind sehr typisch und wurden wahrscheinlich nur an einem einzigen Ort hergestellt. Sie wurden mit den Seherfähigkeiten der Hexer oder Schamanen, die als Priester fungierten, in Verbindung gebracht, und dienten grundsätzlich religiösen Zwecken. Zahlreiche Opferriten hatten mit der Fruchtbarkeit zu tun und mußten in bestimmten Abständen wiederholt werden.

Kat.-Nr. 3.166

3.167 SUKIA

Vulkanisches Gestein, H 19,5 cm, B 12,3 cm
Costa Rica, Späte Zwischenperiode der Atlantikseite, 1000–1550 n. Chr., Periode VI
MAM 3063, Sammlung Luis Arellano

Skulptur einer sitzenden Figur, die die Beine gebeugt hat, die Ellbogen auf die Knie aufstützt und sich mit den Händen den Bart hält. Die Züge sind schemenhaft und stilisiert.

Diese Figuren sind unter dem Namen *sukia* bekannt und werden meistens in dieser Haltung oder Zigarre rauchend dargestellt. Es sind Darstellungen von Schamanen, vielleicht in einer der Haltungen, die sie im Laufe ihrer rituellen Tätigkeiten einnahmen, bei denen ekstatische oder meditative

Kat.-Nr. 3.168

Zustände nach dem Konsum von Halluzinogenen wohl üblich waren. Sie hatten ebenso einen Bezug zum Totenkult.
CABELLO 1980 c, S. 143

3.168 STEINPLATTE

Vulkanisches Gestein, H 137 cm, B 36 cm
Costa Rica, Provinz Cartago, Südwestabhang des Irazú, Späte Zwischenperiode der Atlantikseite, 1000–1550 n. Chr., Periode VI
Museum für Völkerkunde Wien 61538, Sammlung Guido Schröter

Längliche, nach oben verjüngte Steintafel mit runder Unterkante und leicht erhabenem Rand. Entlang der Schmalseiten je vier stilisierte Gesichter. Am oberen Ende der Platte eine hockende Figur mit Vogelkopf oder -maske und vorspringendem Bauch. Die in der oberen Hälfte durch zwei Quersprünge gebrochene Platte wurde im 19. Jahrhundert geklebt.

Platten dieser Art finden sich häufig in Gräbern des Ostabhangs von Costa Rica, in denen sie aber nur Grabbeigaben gewesen sein dürften. Ihre primäre Aufgabe war es wohl, die Plätze der Erstbestattung von Leichen zu markieren, die nach der Verwesung wieder ausgegraben und zur Zweitbestattung der Knochen bestimmt wurden. Im 19. Jahrhundert verwüstete die lokale Landbevölkerung zahlreiche alte Friedhöfe auf der Suche nach den für Haus- und Mauerbauten brauchbaren Steinplatten.

3.169 RUNDER STEINSITZ

Vulkanisches Gestein, H 27 cm, D 44 cm
Costa Rica, Provinz Cartago, Südwestabhang des Irazú, Späte Zwischenperiode der Atlantikseite, 1000–1550 n. Chr., Periode VI
Museum für Völkerkunde Wien 61519, Sammlung Guido Schröter

Der Rand der runden, leicht konkaven und relativ geglätteten Platte wird von einer kontinuierlichen Reihe nach unten hängender Halbovale gebildet, die stilisierte Gesichter darstellen. Die Platte wird von einem konischen Fuß unterstützt, der netzartig durchbrochen ist.

Die Funktion dieser für Zentral- und Süd-Costa-Rica typischen Gegenstände ist ungeklärt, eine zeremonielle Verwendung wird häufig angenommen.

3.170 GEFÄSS

Keramik, weiß und rot auf cremefarbenem Grund, H 11,8 cm, B 12 cm, D Öffnung 4,5 cm
Costa Rica, Späte Zwischenperiode der Atlantikseite, 1000–1550 n. Chr., Periode VI
MAM 949

Rundes Gefäß in Form einer Frau. Das Gesicht wird auf dem Gefäßhals mittels Applikationen, tiefen Einritzungen und Farbe dargestellt. Die Arme und Beine treten aus dem Gefäßkörper heraus; die Arme sind unterhalb der Geschlechtsteile verkreuzt, welche ebenfalls durch Applikation und Farbe hervorgehoben sind. Um die Brüste herum sind einige Linien gezogen, wohl die Körperbemalung darstellend. Von den Beinen aus zieht sich ein Zierstreifen mit Stufenmäander um die dickste Stelle herum.

Das Gefäß hatte rituelle Bedeutung im Zusammenhang mit der Fruchtbarkeit, was aus der Stellung der Arme und den auf einer sonst schematischen Darstellung sorgfältig ausgearbeiteten Geschlechtsmerkmalen zu schließen ist.
ARTE 1981, S. 15; CABELLO 1980 c, S. 133; MUSEO 1984, Dia 18

3.171 DREIFÜSSIGES GEFÄSS

Keramik, rot und schwarz auf cremefarbenem Grund, H 11 cm, D 12,6 cm

Kat.-Nr. 3.172

Costa Rica, Späte Zwischenperiode der Atlantikseite, 1000–1550 n. Chr., Periode VI
MAM 982, Sammlung Luis Arellano

Zylindrisches, dreifüssiges Gefäß mit flachem Rand. Der Griff stellt den Kopf einer Phantasiefigur dar, deren Körper schematisch auf dem Gefäß aufgemalt ist. Der Rand ist mit einem zinnenförmigen Mäandermotiv verziert. Die Füße sind die eines Säugetieres, mit einer schrägen Rille, worin sich ein Kügelchen befindet, das das Gefäß in ein Klangwerkzeug verwandelt.

Diese Gefäße mit Rasselfüßen und der gemischten Darstellung von Mensch, Jaguar und Krokodil dienten als Grabbeigabe.

CABELLO 1980 c, S. 135
Farbabbildung S. 77

3.172 VOGELFIGUR

Keramik, grau und schwarz, H 14,5 cm, D 13,5 cm
Costa Rica, Nicoya-Region, 300 v. Chr.–300 n. Chr., Späte Periode IV

Kat.-Nr. 3.173

MAM 845, Sammlung Luis Arellano

Kugelförmige Figur mit einem Vogelkopf und einer Öffnung mit Rand am unteren Ende, welche als Fuß dient. Zu beiden Seiten des Kopfes erscheinen zwei kreisförmige Öffnungen. Die Verzierung ist eingeritzt und poliert.

Da sie wegen der unteren Öffnung keine Flüssigkeiten aufnehmen konnte, wurde sie möglicherweise an den beiden Löchern im Kopf aufgehängt. Es gibt ähnliche Figuren, die einen Fortsatz in Form eines Schwanzes haben, durch den sie zu einer Pfeife werden, mit der die spitzen Laute des Vogels *Chotocabra americana*, der damit wohl dargestellt werden soll, imitiert werden können.

3.173 VOTIVBEILKLINGE

Grünstein, L 14,5 cm, B 6 cm
Costa Rica, wahrscheinlich Nicoya-Region, 300 v. Chr.–300 n. Chr., Späte Periode IV
Museum für Völkerkunde Wien 150175, Sammlung M. Sors

Die trapezförmige Klinge hat einen plankonvexen Querschnitt und eine abgerundete Schneide. Während die Hinterseite bis auf einen Mittelgrat, der vom Heraussägen des Werkstücks kommt, unverziert und unpoliert ist, weist die Vorderseite in den oberen zwei Dritteln eine Verzierung durch Ritzung und Bohrung auf. Gezeigt sind ein anthropomorpher Kopf und Oberkörper, über dem Gesicht ein Stirnband mit Flechtmuster, tiefliegende, umrahmte Augen, die vielleicht ebenso wie die vertieften Mundwinkel eingelegt waren, geöffneter Mund mit langer, heraushängender Zunge und vor dem Bauch liegende Hände. Die Klinge ist im oberen Drittel quer durchbohrt und diente wohl als Schmuckstück.

Darstellungen des sogenannten »Beilgottes« sind weit verbreitet und gehen in Zentralamerika auf Einflüsse aus Mesoamerika zurück. Dieses besonders fein ausgeführte Exemplar stammt vielleicht aus dem nordwestlichen Costa Rica und ist sichtlich olmekischen Einflüssen verpflichtet.

3.174 METATE

Vulkanstein, H 21 cm, L 42 cm
Costa Rica, Frühe Polychrom-Periode der Nicoya-Region, 500–800 n. Chr., Periode V
MAM 1478, Sammlung Arce

Rechteckiger Mahlstein mit konkaver Oberfläche, zwei langen Vorderfüßen und einem Hinterfußfragment. An einem Rand erscheinen zwei kopfförmige Fortsätze. Vorder- und Rückseite und die Füße sind teilweise mit gemeißelten, ineinandergreifenden Mäandern verziert.

Der Metate ist ein Gebrauchsgegenstand des täglichen Bedarfs in Lateinamerika. Im Bereich von Costa Rica unterscheidet man zwei Arten: einmal den zum Zerstoßen und als Behälter benutzten Metate mit Rand, der besonders zum Maniok-Mahlen eingesetzt wurde, und den flachen Metate für Mais. Verschiedene Ziermotive gaben diesem Gegenstand darüber hinaus eine symbolische Bedeutung. Sehr häufig griff man in Costa Rica auf das Motiv der »Trophäenköpfe« zurück, die mit dem Mais, der Fruchtbarkeit und den regenerierenden Kräften in Verbindung gebracht wurden. Diese Vorstellungen stammten wahrscheinlich aus dem Norden. Einige Metates waren so reich verziert, daß sie als »Zeremonialstühle« bezeichnet wurden.

3.175 GEFÄSS

Keramik, rot und schwarz auf cremefarbenem Grund, H 5,4 cm, D 17 cm
Costa Rica, Mittel-Polychrom-Periode der Nicoya-Region, 800–1200 n. Chr., Übergang von Periode V zu Periode VI
MAM 3210

Gefäß in Form einer Schale mit leicht konvexem Boden. Verziert mit geometrischen, stufenförmigen Ornamenten, Punkten, Quadraten und Rechtecken im Innern des Gefäßes.

Diese Ziermotive wurden normalerweise als stilisierte Federn und Pseudo-Glyphen interpretiert.

3.176 GEFÄSS

Keramik, rot und schwarz auf cremefarbenem Grund, H 9,6 cm, D 8,9 cm, D Öffnung 6 cm
Costa Rica, Mittel-Polychrom-Periode der Nicoya-Region, 800–1200 n. Chr., Übergang von Periode V zu Periode VI
MAM 3004, Sammlung Jorge Lines

Kegelstumpfförmiges Gefäß mit gewölbtem Rand und ringförmigem Aufsatz. Das Dekor besteht aus geometrisch angeordneten Rechtecken mit Punkten und Linien, die ein Raubkatzenfell imitieren, und aus Rechtecken mit Dreieck und Haken. Eine Reihe von parallelen Linien umgibt das Gefäß.

Bei diesem Gefäß ist der Einfluß der späten Maya- und Toltekenkunst zu beobachten, und zwar in der Gestaltung und der Benutzung von Pseudo-Glyphen als Schmuckmotiv. Seit der Zeit Teotihuacans kennt man das Hakenmotiv in Mesoamerika als Glyphe »Schlangenauge«. Andererseits ist die Darstellung des Raubkatzenfells als *pars pro toto* ein mesoamerikanisches Merkmal. So handelt es sich hier wahrscheinlich um die Kombination Schlange und Jaguar, die beide mit der Erde und dem Regen in Verbindung stehen.
CABELLO 1980 c, S. 111; CABELLO 1980 d, S. 49
Farbabbildung S. 77

3.177 GEFÄSS

Keramik, rot und schwarz auf cremefarbenem Grund, H 14,5 cm, D max. 12,4 cm, D Öffnung 6,5 cm
Costa Rica, Mittel-Polychrom-Periode der Nicoya-Region, 800–1200 n. Chr., Übergang von Periode V zu Periode VI
MAM 997, Sammlung Jorge Lines

Kugelförmiges Gefäß in Form eines Bechers mit Sockel. Im oberen Teil befindet sich eine Verzierung aus breiten Bändern mit Stufenmäandern und aus parallelen Linien mit Punkten, die sich schräg verkreuzen. Auch der Sockel trägt Linien mit Punkten.

Die Schmuckmotive aus Stufenmäandern und verkreuzten Linien, die als Federn interpretiert werden, entstammen dem Einfluß der Mixteca-Puebla-Kultur. Der Stufenmäander ist zwar in ganz Amerika zu finden, nur stammt das in einer Spirale endende Motiv von den Mixteken. Es ist nicht nur auf deren Keramiken zu finden, sondern häufig auch an Gebäuden.
CABELLO 1980 c, S. 111
Farbabbildung S. 78

3.178 GEFÄSS

Keramik, orange und schwarz auf cremefarbenem Grund, H 25,5 cm, D Öffnung 9,6 cm
Costa Rica, Mittel-Polychrom-Periode der Nicoya-Region, 800–1200 n. Chr., Übergang von Periode V zu Periode VI
MAM 990, Sammlung Luis Arellano

Kugelförmiges Gefäß mit Sockel, langem Hals und leicht

ausgewölbtem Rand. Mäander aus geflochtenen Motiven und aus geometrischen Mustern sowie die zweifache Darstellung einer geflügelten Figur mit Federbusch verzieren das Gefäß.

Gefäße mit Sockel sind typisch für diese Periode. Die Verzierung ist stark vom Maya-Tolteken-Stil geprägt. Das Hauptmotiv erscheint nicht oft; es erinnert an eine auf die Erde niederkommende Gottheit, die charakteristisch für Mittel- und Südamerika war.
CABELLO 1980 c, S. 144
Farbabbildung S. 78

Kat.-Nr. 3.175

3.179 GEFÄSS

Keramik, rot und schwarz auf cremefarbenem Grund, H 9,8 cm, D max. 24 cm, D Öffnung 21,5 cm
Costa Rica, Mittel-Polychrom-Periode der Nicoya-Region, 800–1200 n. Chr., Übergang von Periode V zu Periode VI
MAM 3209

Schalenförmiges Gefäß mit glattem Boden. Die geometrische Verzierung besteht aus Linien, die Rechtecke bilden, und aus Punkten sowie aus der schematischen Darstellung von Gesichtern.

Dieses Motiv erscheint häufig auf den »Luna«-Keramiken und ist als »geflügelter Kopf« bekannt. Es besteht aus einem schematisch dargestellten, runden Kopf, von dem seitlich zwei Federstreifen ausgehen. Ein Bezug dieses Motivs zur gefiederten Schlange ist wahrscheinlich.

Kat.-Nr. 3.179

3.180 GEFÄSS

Keramik, rot, orange und schwarz auf cremefarbenem Grund, H 7,8 cm, D 18 cm
Costa Rica, Mittel-Polychrom-Periode der Nicoya-Region, 800–1200 n. Chr., Übergang von Periode V zu Periode VI
MAM 996, Sammlung Jorge Lines

Halbkugelförmige Schüssel, innen mit geometrischen Motiven bemalt, die in zwei Rechtecken eingefaßt sind. Diese trennen die zwei Felder des Hauptmotives ab, in denen zwei Köpfe mit langer Hakennase im Profil erscheinen. Sie tragen einen komplexen Kopfschmuck aus Federn und halten eine Art kreisförmigen Schild in den Händen.

Das geometrische Motiv ist eine Ableitung des Maya-Symbols »Hakenauge« oder »Gottesauge«, welches normalerweise mit der Darstellung verschiedener Gottheiten einherging. Die Bemalung hat Ähnlichkeit mit der einiger Keramiken aus der späten klassischen Maya-Periode.
ARTE 1981, S. 14; CABELLO 1980 c, S. 109

Kat.-Nr. 3.180

3.181 GEFÄSS

Keramik, braun, rot und schwarz auf cremefarbenem Grund, H 5,8 cm, D 12,5 cm

Kat.-Nr. 3.183

Costa Rica, Mittel-Polychrom-Periode der Nicoya-Region, 800–1200 n. Chr., Übergang von Periode V zu Periode VI
MAM 951

Halbkugelförmiges Gefäß mit kleinem Sockel, geometrische Motive und modellierte Fortsätze, ein Gesicht darstellend.

Dieses Ziermotiv stammt aus vorangegangenen Perioden. Wahrscheinlich ist es die stilisierte Darstellung eines menschlichen Kopfes oder eines Gesichtes mit Bemalung. Dieser Keramiktyp (»Birmania«) fällt durch den besonders starken Einsatz von Farben auf.
MUESTRA 1984, Nr. 235
Farbabbildung S. 77

3.182 DREIFUSSGEFÄSS

Keramik, orange, schwarz auf cremefarbenem Grund, H 11 cm, D Öffnung 16 cm
Costa Rica, Mittel-Polychrom-Periode der Nicoya-Region, 800–1200 n. Chr., Übergang von Periode V zu Periode VI
MAM 3013

Dreifüßiges Gefäß in Form einer Schüssel mit flachem Rand. Die Füße sind Rasseln und stellen Menschenköpfe mit zoomorphen Zügen dar. Innen ist das Gefäß mit Köpfen im Profil und geometrischen Motiven verziert, wahrscheinlich stilisierte Vogelflügeln oder »Schlangenfedern« in Form eines Kopfschmuckes.

Das Hauptmotiv, die Figur mit Hakennase und Kopfschmuck, zusammen mit den menschlichen Gesichtern und den Krokodilsrachen, vereint wahrscheinlich zwei der wichtigsten Gottheiten: die gefiederte Schlange und das Krokodil bzw. den Alligator.
CABELLO 1980 c, S. 109; MUESTRA 1984, Nr. 233

3.183 ZWITTERFIGUR

Hohler Ton, rot bemalt, H 19 cm, B 11,4 cm
Costa Rica, Mittel-Polychrom-Periode der Nicoya-Region, 800–1200 n. Chr., Übergang von Periode V zu VI
MAM 974

Die stehende, anthropomorphe Figur trägt einen helmartigen Kopfputz mit eingraviertem Kreuz, welches innen Zickzacklinien und außen Schraffen aufweist. An beiden Seiten des Kopfes befindet sich ein Loch zum Aufhängen. Die Gesichtszüge wirken übertrieben und gehen in die eines Jaguars über. Eingravierte Linien weisen auf Gesichtsbemalung hin. Die Figur ist unbekleidet, mit einem ähnlichen Kreuz über Brust und Bauch. Weibliche Brüste und männliche Genitalien sind klein, aber deutlich dargestellt. Auf dem Rücken, der ein umgekehrtes U bildet, findet sich das gleiche Motiv aus Linien und durchbrochener Randverzierung wie bei den Kreuzen. Die Arme sind gebeugt, und die Hände liegen unterhalb der Brüste auf. Die Beine sind kräftig, und die Füße stehen auf einer nach hinten verlängerten Plattform, die der Figur Stabilität verleiht.

Diese Figur ist sehr symbolträchtig. Es handelt sich um die Darstellung einer dualen Gottheit, des Schöpferpaars, das sich selbst schuf und die Quelle des Lebens verkörpert. Auf der anderen Seite ist die Gottheit, da sie ja Jaguarzüge trägt, als Symbol des Regen- oder Fruchtbarkeitsgottes dargestellt. Die Figur faßt also symbolisch die mesoamerikanische Vorstellung von Schöpfung, Fruchtbarkeit und Leben zusammen.
ARTE 1981, S. 13; CABELLO 1977, S. 731; CABELLO 1980 c, S. 115; MUESTRA 1984, Nr. 112; MUSEO 1984, Dia 16

3.184 FIGURALGEFÄSS

Keramik, rot und schwarz auf cremefarbenem Grund, H 34,5 cm, B 22,5 cm
Costa Rica, Mittel-Polychrom-Periode der Nicoya-Region, 800–1200 n. Chr., Übergang von Periode V zu VI
MAM 977

Dreifüßiges Gefäß mit bauchigem Körper, Hals mit weiter Öffnung und leicht ausgewölbtem Rand. Das Gefäß hat Jaguarform. Das Gesicht wird von einem Diadem, runden Ohrpflöcken und von den herunterhängenden Enden eines

Kopfputzes eingerahmt. Die Figur trägt wahrscheinlich eine Jaguarmaske mit großem, offenem Maul. Die vorderen Beine des Gefäßes sind gleichzeitig die des Jaguar-Menschen; darauf ruhen die Arme, die gleichzeitig als Henkel dienen. Brust, Arme, Beine und Schwanz tragen eine Verzierung aus schematisierten Jaguaren.

Die Kombination menschlicher Züge mit denen eines Jaguars vermittelt uns eine der wichtigsten religiösen Vorstellungen des alten Amerika: die des mächtigen Priesters, der sich in dieses Tier verwandelt, und die Idee vom Jaguar als Inkarnation der Erd- und Wasserkräfte und der Fruchtbarkeit. In Gestalt dieser Raubkatze stellte man in Mesoamerika normalerweise den Regengott dar. Seine Priester schmückten sich meistens mit seinen Attributen und seiner Maske.

ARTE 1981, S. 15; CABELLO 1980 c, S. 110; CABELLO 1980 d, S. 59; MUESTRA 1984, Nr. 234; MUSEO 1984, Dia 14

Farbabbildung S. 78

3.185 GEFÄSS

Keramik, rot und schwarz auf orangefarbenem Grund, H 17,5 cm, D 9,8 cm
Costa Rica, Späte Polychrom-Periode der Nicoya-Region, 1000–1550 n. Chr., Periode VI
MAM 519

Kugelförmiges Gefäß mit ausgewölbtem Hals und flachem Boden. Ein Zierband mit der schematischen Darstellung eines Jaguars; an einer Seite ein reliefiertes und gemaltes Gesicht.

Das Gesicht zeigt modellierte, durch Kreise hervorgehobene Augen, eine Reihe von schnurrbartartigen Linien und eine Mundmaske oder Gesichtsbemalung, eine Verzierung, die sehr häufig bei dieser Art von Gefäßen zu finden ist.

CABELLO 1980 c, S. 116; CABELLO 1980 d, S. 55, Abb. b

3.186 ANTHROPOMORPHES GEFÄSS

Schwarze Keramik, H 17,8 cm, B 21 cm
Costa Rica, Späte Polychrom-Periode der Nicoya-Region, 1000–1550 n. Chr., Periode VI
MAM 979

Ovales Gefäß mit kegelstumpfförmigem Hals, der einen menschlichen Kopf mit Kopfputz, Ohrpflöcken und wahrscheinlich einer Jaguarmaske darstellt. Auf der entgegengesetzten Seite befindet sich eine kleine, sitzende Figur. Arme und Hände erscheinen schematisiert im Relief. Seitlich sieht man zwei kleine Köpfe, wahrscheinlich von Katzen.

Fernández de Oviedo schildert in seiner Chronik diese schwarzen Keramiken als sehr schöne Stücke von großem Glanz, der heute leider verloren ist. Diese Gefäße sind als Typ »Zapato« (Schuh) bekannt, einmal wegen ihrer Form, aber auch weil viele von ihnen von der Insel Zapatera zwischen Costa Rica und Nicaragua stammen.

CABELLO 1980 c, S. 118

Kat.-Nr. 3.187

3.187 FIGURALGEFÄSS

Keramik, schwarz, orange und blau auf cremefarbenem Grund, H 20,1 cm, D 12,8 cm
Costa Rica, Späte Polychrom-Periode der Nicoya-Region, 1000–1550 n. Chr., Periode VI
MAM 3011

Dreifüßiges Gefäß mit zylindrischem Körper. Es zeigt vorne einen vorstehenden Kopf und zwei Arme, die sich auf die vorderen Füße aufstützen, die gleichzeitig die Beine darstellen. Auf der entgegengesetzten Seite erscheint ein ähnlicher Kopf. Die Bemalung zeigt Schlangenköpfe im Profil mit offenem Schlund, Kopfputz und Schwanz. Die Zunge endet in Federn.

Wir sehen hier die »gefiederte Schlange«, deren Körper die Vereinigung des himmlischen Prinzips (Vogelfedern) mit dem irdischen (Schlange) symbolisiert.

CABELLO 1980 c, S. 119; CABELLO 1983 a, S. 484, Abb. 201 und 202; MUSEO 1984, Dia 14; MUESTRA 1984, Nr. 180

3.188 DREIFUSSGEFÄSS

Schwarze Keramik, H 27,5 cm, B 10,4 cm
Costa Rica, Späte Polychrom-Periode der Nicoya-Region, 1000–1550 n. Chr., Periode VI
MAM 973, Sammlung Luis Arellano

Dreifüßiges Gefäß mit kugeligem Körper und Hals mit ausgewölbtem Rand. Es trägt eine Knopf- und Schnurverzierung. Die Rasselbeine zeigen zwei vertikale Linien von Schallöchern und im oberen Bereich Reste einer Applikation.

Charakteristisch für ganz Mittelamerika war der Einbau von Schallinstrumenten in Objekte anderer Funktion. In die Füße der meisten dreifüßigen Gefäße fügte man Rasseln ein. Diese Gefäße wurden bei Zeremonien benutzt. Bei Bewegung produzierten sie ein Geräusch, welches die liturgischen Gesten begleitete und unterstrich sowie zusammen mit dem Genuß alkoholischer und halluzinogener Getränke die richtige Atmosphäre für Trancezustände schuf.
CABELLO 1980 c, S. 118
Farbabbildung S. 78

Mesoamerika

Unter Mesoamerika versteht man das nördliche Zentrum der altamerikanischen Hochkulturentwicklung, welches vom zentralen Andenraum durch das Zwischengebiet getrennt ist. Nach einer langen und im Rahmen der Ausstellung nicht dargestellten Geschichte der Kulturentwicklung von der Periode der Erstbesiedlung durch Jäger- und Sammlervölker über die Domestikation der ersten Kulturpflanzen (vor allem des Mais) bis zur Seßhaftwerdung in den dörflichen, »formativen« Kulturen kam es auf der Grundlage großer ökologischer Unterschiede auf engem Raum im ersten vorchristlichen Jahrtausend zur Herausbildung der ersten Hochkulturen. Von der vorklassischen Hochkultur von La Venta im Gebiet der mexikanischen Golfküste gingen weitreichende Einflüsse in alle Richtungen aus, die am Ursprung der klassischen Hochkulturen Anteil hatten, deren Einflußbereich während des größten Teils des 1. Jahrtausends n. Chr. das Gebiet von Zentralmexiko bis ins nordwestliche Costa Rica umspannte. Sieht man die Hochkulturen der klassischen Epoche, hier nur in Beispielen gezeigt, üblicherweise als theokratische Stadtstaaten, die miteinander durch Handelsbeziehungen, aber auch durch ideologische Gemeinsamkeiten verbunden waren, wird die bis zur Konquista andauernde Nachklassik durch wachsenden Militarismus und Imperialismus gekennzeichnet. Die erstaunlichste Reichsbildung stellt die der Azteken dar, die von einem unbedeutenden Stadtstaat im letzten Jahrhundert vor der spanischen Eroberung durch eigene Eroberungen zur beherrschenden Macht des Gebiets aufstiegen.

3.189 FRAUENFIGUR

Ton mit weißen Farbresten, H 21 cm
Küstengebiete am südlichen Rande Mesoamerikas, 400 v. Chr.–1 n. Chr., Späte Vorklassik
MAM 9993

Stehende, nackte Frauengestalt mit über den Bauch gelegten Armen und zwei dicken, abgeschnittenen Beinen. Die halbe Stirn wird von der Frisur bedeckt; ein Loch inmitten der Stirn deutet die Stelle an, wo sich früher ein Schmuckstück oder ein Kopfputz aus einem anderen Material befand. Die Löcher in den Ohrläppchen dienten der Befestigung von Ohrschmuck. Eine kleine Ausbeulung des Bauches deutet vielleicht auf Fruchtbarkeitsvorstellungen hin.

Dieses Stück ist wegen der Schönheit der Linienführung und der Harmonie der Einzelteile zu bewundern. Das Gesicht ist durch die breiten Backen- und Kieferknochen und durch die vorspringende Nase gekennzeichnet. Kopf und Taille kontrastieren mit den breiten Schultern und Hüften; Brust, Bauch und Gesäß sind etwas angehoben, was den Eindruck von Bewegung erweckt.
ARTE 1981, S. 4; MEXICO 1986, S. 39–40
Farbabbildung S. 80

3.190 DREIFUSSSCHÜSSEL

Keramik, polychrom bemalt, H 7,6 cm, D 18,7 cm
El Salvador, San Salvador, 600–900 n. Chr., Periode III
Museum für Völkerkunde Wien 54665, Sammlung L. Adam

Flache zylindrische Schale mit leicht ausgestelltem Rand und drei flachen, rechteckigen Standfüßen. Auf cremefarbenem Überzug an der Außenseite stilisierte Agavenmotive in rotbraun und dunkelbraun. Die Bemalung spiegelt den starken Einfluß der Maya-Kultur auf die benachbarten Kulturen El Salvadors während der spätklassischen Periode wieder.
FEEST 1975, Kat.-Nr. 145

3.191 HACHA

Stein, H 30,5 cm, B 17 cm
El Salvador, 600–900 n. Chr., Periode III
Museum für Völkerkunde Wien 54678, Sammlung L. Adam

Flache Steinskulptur in Form eines Affenkopfes, dessen von hinten auf die Stirn greifende Hand einen Griff bildet.

Die Zuordnung dieses Steingeräts zu den Ausrüstungsgegenständen für das mesoamerikanische Ballspiel ist im Hinblick auf deutliche Unterschiede der Form fraglich. Wie bei anderen Stücken dieser Art aus El Salvador fehlt die für die nördlicheren Formen typische Auskehlung an der Hinterseite. Andererseits ist der prägende Maya-Einfluß in stilistischer Hinsicht eindeutig.
FEEST 1975, Kat.-Nr. 19

3.192 RÄUCHERGEFÄSS

Keramik, polychrom bemalt, H 47 cm, D 29,5 cm

Kat.-Nr. 3.192

Kat.-Nr. 3.193

El Salvador, Zapotetan, Maya-Kultur, 600–900 n. Chr.
Museum für Völkerkunde Wien 54648 a, Sammlung L. Adam

An der Vorderseite eines dickwandigen, zylindrischen Gefäßes mit leicht abgesetztem, konischem Rand sind das Gesicht und die stilisierte Figur des Maya-Sonnengottes Kinich Ahau appliziert, dessen große Augen von der für ihn charakteristischen Schleife umgeben sind. Etliche der Zierelemente, die deutliche Reste der polychromen Bemalung zeigen, sind abgebrochen.

Der Sonnengott ist offenbar nur eine der Erscheinungsformen des Himmelsgottes Itzamna, des Herrn von Tag und Nacht, dem auch die Erfindung der Schrift zugeschrieben wurde.

MUSEUM 1980, S. 231; FEEST 1975, Kat.-Nr. 148
Farbabbildung S. 79

3.193 KOPFFÖRMIGER ANHÄNGER

Jade, H 4,4 cm
Mexiko, Olmeken-Kultur, 1200–700 v. Chr., Mittlere Vorklassik
MAM 3176

Anhänger in Form eines rechteckigen Menschenkopfes mit nach hinten gebogenem Schädel. Die Mundwinkel sind nach unten gezogen, die Augenbrauen mit Flammenmotiven verziert. Eine wulstige Ausbuchtung an der Stirn ist wohl eine schematische Darstellung des deformierten Schädels. Die Nasenscheidewand und die Ohrläppchen sind durchstochen, um den entsprechenden Schmuck anzubringen.

Die plattgedrückte, etwas nach oben gezogene Nase erinnert an eine Raubkatze.

CABELLO 1980 b, S. 30; MEXICO 1986, S. 43; MUSEO 1984, Dia 1

3.194 SITZENDE FIGUR

Keramik, H 16,6 cm, B 14,2 cm
Mexiko, Olmeken-Kultur, 1200–400 v. Chr., Mittlere und Späte Vorklassik
MAM 85/1/17, Sammlung Michael Simon

Sitzende Männergestalt mit gespreizten Beinen und ausgebreiteten Armen. Der längliche Kopf zeigt die klassische Schädeldeformation und trägt einen Kopfputz oder eine Frisur in Form eines umgekehrten T im Hochrelief, die Rückseite ist glatt. In die Augen ist ein kleines Loch eingestochen, um die

Kat.-Nr. 3.195

Pupille anzudeuten. Unter der Hakennase ist der Mund halb geöffnet, wobei eine Erhebung auf der Oberlippe der Gestalt katzenähnliche Züge gibt. Der Körper ist schematisiert, es ist jedoch ein Fettsteiß zu erkennen.

Diese Figuren findet man nicht nur im Kerngebiet der Olmeken, sondern in allen Gebieten Zentral- und Südwestmexikos, auf die ihre Kunst ausgestrahlt hat.
MEXICO 1986, S. 44

3.195 ANTHROPOMORPHE FIGUR

Keramik, H 8,6 cm, B 5,1 cm
Mexiko, Olmeken-Kultur, 1200–400 v. Chr., Mittlere und Späte Vorklassik
MAM 85/1/163, Sammlung Michael Simon

Wahrscheinlich weibliche, sitzende Figur mit den Beinen im Schneidersitz und mit den Händen auf den Knien. Der längliche Kopf zeigt die typische Schädeldeformation. Der Kopfputz bzw. die Frisur trägt vorne und oben eine netzartige Verzierung, während hinten einige eingeritzte Linien das Haar anzudeuten scheinen. Die Figur hat ein feingeschnittenes Gesicht, fast geschlossene Augen, eine dreieckige Nase und einen halboffenen Mund mit einer Erhebung auf der Oberlippe, die an eine Katze erinnert. An Lippen und Händen und am Stirnband sind noch rote Farbreste zu sehen.

Die sitzende Haltung wird auch von den Gestalten auf den Altären der Olmeken eingenommen und steht im Zusammenhang mit jener der Oberschicht in anderen Kulturen, wie der Maya-Kultur, wo sie mit ranghohen Personen in Verbindung gebracht wird.
MEXICO 1986, S. 45

3.196 MÄNNLICHE FIGUR

Jade, H 7,7 cm
Mexiko, Olmeken-Kultur, 1200–700 v. Chr., Mittlere Vorklassische Periode
MAM 3175

Die Figur stellt einen mit gekreuzten Beinen sitzenden Mann dar, dessen Hände auf den Knien ruhen. Das rechteckige Gesicht zeigt einen markanten Unterkiefer und die typische Schädeldeformation. Die nach oben gezogene Oberlippe erinnert an das Gesicht des Jaguars. Zwei Durchbohrungen an den Schultern deuten an, daß dieses Stück am Hals getragen wurde.
CABELLO 1980 b, S. 28; MEXICO 1986, S. 43
Farbabbildung S. 80

3.197 ANTHROPOMORPHE FIGUR

Keramik, H 38 cm
Mexiko, Westmexikanische Kultur, Nayarit-Stil, 500 v. Chr.–200 n. Chr., Späte Vorklassik und Frühe Klassik
MAM 2662

Menschliche Figur, mit einer Tunika und einem Umhang bekleidet, den sie mit den Händen festhält. Der Schädel ist deformiert oder in einen konischen Kopfschmuck gezwängt, an dessen oberem Ende die Öffnung zum Füllen des hohlen Kopfes angebracht ist.

Diese Art von Figuren stellten häufig Grabbeigaben dar.
ARTE 1981, S. 2; CABELLO 1980 b, S. 49; MUESTRA 1984, Abb. 227

3.198 SITZENDER MANN

Keramik, H 44 cm, B 27,3 cm
Mexiko, Westmexikanische Kultur, Colima-Stil, 200–600 n. Chr., Frühe und Mittlere Vorklassik
MAM 85/1/118, Sammlung Michael Simon

Das Gefäß zeigt eine sitzende, männliche Gestalt, deren Hände auf den Beinen ruhen. Der deformierte Kopf ist mit einem Kopfputz aus zwei senkrecht eingeritzten und bemalten Streifen geschmückt, an deren Ende eine Ausbeulung in Form

Kat.-Nr. 3.197

Kat.-Nr. 3.199

eines »Hornes« auf der Stirn erscheint. Der Körper ist schematisch dargestellt und trägt eine Brustplatte mit mandelförmigen Elementen. Ein breiter Lendenschurz und die rote Körperbemalung vollenden die Figur.

Der Kopfschmuck scheint der eines Kriegers zu sein, wahrscheinlich haben wir es mit einer wichtigen Persönlichkeit in Kriegsbemalung zu tun.
MEXICO 1986, S. 74
Farbabbildung S. 80

3.199 ANTHROPOMORPHES GEFÄSS

Keramik, H 30,3 cm, B 20,3 cm
Mexiko, Westmexikanische Kultur, Colima-Stil, 200–600 n. Chr., Frühe und Mittlere Vorklassik
MAM 85/1/99, Sammlung Michael Simon

Das Gefäß zeigt eine mißgebildete Person im Schneidersitz, deren Hände auf den Beinen ruhen. Sie trägt einen Lendenschurz und ein kleines Cape über der rechten Schulter, die linke bleibt frei. Das Stück zeugt von großem Realismus und feinem Kunsthandwerk. Die Brust, der Unterleib, die Wölbung am Rücken und die kurzen Glieder erinnern an einen Zwerg, der in der westmexikanischen Kultur sehr oft dargestellt wurde. Diesen seltsamen Wesen wurden magisch-religiöse Kräfte zugeschrieben.
MEXICO 1986, S. 75

3.200 SITZENDER MANN

Keramik, H 31,1 cm, B 16,8 cm
Mexiko, Westmexikanische Kultur, Colima-Stil, 200–600 n. Chr., Frühe und Mittlere Klassik
MAM 85/1/96, Sammlung Michael Simon

Gefäß in Form eines sitzenden Mannes mit angezogenen Beinen, auf denen der linke Arm ruht. Der rechte Arm liegt wiederum auf dem linken, die Hand auf der Schulter. Der nach vorne gebeugte Rücken trägt einen länglichen Kopf mit zwei parallelen, abgerundeten Ausbuchtungen an der Seite und einer kleinen, hornähnlichen Beule auf der Stirn. Die Ohrläppchen sind durchstochen, um Schmuck dar-

Kat.-Nr. 3.201

Kat.-Nr. 3.203

an zu hängen. Rippen und Wirbel sind deutlich herausgearbeitet.

Der Mann trägt einen Helm. Die besondere Ausarbeitung von Rippen und rundem Rücken erinnert uns an die späteren Schamanenskulpturen aus Costa Rica oder gar aus der Karibik.

MEXICO 1986, S. 76

3.201 FIGURALPFEIFE

Keramik, H 18,6 cm, B 6 cm
Mexiko, Westmexikanische Kultur, Colima-Stil, 500–200 n. Chr., Späte Vorklassik und Frühe Klassik
MAM 85/1/71, Sammlung Michael Simon

Blasinstrument in Form eines breitbeinig stehenden Mannes mit nach vorne gebeugten Armen, die Hände halten Rasseln. Auf dem Kopf trägt er einen helmartigen Kopfputz mit einem zum Teil abgebrochenen Federschmuck in der Mitte und mit einem bis zum Rücken reichenden Nackenschutz. Er trägt einen langen Lendenschurz, der die Vorderseite bedeckt, und wahrscheinlich mit Schellen an Knöcheln und Knien geschmückte Schienbeinschoner sowie eine Halskette, doppelte Armreifen und runden Armschmuck. Durch die Stellung der Arme und Beine wird der Eindruck von tänzerischer Bewegung hervorgerufen. Die Schellen an Armen und Beinen verwandeln den Mann in ein »wandelndes Instrument«.

MEXICO 1986, S. 51

3.202 FIGURALPFEIFE

Keramik, H 9,3 cm, B 7,6 cm
Mexiko, Westmexikanische Kultur, Colima-Stil, 500 v. Chr.–200 n. Chr., Späte Vorklassik und Frühe Klassik
MAM 85/1/47, Sammlung Michael Simon

Blasinstrument in Form eines Mannes im Schneidersitz, der eine runde Trommel schlägt. Der Kopfputz mit einer konischen Ausbuchtung wird von einem breiten Band unter dem Kinn gehalten. Die Person hat Mandelaugen, eine Hakennase, an der anscheinend ein runder Nasenring hängt, sowie einen halbgeöffneten Mund. An einem Gürtel ist hinten ein

einfacher und vorne ein doppelter Lendenschurz befestigt. Armreif, Halskette und Ohrschmuck wurden aufmodelliert.
Der Mann trägt wohl die Kleidung der Musiker bei einem Fest oder einer Zeremonie.
MEXICO 1986, S. 61

3.203 FIGURALPFEIFE

Keramik, H 14,3 cm, B 12,6 cm
Mexiko, Westmexikanische Kultur, Colima-Stil, 500 v. Chr.–200 n. Chr., Späte Vorklassik und Frühe Klassik
MAM 85/1/19, Sammlung Michael Simon
Blasinstrument in Form eines breitbeinig stehenden Mannes, der die Knie leicht beugt. Ein Arm ist ausgestreckt, der andere gebeugt, um ein längliches Objekt zu halten. Er ist mit einem breiten Gürtel, an dem vorne ein langer bemalter Schurz hängt, einer breiten Halskette, Armreifen an den Handgelenken und Beinreifen an den Knien bekleidet. Auf dem Rücken trägt der Mann ein Gefäß mit vier runden Löchern.
Kleidung und Haltung dieser Person mögen auf einen rituellen Tanz hinweisen.
MEXICO 1986, S. 51

3.204 HUNDEFIGUR

Keramik, H 26,5 cm, B 18,6 cm
Mexiko, Westmexikanische Kultur, Colima-Stil, 200–600 n. Chr., Frühe und Mittlere Klassik
MAM 85/1/111, Sammlung Michael Simon
Diese Hundestatuette wurde mit großem Realismus modelliert; es ist eine wahrhaftige Tonplastik eines für Amerika sehr typischen Hundes, der *Tepezcuintle* genannt wurde.
Diese Hunde hatten eine große Bedeutung als Schoßtiere, als Nahrung und als Teil der mythischen Vorstellungswelt.
MEXICO 1986, S. 79

3.205 DOPPELGEFÄSS MIT ZWEI ENTEN

Keramik, H 16,1 cm, B 21,7 cm
Mexiko, Westmexikanische Kultur, Colima-Stil, 200–600 n. Chr., Frühe und Mittlere Klassik
MAM 85/1/107, Sammlung Michael Simon
Die Form ist modelliert, die Details sind eingeritzt. Die Behandlung der Oberfläche und die Durchbildung der Figuren schaffen hier ein Meisterwerk der Keramikkunst.
Bei den vorkolumbischen Kulturen Amerikas erfuhren die dualen, gegensätzlichen Phänomene in der Natur eine besondere Verehrung, aber auch die eineiigen und siamesischen Zwillinge bei Mensch und Tier. In der Mythologie erzeugt der Gegensatz neue Formen, ist also die Antriebskraft des Kosmos.
MEXICO 1986, S. 80

Kat.-Nr. 3.206

3.206 MASKE

Grüner Stein, weiß marmoriert, H 15 cm, B 13,5 cm
Mexiko, Westmexikanische Kultur, Mezcala-Stil, 500 v. Chr.–200 n. Chr., Späte Vorklassik und Frühe Klassik
MAM 85/1/87, Sammlung Michael Simon
Maske in Form eines menschlichen Kopfes mit kleiner Vogelfigur auf der Stirn. Eine breite Rille am hinteren Teil diente zur Befestigung an einem Ständer. An den Durchbohrungen an beiden oberen Ecken konnte man die Maske aufhängen.
MEXICO 1986, S. 72

3.207 SITZENDER MANN

Keramik, H 29,7 cm, B 22 cm
Mexiko, Golfküste, Ende der Späten Remojadas I Phase, Anfang von Remojadas II, 400–900 n. Chr.
MAM 81/1/128, Sammlung Michael Simon
Die Figur stellt einen sitzenden Mann mit rechtwinklig

Kat.-Nr. 3.207

Kat.-Nr. 3.209

angezogenen Beinen dar. Die linke Hand ruht auf dem Knie, die abgebrochene Rechte könnte etwas gehalten haben. Drei Rillen am Kopf und die Durchbohrungen an den Ohren dienten vielleicht als Halterungen für anderen Schmuck.
MEXICO 1986, S. 48

3.208 KOPF

Dunkelockerfarbiger Sandstein mit schwarzer und roter Farbe, H 11,4 cm, B 12,2 cm
Mexiko, El-Tajín-Kultur, Späte Remojadas II Phase, 500–900 n. Chr., Mittlere und Späte Klassik
MAM 85/1/92, Sammlung Michael Simon

Menschlicher Kopf mit sehr beschädigtem Kopfputz. Dort, wo sich das Haar befindet, erkennt man verschiedene Löcher, in denen vielleicht Federn oder Papierstreifen steckten. Das feingeschnittene Gesicht hat tiefliegende Augen, große Nasenflügel und einen offenen Mund.
MEXICO 1986, S. 114–115

3.209 KOPF EINES ALTEN MANNES

Dunkelgrüner Stein, H 19,5 cm, B 9 cm, T 14,5 cm
Mexiko, El-Tajín-Kultur, 500–700 n. Chr., Mittlere Klassik
Museum für Völkerkunde Wien 12414, Sammlung Münz- und Antikenkabinett, ex Sammlung Maximilian von Mexiko

Ein unnatürlich flachgedrückter menschlicher Kopf zeigt das ausdrucksstarke Gesicht eines alten Mannes mit Falten um die tiefliegenden Augen und den geöffnetem Mund, aus dem die Zunge heraushängt. An seiner Hinterseite weist der Kopf eine Auskehlung auf, die an den Typus der gerade in der Tajín-Kultur weitverbreiteten »Hachas« erinnert.

Die Deutungen, die von der Darstellung eines Toten zu der des Feuergotts reichen, sind ungenügend abgesichert; die herausragende Qualität der Skulptur ist unbestritten.
FUHRMANN 1922, Tafel 8; KELEMEN 1956, S. 116, Fig. 68 b; ANTON 1965, Abb. 71; BECKER-DONNER 1965, S. 40, Tafel V; FEEST 1966

3.210 HACHA IN FORM EINES TRUTHAHNS

Graues vulkanisches Gestein, H 25 cm, B 15,5 cm, T 15,5 cm

Kat.-Nr. 3.211 a

Kat.-Nr. 3.211 b

Mexiko, Puebla, Teziutlán, El-Tajín-Kultur, 700–900 n. Chr., Späte Klassik
Museum für Völkerkunde Wien 59153, Sammlung Philipp J. Becker

Die frontale Darstellung eines ein Rad schlagenden Truthahns zeigt den Kopf mit gekrümmtem Schnabel, ringförmigen Augen und Kamm über dem vorgewölbten Bauch, darunter stilisierte Beine (von denen eines abgebrochen ist) und seitlich ornamental aufgelöstes Gefieder. Das Rad bildet eine halbkreisförmige Platte, deren Schmalseiten reliefiert sind. An der unteren Hinterseite befindet sich eine Auskehlung.

Die nach ihrer spitz zulaufenden Form als »Hachas« (»Beile«) bezeichneten Gegenstände gelten als (Nachbildungen von) Ausrüstungsgegenstände(n) für das mesoamerikanische Ballspiel, wobei die Auskehlungen wohl zur Befestigung gedient haben.
BECKER-DONNER 1965, S. 40, Tafel 27

3.211 PALMA

Grauer Stein, H 48,2 cm
Mexiko, El-Tajín-Kultur, 700–900 n. Chr., Späte Klassik
MAM 2618

Kopf aus zwei aneinandergefügten Profilen: das rechte stellt ein Gesicht mit großen Nasenlöchern und halboffenem Mund dar, das linke zeigt einen toten oder abgehäuteten Menschen mit leeren Augenhöhlen, bei dem der Mund in den Unterkiefer übergeht. Aus dem Mund hängt eine lange Zunge oder Volute, die um das Gesicht herumgeht und an der Spitze abgeknickt ist; darauf sind andere Voluten eingeritzt. Beide Halbgesichter tragen den gleichen Kopfputz.

Die Darstellung eines halb lebendigen, halb toten Menschen repräsentiert die Idee der Dualität, der Verbindung von Gegensätzen, die etwas Neues erschafft. Dieser Typ von Skulpturen, als »Palma« bekannt, steht im Zusammenhang mit dem Ballspiel, einer rituellen Darstellung des Weges der Sonne am Himmel und des Aufeinanderprallens der himmlischen und unterirdischen Kräfte.
ARTE 1981, S. 5; CABELLO 1980 b, S. 103; MEXICO 1986, S. 118; MUSEO 1984, Dia 5

3.212 DECKEL EINES RÄUCHERGEFÄSSES

Keramik, H 17,1 cm, B 25,1 cm

Kat.-Nr. 3.214

Kat.-Nr. 3.215

Mexiko, Teotihuacan-Stil, 400–700 n. Chr., Periode III, Klassik
MAM 85/1/119

Deckel eines Räuchergefäßes mit der Darstellung eines sitzenden Menschen zwischen zwei Vögeln, über denen man Glyphen erkennt. Der grob durchgebildete Mann sitzt auf dem Deckel. Sein dreieckiger Kopf trägt einen fächerförmigen Kopfputz. Der Umhang, der den ganzen Körper bedeckt, scheint aus Federn zu bestehen. Die Vögel und die Glyphen sind aus Ton gemodelt und an der Figur mit demselben Material angebracht.

Die Glyphen zu beiden Seiten des Mannes scheinen stilisierte Abbildungen der »Glyphe C« der Zapoteken-Kultur Monte Albans zu sein, die Alfonso Caso als Jaguarschematisierung entzifferte.

MEXICO, 1986, S. 93

3.213 TELLER

Keramik, bemalt, poliert, D 23 cm
Mexiko, Aztekische Kultur, 1400–1521 n. Chr.
Museum für Völkerkunde Wien 59538, Sammlung Philipp J. Becker

Der flache Tonteller mit konvexem Boden und leicht ausgestelltem Rand besteht aus hellbraunem Ton und ist mit einer cremefarbenen Engobe überzogen. Die Oberseite und der Unterrand sind fleckig orange grundiert und in rot- und dunkelbraun bemalt. Den blanken Spiegel umgibt ein Band mit vier Abschnitten, in denen rot- und dunkelbraune Stufenbänder abwechseln.

3.214 DREIFUSSSCHALE

Keramik, bemalt, poliert, D 18 cm, H 7,5 cm
Mexiko, Aztekische Kultur, 1400–1521 n. Chr.
Museum für Völkerkunde Wien 59858, Sammlung Philipp J. Becker

Eine kleine Schüssel mit drei auswärts gestellten, flachen Standfüßen aus braunem Ton, der mit cremefarbener Engobe überzogen ist. Über einer orange Grundierung ist rot- und dunkelbraune Bemalung angebracht, wobei ein geviertelte s, umlaufendes Band Stufen- und Hakenmotive zeigt, während im Spiegel ein abstraktes, dreiachsiges Zeichen zu sehen ist.

Die Leuchtkraft der Farben wird durch den hellen Überzug bewirkt, der durch die Grundierung scheint.

3.215 INSEKT

Spondylus-Schale, L 8,1 cm, H 4,3 cm
Mexiko, Aztekische Kultur, 1400–1521 n. Chr.
Museum für Völkerkunde Wien 12444, Sammlung Münz- und Antikenkabinett, ex Sammlung Maximilian von Mexiko

Aus einem dicken Stück der Schale einer Spondylus-Muschel ist die Figur eines Insekts ausgeschnitten, das sowohl als Biene wie auch als Schmetterling identifiziert worden ist. Die Binnenzeichnung erfolgt durch tiefe Einschnitte, wobei der Kopf überproportional dargestellt ist. Der Gegenstand war wohl ein Zierat, der an drei Durchbohrungen auf einer Unterlage befestigt war. Spondylus-Schalen genossen in aztekischer Zeit hohe Wertschätzung.

NOWOTNY 1961, S. 132–134, Tafel III; BECKER-DONNER 1965, S.7

3.216 BEMALTE FEUERSTEINKLINGE

Feuerstein, schwarze und Spuren roter Bemalung, L 12 cm, B 5 cm
Mexiko, Puebla, Partido de Tehuacan, Zapotitlan, Aztekische Kultur, 1400–1521 n. Chr.
Museum für Völkerkunde Wien 59435, Sammlung Philipp J. Becker

Eine spitzovale, gräulich-weiße Feuersteinklinge, die im unteren Drittel zwei seitliche Einkerbungen zur Halterung einer Schäftung aufweist, zeigt beiderseits Reste von Bemalungen, wobei schwarze Umrißzeichnungen teilweise rot ausgefüllt waren. Eine Seite zeigt einen Totenschädel, die andere, schlechter erhaltene ein Band mit Knoten.

Der Sammlerangabe des 19. Jahrhunderts »Opfermesser« (»couteau de sacrifice«) ist durchaus Glauben zu schenken. Die Assoziation von Feuersteinmessern mit Totenkopfdarstellungen erscheint in altmexikanischen Bilderhandschriften wie auch in anderen mittlerweile gefundenen archäologischen Belegstücken.
NOWOTNY 1961, S. 122, Tafel 6

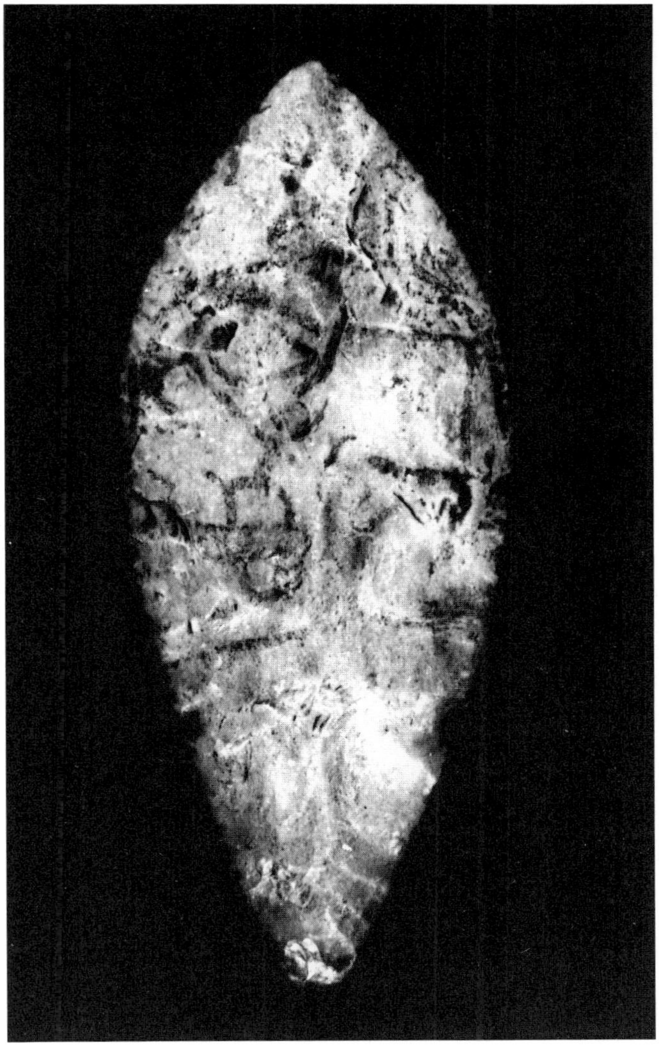

Kat.-Nr. 3.216

3.217 TEPONAZTLI

Eichenholz, L 27 cm, B 73 cm
Mexiko, Aztekische Kultur, frühes 16. Jahrhundert
Museum für Völkerkunde Wien 59894, Sammlung Philipp J. Becker

Die hölzerne Zungenschlitztrommel (*teponaztli*) besteht aus einem von unten ausgehöhlten Holzzylinder, in dessen Oberseite ein H-förmiger Schlitz eingeschnitten ist, durch den zwei Zungen entstehen, die beim Spiel durch Schlag zum Klingen gebracht werden. Die Zungen sind nicht nur im Vergleich zueinander verschieden dick, sondern sind beide gegen die Mitte zu verdickt. An den Enden weist das *teponaztli* Bohrungen auf, die vielleicht zur Aufnahme einer Tragschnur gedient haben. Eine der Zungen war offenbar durch Gebrauch abgebrochen und wurde im 19. Jahrhundert wieder befestigt. Zwischen zwei umlaufenden Bordüren aus ornamentalen Ranken und Blüten an den Enden der Zylinderflächen verläuft auf einer Seite des Instruments ein Dekorstreifen mit der Darstellung von Schmetterlingen, die aus Kelchblüten trinken, die ihrerseits einem zentralen Blütenmedaillon entspringen.

Der Stil der Verzierung entspricht dem der spätesten aztekischen Zeit. Möglicherweise ist das Instrument frühkolonialen Ursprungs. *Teponaztlis* wurden in mexikanischen Dörfern gelegentlich bis ins 20. Jahrhundert als großer Schatz bewahrt.
NOWOTNY 1961, S. 123–128; CASTAÑEDA–MENDOZA 1933, S. 44 , Abb. 23 c; SAVILLE 1925, S. 65–66, Tafel XXII; BECKER-DONNER 1965, Kat.-Nr. 142

Kat.-Nr. 3.217

3.218 TEPONAZTLI

Vulkanisches Gestein, L 60 cm, B 15 cm
Mexiko, wahrscheinlich Tlaxcala, Aztekische Kultur, 1400–1521 n. Chr.
Museum für Völkerkunde Wien 6068, Sammlung Dominik Bilimek

Die steinerne Nachbildung einer hölzernen Schlitztrommel (*teponaztli*) ist rundum skulptiert. Sie hat die Gestalt eines liegenden Kriegers, dessen Körper der zylindrischen Form des *teponaztli* angepaßt ist. Der nach vorne gerichtete Kopf,

Kat.-Nr. 3.218

Kat.-Nr. 3.219

Kat.-Nr. 3.221

dessen rechtes Ohr abgebrochen ist, wird unter dem Kinn von der linken Hand gestützt, während der rechte Arm seitlich am Körper angewinkelt ist und die Hand hinter dem Ohr anliegt. Ebenso ist das rechte Bein seitlich angewinkelt, während das linke Bein an der Unterseite undeutlich markiert ist. Die linke Seite und die Oberseite werden von Schmuck- und Trachtenelementen dominiert, darunter dem Quetzalfederbinder (*quetzaltlalpiloni*) der hohen Beamten. Während an der Oberseite die Zungen des *teponaztli* markiert sind, weist die Unterseite eine Aushöhlung auf, die einerseits teilweise dem hölzernen Vorbild entspricht, andererseits möglicherweise zur Aufstellung gedient hat.

Zu der steinernen Schlitztrommel gibt es im Nationalmuseum von Mexiko eine vollständig identische Entsprechung in Holz, sowohl was die Details der Zeichnung als auch was die Länge betrifft. Da sich dieses hölzerne Ebenbild bis Anfang des 19. Jahrhunderts in Tlaxcala befand, ist eine Zuweisung der steinernen Nachbildung ebendorthin wahrscheinlich (Saville 1925, S. 71–72, Tafel XXXIVa, b).

Zungenschlitztrommeln sind ein spezifisch mesoamerikanischer Instrumententyp. In aztekischer Zeit wurden sie zur Begleitung von Liedern verwendet, wobei durch die unterschiedliche Stimmung der beiden Zungen zwei Tonhöhen gegeben waren.

BECKER-DONNER 1965, Kat.-Nr. 96, Tafel 53 a, b

3.219 KOPF DES MACUILXOCHITL

Hellgraues, vulkanisches Gestein, H 25 cm, B 19 cm, T 26 cm
Mexiko, Aztekische Kultur, 1400–1521 n. Chr.
Museum für Völkerkunde Wien 6077, Sammlung Dominik Bilimek

Das Fragment einer größeren Figur zeigt den Kopf des Gottes Macuilxochitl (»Fünf Blumen«), einem Gott des Tanzes und der Musik. Ein fein gezeichnetes Gesicht mit zylindrischem Nasenpflock, großen Ohrpflöcken und ehemals eingelegten Augen blickt aus einer Helmmaske in Form eines Vogelkopfs, dessen Schnabel abgebrochen ist, dessen Augen aber deutlich erkennbar sind. Teilweise abgebrochen ist auch der hier aus Federn gebildete große Haarkamm, der für den Gott charakteristisch ist. Seitlich hängen beiderseits zusammengesetzte Quasten aus großen Ringen.

Der Größe und Qualität des Kopfes nach zu schließen muß es sich bei der ursprünglichen Figur um eine Monumentalskulptur eines wichtigen Kultzentrums gehandelt haben.

PRÄKOLUMBISCHE KUNST 1959, Tafel 81; BECKER-DONNER 1965, Kat.-Nr. 83, Tafel 48

3.220 FRAUENGESTALT

Stein, H 35 cm
Mexiko, Aztekische Kultur, 1400–1520 n. Chr., Späte Nachklassik
MAM 2619

Auf den Fersen sitzende Frauengestalt mit den Händen auf den Knien. Sie trägt ein *quechquemitl*, ein Hemd für Frauen, das mit herunterhängenden Quasten geschmückt ist, sowie einen glatten Rock. Unter dem Kopfputz erscheint ein Stirnband aus Bändern und Kugeln, an dessen Seite zwei große Quasten hängen. Hinten erkennt man die Rückendevise *tlaquechpanyotl*, das Haar ist teils lose, teils zu zwei Zöpfen geflochten. Kleine Vertiefungen bei den Quasten weisen auf eine früher vorhandene Halskette oder auf einen Brustschmuck hin.

Dargestellt ist *Chalchiuhtlicue*, »die mit dem Rock aus Edelsteinen«, Göttin des Wassers und des Regens und somit auch der Fruchtbarkeit.

CABELLO 1980 b, S. 164, 165; MEXICO 1986, S. 136

Farbabbildung S. 80

3.221 SPIEGEL

Schwarzer Obsidian, L max. 24,8 cm, D max. 21,5 cm
Mexiko, Aztekische Kultur, 1200–1521 n. Chr., Nachklassik
MAM 9996

Kreisförmiger Spiegel mit einem kleinen Fortsatz und einem Loch.

Seit der Formativen Periode war Obsidian in Mesoamerika ein beliebtes Handelsgut und spielte bei der kulturellen Entwicklung eine bedeutende Rolle. Als Material für Gebrauchsgegenstände deutet es auf den hohen Stand des Besitzers hin. Der Spiegel wurde zu rituellen und religiösen Zwecken gebraucht. Ab der Zeit der Olmeken finden wir Spiegel auf vielerlei Abbildungen; in der Nachklassischen Periode ist er Zeichen des Gottes Tezcatlipoca, des Beschützers der Herrschergeschlechter.

MEXICO 1986, S. 113

4. SPANIEN IN DER NEUEN WELT

Regierung und Verwaltung

Mit seiner Eroberung wurde Spanisch-Amerika Teil eines Staats zentralistischer Prägung und katholischen Glaubens. Bald fügte der spanische Monarch seinen Titeln den eines »Königs der Indien« hinzu und schuf eine vielschichtige Grundlage, die dazu bestimmt war, dieses riesige Territorium zu verwalten. Des Königs persönliche Vertreter in den überseeischen Ländern waren die jeweiligen Vizekönige, deren Machtbefugnisse durch folgende Titel zum Ausdruck kamen: Gouverneur für politische Belange, Generalkapitän für militärische Angelegenheiten, Intendant der königlichen Finanzen und Präsident des königlichen Gerichtshofes. Auf der lokalen Ebene bediente sich die Administration der Vizekönigreiche freilich so weit wie möglich bereits vorhandener eingeborener Strukturen und Institutionen, sobald die einheimischen Eliten entweder ausgeschaltet oder in die koloniale Oberschicht integriert worden waren.

4.1 PALAST DES VIZEKÖNIGS

Leinwand, als achtteilige Spanische Wand montiert, 184 x 488 cm
Anonym, Mexiko, 2. Hälfte des 17. Jahrhunderts
MAM 207, Sammlung des Marquis de Sabasona
Ausstellungen: Sevilla 1982; Cáceres 1984/85; Madrid 1985; Valladolid 1985

Die Spanische Wand mit acht gleich großen Flügeln zeigt zwei sehr unterschiedliche Ansichten der Stadt Mexiko. Die fünf rechten Flügel stellen einen Teil des Hauptplatzes mit der Hauptfassade des Palastes dar, die restlichen drei zeigen eine der Promenaden bzw. einen öffentlichen Garten Mitte des 17. Jahrhunderts. In beiden Fällen sind die Szenen abgeschnitten, die beiden Themen haben nichts miteinander zu tun.

Der Malstil des unbekannten Künstlers entfernt sich sehr von dem, der in der zweiten Hälfte des 17. Jahrhunderts Mode war: leichte, farbenreiche Gemälde nach der Art des Cristobal de Villalpando oder des Juan Correa. Der Maler war sicherlich von der »Namban«-Kunst beeinflußt, einer japanischen Malerei mit europäischem Einschlag, was besonders bei den unregelmäßigen Formen deutlich wird. Die Wolken etwa verteilen sich im ganzen Bild, ohne einen Zusammenhang mit den dargestellten Themen zu zeigen.

Der interessanteste Teil des Bildes ist die Darstellung der Ostseite des Hauptplatzes mit der Hauptfassade des Palastes, bevor er von einem Feuer zerstört wurde, das bei den Tumulten des Jahres 1692 ausbrach. Der Ort, auf dem der Palast steht, war seit der Zeit der Konquista berühmt. Hier standen die »neuen Häuser« des Moctezuma, die in den Besitz von Hernán Cortés übergingen und seinem Sohn Martín 1562 vom

Kat.-Nr. 4.2

König abgekauft wurden, um das Gebäude zu erbauen, das die öffentliche Verwaltung beherbergen sollte: das königliche Gefängnis, das königliche Finanzamt, die Kasse und andere staatliche Einrichtungen sowie die Wohnungen des Vizekönigs. Verschiedene Zeichnungen aus dem letzten Viertel des 16. Jahrhunderts, die im Indienarchiv in Sevilla aufbewahrt werden, zeigen verschiedene Versionen dieser Fassade, die zu Anfang anscheinend nur aus einem großen Tor mit Säulen bestand, mit einer Inschrift auf dem Ziergiebel: PHILIPUS REX HISPANIARUM ET INDIARUM 1564, wie sie in einer dieser Zeichnungen (ohne Datumsangabe) zu sehen ist und wie sie noch im Jahre 1666 von Isidro de Sariñana festgehalten worden ist. Später gab es, wie hier im Bild zu sehen, zwei Eingangstore zu den drei Höfen, um die herum, so die Geschichtsschreibung, die vielen Nebengebäude gruppiert waren. Von draußen konnte man das Gefängnisfenster sehen – man erkennt im Gemälde hinter den Gitterstäben einige Leute – und ebenfalls den Balkon der Räume der Vizekönigin. Das Gebäude wird von einem Glockenturm mit Uhr und einer großen Glocke gekrönt, die, der Legende nach, des Landes verwiesen, aus Spanien kam, vom König selbst dazu verurteilt, nie mehr zu schlagen, als Strafe für ihr seltsames Verhalten an ihrem Ursprungsort.

Am rechten Rand sieht man neben dem Palast den Wassergraben, der an der »Plaza del Volador« bzw. »Plaza de la Universidad«, deren Fassade man im Hintergrund erkennt, vorbeiführt. Auf dem Hauptplatz sehen wir verschiedene Verkaufsstände, die später den Markt »El Parián« bilden sollten. Die große Zahl von Holzständen war der Grund für manche Feuersbrunst; sie wurden daher oft verboten; nachdem sie während der Tumulte des Jahres 1692 völlig zerstört worden waren, wurde der Markt 1695 bis 1703 aus Mauerwerk wiederaufgebaut.

MARCO DORTA 1944, S. 70–76

Farbabbildung S. 145

4.2 ANTONIO DE MENDOZA

Leinwand, 41 x 33 cm
Signiert in der rechten unteren Ecke: »Ramón Torre 1786«
Beischrift unten: »Nr.1. Im Jahre 1534 kam Seine Excellenz Don Antonio de Mendoza, Graf von Tendilla, an und erhielt als erster den Titel eines Vizekönigs und Oberbefehlshabers von Neu-Spanien. Er regierte bis zum Jahre 1549, in welchem er Vizekönig von Peru wurde«
Ramón Torres, Mexiko, 18. Jahrhundert
MAM 40, erworben 1944

Brustbild in leicht gedrehter Haltung. Der Vizekönig wird nach dem allgemein üblichen Schema dargestellt, ohne daß der Künstler irgend etwas Neues verarbeitet hätte. Er wiederholt dasselbe Schema in den Porträts der Vizekönige Luis de Velasco und Gastón de Peralta. Wie auch weitere Porträts im Nationalmuseum für Geschichte in Mexiko zeigen, konzentrierte sich der Künstler auf die Ausarbeitung des Gesichts des Dargestellten, das durch die weiße Halskrause aus dem neutralen Hintergrund, in dem nur das Wappen zu erkennen ist, hervorgehoben wird. Alle drei Vizekönige tragen das Kreuz des Sankt-Jakobs-Ordens auf der Brust.

Die Zahl 1 vor der Beischrift beweist, daß dieses Gemälde Teil einer Serie war, die Zahl 2 auf der Rückseite bezieht sich wohl auf ein erstes Bild, das Hernán Cortés dargestellt haben muß, da er, obwohl nicht Vizekönig, der erste Oberbefehlshaber und Gouverneur in Mexiko gewesen ist, ein Amt, das er noch während der Regierungszeit Mendozas ausübte, der wohl aus Rücksicht auf den Konquistador nicht zum Oberbefehlshaber ernannt wurde.

Antonio de Mendoza, um 1493 in Granada geboren und 1535 von Kaiser Karl V. zum Vizekönig von Neu-Spanien und zum Präsidenten des königlichen Gerichtshofs von Mexiko ernannt, zog am 14. November 1535 feierlich in Mexiko ein. Er nahm an der Erkundung und Eroberung neuer Länder im Norden teil und förderte die Expeditionen des Fray Marcos de Niza und des Vázquez de Coronado auf der Suche nach den sagenhaften Städten von Cibola und die Expeditionen des Ruy López de Villalobos nach Osten bis zu den Philippinen, kümmerte sich aber auch um die alltäglichen Regierungsgeschäfte. Sein besonderes Interesse galt den Angelegenheiten der Indianer, den Arbeitsbedingungen, der Ausbildung und der Gesundheitsfürsorge. Das hat manche Autoren dazu veranlaßt, bei ihm die Ideologie des Franziskanerordens zu vermuten, den er auch unterstützte, z. B. beim Bau der kaiserlichen Schule von Santa Cruz de Tlatelolco, die 1537 gegründet wurde. Dort erhielten die Söhne der adeligen Indianer Unterricht von so bekannten Leuten wie Fray Bernardino de Sahagún und Fray Andrés de Olmos. Mendoza unterstützte auch die Schule von San Juan de Letrán, die von Anfang an als Schule und Krankenhaus für die Armen konzipiert war und wo Fray Pedro de Gante lebte. Ein Jahr nach seiner Amtsübernahme verabschiedete er die »Verordnung zur guten Behandlung der indianischen Bevölkerung«. Zur gleichen Zeit beschäftigte er sich mit den Plänen zur Gründung einer Universität in Mexiko, die 1551 verwirklicht wurde.

Mit der Ernennung Antonio de Mendozas zum Vizekönig wurde ein altes System der Verwaltung des Königreichs Aragon für die spanischen Kolonien übernommen. Mendoza wurde 1549 zum Vizekönig von Peru ernannt, starb aber im Jahre 1552, neun Monate nach seiner Amtsübernahme.

4.3 JUAN DE ACUÑA Y BEJARANO

Leinwand, 91 x 72 cm
Anonym, Mexiko, 18. Jahrhundert
MAM 43, erworben 1949

Das Brustbild zeigt einen rotgekleideten, zur Seite gewandten Mann mit einer weißen Perücke, in der Hand einen Zettel mit der Aufschrift: »Mexiko und Februar 5. 1729. Ich stelle Herrn Dr. Joseph Manuel Molledo vor: wünscht vorzusprechen«. Auf seiner Brust trägt Acuña das Kreuz des Sankt-Jakobs-Ordens, das ihm 1679 verliehen wurde. Neben ihm erscheint sein Wappen auf einfarbigem Grund, der nur von einer kleinen Gardine unterbrochen wird, die wohl den Raum gemütlicher machen soll.

Dieses Bild übernimmt die Porträtierungstechnik anderer, besserer Gemälde, etwa der von Juan Rodríguez Xuarez, dessen Bilder im Mexikanischen Nationalmuseum für Geschichte zu sehen sind.

Juan de Acuña y Bejarano, erster Marquis von Casafuerte, wie sein Vater auch Juan Vázquez de Acuña genannt, wurde 1658 in Lima geboren. Er war halb Spanier, halb Peruaner und gehörte zu der kleinen Gruppe der Kreolen, der in Amerika geborenen Spanier also, die das höchste Regierungsamt, das Amt des Vizekönigs, innehatten. Er wurde 1722 von Philipp V. ernannt und blieb bis 1735 im Amt, eine der längsten Regierungszeiten eines Vizekönigs. Er unterstützte die Politik der Bourbonenkönige der ersten Hälfte des 18. Jahrhunderts, die noch nicht die Reformen von Karl III. in die Tat umgesetzt hatten. Acuña spielte eine wichtige Rolle bei der Verteidigung des Vizekönigtums von Neu-Spanien, und seine größte Mühe galt der Wiederbelebung einiger wichtiger Institutionen, die seine Vorgänger geschaffen hatten.
GARCIA SAIZ 1980 a, S. 124

Kat.-Nr. 4.3

4.4 MATIAS DE GALVEZ

Leinwand, 113 x 91 cm
Signatur: »Ramon Torres pinxi«
Ramón Torres, Mexiko, 18. Jahrhundert
MAM 84/6/1, erworben 1984
Ausstellungen: Cáceres 1984/85; Sevilla 1985/86

Der Vizekönig sitzt an seinem Schreibtisch in sehr starrer Haltung, ein Ergebnis der schlechten Technik des Malers, von dem man nur wenige Werke kennt, die meisten sind Kopien, besonders die Porträts. Die lebendigen Farben und die flächenhafte Darstellung erwecken beim Betrachter den Eindruck von Volkskunst. Der Kontrast zwischen den roten Hosen und dem schwarzen Wams sowie die Goldstickereien sind das hervorstechendste Merkmal des Bildes. Außer Galvez selbst ist rechts unten noch sein Wappen zu sehen und ein großes Blatt auf seinem Schreibtisch, auf dem einige seiner Amtshandlungen während seiner kurzen Regierungszeit vermerkt sind.

Matías de Gálvez wurde in Macharaviaya, einem Dorf bei Malaga, geboren und war zwischen 1782 und 1784 Vizekönig von Neu-Spanien. Er kam 1778 als Generalinspekteur und zweiter Kommandant von Guatemala nach Amerika; ein Jahr später wurde er Präsident der Audienz in Guatemala, und 1781 führte er als Feldherr Krieg gegen die Engländer.

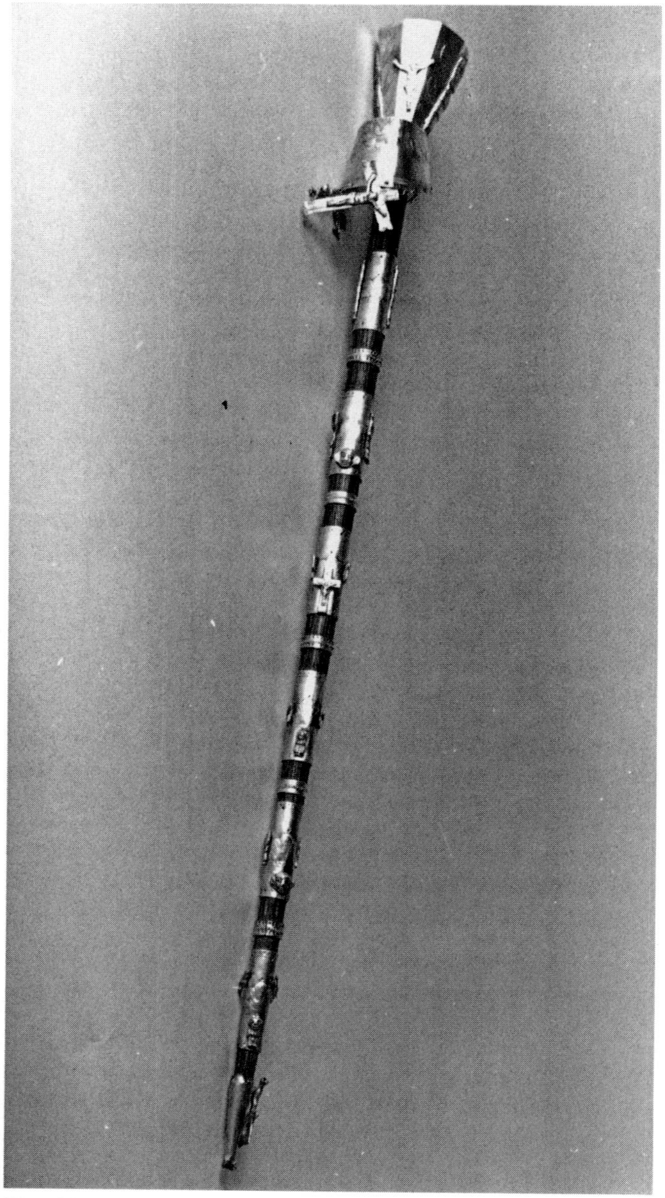

Kat.-Nr. 4.5

Er war der Bruder des mächtigen José de Gálvez, des berühmten Generalkontrollors von Neu-Spanien in den Jahren 1765 bis 1771 und Minister für Amerikanische Angelegenheiten 1776. Er war der Vater von Bernardo Gálvez, seinem Amtsnachfolger als Vizekönig.
Farbabbildung S. 146

4.5 AMTSSTAB

Holz, mit Silber beschlagen, L 96 cm
Hochperu, 17. Jahrhundert
MAM 12799
Ausstellungen: Madrid 1983/84

Stab mit sechs breiten Silberbeschlägen, zwischen denen sich fünf schmale mit Kugelreihen in der Mitte und zum Teil mit zinnenartigen Rändern befinden. Auf den breiten Beschlägen sind kleine Figuren angelötet, wobei sich vorkolumbische Elemente mit zweifellos europäischen, wie z. B. einem Kreuz, verbinden.

Die eiserne Spitze, die nicht mehr die Originalspitze ist, zeigt ein Lamamotiv auf zwei Blättern und eine angeschweißte Pflanzenvolute. Unter der Spitze, mit einem Nagel am Stab befestigt, hängt eine halbkreisförmige Silberscheibe, an der kleine Figuren aus eingeborenem und christlichem Glauben angebracht sind.

An das konisch geschliffene Endstück sind eine kleine Darstellung des Gekreuzigten, zwei peruanische Gottheiten und ein Häuptling mit einem Zeremonialstab angebracht. Auf dem halbkugelförmigen Ende ein gehender Buckliger.

Der Gebrauch verschiedener Amts- oder Zeremonialstäbe war während der vorkolumbischen Zeit und auch während der Kolonialzeit sehr verbreitet. Dieser Stab, der beide Traditionen vereint, zeigt verschiedene Elemente aus den Anden, etwa das Lama, während die Götterfiguren der Tiahuanaco-Kultur nahestehen; er muß also aus Hochperu stammen.

Religion, Kirche, Mission

Für die Legitimierung der spanischen Landnahme in Amerika durch den Papst spielte die Verbreitung des Christentums unter den eingeborenen Völkern eine entscheidende Rolle. Die Verdrängung der alten polytheistischen Religionen durch den Eingottglauben wurde durch eine weitverbreitete Heiligenverehrung gemildert, unter deren Mantel (wie im Falle der Heiligen Jungfrau von Guadalupe) vorspanische Traditionen ihre Fortsetzung fanden. In manchen Regionen (wie im Bereich des Jesuitenstaats in Paraguay) kam es auch zu synkretistischen Verbindungen des alten und des neuen Glaubens. Insbesondere unter den außerhalb der Hochkulturtradition stehenden Stammeskulturen stieß das Bekehrungswerk häufig auf gänzliche Ablehnung und setzte die Missionare dem Risiko des Märtyrertodes aus.

4.6 ANKUNFT DES ERZBISCHOFS UND VIZEKÖNIGS MORCILLO IN POTOSI

Leinwand, 235 x 565 cm
In der rechten unteren Ecke die Beischrift: »In dieser kaiserlichen Stadt, am Tag des Evangelisten Markus, um drei Uhr nachmittags, am 25. April 1716 kam seine Excellenz Don Fray Diego Rubio Morcillo de Auñón, Erzbischof von La Plata und Vizekönig dieses Königreiches Peru und aus der sehr edlen Stadt Billa Rrobledo de la Mancha. Die edelsten Leute dieser Stadt, ihren Rängen nach, waren bei der Ankunft seiner

Excellenz zugegen, Bergwerksbesitzer, Amalgamiermeister. Und die anderen dieser Stadt: Händler, Offiziere und Handwerker, es waren Bürgermeister Don Francisco Gambarte und Don Pedro Navarro und Richter der General Don Francisco Tirado de Quenca. Der V(. . .) Pedro Mexia y Morcillo (. . .) Kommisar von Seiner Ma P. Ynqon (. . .) R Yorn von N (. . .) aus Andalusien N (. . .).«

Unter dem Selbstbildnis des Malers die Signatur: »Melchor Pérez de Holguín, me Fet«

Melchor Pérez de Holguín, Hochperu, 18. Jahrhundert

MAM 87, erworben 1947

Ausstellungen: Madrid 1983/84; Madrid 1985

Von der kurzen Regierungszeit des Erzbischofs Don Diego Morcillo Rubio y Auñón als Vizekönig von Peru haben wir dank der Arbeiten von Holguín und der detailgenauen Chronik von Arzans (Arzans de Orsua–Vela 1965, S. 46–60) viele Zeugnisse.

Das Gemälde, ein Prachtstück der Kunst der Kolonialzeit, zeigt den Empfang, den die kaiserliche Stadt Potosí dem Vizekönig am 25. April 1716 bereitete. An diesem nahmen entweder direkt oder als Zuschauer alle Mitglieder dieser bunten Gesellschaft und Arzans selbst teil, Augenzeugen des Geschehens wie der Maler, der sich selbst neben zwei seltsamen Personen abbildet, denen er bei einer Unterhaltung zuhört und die in einem umgangssprachlichen Ton bewundernd sagen: »Hast du je so etwas Schönes gesehen?« – »Nicht einmal in hundert und soundsoviel Jahren habe ich etwas so Großes gesehen.« Arzans nennt uns die wichtigsten Persönlichkeiten des Gefolges: »Die Richter Don Gregorio Núñez, Don Baltasar de Salamanca y Lerma, Don Francisco de Sagardia und Don Juan Bravo, Graf von Portillo, Don Juan de Ocampo, die Oberrichter verschiedener Provinzen, viele Doktoren und Lehrer und die Priester verschiedener Dörfer, eine 200 Mann starke Schwadron aus dem Adel verschiedener europäischer Länder und ihrer peruanischen Söhne, Don Fernando de Almanza, Gouverneur in Tucumán, und sein Schwager Don Bernardo Ponce de Leon, sein Fähnrich (beide aus der Stadt Buenos Aires), Don Silvestre de Briñas aus Santiago und Don Antonio Diaz Jordán und viele andere. Und dies alles von den Gesichtern und der Anmut des weiblichen Geschlechts, der Zierde der Welt, betrachtet.«

Das Fest dauerte die ganze Nacht und den folgenden Tag, es fehlten weder Stierkampf noch Maskenumzüge, in denen Wahrsagerinnen und Inka auftraten. Die Stadt schmückte man mit Triumphbogen, Wandteppichen und Gemälden mit mythologischen und allegorischen Inhalten, um dem Gast zu gefallen und ihm von der gastgebenden Stadt ein gutes Bild zu geben. Unter den Gemälden waren z. B. »Der Sturz des Ikarus«, »Eros und Anteros«, »Merkur und Argos«, »Aeneas und Aquines« sowie eine Darstellung des Todes. Das alles geschah, um die Hilfe des hohen Gastes zu erhalten, besonders, daß dieser »Quecksilber schicken ließe und die Indianer der Mita [Zwangsarbeit der Indianer in den Bergwerken] ersetze«. Die mächtigen Bergwerksbesitzer scheuten dafür keine Kosten, was sie aber bald bereuten, denn Morcillo konnte seine Macht nur kurze Zeit ausüben. Schade um die 150.000 Pesos, »die besser für eine andere Sache ausgegeben worden wären«, wie der Chronist klagt. Der Maler dieses Gemäldes, das trotz seiner Größe den Charakter einer Miniatur besitzt, hat viel gearbeitet und zeigte Eigenwilligkeit bei der Auswahl seiner Modelle, bediente sich aber wie alle seine Zeitgenossen des Stiches als Inspirationsquelle. Die Aufgabe, ein historisches Ereignis zu erzählen, löste er durch gute Kenntnisse seines Metiers und benutzte dabei Verallgemeinerungen, aber auch das individuelle Porträt. Den Hintergrund bildet eine städtische Anlage, hinter der die Berge, die unendliche Mengen an Silber liefern, zu sehen sind. Dies ist die Schwachstelle des Bildes, denn es fehlt die Perspektive. Die Szenen der Feierlichkeiten werden davorgesetzt, als wären es zwei große Wandteppiche.

Das Werk ist, wie im kaum mehr zu lesenden Teil der Inschrift steht, Don Pedro Mexia y Morcillo, dem Neffen des Erzbischofs, zu verdanken, der den Auftrag vergab, um seinem Onkel zu schmeicheln, der ihm während seiner Laufbahn oft geholfen hatte.

MESA–GISBERT 1977, S. 185–195

4.7 DON PEDRO PONCE

Leinwand, 167 x 106 cm

Signatur: »Franco Alban et filius fecerunt anno 1769. Quitii«

Francisco Albán, Ecuador, 18. Jahrhundert

MAM 70, erworben 1948

Ausstellungen: Cáceres 1984/85; Sevilla 1985/86

Der Erzbischof, im Sitzen porträtiert, wendet leicht seinen Kopf in Richtung des Betrachters, den er segnet. Hinter ihm bedeckt ein schwerer Vorhang die Bildfläche. Auf dem Tisch befinden sich verschiedene Papiere, ein Buch, ein Glöckchen und ein kleines marianisches Andachtsbild.

Francisco Albán, ein bekannter Maler des 18. Jahrhunderts aus Quito, Mitglied einer Künstlerfamilie, greift hier auf das oft benutzte Mittel des Scheinrahmens innerhalb des richtigen Bildes zurück. Er setzt Don Pedro Ponce in einen ovalen Bilderrahmen, der auf einem Gestell mit dem Wappen des Erzbischofs ruht; an den Seiten erzählt eine Inschrift von seinen Tugenden. Das bisher wenig bekannte Werk Albáns zeigt die charakteristischen Züge der Anden-Schule, besonders in der Vorliebe für Goldfarbe oder Vergoldung, mit der man versuchte, dem Bild einen besonderen Glanz zu geben.

Farbabbildung S. 146

4.8 SOR JUANA DE LA CRUZ

Leinwand, 105 x 80 cm

Unten eine Inschrift: »M. R. M. S. Juana de la Cruz, Enkelin von Luis Cortés, dem Sohn des großen Hauptmannes Hernando Cortés y Monroy, dem Eroberer von Neu-Spanien, und der Doña Antonia Arranz, Erbin der Titel und Güter, die er seinen Nachkommen hinterließ, Enkelin von Doña Marina Cortés aus Tabasco, legte mit 17 Jahren ihr Gelübde in

Kat.-Nr. 4.8

Mexiko ab und gründete am 20. Oktober 1667 das Kloster von San Gerónimo«
Anonym, Mexiko, 18. Jahrhundert
MAM 42, erworben 1968
Ausstellungen: Santillana del Mar 1984; Sevilla 1985/86

Das Brustbild der Ordensschwester zeigt diese mit einer feierlichen Tracht am Tag ihres Gelübdes. Die ganze Ausschmückung des Bildes betont die Wichtigkeit des Ereignisses. Ein zwar nicht besonders auffälliges, aber wichtiges Detail ist das Ordenswappen, das die Nonnen auf ihrer Brust tragen, von denen viele herrliche Exemplare erhalten sind. Sie wurden von den bekanntesten Künstlern jener Zeit gemalt, die dabei richtige Meisterwerke der Miniaturmalerei schufen.

Das Porträt ist nicht gerade ein bevorzugtes Genre der neuspanischen Malerei, obwohl es einige Beispiele von unzweifelhafter Qualität gibt. Die Macht der Verwaltung, der Politik und der Religion behielt aber die Oberhand und wollte die Symbole der Ämter bedeutender als alle individuellen Züge dargestellt wissen. Die Zeichen der Macht, die Uniformen, Abzeichen, Orden und Trachten der Kirchenfürsten, sowie die Adelswappen, die die adelige Herkunft des Porträtierten bezeugten, bedurften größerer Aufmerksamkeit des Malers als die Person selbst. Unter allen Porträts fallen in Mexiko besonders die Darstellungen von Ordensschwestern zur Erinnerung an den Tag ihres Gelübdes auf. Zu dieser Feier erschienen die Ordensschwestern reich geschmückt, mit schönen Blumenkränzen auf dem Kopf, was zur allgemeinen Bezeichnung als »kronentragende Nonnen« geführt hat. Manchmal werden auch bei ihnen die Familienwappen dargestellt, wichtiger aber sind die langen Inschriften, in denen die bedeutendsten Ereignisse ihres Lebens oder einfach nur die biographischen Daten wiedergegeben sind.
GARCIA SAIZ 1980 a, S. 122

4.9 IMMACULATA

Leinwand, 63 x 46 cm
Signatur: »Ibarra Fact«
José de Ibarra, Mexiko, 18. Jahrhundert
MAM 21, erworben 1978
Ausstellungen: Cáceres 1984/85

Die Mutter Gottes, die das Jesuskind in ihren Armen hält, während dieses eine Lanze in den Rachen der Schlange stößt, steht auf einer Weltkugel, auf der Adam und Eva dargestellt sind. In den Wolken Gott Vater und verschiedene Cherubimgruppen, an den Seiten Blumen und in den Ecken Marien-Symbole und Bänder mit den Inschriften: »Candore Omnia vincit«, »Omnibus unus«, »Ad publica commoda vulget« und »Iuncta Arma decori«. Am oberen Rand steht ein Spruch aus dem Brevier: »Quod Heva tristis abstulit tu reddis almo gemine«.

Alle Symbole, die der Maler benutzt, dienen dazu, Maria als Überbringerin der Erlösung darzustellen, im Gegensatz zu Eva, die den Menschen die Verdammnis brachte. Ibarra hatte früher ein ähnliches Bild gemalt, mit den gleichen Motiven, aber mit anderen Modellen: Die »Virgen con Prelados« (Mutter Gottes der Prälaten) für die Kathedrale von Puebla. Inspiriert wurde dieses Gemälde von einem Werk zum gleichen Thema des italienischen Malers Carlo Maratta, das in der Kirche Santo Isidoro Agricola in Rom hängt.
GARCIA SAIZ 1980 a, S. 21
Farbabbildung S. 146

4.10 DIVINA PASTORA

Gemalt auf Kupfer, 64 x 47 cm
Signatur: « Jph. de Paez en Mexico a. D. 1770«
José de Paez, Mexiko, 18. Jahrhundert
MAM 30, erworben 1968
Ausstellungen: Cáceres 1984/85; Sevilla 1985/86; Las Palmas 1986

In der unteren Hälfte der Bildmitte sieht man die Heilige Jungfrau in Karmeliterinnentracht, die von zwei Engeln gekrönt wird; hinter ihr das Jesuskind als guter Hirte vor einem Hintergrund aus Häusern und einer Landschaft; im oberen Teil eine Reihe von Personen, die mit dem Orden in Verbindung stehen: Simon Stock, die Heiligen Cyrill von

Kat.-Nr. 4.10

Kat.-Nr. 4.11

Alexandria, Cyrill von Konstantinopel und Albert; zu deren Füßen Darstellungen von Häretikern. Im Hintergrund ist die Kirche abgebildet, die Agabus auf dem Berg Karmel erbaute. In der Mitte dieses Bildteiles erscheint die Unbefleckte als »nubecula parva«.

Von diesem Bild gibt es eine Kopie in einer Privatsammlung in Puerto Rico (Dávila 1976, S. 54). Es wird durch eine andere Malerei auf Kupfer, den »Guten Hirten«, ergänzt.

Paez hinterließ uns ein außergewöhnlich umfangreiches Werk, das viele Themen abdeckt. Man findet Paez-Bilder in den verschiedenen früheren Vizekönigreichen und Generalkapitanaten und sogar in der Hauptstadt, was für eine rege Reisetätigkeit des Künstlers spricht, die aber noch belegt werden muß.

Stilistisch gesehen verfügt der Künstler über ein breites Repertoire, jedoch hält er sich meistens an einen Stil, an dem er sowohl in personenreichen Gemälden als auch in Porträts leicht zu erkennen ist. Er stellte Ölbilder großen Ausmaßes und kleine, miniaturhafte Kupferbilder her; er hielt sich an die europäische Tradition und kopierte Motive aus früheren Epochen, besonders solche, die bei den Künstlern der Kolonialzeit großen Anklang fanden, wie die »Divina Pastora« oder die »Jungfrau der Apokalypse«.

GARCIA SAIZ 1980 a, S. 94

4.11 DIE HEILIGE JUNGFRAU VON GUADALUPE

Leinwand, 210 x 104 cm
Signatur: »Jua. de Villegas ft.«
Juan de Villegas, Mexiko, 17.–18. Jahrhundert
MAM 41, erworben 1972

In der Mitte wird die Jungfrau gemäß der weitverbreiteten Konvention dargestellt. An den Ecken die vier Erscheinungen, jeweils von einem Achteck eingefaßt. Zu Füßen der Jungfrau eine Ansicht der Stadt Guadalupe. Zu beiden Seiten der Mutter Gottes fliegen vier Engelchen mit Blumensträußen.

Kat.-Nr. 4.13

Die benutzten Farbtöne und die Motive der kleinen Szenen sowie die Behandlung der Leinwand weisen auf einen Maler Ende des 17., Anfang des 18. Jahrhunderts hin. Dieses Ölbild ist undatiert, könnte aber anhand der im Bild noch nicht vollendeten Basilika, von der wir wissen, daß sie 1709 eingeweiht wurde, datiert werden.

Das Bild der Jungfrau von Guadalupe hatte von Anfang an eine soziale und politische Bedeutung, nicht nur eine religiöse. Die Madonna stammte zwar aus Europa, aber die Eingeborenen identifizierten sich bald mit ihr, was sie zur Erbin vorkolumbischer Traditionen machte und den alten Kult von Muttergottheiten an sie band. Gleichzeitig stellte sie ein Symbol des mexikanischen Nationalismus gegenüber der spanischen Krone dar (Lafaye 1974).

Ein fast gleiches Bild, in dem nur die Engelchen fehlen, hängt in der Kirche des Piaristenordens in Madrid (Maza 1963, S. 101).

GARCIA SAIZ 1980 a, S.118

Kat.-Nr. 4.14

4.12 HISTORIA UNIVERSAL

de la primitiva, y milagrosa imagen de Nuestra Señora de Guadalupe, fundación, y grandezas de su Santa Casa . . . Fr. Francisco de S. Joseph . . . [Geschichte der wundertätigen Lieben Frau zu Guadalupe, die Errichtung und Größe ihres Heiligen Hauses . . . Fr. Francisco de S. Joseph . . .]
Madrid: Antonio Marin 1743, 25 S., 29 cm, Pergament
MAM B.U. 4408, Überseebibliothek
Ausstellungen: Cáceres 1984/85

Die Verehrung der Jungfrau von Guadalupe hatte sich schon Mitte des 16. Jahrhunderts in der Stadt Mexiko allgemein durchgesetzt, und dieser Kult war Anlaß zu vielen Berichten der zivilen Behörden, aber auch der religiösen Einrichtungen, da man darin eine Form der Auseinandersetzung zwischen den Indianern und den Spaniern sah und sogar eine zwischen den Spaniern Mexikos und jenen der Halbinsel.

Das erste gedruckte Buch, das die Geschichte der Erscheinung erzählte, wurde von Miguel Sánchez verfaßt, trug den Titel »Imagen de la Virgen María Madre de Dios de Guadalupe celebrada en su historia con la profecía del capítulo doce del Apocalipsis« [Die Hl. Jungfrau Maria und Mutter Gottes von Guadalupe, ihre ruhmvolle Geschichte und ihre Prophezeiung, bezogen auf Kapitel zwölf der Apokalypse] und wurde 1648 veröffentlicht. Schnell kamen viele andere Bücher hinzu, die das Ereignis verherrlichten und seine Bedeutung für Mexiko darlegten, wodurch die Wallfahrtsstätte eine hervorragende Stellung erlangte.

Zu diesem Thema wurden auch Predigten, Gedichte und Essays geschrieben.

4.13 KRÖNUNG DER HEILIGEN JUNGFRAU

Leinwand, 123 x 164 cm
Anonym, Anden-Schule, 18. Jahrhundert

MAM 79, erworben 1968
Ausstellungen: Madrid 1983/84; Cáceres 1984/85; Las Palmas 1986

Die Darstellungsform ist alten Stilen nachempfunden. Die Heilige Jungfrau wird im Stehen, den Drachen zertretend, gezeigt. die Heilige Dreifaltigkeit, in diesem Fall drei gleich aussehende Figuren, krönt sie; um diese Krönungsszene herum sind Brustbilder der Heiligen Josef, Johannes des Täufer, Franziskus, Antonius von Padua, der Magdalena und der heiligen Maria von Ägypten gruppiert.

Trotz der Unterschiede zwischen den vielen Künstlern, besonders jenen, die sich um die bedeutenden Künstler scharten, zeigten die Schulen im Andengebiet manche gemeinsamen Züge, z. B. die einfache Komposition und den Gebrauch des Goldes bei der Kleidung der Dargestellten.

Zur Darstellung der Heiligen Dreifaltigkeit wird hier die sogenannte »quicumque-Form« verwendet: »talis Pater, talis Filius, talis Spiritus Sanctus«. Diese Form ist bei den Künstlern des kolonialen Amerikas sehr beliebt, trotz der Ablehnung seitens des Papstes Benedikt XIV. und der Argumente in vielen Abhandlungen, wie jenen von Interian de Ayala, die dagegen sprechen. Der Erfolg dieser Darstellungsform in Amerika ist darauf zurückzuführen, daß man leicht verständliche Formen wählen mußte, um den Eingeborenen die schwerverständlichen Dogmen der katholischen Kirche zugänglich zu machen. Daher wurden mittelalterliche Darstellungsformen von hohem didaktischem Wert gewählt. Es muß aber auch erwähnt werden, daß man sie in Spanien selbst weiterhin, wenn auch in geringerem Maße, während des 17. und 18. Jahrhunderts verwendete.

4.14 VEREHRUNG DER EUCHARISTIE

Leinwand, 168 x 130 cm
Anonym, Anden-Schule, 17. Jahrhundert
MAM 85, erworben 1951
Ausstellungen: Madrid 1983/84; Cáceres 1984/85

Die große Monstranz in der Mitte des Bildes wird von vielen Personen umrahmt: Aposteln, Patriarchen und Kirchenvätern, die gerade schriftlich oder mündlich das Mysterium kommentieren. Im oberen Teil erscheint zwischen den Wolken eine Gruppe von Engeln und Cherubinen, die Bücher zu diesem Thema in den Händen halten. Diese Szene wird vom Heiligen Geist, zwischen Gottvater und Sohn postiert, beobachtet.

In den Vizekönigreichen der Anden war die Form der Eucharistie-Verehrung, eine der Grundlagen des Christentums, sehr beliebt, da man sie bei der Verteidigung der katholischen Dogmen bei Völkern, die Idole anbeteten, gut einsetzen konnte.

Dieses Gemälde ist von einer besseren Qualität als die der Maler des 18. Jahrhunderts aus Cuzco und nahm einen der Stiche aus dem »Missale Romanum«, 1598 in Madrid mit Stichen von Matthäus Grenter erschienen, als Vorlage.

Kat.-Nr. 4.16 a

4.15 PIETA

Alabaster, mehrfarbig, H 27 cm, B 21,7 cm
Peru, Ayacucho, 17. Jahrhundert
MAM 6911, erworben 1957
Ausstellungen: Madrid 1983/84; Cáceres 1984/85

Die Muttergottes wird im Sitzen dargestellt, umhüllt von einem blauen Mantel mit goldenen Sternen; auf ihrem Schoß liegt der tote Christus. Die gute Qualität des Steines aus Huamanga, dem heutigen Ayacucho in Peru, trug mit zur Gründung einer bedeutenden Bildhauerschule bei. Die Bildhauer folgten genau den spanischen Vorbildern und fertigten Skulpturen großen Ausmaßes sowie Miniaturen an, um ihre Fertigkeit in der Bearbeitung des Steines zu beweisen. Die fertigen Stücke wurden dann mehrfarbig bemalt.
Farbabbildung S. 146

4.16 DIE HEILIGEN DREI KÖNIGE UND IHR GEFOLGE (KRIPPENFIGUREN)

a) MELCHIOR
H 27 cm
MAM 6765

Kat.-Nr. 4.16 c

b) KASPAR
H 29 cm
MAM 6764
c) BALTHASAR
H 30 cm
MAM 6763
d) PAGE
H 28 cm
MAM 6834
e) DROMEDAR MIT ZWEI KISTEN UND EINER KANNE
H 26 cm
MAM 6761
f) DROMEDAR MIT ZWEI TRUHEN UND EINEM VOGEL
H 28 cm
MAM 6845
g) BELADENES DROMEDAR UND EIN AFFE
H 25 cm
MAM 6762
Holz, polychrom, Glasaugen
Quito-Schule, 18. Jahrhundert

Die Herstellung von Figurengruppen für die Krippen folgte einer spanischen Tradition, künstlerisch eng mit der neapolitanischen verbunden, und war im Quito des 18. Jahrhunderts sehr beliebt. Diese Figurengruppen, die nur selten noch vollständig sind, erlaubten die Einbeziehung vieler zeitgenössischer Elemente; gleichzeitig wurde diesen Darstellungen durch die Einbeziehung mancher gängiger Haushaltsgegenstände der Familien von Quito ein volkstümlicher Charakter verliehen.

Die Figuren zeigen die typischen Stilmerkmale: Die Kleidung ist mehrfarbig, und die Gesichter sind detailgenau gearbeitet, wobei mehr die Feinheit der Arbeit als die Ausdruckskraft der Figuren auffällt.

4.17 MANN, DER EINE TRUHE TRÄGT (KRIPPENFIGUR)

Holzschnitzerei, polychrom, Glasaugen, H 28 cm
Quito-Schule, 18. Jahrhundert
MAM 6826
Ausstellungen: Cáceres 1984/85

Die Figur trägt auf ihrer rechten Schulter eine kleine Truhe oder eine Kiste und in der rechten Hand ein Gefäß. Die Kleidung entspricht jener der armen Bevölkerung zur Zeit der Entstehung der Schnitzerei: kurze Hose und enganliegendes Wams mit über den Ellbogen hochgekrempelten Ärmeln. Der Mann läuft barfuß und trägt eine Kopfbedeckung.

4.18 BETENDE FIGUR (KRIPPENFIGUR)

Holzschnitzerei, polychrom, Glasaugen, H 22,5 cm
Quito-Schule, 18. Jahrhundert
MAM 6836

Die Figur ist kniend und mit gefalteten Händen dargestellt; sie muß also ihren Platz nahe dem Jesuskind gehabt haben. Sie trägt die im 18. Jahrhundert übliche Kleidung: langer, weiter Rock mit Blumenmustern in den Farben Gold, Blau, Grün und Rot, weißes Hemd mit rundem Kragen, dazu ein blauer Schal. Um die Stirn trägt sie ein weißes Tuch.

4.19 TRINKENDER MANN (KRIPPENFIGUR)

Holz, polychrom, H 26,7 cm
Quito-Schule, 18. Jahrhundert
MAM 6833

Während der Mann mit der rechten Hand das Trinkgefäß an die Lippen führt, hält er sich mit der linken den Hut fest, damit dieser nicht – bei der Neigung des Kopfes – zu Boden fällt. Der ganze Körper hat eine schräge Stellung, das rechte Bein ist vorgestellt und stützt sich nur auf die Fußspitze. Die Figur trägt eine grüne, kurze Hose mit einem goldenen Streifen und einem roten Muster, eine braun-schwarze Jacke und ein weißes Hemd. Der Mann läuft barfuß.

4.20 FRAU MIT FRUCHTKÖRBEN (KRIPPENFIGUR)

Holz, polychrom, Glasaugen, H 29 cm
Quito-Schule, 18. Jahrhundert
MAM 6832

Die junge Frau ist mit Opfergaben beladen. Auf ihrem Kopf trägt sie einen Korb mit Früchten, einen weiteren unter dem Arm. Ihre Kleidung besteht aus einem langen, roten Rock mit einem Blumenmuster in den Farben Rot und Gold, er wird von einem Gürtel aus grünen, roten und goldenen Bändern gehalten, von dem an der rechten Seite ein Beutel mit zwei Küken hängt.

Der sichtbare Teil des Kopfes zeigt eine Pferdeschwanzfrisur mit langem, losem Haar auf dem Rücken. Sie läuft barfuß.

4.21 FRAU MIT KORB UND KISTE (KRIPPENFIGUR)

Holz, polychrom, Glasaugen, H 29 cm
Quito-Schule, 18. Jahrhundert
MAM 6830

Die junge Frau trägt eine kleine Kiste unter dem linken Arm und einen Waschkorb auf der rechten Schulter. Ihre Kleidung besteht aus einem grünen, blau eingefaßten Rock, einer roten Gürtelschärpe mit goldenem Blumenmuster wie an der Halskrause und einem weißen Hemd mit hochgekrempelten Ärmeln. Sie trägt weiße Strümpfe, schwarze, geschlossene Schuhe und einen runden Hut.

4.22 MANN MIT FRÜCHTEKORB (KRIPPENFIGUR)

Holz, polychrom, Glasaugen, H 29 cm
Quito-Schule, 18. Jahrhundert
MAM 6828

Der Hirte ist mit einem kurzen, mit goldenen Zweigen verzierten, blauen Leibrock bekleidet, der von einem rotgoldenen Band gehalten wird. Er trägt am linken Arm und auf der rechten Schulter jeweils einen Früchtekorb. Sein Kopf ist mit einer Stoffmütze bedeckt, und er trägt schwarze Schuhe.

Kat.-Nr. 4.19

4.23 HIRTIN (KRIPPENFIGUR)

Holz, polychrom, Glasaugen, H 30 cm
Quito-Schule, 18. Jahrhundert
MAM 6828
Ausstellungen: Cáceres 1984/85

Ein langer, brauner Rock, schwarz und rot eingefaßt und mit großen schwarzen Zweigen verziert, eine Weste mit rundem Kragen, reich geschmückt mit Sträußen und Blumen in den Farben Gold, Blau, Rot und Grün, aus der die Ärmel eines weißen Hemdes hervorkommen, und ein roter Schal kleiden diese Figur, die blaue Strümpfe mit weißem Rand und schwarze Schuhe trägt. Ihr kurzes Haar ist in der Mitte gescheitelt.

4.24 ENGEL

Holz, polychrom, H 28,5 cm
Quito-Schule, 18. Jahrhundert
MAM 6817
Ausstellungen: Cáceres 1984/85

Der Engel scheint mit ausgebreiteten Armen zu gehen, als ob er beten oder den Hirten die gute Nachricht überbringen würde, und ist Teil einer Gruppe von Engeln bei Bethlehem. Er trägt die klassische Kleidung, die sehr reich bemalt ist, wobei der Gebrauch von Gold ins Auge fällt.

Diese Art von Engel ist in der Kunst der Kolonialzeit sehr verbreitet, sowohl in der Malerei als auch in der Bildhauerei, und war ein Lieblingsthema der Schulen im Andengebiet.

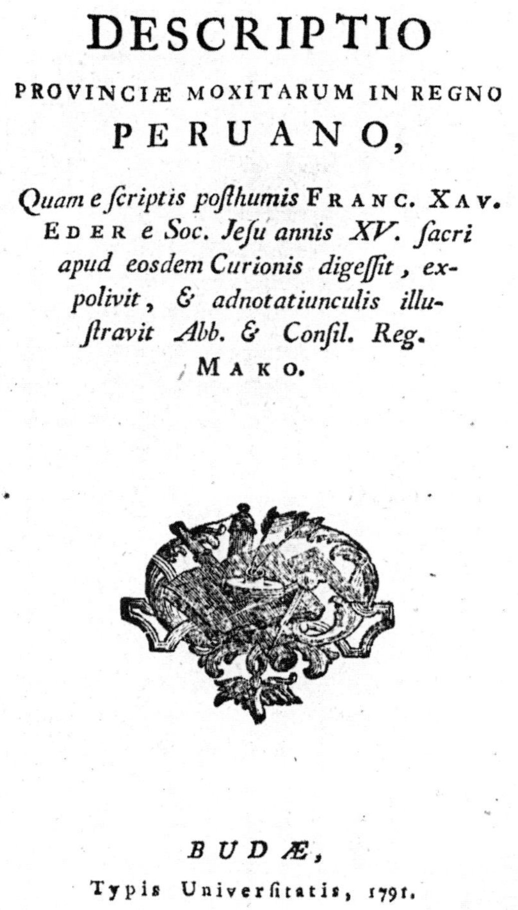

DESCRIPTIO
PROVINCIÆ MOXITARUM IN REGNO
PERUANO,
Quam e ſcriptis poſthumis FRANC. XAV. EDER *e Soc. Jeſu annis XV. ſacri apud eosdem Curionis digeſſit, expolivit, & adnotatiunculis illuſtravit Abb. & Conſil. Reg.* MAKO.

BUDÆ,
Typis Univerſitatis, 1791.

Kat.-Nr. 4.29 a

Kat.-Nr. 4.29 a

4.25 DIE HEILIGE JUNGFRAU MARIA

Holz, polychrom, Glasaugen, H 32,5 cm
Quito-Schule, 18. Jahrhundert
MAM 6816

Die kniende Muttergottes wendet sich dem Jesuskind mit ausgebreiteten Armen zu. Sie trägt einen reich geschmückten, mit vergoldeten Zweigen verzierten Leibrock, im Oberteil rot und blau auf goldfarbenem Untergrund, und einen blauen Umhang. Auf ihrem Kopf trägt sie eine Krone aus gehämmertem und getriebenem Silber.

4.26 DER HEILIGE JOSEF

Holz, polychrom, H 32 cm
Quito-Schule, 18. Jahrhundert
MAM 6789

Er kniet mit ausgebreiteten Armen, den Kopf in Richtung Jesuskind gewendet. Der Leibrock, Grundfarbe Grün, ist reich geschmückt mit goldfarbenen unregelmäßigen Formen, Rechtecken und Blumen, darüber trägt der Heilige einen braunen Umhang. Seine Füße stecken in Sandalen.

4.27 JESUSKIND

Holz, polychrom, H 14,5 cm
Quito-Schule, 18. Jahrhundert.
MAM 6810

Nackt mit ausgebreiteten Armen und segnender Hand.

4.28 MONARCHIA INDIANA

Segunda parte de los veintiun libros Rituales . . . F. Juan de Torquemada [Zweiter Teil der 21 Bücher der Rituale und der indianischen Herrschaft]
Madrid 1723, 3 Bd., 31 cm, spanisches Leder
MAM B.U. 1408, Überseebibliothek

Die Missionierungsarbeit der Franziskaner in Neu-Spanien nimmt einen breiten Raum im Werk von Torquemada ein, der auch die Welt der Indianer vor der Ankunft der Spanier detailliert beschreibt. Seit seinem Erscheinen wurde das Werk als ein wichtiger Beitrag zur indianischen Geschichtsschreibung angesehen. Erst im 19. Jahrhundert erkannte man, daß ein großer Teil des Materials aus einer unveröffentlichten Arbeit von Jerónimo de Mendieta stammte.

Der Stich zu Beginn des Buches zeugt von der Wichtigkeit der bildlichen Darstellungen bei der Missionierung, die der Illustration der Erklärungen der Mönche dienten.

4.29 a DESCRIPTIO PROVINCIAE MOXITARUM

in regno Peruano, quam e scriptis posthumis Franc. Xav. Eder e Soc. Jesu annis XV. sacri apud eosdem Curionis digessit, expolivit, & adnotatiunculis illustravit Abb. & Consil. Reg. Mako.
Buda: Universitätsdruckerei 1791, 383 S., 22,5 cm, Papier
Musem für Völkerkunde Wien, Bibliothek, Hist. 14722

Franz Xaver Eder wurde 1727 aus einer ethnisch-kulturell deutschen Familie in Schemnitz im damaligen österreichischen Ungarn geboren. 1753 wurde er als Missionar in die Mojo-Jesuitenmission geschickt, im heutigen bolivianischen Beni-Gebiet gelegen, wo er bis zur Vertreibung der Jesuiten 1767 tätig war. Nach seiner Rückkehr in die Heimat starb er 1772.

Die Descriptio von Eder ist die kompletteste historische Quelle über die Mojo während der Kolonialzeit. In seinem Werk gibt er eine systematische und vollständige Information über Landschaft, Klima, Flora und Fauna, über die materielle und geistige Kultur der dort lebenden Indianer und über die von den Jesuiten eingeführten Veränderungen durch das System der Reduktionen.

Die Abbildung zeigt einen Mojo-Indianer »com indumento quotidiano, & festivo capitis ornatu« (mit Alltagskleidung und Festschmuck am Kopf).

4.29 b ZWETTLER CODEX 420

Hin und Her, Hin süsse und vergnügt, Her bitter und betrübt. Das ist: Treu gegebene Nachricht durch einem im Jahre 1748 aus Europa in West-America, nahmentlich in die Provinz Paraguay abreisenden und im Jahre 1769 nach Europa zurukkehrenden Missionarium [P. Florian Paucke S. J.].
Handschrift mit lavierten Federzeichnungen, 2 Bde., 22 cm, Papier
Stift Zwettl, Niederösterreich

Kat.-Nr. 4.29 b

Florian Paucke wurde 1719 in Winzig im damals noch österreichischen Schlesien geboren. Er kam 1748 als Jesuitenmissionar nach Paraguay und blieb in den dortigen Reduktionen hauptsächlich für die Mocoví-Indianer bis zur Vertreibung der Jesuiten 1767 tätig. Nach seiner Rückkehr 1769 lebte er in Neuhaus (Böhmen), wo er um 1780 starb.

Die über 1.000 Seiten umfassende Handschrift (Abschrift eines verlorengegangenen Originals, das jedoch von Paucke redigiert wurde) stellt eine der wichtigsten Quellen zur Geschichte der Jesuitenreduktionen in Paraguay dar, insbesondere als einziges Zeugnis der Mocoví-Mission und ausführlichste Schilderung der Vertreibung. In schlichtem und einfachem Stil gibt Paucke einen Bericht über Landschaft, Pflanzen- und Tierwelt, Wirtschaft, Wohnformen, Sitte und Brauchtum der Indianer, der weit darüber hinausgeht, was bis zu dieser Zeit Missionare für berichtenswert hielten. Die Erzählung ist von großer Genauigkeit, berichtet von vielen Dingen des täglichen Lebens und verhilft gerade deswegen zu einem tiefen Einblick in die damaligen Zustände.

Die abgebildete Zeichnung trägt folgende Beischrift: »Wie der Missionair auf einer Haut den Fluß passiret, andere Weise in einem Korb. Wie man in Paraquarien die Wägen über tieffe Flüsse passiret.«
BECKER-DONNER 1959, 1966

4.30 GEFÄSS

Keramik, cremefarben und rot bemalt, H 17,5 cm, B 9,6 cm, L 13 cm
Peru, 16. Jahrhundert
MAM 7702, Sammlung des 18. Jahrhunderts

obwohl sich die ikonographischen Inhalte verändert und die Formen entwickelt hatten.
ARTE 1983 b, S. 13

Kat.-Nr. 4.31

Kat.-Nr. 4.33

Kubisches Gefäß, das im oberen Bereich eine menschliche Büste darstellt. Die durchbohrten Ohren, die Frisur und der Halsschmuck, aus dem in der Mitte ein Kreuz herausragt, fallen besonders auf.

Ikonographisch ist dies die Darstellung eines Europäers oder eines Eingeborenen, der europäisch gekleidet ist, was an der Frisur und an dem Kreuz, dem Symbol der Christen, zu erkennen ist. Dieser befindet sich auf einer Plattform mit Stufen, möglicherweise einem Tempel, was auf eine Heiligenfigur hindeuten könnte, die sich gleichzeitig mit Ohrscheiben wie die Eingeborenen schmückt. Das Gefäß hat einen Steigbügelausguß, der an die Formen der Mochica-Kultur erinnert, wenn auch die Form der Ausgußtülle auf den späten Chimú-Inka-Stil hinweist. Laut Paz Cabello Carro (in ihrem Artikel über die Sammlungen des 18. Jahrhunderts) wurde dieses Stück zusammen mit anderen in einem Indianergrab in Peru gefunden. Die Tatsache, daß diese Grabgefäße noch nach der spanischen Eroberung angefertigt wurden, zeugt vom Überleben eingeborener Lebensformen und alter Traditionen,

4.31 PFEIFE

Holz, Metall, L 45,5 cm, B 4,3 cm
Paraguay, 18. Jahrhundert
MAM 13323

Holzstab mit viereckigem Querschnitt. An den Seiten sind rechteckige Mäander als Verzierung eingeritzt, dazu Spiralen, zwei Schlangen und eine Gestalt sowie zwei Palmen mit einem Jaguar. Goldene Nägel dienen ebenfalls der Ausschmückung.

Die Dekorformen stammen teilweise aus der indianischen Tradition, wie Schlangen und Phantasiegestalten, teils sind sie europäisch beeinflußt, wie man an den Ziernägeln erkennt.
EXPOSICION 1892, E 32

4.32 PFEIFE

Holz, Metall und Spiegel, L 66,5 cm, D 5,1 cm
Paraguay, 18. Jahrhundert
MAM 13322

Zylindrischer Holzstab, mit Schlangen, Phantasiegestalten und menschlichen Köpfen dekoriert. Zur Verzierung dienen auch goldene Nägel und kleine Spiegel.

Die Pfeife war bei den Eingeborenen in Paraguay sehr beliebt. Bei magischen Heilungen bereitete der Schamane, der Medizinmann, seine Pfeife vor und zog den Rauch des Tabaks ein, den er dann auf den Kranken blies. Der Rauch, die Gesänge und die Gebärden sollten die Krankheit vertreiben.
EXPOSICION 1892, E 32

4.33 TABAKPFEIFE

Holz, Spiegelglas, Messingnägel, L 54,5 cm, D 3,5 cm
Payagua-Indianer, Paraguay, nach 1750
Museum für Völkerkunde Wien, 10444, ex Schatzkammersammlung Ambras

Diese Pfeife stammt von den Payagua-Indianern, die ab der Mitte des 18. Jahrhunderts in Asunción angesiedelt wurden und somit auch unter Missionseinfluß gelangten. Die Mantelfläche der Pfeife ist vollkommen mit Reliefschnitzerei verziert, die sich durch Einreiben des Grundes mit weißem Ton scharf abhebt. Weiters dienen eingeschlagene Messingnägel sowie eingekittete Spiegelscheibchen als Schmuck. Die Darstellungen auf der Pfeife bestehen durchwegs aus christlichen Motiven, wie der Garten des Paradieses und verschiedene Teufelsgestalten, und gehen wahrscheinlich auf wirkliche Bilder, die die Missionare den Indianern zeigten, zurück. Da Pfeifen dieser Art von Schamanen bei Krankenheilungen verwendet wurden, versprach man sich durch die in naiver Weise nachgeahmten Bilder eine besondere Wirkung.

HEIN 1901, S. 128; KOCH 1903, S. 122 ff.; MUSEUM 1980, S. 267

4.34 KEULE

Holz, Jute- und Palmfaserschnur, Papier und Geflecht, L 47 cm, B 10 cm
Venezuela, Orinoko, 18. Jahrhundert
MAM 1651

Vierkantkeule aus Chonta-Palmholz. Auf der Oberfläche erscheinen geometrische, eingeritzte Zeichnungen sowie stilisierte Tiere. Der Griff ist mit einem Geflecht aus Palmfasern überzogen, von dem einige Quasten sowie eine Tragschlaufe herunterhängen.

Daran befestigt war ein altes Stück Papier mit der Inschrift: »Mayucurari, ein karibischer Häuptling, tötete mit dieser Keule am Orinoko den sehr verehrten Herrn Dr. Dr. Nicolas Gervasio de la Brid aus Lyon in Frankreich, der nachher von Benedikt XIII. selig gesprochen wurde. Sein Tod kam im September 1729. Damit wurden vorher seine beiden Kaplane getötet. Mit derselben tötete er Fray Andrés López, missionarischer Beobachter in Mamo, Caño de Orinoco. Der karibische Mörder wurde vom Hauptmann unserer Eskorte am 15. August im Jahr 1736 getötet. Daß das die Wahrheit ist, die ich herausfand, bezeugt Joseph Gumilla.« Diese Ereignisse fanden am Ufer des Flusses Aguirre statt, wo die Eingeborenen des Orinoko die Ansiedlungen San Juan de Guarive und Mamo zerstörten und die Missionare, die sie gegründet hatten, töteten. Dieser Mord wird von Fray Antonio Caulín, *Historia Coro-Graphica, Natural y Evangélica de la Nueva Andalucía, Provincias de Cumaná, Guayana y vertientes del río Orinoco* (eine Handschrift von 1759, Signatur »Libros Manuscritos 172« des Indienarchivs in Sevilla), aufgegriffen.

Der Jesuit Joseph Gumilla, der die Notiz verfaßte, war Autor eines Werkes über das Orinokogebiet, die Sitten und Gebräuche seiner Einwohner, die Verwaltung, die Flora und Fauna und die Heilpflanzen, das 1741 in Madrid veröffentlicht wurde.
EXPOSICION 1892, E 21

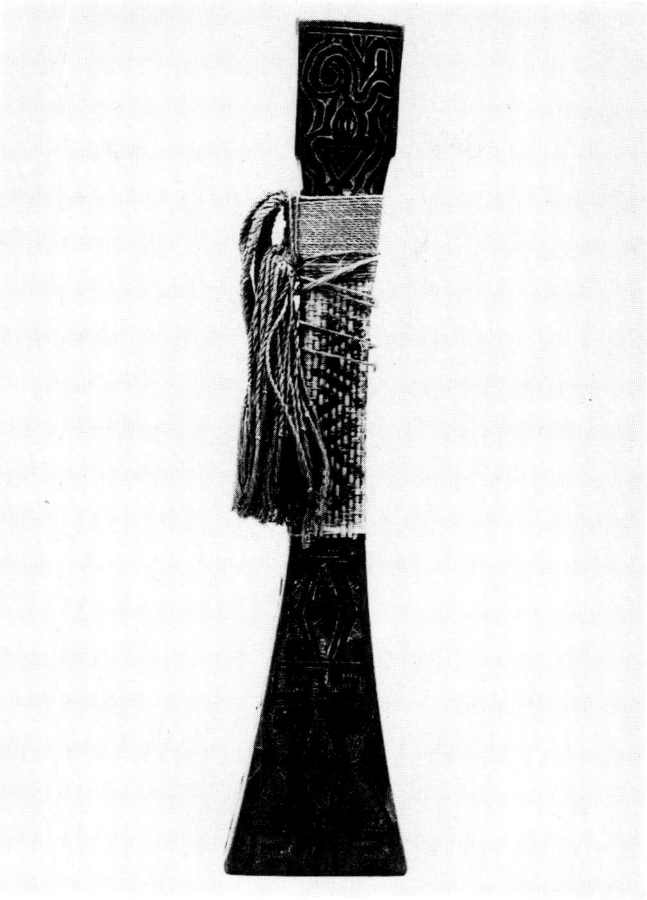

Kat.-Nr. 4.34

Gesellschaft

Bedingt durch den geringen Anteil spanischer Siedler an der Bevölkerung, vor allem der bereits früher hochkulturlichen Teile von Spanisch-Amerika, war die direkte Übertragung spanischer Kultur auf die Oberschicht beschränkt. Die Eingliederung der eingeborenen Bevölkerung erfolgte durch den Prozeß einer eher sozialen als biologischen Mestizisierung, im Zuge deren die Bindungen an die traditionellen Gemeinschaften zugunsten jener an die koloniale Gesellschaft aufgegeben wurden. Gegenüber der schwarzen Bevölkerung, die außerhalb der Antillen nur punktuell größere Bedeutung erlangte, zeigte sich eine geringere Bereitschaft zur gleichberechtigten Integration, die etwa in den für Mexiko typischen Serien von Bildern über die Vermischung der Rassen zum Ausdruck kommt. Insgesamt stand eine stärker von Spanien geprägte Stadtkultur mit Musik, Dichtung und Wissenschaft europäischer Art einer ländlichen Volkskultur gegenüber, in welcher das eingeborene Erbe in Kleidung, Nahrung und Brauchtum kaum verschleiert fortlebte.

4.35 DAS FLIEGERSPIEL

Leinwand, als zehnteilige Spanische Wand montiert, 177 x 505 cm
Anonym, Mexiko, 17. Jahrhundert
MAM 6538, Krankenhaus Santa Caridad (Sevilla)
Ausstellungen: Sevilla 1982; Santillana del Mar 1984; Cáceres 1984/85

In den zehn Flügeln der Spanischen Wand, die an den Seiten und im oberen Teil durch einen dekorativen Streifen mit Blumenmotiven begrenzt wird, erzählt der mexikanische Künstler von der regen Betriebsamkeit an einem Festtag in einem Mestizendorf mit eher indianischer Prägung.

Kat.-Nr. 4.38

Der Künstler hatte wohl wenig Übung in der Herstellung solcher volkstümlicher Bilder, denn er zeigt im Hintergrund eine Landschaft mit Burgen und Bergen sowie den Wasserfällen, wie sie in den religiösen Gemälden jenes Jahrhunderts häufig zu sehen sind. Er konzentriert sich auf die Bewegung der Personen, die streng in Gruppen getrennt sind. Die Spanier oder Kreolen schauen mißfällig, zu Fuß oder zu Pferd, den lärmenden Indianern und Mestizen zu, die sich betrinken, raufen, tanzen und alte indianische Spiele spielen; die Vertreter der städtischen Kultur stehen der ländlichen Bevölkerung gegenüber. Das wichtigste dieser Vergnügen ist das Fliegerspiel, das dem Wandschirm seinen Namen gibt und das Zentrum der Komposition bildet, die von grotesken Gestalten bevölkert wird.

Dieses Spiel, oft detailliert von den Chronisten beschrieben, die seinen religiösen Charakter betonen, wird hier als reines Spektakel dargestellt. Etwas dahinter tanzen Männer, die an die aztekischen Adler- und Jaguarkrieger erinnern, im Kreise.

Gleichzeitig führt eine andere Gruppe den Tanz der »Mauren und Christen« vor, und ein einzelner, auf dem Boden liegender Mann läßt einen Baumstamm auf seinen Füßen tanzen, so wie es die von Hernán Cortés nach Spanien geschickten Indianer vor Kaiser Karl V. machten, die Christoph Weiditz im Jahre 1528 abbildete (Sturtevant 1976, S. 426).

Im Vordergrund stehen einige Gestalten, allein oder in Gruppen, die alle etwas mit einem der populärsten Getränke der Mexikaner zu tun haben: mit dem Pulque, einem Agavenwein, dessen Herstellung im Gemälde dargestellt wird und der besonders bei den niedrigen Gesellschaftsschichten sehr beliebt ist.

Eine kürzlich erfolgte Restaurierung erwies den falschen Zusammenbau der Spanischen Wand. Heute ist sie wohl richtig montiert, auch wenn anscheinend zwei Flügel fehlen, die das Bild vervollständigen sollten. Sie gehören an die dritte bzw. zehnte Stelle, so daß die Wand eigentlich zwölf Flügel gehabt haben muß.

TUDELA DE LA ORDEN 1946, S. 70–88

Farbabbildung S. 147

4.36 DIE ALAMEDA VON MEXIKO

Leinwand, 71 x 99 cm
Beischrift: »Ansicht der Alameda von Mexiko von Corpus Christi von Norden aus gesehen. A. Pfarrei Vera Cruz. B. San Juan de Dios. C. San Diego. D. Haus des Marestal. E. Scheiterhaufen, auf dem die Judaspuppen [in der Karwoche] verbrannt werden«
Anonym, Mexiko, 1760
MAM 45

Ansicht der berühmten Alameda-Allee in Mexiko-Stadt, Mitte des 18. Jahrhunderts. Im Hintergrund das Aquädukt, das die Stadt von Chapultepec aus mit Wasser versorgte. Dahinter erscheinen die Kuppeln und Türme der Kirche Vera Cruz, einer der ältesten der Hauptstadt, auch wenn das hier gezeigte Gotteshaus aus dem Jahre 1730 und die Kirche San Juan de Dios aus dem Jahre 1727 stammen. Die Ansicht ist von Norden aus gesehen, wie es die Inschrift bezeugt, und zwar vom Kloster »Corpus Christi« aus, das für adelige Indianer 1724 von Pedro de Aroceta gebaut worden war.

Die ursprüngliche, 1592 begonnene Alameda, war rechteckig, wie sie dieses Gemälde zeigt, mit einem Brunnen in der Mitte und reichlich mit Bäumen bepflanzt. Später wurde sie oftmals umgestaltet, bis sie zur beliebtesten Promenade in Mexiko-Stadt wurde, obwohl sich dort lange Zeit Vieh und viele kleine Gauner herumtrieben. Verschiedene Vizekönige ließen die Alameda ausschmücken, und Croix bekam den Auftrag, ihr ihre heutige, rechteckige Form zu geben, eineinhalb Jahrhunderte nachdem der Marquis von Guadalcázar 1620 die drei im Gemälde gezeigten Tore hatte bauen lassen.

GARCIA SAIZ 1980 a, S. 126

Farbabbildung S. 148

4.37 IXTACALCO

Leinwand, 71 x 99 cm
Beischrift: »Eingang des Dorfes Ystacalco, eines der besten, das Mexiko hat, mit dem Vorteil, daß dieses Dorf in einer halben Stunde zu erreichen und die Reise sehr bequem ist«
Anonym, Mexiko, 18. Jahrhundert
MAM 44

Im Vordergrund sehen wir kleine Gruppen von Menschen in der Nähe eines rechteckigen Gebäudes. Sie sitzen auf dem Boden und unterhalten sich, sie bummeln über die Brücke eines Wassergrabens, auf dem drei Boote mit Männern und Frauen, die singen und sich amüsieren, fahren. Im Hintergrund das Dorf Ixtacalco, in der Art eines Vorhangs, auf dem Menschen und Gebäude zu sehen sind, wobei die Kirche mit ihrem Atrium und der geöffneten Kapelle herausragt.

Der Viga-Kanal, der dieses Dorf direkt mit der Hauptstadt verbindet, war eine der wichtigsten Versorgungsstraßen für die Stadt, besonders was Blumen und Gemüse betraf.

GARCIA SAIZ 1980 a, S. 129

4.38 QUERETARO

Federzeichnung und aquarellierte Tusche auf weißem Vergépapier, 402 x 660 mm
In der unteren linken Ecke, mit Tinte: »Ravenet dibuco LA 1792«
In der oberen rechten Ecke, gedruckt: »24«
Juan Ravenet, 1792
MAM 2237, Malaspina-Reise

Zwei Bäume an den Seiten der Zeichnung umrahmen die Ansicht einer der Einfahrten in die Stadt, die hinter einem dichten Wald im Hintergrund zu sehen ist. Die Umrisse der Häuser und Kirchen verdecken die Berge ganz im Hintergrund; rechts versorgt ein Aquädukt mit zahlreichen Bögen die Stadt mit Wasser. Im Vordergrund steht eine Gruppe von Menschen an der Tür eines Hauses, das von einem Zaun umgeben ist, während zwei Männer mit ihren beladenen Maultieren und zwei kleinere Gestalten in Richtung Stadt ziehen.
SOTOS 1982, Nr. 431

4.39 RASSENMISCHUNG (»LAS CASTAS«)

Leinwand, 120 x 104 cm
Am Fuße jeder Szene eine Beischrift zur Identifizierung der Mischlinge: »Spanierin und Indianer ergibt Mestize«, »Spanierin und Mestize ergibt Kastizin«, »Kastizin und Spanier ergibt Spanier«, »Negerin und Spanier ergibt Mulatte«, »Spanierin und Mulatte ergibt Morisca«, »Morisca und Spanier ergibt Albino Tornatras«, »Mestizin und Indianer ergibt Lobo«, »Indianer und Lobo ergibt Indianer«
Signatur: »Luis de Mena«
Luis de Mena, Mexiko, 18. Jahrhundert
MAM 26, erworben 1975
Ausstellungen: Madrid 1983/84; Madrid 1985

Luis de Mena ist ein kaum bekannter mexikanischer Künstler, der einige religiöse Gemälde und Porträts minderer Qualität geliefert hat. Er zeigt hier acht verschiedene Mischlingstypen, wobei er besonders die berücksichtigt, bei denen spanisches Blut vorhanden ist (sechs Fälle), und die Mischungen zwischen Indianern und Negern vernachlässigt.

Dieses Werk ist trotz des mittelmäßigen künstlerischen Wertes und trotz der vielen Kunstwerke, die es zu diesem Thema gibt, von besonderem Interesse. Der Künstler versucht zwar das Mexikanische der Darstellung zu unterstreichen, er setzt die Jungfrau von Guadalupe in den Mittelpunkt zwischen die Basilika, vor der der *Matachines*-Tanz aufgeführt wird, und die Sumpflandschaft des Paseo de Jamaica, aber er versucht keinesfalls die soziale Wirklichkeit aufzuzeigen; die Gestalten stehen symbolisch für die gesellschaftlichen Gruppen, die sie repräsentieren.

Die erste der Verbindung von Spanierin und Indianer vorbehaltene Szene ist eine verallgemeinernde Darstellung der Verbindung zweier Rassen. Die weiße Rasse wird hier von einer reichen, nach der Mode jener Zeit gekleideten Spanierin

Kat.-Nr. 4.39

repräsentiert, während die stereotype Gestalt des Indianers mit seinem Federschmuck und Pfeil und Bogen in der Hand für die Ureinwohner Amerikas steht. Der Künstler mußte sich der Unmöglichkeit dieser Verbindung in der Wirklichkeit bewußt gewesen sein und widmete die nächsten Szenen den üblichen Mischformen, die der Wirklichkeit näher kommen.

Als weitere Abweichung von der Norm wählt Luis de Mena die Spanierin als die Vertreterin der weißen Rasse, während in der geschichtlichen Realität die Frauen aus Spanien wenig mit der Rassenmischung zu tun hatten, der spanische Mann dagegen sehr viel; er verband sich sowohl mit Indianerfrauen als auch mit Negerinnen und mit allen Mischlingstypen.

Dieses Werk beinhaltet die wichtigsten Elemente, die die Künstler der Kolonialzeit bei der Darstellung der sie umgebenden Welt benutzten. Die geographische Lokalisierung erfolgt normalerweise mit Hilfe einiger Früchte, die als einheimische Produkte die amerikanische Natur als solche repräsentieren und entweder in die Szene miteinbezogen werden – in einem fertigen Gericht oder zum Kauf angeboten – oder aber ohne jeden Bezug auf die handelnden Personen sind, wie es Luis de Mena vorzieht.

Bei der großen Mehrzahl der Gemälde spielen sich die Szenen in der Stadt ab, und in allen Kunstwerken wird mehr oder weniger erfolgreich versucht, die von den Spaniern importierte Lebensform zu zeigen, bei der die verschiedenen »Kasten« unterschiedliche Funktionen, Handel, Verwaltung,

Kat.-Nr. 4.40 a

Kat.-Nr. 4.40 b

Dienstleistungen, ausüben; dabei überwiegen schablonenhafte Darstellungen. So fehlt die Einbeziehung des Lebens auf dem Lande, das erst die Künstler des 19. Jahrhunderts in ihren Gemälden einfingen.
GARCIA SAIZ 1985 a, Serie III

4.40 RASSENMISCHUNG (»LAS CASTAS«)

Leinwand, 75 x 54 cm
16 Bilder, durchnumeriert, mit folgenden Beischriften:
a) »Nr.1 Aus Spanier und Indianerin entsteht Mestize.«
b) »Nr.2 Aus Spanier und Mestizin entsteht Kastize.«
c) »Nr.3 Aus Kastize und Spanierin entsteht Spanier.«
d) »Nr.4 Aus Spanier und Negerin entsteht Mulatte. Früchte des Landes: 1. Rohr aus Kastilien. 2. Granatäpfel aus China. 3. Tlaxiniquil. 4. Birnen aus San Juan. 5. Ximaca. 6. Sapotillofrucht. 7. Erdnüsse. 8. Mamey. 9. Kleine Kürbisse. 10. Flaschenkürbis. 11. Schuppenapfel. 12. Weiße Bataten. 13. Birne. 14. Pflaumen.«
e) »Nr.5 Aus Spanier und Mulattin entsteht Morisco.«
f) »Nr.6 Aus Spanier und Morisca entsteht Albino.«
g) »Nr.7 Aus Spanier und Albina entsteht Torna atras.«
h) »Nr.8 Aus Indianer und Negerin entsteht Lobo.«
i) »Nr.9 Aus Indianer und Mestizin entsteht Coyote.«
j) »Nr.10 Aus Lobo und Indianerin entsteht Chino.«
k) »Nr.11 Aus Chino und Negerin entsteht Cambuxo«.
l) »Nr.12 Aus Cambuxo und Indianerin entsteht Tente en el aire.«
m) »Nr.13 Aus Tente en el aire und Mulattin entsteht Albarasado. Früchte des Landes: 1. Guajilote. 2. Nopalfrucht. 3. schwarze Sapotillofrucht. 4. Guacamote. 5. Sapotillobananen. 6. Bananen aus Guinea. 7. Aprikosen. 8. Kapulinkirschen. 9. Avocados. 10. Chayote. 11. Guallave. 12. Zuckerbirnen. 13. Ananas. 14. Wassermelone. 15. Zuckermelone.«
n) »Nr.14 Aus Albarasado und Indianerin entsteht Varsino.«
o) »Nr.15 Aus Varsino und Cambuxa entsteht Campamulatte.«
p) »Nr.16 Meco-Indianer, Barbaren.«
Bei Bild Nr. 3 unten signiert: »Andreas ad Islas pinxit Anno Domini 1774«
Andrés Islas, Mexiko, 18. Jahrhundert

Kat.-Nr. 4.40 c

Kat.-Nr. 4.40 d

MAM 80/3/1–16, Sammlung der Marquesa de Negrón
Ausstellungen: Madrid 1985

Diese Aufzählung der »Kasten« bzw. Mischlingstypen ist eine der wenigen, die signiert und datiert sind; sie ist dazu noch vollständig. Sie vereint alle malerischen und inhaltlichen Merkmale des Genres.

Bei der Darstellung der verschiedenen Völkervermischungen in der Kolonialgesellschaft – meistens Familien aus Vater, Mutter, einem oder mehreren Kindern – kommt der spanische Mann in sieben Szenen vor und verbindet sich mit der Indianerin, der Negerin und verschiedenen Mischlingsfrauen. Nur einmal ist die spanische Frau im Spiel, sie verbindet sich mit einem Kastizen, einem Fast-Spanier also. In allen Fällen wird der Mann in einer würdigen Haltung gezeigt und mit guter Kleidung, sogar wenn er den Beruf eines Zigarrenwicklers ausübt, mit Ausnahme der Szene mit der Negerin, mit der er Streit hat, der trotz der Beruhigungsversuche der kleinen Mulattin zum Handgemenge führt. Bis auf diese Negerin werden alle anderen Frauen in würdevoller Haltung gezeigt. Auch die Kinder werden ernst dargestellt.

Ab Bild 8 werden Indianer und Mischlinge vorgestellt, in den meisten Szenen als Straßenverkäufer. Nur ein Bild zeigt einen Schuster in seiner Werkstatt, die ihm auch als Küche dient. Die soziale Stellung dieser Personen ist im Vergleich mit der der ersten Bilder sehr niedrig, wie auch die verschlissene Kleidung zeigt. Besonders auffällig ist die Darstellung der Mestizin in Bild 2 und Bild 9. In Bild 2 ist sie die Frau eines Spaniers, sie erhält seine soziale Stellung, die Gesellschaft sieht sie als Spanierin an, als Weiße also; ist die Mestizin dagegen die Frau eines Indianers, wird sie vom Maler als Indianerin behandelt, nicht nur in der Kleidung, sogar in den Zügen ist sie ihm ähnlich. Die Benutzung ganz bestimmter Darstellungsformen seitens des Malers, der einfach typische Modelle wiederholt (García Sáiz 1985 a), zeugen von einer Typisierung, für die einerseits die Maler, die allgemein anerkannte Formen wählen, andererseits aber auch die Kunden, die lieber etwas schon Bekanntes zu erwerben wünschten, verantwortlich sind. Dies ist wohl der Grund, warum immer wieder die gleichen Berufe gewählt werden: Zigarrenwickler, Schuhmacher, Kutscher und Straßenverkäufer, manchmal Schneider und Friseure, als ob es viele andere Handwerksberufe in Spanisch-Amerika nicht gegeben hätte.

Kat.-Nr. 4.41

Kat.-Nr. 4.42

In diesem Werk kopiert Andrés de Islas nur andere Maler, wie er es auch bei Gemälden religiösen Inhalts tut, z. B. bei der »Heiligen Jungfrau der Apokalypse« in der Enseñanza-Kirche in Mexiko, bei dem er einer Vorlage von Rubens folgt. Auch wenn er sich meistens an die Werke von Miguel Cabrera hält, hat Islas diesmal nicht die Arbeiten des großen Meisters, sondern andere, minderwertige als Vorlage genommen.
GARCIA SAIZ 1985 a, Serie XIV; 1985 b, S. 166–187
Farbabbildungen S. 149

4.41 GAUNER AUS MEXIKO

Federzeichnung und aquarellierte Tusche, Bleistiftkaros auf weißem Vergépapier, 25 x 20 cm
Unten am Bildrand, mit Tinte: »Gauner aus Mexiko oder Spitzbuben«
In der oberen linken Ecke, mit Bleistift: »80 Felipe Bauzá«
MAM 2239, Malaspina-Reise
Ausstellung: Santillana del Mar 1984

Drei Männer tragen jeweils einen langen Poncho, so daß nur der untere Teil der Hosen herausschaut, und einen Hut auf dem Kopf. Sie laufen barfuß. Es ist die Art, wie man die Menschen des einfachen Volkes darzustellen pflegte.

Diese Zeichnung wurde, mit gewissen Vorbehalten, Tomás Suria oder auch Felipe Bauzá zugeschrieben, obwohl die Technik nicht unbedingt mit der dieser beiden Maler übereinstimmt.
SOTOS 1982, Nr. 442

4.42 FRAUEN AUS REALEJO

Federzeichnung und aquarellierte Tusche über Bleistift-Vorzeichnung auf weißem Vergépapier, 20 x 26 cm
Unten am Bildrand, mit Tinte: »Frauen aus Realejo«
In der oberen linken Ecke, mit Bleistift: »Nr. 41«
In der oberen rechten Ecke, gedruckt: »41«
Felipe Bauzá (zugeschrieben)
MAM 2229, Malaspina-Reise
Ausstellung: Madrid 1985

Zwei Mestizinnen werden vor einer skizzierten Landschaft und einem Haus dargestellt. Beide Frauen tragen lange Röcke bis zu den Füßen und Blusen aus feinem, durchsichtigem Stoff, Hüte und mehrere Halsketten.

Diese Skizze Bauzás war Vorlage für eine vollendetere Zeichnung (MAM 2230), die Juan Ravenet später anfertigte. Er malte dabei die Frauen gemäß dem europäischen Schön-

heitsideal, wie immer wenn er die Skizzen seiner Reisegefährten zur Vorlage nahm.
SOTOS 1982, Nr. 343

4.43 JUNGE FRAU AUS PANAMA IN DER HÄNGEMATTE

Bleistiftzeichnung, Wasserfarben, Bleiweiß und Rotstift, 24 x 36 cm, weißes Vergépapier, abgeschnittenes und zusammengefügtes Papier.
Mit Bleistift umrahmt
Mit Tinte: »Junge Frau aus Panama in der Hängematte«
An der oberen rechten Ecke, gedruckt: »35«
Juan Ravenet
MAM 2226, Malaspina-Reise, Bauzá-Sammlung, erworben von Carlos Sanz und 1962 gestiftet
Ausstellungen: Madrid 1983/84; Madrid 1984

In einem anscheinend leeren Zimmer ohne Möbel liegt, in sehr aufreizender Haltung, eine junge Frau in einer Hängematte. Vom Italiener Ravenet aus der Phantasie gemalt, erregte sie die Bewunderung des Häuptlings von Vavao (Tonga-Archipel), den die Forschungsreisenden spaßeshalber glauben ließen, es sei die Frau eines der Offiziere. Malaspina selbst beschreibt es in seinem Tagebuch: »Don Juan Ravenet hatte während einer jener Stunden, in denen der gelangweilte Geist des Seefahrers und die Vorstellungskraft des Malers Abwechslung brauchen, sich damit beschäftigt, sehr schön eine Frau zu malen, die er mit allen persönlichen Attributen auszeichnete, die wir in Europa zu bewundern pflegen, und hatte sie mit einer Tracht aus Panama gekleidet und sie auf eine Hängematte gelegt.« Ravenet schloß sich Malaspina in Mexiko an, nachdem dieser Panama schon hinter sich gelassen hatte. Trotzdem stammen die besten und detailgenauesten Zeichnungen von Frauen aus Panama gerade von diesem Maler. Sie wurden wohl nach den mündlichen Beschreibungen seiner Reisegefährten gemalt, denn es gibt keine Notizen oder Skizzen von Cardero oder Bauzá, die als Vorlage hätten dienen können.
SOTOS 1982, Nr.301

4.44 INDIANER AUS QUITO

Leinwand, 80 x 109 cm
In der unteren rechten Ecke eine Beischrift: »A. Indianerhäuptling von Quito in festlicher Kleidung. B. Guabas-Baum und Brechwurz. C. Verschlungene Äste und Zweige. D. Guajave-Baum und Frucht. E. Indianer auf dem Land.«
Vicente Albán, Quito, 18. Jahrhundert (1783)
MAM 71. Die sechs Gemälde zu Typen und Früchten Ecuadors (MAM 71–76) gehörten der Königlichen Naturkundesammlung, kamen später ins Nationalmuseum für Archäologie und 1941 ins Museo de América.
Ausstellungen: Madrid 1881; Madrid 1930; Madrid 1976; Madrid 1980; Berlin 1982; Cáceres 1984/85; Madrid 1985

Kat.-Nr. 4.43

Bei der Komposition dieses Werkes und anderer benutzt der Maler aus Quito eine gängige Darstellungsform: Im Vordergrund deckt eine große Figur etwa die Hälfte des Bildes ab, die andere Hälfte wird von einem großen Früchtekorb auf einer Art Säule in Anspruch genommen. Auf diesem Gemälde erscheint ein festlich gekleideter Indianerhäuptling, dessen Kleidung eine Abwandlung der spanischen des 17. Jahrhunderts ist; den Hintergrund bildet eine Landschaft mit der winzigen Gestalt eines dort ansässigen Indianers.

Es gibt viele Beispiele aus Literatur und Malerei, die dieses Bild wiederholen und die die Wichtigkeit dieser Darstellungsformen bestätigen. Dies gilt auch für die Prototypen der einzelnen Gruppen der so unterschiedlichen Gesellschaft der Kolonialzeit. Eine Beschreibung aus der Zeit des Werkes von Albán (Juan–Ulloa 1748, Bd. I, S. 368, Nr. 645) könnte als Erklärung des Bildes dienen: »Die Indianer, die eine gewisse Stellung haben, besonders die Barbiere und die Aderlasser, unterscheiden sich von den anderen, da sie Hosen feinen Stoffes tragen; sie benutzen auch Hemden ohne Ärmel mit einer vierfingerbreiten Stickerei am Halsausschnitt oder mit einer noch breiteren, die wie ein Lätzchen auf das Hemd fällt; sie tragen Schuhe mit silbernen oder goldenen Schnallen, aber sie tragen keine Strümpfe oder ähnliches, um das Bein zu bedecken, und statt eines Mantelrockes tragen sie eine spanische Capa, manchmal aus dem feinsten Stoff, den sie mit Gold- oder Silbergalonen besetzen.«
GARCIA SAIZ 1979, S. 337–347
Farbabbildung S. 150

4.45 DIRNE AUS QUITO

Leinwand, 80 x 109 cm
Beischrift in der unteren rechten Ecke: »A. Dirne aus Quito, die die Kleidung dieser Frauen trägt, die zu gefallen versuchen. B. Capulie-Baum, der stark und laubreich ist. C. Frucht des Capulie-Baumes. D. Chirimoya, ganz und geöffnet, die

eine sehr feine Frucht ist. E. Baum, der Chirimoyas trägt. F. Caymito-Früchte, ganz und geöffnet. G. Strauch, der diese Früchte trägt, die wie Kirschen in Spanien sind, aber viel dicker und süß.«
Vicente Albán, Quito, 18. Jahrhundert
MAM 74
Ausstellung: Sevilla 1982

Die Frau steht aufrecht und hält in der linken Hand die Frucht des Capulie-Baumes; sie kleidet und schmückt sich ähnlich einer Hausherrin, aber aus Gründen ihres Berufes aufreizender.

Rechts von ihr die typische Fruchtschale und im Hintergrund eine Landschaft mit den Bäumen der dargestellten Früchte.

GARCIA SAIZ 1979, S. 145–146
Farbabbildung S. 151

4.46 HAUSHERRIN

Leinwand, 80 x 109 cm
Beischrift in der unteren linken Ecke: »A. Hausherrin mit Negersklavin. B. Granatapfelbaum und Frucht. C. Mispelbaum und Frucht. D. Frucht namens Narangillas. E. Kokospalme. F. Coquitos-Baum aus Chile.«
Unterschrift: »Vicente Albán, Maler in Quito, 1783«
Vicente Albán, Quito, 18. Jahrhundert
MAM 73
Ausstellungen: Madrid 1881; Madrid 1930; Madrid 1976; Madrid 1980; Sevilla 1982; Cáceres 1984/85; Madrid 1985

Die Mitte des Bildes nehmen die beiden Frauen, die gemäß ihrer gesellschaftlichen Stellung gekleidet sind, ein. Die Weiße, die »Hausherrin«, ist eine Mestizin oder Kreolin, die von Jorge Juan und Antonio de Ulloa als vornehm beschrieben werden, deren »Kleidung aus einen Rock, der schon in den Notizen aus Guayaquil beschrieben wurde (vorne offen und übereinandergeschlagen, und sie schmücken es schön und teuer; denn auf dem Stoff fassen sie es oder schmücken es mit einem eine halbe Elle breiten Streifen eines anderen Stoffes, den sie wiederum mit feinen Spitzen, Gold und Silber und Bändern besetzen, so daß viel Arbeit geopfert wird und eine schöne Symmetrie herauskommt, die alles sehr gut kleidet und nicht weniger schön ist), besteht; auf dem oberen Teil des Körpers tragen sie das Hemd und vielleicht ein nicht zugeknöpftes Wams aus Spitzenwerk und darüber ein Schultertuch aus Flanell, das alles bedeckt, das eineinhalb Ellen breit ist und so getragen wird, wie es geschnitten wurde. Sie benutzen viele Spitzen für die Kleidung und teure Stoffe und Schmuck. Die Frisur wird üblicherweise aus Zöpfen gemacht, die sie zu einer Art Haarkranz binden, den sie hinten, unten am Kopf, feststecken; dann nehmen sie ein Stoffband, das sie *balaca* nennen, und sie binden es an den Schläfen entlang und machen an einer Seite eine Schleife aus den Enden des Bandes und sie stecken Diamanten und Blumen dran« (Juan–Ulloa 1748, Bd. I, Buch V, Kap. V, S. 368).

Beide Frauen werden umrahmt von den Früchten, die übergroß gezeichnet sind, sowie den dazugehörigen Bäumen. Im Hintergrund ist eine kleine Seenlandschaft zu sehen.

GARCIA SAIZ 1979, S. 337–347
Farbabbildung S. 151

4.47 INDIANERIN AUS QUITO

Leinwand, 80 x 109 cm
In der unteren rechten Ecke eine Beischrift: »A. Indianerin im Festkleid. B. Indianerin auf dem Land mit Truthahn. C. Avocadobaum und Frucht. D. Chilguacan-Baum und dessen ganz geöffnete Frucht. E. Chamburo-Baum und dessen ganz geöffnete Frucht. F. Mamei-Baum mit Blättern und geöffneter Frucht.«
Vicente Albán, Quito, 18. Jahrhundert (1783)
MAM 72
Ausstellungen: Madrid 1930; Madrid 1976; Madrid 1981; Sevilla 1982; Madrid 1983/84; Cáceres 1984/85; Madrid 1985

Die Indianerin erscheint in der Mitte des Bildes und trägt Kleidungsstücke, bei denen sich vorkolumbische mit typisch spanischen Elementen mischen, alle haben aber eine wichtige und sehr individuelle Entwicklung mitgemacht.

Auffällig ist ein Kleidungsstück, halb indianische *lliclla* (Umhang), halb spanische Mantilla, mit dem sich die Gestalt bedeckt, das von einer der berühmten Anstecknadeln der Frauen, der sogenannten *tupu,* gehalten wird. Diese Nadel ist noch heute in den Anden sehr verbreitet und hat, je nach Mode, viele Formen und Motive angenommen.

Auch hier erscheint im Hintergrund eine typische Indianerin mit einer Last auf dem Rücken.

Mensch und Früchte sind nicht im richtigen Verhältnis zueinander gemalt, was zeigt, daß hier keine Szene dargestellt wird, sondern ein Überblick über das Land mit seinen Menschen und Pflanzen gegeben werden soll. Dies macht den großen Unterschied zu der Malerei aus, die sich den Rassenmischungen widmet, obwohl scheinbar die gleiche Thematik angesprochen wird.

GARCIA SAIZ 1979, S. 337–347
Farbabbildung S. 150

4.48 DIE MULATTEN AUS ESMERALDAS

Leinwand, 72 x 175 cm
In der oberen rechten Ecke der lateinische Text: »Philippo 3 Catholico Regi Hispaniar Indiar q dn o suo doctor Joanes del Barrio a Sepulveda Auditor sue Cancelleriae del Quito suis expensis fieri curavit Anno 1599«
Unterschrift: »Adr Shs Galq. NL. de Qto. Ft.«
Adrián Sánchez Galque, Quito, 16.–17. Jahrhundert
MAM 69, Königliche Sammlung, dann Nationalmuseum für Malerei und später Nationalmuseum für Archäologie, 1941 Museo de América
Ausstellungen: Madrid 1881; Berlin 1981; Cáceres 1984/85; Madrid 1985

Als Brustbilder porträtiert, dem Betrachter zugewandt, erscheinen drei Personen, die nach Art der Spanier gekleidet sind und den Goldschmuck vorkolumbischer Kulturen tragen.

Wie die Beischrift des Bildes anzeigt, handelt es sich hierbei um ein Gemälde, das der Richter Juan del Barrio als Geschenk für den König in Auftrag gab. Das Bild sollte an die friedliche Unterwerfung der Cimarronen-Gemeinde (entsprungene, flüchtige Negersklaven) im Gebiet von Esmeraldas durch den 56jährigen Francisco Arove und seine Söhne Pedro, 22 Jahre alt, und Domingo, 18 Jahre erinnern (Whitten 1974).

Die ersten Neger in Amerika kamen als Sklaven mit ihren Herren aus Spanien. Bereits in den ersten Jahren auf der Insel Hispaniola schlossen sich entflohene Sklaven den Indianerstämmen an, um so zusammen mit ihnen den spanischen Eroberern trotzen zu können. Dies hatte eine starke Vermischung zwischen Negern und Indianerinnen zur Folge, die gesetzlich zwar verboten war, gegen die aber in der Praxis nichts unternommen wurde.

Diese Cimarronen-Gemeinden nahmen auch viele Neger auf, die jedwede Rassenmischung ablehnten, so daß in manchen Fällen das gleiche Gesellschaftssystem wie in Afrika herrschte. Die Häuptlinge behielten ihre Würde, die sie oder ihre Vorväter dort innehatten, und gaben sie an ihre Nachkommen weiter (Price 1981).

Vom Leben des Malers Sánchez Galque ist uns so gut wie nichts bekannt. Lange Zeit war dies das einzige bekannte Werk von ihm, erst später wurden dann verschiedene Heiligenbilder von ihm gefunden, die denselben kräftigen Stil mit großen Figuren zeigen. Lange Zeit war dies das älteste in Amerika datierte Gemälde, das darüber hinaus der Inschrift wegen leicht einzuordnen ist.

NAVARRO 1945, S. 140–164; SEBASTIAN 1985, S. 310

Farbabbildung S. 152

4.49 INDIANERIN AUS PERU

Bleistiftzeichnung auf weißem Vergépapier, 331 x 215 mm
Unten am Bildrand, mit Tinte auf Bleistift: »Indianerin aus Peru«
In der oberen linken Ecke, mit Bleistift: »Nr.71«
In der oberen rechten Ecke, gedruckt: »71«
Juan Ravenet (zugeschrieben)
MAM 2204, Malaspina-Reise
Ausstellungen: Cadiz 1982; Cáceres 1984/85; Madrid 1985

Die Frau steht aufrecht und ist dem Betrachter zugewandt. Sie trägt traditionelle Kleidung, die zwar viele Veränderungen erfahren, die wichtigsten Züge aber beibehalten hat. Die *lliclla*, der Umhang, wird von einer Nadel gehalten, die die typische Schmucknadel *tupu* ersetzt hat, während der *ascu* unter dem Rock hervorschaut und die beiden typischen runden Schmucknadeln aufweist. Jedenfalls sind die Frau und die verschiedenen Kleidungsstücke von Ravenet, wie es bei ihm üblich ist, stark idealisiert und nach europäischem Geschmack gestaltet. Ihm wird auch eine Skizze, die im Museo Naval in Madrid hängt (carp. 1725.4.2), zugeschrieben.

SOTOS 1982, Nr. 241

Kat.-Nr. 4.49

4.50 MULATTIN AUS LIMA

Federzeichnung und Wasserfarben über Bleistift-Vorzeichnung auf weißem Vergépapier, 200 x 130 mm
Mit Tinte auf Bleistift: »Mulattin aus Lima 1792«
In der linken oberen Ecke, mit Bleistift: »85«
In der rechten oberen Ecke, gedruckt: »85«
Felipe Bauzá (zugeschrieben)
MAM 2205, Malaspina-Reise
Ausstellungen: Madrid 1983/84; Cáceres 1984/85

Dem Betrachter zugewandt, steht die Mulattin in einer aufreizenden Haltung. Diese Zeichnung hat einen starken Bezug zum Bild »Frau aus Lima« (vgl. Kat.-Nr. 4.51), von dem es sich nur durch die Kleidung unterscheidet. Es wurde während der Rückreise nach Spanien angefertigt.

SOTOS 1982, Nr. 244

Kat.-Nr. 4.50

4.51 FRAU AUS LIMA

Federzeichnung, aquarellierte Tusche und Wasserfarben auf weißem Vergépapier, 200 x 130 mm
Unten, mit Tinte auf Bleistift: »Señora aus Lima 1793«
In der oberen linken Ecke, mit Bleistift: »Nr. 87«
In der oberen rechten Ecke, gedruckt: »87«
Felipe Bauzá (zugeschrieben)
MAM 2206, Malaspina-Reise
Ausstellung: Cáceres 1984/85

Eine Frau steht dem Betrachter zugewandt in der Mitte der Zeichnung und trägt Kleider der Mode des ausgehenden 18. Jahrhunderts, bei denen man die Entwicklung des Frauenüberrockes beobachten kann, der bei den Spanierinnen und Kreolinnen in den Andenkolonien so beliebt war. Die Zeichnung wurde während des zweiten Aufenthaltes der Expedition in Lima vor der Rückreise angefertigt.

Die persönliche Note der Kleidung der peruanischen Frauen hat die Künstler immer magisch angezogen, obwohl diese der Porträtkunst ziemlich abgeneigt waren. Daher gibt es viele Bilder, mit deren Hilfe wir das Aussehen der Andenfrauen zur Zeit der Inka bis zum Erscheinen der seltsamen Gestalt der *tapada* (Verschleierten) verfolgen können.
SOTOS 1982, Nr. 243

4.52 BADEANSTALT

Federzeichnung und aquarellierte Tusche auf weißem Vergépapier, 210 x 330 mm
mit Bleistift umrahmt
Unten am Bildrand, mit Tinte: »Frauenbadeanstalt am Rio Manila«
In der oberen rechten Ecke, gedruckt: »30«
Juan Ravenet
MAM 2303, Malaspina-Reise

Im Inneren eines Gebäudes aus Schilfrohr befinden sich die öffentlichen Bäder, wo einige Personen plantschen und sich bespritzen, während sie von anderen, an einem Geländer stehenden beobachtet werden. Im Museo Naval in Madrid gibt es davon eine unvollendete Skizze (carp. 1–17), die Ravenet zugeschrieben wird, in der nur einige Gestalten und die Struktur des Gebäudes erscheinen. Es gibt eine weitere Zeichnung im Museo Naval (carp. 1724–1725), die etwas einfacher ist als die vorliegende.
SOTOS 1982, Nr.71

4.53 KARTENSPIEL

Bemaltes Leder, jede Spielkarte 10,7 x 7,7 cm
Indianer aus Patagonien (?), 18. Jahrhundert
MAM 13638–13676, Königliche Naturkundesammlung
Ausstellung: Madrid 1985

Diese 39 Spielkarten (früher waren es 40) folgen dem Schema des spanischen Spielblattes; verschiedene Figuren wurden jedoch durch solche, die für die Indianer leichter verständlich waren, ersetzt.

Die Spanier führten das Kartenspiel Anfang des 16. Jahrhunderts in Amerika ein, wo es sich bald über den ganzen Kontinent verbreitete. Im Jahre 1576 errichtete man in Mexiko die »Königliche Spielkarten-Fabrik«, die die Richtlinien Madrids befolgte und das Monopol auf die Herstellung der Spielkarten besaß, wodurch große Gewinne erzielt werden konnten.

Aus Spanien lieferte die »Königliche Fabrik« von Macharaviaya bei Malaga während der gesamten Kolonialzeit Spielkarten in die Neue Welt.
JANER 1872, S. 60–63

4.54 KASTIZE, SPANIERIN UND SPANIER

Gemalt auf Kupfer, 36 x 48 cm

Tafel mit der Beischrift: »3 aus Kastize und Spanierin Spanier.«
Anonym, Mexiko, 18. Jahrhundert
MAM 52, 16 Gemälde auf Kupfer, erworben 1945
Ausstellungen: Tucson–Santa Fe–San Antonio (USA) 1981/82; Cáceres 1984/85; Sevilla 1985/86

Im Inneren eines großen Zimmers mit stoffbespannten Wänden und einer Glastür zum Nachbarzimmer, die aber geschlossen ist, verbringt eine Familie, bestehend aus Vater, Mutter und Kind, ihre Zeit damit, dem Violinspiel des Familienoberhauptes zuzuhören. Dieses hat gerade eine Pause gemacht, um dem Kind beim Spielen zuzuschauen. Das Bild, aus einer Serie, die dem Thema der Rassenmischungen gewidmet ist, versucht das ruhige Leben spanischer Familien in Neu-Spanien zu zeigen, zu denen auch die zählen, bei denen die Frau und somit auch das Kind Mestizen sind. Die hohe gesellschaftliche Stellung der Familie, von der die reiche Kleidung und die Wohnung zeugen, sowie der kleine Anteil indianischen Bluts bei der Mutter und dem Kind erlauben es dieser, den sozialen Status der herrschenden Schicht einzunehmen. In diesem Sinne müssen die Musik, die Spaziergänge und die Lektüre als ein Verhalten derjenigen gesehen werden, die es nicht nötig haben, körperlich zu arbeiten.
GARCIA SAIZ 1980, Nr. 52

4.55 SOR JUANA INES DE LA CRUZ

Leinwand, 105 x 84 cm
Signatur: »Andrés de Islas. Mexiko. 1772.«
Andrés de Islas, Mexiko, 18. Jahrhundert
MAM 22, Archäologisches Museum von Toledo
Ausstellungen: Madrid 1983/84; Santillana del Mar 1984; Valladolid 1985

Sor Juana in der Tracht des Hieronymitenordens sitzt an einem Tisch und scheint zu schreiben. Der Hintergrund des Zimmers wird durch eine Bibliothek gebildet, die von einem schweren Vorhang halb verdeckt wird; alle Elemente dieser Szene deuten auf die literarische Arbeit der Nonne hin. Die Vorderansicht des Tisches wird von einem langen Text in Anspruch genommen, der die wichtigsten Daten ihres Lebens zusammenfaßt: Geburt, Eintritt ins Kloster, literarische Arbeit, Tod.

Alle bekannten Bilder von ihr, von einem ihr zugeschriebenen Selbstporträt bis hin zu den letzten Porträts aus dem 20. Jahrhundert, wiederholen mehr oder weniger dasselbe Schema, das auch hier von Islas benutzt wird: Sor Juana wird als Nonne und als Schriftstellerin gezeigt. Keine der uns bekannten Arbeiten ist zu Lebzeiten der Nonne entstanden, obwohl einige Notizen in ihren eigenen Arbeiten oder in denen ihrer ersten Biographen von verschiedenen Porträts von ihr erzählen; daher sind die Darstellungen, die wir kennen, zweifellos idealisiert worden. Aufrecht stehend oder sitzend erscheint Sor Juana immer in der Tracht des Hieronymitenordens zwischen Büchern und Schreibmaterial. Nur bei einigen Brustbildern fehlen die Andeutungen ihres literarischen

Kat.-Nr. 4.52

Kat.-Nr. 4.53

Kat.-Nr. 4.54

Schaffens (Abreu Gómez 1934, S. 169–188). Die biographischen Daten, die bei den Porträts der Kolonialzeit oft in die Gemälde mit einbezogen werden, halten sich meist an die geschichtlichen Ereignisse; man kann sie mit Vorbehalten als richtig ansehen. So z. B. erscheint das Jahr 1651 als Geburtsjahr in der Beischrift, so wie es auch die meisten ihrer Biographen annehmen, obwohl neuere Untersuchungen auf das Jahr 1648 hindeuten (Salcedo 1962).

Die natürliche Tochter von Pedro Manuel de Asbaze y Vargas Machuca und Isabel Ramírez verbrachte den größten Teil ihrer Kindheit bei ihrem Großvater mütterlicherseits, Pedro Ramírez, in dessen Bibliothek sie – wie sie oft wiederholte – lange Stunden saß und sich autodidaktisch bildete, wobei sie die Gelegenheit bekam, viele Bücher kennenzulernen, darunter auch die Werke der Klassiker. Ihr Wunsch, ins Kloster zu gehen, war sicherlich zum Teil davon beeinflußt, ihre Literaturstudien weiter betreiben zu können, was damals, besonders für eine Frau, fast unmöglich gewesen wäre. Als sie etwa zehn Jahre alt war, verstarb ihr Großvater, und sie verließ ihren Geburtsort, die Hazienda Panoayán in San Miguel Nepantla, um nach Mexiko (Stadt) zu Verwandten zu ziehen, wo sie bald in die Dienste der gerade angekommenen Vizekönigin Doña Leonor Carreto, Marquesa de Mancera, trat, die von diesem Augenblick an ihre Beschützerin wurde und der Juana Inés ihre besten Werke widmete – nicht nur während des vierjährigen Aufenthaltes im Palast, sondern auch nachdem sie dem Orden beigetreten war. Während dieser Zeit in der Hauptstadt, besonders im Palast des Vizekönigs, erweiterte sie ihre Kenntnisse und studierte Latein; daneben verfaßte sie einen Teil ihrer Gedichte. Mit neunzehn ging sie zu den barfüßigen Karmeliterinnen, verließ sie aber wegen der Härte der Ordensregeln nach drei Monaten und kehrte zum Hof zurück, wo sie bis zum Jahre 1669 blieb. Anschließend zog sie in das Kloster San Jerónimo und lebte dort bis zu ihrem Tode im Jahre 1695.

Der Ordenseintritt von Sor Juana ist wohl nicht so sehr auf ihre mystische Berufung zurückzuführen als auf ihre Lebensumstände, nämlich auf die Tatsache, daß sie, weil sie ja unehelich war, keine Aussteuer bekam, und auf ihr Interesse am geistigen Leben. Auch hatte sie eine tiefe Abneigung gegenüber Beziehungen zu Männern, mit denen verschiedene weibliche Mitglieder ihrer Familie nicht gerade gute Erfahrungen gemacht hatten (Paz 1982).

Calleja, ihr erster Biograph, sprach von 4.000 Bänden, die ihre Bibliothek umfaßt haben soll, spätere Berechnungen, die natürlich alle auf Hypothesen basieren, ergaben die lächerliche Zahl von 134 Büchern. Im Porträtbild von Islas erkennt man in den Regalen im Hintergrund die Namen NATAL CONTI, PIERIO VALERIANO – auf die sie bei ihrer Neptun-Allegorie zurückgriff –, FRAY LUIS DE GRANADA und den Jesuiten LUIS DE LA PUENTE. Gegen Ende ihres Lebens wurde der Druck der Umwelt, besonders der des Erzbischofs Aguilar y Seixas und der ihres Beichtvaters Antonio Núñez de Miranda, so groß, daß sie ihren intellektuellen Widerstand aufgab, besonders weil ihre Beschützer, die Vizekönige, nach Spanien zurückgekehrt waren. Sie gab 1692 ihr literarisches Schaffen auf und schenkte ihre Bücher und Sammlungen sowie den größten Teil ihrer Güter dem Erzbischof.

Im Jahre 1695 starb Sor Juana Inés de la Cruz, »zu ihrer Zeit bekannt als Doña Juana Ramírez«. Sie tat es wie eine Heilige, wie die Beischriften auf den Bildern erzählen, doch ohne ihre Bücher und ohne ihre eigenen Gedichte, die für ihren Beichtvater ein öffentliches Ärgernis waren, für sie aber so wichtig, daß sie sie nicht verlieren wollte: »Verhindern nur bei mir die Bücher die Erlösung?« (Tapia Méndez 1981)

GARCIA SAIZ 1980 a, S. 71–72

Farbabbildung S. 148

Wirtschaft und Handel

Die Herrschaft der Spanier brachte in der Neuen Welt tiefgreifende Veränderungen für die präkolumbische Wirtschaft mit sich, da das Hauptgewicht auf die Gewinnung von Metallen gelegt wurde. Um die Produktion anzukurbeln, traf die spanische Krone eine Reihe von Entscheidungen, die soziale und demographische Folgen nach sich zogen. Die Ausbeutung und der Handel zwischen Spanien und den Kolonien wurden stark reglementiert, die Krone und die großen Handelsgesellschaften behielten sich das Monopol auf dem Handel mit Edelmetallen und europäischen Produkten vor; Sevilla war im 16. und 17. Jahrhundert der große Umschlagplatz. Ackerbau und Viehzucht konnten wohl auf voreuropäische Strukturen aufbauen, aber neue Technologien und bis dahin unbekannte Produkte wurden eingeführt. Die Industrie erfreute sich nicht der Unterstützung von seiten der Krone und blieb deshalb auf Textil- und Zuckerindustrie beschränkt.

4.56 ANSICHT VON SEVILLA

Leinwand, 297 x 147 cm
Anonym, Spanien, Ende des 16. Jahrhunderts
MAM 16, gehörte dem Prado-Museum und wurde im Nationalmuseum für Archäologie 1873 aufbewahrt, kam 1941 in Besitz des Museo de América
Ausstellungen: Sevilla 1982/83, Cáceres 1984/85; Sevilla 1984/85; Madrid 1985; Brüssel 1985

Der Fluß Guadalquivir, von der Triana aus gesehen, steht im Mittelpunkt des Gemäldes, in dessen Hintergrund man die Umrisse der Stadt Sevilla und die dunkle Kathedrale erkennt, an deren Seite der etwas farbenfrohere Turm der Giralda in den Himmel ragt. Dieser Turm ist der am besten ausgearbeitete von den vielen hier dargestellten Türmen Sevillas. Er ist sogar feiner gemalt als der Goldturm, der am rechten Rand zu sehen ist. Zwischen diesen beiden steht der frühere Silberturm. Die engen Häuserreihen der Stadt decken auch den Teil weiter links des Bildes ab, wobei wiederum die Kirchen aus dem Häusermeer herausragen.

Der dynamische Teil des Gemäldes wird von Hunderten von Menschen gebildet, die die verschiedensten Arbeiten ausüben oder Freizeitvergnügungen nachgehen. Einige sind dabei, ihre Waren aus- bzw. einzuladen, und gehen in Richtung Stadt, wohin sie diese bringen, während andere spazierengehen, zu Pferd oder im Pferdewagen promenieren, sich hinsetzen und sich unterhalten, feiern oder sich sogar streiten, so daß der Ordnungsbeamte eingreifen muß. Mehr als hundert Schiffe fahren auf dem Fluß oder sind an seinen Ufern festgemacht, manche, um repariert zu werden. Dies alles zeigt die Bedeutung des Hafens zu jener Zeit, als Sevilla das Handelsmonopol mit Amerika besaß und viele Menschen aus Spanien und Europa anzog. Alle Gesellschaftsgruppen – Adelige, Militärs, Kleriker, Händler, Handwerker und Bettler – erscheinen auf diesem Bild in ihrer typischen Kleidung und bei ihrer täglichen Beschäftigung.

Der Maler dieses Werkes, das früher Sánchez Coello zugeschrieben wurde, zeigt eine Vorliebe für den Gesamteindruck und kümmert sich nicht so sehr um das Detail. Er lehnt starke Farben ab und benutzt ziemlich einheitliche Ocker- und Blautöne, die beim Betrachter einen kalten, matten Eindruck hinterlassen.

BREVER 1984, S. 290

Farbabbildung S. 153

4.57 HAFEN VON ACAPULCO

Federzeichnung und aquarellierte Tusche auf weißem Vergépapier, 365 x 600 mm

Unten mit Tinte eine Beischrift: »Ansicht von der Stadt und dem Hafen von Acapulco vom ›Fronton del Grifo‹ aus gesehen«

In der oberen linken Ecke, mit Bleistift: »Nr. 23«

In der oberen rechten Ecke, gedruckt: »Nr. 23«

Fernando Brambila

MAM 2234, Malaspina-Reise

Im Vordergrund, am Fuße der ins Meer ragenden Felsen, sammeln drei Männer ihren Fang ein, während ihnen ein vierter zuschaut. Daneben wartet ein Boot mit weiteren fünf Personen. Im Hintergrund der Hafen, wo die Korvetten der Expedition liegen, denen sich kleine Boote nähern. An der Küste unterscheidet man verschiedene Gebäude der Stadt, wie die Kathedrale, das Gouverneurshaus, das Spital, das Hippolytenkloster und die Kirche San Francisco. Rechts ragt die Festung San Diego, die den Hafen verteidigt, in den Himmel. Hinter der Stadt sieht man die sie umgebenden Berge.

Das Museo Naval in Madrid besitzt ein sehr ähnliches Bild, besonders was den Blickwinkel betrifft. Zwischen beiden existieren aber Unterschiede, die zwei verschiedene Zeichner vermuten lassen. Unter der Voraussetzung, daß die Zeichnung im Museo Naval von Brambila stammt, könnte die vorliegende von einem der Zeichner der Akademie von San Fernando nach der Ankunft der Expedition in Spanien kopiert worden sein, wofür die perfekte Technik, besonders bei den Spiegelungen der Schiffe und der Festung im ruhigen Wasser des Hafens, sprechen würde. Für diese These spricht auch die

Kat.-Nr. 4.57

Justo Zaragoza.

REGLAMENTO

Y

ARANCELES REALES

PARA

EL COMERCIO LIBRE

DE ESPAÑA

A

INDIAS

de 12. de Octubre de 1778.

MADRID.

EN LA IMPRENTA DE PEDRO MARIN.

Kat.-Nr. 4.58

Tatsache, daß manche der Zeichnungen zum Zwecke der Vervielfältigung kopiert wurden.

Der Hafen von Acapulco hatte für den Handel der Kolonie, insbesondere mit den Philippinen, eine große Bedeutung. Er war Umschlagplatz für fernöstliche Waren, obwohl die Verwaltung versuchte, ihren Vertrieb im Land gesetzlich zu unterbinden. Während des 17. Jahrhunderts wurde hier Quecksilber aus China umgeschlagen, was erlaubte, die Bergwerke in Neu-Spanien in Gang zu halten, die ja abhängig von den spärlichen Lieferungen aus Spanien und Peru waren. Die Details dieses Hafens wurden von mehreren Teilnehmern der Malaspina-Reise in ihren Zeichnungen festgehalten, die ein plastisches Bild von dieser bekannten Stadt bieten.

SOTOS 1982, Nr. 364

4.58 GESETZESVERORDNUNG

Reglamento y Aranceles Reales para el Comercio Libre de España a Indias [Gesetze und Zollabgaben für den freien Handel zwischen Spanien und Spanisch-Amerika]

Madrid: Pedro Marín 1778, 262 Seiten, 30 cm, Spanisches Leder

MAM B.U. 1402, Überseebibliothek

Ausstellung: Cáceres 1984/85

Bis zu Beginn des 18. Jahrhunderts verteidigte die spanische Krone ihr Handelsmonopol mit den Kolonien, doch dann traten neue Verordnungen in Kraft, die der realen Situation Rechnung trugen. Sie sollten helfen, den Schmuggel einzudämmen, der weit verbreitet war.

Mit dieser Verordnung wurde es allen spanischen und hispanoamerikanischen Häfen erlaubt, miteinander Handelsbeziehungen aufzunehmen. Es war eine Politik in Gang gesetzt worden, die die Einbeziehung vieler Hafenstädte in den Amerikahandel vorsah, für den vorher besonders Cádiz zuständig gewesen war.

4.59 TRATADO

de los Usos, Abusos, Propiedades y Virtudes del Tabaco, Café, Té y Chocolate [. . . Antonio Lavedan, Abhandlung über den Gebrauch, den Mißbrauch, die Eigenschaften und Heilkräfte von Tabak, Kaffee, Tee und Kakao]

Madrid: Königliche Druckerei 1796, 237 Seiten, 19 cm, Spanisches Leder

MAM B.U. 707, Überseebibliothek

Ausstellung: Cáceres 1984/85

Der Handel mit Produkten aus Amerika war für die Alte Welt von größter Bedeutung. Tabak und Kakao waren wohl die wichtigsten Waren, obwohl sie in Europa nur langsam von der Allgemeinheit angenommen wurden. Diesen Produkten wurden von Anfang an die verschiedensten Eigenschaften zugeschrieben; schon die ersten Chronisten erzählten von heilenden und stimulierenden Kräften dieser Pflanzen.

4.60 DEMOSTRACION

de las Eficaces Virtudes nuevamente descubiertas en las Raices de dos Plantas de Nueva-España, Especies de Agave y de Begónia, para la curación del vicio venereo y escrufuloso . . . Francisco Xavier Bálmis [Darstellung der wiederentdeckten Heilkräfte zweier Wurzeln aus Neu-Spanien, die der Agaven und Begonien, bei Geschlechtskrankheiten und Skrofulose]

Madrid: Vda. de Joaquín Ibarra 1794, 347 Seiten, 20 cm, Spanisches Leder

MAM B.U. 1083, Überseebibliothek

Ausstellung: Cáceres 1984/85

Eines der größten Probleme im Kontakt der Spanier mit den Eingeborenen war die Immunschwäche gegenüber den Krankheiten der anderen Rasse. Bei der größten Seuche, der Syphilis, machten sich die Spanier und die Indianer gegenseitig für die Ansteckung verantwortlich. Es gab mannigfaltige Versuche, ein Heilmittel für diese Krankheit zu finden, wie auch dieses Buch beweist, in dem eine wirklich helfende Arznei gegen diese alte Seuche vorgestellt wird, an der aus Scham niemand schuld sein wollte.

4.61 QUINOLOGIA

o Tratado del árbol de la Quina ó Cascarilla, con su descripción y la de otras especies de quinos nuevamente descubiertas en el Perú . . . Hipólito Ruiz [Quinologie oder Abhandlung über den Chinabaum mit dessen Beschreibung und die der in Peru neu entdeckten Spezies von Chinabäumen]

Madrid: Vda. e hijos de Marín 1724, 103 Seiten, 22 cm, Broschüre

MAM B.U. 2373, Überseebibliothek

Ausstellung: Cáceres 1984/85

Die Wissenschaftler Ruiz und Pavón machten von 1777 bis 1788 Erkundungsreisen in Peru und Chile und trugen viele Daten über die Flora des Kontinents zusammen, die sie in verschiedenen Publikationen veröffentlichten. Die *Quinologie* behandelt detailliert die verschiedenen Arten dieses Baumes und gibt viele medizinische Hinweise zur Verwendung von Rinde und Samen. 1820 wurde ein großer Schritt zur Bekämpfung der Malaria gemacht, indem man das Chinin isolierte; es war der wichtigste Beitrag Amerikas zur Pharmazie.

4.62 JOHANNA UND KARL. VIER REALES (1516–1555)

Vs.: CAROLUS. Et.: IOHANA REGES

Im Perlkreis ein Schild mit Krone und den Wappen von Kastilien, León und Granada.

An den Seiten M...O

Rs.: HISPANIARUM: ET: INDIARUM

Im Perlkreis zwei gekrönte Säulen auf einem Meer, die die Umschrift PLU-SUL-TRA unterbrechen.

Zwischen den beiden Säulen die Wertangabe: 4
Silber, D 30 mm, G 13,55 g, Erhaltungsgrad: sehr gut, P.C.: 9
Mexiko
Eicher: O (?)
MAM 6014

Kat.-Nr. 4.62

4.63 PHILIPP V. ACHT ESCUDOS (1700–1734)

Vs.: PHILIP. V. D.G. HISPAN. ET. IND. REX.
Brustbild des Königs nach rechts mit Perücke, Umhang und Rüstung.
Darunter: 1741
Rs.: INSTIUM SAPIENTIAE. TIMOR DOMINI
Innerhalb des Ordens vom Goldenen Vlies, gekröntes spanisches Wappen mit Herzschild der Bourbonen.
Zu beiden Seiten M...8
F
Darunter, gegen die Umschrift MM
Gold, D 35 mm, G 26,84 g, Erhaltungsgrad: sehr gut, P.C.: 12, bearbeiteter Rand
Mexiko
Eicher: Felipe Rivas de Angulo
MAM 6052

Kat.-Nr. 4.63

4.64 FERDINAND VI. EIN ESCUDO (1749–1759)

Vs.: FERD.VI. D.G. HISPAN. ET. IND. REX
Kopf des Königs nach rechts mit Perücke.
Darunter: 1750
Rs.: NOMINA MAGNA SEQUOR
Gekröntes Wappen von Kastilien, León und Granada und das Herzschild der Bourbonen.
Zu beiden Seiten: I...S
Darunter, gegen die Umschrift M M F
Gold, D 18 mm, G 3,35 g, Erhaltungsgrad: gut, P.C.: 12
Mexiko 1750
Eicher: Francisco de la Peña Flores
MAM 6050

4.65 FERDINAND VI. ACHT REALES

Vs.: FERDND. VI. D.G. HISPAN. ET. IND. REX
Gekröntes Schild mit dem Wappen von León, Kastilien und Granada und das Herzschild der Bourbonen.
Zu beiden Seiten: J...8
D
Rs.: UTRAQUE UNUM
Auf dem Meer zwei Weltkugeln, die die Krone halten, zwischen zwei gekrönten Säulen.
Inschrift: PLUS . . .ULTRA
Darunter: 1754
Unten und gegen die Umschrift: LM.LM.

Kat.-Nr. 4.65

Silber, D 38 mm, G 23,67 g, Erhaltungsgrad: sehr gut, P.C.: 12, bearbeiteter Rand
Lima, 1754
Eicher: J.D.
MAM 6029

4.66 FERDINAND VI. ACHT ESCUDOS

Vs.: Brustbild des Königs nach rechts mit Zopf, Rüstung, Umhang und Orden vom Goldenen Vlies.
Darunter: 1753
Vorder- und Rückseite mit durchgehender Kreislinie als Umrandung.
Rs.: NOMINA MAGNA SEQUOR
Innerhalb des Ordens vom Goldenen Vlies gekröntes spanisches Wappen und Herzschild der Bourbonen.
Darunter, gegen die Umschrift: S. J.
Gold, D 34 mm, G 26,97 g, Erhaltungsgrad: sehr gut, P.C.: 12, bearbeiteter Rand
Santiago de Chile, 1753
Eicher: Jose Larrañeta
MAM 6055

4.67 KARL III. ACHT ESCUDOS (1759–1788)

Vs.: CAROL. III. D.G. HISP. ET. IND. R.
Brustbild des Königs nach rechts mit Zopf, Rüstung, Umhang und Orden vom Goldenen Vlies.
Darunter: 1774
Vorder- und Rückseite mit durchgehender Kreislinie als Umrandung
Rs.: IN. UTROQ. FELIX AUSPICE. DEO
Innerhalb des Ordens vom Goldenen Vlies gekröntes spanisches Wappen mit dem Herzschild der Bourbonen, flankiert durch 8... S.
Darunter: S... DA.
Gold, D 37 mm, G 26,98 g, Erhaltungsgrad: gut, P.C.: 12, bearbeiteter Rand
Santiago de Chile
Eicher: Domingo Eizaguirre y Agustín de Infante Prado
MAM 6074

4.68 CARL III. ACHT ESCUDOS

Vs.: CAROL. III. D.G. HISP. ET. IND. R.
Brustbild des Königs nach rechts mit Zopf, Rüstung, Umhang und Orden vom Goldenen Vlies.
Darunter: 1787
Vorder- und Rückseite mit durchgehender Kreislinie als Umrandung
Rs.: IN. OTROQ. FELIX. AUSPICE. DEO
Innerhalb des Ordens vom Goldenen Vlies gekröntes spanisches Wappen mit dem Herzschild der Bourbonen.
Zu beiden Seiten: 8....S.
Darunter: P und S.F., Initialen des Eichers
Gold, D 37 mm, G 26,96 g, Erhaltungsgrad: sehr gut, P.C.: 12, bearbeiteter Rand
Popayán, 1787
Eicher: S. F.
MAM 6072

4.69 CARL IV. ACHT ESCUDOS (1789–1808)

Vs.: CAROL IV. D.G. HISP. ET. IND. R.
Brustbild des Königs nach rechts mit Zopf, Rüstung, Umhang und Orden vom Goldenen Vlies.
Darunter: 1804
Vorder- und Rückseite mit durchgehender Kreislinie als Umrandung.
Rs.: IN. UTROQ. FELIX. AUSPICE. DEO
Innerhalb des Ordens vom Goldenen Vlies gekröntes spanisches Wappen mit dem Herzschild der Bourbonen.
Zu beiden Seiten: 8.... S
Darunter und gegen die Umschrift: NR.J.J.
Gold, D 36 mm, G 26,88 g, Erhaltungsgrad: sehr gut, P.C.: 12, bearbeiteter Rand
Neues Königreich: 1804
Eicher: Joaquín Dávila Madrid y José García Ansaldo
MAM 6078

4.70 CARL IV. ACHT REALES

Vs.: CAROLUS IIII. DEI. GRATIA. Brustbild des Königs nach rechts mit Lorbeerkranz, Zopf, Rüstung und Umhang.
Darunter: 1808
Vorder- und Rückseite mit durchgehender Kreislinie als Umrandung.
Rs.: HISPAN. ET. IND. REX. M. 8R. T.H.
Gekröntes Wappen von Kastilien, León und Granada und das Herzschild der Bourbonen zwischen den Säulen des Herkules mit wehenden Bändern mit der Inschrift PLUS ULTRA.
Silber, D 38 mm, G 26,90 g, Erhaltungsgrad: sehr gut, P.C.: 12, bearbeiteter Rand
Mexiko 1808
Eicher: Tomás Butrán Miranda und Henrique Buenaventura
MAM 6005

4.71 FERDINAND VII. ACHT REALES (1814–1833)

Vs.: FER DIN. VII. DEI. GRATIA.
Brustbild des Königs nach rechts, mit Rüstung und Umhang.
Darunter: 1809
Vorder- und Rückseite mit durchgezogener Kreislinie als Umrandung.
Rs.: HISPAN. ET. IND. REX. S . 8R. F.J.
Gekröntes Wappen von Kastilien, León und Granada und das

Herzschild der Bourbonen zwischen den Säulen des Herkules mit wehenden Bändern mit der Inschrift PLUS ULTRA.
Silber, D 39 mm, G 26,85 g, Erhaltungsgrad: gut, P.C.: 12, bearbeiteter Rand
Santiago de Chile 1809
Eicher: Francisco Rodríguez Brochero und José M. de Bobadilla (?)
MAM 6006

Kat.-Nr. 4.67

Kat.-Nr. 4.70

Kat.-Nr. 4.71

4.72 YUMBO-INDIANER

Leinwand, 80 x 109 cm
Im unteren rechten Winkel eine Inschrift: »A. Yumbo-Indianer aus der Nähe von Quito mit seinem Schmuck aus Federn und den Zähnen der Jagdtiere, die sie zu Festen tragen. B. Bananenstaude, Baum, der Guinea-Bananen produziert, welche die besten sind. C. Bananenstaude, die die sogenannten Dominikaner-Bananen produziert, die nicht so gut schmecken wie die anderen. D. Papaya-Baum und seine Frucht, ganz und geöffnet, sie ist gut für die Gesundheit. E. Ananas und Stauden, ganz und geöffnet; es ist eine gutriechende und gutschmeckende Frucht.
Vicente Albán, Quito, 18. Jahrhundert
MAM 75, Königliche Naturkundesammlung
Ausstellungen: Madrid 1881; Madrid 1930; Madrid 1976; Madrid 1980; Berlin 1981; Sevilla 1982; Madrid 1985

Mitten in einer Phantasielandschaft mit den Bäumen und Früchten des Landes – Banane, Papaya und Ananas – stellt der Maler den Indianer von vorne dar, in der für diese Art von Gemälden typischen Haltung. Hier ist die Dokumentation wichtiger als die Beschreibung lebendiger Szenen. Wieder wird die Gestalt des Indianers nach der üblichen Form der Darstellung der Eingeborenen, die noch nicht unterworfen und somit zivilisiert waren, präsentiert. Dieses Werk steht in engem Zusammenhang mit den verschieden Expeditionen, die Mitte des 18. Jahrhunderts Amerika erforschten, um wissenschaftliches Material zu sammeln. Nach Meinung dieser Reisenden war es wichtig, den Kontinent anhand seiner typischsten Elemente zu beschreiben.

So stehen Pflanzen, Tiere und Menschen auf derselben Ebene, was die nicht realen Größenverhältnisse bezeugen. Die Maler bieten das Andersartige einer damals an diesem unbekannten Kontinent interessierten Kundschaft an.
GARCIA SAIZ 1979, S. 337–347

4.73 YUMBO-INDIANER

Leinwand, 80 x 109 cm
In der unteren linken Ecke die Inschrift, »A. Yumbo-Indianer aus Naymas mit seiner Last. B. Pitahayas-Baum mit Frucht. C. Obo-Baum mit Frucht. D. Mamei-Baum mit ganzer und geöffneter Frucht. E. Predigervogel. F. Papagei. G. Ein Äffchen ißt eine Banane. H. Kürbisse und Früchte, die er trägt.«

Kat.-Nr. 4.74

Kat.-Nr. 4.76

Vicente Albán, Quito, 18. Jahrhundert
MAM 76, wie oben
Ausstellungen: Madrid 1881; Madrid 1930; Madrid 1976; Berlin 1981; Sevilla 1982; Madrid 1985

Der Maler hat den Yumbo-Indianer nach dem Schema des vorigen Bildes gemalt, jedoch erscheint dieser nicht mehr so primitiv, wie der Gebrauch einer Machete bezeugt, obwohl er eine seltsame, bei den Indianern übliche Art zeigt, die Last zu tragen. Er trägt eine kleine Lanze, sein Gesicht ist bemalt.

GARCIA SAIZ 1979, S. 337–347
Farbabbildung S. 153

4.74 NEGER, INDIANERIN UND CHINA CAMBUJA

Leinwand, 132 x 102 cm
Am oberen linken Rand: »Aus Neger und Indianerin, China Cambuja«.
Miguel Cabrera, Mexiko, 18. Jahrhundert (1763)
MAM 7
Ausstellungen: Berlin 1982; Cádiz 1982; Sevilla 1982/83; Santillana del Mar 1984; Madrid 1985

Die Familie wird im Freien vor einem Stand mit Früchten dargestellt, die präzise beschrieben werden: »Gelbe Nopalfrucht, weiße Nopalfrucht, rote Nopalfrucht, Bananen, schwarze Sapotillofrucht, Pfirsiche, Pflaumen, Chirimoya.« Besonders auffällig ist die Indianerin wegen ihrer Kleidung, die eine tiefgreifende Veränderung erfahren hat. Der traditionelle *huipil* wurde durch einen ähnlichen, aber aus europäischem Stoff ersetzt, und der *rebozo* wird getragen, eine Art von Schal, der unter den mexikanischen Frauen aller sozialen Schichten großen Anklang fand und auf den man nicht verzichten konnte.

Dieses Bild und das folgende sind Teil einer 16teiligen Serie, die dem Thema der Mischlinge gewidmet ist und die Signatur von Miguel Cabrera trägt. Die Bilder sind heute verstreut: dem Museo de América gehören acht Stück, während der Rest in Mexiko in Privatbesitz ist oder nicht lokalisiert werden kann.

Das Werk ist von hohem künstlerischem Wert, eines der besten dieser Art, und es ist das einzige zu diesem Thema, welches uns aus der Hand des berühmten Meisters des 18. Jahrhunderts bekannt ist. Das Schaffen dieses Meisters konzentriert sich auf religiöse Malerei und auf Porträts.
GARCIA SAIZ 1978, S. 186–194

4.75 KASTIZE, MESTIZIN UND CHAMIZO

Leinwand, 132 x 102 cm
Am oberen linken Rand: »Aus Kastize und Mestizin, Chamizo«.
Miguel Cabrera, Mexiko, 18. Jahrhundert (1763)
MAM 12
Ausstellungen: Sevilla 1982; Santillana del Mar 1984

In einem kleinen Zimmer, von einem Gittervorhang im Hintergrund unterteilt, dreht der Vater, ein Zigarrenwickler, Zigaretten in einer Schüssel, die auf seinen Knien liegt. Seine Frau ruht mit den Ellbogen auf einem Ladentisch, auf dem sich Pakete stapeln. Das Kind sitzt vor dem Vater neben einem Kokosnußhaufen. Weiter drinnen ist ein weiteres Zimmer, das mit einem Bild des Druckers Brouwer dekoriert ist.

Die Personen sehen verwahrlost aus, was in starkem Kontrast zu der Darstellung anderer »Kasten« durch den gleichen Maler steht und was auf den sozialen Status der Familie

hinweist. So sieht die Kastizin anders als auf einem anderen Bild der Serie aus. Während sie dort einer Spanierin zum Verwechseln ähnlich sieht, hat sie hier klar indianische Züge.
GARCIA SAIZ 1978, S. 186–194
Farbabbildung S. 153

4.76 PULQUE-STAND

Federzeichnung und aquarellierte Sepia auf Bleistift-Vorzeichnung auf weißem Vergépapier, 226 x 440 mm
An der oberen linken Ecke, mit Bleistift: »Pulquería in Mexiko«
In der oberen linken Ecke, mit Bleistift: »Nr. 31«
In der oberen rechten Ecke gedruckt: »31«
Juan Ravenet (zugeschrieben)
MAM 2238, Malaspina-Reise
Ausstellungen: Santillana del Mar 1984; Cáceres 1984/85

Auf einem weiten Platz stehen verschiedene Gruppen und trinken das mexikanische Nationalgetränk Pulque, eine Art Agavenwein, der während der Kolonialzeit teils verboten, teils mit hohen Steuern belastet wurde. Er war das Getränk der ärmsten Schichten, und sein Konsum führte oft zu Konflikten, wie sie auch der Zeichner im Vordergrund darstellt, der sich bei der Darstellung der heftig streitenden Männer an europäische Vorbilder hält. Daneben stützt eine Frau ihren betrunkenen Mann, der es nicht schafft, seinen Hut vom Boden aufzuheben. Die restlichen Personen trinken stehend, sitzend oder auf dem Boden liegend ihren Pulque, der aus großen Holzfässern kommt. Im Hintergrund ein Holzdach über einigen Holzstämmen. Es handelt sich um eine Skizze für einen Stich von Ravenet, der sich im Museo Naval in Madrid befindet (ms. 1726–1772).
SOTOS 1982, Nr. 441

Kunst und Kunsthandwerk

Das Jahr 1492 bedeutete für Amerika den Beginn des Bruchs mit den alten kulturellen Traditionen und das langsame Hineinwachsen in die kulturelle Welt des Abendlands. Im Laufe eines drei Jahrhunderte währenden Prozesses der »Hispanisierung« Amerikas entwickelten sich die vielfältigsten kulturellen Ausdrucksformen, bei denen nicht nur der Beitrag der selbst äußerst heterogenen eingeborenen Bevölkerungen, sondern auch jener der afrikanischen Kulturen von Bedeutung war. Die Vielschichtigkeit der Kolonialkunst geht in diesem Sinn unter anderem auf die Art und Weise der Zusammensetzung der kolonialen Gesellschaft zurück. Allerdings sind diese Einflüsse in verschiedenen Bereichen unterschiedlich ausgeprägt. Während in der Malerei (abgesehen von frühkolonialen Ausnahmen) und in der Bildhauerei der europäische Einfluß deutlich vorherrschte, kam es im Bereich des Kunsthandwerks zu einer Mestizisierung ähnlich jener der Gesellschaft, die etwa in den Federarbeiten Mexikos und den Lackarbeiten Perus einen charakteristischen Ausdruck fand.

4.77–79 DAS LEBEN DER JUNGFRAU

Öl auf Leinwand und Perlmutt, auf Holz aufgezogen
Anonym, Mexiko, 17.–18. Jahrhundert
Aus dem Museo de la Trinidad, seit der Säkularisierung des Kirchengutes im 19. Jahrhundert

Die drei Tafeln sind Teil eines wahrscheinlich aus sechs Tafeln bestehenden monographischen Gesamtwerkes, dessen übrige Teile mit gleich gearbeiteten Rahmen versehen sind.

Das Museo de América sowie spanische und mexikanische Privatsammlungen beherbergen verschiedene vollständige und unvollständige monographische Serien, die zweifellos von verschiedenen Malern stammen. Diese Thematik wurde damals von den Künstlern und Kunden bevorzugt.
GARCIA SAIZ 1980 b, S. 87–99

4.77 UMARMUNG VOR DER GOLDENEN TÜR

61 x 86 cm
MAM 131

Diese Szene führt im allgemeinen die Bilderreihen zum Leben der Jungfrau an und erfaßt den Augenblick ihrer Zeugung. Sie zeigt die Umarmung des heiligen Joachim und der heiligen Anna unter dem Türsturz einer bogenförmigen Tür am Eingang einer wahrscheinlich ummauerten Stadt, deren Gebäude man teilweise klar im Hintergrund des Bildes erkennen kann. Diese Szene wird durch einen Fluß von einer anderen kleinen Szene getrennt, die ihr zeitlich vorausgeht. Sie zeigt eine Brücke über einen Fluß und den knienden heiligen Joachim, der gerade von der Schwangerschaft seiner Frau erfährt.

4.78 DIE VERLOBUNG

61 x 86 cm
MAM 133

Der Maler folgt hier der so oft wiederholten traditionellen Aufteilung zur Darstellung dieser Szene: Die Hauptpersonen befinden sich in der Mitte des Bildes und werden von den abgewiesenen Freiern und den Gefährtinnen Marias umgeben. Der Hintergrund wird durch den Glanz, der die Figur des Heiligen Geistes umgibt, und durch eine bogenförmige, mit Mauernischen versehene Architektur ausgefüllt.
Farbabbildung S. 154

4.79 TRAUM UND REUE DES HEILIGEN JOSEF

61 x 86 cm
MAM 134

Im Innern eines Zimmers kniet Josef vor Maria und bittet sie um Verzeihung dafür, daß er an ihrer Treue gezweifelt hat. Das Zimmer ist rechts nach außen hin offen, wo die vorhergegangene Verkündigung durch den Engel dargestellt wird. Im

Kat.-Nr. 4.77

Hintergrund des Zimmers sieht man verschiedene Türen, die perspektivisch angeordnet sind und von denen eine zur Werkstatt des Zimmermanns Josef führt.

4.80–82 DAS LEBEN CHRISTI

Öl auf Holz und Perlmutt
Anonym, Mexiko, 17.–18. Jahrhundert
Aus dem Kloster von Aniago (Valladolid) nach der Säkularisierung des Kirchengutes im 19. Jahrhundert ins Archäologischen Museum von Valladolid gekommen.
Ausstellungen: Madrid 1983/84; Cáceres 1984/85

Diese drei Tafeln sind Teil eines Gesamtwerkes von 24 Tafeln, die verschiedene Stationen aus dem Leben Christi erzählen. Der Maler, der Nicolás Correa sehr nahe stand, arbeitete mit derselben Perlmuttechnik zur Verzierung der Rahmen mit Blumen- und Vogelmotiven.

Bis heute ist es die einzige bekannte Bilderserie, die sich ausschließlich mit diesem Thema beschäftigt.
GARCIA SAIZ 1980 b, S. 103–151

4.80 DIE REUIGE SÜNDERIN

69 x 102 cm
MAM 145

In einem großen Saal empfängt Christus die Huldigung der Sünderin, während er ein Mahl im Hause eines Pharisäers einnimmt. Im Vordergrund befinden sich der sitzende Christus und die zu seinen Füßen kniende Frau. Die anderen Personen, die diesen Vorgang beobachten, drängen sich hinter einem großen Tisch und einer Anrichte dicht zusammen. Ein Baldachin, der an zwei Säulen befestigt ist, vervollständigt die Dekoration des Saales. Verschiedener Hausrat ist auf Tisch und Anrichte verteilt.

4.81 DIE GEFANGENNAHME

69 x 102 cm
MAM 152

Eine bunte Gruppe bildet das Zentrum der Szene um Christus. Rechts wird der Angriff von Petrus auf Malchus dargestellt, links erscheint ein Soldat, dessen vollständige Ausrüstung und Bewaffnung sehr detailgenau gemalt ist. Die Landschaft ist von Nebel überzogen, was das Pathos der Situation noch unterstreicht. Die Mimik und die Haltung einiger Figuren wirken verkrampft und ihr Ausdruck verzerrt und bilden einen Gegensatz zur ernsten Darstellung Jesu.

4.82 DER LANZENSTICH

69 x 102 cm
MAM 159

Der gekreuzigte Christus neben den zwei Schächern erhält vom Soldaten den Lanzenstich in die Seite, wonach, wie es in der Heiligen Schrift steht, aus der Wunde Blut und Wasser fließt. Währenddessen tötet eine Gruppe von Soldaten die anderen Gekreuzigten durch Brechen der Beine. Die untere Hälfte des Bildes wird von einer dichtgedrängten Gruppe ausgefüllt, die Leitern, Lanzen und Standarten trägt. Besonders auffällig sind hierbei die beiden Reiter.

Die Haltung der Körper sowie die Gesten haben einen expressiven Zug, womit der packende Charakter dieser Szene hervorgehoben werden soll.

4.83 MARIÄ VERKÜNDIGUNG

Leinwand, 82 x 65 cm
Unleserliche Signierung: »Fr. ALO de H...«
Alonso López de Herrera, Mexiko. 17. Jahrhundert
MAM 83/4, erworben 1983
Ausstellungen: Madrid 1983/84; Cáceres 1984/85; Valladolid 1985

Maria kniet in ihrem Schlafzimmer, von Nähkorb, Spinnrocken und von Madonnenlilien, die auf ihre Reinheit deuten, umgeben, und unterbricht ihre Lektüre, als der Engel der Verkündigung in ihr Zimmer eindringt. Er zeigt auf Gottvater, der in einer Himmelsöffnung umgeben von Engeln erscheint. Der Heilige Geist im Zentrum des Bildes vervollständigt die Szene.

Der Manierismus der Arbeit, der sich in den Proportionen der Figuren sowie im Gesamteindruck manifestiert, zeigt den späten Einfluß der mexikanischen Schule der ersten Hälfte des 17. Jahrhunderts, zu deren wichtigsten Vertretern der damals in Neu-Spanien ansässige Fray Alonso López de Herrera, ein spanischer Dominikanermönch, gehörte. Er beherrschte eine genaue Technik, wie die Arbeit an Details und Schmuckelementen beweist, und wurde von der flämischen Malerei stark beeinflußt.

López de Herrera beherrschte mit dem gleichen Geschick

Kat.-Nr. 4.80

Kat.-Nr. 4.82

Ölmalerei und Kupferstich und schuf in beiden Techniken Werke, von denen er einige mehrmals kopierte und abwandelte. Dies war der Fall bei seinem Bild vom Heiligen Antlitz, von dem er zahlreiche Kopien malte. Eine davon befindet sich im Museo de América. Eine weitere Version mit leichten Veränderungen hängt an einem uns heute unbekannten Ort.
ANGULO 1944, S. 121–125
Farbabbildung S. 155

4.84 SAN JUAN DE DIOS [HEILIGER JOHANNES VON GOTT]

Leinwand, 163 x 107 cm
Signiert: »Ju. Rodríguez Xuarez«
Juan Rodríguez Xuarez, Mexico, 17.–18. Jahrhundert
MAM 36, erworben 1969
Ausstellungen: Cáceres 1984/85; Valladolid 1985

Die große Figur ganz im Vordergrund befindet sich vor einer Landschaft, was das Interesse der Maler des 17. Jahrhunderts widerspiegelt, ihre Personen im Freien, vor einem weiten Hintergrund, abzubilden. Der Person wurde trotz der perspektivischen Verkürzung eine sehr gerade und ausgesprochen würdevolle Haltung verliehen, wobei der Maler besonders dem Gesicht so viel Ausdruckskraft wie möglich verlieh.

Juan Rodríguez Xuarez gehört zur wichtigen Malerfamilie Xuarez, die für die Malerei des 17. und der ersten Hälfte des 18. Jahrhunderts große Bedeutung hatte. Im Gegensatz zu seinen Vorgängern, die sich auf Kosten der Zeichnung den Farb- und Lichteffekten zuwandten, neigte Juan Rodríguez eher zu einem schlichteren Konzept, durch das die Linie einen neuen Stellenwert erlangte. Er malte von 1694 bis 1728, d. h. sein künstlerisches Leben war vom Stil des 17. Jahrhunderts und von den Neuheiten des 18. Jahrhunderts geprägt. Das ist an den zwei Versionen dieses Bildes festzustellen – die andere befindet sich im Besitz der Pinacoteca Virreinal von San Diego, Mexiko –, die minimale Unterschiede aufweisen, die von der zeitlichen Verschiebung zeugen.
GARCIA SAIZ 1980 a, Nr. 36
Farbabbildung S. 155

4.85 DER HEILIGE JOSEF UND DAS KIND

Leinwand, 157 x 112 cm
Anonym, Anden-Schule, 18. Jahrhundert
MAM 243, Sammlung Schmidt-Pizarro, erworben 1966
Ausstellung: Cáceres 1984/85

Der heilige Josef hält das Kind in den Armen und den Blütenzweig in der Hand. Er befindet sich in einer ikonographisch konventionellen Landschaft. Der Rock und der Umhang der beiden Figuren sind reich mit Blumenmotiven geschmückt, die Goldstickereien imitieren sollen.
Als die Anden-Schule im 18. Jahrhundert mit Cuzco als Zentrum ihren Höhepunkt erreicht hatte, traten ihre Charakteristika in Werken wie diesen deutlich zutage. Im allgemeinen benutzten die Künstler Landschaften nach flämischem Muster, die sie von den Stichen her kannten, und fügten kleine Blümchen und Vögel hinzu, die nicht in die Landschaft integriert sein mußten. Bei der Darstellung der Personen verzichteten die Künstler aus Cuzco auf Perspektive und wichen auf Schatten aus, was dem Bild die Tiefe nahm. Dazu trug auch die systematische Verwendung von Gold bei der Verzierung der Kleider bei.
Farbabbildung S. 155

4.86 DER ERZENGEL RAFAEL

Leinwand, 122 x 93 cm
Anonym, Anden-Schule, 17. Jahrhundert
MAM 81, Sammlung Schmidt-Pizarro, erworben 1957

Kat.-Nr. 4.88

Ausstellungen: Madrid 1983/84, Las Palmas 1985

Der Erzengel geht nach rechts, wendet aber das Gesicht dem Betrachter zu und hält in einer Hand den Krummstab und in der anderen den Fisch. Seine reiche Kleidung mit starkem Faltenwurf ist mit Spitzen und Broschen geschmückt, die am Umhang sowie an Ärmeln und Schuhen befestigt sind. Der Hintergrund besteht aus einer Landschaft, die besonders prächtige und effektvolle Blumen zeigt.

Die Darstellungen von Engeln und Erzengeln, die den starken Einfluß der spanischen Vorbilder des 17. Jahrhunderts erkennen lassen, entsprechen ganz dem Geschmack der Maler aus Cuzco. Während des 18. Jahrhunderts malen sie mit dieser sehr beliebten Technik noch verschiedene solcher Bilder, besonders von den himmlischen Heerscharen (Mesa–Gisbert 1976).

Farbabbildung S. 155

4.87 DIE HEILIGE JUNGFRAU DER APOKALYPSE

Holz, geschnitzt, mehrfarbig, Glasaugen, H 57 cm
Anonym, Quito, 18. Jahrhundert
MAM 6815, erworben 1954

Getreu der apokalyptischen Vision des Evangelisten Johannes wird Maria mit Flügeln dargestellt, wie sie den Drachen auf der Erdkugel zertritt. Sie hebt die Arme, um das leider hier nicht mehr vorhandene Kind zu halten und um es vor dem Angriff des Teufel zu retten, eine berühmte Darstellung, die besonders durch die Stiche von Rubens in Amerika verbreitet wurde.

Obwohl sich diese Darstellung in der Malerei wie auch in der Bildhauerei der Kolonialzeit oft wiederholt, wurde sie in Quito besonders verehrt, so daß sie heute gewöhnlich unter dem Namen »Jungfrau von Quito« bekannt ist, speziell nach den von Bernardo Legarda im 18. Jahrhundert geschaffenen Skulpturen.

Farbabbildung S. 156

4.88 MARIÄ HIMMELFAHRT (Skulpturengruppe)

Geschnitztes Holz, mehrfarbig (Glasaugen)
Caspicara (?), Quito, 18. Jahrhundert
Ausstellung: Madrid 1983/84

Ikonographisch besteht die Gruppe aus den Figuren der zwölf Apostel, die verwundert der Himmelfahrt Marias mit den Engeln zusehen. Diese letztere Figur ist nicht erhalten. Eine ganz ähnliche Gruppe, die auch Caspicara zugeschrieben wird, steht in der Kirche San Francisco in Quito. Sie ist im Hinblick auf die genaue Ausarbeitung jeder einzelnen Figur besser gearbeitet.

a) AM GRAB
H 32 cm, B 30,5 cm
MAM 6783

Die fünf Figuren, die die Gruppe bilden, sind aus einem Stück gearbeitet und zeigen Oberkörper und Büste. Sie sind vor dem leeren Grab versammelt, das halb mit einem Leichentuch bedeckt ist, und haben einen sehr erstaunten Ausdruck.

b) APOSTEL
H 46 cm
MAM 6805

Stehend richtet er den Blick auf das Grab. Der ausgestreckte rechte Arm unterstreicht diese Geste. Der linke Arm hält den Umhang. Er trägt eine blaue, mit goldenen Blumen geschmückte Tunika, einen goldgesäumten, weißen Umhang und Sandalen.

c) APOSTEL
H 36,5 cm
MAM 6800

Den Blick nach oben gerichtet und den Mund halb geöffnet, beginnt er sich niederzuknien, während er die linke Hand auf die Brust legt. Er trägt eine grüne, mit goldenen Blumen geschmückte Tunika, einen roten Umhang und Sandalen.

d) APOSTEL
H 41 cm
MAM 6804

Aufrecht, die Hände über der Brust gekreuzt, neigt er den Kopf nach links und richtet den Blick nach oben.

Er trägt eine rote, mit goldenen Blumen verzierte Tunika, einen gelben Umhang und Sandalen.

e) APOSTEL
H 30,3 cm
MAM 6812

In einer schwierigen Stellung neigt sich der Körper nach vorne, während der Kopf nach links und die Arme nach rechts gerichtet sind. Die Figur wird in der Bewegung zwischen dem Betrachten der Gruft und dem Wechsel der Haltung, als Maria in den Himmel auffährt, dargestellt. Er trägt eine rote Tunika mit goldenen Zweigen und Sandalen.

f) APOSTEL
H 40 cm
MAM 6813

Aufrecht, die Arme über der Brust gekreuzt, den Kopf nach links geneigt, erhebt er den Blick. Er trägt eine blaue Tunika, einen eierschalenfarbigen Umhang und Sandalen.

Kat.-Nr. 4.89

Kat.-Nr. 4.91

g) APOSTEL
H 31 cm
MAM 6808

Kniend und mit zum Gebet gefalteten Händen. Er trägt eine rote Tunika mit goldenen Zweigen, einen blauen Umhang und Sandalen.

h) APOSTEL
H 46,5 cm
MAM 6791

Stehend, die linke Hand auf der Brust, die rechte ausgestreckt. Er trägt eine grüne Tunika mit goldenen Blumen, einen roten Umhang und Sandalen.

4.89 DIE HEILIGE ROSA VON LIMA

Elfenbein, H 31,5 cm
Hispano-philippinisch, 17. Jahrhundert
MAM 6912, erworben 1972
Ausstellungen: Cáceres 1984/85, Valladolid 1985

Die Heilige steht aufrecht in einer mit farbigen Blüten geschmückten Tracht und trägt eine Dornenkrone, die auf ihre mystische Verklärung hinweist. Der hintere Teil ihrer Dominikanerinnentracht zeigt einen typischen flächenförmigen Faltenwurf. Die Details des Gesichtes, die hervorstehenden Augen, die Hände und die Verzierungen der Figur zeigen einen fernöstlichen Einfluß, den auch andere Werke auf den Philippinen lebender Chinesen verdeutlichen. Diese Künstler widmeten sich der Interpretation christlicher Darstellungen, wie sie von Missionaren eingeführt wurden.

Die heilige Rosa von Lima, von Clemens IX. zur Schutzpatronin von Spanisch-Amerika und den Philippinen ernannt, wurde in Mexiko besonders verehrt. Auf diese 1586 in Lima geborene Kreolin konzentrierten sich die religiösen Hoffnungen derer, die sich für die Neue Welt eine Figur wünschten, die nicht wie die Jungfrau von Guadalupe bestimmte Elemente der Eingeborenenwelt in sich aufnahm.

4.90 DAS JESUSKIND

Elfenbein, mit Farbresten, H 33,5 cm
Hispano-philippinisch, 17. Jahrhundert
MAM 6753
Ausstellungen: Cáceres 1984/85; Valladolid 1985

Stehend, unbekleidet, in segnender Haltung.

ESTELLA 1984, Nr. 550

4.91 DER GUTE HIRTE

Elfenbein, H 24,2 cm

Kat.-Nr. 4.92

Indo-portugiesisch
MAM 6757, erworben 1973
Ausstellung: Cáceres 1984/85

Das auf einem Herz sitzende Kind, den Kopf auf die rechte Hand gestützt, ist mit einer kleinkarierten Tunika bekleidet und trägt auf seinem Schoß und der Schulter ein Schäfchen. Diese Gruppe steht auf einem pyramidenförmigen Untergrund, der eine Art Berg mit verschiedenen Stufen darstellt, aus dem der Lebensquell fließt.

Die gesamte Komposition zeigt den Einfluß der östlichen Welt auf die christliche Darstellungsform. Besonders aus dem Buddhismus sind einige künstlerische Elemente zu finden.

4.92 KERO

Holz, rot, orange, cremefarben und schwarz bemalt, H 27,7 cm, D 14,5 cm
Peru, Provinz Cuzco, Inka-Stil, 16. Jahrhundert
MAM 7568, Sammlung Juan Larrea

Konischer Becher mit Reliefdarstellungen und Bemalung. Kleine Tiere und Blumen sind aufgemalt, im Relief erscheinen fünf Schlangen, die einander umschlingen, wobei zwei Köpfe über den Rand des Bechers hinausschauen.

Die Form dieses Kero ist ziemlich selten. Die Einfachheit des Gefäßes steht im Gegensatz zu den gewundenen Formen der Verzierung. Zwei Schlangen schlängeln sich senkrecht in die Höhe und schauen über den Rand des Bechers hinaus, während die anderen waagerecht dargestellt sind und somit der Szene ein barockes Aussehen geben. Die Schlange ist eines der beliebtesten Motive in der peruanischen Kunst; sie wird mit dem Blitz, dem Regen, dem Sturm und der darausfolgenden Fruchtbarkeit der Erde in Zusammenhang gebracht. Die Darstellung der Schlange auf einem Zeremonialbecher erhöht dessen Symbolkraft.

ARTE 1982, Abb. 25; ARTE 1983, Abb. 20; ARTE 1935, Tafel XLVI; CUESTA 1980 a, b, S. 292; COSSIO 1971, S. 209

4.93 KERO

Holz, rot, schwarz, braun, blau und cremefarben bemalt, H 20,3 cm, D 16 cm
Peru, Provinz Cuzco, Inka-Stil, 16. Jahrhundert
MAM 7557, Sammlung Juan Larrea

Becher mit fünf Zierstreifen. Der oberste ist alternierend mit Kantu-Blüten und Schmetterlingen bemalt. Das Band in der Mitte zeigt geometrische Motive und liegt zwischen zwei eingeschnittenen Zierstreifen mit konzentrischen Quadraten. Der unterste Streifen ist wieder mit eingeschnittenen Kantu-Blüten verziert.

Die Verzierung dieses Trinkbechers basiert vornehmlich auf den sogenannten *tocapus*, geometrischen Motiven aus gleichförmigen Quadraten, die sich mehrmals wiederholen. Für einige Autoren stehen diese Zeichen für ganze Worte, die Kombination würde demnach eine ideographische Schrift ausmachen, die aber noch nicht entziffert ist. Die Schmetterlinge und die Kantu-Blüten (*Cantua Buxifolia*) vervollständigen das Bild. Diese Blüten hatten eine große Bedeutung in der Inkakunst; sie wurden nicht nur als Ausschmückung gebraucht, sondern auch bei Riten und Begräbnissen als starkes Rauschmittel.

ART 1933, S. 19; CUESTA 1980, S. 302

4.94 KERO

Holz, rot, schwarz, cremefarben, braun, rosa, blau und graugelb bemalt, H 22 cm, D 20,6 cm
Peru, Inka-Stil, 16. Jahrhundert
MAM 7523, Sammlung Juan Larrea

Konischer Becher mit Verzierung in drei Streifen. Im oberen ist die Sonne dargestellt sowie zwei Szenen mit jeweils einem Mann, der gerade das Feld bestellt, und einem anderen, der einen Trinkbecher, einen *kero,* in der Hand hält. Dazu kommen in der ersten Szene zwei Männer – der eine sitzt und der andere steht – mit Keros, während in der anderen schein-

Kat.-Nr. 4.93

Kat.-Nr. 4.94

bar mit *pututus*, Meeresschnecken, musiziert wird. An den beiden Seiten der Sonne, am Hang eines Berges, aus denen jeweils Bäche an den Äckern vorbei ins Tal fließen, erscheinen springende Vierbeiner. Das mittlere Band zeigt geometrische Verzierungen, und im unteren sehen wir zwei Blütenzweige mit Kantu-Blumen, die vom selben Punkt aus in beide Richtungen gehen. Daneben jeweils ein Vogel, der in einer Kralle eine kleine Tasche trägt, die anscheinend an einer Lanze hängt. Ein gekröntes Schild schließt die Darstellung ab.

Die Verzierung dieses Keros zeigt eine landwirtschaftliche Szene mit kultischem Hintergrund. Der Inka und die Männer, die die Trinkbecher in der Hand halten, wenden sich zur Sonne hin, dem Zentralmotiv der Szene, um Regen zu erbitten, der über den Fluß zu den verschiedenen Anbauflächen im Inkareich fließen soll, um so die lebenswichtige Ernährung des Inkavolkes zu sichern. Unten sehen wir den Inka selbst, der die Erde symbolisch pflügt, was auf eine agrarische Zeremonie hinweist. Die heiligen Blumen unten am Trinkbecher, die Vögel und das Wappen deuten auf die Macht des Königs und der anderen Personen, die an solchen Ritualen teilnahmen, hin.

ART 1933, S. 12; CUESTA 1980, S. 343; LARREA 1960; MUESTRA 1984, Abb.129; COSSIO 1971, S. 208–209

4.95 KERO

Holz, schwarz, rot, creme, rosa, blau und braun bemalt, H 20 cm, D 17,5 cm
Peru, Provinz Cuzco, Inka-Stil, 16. Jahrhundert
MAM 7522, Sammlung Juan Larrea

Konischer, mit drei Friesen verzierter Becher. Im oberen Fries erscheint ein Wappenschild mit einem Helm gekrönt, zwischen zwei Schlangen, über denen Blumen und Vögel zu sehen sind. Mond und Sonne haben menschliche Gesichter. Ein stehender Mann hält eine Art Sonnenschirm über eine sitzende Person neben einer Standarte. Ein weiterer Mann steht zwischen zwei Bäumen, der in der einen Hand auch eine Standarte trägt und mit der anderen einen gefesselten Mann abführt. Ein weiterer Mann läuft in entgegengesetzter Richtung und hält in der Nähe des Mundes etwas, was an eine Meeresschnecke erinnert. Die untere Hälfte des Bechers

Kat.-Nr. 4.97

enthält zwei Friese: der obere mit geometrischen Motiven, der untere mit Blumen, den sogenannten *ñucchu* (*Salvia oppositiflora*).

Die Szene zeigt den Inkakaiser mit seinen königlichen Zeichen: Quaste, Thronsitz, Standarte und Sonnenschirm. Die weitere Darstellung schildert, wie ein siegreicher Krieger hohen Ranges einen anderen, ebenfalls hochgestellten Mann eines anderen Volkes, der anders gekleidet und dessen Gesicht bemalt ist, abführt. Mit dabei ist auch ein Mann mit einer *pututu*, einer Meeresschnecke, die bei festlichen Gelegenheiten als Musikinstrument diente. In der Mitte ist ein spanisches Wappen dargestellt. Diese Kero beschreiben die Abenteuer der Inka-Adeligen und wurden daher sorgfältig aufbewahrt und weitergegeben, da sie ja eine Art Rangabzeichen darstellten.

ART 1933, S. 12; CUESTA 1980, S. 296

Farbabbildung S. 157

4.96 KERO

Holz, schwarz, orange, rot, creme, rosa, grün, hellbraun und dunkelbraun bemalt, H 22 cm, B 16,7 cm, T 18 cm

Peru, Provinz Cuzco, Inka-Stil, 16. Jahrhundert

MAM 7508, Sammlung Juan Larrea

Becher in Form eine Jaguarkopfes mit weit geöffnetem Maul und langen Reißzähnen. Bei der Bemalung wurden viele Farben verwendet, es werden die charakteristischen Züge des Jaguars herausgestellt und die Flecken seines Felles betont. Die Öffnung des Gefäßes liegt zwischen den Ohren des Tieres.

Die typische Abstraktion bei der Interpretation der Flecken des Jaguars und die große Beliebtheit dieser Zeichnungen, die dem Tier ein verwirrendes Aussehen geben, passen genau in das Ästhetikkonzept der Inka. Die schematisierte Bemalung steht aber im Gegensatz zum relativen Realismus bei der Formgebung. Er ist auch Symbol für Kraft und für die Macht der Inkakaiser, die solche Becher bei religiösen Zeremonien benutzten.

ART 1933, S. 10; ARTE 1935, Tafel XLIX; COLECCION 1938, Abb. 3; CUESTA 1980, S. 292; MUESTRA 1984, Abb. 184; LOPEZ 1980, S. 31

Farbabbildung S. 157

4.97 KERO ALS MENSCHENKOPF

Holz, schwarz, rot, ocker, cremefarben, rosa, braun und blau bemalt, H 19,2 cm, D 15 cm

Peru, Provinz Cuzco, Inka-Stil, 16. Jahrhundert

MAM 7503, Sammlung Juan Larrea

Becher in Form eines Menschenkopfes. Nase, Ohren und Mund sind reliefartig herausgearbeitet, die Augen aber gemalt. Das Gesicht ist mit großen roten, schwarzen und braunen Rechtecken bemalt. Ein mit Rauten verziertes Stirnband umrundet den Rand des Bechers; vorne am Hals sieht man ein Blumenmotiv. Auf der Rückseite kämpfen zwei Krieger mit Schild und Lanze gegen zwei andere mit Pfeil und Bogen, deren Gesichter etwa die gleiche Bemalung aufweisen wie der Menschenkopf.

Die Szene erzählt von einem Kampf der Inkakrieger gegen die *Chuncho*, die Bewohner des Urwaldgebietes, die sich das Gesicht bemalen und für die Zone charakteristische Waffen tragen. An der Palme erkennen wir, daß es sich um eine Szene über das Eindringen des Inkaheeres in das Gebiet der Chunchokurz vor oder kurz nach der Ankunft der Spanier handeln muß. Was die Gestaltung betrifft, so überwiegt wieder das Prinzip der Achsensymmetrie, wobei die Palme die senkrechte Achse darstellt.

ART 1933, S. 8; ARTE 1982, Abb. 27; ARTE 1983, Abb. 21; CUESTA 1980, S. 293; MUESTRA 1984, Abb. 307; COSSIO 1971, S. 205

4.98 KERO ALS MENSCHENKOPF

Holz, rot, schwarz, cremefarben, blau und braun bemalt, H 21,5 cm, D 16 cm

Peru, Provinz Cuzco, Inka-Stil, 16. Jahrhundert

MAM 7504, Sammlung Juan Larrea

Becher in Form eines Menschenkopfes. Nase und Ohren sind reliefartig herausgearbeitet, während Mund und Augen aufgemalt sind. Die Gesichtsbemalung besteht aus vier verschiedenfarbigen Rechtecken. Ein Band mit Vogelmotiven bedeckt die Stirn, geometrische Verzierungen schmücken den Hals. Die Rückseite wird als Dekorationsfläche gebraucht, wobei in dem Feld, das das Haar bildet, eine sitzende, hohe Persönlichkeit mit Schild, Lanze und Axt erscheint. Ihr gegenüber trägt eine weibliche Gestalt, wie aus der Kleidung zu erkennen ist, einen Blütenzweig mit Kantu-Blumen in der Hand. An der Seite dieser beiden Personen stehen weitere zwei, die über diese Sonnenschirme halten. Hinten am Hals sehen wir einen Hund, einen Jaguar und Kantu-Blumen.

Der Kero erzählt ein Ereignis aus der Geschichte der Inka: der Inka mit seinen Waffen wird neben seiner Frau Coya mit der Kantu-Blume, dem Symbol der Macht bzw. der Unterwerfung, dargestellt. Diese Szene ist auf dem Kopf einer Person mit Gesichtsbemalung gezeichnet, ein Hinweis dafür, daß es sich um eine hochstehende Persönlichkeit aus dem Urwaldgebiet handelt, die vom Inka unterworfen wurde.
ART 1933, S. 9; ARTE 1981, S. 38; CUESTA 1980, S. 297

4.99 POKAL

Holz, schwarz, rot, cremefarben und blau bemalt, H 15 cm, D 11,5 cm
Peru, Provinz Cuzco, Inka-Stil, 16. Jahrhundert
MAM 7564, Sammlung Juan Larrea

Flache, zylindrische Schale, die von zwei menschlichen Figuren gehalten wird, die selbst auf einem zylindrischen Sockel sitzen. Dieser Sockel ist mit Schnitzereien verziert und bemalt. Zwischen zwei plastischen gegenständigen Figuren sind auf der Wand der Schale verschiedene Darstellungen gemalt. Die eine stellt zwei Krieger dar sowie einen Vogel, der eine Tasche zur Aufbewahrung der Coca-Blätter trägt, und ein Blumenmotiv. Die zweite zeigt einen Krieger, der gerade einen anderen besiegt, den Vogel mit der Coca-Tasche, eine Schleuder und einen Schild mit Helm.

Es handelt sich also um eine Kampfszene, in der ein bedeutender, siegreicher Krieger gezeigt wird. Die Kantu-Blume und die Tasche zur Aufbewahrung der Coca-Blätter zeigen die hohe Stellung und die Macht des Dargestellten. Was die Form betrifft, so ist ein symmetrischer Aufbau festzustellen, der nur von den Inhalten der gemalten Szenen unterbrochen wird. Die Körper der zwei Personen, die den oberen Teil tragen, sind auch symmetrisch dargestellt. Der ganze Pokal ist sehr ausgewogen, Arme und Beine dieser Männer stehen gegeneinander, so daß eine imaginäre Linie zwischen Ellenbogen und Knie die Symmetrieachse der Person bilden würde.
ART 1933, S. 20; ARTE 1982, Abb. 26; ARTE 1983, Abb. 25; ARTE 1935, Tafel LIII; CUESTA 1980, S. 297; MUESTRA 1984, Abb. 305

Kat.-Nr. 4.99

4.100 POKAL

Holz, schwarz, rot, creme, blau und braun bemalt, H 16,5 cm, D 27 cm
Peru, Provinz Cuzco, Inka-Stil, 16. Jahrhundert
MAM 7566, Sammlung Juan Larrea

Den Fuß des Pokales bilden zwei geschnitzte Menschengestalten, die auf einem konischen Fuß sitzen. Zwischen den beiden Griffen an der Schale sind Verzierungen mit verschiedenen geometrischen Mustern, den sogenannten *tocapus*, sowie mit figürlichen Motiven eingeritzt, darunter ein Wappenschild zwischen zwei Löwen und Blumenmotiven, die auch auf dem Fuß des Kelches zu sehen sind.

Die Mischung von dekorativen Motiven aus der Inka- und der spanischen Kultur, wird hier offensichtlich. Der Wappenschild mit den Löwen auf beiden Seiten sowie die Menschen leiten sich von der europäischen Kultur her. Die Blumenmotive und geometrischen Muster stammen eindeutig aus der indianischen Tradition. Die Blumen, hier sehen wir die *ñucchu-* und die *sullu-sullu*-Blume, stehen in Verbindung zum Inka-Adel, das Wappen ist eine Anspielung auf den spanischen Adel. Beide sind Symbole für die Macht.
ART 1933, S. 21

4.101 PAJCHA

Holz, rot, cremefarben, blau, schwarz, hellbraun, dunkelbraun und rosafarben bemalt, H 15,7 cm, L 68,5 cm, D 19,3 cm
Peru, Inka-Stil, 16. Jahrhundert
MAM 7572, Sammlung Juan Larrea

Hohles Gefäß, das innen ein kleines Loch hat, das den Körper mit dem langen Stiel verbindet, auf dem ein vierbeiniges Tier zu sehen ist. Die Flüssigkeit, die in den Hohlkörper eingefüllt wird, kann so durch die innere Leitung bis zum Maul des Tieres fließen, von wo sie sich in eine kleine viereckige Schale, die davor steht, ergießt. Von da aus fließt sie um die Pfoten des Tieres herum, durch eine prachtvoll verzierte Rille bis zum Ende des Stiels. Die Bemalung an den Seiten des Stiels besteht aus stilisierten Blumen und – zwischen Rauten unter dem Hohlkörper – aus der Darstellung eines Jaguars. Die Plastik zeigt den Kopf eines nicht zu identifizierenden Tieres und eine gemalte Szene, die einen sitzenden, festlich gekleideten Inka-Kaiser zeigt. Neben dem Inka rechts steht seine Frau Coya mit einem Blütenzweig in der Hand mit Blumen, die denen auf dem Stiel ähneln. Die Szene wird noch von einem Mond mit Menschenprofil und zwei Männern – der eine schwingt eine Waffe hinter einem Tier und der andere sitzt mit zwei Keros in der Hand – vervollständigt.

Diese Art von Gefäßen, die sogenannten Pajchas, dienten im alten Peru bei Trinkzeremonien zur Beschwörung der Fruchtbarkeit der Erde. Verschiedene Flüssigkeiten, meistens Wasser oder Chicha (Maisbier), wurden dabei getrunken. Die Ursprünge gehen auf Zeiten weit vor den Inka zurück, obwohl erst diese solche Gefäße im großen Rahmen bei prachtvollen, religiösen Zeremonien verwendeten.
LARREA 1969, S. 233; LOPEZ 1976, S. 286; COSSIO 1971, S. 184–185; MUSEO 1984, Dia 45

4.102 PAJCHA

Holz, rot, cremefarben, grün, hellbraun, dunkelbraun, hellgrau, dunkelgrau, orange und schwarz bemalt, H 14,6 cm, B 10,4 cm, T 50,5 cm
Peru, Inka-Stil, 16. Jahrhundert
MAM 7569

Pajcha, deren Körper einen Jaguar in Ruhestellung darstellt, mit langem, hohlem Stiel. Im Innern des Körpers stellt ein Loch die Verbindung zum Stiel her, die Flüssigkeit kann durch die Röhre im Stiel fließen, bis sie vorne an der Spitze herauskommt. Die Zähne des Tieres sind aus eingearbeiteten Knochenstücken, die Augen sind bemalt. Am ganzen Körper wurden Silbernägel angebracht, die die Flecken des Tieres nachahmen sollten; diese sind aber fast alle verlorengegangen. Die beiden Vorderpfoten des Jaguars halten den Stiel, auf dem eine Frau mit ausgebreiteten Armen unter einer Art Regenbogen dargestellt ist. Am oberen Teil des Stieles sind zehn Rauten und parallele Linien eingeritzt. An beiden Seiten des Stieles marschieren spanische Soldaten in Richtung Jaguar: fünf Arkebusiere, zwei Fahnenträger, ein Kornett, ein Tambour und sieben Lanzenkämpfer auf der einen Seite, auf der anderen ein Arkebusier mehr.

Ikonographisch ist dieses Stück sehr interessant: der aus einfachem Holz herausgeschnitzte Jaguar mit eingearbeiteten Zähnen aus Knochen und Silberbeschlägen zur Darstellung der Flecken und Krallen ist klar inkaischen Ursprungs, die Bemalung zeugt von spanischem Einfluß, wie z. B. bei den Soldaten.
ART 1933, S. 22
Farbabbildung S. 157

4.103 SCHÜSSEL

Holz, polychrom, lackiert, D 92 cm
Mexiko, Michoacán, Pátzcuaro, 18. Jahrhundert
MAM 6918, Museo Provincial de Toledo

Die Schüssel ist verziert mit einem Medaillon in der Mitte, umgeben von weiteren vier, die verschiedene Szenen darstellen und von Blumensträußen, Bändern und Pflanzenmotiven eingefaßt und voneinander abgegrenzt sind. Ein breiter Zierrand mit den gleichen Motiven umgibt die Schüssel, ein weiterer umschließt das innere Medaillon.

Die dargestellten Szenen stammen aus den »Metamorphosen« des Ovid und behandeln vorzugsweise den Streit zwischen Apollo und Pan (11. Buch, II), an dem der Berg Tmolos, der die Gestalt eines alten Richters annimmt, und der König Midas, der mit den Eselsohren abgebildet ist, die er von Apollo als Strafe erhielt, da er seine Musik nicht der Musik des Pan vorzog, teilnehmen. Des weiteren erscheint die Geschichte von Cinyras und Myrrha (10. Buch, III) die sich in Blutschande lieben, die von Aglaúros behinderte Liebe von Merkur und Herse (2. Buch, VI), die Beziehung zwischen Biblis und Caunus (9. Buch, III) und die Geschichte von Orpheus (10. Buch, I). Mit Ausnahme des mittleren Medaillons, welches Apollo gewidmet ist, haben alle ausgewählten Szenen einen direkten Bezug zur Liebe, die ganz unterschiedlich dargestellt wird, ein Hinweis dafür, daß es sich um ein Hochzeitsgeschenk handeln könnte.
Farbabbildung S. 159

4.104 SCHÜSSEL

Holz, polychrom, lackiert, D 107 cm
Mexiko, Michoacán, Pátzcuaro, 18. Jahrhundert
MAM 6919, Königliche Naturkundesammlung

Das große Mittelmedaillon, das von einer Verzierung aus Pflanzenmotiven umgeben ist, nimmt fast den gesamten Schüsselboden ein. Vier ovale Medaillons sind um den Schüsselboden angeordnet und voneinander durch dichte Zweige getrennt, die in die äußere Randverzierung der Schüssel eindringen.

Die Szene des Mittelmedaillons scheint der Vignette des »Ius ecclesiasticum universum« von 1645 (Ripodas Ardanaz

1983, S. 135–165) entnommen zu sein. Die personifizierte Zeit zieht einen Pflug, der von der Tugend geleitet wird, und Fortuna sät vor ihnen. Die begleitende Inschrift: »Semina Fortunae germinat cum Tempore Virtus« weist auf die Notwendigkeit der Tugend hin, damit Fortuna auf lange Sicht Früchte tragen kann.

Die anderen Szenen greifen verschiedene landwirtschaftliche Arbeiten auf, die von den vier Jahreszeiten bestimmt sind, und verstärken so die Idee vom Lauf der Zeit.

Kat.-Nr. 4.101

4.105 KRUG

Keramik, rote Engobe, poliert, eingeritzte und eingedrückte Verzierungen, H 37,2 cm, D Öffnung 13 cm
Mexiko, Jalisco, Guadalajara, 17. Jahrhundert
MAM 4077, Sammlung der Marquise von Oñate, 1884 dem Nationalmuseum für Archäologie gestiftet; 1941 in den Besitz des Museo de América übergegangen
Ausstellung: Santillana del Mar 1984

Der Krug ist fast vollständig mit eingeritzten Streifen verziert. Streifen mit eingedrückten Kreisen und parallel dazu Streifen mit kleinen, hervorspringenden Höckern sind im Wechsel um das Gefäß gezogen.

Seit dem 17. Jahrhundert gab es diese Keramiken auch in Spanien, die Marquise von Oñate besaß davon schon damals eine bedeutende Sammlung, die eindeutig als Stücke aus dem mexikanischen Guadalajara beschrieben wurden (Barrio Moya und García Sáiz, 1986). Die Existenz dieser Stücke in den Adelshäusern blieb den Europäern, die die Iberische Halbinsel im Laufe mehrerer Jahrhunderte bereisten, nicht verborgen. Deshalb finden sich auch in der Literatur Hinweise beispielsweise in der Beschreibung einer Reise, die die Comtesse d'Anluoy zwischen 1679 und 1680 unternahm, oder in den Ausführungen des T. Gautier im 19. Jahrhundert. Beide weisen auf das Vorhandensein solcher Stücke in spanischen Häusern hin, und beide zeigen ihr Erstaunen darüber, daß kleine Teile dieser Keramiken von vielen Frauen als Leckerbissen verspeist wurden.

Kat.-Nr. 4.104

4.106 SCHÜSSEL

Keramik, mehrfarbig, poliert, H 8,5 cm, D Öffnung 21 cm
Mexiko, Jalisco, Guadalajara, 17. Jahrhundert
MAM 4747, Sammlung der Marquise von Oñate
Ausstellung: Santillana del Mar 1984

Schüssel mit sechs kleinen Henkeln am Außenrand. Auf einen blauen Rand folgen orange Bänder auf weißem Grund. Ein von feinen Linien begrenzter Streifen im Inneren der Schüssel umschließt gemalte Pflanzenmotive: große, halbgeöffnete Blüten mit Streifen, leicht an eine Pflanzenspirale gelehnt, bilden eine phantasievolle Blumenkomposition, in deren Zentrum ein schreitender Vogel erscheint.

Kat.-Nr. 4.107

4.107 KANDELABER

Keramik, rote Engobe, poliert, H 29,8 cm, D Öffnung 6,2 cm
Mexiko, Jalisco, Guadalajara, 17. Jahrhundert
MAM 4711, Sammlung der Marquise von Oñate

Kandelaber mit zwei Kerzenhaltern verschiedener Größe. Die Verzierung besteht aus parallelen kleinen Streifen, die tief eingraviert sind und die dem Leuchter ein sehr plastisches Aussehen verleihen.

4.108 FLASCHE

Keramik, rote Engobe, poliert, H 30 cm, D Öffnung 10,2 cm
Mexiko, Jalisco, Guadalajara, 17. Jahrhundert
MAM 4089, Sammlung der Marquise von Oñate

Zur Verzierung des kugelförmigen Bauches werden verschiedene Techniken benutzt. Der Flaschenhals ist gewölbt und sein Rand gewellt. Verschiedene Bündel eingravierter Streifen begrenzen die geometrisch angelegten Leisten, die mit einer Mischtechnik ausgearbeitet wurden. Die miteinander verbundenen Kreise sind eingraviert, und die aufgedrückten Motive in ihrem Inneren ähneln Blumen.

4.109 RÄUCHERGEFÄSS

Keramik, rote Engobe, poliert, mit ausgeschnittenen Verzierungen, H 25 cm, D Öffnung 6,1 cm
Mexiko, Jalisco, Guadalajara, 17. Jahrhundert
MAM 4640, Sammlung der Marquise von Oñate

Die kleine Öffnung befindet sich am Ende des Halses, der, mit eingravierten Rillen verziert, in einen großen, runden Körper übergeht. In leicht geritzten Kreisen erscheinen dort große ausgeschnittene Sterne. Kleine Dreiecke vervollständigen die Arbeit und verleihen dem Gefäß eine große Transparenz. Der Kugelkörper geht in einen langen Standfuß mit runder Bodenplatte über.

4.110 KRUG

Keramik, poliert, schwarz bemalt mit farbiger Verzierung, H 45,2 cm, D Öffnung 22,7 cm
Mexiko, Jalisco, Guadalajara, 17. Jahrhundert
MAM 4869, Sammlung der Marquise von Oñate

Der große Krug ist schwarz bemalt und hat an der Seite zwei volutenförmige Henkel. Hals und Bauch sind mit großen, halbrunden Ausbuchtungen verziert, die das Ergebnis einer Form aus einem Quadrat in einem Kreis sind, mit der im Inneren des Kruges gearbeitet wurde. Sie sind versetzt in horizontal übereinanderliegenden Streifen angeordnet.

An beiden Seiten dieser breiten, reliefgeschmückten Streifen verlaufen reichverzierte, mehrfarbige Bänder mit Pflanzen und geometrischen Motiven innerhalb von weißen, grünen und sepiafarbenen Kreisen bzw. Vierecken, bei denen die Blumenkronen, die Mitte der Blätter sowie die horizontalen Linien, die diese Bänder begrenzen, einen Goldton erhalten.

Dieselben Farben erscheinen auch auf der Außenfläche der Henkel in den S-förmigen Blattmotiven.

4.111 TOPF

Keramik, poliert und mehrfarbig verziert, H 37,1 cm (unregelmäßig), D Öffnung 13,9 cm
Mexiko, Jalisco, Guadalajara, 17. Jahrhundert
MAM 4876, Sammlung der Marquise von Oñate

Großer Topf mit zwei Henkeln am Halsansatz. Der Hals ist glockenförmig, und der kugelförmige Körper hat zwölf vertikale Rippen. Insgesamt ist er mit Motiven in zwei Ockertönen bemalt. Die Rippen sind abwechselnd mit Blattvoluten und Blumengirlanden geschmückt. Der Hals ist mit Schuppenmotiven verziert, die sich im Kreis gruppieren.

Die Rippen und der Hals sind durch breite, ockerfarbene Streifen getrennt.

4.112 SCHALE

Keramik, poliert, mehrfarbig, H 7 cm, D Öffnung 15,5 cm

Kat.-Nr. 4.109

Kat.-Nr. 4.111

Mexiko, Jalisco, Guadalajara, 17. Jahrhundert
MAM 4733, Sammlung der Marquise von Oñate

Das breite Band zwischen den beiden Griffen an der Außenseite wird von zwei blauen Streifen begrenzt und zeigt blaue und orange Blumenmotive auf weißem Grund.

Im blau-orangen Inneren sieht man zwei langstielige Nelken zwischen zwei Rosetten auf der Höhe der Henkel. Der Boden zeigt einen Reliefabdruck, der einen zehnzackigen, gebogenen Stern mit einer Szene im Zentrum darstellt.

Die äußere Oberfläche ist glänzend und wurde nach der Bemalung poliert. Innen wirkt die Oberfläche matt.

4.113 SCHALE

Keramik, poliert, mehrfarbig, H 6 cm, D Öffnung 18,3 x 14,1 cm
Mexiko, Jalisco, Guadalajara, 17. Jahrhundert
MAM 4745, Sammlung der Marquise von Oñate
Ausstellung: Santillana del Mar 1984

Die Schale ist oval mit gekrümmten Wänden und vier kleinen Henkeln an der Außenseite, die zusammen mit verschiedenen blauen und orange Streifen auf weißem Grund die Verzierung bilden. Innen sieht man ein breites, geteiltes Band, auf dem abwechselnd sehr stilisierte Granatäpfel und gepunktete Netze in blau und orange auf weißem Grund und zwei im Negativ gemalte Blumen, die Blütenblätter voller Punkte, abgebildet sind. Die Mitte nimmt ein blauer Fisch ein, der sich, von oben gesehen, mit seinem spindelförmigem Aussehen der Schalenform perfekt anpaßt.

Farbabbildung S. 160

4.114 BECHER

Keramik, poliert, mehrfarbig, H 7,6 cm, D Öffnung 8,1 cm
Mexiko, Jalisco, Guadalajara, 17. Jahrhundert
MAM 4768, Sammlung der Marquise von Oñate

Nur außen ist der Becher blau-orange auf weißem Grund bemalt, er hat zwei kleine Henkel am Rand. Zwei sich überlagernde Bänder zeigen geometrisches Dekor, wie gepunktete Netze oder pflanzliche Motive, Voluten aus Blättern, in Schmuckfelder getrennt durch feine, vertikale Linien. Die Oberfläche des Bechers ist leicht gewellt und läßt Ansätze von Rippen erkennen.

Kat.-Nr. 4.116 a–f

4.115 a UNTERSATZ

Keramik, rote Engobe, poliert, H 16,8 cm, D Öffnung 8,7 cm
Mexiko, Jalisco, Guadalajara, 17. Jahrhundert
MAM 4286, Sammlung der Marquise von Oñate

Dieser glockenförmige, hohle Gegenstand dient als Untersatz für ein anderes Gefäß. Tiefe vertikale Eindrücke und dazwischen große Noppen im Relief stellen die Verzierung dar, die von parallel eingravierten Bändern begrenzt wird.

4.115 b GEFÄSS

Keramik, rote Engobe, poliert, H 58,2 cm, D Öffnung 10 cm
Mexiko, Jalisco, Guadalajara, 17. Jahrhundert
MAM 4176, Sammlung der Marquise von Oñate

Verzierung aus zwei dreiteiligen Henkeln am oberen Teil, mit tiefen, vertikalen und kreisförmigen Einbuchtungen und parallelen, eingravierten Bändern. Zwei verschiedene, plastisch wirkende Motive bilden ein geometrisches Muster. Es sind große Masken, die ein junges Gesicht mit langen Haaren zeigen, sowie Noppen, die mit einer Reliefform hergestellt wurden. Die Beschaffenheit und die vielseitige Bearbeitung des Gefäßes sprechen für eine hauptsächlich dekorative Funktion.

4.116 a UNTERSATZ

Keramik, rote Engobe, poliert, Gravur-, Stempel- und Reliefverzierung, H 18,5 cm, D max. 25 cm
Mexiko, Jalisco, Guadalajara, 17. Jahrhundert
MAM 4287, Sammlung der Marquise von Oñate

Der hohle Fuß ist mit einer Reihe paralleler, eingravierter Bänder und mit tiefen, vertikalen Einbuchtungen versehen, zwischen denen kleine Noppenreliefs eingefügt sind. Ein horizontales Band mit kleinen, aber sehr tiefen Einbuchtungen vervollständigt das Bild.

Dieses Stück, wie auch die im folgenden beschriebenen, könnten alle zu einer Art Früchteständer gehören, der nach der Beschreibung T. Gautiers einer Reise durch die Iberische Halbinsel Mitte des 19. Jahrhunderts wie folgt benutzt wurde: »Die *búcaros* sind eine Art von Krügen aus rotem, amerikanischem Ton. Wenn man sie benutzen will, setzt man sieben oder acht von ihnen auf den Marmor des Nacht- oder Ecktisches, füllt sie mit Wasser und setzt sich auf ein Sofa, um die Wirkung abzuwarten und die Köstlichkeit und das nachfolgende Wohlbefinden zu genießen. Der Ton wird dunkel, das Wasser durchdringt die Poren und bald sind die Krüge durchfeuchtet und verbreiten einen Geruch, der an feuchten Gips oder an eine lange verschlossene geöffnete Höhle erinnert. Die Krüge transpirieren so stark, daß nach einer Stunde die Hälfte des Wassers verdunstet ist. Das restliche Wasser in den Krügen ist eiskalt und hat einen ziemlich widerwärtigen Geschmack nach Zisterne, was die Kenner aber besonders lieben. Ein halbes Dutzend dieser Krüge reichen aus, um der Luft eines Zimmers so viel Feuchtigkeit zu geben, daß man nicht umhin kann, es beim Eintreten zu bemerken: es ist eine Art kaltes Dampfbad. Nicht zufrieden, das Wasser zu trinken und den Geruch einzuatmen, kauen einige Personen kleine Stückchen des Tonkruges, sie zerkleinern sie zu Staub und schlucken sie schließlich hinunter.«

4.116 b SCHALE

Keramik, rote Engobe, poliert, mit Gravur- und Reliefverzierungen, H 26,9 cm, D max. 30 cm
Mexiko, Jalisco, Guadalajara, 17. Jahrhundert
MAM 4664, Sammlung der Marquise von Oñate

Schale, die mit anderen durch einen langen, hohlen Stab in- und übereinandergefügt werden kann, um eine Art Früchteständer zu bilden. Im weder polierten noch verzierten Inneren gibt es nur drei Ablauflöcher für die Flüssigkeit.

Die Außenfläche wird von parallelen, eingravierten Bändern verziert, die vom gewellten Rand aus die verzierte Fläche in zwei Streifen teilen. Das innere Band trägt drei Hochreliefmasken, die bärtige Gesichter mit lockigen Haaren darstellen, welche gleichzeitig als Ablaufrinnen für Wasser durch das in den Mund eingearbeitete Loch dienen. Das Außenband ist abwechselnd von gezackten Hochreliefverzierungen und Hökkern im Halbrelief besetzt.

4.116 c SCHALE

Keramik, rote Engobe, poliert, Gravur- und Reliefverzierung, H 24,1 cm, D max. 23 cm
Mexiko, Jalisco, Guadalajara, 17. Jahrhundert
MAM 4662, Sammlung der Marquise von Oñate

Schale, die mit anderen ähnlichen zu einer Art Früchteständer gehört. Die Verzierung entspricht im Prinzip der vorher beschriebenen.

4.116 d SCHALE

Keramik, rote Engobe, poliert, Gravur- und Reliefverzierung, H 23 cm, D 22 cm
Mexiko, Jalisco, Guadalajara, 17. Jahrhundert
MAM 4661, Sammlung der Marquise von Oñate

Die Schale mit gebogenen Wänden ist ein tiefes Gefäß, das mit anderen, ähnlichen, Teil eines Früchteständers ist.

Die Verzierung entspricht im Prinzip der vorher beschriebenen, mit Ausnahme der Masken, die viel stärker herausgearbeitet sind und ein anderes, nicht klar definiertes Gesicht darstellen, das das Wasserloch zwischen den Augen trägt.

4.116 e GEFÄSS

Keramik, rote Engobe, poliert, Gravur- und Reliefverzierung, H 34,5 cm, D Öffnung 10 cm
Mexiko, Jalisco, Guadalajara, 17. Jahrhundert
MAM 4207, Sammlung der Marquise von Oñate

Gefäß, das durch einen langen, hohlen Stab mit anderen, ähnlichen Gefäßen zu einer Art Früchteständer zusammengefügt wird. Von den zwei klar gegeneinander abgegrenzten Körpern zeigt der obere, der durch eine Einbuchtung geteilt wird, tief eingravierte vertikale Linien und Vertiefungen im Wechsel mit kleinen Einschnitten. Am zweiten, kugelförmigen Bauch sind drei Hochreliefmasken mit länglicher Gesichtsform, kurzen Haaren und einem Loch im Mund angebracht, durch das die Flüssigkeit aus dem Inneren ablaufen kann. Jeder Streifen ist mit einem anderen Motiv verziert und durch eingravierte Bänder begrenzt.

4.116 f DECKEL

Keramik, rote Engobe, poliert, Gravur- und Reliefverzierung, H 20 cm, D max. 12,6 cm
Mexiko, Jalisco, Guadalajara, 17. Jahrhundert
MAM 4241, Sammlung der Marquise von Oñate

Deckel bzw. Abschluß des Früchteständers. Zwischen den geflochtenen Henkeln sind aufgedruckte Kreise verschiedener Art und kurze Linien im Wechsel angeordnet.

Eingravierte parallele Bänder und eine gewellte Leiste sowie eine Kugel mit kleinem Knauf schließen das Ganze ab.

4.117 VASE

Keramik, mehrfarbig, H 82 cm, D Öffnung 34,5 cm
Mexiko, Jalisco, Guadalajara, 17. Jahrhundert
MAM 4898, Sammlung der Marquise von Oñate
Ausstellung: Santillana del Mar 1984

Das Gefäß hat zwei Seiten, getrennt durch die kleinen seitlichen Henkel. Die Hauptansicht, auf ockerfarbener Engobe, zeigt einen Doppeladler mit ausgebreiteten Schwingen und zwei Löwen, die von einem dreifachen Bogen umgeben sind. Große Blumenvoluten mit Blättern und Spiralen vervollständigen die Verzierung.

Die Hinteransicht zeigt ebenfalls einen großen Adler mit ausgebreiteten Schwingen und einem langen Schwanz, der beinahe den gesamten Raum einnimmt. Der restliche Raum wird mit diversen Pflanzenmotiven und leichten, weißen Tupfen ausgefüllt.

Zur Vase gehört ein Deckel aus geschnitztem, mehrfarbig bemaltem Holz.

Farbabbildung S. 158

4.118 VASE

Keramik, mehrfarbig, H 86 cm, D Öffnung 60,2 cm
Mexiko, Jalisco, Guadalajara, 17. Jahrhundert
MAM 4893, Sammlung der Marquise von Oñate

Die Vase ist vollständig mit roter Engobe überzogen; die Verzierung besteht aus Bändern, die mit einer Reihe von parallelen, mehrfarbigen Streifen mit Goldtupfen getrennt sind. Der erste Streifen trägt die Inschrift »INMORTAL D. JUAN PEREZ DE GUZMAN CANTETU«, die von einem Engel aus Ton unterbrochen wird. Eine weitere Figur, die heute leider verschwunden ist, war symmetrisch dazu angebracht. Auf den anderen Bändern erscheinen Pflanzenmotive und Blumenkompositionen im Relief. Weiß gepunktete Rosetten und andere kleine Motive mit Goldtupfen vollenden die Verzierung. Zur Vase gehört ein runder Deckel, der ebenfalls mehrfarbiges Streifendekor aufweist.

Farbabbildung S. 158

4.119 GEFÄSS

Schwarze Keramik, H 18 cm, B 11cm, L 9,5 cm
Peru, Chimú-Inka-Stil, 16. Jahrhundert
MAM 7703

Gefäß mit einer stehenden Person zwischen zwei wesentlich kleineren, im Profil gezeigten Personen, die auf zwei Kugeln knien. Wie auch die seitlichen Figuren trägt sie eine in der

Kat.-Nr. 4.119

Taille zusammengeraffte Tunika mit Falten und schmückt sich mit Ohrscheiben und einer Kette aus länglichen Perlen. Das lange Haar fällt über die Schulter und ist in Zopfform nach oben gelegt. Um den Kopf herum und unterhalb des Ausgusses zieht sich, wie eine Krone, eine durchbrochene Linie. Der Hintergrund besteht aus einem Punktrelief.

Es handelt sich um die Darstellung einer hochgestellten Person der Eingeborenen, die in der Nasenscheidewand ein Loch hat und sich mit dem Ohrschmuck ausstattet, der ihrem Rang entspricht. Sie trägt europäische Kleidung und eine für die Konquistadoren typische Frisur, was auf die kulturelle Überlagerung hinweist. Das klassische Merkmal der Chimú-Kultur ist z. B. das Punktrelief im Hintergrund, kombiniert mit ikonographisch neuen Formen an Keramiken, die aber weiterhin die Aufgabe hatten, den Verstorbenen nach den Bräuchen ihrer Vorfahren ins Jenseits zu begleiten.

4.120 FIGURENGEFÄSS

Schwarze Keramik, H 16,5 cm, B 10,5 cm, L 14,1 cm
Peru, Chimú-Inka-Stil, 16. Jahrhundert
MAM 7700, Sammlung des 18. Jahrhunderts

Kugelförmiges Gefäß, das eine nackte, sitzende Frau mit ausgestreckten Beinen darstellt, die die gebeugten Arme an den Körper gelegt hat und in einer Hand einen Maiskolben hält. Der Kopf hat eine Öffnung, auf die ein kunstvoller Silberdeckel gehört, der mit einer Kette am Henkel befestigt ist und gleichzeitig der Figur als Kopfputz dient. Die Frau trägt Ohrringe aus Silber, am Körper sind die Rippen herausgearbeitet. Einige runde, innen vertiefte Auswölbungen auf den Fußsohlen und die hervortretende Wirbelsäule sind besonders auffällig.

Nach der Darstellung des Körpers zu urteilen, könnte es sich um eine Tote handeln, die einen Maiskolben ißt – wahrscheinlich eine Grabbeigabe – und die an den Fußsohlen irgendeine Krankheit hat. Bei diesem Gefäß kann man das Zusammenwirken verschiedener Künstler an einem Werk bewundern. Die Silberschmiede fertigten Ohrringe und Kopfputz an. Dieser letztere ist wiederum bemalt, was ein charakteristisches Merkmal der Ästhetik der Eingeborenen ist. Wie auch schon das Stück Kat.-Nr. 4.30 und das Objekt Kat.-Nr. 4.121 wurde dieses Gefäß, wie Paz Cabello in ihrem Artikel zu den Sammlungen des 18. Jahrhunderts beschreibt, in einer Grabstätte peruanischer Indianer zusammen mit anderen Objekten gefunden und 1765 vom Vizekönig von Peru nach Spanien geschickt. Die Tatsache, daß es in einem Eingeborenengrab gefunden wurde, beweist, daß die traditionellen Bestattungsformen die spanische Eroberung überdauert haben.

ARTE 1983 b, S. 13; CUESTA 1980 a, S. 397

4.121 FIGURENGEFÄSS

Schwarze Keramik
Peru, Chimú-Inka-Stil, 16. Jahrhundert
MAM 7701, Sammlung des 18. Jahrhunderts

Kugelförmiges Gefäß mit abgeflachtem Boden in Form einer Frau mit gekreuzten Beinen, die eines davon mit den Händen umfaßt. Der Kopf und die Wirbelsäule sind modelliert, während die Rippen und der Bauchnabel eingeritzt wurden. Auf den Fußsohlen können Kreise mit herausgeschnittenen Innenpunkten beobachtet werden. Die Figur ist mit einem silbernen Helm und einer Kette aus kreisförmigen Elementen geschmückt. Am unteren Teil des Griffes und in der Nähe des Mundes befindet sich eine Silberverzierung aus zwei Bändern, die zu Wellen werden. Anders gearbeitet, aber ebenfalls aus Silber ist der Deckel, von dem aus Pflanzenmotive bis zum Rücken der Person führen. Ein langer Ausguß geht von der Brust der Figur aus und endet mit einem Tierkopf.

Das Gefäß könnte eine Tote darstellen – betrachtet man ihr Aussehen –, die auf den Fußsohlen eine Krankheit hatte. Auf das Zusammenspiel der Keramik- und der Silberschmiedekunst muß besonders hingewiesen werden. In diesem Fall wird der europäische Einfluß deutlich, dessen Elemente aber durch die Ästhethik der Eingeborenen verändert wurden.

ARTE 1983 b, S. 13; CUESTA 1980 a, S. 397

Kat.-Nr. 4.121

Kat.-Nr. 4.124

4.122 MUSIKINSTRUMENT

Keramik, cremefarben, rot, orangegelb und braun bemalt
L 39,5 cm, Rohr D max. 4,2 cm
Peru, 17. Jahrhundert
MAM 8405

Einer Trompete nachgebautes Musikinstrument, das aus einem langen Rohr besteht, welches sich vom Mundstück zum Ende hin verdickt. Das Rohr ist gebogen, so daß es im Mittelteil dreiwindig verläuft. Es ist mit drei roten, unterschiedlich breiten Bändern bemalt, eines davon mit einem Stufenmotiv.

In den präkolumbischen Kulturen Perus hatte die Musik eine große Bedeutung, wie die zahlreichen Darstellungen von musizierenden Personen beweisen. Dieses Instrument wurde nach der Konquista gefertigt und stellt die Nachbildung eines europäischen Trompetentypus dar.
JANER 1873 a, Tafel

4.123 RÄUCHERGEFÄSS

Silber, gegossen und ziseliert, Filigranarbeit, 22,5 x 17,5 cm
Peru, Ende 17. Jahrhundert
MAM 12780

In Form eines radschlagenden Truthahns mit ausgebreiteten Flügeln. Mit Ausnahme der Füße und des Kopfes handelt es sich um eine Filigranarbeit. Der Truthahn befindet sich auf einem Filigrantablett mit einem kleinen, gewellten Rand; er steht auf vier kurzen, krummen Beinen. Die Verzierung beschränkt sich auf stilisierte Blätter, Blumen und eine kleine schnurförmige Zierleiste um Flügel, Schwanz und Tablett.

Mit den Räuchergefäßen parfümierte man Zimmer, Wäsche und Garderobe. Den Duft, der die Kleider durchdrang, überdeckte den Körpergeruch der nicht gerade hygienebewußten Gesellschaft der Kolonialzeit
Farbabbildung S. 160

4.124 ZIERKÖRBCHEN

Silber, gegossen und ziseliert, Filigranarbeit, H 20 cm, D max. 15,5 cm
Peru, 18. Jahrhundert
MAM 12726

Kegelstumpfförmig mit rundem Boden, der mit hohlen

Kat.-Nr. 4.126

Kat.-Nr. 4.127

Zierleisten und Kördelchen geschmückt ist, die die über das ganze Stück verteilten Blumenmotive eingrenzen. Der Henkel und der Oberrand des Korbes sind mit einer Kette aus Silberperlen besetzt und mit Blütenblättern gesäumt.

Auch die mit getrockneten Blütenblättern (z. B. Jasmin) gefüllten »mistureros« stellte man in Schränke oder Truhen, um die Wäsche zu parfümieren.

4.125 TUPU

Silber, gegossen und ziseliert, 35,5 cm
Peru, 19. Jahrhundert
MAM 12766, erworben 1952

Die Schmucknadel wird zum Kopf hin flacher und ist mit gekrümmten Linien, umsäumten Rändern und drei Schleifen an jeder Seite ausgeschmückt. Der Kopf hat die Form eines eiförmigen, konkaven Löffels und ist innen mit zwei herzförmig angebrachten Pflanzenvoluten verziert, aus deren Mitte drei Blätter mit Voluten an den Seiten wachsen. Ein Pfau schließt den oberen Rand ab; die gesamte Kontur ist gerillt.

Die Nadel dient dazu, verschiedene Kleidungsstücke der traditionellen Tracht der Indianerfrauen zusammenzuhalten, besonders den Umhang, die *lliclla*, und den *acsu*.

4.126 TUPU

Silber, gegossen, getrieben und ziseliert, 59 cm
Peru, 18.–19. Jahrhundert
MAM 12767, erworben 1952

Die Nadel wird zum Kopf hin flacher. In verschiedene Richtungen verlaufende Wellen, die von zwei parallelen Linien eingeschlossen werden, die in Dreiecke münden, bilden die Verzierung; die Ränder sind von geschmückten Bögen umsäumt. An jeder Seite erscheinen zwei doppelt gekrümmte, gerillte Voluten.

Der scheibenförmige Kopf ist mit verschiedenen Motiven verziert: Lilien mit Doppelblättern, durch Blumen unterbrochen, zu Dreiecken zusammengestellte Blätter, Blumen und Blätter, die zu Voluten werden. Den Außenrand bilden kleine Bögen. Im Zentrum erscheint ein Adler, der von Blumen umgeben ist.

4.127 KRÜGE UND SERVIERTELLER

Silber, gegossen, getrieben und ziseliert, 7,7 x 5,5 cm (Krüge), 22,8 x 17,3 cm (Servierteller)
Inschrift am Rande des Serviertellers: »Juan Gutierres de la Vega ließ es in der Stadt Mexico im Jahre 1741 zur Verehrung für die Kirche meiner Herrin, der heiligen Eulalia, anfertigen.«
Stempel der Stadt Mexiko und andere, nicht interpretierbare Zeichen.
Mexiko, 18. Jahrhundert

MAM 12801, 12802 und 12803, erworben 1972
Ausstellungen: Madrid 1983/84; Cáceres 1984/85

Die Krüge haben einen Fuß, der den zylindrischen Körper mit einer Ausgußtülle und einem zweifach geschwungenen Henkel trägt. Auf dem Krug sind jeweils die Buchstaben A und V eingraviert, je nachdem ob sie für Wasser (Agua) oder für Wein (Vino) bestimmt waren.

Der ovale Servierteller ist mit einem Zweig verziert, von dem Weintrauben hängen, die auf die Funktion des Objekts verweisen. Als Hintergrund sind Blumen in den Vertiefungen zur Aufnahme der Krüge eingeschlossen.

4.128 TUCH

Rot, gelb, blau, weiß, violett, schwarz, grau und braun, 48 x 59 cm
Peru, 18. Jahrhundert?
MAM 14806, Sammlung Juan Larrea
Ausstellungen: Paris 1933, Madrid 1935

Gewirktes Stofffragment, in leinenbindigen Eintragsreps gearbeitet, wodurch der feinere, aber dichtere Eintrag die größere Fadenstärke des Kettfadens vollständig überdeckt. Die offenen Stellen oder Schlitze, die beim Fadenwechsel des Eintrages entstehen, wurden durch das Ineinanderhängen der betreffenden Einträge vermieden.

Die Ränder des Tuches sind mit sechs Streifen verziert, wovon fünf ungemustert bleiben, einer aber geometrische Muster aufweist. In der Mitte besteht das Muster aus einer Serie von senkrechten und waagrechten Streifen mit rautenförmigen Motiven. Dazwischen treten Vogelfiguren, hundeartige Tiere und florale Motive auf.

4.129 TUCH

Rot, gelb, blau, dunkelviolett, weiß, schwarz, grau und grün, 47 x 52,5 cm
Peru, 18. Jahrhundert (?)
MAM 14807, Sammlung Juan Larrea
Ausstellungen: Paris 1933; Madrid 1935

Gewirktes Stofffragment, das in der Technik wie das vorige Tuch gearbeitet ist.

Auch hier sind die Ränder des Tuches mit sechs Streifen verziert, wovon fünf ungemustert sind, einer aber vierblättrige Blüten als Muster aufweist. Innen bildet die Aneinanderreihung zweier rautenförmiger Motive eine Folge von vertikalen und horizontalen Bändern, deren Zwischenräume durch herzförmige Figuren, sitzende Vögel und hundeartige Tiere, die auf den Hinterbeinen sitzen, sowie von Vasen und Blumenmotiven ausgefüllt sind.

4.130 TUCH

Rot, weiß, gelb, dunkelviolett und blau, 61 x 40,5 cm

Kat.-Nr. 4.129

Peru, 18. Jahrhundert (?)
MAM 14808, Sammlung Juan Larrea
Ausstellungen: Paris 1933; Madrid 1935

Es handelt sich um das Fragment eines größeren Stoffstükkes, das aus verschiedenen Teilen zusammengesetzt war. Das Fragment selbst ist aus zwei, teilweise unabhängig gearbeiteten Teilen zusammengefügt. Die Arbeitstechnik ist der vorher beschriebenen ähnlich. Der Stoff ist mit sechs horizontal übereinanderliegenden Streifen versehen. Der erste, dritte, vierte und sechste Streifen ist mit Blumenmotiven und sehr einfachen geometrischen Mustern verziert, der zweite und fünfte Streifen zeigt fliegende und sitzende Vögel sowie geometrische Formen und Blumen- und Früchtemotive.

4.131 FEDERHUT

Federn, Rohr, Schnur, H 11 cm, D 32 cm
Peru, 18. Jahrhundert
MAM 13550

Hut aus feinem Rohrgeflecht, in derselben Technik wie das folgende Objekt hergestellt, mit den gleichen Verzierungen und Federn. Das Band zum Festbinden am Kopf ist verloren-

Kat.-Nr. 4.131

gegangen, doch die Schnalle an der Unterseite ist noch zu erkennen. Zwischen Krempe und Hutstulpe ist er mit einem breiten Streifen schwarzer Federn und einem gelb-blau karierten Band geschmückt.

Wie im Artikel von Paz Cabello (Amerikanische Sammlungen des 18. Jahrhunderts) erwähnt, stammt diese Federarbeit (wie auch die der folgenden Katalognummern) aus den Werkstätten der »ungläubigen Indios« aus Pampahermosa, wie sie in den alten Schriften genannt werden, weil sie nicht bekehrten Indianerstämmen angehörten. Sie lebten wohl in Pampahermosa am Ufer des Ucayali im peruanischen Urwald.

4.132 FEDERHUT

Federn, Rohr, Stoff und Schnur, H 11 cm, D 33 cm
Peru, 18. Jahrhundert
MAM 13551

Hut aus Rohrgeflecht, mit blauer Seide gefüttert. Die Federn sind reihenweise auf das Geflecht aufgenäht und bilden Blumenmuster, Dreiecke und Schachbrettmuster zur Verzierung. Die Hutstulpe ist mit blauen, weißen, roten und gelben Bändern umwunden. Die Krempe zeigt blaue Dreiecke und weiße bzw. blaue Blumenmotive auf rotem Grund. Ein Band dient zum Festbinden des Hutes, die Schnalle am Rand der Krempe zum Aufhängen.

Federschmuck und -hüte sind typische Arbeiten der Eingeborenen, die in den Tälern der Nebenflüsse des Amazonas leben. Bei diesen Arbeiten bewahren sie die traditionelle Machart und Verzierung, sie beziehen aber auch Elemente mit ein, die sie bei ihrem Kontakt mit Europäern kennengelernt haben, wie z. B. die Melonenform und später die Form des Zylinderhutes.

Farbabbildung S. 196

4.133 FEDERARBEIT

Federn und Gewebe, L 78 cm, B 5,6 cm
Peru, 18. Jahrhundert
MAM 13004

Rechteckiges Federtuch mit halbkreisförmigem Halsausschnitt. Die Federn sind reihenweise an ein dickes Gewebe angenäht. Das Stück ist teilweise beschädigt, so daß an einigen Stellen nur die Federkiele bzw. einzelne Federn zu sehen sind. Eine spätere Bemalung erweckt den Eindruck, das Stück wäre in besserem Zustand. Auf einem blauen Grund erscheinen rote und gelbe Blumen mit grünen Blättern, ein Streifen roter Federn und ein Streifen weißer Federn runden die Dekoration ab.

Der Federschmuck wurde auf einen nicht zugeschnittenen Stoff genäht, ein Hinweis darauf, daß dieses Stück nie benutzt wurde.

4.134 a,b FEDERARBEITEN

Federn und Gewebe, L 37 cm, B 31 cm
Peru, 18. Jahrhundert
MAM 13005, 13005 b

Zwei ovale Stoffe mit einem halbkreisförmigen Ausschnitt auf einer Seite. Die Federn sind in Reihen auf den dicken Stoff genäht. Die meisten Federn fehlen, obwohl eine spätere Bemalung den Eindruck vermittelt, das Stück sei besser erhalten. Auf blauem Grund erscheinen Blumen- und Blättermotive. Das Tuch ist von einem Streifen roter Federn und von einem mit gelben Federn eingefaßt. Diese beiden Stücke scheinen früher zusammengehört zu haben, wie es aus alten Inventarlisten hervorgeht, und wurden wahrscheinlich geteilt, so daß sie eine Schildform annahmen.

4.135 FEDERSCHILD

Federn, Stoff und Holz, D 77 cm
Peru, 18. Jahrhundert
MAM 13006

Die Federn sind in konzentrischen Kreisen auf ein dickes Stoffstück genäht. Konzentrische Bänder in den Farben rot, gelb und blau bilden die Verzierung in der Mitte, während am Rand strahlenförmig Blumenmuster und Streifen auf blauem Grund erscheinen. Ein gelber Saum und eine blaue Einfassung runden die Dekoration ab. Der Stoff ist auf einer Holzplatte angebracht und hat einen umgeschlagenen Saum. Die Federn, Farben, Blumenmuster usw. sind ähnlich wie bei den Federhüten. Früher wurde er als mexikanischer Rundschild betrachtet und sogar »Schild des Moctezuma« genannt, eine Behauptung, die unbewiesen blieb.

Farbabbildung S. 196

4.136 FEDERHUT

Pflanzliche Fasern, Federn und Schnur, H 17 cm, D 49 cm
Peru, 18. Jahrhundert
MAM 13549, Sammlung Ruiz und Pavón

Geflochtener Hut mit in Reihen aufgenähten Federn, die Muster bilden; an der Hutstulpe in Form von konzentrischen Kreisen.

Farbabbildung S. 196

4.137 BISCHOFSINFEL

Federmosaik auf Bastpapier, rotes Atlasfutter, Goldborte und -quasten, H (ohne Bänder) 45 cm, B 29 cm, Bänder L 45,5 cm, B (max.) 11,5 cm
Mexiko, Michoacán, vor 1546
Museum für Völkerkunde Wien 125210, Sammlung für Plastik und Kunstgewerbe, ex Sammlung Ambras

Auf der Vorderseite wächst aus dem von zwei Löwen flankierten Grab Adams ein Lebensbaum als Weinstock empor, aus dem neben Trauben aus Blüten die zwölf Apostel sprießen, während die Evangelisten um den Sarkophag gruppiert sind. Die Spitze des Weinstocks bildet das Kreuz Christi, dessen Blut von zwei Engeln in Kelchen aufgefangen wird. Auf der Hinterseite ist die Wurzel Jesse als analoger Rebstock dargestellt, nur daß hier die Könige von Israel und als Bekrönung die Jungfrau mit dem Kind zu sehen sind. Beide Seiten sind mit einem Zierstreifen aus um Blüten gewundenen Bändern umgeben. Die Bänder zeigen ein Jerusalem-Kreuz, die Devise »BVENAGIA« und einen roten Kardinalshut sowie in Seidenstickerei das nachträglich aufgestickte Wappen des Bischofs von Palencia, Don Pedro de la Gasca, dem das Stück nach dem Tod des ursprünglich gedachten Empfängers umgewidmet wurde.

ANDERS 1971, S. 24, 35; ANDERS 1978, S. 71–74; BECKER-DONNER 1972, S. 118, Tafel 3; MUSEUM 1980, S. 239

Farbabbildung S. 193

4.138 DER HEILIGE HIERONYMUS

Federmosaik auf Bastpapier auf Holz, Außenmaße 32 x 25,5 cm, Innenmaße 21,5 x 15,5 cm
Mexiko, Michoacán, 3. Viertel des 16. Jahrhunderts
Museum für Völkerkunde Wien 43383, Sammlung Ambras

Der von einem Heiligenschein bekrönte heilige Hieronymus ist in einer nach halbrechts knienden Haltung dargestellt, wie er mit dem Stein in der rechten Hand ausholt, um gegen seine entblößte und blutige Brust zu schlagen. Links zu seinen Füßen liegt ein Löwe, rechts eine Bibel und ein Totenkopf. Vom linken Bildrand ragt ein rot besetztes Kleidungsstück ins Bild, rechts im Hintergrund hängt ein Kardinalshut an einem Baum, links im Hintergrund steht ein Kreuz mit Korpus und der Inschrift INRI. Das Bild ist in einem Holzrahmen montiert, dessen Kanten vergoldet sind, während die Deckleiste auch mit Federmosaik verziert ist (zwei um einen Stab gewundene Bänder und Blüten). Durch starke Beschädigung der Oberfläche ist das Irisieren fast verschwunden.

Darstellungen dieses Heiligen dürften ein häufiges Motiv in der frühen christlichen Federkunst Mexikos gewesen sein und stehen indirekt mit der Bedeutung der Hieronymiten im Zusammenhang. Neben zwei erhaltenen Exemplaren aus dem 17. Jahrhundert (Madrid, Loreto) sind mehrere heute verschollene Exemplare belegbar.

ANDERS 1971, S. 51, 54; ANDERS 1975, Abb. 12

Farbabbildung S. 194

4.139 DIE HEILIGE JUNGFRAU MARIA MIT DEM KIND

Federmosaik auf Bastpapier auf Holz, lackierter Holzrahmen, Außenmaße 22 x 18,5 cm, Innenmaße 15,5 x 11 cm
Mexiko, Michoacán, 3. Viertel des 16. Jahrhunderts
Museum für Völkerkunde Wien 125211, Sammlung für Plastik und Kunstgewerbe, ex Sammlung Ambras

Die sitzende Jungfrau Maria hält das Jesuskind, das einen Apfel hält, auf ihrem Schoß. Die beiden Gesichter, vor allem das des Kinds, sind relativ unsicher gearbeitet, die Finger und Zehen unproportioniert. Die Kleidung beider Gestalten zeigt reichen Faltenwurf, der Hintergrund ist mit kleinen Kreisen und ornamentalen Formen durchsetzt. Lackierter Holzrahmen mit gewundenen Bändern. Auch bei diesem Bild sind die irisierenden Kolibrifedern bestoßen, doch ist der Effekt vor allem in der oberen Bildhälfte noch sichtbar.

ANDERS 1971, S. 26, 27; MUSEUM 1981, S. 36

Farbabbildung S. 194

4.140 DER HEILIGE JOSEF UND DAS KIND

Federn, Papier und Bastpapier auf Kupfer, 30 x 21 cm
Mexiko, 17. Jahrhundert
MAM 12337, Königliche Naturkundesammlung

Das Bild entspricht ikonographisch der klassischen Form. Die traditionelle Darstellung des heiligen Josef, der das Kind in seinen Armen hält, füllt das ganze Gemälde aus. Verschiedene Landschaftselemente, die zwar willkürlich gesetzt, aber dennoch offensichtlich symmetrisch sind, vervollständigen es.

Ein Zierband mit geometrischen Formen und Blumenmotiven umrahmt das Bild.

4.141 DER HEILIGE HIERONYMUS

Federn, Papier und Bastpapier auf Kupfer, 26 x 19 cm
Mexiko, 17. Jahrhundert
MAM 12339

In päpstlichen Gewändern sitzt der Heilige an einem Tisch und schreibt, während er die Eingebung des Heiligen Geistes empfängt. Im Hintergrund eine Bibliothek.

Kat.-Nr. 4.141

Die Randverzierung aus geometrischen Figuren ist an ihrer Innenseite gezackt.

Stil und Technik ähneln den Bildern, die die vier Kirchenväter Gregorius, Augustinus, Hieronymus und Ambrosius (Heikamp 1976, S. 478) darstellen und im Besitz der Casa de Loreto sind.

4.142 DER HEILIGE LUIS GONZAGA

Federn, Papier und Bastpapier auf Kupfer, 30 x 21 cm
Mexiko, 17. Jahrhundert
MAM 12332
Ausstellungen: Cáceres 1984/85; Valladolid 1985

In einer einfachen, nur angedeuteten Landschaft steht der Heilige dem Betrachter gegenüber und hebt sein Gesicht zum Himmel. In seiner rechten Hand hält er einen blühenden Strauß.

Eine Leiste mit geometrischer Verzierung und Blumenmotiven bildet den Rahmen.

4.143 DIE UNBEFLECKTE

Federn, Papier und Bastpapier auf Kupfer, 30 x 21 cm
Mexiko, 17. Jahrhundert
MAM 12340
Ausstellungen : Cáceres 1984/85; Valladolid 1985

Die gekrönte Unbefleckte Empfängnis befindet sich, umgeben von Meßgerät, in Wolken, über ihr Gottvater und der Heilige Geist.

Ein Band aus pflanzlichen und geometrischen Motiven rahmt die Komposition oben und unten ein.

Farbabbildung S. 194

4.144 DIE UNBEFLECKTE

Federn, Papier und Bastpapier auf Kupfer, 30 x 21 cm
Mexiko, 17. Jahrhundert
MAM 12331

Die Jungfrau steht mit gefalteten Händen auf einem Halbmond, umgeben von einigen Blumen und einer Wolke im oberen Teil.

Den Rahmen bildet ein Zierband aus geometrischen und pflanzlichen Motiven.

4.145 FALTFÄCHER

Federmosaik und Buntpapier auf Seide, lackiertes Holz, L 33,2 cm, B (aufgefaltet) 63 cm
Mexiko, 17. Jahrhundert
Breamore House Collection, Hampshire

Der nach europäischem Vorbild gearbeitete Fächer besteht aus 23 Blättern, die auf zwölf Stäbchen montiert sind, von denen das erste und das letzte als Schutz über die Gesamtlänge der Blätter liegen und mit durchbrochenen floralen Motiven verziert sind. Die kurzen Stäbchen weisen ebenso wie das dazugehörige Etui pseudoasiatische Goldlackverzierung auf schwarzem Grund auf. Am unteren Ende sind die Stäbchen durch eine Metallöse mit Perlmuttlager zusammengehalten.

Die Vorderseite zeigt über mehrfarbigen Wellenlinien in der Mitte ein spanisches Paar, flankiert von einem indianischen Paar in teilweise spanischer Tracht sowie jaguarartigen Raubkatzen. Rund um die Figuren erscheinen eine üppige Blumenwelt sowie ein Vogel. Die Hinterseite ist zwei Themen der antiken Mythologie gewidmet: rechts entleibt sich Thisbe angesichts des bereits entseelten Pyramus, links kommt Perseus mit Schild und Schwert angeflogen, um die entblößt gegen den Felsen gekettete und vom Ungeheuer bedrohte Andromeda zu befreien. Auch hier bildet eine ähnlich hypertrophe Blumenszenerie den Hintergrund. Die Ränder des Fächers sind mit rotem und goldenem Papier beklebt, letzteres findet auch im Federmosaik reiche Verwendung.

Nach einer Familientradition stammen diese und/oder andere mexikanische Gegenstände der Breamore-House-Sammlung von Admiral Westrow (geb. 1625), der sie bei der

Kat.-Nr. 4.142

Kat.-Nr. 4.144

Kaperung eines spanischen Schiffes an sich gebracht und sie seiner Nichte Dorothy Westrow geschenkt haben soll. Da es sich um einen sogenannten »Heiratsfächer« handelt, könnte er zur Zeit der Hochzeit Dorothys (1672) übergeben worden sein. Auch aus stilistischen Gründen ist eine Datierung um 1650 nicht unwahrscheinlich.
Farbabbildungen S. 195

4.146 DIE HEILIGE JUNGFRAU VON GUADALUPE

Federmosaik und Öl auf Kupfer, Außenmaße 55,5 x 43,5 cm, Innenmaße 44 x 32 cm
Mexiko, 18. Jahrhundert
Privatsammlung

Das Bildnis der auf der Mondsichel stehenden, von einem Engel getragenen Jungfrau im Strahlenkranz erscheint auf beigem Grund mit weißem Rand, wobei das Oval in einen rechteckigen Rahmen gesetzt ist. Innerhalb dieses Rahmens wird der Hintergrund aus irisierenden Kolibrifedern gebildet, über dem nichtirisierende Blütenmotive stehen. Am Rahmen selbst bilden die irisierenden Federn ein Rankenmotiv auf stumpfem Grund. Die Hände und Gesichter der Figuren sind gemalt, alles andere ist in Federmosaik und Goldpapier ausgeführt, wobei der Strich der Federn nach unten weist und der Leuchteffekt daher nur bei Betrachtung von oben her eintritt.
Farbabbildung S. 194

5. DIE WIEDERENTDECKUNG AMERIKAS

Das Zeitalter der territorialen und spirituellen Eroberung der Neuen Welt war nicht notwendigerweise ein Zeitalter der geistigen Eroberung. Trotz pionierhafter Leistungen einiger Missionare bei der Sicherung von Informationen über die erst kürzlich vergangene Welt der alten Hochkulturen, war das Hauptinteresse wohl stärker auf die Veränderung als auf die Bewahrung gerichtet. Eine systematische naturkundliche (und in ihrem Gefolge auch völkerkundliche) Erforschung Spanisch-Amerikas fand erst im letzten Drittel des 18. Jahrhunderts unter dem Einfluß der Aufklärung statt. Eine gezielte Sammeltätigkeit für das königliche Naturalienkabinett erfolgte über höheren Auftrag zuerst durch die kolonialen Behörden, später durch eigens ausgerüstete wissenschaftliche Expeditionen, unter welchen die des Admiral Malaspina die bekannteste ist. Aus dieser Zeit datieren auch die ersten Versuche archäologischer Fundsicherung in den Ruinen der alten Maya-Stadt Palenque.

Die wissenschaftlichen Expeditionen

5.1 SÜDLICHES AMERIKA

Stich, 229 x 181 cm
Beischrift: »Karte des südlichen Amerika, eingerichtet und gestochen von Juan de la Cruz Cano y Olmedilla, Geograph im Dienste Seiner Majestät, Mitglied der königlichen Akademie von San Fernando und der Baskischen Gesellschaft der Freunde ihres Landes; unter Zuhilfenahme von Karten und Nachrichten aus erster Hand und in Übereinstimmung mit astronomischen Beobachtungen. Anno 1775«.
Juan Cruz Cano y Olmedilla
MAM 11600, gestiftet 1974
Ausstellung: Sevilla 1985/86
Farbabbildung S. 197

5.2 DER CHIMBORAZO

Federzeichnung und aquarellierte Tusche, umrahmt mit Tinte, 255 x 480 mm
In der oberen linken Ecke, mit Bleistift: »Nr. 22«
In der oberen rechten Ecke, gedruckt: »22«
Unten am Bildrand mit Tinte: »Ansicht des Chimborazo mit einem Teil der Küste östlich von Guayaquil, von dem Haus des Observatoriums aus aufgenommen. 7496,5 spanische Ellen über den Meeresspiegel«
Fernando Brambila (zugeschrieben)
MAM 2208, Malaspina-Reise

Im Vordergrund links schwimmt ein kleines Floß auf dem Guayaquil, wo die Korvette der Expedition und auch andere Schiffe vor Anker gegangen sind. Im Hintergrund die bergige Küste und dahinter die schneebedeckte Spitze des Vulkans zwischen den Wolken, die detailliert herausgearbeitet sind.

Diese Zeichnung stimmt, was die Ansicht betrifft, mit einer anderen, viel schlechteren, die José Cardero zugeschrieben wird und im Besitz des Museo Naval in Madrid ist, überein (ms. 1726–41). Dieser Brambila zugeschriebenen Zeichnung muß eine andere, vielleicht die von Cardero, als Vorlage gedient haben, denn Brambila schloß sich erst in Mexiko der Expedition an, war also am Guayaquil nicht dabei. Sie muß also nach 1791 entstanden sein, als die Expedition im Oktober die Mündung des Flusses erreichte.
SOTOS 1982, Nr. 250

5.3 MALASPINA WIRD VON EINGEBORENEN UMSORGT

Federzeichnung und aquarellierte Tusche über Bleistift, weißes Vergépapier, 145 x 225 mm
In der oberen linken Ecke, mit Bleistift: »Nr. 131«
In der oberen rechten Ecke, gedruckt: »131«
Unten am Bildrand mit Tinte: »Die Frauen von Vavao umsorgen die Offiziere«
Unten mit Bleistift: »Der Offizier ist Malaspina«
Juan Ravenet
MAM 2360, Malaspina-Reise
Ausstellung: Madrid 1983/84

Vor einer nur mit einigen Federstrichen skizzierten Landschaft wird ein Offizier, in der Beischrift als Malaspina identifiziert, von zwei Bewohnerinnen der Tonga-Insel Vavao begleitet und bedient, wie die aufreizende Zeichnung von Ravenet zeigt.
SOTOS 1982, Nr. 769

5.4 NEGRITOS AUS MONTE DE MANILA

Federzeichnung und aquarellierte Tusche und Bleiweiß, weißes Vergépapier, 410 x 536 mm
In der oberen linken Ecke, mit Bleistift: »Nr. 48«
In der oberen rechten Ecke, gedruckt: »48«
Unten am Bildrand mit Tinte: »Negritos aus Monte de Manila«
Juan Ravenet
MAM 2304, Malaspina-Reise
Ausstellung: Madrid 1984

Im Vordergrund links steht eine Gruppe von Eingeborenen, den sogenannten Negritos, bestehend aus zwei Männern, drei Frauen und zwei Kindern verschiedenen Alters. Etwas weiter hinten und skizziert, erscheint wieder eine Gruppe bestehend aus drei Frauen von vorne, Schulter an Schulter, und vier Männern beim Tanz, die dem Zuschauer den Rücken zeigen.

Wir kennen verschiedene Studien von einigen dieser Perso-

nen, die dieser entgültigen Zeichnung vorangingen, wie zum Beispiel das Bild des Häuptlings Andahuat, das im Besitz des Museo de América ist (MAM 2305) und die Zeichnung der Frauengruppe rechts (MAM 2308). Das Museo Naval in Madrid bewahrt eine Kopie dieser Zeichnung, die einige Unterschiede aufweist (ms. 1723–25) und von einem anderen Künstler stammen muß, da die Ausgestaltung von Landschaft und Figuren anders ist als bei Ravenet.
SOTOS 1982, Nr. 243

Kat.-Nr. 5.2

5.5 VORSTADTWOHNUNG IN MANILA

Federzeichnung und aquarellierte Tusche und Bleiweiß auf Bleistift, weißes Vergépapier, 463 x 590 mm
In der oberen linken Ecke, mit Bleistift: »Nr. 47«
In der oberen rechten Ecke, gedruckt: »47«
Unten am Bildrand mit Tinte: »Vorstadtwohnung in Manila«
Entwurf für Kupferstich
Fernando Brambila
MAM 2302, Malaspina-Reise
Ausstellung: Madrid 1984

Mitten in einer üppigen Vegetation stehen einige, dem feuchten Klima angepaßte Häuser aus Bambus und Hanf hoch über dem Boden. Dazwischen sieht man halbnackte, barfüßige Männer und bekleidete Frauen.

Die scheinbare Alltäglichkeit der Szene steht im Widerspruch zu den Menschen, die zum größten Teil dem ganzen Geschehen unbeteiligt gegenüberstehen.

Brambila legt besonderen Wert auf die Gestaltung der Landschaft und beherrscht vorzüglich die Perspektive, trotz der wilden Pflanzenwelt.
SOTOS 1982, Nr. 698

Kat.-Nr. 5.3

5.6 BELADENER INDIANER

Federzeichnung und aquarellierte Tusche und Wasserfarben und Bleiweiß, weißes Vergépapier, umrahmt mit Tinte, 170 x 115 mm
In der oberen linken Ecke, mit Bleistift: »Nr. 78«
In der oberen rechten Ecke, gedruckt: »78«
Unten am Bildrand, mit Tinte: »Art, wie die Indianer Lasten tragen, die zu Fuß von Quito nach Napo laufen«
Anonym, 18. Jahrhundert
MAM 2218, Malaspina-Reise
Ausstellung: Madrid 1985

Vor einem Hintergrund mit schneebedeckten Bergen trägt ein nackter Indianer in einem sehr gewagten Balanceakt höchstwahrscheinlich einen Spanier mit Hilfe von Gurten, die der Indianer um Stirn und Brust trägt und die am Spanier irgendwie festgemacht sind. Vom Stil her ist diese Zeichnung der vorigen sehr ähnlich.
SOTOS 1982, Nr. 214

Kat.-Nr. 5.4

Kat.-Nr. 5.6

5.7 EINWOHNER DES UFERS DES RIO NAPO

Federzeichnung und aquarellierte Tusche und Wasserfarben auf Bleistift, weißes Vergépapier, 190 x 240 mm
In der oberen linken Ecke, mit Bleistift: »Nr. 138«
In der oberen rechten Ecke, gedruckt: »138«
Unten am Bildrand, mit Tinte: »Camuchino-Indianer, der in der Nähe der Mündung des Rio Napo lebt. Er kleidet sich, wie zu sehen ist. Der Stamm ist sehr geschickt im Gebrauch des Blasrohrs und des Pfeil und Bogens und lebt besonders vom Fischfang; es leben wie bei vielen anderen Völkern verschiedene Familien in einem Haus, das zwei Schlafsäle zu haben pflegt, die unterteilt sind; es ist eine Art Dach, das keine Fenster hat, und das einzige Licht kommt durch dieses Dach.« Rechts unten am Bildrand und links: »Bemalte Indianer, die die Ufer des Napo, eines Amazonasnebenflusses, bewohnen; sie tragen Lendenschurz und eine Decke über der Schulter. Sie haben diesem wasserreichen Fluß, dem größten, den es auf der Welt gibt, den Namen gegeben. Diese einsamen und kriegerischen Frauen, die von den Männern manchmal allein gelassen werden, wenn sie zur Jagd gehen, sahen die ersten Spanier der Konquista und noch immer bemalen sie sich und kopieren die Kettenhemden, die sie damals sahen.«
Anonym, 18. Jahrhundert
MAM 2212, Malaspina-Reise

Das Schema des vorigen Bildes findet auch hier Anwendung; die beiden Indianerinnen werden von vorne, stehend und mit der gleichen Stellung der Arme, der linke ausgestreckt und der rechte an der Brust, gezeichnet. Sie kleiden und bemalen sich, wie in der Beischrift erklärt. Diese Zeichnung wurde dem Landschaftsmaler Pineda zugeschrieben. Besonders gut herausgearbeitet ist die Körperbemalung, in der der Forschungsreisende eine Kopie der Panzerhemden der ersten Spanier zu sehen glaubte, obwohl für diese Amazonasvölker die Gesichts- und Körperbemalung schon immer sehr wichtig gewesen ist, denn durch sie wurden die verschiedensten Aspekte des Lebens ausgedrückt.
SOTOS 1982, Nr. 217

5.8 GUAGUA-INDIANER UND SHIPIBO-INDIANER

Federzeichnung und aquarellierte Tusche und Wasserfarben auf Bleistift, weißes Vergépapier, umrahmt mit Tinte, 190 x 215 mm
In der oberen linken Ecke, mit Bleistift: »Nr. 142«
In der oberen rechten Ecke, gedruckt: »142«
Unten am Bildrand, mit Tinte: »Guagua- oder Maquare-Indianer, lebt an den Ufern des Yapuná. Sie sind Menschenfresser und behängen ihre Brust mit den Herzen der im Kampf Getöteten. Sie pökeln das Menschenfleisch, um es zu konservieren und zu essen. Sie sind Nomaden, und manchmal kehren sie laut Pater Girbal zu ihrem Geburtsort zurück. Sie sind die leichtesten Menschen der Welt, was wohl von den dünnen Taillen kommt, so dünn, daß man es nicht glauben kann. Dieses Volk ist sehr gefürchtet wegen seiner Grausamkeit bei der Menschenjagd.« Links und rechts: »Sipibo-Indianer, lebt an den Ufern des Ucayali. Man findet laut Pater Girbal unter diesem Volk viele Weißhäutige und schöne Frauen. Man glaubt, es sind Canapacho-Gefangene. Man sagt, sie betreiben schwarze Kunst und Wahrsagerei, deswegen sie die Stämme der Gegend respektieren. Sie schmücken sich mit schönem Federschmuck. Das und eine reichlich bemalte Axt ist ihr Luxus. Die Frauen laufen mit nacktem Oberkörper herum.«
Anonym, 18. Jahrhundert
MAM 2216, Malaspina-Reise
Ausstellung: Madrid 1985

Die beiden Indianer aus dem Amazonasbecken scheinen auf den Zuschauer zuzukommen und sind, wie im Text beschrieben, gekleidet und geschmückt.

Die hier verwendete Technik ist von der der anderen Mitglieder der Malaspina-Expedition so verschieden, daß man diese Zeichnung keinem von ihnen zuschreiben kann. Viel-

leicht stammt sie gar nicht von der erwähnten Reise, obwohl sie sich in der Sammlung des Felipe Bauzá befand.
SOTOS 1982, Nr. 221

5.9 IQUITO-INDIANER

Federzeichnung und aquarellierte Tusche und Wasserfarben, weißes Vergépapier, umrahmt mit Tinte, 170 x 110 mm
In der oberen linken Ecke, mit Bleistift: »Nr. 79«
In der oberen rechten Ecke, gedruckt: »79«
Unten am Bildrand, mit Tinte: »Yquito-Indianer am Ufer des Rio Napo«
Anonym, 18. Jahrhundert
MAM 2219, Malaspina-Reise
Ausstellung: Madrid 1985

Der nackte Indianer ist stehend von hinten dargestellt, er trägt als einzigen Schmuck Federn am Rücken.

Auf der langen Kreuzfahrt in den Jahren zwischen 1789 und 1794 unter der Leitung von Alejandro Malaspina fertigte die Gruppe der Zeichner, die an der Reise teilnahm, viele Zeichnungen von Tieren, Pflanzen, Landschaften und Einwohnern Amerikas, Ozeaniens und der Philippinen an. Dieses Material blieb im Besitz eines der Teilnehmer dieser Reise, Felipe Bauzá, der manche der Skizzen aus Übersee von Künstlern, die nicht an der Fahrt teilgenommen hatten, vervollständigen ließ und in die Sammmlung aufnahm.

Diese Zeichnung, nach einer dieser Vorlagen angefertigt (MAM 2215), wird normalerweise einem Begleiter von Thaddäus Haenke auf dessen Forschungsreise vom Hafen von Callao aus ins Gebiet des Marañon, einem Quellfluß des Amazonas, zugeschrieben.
SOTOS 1982, Nr. 215

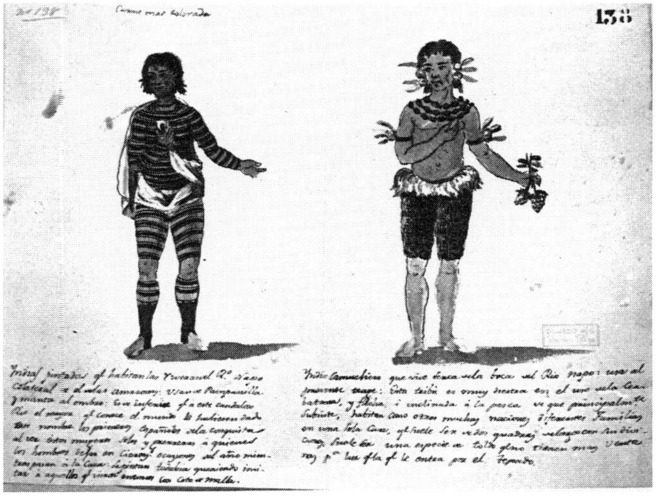

Kat.-Nr. 5.7

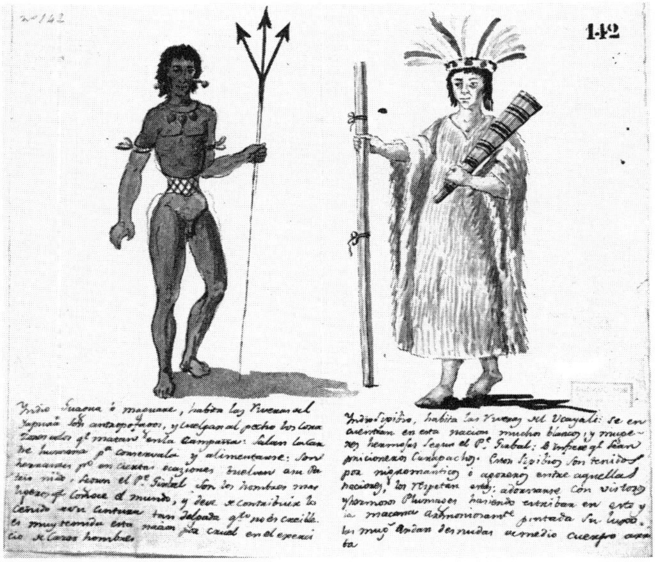

Kat.-Nr. 5.8

5.10 GIBARTA

Federzeichnung und aquarellierte Tusche, weißes Vergépapier, umrahmt mit Tinte, 195 x 330 mm
In der oberen rechten Ecke, gedruckt: »160«
Unten am Bildrand mit Tinte: »Der Fisch Gibarta, der an der Küste der Malvinen lebt. Sein Körper ist vierundsechzig Fuß lang und der Rüssel siebzig, mit einem merkwürdigen Knochen am Kopf und 80 Zähnen, die 9–10 Zoll lang sind und 5 Zoll Durchmesser haben.«
MAM 2370, Malaspina-Reise

Seitenansicht eines seltsam aussehenden Fisches, bei dem das breite Maul mit den vielen Zähnen und die beiden Stoßzähne vorne auffallen.
SOTOS 1982, Nr. 74

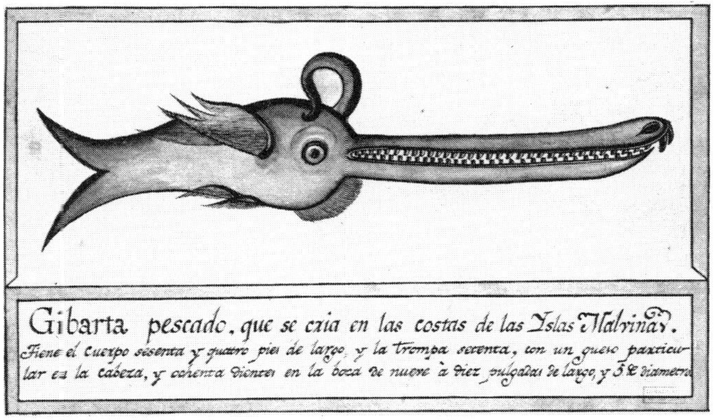

Kat.-Nr. 5.10

5.11 KAIMAN

Federzeichnung auf Bleistift, weißes Vergépapier, umrahmt mit Bleistift, später mit Tinte, 60 x 190 mm
In der oberen rechten Ecke, gedruckt: »157«

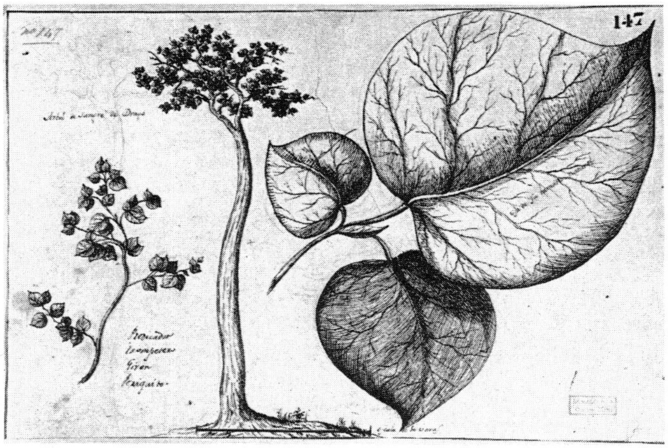

Kat.-Nr. 5.12

Kat.-Nr. 5.13

José Guió (zugeschrieben)
MAM 2326, Malaspina-Reise
Ausstellung: Madrid 1983/84

Kaiman, von der Seite gesehen, auf dem Boden kriechend.
SOTOS 1982, Nr. 229

5.12 BLUT DES DRACHENBAUMS

Federzeichnung auf Bleistift, weißes Vergépapier, umrahmt mit Tinte, 190 x 280 mm
In der oberen linken Ecke, mit Bleistift: »Nr. 147«
In der oberen rechten Ecke, gedruckt: »147«
Unten am Bildrand, mit Tinte: »Drachenbaum«, »Predigervogel«, »Trompetervogel«, »Papagei« und den Maßstab: »Maßstab zu 10 Ellen«
José Guió
MAM 2361, Malaspina-Reise
Ausstellungen: Madrid 1983/84; Cáceres 1984/85

Detailgenaue Darstellung des Baumes, einer seiner Äste und des Laubwerks, um die charakteristischen Merkmale des Baumes zu erklären. Der rötliche Saft dieser Pflanze wurde in ganz Amerika für medizinische Zwecke, aber auch als Farbstoff benutzt.
SOTOS 1982, Nr. 227

Die Nordwestküste Nordamerikas

5.13 DER HÄUPTLING VON MULGRAVE BITTET DIE KORVETTEN UM FRIEDEN

Federzeichnung und aquarellierte Tusche, gekörntes, ockerfarbenes Papier, 260 x 362 mm
In der oberen linken Ecke, mit Bleistift: »Nr. 50«
In der oberen rechten Ecke, gedruckt: »50«
Unten am Bildrand, mit Tinte: »Der Häuptling von Mulgrave bittet die Korvetten um Frieden«
In der unteren rechten Ecke, mit Bleistift: »José Cardano pinxt«
José Cardano
MAM 2259, Sammlung Bauzá
Ausstellung: Madrid 1984

Aufrecht auf einem Boot, das einige Eingeborene aus Mulgrave rudern, stehen zwei Männer mit gekreuzten Armen, wobei einer von ihnen, der Häuptling, eine Hose in der Hand trägt. Diese laut Reisetagebuch wirklich geschehene Szene erinnert an eine kleine Auseinandersetzung zwischen den Spaniern und den Eingeborenen, nachdem diese die Besatzung wiederholt bestohlen hatten, wobei besonders Kleidungsstücke mitgenommen wurden, darunter auch die Hosen, die in dieser Szene zurückgegeben werden.

Die Szene hat hier viel von ihrem Sinn verloren, weil auf dieser Zeichnung die anderen Boote nicht mehr erscheinen, die in friedlicher Absicht auf die Korvette zufuhren, wie aus den Gesten der bedeutendsten Personen in der Originalskizze der Expedition, die auch im Besitz des Museo de América ist, deutlich wird (MAM 2258).

Dieses Werk wurde früher José Cardero zugeschrieben, obwohl es in einem ganz anderen Stil gemalt und von José Cardano signiert ist, einem spanischen Zeichner, Graveur und Lithographen des neunzehnten Jahrhunderts, mit dem Bauzá anscheinend schriftlichen Kontakt hatte und dem er zu Fortbildungsreisen nach Frankreich und Deutschland verhalf.
SOTOS 1982, Nr. 566

5.14 HAUS IN MULGRAVE

Federzeichnung und aquarellierte Tusche, weißes Vergépapier, umrahmt mit Tinte, 265 x 435 mm
In der oberen linken Ecke, mit Bleistift: »Nr. 10«
In der oberen rechten Ecke, gedruckt: »10«
Unten am Bildrand, mit Tinte: »Winterhaus ohne Dach im Hafen von Mulgrave«
José Cardero
MAM 2250, Malaspina-Reise
Ausstellung: Oregon (USA) 1977

Am Flußufer betrachten ein Spanier und ein Eingeborener ein Haus, das sich im Bau befindet. Rechts fährt ein Boot mit drei Eingeborenen vorbei, während links ein weiterer Spanier in Richtung Flußufer geht. Den Hintergrund bildet ein dichter Wald aus Nadelbäumen.

Der Stil der Zeichnung, kurze, unregelmäßige Federstriche, weist eindeutig auf die Hand des Malers José Cardero hin.
SOTOS 1982, Nr. 558

5.15 INDIANERIN AUS MULGRAVE

Bleistiftzeichnung, weißes Vergépapier, umrahmt mit Bleistift, 305 x 215 mm
In der oberen linken Ecke, mit Bleistift: »Nr. 70«
In der oberen rechten Ecke, gedruckt: »70«
Unten am Bildrand mit Tinte: »Indianerin aus Mulgrave«
José Cardero
MAM 2253, Malaspina-Reise
Ausstellung: Oregon (USA) 1977

Eine Indianerin sitzt auf dem Boden und hält auf ihrem Schoß die Wiege ihres Sohnes. Mutter und Kind tragen den typischen Lippen- und Nasenschmuck ihres Volkes.

Ein ähnliches, etwas weniger ausgearbeitetes Bild von Tomás Suría hängt im Museo Naval (ms. 1725–6). Es diente wohl als Vorlage für diese Zeichnung. Beide zeigen, besonders was die Schattierungen betrifft, so spezifische Merkmale, daß sie wohl als Entwurf für einen Kupferstich gedacht waren.
SOTOS 1982, Nr. 571

Kat.-Nr. 5.15

5.16 HUT

Pflanzenfasern, blau, rot und schwarz bemalt, H 14 cm
Nordwestküste, Tlingit, letztes Drittel des 18. Jahrhunderts
MAM 13572, Sammlung des 18. Jahrhunderts

Konischer Hut, im Inneren mit geflochtenem Ring und ledernem Kinnriemen.

Die breite, mit Flechtdekor verzierte Krempe ist mit zwei blauen und einem roten Streifen bemalt, die abgeflachte Spitze ist blau mit rotem Zentrum. Auf dem dazwischenliegenden Streifen ist das Wappentier des Besitzers im klassischen Formlinienstil der Nordwestküste dargestellt, für den unter anderem die Schaffung von Doppeldeutigkeit und die Ausgestaltung von Körperteilen zu neuen Gesichts- und Augenformen charakteristisch ist.
JANER 1872, S. 155; POLESE 1977, Nr. 11
Farbabbildung S. 198

5.17 HUT

Pflanzenfasern, blau, rot und schwarz bemalt, H 10 cm
Nordwestküste, Tlingit, letztes Drittel des 18. Jahrhunderts
MAM 13573, Sammlung des 18. Jahrhunderts

Konischer, zwirnbindig geflochtener Hut mit abgeflachter Spitze. Rand und Zentrum sind rot, die breite Krempe, die mit geflochtenem Dekor versehen ist, und die übrige Deckfläche sind grün bemalt. Dazwischen findet sich ein breiter Dekorstreifen, auf dem im klassischen Stil der Nordwestküste ein Bär dargestellt ist, wobei das primäre Formliniensystem schwarz, das sekundäre blau und das tertiäre rot ist. An der Hinterseite ist eine zweite, kleinere Darstellung eines Bärenkopfes angebracht. In der Innenseite ist ein geflochtener Ring angebracht, überdies ist sie mit roten Linien bemalt.

Auf Gebrauchsgegenständen dargestellte Tiere waren Wappen der adeligen Familien, die nur von diesen verwendet werden durften und die Verwandtschaftsgruppe bezeichneten.
ALCINA 1986, S. 152; JANER 1872, S. 155; POLESE 1977, Nr. 12; RÜSTOW 1939, Abb. 9 a, b

5.18 STIRNMASKE

Holz, polychrom, Opercula, Kupfer und Eisenblech, H 18,7 cm, B 17,6 cm
Nordwestküste, Tlingit, letztes Drittel des 18. Jahrhunderts
MAM 13902, Malaspina-Sammlung

Kat.-Nr. 5.20

Stirnmaske in Form eines Vogels, darunter erscheinen stilisierte Federn und Krallen, die einen breiten Mund mit Zähnen aus Opercula umfassen. Die Ohren und die Krallen sind mit Kupferblech überzogen, die Pupillen bestehen aus zwei kreisförmigen Eisenblecheinlagen. Materialreste weisen darauf hin, daß Augenbrauen aus einem organischen Material angeklebt waren.
ALCINA 1986, S. 146; FEDER 1977, S. 43, Fig. 4; FEEST 1980, S. 41, Abb. 24; MUSEO 1984, Dia 49; RÜSTOW 1939, Abb. 2
Farbabbildung S. 201

5.19 HELM

Holz, polychrom, Opercula, Kupfer und Leder, H 28,5 cm, B 27 cm
Nordwestküste, Tlingit, letztes Drittel des 18. Jahrhunderts
MAM 13909, Sammlung des 18. Jahrhunderts

Helm in Form eines anthropomorphisierten Tierkopfes. Die breiten Augenbrauen werden hervorgehoben, ebenso die Mandelaugen mit ausgeprägten Lidern, die Nase mit weiten Nasenflügeln und der halboffene Mund, in dem die Zähne zu sehen sind. Ein halbmondförmiges Stirnband, das mit Kupferapplikationen und Flachrelief verziert ist, läßt die sehr ausgeprägten Ohrmuscheln frei. Dahinter ist eine komplexe Komposition im Formlinienstil in schwarz und rot aufgemalt. Sechs Löcher, von denen zwei mit Lederbändern durchzogen sind, vervollständigen den hinteren Bereich. Vier Lederbänder im Inneren des Helmes dienen zur Befestigung.
JANER 1873, S. 276; ALCINA 1986, S. 146; POLESE 1977, Nr. 6; RÜSTOW 1939, Abb. 20 a, b
Farbabbildung S. 203

5.20 HALSSCHUTZ

Holz, rot, schwarz und grün, Leder, L 25,5 cm, B 21,5 cm
Nordwestküste, Tlingit, letztes Drittel des 18. Jahrhunderts
MAM 13912, Sammlung des 18. Jahrhunderts

Halsschutz zum Aufstützen des Helmes. Vorne zeigt er ein schematisiertes Gesicht mit großen Augen, ausgeprägten Nasenflügeln und einem breiten Mund, in dem die Zähne dargestellt sind. Zu beiden Seiten des Gesichtes erscheinen, symmetrisch angeordnet, ornamental aufgelöste Ohren. Ein Loch in der Mitte des Gesichtes war vielleicht zur Befestigung eines Schmuckes gedacht. Das Halsband wurde mittels eines Lederriemens im hinteren Teil um den Hals fixiert. Zwei flache Vertiefungen an der Oberseite dienen als Sehschlitze zwischen Helm und Halsschutz.
PALAU 1986, S. 45; FEDER 1977, S. 45, Fig. 6–7; RÜSTOW 1939, Abb. 21

5.21 RÜSTUNG

Holz, rot, schwarz und blau, Leder und tierische Fasern, H 59 cm, L 110 cm
Nordwestküste, Tlingit, letztes Drittel des 18. Jahrhunderts
MAM 13914, Sammlung des 18. Jahrhunderts

Rüstung aus Brust- und Rückenharnisch, hergestellt aus Holzlatten, die mit Schnüren verbunden sind. Der Brustharnisch ist an der Unterseite kürzer, um die Bewegungsfreiheit der Beine zu vergrößern. Er schützt die Geschlechtsteile. Zwei kleinere Schienen, die im oberen Bereich mit einem Lederband befestigt sind, lassen die Arme frei. Beide Seiten sind mit komplex gestalteten Gesichtern aus sekundären Augen- und Gesichtsmotiven in schwarz und rot bemalt.

Die Rüstung wurde durch ein unter dem Harnisch getragenes Lederhemd und Lederhosen mit angenähten Schuhen vervollständigt.
ALCINA 1986, S. 155; MUSEO 1984, Dia 48; JANER 1873, S. 276; POLESE 1977, Nr. 18; RÜSTOW 1939, Abb. 23
Farbabbildung S. 202

5.22 HELM

Holz, rot und schwarz, Opercula und Haar, H 20,5 cm, T 35,5 cm
Nordwestküste, Tlingit, letztes Drittel des 18. Jahrhunderts
MAM 13913, Sammlung des 18. Jahrhunderts

Helm mit der Darstellung eines Wolfes mit großen Augen und fast quadratischen Pupillen, sehr ausgeprägten Nasenflügeln und offenem Mund mit Zähnen, aus dem die Zunge hängt. Im oberen Teil des Helmes sind Haare eingearbeitet, von denen nur noch Reste zu finden sind. Im unteren Teil ist der Hals des Tieres rot bemalt und mit drei parallelen Reihen aus Opercula verziert.
ALCINA 1986, S. 148; POLESE 1977, Nr. 5; RÜSTOW 1939, Abb. 17
Farbabbildung S. 203

5.23 STIRNMASKE

Holz, grün und schwarz bemalt, Lederbänder, H 16 cm, B 15,3 cm
Nordwestküste, Tlingit, letztes Drittel des 18. Jahrhunderts
MAM 13905, Sammlung des 18. Jahrhunderts

Stirnmaske mit breiten Augenbrauen, Augen mit ausgeprägten Lidern, gerader Nase und halboffenem Mund, in dem die Zähne zu sehen sind. Die Unterlippe ist mit einer Lippenscheibe verziert. Das Gesicht wird von ornamentalen Schmuckmotiven eingerahmt. Vier Löcher auf jeder Seite dienen zum Durchziehen von Lederbändern zur Befestigung.

Der Lippenschmuck weist darauf hin, daß es sich um ein weibliches Gesicht handelt, da dieser Schmuck nur von Frauen und nur als Zeichen ihres Ranges getragen wurde.

JANER 1872, S. 101; POLESE 1977, Nr. 2; RÜSTOW 1939, Abb. 16

Farbabbildung S. 200

5.24 RASSEL

Holz, schwarze und weisse Farbreste, L 32,5 cm, B 9,8 cm
Nordwestküste, Tlingit, letztes Drittel des 18. Jahrhunderts
MAM 13907, Sammlung des 18. Jahrhunderts

Rassel aus zwei, auch im Griff hohlen Hälften, die zusammengebunden sind. Die obere Hälfte zeigt einen Raben, auf dessen Rücken ein nackter Mann liegt, während auf der unteren Hälfte ein Falke in Ritzverzierung erscheint, dessen Schnabel plastisch herausgearbeitet ist.

Der an der Nordwestküste verbreitet vorkommende Typus der »Rabenrassel« wurde von Häuptlingen und Schamanen in zeremoniellen Zusammenhängen verwendet. Die Ikonographie des Typus ist komplex und zeigt eine gewisse Variationsbreite. Das vorliegende Stück gehört zu den einfacheren Varianten, ist aber zugleich eines der ältesten datierbaren Exemplare.

ALCINA 1986, S. 150; POLESE 1977, Nr. 16; RÜSTOW 1939, Abb. 4

Farbabbildung S. 202

5.25 ZEREMONIALAXT

Holz, Stein, Opercula, Vogelkiele, Haare, L Blatt 16,5 cm, L Kopf 11,5 cm.
Nordwestküste, Tlingit, letztes Drittel des 18. Jahrhunderts
MAM 13916, Sammlung des 18. Jahrhunderts

Axt aus grünem Stein, der mit einer Lederschnur an einem Holzgriff befestigt ist, der einen zoomorphen Kopf mit umrahmten Augen, durchlöcherten Nasenflügeln und halboffenem Maul zeigt, welches Reste von Opercula-Zähnen aufweist. An der Oberseite des Kopfes sind Haarsträhnen eingearbeitet. Im Bereich des Halses ist der Kopf in einen langen, gebogenen Holzgriff eingefügt, der mit einem Geflecht aus braunen und weißen Vogelkielen überzogen ist. Laut Inventar aus dem 18. Jahrhundert hatte das Stück Augen aus Kupfer. Die Form des Stiels und die Montierung der Klinge entspricht der des Querbeils (auch Dechsel genannt), das bei den Stämmen der Nordwestküste das wichtigste Schnitzinstrument darstellt. Die Form der Klinge hingegen entspricht der eines im 18. Jahrhundert verbreiteten Typs von Zeremonialwaffen.

ALCINA 1986, S. 156; FEDER 1977, S. 44, Abb. 5; POLESE 1977, Nr. 15; RÜSTOW 1939, Abb. 19

Kat.-Nr. 5.25

5.26 HELM

Holz, schwarz, grün und rot bemalt, und Borsten, H 13,5 cm, B 19,5 cm
Nordwestküste, Chugach, letztes Drittel des 18. Jahrhunderts
MAM 13915, Toledo-Sammlung

Helm, auf dem in sehr naturalistischer Weise ein Robbenkopf dargestellt ist. Besonders auffällig sind der Schurrbart aus dicken Borsten und die aufgemalten Hautflecken. Derar-

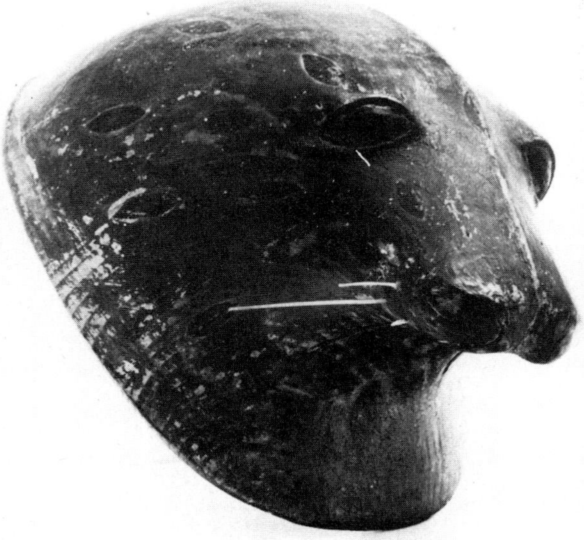

Kat.-Nr. 5.26

Kat.-Nr. 5.27

tige Helme wurden bei der Robbenjagd zur Tarnung des Jägers verwendet.
EXPOSICION 1892, E. 4
POLESE 1977, Nr. 1; FEDER 1977, S. 80

5.27 MASKE

Holz, rot bemalt, und Menschenhaar, H 22 cm, B 15,5 cm
Nordwestküste, Chugach, letztes Drittel des 18. Jahrhunderts
MAM 13899, Toledo-Sammlung

Ovale Holzmaske, die ein menschliches Gesicht darstellt. Die vorstehenden Augenbrauen sind aus eingelegtem Menschenhaar, die Augen sind geschlitzt, die Nasenscheidewand ist perforiert und die Lippen sind leicht aufgeworfen. Die Unterlippe ist durchbohrt, wohl zur Befestigung eines Schmuckes. Außerdem sind Spitz- und Schnurrbart aus Menschenhaar und in das Holz eingelegt. Neun Löcher umgeben die Maske, in zweien befinden sich Schnüre zur Befestigung am Kopf.
CABELLO 1983 b, S. 126; FEDER 1977, S. 42

5.28 MASKE

Holz, rot, ocker, schwarz, weiß und blau bemalt, Leder und pflanzliche Fasern, H 26,5 cm, B 24 cm
Nordwestküste, Chugach, letztes Drittel des 18. Jahrhunderts
MAM 13901, Sammlung des 18. Jahrhunderts

Maske, die ein menschliches Gesicht darstellt. Die Gesichtsform ist oval, die Augenbrauen liegen auf einer vorspringenden Fläche, die sich zur Nase hin verlängert. Die Nasenscheidewand ist perforiert, um einen Nasenring anbringen zu können. Die Augen, eines offen und durch eine höhere Augenbraue gekennzeichnet, das andere geschlossen, sind asymmetrisch angeordnet. Der offene Mund zeigt im oberen Bereich eine eingelegte Lederschnur, auf der Unterlippe erscheint eine kleine Zunge, ebenfalls aus Leder; auf ihr ist eine kleine Lederkugel als Lippenschmuck angebracht. Das große, bemalte Ohr ist seitlich vom geöffneten Auge mit Pflanzenfasern an der Maske befestigt. Das zweite Ohr fehlt heute. Am oberen Ende der Maske erscheint ein kleiner Fortsatz.

Die Masken der Alaska-Eskimo, deren südlichste Gruppe

Kat.-Nr. 5.29

Kat.-Nr. 5.30

die Chugach waren, zeichnen sich häufig durch Asymmetrie und kühne Komposition aus. Sie repräsentieren eine Vielzahl übernatürlicher Wesen und wurden in rituellen Zusammenhängen gebraucht.
JANER 1872, S. 101; FEDER 1977, S. 42, 41, Fig. 1; POLESE 1977, Nr. 7
Farbabbildung S. 199

5.29 HANDMASKE

Holz, rot und schwarz bemalt, H 19 cm, B 9 cm
Nordwestküste, Chugach, letztes Drittel des 18. Jahrhunderts
MAM 13900, Toledo-Sammlung

Darstellung eines menschlichen Gesichtes mit Griffteil. Nur die Vorderseite des Gesichtes ist herausgearbeitet, der hintere Teil ist glatt. Das Gesicht wird durch eine ovale Linie im unteren Bereich und eine weitere, halbrunde, die die Stirn abschließt, gebildet. Die Augenbrauen sind betont, die Augen werden durch eine Auswölbung angedeutet, die Nase ist dreieckig, der Mund über dem wulstigen Kinn zeigt geschlossene Lippen und nach unten gezogene Mundwinkel. Das Gesicht ist bemalt; auf der Stirn befindet sich ein schwarzes Dreieck, auf den Wangen ein schwarzes Band; das untere Drittel des Gesichtes ist rot bemalt. Auf den Augenbrauen findet man Spuren schwarzer Farbe.

Bei den Eskimo des Bering-Meers wurden kleine Masketten an Löchern an die Finger gesteckt und von Frauen bei Tänzen getragen. Bei vorliegender Handmaske ist eine analoge Verwendung denkbar.
CABELLO 1983 b, S. 126

5.30 BÜSTE

Holz, rot und schwarz bemalt, Leder, H 28,5 cm, B 19,5 cm
Nordwestküste, Chugach, letztes Drittel des 18. Jahrhunderts
MAM 13893, Toledo-Sammlung

Menschliche Büste, die aus einem Holzstück vollplastisch herausgearbeitet ist. Das Gesicht wird von einer ovalen Linie im unteren Bereich und einer halbkreisförmigen im oberen begrenzt. Die Augenbrauen sind halbkreisförmig und gehen in

Kat.-Nr. 5.33

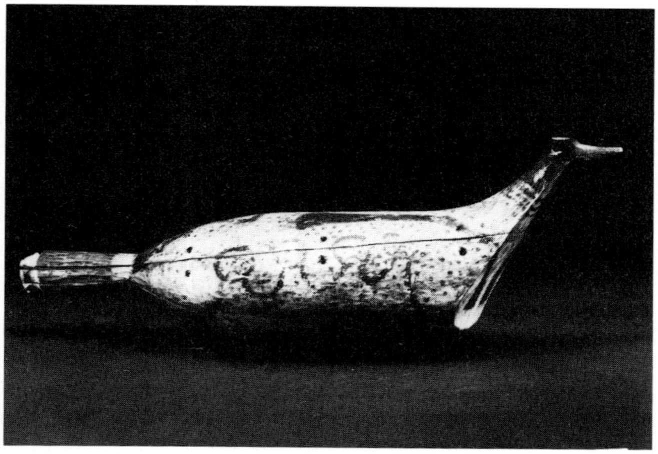

Kat.-Nr. 5.35

die dreieckige Nase über. Die Augen sind durch eine Auswölbung und horizontale Einschnitte dargestellt. Im offenen Mund findet man mit sechs Löcher, in denen wahrscheinlich Schmuck angebracht war. Die Ohren haben vorne ein Loch und hinten drei. Das Kinn und der untere Teil der Nase, der wahrscheinlich mit Löchern zur Befestigung von Schmuck versehen war, sind beschädigt. Eine lange Rille trennt das Gesicht vom Hinterkopf und deutet so die Haare an sowie die Stelle, an der irgendein Schmuck oder Kopfputz befestigt wurde. Die Gesichtsbemalung ist rot, auf der Stirn und unter der Nase schwarz. Der Hals wird von einer Schnur aus Leder oder Darm geziert. Der Schmuck erinnert stark an Grabmonumente der Eskimo von Alaska und mag von einem Begräbnisplatz stammen.
CABELLO 1983 b, S. 126

5.31 GEFÄSS

Holz, Perlmutt und tierische Fasern, H 23 cm, B 10 cm
Nordwestküste, Chugach, letztes Drittel des 18. Jahrhunderts
MAM 13903, Sammlung des 18. Jahrhunderts

Ovales Gefäß in Form eines Rochen mit Perlmuttaugen und einem an der Unterseite angeschnitzten Maul. Auch an den Seiten und am gegliederten Schwanz des Fisches finden sich Perlmutteinlagen, ebenso am Boden der flachen Aushöhlung am Rücken. Das Gefäss weist deutliche Transpuren auf.
POLESE 1977, Nr. 17

5.32 HUT

Pflanzliche Fasern, rot, schwarz und blau bemalt, H 15 cm, Spitze 21 cm
Nordwestküste, Chugach (?), letztes Drittel des 18. Jahrhunderts
MAM 13574, Sammlung des 18. Jahrhunderts

Konischer Hut, im Inneren mit geflochtenem Ring, auf dessen Spitze vier zylindrische Aufsätze übereinander geflochten sind. Ein breiter Streifen entlang des Randes ist mit Flechtdekor verziert, darüber schließt ein bemaltes Band mit stark abstrahierter und teilweise flächiger Bemalung an. Ansonsten finden sich lineare rote Bemalungen am Rand, auf den aufgesetzten Ringen und an der Innenseite. Die Besonderheit des Hutes besteht in seinem Aufsatz, von dessen Ringen jeder einzelne die Teilnahme an einem *Potlatch* bedeutet. Der Potlatch war für zahlreiche Stämme dieser Zone eine wichtige Zeremonie. Sie bestand in der Verteilung der von einem Individuum angehäuften Güter unter die Mitglieder seiner Gemeinschaft. Im Gegensatz zu anderen Völkern verlieh nicht nur die Anhäufung von Reichtum, sondern das Verteilen dieser Güter Prestige und Rang, wobei diese Zeremonie unerläßlich war, um einen zugeschriebenen Status zu bewahren.
RÜSTOW 1939, Abb. 11 a, b
Farbabbildung S. 198

5.33 HUT

Pflanzliche Fasern, H 30 cm, D 30 cm
Nordwestküste, Nootka, letztes Drittel des 18. Jahrhunderts
MAM 13570, Sammlung des 18. Jahrhunderts

Konischer Hut mit aufgesetzter, zwiebelförmiger Spitze. Wie alle Hüte von der pazifischen Nordwestküste ist dieser Häuptlingshut zwirnbindig geflochten, wobei bei den Nookta-Hüten die Verzierung durch die spezielle Technik der umwickelnden Zwirnbindung erzielt wird. Die den Häuptlingen vorbehaltenen Walfangszenen im konischen Randteil sind im 18. Jahrhundert noch besonders rektilinear. Die Spitze ist mit schraffierten Bändern verziert. An der Innenseite ist ein geflochtener Ring zur Halterung am Kopf mit zwei Kinnbändern angebracht.

ALCINA 1986, CABELLO 1983 b, S. 128; JANER 1872, S. 47, Abb. 9; FEDER 1977, S. 47, Fig. 9; POLESE 1977, Nr. 10; RÜSTOW 1939, Abb. 12

5.34 MASKE

Holz, schwarz bemalt, Leder, H 33 cm, B 21,7 cm
Nordwestküste, Nootka, letztes Drittel des 18. Jahrhunderts
MAM 13917, Sammlung des 18. Jahrhunderts

Sehr expressive Maske eines menschlichen Gesichts mit ovalen Augen, hakenförmiger Nase und O-förmig geöffnetem Mund. Auf der vorspringenden Stirn erscheint ein schematisiertes Gesicht mit großen, geschlitzten Augen, dreieckiger Nase und breitem Mund, das mit schwarzen Linien konturiert ist. Unterhalb des Kinns und der Wangenknochen sieht man sechs symmetrisch angeordnete Löcher, die wohl zur Befestigung eines Bartes oder von Schmuck gedacht waren. Zwischen Nase und Oberlippe weisen zwei weitere Löcher mit Lederresten darauf hin, daß sich dort ein Schnurrbart oder Schmuck befand. Die starke Abschrägung der Stirn deutet darauf hin, daß ursprünglich irgendein Schmuck aufgesetzt war. Der Maskentyp scheint ausschließlich in Sammlungen des 18. Jahrhunderts vorzukommen.

ALCINA 1986, Fig. 146; FEDER 1977, S. 48, Abb. 12; JANER 1872, S. 101

5.35 RASSEL

Holz, rot bemalt, H 15,5 cm, L 46 cm
Nordwestküste, Nootka, letztes Drittes des 18. Jahrhunderts
MAM 13895, Malaspina-Sammlung

Rassel in Form eines Vogels (möglicherweise ein Kormoran), stark stilisiert, mit zylindrischem Körper, kleinem Kopf und Griffteil an Stelle eines Schwanzes. Beiderseits mit vier stilisierten menschlichen Köpfen, deren Büsten verbunden sind, und Punkten in schwarzer Farbe bemalt. Der aus zwei Hälften bestehende Körper war ursprünglich beiderseits an drei Stellen durch Schnüre verbunden und am Griffteilende umwickelt.

ALCINA 1986, S. 150; CABELLO 1983 b, S. 126; POLESE 1977, Nr. 8; FEDER 1977 S. 82

5.36 KANUMODELL

Holz, H 14,5 cm, L 90 cm, B 14,5 cm
Nordwestküste, Nootka, letztes Drittel des 18. Jahrhunderts
MAM 13895, Malaspina-Sammlung

Aus einem Stück gearbeitetes Kanumodell, dessen Bug sich mit einer gebeugten Linie aufrichtet, während das Heck spitz endet. An einer Seite befinden sich vier Löcher, in der Mitte der gegenüberliegenden Seite jedoch nur eines. Das Modell ist nicht verziert.

Die Schiffahrt hatte bei den Völkern der Nordwestküste Amerikas große Bedeutung. Sie ermöglichte es, so wichtige ökonomische Bedürfnisse wie den Fischfang, die Seesäugerjagd und den Handel abzudecken. Auch die Kriege mit Nachbarstämmen wurden oft auf dem Meer ausgetragen. Für jede dieser Funktionen gab es Boote verschiedener Größen und Ausführungen.

ALCINA 1986, S. 131; CABELLO 1983 b, S. 126

5.37 SIEDLUNG VON NOOTKA UND HAFEN

Federzeichnung und aquarellierte Tusche, gekörntes Papier, zweifach mit Tinte umrahmt, 329 x 547 mm
In der oberen linken Ecke, mit Bleistift: »Nr. 35«
In der oberen rechten Ecke, gedruckt: »35«
Unten am Bildrand, mit Tinte: »Ansicht der Siedlung und des Hafens von Nootka«
Entwurf für Kupferstich
Fernando Brambila
MAM 2271, Malaspina-Reise
Ausstellung: Madrid 1984

Im Vordergrund ankern zwei Korvetten inmitten von einigen Booten, in denen sich die neugierigen Eingeborenen den Schiffen nähern. Währenddessen arbeitet ein Teil der Besatzung am Segel- und Tauwerk.

Ein Küstengebirge bildet den Hintergrund, davor stehen verschiedene Gebäude am Meeresufer, wobei ein großes, umzäuntes Kreuz besonders auffällt. Ein wolkiger Himmel läßt nur einige Sonnenstrahlen durch.

Fernando Brambila, dem dieses Bild zugeschrieben wird, kam nie nach Nootka und muß wohl die Skizzen seiner Reisegefährten als Vorlage für diese sehr eigene Darstellung der nie besuchten Landschaft benutzt haben, die er trotzdem realistisch zeichnet. Unter den bisher bekannten Zeichnungen der Reise gibt es eine Ansicht der Siedlung und des Hafens von Nootka im Museo Naval in Madrid, die mit Vorbehalt Felipe Bauzá zugeschrieben wird (ms. 1723–21), ohne Zweifel die beste Quelle für die Zeichnungen von Brambila. Die Ansicht und die Gestaltung des Küstengebirges entsprechen einander, wenn auch bei der Zeichnung des Italieners die Baumgruppen ihre monotone Horizontalität verlieren und die

Kat.-Nr. 5.38

Wolkenmassen besser herausgearbeitet sind. Auch bei den anderen Teilen benutzt Brambila die Skizzen seiner Reisegefährten, nicht nur, wie es logisch wäre, bei der Abbildung der Eingeborenen in ihren Booten. Das Museo de América (MAM 2274) besitzt auch von Bauzá eine Zeichnung der Korvette »Atrevida« vor der Siedlung Nootka, die hier von Brambila kopiert wurde.
SOTOS 1982, Nr. 592

5.38 MACUINA

Bleistift, weißes Vergépapier, 185 x 126 mm
In der oberen linken Ecke, mit Bleistift: »Nr. 37«
In der oberen rechten Ecke, gedruckt: »37«
Unten am Bildrand, mit Tinte: »Häuptling aus Nootka«
Entwurf für Kupferstich
Tomás de Suría
MAM 2262, Malaspina-Reise
Ausstellung: Madrid 1984

Brustbild von vorne mit leicht nach links geneigtem Kopf. Der Porträtierte trägt einen besonders schönen Kopfputz, der charakteristisch für seine Kultur ist.

Diese Zeichnung, die letzte vor der Gravur, wie aus der Ausarbeitung der Schatten zu sehen ist, nimmt eine andere Skizze von Tomás Suría wieder auf, von dem auch ein fertiges Bild des Häuptlings existiert. Diese beiden Studien befinden sich im Museo Naval in Madrid (carps. 1–46 und 1–27).
SOTOS 1982, Nr. 600

5.39 FRAU DES TETAKU

Federzeichnung und aquarellierte Tusche, weißes Vergépapier, umrahmt mit Tinte, 220 x 165 mm
In der oberen linken Ecke, mit Bleistift: »Nr. 58«
In der oberen rechten Ecke, gedruckt: »58«
Unten am Bildrand, mit Tinte: »Frau des Tetaku Aanca aus Fuca«
In der unteren rechten Ecke: »Josef Cardero«
Entwurf für Kupferstich
José Cardero
MAM 2277, Malaspina-Reise
Ausstellung: Oregon (USA) 1977

Brustbild von vorne mit Haar- und Halsschmuck sowie fellverbrämtem Zederbastumhang.
SOTOS 1982, Nr. 641

Kalifornien

5.40 INDIANER AUS MONTERREY

Bleistift und aquarellierte Tusche, 155 x 240 mm
In der oberen linken Ecke, mit Bleistift: »Nr.130«
In der oberen rechten Ecke, gedruckt: »130«
Unten am Bildrand, mit Tinte: »Indianer aus Monterrey«
José Cardero (zugeschrieben)
MAM 2283, Malaspina-Reise

Mitten in einer nur skizzierten Landschaft bereitet sich ein Eingeborener darauf vor, einen Pfeil abzuschießen. Am Gürtel trägt er einen Köcher mit einigen Pfeilen. Etwas weiter hinten sitzen zwei Frauen in Hockstellung auf dem Boden. Links im Hintergrund sind konische Hütten angedeutet.

Das Museo Naval (ms. 1725–2) in Madrid besitzt eine sehr ähnliche Zeichnung, auf der aber nur die Gestalt des Indios zu sehen ist. Obwohl sie Tomás Suría zugeschrieben wurde, scheint es eher eine spätere, von einem Anfänger angefertigte Kopie des vorliegenden Bildes zu sein.
SOTOS 1982, Nr. 623

5.41 KORB MIT DECKEL

Pflanzliche Fasern, cremefarben, orange und schwarz, L 44 cm, H 14 cm, Deckel: L 38 cm, H 3 cm
Kalifornien, Chumash, 18. Jahrhundert
MAM 13929

Wie alle Chumash-Körbe der folgenden Serie ist der ovale Deckelkorb wulsthalbgeflochten, indem eine spiralig aufgebaute Basis aus Pflanzenfaserbündeln mittels anderen Pflanzenfasern vernäht ist. Die in der Farbe wechselnden Stiche bilden den Dekor. Als Flechtmaterial kam vor allem Juncus textilis für die braunen und orangen Töne sowie für die schwarz gefärbten und Rhus trilobate für die weißen bis cremefarbenen Stiche in Frage.

Der geometrische Dekor mit seinen schachbrettgemusterten Rechtecken, Rauten und Bändern ist von größter Delikatesse. Mit einer Stichzahl von bis zu 40 Stichen pro cm^2 gehört der Korb zu den feinsten Chumash-Körben. Da Deckelkörbe in voreuropäischer Zeit unüblich waren, geht die Form wohl auf europäische Vorbilder zurück.

POLESE 1977, Nr. 23; HEROLD 1977, Fig. 1, 6; HUDSON–BLACKBURN 1983, Fig. 194–1
Farbabbildung S. 206

5.42 KORB

Pflanzliche Fasern, cremefarben, orange und schwarz, H 16,5 cm, D Öffnung 13,6 cm
Kalifornien, Chumash, 18. Jahrhundert
MAM 13881

Kugelförmiger Korb mit flachem Boden, wulsthalbgeflochten. Um den Rand herum zieht sich ein oranges Band. Der Körper ist mit gestuften Linien aus zwei Brauntönen auf cremefarbenem Grund verziert. Körbe dieses Typs dienten zur Aufbewahrung von Hausrat.

POLESE 1977, Nr. 20; HEROLD 1977, Fig. 1; HUDSON–BLACKBURN 1983, Fig. 190–9

5.43 KORB

Pflanzliche Fasern, cremefarben, orange und schwarz, H 13 cm, D Öffnung 13,5 cm
Kalifornien, Chumash, 18. Jahrhundert
MAM 13880

Kugelförmiger Korb mit flachem Boden, wulsthalbgeflochten. Er ist mit einem breiten, randparallelen Band mit Stufenmotiven verziert, darüber und darunter Schrägbalken mit Schachbrettmuster sowie Dreiecke.

HUDSON–BLACKBURN 1983, Fig. 190–9
Farbabbildung S. 206

Kat.-Nr. 5.39

Kat.-Nr. 5.42

Kat.-Nr. 5.44

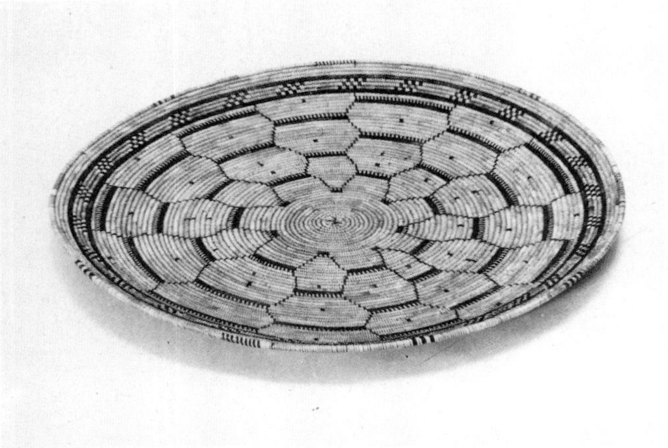

Kat.-Nr. 5.45

Kat.-Nr. 5.48

5.44 KORBTELLER

Pflanzliche Fasern, cremefarben, orange und braun, H 8 cm, D max. 55 cm
Kalifornien, Chumash, 18. Jahrhundert
MAM 13927

Flach gewölbter Korb, wulsthalbgeflochten. Zwischen zwei randparallelen Bändern mit Rauten verlaufen radiale Zickzacklinien, die auch im Zentrum wiederkehren. Am Rand finden sich Abschnitte von Schachbrettmusterung, darunter gestufte Dreiecke.

Körbe dieses Typs wurden zum Worfeln, dem Trennen von Körnern und Spreu gesammelter wildwachsender Pflanzen, verwendet.

POLESE 1977, Nr. 21; HEROLD 1977, Fig. 1; HUDSON–BLACKBURN 1983, Fig. 153–3

5.45 KORBTELLER

Pflanzliche Fasern, cremefarben, orange und schwarz, D max. 45,5 cm
Kalifornien, Chumash, 18. Jahrhundert
MAM 13925

Flach gewölbter Korb, wulsthalbgeflochten. Innerhalb eines randparallelen Streifens besteht der Dekor aus einem hexagonalen Netz aus dicken, dünnen und schraffierten Linien sowie aus Punkten.

POLESE 1977, Nr. 24; HEROLD 1977, Fig. 1; HUDSON–BLACKBURN 1983, Fig. 119–5

5.46 KORBSCHÜSSEL

Pflanzliche Fasern, cremefarben, orange und schwarz, H 12,5 cm, D max. 41,5 cm
Kalifornien, Chumash, 18. Jahrhundert
MAM 13878

Schüsselförmiger Korb, wulsthalbgeflochten. Die Verzierung besteht aus einem randparallelen Band mit Zickzacklinie und vier radialen Bändern mit Reihen von Dreiecken. Körbe dieses Typus wurden zur Nahrungsvorbereitung verwendet; bei einigen Exemplaren dieser Serie fanden sich sogar Nahrungsreste zwischen den Bindungsstichen.

5.47 KORBSCHÜSSEL

Pflanzliche Fasern, cremefarben und schwarz, H 8,5 cm, D max. 36 cm
Kalifornien, Chumash (?), 18. Jahrhundert
MAM 13874

Schüsselförmiger Korb, wulsthalbgeflochten mit diagonalgeflochtenem Randabschluß. Von einem randparallelen Musterstreifen erstrecken sich drei Stufenbänder nach innen.

Weder der diagonal geflochtene Randabschluß noch die

Variante des durchstechenden Wulsthalbflechtens, die hier und im nächsten Korb auftreten, sind im 19. Jahrhundert typisch für die Chumash und kommen meist viel weiter östlich vor. Unklar bleibt, ob es sich um einen Wandel der Technik, eine bei den Chumash eingeheiratete Flechterin oder um eine falsche Zuschreibung handelt (wobei allerdings die Flechtmotive die der Chumash sind).

5.48 SCHÜSSEL

Pflanzliche Fasern, cremefarben und schwarz, H 15,5 cm, D max. 53 cm
Kalifornien, Chumash (?), 18. Jahrhundert
MAM 13923
Schüsselförmiger Korb, wulsthalbgeflochten mit diagonalgeflochtenem Randabschluß. Sein Dekor besteht aus drei Bändern gestufter Linien, die sich schraubenförmig nach unten winden.
POLESE 1977, Nr. 22; HEROLD 1977, Fig. 5; HUDSON–BLACKBURN 1983, Fig. 153–1

5.49 KORB

Pflanzliche Fasern mit cremefarbenen und braunen Naturfarben, H 13 cm, D Öffnung 10,7 cm, D max. 30 cm
Süd-Kalifornien, 18. Jahrhundert
MAM 13928
Korb mit konischem Körper, kantigen Schultern, flacher Oberseite und zylindrischem Hals; wulsthalbgeflochten, mit Muschelschalen an den Schultern und der Öffnung und mit Resten von Spechtfedern an den Seiten. Der Flechtdekor besteht aus Kreuzen, Netzen und geometrischen Bändern. Neben dem diagonalen Randabschluß ist die Verwendung von Muschelschalenperlen und Spechtfedern untypisch für spätere Chumash-Arbeiten. Auch die Form erinnert mehr an die »Flaschenhals«-Körbe der Yokuts, der östlichen Nachbarn der Chumash, die aber von den spanischen Missionen nicht direkt berührt waren.
POLESE 1977, Nr. 30; HEROLD 1977, Fig. 1, 3, 4; HUDSON–BLACKBURN 1983, Fig. 191–4
Farbabbildung S. 206

Spanisch-Louisiana

5.50 KOPFPUTZ MIT HÖRNERN

Leder, Stachelschweinborsten, Hirsch- und Roßhaar, Horn, Birkenrinde und Metall, L 32 cm, B 26 cm
Nordamerika, Nördliche Plains, 18. Jahrhundert
MAM 13978 F, Toledo-Sammlung
Kopfputz aus einem verzierten Stirnband, mit schmalen Bändern aus mit Stachelschweinborsten umwickelter Rinde, die weiß, rot, gelb und orange gefärbt sind. Darauf erscheint

Kat.-Nr. 5.50

eine »Zinne« aus rot und blau bemaltem Leder. Vom Kopfputz hängt ein Stück Leder nach hinten, bedeckt den Kopf und ist mit weißem und braunem Roßhaar verziert. Der obere Teil ist mit zinnoberrotem Hirschhaar und zwei halben Hörnern geschmückt. Von einer Seite hängen Lederfransen herunter, die am Ende einen Konus aus Metall tragen.
FEDER 1977, S. 51, Fig. 18

5.51 HEMD

Leder, bemalt, Stachelschweinborsten, H 48 cm, B 54 cm
Nordamerika, Nördliche Plains, 18. Jahrhundert
MAM 13997 a, Toledo-Sammlung
Rötlich gefärbtes Lederhemd mit schwarzen Querstreifen an den Ärmeln und Rosetten von Stachelschweinborsten in konzentrischen Kreisen, die weiß, schwarz, gelb und rot gefärbt sind, auf Brust-, Rücken- und Schulterteil. Fransen aus Leder und Haar hängen entlang des Ärmels.
Die Jagd sicherte nicht nur die Ernährung, sondern war auch die Grundlage für die Herstellung der Kleidung, des

Schmuckes und verschiedener Haushaltsutensilien der Plains-Stämme. Das Leder wurde mit einer Mischung pflanzlicher Substanzen und Büffelhirn durch Schaben und Klopfen für die Weiterverarbeitung zu Kleidung weich gemacht. Diese Arbeit wie auch der Dekor blieben den Frauen vorbehalten.

Farbabbildung S. 204

Kat.-Nr. 5.52

5.52 ZIERBAND

Leder, Stachelschweinborsten, Metall, Haar, L 60 cm, B 8 cm
Nordamerika, Nördliche Plains, 18. Jahrhundert
MAM 13978 e, Toledo-Sammlung

Ein Zierband unbekannter Verwendung, an einem Ende eine Lederschlaufe, das andere spitz auslaufend, ist in schmale Streifen geschnitten, die mit verschiedenfarbigen Stachelschweinborsten umwickelt sind. Es wechseln Abschnitte weißer Schrägbalken auf orangem, und oranger Schrägbalken auf weißem Grund, die durch Querstreifen unterteilt sind, an denen Lederstreifen mit Blechkonussen hängen, in denen Reste von Haaren zu sehen sind.

5.53 MOKASSINS

Bisonleder und Stachelschweinborsten, L 29 cm, B 14 cm
Nordamerika, Nördliche Plains, 18. Jahrhundert
MA 13977, Toledo-Sammlung

Mokassins mit Seitennaht, rechteckiger Zunge und angenähter Seitenklappe. Der vordere Teil ist flächenfüllend durch Applikation mit schwarz, weiß und rot gefärbten Stachelschweinborsten in Rechteckbandtechnik mit Kreuz- und Bogenmotiven verziert.

Die Eitelkeit der Männer und ein gewisser Reichtum aus dem Pelzhandel führten besonders in den Nördlichen Plains zur Herstellung besonders prächtiger Kleidungsstücke für Gala-Anlässe.

FEDER 1977, S. 50

Kat.-Nr. 5.57

5.54 MOKASSINS

Bisonleder, Stachelschweinborsten und Schafsfell, L 27 cm, B 15,5 cm
Nordamerika, Nördliche Plains, 18. Jahrhundert
MAM 13978, Toledo-Sammlung

Mokassins mit Seitennaht, rechteckiger Zunge und angenähter Seitenklappe aus rot gefärbtem Fell. Der vordere Teil ist flächenfüllend durch Applikation mit schwarz, weiß und rot gefärbten Stachelschweinborsten in Rechteckbandtechnik verziert.

Eine alte Zuschreibung dieses und des vorigen Paars sowie des Kopfschmucks in das Gebiet des Colorado-Flusses in Neu-Mexiko weist bestenfalls darauf hin, daß die Stücke durch spanische Handelsaktivitäten, die von Neu-Mexiko ausgingen,

im großen Territorium von Louisiana erworben wurden. Stilistisch ist die Zuordnung in die Nördlichen Plains unzweifelhaft.
Farbabbildung S. 204

5.55 TASCHE

Leder, Stachelschweinborsten, Messing, L 45 cm, B 17 cm
Nordamerika, Nördliche Plains, 18. Jahrhundert
MAM 13956, Toledo-Sammlung

Rechteckige Tasche, die Fransen am oberen Ende und die Nähte an beiden Längsseiten sind mit gefärbten Stachelschweinborsten verziert. An der Unterkante eine breite »genetzte Franse« aus weißen, roten und schwarzen Stachelschweinborsten, daran borstenumwickelte Lederfransen mit Messingblechkonussen und rot gefärbtem Hirschhaar.

Taschen dieser Art wurden üblicherweise als Pfeifenbehälter verwendet.
FEDER 1977, S. 50, Fig. 17
Farbabbildung S. 204

5.56 BEMALTE ROBE

Hirschleder, grundiert und bemalt, L 180 cm, B 150 cm
Nordamerika, Plains, 18. Jahrhundert
MAM 16372, Toledo-Sammlung

Eine gegerbte Tierhaut, welche den ursprünglichen Umriß des Fells weitgehend beibehält, ist mit roter und blauer Farbe auf einer farblosen Grundierung bemalt, die dem patinierten Leder gegenüber weiß wirkt. Ein gegen die Gliedmaßen hin gezahnter Rahmen umschließt einen großen, von zwei kleinen Kreisen flankierten Kreis. Weitere wiederkehrende Dekorelemente sind Kreuze, gabelartige Formen und seitlich gekerbte Spitzen.

Vergleichbare Roben finden sich in französischen Sammlungen des 18. Jahrhunderts und wurden ebenso in »Louisiana« gesammelt wie das vorliegende Stück, das wiederum irrtümlich den Völkern des Rio Colorado zugeschrieben wurde. Neben den mit Kriegsszenen bemalten Roben gab es auch solche von symbolischer Bedeutung, von denen aber heute nur mehr wenige korrekt gedeutet werden können.
EXPOSICION 1893, E 6; FEDER 1977, S. 49, Fig. 14
Farbabbildung S. 205

5.57 BEMALTE ROBE

Hirschleder, grundiert und bemalt, L 110 cm, B 150 cm
Nordamerika, wahrscheinlich Nördliche Plains, 18. Jahrhundert
MAM 16370

Rechteckiges, aus mehreren Stücken zusammengenähtes Stück Leder mit Grundierung, die im unbemalten Mittelteil als weißes Streifenmuster erscheint, ansonsten aber rot und schwarz bemalt ist. Die Bemalung besteht aus einem ornamentalen Streifen entlang den Seitenkanten und der Unterkante sowie der breit geschnittenen Lederfranse.

Das Stück ist gänzlich unikat. In der Bemalung sind gewisse Ähnlichkeiten mit Motiven auf Ledermänteln der Cree im äußersten Norden der Plains vorhanden.
EXPOSICION 1893, E 6; FEDER 1977, S. 49, Fig. 15

5.58 PFEIFENSTIEL

Holz, Stachelschweinborsten, Roßhaar, L 103 cm
Nordamerika, Plains, 18. Jahrhundert
MAM 2826, Toledo-Sammlung

Ein größerer Teil des hölzernen, längs durchbohrten Pfeifenstiels von rundem Querschnitt ist mit geflochtenen Bändern aus Stachelschweinborsten so umwickelt, daß sich Muster aus schwarz, weiß, orange und gelb ergeben. Am oberen Ende des Borstendekors ist eine rote Roßhaarsträhne angebunden. Am vorderen Ende ist das Rohr zur Befestigung eines aus Stein geschnitzten Kopfs verjüngt, der leider fehlt. Langstielige Pfeifen fanden im östlichen Nordamerika im Zusammenhang mit Friedensritualen weite Verbreitung, wie überhaupt dem eingeborenen Tabakgenuß in erster Linie zeremonielle Bedeutung zukam.

Wie die meisten anderen Stücke aus den nordamerikanischen Plains im Museo de América stammt auch der Pfeifenstiel aus den Sammlungen des Provinzial-Museums von Toledo. Leider fehlt eine weiterführende Dokumentation, doch kann aus stilistischen Gründen kaum an einer Herkunft des Bestands aus dem Gebiet von »Louisiana« im späten 18. Jahrhundert gezweifelt werden.

5.59 BOGEN

Holz und Darm, L 12,5 cm, D 3,4 cm
Nordamerika, Plains, 18. Jahrhundert
MAM 2176, Toledo-Sammlung

Gebogener Holzstab, zwischen dessen Enden eine Schnur gespannt ist.

Die wirtschaftliche Hauptaktivität der Plainsindianer war die Jagd, denn Wild gab es zahlreich und vielfältig. Pfeil und Bogen war die gebräuchlichste Waffe und ein alltäglicher Gebrauchsgegenstand, wie er selten in alten Sammlungen zu finden ist.

Palenque

5.60 TEIL EINES ZIEGELS

Ton, H 26 cm, B 15 cm
Mexiko, Chiapas, Palenque, Maya-Kultur, 600–900 n. Chr., Spätklassische Periode
MAM 9893, Sammlung Antonio del Río

Kat.-Nr. 5.65

Fragment eines Hohlziegels oder einer Wasserleitung aus dickem Ton.

Es ist ein Beispiel des in der Stadt Palenque verwendeten Baumaterials. Palenque ist eine der wenigen altamerikanischen Städte, wo man Kanalisation und Abwasserleitungen finden konnte.

CABELLLO 1986

5.61 ZIEGEL

Ton, H 31,8 cm, B 9,3 cm; H 31 cm, B 8,5 cm
Mexiko, Chiapas, Palenque, Maya-Kultur, 600–900 n. Chr., Spätklassische Periode
MAM 9989 und 9990, Sammlung Antonio del Río

Backsteine oder Tonziegel, die als schiefe Quader gebrannt wurden. Auf einer der Seiten befinden sich gewellte, parallele Streifen.

CABELLO 1986

5.62 GEFÄSS

Keramik, orangefarben, H 4,6 cm
Mexiko, Chiapas, Palenque, Maya-Kultur, 600–900 n. Chr., Spätklassische Periode
MAM 16540, Sammlung Antonio del Río

Kegelstumpfförmiges Gefäß auf einem kleinen, flachen Fuß mit niedrigen, ausgewölbten Wänden. Auf den Außenwänden sieht man drei eingeritzte Linien, die senkrecht vom Boden ausgehend später zusammentreffen. Orangefarbener Überzug, innen schwarz, was auf die Reduktion beim Brennen zurückzuführen ist. Einige Schlagstellen auf dem Boden weisen darauf hin, daß die Keramik verkehrt herum lag, als sie ausgegraben wurde. Außerdem paßt sie als Deckel genau auf die Gefäße Nr. 16538, 16539, 16544 und 16547.

Geht man von den Worten Del Ríos aus, daß es im Sonnentempel »zwei irdene Köpfe mit den dazugehörigen Deckeln gab«, müssen die zu identifizierenden Gefäße zylindrisch sein und einen Deckel tragen können. Das uns vorliegende Stück ist ein Deckel, der nur auf die zylindrischen Gefäße Nr. 16547 und 16539 paßt.

CABELLO 1986

5.63 GEFÄSS

Keramik, orangefarben, H 3,3 cm
Mexiko, Chiapas, Palenque, Maya-Kultur, 600–900 n. Chr., Spätklassische Periode
MAM 16545, Sammlung Antonio del Río

Tellerförmiges Gefäß mit leicht konkavem Boden und niedrigen, vertikalen, nach vorne geneigten Wänden. Eine Eindellung nahe am Rand erweckt den Eindruck eines wulstförmigen Randes. Keramik mit orangefarbener Oberfläche und grobkörniger Füllpaste mit Entfetter; normaler Brennvorgang mit Oxydation. An verschiedenen Stellen an Boden und Wand treten unregelmäßige rote Pigmentreste auf, anscheinend die gleiche Färbung wie die der Lanzen Nr. 9255 und 9256 und des Obsidianherzens Nr. 9851.

Nachdem der Inhalt rotes Pigment war – wahrscheinlich die zinnoberrote Opferkugel des Sonnentempels –, bedeckte der Teller wohl eines der Opfergefäße. Er paßt als Deckel auf die Gefäße Nr. 16547, 16544, 16541 und 16539. Da die Opfergefäße dieses Tempels als zylindrische Gefäße beschrieben sind, kann das Objekt nur als Deckel auf die Gefäße Nr. 16539 und 16547 gehören.

CABELLO 1986

5.64 GEFÄSS

Keramik, orangefarben, H 6,3 cm
Mexiko, Chiapas, Palenque, Maya-Kultur, 600–900 n. Chr., Spätklassische Periode
MAM 16539, Sammlung Antonio del Río

Zylindrisches Gefäß mit flachem Boden und vertikalen, leicht nach innen gebogenen Wänden. Es war Teil der Opfergaben im Sonnentempel und diente wohl dem Deckel Nr. 16540 als Gefäß.

CABELLO 1986

5.65 GEFÄSS

Keramik, orangefarben, H 13,8 cm
Mexiko, Chiapas, Palenque, Maya-Kultur, 600–900 n. Chr., Spätklassische Periode
MAM 16547, Sammlung Antonio del Río

Zylindrisches Gefäß mit leicht nach innen geneigten Wänden und einer leichten Eindellung nahe dem Rand, was den Eindruck eines wulstförmigen Randes vermittelt. Es war Teil der Opfergaben im Sonnentempel und diente wohl dem Deckel Nr. 16545 als Gefäß.
CABELLO 1986

5. 66 GEFÄSS

Keramik, orangefarben, H 7,7 cm
Mexiko, Chiapas, Palenque, Maya-Kultur, 600–900 n. Chr., Spätklassische Periode
MAM 16541, Sammlung Antonio del Río

Zylindrisches Gefäß mit leicht nach innen gebogenen Wänden und leicht wulstigem Rand.
CABELLO 1986

5.67 GEFÄSS

Keramik, orangefarben, H 9,1 cm
Mexiko, Chiapas, Palenque, Maya-Kultur, 600–900 n. Chr., Spätklassische Periode
MAM 16538, Sammlung Antonio del Río

Kugelförmiges Gefäß mit flachem Boden; der vertikale Rand ist leicht nach innen geneigt. Unterhalb des Randes sieht man eine dünne, eingeritzte Linie und weiter unten vier geritzte Doppellinien. Im Bereich seines größten Umfanges weist das Gefäß eindeutig die Spuren eines Schlages mit einem spitzen Gegenstand auf.
CABELLO 1986

5.68 GEFÄSS

Keramik, orangefarben, H 6,5 cm
Mexiko, Chiapas, Palenque, Maya-Kultur, 600–900 n. Chr., Spätklassische Periode
MAM 16543, Sammlung Antonio del Río

Schüsselartiges Gefäß mit flachem Boden und nach innen gebogenen Wänden, die dem Gefäß ein kugeliges, zusammengedrücktes Aussehen geben. Eine eingeritzte Linie befindet sich unterhalb des Randes, darunter liegen vier längere.
CABELLO 1986

5.69 GEFÄSS

Keramik, orangefarben, H 5,7 cm

Kat.-Nr. 5.62

Kat.-Nr. 5.67

Mexiko, Chiapas, Palenque, Maya-Kultur, 600–900 n. Chr., Spätklassische Periode
MAM 16542, Sammlung Antonio del Río

Schüsselförmiges Gefäß mit konkavem Boden und niedrigen, vertikalen Wänden. Keramik mit orangefarbener Oberfläche. Innen schwarz aufgrund eines schwach oxydierenden Brennvorgangs. Stark zerbrochen und rekonstruiert.
CABELLO 1986

5.70 GEFÄSS

Keramik, orangefarben, H 8,5 cm
Mexiko, Chiapas, Palenque, Maya-Kultur, 600–900 n. Chr., Spätklassische Periode
MAM 16544, Sammlung Antonio del Río

Kugelförmiges, schüsselartiges Gefäß mit abgeflachtem Körper und breiter Öffnung mit Rand. Im Bereich des größten

Kat.-Nr. 5.72 Kat.-Nr. 5.73

Kat.-Nr. 5.74

Umfanges weist das Gefäß die Spuren eines Schlages mit einem spitzen Gegenstand auf.
CABELLO 1986

5.71 GEFÄSS

Keramik, orangefarben, H 10,1 cm
Mexiko, Chiapas, Palenque, Maya-Kultur, 600–900 n. Chr., Spätklassische Periode
MAM 16546, Sammlung Antonio del Río

Kugelförmiges Gefäß mit abgeflachtem Boden und Körper, zylindrischem, leicht ausgestelltem Hals und breiter Öffnung mit Rand. Im Bereich des größten Umfanges sieht man vier Schlagspuren eines spitzen Gegenstandes.
CABELLO 1986

5.72 PFEILSPITZE

Obsidian mit roten Farbresten, H 9,8 cm
Mexiko, Chiapas, Palenque, Maya-Kultur, 600–900 n. Chr., Spätklassische Periode
MAM 9851, Sammlung Antonio del Río

Pfeilspitze aus Obsidian mit Stiel und breiten, heruntergezogenen Flügeln. Del Río fand zwei verschiedene Opferstellen, eine im Sonnentempel und eine andere im Tempel des Blattkreuzes. In der ersten befand sich auch eine Kugel aus zinnoberrotem Farbstoff. Dieser hat den gleichen zinnoberroten Farbton wie die Farbreste auf der Pfeilspitze und auf den Steinlanzen Nr. 9255 und 9256. Es fand sich unter den Opfergaben beider Tempel eine »Lanze aus Stein«, und beide zeigen eine ähnliche Form und ähnliche Einschnitte zwischen Flügeln und Stiel.
CABELLO 1986

5.73 PFEILSPITZE

Obsidian, H 10,5 cm, B 7,7 cm
Mexiko, Chiapas, Palenque, Maya-Kultur, 600–900 n. Chr., Spätklassische Periode
MAM 9221, Sammlung Antonio del Río

Pfeilspitze aus Obsidian mit Stiel und breiten Seitenflügeln. Die Enden dieser Flügel sind seit langem zerbrochen.

Es könnte sich um eine »Herzfigur aus kristallisiertem, dunklem Stein, der hier Chaya genannt wird« handeln, die Antonio del Río bei einer der Opfergaben fand. Er fand ein Obsidianherz unter den Opfergaben im Sonnentempel und ein anderes im Tempel des Blattkreuzes.
CABELLO 1986

5.74 LANZENSPITZEN

Stein mit roten Farbresten, H 20,5 cm, B 6,8 cm; H 18,5 cm, B 6,3 cm
Mexiko, Chiapas, Palenque, Maya-Kultur, 600–900 n. Chr., Spätklassische Periode
MAM 9255, 9256, Sammlung Antonio del Río

Lanzenspitzen aus zugeschlagenem Stein mit Spitzen an beiden Enden. Sie weisen auf jeder Seite drei tiefe, halbrunde Kerben auf, zwischen denen die gerade Schneide sichtbar wird. Vor allem in den Kerben, aber auch in anderen Bereichen sind rote Farbreste zu sehen, die einen Kontrast zur schmutzig-gelben Färbung des Steines bilden.

Es könnte sich um die beiden Steinlanzen handeln, die Antonio del Río in seinem Bericht erwähnte. Sie können also aus dem Sonnentempel oder aus dem Tempel des Blattkreuzes stammen.
CABELLO 1986

INSCHRIFTEN UND SKULPTURENFRAGMENTE AUS PALENQUE DER SAMMLUNG ANTONIO DEL RIO

Frauke Johanna Riese, Berlin

Maya-Schrift und Kalender

Einzigartig auf dem amerikanischen Kontinent war die zu künstlerischer Perfektion entwickelte Schrift der klassischen Maya (300–900 n. Chr.). Die Maya-Schrift ist ein Mischsystem aus Begriffszeichen (»Ideogrammen«) und Silbenzeichen. In Maya-Schrifttexten werden mehrere Zeichen (»Hauptzeichen« und »Affixe«) in einem rechteckigen Feld, dem sogenannten Hieroglyphenblock, zusammengesetzt. Die Hieroglyphenblocks bilden ihrerseits ganze Texte, die das Aussehen eines Gitternetzes haben. Die Zeichen stellen manchmal Gegenstände, menschliche oder tierische Gesichter oder phantastische Wesen dar, zum größten Teil aber bestehen sie aus abstrakten Gebilden.

In Stein gemeißelte oder aus Stuck modellierte Texte – oft farbig bemalt und mit einer ungeheuren Fülle von Details ausgeführt – sind auf Stelen, Altären, Türstürzen, Wandtafeln, Banketten und Treppen angebracht. Andere Texte sind in Knochen geschnitzt sowie auf Tongefäßen und in Bilderhandschriften mit feinem Pinsel gemalt. Den unterschiedlichen Schriftträgern entsprechen unterschiedliche Themen, die in den Texten festgehalten wurden. So berichten die Steininschriften über die Herrscher der Maya-Städte, die Keramikinschriften haben mythologischen Inhalt; und die nachklassischen Bilderhandschriften schließlich handeln von Wahrsagerei und Astronomie. Allen Texten gemeinsam ist die Einbindung der Informationen in den Kalender.

Dieser enthält drei getrennt funktionierende, aber miteinander kombinierte Zählungen. Das 365tägige Sonnenjahr (»Haab«) setzten die Maya aus 18 Monaten zu je 20 Tagen und einer zusätzlichen Periode von fünf Tagen zusammen. Eine 260tägige Zählung (»Tzolkin«) wurde aus 13 Zahlen und 20 Tagesnamen gebildet und fand vornehmlich in der Wahrsagerei Anwendung. Ein Maya-Datum enthielt immer Angaben aus beiden Zählungen und wurde dann Kalenderrunde genannt. Eine Kalenderrunde umfaßte 52 Haab-Jahre.

Um einen bestimmten Tag in einem Zeitraum von Millionen von Jahren fixieren zu können, entwickelten die Maya einen dritten Kalender mit einer fortlaufenden Tageszählung, die ihren Anfang an einem fiktiven, in der Vergangenheit liegenden Tag im Jahr 3112 v. Chr. nahm. In dieser Zählung gab es für historische Daten die folgenden fünf Zeitperioden: Baktun (144.000 Tage), Katun (7.200 Tage), Tun (360 Tage), Uinal (20 Tage) und Kin (1 Tag). Die Hieroglyphen für diese Zeitperioden erhalten Zahlenkoeffizienten, mit denen sie zu multiplizieren sind, um so die genaue Anzahl von Tagen seit dem Nullpunkt des Kalenders auszudrücken.

Eine klassische Maya-Inschrift beginnt meist mit einer Einführungshieroglyphe, die mittels eines variablen Elements den Haab-Monat anzeigt. Es folgen dann die fünf Hieroglyphen für die Zeitperioden mit ihren Koeffizienten, danach schließt sich die passende Tzolkin-Angabe an. Dann folgen ein oder zwei Hieroglyphen einer Götterreihe und Angaben zur Mondbeobachtung, die beide mit dem Datum der fortlaufenden Tageszählung zusammentreffen. Den Abschluß einer solchen, »Initial Serie« genannten einleitenden Kalenderangabe bildet der Haab-Monat. Es schließen sich thematische und nominale Hieroglyphen an und je nach Bedarf weitere Daten, jetzt nicht mehr als Initial Serie, sondern nur noch verkürzt als Kalenderrunde ausgedrückt. Sie werden mit Hilfe von Distanzzahlen mit der Initial Serie verknüpft.

Hieroglyphen aus Stuck in Palenque

Eine künstlerische Besonderheit der Maya-Stadt Palenque sind ihre Stuckverzierungen. Eingangspfeiler und Wände der repräsentativen Gebäude sind mit szenischen Darstellungen, Einzelpersonen und Hieroglypheninschriften in bunt bemaltem Stuck verziert. Der Stuck wurde aus Kalk, Wasser und einem Harz gemischt. Wegen seiner Plastizität konnte der Maya-Bildhauer mit diesem Material leichter arbeiten, als es in Stein möglich gewesen wäre. Die Stuckverzierungen wurden dann farbig bemalt. Dank einer von Sickerwasser gebildeten Schutzschicht aus Kalk hat die Bemalung an einigen Stellen den tropischen Regenfällen und der zerstörenden Vegetation widerstanden, so daß sich Farbreste bis heute erhalten haben.

Stuckhieroglyphen vom Tempel der Inschriften

Der Tempel der Inschriften steht auf einer Pyramide aus neun Großstufen. Zu ihm führt von Norden eine steile Treppe hinauf. Die ebenfalls nach Norden ausgerichtete Hauptfassade des Tempels wird durch sechs Pfeiler in fünf Eingänge gegliedert. Die äußeren Flächen der Pfeiler trugen ehemals polychrom bemalte Stucktafeln. Die vier Mittelpfeiler waren mit überlebensgroßen menschlichen Figuren, die beiden äußeren Pfeiler mit langen Hieroglypheninschriften geschmückt. Die Nr. 2602 b, 2609 und 2601 stammen von diesen beiden äußeren Tafeln.

5.75 STUCKHIEROGLYPHE

Stuck, rote und dunkle Farbreste, H 15 cm
Mexiko, Chiapas, Palenque, Tempel der Inschriften, Hauptfassade, Pfeiler linker Hand, Maya-Kultur
Datierung: 23. 12. 691 n. Chr.
MAM 2602 b, Sammlung Antonio del Río

Kat.-Nr. 5.75

Kat.-Nr. 5.76

Die Stuckhieroglyphe Nr. 2602 b ist eine sogenannte Einführungshieroglyphe, mit der eine Maya-Inschrift meist beginnt und die das Initial Serien-Datum einleitet. Sie besteht aus drei konstanten und einem variablen Element. Die konstanten Elemente sind: Die beiden kammartigen Zeichen am linken und rechten Rand, die drei Haken am oberen Rand und das große ovale Zeichen im unteren Teil. Von diesen konstanten Zeichen eingerahmt, findet sich das variable Element, das anzeigt, um welchen Monat der Haab-Zählung es sich bei dem folgenden Initial Serien-Datum handelt. In diesem Fall ist es der 16. Monat, »Pax«.

In Palenque war es bei reichverzierten Eingängen üblich, die beiden äußeren Pfeiler mit Stuckinschriften zu schmücken, wobei der Pfeiler linker Hand mit einem Maya-Datum der fortlaufenden Tageszählung begann. Dies gilt wohl auch für den linken Pfeiler des Tempels der Inschriften, auf dem heute nur noch bescheidene Reste der ehemals 96 Hieroglyphenblöcke zu sehen sind. Zusammen mit drei von Juan Galindo, einem Iren in zentralamerikanischen Diensten, 1831 nach London gebrachten Hieroglyphen, die später ins Musée de l'Homme nach Paris gelangten, den an Ort und Stelle noch vorhandenen Resten und dieser von Antonio del Río mitgebrachten Hieroglyphe (Nr. 2602 b) besteht die Möglichkeit, den Anfang der Inschrift des linken Pfeilers zu rekonstruieren.

Dort wo in der Regel die Tzolkin-Zählung ihren Platz hat, ist in situ noch das Tzolkin-Datum »5 cauac« zu sehen. Die Einführungshieroglyphe mit der Angabe des Haab-Monats »Pax«, dessen Hieroglyphe selbst nicht erhalten ist, liefert die del Ríosche Einführungshieroglyphe Nr. 2602. Ausgehend von anderen Inschriften in Palenque ist der Zahlenkoeffizient für die höchste Zeitperiode der fortlaufenden Tageszählung (»Baktun«) meist 9. Eine der von Galindo mitgebrachten Hieroglyphen ist ein 9-Baktun-Ausdruck; eine weitere hat den Wert 12 Katun. Wegen des Tages »cauac« in der Tzolkin-Zählung ist für die niedrigste Zeitperiode (»Kin«) der Zahlenkoeffizient 19 zu rekonstruieren, denn »cauac« ist der 19. Tag. Auf Grund einer weiteren von Galindo mitgebrachten Hieroglyphe – sie zeigt einen der Götter des Neunerzyklus, der mit der fortlaufenden Zählung regelhaft verknüpft ist – kann für die nicht erhaltene Uinal-Periode der Zahlenkoeffizient 13 errechnet werden. Damit ergibt sich als komplett rekonstruiertes Initial Serien-Datum des linken Pfeilers am Tempel der Inschriften 9 Baktun + 12 Katun + 19 Tun + 13 Uinal + 19 Kin, 5 cauac 12 Pax. Dieses Datum entspricht dem christlichen Datum 23. Dezember 691 n. Chr. nach dem damals in Europa gebräuchlichen Julianischen Kalender.

Die Hieroglyphe ist am linken Rand leicht beschädigt.

Literatur

BERLIN-NEUBART, Heinrich, »Miscellanea Palencana«. Journal de la Société des Américanistes 59, S. 107–128, Paris 1970

GREENE ROBERTSON, Merle, The Sculpture of Palenque, Bd. 1, Princeton 1985

CABELLO 1980 a, S. 41; CABELLO 1980 b, S. 120; CABELLO 1986

5.76 STUCKHIEROGLYPHE

Stuck, rote und dunkle Farbreste, H 19 cm

Mexiko, Chiapas, Palenque, Tempel der Inschriften, Hauptfassade, linker oder rechter äußerer Pfeiler, Maya-Kultur, um 700 n. Chr.

MAM 2609, Sammlung Antonio del Río

Die Hieroglyphe ist an der linken und rechten Seite etwas beschädigt. Deutlich erkennt man als Hauptzeichen die Zeitperiode Tun, links daneben einen Zahlenkoeffizienten. Ein Punkt entspricht dem Zahlenwert 1, ein Balken dem Zahlenwert 5. Hier wäre also die Zahl 7 wiedergegeben, da ein Balken (mit eingeritzten Verzierungslinien) und zwei Punkte erhalten sind. Es muß aber aus Symmetriegründen ursprünglich noch ein dritter Punkt vorhanden gewesen sein. Wenn tatsächlich nur zwei Punkte beabsichtigt gewesen wären, hätten die Maya diese weit auseinander geschrieben und den Zwischenraum mit dekorativen Elementen ausgefüllt.

CABELLO 1980 a, S. 39; CABELLO 1980 b; S. 120; CABELLO 1986

Kat.-Nr. 5.77

Kat.-Nr. 5.78

5.77 ZWEI STUCKHIEROGLYPHEN

Stuck, rote und schwarze Farbreste, H 15,5 cm
Mexiko, Chiapas, Palenque, Tempel der Inschriften, Hauptfassade, linker oder rechter äußerer Pfeiler, Maya-Kultur, um 700 n. Chr.
MAM 2601, Sammlung Antonio del Río

In diesem Hieroglyphenblock wurden, etwas zusammengedrängt, die Hieroglyphen für zwei Zeitperioden untergebracht. Links steht die Hieroglyphe für Katun mit einem Zahlenkoeffizienten 12. Die Katun-Hieroglyphe wird aus dem sogenannten Tun-Zeichen gebildet, das schon bei den Hieroglyphen Nr. 2602 b und Nr. 2609 zu sehen war. Zwischen dem Tun-Zeichen und dem Zahlenkoeffizienten befindet sich ein weiteres Element, das hier nur verkürzt wiedergegeben ist. In seiner vollständigen Form ist es bei Nr. 2605 zu sehen. Es besteht aus einem verzierten zentralen Element, das an beiden Seiten von einem kammartigen Element flankiert wird.

Rechts neben der Hieroglyphe für 12 Katun steht die für 16 Tun. Der Zahlenkoeffizient 16 besteht aus drei Balken und einem Punkt. An beiden Seiten des in der Mitte über den Balken plazierten Punktes sind Kringel angebracht, um den sonst freibleibenden Raum zu füllen. Insgesamt ist der Hieroglyphenblock zu lesen als 12 Katun + 16 Tun, was einem Wert von 27.360 Tagen entspricht.

Es kann sich bei diesen beiden Hieroglyphen um die Zeitperiodenangaben innerhalb der fortlaufenden Tageszählung oder innerhalb einer Distanzzahl handeln. Letzteres ist wegen der gedrängten Schreibweise von zwei Zeitperioden in einem Hieroglyphenblock wahrscheinlicher.

CABELLO 1980 b; CABELLO 1986

Stuckhieroglyphen aus dem Palast

Den Mittelpunkt der alten Maya-Stadt Palenque bildete der sogenannte Palast, ein aus mehreren Bauten bestehender Komplex auf einer trapezförmigen Plattform. Die einzelnen Bauten, auch als Häuser bezeichnet, gruppieren sich um vier Innenhöfe. Haus A befindet sich an der Ostseite und besteht aus zwei parallelen Korridoren, die durch eine Wand getrennt sind.

Die Ostfassade von Haus A hat fünf Eingänge, die von sechs Pfeilern begrenzt werden. Jeder Pfeiler hatte ursprünglich eine über seine ganze Front gehende Stucktafel. Die beiden äußeren Tafeln zeigten Hieroglypheninschriften, die vier dazwischen szenische Darstellungen. Oberhalb jeder Tafel befanden sich je drei einzelne Hieroglyphen in einer ovalen Kartusche. Die Exponate Nr. 2604, 2605 und 2602 befanden sich ehemals vermutlich oberhalb des zweiten Pfeilers. Eine genaue Position und Abfolge der drei Hieroglyphen ist ebensowenig zu bestimmen wie ihre Lesung im Gesamtzusammenhang der aus ursprünglich 18 Hieroglyphen bestehenden Inschrift oberhalb der Stucktafeln.

5.78 STUCKHIEROGLYPHE

Stuck, blaue Farbreste, H 19,7 cm
Mexiko, Chiapas, Palenque, Palast, Haus A, Maya-Kultur, um 700 n. Chr.
MAM 2604, Sammlung Antonio del Río

Diese Hieroglyphe zeigt links den Zahlenkoeffizienten 1, der durch eine Kopfvariante dargestellt ist. Sie zeigt einen Frauenkopf im Profil mit einer Haarlocke über der für die Maya typischen fliehenden Stirn. Das kleine Zeichen unterhalb des Kopfes ist ein phonetisch zu lesendes Element, wodurch die Lesung »hun« (eins) zweifelsfrei gesichert ist. An die Kopfvariante schließt sich die Zeitperiode Uinal an. Sie ist durch den Kopf einer Kröte im Profil dargestellt, über dem der Zahlenkoeffizient 12 steht, der diesmal die dekorativen Elemente nicht neben, sondern zwischen den Zahlpunkten trägt.

Bei diesem Hieroglyphenblock handelt es sich um eine Distanzzahl. Dafür spricht neben der gedrängten Schreibweise auch die Tatsache, daß hier sogar eine Zeitperiodenhierogly-

Kat.-Nr. 5.80

phe unterdrückt ist, was nur bei Distanzzahlen bei den niedrigen Zeitperioden Kin und Uinal vorkommt. Der Koeffizient der unterdrückten Zeitperiode Kin wurde einfach der Zeitperiode Uinal vorangestellt, so daß Uinal also zwei Koeffizienten hat. In diesem Hieroglyphenblock wird also mitgeteilt, daß 241 Tage (12 Uinal + 1 Kin) Abstand zwischen zwei Daten besteht.
CABELLO 1980a, S. 40–41; CABELLO 1980b, S. 118; CABELLO 1986

5.79 STUCKHIEROGLYPHE

Stuck, rote Farbreste, H 20,8 cm
Mexiko, Chiapas, Palenque, Palast, Haus A, Ostfassade, Maya-Kultur, um 700 n. Chr.
MAM 2605, Sammlung Antonio del Río

Die Hieroglyphe zeigt zwei Köpfe im Profil zusammen mit anderen Elementen. Der rechte Kopf hat ein großes Auge, eine vorgebogene Nase und ein ovales, im Inneren verziertes Element. Hinter dem Auge befindet sich eine fächerartige Verzierung. Diese beiden Elemente sollen Vogelfedern darstellen und geben so eine gewisse Hilfe bei der Identifizierung des Kopfes. Über dem Kopf ist das von der Einführungshieroglyphe (Nr. 2602b) bekannte, zweiteilige kammartige Element zu sehen, das ein ovales Element einrahmt. Insgesamt markiert diese Hieroglyphe die Zeitperiode Katun, hier teils mit Kopfvariante, teils mit Symbolformen dargestellt. Der Katun-Hieroglyphe vorangestellt ist der Zahlenkoeffizient 4, der ganz als Kopfvariante ausgeführt ist und nicht in der sonst üblichen Punkt-und-Balken-Schreibweise. Dieser Kopf zeigt ebenfalls ein großes Auge mit einem doppelten, geknickten Bogen in seiner linken unteren Ecke, womit die Pupille angedeutet wird. Vor der Stirn ist eine Locke dargestellt und auf der Stirn selbst eine eingerahmte vierblättrige Verzierung, die in sich schon eine Identifizierung des Zeichens als Zahl 4 erlaubt. Der Mund ist geöffnet, aus dem Mundwinkel fällt ein Band herab.
CABELLO 1980a, S. 40; CABELLO 1980b, S. 119; CABELLO 1986
Farbabbildung S. 207

5.80 STUCKHIEROGLYPHE

Stuck, H 15,5 cm
Mexiko, Chiapas, Palenque, Palast, Haus A, Maya-Kultur, um 700 n. Chr.
MAM 2602, Sammlung Antonio del Río

Anders als bei den fünf vorangegangenen Stuckhieroglyphen handelt es sich hier nicht um eine kalendarische Hieroglyphe. Dargestellt ist der Kopf eines Geiers im Profil mit dem typischen langen, gebogenen Schnabel. Über dem Schnabel befindet sich das 20. Tageszeichen des 260tägigen Kalenders, »ahaw«. Zu erkennen ist ein als Kreis dargestelltes Auge fast in der Mitte und ein Mund mit zwei Zähnen, links unten. Ahaw bedeutet Fürst, Herrscher, König und dies ist auch die Bedeutung der gesamten Hieroglyphe. Die Verwendung eines Geierkopfes zur Wiedergabe dieses Begriffes rührt von der phonetischen Ähnlichkeit der Worte für Geier und König her.
CABELLO 1980a, S. 42; CABELLO 1980b, S. 119

Die Hieroglyphentäfelchen vom Palast

Die Hieroglyphentexte der Maya sind erst zu einem Teil entziffert. Ein Zugang zum historischen Inhalt der Steininschriften gelang erst seit 1960 durch bahnbrechende Hypothesen und sie stützende Untersuchungen von Heinrich Berlin und Tatiana Proskouriakoff. Das Vorgehen bei der Entzifferung orientiert sich zunächst an der Struktur der in fast allen Texten enthaltenen und seit langem bekannten Kalenderdaten. Danach versucht man den historischen Gehalt durch die Identifizierung von Namen und grobe semantische Kategorien zu erhellen. Hinzu kommen Aufschlüsse aus den bildlichen Darstellungen, die viele Texte begleiten, und in jüngster Zeit vermehrt sprachliche Lesungen der Zeichen.

In der Regel bestehen die einzelnen Aussagenblöcke einer Inschrift aus einem Datum und einem ihm zugeordneten, nichtkalendarischen Abschnitt. Die nichtkalendarischen Abschnitte enthalten als erstes nach den Daten eine Klasse von Hieroglyphen, die Themen wie Geburt, Verwandtschaft, Thronbesteigung, Blutopfer, Tod und Beerdigung umfassen. Als zweite Klasse gibt es die nominalen Hieroglyphen. Hierunter versteht man Personennamen, Titel, Ortsnamen und dergleichen mehr. Durch Kombinierung dieser strukturellen, kalendarischen und grob semantischen Informationen konnten schon ganze Herrschergenealogien für einzelne Maya-Städte rekonstruiert und die Ereignisse aus den Viten herausgearbeitet werden.

Kat.-Nr. 5.81 a

Kat.-Nr. 5.81 b

5.81 a, b ZWEI HIEROGLYPHENTÄFELCHEN

Kalkstein, H 41 bzw. 41,5 cm, B 33 bzw. 33,5 cm
Mexiko, Chiapas, Palenque, Subterraneum des Palasts, Maya-Kultur
Datierung: 9. Juni 654 n. Chr.
MAM 2597, 2598, Sammlung Antonio del Río

Die beiden Hieroglyphentafeln gehören zu einer Gruppe von ursprünglich sechs Tafeln nahezu gleicher Größe und künstlerischer Ausführung. Außer den beiden Tafeln in Madrid, die hier gezeigt werden, befindet sich eine weitere im Museo Nacional de Antropología in Mexiko-Stadt, zwei vollständige und Fragmente einer dritten werden in Palenque aufbewahrt, so daß also fast die ganze Inschrift erhalten ist.

Die sechs Tafeln waren ursprünglich an den Wänden der Treppen verteilt, die von den oberen Galerien des Palastes in das sogenannte Subterraneum führen. Die Tafeln Nr. 2598 und 2597 befanden sich vermutlich links und rechts der ersten Stufe der südlichen Treppe. Dort wurden 1963 Nischen entdeckt, deren Maße diesen Tafeln entsprechen.

Die beiden Tafeln werden hintereinander gelesen, denn die letzte Hieroglyphe von Tafel Nr. 2598 und die erste von Tafel Nr. 2597 bilden eine inhaltlich zusammengehörige Hieroglyphenfolge.

Aufgrund der auf einigen der sechs Tafeln notierten Kalenderdaten ist zu schließen, daß die beiden Tafeln als dritte und vierte in der Abfolge der sechs gelesen werden. Beide Tafeln zeigen jeweils sechs Hieroglyphen in einem Rahmen. Je zwei Hieroglyphen stehen in drei Zeilen untereinander. Die Lesrichtung erfolgt hier, wie bei Maya-Hieroglyphentexten allgemein üblich, in Paaren von links nach rechts und von oben nach unten.

Tafel Nr. 2598 beginnt mit der Kalenderrunde 7 cimi 4 Xul. Dies entspricht dem 7. Juni 654 n. Chr. Die Hieroglyphen der mittleren Reihe sind noch nicht entziffert, vermutlich berichten sie von einem Ereignis, das an dem zuvor genannten Datum stattfand. Die linke Hieroglyphe der unteren Reihe zeigt den Zahlenkoeffizienten 2 und das Symbol für die Zeitperiode Katun, welche etwa unserem Zeitraum von 20 Jahren entspricht. Isoliert, d. h. nicht innerhalb eines Datums der fortlaufenden Tageszählung oder einer Distanzzahl, auftretende Katun-Angaben mit Zahlenkoeffizienten geben das runde Lebensalter einer textlich mit dieser Angabe verknüpften Person wieder. Demnach müßte die in Frage kommende Person zu dem auf der Tafel angegebenen Zeitpunkt zwischen 20 und 40 Jahre alt gewesen sein. Hier scheint sich jedoch die Distanzzahl nicht auf das Kalenderdatum zu beziehen, denn die Person, für die die runde Altersangabe gelten soll, war zu jenem Zeitpunkt nicht zwischen 20 und 40 Jahre alt. Welche

Person mit der Katun-Altersangabe assoziiert ist, gibt der letzte Hieroglyphenblock der Tafel an. Der aus vier Hieroglyphen verschiedenster Bedeutung zusammengesetzte Block nennt Namen und Titel des Königs Pacal von Palenque (603–683 n. Chr.). Die Hieroglyphen können sprachlich vollständig gelesen werden:

Ahau Mah-k'ina Nabe Ah Pacal
Fürst (Titel) (Titel) Herr Schild.

Die erste Hieroglyphe der Tafel Nr. 2597 vervollständigt die Hieroglyphenfolge der letzten Reihe von Tafel Nr. 2598, denn sie zeigt eine sogenannte Emblem-Hieroglyphe, die den Ort Palenque bezeichnet. Die restlichen Hieroglyphen der Tafel Nr. 2597 sind – außer einer weiteren Altersangabe von 2 Katun in der mittleren Reihe – nicht entziffert. Die erste Hieroglyphe der mittleren Reihe bezeichnet vermutlich ein Ereignis. Die beiden Hieroglyphen der untersten Reihe mit jeweils demselben Element am Anfang sind vermutlich wieder Titel.

Literatur

BERLIN-NEUBART, Heinrich, »Miscelánea Palencana«, Journal de la Société des Américanistes 59, S. 107–128, Paris 1970
RIESE, Berthold, »Katun-Altersangaben in klassischen Maya-Inschriften«, Baessler-Archiv, Neue Folge 28, S. 155–180, Berlin 1980
SCHELE, Linda und MATHEWS, Peter, The Bodega of Palenque, Chiapas, Mexico, Washington, D.C. 1979
CABELLO 1980a, S. 37; CABELLO 1980b, S. 117; CABELLO 1986; MEXICO 1986, S. 98

5.82 RECHTER FUSS EINES THRONES (»STELE VON MADRID«)

Kalkstein mit roten und schwarzen Farbresten, H 46,5 cm, B 29,5 cm
Mexiko, Chiapas, Palenque, Palast, Haus E, Maya-Kultur
Datierung: Nach dem 28. Mai 702 n. Chr.
MAM 2608, Sammlung Antonio del Río

An der inneren Wand von Haus E, gegenüber dessen zentralem westlichen Eingang, befindet sich eine ovale Tafel aus Kalkstein, die in einer Hieroglypheninschrift und einer szenischen Darstellung von der Inthronisation des Königs Pacal von Palenque berichtet (Pacal wurde im Jahr 603 n. Chr. geboren, bestieg den Thron am 24. Juli 615 n. Chr., starb 683 n. Chr. und wurde in einer Gruft im Tempel der Inschriften beigesetzt). Vor dieser Tafel befand sich, fest mit der Wand verankert, ursprünglich ein steinerner Thron. Sein rechter (südlicher) vorderer Fuß ist die hier ausgestellte Nr. 2608. Der linke vordere Fuß und die Inschriftenteile des von diesen Füßen ursprünglich getragenen Thronsitzes befinden sich im Lagerraum und im Museum von Palenque. Der Thronsitz, dessen Kante an drei Seiten eine Inschrift trug, nennt drei Könige von Palenque. Nach dem letzten lesbaren Datum dieser Inschrift, 28. Mai 702 n. Chr., folgt noch ein weiteres, nicht mehr erhaltenes. Deshalb wird der Thron insgesamt auf »später als der 28. Mai 702 n. Chr.« datiert.

Der hier zu sehende rechte Fuß zeigt auf seiner vorderen Breitseite in einem abgesetzten Rahmen das Flachrelief einer sitzenden menschlichen Figur. Auf der inneren Schmalseite – ebenfalls in einem Rahmen – sind sechs Hieroglyphen untereinander zu sehen, deren vorderes Viertel jeweils abgesägt ist. Der linke Fuß zeigt in spiegelsymmetrischer Darstellung auf seiner vorderen Breitseite nahezu dieselbe Figur und ebenfalls sechs Hieroglyphen auf der inneren Schmalseite. Die sechs untereinander angeordneten Hieroglyphen der inneren Schmalseite sind durch Zersägen des Fußes nur zu dreiviertel erkennbar. Vermutlich handelt es sich bei der ersten um eine abschnittseinleitende Hieroglyphe. Die folgenden nehmen vermutlich auf die dargestellte Person Bezug.

Die sitzende Person kehrt ihr Gesicht nach links, zum Thron hin. Das Profil zeigt deutlich die dem Maya-Schönheitsideal entsprechende abgeflachte Stirn. Vermutlich ist über Nasenrücken und Stirn noch ein Schmuck angebracht, der zur Erhöhung dieser Wirkung beiträgt. Der größte Teil der Haare ist in einem Schopf hinten zusammengerafft und wird durch ein geknotetes, mit Netz-Muster versehenes Band gehalten. Unterhalb dieses Haarschopfes ist ein Querstreifen der Haare abrasiert. Die untersten Nackenhaare hängen lose herunter. Vor dem Ohr sind in der Art von Koteletten Haare zu sehen. Das Ohr selbst schmückt ein Ohrpflock. Hinter dem Ohrläppchen hängt als Gegengewicht ein Anhänger mit Perlen und anderem Schmuck herunter. Das Kinn schmückt eine waagrechte Reihe winziger Perlen. Um den Hals liegt eine Jade-Perlenkette. Die Handgelenke umschließen Manschetten aus einzelnen länglichen Teilen, wahrscheinlich längs-durchbohrten Jade- oder Muschelzylindern, die zum Teil totenkopfähnliche Abschlüsse haben. Die Person ist mit einem Wickelrock bekleidet, den ein um die Hüften geschlungener Gürtel hält. Dieser ist mit einem vierblättrigen Blumenmuster verziert. Die beiden vorne herunterhängenden Gürtelenden zeigen eine querverlaufende schmale Zickzackborte und Fransen, das längere Ende zusätzlich noch ein Netzmuster. Über den Knien sieht man das mit Fransen geschmückte Rockende. In der hochgestreckten linken Hand hält die Person die Blüte einer Seerose, von der eine weitere Knospe herabhängt. Die Person sitzt mit angewinkeltem rechten und herunterhängendem linken Bein auf einem Podest. Das Podest ist eine querliegende Maske im Profil, deren mit einem Jaguarfell umwickelte Stirn teilweise vom herunterhängenden Fuß verdeckt wird. Darunter ist ein Auge zu sehen, das aus dem Symbol für das Maya-Tageszeichen »Imix« besteht. Es ist die stilisierte Blüte einer Seerose. Die rechte Hand der Person stützt sich auf die Nase der Maske. Der Unterkiefer des offenen Mauls der Maske wird durch das Symbol des Tageszeichens »cauac« gebildet. Er ist hier, in der linken unteren Ecke, zu sehen.

Bei dieser als Podest dienenden Maske handelt es sich um die Darstellung eines mythischen Erdungeheuers. Die auf ihm sitzende Person ist vermutlich ein Bacab. Nach einer Überlieferung aus der Mitte des 16. Jahrhunderts wurde das Universum in der Vorstellung der Maya an seinen vier Ecken von je einem Bacab getragen. Die hochgehaltene Seerose ist ein Symbol der Erde und wird mit erdverbundenen Kreaturen, wie z. B. den Bacabs, assoziiert. Auch der Ohrschmuck der

Person und das mit Netzmuster versehene Haarband sind in der Maya-Ikonographie Merkmale für einen Bacab. Der Thron in seinem ursprünglichen Zustand stellte also vermutlich die Erde dar, die von zwei Bacabes (linker und rechter Fuß) gestützt wurde.

Literatur

BAUDEZ, Claude François, The House of the Bacabs, Washington, D. C., 1987

GREENE ROBERTSON, Merle, The Sculpture of Palenque, Bd. 2, Princeton 1985

SCHELE, Linda und MATHEWS, Peter, The Bodega of Palenque, Chiapas, Mexico. Washington, D. C., 1979

CABELLO 1980a, S. 33; CABELLO 1980b, S. 115; CABELLO 1986; AMERICA 1985, S. 157; MEXICO 1986, S. 97; MUSEO 1984, Dia 7

Farbabbildung S. 208

Stucktafeln mit Opferszenen im Palast

Auf den sechs Eingangspfeilern der Westfront von Haus D im Palast befinden sich große Stucktafeln. Auf ihnen ist in verschiedenen Szenen mit jeweils zwei Personen der Ablauf eines Menschenopfers dargestellt.

5.83 FRAGMENT EINER STUCKTAFEL

Stuck, rote Farbreste, H 38,7 cm
Mexiko, Chiapas, Palenque, Palast, Pfeiler der Westfront von Haus D, Maya-Kultur, 600–900 n. Chr.
MAM 2613, Sammlung Antonio del Río

Fragment Nr. 2613 zeigt eine Wade mit Fuß in Seitenansicht. Es ist das rechte Bein der stehenden Person auf der rechten Seite der Tafel des zweiten Pfeilers von links (vom Betrachter aus gesehen). Es handelt sich bei dieser Person um die das Opfer vorbereitende Person.

Der Fuß ist mit einer Sandale bekleidet. Das Tragen von Sandalen war früher und ist auch heute noch bei den Maya üblich. Sie wurden aus Hanf oder ungegerbtem Hirschleder gefertigt. Die Sohle wurde am Fuß durch zwei Riemen gehalten, die entweder zwischen dem ersten und zweiten oder zwischen dem dritten und vierten Zeh hindurchgeführt wurden. In den Darstellungen hoher Würdenträger und Fürsten hatten die Sandalen oft sehr hohe und reich geschmückte Hackenpartien aus Jaguarfell, das als besonders wertvoll und symbolträchtig galt. Die Zehenbänder wurden mit den Hakkenkappen verbunden und die Riemen über dem Rist verschnürt. Bei Fragment Nr. 2613 reicht die Hackenkappe halb bis zur Wade hoch. Die punktartigen Verzierungen sollen die Flecken des Jaguarfells darstellen.

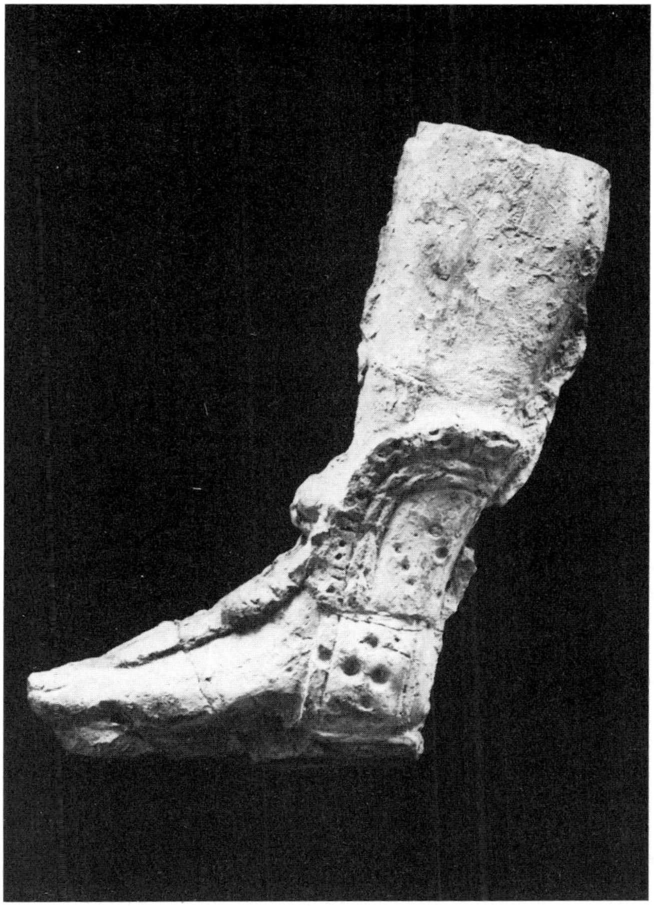

Kat.-Nr. 5.83

5.84 MENSCHENKOPF

Stuck, rote und schwarze Farbreste, H 26,5 cm
Mexiko, Chipas, Palenque, Palast, Pfeiler der Westfront von Haus D, Maya-Kultur, 600–900 n. Chr.
MAM 2611, Sammlung Antonio del Río

Von derselben Stucktafel wie das vorhergehende Fragment stammt auch das Fragment Nr. 2611, das den Kopf der zweiten Person, des zu Opfernden, zeigt.

Literatur

KRICKEBERG, Walter, Altmexikanische Kulturen, Berlin 1956

LANDA DE, Diego, Relación de las Cosas de Yucatán, México 1973

GREENE ROBERTSON, Merle (Hrsg.), The Art, Iconography and Dynastic History of Palenque, Part III. Pebble Beach 1976

TOZZER, Alfred M., A Comparative Study of the Mayas and the Lacandons, New York 1907

CABELLO 1980a, S. 30; CABELLO 1980b, S. 121, 125; CABELLO 1986

Farbabbildung S. 207

Kat.-Nr. 5.85 Kat.-Nr. 5.86

Kat.-Nr. 5.88

Ein Fries am Tempel der Sonne

Östlich vom Palast in Palenque erheben sich mehrere Tempel um einen gemeinsamen Hof. Tempel XIV, der Tempel der Sonne, der Tempel des Kreuzes und der Tempel des Blattkreuzes. Dieses Ensemble wird die Kreuzgruppe genannt. Es wurde unter dem König Chan Bahlum (geb. 18. Mai 635 – inthronisiert 5. Januar 684 – gestorben 14. Februar 702) errichtet. Die Tempel der Sonne, des Kreuzes und des Blattkreuzes sind sich in der Anlage und künstlerischen Ausstattung ihrer inneren Räume sehr ähnlich. Durch drei mit Pfeilern begrenzte Eingänge betritt man einen Raum, der einen kleineren inneren Raum umschließt. Dieser innere Raum umschließt seinerseits einen noch kleineren, die sogenannte Zella. Die äußeren Mauern dieser Zella waren oberhalb ihres Eingangs und an den beiden Seitenwänden mit einem horizontalen Fries geschmückt. Vom Fries im Tempel der Sonne stammen wahrscheinlich die beiden Fragmente Nr. 2599 und 2600. Dieser Fries besteht aus drei Motivteilen: Zwei Seitenteilen und dem Frontteil über dem Eingang zur Zella. Die beiden oberen Ecksteine der Seitenteile wurden als Hieroglyphen in Kopfform in einem Rahmen ausgeführt. Die Blickrichtung der Köpfe geht jeweils nach außen. Der linke obere Eckstein des linken Seitenteils ist noch in situ vorhanden.

Literatur

MAUDSLAY, Alfred Percival, Archaeology, Bd. 4 (1 Tafelband und ein Textband). London 1889/1902 (Nachdruck New York 1974)

5.85 ECKSTEIN

Stuck, H 14,7 cm, B 18,5 cm
Mexiko, Chiapas, Palenque, Tempel der Sonne, Maya-Kultur, zwischen 684 und 702 n. Chr.
MAM 2599, Sammlung Antonio del Río

Das Fragment zeigt eine Hieroglyphe, die nicht in einen Text eingebunden ist, sondern isoliert als Dekor Verwendung fand. Sie wird an drei Seiten von einem Rahmen eingefaßt. Vermutlich schloß der Rahmen die Hieroglyphe auch auf der rechten Seite ein. Sie ist heute beschädigt. Die Hieroglyphe zeigt in ihrem Hauptzeichen einen Profilkopf, dessen Blick nach rechts gerichtet ist. Gut erkennbar ist das große, fast kreisrunde Auge mit einem nach rechts gebogenen Haken darin. Die Nase zieht sich bis in die rechte untere Ecke. Kiefer und Mundpartie werden durch eine Hand mit abgespreiztem Daumen gebildet. Vor und auf der Stirn sieht man ornamentierte Wülste. Hinter dem Kopf befinden sich drei verschiedene Elemente untereinander. Die Hieroglyphe ist eine Kopfvariante für die Zeitperiode Baktun. Wegen der Blickrichtung nach rechts kommen für das Fragment Nr. 2599 als ursprüngliche Position der rechte obere Eckstein des linken oder rechten Seitenteils des Frieses am Tempel der Sonne in Frage.
CABELLO 1986

5.86 ECKSTEIN

Stuck, H 14,5 cm, B 18,3 cm
Mexiko, Chiapas, Palenque, Tempel der Sonne, Maya-Kultur, zwischen 684 und 702 n. Chr.
MAM 2600, Sammlung Antonio del Río

Die Hieroglyphe von Fragment Nr. 2600 zeigt ebenfalls eine Kopfvariante der Zeitperiode Baktun in einem eckigen Rahmen. Rahmen und Hieroglyphe zeigen nur geringfügige Abweichungen gegenüber Fragment Nr. 2599. Der Profilkopf der Hieroglyphe blickt in diesem Fall nach links. Unterkiefer und Mundpartie werden von einer Hand mit abgespreiztem Daumen gebildet. Der Zeigefinger ist ebenfalls abgespreizt. Das dreiteilige hieroglyphische Zeichen hinter dem Kopf zeigt eine etwas abweichende Ornamentierung gegenüber dem Fragment Nr. 2599. Wegen der Blickrichtung des Kopfes nach links kommt für das Fragment Nr. 2600 als ursprüngliche Position nur der linke obere Eckstein des rechten Seitenteils des Frieses am Tempel der Sonne in Frage.
CABELLO 1986

Verschiedene Skulpturfragmente

5.87 MENSCHENKOPF

Stuck, rot und schwarz bemalt, H 17 cm
Mexiko, Chiapas, Palenque, Maya-Kultur, 600–900 n. Chr.
MAM 2612, Sammlung Antonio del Río

Kopf mit ovaler Gesichtsform, fliehender Stirn, langer, scharf geschnittener Nase. Im halbgeöffneten Mund kommen einige Zähne zum Vorschein.
Farbabbildung S. 207

5.88 MENSCHENKOPF

Orange-gelber Ton, H 37,5 cm
Mexiko, Chiapas, Palenque, Maya-Kultur, 600–900 n. Chr.
MAM 2610, Sammlung Antonio del Río

Der plastisch modellierte Kopf zeigt eine starke Deformierung, denn er wird zum Schädel hin nach oben immer schmäler. Haare oder Kopfschmuck sind durch eingeritzte senkrechte Linien auf dem Schädel angedeutet. Die Augen sind groß und fast rechteckig. Die Brauen über den beiden Augen sind stark ausgeprägt; sie treffen sich über der Nasenwurzel und bilden dort eine Volute. Die Mundpartie ist zum Teil weggebrochen.

5.89 FRAGMENT

Stuck, H 16 cm, B 16 cm
Mexiko, Chiapas, Palenque, Maya-Kultur, 600–900 n. Chr.
MAM 2606, Sammlung Antonio del Río

Das Fragment zeigt drei große Punkte untereinander, die durch einen Halbkreis und ein Volutenelement voneinander getrennt sind. Kleinere Punkte sind als Verzierung hinzugefügt. Über den großen Punkten ist vermutlich ein Flechtmuster dargestellt.

5.90 FRAGMENT

Stuck, H 14 cm, B 21,5 cm
Mexiko, Chiapas, Palenque, Maya-Kultur, 600–900 n. Chr.
MAM 2607, Sammlung Antonio del Río

Das Relieffragment zeigt in der Mitte in einem dreiseitigen, an den Ecken abgerundeten Rahmen zwei sich in der Mitte kreuzende Balken. Die Kreuzungsstelle markiert ein Punkt. Rechts und links schließen sich – in der Höhe versetzt – vermutlich zwei weitere derartige Rahmen mit Kreuzmustern an, ebenso am unteren Rand des Fragments.

5.91 FRAGMENT

Stuck, H 10,5 cm, B 12,5 cm
Mexiko, Chiapas, Palenque. Maya-Kultur, 600–900 n. Chr.
MAM 2603, Sammlung Antonio del Río

Das Relieffragment zeigt links einen rechteckigen, dreiseitigen Rahmen. Er umschließt zwei sich kreuzende Balken, deren Schnittstelle ein Punkt markiert. An der offenen Seite des Rahmens schließt sich eine Volute an.

Kat.-Nr. 4.6

A ESTA BILLA IMPERIAL DIA
DE S. MARCOS EVANGELISTA
LOS MAS ILVSTRES I PREFERIDOS CABA

Literatur

ABREU GOMEZ, E. (1934): Iconografía de Sor Juana Inés de la Cruz. Anales del Museo Nacional de Arqueología, Historia y Antropología. México.

ALCINA, J. (1986): The Culture of the Indians of the Northwest Coast. To the Totem Shore. World Exposition, Vancouver. Pavilion of Spain. Ed. El Viso. Madrid.

ALEGRIA, R. E. (1983): Aspectos de la cultura de los indios taínos de las Antillas Mayores en la documentación etno-historica. In: La Cultura Taina (Madrid), S. 123–139.

ALMAGRO, M. (1935): Una colección de arte inca. In: Las Ciencias. C. Bermejo. Madrid.

AMERICA (1985): La . . . Española en la época de Carlos III. Ministerio de Cultura. Sevilla.

ANDERS, F. (1971): Tesoros de México. Arte Plumario y de Mosaico. Artes de México 137. México.

ANDERS, F. (1975): Kunst und Kunstgewerbe Altmexikos. Tweede Kroon-Voordracht gehouden voor de Stichting Nederlands Museum. Amsterdam.

ANDERS, F. (1978): Der altmexikanische Federmosaikschild in Wien. Archiv für Völkerkunde 32. S. 67–88. Wien.

ANGULO IÑIGUEZ, D. (1944): La Anunciación del pintor mexicano Fr. Alonso López de Herrera. Revista de Indias. Madrid, Nr. 15.

ANTON, F. (1965): Alt-Mexiko und seine Kunst. Leipzig.

ART (1933) des Incas. Catalogue de l'exposition de la collection J. L. au Palais du Trocadero (Jun.-Oct. 1933). Museé d'Etnographie. Museum National d'Histoire Naturelle. Paris.

ARTE (1935) Peruano. Colección Juan Larrea. XXVI Congreso Int. de los Americanistas. Sevilla.

ARTE (1981) Precolombino. Casa de la Cultura Vicente Aleixandre. Palos de la Frontera. Huelva.

ARTE (1981) Precolombino. Jade, cerámica, piedra, plata, madera. Colección del Museo de América. Instituto de Cooperación Iberoamericana. Madrid.

ARTE (1982) y cultura del Cuzco. Fundación Santillana. Santillana del Mar, Santander.

ARTE (1983 a) y cultura del Cuzco Precolombino. Caja de Ahorros Provincial de Zamora. Zamora.

ARTE (1983 b) Colonial en el Museo de América. Ministerio de Cultura. Madrid.

ARZANS DE ORSUA und VELA, B. (1965): Historia de la Villa Imperial de Potosí. Providence.

BALLESTEROS GAIBROI, M. (1948 a): Un testimonio de Cerámica Peruana. In: Tierra Firme. 2. Madrid.

BALLESTEROS GAIBROI, M. (1948 b): Tres ejemplos del Museo Arqueològico de Madrid. XXVI Congreso Internacional de Americanistas. Bd. I: S. 82–85. Madrid.

BARRIO MOYA, J. L., und GARCIA SAIZ, C. (1986): La Condesa de Oñate y sus colecciones de Cerámica Colonial. Revista de Indias. Madrid.

BAVELON, J. (1954): Un verdadero retrato de Hernán Cortés. Memorias de la Academia Mexicana de la Historia. México. T. XIII.

BECKER-DONNER, E. (1959–1966) (Hrsg.): Zwettler-Codex 420 von P. Florian Paucke SJ. Veröffentlichungen zum Archiv für Völkerkunde 4 (1–2). Wien.

BECKER-DONNER, E. (1965): Die Mexikanischen Sammlungen des Museums für Völkerkunde, Wien. Wien.

BECKER-DONNER, E. (1972): Volkskunst aus Lateinamerika. Wien.

BLASCO BOSQUED, C., und RAMOS GOMEZ, L. (1974): Cabezas cortadas en la Colección del Museo de América de Madrid. Cuadernos Prehispánicos 2: S. 27–29. Universidad de Valladolid. Valladolid.

BLASCO BOSQUED, C., und RAMOS GOMEZ, L. (1980): Cerámica Nazca. Seminario Americanista de la Universidad de Valladolid. Valladolid.

BLASCO BOSQUED, C., und RAMOS GOMEZ, L. (1985): Catálogo de la Cerámica Nazca. Bd. I. Ministerio de Cultura. Madrid.

BRAY, W. (1979): Gold of El Dorado. Harry & Abrams, Inc. N. Y.

BREVER, S. (1984): Alonso Sánchez Coello. Munich.

CABELLO CARRO, P. (1977): Concepto, Interpretación y Plástica de la Divinidad Dual en la Baja Centroamérica. In: Actas I Congreso Español de Antropología 1977. Departamento de Antropología Cultural. Universidad de Barcelona, 1977.

CABELLO CARRO, P. (1980 a): Palenque. Primeras excavaciones sistemáticas. Revista de Arqueología Nr. 38: S. 28–42. Madrid.

CABELLO CARRO, P. (1980 b): Escultura Mexicana Precolombina en el Museo de América. Ministerio de Cultura. Madrid.

CABELLO CARRO, P. (1980 c): Desarrollo cultural en Costa Rica Precolombina. Ministerio de Cultura. Madrid.

CABELLO CARRO, P. (1980 d): Iconografía y significado del jaguar en pueblos mesoamericanos: Chorotegas y Nicaraos. Revista Española de Antropología Americana. Universidad Complutense. Madrid: S. 43–46.

CABELLO CARRO, P. (1982): Expediciones Científicas, Museología y Coleccionismo Americanista en la España del XVIII. In: II Congreso de la Sociedad Española de Historia de las Ciencias. Jaca.

CABELLO CARRO, P. (1983 a): Iconographie du serpent à plumes chez deux peuples mesoamericanos du Sud. In: The intellectual expressions of prehistoric man: art and religion. Acts of the Valcamonica Symposium 79. Edizioni del Centro Editoriale. Jaca Book Spa. Milán.

CABELLO CARRO, P. (1983 b): Coleccionismo americano y expediciones científicas del S. XVIII en la Museologia española. Archivo per l'Antropología e la Etnología. Bd. CXIII: S. 115–135. Firenze.

CABELLO CARRO, P. (1986): Un siglo de coleccionismo Maya en España. In: Hernán Cortés en el área Maya. I Mesa Redonda de la Sociedad Española de Estudios Mayas. Madrid (im Druck).

CASTAÑEDA, D., und MENDOZA, V. T. (1933): Los Teponaztlis en las Civilizaciones Precortesianas. Anales del Museo Nacional de Arqueología, Epoca 4a, 8(1). S. 5–79. México.

CATALOGUE (1890) de la Colection »Finlandia«. Museo Comerciale Italiano in Bogota. Imprenta de la Luz. Bogotá.

CERAMICA (1966) del Perú Prehispánico. Instituto de Cooperación Iberoamericano. Madrid.

COLECCION (1938): La . . . Larrea. Ministerio de Instrucción Pública. Dirección General de Bellas Artes. Valencia.

COSSIO DEL POMAR, F. (1971): Arte del Antiguo Perú. Ed. Polígrafa. Barcelona.

CUESTA DOMINGO, M. (1980 a): Arqueología Andina: Perú. Ministerio de Cultura. Madrid.

CUESTA DOMINGO, M. (1980 b): Cultura y Cerámica Mochica. Ministerio de Cultura. Madrid.

CUESTA DOMINGO, M., und ROVIRA LLORENS, S. (1982): Los trabajos en metal en el Area Andina. Ministerio de Cultura. Madrid.

CULTURAS (1985) Indígenas de los Andes Septentrionales. V Centenario. Madrid.

DAVILA, A. (1976): Pintura Hispanoamericana en Puerto Rico. Siglos XVII a XIX. Puerto Rico.

DIAZ DEL CASTILLO, B. (1984): Historia verdadera de la Conquista de Nueva España. Historia 16. Madrid.
EASBY, E. K., and SCOTT, J. F. (1970): Before Cortés. New York.
ESTELLA MARCOS, M. (1984): La escultura barroca en marfil en España. C.S.I.C. Madrid.
EXPOSICION (1881) de Objetos Americanos. Madrid.
EXPOSICION (1892/93) Histórico Americana de Madrid. Cuarto Centenario del Descubrimiento de América. Madrid.
EXPOSICION (1930): Aportación al estudio de la cultura española en las Indias. Sociedad Española de Amigos del Arte. Madrid.
EXPOSICION (1935): Catálogo de la . . . de arte inca. Academia de la Historia y Patronato de la Biblioteca Nacional. Madrid.
EXPOSICION (1952) de dibujos y grabados de los artistas que figuraron en las expediciones científicas de las corbetas »Descubierta« y »Atrevida«, 1789 a 1794 y goletas »Sutil« y »Mejicana«, 1792. Las Palmas.
EXPOSICION (1958): Carlos V y su ambiente. Ministerio de Educación Nacional. Toledo. Madrid.
EXPOSICION (1970): Santa Teresa y su tiempo. Ministerio de Educación y Ciencia. Avila. Madrid.
EXPOSICION (1976): Tesoros del Ecuador. Madrid.
EXPOSICION (1977): The Malaspina Expedition. Museum of New Mexico. Santa Fe. New Mexico.
EXPOSICION (1982 a): Mythen der Neuen Welt. Berliner Festspiele. Berlin.
EXPOSICION (1982 b): La Corona y las expediciones científicas españolas a América en el siglo XVIII. I.C.I. Cádiz.
EXPOSICION (1982 c): Plantas tintóreas y su uso. C.S.I.C. Madrid.
EXPOSICION (1982 d): La Hacienda de los Borbones en España y América. Ministerio de Hacienda. Sevilla.
EXPOSICION (1982/83): La Inquisición. Ministerio de Cultura. Sevilla.
EXPOSICION (1983/84): Arte Colonial en el Museo de América. Ministerio de Cultura. Madrid.
EXPOSICION (1984 a): La Expedición Malaspina 1789–1794. Viaje a América y Oceanía de las corbetas »Descubierta« y »Atrevida«. Ministerio de Defensa. Ayuntamiento de Madrid. Ministerio de Cultura. Madrid.
EXPOSICION (1984 b): Imágen de México. Fundación Santillana. Santillana del Mar. Cantabria.
EXPOSICION (1984 c): Sevilla en el siglo XVII. Ministerio de Cultura. Sevilla.
EXPOSICION (1984/85): Muestra de cultura precolombina y colonial americana. Instituto Cultural »El Brocense«. Cáceres.
EXPOSICION (1985 a): Esplendor de Epaña y las ciudades belgas. 1500–1700. Ministerio de Cultura. Bruselas.
EXPOSICION (1985 d): Puertos y Fortificaciones en América y Filipinas. CEHOPU. Madrid.
EXPOSICION (1985 c): El mestizaje americano. Ministerio de Cultura. Madrid.
EXPOSICION (1985 d): Hernán Cortés. Universidad de Valladolid. Valladolid.
EXPOSICION (1985/86): La América española en la época de Carlos III. Ministerio de Cultura. Madrid.
EXPOSICION (1986): La pintura cuzqueña. Cabildo Insular de Las Palmas. Las Palmas.
FEDER, N. (1977): The Malaspina Collection. In: American Indian Art, Bd. 2, Nr. 1.
FEEST, C. F. (1966): Kopf eines alten Mannes. Notring-Jahrbuch 1967. S. 44–46. Wien.
FEEST, C. F. (1975): Maya. Keramik und Skulptur aus Mexiko. Museum für Völkerkunde. Wien.
FEEST, C. F. (1980): Native Arts of North America. Thames and Hudson. London.
FEEST, C. F. (1985): Mexico and South America in the European Wunderkammer. In: O. Impey and A. MacGregor, The Origin of Museums (Oxford), S. 237–244.
FEEST, C. F. (1986): Zemes Idolum Diabolicum. Archiv für Völkerkunde 40. S. 181–198. Wien.
FUHRMANN, E. (1922): Mexiko III. Kulturen der Erde 13. Hagen-Darmstadt.
GARCIA SAIZ, C. (1978 a): Pinturas costumbristas del Mejicano Miguel Cabrera. Revista Goya, Nr. 142, Madrid.
GARCIA SAIZ, C. (1978 b): Aportación al estudio de la obra de José de Ibarra. Archivo de Arte Valenciano. Valencia.
GARCIA SAIZ, C. (1979): Nuevos aspectos de la pintura colonial del siglo XVIII. Revista de Indias, Nr. 155–156. Madrid.
GARCIA SAIZ, C. (1980 a): La pintura colonial en el Museo de América (1): La Escuela Mexicana, Ministerio de Cultura. Madrid.
GARCIA SAIZ, C. (1980 b): La pintura colonial en el Museo de América (2): Los Enconchados. Ministerio de Cultura. Madrid.
GARCIA SAIZ, C. (1985 a): Las Castas. Un género pictórico americano. México.
GARCIA SAIZ, C. (1985 b): La imágen del mestizaje. In: El Mestizaje Americano. Ministerio de Cultura. Madrid.
GAUTIER, T. (1985): Viaje por España. 1840–1845. Ed. Taifa. Barcelona.
GUILLEN TATO, J. (1952): Exposición de dibujos y grabados de los artistas que figuraron en las expediciones científicas de las corbetas »Descubierta« y »Atrevida«, 1789-1794 y goletas »Sutil« y »Mejicana«, 1792. Las Palmas.
GURRIA LACROIX, J. (1971): Hernán Cortés y Diego de Rivera. UNAM. Mexico.
HEIKAMP, D. (1976): American objects in Italian collections of the Renaissance and Baroque: A Survey. In: First Images of America. Univ. of California Press.
HEIKAMP, D., und ANDERS, F. (1972): Mexico and the Medici. Florenz.
HEIN, W. (1901): Eine Medicin-Pfeife der Payaguá-Indianer. Mitteilungen der Anthropologischen Gesellschaft in Wien, 31. S. 128–129. Wien.
HEROLD, J. (1977): From the Malaspina Collection Chumash Basquets. American Indian Art, Bd. 3, Nr. 1, S. 68–75. Arizona.
HOCHSTETTER, F. v. (1884): Über mexikanische Reliquien aus der Zeit Montezuma's in der k.k. Ambraser Sammlung. Denkschriften der phil.-hist. Klasse der k. Akademie der Wissenschaften 35. Wien.
HUDSON, T., and BLACKBURN, T. C. (1983): The Material culture of the Chumash Interaction Sphere. Volume II. Ballena Press Anthropological Papers 27. Menlo Park, CA.
JANER, F. (1872): Naipes o cartas de jugar y dados antiguos con referencia a los juegos del Museo Arqueológico Nacional. Museo Español de Antigüedades. Bd. 3, Ed. Gil Dorregaray y Fontanet. Madrid.
JANER, F. (1873 a): De los antiguos instrumentos músicos de los americanos conservadores en el Museo Nacional de Arqueología. Museo Español de Antigüedades, Bd. 2, Ed. Gil Dorregaray y Fontanet. Madrid.
JANER, F. (1873 b): Vasos peruanos del Museo Arqueológico Nacional. Museo Español de Antigüedades, Bd. 2, Ed. Gil Dorregaray y Fontanet. Madrid.
JANER, F. (1873 c): De la civilización, de la industria y de las artes en los primitivos pueblos americanos. Museo Español de Antigüedades, Bd. 3, Ed. Gil Dorregaray y Fontanet. Madrid.

JANER, F. (1873 d): Armas defensivas y ofensivas de los primitivos americanos. Museo Español de Antigüedades, Bd. 1, Ed. Gil Dorregaray y Fontanet. Madrid.
JUAN, J., und ULLOA, A. (1748): Relación histórica del viaje a la América meridional. Ed. Antonio Marín. Madrid.
KELEMEN, P. (1956): Medieval American Art. New York.
KOCH, T. (1903): Der Paradiesgarten als Schnitzmotiv der Payaguá-Indianer. Globus 83. S. 117–124. Braunschweig.
LAFAYE, J. (1974): Quetzalcóatl et Guadalupe. La formation de la conscience nationale au Mexique. Ed. Gallimard. Paris.
LARREA, J. (1960): Corona Incaica. Buenos Aires.
LAVACHERY, H. A. (1929): Las artes antiguas de América en el Museo Arqueológico de Madrid. Amberes.
LOPEZ Y SEBASTIAN, L., und CAILLAVET, Ch. (1976): La Pajcha inca: ejemplares del Museo de América de Madrid. Revista de Indias, 290. Madrid.
LOPEZ Y SEBASTIAN, L. (1980): Las marcas de los keros: hipótesis de interpretación. Revista Española de Antropología. Bd. 10, S. 21–41. Madrid.
MARCO DORTA, E. (1944): Un biombo mexicano del siglo XVII. Archivo Español de Arte, Nr. 62. Madrid.
MAZA, F. de la (1963): Cartas barrocas desde Castilla y Andalucía, UNAM. Mexico.
MELIDA, J. R. (1920): Notas descriptivas. Museo Arqueològico Nacional. Madrid.
MESA, J., und GISBERT, T. (1976): Las series de ángeles en la pintura virreinal. Revista Aeronáutica, Nr. 31. La Paz.
MESA, J., und GISBERT, T. (1977): Holguín y la pintura virreinal en Bolivia. La Paz.
MEXICO (1986) Antiguo. Ministerio de Cultura. Madrid.
MORENO NAVARRO, I. (1973): Los cuadros del mestizaje americano. Estudio antropológico del mestizaje. Porrua. Madrid.
MUESTRA (1984) de Cultura Precolombina y Colonial. Institución Cultural »El Brocense«. Excma. Diputación Provincial de Cáceres.
MUSEO (1984) de América. Audiovisual. Ministerio de Cultura. Madrid.
MUSEUM (1980): Das Museum für Völkerkunde in Wien. Salzburg.
MUSEUM (1981): Museum für Völkerkunde Wien. Braunschweig.
NAVARRO, J. C. (1945): Artes plásticas ecuatorianas. México.
NICHOLSON, H. B. (1983): Art of Aztec Mexico. Treasures of Tenochtitlan. Washington.
NOWOTNY, K. A. (1949): A Unique Wooden Figure from Ancient Mexico. American Antiquity 15(1). S. 57–61. Menasha.
NOWOTNY, K. A. (1960): Mexikanische Kostbarkeiten aus Kunstkammern der Renaissance. Wien.
NOWOTNY, K. A. (1961): Americana. Archiv für Völkerkunde 16. S. 105–134. Wien.
OVIDIO, P. (1980): Las Metamorfosis. Madrid.
PALAU IGLESIAS, M. (1976): La orfebrería colombiana.El Tesoro de los quimbayas. Ministerio de Educación y Ciencia. Madrid.
PALAU IGLESIAS, M. (1980): Catálogo de dibujos, aguadas y acuarelas de la Expedición Malaspina. Madrid.
PALAU IGLESIAS, M. (1986): The Spanish Presence on the Northwest Coast Sea-Going Expeditions (1774–1793). In: To the Totem Shore. Ed. El Viso, S. 39–89. Madrid.
PAZ, O. (1982): Sor Juana Inés de la Cruz y las trampas de la Fé. Madrid.
POLESE, R. et al. (1977): The Malaspina Expedition: »In the Pursuit of Knowledge«. Santa Fe, NM.
PRÄKOLUMBISCHE KUNST (1959): Präkolumbische Kunst aus Mexiko und Zentralamerika. Wien.
PRICE, R. (Hrsg.) (1981): Sociedades Cimarronas. México.
RAMOS GOMEZ, L. (1973): Los tejidos preincaicos del Museo de América. Facultad de Filosofía y Letras. Madrid.
RAMOS GOMEZ, L. (1980): Los Tejidos Prehispánicos del Area Central Andina en el Museo de América. Ministerio de Cultura. Madrid.
RAMOS GOMEZ, L., und BLASCO BOSQUED, C. (1978): Materiales Huaris no cerámicos en el Museo de América: orfebrería, textiles y pequeña escultura (Figurillas de Pikillacta). Ministerio de Cultura. Madrid.
RIPODAS ARDANAZ, D. (1983): Influencias Librescas en las artes novohispanas. Motivos ornamentales de bateas y búcaros. Buenos Aires.
ROMERO DE TERREROS, M. (1944): Los retratos de Hernán Cortés. México.
RÜSTOW, A. (1939): Die Objekte der Malaspina-Expedition im Archäologischen Museum zu Madrid. Baessler-Archiv 22. S. 173–204. Berlin.
SAENZ DE SANTAMARIA, C. (1958): Iconografía Cortesiana. Revista de Indias, Nr. 73–74. Madrid.
SALCEDO, A. (1962): El acta de bautismo de Sor Juana. In: Abside.
SAVILLE, M. H. (1925): The Wood-Carver's Art in Ancient Mexico. Contributions from the Museum of the American Indian 9. New York.
SCHÖNHERR, D. R. v. (1893): Urkunden und Regesten aus dem k.u.k. Statthalterei-Archiv in Innsbruck. Jahrbuch der Kunstsammlungen des allerhöchsten Kaiserhauses 14. S. LXXI–CCXIII. Wien.
SCHWEEGER-HEFEL, A. (1952): Ein rätselhaftes Stück aus der alten Ambraser Sammlung. Archiv für Völkerkunde 6/7. S. 209–228. Wien.
SEBASTIAN, S. (1974): El pintor Miguel Cabrera y la influencia de Rubens. Anales del Instituto de Investigaciones Estéticas, Nr. 43. Mexico.
SEBASTIAN, S. (1985): Arte iberoamericano desde la colonización hasta la independencia. Summa Artis, Bd. 29, Madrid.
SOLIS, A. de (1798): Historia de la conquista de México, población y progreso de la América Septentrional, conocida con el nombre de Nueva España, Bd. 1. Madrid.
SOTOS SERRANO, C. (1982): Los pintores de la expedición de Alejandro Malaspina. Real Academia de Historia. Madrid.
STURTEVANT, W. C. (1976): First Visual Images of Native America. In: First Images of America. The Impact of the New World on the Old. University of California Press.
TAPIA MENDEZ, A. (1981): Autodefensa espiritual de Sor Juana, Monterrey, Mexico.
TRIMBORN, H., und FERNANDEZ VEGA, P. (1935): Catálogo de la exposición de arte inca. Museo Arqueológico Nacional. Madrid.
TUDELA DE LA ORDEN, J. (1946): El volador mexicano. Revista de Indias, Nr. 23. Madrid.
TUYA, A. (1949): Las cabezas trofeos de las cerámicas Nazca. Estudios de Historia Primitiva de América, Bd. 1. Madrid.
VAUGHAN, J., und PALAU, M. (1974): Captain Cook, R. N. the Solute Mariner. An International Record of Oceanic Discovery. Oregon.
VEGA, B. (1973): Un cinturón tejido y una careta de madera de Santo Domingo, en el período de transculturación taíno-español. Boletín del Museo del Hombre Dominicano 3. S. 119–226. Santo Domingo.
VELOZ MAGGIOLO, M. (1972): Arqueología prehistórica de Santo Domingo. Singapur.
VISION (1985): Una Visión de Colombia. Fundación Santillana e Instituto Colombiano de Cultura. Santillana del Mar, Cantabria.
WHITTEN, N. E. (1974): Black Frontiersmen: A South American Case. Cambridge.

Basisliteratur zur Bestimmung der Chronologien

Andengebiet:
RAVINES, R. (1982): Panorama de la arqueología andina. Insituto de Estudios Peruanos. Lima.
Kolumbien und Ecuador:
CABELLO CARRO, P. (1986): Das Zwischengebiet. Beitrag zu diesem Katalog.
REICHEL DOLMATOFF, G. (1965): Colombia. Thames and Hudson. London.
MARCOS, G. J. (1984): Breve historia del Ecuador. In: Tesoros del Ecuador Antiguo. I.C.I. Madrid.
Antillen:
VELOZ MAGGIOLO, M. (1972): Arqueología prehistórica de Santo Domingo. Singapur.
Costa Rica:
SNARSKIS, M. J. (1981): The Archaeology of Costa Rica. In: Between Continents/Between Seas: Precolumbian Art of Costa Rica. Harry N. Abrams Inc. Publishers. New York.
Mexiko:
PORTER WEAVER, M. (1981): The Aztecs, Mayas and Their Predecessors. Archaeology of Mesoamerica. Academic Press. New York.